복혜전서 1

복혜전서 1

초판 1쇄 발행 2020년 7월 30일

지은이 황육홍
옮긴이 김형종
펴낸이 오세정
편집 최유식
디자인 장혜원
인쇄 한영문화사

펴낸곳 서울대학교출판문화원
주소 08826 서울 관악구 관악로 1
도서주문 02-889-4424, 02-880-7995
홈페이지 www.snupress.com
페이스북 @snupress1947
인스타그램 @snupress
출판등록 제15-3호

ISBN 978-89-521-1783-0 94350
978-89-521-1782-3 (세트)

복혜전서 1

황육홍 지음 | 김형종 옮김

福惠全書

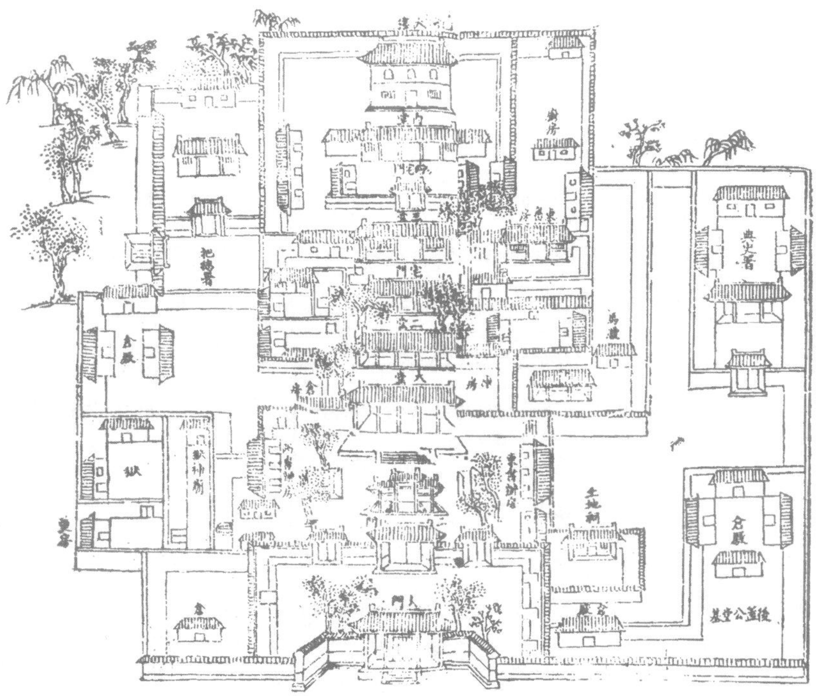

서울대학교출판문화원

머리말

『복혜전서(福惠全書)』를 처음 읽게 된 것은 벌써 15년 전의 일이었다. 서울대학교 동양사학과에서 근무하게 된 이래 명청사나 중국 근현대사를 전공하는 대학원생들과 함께 1·2주마다 한 번씩 강독회를 하다가 『청대문서(淸代文書)』·『신관문건록(新關文件錄)』·『석거여기(石渠餘記)』 등 청대사·근대사 당안(檔案)을 독해하기 위한 원전에 뒤이어 그 네 번째쯤 교재로 선택된 것이 바로 이 황육홍의 『복혜전서』였다. 물론 이를 통해 학생들의 사료를 읽는 해독 능력을 제고시키고, 동시에 청대 사회 전반에 대한 이해의 수준을 높이고자 하는 의도였다. 「역자해설」에서 소개하듯이 『복혜전서』는 충분히 그럴 만한 가치가 있는 책이었고, 이 책은 그렇지 않아도 기초적인 연구가 부족한 우리 학계에 그래도 훌륭한 고전·원전의 소개 사례를 제공할 수 있는 좋은 기회가 될 수도 있다고 여겼기 때문이다. 다만 그 분량이 얼마나 되는지는 염두에 두지 않았는데, 열두어 명 정도의 학생들과 강독을 해 나가던 중, 마침 2006년 8월 인문대학 인문학연구원에서 이러한 고전의 번역을 지원하는 2년 기한의 사업('고전 번역 사업 — 현대 사회 속에서의 "고전"의 새로운 이해 —)을 추진한다고 해서 깊은 생각 없이 일단 덜컥 지원신청을 해 보았던 것이 결국 이 책 전체를 번역하게 된 출발점이 되었다.

사실 그보다는 강독을 마친 다음 학생들과 식사를 할 수 있는 비용이라도 마련하겠다는 섣부른 욕심이 앞선 이 무모한 시도는 다음 해까지 초고를 제출해야 한다는 엄청난 부담을 짊어지는 것으로 연결되었다. 원래는 약 2,000~3,000매 정도면 될 것이라 생각했던 번역 원고는 강독에 참가한 학생들의 도움으로 원문 383쪽(2단 조판, 1면 4쪽의 東京 汲古書院 影印版)의 『복혜전서』가 2008년에 200자 원고지 약 8,665매 분량의 초벌 원고로 완성됨으로써 여하튼 연구사업의 결과 보고를 제때에 할 수 있었다(다행스럽게도 도중에 인터넷 검색을 통해 강독에 참가한 박민수 군의 도움으로 『복혜전서』의 텍스트 파일을 얻을 수 있었기 때문에 원문을 입력하는 수고가 크게 덜어질 수 있었다). 하지만 이것을 제대로 다듬어서 출판하는 사업은 또 다른 수고의 출발점이었다. 너무 분량이 많아 다른 번역서의 출간에 장애가 된다는 이유로 출판 지원이 거절당하기도 하였던 점은 어차피 원고가 완성되지 않았던 당시로서는 나중에 생각해 볼 수 있는 문제였다. 그렇지만 본문 텍스트 자체의 입력이나 그것을 우리의 표준에 맞게 변환하는 과정에서 생긴 오·탈자, 번역 원고에서의 오류나 오·탈자, 잘못된 구두점을 다시 여러 판본의 원문과 대조하면서 일일이 확인하고, 초벌 원고의 내용과 각주를 다시 전면적으로 검토하면서 가능한 한 번역의 오류를 줄이고, 나아가 일관성 있는 체제와 문장으로 다듬어 일반 독자에게도 접근하기 쉬운 글을 만드는 일은 역자 본인의 온전한 의무로 남겨졌기 때문이다.

각주만 따로 계산하면 200자 원고지로 약 4,300장이 넘고, 역자의 소개와 번역문을 포함하면 1만 1,420장 정도로 이제 겨우 완성된 모습을 갖추게 된 이 책은 그야말로 역자가 10년 동안 상당히 많은 시간을 투자하지 않을 수 없는 과제로 남아 있었다. 실제 역자의 전공시대와는 그대로 좀 거리가 있다고 할 수밖에 없는 이 번역을 하는 과정에서 다른 논문이나 번역·저술·연구과제 수행으로 이 번역 작업을 반년이나 1년씩 내팽개친 경우도 여러 번 있었고, 그 때문에 필요한 것은 역자의 능력이나 재능·열정보다는 오로지 시간, 그리고 또 시간이라고 느끼지 않을 수 없었다. 처음부터 끝까지 한 번 일독하면서 문장이나 내용, 각주를 다듬는 작업은 일상생활과 교육활동을 제외한 나머지 모든 시간을 여기에만 투입하더라도 최소한 반년은 얼추 걸리는 일이었기 때문이다. 이런 일을 세 번쯤 하다 보니 거의 15년 가까운 세월이 흘렀다.

더구나 『복혜전서』에는 이 책에서만 볼 수 있는 독특하고 생경한 용어·제도·명칭이나 난삽한 구절이 한두 가지가 아니었고, 그것을 온전히 풀이할 수 없는 필자의 제한된 능력을 여실히 실감할 수밖에 없는 시간이기도 하였다. 사전으로서 주로 이용한 『한한대사전(漢韓大辭典)』·『한어대사전(漢語大詞典)』·『한화대사전(漢和大辭典)』이란 방대한 분량의 항목 속이나 '한전(漢典: http://www.zdic.net)'이란 대표적 인터넷 한자사건 사이트에서도 용례를 찾을 수 없는 단어는 빈번히 출현하였다. 이런 단어들은 다른 분야의 인터넷 검색에서도 역시 그 뜻을 확인하기 어렵기는 마찬가지였다(이러한 사전이 물론 이 번역원고를 작성하는 데 엄청난 도움이 되었다는 점은 두말할 것도 없다). 여기서 찾을 수 있지만 『복혜전서』에서만 그 용례가 있는 경우도 꽤나 많은데다가 실제 본문의 내용과 어울리는 적절한 해석으로 여겨지지 않는 것도 가끔 있었다. 한편으로는 이 책의 절반 부분을 차지하는 '형명' 부분이 또한 상당한 부담을 가져다주었는데, 마침 최근 몇 년간 같은 과의 구범진 교수 주도로 시작된 '대청률례(大淸律例)' 강독 모임에 참여하면서 많은 도움을 받을 수 있었다. 청대 법률·법제와 용어 및 율례의 조문에 대한 해석에서 새롭게 돌아볼 수 있는 많은 경험을 얻을 수 있었고, 부적절한 부분도 상당히 보완할 수 있었기 때문이다. 하지만 이 책 전체 번역원고의 거대한 분량이 가져오는 부담 문제 때문에 하나하나의 자구나 본문의 줄거리와 큰 관계가 없는 자질구레한 부분에 너무 많은 시간을 투입할 수도 없었다는 점을 고려한다면, 전체적으로 볼 때 그래도 여전히 상당한 부분은 어색하거나 부적절한 해석일 가능성을 배제하기 어려운 것도 사실이다. 이 점은 모두 필자의 역량 부족 때문이지만, 앞으로도 가능하면 지속적인 보완이 필요할 것이다.[1]

여하튼 이렇게 대강 완성된 이 책의 원고가 출판의 기회를 확보할 수 있게 된 것은 인문대학의 '2013년도 인문학 명저 번역·교감·주해 지원 사업'이 시작되면서 '출판 지원' 분야에 대한 지원 신청이 통과되었기 때문이다. 이 자리를 빌려 출판의 지연에도 불구하고 적극적인 도움으로 이 책이 공간될 수 있게 도와주신 인문대학과 인문학연구원의 관계자 여러분께 깊은 감사의 뜻을 전하고 싶다. 물론 이러한 과정에서 오랫동안 관심과 지원을 베풀어 준 같은 과의 여러 선생님들께도 같은 심정을 전한다. 그리고 전혀 시장성이 없는데다가 분량까지도 지나친 이 책에 대해 '학술서'라는 이유로 2014년 가을 출판을 허용해 준 서울대학교출판문화원에 대해서도 이 점은 마찬가지다. 더구나 이전 두 차례의 출판에서도 기나긴 원고 수정과 교정 작업으로 상당히 오랜 기간에 걸쳐 많은 폐를 끼친 적이 있기 때문에 여기서 다시 한 번 감사를 드린다.

1 이 책은 『복혜전서』 전체의 완역이지만, 황육홍이 부록으로 실은 몇 가지 문장은 생략할 수밖에 없는데, 대부분 형식적이거나 수사로 가득한 인사의 글이나 점성술 자료, 제사문 등으로 그다지 큰 의미가 없는 내용이라 생각되는 것들이다. 특히 마지막 권(또는 바로 그 앞 권)에 수록된 사륙변려체의 상사에게 보내는 인사 글은 그 대표적인 경우다.

나아가 이미 원고를 제출한 지 15년이 지나 아마도 자신이 번역한 부분이나 내용도 모두 까맣게 잊어버렸을 김도진, 김두현, 이원준, 이지영, 윤형진, 박민수, 조병식, 하주형 군 등 동양사학과의 대학원생 여러분에게도 뒤늦게나마 이 책의 출간본을 넘겨줄 수 있게 되어 매우 다행으로 생각한다. 물론 지난 10여 년 이상 이 책의 번역과 수정 작업을 최우선 과제로 삼다 보니 가정사에 대해 무관심과 무능력으로 점철할 수밖에 없었던 남편을 묵묵히 지켜 준 아내와 두 아이에게도 미안한 마음을 전달하는 것이 꼭 필요한 순서가 될 것이다. 가족이라는 버팀목이 있었기에 이 책의 원고를 완성할 수 있었다는 점에 대해서는 정말로 고맙게 생각하지 않을 수 없다.

2020년 7월 11일

옮긴이 김형종

차례

제3권

부임부 2
(莅任部)

제4권

부임부 3
(莅任部)

| 복혜전서 2 |

| 복혜전서 3 |

일러두기

* 주·현의 지방관은 보통 지주·지현으로 표기되어야 하지만, 여기서는 편의상 대부분 지현으로 통일하여 표기하였다. 또한 관원·관부나 주현(관), 재판관(問官), 윗사람(在上者), 사목(司牧), 군자(君子) 등 지방관을 나타내는 다양한 표현 역시 특별한 경우가 아니면 보통 지현이나 지방관으로 표시하여 혼동을 피하였다.
* 본문에 인용된 공문의 경우 원문에서는 황제나 조정, 또는 상관에 관련되는 것을 언급할 때 대두법(擡頭法)을 사용하여 문장을 중단하고 다음 줄에서 시작하거나, 아니면 그 글자 앞에 한두 칸씩 공란을 둔 경우가 많지만, 여기서는 모두 생략하여 번잡함을 피하였다.
* [ ] 안의 부분은 역자가 본문의 이해에 필요하다고 해서 따로 추가한 부분이다. [ ]의 내용은 한자이거나 본문에 원래 들어가 있는 부분이다.
* 용어에 대한 중복 설명은 피할 수 없는 부분이기도 하다. 자주 나오는 것도 있고 가끔 나오는 것도 있어 약간의 차이가 있지만 주제별로 가능한 한 중복을 피하려고 하였다. 하지만 이 책을 처음부터 쭉 읽는다는 것을 가정하지 않았기 때문에 불규칙적으로 반복하여 출현하는 용어에 대한 중복 설명도 적지 않다.
* '、'부호를 써서 나열하는 도중 '、'이 다시 그 안에 들어가야 하는 경우 '·' 부호로 대치하였다. 즉 병렬 안에 다시 병렬이 들어갈 경우 '·' 부호를 쓴 것이다. 병렬 중에 생략부호를 겸한 경우도 마찬가지다(이를테면 보장·보정을 보장·정이라 쓴 경우를 가리킨다). '、'를 써서 나열하는 경우 일상적으로 자주 쓰이는 용어(이를테면 高低와 같은 경우)나 단음절 용어의 병렬일 경우 문맥에 따라 특별하게 구분해서 표시해야 하는 경우가 아니면 그냥 생략한 경우도 적지 않다.
* ';' 부호는 문장이 대구로 구성되거나 연속적으로 나열하는 경우에 사용되기도 하였다.
* 문장 속의 대화나 용어에 대한 규정, 짧은 인용문의 경우 앞에 ': '부호를 넣어 그것을 쉽게 구분할 수 있도록 표기하였다.
* 본문에 인용된 각종 공문서나 책자의 명칭에는 모두「 」이나『 』의 부호를 붙였다. 다만 한 글자로 생략되어 지칭된 경우는 모두 이 부호를 생략하였다.
* 본문마다 부록으로 공문의 다양한 양식이 추가된 경우가 있는데, 그 경우 그 양식은 원래의 형식 그대로를 보여 줄 수 없으므로, 가능한 한 원래의 형식을 유지하는 형태에서 대략적인 모습만을 보여 주는 데 그쳤다. 따라서 원래의 형식은 원본의 내용을 참고해야 할 것이다.

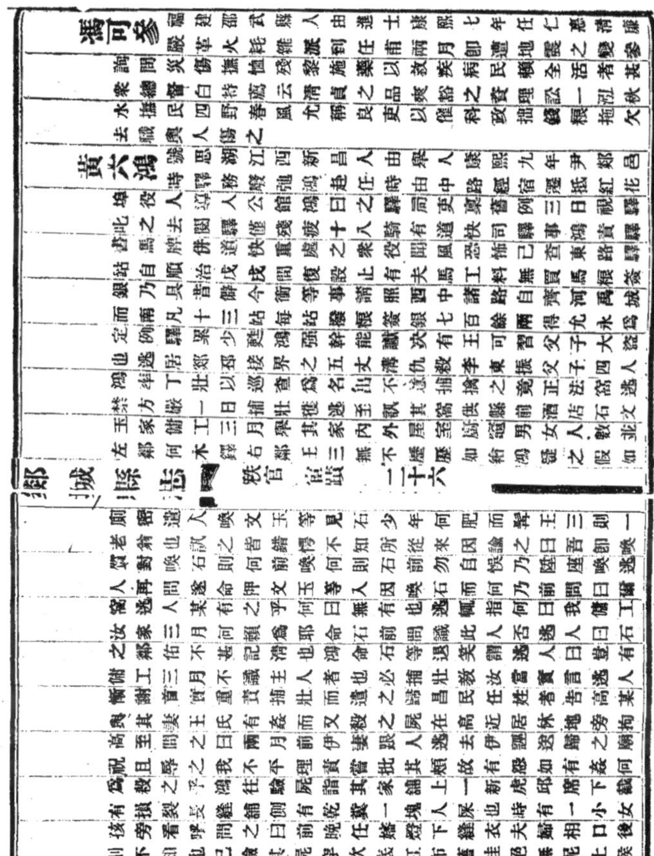

『건륭(乾隆) 담성현지(郯城縣志)』 권7 「질관지(秩官志)」
26a–27a(pp.165–167)에 실려 있는 황육홍의 치적에 대한 서술

옮긴이 해설

황육홍(黃六鴻)과 『복혜전서(福惠全書)』

머리말

여기에서 소개하고자 하는 『복혜전서(福惠全書)』는 청대(清代, 1644-1912) 초기(17세기 후반)의 지방관 출신인 황육홍(黃六鴻)이 지은 것이다.[1] 이 책은 황제(皇帝)가 직접 그 장관(長官)을 임명하는 가장 하층의 지방행정 단위이면서, 아울러 유일하게 관원이 직접 일반 백성을 대면하면서 관리할 수 있는 단위인 주(州)나 현(縣)의 지방장관, 즉 지현(知縣)·지주(知州)라는 정인관(正印官)을 독자로 삼고 있다. 주·현 이상 수준의 관원은 백성이 아닌 자기 하급의 관원을 관리하는 관원(治官之官)이므로 사실상 주·현의 지방관만이 이른바 목민관(牧民官)·부모관(父母官)을 자처할 수 있었던 만큼, 이 책은 주로 새로 부임할 예정이거나 이제 막 부임한 하급 지방관을 대상으로 쓰인 것이다.

청대 지현의 경우 품계는 보통 정7품(正七品)이었으며, 원칙적으로 3년 임기였으나 평균적으로는 2년이 되지 못하였다. 또한 한인(漢人) 지방관의 경우 원적지 5백 리 이내 및 본성(省)에서 근무할 수 없는 회피제(回避制)라는 것이 적용되어 고향 부근에서 일하는 것이 금지되었으므로, 이들의 경우 당연히 부임하는 현지 실정·방언·관행이나 관련된 행정사무에 익숙하지 못한 경우가 대부분이었다. 더구나 송대 이후 과거제(科擧制)가 정착되면서 과거합격의 공명(功名)을 지닌 독서인(讀書人)이 지방관의 주류를 차지하게 되었으나, 이들

1 이 부분은 원래 김형종, 「명·청대 중국의 관잠서: 황육홍(黃六鴻)과 『복혜전서(福惠全書)』를 중심으로」, 『다산과 현대』 제7호, 2014(특집논문 「동아시아의 지방통치와 공공성: 『목민심서』를 중심으로」)로 발표하였던 논문을 역자 서문의 형식에 맞도록 내용과 형식을 고치고 다듬은 것이다. 따라서 논문 작성에 이용한 논문이나 서적·사료는 되도록 삭제하였다. 구체적인 출전 부분은 이 원래의 논문과 이 책의 부록에 실린 참고문헌에서 확인할 수 있다.

은 과거 준비를 하는 과정에서 오로지 '공·맹(孔·孟)의 서(書)'만을 읽고, '정자(程子)·주자(朱子)의 해설서(集注)'만을 참고하였기 때문에,[2] 지방관으로서 부임하는 데 필요한 행정실무의 지식에 대해서는 거의 준비가 되지 않는 상태였다. 따라서 행정사무를 펼침에 필요한 각종 규범과 형식, 의례 및 그때그때 쓰이는 공문서 양식 그리고 저자 개인이 체득한 정무상의 요령까지 아주 상세하게 기록하고 있는 『복혜전서』는 그들을 위한 최상의 지침서라고 할 수 있었다. 다시 말하자면 훌륭한 지방관이 되는 방법을 모두 기록한 책인 것이다.

한국에서는 보통 '목민서(牧民書)'로 구분되는 것과는 달리 중국에서는 송대(宋代)에 널리 알려지기 시작하였지만 특히 청대에 와서 그 출간이 활발해진 이러한 종류의 책을 보통 '관잠서(官箴書)'라고 부르며, 보다 넓게는 '정서(政書)'라는 부류에 넣기도 한다. 따라서 『복혜전서』의 전반적인 성격을 이해하기 위해서는 우선 이 관잠서의 역사에 대해서 간단히 살펴볼 필요가 있다, 여기서는 특히 청대를 중심으로 이 문제에 대해 간략하게 소개한 다음, 황육홍과 『복혜전서』에 대해 보다 집중적으로 살펴보는 순서로 나가고자 한다.

1. 전통시대 중국의 관잠서

'관잠(官箴)'에서 관(官)은 종정(從政), 즉 정치나 행정에 관여한다는 뜻이고, 잠(箴)은 경계나 권고라는 뜻을 가리킨다. 즉 관원(官員)에게 정치·행정의 사무를 맡을 때 주의하도록 권고·경계한다, 또는 관원에게 황제의 잘못을 지적하라고 권장한다는 뜻인데, 기존 연구에 의하면 최초의 용례는 아마도 『좌전』 양공(襄公) 4년조의 다음과 같은 기사에서 나오는 것으로 보인다.

> 옛날 주나라의 신갑(辛甲)이 태사(太史)가 되었을 때, 백관(百官)에게 명하기를 천자의 잘못에 대해 지적하라 하였다(昔周辛甲之爲太史也, 命百官官箴王闕).

이것은 주의 문·무왕 때 백관에게 천자의 잘못에 대해서 과감한 지적을 하라는 요구를

2 청대(淸代)의 학자 전대흔(錢大昕)이 남긴 말이다("非孔孟之書不觀, 非程朱之說不用."(郭潤濤, 「試論淸代州縣衙門設置幕府的原因」, 『學術硏究』 1990-4, p.55).

하였다는 고사를 가리키는데, 중국의 경우 관료제의 역사 또한 그만큼 유구하므로 군주제와 관료제의 운행을 둘러싼 지식과 경험의 축적이 이러한 '관잠'의 기원을 낳는 것으로 간주되는 것이다. 하지만 실제로 구체적인 서적으로서 '관잠'의 기원을 따진다면 최근에는 1975년 말 호북성(湖北省) 운몽현(雲夢縣) 수호지(睡虎地)에 위치한 진묘(秦墓. 秦代 官員의 무덤)에서 발견된 죽간(竹簡), 즉 『운몽수호지 진묘죽간(雲夢睡虎地秦墓竹簡)』에 수록된 「위리지도(爲吏之道)」에서 찾는 것이 일반적이다. 「위리지도」라는 제목은 정리한 사람들이 다시 붙인 명칭이고 실제 그 분량도 얼마 되지 않지만,[3] 여기에는 이후 관잠서에서도 기본적인 원칙으로 간주되는 내용이 그대로 담겨 있어, 이러한 작명(作名)이 나름대로 설득력을 갖는 것으로 보인다.

무릇 관리가 된 사람이 지켜야 할 것은 반드시 청결하고 정직해야 하며, 신중하고 근면하고 견고해야 하며, 일을 검토하는 데 사사로움이 없어야 하고, 자질구레한 것이나 감추어진 것도 정밀하게 살펴야 하며, 차분하고 안정되어야 하지 가혹해서는 안 되며, 상과 벌을 정확하게 판단해야 한다.[4]

여기에 관리가 된 사람이 지켜야 할 원칙과 자세에 대해 간략하지만 핵심을 찌르는 사항들이 열거되어 있다는 점은, 이를테면 이후 송대에 출현한 대표적인 관잠서 가운데 하나인 여본중(呂本中)의 『관잠(官箴)』(1권본)을 설명할 때 항상 인용되는 핵심구절이 바로 청렴(淸)·신중(愼)·근면(勤)이라는 것을 보아도 분명하다("當官之法唯三事, 曰: '淸', 曰: '愼', 曰: '勤'."). 심지어는 여기서 중점적으로 소개하고자 하는 황육홍의 『복혜전서』 「범례(凡例)」에서도 그가 출전을 밝히지는 않았지만 그대로 인용하고 있기도 하다. "옛말에 이르기를 깨끗함, 신중함, 부지런함이 관직 생활의 요체라고 하였다. 깨끗하고 부지런하다면 몸가짐에 흠이 없을 터이고 자질구레한 일을 걱정하지 않아도 될 것이다."라는 구절이 바로 그것이다.[5] 이만큼 '관잠'의 역사를 꿰뚫는 기본적인 정신이나 원칙은 일찌감치 정리가 시작되

3 수호지진묘정리소조(睡虎地秦墓整理小組), 『운몽수호지진묘죽간(雲夢睡虎地秦墓竹簡)』(文物出版社, 1978), pp.280-296.

4 『운몽수호지진묘죽간』, p.281("凡爲吏之道, 必精潔正直, 愼謹堅固, 審悉毋私, 微密纖察, 安靜毋苛, 審當賞罰.").

5 황육홍(黃六鴻), 『복혜전서(福惠全書)』「범례(凡例)」 부분을 참조("古云: '淸、愼; 勤, 乃居官之要.' 夫旣淸且勤, 巳于操履無, 叢脞無虞矣.").

었고, 이후에도 그것이 지속적으로 관철되고 있음을 여기에서 알 수 있다.[6] 『복혜전서』에서 꾸준히 강조되는 내용 역시 위의 인용문에 거의 담겨 있다고 해도 과언은 아니다.

또한 이후 관잠서의 역사에서 한(漢)의 양웅(揚雄)이 지었다는 『주잠(州箴)』이나, 당대(唐代)의 측천무후(則天武后)가 짓게 하였다는 『신궤(臣軌)』가 눈에 띄지만, 우리가 주목하고자 하는 관잠서의 유형은 송대 이후 본격적으로 출현하게 되었다는 것도 잘 알려진 사실이다. 이전의 관잠이 주로 신하의 군주에 대한 권고나 군신관계에 중점을 둔 것에 비해 송대 이후에는 각급 지방관의 실천적 경험이 축적된 결과로서 나타난 훌륭한 지방관이 되기 위한 실무지침서의 성격이 뚜렷하게 두드러지기 때문이다. 이것은 송대 이후 인구의 증가와 과거제의 정착에 따른 각급 중앙·지방 행정기구의 증가, 관(官. 官員)과 리(吏. 즉 胥吏)의 분리, 지방행정의 복잡화에 따른 자연적인 현상으로 보인다. 이 점은 다음과 같은 후대인의 평가에서 잘 나타난다.[7]

> 송나라 사람은 말했다. 국가에서 수백 개의 관직을 두었지만, 백성과 직접 접촉하는 것은 오로지 현령(縣令)뿐이다. 현령이 한 조각의 마음이라도 더 쓰게 되면, 백성은 한 조각의 이익을 더 얻게 된다.(程龢, 『浙鴻爪印』)

일반 백성과 직접 접촉하는 지방관의 직책·역할에 대한 이러한 관심은 백성으로서는 초미의 관심사가 되었으므로, 당연히 '관리가 된 도리(爲吏之道)'를 추구하는 관잠서의 작자들에게는 송대 이후 이 분야가 특히 주목의 초점이 되지 않을 수 없었다. 한편, 송대의 경우 대표적인 관잠서는 위에서 본 여본중의 『관잠』(不分卷)이나 저자불명(不著撰人. 陳襄?)의 『주현제강(州縣提綱)』(四卷) 등을 들 수 있으며, 원대(元代)의 경우에도 장양호(張養浩)의 『위정충고(爲政忠告)』나 서원서(徐元瑞)의 『이학지남(吏學指南[習吏幼學指南])』이 대표적인 경우로 지목된다. 특히 여본중의 『관잠』과 같은 경우는 중국국가도서관의 소장본을 보면 1368년 이후 1930년까지 열 차례의 판각본(板刻本)이 발견될 정도로 오랫동안 보급되

6 다만 이 「위리지도」는 다른 여타의 모든 관잠서가 기본적으로 유가(儒家) 사상에 바탕을 두고 있는 것과는 달리 진대(秦代)의 영향으로 법가(法家) 사상적인 특성이 두드러진다는 점이 이색적이다(郭成偉 主編, 「官箴文化研究」, 『官箴書點評與官箴文化研究』, 中國法制出版社, 2000, p.424). 하지만 '위리지도'에 대해서는 양자의 기본 입장이 크게 다르지 않다는 점 또한 흥미로운 사실이라 하겠다.

7 "宋人有言, 國家設官數百, 其親民者僅一縣令而已. 縣令苟多用一分心, 人民卽多沾一分益."(龔汝富, 「略論中國古代官箴的政治智惠」, 『中國人民大學學報』 2006-1, p.151).

어 깊은 관심을 받았으며,[8] 서원서의 『이학지남』은 조선과 일본에도 유입되었고, 조선 전기에 우리나라에서도 간행되어 이후 행정과 법률 용어의 형성에 깊은 영향을 주기도 하였다.[9]

그리고 명·청대에 오면 관잠서는 수량이나 내용 면에서 그 이전 시대와 비교할 수 없을 정도로 크게 불어났다. 위로는 황제로부터 고급 관료나 지방관, 심지어는 지방관을 보좌하는 직책을 맡은 막우(幕友)에 이르기까지[10] 그 편찬의 주체가 크게 확장되었던 것도 거기에 큰 역할을 하였다. 이를테면 『주현사의』의 편찬과 보급을 직접 지도한 옹정제(雍正帝)의 역할이나 건륭제(乾隆帝)의 총신(寵臣)으로 여러 종의 관잠서를 편찬한 진홍모(陳弘謀=陳宏謀)의 역할 같은 경우는 그 대표적인 사례다. 청대에 들어오면 관잠서의 수량은 대략 추산해도 500종 남짓에 이를 정도로 방대한 분량에 이르게 되었다고 하므로, 사실 여기서 그 개략을 소개하기에도 벅찰 정도다.

현재 정리·출판된 것을 기준으로 보면 청대 18세기 건륭(乾隆) 연간에 출간된 『사고전서

---

8 최근에 출간된 여본중(呂本中) 등찬(等撰), 『관잠(官箴)』(三秦出版社, 2006)이라는 관잠서도 역시 『관잠』의 이름을 그대로 따르고 있는데, 여기에는 「위리지도」, 『신궤』, 『관잠』 및 명대의 『종정록(從政錄)』이나 청대의 『좌치약언(佐治藥言)』·『학치억설(學治續說)』 등이 수록되어 있다.

9 정광·정혜승·양오진, 『이학지남(吏學指南)』(태학사, 2002)을 참조. 여기에는 번역문뿐만 아니라 규장각소장본(奎中2180)의 영인판과 국립중앙도서관본의 서문이 수록되어 있는데, 이 두 책은 세조 4(1458)년 경주에서 간행된 판본의 후쇄본(後刷本)이다. 장양호(張養浩)의 『삼사충고(三事忠告)』도 정애리시 역, 『삼사충고』(푸른산, 1993. 새물결, 1999. 소림, 2005)로 우리말 번역이 나와 있다. 한편 좁은 의미에서는 관잠서라고 할 수는 없지만 일종의 법의학 참고서인 송대에 편찬된 『세원록(洗冤錄)』을 기초로 원대(14세기 전반)에 왕여(王與)가 편찬한 『무원록(無冤錄)』도 14세기 후반 조선에 도입되었다는 점이 흥미롭다. 이후 법의학지침서로 활용되면서 1438년에는 여기에 주석을 붙인 『신주무원록(新註無冤錄)』이 간행되었으며, 이것이 『증수무원록대전(增修無冤錄大全)』으로 증보되고 나중에는 언해판(諺解版)까지도 출간되었다. 이에 대해서는 김호 옮김, 『신주무원록: 억울함을 없게 하라』(사계절, 2003); 송철의·이현희·장윤희·황문환, 『역주 증수무원록언해(增修無冤錄諺解)』(서울大學校奎章閣韓國學硏究院 韓國學共同硏究叢書 4. 서울대학교출판부, 2004. 2006)를 참조.

10 막우(幕友)는 특히 청대에 지방아문에서 전곡(錢穀)·형명(刑名)·문안(文案) 등의 처리를 도와주던 인원을 가리키는데, 이전 시대의 막료(幕僚)나 막부(幕府)에 해당된다. 국가로부터 내려지는 관직이 없이 지방장관이 개인적으로 초빙하면서 벗처럼 대우하기 때문에 막우라고 불렸다. 따라서 막우는 국가나 정부가 아니라 지방관에게만 책임을 지는 존재였다. 속칭으로는 사야(師爺)라고도 하는데, 주로 과거시험이나 임관을 준비 중인 독서인이 맡았다. 막우가 본격적으로 지방관에 의해 활용되는 시기는 청대 중기 이후의 일로 보이며, 이 때문에 "막우가 없으면 아문이 돌아가지 않는다(無幕不成衙)"는 말도 생겼다고 한다. 청대의 막우에 대한 개괄적인 해설은 민두기(閔斗基), 「청대(淸代)의 막우(幕友)에 대하여」, 『중국근대사연구(中國近代史硏究): 신사층(紳士層)의 사상(思想)과 행동(行動)』(일조각, 1973); 한승현, 「지방행정」(吳金成 외, 『명청시대사회경제사』, 이산, 2007 수록) 및 청대 지방행정에 대한 가장 대표적인 연구서인 구동조(瞿同祖), 『청대지방정부(淸代地方政府)』(法律出版社, 2003. 이것은 *Local Government in China under the Ch'ing*, by T'ung-tsu Ch'u, East Asian Research Center of Harvard University Press, 1962의 번역본이다.) 및 위광기(魏光奇), 『유법여무법(有法與無法): 청대적주현제도급기운작(淸代的州縣制度及其運作)』(商務印書館, 2010) 등을 참조.

(四庫全書)』(7萬 9千餘卷, 3萬 6千冊)와 21세기에 들어와 편찬된 후속편인 『속수사고전서(續修四庫全書)』(上海古籍出版社, 2002년. 1800冊)에서는 관잠서를 「사부(史部) 직관류(職官類) 관잠지속(官箴之屬)」으로 분류하여, 전자의 경우는 6종 17권(제602책), 후자의 경우는 13종 129권(제753~755책)에 수록하고 있다(『복혜전서』는 여기에 수록되어 있지 않다). 또한 『사고전서존목총서(四庫全書存目叢書)』에도 「직관류(職官類) 관잠지속(官箴之屬)」이라는 분류 아래 8종 107권이 수록되어 있지만, 여기에 수록되어 있지 않은 것도 상당한 수량에 이른다.[11]

최근 이러한 관잠서에 대한 관심이 높아지면서 이 가운데 대표적인 것 101종을 모아서 출판한 『관잠서집성(官箴書集成)』의 경우를 살펴보자.[12] 당대(唐代)의 경우 『신궤(臣軌)』(2권. 武則天 撰) 1종이 수록되어 있고, 송대에는 앞서 든 여본중의 『관잠』이나 저자불명의 『주현제강』을 포함하여 5종, 원대에는 장양호의 『위정충고』 등 2종(『이학지남』은 미수록)이 수록되어 있다. 반면, 명대(明代)의 경우 『어제관잠(御製官箴)』(不分卷. 朱瞻基[명의 제5대 황제인 宣宗] 撰), 『[신오여선생]실정록([新吾呂先生]實政錄)』(呂坤 撰) 등 17종이 수록되어 있고, 청대(淸代)의 경우 황육홍의 『복혜전서』 외에도, 『미신편(未信編)』(6권. 潘杓燦 撰), 『[흠반]주현사의([欽頒]州縣事宜)』(不分卷. 田文鏡·李衛 撰), 『종정유규(從政遺規)』(2권. 陳弘謀 輯, 『재관법계록(在官法戒錄)』(4권. 陳弘謀 輯), 『막학거요(幕學擧要)』(不分卷. 萬維翰 著), 『학치억설(學治臆說)』(2권. 汪輝祖 纂), 『좌치약언(佐治藥言)』(不分卷. 汪輝祖 纂), 『주현수지(州縣須知)』(不分卷. 劉衡 撰), 『목령서(牧令書)』(23권. 徐棟 輯), 『목령수지(牧令須知)』(6권. 剛毅 著), 『번산정서(樊山政書)』(20권. 樊增祥) 등 76종이 수록되어 있다[민국시대의 경우 『장리법언(將吏法言)』(8권. 徐世昌 著) 등 2종].

이렇게 보면 청대(1644~1912)는 그야말로 관잠서의 전성시대라고 할 수 있다. 특히 위에 든 목록을 보면 주로 주현의 사무를 다루는 지방관(『복혜전서』 및 『미신편』·『주현사의』·『목령서』·『목령수지』 등이 대표적이다)이나 그를 보좌하는 막우를 위한 지침서(『막학거요』, 『학치억설』, 『좌치약언(佐治藥言)』 등이 대표적이다)가 사실상 큰 부분을 차지하고 있음을 알 수 있다. 이것은 청대에 오면 관잠서의 기능이 주로 이 분야에 특히 집중되었다는 점을 재확인해 준다. 또한 『어제관잠』이나 『[흠반]주현사의』는 황제가 직접 그 편찬이나 보급에 참여한

11 『사고전서(四庫全書)』에는 관잠서가 송대 4종, 원대 1종, 청대 1종이 실려 있고 『속수사고전서(續修四庫全書)』에는 당대 1종, 송대 1종, 원대 1종, 명대 4종, 청대 9종이 실려 있는데, 이 부류가 아닌 다른 부분에 포함된 것을 포함하면 그 분량은 훨씬 늘어날 것이다. 또한 보다 거시적인 국가나 관료제·사회개혁에 관한 많은 서적도 넓은 의미에서 '관잠서'의 범위에 포함될 수 있지만, 여기서는 상당히 좁은 범위로 그 성격을 한정하고 있다.

12 관잠서집성편찬위원회(官箴書集成編纂委員會) 편(編), 『관잠서집성(官箴書集成)』(全10冊, 黃山書社, 1997).

사례가 되므로, 국가에서 지방행정과 이치(吏治)의 개선을 적극 나섰다는 점 역시 마찬가지다.

그렇지만, 전체적으로 볼 때 관잠서는 이와는 다른 여러 방식으로 분류하여 이해하는 것도 가능하다. 이를테면 그 내용의 특성으로 구분하면 1) 관료·지방관의 기본적인 소질과 소양에 대해서 집중적으로 추구하는 것(이를테면 여곤의 『실정록』이나 전문경·이위 찬, 『주현사의』 및 강의 저, 『목령수지』 등), 2) 행정사무 처리의 질서와 규칙에 대해서 집중적으로 탐구한 것(이를테면 황육홍의 『복혜전서』는 지방의 행정사무 전반에 대한 자세한 지침서이고, 청대 여치(余治)의 『득일록(得一錄)』과 같은 경우는 재해구제(荒政)와 자선사업(善堂)의 규범에 대해서 전반적으로 다루었으며, 『막학거요』, 『학치억설』, 『좌치약언』 등은 각급 아문에서 근무하는 막우를 위한 업무규칙에 대해 전문적으로 다루고 있다), 3) 각급 관리가 보여 준 정치적 지혜나 선정에 대해 스스로 또는 다른 사람이 모아서 편찬한 기록집이나 자료집(이를테면 번증상(樊增祥) 편찬, 『번산정서(樊山政書)』 등)이란 식으로 분류할 수 있다.[13]

또 다른 사례로는 청대 관잠서를 그 내용 면에서 설교형(說教型)과 전문형(專業型)으로 구분하였는데, 이것을 보다 구체적으로 도덕설교형(道德說教型), 전문기술형(專業技術型), 사안집록형(案例輯錄型), 행정경력형(從政經歷型), 공문서기록형(檔案記錄型)과 기타 종합형(其他綜合型)으로 나누는 연구도 있다. 이 경우는 또한 관잠서의 형식 측면에서 작자 자신의 경험을 총괄하는 것, 그리고 다른 사람의 정적(政積)이나 언행(言行)을 채록한 것 두 종류로 나누기도 한다. 전자의 경우는 황육홍의 『복혜전서』나 번증상의 『번산정서』가 대표적이고, 후자의 경우는 진홍모의 『재관법계록』이나 여치의 『득일록』, 서동의 『목령서』 등이 대표적이다. 이런 식으로 구분해 보면 결국 청대 관잠서 가운데 일부는 전문성이 대단히 강조된 정무지침서가 되거나 막우의 막학(幕學)을 위한 지침이 되는 흐름이 비교적 뚜렷하게 나타난다.

이상의 다양한 분류방식에 비추어 볼 때 황육홍의 『복혜전서』는 청대의 다양한 관잠서 유형 가운데 특히 자신의 경험을 축약하여 담은 초급 지방관을 위한 실무지침서의 성격이

13 한편 청대 남정원(藍鼎元)의 『녹주공안(鹿州公案)』은 그가 광동성(廣東省) 조주부(潮州府)의 조양현(朝陽縣)에서 지현으로 근무하면서 처리한 재판기록을 담은 것인데, 우리말로 번역이 나왔다. 남정원 지음, 미야자키 이치사다 해석, 차혜원 옮김, 『녹주공안: 청조 지방관의 재판기록』(이산, 2010). 재판기록에만 한정되었지만, 부임 시의 상황이나 남정원의 많은 나이(48세), 명판관으로서의 지현 등은 『복혜전서』와 아주 흡사한 같은 분위기를 풍기는 관잠서라고 하겠다.

강하게 드러나면서도 비교적 복합적인 형식과 내용을 갖춘 종합형 관잠서에 가까운 유형이라고 정의할 수 있을 것이다. 하지만 이러한 간단한 형식·내용 분류만으로는 당연히 표면적인 이해를 뛰어넘지 못할 것이므로, 『복혜전서』의 구체적인 편찬과정과 그 체제·내용·판본 등에 대해서 살펴보는 순서로 넘어가도록 하겠다.

2. 황육홍과 『복혜전서』

1) 황육홍의 생애와 『복혜전서』의 판본[14]

『복혜전서』의 저자 황육홍(黃六鴻, 1630-1717)에 대한 전기자료(傳記資料)는 『복혜전서』 「자서(自序)」에 수록된 자신의 소개를 제외하면 아주 소략한 것뿐이다. 그 가운데 가장 상세한 것은 기존의 연구자가 인용한 『강희신창현지(康熙新昌縣志)』 권12의 「인물지(人物志) 거인(擧人)」인데,[15] 이 판본의 내용은 다행히 훨씬 후대의 『동치신창현지(同治新昌縣志)』에도 전재(轉載)되어 있어 이것을 참고할 수 있다.[16] 이에 따르면 그는 강서성(江西省)의 신창현 천덕향(天德鄉) 출신이고,[17] 자(字)는 정경(正卿. 또는 子止·子正이라고 기록된 경우도 있다)이고 호는 사재(思齋. 판본에 따라 思湖라는 호로 기록되어 있다)라고 한다. 이 점을 제외하면 지현으로 출사하기 이전의 전반생에 대해서는 알려져 있는 것이 거의 없을 정도이고, 다만 "학술을 가지고 경세제민(經世濟民)을 꾀하고자 하였다(以學術爲經濟)"는 그의 포부만이 알려져 있을 뿐이다.[18]

---

14 『복혜전서』를 인용하는 연구는 많지만, 황육홍과 『복혜전서』 자체에 대해서는 연구가 기본적으로 소략하다. 이를테면 야마네 유키오(山根幸夫), 「복혜전서(福惠全書) 해제(解題)」, 오바타 시잔(小畑行簡) 훈점(訓點), 『복혜전서(福惠全書)』(東京: 汲古書院, 1973) 所收; 유수생(劉秀生), 「청대현정관리적백과전서(清代縣政管理的百科全書): 평황육홍『복혜전서』급기위관지도(評黃六鴻『福惠全書』及其爲官之道)」, 방행(方行) 주편(主編), 『중국사회경제사논총(中國社會經濟史論叢)』(北京: 中國社會科學出版社, 2005); 야마모토 에이시(山本英史), 「황육홍의 편심론(黃六鴻の編審論)」, 야마모토 에이시, 『清代中國の地域支配』(慶應義塾大學出版會, 2007) 등이다. 황육홍의 출생연도는 이 책의 편집이 거의 끝난 무렵 동료 구범진(丘凡眞) 교수로부터 주보명(周保明) 점교(點校), 『복혜전서(福惠全書)』(廣陵書社, 2018)에 따른 것이다.

15 야마네 유키오, 『복혜전서 해제』.

16 『동치신창현지(同治新昌縣志)』(『中國地方志集成 江西府縣志輯』 第40輯, 江蘇古籍出版社, 1996)의 권16 「명환(名宦) 황육홍(黃六鴻)」, 33b-34를 참조.

17 의풍현(宜豐縣)이라고 기록하는 경우도 있는데, 이것은 현재의 지명이다. 또한 복건성(福建省) 후관인(侯官人)이라는 기록도 있는데 아마 그의 출생지를 가리키는 것일 수도 있다, 나중에 서술하겠지만 그의 장인이나 아버지는 모두 복건성에서 지방관 생활을 경험하였다.

물론 황육홍이 21세의 나이인 순치(順治) 8(1651)년 향시(鄕試)에 합격하여 거인(擧人) 학위를 취득하였고, 강희(康熙) 9(1670)년 처음으로 산동성(山東省) 기주부(沂州府) 담성현(郯城縣)의 지현(知縣)에 임명되었으며,[19] 3년 임기를 얼마 안 남긴 강희 11(1672)년에 부친의 사망으로 인해 관직 생활을 3년간 중단하였다는 점은 기존 연구에서 확인이 된다.

황육홍이 담성현에 지현으로 근무할 때의 경험은 『복혜전서』에 풍부하게 담겨 있지만, 그의 이 시기 활동에 대해서는 건륭 연간 담성현의 지현을 지낸 왕식(王植)이 편찬한 『건륭담성현지(乾隆郯城縣志)』(乾隆 28年 刊本)에서 황육홍이 지현 경력에서 내세울 만한 활약을 보인 세 가지 사건을 들면서 아주 상세한 소개를 하고 있다.[20] 이 세 사건은 모두 『복혜전서』에서 황육홍 자신이 자세하게 소개한 부분이기도 하다. 첫째는 부임하면서 강소성의 숙천에서 바로 홍화부(紅花埠)의 역참(驛站)으로 들이닥쳐 부임 3일 후에야 역참을 순시한다는 구례(舊例)를 무시하고 감찰을 시행한 일이었다. 이를 통해 아역들이 미처 역참의 현황을 '분식(粉飾)'할 시간을 갖지 못하게 만드는 선제공격을 통해 역참의 피폐해진 상황을 몽땅 들춰 냄으로써 뭇 아역들을 공포에 떨게 하였던 것이다.[21] 두 번째는 "사법적 판결에 아주 능하여(能讞決)" 오랫동안 지방의 우환이 되어 왔던 보기 드문 흉악범 왕가습(王可習) 부자 일당의 집단 살인사건을 해결한 일과 포장(捕壯)의 사주로 도인(逃人) 혐의자가 엉뚱한 사람을 무고해서 죄를 뒤집어씌우려 한 것을 알아채고 증인을 바꿔치기하는 대질심문을 통해 도인의 자백을 받아 낸 일이었다.[22] 세 번째 고사는 아내 왕씨(王氏)가 피살된 것에

---

18 『동치신창현지』 권16 「명환 황육홍」, 33b.

19 담성현(郯城縣)은 역사가 아주 유구하여 일찍이 상대(商代)에 소호씨(少昊氏)의 후예가 담국(炎國)을 건설하였다고 하며 춘추시대에도 노(魯)의 부용국(附庸國)으로 담국이 존재하였다. 진대(秦代)에는 담현(郯縣), 한대(漢代)에는 동해군(東海郡)이 설치되었다가 원대(元代)에 처음 담성현으로 불리게 되었다. 담성현은 또한 산동성(山東省) 남부의 저산구릉지대에 속하면서 가장 남쪽에 있어 산동성과 강소성(江蘇省)의 경계지역에 속한다. 바로 남쪽은 강소성의 서주부(徐州府) 숙천현(宿遷縣)이다.

20 『건륭담성현지(乾隆郯城縣志)』(王植 等編. 乾隆28年刊本. 中國方志叢書: 華北地方 第378號, 成文出版社影印, 1976) 권7 「질관지(秩官志)」 26a-27a. 왕식의 문집인 『숭덕당고(崇德堂稿)』(8권) 권4에도 「담성윤황사호전(郯城尹黃思湖傳)」이란 글이 있는데 마지막 줄("後以艱歸, 補任直隷東光, 內給諫, 所著有福惠全書, 行於世")에 추가된 내용을 제외하면 이것과 같은 내용이다. 왕식(1681-1766)은 자(字)가 회삼(怀三. 또는 槐三)으로 직예성(直隷省) 심택(深澤. 河北省 深澤縣) 출신인데, 20여 년의 관직 생활 가운데 강희 60년 진사 출신으로 산동 담성현의 지현을 지낸 바 있으며, 지방관으로서도 뛰어난 명성을 누려 『사고전서』에도 그의 문집이 수록되어 있다(『四庫全書總目提要』 崇德堂集).

21 『복혜전서』 제3권 부임부(莅任部) 2 「3-01. 아역 부리기(馭衙役)」 부분을 참조.

22 『복혜전서』 제12권 형명부(刑名部) 2 「12-12-01. 큰 강도를 붙잡은 사건(擒獲大盜事)」 및 제17권 형명부(刑名部) 7 도적(賊盜) 상 「17-05. 도적 체포(緝捕)」 부분, 그리고 제19권 형명부(刑名部) 9 도인(逃人)과 간정(姦情) 「19-01-05. 도인 포획(拿獲)」 부분을 참조.

대해 남편 임씨(任氏)가 이웃사람 고씨(高氏)와 그의 아내를 강간살인으로 고발하자, 직접 심문과 현장 조사를 통해 상황을 파악한 다음 고발자인 임씨와 그의 아버지를 성황전에 가둬 놓고 미리 잠복시킨 시동(侍童)을 통해 밤에 그들 간의 대화를 몰래 엿듣게 하여 진상을 알아냄으로써 임씨가 결국 왕씨 살해를 자백하게 만든 사건이다. 여기서 그는 철저한 현장조사와 시신의 상태에 대한 면밀한 점검을 통해 진상을 짐작한 다음, 자백을 받아 낼 수 있는 교묘한 방안을 모색하여 지혜롭게도 의혹을 풀어헤쳤다.[23]

이 세 가지 사건은 그야말로 극적인 구성을 갖춘 일화로서 아주 흥미진진한 내용을 담고 있다. 특히 마지막 사건은 이것을 소재로 하여 미국 예일대학 중국사 연구자 조너선 스펜스 교수가 『왕여인의 죽음』이란 책을 써 낼 정도였다.[24] 또한 『건륭담성현지』에서 다른 지현의 경우 모두 세 줄로 간단한 약력만 소개하고 있는 것에 비해 황육홍의 경우는 무려 3쪽, 즉 21줄에 걸쳐 자세한 소개를 하고 있다는 점은 황육홍이 지현을 지낸 것에 대해 후대에서의 아주 높은 평가를 하였음을 엿보게 해 준다. 황육홍의 고향인 신창현에서도 이 점은 마찬가지다. 산동성 담성현의 지현이 된 다음 "그 정치는 관대하고 공평함을 숭상하고, 묵은 세금 체납을 정리하고 역참을 정돈하였으며, 도적을 미리 막고 못된 무리를 적발하여 감옥이 텅 비고 소송이 멈춰지게 하였다."라는 평가가 그것이다.[25]

그런데 문제는 황육홍이 거인에 합격한 다음 담성현의 지현으로 임용되기까지는 거의 20년에 가까운 시간이 끼여 있다는 점인데, 이 점에 대해 잠깐 살펴볼 필요가 있다. 이렇게 40세의 나이에 지현으로 부임할 때까지 그동안 황육홍이 무엇을 하고 지냈는가에 대해서는 사실 알려진 바가 거의 없기 때문이다. 하지만 이 점에 대해 실마리를 던져 주는 것은 『복혜전서』에 실린 황육홍 자신의 서술인데, 그는 권1 출사부(筮仕部)의 「1-10. 「품첩」의 우송(郵「稟帖」)」의 부록 「사륙계(四六啓)」 양식에서 다음과 같이 기술하고 있다.

> 생각건대, 「품계(稟啓)」는 관례적으로 대우(對偶)를 강구하는 변려체(駢儷體) 문장을 쓰며, 여기서 그것을 가지고 양식으로 삼지만, 반드시 주현의 아랫사람이 위쪽의 상사

---

23 『복혜전서』 제14권 형명부(刑名部) 4 인명(人命) 상 「14-08. 해결이 쉽지 않았던 사건(疑獄)」 부분을 참조.

24 Jonathan D. Spence, *The Death of Woman Wang*, Viking Penguin, 1978(→ 조너선 스펜스 지음, 이재정 옮김, 『왕여인의 죽음』, 이산, 2002). 스펜스의 저서는 이 고사 외에도 『담성현지』나 소설 『요재지이(聊齋志異)』 등의 내용을 종합하여 청대 초기 중국의 평범한 여성의 일생을 재구성해 낸 것이다.

25 『동치신창현지』 권16 「명환 황육홍」, 33b-34를 참조("政尙寬平, 淸夙逋, 緝郵亭, 弭盜摘姦, 獄空訟息.").

> 에게 두루 문안을 올리는 것이어야만 비로소 적합한 것이라 할 수 있다. 다른 각판 인쇄본에는 이런 종류의 글이 아주 적기 때문에, 선부께서 옛적에 복건성(福建省)의 건계(建溪)에서 지현으로 일하셨을 때, 그리고 장인[外父]이신 비석(匪石) 추공(鄒公)께서 복건성의 연평부(延平府)에서 일하셨을 때 남기신 두 유고 문집과 서신 가운데에 아직 상사에게 축하인사를 올리는「품계」가 몇 통 남아 있는 것 가운데 고르게 되었다.[26]

이 부분은 상관에게 부임인사를 하는「품첩」을 설명하면서, 그 실제적인 작성사례를 보여 주기 위해 직접 자신의 장인과 부친, 그리고 자신이 사용하였던「품계」의 내용을 수록한 부분이다. 사실『복혜전서』전체를 처음부터 끝까지 꼼꼼히 읽지 않는다면 도저히 찾아낼 수 없을 정도로 스쳐 가는 이 구절에 그의 생애를 보다 구체적으로 알려 주는 단서가 담겨 있다.[27]

여기서 우선 그가 장인이라 부르는 비석(匪石) 추공(鄒公)이 누구인가를 검색해 보면, 명말의 저명한 관료 추유련(鄒維璉. ?~1635)이며, 비석(匪石)이나 달관루(達觀樓)는 추유련의 호(號)라는 것은 쉽게 확인할 수 있다.[28] 추유련의 자(字)는 덕휘(德輝) 또는 덕요(德耀)로 강서성 신창현 사람이며, 명의 만력(萬曆) 35(1607)년 진사(進士) 학위를 획득한 독서인이었다. 추유련은 이후 연평추관(延平推官)으로 관직을 시작했는데, 청엄(淸嚴)한 관료로 이름을 떨쳐 당시 실권자였던 유명한 명말의 환관 위충현(魏忠賢)을 대간(大姦)·대악(大惡)으로 탄핵하는 상소를 올렸지만, 다행히 귀주(貴州)로 좌천당하는 데 그쳤다. 실제『명사(明史)』권235「열전(列傳) 123 추유련(鄒維璉)」부분 마지막에 있는 사가(史家)의 찬(讚)에는 "추유련이 환관 위충현에게 항거하고 역당(逆黨)의 무리를 거역하였지만, 처벌이 그나마 단지 유배로 끝난 것은 다행스러운 일이다(鄒維璉抗魏奄, 拒逆黨, 僅坐謫戍, 幸矣)"라고 평가하고 있

---

26 『복혜전서』제1권 출사부(筮仕部)「1-10.「품첩」의 우송(郵「稟帖」)」의「사륙계」양식('四六啓'式) 부분을 참조. 외부(外父)는 악부(嶽父), 즉 장인을 가리킨다. 또한 외공(外公)은 외조부, 외옹(外翁)은 외조부나 장인을 가리킨다.

27 『복혜전서』제24권 전례부(典禮部)「24-13. 명현 제사(崇祀名賢)」에서 황육홍은 또한 추유련의 고사를 언급하고 있지만 다만 고향의 어른으로서만 언급하고 있다.

28 중국의 유명한 검색사이트인 바이두(百度)에서 검색하면 바로 독자적인 항목으로 추유련이 나온다(http://baike.baidu.com/view/222016.htm?fr=aladdin).『명사(明史)』(中華書局, 1974) 권235「열전(列傳) 123 추유련(鄒維璉)」, pp.6137-6138에도 본전(本傳)이 있으며,『동치신창현지』권16「명환 추유련(鄒維璉)」, 14b-30b에는 이『명사』에 실린 본전 외에도 진정(陳鼎)의『동림전(東林傳)』에 실린 추유련 관련 전기, 그리고 황육홍이 직접 쓴「가전(家傳)」의 절록(節錄)까지 세 종류의 전기가 아주 길게 인용되어 있다. 그만큼 역사적 인물로서 추유련의 비중은 아주 크게 잡혀 있다.

다.[29] 명말의 반(反)환관운동으로 유명한 동림당(東林黨)의 대열에서 추유련은 크게 활약을 보인 것이다. 그는 숭정(崇禎) 초년에 다시 부름을 받아 남경태복시경(南京太僕寺卿)·우첨도어사(右僉都御史)를 거쳐 복건순무(福建巡撫)로 2년 동안 재임하면서 해구(海寇)를 소탕하는 데 공을 세우기도 하였고, 네덜란드의 아모이(廈門) 침입에 적극적으로 대항하기도 하였으므로, 그는 환관 일당에 대한 저항과 네덜란드의 침입에 대한 저항 공적만으로도 '청사(靑史)에 이름을 남긴 인물'로 오늘날 평가를 받고 있을 정도다.

한편 부친이 복건성의 건계에서 관직 생활을 하였다는 그의 언급 또한 새로운 실마리가 된다. 우선 건계(建溪)에 대해 검색해 보면 명대 복건성에는 건계현과 같은 행정구역명은 발견되지 않는다.[30] 명대 복건성에는 건(建)이나 계(溪)가 들어간 현(縣)이 각기 네 군데나 되어 정확한 확인은 어려운데, 이러한 행정 구역의 명칭은 없지만 건계(建溪)라는 이름의 강이 건녕부(建寧府)를 관통하여 내려간다는 것은 쉽게 확인이 된다. 따라서 복건성을 가로지르는 민강(閩江)의 북쪽 원류인 건계는 건녕부의 소속 지역을 가리키는 대칭(代稱)으로 보인다. 그래서 건녕부에 속하는 여러 현의 지방지를 검색하여 그의 부친의 행적을 추적하는 방법을 선택할 수밖에 없는데, 다행히 건녕부에 속하는 건양현(建陽縣)의 『민국건양현지(民國建陽縣志)』[31]에 따르면 명말(明末) 건양현의 지현으로 황국기(黃國琦)라는 인명을 찾을 수 있었다. 여기서 그는 진사(進士) 출신의 신창인(新昌人)이라고 기록되어 있다. 또한 건양현이 속한 건녕부(建寧府)의 부지(府志)인 『강희건녕부지(康熙建寧府志)』에서도 같은 내용이 확인된다.[32] 신창현은 황육홍의 고향이기도 하므로, 강서성 신창현에서 태어난 진사로 명말 복건성에서 관직 생활을 한 황국기(黃國琦)가 황육홍의 부친이고, 건계는 아마 건양현을 가리킬 가능성이 상당히 크다고 하겠다. 그리고 무엇보다도 황국기의 고향이 황육홍의 고향인 신창현 천덕향과 정확히 일치한다는 점도 이를 뒷받침한다.[33] 또한 강서성 신

29 『명사』 권235 「열전 123 추유련」, p.6139.

30 우평한(牛平漢) 주편(主編), 『명대정구연혁표(明代政區沿革表)』(中國地圖出版社, 1997), 「福建省」, pp.225-233.

31 『민국십팔년서(民國十八年序) 민국건양현지(民國建陽縣志)』(『中國地方志集成 福建府縣志輯』 第6輯. 上海書店出版社, 2000), 권5의 제13조 「직관(職官)」, 11a. 다만 『중국방지총서(中國方志叢書) 복건성(福建省)』에 수록된 『민국십팔년서 건양현지』 및 『민국십팔년서 건양현지서(建陽縣志書)』(臺北: 成文出版社, 1975)는 같은 판본이지만, 내용이 완전하지 않아 관련부분이 빠져 있다.

32 『강희건녕부지(康熙建寧府志)』(『中國地方志集成 福建府縣志輯』 第5輯. 上海書店出版社, 2000)의 권8 「직관(職官) 2(二)」, 51b.

33 『동치신창현지』 권16 「명환 황국기(黃國琦)」, 31a. 『복혜전서』 제1권 출사부(筮仕部) 1 「1-02. 임용 대기(謁選)」에는 "옛날에 강녕(江寧) 출신의 누군가가 경사에서 임용을 기다리고 있을 때 선친(先子)께서 다음과 같은 편지를 보내신 적이 있었다. "관직에 있으면서 빚을 갚는 것보다는 임용되기 전에 돈을 아끼는 편이 훨씬 낫다." 당시

창현이 속하는 서주부(瑞州府)의 기록에도 숭정(崇禎) 10년 진사에 합격한 황국기는 자가 석공(石公)이고 신창인으로 이과급사중(吏科給事中)의 관직을 지냈다고 기술하고 있다(명말에 이곳 출신 황씨 성의 진사는 황국기 한 사람뿐이다).[34] 같은 기록에는 황육홍의 장인인 추유련(鄒維璉)은 자가 덕휘(德輝)이고 신창인으로 복건순무와 좌도어사(左都御史)의 관직을 지냈다고 기술하고 있으며, 황육홍은 청 초기인 순치(順治) 8(1651)년 신묘과(辛卯科) 거인(擧人)으로 자는 자정(子正)으로 신창인이며, 급간(給諫)의 관직을 지냈다고 기술하고 있다.[35]

이러한 자질구레한 기록들을 서로 꿰어 맞춰 필자는 황육홍의 부친이 황국기일 것이라고 추론을 내렸지만, 사실 이것은 어찌 보면 불필요한 일이었다. 『복혜전서』 영역본(選譯)의 번역자가 이미 『민국오현지(民國吳縣志)』 권76 하(下) 「열전(列傳) 유우(流寓)」(4b-5a)에 실린 「황육홍(黃六鴻)」에 관한 간략한 기사를 소개한 바 있기 때문이다.[36] 이 기사에는 관직에서 은퇴한 다음 강녕(江寧. 즉 南京)에 머물던 황육홍이 만년에 다시 소주(蘇州)로 이주하여 거기서 여생을 마쳤다는 점을 기록하고 있는데, 아울러 "부친 국기가 건양현령을 지냈다(父國琦令建陽)"로 명시되어 있다.[37] 따라서 황육홍의 장인과 부친은 모두 명말 신창현 출신의 진사인 셈이므로(아마 추유련이 동향의 진사합격자인 황국기의 아들 황육홍을 사위로 맞아들인 것으로 보인다), 황육홍은 그야말로 지방명문가의 일원이라 할 것이다. 더구나 이 세 사람 모두 고향인 신창현의 지방지 「명환(名宦)」 부분에 수록되어 있다는 점은 특히 주목할 만하다.[38] 장인과 부친, 그리고 본인이라는 세 사람의 관료가 모두 '명환(名宦)'의 대열에 들어섰다는 것은 정말로 보기 드문 '가문의 영광'이라 하지 않을 수 없기 때문이다.

사람들은 이것을 듣고 정말로 올바른 명언이라고 일컬었다."라는 구절이 있다. 그런데 「명환 황국기」, 31b에 의하면 황국기는 말년에 모친의 병 때문에 사직한 다음 더 이상 관직에 나가지 않았고, 금릉(金陵. 즉 江寧)에 옮겨 머물렀고 78세에 서거하였다고 되어 있으므로, 이것도 하나의 증거가 된다.

34 『동치서주부지(同治瑞州府志)』(『中國方志叢書 福建省』, 華中地方 第九九號. 成文出版社, 1970), 권9 「선거(選擧) 진사(進士)」, 28b.

35 『동치서주부지』, 권9 「선거 진사」, 27b. 권10 「선거 거인(擧人)」, 16a.

36 Djang, Chu(章楚), *A Complete Book Concerning Happiness and Benevolence*, The University of Arizona Press, 1984의 'Translator's Introduction', pp.4-6.

37 오수지(吳秀之) 등수(等修), 조윤원(曹允源) 등찬(等撰), 『오현지(吳縣志)』(中國方志叢書. 華中地方 第18號. 民國22年鉛字本. 成文出版社, 1970; 中國地方志集成. 江蘇府縣志輯 11, 江蘇古籍出版社, 1991), 권76하(下) 「열전(列傳) 유우(流寓)」 4b-5a를 참조. Djang, Chu(章楚)는 건양을 산동성의 지명으로 설명하였지만, 이것은 분명한 오류다.

38 『동치신창현지』, 권16 「명환」, 14b-34b.

따라서 황육홍의 인생 역시 이러한 명문가의 후예답게 진사 학위를 획득하는 것이 당면 과제가 되었으리라는 점을 추측하는 것은 그리 어려운 일이 아니다. 그리고 그는 실제 거인이 되기 위한 청대의 평균 연령(20대 중반)보다 훨씬 젊은 21세의 나이에 진사 바로 밑의 학위인 거인 자격을 취득하였다. 그야말로 한 가문으로 묶인 세 사람이 연이어 진사 합격자가 되는 보기 드문 성공 사례를 이룰 수도 있다고 아마 젊은 시절의 황육홍은 자신하였을 것이다. 하지만 이후 그의 과거경력은 아마도 잇따른 실패로 점철된 것으로 보인다. 그의 거인 합격 이후 강서성 서주부 출신으로 진사에 합격한 사람은 순치 15년 1명, 18년 1명, 강희 3년 1명, 강희 9년 2명이었지만, 그의 이름은 거기에 들어 있지 않았다.[39] 그는 거인 합격 이후 20년 가까운 세월 동안 아마도 거의 대부분을 진사 학위를 얻는 데 진력하였겠지만, 끝내 성공하지 못하였던 것이다(이상의 사정으로 보아 그가 진사시험을 치르지 않았을 가능성은 적다고 하겠다).[40]

그가 마침내 어떠한 방법으로 지현의 자리에 임명되었는지도 불확실하다. 아마도 연납(捐納)이나 장기대기자인 경우가 되면 별로 인기가 없는 지방에 지현으로 부임하는 사례(이를테면 揀選知縣과 같은 경우)를 통해서였을 것으로 생각되지만, 대신 그는 남보다 훨씬 더 오랫동안 지방관이 되기 위한 준비기간을 거친 셈이 되었다. 이렇게 해서 상당히 나이가 들어 40세에야 지방관의 대열에 합류하게 되었던 점은 도리어 그가 상대적으로 노련한 경험을 확보한 '준비된' 지방관이 될 수 있게 해 주었다. 『복혜전서』에 실려 있는 여러 사례는 그가 상당한 사전 경험과 준비를 하고 부임한 '준비된' 지방관이라는 인상을 곳곳에서 보여 준다. 그리고 아마도 이러한 기나긴 시간의 '좌절'과 그만큼 길었던 '준비' 기간이 없었다면 『복혜전서』라는 책 자체도 아마 편찬될 수 없었을 것이다. 하지만 진사 학위가 없었던 것은 그의 관료로서의 생애·경력에 커다란 제한을 주지 않을 수 없었다.

한편 부친상을 치른 다음 강희 14(1676)년에 황육홍은 다시 하북성(河北省) 동광현(東光縣)의 지현에 임명되었다.[41] 여기서도 유능한 지현으로서의 면모를 유감없이 보였기에

39 『동치서주부지』, 권9 「선거 진사」, 28b-29a.

40 앞서 『오현지』에 나오는 황육홍의 기사(5a)는 그가 거인 합격 이후 "만 권의 책을 읽지 않고 만 리의 길을 가지 않으면 장부라 할 수 없다"고 하면서 산동에서 북쪽으로 여행하여 거용관(居庸關)·상곡(上谷)·운중(雲中) 등지를 거쳤다고 기록하고 있지만, 젊은 날의 그의 행적에 대해서는 별다른 서술이 없다.

41 동광현(東光縣)은 한대 처음 유주(幽州) 발해군(渤海郡)에 속한 동광현으로 설치되었으며, 명·청대에는 직예성 하간부(河間府) 동광현으로 불리게 되었다. 현재 하북성 창주시(滄州市)에 속하는데, 하북성 가장 남쪽이라 바로 밑의 산동성과 접한다.

『강희동광현지(康熙東光縣志)』 권5「지현」에서는 그가 "도적을 잡는 데 뛰어났고, 세금 독촉으로 소란을 일으키지 않아 …… 독서인이나 백성이 모두 고맙게 여겼다"고 평가하고 있다.[42] 또한 훨씬 후에 출간된 『광서동광현지(光緒東光縣志)』에 의하면, 황육홍은 강희 14년에 부임하여 17년에 임무를 교대한 것으로 나와 있으며(강희 13년 임명되었다는 기록도 있지만 여기서는 위의 기록에 따랐다),[43] 또한 치적 역시 앞서와 거의 비슷하다.[44] 앞서 인용한 바 있는 황육홍의 고향 신창현의 지방지인 『동치신창현지』에서도 이 시기에 관해서는 "담성현처럼 다스렸는데 진휼(賑恤)·조호(調護)·구황(救荒) 방면이 더욱 뚜렷하였다."라고 기록하고 있다.[45]

이렇게 황육홍은 동광현에서도 지현으로서 뛰어난 성과를 올렸다. 그리고 이렇게 지방관으로서 탁월한 성과를 거둔 황육홍은 어쩌면 당연한 일일지도 모르지만 특별히 경관(京官)으로 승진되는 혜택을 입어 행인(行人)으로 발탁되었고,[46] 이후 그는 어시(御試)에서 1등을 하여 예과급사중(禮科給事中)의 직위가 주어졌으며, 강희 30(1691)년에는 회시(會試[禮闈])의 시험관으로 발탁되어 '줄곧 공정한 자세(一秉虛公)'를 보여 주었고, 뒤이어 다시 정7품(正七品)의 공과장인급사중(工科掌印給事中), 즉 그 장관(長官)으로 발탁되었다.[47] 이 무렵 두 차례 올린 상소(「請止湖口關喝報疎」·「兩河疎」)는 고위관료들로부터 모두 아주 긍정적인 반응을 얻었으며, 강희제로부터도 "상주에 의한 답변을 보니 아주 상세하고 밝아 정말로 그 직책을 잘 수행하고 있다(奏對詳明, 克稱厥職)"는 평가를 받아 내기도 하였다고 한다. 하지만 약 15년에 걸친 경관(京官)으로서의 그의 관운(官運)은 여기에서 끝났다.[48] 강희 32(1693)년 그는 관직

---

42 산근행부, 『복혜전서 해제』에서 재인용.

43 『광서동광현지(光緒東光縣志)』(中國地方志集成 河北府縣志輯 45. 上海書店出版社, 2006), 권6「직관지(職官志) 환표(宦表)」, 18b.

44 『광서동광현지』, 권6「직관지 환적(宦蹟)」, 13a("黃六鴻, 江西新昌人, 擧人. 康熙十四年知縣事. 捕盜有方, 催科不擾. 歷官都給事中. 士民思之.").

45 『동치신창현지』, 권16「명환 황육홍」, 34a. 한편 『오현지』 권76하「열전 유우」 5a에서도 담성현에서의 치적("御胥以猛, 撫民以寬, 決疑獄, 淸驛政, 禽巨憝." "盜賊屛跡")과 동광현에서의 치적("治行如郯邑而備荒尤著")을 기록하고 있다.

46 행인(行人)은 관직으로 『주례(周禮)』 추관(秋官) 사구(司寇)의 소속으로 빈객·제후를 접대하는 예의를 담당하는 관직이었다. 청대 행인의 경우 지위는 경관(京官) 가운데 지위는 비록 낮지만 성망이 매우 높고 승진도 아주 빠른 명예직으로 진사 합격자가 여기에 임명되는 것을 영예로 여길 정도였다고 한다. 행인으로서의 행적에 대해서는 『동치신창현지』, 권16「명환 황육홍」, 34a를 참조.

47 육과장인급사중(六科掌印給事中)은 강희 5년 육과도급사중(六科都給事中)으로 바뀌었다. 만(滿)·한(漢) 각기 1명씩인데, 육과(六科)의 장관(長官)으로 정7품(正七品)의 관질(官秩)이었다. 이후 옹정(雍正) 연간에 정5품, 광서(光緖) 연간에 정4품이 되었다.

48 북경에서 관직 생활을 시작하였지만, 진사(進士) 학위를 갖지 못한 그가 지방관으로서의 훌륭한 자질만으로는 엄청난 인내심과 치열한 경쟁을 필요로 하는 경관(京官) 사회에서 나름대로의 경력을 헤쳐 나가는 데 상당한 어려

을 그만두고 고향으로 돌아가 『복혜전서』를 완성하는 데 진력하게 되었다.[49]

앞서 든 두 차례의 지방관 경험이 『복혜전서』를 완성시킬 수 있었던 주요한 바탕이 되었다는 것은 다시 말할 필요도 없다. 『복혜전서』 초판은 강희 33(1694)년에 처음 완성된 것으로 보이므로(출간은 강희 38(1699)년), 아마도 귀향하기 이전부터 상당히 이 책의 편찬에 공을 들였음이 틀림없을 것이다. 또한 강희 44(1706)년 강남(江南) 지방을 방문한 강희황제(康熙皇帝)는 남경(南京)에 이르렀을 때 특별히 황육홍을 불러서 만나고 송나라 구양수(歐陽修)의 「만과수북시(晩過水北詩)」의 어서(御書) 한 폭을 내렸다고 하므로,[50] 그가 황제에게 깊은 인상을 남겨 주었던 훌륭한 지방관이었다는 점은 확실하다고 하겠다. 거인 출신의 지현으로 출발하여 북경으로 발탁된 경력이 결코 우연이 아니었고, 지방관으로서 황육홍은 그야말로 탁월하게 모범적인 존재로 비쳐졌던 것이다.

그러나 그렇다고 해서 황육홍이 청대사에서 큰 비중을 차지하는 고위 관료나 '대관(大官)'이 아니었다는 점 또한 분명하다. 이를테면 『청사고(淸史稿)』의 「열전(列傳)」 부분 같은 대표적인 청대 인물의 전기자료에도 그의 이름은 보이지 않는다.[51] 마찬가지로 중요한 비중을 차지하는 『청사열전(淸史列傳)』에서도 이 점은 마찬가지다. 국가 차원의 공식적인 평가에서 보면 그는 그다지 주목할 만한 '인물'이 되지는 못하였던 셈이다. 이 점은 오늘날에도 여전히 마찬가지다. 『중국인명대사전(中國人名大詞典)』(商務印書館. 1998. 1921初版)이나 『삼십삼종청대전기종합인득(三十三種淸代傳記綜合引得)』(上海古籍出版社, 1982. 燕京學社, 1932年), 『청대전기총간(淸代傳記叢刊)』(202책. 明文書局, 1986), 『청인실명별칭자호색인(淸人室名別

움이 있었을 것이다. 전문(傳聞)에 불과하지만 다음과 같은 재미있는 일화는 그것을 잘 보여 준다. 경관으로 발탁된 그가 북경에 왔을 때 자신이 부임하였던 지역의 토산물과 자신의 시집 원고를 두루 명사(名士)들에게 보냈다가, 이것을 받은 찬선(贊善. 從六品) 조추곡(趙秋谷. 執信)이 "토산품으로 인사를 보내 왔지만, 당신의 원고는 딱히 거절하겠다(土物拜登, 大稿璧謝)"는 답장을 보내 황육홍은 크게 앙심을 품게 되었으며, 이과급사중으로 있던 자신의 지위를 이용하여 국상(國喪)기간에 '장생전(長生殿)'이란 연극을 공연하였던 사람들을 탄핵하여 50여 명이 처분을 받는 사건이 발생하였을 때 조추곡 역시 혐의자에 포함되었다는 것으로 이어지지만, '장생전'은 도리어 이 때문에 금중(禁中)에까지 알려져 가장 인기 있는 경극(京劇)으로 알려지게 되었다는 줄거리다(戴璐, 『藤陰雜記』 권2; 『浪迹續說』 권6 「長生殿」; 王先謙, 『思益堂集』 「日札」 권4 「趙秋谷事」 및 『兩般秋雨盦隨筆』 권4 「長生殿」 등. 이상의 자료는 모두 『中國基本古籍庫』 데이터베이스에서 '황육홍(黃六鴻)'으로 검색하여 얻은 것이다).

49 이때 그를 위해 고향에 '은영방(恩榮坊)'을 세우라는 강희제의 상유가 내려졌다(『동치신창현지』, 권16 「명환 황육홍」, 34a). 『오현지』 권76하 「열전 유우」 5a에 의하면 황육홍은 질병으로 관직에서 물러난 다음 금릉에서 25년을 지내다 다시 소주(蘇州. 吳縣)로 옮겨 가서 사위 오첨기(吳瞻淇)의 부양을 받으면서 여생을 마쳤다고 한다.

50 『동치신창현지』, 권16 「명환 황육홍」, 34a-b. 물론 그 혼자만을 부른 것은 아니다.

51 『복혜전서』는 『청사고(淸史稿)』 「지(志) 128 예문(藝文) 2」에 '사부(史部) 직관류(職官類) 관잠지속(官箴之屬)'으로 소개되고 있기는 하다.

稱字號索引) 증보본(增補本)』(上海古籍出版社, 2001), 『청대학술사전(淸代學術辭典)』(學苑出版社, 2004), 『중국학술편년(中國學術編年) 청대권(淸代卷)』(華東師範大學出版社, 2013) 등 대표적인 청대 인물·학자의 목록·사전에서도 황육홍의 이름은 찾아보기 어렵다. 그의 이름은 사전을 검색해서 찾지 못하는 경우가 오히려 정상인 것이다. 그가 학자나 관료로서보다는 단순히 『복혜전서』의 저자로서만 알려졌고, 그가 펴낸 『복혜전서』가 관잠서로서 훌륭한 평가를 받고 있음에도 불구하고 건륭 연간에 편찬된 『사고전서(四庫全書)』에 수록되지 못한 것은 그 점을 상징적으로 보여 준다.[52]

이 점은 앞서 든 청대 관잠서의 주요 편찬자 가운데 한 사람인 진홍모(陳弘謀)의 경우와 뚜렷하게 대조된다. 그는 마찬가지로 지방통치와 문서행정 방면에 뚜렷한 업적을 남겼지만, 총독(總督)·순무(巡撫)로서 고위 지방관을 역임하였고, 건륭제의 총애를 받은 명신(名臣)으로서 크게 이름을 떨치고 있기 때문이다. 그의 저작도 모두 수집되어 후인에 의해 전집으로 출판되었다.[53] 이에 비하면 황육홍은 『복혜전서』 외에는 알려진 문집·저작이 거의 없거나 알려져 있지 않다.[54] 물론 그의 저작을 전혀 찾아볼 수 없는 것은 아니다. 그가 지현을 지낸 담성현의 『담성현지』에는 「중수문관사기(重修問官祠記)」, 「경개사기(傾蓋祠記)」가 남아 있으며,[55] 그가 쓴 『복혜전서』의 내용 가운데 중요한 것들은 이후 19세기 전반에 출간되어 이후 근대 경세사조(經世思潮)의 부흥을 이끌었던 하장령(賀長齡) 편(編), 『황조경세문편(皇朝經世文編)』에 상당수가 수록되어 있기도 하다.[56] 이것은 황육홍이 관원·학자로서

52 앞서 인용한 부분을 보면 알 수 있지만 『복혜전서』의 『사고전서』와의 '인연'은 『사고미수서집간(四庫未收書輯刊)』(北京出版社, 2000)의 3집-19에 광서(光緒) 19년 문창회관각본(文昌會館刻本)의 영인본이 수록되면서 겨우 이루어질 수 있었다. 물론 『사고전서』·『속수사고전서』에 수록된 『관잠서』의 종류가 그리 많지 않다는 점도 고려될 필요가 있다.

53 광서성(廣西省) 출신인 그의 저작은 『진용문선생유저(陳榕門先生遺著)』(光緒鄕賢遺著編印委員會 編印, 甲編第1種)로 1943년 출간되기도 하였다. 그가 편찬한 관잠서도 모두 여기에 수록되어 있다. 최근에는 그의 경세사상과 치적을 전문적으로 다룬 연구서가 출간되기도 하였다. Willam T. Rowe, *Saving the World: Chen Hongmou and Elite Consciousness in Eighteenth-Century China*, Stanford University Press, 2001을 참조.

54 『동치신창현지』, 권16 「명환」에 따르면 여기에 실린 그가 지은 「가전(家傳)」 외에도 『당시전체(唐詩筌蹄)』·『의자석의(疑字釋義)』 등의 저작이 행세(行世)되었다고 하므로(34b), 시문이나 문자학에도 상당한 조예가 있었던 것으로 보이지만, 학술적 주목의 대상이 되었던 것 같지는 않다. 또한 진영화(陳榮華) 등주편(等主編), 『강서역대인물사전(江西歷代人物辭典)』(江西人民出版社, 1990)에는 청대 부분에 황육홍의 전기가 있는데(p.329), 그 내용은 이미 앞서 다룬 것을 벗어나지 않는다. 다만 그 저서도 앞서 나온 것 외에 『강감합찬(綱鑑合纂)』·『기전분편(紀傳分編)』 등 모두 수십 종이 있다고 기록하고 있다.

55 『건륭담성현지』, 권11 「예문지(藝文志)」, 11a-12a, 25a-27b를 참조.

56 이를테면 권23(「吏政 九 守令 下」)에는 「심흥혁(審興革)」, 권28(「戶政 三 養民」)에는 「양민사정(養民四政)」, 권29(「戶政 四 賦役 一」)에는 「잡징여론(雜徵餘論)」, 권30(「戶政 五 賦役 二」)에는 「논편심(論編審)」, 권39(「戶政

비교적 낮은 평가를 받았음에도 불구하고 『복혜전서』가 '경세(經世)'를 위한 서적으로서도 상당한 실용적 가치를 가지고 있었음을 알려 준다. 또한 18세기의 인물인 대로(戴璐. 1739-1806)가 "『복혜전서』는 서점에서 널리 성행하고 있어 처음 관직에 나간 사람은 이것을 금침(金針)으로 받든다"고 하였던 것이나, 청말의 학자 왕선겸(王先謙)이 거의 비슷한 내용으로 "『복혜전서』는 서점에서 널리 성행하고 있어 처음 관직에 나간 사람은 이것을 금침(金鍼)으로 받든다. 내가 살펴보니 이 책은 지금도 여전히 팔리고 있다. 무릇 처음 관직에 나간 사람은 거개 한 편씩 옆에 두고 있을 정도다."라고 소개한 것은 초급 지방관을 위한 종합적인 안내·지침서로서의 『복혜전서』의 역할을 잘 보여 주기도 한다.[57]

한편, 『복혜전서』는 강희 33(1694)년에 완성되었지만 출간 판본은 지금까지 파악된 바에 의하면 초판본과 그것을 기초로 따로 출간된 판본 크게 두 종류로 나뉜다.[58] 초판본은 강희 38(1699)년의 여름의 둘째 달(음력 오월)에 출판된 금릉(金陵. 오늘날의 南京)에 본당(本堂)을 둔 경서당장판(敬書堂藏版) 32권본이고, 초판본의 특징은 작자를 석포각암 수편(石浦覺菴 授編, 『熙隆治譜 福惠全書』)으로 표기하고 있고 경서당장판이라는 표기가 함께 나와 있다. 또한 「자서(自序)」의 끝부분에는 "강희세차갑술(康熙歲次甲戌) 맹동소설후삼일(孟冬小雪後三日) 석포우농황육홍수서어우두승사(石浦迂農黃六鴻授書於牛頭僧舍)"라고 표기되어 있다. 두 번째의 판본은 종서당장판(種書堂藏版)인데 작자가 급간황사호유편(給諫黃思湖類編)으로 되어 있고 제목도 『[주현목민요람(州縣牧民要覽)] 거관복혜전서(居官福惠全書)』로 바뀌어 있으

十四 倉儲 上」)에는 「적저(積貯)」, 권73(「兵政 四 馬政」)에는 「논역정(論驛政)」과 「설요참의(設腰站議)」가, 권74(「兵政 五 保甲 上」)에는 「보갑삼론(保甲三論)」이, 권75(「兵政 六 保甲 下」)에는 「이지도지설(以盜止盜說)」이, 권91(「刑政 二 律例 上」)에는 「심문·판결 여론(問擬餘論)」 등 11편이 수록되어 있다. 이것들은 황육홍이 『복혜전서』에 담은 심득 가운데 가장 대표적인 것으로, 후대의 경세사가(經世史家)에 의해서도 그의 각 분야에 대한 여러 주장은 상당히 높은 평가를 받았음을 알게 해 준다. 앞서 비교한 진홍모의 경우 모두 53편의 글이 실렸으므로, 황육홍의 경우는 훨씬 적다고 하겠지만, 그의 관료·지방관으로서의 경력을 고려한다면 이만큼 적지 않은 글이 실린 경우는 보기 드문 경우라고 하겠다. 또한 『황조경세문통편(皇朝經世文統編)』(一百零七卷. 光緒二十七年 上海愼記書庄石印本. 上海寶善齋石印本. 沈雲龍 主編, 『近代中國史料叢刊』 續輯 第72輯, 臺北: 文海出版社, 1980)에도 권42(「內政部十六 弭盜」)에 「보갑삼론(保甲三論)이, 권68(「理財部十三 倉儲」)에 「적저(積貯)」가 수록되기도 하였다.

57 앞서 인용한 바 있는 대로, 『등음잡기』 권2; 왕선겸, 『사익당집』 「일찰(日札)」 권4 「조추곡사(趙秋谷事)」를 참조. 광서계사(光緒癸巳) 맹하(孟夏) 신조판(新雕版)인 석포각암수편(石浦覺菴授編), 『복혜전서(福惠全書)』(文昌會館刻本)의 존재 역시 청말의 광서 연간(1875-1908)에도 여전히 『복혜전서』에 대한 수요가 있었음을 확인시켜 준다.

58 『복혜전서』의 판본에 대해서는 Djang, Chu(章楚), *A Complete Book Concerning Happiness and Benevolence*, The University of Arizona Press, 1984의 'Translator's Introduction', pp.6-11에 잘 정리되어 있다. 여기에서의 서술은 이에 따르는데, 이에 따르면 초판본의 출간 이후 아마 300년 동안 10여 종 이상의 판본이 출간되었을 것이라고 추측하고 있다.

며, '경서당장판(敬書堂藏版)'의 표기가 있던 부분이 '종서당장판(種書堂藏版)'으로 바뀌어 있다. 또한 「자서」의 끝부분에는 '강희세차갑술(康熙歲次甲戌) 공과장인급사중(工科掌印給事中) 전지담성동광양현사(前知郯城東光兩縣事) 황육홍(黃六鴻) 수서(授書)'라고 표기되어 있다. 변화된 부분을 보면 황육홍의 '관직' 부분을 특히 강조하고 있다는 점이 눈에 띄기 때문에 아마 서상(書商)의 보다 좀 더 상업적인 판매 전략이 반영된 판본이 아닐까 생각된다. 그리고 '종서당장판(種書堂藏版)'을 기초로 일본에서 가영(嘉永) 3(1850)년에 출간된 오바타 시잔(小畑行簡)의 훈역본(訓譯本)이 있는데(嘉永版),[59] 이 판본은 1973년에 일본 급고서원(汲古書院)에서 영인본(影印本. 山根幸夫教授 解題)으로 출간되었다. 판본의 구체적인 내용을 보면 그다지 큰 차이는 없는데, 그래도 오자나 탈자가 몇 글자 더 적고 읽기에도 좀 더 편한 것은 이 판본으로, 이 번역본의 토대이기도 하다. 하지만 판본마다 겉표지와 「품계(稟啓)」 수록 순서(맨 마지막 권에 부록으로 싣느냐 아니면 바로 마지막 권의 바로 앞에 실었느냐의 차이가 있다) 및 약간의 자구 차이가 있을 뿐으로 보인다. 이를테면 최근 간행된 『사고미수서집간(四庫未收書輯刊)』(北京出版社, 1997) 제3집에 실린 판본(石浦覺菴授編 『福惠全書』 光緖癸巳孟夏新雕版의 文昌會館刻本으로 되어 있다)이나 『관잠서집성(官箴書集成)』제3권(黃山書社, 1997)에서 실린 판본(濂溪書屋 藏版)은 「자서(自序)」 끝부분에 "맹동소설후삼일(孟冬小雪後三日) 석포우농(石浦迂農) 황륙홍수서어우두승사(黃六鴻授書於牛頭僧舍)"라는 내용이 들어 있으므로 초판본을 기초로 한 것이고, 따라서 염계서옥 장판도 초판본을 기초로 한 것임을 알 수 있다.

한편 일본에서는 1850년에 이미 훈역본(訓譯本)이 출간될 정도로 『복혜전서』에 대한 관심이 높았으며, 이후 1975년에는 간략하기는 하지만 본서에 등장하는 각종 어휘에 대한 해설집이 출간되었다.[60] 또한 실제로 일본에서 출간된 유명한 한자사전인 『대한화사전(大漢和辭典)』과 최근 중국에서 출간된 가장 대표적인 사전인 『한어대사전(漢語大詞典)』 등에서 소개된 어휘 가운데, 『복혜전서』에 등장하는 용례가 다수 수록되어 있다는 점은 주목할 필요가 있다. 특히 일부 단어나 행정 용어는 오로지 『복혜전서』의 용례만을 소개하는 경우도 적지 않다. 그리고 실제 번역 과정에서도 『한어대사전』에서는 아주 많은 단어의 용례를 『복혜전서』에서 처음 나오는 것으로 인용하고 있다는 점도 누차 확인할 수 있었다. 물론 『한어대사전』에 나오지 않는 단어들도 『대한화사전』에서는 나오는 경우가 보다 빈번하기

59 훈역(訓譯)이라고 하지만 옆에 훈독(訓讀)을 위한 조사와 보조기호가 붙어 있고, 구두점이 찍힌 것이지 내용의 번역은 아니다.

60 사에키 도미(佐伯富) 편(編), 『복혜전서어휘해(福惠全書語彙解)』(京都: 同朋舍, 1975).

때문에 그런 점에서는 『대한화사전』이 『복혜전서』라는 원전에서 용어 사례를 뽑아 내는 데 더욱 충실하였던 것으로 보이지만(실제로는 『복혜전서』의 사례와는 어울리지 않는 부적절한 해석도 약간은 눈에 띈다), 그만큼 『복혜전서』의 '원전(原典)'으로서의 의미가 강하게 인정되고 있는 것이다.

또한 『복혜전서』가 이미 1984년에 영어번역본(Translated and edited by Djang, Chu(章楚), *A Complete Book Concerning Happiness and Benevolence*, The University of Arizona Press, 1984)이 출간된다는 점은 미국의 중국학계에서도 이 책의 가치에 일찍부터 눈독을 들였다는 점을 보여준다. 물론 영역본은 완역이 아닌 선역(選譯)이고, 실제 번쇄하고 자질구레한 부분은 생략해 버린 의역 중심의 책이었지만, 『복혜전서』가 청대의 관료사회와 지방행정을 이해하기 위한 기본적인 사료라는 점을 다시 확인해 주는 역할을 하고 있다. 끝으로 『복혜전서』 권32 마지막 쪽의 끝부분에는 다음과 같은 서점의 광고가 붙어 있다.

> 이 책은 갑술(1694)년의 겨울의 첫째 달(음력 시월)에 이루어졌고, 기묘(1699)년의 여름의 둘째 달(음력 오월)에 출판되었습니다. 쪽수를 계산하면 모두 761쪽이고 글자 수는 27만 3,930자입니다. 써서 새긴 것이 아주 정교하고 교감도 자세하게 이루어졌기에, 어느 한 자도 흘려 쓰거나 잘못되고 빠진 것이 없습니다. 하지만 사방의 이익을 꾀하는 못된 무리들이 몰래 멋대로 가져다 다시 출판하는데, 조판이 엉망이고 글자의 흔적이 모호하고 뒤죽박죽 섞이게 만들어 가짜가 진짜를 어지럽힘으로써 읽는 사람의 눈에 쉽게 들어가지 않을까 두렵습니다. 만약 이러한 무리가 있으면 현직에 있는 관원이나 신사 여러분께서 풍기와 교화를 유지하고 공공의 악을 드러내 주는 차원에서 금릉(金陵)의 본당에 통보해 주신다면, 즉시 달려가서 고발하여 몽땅 잡아들이도록 하겠습니다. 종서당(種書堂)에서 삼가 알립니다.[61]

『복혜전서』가 당시, 그리고 이후에도 상당히 보급되어 영향력을 끼쳤다는 점은 앞서도 서술한 바 있지만, 이익을 노린 서상·서점에서 만든 모조판이 상당히 성행하고 있었다는 점은 이 광고에서도 다시 확인할 수 있는 것이다.

---

61 이렇게 보면 경서당 판본(초판)과 그 이후의 판본으로 보이는 종서당의 판본이 어떤 관계인지 궁금해지지만, 현재로서는 그것을 알아낼 방법은 없다. 다만 역자의 느낌으로 보아 경서당 판본보다 종서당 판본이 아주 약간 더(몇 글자에 나지 않는다) 자구의 수정이 이루어지는 등 재판(再版)이 나오면서 조금 더 다듬어진 것으로 보인다.

2)『복혜전서』의 체제와 내용

앞서도 지적하였지만 중국에서 주현이란 중앙(황제)에서 지방관을 파견하는 행정상의 최하 단위였다. 그 행정장관인 지주·지현은 통상적으로 과거에 합격한 학위 소유자 가운데 선발하는 것이 보통 관행이었다(물론 과거시험 합격자 가운데 최상위권은 중앙의 翰林院으로 들어가서 京官으로서 이력을 시작하였으므로 地方官인 知縣으로 선발되었다는 것은 시험성적이 최상위권은 아니었다는 반증이기도 하다). 하지만 과거 시험에서 요구하는 내용은 고전(『四書五經』)에 대한 지식과 일정한 형식(八股文) 안에서의 유려한 문체였으므로, 실제 합격자들이 세금 징수, 소송 및 사법안건 처리, 범죄사건의 심의 등 '전곡(錢穀. 賦稅)'과 '형명(刑名. 司法)'이나 기타 다양한 방면의 행정사무를 제대로 감당할 지식·능력을 갖추지 못한 것은 당연한 일이었다. 그들은 유교적 교양에 충실한 독서인이었지, 특정 행정의 전문가나 기술 관료가 되기 위해 준비한 상태는 아니었기 때문이다.

더구나 지방관은 자신의 고향을 피하여 낯선 땅으로 임명되었고(청대에도 자기 省 그리고 고향 지방과 일정한 거리 — 보통 수백 리 — 내에 있는 지역에는 파견되지 않는 回避制가 작동하고 있었기 때문이다), 임지에는 으레 지역사회에서 수십 년간 뿌리박고 있던 토착적인 행정 실무자(胥吏와 衙役)와 토호세력이 기다리고 있었다. 따라서 주어진 3년의 임기(그것을 제대로 채우는 경우는 후기로 갈수록 훨씬 줄어든다) 가운데 말(사투리)도 통하지 않는 지방사회의 실정을 이해하고, 나아가 지방행정을 제대로 파악·장악하는 일은 결코 쉽지 않았다. 대부분의 지방관은 부임지에서 고과(考課) 점수를 깎아내릴 수 있는 사건이 발생하지 않기만을 기대하면서, 쥐꼬리만 한 지방관의 봉록을 메울 수 있는 막대한 양의 비정규적(非正規的) 수입을 확보하느라 세월을 보내기 일쑤였다(청대에는 중앙과 지방을 막론하고 관료의 봉급이 역사상 가장 낮았던 시대였다).

하지만 지방행정을 제대로 파악하고 장악하는 것도 결코 쉽지 않은 일이었지만, 세금 징수와 사법 처리 등의 직책을 제대로 수행하지 못할 경우 이에 대한 처벌은 대단히 엄격하였다. 초임 지방관이 그 때문에 신세를 망치는 일도 적지 않았다. 이를테면 황육홍이 근무하였던 산동성 담성현은 원래 빈곤한 지역이었던 데다가 대지진(大地震)이 발생한 여파 등으로 그의 전임자 네 명이 업무(아마도 赤字나 負債)의 인수인계를 거부당했기 때문에 다른 근무지로 이동하지 못한 채 현지에 대기상태로 남아 거의 거지와 같은 처참한 생활을 보내는 지경이었다. 따라서 처음 임명된 신임 지방관들은 이러한 괴리를 극복하기 위하여 고래(古來)로부터 정무 지침서를 반드시 참조하지 않을 수 없었으며, 이것이 송대 이후 중국 관료제의 관잠서 편찬 문화를 형성하는 배경이 되었다.『복혜전서』는 이러한 것들 가운데서 지방관에 임명될 준비를 하는 과거수험생이나 신임 지방관의 필독서로 자리매김하였다.

그리고 『복혜전서』는 아마도 그러한 관잠서 가운데 가장 상세하고 가장 분량이 큰 책이었다. 물론 그렇다고 해서 이 책이 청대에 가장 잘 보급된 관잠서라고 단정하기는 어렵다. 이보다 뒷 시기에 옹정제(雍正帝)의 주도로 만들어지고, 그의 명령에 의해 모든 지방관이 사무실 책상에 올려 두고 참고하도록 전국적으로 반행된 『주현사의(州縣事宜)』와 같은 경우는 분량도 훨씬 적은 데다가(『복혜전서』 32권에 비해 겨우 1권 50여 쪽에 지나지 않는다),[62] 정부 차원의 후원이 있었기에 당시에는 훨씬 더 큰 보급 효과와 영향력을 누렸을 터이기 때문이다. 또한 청대 중기 이후에는 지방관을 보좌하는 막료(또는 막우)의 수가 크게 증가하면서 그들을 위한 지침서인 왕휘조의 『좌치약언』이나 『학치억설』과 같은 관잠서가 널리 알려지고 보급되었다. 『복혜전서』는 지현보다는 오히려 막우가 참조해야 할 구체적인 실무의 내용과 지침에 대해서도 아주 상세하게 다루고 있기 때문에, 이러한 사무를 막우에게 넘겨 버린 다음 시대의 지방관들에게는 훨씬 참고가치가 떨어졌을 가능성도 배제할 수 없다.

하지만 실제적인 효용성이라는 측면을 비교한다면 『복혜전서』는 여전히 큰 장점이 있다. 분량이 지나치게 적어 간략하다고밖에 할 수밖에 없는 『주현사의』 등에 비해 지방 행정사무의 구석구석에 이르기까지 아주 상세하고도 구체적으로 엄청난 분량을 기록해 두고 있을 뿐만 아니라, 시간적으로도 지방관이 북경에서 이부(吏部)의 임명을 받아서 부임지로 출발하기 전부터 실제 부임지에서 인수인계를 받아 임무를 수행하는 모든 과정과 임기를 마치고 다음 후임자에게 인수인계할 때까지 지키고 주의해야 할 사항에 대해 꼼꼼하게 제시해 주고 있기 때문이다.

황육홍은 이러한 『복혜전서』라는 제목의 책을 지은 이유에 대해 지방관이 다스리는 주현이라는 지방사회에 행복[福]을 조성하고 백성에게 은혜[惠]를 베풀기 위한 종합적인 지침서라는 의미를 제시하고 있다. 단순하게 지방관으로의 경력을 잘 수행하기 위한 지침서라는 범위를 훨씬 뛰어넘어서, 지방관의 올바른 행정 업무가 곧 지역사회의 행복, 나아가서는 천하의 안정과 번영을 가져다줄 수 있다는 적극적인 자세가 이 책의 기반이 되고 있기 때문이다. 황육홍 자신은 「자서(自序)」에서 이렇게 서술하고 있다.

62 『주현사의(州縣事宜)』를 집중적으로 분석한 연구(杜金, 「清代皇權推動下‘官箴書’的編纂與傳播: 以『欽頒州縣事宜』爲例」, 『學術研究』 2011-11)는 『주현사의』가 원칙이나 대강 성격이 강한 주현행정 지침서라고 설명하면서 주현사무 전체의 모든 방면을 포괄할 수 없는 입문용 책 내지는 기초교재라고 평가하고 있다.

이 책은 정치를 위한 책인데, '행복과 은혜[福惠]'라는 제목을 붙인 것은 무슨 뜻인가? 복(福)이란 (지방사회에) 행복을 만들어 주겠다는 마음가짐이며, 혜(惠)란 백성에게 은혜를 베풀어 주는 일을 가리킨다. 무릇 사람(지방관)에게 이러한 마음이 있은 다음에야 이러한 일이 있을 수 있으며, 이러한 마음이 없으면 이러한 일도 있을 수 없다. 따라서 윗사람이 반드시 먼저 지방에 행복을 가져다주겠다는 마음가짐을 가진 다음에야 백성에게 은혜를 베풀어 주는 일이 나타날 수 있다. …… 그렇다면 전서(全書)라고 이름을 붙인 것은 또한 무슨 뜻인가? 전(全)이란 한 주현(州邑)의 행정을 모두 통괄하여 여기에 갖추고 있다는 뜻이다. 주현의 행정은 크게는 '전곡(錢穀. 즉 賦稅)', '형명(刑名. 즉 司法),' 교화('敎養'), 풍속('風俗')에서 작게는 조직·제도('建制'), 건물 수리('修擧'), 조례(科條), 서무(庶務)에 이르기까지 모두 이로움을 일으키고 해로움을 제거하고자 하지 않는 것이 없다. …… 주현이라는 것은 천하의 한 부분이다. …… 한 주현이 이렇게 되면 한 주현이 혜택을 받고, 천하의 주현이 이렇게 되면 천하의 주현이 모두 그 혜택을 받게 된다. 천하의 주현이 혜택을 받게 되면 천하의 백성 모두 행복과 혜택 속에 잠기게 될 것이다. 이러니 어찌 조그만 땅의 별 볼 일 없는 관리라고 얕볼 수 있겠는가?[63]

여기에서도 잘 나타나지만, 조그마한 땅을 다스리는 지현이라 할지라도 사실은 그것이 천하의 안정·행복에 관련되는 것인 만큼 백성에게 행복을 가져다주겠다는 마음으로 은혜를 베풀어 주어야 한다는 황육홍의 마음가짐은 아주 상세하고도 구체적인 기술을 통해 주현행정의 모든 부분에 대한 지침을 제공하고자 하는 시도로 연결되고 있다. 훌륭한 지방관이 되고자 하는 초임 지방관에게는 이보다 더 나은 안내서는 아마 없었을 것이다. 황육홍은 또한 지방관의 처신을 위한 마음가짐으로서 항상 청렴·신중·근면이라는 덕목을 되풀이하면서 강조하고 있는데, 이러한 마음가짐을 갖추지 않고 단순한 통치·행정기술을 습득하는 것만으로는 결코 황육홍이 기대하는 '행복과 은혜'를 창출할 수 없었으리라는 점도 분명하다. 지방사회에 행복을 조성하고 백성에게 은혜를 베풀기 위한 종합적인 서적이라는 의미를 함축한 『복혜전서』라는 제목은 지방관의 올바른 행정사무 처리가 바로 지방사회의 안정과 번영에 직결된다는 취지를 특히 강조하고 있는 셈이다.

모두 32권으로 구성된 이러한 『복혜전서』의 구성과 목차는 실제 이러한 취지를 그대로

63 『복혜전서』「자서(自序)」.

권번호	주제(부의 제목)	권번호	주제(부의 제목)
제1권	출사부(筮仕部)	제20권	형명부 10
제2-5권	부임부(莅任部) 1-4	제21-23권	형명부 11-13 보갑(保甲) 1-3
제6-8권	전곡부(錢穀部) 1-3 · 잡과부(雜課部)	제24권	전례부(典禮部)
제9-10권	편심부(編審部) 1-2	제25-26권	교양부(教養部) 1-2
제11-13권	형명부(刑名部) 1-3	제27권	황정부(荒政部)
제14-16권	형명부 4-6 인명(人命) 상 · 중 · 하	제28-29권	역참부(郵政部) 1-2
제17-18권	형명부 7-8 도적(賊盜) 상 · 하	제30-31권	서정부(庶政部) 1-2
제19권	형명부 9 도인(逃人)과 간정(姦情)	제32권	승천부(升遷部)

반영하고 있다. 목차는 크게 나눠 보면 대략 위의 표와 같다.

이러한 목차 구성의 전반적 취지에 대해 황육홍은 다음과 같이 개괄하고 있다.

> 이 책은 오로지 주현의 문제에 대해서만 상세히 다루었다. …… 그 가운데 우선 중요한 것은 우선 전량(錢糧)의 징수다. 즉 전량에는 지정(地丁)과 조량(漕糧), 잡세(雜稅) 등이 있고, 요역과 토지재산에 관해서는 호구(戶口) 조사와 인명부 작성, 토지측량 등이 있다. 사법('刑名')의 경우에는 큰 것으로는 살인과 도적(賊盜), 도인(逃人), 간음 등이 있고 작은 것으로는 횡령, 사기, 잡범 등이 있다. 그리고 모반(謀反)과 모반(謀叛) 조항 같은 경우는 큰 사건이지만 태평성대에는 존재하지 않는 것이므로 끝부분으로 잠시 옮겨 놓아, 갖추어 놓기는 하지만 쓰이지는 않는다는 점을 보이려 하였다. 무릇 보갑(保甲) 또한 율법문제에 관련된 것이지만, 여기서 따로 떼어 내놓은 것은 강·절도나 도인(逃人)를 막고, 내외의 범법자를 엄히 단속하며, 선량한 백성을 안심시키는 중요한 정책이므로 지방관들이 특히 힘을 써서 주의를 게을리하지 않기를 바라기 때문이었다. 상유(上諭) 낭독, 풍년에 대한 감사 제사나 노인과 현자에 대한 접대, 선현이나 열녀·효자의 표창 등은 모두 군주에게 충성하고, 직무를 충실히 수행하며, 현인을 존중하고 풍속을 장려하는 것에 관련된 것이므로 감히 일반 행정사무와 같이 늘어놓지 않았다.[64]

64 『복혜전서』「범례」.

또한 그는 보다 구체적으로 이러한 구성과 내용을 갖춘 의도에 대해서도 다음과 같이 설명을 덧붙인다.

> 이 책은 종류별로 나누어 각 부(部)를 만들고, 각 부는 다시 각 조(條)로 나누었다. 각 조마다 모든 내용을 담아, 보는 사람이 빠진 것이 없음을 느낄 수 있게 하였으며, 논의되는 항목도 두루 건드려서 채택하여 실행하는 사람이 이익을 얻을 수 있도록 하였다. 따라서 지방관이 되어 업무를 맡으면서 관계되는 일은 지엽적인 자질구레한 문제에 대해서까지 모두 반드시 그 요점을 설명하여, 이를 보고 경각심을 갖고 실제 일을 당해 나중에 피해를 보면서 후회하게 되는 소홀함을 범하지 않게 하고자 하였다. 오로지 형명이나 전곡과 같은 큰 업무만 백성에게 행복을 만들어 주고 은혜를 베풀어 주지는 않는 것이다.[65]

여기서 황육홍이 "지방관이 되어 업무를 맡으면서 관계되는 일은 지엽적인 자질구레한 문제에 대해서까지 모두 반드시 그 요점을 설명하여, 이를 보고 경각심을 갖고 실제 일을 당해 나중에 피해를 보면서 후회하게 되는 소홀함을 범하지 않게 하고자 하였다."라고 설명하고 있는 것은 그야말로 관잠서의 목적·효용에 대해 가장 정확한 설명이라 할 것이다. 그리고 앞서 이 책의 구성에 대해 좀 더 간편한 소개를 위해 좀 더 축약해 보면 다음과 같이 크게 네 가지 주제로 나눌 수 있다.

첫 번째 주제는 지방관의 임명과 임용·부임 준비, 부임과 인수인계, 지방관의 승진과 전임(이임) 등에 관련된 것이다. 이 주제는 지방관 자신의 부임과 이임 및 인수인계에 관한 사항이 중심으로, 제1권 출사부(筮仕部), 제2-5권 부임부(蒞任部) 1-4(제1-5권)와 제32권 승천부(升遷部)가 그 부분이다. 여기서는 인수인계 및 그것을 위한 공문양식까지도 상세하게 제시되어 있어 그야말로 실무 활용을 위한 최대한의 편의를 제공하고 있다. 실제 그 구체적인 내용을 보면 제1권 출사부(筮仕部)에서는 임용이 결정된 다음 북경의 이부(吏部)에 가서 이력서를 제출하고 제비뽑기를 통해 부임 지역을 부여받은 다음 여정에 오르기까지의 모든 구체적인 과정에 대해 상세하게 소개·안내하고 있다. 제2권 부임부(蒞任部) 1에서는 부임지 도착과 취임의 모든 과정 그리고 각종 업무규칙과 고시의 반포 및 내·외 문서등록

65 『복혜전서』「범례」.

장부의 작성 등 구체적인 집무준비의 내용에 대해서 실제 사례를 들어 소개하며, 제3권 부임부 2는 지현이 가장 경계하고 조심해야 할 '아역'(胥吏와 差役)을 다스리는 방안 및 현장 답사를 통한 인수인계 준비, 경승(經承. 서리의 우두머리)과 대서(代書) 선발에 대한 내용을 담고 있다. 제4권 부임부 3에서는 부임 이후 지방관이 지켜야 할 '관잠'과 상사·신사·내빈에 대응하는 조치 및 그것을 위한 다양한 문서양식을 소개하고 있으며, 제5권 부임부 4는 그 가운데 상사에게 올리는 공문(「詳文」과 禀帖)을 쓰는 법을 소개하기 위해 실제로 자신이 작성하였던 아홉 건의 공문을 수록하고 있다. 이상의 내용은 지방관으로 처음 부임하는 초보자에게는 정말로 쓸모가 많은 부분이 된다.[66] 그리고 마지막의 32권 승천부(升遷部) 역시 이 점에서는 마찬가지다. 후임자에게 인수인계를 하기 위한 준비와 관련 서류 작성 등까지 세심하게 정리되어 있는 것이다.

두 번째 주제는 부임 이후 직면하게 되는 과제 가운데 가장 중요한 세금 징수 및 그것을 위한 호구조사와 등록, 토지대장 조사 등 이른바 '전곡(錢穀)'이라 통칭되는 문제다. '형명(刑名)'과 더불어 지현의 양대 임무라고 할 이 분야는 더욱이 지방관의 고과(업무평가)를 좌우하는 가장 중요한 부분이었으므로, 특히 무엇보다도 우선시해야 할 과제이기도 하였다. 그래서 이에 대해서는 제6-10권을 할당하여 마찬가지로 각 부분의 구체적인 사항에 대해 자세한 소개를 하고 있다. 제6권 전곡부(錢穀部) 1에서는 전량의 징수를 위한 총액 조사, 관련 인원 선발과 장부·영수증 준비, 전량 징수의 구체적인 방법(銀·錢 徵收)에 대해 다루고 있으며, 제7권 전곡부 2에서는 징수 마감의 점검, 미납자의 구인과 완납 독촉, 납부용 은과 봉투 및 관련 장부, 수령한 전량의 성(省)으로의 운송(起解) 문제를 다루고 있다. 또한 제8권 전곡부 3에서는 조량(漕糧)과 각종 잡세(雜稅)의 징수 문제를 항목별로 전부 나열하고 있고, 제9권 편심부 1에서는 호구 조사를 위한 인원선발과 원책(原冊) 점검, 부동산 등록 및 호구등록부(編審冊) 작성, 제10권 편심부 2에서도 토지측량과 부동산 등록을 다루고 있다. 그리고 이 두 번째 주제에 관해서는 각 절의 '총론(總論)'이나 '여론(餘論)' 부분 곳곳에서 황육홍 자신이 구상하는 독자적인 개혁론이나 소감을 따로 편성해 놓고 있다. 이를테면 제8권 말미의 「잡징 여론(雜徵餘論)」이나 제9권 말미의 「편심 여론(編審餘論)」, 제10권 말미의 「청장 여론(清丈餘論)」 등 『황조경세문편(皇朝經世文編)』에도 전재된 글들이 바로 그

66 다른 부분에서도 그 자신이 담성현에서 재직할 때 다루었던 재판의 심리의견이나 상사에게 올리는 보고서, 고시문 따위를 뒤에 덧붙여 놓은 경우가 많다.

것이다. 비록 지역사회의 행정 내부라는 작은 범위에 그치고 있지만, 그 나름의 독자적인 방안이나 개혁론, 또는 더욱 적극적인 '경세론'을 엿볼 기회를 제공해 주기도 한다.

그리고 세 번째 주제는 '전곡'보다 훨씬 더 많은 분량으로 이 책의 절반에 가까운 비중을 차지하는 '형명'이라 통칭되는 문제들이다. 황육홍은 이 점에 대해 다음과 같은 설명을 하고 있다.

> 지방관은 전곡과 형명을 중요시하지만, 형명은 전곡보다 더욱 중요하다. 무릇 전곡의 문제는 깨끗이 정리되지 못하더라도 그 해로움은 단지 백성이 세금을 더 많이 내는 데 그친다. 하지만 형명의 문제는 제대로 처리되지 않으면 그 해로움은 남의 생명을 빼앗는 데 이를 수도 있다. 따라서 형명에 관련된 문제를 한 조항으로 묶어 더욱 주의하도록 하게 하였다. …… 옛사람들이 남긴 뜻은 진실로 깊으니, 법령 내용 가운데 의심스러운 부분이 없어야만 비로소 제대로 일을 처리하여 유쾌한 기분을 지닐 수 있다. 그렇게 되려면 결국은 "차라리 무거운 죄에 가벼운 형벌로 처벌하지, 가벼운 죄에 무거운 형벌로 처벌하지 말라"거나, "아무런 죄도 없는 사람을 죽이는 것보다는 차라리 제대로 법을 지키지 않는 사람을 놓치는 편을 택하라"는 뜻으로 돌아가야 할 것이다.[67]

여기서는 황육홍이 '형명' 부분에 상당히 많은 공을 들인 것은 "차라리 무거운 죄에 가벼운 형벌로 처벌하지, 가벼운 죄에 무거운 형벌로 처벌하지 말라"거나, "아무런 죄도 없는 사람을 죽이는 것보다는 차라리 제대로 법을 지키지 않는 사람을 놓치는 편을 택하라"는 형명의 정신을 구현하려는 의도라는 점이 잘 드러난다. 이것이 황육홍이 "항주(杭州) 출신의 반월산(潘月山) 군이 편찬한 『미신편(未信編)』은 사물의 이치를 서술하고 이익과 폐단에 대한 깊이 있는 지적을 하고 있어 내가 채택하여 인용한 바가 많았다"고[68] 고백한 동시대인의 관잠서 『미신편(未信編)』이 '전곡'과 '형명'을 거의 동등한 비중으로 다루었던 것과 대조가 된다. 황육홍이 '인명(人命)'에 관계되는 것이라 하여 형명을 훨씬 큰 비중으로 다룬 것은 그가 지닌 인명 중시의 관념을 잘 보여 주는 사례가 될 것이다.

구체적으로 '형명' 부분에 대한 기술을 보면 제11권 형명부(刑名部) 1에서는 소송과 소

---

67 『복혜전서』「범례」.
68 『복혜전서』「범례」.

송문서에 관련하여 소송안건의 접수와 검토, 관련자의 소환에 대한 구체적인 절차를 다루고 있다. 또한 제12권 형명부 2에서는 심문(재판)과 판결을 위한 안내로서 구체적인 법률 용어와 재판 관련 문서의 작성, 오형(五刑)으로 구성되는 다양한 형벌의 내용을 다루고 있다. 여기에는 그 자신이 직접 작성한 심리의견이나 사례도 몇 가지 첨부되어 있어 생생한 안내서로의 역할에 아주 충실한 모습을 보인다. 제13권 형명부 3의 경우 역시 '죄수의 감금'과 '죄수를 불쌍히 여기라(卹囚餘論)'는 글을 통해 일반 지방관이 소홀하기 쉬운 '형명' 문제에 대한 신중한 자세를 보여 준다.

제14권 형명부 4 인명(人命) 상에서는 사망·살인사건이 발생한 경우의 사건 보고에서부터 지현에 의한 직접 검시, 용의자의 보호, 재판 심문과 일곱 가지 살인의 유형에 대해 상세한 해설을 제시하면서, 아울러 '해결이 쉽지 않았던 사건(疑獄)'(앞서 나온 왕씨의 피살에 관련된 것이다)에 대한 사례를 제시하여 사법 분야에 대한 자신의 역량과 자세를 다시 보여 준다. 제15권 형명부 5 인명 중은 '도뢰(圖賴)'와[69] 자살 및 1·2차 검시 과정에 대한 소개이며, 제16권 형명부 6 인명 하에서는 각종 사상(死傷) 검사의 구체적인 내용에 대해 아주 꼼꼼한 설명을 시도한다.

한편 이 부분은 사실 본문이 아닌 부록으로 실려 있는 분량이 상당히 많은데, 그 가운데 상당수는 각종 사상(死傷)을 검험(檢驗)하는 부분과 응급처치 처방으로 구성되어 있다. 이러한 내용의 제15·16권에 대해 기존 연구는 다음과 같이 지적하고 있다.[70]

> 가정도(賈靜濤)의 『중국고대법의학사(中國古代法醫學史)』(群衆出版社, 1984)의 고증에 따르면 [『복혜전서』의 — 인용자] 15권과 16권의 내용은 15권 '1차 검시(驗尸)'부터 16권 '마른 뼈 검사(檢枯骨)'에 이르기까지 『점검시상지남(點檢屍傷指南)』과 『의구사상법(醫救死傷法)』을 합쳐 간행한 것이다. 하지만 『의구사상법』을 한 권으로 묶어 놓지 않고, 각종 사상(死傷) 항목의 뒤에 나누어서 따로 부록으로 실었다. 이 『점검시상지남』과 『의구

69 도뢰(圖賴)는 저뢰(抵賴), 즉 자신의 착오나 책임에 대해서 발뺌하면서 억지로 우긴다, 또는 다른 사람이 나쁜 짓을 하였다고 거짓말을 한다는 뜻이다. 보통 엉뚱한 사람을 살해자로 모는 행위를 가리킨다. 이에 대해서는 제15권 형명부(刑名部) 5 인명(人命) 중 「15-01. 도뢰(圖賴)」를 참조할 수 있다.

70 무주신(武樹臣) 주편(主編), 『중국전통법률문화사전(中國傳統法律文化辭典)』(北京大學出版社, 1999)의 「법률문헌류(法律文獻類) 3 고대저술(古代著述)」의 '복혜전서' 항목(pp.459-460). 이 책의 pp.457-458쪽에도 『점검시상지남』과 『의구사상법』 항목이 있는데, 저자나 간행연도가 알려져 있지 않고, 이 책에 부록으로 수록된 것은 청대 초기일 것이라고 추측하는 내용이다.

사상법』은 왕초(王樵)·왕긍당(王肯堂) 전석(箋釋), 『대명률부례전석(大明律附例箋釋)』(30권)에 부록으로 실려 있다.

황육홍은 각종 사상(死傷)의 점검과 응급처치 부분에 대해서는 기존 법의학서적의 힘을 빌리기 위해 그것을 대량으로 인용하고 있는 것이다. 실제 강희 30년 판본의 같은 책인 『왕의부선생전석(王儀部先生箋釋)』(30권. 首·末 각 1권)[71]을 확인해 보면, 권말의 1권에 확실히 이 『점검시상지남』과 『의구사상법』이 실려 있지만, 『복혜전서』에 실린 내용과 완전히 일치하지는 않는다. 황육홍이 자신의 식견에 따라 일부 삭제하거나 심득을 추가한 부분 등이 있어 약간 증감이 이루어지고 있기 때문이다(또한 옮기는 과정에서 약간의 오·탈자가 발생하기도 하였다).

제17권 형명부 7 도적(賊盜) 상에서는 포역(捕役) 선발과 강·절도사건(失事), 도적 체포(緝捕)와 심문(審盜)에 관한 내용을 주로 담고 있으며, 제18권 형명부 8 도적(賊盜) 하에서는 심문과 판결(問擬), 장물과 가해자 가족, 범인, 자수와 사건 은폐 등에 대해서 다루고 있다. 제19권 형명부 9 도인(逃人)과 간정(姦情)에서는 도인 방지 대책과 숨겨 주는 사람 처벌, 도인의 체포·심문·압송 그리고 강간·화간 등 간음 문제를 아울러 나누어 다루고 있다. 권20의 형명부 10에서는 흉악범과 잡범, 민사소송, 모반(謀反)·모반(謀叛)·대역(大逆), 자수와 고발, 몰수재산 처리, 불법재물(장물과 뇌물) 등 다양한 사법 방면의 문제가 다루어진다. 그리고 제21권에서 23권까지는 형명부 11-13 보갑 1-3인데, 여기서는 민간의 치안·질서 유지를 위한 전통적인 제도인 보갑의 실행을 위한 인원 선발과 훈련, 현성 방어용 각종 설비의 설치, 실제적인 보갑 시행과정과 다양한 치안·질서 유지 문제에 대해서도 상당한 분량이 할애되고 있다.

이상과 같은 '형명'의 다양한 방면에 대한 안내가 『복혜전서』의 절반 분량을 차지하고 있는 것은 '형명'에 대해 중점이 두어져 있다는 점을 잘 보여 주지만, 동시에 이것은 그가 부임한 지역의 특성(지진과 빈곤으로 여러 명의 지현이 처벌을 받았던 것에서 잘 드러난다)과 지배체제가 아직 안정화되지 않은 청조 초기의 어수선하였던 시대적 상황을 그만큼 반영해 주는 것이라고 보아야 할 것이다.

71 [명(明)]왕긍당(王肯堂) 원석(原釋), [청(淸)] 고정(顧鼎) 중집(重輯), 강희 30년 고정각본(康熙三十年顧鼎刻本). 사고미수서집간편찬위원회(四庫未收書輯刊編纂委員會) 편(編), 『사고미수서집간(四庫未收書輯刊)』(北京出版社, 2000) 사부(史部) 제01집 제25책 소수.

그리고 『복혜전서』의 네 번째 주제는 전례(典禮), 교양(敎養)과 풍속(風俗), 재해구제(荒政), 그리고 역참(郵政) 및 기타 행정(庶務) 등에 관한 것으로 묶을 수 있다(제24-31권). 이러한 부분에 대해 황육홍은 "주현을 다스리는 것은 마치 집주인이 집안을 다스리는 것과 같다"면서 그 취지를 설명하고 있다.

> 매번 다른 지현을 볼 때마다 느끼는 것은 전곡이나 형명 문제를 제외한 나머지 문제에 대해서는 거의 신경을 쓰지 않는 것으로 보인다는 점이다. 이를테면 이 책 속에서 다루고 있는 과실나무를 키우거나 뽕·느릅나무를 심는 일, 못된 사당을 금지하는 일, 사악한 민간 종교를 막는 일, 노인과 덕 있는 사람을 대접하는 일, 고아나 가난한 사람을 돌보는 일, 연고자 없는 사람을 묻어 주는 일, 도로를 잘 닦고, 패방(牌坊)과 소형 역참을 세우는 일, 관청을 수리하는 일, 관문과 나루를 잘 통제하는 일, 갓난 아기를 익사시키는 것을 막는 일, 버려진 아이를 키우는 일, 부녀들이 향을 피운다는 구실로 절에 들락거리거나 주인이 노예나 하녀를 능욕하거나 가두는 것을 막는 일 등등이 바로 그것이다. …… 백성의 풍습에 밀접하게 관련된 일이나 행정 원칙에 관련된 정치·교화의 문제라면 우연히 알게 되었더라도 무시하고 지나쳐 버려서는 안 된다. 이것은 지현의 직책상 당연히 해야 할 일이지만, 또한 뛰어난 재간을 마음껏 발휘할 수 있는 부분이기도 가능하기 때문이다.[72]

더 이상 자세하게 소개할 여유는 없지만, 그가 백성에게 행복을 가져다주고 은혜를 베푸는 문제에 대해서는 일관되게 전면적인 주의를 기울이고 있다는 점은 여기에서도 충분히 확인된다. 그리고 이 주제에서 특히 주목할 만한 것은 그가 상당한 분량을 할애하고 있는 제28·29권의 역참부(郵政部) 1·2 부분이다. 당시 그가 근무하였던 담성현이 남북의 교통 요지에 자리 잡고 있었던 데다가 그가 근무한 시기는 청조의 중국 지배 과정이 아직 완결되지 않았고 대만에 근거를 둔 정성공(鄭成功) 등 반청(反淸) 세력의 저항이나 남방의 오삼계(吳三桂)가 이끈 삼번(三藩)의 난(亂) 등으로 군사정보 전달을 위한 역참의 이용이 특히 아주 빈번하였다. 따라서 비용 소모가 엄청났던 이 역참을 규정에 따라 제대로 유지하는 것은 당시 지현에게 요구된 가장 중요한 업무였을 터라서 아마 이러한 관심이 두어졌

72 『복혜전서』「범례」.

던 것으로 보이는데, 여기에도 당시의 지역적·시대적 특성이 그대로 여실히 반영되어 있다고 할 것이다.

3) 『복혜전서』의 특성

이렇게 『복혜전서』의 주제는 크게 보면 네 가지로 나눠지지만, 이것을 통해서 우리는 당시 지방관의 행정사무에서 가장 중요한 것은 역시 전곡과 형명이었음을 확인할 수 있다. 그리고 이러한 실무에 관해서는 실제로는 항목마다 그 아래에 각기 다른 구분이나 절차에 따른 서술이 다양하게 이루어지면서, 아울러 거기서 필요한 각종 문서의 양식 등이 꼼꼼하게 열거되어 있다. 따라서 이 책은 수도 북경에서 과거의 최종 단계까지 통과한 예비 관료들이 지현으로 부임하는 과정부터 시작하여 임지에 도착한 이후 처리해야 할 행정 전반, 그리고 임기를 마치고 다음 임지로 떠나기 전에 주의해야 할 사항까지 망라하여 서술한 지방행정의 매뉴얼이자 백과사전으로 손색이 없다.

그리고 누차 언급하였지만, 이 책의 최대의 특징은 지방행정의 세부 사항에 대한 아주 구체적이고 상세한 기술과 관련 문서양식의 제공이라 할 수 있다. 그래서 사실 과연 실제 지방관으로 부임하는 과거 합격자와 같은 독서인들이 이러한 내용까지 알아 두어야 할까 하는 의문을 품게 하는 부분도 적지 않은 것이 사실이다. 그들에는 너무 번다한 것이 아닐 수 없다는 평가를 들을 만한 부분이 자주 눈에 띄고, 전체적인 지방행정을 통제하면서 정책 결정을 하는 처지에 있는 지방관이 굳이 알아야 할 필요가 없는 구체적인 세부실무(이를테면 검시 요령이나 말의 관상을 보는 법 등)나 구체적인 절차·도구·관련 문건까지도 세세하게 다룬 부분이 상당하기 때문이다.

앞서도 잠깐 언급하였지만, 일례로 형명부의 인명(人命) 관련 부분에서 황육홍이 다루고 있는 것은 이른바 다양한 사망사건의 유형을 전체적으로 제시하면서 그것이 기본적으로 타살(他殺)이냐 아니면 자살(自殺)이냐 하는 것을 구분하는 데 가장 역점을 두고 있는 검시의 방법이다. 그것을 위해서 당시까지 축적되었던 검시관(檢屍官)의 경험이 아주 다양하고 세밀하게 이용되고 있음은 물론이고, 응급처치를 위한 수많은 민간요법까지도 그 번다함을 마다치 않고 모두 나열하고 있다. 이런 것들을 보면 서른 가지에 가까운 '죽는' 방법의 다양성에 우선 놀라게 되고, 그러한 것에 대한 체계적인 정리와 경험의 축적이 이미 상당히 이루어져 있다는 것에 또다시 놀라게 된다. 물론 사망자의 뼈 위에 아내의 피를 흘려 그것이 스며드는지 아닌지를 가지고 사망자가 자기 남편이냐 아니냐를 따졌던 방법 같은 경우는 당시의 '과학수사'의 한계나 부적절한 민간요법의 사례가 될 수 있지만, 그런 방법이 당시 유행하고 있었음에도 황육홍은 그것을 전적으로 믿을 수 없다는 점을 구체적인 사례를 들어서 기록해 두는 꼼꼼함을 보이기도 한다.[73] 물론 이보다 10년 앞서 강희 23(1684)년 출간된 반표찬(潘杓燦)의 『미신편(未信編)』(6권)이 중요한 참고자료가 되었던 것처럼, 기왕의 관잠서 종류도 일정한 영향을 미쳤음이 틀림없다. 하지만 『미신편』이 제1-2권은 전곡 부분을, 3-4권은 형명 부분을, 5-6권은 기무(機務. 즉 지방관의 부임·승진) 부분을 다루고 있는데, 『복혜전서』는 형명 부분의 비중이 훨씬 크게 잡혀 있어 주안점이 상당히 다르다.

한편 이렇게 지나치게 세부적이거나 범위가 좁은 부분까지 상세하게 늘어놓은 것은 황육홍이 당시 처해 있던 청대 초기라는 사회 상황이 일정하게 반영되어 있었던 것으로 보인다. 즉 청초에는 국가 재정이 부족하고 관원의 봉록조차 아주 낮았으며 나중에 옹정(雍正) 연간에 만들어진 양렴은(養廉銀)과 같은 보조비용도 없었기 때문에, 주현의 지방관들은 막우(막료)를 초빙할 수 있는 충분한 자금이 없었다. 이 책은 이러한 배경 아래 태어났기 때문에 명대보다 훨씬 축소된 보좌관(佐雜官이라고 한다)이나 청초에는 거의 사례가 보이지 않는 막우의 도움을 받을 수 없는 상황에서 주현관이 행정사무의 상세한 내용을 직접 숙지하게 함으로써 폐단의 발생을 막으려는 의도가 강하게 작용하지 않을 수 없었던 것이다.[74] 『복혜전서』 특유의 '꼼꼼함'에는 저자 자신의 개성뿐만 아니라 시대적 환경도 그대로 반영되어 있는 것이다. 이렇게 보면 앞서도 든 『주현사의』가 훨씬 분량이 적었던 이유 역시 이와 관련되어 이해될 수 있을 것이다. 이때쯤이면 보다 구체적인 행정사무의 실제적인 측면은 막우나 서역에게 맡겨 버릴 수 있는 상황이 출현하였기 때문이다. 또한 기존 연구에 의하면 청대에는 명대에 비해 정인관을 보좌하는 좌잡관(佐雜官)의 비중이나 역할이 훨씬 축소되었다고 하는데 이 점 역시 상당한 역할을 하였을 것이다. 『복혜전서』가 좌잡관의 역할에 대해서는 아주 적은 분량밖에 서술하고 있지 않는 것도 마찬가지로 이러한 청대의 특성을 반영한다.

한편 또 다른 측면에서 본다면 송대 이후 관료(官)나 신사(紳) 모두 인정하고 있는 각급 관부에서 존재한 '지방관이 약하고 서리가 강한 관약이강(官弱吏强)' 현상에 대처하고, 청대 관장(官場)의 특징이기도 하였던 '지방관이 실제 사무를 다루지 않는 관불리사(官不理

73 『복혜전서』 권16 형명부(刑名部) 6 「16-02. 각종 사상의 검사 하(下)」, 「16-04. 마른 뼈 검사(檢枯骨)」.

74 물론 제1권 출사부(筮仕部) 「1-11. 막우 초빙(延幕友)」의 항목이 있어 이 시기에 막우가 전혀 없었던 것은 아님을 알 수 있다. 하지만 『복혜전서』 전체를 통해 막우의 그림자는 거의 비쳐지지 않고 있는 것 또한 사실이다.

事)'의 기풍을 바로잡기 위해 황육홍이 이렇게 적극적으로 대처한 것이 아닌가 생각될 수 있다. "우리 왕조는 서리와 함께 천하를 공유한다(本朝則與胥吏共天下耳)"고 지적한[75] 청대의 관원들의 불평·지적이 정말로 사실을 반영하는가에 대해서는 실제 논란이 있어, 이서(吏胥)의 부패는 사실은 지방관의 잘못 때문이고, 이들이 자신들의 잘못을 그들에게 돌리는 일방적인 논리라는 반박도 충분히 일리가 있지만, 이전 시대와 비교하면 청대의 관장에는 확실히 지방관이 업무를 제대로 다루지 않는 풍기가 존재하고 있었다.[76]

이것은 기본적으로는 사회적 지위가 훨씬 우월한 지방관에게 또한 절대적인 권력이 주어진 상황이었으므로, 지방관이 어떻게 이러한 문제에 대해 현명하게 대처하느냐에 따라 그 주도권이 결정되는 경향이 강하였지만, 아문의 서리나 나아가 아역(통칭하여 吏役이라고도 한다) 전체를 장악하는 문제에 대한 황육홍의 방안은 그런 점에서도 대표적인 사례의 하나가 된다.[77] 때문에 『복혜전서』 전체를 통해서 그는 부임 전부터 이임할 때까지 끊임없이 서리나 아역에 대한 통제의 중요성을 거듭 강조하고 있다. 모든 아문의 서류·장부에 대해서 두 부를 작성하게 하고 한 부는 서리의 사무공간인 외아(外衙)에 남겨 두지만, 나머지 한 부는 그들이나 기타 '잡인'의 접근을 차단한 내아(內衙 = 內宅. 지방관의 거주공간)에 비치하면서 끊임없이 양자를 대조하여 서리층이 중간에서 농간을 부리는 것을 예방하는 일은 『복혜전서』의 대표적인 '지침'가운데 하나다. 서리층이나 공문 관련자들이 거짓을 하지 않았으며, 사실임이 발각되면 달게 처벌을 받겠다는 도장을 찍은 「보증서(印結)」나 「확인서(甘結)」를 제출하게 하는 점이나, 수많은 경우 제출을 요구하는 영수증과 그에 대한 세심한 점검은 황육홍이 지방관의 업무에서 가장 주의한 것은 바로 서리와 아역의 통제였다고 해도 지나친 말이 아니라는 점을 충분히 입증해 준다. 물론 과거의 잘못을 인정한 서리·아역에게 개정의 기회를 부여하고, 신상필벌을 통해 그들의 적극성을 유도해 내는 방안을 충분히 준비하고 있었다는 점도 놓쳐서는 안 될 것이다.[78]

그렇지만 이러한 황육홍의 면모는 이만큼 깐깐하게 지방행정을 처리하였다면, 관장(官

---

75 서가(徐珂), 『청패유초(淸稗類鈔)』(中華書局, 1984), 「서역류노비류(胥役類奴婢類) 예리리(例吏利)」, p.260. 청말의 명신 곽숭도(郭嵩燾)의 '명언(名言)'으로 전해진다.

76 물론 관(官)이 약하고 서리(胥吏)가 강하다는 주장은 제도적인 결함과 지방관과 서리 관계가 순조롭지 못한 데서 비롯된 것이지, 서리의 강세가 가장 큰 문제는 아니었다.

77 서리층의 제도적인 관료기구로의 흡수는 사실 조정의 책임이었지만, 청대에도 마찬가지로 큰 성과를 거두지는 못하였다.

78 『복혜전서』 제3권 부임부(蒞任部) 2 「3-01. 아역 부리기(馭衙役)」 부분을 참조.

場)의 상하좌우 다방면으로 마찰이 일어나고 걸리는 부분도 적지 않았을 것임을 예상하게 해 준다. 뛰어난 대인관계의 처리 기술·역량을 지녔던 것으로 보이는 황육홍은 이런 문제를 모두 순조롭게 처리해 나갔던 것처럼 보이지만,[79] 일반적인 자질을 가진 평범한 지현이라면 그가 기대하였던 것처럼 정직함과 성실함을 지키면서도 아울러 능숙한 실무 능력이나 아역 통제 능력을 확보할 수 있는 경우가 많지 않았을 터이다. 황육홍이 『복혜전서』를 편찬한 이유는 바로 이런 지방관들에게 도움이 되는 안내·지침을 주기 위해서였다. 따라서 이 책에서 제시된 방안에 따라 지방관의 업무를 수행하는 일이 결코 쉽지 않았을 것이라는 점도 짐작이 가능하다. 그런 점에서 이 책은 황육홍의 이상주의적인 측면이 상당히 뚜렷하게 관철되고 있는 부분도 적지 않다고 할 것이다. 보거나 듣기에는 좋지만 실제로 실천에 옮길 경우 '평범한' 지방관에게는 어려움이 많은 부분도 상당한 것이다.

하지만 그럼에도 처음부터 끝까지 일관하여 백성을 위하는 마음을 가지고 지방관으로서의 임기를 보내고자 하였던 황육홍의 발상은 동시에 전편의 여러 부분에서도 발현되고 있는 강력한 위민사상(爲民思想)이 바탕이 되어 있다는 점에 특히 주목할 필요가 있다. 단순하게 행정사무를 요령 있게 처리하여 자신의 승진을 위한 기회로 이용하려는 데만 주의를 쏟는 것이 아니라, 기본적으로 백성에게 은혜와 행복을 베풀어야 하겠다는 마음가짐이 전체를 관통하고 있는 것이 바로 『복혜전서』의 가장 뚜렷한 특성이라고 지적될 수 있는 것이다.

어느 경우든 고통받고 학대받고 수탈당하며 지배·행정·처벌의 대상이 되기 일쑤인 백성의 입장에 서서 우선 생각하고, 그들에게 행복과 은혜를 베풀 수 있어야만 제대로 된 지방행정이 이루어질 수 있다고 보는 황육홍의 사상을 뒷받침하는 것은 바로 '반원와철(攀轅臥轍)'의 고사다.[80] 그가 마지막 권의 총론에서 서술하는 지방관으로서의 자세는 바로 그러

79 상사나 주변의 동료 지방관에 대한 세심한 배려의 필요성을 황육홍은 누차 강조하고 있었으며, 그들로부터 높은 평가를 받았기에 신임 순무가 부임하였을 때 악질 신사(紳士)로부터 무고를 당하였지만 무사히 벗어날 수 있었던 사례(제4권 부임부 3 「4-02. 참을성 키우기(忍性氣)」를 참조)나 악질 토호를 오히려 개과천선시켜 그들이 지방치안을 유지하는 방범대를 조직케 함으로써 도적을 막는 효과를 거둔 사례(제18권 형명부 8 도적(賊盜) 하 「18-08. 지역방범대 점호(土番點卯)」)는 그가 사람을 다루는 능력이 아주 비범하였음을 보여 준다.

80 '반원와철(攀轅臥轍)'은 수레의 끌채 위에 올라타거나 수레바퀴 앞에 드러눕는다는 뜻으로 『후한서(後漢書)』 권56 「후패전(侯霸傳)」과 『후한서』 권106 「순리전(循吏傳) 맹상(孟嘗)」에 나오는 고사에서 비롯되었다. "(후한) 갱시 원년 사자를 보내 후패를 소환하였더니 백성과 노약자들이 서로 붙잡고 통곡하면서 사자의 수레를 가로막거나 아니면 길을 막고 누워서 호소하였다. '제발 우리 후 군수가 1년 더 다시 머무를 수 있게 해 주십시오.'"라고 하였다는 이야기와 "(맹상이) 병이 들어 상서를 올려 사직을 요청하자 경사로 다시 소환되기에 이르렀는데, 서리와 백성이 수레에 오르지 말라고 요청하였다. 맹상은 이래서 도저히 앞으로 나갈 수 없자, 향민의 배를 타고 야밤에 숨어서 떠났

한 바람의 표현이다.

> 지방관은 하루 종일 문서를 다루면서 바쁘게 업무에 시달리다 보니 단지 권세를 발휘하는 데 의지할 뿐, 뒷수습을 제대로 준비할 겨를이 없다. 다행스럽게 승진하거나 전임하게 된다면, 이임하기 전에 여유가 있을 때 고요한 밤에 가슴에 손을 얹고 과연 지방에 행복을 가져다주었다면 무슨 일이었는지, 백성에게 은혜를 베풀었다면 누구에게인지 스스로에게 물어볼 수 있게 된다. …… 비록 감히 지방관이 떠나지 못하게 백성이 수레의 끌채에 매달리거나 바퀴 앞에 드러눕는 것을 말하거나, 아니면 백성이 관리를 좀 더 머물게 해 달라고 길을 막고 황제에게 요청하였던 일이 되풀이되기를 바라지는 못하겠지만, 혹시나 백성이 (못된 지방관이 떠날 무렵에 분풀이하기 위해) 문을 막고 담벼락을 부수는 따위의 일을 당하지 않고, 함께 감사의 노래를 부르며 지방관을 칭송하는 환송 정도라도 받을 수 있다면 그야말로 충분할 것이다.[81] [밑줄 - 필자]

상사나 정부의 고과가 아니라 이임을 할 때 나타나는 백성의 반응을 가지고 지방관의 공과를 평가하는 황육홍의 이러한 자세는 시대를 초월하여 공감을 얻을 수 있는 부분을 가지고 있다.[82]

맺음말

『복혜전서』는 청대의 다양한 관잠서 유형 가운데 특히 지방관으로서 스스로 겪은 경험을 축약하면서 17세기 후반 지방관이 시정활동을 펼침에 있어 필요한 각종 규범과 공문서 양식, 그리고 저자 개인이 체득한 정무상의 요령까지 모두 모아 담은 초급 지방관을 위한

다."라는 고사가 합쳐진 '반원와철'은 백성이 훌륭한 지방관을 떠나지 못하게 막는 일을 가리키게 되었다.

81 『복혜전서』, 제32권 승천부(升遷部) 「32-01. 총론(總論)」을 참조.

82 실제로 황육홍이 담성현 지현으로 근무하다가 "부친상을 당해 초상을 치르기 위해 남쪽으로 떠나게 되자, 어린아이와 백발노인까지 떠나는 수레의 끌채를 붙잡고 바퀴를 막으면서 아쉬워하였고, 삼반·육방의 아역들 역시 소리치면서 눈물을 뿌렸다." 『복혜전서』 제3권 부임부(莅任部) 2 「3-01. 아역 부리기(馭衙役)」를 참조. 그가 두 번째 근무지였던 동광현을 떠날 때도 "이임한 날에 이르러 현성의 향신·사민들 가운데에는 수레의 끌채에 매달려 울며 전송하는 이들이 길에 넘칠 정도로 많았다."라고 스스로 기록하고 있다. 제4권 부임부(莅任部) 3 「4-02. 참을성 키우기(忍性氣)」를 참조.

실무지침서의 성격이 뚜렷한 종합형·백과전서식 참고서였다.

이 점은 『복혜전서』의 특징이지만, 동시에 중국 사회나 국가 전체를 시야에 둔 경세론이나 사회개혁론과는 일정한 거리가 있게 만든 선천적인 한계를 지니고 있다는 점도 뚜렷한 특징으로 만든다(그 점에서는 정약용의 『목민심서』와 상당한 공통성과 더불어 일정한 차별성을 지니고 있을 것으로 생각된다). "이 책은 오로지 주현의 문제에 대해서만 상세히 다루었다"고 첫머리에 지적하고 있는 것처럼,[83] 『복혜전서』의 시야는 철저하게 '훌륭한 지방관'을 만드는 데 좁혀져 있는 것이다. 이 점은 중국의 전통적 유교적 관료·행정 체제가 요구한 관료라는 것이 세부적인 행정사무에 대해 구체적인 전문지식을 지닌 기술관료가 아니라 유교적 교양을 지님으로써 종합적 판단능력에 뛰어난 독서인('인문학적' 소양!)을 요구하였던 것과는 상당한 거리가 있다. '훌륭한 지방관'이었던 황육홍이 중앙의 정계에 진출하였지만 더 이상의 큰 기회를 잡지 못하고 고위 관료나 학자로서의 명성도 확보할 수 없었던 것은 그가 진사 학위를 갖지 못하였다는 점 외에도 아마 이러한 사정이 밀접하게 작용하였을 지도 모른다.

하지만 그러한 한계에도 불구하고, 또는 그러한 특성 자체 때문에 이 책은 17세기 후반기, 그리고 61년에 걸친 강희제의 치세 전반기에 걸친 시대를 배경으로 한 청조 초기의 지방사회(특히 華北地域) 상황을 파악하는 데 가장 상세한 사료가 될 수도 있다.[84] 이런 점에서 『복혜전서』는 오늘날의 우리에게 다음과 같은 효용이 있다고 할 수 있다.

첫째, 『복혜전서』를 통하여 청대 중국의 지방행정 체계의 구조와 실제를 구체적으로 이해할 수 있다. 청대(1644-1912)는 전근대 중화제국(中華帝國)의 지방행정 체계가 가장 정비·완숙되었던 시기인데, 1694년 완성된 『복혜전서』는 이전 왕조인 명조의 유산과 청조의 새로운 지방행정의 요소를 겸비하고 있기 때문이다. 그것도 지방관이 부임하기 전부터 인수인계를 마치고 떠날 때까지의 모든 과정과 일상 행정에 대해 아주 상세하고도 생생한 재현의 기회를 아울러 제공하고 있으며, 관련된 문건의 양식도 거의 모두 제시되어 있다는 장점을 가지고 있다. 거기에 황육홍 본인의 생생한 현장경험과 심득이 덧붙여져 있음은 물

---

83 『복혜전서』「범례」.

84 같은 시기의 강남(江南)을 다룬 야마모토 에이시(山本英史), 『청대 중국의 지역지배(清代中國の地域支配)』(慶應義塾大學出版會, 2007)와 비교해 보면 같은 '조량(漕糧)' 문제를 다룬 부분에서 사용하는 용어들이 전혀 다르다. 이런 점에서 화북과 강남이라는 지방사회의 차별성이 여실히 드러나기 때문에, 중국사회의 다양성과 '넓이'라는 점을 다시 한 번 상기하게 된다.

론이다. 이에 따르면 청초 지방관의 일생은 과거시험에 당선된 순간부터 임지를 받고 부임하면서부터 임기를 무사히 마치고 다음 근무지로 떠날 때까지의 생활 거의 모두를 완벽하게 재현할 수 있을 정도가 된다.

둘째, 따라서 『복혜전서』는 중국의 관료제도·지방행정에 대한 기초적인 지식뿐 아니라, 구체적으로 17세기 중국 지방사회의 각종 사회현안을 이해함에 있어, 명·청대(또는 중화제국 후기)를 연구하는 연구자라면 가장 먼저 참조해야 할 기초사료가 될 것이다. 『복혜전서』를 통해 우리는 황육홍이 살았던 시대 상황과 지방사회의 문제점이 무엇인가를 유추할 수 있다. 『복혜전서』 곳곳에는 그가 지현으로 근무했던 지방에서 발생했던 사건의 시기나 분쟁과 관련한 돈의 액수, 혹은 관련된 인물(신사나 토호, 서리나 아역, 민·형사 사건의 가해자나 피해자 등)의 지위까지 상세하게 기록되어 있다. 또한 지방의 치안을 유지하기 위한 보갑제도의 상세한 실행 방안에 대한 설명이나, 전곡 문제의 인수인계에 대한 설명에서 나타나는 지방에서의 세금 징수 및 그 구체적인 과정과 다양한 폐단 등에 대한 설명, 감옥에서 일어나는 죄수에 의한 다른 죄수에 대한 폭행·고문의 다양한 종류, 누차에 걸쳐 생생한 사례로서 제시되는 형명 안건의 흥미로운 내용 등은 당시 사회의 단면을 그야말로 생기 있게 재현하고 이해하는 데 풍부한 자료들을 제공해 주고 있다.

황육홍은 이처럼 구체적인 사례를 근거로 행정과 법률에 대한 자신의 견해를 또한 일일이 피력하고 있는데. 이런 것들 역시 모두 지방사회와 시대상황을 이해하는 좋은 사료가 될 것이다. 또한 이 점은 나아가 청대와 시대를 같이하는 조선시대사 연구자나 동아시아 사회 연구자에게도 마찬가지로 적용될 수 있다. 『복혜전서』에서 드러나는 구체적인 전통적 지방사회의 모습과 지방행정의 양상은 조선시대(또는 동시대의 일본)의 그것과도 상당히 유사한 점을 확인하거나 아니면, 아니면 그와는 전혀 다른 지방사회의 구조나 국가의 지배방식, 사회상이라는 차별성을 드러내 줄 수 있을 것이기 때문이다. 뿐만 아니라 오늘날 우리 시대의 모습, 특히 지방행정이나 관료제도 또는 공무원 사회의 행태가 과연 이 시대와 얼마나 달라졌는가 하는 시점에서 읽어도 흥미로운 부분이 적지 않을 것이다. 앞서도 잠깐 소개하였지만, 이를테면 미국 예일대학의 스펜스 교수가 평범한 중국여성 왕씨를 주인공으로 삼아 산동성 담성현에 대한 지역사(지방사)의 저서를 펴낼 수 있었던 것도 바로 『복혜전서』와 같은 자료가 없었다면 불가능한 일이었다. 『왕여인의 죽음』은 이 『복혜전서』에 실려 있는 자그마한 고사(故事) 하나가 실제로 가장 중요한 모티브로 사용되고 있기 때문이다. 실제 이 고사 외에도 『복혜전서』에는 그야말로 당시 지방사회와 인간의 상황을 마치 그림을 그리는 것처럼 보여 주는 상세한 자료들이 적지 않다. 이 점은 다른 어떤 자료보다도 과거의 '역사상'을 보다 잘 재현·체험할 수 있는 좋은 실마리가 될 것이다.

셋째, 『복혜전서』를 통하여 지방관으로 임명된 관료들이 각 단계에서 주의해야 할 사항과 실제적인 노하우를 터득할 수 있다. 실제 지방행정에는 법률과 원칙, 선례(先例)가 존재하였지만, 그것만으로는 원활한 행정이 이루어질 수 없었다. 오히려 행정 실무를 담당하는 현지의 서리와 아역을 어떻게 장악하는가, 혹은 직접 고용한 막우 등을 어떻게 활용하는가에 따라서 지방관의 성공 여부가 판가름된다고 해도 과언이 아니었다. 따라서 황육홍 역시 이 점에 주목하여 『복혜전서』의 편·장·절마다 자신의 절실한 경험을 농축한 실질적인 '행정'의 노하우를 담아 내고 있다. 뛰어난 지방관으로서의 명성을 과시하였던 황육홍이 무엇보다도 전편을 통하여 강조하는 것은 서리층에 대한 철저한 불신과 감시, 그리고 통제의 체제를 확보하는 것이었다. 한마디로 말해서 지방행정을 잘 하고자 한다면 반드시 서리층의 무폐(舞弊)를 막아야 한다는 것이 그의 핵심적 관점 가운데 하나다. 이것이 지방행정 부패의 근원을 모두 이들에게 넘겨 버리는 독서인·사대부 특유의 발상이라고 치더라도, 여전히 보통의 경우 이상으로 그 점이 강조되고 있다는 점은 꼭 기억할 필요가 있다. 이 점은 중국 전통시대 관료·행정제도의 본질 속에 깊이 자리 잡고 있는 특성 가운데 하나였기 때문이다.

또한 이것은 지방 행정사무의 구석구석까지 꿰뚫고 있는 황육홍이었기 때문에 가능한 것이었겠지만, 일반 독서인 출신의 평범한 지방관이라면 그처럼 실무를 숙지하거나 또는 거기에 그만한 열성을 보일 사람이 그리 많지는 않았을 것이다. 그러나 황육홍은 이러한 실무행정의 숙지만이 서리층이 지방관을 농락하면서 폐단을 부리는 것을 막을 수 있다고 줄곧 강조하고 있다. 문서, 「보증서」·「확인서」, 도장, 서명, 정탐 방지, 이중 확인, 아문 내외의 구분 등의 다양한 구체적인 방어조치까지 일일이 제시하고 있는 그 폐단 방지('防弊')의 사상은 그야말로 주도면밀하며, 철저한 지방 하급 관리와 아역에 대한 불신(不信)에 기초하고 있다. 따라서 이들의 '농간'에 넘어가지 않기 위해서 지방관이 항상 몸소 움직여 시찰하고 검사한다는 것은 아예 그의 행정에서 당연한 전제가 되어 있다. 밤에 불시에 감옥을 방문하여 서리가 제대로 숙직을 하는지, 옥졸이 잠들지 않았는지, 옥문이 제대로 잠겼는지, 죄수가 모두 있고 그 상태는 어떤지를 점검·확인하거나, 현성에서는 밤에 야경꾼들과 함께 순찰을 돌고, 현성 밖으로는 어두운 밤마다 마쾌·내정을 이끌고 사향(四鄉)으로 멀리 100리 밖까지 순찰을 다니며, 사망사건이 발생하면 직접 검시하러 나서면서 멀고 가까움에 상관없이 스스로 건량(乾糧)을 갖추고 백성에게 차 한 잔의 물도 폐를 끼치지 않으며, 지방의 범죄자들을 찾아내고 회개시켜 지역방범대로 묶어서 도적으로 도적을 막아 내고자 몸소 뛰어다니며 노력하는 지방관의 모습을 상상해 보라![85] 지방 신사나 백성, 또는 그의 상관 가운데 누가 그 진지함과 열성에 대해 이의를 제기할 수 있겠는가? 자기 직책에 너무나도 열성적인 그의 모습 때문에, 적어도 이런 점에서라도 『복혜전서』는 시대와 지역을 뛰어넘어서 '훌륭한 지방관'을 만들어 내는 데 여전히 일정한 참고의 가치를 지니고 있다고 할 수 있지는 않을까?

85 『복혜전서』 제5권 부임부(莅任部) 4 「5-02-1. 양 제독께 올리는 품첩(上楊提臺)」 (1); 제13권 형명부 3 「13-01. 감금(監禁)」; 제15권 형명부(刑名部) 5 인명(人命) 중 「15-03. 자살(自盡)」; 제17권 형명부(刑名部) 7 도적(賊盜) 상 「17-05. 도적 체포(緝捕)」; 제18권 형명부(刑名部) 8 도적(賊盜) 하 「18-08. 지역방범대 점호(土番點卯)」; 제21권 형명부(刑名部) 11 보갑(保甲) 1 「21-06. 오장의 훈련(訓練伍壯)」 부분을 참조.

자서(自序)

황육홍(黃六鴻)

이 책은 정치[즉 지방행정 문제]를 다룬 책이다. 그런데 '행복과 은혜(福惠)'라는 제목을 붙인 뜻은 어디에 있는가? "복(福)이란 [지방사회에] 행복을 만들어 주겠다는 마음가짐이며, 혜(惠)란 [백성에게] 은혜를 베푸는 일을 가리킨다." 무릇 [지방관의 자리에 앉은] 사람에게 이러한 마음이 있은 다음에야 이러한 일이 있을 수 있으며, 이러한 마음이 없으면 이러한 일도 있을 수 없다. 따라서 윗사람[즉 지방관]이 모름지기 먼저 지방에 행복을 가져다주겠다는 마음을 가진 다음에야 백성에게 은혜를 베풀어 주는 일도 가능하다. 일은 마음이 실행에 옮겨진 것이고, 은혜는 실질적인 행복이다. 옛적에 맹자께서 말씀하신 차마 하지 못하는 마음('不忍之心')으로 차마 하지 못하는 정치('不忍之政')를 행한다는 것이 바로 이런 뜻이 아니겠는가? 정치를 행하는 데 있어 응당 이보다 중요한 것은 없을 터이다.

그렇다면 『전서(全書)』라고 이름을 붙인 뜻은 또한 어디에 있는가? "전(全)이란 한 주현(州邑)의[1] 행정 전반을 통괄하여 모두 갖추고 있다는 뜻이다." 주현의 행정은 크게는 전곡

1 원문의 '주읍(州邑)'은 옛적의 명칭을 그대로 쓴 것으로 청대(淸代)의 경우 가장 말단 행정 단위는 주(州)와 현(縣)이었다. 따라서 주읍은 주와 현을 가리킨다(앞으로는 주현으로 약칭하겠다). 청대의 지방행정 구역은 성(省), 부(府) 및 직예주(直隸州)와 직예청(直隸廳), 현(縣) 및 주(州)와 청(廳)이라는 3급으로 나누어져 있었다. 성(省)에는 1-3성을 관할하는 총독(總督)이나 1성을 관할하는 순무(巡撫)가 있는데, 이들을 보통 독무(督撫)라고 합칭한다. 부(府)는 성 바로 아래의 행정구역으로 몇 개의 현(주와 청도 포함된다)을 관할하며, 그 행정아문 소재지를 부치(府治)라고 하는데 부곽현(附郭縣)이 같이 있는 경우도 있다(이를테면 蘇州는 蘇州府의 府治이지만, 동시에 吳縣·長洲縣·元和縣의 縣治도 같이 있었다). 그 장관인 지부(知府)는 처음엔 정4품, 나중엔 종4품으로 바뀌었다. 옹정(雍正) 연간에는 전국에 168개 부가 있었고, 청말에는 200여 개로 늘었다(이 책의 주 무대인 山東省의 경우 10부였다). 청(廳)은 원래 소수민족 지구나 전략적 요지에 설치하였으나 점차 일반 행정구역으로 바뀌었다. 청은 직예청과 산청(散廳)으로 나뉘는데, 직예청은 포정사사(布政使司)에 직속하였으며 부나 직예주와 같은 등급이다. 산청은 부나 도(道. 몇 개의 부를 합한 것으로 道臺가 그 책임자이다)에 예속되었다. 청의 행정장관은 동지(同知. 정5품)나 통판(通判. 정6품)이었고, 직예청과 산청의 품급은 동일하였다. 청말에 약 100여 개가 있었다. 주(州)는 포정사사에 직속하는 직예주(屬縣이 있고 부와 동급이지만 규모가 작다)와 부에 예속하는 산주(散州. 또는 屬州)가 있는데, 현과 동급의 구역이다. 주의 행정장관은 지주(知州. 직예주는 정5품, 속주는 종5품)이고, 청

(‘錢穀’: 즉 조세)·형명(‘刑名’: 즉 사법)·교양(‘敎養’: 즉 교육)·풍속(‘風俗’)에서 작게는 건제(‘建制’: 즉 조직과 제도)·수거(‘修擧’: 건축과 수리)·과조(科條: 즉 조례)·서무(庶務)에 이르기까지 모두 이로움을 일으키고 해로움을 제거하고자 하지 않는 일이 없다. [지방관은] 임용을 받고 부임한 때부터 임기가 끝나 인수인계를 할 때까지 시작부터 부지런하고 끝까지 신중하기를 바라지 않는 경우가 없다. 무릇 이로움을 일으키고 해로움을 제거하며, 처음부터 끝까지 부지런함과 신중함을 지키겠다는 마음을 계속 유지하는 것이 바로 백성에게 행복을 가져다주겠다는 마음이다. 그리고 이로움을 일으키고 해로움을 제거하며, 처음부터 끝까지 부지런함과 신중함을 지킬 수 있다면 그것은 바로 행복을 가져다주겠다는 마음을 받들어 실제적인 은혜를 베푸는 일로 옮기는 일이 된다. 행정사무의 크고 작음에 상관없이, 임기의 처음과 끝에 구애받지 않고 언제나 행복을 가져다주겠다는 마음을 지니고 있다면 어떤 일이든 혜택을 베풀게 되지 않음이 없으니, 이와 같은 것에 대해 『전서(全書)』라고 이름을 붙이는 일이 마땅하지 않겠는가?

그렇지만 주현은 아주 조그만 땅이다. 다스리는 지방관인 지현은 미천한 하급 관원이다. 미천한 지현이 조그만 땅에 부임하여 행복을 가져다주고 은혜를 베풀겠다고 해도 그 미치는 범위 역시 아주 좁다고 말할지도 모르겠다. 오호라! 이것은 주현이 백성에게 관계되는 바가 아주 크다는 점을 모르고 하는 소리다. 주현이라는 것은 천하의 한 부분이다. 천하의 강토를 나누어 주현으로 삼고, 천하의 주현을 나누어 지현에게 맡겼으니, 지현은 행복을 가져다주겠다는 마음으로 백성에게 은혜를 베풀어야 한다. 한 주현이 이렇게 되면 한 주현이 혜택을 받고, 천하의 주현이 이렇게 되면 천하의 주현이 모두 혜택을 받게 된다. 천하의 주현이 혜택을 받게 되면 천하의 백성 모두 행복과 혜택 속에 놓이게 될 것이다. 이러니 어찌 조그만 땅의 미천한 하급 관원이라고 얕잡아 볼 수 있다는 말인가?

곰곰이 생각해 보면 삼공(三公) 등 조정의 최고 중신들은 군주와 같이 앉아 정치를 논의하고, 육부(六部)의 장관은 각자의 업무에 관해 계책을 바친다. 독무(督撫) 등 고위 지방관은 큰 줄기를 잡고 행정 전반에 대해 균형을 잡는데, 특히 그 핵심은 조정의 덕의(德意)를 삼가 이어받아 분명한 법령과 제도를 마련하여 주현에 내려 보내는 것이다. 그런데 백

말에 약 210개의 주가 있었다. 현(縣)은 가장 아래의 지방 행정단위로 부나 도, 직예청에 예속되었다. 행정장관은 지현(知縣. 정7품)으로 청말에는 약 1,300여 개의 현이 있었다. 한편 청대의 각종 제도에 사항은 주금보(朱金甫) 등주편(等主編), 『청대전장제도사전(淸代典章制度辭典)』(中國人民大學出版社. 2011)이 가장 상세하고 정확한 정보를 제공해 주고 있어 훌륭한 참고가 된다.

성의 좋아하고 싫어함, 안정과 위태로움, 고통과 즐거움, 근심과 걱정 등의 사정에 대해서는 주현의 지방관이 가장 가까우므로 몸소 보고 들어 두루 잘 알 수밖에 없다. 주현의 지방관이 된 사람은 백성이 좋아하고 즐거워하고 안정을 느끼는 것을 제공하고, 그들이 근심하고 고통을 받고 위태롭게 여기는 것을 제거해 주어야 한다. 스스로의 힘으로 해결할 수 없는 문제라면 보다 높은 상사에게 호소하여 조정에 요청해 달라고 함으로써 모름지기 이런 문제들을 마무리 지어야 한다. 이를테면 집안의 남녀노소가 춥고 배고프고 병들고 약하다고 서로 모여 앉아 호소한다면, 윗사람으로서 모름지기 이들을 배부르고 따뜻하고 편안하고 튼튼하게 만들어 주어야만 가장의 마음이 크게 위안을 받을 수 있는 것과 같다. 따라서 지방관의 직무는 위로는 조정의 고위 중신과 육부 장관 및 독무 등 고위 지방관의 명령을 따르고, 아래로는 백성의 감추어진 문제를 해결해 주는 일이니, 어찌 무겁고 큰 일이 아니겠는가!

조정에서는 지방관의 성적에 대해 고과(考課)를 챙겨 청렴함을 장려하고 뛰어난 업적을 올린 사람을 승진시킨다. 또한 항상 지방관의 처우에도 신경을 써서 특별한 예복을 내려 주는 영예를 하사하거나, 중앙의 요직으로 발탁함으로써 그 마음고생을 어루만져 주는데, 그런 일의 혜택은 백성에게도 흘러 들어간다. 지금의 황상(皇上)께서는[2] 열심히 정치에 힘쓰시고, 백성의 생계에 특히 염려하고 계신다. 수확이 좋지 않은 흉년을 만나면 돈과 곡식을 내려 주시는 것이 수천만 냥에 그치지 않으며, 가뭄이나 홍수를 만나면 새로운 세금을 깎고 묵은 세금을 면제해 주시는 일이 걸핏하면 10여 년이나 이어질 정도다. 또한 경사(京

2 청(淸)의 성조(聖祖) 강희제(康熙帝. 1654-1722) 애신각라 현엽(愛新覺羅 玄燁)은 청의 제4대 황제이고, 청조가 북경에 정도한 다음으로는 제2대 황제다. 순치제(順治帝)의 셋째 아들로 태어난 강희제는 8세에 즉위하여 14세에 친정(親政)을 시작하였으며 재위기간이 61년으로 중국역사상 가장 긴 황제이기도 한다. 그는 청조 번영의 기초를 닦아 이른바 강희에서 옹정을 거쳐 건륭황제에 이르는 시기의 태평성대(보통 康·乾盛世라고 부른다)를 열었다. 강희제의 군사적 업적으로는 삼번(三藩의 亂. 1673-1681)을 진압하고 대만(臺灣)을 정복(1683)하는 등 반청세력을 모두 진압하여 청조의 본토 정복과 통일을 완성한 것, 네르친스크조약을 통해 러시아와 청의 동북 국경을 설정한 것(1689), 몽골의 일파로 당시 득세하였던 준가르부(准噶爾部)를 이끌던 갈단(噶爾丹)에 대한 친정(親征)을 통해 그를 제압한 것(1698) 등을 들 수 있다. 경제적으로는 청의 경제적 안정과 번영을 이끌어 강희 50(1711)년부터 전국적인 범위에서 천하의 토지세(錢糧)를 보편적으로 면제해 주는 조치를 시작하여, 재위 61년간 토지세의 견면이 모두 545차례 있었고 천하의 토지세를 면제해 준 액수만 해도 1억 5,000만 냥에 이르렀다. 또한 강희 51(1712)년부터 강희 50년의 인두세액을 정액으로 고정시킨 다음 이후 새로 늘어나는 인정(人丁. 성인 남자)에 대해서는 더 이상 인두세를 거두지 않기로 하였는데, 이것은 바로 성세에 늘어나는 인정에 대해서는 영원히 인두세를 부과하지 않겠다("盛世滋生人丁, 永不加賦")는 원칙으로 표명되었다(이것은 이후 실제 전체 세금의 분야로까지 확대 적용되어 청말에 이르기까지 공식적으로 세금의 인상을 억제하는 데 큰 역할을 하였다). 이 때문에 고정되어 버린 인두세를 토지세와 합산하여 징수하는 방식이 점차 도입되기 시작하여 다음의 옹정제 시대에 거의 보편화되었다(地丁合一. 地丁銀制度).

師) 부근의 지방을 순행하시면서 백성을 마치 상처 입은 것처럼 돌보시는 인정을 널리 베풀어 주신다. 백성의 어려움과 고통을 알게 되면 고위 관료에게 특별히 지시를 내려 이를 살펴보고 구제해 주시면서 궁중 깊은 곳으로부터 묵묵히 살펴보시고 너무 넓어 멀리 미치지 않는 곳이 없는 덕을 베풀어 주시는 일도 잦다. 그리고 항상 농촌에서 발생하는 재난을 걱정하시면서 궁중의 신하를 나누어 내보내서 감독하게 하실 정도로 그 염려가 지극하시다. 이토록 백성을 사랑하고 길러 주시는 것은 문자가 생겨난 상고시대 이래로 지금까지 있어 본 적이 없는 일이다.

따라서 지방관이 된 모든 사람은 조정에서 특별하게 높은 보수와 처우를 제공해 주는 것을 염두에 두면서 응당 어떻게 하면 서로 북돋우면서 황상께서 백성을 돌보시는 커다란 마음을 느낄 수 있는지, 어떻게 하면 함께 열심히 노력하면서 모두 훌륭한 치적(治績)을 거둘 수 있는지, 어떻게 하면 백성을 모두 편안한 상황으로 이끌 수 있는지 곰곰이 새겨보지 않을 수 없다. 이렇게 되면 요·순 시절에 버금가는 아름답고 조화로운 태평성대를 맞이하는 것도 어렵지는 않을 것이다. 하지만 독무 등이 올리는 상주문에서 때로는 탐욕스러운 부정의 기운이 느껴지기도 하고, 중앙 부처에서는 기존 칙례(則例)를 고집하여 매번 지방관을 처분하는 일도 적지 않게 일어난다. 이것은 어찌 그들이 모두 다 타고난 자질이 우둔하며 업적과 명성을 사랑하지 않는 선비여서 그렇다고 하겠는가? 그러한 폐단은 마음속으로 이익을 챙기려는 욕심만 있을 뿐 자비와 은혜를 베푸는 행위가 없고, 마음속에 품은 시정방침에 밝고 세밀한 면이 부족하고 제대로 마련된 온당한 실제 조치가 드문 데서 비롯되었다. 그래서 [지방관은] 더러운 행적으로 비난을 받게 되고 저지른 잘못으로 신세를 망치게 되는데, 백성 또한 아울러 그 때문에 피해를 입는다.

나 자신은 산동성(山東省) 기주부(沂州府)의 담성현(郯城縣)[3]과 직예성(直隸省) 하간부(河間府) 동광현(東光縣)[4]에서 지현 자리를 맡은 적이 있다. 이곳은 교통의 요충지이고 업무가

---

3 담성현(郯城縣)은 역사가 아주 유구하여 일찍이 상대(商代)에 소호씨(少昊氏)의 후예가 담국(炎國)을 건설하였다고 하며 춘추시대에도 노(魯)의 부용(附庸)으로 담국이 존재하였다. 노 소공(昭公) 7년에 "담자가 노를 방문하였고(郯子朝魯)", "공자가 담자에게 [官制에 대해] 배웠다(孔子師郯子)"는 고사도 여기에서 발행하였다. 진대(秦代)에는 담현(郯縣), 한대(漢代)에는 동해군(東海郡)이 설치되었다가 원대(元代)에 처음 담성현(郯城縣)으로 불리게 되었다. 경내에는 마릉산(馬陵山)이 동쪽에 뻗어 있고, 기하(沂河)·목수(沐河) 등이 남북으로 흘러 큰 면적의 충적평원을 이루고 있어 '산동 남쪽의 곡창'으로 불리기도 하였다. 담성현은 또한 산동 남부의 저산 구릉지대에 속하면서 가장 남쪽에 있어 산동·강소성의 경계 지역에 자리 잡고 있기도 한다. 바로 남쪽은 강소성 서주부(徐州府) 숙천현(宿遷縣)에 접한다.

4 동광현(東光縣)은 한대 처음 유주(幽州) 발해군(渤海郡)에 속한 동광현으로 설치되었으며, 원대에 이르러 하간

번잡한 지역에 속한 데다가 큰 재난을 당해 원기가 손상된 다음이었다. 날마다 회계장부를 들여다보는 데 바빴고, 몸소 돌아다니며 손님을 마중하느라 분주하였다. 하지만 첫째로는 불행하게도 부친상을 당하였던 것, 둘째는 얼마 되지 않아 자리를 옮겼던 것 때문에, 황상께서 백성을 사랑하시는 그 큰 뜻을 우러러 백성에게 은혜를 베푸는 일을 실행에 옮기고자 한 것은 이미 아득히 먼 일이 되어 버렸다. 그리고 행인(行人)으로 발탁되었다가[5] 어시(御試)에서 일등을 하여 특별히 공과장인급사중(工科掌印給事中)에 등용되어[6] 부끄러운 봉록을 몇 년 동안 받았다. 하지만 날마다 삼가 황상께서 백성을 어여삐 여기는 선정을 천하에 펼치시는 것을 보면서도 또한 조금도 이 높고 깊은 바를 우러러 도울 수 없었기에, 스스로를 돌아보면 저절로 부끄러워졌고 가슴을 만지면 두려움이 크게 불어났다. 이윽고 큰 병을 얻어 사직을 청한 다음 남쪽 고향에 돌아가게 되었다.[7]

이후 몇 년 동안 황량한 산골에서 지내면서 조용히 과거의 잘못이나 허물을 돌아보다가 이미 지나간 세월은 되돌릴 없음을 안타깝게 여기고 좋은 방안이 다시 시행할 수 없음을 아쉬워하게 되었다. 무릇 선비가 옛날 복식을 차려입고 관직에 나서 지방관으로 몸소 부임하게 되면, 위로는 군주의 은혜에 보답하고 아래로는 자기가 배운 바를 적용하는 것이

로(河間路) 동광현, 명·청대에는 직예성(直隸省) 하간부(河間府) 경주(景州)의 속현인 동광현으로 불리게 되었다. 동광현은 현재에는 하북성(河北省) 창주시(滄州市)에 속하는데, 하북성 가장 남쪽에 있으면서 바로 아래 산동성과 접하고 있다. 『광서(光緒) 동광현지(東光縣志)』(中國地方志集成 河北府縣志輯 45. 上海書店出版社, 2006) 권6 「직관지(職官志) 관환표(官宦表)」, 18b에 의하면 황육홍은 강희 14년 부임하여 17년에 임무를 교대한 것으로 나와 있으며, 권6 「직관지(職官志) 환적(宦蹟)」, 18b에 의하면 황육홍은 "강서 신창 사람으로 거인(擧人)인데, 강희 14년에 지현 일을 맡았다. 도적을 잡는 데 뛰어났고 세금을 재촉하는 데도 백성에게 소란을 피우지 않았다. 관직은 도급사중(都給事中)에 이르렀다. 사민(士民)들이 그를 그리워하였다(黃六鴻. 江西新昌人, 擧人. 康熙十四年知縣事. 捕盜有方, 催科不擾. 歷官都給事中. 士民思之)."라고 좋은 평가를 받고 있다.

5 행인으로 발탁된 다음 산서성(山西省), 섬서성(陝西省)을 거쳐 사천성(四川省)으로 나와 장강(長江)을 따라 내려와 호북성(湖北省)과 하남성(河南省)을 거쳐 귀경하였다는데 도중에 각지에서 보낸 접대물을 모두 거절하여 그 청빈함이 크게 칭송을 받았다고 한다(山根幸夫, 「福惠全書 解題」, 小畑行簡 訓點, 『福惠全書』, 東京: 汲古書院, 1973 所收).

6 급사중(給事中)은 진한(秦漢) 시대에는 황제의 좌우에서 시중을 들면서 고문과 응대에 임하여 정사를 논의하는 데 참가하였던 직함이었지만, 이후 점차 봉박(封駁)·탄핵(彈劾)·규찰(規察)을 임무로 하는 언관(言官) 계통으로 발전하였다. 명대에는 이·호·예·병·형·공의 6과급사중(六科給事中)을 두어 주로 6부의 부정이나 잘못을 적발하게 하였다. 황제권을 견제하는 봉박의 권한 등은 크게 제한되었다고 일컬어지지만, 독립된 기구에 속해 백관(百官)의 잘못을 잡아내는 규찰의 권한이 상당히 강력하였던 것이다. 청대 옹정(雍正) 연간이 되면 도찰원(都察院)에 속하여 어사와 함께 간관(諫官)이 되었다. 장인급사중(掌印給事中)은 관명(官名)으로 강희(康熙) 5(1666)년 육과도급사중(六科都給事中)이 바뀐 것인데, 매 과(科. 즉 이·호·예·병·형·공 六科)마다 장인급사중 2명, 급사중 2명이 두어졌다.

7 그의 고향은 강서성(江西省) 신창현(新昌縣)이다.

바로 이때다. 이때 백성을 위해 행복을 만들고 은혜를 베풀어 주겠다는 마음으로 정치를 베풀지 않는다면, 나중에 시간이 지나고 일이 지나가 버리면서 독서를 시작했을 때의 꿈과 희망을 쫓지 못한 것을 후회해도 이미 돌이킬 방법이 없다. 아마 이익을 탐하는 욕망이 싹트고 자신의 뛰어난 재간이 묻혀 버리는 것을 앞두게 되면, 지켜야 할 마음가짐을 잃지 않거나 직무 수행을 제대로 하지 못하는 경우가 거의 드물 것이다. 그것이 지방사회를 해치고 피해를 뒤에 넘겨주는 점 또한 이루 다 말할 수 없을 정도다.

나는 이러한 점에 생각이 미칠 때마다 아쉬워하면서 걱정하지 않을 수 없었다. 그래서 스스로의 어리석고 누추함을 헤아리지 못하고 이를 위해 이 책을 편찬하게 되었다. 처음 부임하면서부터 다른 지역으로 옮기거나 승진할 때까지 전체를 14부(部)로 나누고, 이것을 다시 이부(吏部)로 가서 지원서를 내는 알선('謁選')에서부터 상관에게 사직 인사를 하는 것('辭上官')까지를 다룬 219조(條)로 나누었다[제1-5권 및 32권].[8] 전곡('錢穀': 즉 조세)의 징수와 형명('刑名': 즉 사법)의 문제는 가장 중요한 부분으로 다시 119조로 나누었다[제6-10권은 전곡에, 제11-23권은 형명에 해당한다]. 매 부의 첫머리에는 총론(總論)을 실었다. 부·조의 총론은 네 개이고, 추가 설명(餘說)은 다섯 개, 보충 설명(說)도 다섯 개로 모두 합해 32권이 된다[제24권은 전례부, 제25-26권은 교양부, 제27권은 황정부, 제28-29부는 역참부, 제30-31권은 서정부다].

그 조항마다 미친 장님의 의견과 같은 어리석은 내 생각을 털어놓았으며, 내가 이미 시험을 해 보아서 효력이 있었던 일을 뒤에 덧붙여 놓았다. 천하의 현명한 지방관들이 진실로 능히 백성을 사랑하는 성천자(聖天子)의 마음을 우러러 받들고자 한다면, 이 책을 볼 때 혹은 또한 느끼는 바가 일어날지도 모른다. 그렇게 되면 이익에 대한 욕심의 싹을 굳게 막고, 밝고 세밀한 재간을 덮어 버린 두터운 묵은 때를 힘껏 벗겨 낼 수 있을 것이다. 또한 크고 작은 것에 상관없이 모든 정사에 대해 모름지기 이익을 일으키고 해로움을 제거하면서, 임기가 시작될 때부터 마칠 때까지 반드시 부지런하고 신중하게 처신하는 것을 꾀할 수 있을 것이다. 이렇게 오로지 백성에게 행복을 만들어 주겠다는 마음을 계속 유지하면서 은혜를 베풀어 주는 일을 실행하는 데 바탕을 둔다면, 맹자께서 치켜세운, 차마 남에게 하지 못하는 마음에 아마 거의 들어맞는 것이 되지 않을까? 그렇게 되면 천하의 백성은 모두 아름답고 즐거운 혜택을 입을 것이고, 요·순임금의 태평성대처럼 함께 춤추고 노래할 수 있

8 이하 [ ] 안의 내용은 모두 원문에는 없고, 역자가 독자의 이해를 돕기 위해 추가한 것이다.

을 것이다. 그리하여 군주의 은혜에 보답하고 자기가 배운 바를 제대로 적응하는 일이 바로 여기에서 뚜렷한 성과를 거두게 된다. 또 이런 사람들을 장차 조정에서 명예롭게 표창하고 이례적으로 발탁하는 은전을 베푸는 것이 나아가 노공(魯恭)이나 탁무(卓茂)와 같은 [훌륭한] 지방관들에게 더욱 두루 미치지 않을까?

나 자신은 이미 산골에 드러누워 은퇴한 몸이지만 태평성대를 볼 수 있기를 바라서 이에 기꺼이 이 책을 짓게 되었다. 다만 손과 팔이 뻣뻣하여 붓 대롱을 잡을 수 없기에 동자(童子)에게 입으로 불러 주고 받아쓰게 하였다. 말이 모두 비속하고 또한 되풀이되는 내용도 적지 않지만 이것들을 골라 뽑아 낼 겨를은 없었다. 같은 뜻을 가진 사람들과 함께하려는 욕심이 앞서 마구잡이로 인쇄에 부친 것이다. 그래서 책을 펴내는 이유와 책 표지 제목의 뜻을 이렇게 설명하였다.

강희(康熙) 33년 갑술(甲戌. 1694) 맹동(孟冬) 소설(小雪) 이후 삼일
석포의 우농 황육홍이 우두승사에서 쓰다

夫是書也, 乃政治之事也. 而顔之福惠何居? 曰: "福者言乎造福之心. 惠者言乎施惠之事也." 夫人有是心而後有是事, 無是心而卽無是事. 故在上者必先存有造福地方之心, 而後能有施惠百姓之事. 事者心之推而惠者福之實也. 昔子輿氏所謂[9]: "以不忍人之心, 行不忍人之政",[10] 非卽此意乎? 以之爲政, 宜莫要於此矣. 然則書而言全又何居? 曰: "全者, 統一州邑之政, 而皆具是也." 夫州邑之政, 大而錢穀[11]、刑名[12]、敎養[13]、風俗, 小而建制[14]、修擧[15]、科條[16]、

9 자여(子輿)는 전국 시대의 사상가 맹자(孟子. 이름은 軻)의 자(字)이다.

10 『맹자(孟子)』「공손추(公孫丑) 상(上)」에 나오는 구절이다. "맹자께서 말씀하셨다. '사람에게는 모두 차마 남에게 하지 못하는 마음이 있다. 선왕에게는 차마 남에게 하지 못하는 마음이 있었으며, 이에 차마 남에게 하지 못하는 정치가 있었던 것이다. 차마 남에게 하지 못하는 마음으로 차마 남에게 하지 못하는 정치를 행한다면 천하를 다스리는 일은 손바닥 위에서 굴리는 것처럼 쉬울 것이다(孟子曰: '人皆有不忍人之心. 先王有不忍人之心, 斯有不忍人之政矣. 以不忍人之心, 行不忍人之政, 治天下可運於掌上.').'"

11 전량(錢糧)이라고도 하며 전폐(錢幣)와 곡물(穀物)을 가리킨다. 즉 돈이나 곡물로 내는 토지세(田賦)를 가리킨다. 토지세는 실물(穀食)이나 화폐(銀이나 銅錢)로 거두었기 때문에 이런 명칭이 생겨났다.

12 형명(刑名)은 직위에 따른 책임을 추궁하고 상벌을 엄격하게 시행하고자 한 형명지학(刑名之學)을 가리킨다. 여기서는 형벌(刑罰)이나 형률(刑律), 형사 안건이나 이를 담당하는 막우(幕友. 刑名師爺)를 가리키기도 한다.

13 교양(敎養)은 교육과 배양(敎育培養), 또는 문화적 품덕의 수양을 가리킨다.

14 건제(建制)는 정부기관이나 군대 등의 조직편제, 행정구획 등의 제도를 통틀어 일컫는 말이다.

15 수거(修擧)는 부흥이나 회복·거행, 또는 적절한 사무 처리를 말한다.

16 과조(科條)는 법령·법률의 조문이나 조례·장정·항목을 말한다. 분류·정리를 통해 목차를 만드는 것을 뜻하기

庶務, 靡不欲利興而害除. 以暨捧檄而莅官,[17] 及瓜而受代,[18] 靡不欲謹始而愼終. 夫欲存興利除害、謹始愼終之心, 是卽造福之心也. 及乎利之興害之除, 始終之克謹克愼,[19] 是卽推造福之心, 而行施惠之事也. 合政之大小、任之始終, 無一心而不存造福, 卽無一事而不爲施惠, 如是而謂之: '全'也, 不亦宜乎?

雖然州邑蕞土耳.[20] 牧宰微員耳.[21] 以微員而當蕞土, 以云造福而施惠, 其所及也亦隘矣. 嗚呼! 是未知其州邑之所繫於民者亦大矣. 夫州邑者, 天下之分也. 分天下之疆土, 以爲州邑, 卽分天下之州邑, 以任牧宰, 牧宰者造福之心以施惠於百姓, 一州邑如是, 一州邑蒙其福, 天下州邑如是, 天下州邑蒙其福, 天下州邑蒙其福, 則天下之民, 皆在其造福、施惠之中矣. 如是, 又豈可以蕞土微員而少之耶? 粵稽公孤秉鈞坐論,[22] 六卿分職宣猷,[23] 督撫大吏總握綱領,[24] 提衡庶政,[25] 要皆欽承朝廷德意, 經畫昭垂, 以爲令典,[26] 而頒之州邑. 若夫輿情之好惡、

도 한다.

17 봉격(捧檄)은 효자로 유명한 후한(後漢) 사람 모의(毛義)가 부(府)의 공문(檄)을 받들고 아주 기뻐하면서 나아가 관원이 되었다는 고사에서 비롯된 말로, 관원이 되어 출사한다는 것을 가리키게 되었다. 마침 그를 방문하러 갔던 장봉(張奉)이란 사람은 그 모습을 보고 이 때문에 모의를 깔보게 되었는데, 나중에 어머니가 돌아가시자 모의가 관직을 떠나 다시 돌아가지 않는 것을 보고 자신이 모의를 깊이 보지 못했음을 깨달았다는 고사가 전해진다.

18 급과(及瓜)는 임기가 1년으로 올해 참외가 날 때 가서 내년 참외가 날 때에 교대한다는 고사(『좌전(左傳)』 장공(莊公) 8년) 고사에서 비롯된 것으로 임기가 끝나는 것을 가리킨다.

19 극(克)은 충분히 할 수 있다, 맡을 수 있다, 완성한다는 뜻이다.

20 최토(蕞土)는 작은 땅이란 뜻이다.

21 목재(牧宰)는 주현의 장관(長官) 즉 지현(知縣)·지주(知州)를 가리킨다(청대의 경우). 현관 즉 지현은 재(宰), 주관 즉 지주는 목(牧)이라고 한다.

22 월(粵)은 발어사로 '이에, 아아'라는 뜻 또는 곰곰이 생각한다는 뜻이고, 계(稽)는 생각하다, 검토하다, 계산한다는 뜻이다. 공(公)은 삼공(三公)을 가리킨다. 주대(周代)의 경우에는 중앙정부의 3대 최고 직함(官銜. 즉 실제 직책이 아닌 명예직위를 말한다)인 태사(太師)·태부(太傅)·태보(太保)를 가리켰지만, 전한(前漢)에서는 승상(丞相. 大司徒)·태위(太尉. 大司馬)·어사대부(御使大夫. 大司空)를 가리키는 등 이후 시대마다 구성이 달라진다. 고(孤)는 소사(少師)·소부(少傅)·소보(少保)를 가리킨다. 따라서 공고란 조정의 중신(重臣)들을 가리킨다. 병균(秉鈞)은 집정(執政)한다는 것을 비유하는 말인데, 원래는 도기를 제조할 때 쓰는 바퀴를 말한다. 좌론(坐論)은 당(唐)·오대(五代)까지는 승상이 오면 황제가 차를 내오게 하고 앉으라고 명을 하여 같이 앉아 정치를 논의하였다고 하는데 이 점을 가리키는 것 같다.

23 육경(六卿)은 중앙의 행정부서인 육부(六部. 즉 吏·戶·禮·兵·刑·工部)의 장관(청대의 경우는 尙書)을 가리키는 것으로 보인다. 선유(宣猶. 宣猷)는 사리에 밝고 그에 따른다거나 계획과 방략을 베푼다는 뜻.

24 강령(綱領)은 원래 그물을 버티는 줄인 벼리와 갓옷의 옷깃을 가리키는데, 여기에서 나아가 총강요령(總綱要領), 즉 정치법도나 원칙(大綱)과 중요한 부분·구역의 핵심·요점(要領)을 가리키는 뜻이 나왔다.

25 제형(提衡)은 저울로 재서 무겁고 가벼움을 고르게 한다는 뜻으로 나아가 균형을 맞춘다거나 관리를 골라 뽑는다는 뜻으로 쓰인다.

26 경화(經畫. 經劃)는 마련한다, 준비한다, 계획한다는 뜻, 소수(昭垂)는 분명하게 밝히거나 드러낸다(昭示)거나 남기거나 내려서 밝힌다(垂示)는 뜻이다. 영전(令典)은 전장법도(典章法度)나 헌장법령(憲章法令)을 가리킨다.

安危、苦樂、憂患,[27] 牧宰之於民最爲親切, 莫不躬覩而熟悉之. 爲牧宰者視其所好樂而安者予之, 其所患苦而危者去之, 已所弗獲自主, 申明大吏而請之於朝, 必予之去之而後已. 譬之一家之長, 其室中之老幼、男女饑寒疾厄, 莫不環向而相呼, 爲之長者務必使之飽暖康强, 而其心乃大慰. 是則牧宰之職, 以上循公孤、六卿、督撫大吏之揆法,[28] 而下遂斯民之幽隱,[29] 不重且要哉!

我國家計吏考課, 興廉擧卓, 每加意於有司,[30] 錫之章服之榮,[31] 超以臺省之職,[32] 以其心勞撫字, 惠澤流於百姓也. 我皇上孜孜圖治,[33] 念切民生, 遇荒歉, 則輸金輦粟, 弗啻數千萬, 逢水旱, 則蠲新免舊, 動輒十餘年, 以暨畿甸巡行, 擴視民如傷之仁. 若迫閭閻之艱苦, 特命大吏, 察省拯助, 頻加深宮默慮, 宏無遠弗屆之德. 每惓畎畝之災眚,[34] 分遣廷臣督勘, 殷憂備至,[35] 其所以愛育元元,[36] 自書契以來未嘗有也.[37] 故凡屬在有司者, 覩國家酬庸之異數,[38] 宜何如共相激勸, 體皇上勤民之盛念, 宜何如共切拊摩, 俾治績悉奏循良,[39] 蔀屋咸登康阜,[40] 於以躋唐、虞雍熙之世無難爾.[41] 然而督撫露章,[42] 時形貪黷, 部寺繩例, 每掛處分, 是豈盡天資頑鈍、不

---

27 약부(若夫)는 그런데, 그렇지만(至於)이라는 뜻으로 구절이나 단락의 맨 앞에서 다른 일을 언급할 때 사용한다. 여정(輿情)은 민정(民情)이나 군정(群情)이라는 뜻이다.

28 규(揆)는 도리·준칙·사무·관리·장관(掌管) 등의 뜻이므로, 규법은 일 처리에 대한 명령·지시를 뜻한다.

29 유은(幽隱)은 은폐나 은거를 가리킨다.

30 유사(有司)는 바로 관원을 말한다. 관직을 설치하면서 각기 고유의 업무가 있었던 것에서 비롯되었다.

31 장복(章服)은 해·달·별 등의 무늬(또는 식별부호)가 있는 예복을 말한다.

32 대성(臺省)은 상서대(尙書臺)와 중서성(中書省), 즉 황제가 정령을 발포하는 데 중심적인 역할을 하는 정부 중추기관을 가리킨다. 실제로 황육홍은 공과장인급사중(工科掌印給事中)으로 발탁이 되었으니 언관 내지는 어사로서의 직임을 부여받은 것이라 할 수 있다.

33 자자(孜孜)는 힘써 노력하는 모습을 형용한다.

34 재생(災眚)은 바로 재난·재앙을 가리킨다.

35 은우(殷憂)는 깊은 근심, 또는 우상(憂傷)을 말한다. 비지(備至)는 모두, 또는 지극하다거나 아주 완비되어 있다는 뜻이다.

36 원원(元元)은 평민·백성을 뜻한다.

37 서계(書契)는 여기서 문자를 가리킨다. "상고시대에는 새끼줄을 묶어 다스렸는데, 후세의 성인들은 이것을 서계로 바꾸었다(上古結繩而治, 後世聖人易之以書契)"고 하는 전승(『주역(周易)』「계사(繫辭) 하(下)」)에서 나온 것이다.

38 수용(酬庸)은 공적이나 노고에 대한 보상을 말하며, 이수(異數)는 차등이나 정도가 다르다는 뜻이거나 아주 특수한 예우를 가리킨다.

39 순량(循良)은 관리가 봉공수법(奉公守法)을 한다는 뜻이거나, 순량한 관리를 가리킨다.

40 부옥(蔀屋)은 민가(民家)를 말한다. 강부(康阜)는 안락하고 부유하다는 뜻이다.

41 어이(於以)는 '이래서, 이 때문에, …에 이르러'라는 뜻이 있다. 당(唐)·우(虞)는 요(堯)·순(舜)임금의 시대를 가리킨다. 즉 옹희지세(雍熙之世) 역시 화락승평(和樂升平)의 시대를 말하므로, 전체적으로 태평성세를 뜻하는 것이다.

42 노장(露章)이란 상주하여 탄핵한 내용을 공개함으로써 탄핵을 당한 사람이 그것을 알고 스스로 죄를 받게 한다는 뜻, 또는 상주문을 가리키는 범칭으로도 쓰인다.

愛功名之士哉? 其弊由於心攖利欲, 而無慈惠之爲, 懷治乏精明而鮮區畫之悉當,[43] 所以穢跡貽譏,[44] 詿誤致累,[45] 而百姓並受其摧戕也.

鴻昔待罪郯、東二邑,[46] 値衝煩之地,[47] 處凋敝之餘, 日鞅掌於簿書,[48] 犇馳於負弩.[49] 一不幸而讀禮,[50] 一未幾而量移,[51] 求其所以仰副皇上愛民之盛心, 以施惠於百姓者, 已茫無可擧. 及荷蒙御試以行人特授諫垣,[52] 竊祿數載. 惟日恭覩皇上恤民之美政, 以覃敷於四海, 又毫無一得以仰贊高深, 撫躬自慙, 捫心滋懼, 尋因沉疾乞假南歸.[53] 經年支枕荒山, 靜憶曩時愆戾, 傷旣往之莫追, 撫良圖之難再. 凡士之服古入官, 已幸身膺民社,[54] 則上報君恩, 而下酬所學,

---

43 구화(區畫)는 구획(區劃)이라고도 하는데, 준비·안배·구분·획분을 뜻한다.

44 이기(貽譏)는 조롱과 비난을 불러들인다는 뜻이다.

45 괘오(詿誤)는 잘못이나 다른 일로 연루되어 처분을 받는 것을 말한다.

46 대죄(待罪)는 자리를 제대로 맡지 못하여 장차 죄를 얻을 것이라는 뜻으로, 관직에 취임하는 것을 겸손하게 이야기하는 것이다.

47 충번(衝繁)은 교통의 요충지이자 행정사무가 번잡하다는 뜻이다. 청대에는 각 주현의 관결(官缺)에 대해 거기에서 근무하는 상황을 각기 충(沖)·번(繁)·피(疲)·난(難)이라는 네 글자로 표현하는 관행이 있었다. 이 가운데 몇 글자로 그 주현을 다스리는 업무의 성격을 표현하는 것이다. 원래는 옹정 연간 광서포정사가 상주한 것에 비롯되었는데, 전국의 주현을 이 네 가지 종류로 분류함으로써 관리 임용을 쉽게 하려는 의도에서였다고 한다. 충(衝. 沖)은 교통이 번잡한 요충지에 해당된다는 뜻이고, 번(繁)은 행정사무가 번다하고 무거움을 가리킨다. 피(疲)는 세금의 체납이 아주 많을 정도로 백성이 성향이 자못 완고하다는 뜻이고, 난(難)은 풍속이 좋지 않고 범죄사건이 많은 등 백성이 아주 사나워서 다스리기 힘들다는 뜻이다. 이를테면 산동성 기주부(沂州府)에 속하는 담성현(郯城縣)은 충·번·난이라는 세 글자로 표현되었다. 유자양(劉子揚) 편저(編著), 『청대지방관제고(淸代地方官制考)』(紫禁城出版社, 1988)에 실린 「전국각성부주현관결일람표(全國各省府州縣官缺一覽表)」에는 전국 주현에 대한 이러한 평가가 모두 실려 있다. 네 글자 모두를 갖춘 주현직은 최요결(最要缺)이나 요결(要缺), 세 글자로 표현되는 곳은 요결(要缺), 두 글자로 표현되는 곳은 요결(要缺) 또는 중결(中缺), 한 글자나 아무런 글자도 없는 것은 간결(簡缺)로 표현되었다.

48 앙장(鞅掌)은 직무가 복잡하고 번거로워 바쁜 것을 말한다. 부서(簿書)는 재물의 출납을 기록한 장부나 관청의 문서·장부를 가리킨다.

49 분치(犇馳)는 수레나 말로 빠르게 간다, 또는 분주하다는 뜻이고, 부노(負弩)은 활과 화살을 등에 매고 길을 열면서 앞으로 나가는 것으로 귀빈을 영접하는 빈례(賓禮)를 말한다.

50 독례(讀禮)는 친상(親喪) 때문에 모든 일을 폐지하고 오직 예서(禮書)의 상제(喪祭)에 관한 글만 읽는 것을 가리킨다. 즉 '친상 중에 있다'는 뜻이다.

51 양이(量移)는 잘못으로 멀리 유배되었지만 사면을 받아 가까운 곳으로 전근한다는 뜻이지만, 일반적으로 자리를 옮기는 것을 가리킨다.

52 행인(行人)은 원래는 『주례(周禮)』의 '추관(秋官)'에 속하는 대행인(大行人)과 소행인(小行人)으로, 빈객을 접대하는 의례를 담당하던 관직이었다. 명대(明代)에 오면 행인사(行人司)가 설치되었는데 성질은 약간 달라 진사(進士)로 충당하되 부절(符節)·사신(使臣)을 받드는 일을 맡았고, 조칙의 반포, 책봉 등의 일도 모두 여기서 관장하였다. 경관(京官) 가운데 지위는 낮지만 명예가 아주 높고 승진도 빨라 진사들은 여기에 임명되는 것을 영예로 여겼다고 한다. 청대에 와서 폐지되었다. 간원(諫垣. 諫院)은 간관(諫官)이 근무하는 관청을 가리키는데, 이 글의 끝부분에서 황육홍은 공과장인급사중(工科掌印給事中)을 지낸 것으로 스스로 기록하고 있다.

53 걸가(乞假)는 휴가·사직을 요청하는 것을 말한다.

54 민사(民社)는 백성과 사직(社稷), 또는 민간(民間)이나 주현 등의 지방이나 지방장관을 가리킨다. 응(膺)은 이어

正在兹時. 于此而不以造福存心、施惠爲政, 微獨時移事去, 『詩』、『書』志業,[55] 追悔無從. 恐卽當前利欲之萌、精明之蔽, 鮮有不喪失所守, 而隕越厥職者,[56] 其爲地方流毒遺害, 又不可勝言矣. 鴻輿思及此, 不禁愁然憂之, 乃不揣愚陋, 爲之撰次是書, 自筮仕以迄陞遷爲部, 一十有四, 自謁選以迄辭上官爲條, 二百一十有九. 於錢穀、刑名之大, 又分晰爲條一百一十有九. 每部首綴以總論, 如部條之總論凡四、餘論凡五、說凡五, 爲卷三十有二. 其各條之內, 俱謬抒狂瞽之見及鴻之已試而有效者附載之. 天下賢牧宰誠能仰體聖天子愛民之心, 覽是書, 或亦有所觀感輿起, 堅窒乎利欲之萌, 力刷乎精明之蔽, 務期政之大小, 必利輿而害除, 任之始終必克謹而克愼, 一本於存造福之心、行施惠之事, 而與子輿氏推不忍人之一念, 而竊有合焉. 則天下之民, 咸沐浴於循良樂愷之休, 共歌舞乎唐、虞雍熙之世. 所以荅君恩而酬所學, 均於是並著之矣. 將見國家褒榮超擢之典, 不更徧被於魯恭、卓茂之儔哉?[57] 鴻偃臥林泉, 希觀太平盛事, 乃樂於有言, 緣手腕拘强, 不能拈管, 遂口授童子而命書之, 語皆鄙俚, 且多沉複未暇裁擇, 擬欲公諸同志, 濫登諸梓, 因敘其撰次所由弁顔書之意如此.

康熙歲次甲戌[58] 孟冬小雪後三日 石浦迂農黃六鴻授書於牛頭僧舍[59]

말다, 접수하다, 담당한다는 뜻이다.

55 시서(詩書)는 유교 경전인 『시경(詩經)』과 『상서(尙書. 또는 書經)』를 합쳐 부르는 말이지만, 유가 경전 전체나 시작(詩作)·서법(書法)을 가리키는 뜻으로도 쓰인다.

56 운월(隕越)은 떨어지다, 상실하다, 실패하다, 실직하다는 뜻이다.

57 노공(魯恭)은 후한(後漢) 중모(中牟)의 현령으로서 형벌에 의존하지 않고 덕정을 베풀어 어린아이도 감화를 받아 새끼를 기르는 꿩은 잡지 않을 정도였고, 농작물을 해치는 벌레조차 이 지역을 침범하지 않는 등 기적을 출현시켰다는 지방관이다. 탁무(卓茂) 역시 후한의 관리로 밀현(密縣)의 현령으로 발탁되었는데 백성을 자식처럼 사랑하였다는 평가를 받았고, 교화가 크게 이루어져 길에 떨어진 물건도 집어 가지 않을 정도가 되게 하였다고 한다. 노공과 탁무를 합칭한 탁로(卓魯)는 순리(循吏), 즉 현명하고 능력 있는 관리를 가리키는 대명사가 되었다.

58 갑술(甲戌)년은 강희 33년인 1694년을 가리킨다.

59 맹동(孟冬)은 동계의 첫째 달, 음력 10월을 가리킨다. 소설(小雪)은 24절기 중 20번째의 절기로 양력 11월 22일·23일쯤에 해당한다. 한편 이 구절은 판본에 따라 달리 쓰여 있기도 해서, 여기서는 일단 초판본의 내용에 따른다. 다른 판본에서는 "공과장인급사중(工科掌印給事中) 및 담성현·동광현의 지현을 지낸 황육홍이 쓰다(工科掌印給事中, 前知郯城、東光兩縣事, 黃六鴻授書)"라는 내용으로 되어 있기도 한다.

범례(凡例)

1. 이 책은 오로지 주현의 문제에 대해서만 상세히 다루었다. 생각건대 주현의 지방관인 지현(知縣)·지주(知州)는[1] 위로는 황상이나 중앙의 육부, 또는 상사가 내린 공문을 받아 처리하며, 아래로는 백성의 사정을 돌보아야 한다. 그 가운데 가장 중요한 것으로 전량(錢糧) 징수에서는 지정은(地丁銀)과 조량(漕糧)·잡과(雜課) 등이 있고, 요역과 토지재산에서는 호구(戶口) 조사와 호적 작성, 토지측량이 있다. 형명(刑名)의 경우는 큰 것으로는 살인, 강·절도, 도인(逃人),[2] 간음 등, 작은 것으로는 흉악범이나 부패 아역, 잡범 등의 사안이 있다. 그리고 모반(謀反)·모반(謀叛) 같은 경우는 원래는 대형 사건이지만 태평성대에는 존재하지 않는 것이므로 형명의 끝부분으로 잠시 옮겨 놓아 갖추어 놓기는 하지만 쓰이지는 않는다는 점을 보이려 하였다. 무릇 보갑(保甲) 또한 형명의 범위에 속하지만 여기서 따로 떼어 놓은 것은 강·절도나 도인을 막고 안팎의 범법자를 엄히 단속하며, 선량한 백성을 안심시키는 중요한 정책이므로 지방관들이 특히 힘써 실행하면서 게을리하지 않기를 바라기 때문이었다. 조근(朝覲)과 대계(大計), 문묘나 성황당에 대한 제사나 노인과 독서인에 대한 대우, 선현이나 열녀·효자의 표창 등은 모두 군주에게 충성하고 직무를 충실히 수행하며 현인을 존중하고 풍속을 장려하는 일에 관련된 것이므로 감히 일반 행정사무와 같이 늘어놓지 않았다. 이를 받들어 시행하는 사람이 더욱 삼가고 존중하기를 바랄 뿐이다.

1　앞으로는 번잡함을 피하기 위해 지현·지주는 이하에서는 지현이나 지방관으로 통일하여 쓰도록 하겠다.

2　도인(逃人)은 청대 초기에 중요한 사회문제의 하나였다. 청조의 군대가 만리장성을 넘어 내지(內地)로 입관(入關)한 다음 만주귀족은 권지(圈地)를 통해 중국 북부의 대량의 토지를 약탈하고 여기에 각종 농장을 설립한 다음 현지의 한인(漢人)들을 노예나 소작인으로 충당하였다. 지나친 학대·수탈과 부담을 견디지 못해 이들이 도망가면서 엄중한 사회문제로 등장하였는데, 이것은 동시에 만주귀족의 이익과 직결되었으므로 청조는 이런 노예의 도망을 엄금하는 도인법을 반포하고 엄벌에 처하였다. 이에 대해서는 이 책의 제19권 형명부(刑名部) 9 도인(逃人)과 간정(姦情) 「19-01. 도인(逃人)」 부분을 참조.

백성을 가르치고 키우는 문제('敎養')와 같은 경우, 오늘날의 지방관들은 오로지 회계 문서와 기한을 맞춘 보고만 시급한 과제로 생각할 뿐 여기에 대해서는 전혀 관심을 두지 않는데, 사실 이것이 지방을 다스리는 행정의 기본임을 알지 못하기 때문이다. 여기서는 황상의 상유를 삼가 받들어 낭독하는 일을 가르침을 베푸는 으뜸으로 내세운 다음, 의학(義學)을 세우거나 강학(講學)과 과거시험 교육 등을 그다음에 다루었다. 농사를 권장하는 것 또한 백성을 키우는 일의 근본으로 삼았으며, 수리시설을 고치거나 황무지를 개간하고 절약을 강조하는 일은 그다음에 서술하였다. 위에 있는 사람이 아울러 힘써 꾀하기를 바랄 뿐이다. 그 밖에 구휼사업(荒政)과 같은 경우는 자연재해에 대비하는 최고의 방책이며, 역참(驛傳)은 요충지로 업무가 번잡한 지역의 가장 큰 골칫거리이지만, 모두 미리 대비하지 않으면 신속하게 가다듬기 어려운 것들이다. 그래서 교양 문제 다음에 아울러 늘어놓았다.

무릇 처음 이부에 가서 지원서를 내는 알선(謁選)은 우리 선비들이 관리의 길로 나아가는 출발점인데,[3] 처음 일을 시작할 때 조심해야 하므로 반드시 가지런하고 조리가 있어야 한다. 지방관으로 처음 부임할 때는 지방 사민(士民)들이 크게 기대하고 쳐다보므로, 부임할 때 조심해야 할 것도 미리 제대로 된 순서와 준비를 갖추어야 한다. 그리고 일을 다음 사람에게 넘기는 인수인계는 임기의 마지막에 해당되는데, 일을 마칠 때의 신중함도 역시 반드시 가지런하고 흩어짐이 없어야 한다. 지금 알선(謁選) 관련 조항은 출사('筮仕') 부분에, 부임 관련 조항은 부임('蒞任') 부분에, 인수인계 관련 조항은 승진·이동('昇遷') 부분에서 서술하였는데, 이것은 같은 종류끼리 서로 모아 두기 위해서였다. 하지만 무엇보다도 중요한 일은 부임할 때나 승진·전근할 때 인수인계를 제대로 하는 것이다. 따라서 이 부분에서는 이 문제에 대해 특히 상세하게 밝혀 놓았다. 피차 주고받는 것을 분명히 함으로써 나중에 허물을 뒤집어쓰는 것을 피하기 위함이다.[4]

---

3 이 책에서는 관리(官吏)라는 명칭이 아주 자주 나타나는데, 관리는 엄격히 말하자면 상하급의 관원·이역을 통틀어서 가리키는 경우이고, 주현의 지방관 이상의 경우만을 가리킬 경우에는 관원(官員) 또는 관료(官僚), 그 이하까지 포함하면 관리(官吏)라고 해야 한다. 하지만 실제로 양자를 구분하지 않고 지칭하는 경우가 너무 많아 일일이 구분해서 표기하기는 어려우므로 대부분 관리라는 일반적인 명칭을 사용하였다. 일부러 관원이라고 쓴 경우는 그 범위가 상당히 제한된다는 점(관원은 俸祿이 있는 경우에만 한정된다), 즉 관원과 이역은 통칭되기도 하지만 구분하여 보아야 할 경우도 있다는 점에 주의할 필요가 있다.

4 이 점에 대해서는 황육홍이 지현을 할 때 겪은 경험이 강렬하게 반영되고 있다. 황육홍이 근무하였던 산동성 담성현은 원래 빈곤한 지역이었던 데다가 대지진(大地震)이 발생한 여파 등으로 그의 전임자 네 명이 업무(아마도 赤字나 負債)의 인수인계를 거부당했기 때문에 다른 근무지로 이동하지 못한 채 현지에 대기상태로 남아 거지와 다를 바 없는 처참한 생활을 보내는 지경이었다. 뛰어난 능력을 지닌 황육홍은 기량을 발휘하여 이들이 모두 고향에 돌아갈 수 있게 조치를 취해 주었다. 이에 대해서는 제3권 부임부(蒞任部) 2 「3-06. 인수인계 방법(淸査之法)」 부분 결말을 참조.

이른바 "주현관의 업무"라는 것은 위로는 황상이나 [육부·]상사의 지시를 받아 처리하고 아래로는 백성의 사정을 처리해야 하는 것으로 실제 지금까지 늘어놓은 범위를 벗어나지 않는다. 그래서 나는 이에 대해 아울러 상세하게 밝히면서 감히 조금도 빠트리지 않고 편찬하였다고 말할 수 있다. 그렇지만 보다 상급의 고위 지방관은 하급 관원을 감독하고 백성을 안정시키며, 사회질서를 바로잡고, 올바른 도덕행위를 장려하는 것을 직책으로 삼고 있다. 이런 점에 대해서는 내가 하급 지현과 함께 다루면서 감히 멋대로 의견을 내놓아서는 안 될 것이다. 그렇지만 주현의 보좌관들이라면 이상의 것을 응당 알아 둘 필요가 있다. 이를테면 지현이 없어 업무를 대신 처리할 경우 모두 반드시 도움이 되는 것들이기 때문이다.

2. 일에는 일마다 각기 나름대로의 방법이 있고, 방법에는 방법마다 각기 나름대로 장·단점이 있기 마련이다. 그 방법을 잘 시행하려면 해로움을 제거하고 이익을 일으키는 데 힘써야 한다. 하지만 해로움을 제거하는 일에서 가장 중요한 것은 요령과 핵심이 있어야 한다는 것이다. 여기서 잠시 그 가운데 큰 문제를 들어 이야기해 보겠다. 이를테면 전량의 징수와 독촉에서 가장 큰 해로움은 거짓된 수단으로 속이는 것이다. 그래서 만약 이러한 해로움을 제거하면 백성은 피해를 입지 않을 것이고, 조세 또한 체납되어 완결되지 않는 일이 없을 것이다. 이를테면 호구 조사와 토지측량에서는 가장 큰 해로움은 숨기고 빠트리는 일이다. 그래서 만약 숨기고 빠트리는 일을 제거한다면 백성은 속지 않게 되며, 요역과 토지세가 치우쳐서 고르지 않게 되는 일도 없을 것이다. 이를테면 살인사건에서 가장 큰 폐단은 거짓으로 날조하는 일이고, 강·절도나 도인 문제에서 가장 큰 폐단은 엉뚱한 사람을 끌어들여 뒤집어씌우는 일이다. 그래서 거짓 날조나 엉뚱한 사람을 끌어들이는 일이 제거된다면 진실과 거짓은 즉각 판별될 수 있으니, 그래도 여전히 억울하게 피해를 당하는 사람이 있겠는가? 이를테면 보갑의 경우 가장 큰 해로움은 민간에 소동을 일으켜 폐를 끼치는 일이고, 재해 구제에서 가장 큰 해로움은 딴 사람을 가장하여 [구호물자를] 받아 가는 것이니, 소동이나 가장을 제거하면 모두가 함께 실질적인 혜택을 누리게 된다. 그래도 여전히 남의 것을 가로채서 빼앗으려는 사람이 있겠는가?

지금 이러한 조항들을 편찬하면서 가장 엄격하게 다룬 것은 해로움을 제거하는 문제였지만, 사실 이익을 일으키는 방법도 바로 그 안에 들어 있다. 이 책을 봐 주시는 분들이 세밀하게 골라 채택하여 주신다면, 병들고 지친 시골 노인네의 한 조각 고심을 저버리지 않게 될 것이니, 그렇다면 아주 다행스러운 일이다.

3. 지방관으로서 주현을 다스리는 것은 마치 집주인이 집안을 다스리는 것 같다. 큰일에 마음을 기울여야 하는 것은 말할 것도 없지만, 자질구레한 작은 일에도 모름지기 마음

을 써야 집안 살림이 점차 번성하고 가문의 기상도 저절로 보기 좋게 가다듬어질 것이다. 이래야만 집안을 다스리는 데 부지런하면서도 재간이 있음을 보여 줄 수 있는 것이다. 언제나 지방관들을 볼 때마다 느끼는 것은 전곡·형명을 제외한 나머지 문제에 대해서는 거의 신경을 쓰지 않는 것으로 보인다는 점이다. 이를테면 이 책 속에서 다루고 있는 과실나무를 키우거나 뽕·느릅나무를 심는 일, 못된 사당을 금지하는 일, 사악한 민간종교를 막는 일, 노인과 덕 있는 사람을 대접하는 일, 고아나 가난한 사람을 돌보는 일, 연고자 없는 사람을 묻어 주는 일, 도로를 잘 닦고 패방(牌坊)과 소형 역참을 세우는 일, 관청을 수리하는 일, 관문과 나루를 잘 통제하는 일, 갓난아기를 익사시키는 것을 막는 일, 버려진 아이를 키우는 일, 부녀들이 향을 피운다는 구실로 절에 들락거리거나 주인이 노예나 하녀를 능욕하거나 가두는 것을 막는 일 등등이 바로 그것이다.

이런 일들은 모두 정치와 교화·풍속에 확실하게 관련되는 것이므로 지방관이 아주 유의해야 한다. 옛적 은의 탕왕이 짐승을 잡는 그물을 한쪽만 남겨 두고 모두 풀게 하였다는 일이나, 주의 문왕이 땅위에 드러난 해골을 제대로 묻어 주게 하였다는 일은 모두 아주 자질구레한 것에 속하지만, 이것을 통해서 위대한 성인의 인자함을 보여 줌과 동시에 이에 감동한 제후들의 흠모를 얻을 수 있었으므로 지금까지도 역사책에서 칭송하고 있다. 백성의 풍습에 밀접하게 관련된 일이나 행정 원칙에 관련된 정치·교화의 문제라면 우연히 알게 되었더라도 무시하고 지나쳐 버려서는 안 된다. 이것은 지현의 직책상 당연히 해야 할 일이지만, 또한 뛰어난 재간을 마음껏 발휘할 수 있는 부분이기도 하다.

4. 지방관은 전곡과 형명을 중시하지만, 형명은 전곡보다 더욱 중요하다. 무릇 전곡의 문제가 깨끗이 정리되지 못하더라도 그 해로움은 단지 백성이 세금을 더 많이 내는 데 그친다. 하지만 형명의 문제를 제대로 처리되지 않으면 그 해로움은 남의 생명을 빼앗는 데 이를 수도 있다. 따라서 이 책에서는 형명 분야에 대해서는 특히 더욱 주의를 쏟았다. 이를테면 살인이나 강·절도, 도인, 간음 등의 재판에서는 자질구레한 사항까지 번거롭게 여기지 않으면서 심문하여 모름지기 사건의 진실한 상황을 파악해 낼 수 있도록 하였다. 판결 또한 모름지기 죄의 무거움과 가벼움을 가려내면서 힘써 율법·조례(律例)에 들어맞도록 하였다.

하지만 재판 내용 가운데에는 옳은 것 같지만 아닌 것이 있고, 율법·조례와 같은 것 같지만 실제로는 다른 것이 있으니, 이른바 "털끝만한 차이가 천 리만큼 벌어진다"는 점에 주의해야 한다. 나는 이런 문제에 관한 생각을 풀어 놓으면서 사안에 의거하여 나름대로 의견을 제시하였고, 각 조항마다 자세하게 검토하여 마치 눈으로 보듯이 당시 상황을 재현시켜, 재판 과정에서 억울한 일을 당하는 백성이 없게 하고자 하였다. 옛사람이 남긴 뜻은 진실로 깊으니, 율법·조례 가운데 의심스러운 부분이 없어야만 비로소 제대로 일을 처리하면서도 유쾌한 기분을 지닐 수 있는 것이다. 그렇게 되려면 결국은 "차라리 무거운 죄에 가벼운 형벌로 처벌하지, 가벼운 죄에 무거운 형벌로 처벌하지 말라"거나, "아무런 죄도 없는 사람을 죽이는 것보다는 차라리 제대로 법을 지키지 않는 사람을 놓치는 편을 택하라"는 뜻으로 돌아가야 할 것이다. 식견 있는 분들께서 살펴봐 주시기를 바란다.

5. 이 책은 종류별로 나누어 각 부(部)를 만들고, 각 부는 다시 각 조(條)로 나누었다. 각 조를 통해 각 부의 모든 내용을 담아, 보는 사람이 흘리거나 빠뜨리는 느낌이 없게 하였으며, 논의하는 항목도 그 내용을 두루 건드려서 실행하는 사람이 채택하여 이익을 얻을 수 있게 하였다. 따라서 벼슬길에 올라 지방관이 되면서 관계되는 일은 아주 지엽적인 자질구레한 문제에 대해서까지 모두 반드시 그 요점을 설명하여 이를 보고 경각심을 갖게 함으로써, 실제 일을 당해 소홀히 하였다가 나중에 피해를 보면서 후회하지 않게 하고자 하였다. 다스리는 재간이 뛰어나다는 평가를 받고 좋은 평판을 얻게 해 주는 지침이 모두 여기에 담겨 있는 것이다. 오로지 형명·전곡 같은 큰 업무만 백성에게 행복을 만들어 주고 은혜를 베풀어 줄 수 있는 것은 아니다.

옛말에 이르기를 "깨끗함, 신중함, 부지런함이 관직 생활의 요체"라고 하였다. 깨끗하고 부지런하다면 몸가짐에 흠이 없을 터이고 자질구레한 일을 걱정하지 않아도 될 것이다. 하지만 혹시라도 신중하지 못하였다가 법령을 위배하거나 여론의 비판을 받는 일을 피할 수 있지 않겠는가? 따라서 일의 크고 작음을 막론하고 모름지기 신중한 마음으로 대처해야만 비로소 임기의 시작부터 끝까지 원만하게 지낼 수 있을 것이다. 뛰어난 재능을 가졌지만 그것을 믿고 일 처리를 소홀히 하거나, 지식이 부족하여 제대로 살피지 못한 까닭에 나중에 의심을 받게 되거나 큰 걱정거리에 시달리게 되는 사람들도 적지 않다. 결국 몸가짐을 바르게 하고 열심히 직무를 챙겼지만, 자기 임기를 망치게 되는 것은 모두 신중하지 못하기 때문이다. 이 책의 모든 조항마다 아주 간곡하게 시시콜콜한 것까지 이야기하는 것은 이러한 신중함을 강조하기 위해서이다. 바라건대 지방관이 된 분들께서 마음을 차분히 가라앉히고 살펴봐 주시되, 너무 어리석고 번쇄한 것뿐들이라고 비웃으면서 내치지 않으시기를 바랄 뿐이다.

6. 이전에 출판된 다른 비슷한 책들은 대부분 관부의 포고문이나 공문서의 수록에 뛰어난 장점을 보여 주며, 주옥과 같은 구절들이 정말로 보기에 아름다운 경우가 많다. 하지만 내용이 제목과 반드시 들어맞고, 그 뜻이 실제적인 일 처리에 제대로 도움이 되는 것

을 찾는다면, 이런 것들을 함부로 끌어 쓰기는 곤란하다. 내가 어렵게 생각하는 것은 모든 일마다 모름지기 그 시비의 상황을 제대로 파악하고, 그 행위의 올바름 여부를 제대로 판단하는 것이다. 그 상황을 제대로 파악하면 시비는 곧 판가름이 나며, 행위를 제대로 검토하면 올바름 여부도 곧 판가름이 난다. 그렇게 되면 이른바 포고문·공문서는 단지 사안에 의거하여 특별히 설명을 덧붙이면 쉽사리 작성할 수 있다. 따라서 이전에 출판된 것들을 감히 마구 받아들이려 하지는 않았다. 오로지 항주(杭州) 출신의 반월산(潘月山) 군이 편찬한 『미신편(未信編)』은 사리를 조리 있게 설명하고 이익과 폐단에 대해 깊이 지적하고 있어 내가 채택하여 인용한 바가 많았다. 또한 간혹 내가 담성현에서 재직할 때 작성하였던 한두 가지 [재판의] 「심리의견」이나 상사에게 올리는 「보고서」·「청원서」·「고시문」 따위를 분량을 채우는 데 보태고자 뒤에 덧붙여 놓았지만, 이것은 실제 쓸 만한 것은 못 된다.

7. 관직에 있으면서 스스로를 깨끗이 하고 백성을 사랑하며 좋은 정치를 힘써 베푸는 일은 원래 선비로서 응당 해야 할 일이며, 명성을 추구하거나 보답을 바라기 위해서가 아니다. 하지만 명성과 실제 업적의 관계는 마치 그림자와 물건의 관계와 같다. 어찌 물건이 있는데 그림자가 없을 수 있겠는가? 베푸는 것과 보답을 받는 것의 관계도 마치 소리와 메아리의 관계와 같다. 어찌 소리가 있는데 메아리는 없을 수 있겠는가? 따라서 지방관은 행복을 만들어 내겠다는 마음가짐을 가지고, 모름지기 스스로를 깨끗이 하고 백성을 사랑함으로써 실제적인 성과가 있게 해야 하며, 은혜를 주는 정치로 최대한 좋은 일에 힘써 백성에게 베푸는 바가 있어야 한다. 그 뜻은 단지 백성이 그 혜택을 받을 수 있고, 지방에 이익과 즐거움이 늘어났으면 하는 것이다.

하지만 누가 알겠는가? 지방에 행복을 만들어 주는 일은 자신이 행복을 누리는 기초가 되며, 은혜를 베푸는 일은 자신에게도 그 은혜가 미치는 바가 되는 법이다. 그래서 이에 따라 그 명성이 조정에 알려져 뛰어난 업적으로 높은 영예와 봉록을 누릴 뿐만 아니라, 하늘까지도 감동시켜 경사스러운 은혜가 자손에게도 뻗칠 것이다. 그 명성과 보답은 마치 그림자가 물건을 따라다니고 메아리가 소리에 응답하는 것과 같으니, 또한 어찌 일부러 그것을 찾아 나서 구할 필요가 있겠는가? 하지만 관직에 있는 사람 가운데에는 작은 소득을 꾀해 나중의 큰 축적을 놓치거나, 멋대로 지나친 형벌을 시행하면서 하늘의 처벌을 염려하지 않는 경우가 적지 않은데, 어찌 이렇게 생각이나 꾀가 어리석고 삐뚤어진다는 말인가? 앞에서는 단지 백성에게 행복과 은혜를 베푸는 것만 이야기하면서, 실제적인 이익이 자신에게 돌아간다는 점은 언급하지 않았다. 그래서 특별히 여기서 끄집어 내놓았으니, 탁월한 식견을 지닌 지방관께서는 이 책을 보고 관원 생활을 기록하며 반성하는 한 권의 공과격(功過

格)으로 여겨 주었으면 한다.

8. 이 책에는 같은 문제를 두 군데에서 다룬 경우가 여럿 있다. 이를테면 부임부(莅任部) 2의 「3-03-03. 감방과 감창(監倉)」과 형명부(刑名部) 3의 「13-01. 감금(監禁)」, 부임부(莅任部) 2의 「3-03-05. 역참(驛局)」과 역참부(郵政部) 2의 「29-02. 말의 사육(喂養)」, 전례부(典禮部)의 「24-10. 빈흥고시(賓興考試)」와 교양부(教養部) 1의 「25-08. 생원·동생 시험(生童課試)」 등은 모두 그 종류 구분에 따라 각기 설명을 붙인 것이다. 원래 지나치게 자세하게 다루려고 욕심을 부린 결과 거듭 되풀이 설명하는 잘못을 저지르게 된 것이다. 이러한 종류의 문제는 그밖에도 아주 많다. 와병 중에 집필한 것이라 건성으로 대충하였다는 지적을 피하기 어려우니, 읽는 분께서 잘 살펴보시기 바란다.

9. 책을 읽다가 내용을 품평을 할 때는 대부분 붉거나 검은 먹물로 뛰어난 부분을 표시한다. 이 책에서 쓴 용어들은 거칠고 속된 것들로 단지 뜻을 분명하게 전달하고자 하였을 뿐이지만, 가끔 문장부호를 삽입하였다. '、'로 구분한 것은 구두점으로 찍은 것이고, '△'는 항목을 표시하는 것이다. 문자 옆에 붙이는 '∘'는 강조점이며, '、'이 연속되는 것은 아주 중요하다는 뜻이다.[5] 들춰 보기에 편한 것만을 취하였을 뿐, 문장의 격조에 대해서는 그다지 꾸밀 생각을 하지 않았다.

황육홍이 다시 씀

一. 茲集惟詳於州縣之事. 蓋州縣上承欽·部·憲件,[6] 下理民情.[7] 大要其事, 錢糧則地丁[8]、漕雜,[9] 徭産則編審[10]、清丈.[11] 刑名大而命盜、逃姦, 小而款囊、雜犯,[12] 其反、叛一條,[13] 固

5 번역문에서 원문의 기호 '、'는 모두 ', '로 대치되었고, 나머지 기호는 대부분 생략되었다.

6 흠부헌건(欽·部·憲件)은 각기 황제와 중앙의 6부 그리고 상사·상관의 공문을 가리킨다. 흠(欽)은 황제와 관련되어 있다는 것을 뜻하며, 부(部)는 6부, 헌(憲)은 상사·상관을 가리킨다. 건(件)은 공문을 말한다.

7 민정(民情)은 백성의 심정이나 원망, 또는 백성의 생활·생산·풍습 등의 상황을 가리킨다.

8 지정(地丁)은 실제로는 백성이 납부하는 토지세(地稅)와 인두세(丁賦. 즉 노동으로 제공하는 요역 대신 화폐로 내게 된 세금)를 가리킨다. 인두세는 청대 중기 이후에는 모두 토지세로 병합되었으므로 이것을 합해 지정(地丁=地丁銀), 또는 지정전량(地丁錢糧)이라 통칭하게 된다. 또한 정항(正項)이나 정세(正稅)라고도 하는데, 이것은 잡세(雜課) 또는 잡항(雜項)와 대비되는 개념이다.

9 역대로 동남 지역에서 경사로 보내던 실물(쌀 등의 곡물)로 징수하는 세량(稅糧)을 조량(漕糧)이라고 한다. 청대의 경우 장강(長江) 중하류 유역 8성(省)에서 낸 세량은 조운(漕運)을 통해 장강과 대운하(大運河)를 거쳐 북경으로 운반되었고, 북경에 있는 관료와 군대의 봉록과 식량 등으로 제공되었다. 조잡(漕雜)은 조량과 잡과(雜課)를 가리키는데, 이에 대해서는 제8권 전곡부 3 및 잡과부(雜課部)를 참조.

屬大案, 然非盛世所有, 姑置刑名之末, 以示備而不用. 夫保甲亦刑名類也.[14] 玆獨表而出之者, 蓋保甲爲弭盜逃、戢奸宄,[15] 安善良之要術, 願司牧者尤宜力行無倦焉. 夫覲計、祀祈、賓飮、旌崇諸大典,[16] 均於忠君奉職, 尊賢勵俗所關, 故不敢與庶政同條, 冀奉行者之倍加敬謹也. 至于教養之事,[17] 今之有司惟簿書期會是急,[18] 而其所以爲教爲養, 皆置而弗問, 是昧其爲治之本也. 玆恭奉講讀上諭爲立教之首, 而設義學,[19] 講學、課藝之類繼之. 以勸農功爲致養之源, 而修水利、墾荒田、敦節儉之類繼之. 願在上者之並宜勉圖也. 他如荒政爲備災之至計,[20] 郵驛爲衝劇之深累,[21] 俱可弗預謀而亟釐乎! 故次教養而並列之.

---

10 요산(徭産)에서 요(徭)는 국가에서 백성에게 부과하는 노역(勞役)이나 역역(力役)을 가리키며, 산(産)은 토지 등의 부동산을 가리킨다(동산의 경우 財라고 한다). 한편 호구를 조사하여 인명부(冊籍)를 작성하는 것은 편심(編審)이라고 하는데, 호구(戶口)는 주민의 집과 인구를 가리킨다. 집을 세어서 호라 부르고, 사람을 세어서 구라고 부르며, 이것을 합쳐서 호구라고도 하므로 인구를 가리키기도 한다.

11 청장(淸丈)은 상세하게 토지를 측량하는 것을 말한다.

12 관(款)은 관범(款犯), 즉 지명수배가 이루어지는 흉악범을 가리키며(제20권 형명부 10의 「20-01. 흉악범(款犯)」을 참조), 두(蠹)는 보통 아두(衙蠹), 즉 아문 속의 탐욕스러운 부패 아역(衙役)을 가리킨다.

13 반반(反叛)은 모반(謀反)과 모반(謀叛)[그리고 謀大逆]을 가리킨다. 모반(謀反)은 사직을 위태롭게 하는 일을 꾀하는 것[謀危社稷])이고, 십악(十惡) 가운데 으뜸이며, 모반(謀叛. 叛逆)은 본국·국가를 배신하고 타국이나 반란군을 따르는 것을 가리키며[謀背國從僞], 십악 가운데 세 번째다. 십악의 두 번째인 모대역(謀大逆)은 황제의 가묘나 분묘·궁궐 등의 훼손을 꾀하는 것[謀宗廟山陵及宮闕]이다. 이에 대해서는 제11권 형명부 1 「11-01. 총론(總論)」을 참조.

14 보갑(保甲)은 백성을 통제하기 위해 마련된 제도로 청대의 경우에는 10호를 1패(牌), 10패를 1갑(甲), 10갑을 1보(保)로 편성하여 각기 패두(牌頭)·갑두(甲頭)·보장(保長)을 두는 방식이었다. 이것을 통해 백성 사이의 상호 감시와 고발, 지역 방어 등이 이루어지는 연좌제가 시행되었다. 이에 대해서는 제21-23권. 형명부 10-12의 「보갑(保甲)」 부분을 참조.

15 간귀(奸宄)는 안팎에서 범법 행위를 저지른다는 뜻으로 간구(奸究)와 통한다. 『상서(尙書)』 「순전(舜典)」에 '약탈과 살인을 저질러 안팎으로 환란을 가져온다(寇敵奸宄)'라는 구절이 나오는데, 여기서 "외부의 적을 간, 내부의 적을 귀라고 한다(在外曰奸, 在內曰宄)."라고 해석하였다.

16 이것들은 제24권 전례부(典禮部)에서 다루어지는 내용들이다. 근(覲), 즉 조근(朝覲)은 신하가 상서로운 옥(瑞玉)을 들고 그 직무(職守)를 황제 폐하께 진술하는 일, 즉 황제를 알현하는 것을 말한다. 신하에 대한 천자의 형벌과 포상, 좌천과 승진(刑賞黜陟)은 모두 이에 근거하게 된다. 계(計), 즉 계리(計吏)는 관원에 대한 업무평가를 말한다. 지방관의 경우 3년마다 한 번씩 업무평가가 이루어지는데, 이것을 대계(大計)라고 한다. 기사(祀祈)는 문묘·성황당에 대한 제사, 빈음(賓飮)은 빈흥고시(賓興考試)와 향음주례(鄕飮酒禮), 정숭(旌崇)은 열녀·효자의 표창과 명현에 대한 제사를 말하는데 이 모든 것들은 제24권 전례부에서 각기 항목별로 다루어지고 있다.

17 이하의 내용은 제25·26권 교양부에서 다루고 있다.

18 부서(簿書)는 재물의 출납을 기록하는 장부나 관서의 문서·장부를 가리키며, 기회(期會)는 규정된 기한 내에 정령을 실시하는 것으로 대부분 조정이나 관부의 재물 출납에 관련된 것이다.

19 의학(義學)은 공금이나 사비로 세운 무료 교육기관을 가리킨다.

20 황정(荒政)은 기근이나 흉년·재해를 구제하는 정책이나 조치를 말한다. 이에 대해서는 제27권 황정부(荒政部)에서 다루고 있다.

21 역참(驛站)과 전사(傳舍)를 가리키는데 문서를 전송하는 것을 우(郵)라고 하며, 말을 갈아 바꾸는 곳을 역(驛)이라고 한다. 역전(驛傳) 또는 역참(驛站)은 문서를 전달하고, 관원이 왕래하거나 물자를 운반하는 도중에 중간에

夫其謁選, 乃吾儒仕進之始,[22] 而始事之謹, 必井井而有條.[23] 其之官乃士民屬望之初, 而初事之防, 必秩秩而有序. 其卸事, 乃居官一任之終, 而終事之愼, 必楚楚而不紊.[24] 今以謁選諸條, 列于筮仕, 之官諸條, 列于莅任, 卸事諸條, 列于陞遷, 以類相從也.[25] 然最要者在莅任之交盤、陞遷之受代.[26] 故於本部是條, 言之獨晰, 以彼此授受分明, 免後慮也. 所謂: "州縣之事", 上承欽、憲而下理民情者, 實不越乎此. 鴻因並詳之, 以明撰次之不敢漏云. 若夫方面以上,[27] 職在察吏、安民, 振肅紀綱, 激揚淸濁爲任, 匪敢下同末吏, 妄擬高深. 至于州邑僚佐,[28] 亦所當知, 如攝理篆務,[29] 皆其所必資者歟.

一. 一事有一事之法, 一法有一法之利與弊. 善行其法, 務在剔弊而興利. 然剔弊貴在其有要, 姑以其數大者言之. 如錢糧徵比,[30] 弊在朦混, 卽于朦混剔之, 而民無累矣, 賦有逋而不淸者乎? 如編丈丁田, 弊在隱漏, 卽于隱漏剔之, 而民無欺矣, 徭與畝有偏而不均. 如人命弊在假捏,[31] 盜逃弊在誣扳,[32] 卽于假捏、誣扳剔之, 眞僞可立辨矣, 猶有冤枉者乎? 如保甲弊在騷擾, 賑荒弊在虛冒,[33] 卽于騷擾、虛冒剔之, 實惠可共沾矣, 猶有需侵者乎?[34] 今撰次諸條, 皆首嚴于剔弊, 而興利卽在其中矣. 賜覽者希詳擇焉, 庶無負病殘野老之一片苦心, 幸甚.

一. 凡牧宰之治州邑, 如主翁之治家. 無論大事經心, 卽瑣屑亦須留意, 所以家道漸致興旺,[35]

잠시 쉬거나 머무는 곳(旅店)을 가리킨다. 충극(衝劇)은 충요번극(衝要煩劇)으로 일이 많고 번잡한 지역을 가리키는 용어다. 충요(衝要)는 군사나 교통 방면, 또는 지리·교통의 요지라는 뜻이다. 번극(繁劇, 劇煩)은 번잡한 사무를 가리킨다. 역참에 대해서는 제28·29권의 역참부(郵政部)에서 다루고 있다.

22 알선(謁選)에 대해서는 제1권 출사부 「1-02. 임용 대기(謁選)」를 참조.

23 정정이유조(井井而有條)는 가지런하고 조리 있는 모습을 가리킨다. '정정유서(井井有序)'나 '정정유서(井井有緖)'로도 쓴다.

24 초초이불문(楚楚而不紊)은 뚜렷하고 가지런하게 정렬된 모습이나 단정한 모습을 가리킨다.

25 알선(謁選)·지관(之官)·어사(卸事)는 각기 제1권 출사부, 제2권 부임부 1, 제32권 승천부를 가리킨다.

26 교반(交盤)은 전임자가 자리를 떠나면서 장부·물품·문서 등을 분명하게 정리하여 후임자에게 넘겨주는 것, 즉 인수인계를 가리킨다. 수대(受代) 역시 전임자로부터 인수인계를 받는다는 뜻이다.

27 방면(方面)은 한 지방의 군정 요직이나 그 장관을 가리킨다.

28 요좌(僚佐)는 좌이관·속관 등을 가리킨다.

29 전무(篆務)는 즉 정무(政務)를 말한다. 전(篆)은 도장을 새기는 데 주로 사용되는 한자의 서체명(書體名)인데, 나아가 관리가 되어 임직한다는 것을 가리킨다.

30 전량의 징수(催徵)와 마감 독촉 및 점검(比較)을 가리킨다. 이 책의 제6·7권 전곡부를 참조. 비(比)는 원래 관부에서 범인을 체포하거나 세금을 징수할 때 아역을 파견하여 기한을 정하고 독촉하는 것을 가리킨다.

31 가날(假捏)은 거짓을 날조하여 남을 고발하는 것을 말한다.

32 무반(誣扳, 誣攀)은 사건과 직접 관련이 없는 사람을 모함하여 끌어들인다는 뜻이다.

33 허모(虛冒)는 거짓으로 다른 사람의 명의를 이용한다는 뜻이다.

34 수침(需侵)은 수탈하다, 가로채서 빼앗는다는 뜻이다.

35 가도(家道)는 가정의 형편이나 살림살이, 또는 가업(家業), 가정의 운명 따위를 말한다.

門庭氣象亦自整飭,[36] 可觀以治家之勤而有才也. 每見牧宰於錢穀、刑名而外, 多非所計, 如集中之藝果木、植桑楡、禁淫祀、嚴邪敎、禮耆德、卹孤貧、立義塚、平治道塗、建立坊舖,[37] 修葺館署、嚴飭關津、禁溺子女、育養嬰兒、禁止婦女燒香、凌錮僕婢等事,[38] 皆於政敎、風俗煞有攸關,[39] 固當亟爲留意者也. 昔成湯解網,[40] 西伯瘞骨,[41] 皆屬末節, 一以覘大聖之仁, 一以動諸侯之慕, 至今史冊稱之. 可知事切民風、政關治體者, 卽偶爾遇目, 未可忽畧放過, 雖其職任之宜然, 抑亦長才之肆應云爾.[42]

一. 有司以錢穀、刑名爲重, 而刑名較錢穀爲尤重. 夫錢穀不淸, 弊止在于累民輸納,[43] 刑名失理, 害卽至于陷人性命. 故是集于刑名一條, 更爲加意. 如命、盜、逃、姦等獄, 審鞫不厭煩瑣,[44] 務期必得眞情, 問擬須別重輕,[45] 務期吻合律例. 然獄情之似是而非, 與律例之似同而異, 所謂: "毫釐千里之差"者. 鴻謬抒管見, 據事批劃, 逐條簡勘,[46] 俾當日之情形如見, 讞獄之下無冤民. 古人之命意良深, 令典之中無疑義,[47] 方爲勝任而愉快也. 所以然者, 總歸于"寧出毋入"與"寧出不經"之意,[48] 惟識者鑒焉.

---

36 문정(門庭)은 문 앞의 넓고 빈 공간을 가리키지만, 가문 또는 문호를 뜻하기도 한다.

37 방(坊)은 패방(牌坊)을 말한다. 패방(牌坊)은 충의지사나 효녀·열녀 등을 기념하기 위해 세우는 일종의 기념용 건축물을 가리킨다. 이를테면 정절패방(貞節牌坊)·공덕패방(功德牌坊) 등이 있는데, 기둥 사이의 윗부분에 편액을 만들어 기념하는 문자를 써넣는 것이 보통이다. 포(舖)는 역참의 일종으로 가장 규모가 작은 것이다. 일반적으로 중앙과 지방, 지방과 지방 사이의 공문서 전달 임무를 맡으며 주로 인력에 의해 그것을 수행한다. 따라서 물자 운반이나 인원 접대 같은 일은 맡지 않는다.

38 이런 일들은 모두 제30·31권 서정부에서 다루고 있다.

39 살(煞)은 부사로 '아주, 몹시'라는 뜻이다.

40 성탕(成湯)은 상(商)나라를 연 군주로, 하(夏)나라의 걸(桀)임금이 무도한 정치를 행하자 탕왕이 이를 정벌하여 상나라를 세웠다. 해망(解網)은 관대함을 비유하는 것으로 『사기(史記)』 권3의 「은본기(殷本紀)」에 나오는데, 탕임금이 밖으로 나갔다가 들에 사방을 향해 짐승을 잡은 그물이 쳐진 것을 보고 세 방면의 그물을 치우게 하였다는 고사에서 비롯되었다.

41 서백(西伯)은 주(周)나라의 문왕(文王)을 가리키는데, 누구인지 알 수 없는 해골이 땅위에 나와 있는 것을 보고 제대로 묻어 주게 하였다는 고사를 가리킨다.

42 운이(云爾)는 어기조사(語氣助辭)로 제한을 표현한다. …일 뿐이다, 이와 같다는 뜻이다.

43 수납(輸納)은 내고 받는 것, 즉 납부(納付)와 격납(繳納)을 가리킨다.

44 심국(審鞫)은 심문(審問)·심신(審訊)과 같은 뜻으로 재판을 의미하기도 한다.

45 문의(問擬)는 범인을 심문하여 형벌에 대한 판결을 내리는 것, 심문과 구형 내지는 재판을 말한다.

46 간감(簡勘)은 검사·심사·검토한다는 뜻이다.

47 영전(令典)은 아름다운 전장제도나 헌장·법령(憲章法令), 후세의 모범이 될 전적(典籍)을 가리킨다.

48 법률용어에서 실출(失出)은 중죄를 경죄로 판정하거나, 형벌을 주어야 하는데 주지 않을 것을 가리키며, 실입(失入)은 경죄를 중죄로 판정하거나 처벌해서는 안 되는데 처벌하는 것을 가리킨다. 내등건길(內藤乾吉) 원교(原校), 정조기(程兆奇) 점교(點校), 정천권(程天權) 심정(審定), 『육부성어주해(六部成語注解)』(浙江古籍出版社, 1997. 이하 『육부성어주해』로 약칭), p.167을 참조. 따라서 '영출무입(寧出毋入)'은 의심스러운 경우 차라리 무거운 죄에 가벼운 형벌을 주더라도 가벼운 죄에 무거운 형벌을 주지 않아야 한다, 또는 차라리 형벌을 주지 않을

一. 是集類分各部, 部分各條, 條必盡部, 俾覽者無遺漏之憾. 義必盡條, 俾行者有採掇之益. 故凡入仕當官有所關係之事, 雖屬細微末節, 亦必指陳其要, 俾司牧者觸目警心. 而不致于臨事忽畧貽日後之悔, 所以稱精明而昭譽聞, 皆在乎是, 不獨刑名、錢穀諸大務, 造福施惠于百姓已也. 古云: "淸愼勤, 乃居官之要."[49] 夫旣淸且勤, 已于操履無瑕,[50] 叢脞無虞矣.[51] 而苟或弗愼, 其功令之干,[52] 輿論之摘, 寧能免乎? 故事無纖巨而必以愼心處之, 則庶乎令始令終矣.[53] 每見才大者, 恃其才而履事多疏, 智淺者, 昧乎智而遇事不察, 往往涉嫌蹈疑,[54] 滋累貽戚,[55] 遂有以淸操勤職, 而隳乃任者, 皆不愼之故也. 是集每條, 不啻諄諄饒舌,[56] 蓋有切于愼之意焉. 願司牧賢侯, 降心俯電,[57] 毋以爲迂濶瑣猥, 哂而擲之.[58]

一. 舊刻諸集, 多以文告、判牘擅長,[59] 雖字珠句玉, 熣燦可觀,[60] 然語必貼題,[61] 意必切事, 非

망정 억지로 죄에 끌어들여 형벌을 주려 해서는 안 된다는 뜻이다. 한편 '영출불경(寧出不經)'은 『상서』「우서(虞書) 대우모(大禹謨)」에 나오는 구절이다. "고요가 말하였다. '…… 죄의 판결에 의심스러운 부분이 있으면 가능한 한 가볍게 판결하고, 공적은 의심스러운 부분이 있어도 가능한 한 무겁게 평가한다. 아무런 죄도 없는 사람을 죽이는 것보다는 차라리 제대로 법을 지키지 않는 사람을 놓치는 편을 택한다. 생명을 아깝게 여기는 미덕은 백성의 마음속에 스며들어 당연히 사람들은 윗사람을 범하지 않게 된다'(皐陶曰: '…… 刑故無小, 罪疑惟輕, 功疑惟重, 與其殺不辜, 寧失不經, 好生之德, 洽于民心, 玆用不犯于有司')." 불경(不經)은 떳떳한 법에 어긋난다, 정상적인 법에 부합되지 않는다는 뜻이다. 즉 이 구절은 상벌을 행함에 있어 혹은 약간 의심스러운 바가 있으면 항상 법을 굽히고 인정을 베풀어 동정하고 은혜를 늘린다는 것을 뜻한다.

49 송대에 출현한 대표적인 관잠서(官箴書) 가운데 하나인 여본중(呂本中)의 『관잠(官箴)』(1권)에 나오는 핵심구절이다("當官之法唯三事, 曰: '淸', 曰: '愼', 曰: '勤'."). '관잠(官箴)'에서 관(官)은 종정(從政), 즉 정치나 행정에 관여한다는 뜻이고, 잠(箴)은 경계나 권고라는 뜻을 가리킨다. 즉 관원(官員)에게 정치·행정의 사무를 맡을 때 주의하도록 권고·경계한다는 뜻인데, 중국에서는 특히 송대(宋代)에 널리 알려지기 시작되었지만 특히 청대에 와서 그 출간이 활발해진 이러한 종류의 책을 보통 '관잠서(官箴書)'라고 부른다. 우리나라에서는 보통 '목민서(牧民書)'라고 부른다.

50 조리(操履)는 조수(操守)와 같은 뜻으로 평소의 품행과 절개 또는 굳게 절개를 지키면서 선행을 고집하는 것을 말한다.

51 총좌(叢脞)는 번쇄(瑣碎)하거나 잡란(雜亂)함을 가리킨다.

52 공령(功令)은 법규를 말한다. 간(干)은 범한다, 간여한다, 초래한다는 뜻이다.

53 서호(庶乎)는 거의, 대체로라는 뜻이다. 영(令)은 착하거나 좋다, 아름답다는 뜻으로 영종(令終)은 좋은 이름을 지니고 죽거나 천수를 누리고 죽는다는 뜻, 일이 좋게 마무리된다는 뜻이다.

54 섭혐(涉嫌)은 어떤 사정과 연루된 혐의를 받는다는 뜻이고, 도의(蹈疑) 역시 의심을 산다는 뜻이다.

55 이척(貽戚)은 『시경(詩經)』「소아(小雅) 소명(小明)」에 나오는 구절("心之憂矣, 自詒伊戚.")로 번뇌를 남긴다는 뜻이다.

56 순순(諄諄)은 거듭하여 간절하게 이야기하는 모습이고, 요설(饒舌)은 말을 많이 한다는 뜻이다.

57 강심(降心)은 마음을 차분히 가라앉힌다는 뜻이고, 전(電)은 번개처럼 빛난다거나 밝게 살펴본다는 뜻이다. 이를테면 전촉(電燭)이나 전감(電鑒)은 명찰(明察)한다는 뜻으로 상대방을 높여 이야기할 때 쓴다.

58 신(哂)은 비웃는다는 뜻이다.

59 문고(文告)는 정부기관에서 발포하는 통고·포고문, 판독(判牘)은 각종 공문서를 가리킨다.

60 최찬(熣燦)은 광채가 아름답다, 또는 그런 물건을 가리킨다. 최찬(璀粲)이라고도 쓴다.

61 첩제(貼題)는 제목에 잘 들어맞는다는 뜻이다.

可漫爲引用. 鴻謂: "所難者, 在於每事必得其情理之是非, 必審其行爲之可否, 情理得而是非定, 行爲審而可否決." 其所謂: '文告、判牘', 特據事敷說易易耳. 故一切未敢濫收. 惟古杭潘君月山『未信編』,[62] 指陳事理, 深中利病, 頗多採入. 閒有鴻在郯時一、二「看」、「詳」、「稟」、「示」,[63] 因借以取格, 姑附載之, 非所當於用云.

一. 居官潔已愛民, 力行善事, 原屬士君子所應爲, 非要名非求報也. 然名猶影也, 實猶物也. 焉有物而無影者乎? 報猶響也, 施猶聲也, 焉有聲而無響者乎? 故牧宰以造福存心, 必能潔已愛民, 有其實矣. 以惠爲政, 是能力行善事, 有其施矣. 其意不過欲百姓蒙其休澤, 地方弘其樂利. 而孰知造福者卽爲福之所基? 施惠者卽爲惠之所及, 從此譽聞丹陛,[64] 榮祿膴于鼎鍾,[65] 感徹蒼穹,[66] 慶澤綿于孫子. 其名與報, 猶影之隨物, 響之答聲也. 又何俟于要而求乎? 每見居官者, 貪小獲而忘厚集, 騁巳虐而弗恤天刑,[67] 抑何計之拙而思之左耶![68] 前敘止云福惠于民, 未及言利實歸巳. 故茲特爲拈出, 願卓識賢侯, 目是書, 作一篇當官功過格,[69] 可也.

一. 是集有一事兩處互見者, 如蒞任部查閱監倉, 暨刑名部之監禁防範,[70] 蒞任部查閱驛局, 暨郵政部之驛站餵養, 典禮部賓興考試,[71] 暨敎養部之生童課試,[72] 皆因類以爲言. 本欲過于

---

62 반월산(潘月山)은 반표찬(潘杓燦)를 가리킨다. 월산은 그의 호이다. 『미신편(未信編)』은 강희 23(1684)년 그가 완성한 6권의 책이다. 따라서 황육홍은 자신의 책보다 10년 앞서 편찬된 관잠서(官箴書)인 이 책에서 특히 형명 분야에서 빌려 온 바가 많았다고 이야기하지만, 『미신편』은 전곡과 형명을 같은 비중으로 다루나 황육홍은 형명을 더욱 중시하였다는 차이가 있으니 이것이 그의 독자적인 견식이라고 할 것이다(山根幸夫, 「福惠全書 解題」, 小畑行簡 訓點, 『福惠全書』, 東京: 汲古書院, 1973 所收). 반표찬의 『미신편』에 실린 글은 청말에 편찬된 관잠서의 하나인 서동(徐棟) 집(輯), 정일창(丁日昌) 선평(選評), 『목령서집요(牧令書輯要)』(淸同治七年. 江蘇書局刊)에 8편의 글이 수록되어 있어, 나름대로 상당한 평가를 받고 있었던 것으로 보인다.

63 간(看)은 간어(看語)로 재판 결과 지현이 제출하는 지현의 심리의견을 가리킨다. 간어는 지현 자신이 완결할 수 없는 사항이라 상사에게 보고하여 그 재가를 받기 때문에 이렇게 번역하였다. 제12권 형명부 2 「12-10.「심리의견」(釋「看語」)」을 참조. 상(詳)은 상부에 보고하는 형식의 공문인 상행문(上行文)을 가리킨다. 청원서·탄원서로도 번역될 수 있는 품(稟) 역시 상행문의 일종이며, 시(示)는 아래로 내려 보내는 지시·공고문을 말한다. 이것들은 모두 공문 형식의 일종이다.

64 단폐(丹陛)는 궁전의 계단을 가리키는데, 나아가서 조정이나 황제를 뜻하기도 한다.

65 무(膴)는 아름답고 두텁다는 뜻으로 고관의 높은 봉록을 가리키기도 한다. 정종(鼎鍾)은 원래 정(鼎)과 종(鍾) 위에는 명문(銘文)을 새겨 공을 세운 사람을 격려했던 것에서 비롯되어 공업(功業)을 가리키는 말로도 쓰인다.

66 감철(感徹)은 감통(感通)·감동(感動)과 같은 뜻이다.

67 빙(騁)은 빠르게 달린다, 방종·방임하다, 방자하게 제멋대로 한다는 뜻이다. 사학(巳虐)은 다른 뜻이 없어, 아마도 사학(肆虐)의 오류인 것 같다.

68 억하(抑何)는 '도대체, 얼마나'라는 뜻이다.

69 공과격(功過格)은 특히 도교의 신자들이 자신의 공적과 과오를 날마다 기록하면서 자신의 공과에 대한 평가 기준으로 삼는 것을 가리킨다.

70 방범(防範)은 '예방·단속·경계'라는 뜻이다.

71 빈홍고시(賓興考試)는 지방관이 연석을 마련하여 시험에 응시한 사람들을 초대하는 것, 또는 향시(鄕試)을 가리

詳明, 遂致蹈于重複. 諸如此者集內頗多, 伏枕之中,[73] 難辭草率, 識者鑒之.

一. 品衡文字, 多用丹鉛,[74] 以標精采.[75] 茲集敷詞粗俚, 期于明白而已. 然其閒有, 、者句讀也, △者, 款目也, 有○者, 肯綮也.[76] 有連、者緊切也.[77] 取其便于披覽. 無所侈乎文藻.[78]

六鴻 再識

킨다. 원래는 향대부(鄕大夫)가 향소학(鄕小學)에서 현명하고 능력 있는 사람을 천거 받아 손님으로서 맞이하고 국학(國學)에 입학시켰다는 주대(周代)의 고사에서 비롯되었다.

72 동생(童生)은 과거 시험을 준비 중이지만 아직 수재(秀才), 즉 생원(生員)의 공명(功名)을 따지 못한 독서인(讀書人)을 가리킨다. 청대의 경우 각 성의 학정(學政)이 주지하는 지방 과거 고시로 현시(縣試)·부시(府試)·원시(院試)의 3단계의 동시(童試)가 있었는데, 이것을 통과해야만 생원 자격을 취득하여 부주현의 학교에 입학하여 학습할 수 있었다. 생원은 또는 수재(秀才)나 제생(諸生)이라고도 일컬어지는 가장 하급의 학위였다.

73 복침(伏枕)은 침상에 눕다, 또는 와병 중이라는 뜻이다.

74 단연(丹鉛)은 서적을 교정 볼 때 쓰는 주사(朱砂)와 연분(鉛粉), 또는 교정 보는 일을 가리킨다.

75 정채(精采)는 가장 밝거나 흥미 있거나 중요한 부분을 가리킨다.

76 긍계(肯綮)는 뼈와 근육이 결합하는 곳, 또는 요해나 가장 중요한 관건을 가리킨다.

77 긴절(緊切)은 긴요하다, 절박하다, 중요하다는 뜻이다.

78 문조(文藻)는 문자나 문장, 또는 문채(文彩)를 말한다.

제1권

출사부 筮仕部

福惠全書

1-01.[1] 총론(總論)[2]

무릇 만 리의 여행길도 반걸음에서 시작되며, 천 길의 낭떠러지도 반드시 작은 언덕이 쌓여 이루어지는 법이다. 가까운 곳을 거치지 않으면 먼 곳에 이를 수 없고, 낮은 것이 없으면 높은 것을 이루어 낼 수 없기 때문이다. 그러므로 서류를 제출하고 선발·임용을 기다리는 것은 관원으로서 나서는 반걸음이며, 임명을 받아 지방관으로 나서게 되는 것은 관원으로서 출발하는 첫 언덕이 된다. 장래에 큰 업적을 이루고 최고의 벼슬에 오르는 것도 바로 여기가 아니면 어디에서 시작하겠는가?

따라서 사대부가 옛날 옷을 입고 관리가 되면, 가장 낮은 직급이라 별 볼 일 없는 지방관이라고 생각하거나, 조그마한 사방 백 리의 주현(州縣) 정도는 쉽게 다스릴 수 있을 것이라고 여겨서는 안 된다. 바야흐로 그 순서를 기다리는 동안 모름지기 먼저 자신의 뜻을 굳건히 다져야만 이후에 정사(政事)를 베풀고 백성을 대할 때 따르고 받드는 원칙을 미리 갖추어 외부의 영향이나 그릇된 말에 넘어가지 않을 수 있다. 자신의 일상생활에서는 모름지기 나물뿌리를 씹어 먹을 정도로 검소해야만 비로소 가난한 선비의 본분에 어울린다. 백성을 사랑할 때는 그들의 집안이 넉넉하고 풍속이 두텁게 함으로써 거칠고 천박한 퇴폐풍조에 물들지 않도록 힘써야 한다. 정사를 베풀 때에는 스스로 남보다 앞서 모범이 되고, 일찍 일어나고 늦게 자면서 감히 고달프다고 말해서는 안 된다. 이렇게 뜻을 미리 굳혀 놓으면 처음 지방관으로 부임하는 지역이 요충지든 외진 곳이든, 척박한 곳이든 풍요로운 곳이든 구애받지 않고 어디를 가든 편안하지 않음이 없고, 어떤 일이든 제대로 다스리지 못할 경우가 없을 것이다!

하지만 특히 주의해야 할 점은 모름지기 평소 몸가짐을 지키고, 그것을 점차 익혀서 굳혀야 한다는 점이다. 먹고 마시는 것은 거칠고 변변치 않은 것을 달게 받아들여야 하며, 의복도 소박한 것을 즐겨야 하고, 손님 접대나 일상 소비 역시 절약에 크게 신경을 써야 한

1 이 책은 부 다음에 권, 그다음에 각 조항의 순서로 배열을 하고 있는데, 이하에서는 편의를 위해 부를 무시하고 모든 번호를 권과 그 권에 속하는 조항의 순서에 따라 배치하였다. 이를테면 1-01은 제1권의 첫 번째 조항인 셈이다. 각 조항은 또 경우에 따라 세분되기도 한다.

2 명·청대의 관료제도에 대한 간명한 소개로는 차혜원, 「관료제도」(吳金成 외, 『명청시대사회경제사』, 이산, 2007 수록)를 참조할 수 있다.

다. 이래야만 좋은 땅에 임용되었다고 더 좋아한다거나, 좋지 않은 곳에 임용되었다고 해서 근심을 더할 이유가 없다. 그리고 임용 이후 응당 해야 할 일은 반드시 순서에 따라 처리하고, 일찌감치 여행준비를 마침으로써 시간을 헛되이 날리거나 쓸데없는 데 정신을 소모하거나 아무런 도움이 안 되는 낭비를 늘려서도 안 된다. 그리고 그 지역 출신의 사대부들에게는 마음을 비우고 가르침을 청하면서, 아울러 본인의 언행·풍채를 미리 보여 주어 장차 크게 될 그릇임을 알린다면, 부임하기 전에 이미 지방관으로 일한 것 같은 영예를 얻을 수 있을 것이다.

그런데 한 자리를 꿰차 따뜻하고 배부른 생활을 누리겠다는 생각만을 하여, 임용이 결정되자마자 사치를 부린다거나 흥청망청 연회의 즐거움에서 빠져들어 지방관으로서 부임하면서 힘써야 할 바를 소홀히 하는 경우도 많다. 이것은 자신의 뜻을 미리 스스로 굳히지 못하였기 때문이다. 그런 다음에 외부의 영향이나 그릇된 말에 넘어가지 않기를 바란다면 어찌 가능하겠는가? 큰 업적을 이루고 최고의 벼슬에 오르는 것은 이런 데서가 아니라 바로 앞서 말한 내용에 있음을 나는 알고 있다.

夫萬里之程, 必始于跬步,[3] 千仞之峻, 必積于培塿.[4] 蓋非近無以致其遠, 非卑無以成其高也. 然則投牒需銓,[5] 乃宦途之跬步, 捧檄司牧,[6] 乃入仕之培塿, 將來之宏偉業、登極品者,[7] 非此其發軔乎?[8] 故士君子服古入官,[9] 毋以一命爲微員,[10] 百里爲易治.[11] 方其待次之

---

3 규(跬)는 반걸음, 한 발 내디딘 거리를 말한다. 규보(跬步·蹞步) 역시 반걸음 또는 아주 가까운 거리를 가리킨다.

4 배루(培塿)는 본래 부루(部婁)로, 작은 흙더미나 언덕을 말한다.

5 투첩(投牒)은 서류를 제출한다는 뜻이다. 투(投)는 보통 본인이 직접 가서 제출하는 것을 뜻하며, 첩(牒)은 공문의 일종을 말한다. 첩(牒)은 표책·족보·서적·증거·탄원서(呈文)나 관직수여 문서를 가리키는데, 여기서는 임용에 관련된 이력서를 포함한 증명서를 가리킨다. 수전(需銓)은 자격을 갖춘 다음 경력에 따라 선발되어 이부의 임용을 기다린다는 뜻이다(다음 항목 「1-02. 임용 대기(謁選)」를 참조). 여기서 나오는 지현의 경우 후보자, 즉 진사(進士)·거인(擧人) 등 고급 학위 소지자나 아니면 정7품(正七品)의 지현보다 낮은 등급에 있던 하급 관리인 수령관(首領官)·좌이관(佐貳官)·교직관(敎職官) 등은 반드시 본인이 북경에 있는 중앙정부의 이부(吏部)에 직접 가서 응선(應選)해야만 하였다. 그 아래 8품 이하의 경우는 이러한 필요가 없었다.

6 봉격(捧檄)은 효자로 유명한 후한(後漢) 사람 모의(毛義)가 부(府)의 공문(檄)을 받들고 아주 기뻐하면서 나아가 관리가 되었다는 고사에서 비롯된 말로, 관직으로 나가 출사한다는 것을 가리킨다. 사목(司牧)은 관리하거나 통치한다는 뜻인데, 여기서는 지방관이 되는 것을 가리킨다.

7 극품(極品)은 최고위 관직을 가리킨다.

8 발인(發軔)은 수레 바퀴에 괸 나무토막을 풀어서 차를 움직이게 한다는 뜻으로 새로운 일이 시작되는 것을 가리킨다.

9 사군자(士君子)는 선비·독서인·사대부를 가리킨다. 복고(服古)는 옛날에 따른다, 옛날식 복식을 입는다는 뜻이다. 아마 예복(관복)을 입는다는 뜻 같다.

10 일명(一命)은 말단 관직을 말한다. 주(周)의 관직 품계(官階)는 일명(一命)에서 구명(九命)까지 있었는데 일명은

時,[12] 必先有以定其志, 而後敷政、臨民皆有所從事,[13] 而不爲境遇、邪說所惑.[14] 其于自奉也,[15] 須拚咬斷菜根,[16] 仍是窮酸本色.[17] 其于愛民也, 務令家豊俗厚, 不爲荒陋頹風.[18] 其于政事也, 率身爲之先,[19] 而夙興夜寐, 不敢云瘁. 如是而志旣定, 則筮仕之地,[20] 無論其衝僻、瘠饒,[21] 何往而不可安, 何事而不可治哉!

然而尤必持其行, 漸習而堅之. 其飮食則甘于粗糲,[22] 衣服則耽于樸素, 應酬、日用則敦于節儉, 于是獲善地而不爲加喜, 獲惡地而不爲增戚. 與夫選後應行料理者,[23] 須漸次料理,[24] 早爲束裝,[25] 勿曠有限之光陰,[26] 勿疲有用之精神, 勿多無益之冗費. 至于賢士大夫虛心而請敎之, 且使得覩吾之言論、豊采,[27] 而知爲遠大之器, 是未任之前, 而已收旣仕之譽矣. 若夫指一官以求溫飽[28] 甫就選以事奢靡, 流連于酣宴之場,[29] 而不恤蒞官之務者,[30] 是

가장 하급인 9품(九品)이었다.

11 백리(百里)는 제후의 봉지나 작은 땅을 가리키기도 하지만, 현급 지방정부가 관할하는 지역을 가리키기도 한다. 따라서 현을 대신 가리키는 말이기도 하다.

12 대차(待次)는 임관 혹은 보직의 차례를 기다린다는 뜻이다.

13 부정(敷政)은 정치나 교화를 시행한다는 뜻이다.

14 경우(境遇)는 경황(境況)과 조우(遭遇)를 말하지만, 여기서는 외적인 영향을 뜻하는 것으로 보인다. 사설(邪說)은 그릇된 주장을 뜻한다.

15 자봉(自奉)은 자신을 받드는 것, 즉 자신의 일상생활에 대한 공양(供養)을 가리킨다.

16 변(拚)은 '반드시'라는 뜻으로 사용된 것 같다. 보통 변명(拚命)이라는 용어는 '목숨을 내버리고' 또는 '돌보지 않고 전력을 다해'라는 뜻으로 사용된다.

17 궁산(窮酸)은 궁상맞다는 뜻, 즉 빈곤한 서생을 말한다. 본색(本色)은 본래의 면목·안색을 말한다.

18 황루(荒陋)는 황량하고 누추하다거나 거칠고 천박하다, 조잡하다는 뜻이다. 퇴풍(頹風)은 무너지고 타락한 풍기, 풍속을 말한다.

19 솔신(率身)은 스스로 나서 모범이 된다는 뜻이다.

20 무사(筮仕)는 옛 사람들이 장차 나아가 관리가 되기 전에 길흉을 점치면서 물어보았다고 한다는 데서 비롯된 말로 처음 나아가서 처음 관리(初官)가 되는 것, 즉 출사(出仕)를 가리킨다.

21 충(衝)은 요충지, 벽(僻)은 궁벽하거나 외진 곳을 뜻한다. 척요(瘠饒)는 척박한 곳과 풍요로운 곳을 말한다. 청대에는 지방관의 경우 각 부·주·현의 지리적 위치나 관할 면적, 중요성이나 빈부 차이에 따라 그것을 보통 충·번·피·난(沖繁疲難) 네 글자로 표시하였는데, 네 가지 모두가 겹치는 경우 최요결(最要缺), 세 가지가 겹치는 경우 요결(要缺), 한두 가지만 해당되는 경우는 중결(中缺)과 간결(簡缺)이라고 불렀다. 사실 이런 지방 사정에 따라 지방관이 얻을 수 있는 비정규적 수입의 차이가 크게 달라졌으므로 선호도 역시 크게 차이가 있었던 것이다.

22 조려(粗糲)는 변변찮은 음식물이나 거친 쌀(현미)을 가리킨다.

23 여부(與夫)는 다른 곳에서는 보이지 않는 용어인데, '그리고 또는 그런데'라는 접속사로서 이 책에서 자주 쓰인다.

24 요리(料理)는 처리한다는 뜻이다.

25 속장(束裝)은 행장을 갖춘다, 짐을 꾸린다는 뜻이다.

26 광음(光陰)은 세월·시간을 가리킨다.

27 풍채(豊采)는 풍채(風采)를 가리키는 것 같다. 즉 사물의 모습이나 격조·풍도·표정 등을 뜻한다.

28 약부(若夫)는 '그런데, 그렇지만(至於)'이라는 뜻으로 구절이나 단락의 맨 앞에서 다른 일을 언급할 때 사용한다. 온포(溫飽)는 배불리 먹고 따뜻하게 옷 입는 생활, 의식이 풍족한 생활을 가리킨다.

29 유연(流連)은 노는 데 빠져 돌아가는 것을 잊다, 유락에 빠진다는 뜻이다. 감연(酣宴·酣讌·酣燕)은 마음껏 먹고

其志不先自定矣. 求其後, 不爲境遇、邪說所惑幾何乎? 吾知其宏偉業而登極品, 不在此而在彼矣.

1-02. 임용 대기(謁選)[31]

이부(吏部)에 의해 순서대로 관직에 임용되는 것은 바로 사대부가 벼슬길에 나아가는 출발점이다. [따라서 그것을 기다리는 동안] 머무르는 곳은 응당 청정한 사원이나 따로 동떨어진 한적한 집이어야 하며, 여자들의 웃음소리가 들려 객지생활을 하는 사람의 마음을 흐트러뜨리는 곳이어서는 곤란하다. [경사에 거주하는 부임할 지방 출신의] 현명한 신사(紳士)는 그 언행과 품격이 모두 보탬이 될 것이므로, 가까이하여 친해져야 한다. 방탕하게 노는 유객이나 아첨꾼은 한가할 때 끌어당길지 모르지만, 나중에 반드시 피해를 끼치니 멀리하여 관계를 끊어야 한다. 관직을 받고 부임할 곳이 좋을지 나쁠지, 아니면 멀고 가까울지는 아직 알 수가 없으므로 음식이나 복장, 수레나 마차 비용은 모두 되도록 절약해야 하며, 경솔하게 경사(京師. 즉 북경)에서 미리 빚을 얻어서는 안 된다. 가혹한 사전 공제[꺾기]나 무거운 이자 부담은 기한을 넘기면 마치 눈덩이 구르는 것처럼 불어나기 때문에, 자칫하면 아침에 부임하였는데 저녁에 빚쟁이가 쳐들어오는 일이 벌어진다. 지방 상사의 귀에라도 들어가게 되면 몹시 부끄럽고 불편해진다. 옛날에 강녕(江寧) 출신의 누군가가 경사에서 임용을 기다리고 있을 때 내 선친께서 다음과 같은 편지를 보내신 적이 있었다. "관직에 있으면서 빚을 갚는 것보다는 임용되기 전에 돈을 아끼는 편이 훨씬 낫습니다." 당시 사람들은 이것이 정말로 명언이라고 일컬었다. 또한 『대청률(大淸律)』이나 『육부조례(六部條例)』는 행정을 이해하는 데 중요한 서적이므로, 몸소 글자 옆에 점을 찍으면서 읽어 보는 것 또한 시간을 보내는 데도 도움이 되니, 너무 속되다고 피할 것만은 아니다.

마시는 연회를 가리킨다.

30 이관(莅官)은 관직에 임한다는 뜻이다.

31 알선(謁選)은 이부(吏部)로 가서 서류를 내고 임용을 대기하는 것을 말한다.

需次銓曹,[32] 正士君子仕進之始. 居停宜清靜梵宇,[33] 或獨院閒房, 勿近閨聲,[34] 以撩旅思.[35] 縉紳賢者,[36] 言論、豈采均有裨益, 親近之. 浪遊狎客引誘閒情,[37] 且爲他日累, 遠絶之. 捧檄之美惡、遠近尚未可知, 食飮、服御槩從簡約, 勿輕借京債.[38] 苛折重息,[39] 逾期疊滾,[40] 朝抵任而債主夕至.[41] 地方上司聞之, 甚非雅便. 昔江寧某都門謁選,[42] 先子貽之書

---

32 수차(需次)는 자격을 획득한 다음 경력에 따라서 선발되어 순서대로 관직에 정식 임명되는 것을 말한다. 전조(銓曹)는 관원 선발을 담당하는 부서(혹은 그 장관)이므로 이부(吏部)를 가리킨다. 이부에서 후보관원의 자격 유무를 검토하여 관직을 주는 것을 전선(銓選. 즉 銓衡選用)이라고 한다. 이부에서는 원래 모든 관원 자격을 갖춘 사람의 명단을 책으로 작성하여 빈자리(補缺)가 나기를 기다리다가, 자리가 나면(出缺) 추첨 방식을 통해 그 관원의 보직을 결정한다. 이렇게 관원의 자격을 갖추면서 이부의 선용을 기다리는 것을 후선(候選)이라고 한다. 관결은 항상 수요보다 공급이 초과하는 상태였으므로 후선 인원도 그 경력이나 시기 등 여러 가지 기준에 의해 순서(班次)가 정해졌다. 이하 이부를 통한 관직 임명 과정에 대해서는 직전만(織田萬) 등(等), 『청국행정법(清國行政法)』(日本東洋印刷株式會社, 1914. 汲古書院, 1972 影印) 제1권 하의 제3편 「관리법(官吏法)」 제2장 「문관(文官)」, pp.225-241을 참조.

33 범우(梵宇)는 불교 사찰을 말한다.

34 규성(閨聲)은 규방에서 웃고 떠드는 소리이지만, 여기서는 기녀들의 웃음소리를 가리키는 것 같다.

35 여사(旅思)는 객지생활에서 오는 적막한 심정을 가리킨다.

36 진신(縉紳)은 신사(紳士) 또는 향신(鄕紳)을 가리킨다. 보통 퇴직관료를 일컬으며, 특히 신사 가운데 상층을 가리키기도 한다. 신사는 학위소유자로 현직관리를 제외한 관직경험자나 관료예비군을 가리킨다. 명·청대의 경우 거인(擧人)·진사(進士) 학위를 보유하여 관직을 경험하였거나, 아니면 질병·초상 등 여러 이유로 현직에서 물러나 고향에 머무는 사람을 신사(향신)라고 불렀다. 반면 생원(生員)·감생(監生) 등 하급 학위가 있지만 아직 관직에 오르지 못하거나 또는 경쟁이 심해 그것을 포기한 사람들을 보통 하층 신사로 간주하였는데, 이들은 생감층(生監層)이라고도 부른다. 신사는 또한 신금(紳衿)이라고도 하는데, 사대부의 허리띠를 의미하는 신(紳)은 보통 관직을 경험한 상층 신사를, 생원의 교복(靑衿)을 가리키는 금(衿), 또는 사(士)는 관직 경험이 없는 하층 신사를 가리킨다. 신사는 일반 백성과는 달리 국가에서 인정한 학위를 시험이나 또는 연납(捐納. 일종의 기부)을 통해 얻었기 때문에 요역(徭役) 면제 등 일정한 사회적 특권을 부여받았으며, 일반 백성과도 구별되었다. 엄밀하게 규정하지 않고 느슨하게 설명할 경우에는 신사가 지방에서 상당한 지위나 세력을 가진 사람, 또는 체면이 있는 사람으로 설명되기도 한다. 신사에 간명한 소개는 오금성, 「신사」(吳金成 외, 『명청시대사회경제사』, 이산, 2007 수록)를 참조.

37 압객(狎客)은 기루(妓樓)의 유객(遊客)이나 권귀(權貴)와 동행하면서 노는 사람을 가리킨다.

38 경채(京債)는 새로 임용되는 지방관들이 부임하기 전에 경사(京師)에서 빌려 쓰는 고리대로 보통 행장(行裝)을 마련하기 위해 쓰인다. 당대(唐代)에 이미 이런 기록이 보이기 때문에 상당히 오래된 관행으로 보인다. 청대(淸代) 조익(趙翼)의 『해여총고(陔餘叢考)』(商務印書館, 1957, pp.700-702) 권33 「방채기리가이가삼가사병경채(放債起利加二加三加四幷京債)」에서도 "최근 경채의 예를 보면 부자가 큰돈을 가지고 경사로 가서 월선관(月選官) 가운데 출경하지 못하고 있는 사람들을 만나면 그 지방의 멀고 가까움, 그 관직의 풍요함이나 척박함을 따져 70냥이나 80냥을 100냥으로 쳐서 빌려 주는 데 이것을 구두(扣頭)라고 하며, 심지어는 4할 내지는 5할을 공제하기도 하니, 그 이익이 아주 크다"고 경채의 폐해를 지적하고 있다. 고염무(顧炎武)의 『일지록(日知錄)』 권8의 「선보(選補)」에 따르면 이것은 명말 지방관의 선발에 체첨의 방법이 도입되면서부터라고 한다. 그 때문에 이전의 관례인 남쪽 출신은 남쪽을 고르고, 북쪽 출신은 북쪽을 고르던(南人選南, 北人選北) 관례가 무너지고, "남북호선(南北互選)으로 바뀌면서 부임하는 사람은 반드시 빚을 내서야 비로소 임관할 수 있게 되었다"는 것이다. 고염무(顧炎武) 저(著), 황여성(黃汝成) 집역(集釋), 『일지록집석(日知錄集釋)』(上海古籍出版社, 1988), p.655를 참조.

39 가절(苛折)은 돈을 내줄 때 미리 일부를 빼놓고 내주는 것이다.

40 첩곤(疊滾)은 이자 등이 겹쳐지면서 불어나는 것을 말한다.

41 저임(抵任)은 부임한다는 뜻이다.

曰[43]: "官中還債, 莫若任前省錢." 時稱爲格論.[44]『大淸律』、[45]『六部條例』, 爲政之要書,[46] 親加點閱, 亦消閒之一助,[47] 未可以俗爲嫌云.

1-03. 이력서 제출과 이부의 심사(投供驗到)

관원 선발의 규정에 따르면, 홀수 달에는 급선(急選)을 하고 짝수 달에는 대선(大選)을 한다. 급선은 [기존 관원에게 관직을 주면서] 빈자리를 보충하는 것이고, [신임 또는 승진 관료에게 관직을 주는] 대선은 2할이 승진시키는 경우이고 8할이 신임에게 처음 관직을 주는 경우이다. 처음 관직을 받는 경우에는 짝수 달 28일에 이력서를 제출하면 그다음 달 초하루에 이부에서 점검하여 처리한다. 이부에 의해 임용 승인을 받은 인원은 순서에 따라 관직을 받는다. 매번 대선이 있을 때에는 앞서 서술한 것처럼 반드시「이력서」등을 제출하고, 인원 점검에 참가해야 한다. 만약 인원 점검에 한 번이라도 빠지면 바로 선발 대상에서 제외해 버리므로,「이력서」를 제출한 다음에는 멀리 나가서는 안 된다.

[한족 관원(漢官)의 경우] 20일에는 임용 관직수를 결정하고, 21일에는 임용을 결정하여, 23

---

42 강녕(江寧)은 오늘날의 강소성(江蘇省) 남경(南京)을 가리킨다. 도문(都門)은 경사의 성문, 나아가 경사를 가리킨다.

43 선자(先子)는 조상이나 돌아가신 아버지를 가리킨다. 여기서는 아마 황육홍의 부친 황국기(黃國琦)를 가리키는 것 같다.

44 격론(格論)은 정확한 말, 지극히 옳은 명언이라는 뜻이다.

45 『대청률(大淸律)』은 청대 법원(法源)으로서 가장 중요한 의미를 지녔던 법전(法典)을 가리킨다. 순치(順治) 5(1648)년 처음『대청률집해부례(大淸律集解附例)』가 제정되어 전국에 반포되었다. 옹정(雍正) 연간인 1727년에는『대청률집해[부례](大淸律集解[附例])』가 편성되었으며, 건륭(乾隆) 5년인 1740년에는『흠정대청률례(欽定大淸律例)』가 편찬되었다. 대청률은 기본법인 율(律)과 율의 규정을 수정·증보·세목화하는 성질의 부가법(附加法)인 조례(條例)로 구성되어 있다. 전체적으로 보면 형법전(刑法典)이지만 민사로서 다루어야 할 사항도 적잖게 포함되어 있다. 율 부분은 명(明)나라의 것을 답습하여 부분만 개정하였고, 조례는 필요에 따라 자주 제정·개폐되었다.

46 조례(條例)는 국가가 제정하거나 비준한 어떤 일이나 어떤 기관의 조직이나 직권 등에 관한 법률규정이나 규칙 내지는 문건을 가리킨다. 실제로 여기서『육부조례』라고 하는 것은 중앙의 육부(六部)에 관한 성규(成規)나 정례(定例) 등을 모아 놓은 것으로 나중에 육부의 각종『칙례(則例)』로 정리되는 것들을 가리키는 것으로 보인다.

47 소한(消閒)은 한가한 시간을 때운다는 뜻이다.

일이면 그 명단이 확정된다. 24일에는 이부의 대당(大堂)에 가서 점검을 받고 이름을 불리게 된다. 이날 이부의 대당에 가서 왼쪽 계단 아래 서서 기다리면서 이름을 부르는 것을 자세히 듣고 있다가, [자기 이름이 호명되면] 차분하고 큰 목소리로 대답해야 한다. 처마 앞에 이르면 위를 향해 가운데 서서 자기의 이름과 고향을 크게 외치는데, 분명한 목소리로 해야 한다. 그것이 끝나면 차분하게 오른쪽 계단을 통해 아래로 내려간다. 이때 이부의 당상관(堂上官) 역시 후보자의 연령이나 외모, 품격 등을 유심히 살펴보니 신중하지 않으면 안 된다. 25일에는 [자기가 맡을 보직에 대한] 추첨을 한다. 또한 후보자끼리 서로 상호보증을 해야 하는데, 만약 모르는 사람이라면 절대로 같이 보증을 서서는 안 된다. 뭔가 어긋나거나 방해가 되는 것을 막기 위해서이다. 잡직 등의 하급 관리가 서로 안다고 해서 대신 상호보증을 써 달라고 부탁하는 경우가 많은데, 간혹 거짓으로 이름을 대는데도 같이 보증을 선 사람이 그것을 몰랐다가 마침내 피해를 입는 경우도 있으니 마땅히 조심해야 한다.【이부의 선발 규정은 항상 바뀌지만, 이상에서 말한 것은 바로 지금의 규정이다. ○ 아래에는 다른 「지시공문(諭單)」, 「통보문(文移)」, 「자술서」와 「상호보증서(供結)」 등의 문서양식을 실었다. 이것은 처음 부임하는 사람은 비록 자질구레한 것이라도 응당 알아 두어야 할 일이기 때문이지, 감히 서리가 할 수 있는 일을 가지고 쓸데없이 지면을 낭비하려는 뜻은 아니다.】[48]

○ 「상호보증서」 양식(「供狀」式)【모두 목판으로 인쇄된 양식으로 두 장을 준비하여 [이부] 문선사(文選司)에 제출한다.】

상호보증을 서는 후선관 모모 등은 오늘 서로 보증을 서는 바입니다.

같은 모 관직의 후선인인 모인은 모성 모부 모주·현 사람으로,【만약 검토를 거쳐 관직은 받은 경우라면 "모년 모월 모일 모직으로 배정되었습니다."라고 기입한다.】 전에 삼가 선발을 받아 지금 이부로 왔는데, 진실로 본인이 직접 제출하는 바이며, 세금을 체납하거나 남의 이름을 도용한 일 따위는 없음을 보증합니다. 이 보증은 사실입니다.

년 월 일 상호보증을 갖추는 같은 후선관 모·모·모·모·모 서명

48 이하【 】안에 있는 내용은 원문에서 주(註)처럼 본문보다 작은 글씨체로 기입된 부분(割註)이다. 본문과 달리 기입된 것을 표시하기 위해 이러한 형식을 취하였다. '○' 표시 또한 원문에 있는 구분의 부호인데, 그대로 따랐다.

選例單月急選,[49] 雙月大選.[50] 急選補復,[51] 大選陞二除八. 除者, 前雙月二十八日投供,[52] 本月初一日驗到.[53] 如截取到部人員,[54] 挨次除授.[55] 必每大選, 照前投供占卯.[56] 如一卯不到, 卽行扣選,[57] 故投供後, 不可遠出. 二十截缺, 二十一開缺, 二十三出序.[58] 二十四

---

49 내외의 관직에 빈자리가 날 경우(이를 開缺이라 한다) 이부에서 매월 한 차례씩 관원을 골라 충원하는데(開選), 이것을 또한 월선(月選)이라고 한다. 홀수 달에는 뽑는 것을 급선(急選)이라고 하는데, 이때는 보반(補班. 候補班), 즉 개수반(改授班. 기존의 관원 가운데 기다리다가 새로 보직을 받는 사람들)을 선발하기 때문이다.

50 대선(大選)은 짝수 달에 제반(除班)과 승반(陞班)을 선발하는 것을 가리킨다. 제(除)는 진사·거인 등 관리자격을 갖춘 사람에게 처음 관직을 주는 것(이것을 除授 또는 授職이라고 한다)을 말하며, 여기에 해당되는 인원을 통칭하여 제반(除班)이라고 한다. 승(陞)은 처음 관직을 받는 것이 아니라 이미 관직에 있던 사람이 승진하는 것을 뜻하며, 여기에 속하는 사람을 승반(陞班)이라고 불렀다. 뒤에 나오지만 청대 한인 관료(漢官)의 경우 25일 천안문(天安門) 밖에서 이부상서(吏部尙書) 등의 감독아래 추첨을 통해 자기 보직을 부여받았다. 제·승 외에 관원의 이동에서 전(轉)은 품급이 같지만 격식이 약간 높은 다른 아문의 관직으로 이동하는 것, 개(改)와 조(調)는 품급이 같은 다른 아문이나 지위로 이동하는 것을 뜻한다.

51 보복(補復)은 결직(缺職)을 보충하는 것이다.

52 임용 대기 관료(候用人員. 신임관인 候選官과 기존 관료인 候補官)는 기일에 맞추어 북경의 이부나 병부 아문에 가서 이력서 등 선발관련 참고자료를 직접 제출함으로써 임용(銓選)을 기다리는 것이 바로 투공(投供)이다. 이부에서는 서류 제출일자의 선후를 가지고 순서를 정하는 중요한 기준의 하나로 삼는다. 투공 재료는 아주 번잡한데 원적지 등의 독무 등이 준 자문(咨文)과 동향(同鄕) 6품 이상 경관(京官) 등의 관인을 찍은 보증서, 즉 인결(印結)을 본인의 이력서와 함께 제출한다. 원적관(原籍官)의 인결(印結)에는 과분(科分. 과거합격연도), 합격순서(名次), 연모(年貌), 관적(貫籍), 삼대이력(三代履歷), 허위기재나 회피(廻避) 관련 사실 등을 기입해야 하며, 보증하는 관료가 특별히 '부선부보(赴選赴補)'라는 글씨를 써넣어야 한다(이러한 보증서를 빌미로 뇌물을 요구하는 관행도 존재했으며, 좋은 관직을 얻으려고 투공의 시기를 가리는 경우도 있어 그 시기를 어기는 것을 금지하는 법령도 나왔다). 친필로 쓴 이력서를 제출하는 것은 친공(親供)이라고도 한다.

53 험도(驗到)는 이부의 관료가 투공으로 받은 문서·보증서, 후보자의 용모 등을 점검하고, 아울러 이에 기초하여 그 자격이나 순서를 정하는 것을 말한다. 후선(候選)은 과거시험이나 기부금 납부 등을 통해 처음 관직을 받거나, 아니면 사정이 있어 떠났다가 복직하는 사람들이 이부에 가서 신고를 하고 선용(選用), 즉 선발과 임용을 기다리는 것을 가리킨다. 후보(候補)는 실제 보직(實缺)을 받거나 딴 보직으로 옮기지 못한 사람들이 이부에 와서 대기하는 것을 가리키는데, 직위·자격·반(班)의 순서 등에 따라 매월 한 차례 추첨을 통해 중앙이나 지방 관아에 보내 위임·임용(委用)을 기다리게 하는 것이다.

54 절취(截取)는 청대의 제도에 따르면 관원의 식봉연한(食俸年限) 및 과거합격연도(科分), 합격순서(名次) 등에 따라 임용기한을 결정한 다음 이부에서 선용(選用)하는 것이다. 또한 거인(擧人)이 회시(會試)에 합격한 후 세 단계 시험을 거치면, 본성의 독무가 이부에 공문을 보내 임용 대기를 시키는 것을 가리키기도 한다.

55 애차(挨次)는 순서에 따른다는 뜻, 제수(除授)는 신임 관직을 준다는 뜻이다.

56 점묘(點卯)는 출근한 인원을 점검하는 것을 말한다. 관청의 업무가 시작되는 묘시(오전 5-7시)에 시작되므로 이런 명칭이 붙었다.

57 구선(扣選)은 선발에서 일단 제외한다는 것을 말한다. 구(扣)는 제거·제한이란 뜻이 있다.

58 결(缺)은 원래 관제(官制)에서 정한 관리의 지위를 가리킨다. 절결(截缺)은 해당 달에 관원을 충원하여 메워야 할 비어 있는 관직 수를 확정하는 것을 가리킨다. 이것은 선발 개시(開選) 5일 전까지 이루어져야 한다. 개결(開缺)은 여기서는 전날 확정한 관직 수대로 관원 충원을 시작하는 것을 말한다. 원래 각급 아문의 관원·관직은 정해진 수가 있는데 여러 이유로 관리가 그 직무를 벗어남으로써 결원이 생기는 것이 바로 개결이다. 개결이 있으면 반드시 제때에 상부로 보고하여 이부(吏部)에서 거기에 맞는 다른 관원을 선발하여 충임하는 전선(銓選)을 할 수 있게 해야 한다. 그리고 이러한 전선(월선) 과정에서 응선관원(應選官員)은 이부 문선사(文選司)의 심의(이를

過堂唱名.[59] 是日過大堂, 左堦下站立, 詳聽呼名, 從容朗應. 至簷前, 向上中立, 念大鄉貫, 宜聲音淸楚. 念畢, 從容由右堦下出. 此時堂上亦留心觀人年貌、材品,[60] 不可不愼. 二十五掣籤.[61] 其互結凡五人,[62] 如不相識, 切勿同結, 防有違礙. 至雜職等官, 往往託相知代寫互結, 間有頂名假冒, 而同結不知, 竟受其累, 更宜愼之. 銓例常有更改, 此就今例言之. ○ 以下「諭單」,[63] 「文移」,[64] 「供結」諸式具載者,[65] 欲初仕者, 雖瑣屑亦所當知也. 非敢以胥吏可辨之事,[66] 煩蕪簡牘云】

○「供狀」式[67]【俱刊板刷印者, 備二紙, 投文選司】

司議라고 한다)를 거친 다음에 다시 이부의 심의, 즉 당의(堂議)에 넘겨진다. 한관(漢官)의 경우 매월 23일에 당의가 이루어지며, 당의를 거친 다음 응선관원의 명단이 확정되는 것을 출서(出序)라고 한다. 한편 청대 관결에는 관원의 신분에 따라 만주결(滿洲缺)·몽고결(蒙古缺)·한군결(漢軍缺)·종실결(宗室缺)·내무부포의결(內務部布衣缺)·한결(漢缺) 등이 있어 각기 신분이나 출신별로 부임할 수 있는 내외 관직이 정해져 있었다. 이를테면 연장결(烟瘴缺. 풍토병이 강한 남방 변경의 소수민족 거주지구), 묘강결(苗疆缺. 묘족 지역)과 같은 특수한 지구나 직무에 한정된 관결도 있었다. 또한 임명되는 방식에 따라 같은 관직이라도 '청지결(請旨缺. 군기처에서 명단을 제시하여 황제의 결정을 요청하는 방식)'·'간결(揀缺. 이부에서 선발 책임을 맡아서 함)'·'제보결(題補缺. 본성 독무가 제문을 올려 충임을 요청하는 방식)'·'선결(選缺. 이부에서 銓選을 통해 선정하는 방식)' 등의 다양한 차이가 있었다. 또한 황제가 직접 발탁하여 임용하는 특간(特簡. 또는 特授)과 이부가 후보 관리의 명단을 만들어 상주하면 황제가 결정하는 일반적인 임용방식인 개열(開列)로 구분되기도 한다.

59 당(堂)은 원래 흙을 북돋운 다음 그 위에 세운 사각형 건물을 가리키지만, 보통 가옥의 정청(正廳)이나 관부에서 정사를 의논하고 안건을 심리하는 공당(公堂. 大堂)을 가리킨다. 과당은 지정한 날짜인 24일 이부의 대당(大堂)에 가서 점검을 받는 것을 가리킨다. 대당(大堂)은 관부의 사무실 가운데 정청(正廳)·청당(廳堂)을 가리킨다.

60 당상(堂上)은 즉 당상관(堂上官)을 가리키는데 해당 관서(官署)의 장관(長官)을 가리킨다.

61 체첨(掣簽)은 명대 후기에서 청대까지 이어진 이부의 관리 선발·임용방식으로, 각 성이나 각 아문에 파견될 후보관원, 즉 후선관(候選官) 스스로가 추첨을 하여 보직이나 부임지를 결정하는 방식이다. 이후 황제에 대한 인견(引見)이 이루어진다. 이에 대해서는 바로 다음 절을 참조.

62 호결(互結)은 상호보증이란 뜻이다. 청대에는 같은 고향 출신 중앙관리(京官)의 보증 외에도 같은 고향으로 같은 시험을 본 감생(監生) 5명의 상호보증이 필요하였다.

63 「유단(諭單)」은 공문서의 일종으로 상급에서 하급으로 내려 보내는 수령(手令)이나 경고(告戒) 문서를 가리킨다. 따라서 아래로 지시를 내리는 하행문(下行文)의 일종이다.

64 문이(文移)는 문서·공문으로 공문서의 일종을 가리킨다. 이(移)는 보통 같은 등급끼리의 왕래문서인 평행문(平行文)의 일종이다.

65 공(供)은 다양한 뜻이 있지만, 자백이나 진술서(供詞) 등을 가리킨다. 보통 자술 내지는 자백·진술이라는 뜻으로 쓰이며, 이 번역문에서도 자백·진술을 경우에 따라 사용하였다. 결(結)은 보증하여 책임을 진다는 뜻을 표명하거나 승인하는 문서를 가리킨다. 바로 밑에 나오는 공장(供狀)이 바로 공결(供結)이기도 하다. 즉「확인서」나「보증서」라는 뜻으로 쓰인다. 이 책에서는 대부분 이 뜻으로 쓰이며, 또한 판결(判決)을 가리키는 경우도 있다.

66 서리(胥吏)는 관청의 소리(小吏)를 가리킨다. 보다 자세한 설명은「1-06. 풍속 탐방(訪風俗)」의 아역(衙役)에 대한 각주를 참조.

67 「공장(供狀)」은 서면진술서를 뜻하는데, 여기서는「보증서」라는 뜻이 강하다. 이「공장」은 직전만(織田萬) 등『청국행정법』제1권 하의 제3편「관리법(官吏法)」제2장「문관(文官)」, p.233에도 투공장(投供狀)의 사례로서 소개되고 있다.

互結同候選官某某等, 今於與結狀事.

結得同候選某項某人,[68] 係某省某府某州縣人【如考授者,[69] 此下入某年月日考定某職】, 前蒙截取, 今赴天部, 委係親身投供, 無抗糧假冒等弊, 所結是實.

年 月 日 具互結同候選官 某、某、某、某、某 押

1-04. 체첨(掣籤)[70]

추첨하는 날에는 새벽에 동장안문(東長安門)으로 들어가서, 문관(文官)의 경우는 천안문(天安門) 밖 동쪽 변두리에서 추첨을 기다린다. 이부(吏部)의 담당 장관·관원이 도착하여 이름 뽑는 제비 통(籤筒)를 대당(大堂)의 책상 앞에 두고, 보직이 적힌 제비 통을 추첨 탁자 위에 둔다. 우선 이름이 적힌 제비를 뽑도록 부르고 다음에는 보직을 적힌 제비를 뽑도록 부르는데, 제비를 뽑으면 그것이 바로 자기 것이므로, 머뭇거리다가 다른 사람과 뒤섞

68 결득(結得)은 뒤에 나오는 내용을 보증하여 말한다는 뜻으로 쓰인다.

69 고수(考授)는 고선(考選)을 통해 관직을 주는 것을 말한다. 고선(考選)은 고사(考查)·고시(考試)를 통해 인원을 뽑아 쓰는 것을 말한다.

70 체첨(掣籤)은 명 후기에서 청대에 이르기까지의 이부에서 관리를 임용할 때 쓴 추첨 방식을 가리킨다. 고염무(顧炎武)의 『일지록(日知錄)』 권8의 「선보(選補)」에 따르면 명말 손비양(孫丕揚)이 환관(中人)의 청탁을 받으면 따르기도 거스르기도 어려워 대선(大選) 외관(外官)의 선발에 추첨 방법을 도입하여 영문을 모르는 궁중이나 민간으로부터 아주 공정하다는 평가를 받았다고 한다. 고염무 저, 황여성 집석, 『일지록집석』, p.650을 참조. 이부에서는 험도(驗到)가 끝난 후 관결(官缺) 상황과 반(班. 응선 관원의 경력이나 시기 등에 따른 배열을 말한다)의 분류 순서에 따라 월선(月選)의 방법에 근거하여 당의(堂議)를 통해 선발명단을 확정하고, 그다음에 명대의 방식으로 추첨을 해서 보직을 결정하였다. 청대에는 만관(滿官)과 한관(漢官)이 구별되어 이러한 과정이 이루어졌다. 추첨 전일에는 도찰원(都察院)의 이과(吏科)·하남도(河南道)에서 각기 만·한(滿漢) 관원 1명씩 보내어 추첨용 제비를 점검한 다음 공동으로 밀봉하였다. 그리고 추첨 후에는 고정된 형식으로 이루어진 선단(選單)이 작성되었는데, 여기에는 후선인원의 성명, 관적, 입사출신(入仕出身. 즉 어떤 경로를 통해 관원이 되었는지 그 자격을 말한다), 신임관직 등이 기록되었다. 이렇게 해서 보직이 결정되면, 그 명단을 각 아문에 보내어 구경(九卿)·과도(科道)의 험간(驗看)을 거치게 하였다. 그 내용은 본인의 행동거지가 단정한지, 출신에 올바른지, 연로하고 쇠약한 사람이 아닌지, 할아버지나 부친이 지방관으로 있으면서 전량을 완납하지 못하고 결손을 낸 전량휴공(錢糧虧空)의 경력이 있는지까지 검토하는 것이다. 이 험간이 끝나면 재경 관원(京官)에게는 곧바로 부임하게 하지만, 지방관원(外官)에게는 해당 성의 독무를 통해 전달하며, 지방관은 부임한 후 이 증서를 시한에 맞추어 다시 이부에 반환해야 한다.

여 담당관의 꾸중을 받아서는 안 된다. 제비를 뽑았는데 본적지 성(省)이라서 응당 회피(回避)를 해야 하는 경우, 본인이 따로 제비를 뽑는 것이 허용된다. 이때 뽑힌 제비는 사무실로 보내져 봉인을 바꾼 다음 다시 통에 넣어 다른 사람이 뽑을 수 있게 한다.

북경에서는 추첨을 할 때 관원에게 뇌물을 주어 유리한 자리를 얻는 부정행위가 있다는 소리도 전해지는데, 사기꾼이나 중개를 자처하는 무뢰배의 얘기에 솔깃해서는 안 된다. 추첨에 뇌물을 쓰는 것은 모름지기 몇 가지 좋은 자리 가운데 하나를 얻고자 함인데, 이런 자리를 노리는 사람 또한 한두 명이 아니므로, 되도록 그것을 보다 많은 사람들에게 팔아먹으려 하기 때문이다. [그래서 혹시라도 좋은 자리를 뽑게 되면] 자기가 공을 세웠다고 자처하면서 사례를 요구하고, 안 되면 입에 재갈을 물리고 떠들지 못하도록 만드니, 그들의 술수에 빠지는 것이 뻔히 보인다. 백성의 부모가 될 사람으로서 반드시 비옥하고 기름진 땅을 찾는다는 것은 도대체 그 뜻이 어디에 있다는 말인가? 처음 지방관으로 시작할 때부터 마음을 똑바로 세우지 않으면 안 된다. 관직 생활을 하면서 얻거나 잃는 것은 자신의 사람됨에 달려 있지, 반드시 부임하는 지역의 좋고 나쁨에 달려 있는 것 같지는 않기 때문이다.

掣籤日黎明, 由東長安門入, 文職於天安門外東邊候掣.[71] 吏部堂司至,[72] 名籤筒一置大堂案前, 缺籤筒一置掣桌上. 先唱名籤, 後掣缺籤, 拈著便是,[73] 不可停留混攪,[74] 致官呵叱.[75] 掣著本省缺應廻避者,[76] 許本官另掣. 其先籤送堂, 換封再入筒, 聽他員掣. 都下相傳有坐籤

---

71 명·청대 북경의 황궁인 자금성(紫禁城)의 남문(南門)이 바로 천안문(天安門. 명대에는 承天門이라 불렸다)이고, 천안문 안쪽의 광장 양쪽에 있는 문이 장안좌문(長安左門. 龍門)과 장안우문(長安右門. 虎門)인데, 또는 동장안문(東長安門)과 서장안문(西長安門)으로도 불렸다. 두 문은 명대 이래 중앙관아의 총출입구이기도 하였다. 지금은 모두 철거되어 존재하지 않는다.

72 당사(堂司)는 명·청대 중앙 행정 관서나 각 부서의 장관(長官)을 지칭한다. 실제 추첨에는 이부상서(吏部尙書)와 이부시랑(吏部侍郞), 도찰원(都察院)의 하남도어사(河南都御史)가 참가하였다.

73 염(拈)·염저(拈著)는 손가락으로 집거나 잡는다는 뜻이다.

74 혼교(混攪)는 소란을 피우다, 복잡하게 뒤섞인다는 뜻이다.

75 가질(呵叱)은 큰 소리로 꾸짖다, 책망한다는 뜻이다.

76 회피(回避. 廻避) 제도는 관리가 자신의 본적지·원적지에 근무할 수 없게 하거나 친척(親屬)이 같은 기구·아문에서 근무할 수 없도록 자세하게 규정한 제도를 말한다. 특히 지방관의 경우는 보통 그 원적지·본적지 성에 근무할 수 없으며, 성내(省內)가 아니더라도 반드시 5백 리 이내의 지방에는 부임할 수 없다는 것이 핵심사항이다. 회피 제도는 지방관이 개인적인 감정(私情)으로 공의(公義)를 망가뜨리는 것을 막거나 그런 혐의를 피하기 위해서 마련된 제도로, 반드시 지켜야 하는 의무이기도 하였다.

之弊,[77] 奸徒、撞歳,[78] 切勿輕信. 凡坐籤必指定數善缺, 坐者又非一人, 廣其途以求售,[79] 得則居功索謝,[80] 不得則箝口而不敢言, 其墮彼術中, 明矣. 夫爲民父母而必膏腴以處,[81] 其意果何居乎? 發軔之初, 立心宜正. 居官得失,[82] 存乎其人, 似未必盡關地方之美惡也.

1-05. 『부역전서』 검토(査『全書』)

『부역전서(賦役全書)』라는 것은 주현(州縣)의 전량(錢糧) 액수와 호구(戶口) 수, 그리고 징수된 전량 가운데 위로 올려 보내는 기해(起解) 액수나 남겨서 쓰거나 지급하는 유지(留支) 액수 등을 모두 상세히 기록하고 있다. 천하 각지에서 만들어진 『부역전서』는 모두 호부(戶部)로 전달된다.【10년마다 한 번씩 새롭게 개정할 때 호구 수가 늘거나 주는 경우, 혹은 자연재해를 만나 토지세 감면·면제가 있는 경우는 모두 그해의 「납세통지서(由單)」에 따라 내용을 바꾸어 간행한 다음 호부로 올려 보냈다. ○ 지금 이 「납세통지서」는 [폐단이 많아] 간행이 중지되었다.】

[보직의] 추첨 이후에는 반드시 자기 임지로 결정된 지역의 『부역전서』를 찾아 들춰 보아야 하는데, [이를 통해] 전량의 많고 적음이나 무겁고 가벼움, 지방의 크기나 비옥하거나 척박한 정도를 단번에 알아볼 수 있다. 또한 전임 관원이 만약 승진하거나 전근하였다면 전량 문제나 강·절도사건 등에 미결된 부분이 없을 것이다. 그렇지만 만약 탄핵이나 처벌을 받아 이임하는 경우라면 전량 등 많은 문제가 제대로 정리되지 않아 뒤처리를 이어받는 사람에게 피해를 줄 것이다. 따라서 반드시 이부에서 그 자리가 나게 된 이유를 알아보

---

77 도하(都下)는 바로 경사(京師)·수도(首都)를 가리킨다. 좌첨(坐籤)은 관리에게 뇌물을 주어 자기가 원하는 지위를 추첨하게 하는 것을 말하는데, 『청국행정법』 제1권 하의 제3편 「관리법(官吏法)」 제2장 「문관(文官)」, pp.232-233에서는 바로 『복혜전서』의 이 부분을 들어 설명하고 있다.

78 당세(撞歳)는 당태세(撞太歳)라고도 하는데 관부와 결탁한 악질 무뢰배를 가리킨다.

79 구수(求售)는 팔려고 한다는 뜻이다.

80 거공(居功)은 스스로 공로가 있다, 공로를 세웠다고 내세우는 것을 가리키며, 색사(索謝)는 사례금을 받는다, 요구한다는 뜻이다.

81 부모(父母)는 바로 부모관(父母官)으로 지방관, 즉 주현의 장관인 지현(知縣)이나 지주(知州)의 별칭이다.

82 득실(得失)은 바로 성패(成敗)를 뜻하기도 한다.

고, 호부에서는 전임자 임기 동안의 전량의 완결·체납, 올해에 응당 징수해야 할 액수에서 성[의 포정사 아문]으로 올려 보낸 기해의 완결·체납 액수가 얼마인지 조사해 보아야 한다. 그렇게 함으로써 그 실마리를 잡아 미리 대책을 마련할 수 있기 때문이다.【부임할 지역에 「지시공문」을 보낼 때 『부역전서』와 반드시 알아 두어야 할 사항을 정리한 책자인 『수지』를 처음 영접하러 오는 아역 일행이 직접 가지고 와서 제출하도록 지시한다.】

『全書』者,[83] 州邑錢糧、丁口之數,[84] 以及起解[85]、存留、支給各款俱備載之者也.[86] 天下『全書』悉達戶部.【如十年大造, 丁口有增減、或遇災荒, 田賦有蠲除, 俱照本年「由單」,[87]

---

83 『전서(全書)』는 바로 『부역전서(賦役全書)』를 가리킨다. 이것은 명·청대에 각 지방의 부역총수(賦役總數)를 기재한 책을 말한다. 전국의 토지세와 요역, 즉 부역(賦役)의 규칙을 제정하기 위해 만든 책으로 명대 만력(萬曆) 연간의 규칙에 따라 청초에 다시 만들어졌다. ① 맨 처음에는 부역 산출의 기초가 되는 인정(人丁) 및 토지의 면적, 지정은(地丁銀. 토지세)과 조량(漕糧. 토지세의 일종으로 실무로 거두어 京師로 보내진다) 및 기타 세금이나 징수금('捐稅')의 정액(定額)과 세율(稅率) 등 지역마다 정해진 '부역의 정액(地丁原額)'을 가장 먼저 싣고, ② 그 다음으로 토지의 황무(荒蕪) 여부, 인구의 도망(逃亡) 상황 등을 기재하며(이에 따라 발생하는 실제 징수할 수 없는 부분을 계산하고), ③ 이어서 실제로 징수하는 부역의 총액('實徵') 및 상부로 올려 보낼 부분('起運' 또는 '起解'라고 한다)과 지방에 남겨 행정비용으로 쓸 부분('存留'라고 한다)의 액수를 기재한다. ④ 마지막으로는 새로 개간된 토지와 새로 유입된 개간민 관련 부분을 추가한다(이에 따라 새로 증가되는 부분은 바로 '新增'이라고 한다). 순치(順治) 11년 처음 전국에 반포되었으며, 이후 여러 차례 수정이 이루어졌다. 『부역전서』는 포정사가 만들어 주현에는 2부를 내려 보냈는데 1부는 지현이, 1부는 학정(學正)이나 교유(敎諭)가 보관하였다. 부역의 징수는 바로 이 『부역전서』에 의거하여 이루어졌다. 원래는 10년마다 한 번씩 개정하기로 되어 있었으나 수십 년에 한번 개정되기도 어려웠고, 부역 징수 역시 이것에만 의존할 수 없었으므로 『회계책(會計冊. 省衙門에서 중앙의 戶部로 보내는 官銀의 상황을 기록한 책자. 1688년 이후 매년도의 예·결산 보고책 『주소책(奏銷冊)』으로 편입되었다)』이나 『주소책』, 지방의 기록에 따라 구체적인 숫자가 산출될 수밖에 없었다.

84 정구(丁口)는 인구를 말한다. 성년남자를 정(丁)이라고 하였고 여자 및 미성년자를 구(口)라고 불렀기 때문이다. 호구(戶口)는 한 가구(家口)의 인구를 말한다.

85 기해(起解. 起運)는 지방정부에서 거둔 전량(錢粮. 또는 稅糧)을 상급 정부로 올려 보내는 것을 가리킨다. 해(解)는 사람이나 돈·곡물 등을 위로 올려 보낸다는 의미다. 청대의 경우 주현에서 징수한 전량은 지방에 남겨 쓰는 존류(存留) 부분 외에는 사흘 내에 기해하도록 되어 있었다. 우선 사흘 전에 기해할 항목과 수량·날짜 및 기해 담당 차역의 이름을 상부로 보고하고, 서로 연결된 두 장의 「수령확인문서(批廻)」를 갖추는데, 각기 연·월·일과 액수를 기입해 넣고 아울러 번호도 기록한다. 기해를 맡은 차역이 성성(省城)에 도착하여 순무의 아문에 「수령확인문서」 등을 제출하면 포정사가 이를 수령한 다음 영수증과 더불어 주현에서 올린 원래의 「수령확인문서」 한 장을 돌려준다.

86 존류(存留)는 보류(保留)한다는 의미로 지방정부에서 거둔 전량 가운데 해당 지역 행정경비로 쓰기 위해 남겨놓은 부분을 가리킨다. 이러한 전량 항목 가운데 그 일부를 지방에서의 지출에 충당하는 것을 지급(支給)이라고 한다. 이는 또한 좌지(坐支)라고 하는데, '좌'는 고정된 자리라는 뜻이고, '지'는 지출을 뜻하는 것이다. 존류와 지급을 합쳐서 부를 경우는 유지(留支)라고 한다.

87 「유단(由單)」은 부세 징수의 근거가 되는 문서, 즉 「납세통지서(易知由單)」를 가리킨다. 유첩(由帖)·유단(由單)이라고도 하는데, 여기에 납세자의 성명, 토지의 등급과 세율·납세액 등이 기재되어 발급되었다. 「이지유단(易知由單)」, 즉 '(납세자가) 알기 쉽게 쓴 통지서'는 명대에 시작되었고, 청초에 약 40년간 시행되다가 강희 26(1687)

改刊解部.[88] ○ 今「由單」停刊[89] 掣籤後須覓來查閱, 則錢糧之多寡·輕重、地方之大小·肥瘠, 可一覽而知. 又前任官如陞遷,[90] 則錢糧、盗案無有未完.[91] 如叅處離任,[92] 則錢糧諸案多有不淸, 便爲接管之累, 須于吏部査其出缺緣由. 于戶部査其任內歷年錢糧完、欠,[93] 及本年應徵項下起解完、欠若干, 庶知其頭緒, 以便預爲籌畫.[94]【發「諭單」時,[95] 內開『全書』, 並『須知』,[96] 令頭批接役賫來投遞[97]】

1-06. 풍속 탐방(訪風俗)

장차 지방에 부임하여 일을 맡게 되는 경우에는 그 지방 행정에 관련된 이로움과 해로움, 토착 풍속과 백성의 성정(性情)에 대해서 응당 물어보고 찾아보아야 한다. 경사(京師)에는 사방에서 온 사람들이 몰려 있기 때문에, 이 지역에서 관직 생활을 해 본 사람이나 아니면 이 지역 출신 신사(紳士) 등을 찾으면 모두 상세하게 물어볼 수 있다. 그래서 그쪽 사정을 대략 파악한 다음 어떻게 처리해야 할 것인지 미리 준비할 수 있을 뿐만 아니라, 그 어려움과 쉬움에 따라 도와줄 사람을 끌어들일 수도 있다. 아문의 서역이나 토호 가운데

년 다음 해부터 인쇄와 발송을 중지한다는 명령이 내려졌다. 강소(江蘇) 등지에는 여전히 사용되었지만, 기능은 이때 공식적으로 중지되었다(何平, 『淸代賦稅政策硏究 1644-1840』, 中國社會科學出版社, 1998, pp.234-240). 납세자는 「이지유단」을 수령할 때 그 인쇄비를 내야 했으며, 보통 그것은 원가의 몇 배나 되는 액수를 강탈당하는 것이나 마찬가지였다. 이런 이유로 발행이 중지되었던 것이다.

88 개간해부(改刊解部)는 내용을 수정한 다음 다시 간행하여 호부로 올려 보낸다는 뜻이다.

89 이하 【 】 안에 있는 내용은 원문에서 주(註)처럼 본문보다 작은 글씨체로 기입된 부분이다. 본문과 달리 기입된 것을 표시하기 위해 이러한 형식을 취하였다.

90 승천(陞遷)은 관원의 승진과 이동을 가리킨다.

91 도안(盜案)은 강·절도사건을 말한다.

92 참처(叅處)는 탄핵과 (그보다 가벼운 처벌인) 처분을 말한다.

93 완흠(完欠)은 전량 등의 완납과 미납·체납을 말한다.

94 화(畫)는 획(劃)과 통하며 구분한다, 획분한다, 설계하거나 꾀를 마련한다는 뜻이므로 주화(籌畫)는 주획(籌畫)과 같은 뜻이다. 즉 미리 설계하거나 준비를 한다는 뜻이다.

95 이에 대해서는 제1권 출사부 「1-08. 「지시공문」 보내기(發「諭單」)」를 참조.

96 내개(內開)는 그 안에서 나열한다(開)는 뜻이다.

97 비(批)는 차례·순서나 다수의 사람·물건의 무리·무더기를 가리킨다. 재래(賫來)는 가지고 온다, 투체(投遞)는 본인이 직접 와서 전달한다는 뜻이다.

악명이 오래된 사람에 대해서는 그 성씨를 알아 두었다가, 부임하였을 때 은근히 살펴본다. 만약 과연 소문대로라면, 모름지기 다시 죄를 저지르기를 기다려서 작은 경우에는 직접 징벌을 가하고 큰 경우에는 상사에 보고하여 처리함으로써 또한 신임 지방관의 날카로움을 보여 줄 수 있다. 하지만 결코 경솔하게 그런 뜻을 밖으로 내비쳐서는 안 되는데, 소문이 사실이 아니거나, 아니면 방해 세력이 있어 제대로 처리하지 못하는 경우 도리어 못된 놈들의 기세만 키워 주어 그들이 신임 지현의 의지가 얼마나 깊은지 일부러 엿보게 될 수도 있기 때문이다.[98]

○ 무릇 찾아서 물어본 것들은 모두 자세하게 기록해 둠으로써 나중에 빠트리거나 그르치는 경우가 없어야 한다.

身將受事地方,[99] 則地方之政事利弊、土俗、民情, 皆宜咨訪.[100] 京師四方所聚, 或宦遊斯地,[101] 或彼處士紳,[102] 俱可詳詢. 酌其情事, 應如何料理, 不但可以預爲準備, 亦可因其難易, 以延助理之人.[103] 至于衙役、[104] 土豪,[105] 積惡著聞者,[106] 得其姓氏, 俟至地

---

98 이 점에 대해서는 제3권 부임부 2 「3-01. 아역 부리기(馭衙役)」나 제4권 부임부 3 「4-02. 참을성 키우기(忍性氣)」 등에서 상세한 이야기가 나온다.

99 수사(受事)는 일을 맡는다, 직무를 접수한다는 뜻이다.

100 자방(咨訪)은 물어보고 방문한다는 뜻이다.

101 환유(宦遊)는 밖으로 나가 관직을 구하거나 관직 생활을 한다는 뜻이다.

102 사신(士紳)은 바로 신사(紳士)나 향신(鄕紳)과 같은 뜻이다.

103 조리(助理)는 다스리는 것을 도와준다는 뜻이다.

104 아역(衙役)은 관아에서 일하는 차역(差役), 또는 아문에서 특정한 업무를 맡고 있는 하급 이역(吏役)이나 보조원을 가리킨다. 지방관청에서 지현이나 보좌관을 제외한 근무인원을 보통 아역 또는 서역(胥役. 또는 吏役·吏胥·胥吏)이라고 부르는데, 이는 서리(胥吏)와 차역(差役)을 가리킨다. 서리(胥吏)는 청대 각급 정부, 특히 주현아문에서 관원의 비서 또는 이·호·예·병·형·공(吏·戶·禮·兵·刑·工) 등 육방(六房)의 문서업무를 담당하면서 행정·사법의 실제업무를 처리하는 (임시성) 하급 관리, 즉 소리(小吏)로 보통 서리(書吏. 문서담당 인원)라고도 한다. 서리는 양민의 지위를 갖추고 선발을 거쳐 관원이 될 수 있는 약간의 희망이라도 있었으며, 원래 각 아문에서 모집하여 포정사에게 보고하고 증명서를 받아 충원하였다. 독서를 하였지만 과거 합격의 희망이 거의 없는 사람들이 관청에서 일을 하는 직업을 택한 것인데, 현지인 가운데 모집과 선발을 거쳐 충당되었다. 규정에 따르면 주현에서는 9-15명의 전리(典吏)를 충원하여 주현관이 일을 맡겨야 하였다. 하지만 실제로는 수십 명에서 수백 명 내지는 1천 명에 달하는 경우도 있었다. 전리 등의 정역(正役)이 보조 인원이나 도제 등(幇役이나 白役)으로 또한 수많은 사람을 고용하였기 때문이다. 원래의 복무 기간도 5년이지만, 이 기간이 지난 다음에도 여전히 이름을 바꾸거나 해서 계속 근무하는 사람도 많았다고 일컬어진다. 한편 차역은 원래 국가에 대한 무상노동으로 제공하던 노역(勞役) 제도에서 비롯되었는데, 송대에 이것이 고역(雇役)으로 바뀐 다음 청대에 이르기까지 일종의 모역(募役) 제도로 바뀌게 되었다. 따라서 송대 이후에는 이(吏)와 역(役)이 확연하게 다른 직역(職役), 즉 임시성 관청 업무가 되었다(差는 보통 특정한 사무나 업무라는 뜻이다). 차역(差役)은 법률적으로도 분명히 천역(賤役)으로 규정되어 있었는데, 본지인 출신인 차역은 관청에 들어가기 위해서는 일정한 자격과 모집 과정을 거쳐야 했지만, 실제로는

方, 潛加體察. 果有實跡, 須待其更犯, 小則懲處,[107] 大則申詳,[108] 亦以見新硎之利.[109] 但不可洩露造次,[110] 恐所聞不實, 與格礙難行,[111] 適足長宵人之志,[112] 而有以窺吾之淺深矣.

○ 凡所咨訪, 隨時筆記, 免致遺舛.

1-07. 발령인사와 환송연(拜客宴會)[113]

지방관으로 발령장이 내려지면 해당 지역 신사(紳士)가 부모관(父母官)이 될 사람의 풍채를 보고자 하거나, 아니면 좋은 자리에 발령이 났다고 친척들이 대신 기뻐하면서 방문하

모역(募役)이나 3년 임기 이후의 퇴역(退役) 제도가 제대로 지켜지지 않고 세습이나 자연스러운 도태과정을 거친 것으로 보인다. 차역은 주로 외근 업무를 담당하면서 민간에서 분주하게 돌아다니며 직접 정부의 법령이나 결정을 집행하기 때문에 일반 백성과의 접촉이 가장 많았고, 따라서 백성에게 피해를 끼칠 가능성도 가장 컸다. 차역에게 관부에서는 아주 적은 임금밖에 제공하지 않았으므로 이들은 백성으로부터 관행적인 수수료인 누규(陋規)를 갈취하지 않으면 생활이 유지될 수 없었다. 이 때문에 차역은 모두로부터 비난을 받는 경우가 많았다. 그 종류는 보통 조(皂)·장(壯)·쾌(快)의 3반(班)으로 구분되는데 실제로는 조예(皂隸. 刑杖을 들고 관원의 위세를 과시하거나 형벌을 집행한다), 쾌역(快役. 주로 공문전달과 집행 독촉 등 外勤任務를 집행한다), 포역(捕役. 치안유지와 범인 체포 임무를 집행한다), 민장(民壯. 관원 출입 호위나 세량의 운송 업무를 담당), 금졸(禁卒. 지방 감옥의 간수와 관리 임무를 맡는다), 오작(仵作. 검시를 맡는 차역 내지 法醫) 등 다양한 유형이 있었다. 이들 서리와 차역을 합칭하여 육방서리(六房書吏)와 삼반아역(三班衙役), 또는 육방삼반이라고도 부르는데, 원래 지방 정부에서 이(吏)는 관(官)의 20배 정도가 있었고, 역(役)은 또한 이(吏)의 두 배 정도가 있었다고 한다. 한편 아역에 대한 가장 간편한 소개는 한승현, 「지방행정」(吳金成 외, 『명청시대사회경제사』, 이산, 2007 수록)을 참조.

105 토호(土豪)는 지방에서 돈이나 세력을 가진 사람, 또는 그 가족을 가리킨다.

106 적악(積惡)은 그동안 쌓은 악행이라는 뜻이고, 저문(著聞)은 저명하다, 이름이 나다는 뜻이다.

107 징처(懲處)는 징벌·처벌한다는 뜻이다.

108 신상(申詳)은 상급 관청에 보고(呈報)한다는 뜻이다. 신(申)이나 상(詳)은 모두 상급관이나 관청에 알리거나 보고한다는 뜻을 지닌 용어이자 공문을 가리킨다. 즉 상행문(上行文)을 가리킨다. 상문(詳文)에 대해서는 제5권 부임부 4「5-01. 상문에 대한 설명(詳文贅說)」을 참조.

109 신형(新硎)은 이제 막 숫돌에 갈아서 날카롭다는 의미, 또는 처음으로 날카로운 맛을 과시한다는 뜻이다. 여기서는 신임관의 위엄을 보여 준다는 의미로 쓰이고 있다.

110 조차(造次)는 '창졸간에, 갑작스럽게, 경솔하게'라는 뜻이다. 여기서는 '경솔하게'라는 뜻으로 쓰인 것 같다.

111 격애(格礙)는 장애(障礙)나 방해가 된다는 뜻이다.

112 소인(宵人)은 소인(小人), 못된 놈(壞人)이라는 뜻이다.

113 배객(拜客)은 손님으로 방문하다, 인사하러 찾아간다는 뜻이다.

여 명찰을 내면서 얼굴을 보고자 하는 경우가 있는데, 응당 진심으로 환영하는 자세를 갖추고 마음을 비워 가르침을 청해야 한다. 그 지방 출신의 나이 많고 덕망이 있는 명망가들도 반드시 직접 찾아뵈어야 한다. 혹은 술자리에 초대를 받기도 하는데, 제때에 맞춰서 삼가 참가한다면, 혹은 그 기회를 빌려서 두터운 예우의 뜻을 펼 수도 있고, 또한 그들에게 자신의 재능·인품을 보여 줄 수도 있다. 그리고 1년 내외로 교제한 사람들에게는 친분의 깊고 옅음을 헤아려 편지를 보내 감사의 뜻을 전해야만, 비로소 아주 꼼꼼한 정성과 서로 간에 뜻이 통한다는 점을 보여 줄 수 있다. 속된 견해에 얽매이는 사람 가운데에는 손님을 만나지 않고 연회에 참석하지 않는 것을 가지고 스스로 고고하고 남다르다며 내세우는 경우도 적지 않다. 하지만 그것은 사실 작은 비용을 아끼고, 또한 장차 답례를 해야 하는 번거로움을 줄여 보고자 하는 데 지나지 않는다. 그렇지만 최근에는 이와 같은 교제나 접대가 아주 드물고, 좋은 자리를 얻어 축하 전별을 하는 경우가 아니면 사람도 많지 않으니 더 이상 염려하지 않아도 될 것이다.

除書既下,[114] 其本地鄉紳, 想見父母豊采,[115] 或所得美缺,[116] 親知代爲欣幸,[117] 到門投刺欲面晤者,[118] 宜卽倒屣,[119] 虛心請敎. 地方大老負重望者,[120] 亦須謁見. 或有招飮,[121] 如期恭赴,[122] 不特藉申款接,[123] 亦使之得瞻才品.[124] 一年內外, 酌交情厚薄,[125] 致函候謝, 方

---

114 제서(除書)는 관직을 제수(除授)한다는 임명 문서나 발령장을 말한다.

115 부모(父母)는 바로 부모관(父母官)으로 지방관, 즉 주현의 장관인 지현(知縣)이나 지주(知州)의 별칭이다. 풍채(豊采)는 풍채(風采)·풍모(豊貌)를 가리킨다.

116 미결(美缺)은 훌륭한 관직이란 뜻으로, (비정규적) 수입이 좋은 자리를 가리킨다. 임지가 풍요로운 지역이고 백성도 부유하여 관리가 거둬들일 수 있는 바가 가장 많을 때 가리켜 말하는 것으로, 비결(肥缺)이나 호결(好缺)이라고도 한다. 명·청대 지방관의 수입은 국가에서 주는 봉록이 아니라 지방에서 전량을 징수하면서 중간에서 획득하는 비정규적 수입(나중에 나오겠지만 관례적인 뇌물인 陋規나 전량 징수과정에서 획득하는 中飽 등)이 압도적으로 규모가 컸으므로 이러한 명칭이 생겨났다.

117 흔행(欣幸)은 기쁘고 다행스럽게 여긴다는 뜻이다.

118 투찰(投刺)은 명찰(名刺)를 직접 건네면서 면회를 요청하는 일을 가리킨다. 투(投)는 직접 건넨다는 뜻이다. 명찰은 명첩(名帖)이라고도 한다. 면오(面晤)는 면회·대면하다는 뜻이다.

119 도사(倒屣)는 급해서 신발을 거꾸로 신고 사람을 맞이한다는 것, 즉 진심으로 다른 사람을 환영한다는 뜻으로 도섭(倒屧)이라고도 한다.

120 대로(大老)는 뛰어난 노인 또는 연로한 현인(賢人), 즉 나이나 덕망·지위가 높은 사람을 가리킨다. 중망(重望)은 다수로부터 존경을 받는다는 뜻이다. 인망(人望)과도 같은 뜻이다.

121 초음(招飮)은 사람을 초대하여 술을 마신다, 주연(酒宴)에 초대한다는 뜻이다. 초연(招宴)과 같다.

122 공부(恭赴)는 삼가 연회에 참석한다는 뜻이다.

123 관접(款接)은 관대(款待), 즉 환대한다, 후하게 대접한다는 뜻이다.

見精神周到,[126] 聲氣流通.[127] 每見拘牽之士, 以不會客、不赴席,[128] 自標高異. 其意不過惜小費, 幷省將來酬荅耳.[129] 然邇來交接頗寡,[130] 苟非美缺賀餞者亦寥寥,[131] 無復慮此矣.

1-08. 「지시공문」 보내기(發「諭單」)

[지현으로] 발령이 나는 날 바로 「지시공문(諭單)」 한 장을 써서 제당관(提塘官)이나 보방(報房) 등을 통해 [부임할 지방의 아문에] 우송한다. 경사에 가까운 곳은 그 지방에서 탐마(探馬)가 오므로 그 마부에게 주어 보내면 될 것이다. 이 「지시공문」을 보내는 것은 비록 사소한 일이기는 하지만, 이것을 통해 본관이 업무에 대해 잘 알고 있는지 어두운지를 보여 줄 수 있다. 따라서 대체적인 상투적 용어만을 사용하면서 노련하고 신중하게 작성할 필요가 있다. 만약 전임관이 과오를 저질러서 자리에서 물러나는데 아직 일손을 놓지 않았다면 전량 등의 문제에 대해 미리 부탁을 해야 한다. 그렇게 하면 그 일을 관할하는 경승(經承)이 꺼리는 바가 있어 함부로 세금을 옮겨 쓰거나, 속임수를 쓰면서 『인수인계책』을 날조하지 못할 것이다. 만약 승진하는 경우라면 이런 방법을 써서는 안 된다. 전임자가 알게 되면 불쾌하게 여기고 의심할 것이기 때문이다.

命下之日, 卽書「諭單」一紙,[132] 附提塘、報房郵去.[133] 近京之地, 本處有探馬至,[134] 「諭

---

124 재품(才品)은 재능과 품성, 재기와 기품 등을 가리킨다.
125 교정(交情)은 친분이나 우정을 나누는 것을 말한다.
126 주도(周到)는 꼼꼼하다, 세밀하다, 빈틈없다는 뜻이다.
127 성기(聲氣)는 소식이나 정보, 또는 의기(意氣)나 마음·뜻을 말한다.
128 부석(赴席)은 부연(赴宴)과 마찬가지로 연회에 참석한다는 뜻이다.
129 수답(酬答)은 보답·사례라는 뜻이다.
130 이래(邇來)는 요즈음, 근래라는 뜻이다.
131 하전(賀餞)은 축하와 전별, 축하연이라는 뜻이다. 요요(寥寥)는 공허하거나 적막한 모습, 즉 수량이 아주 적다는 것을 표현한다. 보통 요요무기(寥寥無幾)라고 한다.
132 「유단(諭單)」은 공문서의 일종으로 상급에서 하급으로 내려 보내는 수령(手令)이나 경고(告戒) 문서를 가리킨다. 따라서 아래로 지시를 내리는 하행문(下行文)의 일종이다. 여기서는 「지시공문」이라 번역하였다.
133 제당(提塘)은 주경제당(駐京提塘)으로 청대 각 성에서 무직(武職) 1명을 수도에 상주시켜, 중앙관청과 지방 간의

單」發馬夫去, 可也. 但「諭單」雖小節,[135] 亦可觀本官之諳忽,[136] 只用大概通套語,[137] 而以老成出之.[138] 如前官詿誤出缺,[139] 尙未卸事, 錢糧須預先吩咐,[140] 則該管經承有所忌憚,[141] 不敢擅動及朦混攢造『交代』.[142] 如係陞缺, 則不必用此, 恐前任見之不悅, 致生嫌疑.

1-09. 「지시공문」의 양식(「諭單」式)[143]

신임 모성(某省) 모부(某府) 모 주현(某州縣)의 정당(正堂) 모성(某姓)이 각방(各房)의 이서(吏書)에게 알린다. 본 지현은[144] 새로 임명되어 이번 직책을 제수받았다.【이전에 관직을 받은 적이 있다면 除授가 아니라 補授라고 쓴다.】 모든 각급 상사에게 보내는 「품계(稟啓)」는 응당 먼저 올려 보내야 하며, 이 일을 맡은 이방(吏房)은 곧바로 내가 보낸 「지시공문」을 담은 봉투를 하나하나 직함에 맞추어 전달하되, 이를 어기거나 그르쳐서는 안 된다. 각 방에서 맡은 모든 업무에 대해서는 항목별로 모름지기 알아야 할 사항을 정리한 『간명수지(簡明須知)』책 및 『부

왕복문서 전달을 담당하게 한 것을 가리킨다. 제당은 독무가 올려 보내는 제주(題奏)나 황제의 결재를 받아 내려가는 주접(硃批奏摺) 및 중앙 각부의 특별공문을 전달하는 역할을 하였으며, 제당을 통한 문서전달 속도는 역참(驛站)을 경유하는 것보다 빨랐다. 보방(報房)은 중앙관계의 소식을 전하는 신문인 저보(邸報), 즉 옛날의 관보(官報)나 서신(書信)을 전달하던 곳을 말한다.

134 탐마(探馬)는 탐기(探騎)로 정찰공작에 종사하는 기병을 가리킨다. 여기서는 지방에서 부임할 지방관의 소식을 알아보기 위해 보내는 인원을 가리키는 것 같다.

135 소절(小節)은 작은 일, 미세한 부분이란 뜻이다.

136 암홀(諳忽)은 잘 알고 있는 것과 소홀히 하는 것을 가리킨다.

137 통투(通套)는 관용적인 격식을 가리킨다.

138 노성(老成)은 노련하고 신중하다는 뜻이다.

139 괘오(詿誤)는 관리가 과오를 범하여 견책당하는 일을 가리킨다. 출결(出缺)은 새로 빈자리가 났다는 뜻이다.

140 분부(吩咐)는 구두로 지시하거나 부탁한다는 뜻이다.

141 경승(經承)은 중앙정부 각 아문의 역리(役吏)를 총칭하는 말이지만, 동시에 지방아문의 아역 가운데 경험이나 이력이 높은 상급 아역을 가리키기도 한다. 경승에 대해서는 제3권 부임부 2 「3-07. 경승 시험(考經承)」을 참조.

142 몽혼(朦混)은 기만하는 방법을 써서 가짜를 진짜로 믿게 하는 것을 가리킨다. 찬조(攢造)는 모아서 만들다, 날조한다는 등의 뜻이 있다. 보통은 각 문서·책을 한군데 모아 종합장부를 만드는 것을 가리킨다. 『교대(交代)』는 전임자와 후임자가 서로 임무를 주고받는 인수인계, 또는 그것을 위한 책자를 가리킨다.

143 원 제목의 주에 "[지시공문은] 반으로 접은 하얀 편지지에 손가락 끝부분만한 큰 글씨로 매 폭마다 네 줄씩 쓰는데, 글자 옆에는 붉은 동그라미로 강조표시(圈點)를 한다"고 기록되어 있다.

144 원문은 지주·지현이지만 앞으로는 편의상 모두 지현으로 통일하도록 하겠다.

역전서(賦役全書)』를 맨 처음 본관을 응접하러 오는 인원을 통해 보냄으로써 직접 살펴볼 수 있게 해야 한다.【만약 전임자가 과오를 범해 떠나는 경우라면 이 아래에 전량 항목은 특히 중요한 것이므로 최근 백성의 체납이 있었는지의 여부, 본 연도 전량에서 징수하고 올려 보내거나 남겨서 써야 할 액수 및 백성의 실제 미납 액수 등을 응당 먼저 갖추어 보고해야 하며, 이를 어기거나 그르쳐서는 안 된다는 내용을 덧붙여야 한다.】주현 아문의 경우에는 단시 깨끗하게 청소만 해 두면 될 뿐, 이것을 구실로 백성에게 부담을 주어 피해를 끼쳐서는 안 된다. 만약 어긴다면 조사하여 처벌하는 불편함이 있을 것이다. 아직 언제 임지로 출발할지는 결정되지 않았으므로, 결정이 되면 나중에 다시 통보를 할 것이다. 이외 모든 담당 아역은 모두 현지에서 나를 응접해야 하며, 멀리까지 마중을 나올 필요는 없으며, 그렇게 해서 수고와 비용을 늘리는 것을 피해야 한다. 이에 특별히 지시하는 바이다.【이것이 그 대강의 내용이다. 때에 따라 어떻게든 그 내용을 바꾸어 쓸 수 있으며, 부임지가 먼 곳인 경우 상관에게 올리는 「품계」나 아역에게 내리는 「지시공문」이 곧바로 전달되기도 어려우니, 보내거나 멈추는 것도 상황을 참작하여 결정해야 한다.】

【붉은 먹으로 위에서 아래로】이상과 같이 각방의 이서(吏書)나 관련 인원에게 지시하는 바이다.

모 년 모 월 모 일【붉은 먹으로 날짜를 기입한다.】

[이 문서는]【부임 날짜를 붉은 먹으로 기입한다.】일까지 기한에 맞추어 다시 반납할 것.

「諭單」式【用白折簡,[145] 指頂大字,[146] 每幅四行, 硃圈點[147]】

新任某省某府某州縣正堂某姓,[148] 諭各房吏書人等知悉.[149]

---

145 절간(折簡, 折柬)은 반으로 접은 간독(簡牘) · 서찰(書札. 信箋)을 말한다.

146 지정(指頂)은 손가락 끝부분을 가리킨다.

147 권점(圈點)은 동그라미나 점을 가지고 문장의 구두점이나 강조 부분을 표시하는 것을 말한다. 즉 글자 옆에 동그라미를 쳐서 요점이나 중요한 부분을 표시하는 것이다.

148 정당(正堂)은 여기서는 지방의 정인관(正印官)에 대한 호칭이다. 지현이나 지주가 바로 이 경우다.

149 이서(吏書)는 서리 등의 인원을 가리킨다.

照得本州縣新膺簡命,[150] 除授今職.【如係補任, 則寫補授】所有各憲稟啓,[151] 合先呈送,[152] 仰該房卽將發來封套,[153] 逐一照銜投遞, 毋得違錯.[154] 其各房經管事宜, 務逐項開造『簡明須知』冊竝『賦役全書』,[155] 頭接賫送, 以便查閱.【如前官係罣誤, 于此下寫, 錢糧一項尤爲繁要, 節年有無民欠,[156] 幷本年徵解、支存、民欠實數, 合先備開呈覽, 不得違悞】至于衙署,[157] 只應掃除潔淨,[158] 勿得借端科派累民,[159] 如違察究未便.[160] 起程日期, 俟酌定另示外,[161] 一應執事人役,[162] 俱于本境迎接, 不必遠涉,[163] 免滋勞費.[164] 特諭.【此其大畧也. 臨時隨意增減. ○ 若係遠省,「稟啓」、「諭單」不能徑達, 行止亦臨時酌奪[165]】

【硃直[166]】右諭各房吏書人役. 准此.[167]

年 月 日【硃判某日】

定限【硃判到任】日 繳[168]

---

150 조득(照得)은 '조사해서 얻은 바로는'이라는 뜻이지만 하행문(行公文)이나 포고(布告)의 맨 앞머리에 쓰는 상투어로서 그냥 문장을 시작하는 표시(發語詞)라고 보면 된다. 간명(簡命)은 간임(簡任), 즉 골라서 임명한다는 뜻이다.

151 각헌(各憲)은 각급 상사라는 뜻으로, 헌(憲)은 상사를 가리킨다. 품계는 동급 이상이나 상위 관료에게 올리는 서한형식에 가까운 공문의 일종(官信)으로 주로 인사편지에 쓰이는 것으로 보인다. 품(稟)은 원래 위로 보고한다는 뜻이고, 계(啓) 역시 계주(啓奏)·품고(稟告)·주소(奏疏)·공문(公文)·서한(書函)이라는 뜻이다.

152 합(合)은 응당이라는 뜻, 정송(呈送)은 위로 올려 보낸다(上送)는 뜻이다.

153 앙(仰)은 아래로 내리는 공문(下行文)에서 '…으로 하여금'이란 뜻으로 명령을 표시한다. 봉투(封套)는 서류나 편지, 돈 등을 담는 종이봉지를 가리킨다.

154 위착(違錯)은 어기거나 그르치는 것을 말한다.

155 축항(逐項)은 항목마다라는 뜻이고, 개조(開造)는 목록을 작성하다는 뜻이다.

156 절년(節年)은 역년(曆年), 최근 몇 년이라는 뜻이다. 민흠(民欠)은 납부기한이 지났는데도 백성이 아직 액수대로 세금을 완납하지 않은 미납이나 체납을 가리킨다.

157 아서(衙署)는 관서(官署), 즉 관청과 사무실을 가리킨다.

158 소제(掃除)는 청소, 먼지나 쓰레기를 제거하는 것을 가리킨다.

159 차단(借端)은 거짓된 이유를 만들어, 어떤 일을 빌려 구실로 삼는 것을 말한다. 과파(科派)는 역역(力役)이나 부세(賦稅)를 나누어 부과하거나(攤派), 금전을 갈취하는 것을 말한다.

160 찰구(察究)는 조사하여 발각되면 처벌하겠다는 뜻이다. 이런 취지로 '찰구미편'이나 '취구미편(取究未便)' 등의 용어가 공문에서 자주 사용된다.

161 기정(起程)은 출발하여 길에 오르는 것을 말한다. 작정(酌定)은 상황을 참작하여 결정한다는 뜻이다.

162 일응(一應)은 '일체(一切), 모든'이라는 뜻이다.

163 원섭(遠涉)은 먼 길을 다닌다는 뜻이다.

164 노비(勞費)는 수고와 비용을 가리킨다. 또는 인력과 재력을 낭비한다는 뜻이다.

165 임시(臨時)는 '그때에 즈음하여'라는 뜻이고, 작탈(酌奪)은 짐작하여 결정한다는 뜻이다.

166 주직(硃直)은 정확한 뜻이 무엇인지 분명하지 않다. 아마 붉은 먹으로 선을 긋는다는 뜻 같다.

167 준차(准此)는 이상과 같이 처리하라, 이상과 같은 공문을 받았다는 뜻인데, 보통 하급 아문이나 동급 아문에 보내는 하행문(下行文)과 평행문(平行文)의 지시 끝부분에 붙이는 용어다.

168 격(繳)은 해당 공문서를 보낸 사람에게 다시 돌려보낼 것을 지시하는 용어다. 해당 공문서의 열람이 끝나면 원래

1-10. 「품첩」의 우송(郵「稟帖」)[169]

「지시공문」과 더불어 포정사(布政使)와 안찰사(按擦使),[170] 상급 도(道)와 부(府)의 도원(道員)과 지부(知府)[171] 및 근무지 주둔부대의 무관, 그리고 통판(通判)과 동지(同知) 등의 상사에게 보내는 문안 편지인 「품계(稟啓)」를 각기 크고 작은 것 한 통씩 아울러 보내야 한다. 오늘날에는 저 위의 높은 상관에게 올릴 경우 대부분 사륙변려체(四六駢儷體)로 작성한 「품계」를 쓰지 않는다. 포정사나 안찰사에게 올리는 「품계」도 부임 전에는 역시 대부분 쓰지 않는다. 하지만 만약 평소에 왕래가 있었던 사람이라면 「품계」를 올리는 일을 빼놓아서는 안 된다. 자기 주현이 소속되어 있는 도·부·청의 상관에 대해서는 관례에 따라 응당 두루 문안 인사를 해야 한다. 전임자에게 보내는 문안 편지도 역시 서역을 통해서 직접 전달한다. 「품계」를 쓸 때는 모름지기 상관의 출신과 관직 경력, 현임 직무 등을 조사하여 전고(典故)를 인용해야만 비로소 적절한 것이 될 수 있다. 옛것을 인용할 때도 모름지기 그 글자의 뜻을 참작하면서 방해가 되거나 꺼려지는 단어를 피하고, 상관의 성함이나 자(字)·호(號)에 들어간 글자도 피해야 한다. 「품계」에 사륙변려체를 사용하는 이유는 공경한다는 뜻을 보이기 위함이다. 단어를 늘어놓거나 서술하는 것은 뜻을 전달하는 데 주안점을 두어야 하므로, 우아하고 간결하게 다듬어진 문장이 높은 평가를 받는

발송한 부서로 원본을 반납하여 보존·파기의 절차를 거치게 해야 한다는 뜻이다.

169 「품첩(稟帖. 禀帖)」은 백성이나 하급 관리가 상급 관부에 올리는 문서(上行文)를 가리킨다. 첩(帖)은 관부의 문서, 공문이란 뜻이다. 이에 대한 보다 자세한 내용은 제5권 부임부 4 「5-02. 「품첩」 해설(「禀帖」贅說)」을 참조.

170 청대의 포정사(布政使)는 성 독무(督撫)의 속관(屬官)으로 종2품(從二品)의 지방관이다. 포정사사(布政使司)의 장관(長官)으로 독무를 보좌하여 한 성의 재부(財賦)와 인사(人事)를 관장하였다. 안찰사(按擦使) 역시 독무의 속관으로 정3품(正三品)의 지방관이다. 안찰사사(按察使司)의 장관(長官)으로 독무를 보좌하여 한 성의 사법(司法) 내지는 형명(刑名) 사무를 전담하였다. 포정사와 안찰사는 각기 번대(藩台)·방백(方伯)과 얼대(臬台)·염방(廉訪)으로도 불렸으며, 양자를 합칭하여 이사(二司)라고도 한다. 이사 외에 또한 학정(學政. 또는 學台, 學使로도 불렸다)이 있는데, 보통 한림원학사(翰林院學士)나 진사출신의 시랑(侍郎) 등 경관(京官)이 담임하였으며 성의 과거시험이나 생원 선발, 각지 학관의 감독 등 교육관련 업무를 맡았고, 그 지위는 독무와 거의 평행하였다.

171 도원(道員)은 정4품관으로 각 성에 설치된 수도(守道)나 순도(巡道)로 보통 1-4개소의 부나 주를 관할하였으며, 모두 포정사와 안찰사의 보좌관이다. 또한 특별한 지구·업무를 관할하기 위해 설치된 도원도 있어 하도(河道)나 병비(兵備) 등의 업무를 겸관하기도 하였지만, 임시성이 강해 청대에는 설치와 폐지가 아주 빈번하였다. 한편 지부(知府)는 부(府)의 행정장관으로 종4품관으로 포정사·안찰사와 도원의 지도 아래 소속 주현을 관할하였다. 청대 산동성(山東省)의 경우 10개 부가 있었고, 하남성(河南省)이나 산서성(山西省)은 9개 부, 강소성(江蘇省)에는 8개 부 등 성별로 10개 내외의 부가 있어 전국적으로는 188개소였고, 이후 그 수가 더 늘어났다.

다. 쓸데없는 고사를 잔뜩 늘어놓으면서 길고 조잡한 문장을 늘어놓는다면 오히려 나쁜 인상만 주기 마련이다. 「품첩」과 「사륙대품계(四六大品啓)」의 양식은 뒤에 부록으로 붙였다.

「諭單」內, 卽附發布、按、本道·府,[172] 軍、通、廳「稟啓」,[173] 大小各一通. 近日大上臺,[174] 多有不用「四六啓」,[175] 卽布、按「稟啓」, 任前亦多不用.[176] 如素有交情,[177] 「稟啓」亦不可少, 惟本道府廳, 例應通候.[178] 前任候函一通,[179] 令胥役投送. 其「稟啓」須查各上臺出身、仕宦履歷及本任職掌, 引用典故, 方爲貼切.[180] 引古亦須斟酌字面意義,[181] 有妨嫌者勿用,

---

172 여기서 포(布)는 포정사(布政使), 안(按)은 안찰사(按擦使), 도부(道府)는 도대(道臺 또는 道員: 청대에는 각 성에 전문 분야를 주관하는 道臺가 설치되었으며, 省과 州縣사이에는 分守道, 그리고 그 관리로서 道員이 설치되었다)와 지부(知府)를 가리킨다. 즉 이들은 모두 성에서 지현의 상급에 있는 관원들이다. 본도·부(本道·府)는 해당 주현을 관할범위로 하는 도대·지부를 가리킨다.

173 통(通)·청(廳)은 동지(同知)·통판(通判)를 가리키는데, 통판·동지는 지현의 상사인 지부의 좌이관(佐貳官)이다. 부의 동지는 정5품관으로 사마(司馬)라는 별명이 있었고, 통판의 경우는 정6품관으로 별가(別駕)라는 별명이 있었다. 한편 동지(同知)와 통판(通判)은 또한 포정사의 관할에 속하는 직예청(直隸廳)이나 직예주(直隸州)을 전담하는 지방관인 경우도 있었다. 다만 행정단위인 청에는 포정사에 직속하는 직예청(直隸廳)과 부에 속하는 산청(散廳)이 있었는데, 직예청의 경우는 부와 동급이었고, 산청은 주현과 동급이었다. 이 청(廳)의 행정장관이 동지(직예청)나 통판(산청)인 것이다(청 아래의 州에도 이러한 포정사에 직속하는 直隸州와 그렇지 않은 屬州라는 차이가 있었다). 또한 동지는 부직(副職)으로 부나 주, 염운사(鹽運使) 등에 설치되어 각기 부동지(府同知), 주동(州同知), 염동(鹽同)으로 불리는 경우도 있었다.

174 상대(上臺)는 상관, 상사를 가리킨다. 대(大)는 그것을 높여 강조하는 뜻이다.

175 사륙(四六)은 문체(文體) 이름으로 네 글자와 여섯 글자를 대우(對偶)로 삼기 때문에 이런 이름이 붙었다. 사륙문(四六文), 또는 사륙체(四六體), 사륙변려(四六騈儷), 사륙변려체(四六騈儷體)라고도 한다. 변이란 두 마리의 말이 나란히 마차를 끄는 것, 려는 사람이 나란히 경작한다는 데서 생긴 말로 짝·부부라는 뜻이다. 변려문의 특징은 첫째, 각종 대우(對偶)를 사용하고, 둘째, 4자·6자의 구조를 기본으로 하며, 셋째, 사성(四聲)의 특성을 살려 성음의 조화를 도모하고, 넷째, 전고(典故)를 빈번하게 사용하여 문장의 함축성을 강조하며, 다섯째, 문사가 화려하다는 것 등이다. 남조에서 시작되어 당송시대에 성행하였으며 이후 완전히 격식이 정해졌다. 하지만 변려문은 논리전개나 의사전달에 적합하지 않고 지나치게 장식적·형식적이라 하여 당대 이후에는 이른바 고문(古文) 운동에 의해 상당히 비판을 받고 밀려나게 되지만, 공문서의 일종으로서는 계속해서 생명력을 유지하였다. 계(啓)는 품계(稟啓)를 가리킨다.

176 임전(任前)은 '부임하기 이전'이라는 뜻이다.

177 교정(交情)은 사람들 사이에 서로 왕래하면서 생겨난 감정을 말한다.

178 통후(通候)는 두루 문안 인사를 한다는 뜻이다.

179 후함(候函)은 안부를 묻는 편지를 가리킨다.

180 첩절(貼切)은 딱 맞다, 적절하다는 뜻이다.

181 짐작(斟酌)은 술을 따르는 것이다. 채우지 않도록 따르는 것을 짐(斟), 넘치도록 따르는 것을 작(酌)이라고 하는데, 그 중간에 가장 적절하므로 거듭하여 고려함으로써 알맞은 것을 찾아 술을 따르는 것을 짐작(斟酌)이라고 한다. 따라서 짐작은 생각한다, 평가한다, 안배한다는 뜻이 된다. 자면(字面)은 문자의 표면적인 뜻을 말한다.

名諱、字號勿犯.[182] 蓋「稟啓」用俳語,[183] 所以表恭敬也. 敷詞敘事, 期於達意,[184] 以典雅簡鍊爲貴.[185] 塡砌故事,[186] 篇牘繁蕪,[187] 反致取厭. 其「稟帖」及「四六大稟」啓式, 附後.

○ 부록: 「품계」 양식

새로 임명된 모성 모부 모 주현의 모가 삼가 알립니다.

저는 외람되게도 형편없는 재주를 가졌을 뿐인데도 백 리나 되는 지방을 맡는 무거운 책무를 잘못 받게 되었습니다. 또한 처음 관직에 나왔기에 아무런 지식도 없으니, 오로지 대인께서 앞서 모범을 보여 주시고 은덕을 베풀어 주시는 것만을 믿고자 합니다. 비록 부임 시기는 앞으로 여전히 점을 쳐서 정해야 하므로 따로 다시 알려드리겠습니다만, 대인을 우러러보고 의지하고자 하는 마음이 너무 간절하여 발령 제비를 뽑은 날 이미 제 마음은 대인 옆에 가 있습니다. 감히 우선 보고를 하여 알려드리오니 자비롭게 살펴봐 주시기를 엎드려 기대하는 바입니다. 이상입니다.

이상과 같이 품을 올립니다.
모년 모월 일

「함게(銜揭)」와 「이력게(履歷揭)」 각 한 통씩을 「품첩」과 함께 「홍품」 봉투에 넣고, 바깥쪽은 백면지(白棉紙)로 봉투를 감싼 다음 「품계」 봉투에 양식에 따라 관함과 날짜를 쓴다.

○ 「사륙계」 양식

생각건대, 「품계」는 관례적으로 대우를 강구하는 변려체 문장을 쓰며, 여기서 그 그것

---

182 명휘(名諱)는 웃어른(尊長)의 성함을 가리킨다. 살아생전에는 명(名), 돌아가신 다음에는 휘(諱)라고 한다. 보통 피휘(避諱)를 할 경우에는 나눠 쓰면 뜻이 다르지만 합쳐 쓰면 뜻이 같은 다른 글자를 써서 경의를 표한다.

183 배어(排語)는 대구나 대비를 이루는 구절, 여기서는 사륙체를 일컫는다.

184 달의(達意)는 뜻을 전달, 표시한다는 뜻이다.

185 전아(典雅)는 우아하다는 뜻이다. 간련(簡鍊)은 간결하고 다듬어졌다는 뜻이다.

186 전체(塡砌)는 군더더기 말을 많이 써서 글을 꾸민다는 뜻이다.

187 편독(篇牘)은 서적·전적이나 문장·공문을 가리킨다.

을 가지고 양식으로 삼지만, 반드시 주현의 아랫사람이 위쪽의 상사에게 두루 문안을 올리는 것이어야만 비로소 적합한 것이라 할 수 있다. 다른 각판 인쇄본에는 이런 종류의 글이 아주 적기 때문에, 선부께서 옛적에 복건성의 건계(建溪)에서 지현으로 일하셨을 때, 그리고 장인이신 비석 추공(추유련)께서 복건성의 연평부에서 일하셨을 때 남기신 두 유고 문집과 서신 가운데에 아직 몇 통 남아 있는 상사에게 축하·인사를 올리는 「품계」에서 고르게 되었다. 하지만 양 「품계」 모두 완전하게 남아 있는 것은 없어서 어쩔 수 없이 내가 담성현에 부임하면서 쓴 「인사품계」 한 통을 아울러 수록하게 되었다. 문서상에 쓰는 관함에 따라 양식을 따오기 쉬워서이지, 감히 뽐내려 함은 아니다. 연말에 올리는 「인사품계」·「축하품계」도 지금은 비록 대부분 생략하지만, 간혹 쓸데가 있다. 여기서 삼가 선부와 장인께서 남기신 몇 통의 「품계」를 모아서 수록하고 내가 쓴 것도 그 뒤에 붙임으로써 이런 것이 필요한 지방관이 채택하는 데 도움을 주고자 할 따름이다.

○「모동연도에게 인사드리는 중구계(賀某東浣道重九啓)」[省略]

○「사륙소품계」 양식(四六小啓式)【그 양식은 대략 「대품계」와 같다. 다만 삼가 생각건대라고 「품계」의 본문을 시작하기에 앞서 잔뜩 길게 미사여구를 늘어놓아 전체 「품계」의 큰 뜻을 담는 부분을 생략하는 것을 말한다. 「소품계」는 「대품계」보다 짧고, 용어도 더욱 절실하며, 안부 인사를 늘어놓을 수도 있다. 만약 「대품계」에서 쓴 용어라면 「소품계」에서 다시 쓰지 않아야만 중복이 되는 폐단을 피할 수 있을 것이다.】

○「모동연도에게 인사드리는 중구소계(賀某東浣道重九小啓)」[省略]

○「품계」 봉투 작성 양식

직함과 이력을 쓴 「수본(手本)」은 홍색 봉투를 쓰고, 「사륙대품계」도 홍색 봉투 하나, 「사륙소품계」도 홍색 봉투 하나를 쓰는데, 입구는 밀봉하지 않는다. 직함과 이력을 담은 봉투에는 "안에 「수본」 1통이 있습니다"라고 쓰고, 대·소「품계」의 봉투에는 "안에 「품계」가 있습니다"라고 쓴다. 뒤쪽에는 새로 임명됨 모함의 모인 성명을 쓰며, 봉투는 중간 아랫부분부터 쓰기 시작한다. 그리고 이 세 봉투를 담은 큰 봉투 하나를 더 쓰는데 연·월을 쓰고, 날짜를 기입한다. 연·월의 오른쪽에는 가는 해서체로 "안에 「품계」 세 통이 있습니다"라고 쓰고, 뒷면 역시 중간 아랫부분부터 새로 임명된 모함의 모인 성명을 쓴다. 봉투 오른쪽 가에 "오른쪽['이상과 같은 내용을'이란 뜻]"이라 쓰고 아랫부분에 "올립니다"라고 써서 왼쪽과 마주보게 한다. 왼쪽에는 상사의 관함과 성을 쓴다.

○ 직함과 이력을 담은 봉투 겉에는 "올립니다"는 글자를 쓰고, 대·소「품계」를 담은 봉투에는 "「품계」"라고 쓴다.

○ 정인관(正印官)이 「상문(詳文)」이나 「품계」를 올리는 봉투에는 단지 직함만을 쓰지 이름을 쓰지는 않는다. 하지만 새로 임명되어 아직 부임하지 않은 경우라면 또한 이름을 쓰는 경우도 있으니, 그때에 따라 적절하게 쓰면 된다.

○ 附錄:「稟啓」式

新選某省某府某州縣某謹稟.

卑職猥以一介庸材,[188] 謬百里重寄, 且在筮仕之初, 毫無知識, 惟恃老大人模範當前, 雨露可冀,[189] 雖趨任尙俟卜期, 另具稟報, 而瞻依之切, 於得籤之日, 已神馳左右矣.[190] 敢先具稟鳴, 伏祈慈鑒. 須至稟者.[191]

右　具

稟

某年　某月　日

用「銜揭」、「履歷揭」各一,[192] 同「稟帖」入「紅稟」函,[193] 外用白棉連護封, 寫官銜年月, 照後

188 비직(卑職)은 상사에 대해 자신을 낮춰 부르는 말이다.

189 우로(雨露)는 비와 이슬, 또는 빗물을 가리키지만, 나아가 은택이나 은택을 입는다는 것을 뜻하기도 한다.

190 신치(神馳)는 심신이 향하는 방향을 말하는데, 아주 간절하게 그리워한다는 점을 표현한다.

191 수지(須至)는 공문이나 증명서의 마지막 구절에서 쓰이던 관용어 형식으로 특별한 뜻은 없다.

192 「함게(銜揭)」는 관함(官銜)을 쓴 명함이나 명첩(名帖)을 가리킨다.

193 「홍품(紅稟)」은 상행문(上行文)의 일종이다. 청대 하급관원이 상사에게 보고하거나 지시를 요청할 때 백지의 품(白稟)에 사건을 서술하였지만, 나아가 따로 「홍품」에 자기의 관함과 「백품」 내 사유를 요약하여 덧붙여서 같이 올렸다. 이 「홍품」은 상사가 답장 지시를 내리는 것을 기다리기 위한 용도였다. 「홍품」과 「백품」은 다섯 줄(行)로 매 줄마다 24자씩을 쓰는 형식이었으며, 주현관이 주로 많이 사용하였다. 「홍품」은 또한 상행문의 일종인 경하문서(慶賀文書)에도 쓰였다. 청대 관장에서 상사의 신임·승진·가급(加級)·폐견(陛見) 등의 경사가 있거나 신년·절기·득남 등을 축하하기 위해 하급관원이 사용하던 것이다. 「쌍홍품」이라고 하는 이유는 한 장에는 관함(官銜)

稟封式.

○「四六啓」式

按[194]: 啓例用俳語, 而玆取以爲式,[195] 必州縣下屬通候上臺者, 方爲吻合. 他刻本頗少此類, 因簡先子昔年令閩之建溪,[196] 暨鴻外父匪石鄒公昔年理閩之延郡,[197] 兩遺集尺牘中, 尙有

을 쓰고, 다른 한 장에는 관함과 축하하는 사유를 썼는데, 모두 붉은색 종이를 쓰기 때문이었다. 이런 문서는 주현관의 사용이 많았으며, 형식도 다섯 줄에 매 줄마다 28자를 쓰는 것이었다.

194 안(按)은 안어(按語)의 약칭으로 이를테면 '편자안(編者按)'은 편집자가 자신의 의견을 첨부할 때 쓰는 양식이다. '홍안(鴻按)'이나 '근안(謹按)'이라 한 경우도 있는데, 여기서는 모두 황육홍 개인의 의견을 따로 첨부한 것으로 모두 '생각건대'라고 번역하여 구별하였다. 하지만 글씨의 크기를 감안하여 본문과 같은 크기의 글씨면 본문으로 간주하고, 본문에 대한 할주(割註)로 한 칸에 두 줄씩 작은 글씨로 써넣은 경우는【 】안에 넣고 따로 구별하지 않았다.

195 배어(俳語)는 여기서는 대우(對偶)를 강구하는 변려체 문자를 가리킨다.

196 건계(建溪)는 복건성(福建省)을 가로지르는 민강(閩江)의 북쪽 원류를 가리키며, 우평한(牛平漢) 주편(主編), 『명대정구연혁표(明代政區沿革表)』(中國地圖出版社, 1997), 「복건성(福建省)」, pp.225-233에 따르면 명대 복건성에 건계현(建溪縣)은 존재하지 않는다. 명대 복건성에는 건(建)이나 계(溪)가 들어간 현(縣)이 각기 네 군데나 되어 정확한 확인은 어렵지만, 건계(建溪)가 건녕부(建寧府)를 관통하여 내려간다. 따라서 건녕부의 소속 지역을 가리키는 것으로 보이는데, 건녕부에 속하는 건양현(建陽縣)의 지방지인 『민국(民國) 건양현지(建陽縣志)』(民國十八年序. 中國地方志集成 福建府縣志輯 第6輯. 上海書店出版社, 2000. 다만 『중국방지총서(中國方志叢書) 복건성(福建省)』에 수록된 『(民國十八年序)건양현지(建陽縣志)』 및 『(民國十八年序)건양현지서(建陽縣志書)』(民國十八年序, 成文出版社, 1975)는 이와 같은 판본이지만, 내용이 완전하지 수록되어 있지 않아 관련부분이 빠져 있다) 권5의 제13조 「직관(職官)」, 11a에 따르면 명말 건양현의 지현으로 황국기(黃國琦)라는 인명을 찾을 수 있는데, 신창인(新昌人)으로 진사(進士)라고 기록되어 있다. 건녕부(建寧府)의 기록(『康熙建寧府志』, 中國地方志集成 福建府縣志輯 第5輯. 上海書店出版社, 2000의 권8 「職官 二」, 51b)에서도 같은 내용이 확인된다. 신창현(新昌縣)은 황육홍의 고향이기도 하므로 황국기(黃國琦)가 황육홍의 부친이고, 건계는 아마 건양현을 가리킬 가능성이 크다고 하겠다. 강서성(江西省) 신창현이 속하는 서주부의 기록인 『동치서주부지(同治瑞州府志)』(『中國方志叢書 福建省』, 華中地方 第九九號. 成文出版社, 1970, 권9 「선거(選擧) 진사(進士)」, 28b)에는 숭정(崇禎) 10년 진사에 합격한 황국기는 자가 석공(石公)이고 신창인으로 이과급사중(吏科給事中)의 관직을 지냈다고 서술하고 있다. 같은 기록에는 황육홍의 장인(外父)인 추유련(鄒維連)은 자가 덕휘(德輝)이고 신창인으로 복건순무와 좌도어사(左都御史)의 관직을 지냈다고 서술하고 있으며(27b), 황육홍은 순치 8년 신묘과(辛卯科)의 거인(擧人)으로 자는 자정(子正)으로 신창인이며, 급간(給諫)의 관직을 지냈다고 기록하고 있다(권10 「選擧擧人」, 16a).

197 외부(外父)는 장인, 악부(岳父. 嶽父)를 말한다. 연군(延郡)은 복건성 연평부(延平府)를 가리킨다. 비석(匪石) 추공(鄒公)은 추비석(鄒匪石), 즉 명말에 복건순무(福建巡撫)를 지낸 추유련(鄒維璉)을 가리킨다. 비석(匪石)이나 달관루(達觀樓)는 그의 호이다. 자는 덕휘(德輝) 또는 덕요(德耀)로 강서성 신창현 사람으로 명의 만력(萬曆) 35년 진사 출신이다. 청엄(淸嚴)한 관료로 유명하여 당시 실권자였던 환관 위충현(魏忠賢)을 대간(大姦)·대악(大惡)으로 탄핵하는 상소를 올렸지만, 다행히 좌천당하는 것으로 그쳤다. 『명사(明史)』 권235 「열전(列傳) 추유련(鄒維璉)」에 있는 사가(史家)의 찬(讚)에는 "추유련이 환관 위충현에게 항거하고 역당(逆黨)의 무리를 거역하였지만, 처벌이 그나마 단지 유배로 끝난 것은 다행이다('鄒維璉抗魏奄, 拒逆黨, 僅坐謫戍, 幸矣.')."라고 평가하고 있다. 여기서 황육홍은 그를 장인이라 부르고 있으니, 황육홍은 그의 사위다. 추유련이 진사 급제 후 처음 받은 관직이 바로 연평 (延平) 추관(推官)이었다.

候賀上臺「啓」數首. 然無兩啓俱全者, 乃弗獲已而用鴻任郯「賀啓」一通. 且便于署銜取式,[198] 非敢僭也. 至于歲時候賀諸「啓」, 今雖從簡, 亦或有用者. 敬將先子、鴻外父數啓載集跋而以鴻餘啓附之, 以備執事採覽之一助云.

○「賀某東滾道重九啓」[省略]

○「四六小啓」式【式與「大啓」略同, 但省恭惟以前一冒冒者, 籠起全啓大意之謂.[199]「小啓」較「大啓」稍短, 語更宜切實, 可敍寒溫. 若「大啓」用過詞意, 不宜再見, 庶可無重複之弊矣】

○「賀東滾道重九小啓」[省略]

○ 寫「稟啓」封套式

職名脚色手本,[200] 用紅套一, 「四六大啓」用紅套一, 「四六小啓」用紅套一, 不封口. 職名脚色套面寫'內手本一扣', 大·小「啓」套而寫'內稟啓'. 背寫新選某銜、諱, 封自中間下半腰寫起. 仍加護封一個, 而寫年月, 塡小日. 年月右邊細楷寫"「內稟」三扣", 背亦中間下半腰寫新選某銜、諱. 封右側邊上寫'右'字, 下寬寫'呈'字, 與左行對. 左側邊寫上司官銜姓.

○ 內職名脚色面俱寫'呈'字, 大·小「啓」面俱寫'稟啓'字.

○ 正印官「詳」、「稟」封套, 止列銜不書名. 但新選未到任, 亦有書名者, 臨時酌用.

1-11. 막우 초빙(延幕友)[201]

주현의 일은 아주 번잡하여 전곡·형명, 문서작업 등에는 자연히 도와줄 수 있는 사람

198 서함(署銜)은 문서에 관함을 쓰는 것을 말한다.

199 공유(恭惟. 恭維)는 상사에 대한 겸사(謙詞)로 일반적으로 문장의 첫머리에 쓴다. 또는 칭송이나 떠받든다는 뜻이다. 모모(冒冒)는 공연히, 장차라는 뜻이다.

200 각색(脚色)은 이력을 가리킨다. 즉 향관(鄕貫)·호주(戶頭), 조상 3대의 성명과 직함·가구·연령 등등을 담은 이력서를 말한다.

이 반드시 필요한 법이다. 만약 임지가 교통 요충지이면서 업무가 많고 복잡한 곳이라면, 전량 징수의 독촉·마감이나 소송 심리, 그리고 방문하거나 지나가는 사신·관원 등에 대한 접대 등은 아주 뛰어난 재간이 있는 경우가 아니라면 두루 살피는 일이 사실상 불가능하기 때문이다. 따라서 막우(幕友)를 초빙할 때는 또한 모름지기 일의 번잡하고 간략함을 참작하여 그 수를 늘리거나 줄여야 한다. 그렇지만 제대로 된 사람을 얻는 것은 결코 쉽지 않다. 재능이 뛰어나면 일을 꾸미는 데 아주 여유가 있어 질질 끌거나 낭비할 염려가 없다. 견식이 뛰어나면, 갑작스러운 일이 벌어져도 능숙하게 대응할 수 있어 의심하거나 망설이다 그르치는 일이 없다. 인품이 단정하면 속마음을 함께할 수 있으니 믿고 터놓을 수 없다는 염려가 사라진다. 이 세 가지 가운데 인품이 가장 중요하다. 왜냐하면 모든 일을 함께 상의하고 또한 아주 가까운 거리에서 보고 듣는 측근인데, 만약 품행이 단정하지 못한다면 초빙해 준 주인이 약간이라도 곤란한 처지에 빠질 경우 그 약점을 쥐고 협박하거나 공갈을 치는 경우도 자주 있기 때문이다. 따라서 여러 장점을 모두 갖추기는 어려우니 우선 인품을 따져 초빙해야 하고, 그다음에는 견식을 보며, 재능은 그다음이다. 재능이나 견식은 부족하더라도 여러 사람의 힘을 모아 보완할 수 있지만, 품행이 단정하지 못하다면 재능이나 견식이 있다고 해도 어찌 귀하게 여길 수 있겠는가?

무릇 막우를 초빙하는 일은 바쁠 때의 수고를 대신하게 하기 위함에 지나지 않는다. 만약 조금이라도 여유가 있으면 일의 크고 작음을 막론하고 모름지기 모두 몸소 점검해야 한다. 만약 의심스럽거나 어려운 점이 있다면 서로 의견을 놓고 맞추어야 하며, 의사 결정이 필요할 때는 모름지기 스스로 결단을 내려야만 권한이 남에게 넘어가지 않고 폐단이 생기는 것도 미리 막을 수 있다. 대체로 아주 친근한 벗으로 평생 동안 믿어 온 사람이라면 같이 일을 할 수 있다. 그렇지 않고 평소에 그 사람됨을 아는 데 신중하고 노련한 사

201 막우(幕友)는 명·청대에 지방의 군사·행정 관서에서 전곡·형명·문서관리 등의 처리를 도와주던 인원을 가리키는데, 이전 시대의 막료(幕僚)나 막부(幕府)에 해당된다. 국가로부터 내려지는 관직이 없이 지방장관이 개인적으로 초빙하면서 벗처럼 대우하기 때문에 막우(幕友)라고 하였다. 따라서 막우는 국가나 정부가 아니라 지방관에게만 책임을 지는 존재였다. 속칭으로는 사야(師爺)라고도 하는데, 주로 과거시험이나 임관을 준비 중인 독서인이 맡았다. 막우가 본격적으로 지방관에 의해 활용되는 시기는 청대 중기 이후의 일로 보이며, 이 때문에 "막우가 없으면 아문이 돌아가지 않는다(無幕不成衙)"는 말도 생겼다. 그래서 이 책이 만들어지던 시대에도 존재하였지만, 그리 크게 중요시되지 않았다는 점은 이 책에서 아주 간단하게만 막우를 다루고 있다는 데서 잘 나타나고 있다. 그리고 이 책에서 다루어지는 내용의 상당수는 지방관보다는 막우가 숙지해야 하는 부분으로 이루어져 있다. 청대의 막우에 대해서는 민두기(閔斗基), 「청대(淸代)의 막우(幕友)에 대하여」, 『중국근대사연구(中國近代史研究): 신사층(紳士層)의 사상(思想)과 행동(行動)』(일조각, 1973) 및 한승현, 「지방행정」(吳金成 외, 『명청시대 사회경제사』, 이산, 2007 수록)을 참조.

람이거나, 아니면 추천하는 사람이 모두 자기 명예를 존중하는 사람이라면 역시 마찬가지로 초빙해도 된다. 그렇지만 인정 때문에 막연하게 청탁을 하는 경우라면 응당 완곡한 말로 사양을 해야 할 것이다. 아니면 그 사람을 직접 만나본 다음 집안 사정이 넉넉하지 못해 보수가 높은 막우를 초빙할 수 없다거나, 임지가 외지고 작은 곳인 데다가 조카나 친척이 있어 글씨 쓰고 셈하는 데 충분히 보탬이 될 것이라는 식으로 이야기한다면, 저쪽에서 스스로 헛된 희망을 품지 않고 그냥 물러날 것이다.

만일 막우를 초빙하고자 한다면 「지시공문」이나 서신의 초안을 잡아 보도록 부탁해서 문장의 뜻을 제대로 맞추어 쓸 수 있는지 확인한 다음에야 찾아가 방문한다. 얘기를 나누는 와중에 은근슬쩍 배운 바를 알아보고 그 말이나 행동거지를 살펴보면 그 사람의 재능이나 마음가짐을 대략 알 수 있다. 그런 다음에는 혹은 술자리를 마련해 서로 약속을 하거나, 임지에 부임하기 전에 미리 초빙하는 글을 보낸다. 다만 처음에는 결코 지나치게 높은 보수를 제시해서는 안 된다. 부임한 다음에 보아 재능이나 능력이 뛰어나면 그때 올려줄 수 있기 때문이다. 하지만 일괄적으로 이야기하기는 곤란하다. 그 사람의 재능과 견식, 품행 세 가지가 모두 훌륭한데도 봉급을 너무 깎아 잘못 대우한다면, 노고에 보답하는 데에도 부족할 뿐만 아니라 사기를 북돋아 열심히 일하겠다는 결심을 굳히게 만들 수도 없으니, 응당 더욱 예절을 갖추어 대해야 한다. 지방의 모든 사무를 다루면서 그들의 재능과 지식에 힘입어 두루 세밀하게 점검할 수 있어 문제의 발생을 미리 막을 수 있다면, 문제가 생긴 다음 미봉책으로 때우거나 아니면 힘과 비용을 낭비하면서 보완할 필요가 없을 것이다. 이것만으로도 이미 도움이 되는 바가 크지 않은가!

州邑事繁, 錢穀、刑名、書啓,[202] 自須助理之人. 若地當衝劇, 錢糧比較、[203] 詞訟審理,[204] 與夫往來迎送, 非才長肆應,[205] 勢難兼顧.[206] 幕友又須酌量事之煩簡, 而增減其人. 然其人

202 전곡(錢穀)은 전량(錢糧)과 같은 뜻이다. 또는 전량의 회계·관리를 가리키기도 한다. 형명(刑名)은 형벌(刑罰)이나 형률(刑律), 나아가서는 사법 관련 사무 전체를 가리킨다. 서계(書啓)는 하급이 상급에게 보내는 편지, 또는 일반 편지를 가리킨다.

203 비교(比較)는 전량을 징수하거나 범인을 체포할 때 기한을 정하고, 기한 내에 이루지 못하면 관련자를 처벌한 다음 다시 기한을 정하여 완성케 하는 것을 가리키기도 한다. 이 문제에 대해서는 제6·7권 전곡부 1·2에서 상세하게 다루고 있다.

204 사송(詞訟)은 소송이나 소송문서를 가리킨다.

205 사응(肆應)은 각종 사정에 잘 대처한다는 뜻이다.

206 겸고(兼顧)는 동시에 여러 방면을 돌본다는 뜻이다.

最不易得. 優于才, 則擘畫裕如,[207] 無冗闒之患.[208] 敏于識, 則倉卒能應, 無疑緩之誤. 端于品, 則腹心與共, 無叵測之嫌.[209] 三者之中而品爲尤要. 蓋事經商酌, 又耳目至近,[210] 苟不立品端正, 賓主少有失意,[211] 輒操其短長,[212] 恐嚇詐騙, 往往有之. 故兼長爲難, 先取品, 識次之, 才又次之. 才識不充, 猶可羣力相輔, 品一不正, 雖有才識, 安足貴乎? 夫相延幕友, 不過忙時代勞,[213] 若或稍暇事, 無論巨細, 俱須親加檢點. 偶有疑難, 彼此互相參酌, 至于一定主意,[214] 須親自裁決, 庶事權不致旁落,[215] 而弊竇亦無從生矣.[216] 大抵至親密友, 生平相信者, 堪與同事. 否則素識其人, 老成熟練, 或薦引者皆屬知愛,[217] 亦可訂交.[218] 凡以情面泛托,[219] 宜婉詞謝之, 或俟見其人, 告以家道寒薄, 不能延請上賓, 或地方僻小, 向有子姪, 足供書算, 則彼自無賖望,[220] 可不辭而退矣.

若欲延請,[221] 須將「諭單」、「書啓」, 浼其起草,[222] 文義相合, 然後拜望.[223] 晤談之中, 微扣所學,[224] 觀其言詞、擧止, 其人之才致[225]、心術,[226] 大畧可知. 或設席相訂, 或臨行先期送關.[227] 但始初不得束修過厚,[228] 俟到任後, 才力優爲,[229] 以便作加增地耳. 然亦未可槩論. 其人才、

---

207 벽화(擘畫)는 벽획(擘劃)이라고도 하는데, 준비 · 안배한다거나 모략을 꾸민다는 뜻이다.
208 용탑(冗闒. 闒冗)은 용렬하고 저급하다, 장황하고 번거롭다는 뜻이다.
209 회측(叵測)은 헤아릴 수 없다, 추측할 수 없다는 뜻이다. 속임수(詭詐)를 헤아리기 어렵다는 뜻이다.
210 이목(耳目)은 보좌관 또는 친신(親信)을 가리킨다.
211 실의(失意)는 의견이 맞지 않는다거나 뜻을 이루지 못한다는 뜻이다.
212 단장(短長)은 단점과 장점을 뜻한다.
213 대로(代勞)는 다른 사람을 위해서 일을 한다, 대신해 준다는 뜻이다.
214 주의(主意)는 주지(主旨) · 주견이나 주장 등 여러 가지 뜻이 있다.
215 사권(事權)은 직권 · 권력을 말하고, 방락(旁落)은 남의 손에 떨어진다는 뜻이다.
216 폐두(弊竇)는 폐해를 낳는 구멍 · 병폐 · 파탄이나 못된 짓을 하여 법을 어기는 것을 가리킨다.
217 천인(薦引)은 추천하여 끌어들인다는 뜻이다. 지애(知愛)는 알아주고 사랑해 준다는 뜻이다.
218 증교(訂交)는 서로 벗으로 맺어진다는 뜻이다.
219 정면(情面)은 정을 담은 얼굴, 정분과 체면, 즉 개인적인 인간관계를 말한다.
220 사망(賖望. 奢望)은 지나치게 높은 희망이라는 뜻이다.
221 연청(延請)은 초청한다는 뜻이다.
222 매(浼)는 더럽힌다는 뜻이지만, 수고롭게 한다, 의뢰한다는 뜻도 있다.
223 배망(拜望)은 다른 사람을 찾아가서 만난다는 뜻이다.
224 미구(微扣)는 은근히 물어본다는 뜻이다. 구(扣)는 고(叩)와 통한다.
225 재치(才致)는 재화(才華) · 재사(才思) · 재정(才情), 즉 그 재능이나 재주 등을 가리킨다.
226 심술(心術)은 내심이나 마음가짐을 말한다.
227 송관(送關)은 가정교사를 초빙하는 관서(關書)를 보낸다는 뜻인데, 여기서는 막우로 초빙한다는 글로 보아도 될 것이다.
228 속수(束修)는 속수(束脩)라고도 하는데 입학할 때 스승에게 보내는 예물이나 사례금, 나아가서는 교사의 봉급을 의미한다. 속수(束脩)는 원래 열 가닥의 육포 한 묶음을 가리킨다. 『논어(論語)』「술이(述而)」편에 "공자께서 말씀하셨다. '마른 육포 같은 박한 예물이라도 가져온 사람에는 가르침을 주지 않은 적이 없다'(子曰: '自行束脩以

識、品行, 三者果優, 而乃以束修過計,[230] 不惟未足酬勞,[231] 亦無以鼓舞其氣, 而堅任事之心, 自應禮數加厚.[232] 地方諸務, 藉其才識, 能檢點周密, 先事預防, 不致臨時彌縫, 補救費力損財, 其爲裨益, 不已多乎!

1-12. 시종 모집(募家丁)[233]

지방관으로 임용되면 친지 가운데 시종(家丁)을 보내 주어 돌봐 주게 하는 경우도 있고, 혹은 스스로 하인이나 집사가 되겠다고 자원하면서 신임 지방관 앞에 나타나 받아 써 주기를 요청하는 경우도 있다. 하지만 이런 무리들은 원래 이익을 찾아서 온 것이기 때문에 부임하게 될 지방에 가서 본관의 집사나 아역들과 결탁하여 불법을 저지르면서 돈을 벌고, 더불어 일상적으로 들어오는 상납금이나 뇌물을 나눠 먹겠다는 뜻을 품고 있다. 심지어는 겉으로는 아주 충성스럽고 부지런한 것으로 꾸미지만 속으로는 못된 꾀를 품어 신임을 얻은 다음 그것을 빌려 개인적인 이익을 노리는 경우도 있다. 만약 본관이 알아채지 못하면, 바로 그 수법에 빠져들어 큰 피해를 입게 된다. 반면 본관의 재간이 뛰어나고 잘 꿰뚫어 보는 데다가 방비가 아주 엄격하다면, [전혀 이익을 꾀할 수 없으니] 그가 어찌 쥐꼬리만한 봉급 때문에 고향을 떠나 처자식을 버린 채 부림을 당하려 하겠는가? 아마 한두 달도 채우지 않고 실망해서 돌아가 버릴 것이다. 나아가 그 집사람들을 안착시키고 포상하거나 말안장·복장 따위에 들이는 비용까지 따지면 한 사람당 써야 할 돈이 어찌 백 냥에 그치겠는가? 집안 살림이 여유가 있다면 물론 이런 것들을 아까워할 필요가 없다. 하지만 가난한 독서인 출신인 데다가 객지 밥을 먹은 지 오래되었다면 모든 것이 다 빌려 쓰는 것이니

上, 吾未嘗無誨焉.').”라는 구절이 있는데, 여기서 비롯되었다.

229 우위(優爲)는 일 처리에 아주 충분한 여유가 있음을 말한다.

230 과계(過計)는 잘못 꾀하거나 지나치게 고려하다는 뜻이다.

231 수로(酬勞)는 재물을 가지고 감사의 뜻을 표시한다거나 힘을 쓴 사람에게 주는 보수를 가리킨다. 과계(過計)는 잘못 생각하거나, 잘못 꾀한다는 뜻이다.

232 예수(禮數)는 예절을 말한다.

233 가정(家丁)은 지주·부호나 관료에게 고용되어 집안일이나 심부름을 하던 노복(仆役)을 가리킨다.

어찌 부담을 늘리는 것이 아니겠는가?

어떤 사람은 이렇게 말하기도 한다. "처음 지방관으로 부임하는 데 말이나 시종을 웬만큼 갖추지 않으면 보는 사람들에게 제대로 된 인상을 남기지 못하며, 부임하는 도중에 엄격한 통제를 시행해야 하는 데 친히 부리는 시종이 아니면 제대로 된 호위가 이루어질 수 없다." 하지만 이것은 절뚝거리는 나귀나 초라한 행장을 하고 부임하더라도 결코 지방관의 규범을 망치는 것이 아니며, 청빈함을 자랑하면 또한 노상강도를 두려워할 필요도 없음을 알지 못하고 하는 소리다. 더구나 지방의 감시와 협조체계 그리고 들고나는 일이나 순찰에 대해서는 보갑(保甲)이라는 훌륭한 제도가 있고, 민장(民壯)과 포졸(捕卒) 등의 치안 인원이 모두 갖추어져 있는데, 어찌 두세 무뢰배에게 의지할 필요가 있겠는가?

그러므로 남이 보내오거나 본인 스스로 자원하는 경우 "집에서 보내는 사람이 곧 도착할 것이니 이런 사람은 필요가 없다"고 하면서 응당 일률적으로 거절하여 물리쳐야 한다. 하지만 부임지가 먼데다 치안이 그렇게 썩 좋지는 않은데, 친한 친구나 깊은 관심을 보여주는 사람이 보내온 경우로 시정잡배로 나를 속이려는 게 아니라고 생각되면, 남겨 두어 잠시 숙소에 며칠 머무르게 하면서 쓸 만한 사람인지를 점검해 보는 것도 좋다. 그런 다음 보수를 논의하여 정하고 행장과 비용을 제공하여 [다른 곳에 머물게 하고], 부임하게 될 때 불러서 수행케 한다. 그가 숙소에 오래 머물고 있는데도 다른 벗이 보내온 사람들을 거절하면 남이 보고 기분 나쁘게 여길 수도 있기 때문이다. 이외에도 부득이하게 반드시 받아 써 주기를 원하는 경우가 있다면, 죄를 범하거나 기지(旗地)[234]에서 도망친 사람(逃人)일 수도 있으므로 모름지기 신중해야 한다. 따라서 반드시 경사에서 확실한 보증인을 찾고, 그 장기(長技)를 살펴서 보수를 지급한다. 또한 스스로 고용에 관한 계약문서를 쓰게 하되, 적관(籍貫)과 성명(姓名)을 싣고 아울러 "내력이 불명하거나 팔기에 투신하거나 팔려 갔다가 도망친 도인(逃人), 공·사의 범죄를 저지른 사람이라는 것이 밝혀지는 경우 모두 중개인이 일방적으로 책임을 져 떠맡으며, 고용한 사람과는 무관합니다."라는 내용을 기입하게 한다. 보증인 등에 대해서도 모름지기 진정한 성명을 확인하고 서명을 받아 증거를 보관함으로써 나중의 후환을 피할 수 있어야 한다.

---

234 청조는 입관 이후 북경 부근의 황무지 및 명대의 장전(莊田) 가운데 주인이 없는 토지를 만주귀족과 훈신·팔기관병(八旗官兵) 등에게 분배하였다. 이렇게 일종의 약탈적인 토지 점거와 분배의 방식인 권지(圈地)를 통해 점거한 토지를 기지(旗地)라고 한다. 권지는 청초에 여러 차례 시행되었고 산동이나 하남으로까지도 확산되었는데, 주인 있는 사전을 억지로 강제 점거한 경우도 적지 않았다고 한다. 권지 활동은 강희 8년 이후에 가서야 정지되었다.

選官之後, 親知遂有送家丁伺候者,[235] 或自央屬長班、管家,[236] 至本官前慫恿收錄者.[237] 但此輩原從覓利起見,[238] 意到地方串通管家、衙役,[239] 作弊取錢并分常例小包.[240] 甚有外飾忠勤, 內懷奸詐, 希圖信任, 藉以行私. 倘本官不察, 輒墮其術中, 貽害非淺.[241] 卽遇精明聰察,[242] 防閒過嚴,[243] 彼又安肯以區區工食,[244] 離鄉井,[245] 棄妻子, 以供使令乎?[246] 不浹月而廢然返矣.[247] 迨計其安家犒賞,[248] 鞍馬、衣裝, 每人花費, 奚止百金? 若處家富厚,[249] 固無惜此. 或貧士旅食旣久,[250] 而一切出之稱貸,[251] 不滋累乎? 或曰: "服官伊始,[252] 非騎從無以壯觀瞻.[253] 彈壓宜嚴,[254] 非親丁無以資護衛."[255] 不知蹇驢、襆被,[256] 究何損于官箴,[257] 塵甑鳴琴,[258]

---

235 사후(伺候)는 신변에서 시중을 들다, 복무한다, 또는 엿보거나 기다리면서 관망한다는 뜻이다.

236 앙촉(央屬)은 청탁한다는 뜻이고, 장반(長班)은 경관(京官)의 신변 하인·종복이나 관신(官紳)이 고용한 노복을 가리킨다. 관가(管家)는 관료나 신사가 집안재산의 관리나 일상사무의 처리를 위해서 고용하던 비교적 지위가 높은 종복 또는 집사를 말한다. 일반 노복의 경칭이기도 하다.

237 종용(慫慂)은 옆에서 권하거나 부추긴다는 뜻이고, 수록(收錄)은 뽑다, 채용한다는 뜻이다.

238 기견(起見)은 무엇을 하기 위한 목적으로, 위해서라는 뜻이다.

239 관통(串通)은 서로 짠다, 결탁하다, 연락하다는 뜻이다.

240 상례전(常例錢)은 관례대로 보내오는 돈을 가리키며, 관리나 아역이 남에게 돈을 받거나 갈취할 때 쓰는 명목 가운데 하나다. 소포(小包)도 본래 꾸러미라는 뜻이지만, 여기서는 문을 지키는 사람에게 건네는 인사나 사례용 돈(門包)을 가리킨다.

241 이해(貽害)는 피해를 주거나 재앙을 가져다준다는 뜻이다.

242 정명(精明)은 총명하다, 일에 세심하고 똑똑하다는 뜻이다. 총찰(聰察)은 영리하게 꿰뚫어 본다는 뜻이다.

243 방간(防閒)은 방한(防閑)과 같은 뜻으로 방비하고 금지한다는 뜻이다. 방(防)은 물을 막는 제방(堤), 한(閑)은 짐승을 막는 울타리를 말한다.

244 구구(區區)는 작거나 사소하다는 뜻이다. 공식(工食)은 각 아문의 이역이나 고용된 백성에게 지급되는 임금과 식량용 수당 즉, 공식은(工食銀)을 가리킨다.

245 향정(鄕井)은 바로 가향(家鄕) 즉, 고향을 가리킨다.

246 사령(使令)은 부림을 당한다는 뜻이다.

247 협월(浹月)은 한 달 또는 두 달을 가리킨다. 폐연(廢然)은 분노나 의심이 사라지는 모습, 뜻과 의지를 잃고 상심하거나 실망하는 모습을 가리킨다.

248 태(迨)는 이르다, 미친다는 뜻이다. 고상(犒賞)은 위로하여 포상하다, 공로를 표창한다는 뜻이다.

249 처가(處家)는 집안 살림이라는 뜻이다.

250 여식(旅食)은 객지에서 먹고 지낸다는 뜻이다.

251 칭대(稱貸)는 돈을 꾸거나 빌린다는 뜻이다.

252 복관(服官)은 관리가 된다, 관리 노릇을 한다는 뜻이고, 이시(伊始)는 처음 시작, 일의 시작이라는 뜻이다.

253 기종(騎從)은 말을 타고 갈 때의 수행원들을 가리킨다.

254 탄압(彈壓)은 통제한다, 진압한다는 뜻이다. 규찰(糾察)을 담당하는 하급관리들을 가리키기도 한다.

255 친정(親丁)은 친신에 속하는 가정, 친척을 말한다.

256 건려(蹇驢)는 절뚝거리는 나귀를 말하며, 복피(襆被)는 여행갈 때 침구와 의류를 베로 싸서 휴대하고 다니는 것, 또는 그 침구와 의류를 말한다.

257 관잠(官箴)은 관직에서 경계로 삼는 규범을 말한다.

258 진증(塵甑)은 『후한서(後漢書)』 권110 「독행전(獨行傳) 범염(范冉)」에 전고가 있다. 후한 말 진류(陳留) 사람인 범염은 자가 사운(史雲)으로 일찍이 마융(馬融)에게 배워 오경(五經)에 능통하였다고 하는데, 당고(党錮)의 화

亦何嫌于暴客?[259] 若夫地方守助,[260] 出入巡行, 自有保甲良法,[261] 壯、捕諸人在,[262] 又奚籍二三無賴哉?

凡有送投, 但云: "家人不日便至,[263] 可無需此." 宜一槩謝却.[264] 然又有介塗遼遠,[265] 頗乏紀綱,[266] 承親友關切送至者,[267] 料非市儈欺以貽我,[268] 不妨留之, 暫令在寓數日, 驗其可用. 然後議定工食,[269] 給與裝資,[270] 俟將就道, 呼之隨行. 恐久經在寓, 他友送至未收, 見之不無招怪.[271] 此外不得已必欲收用, 恐有犯罪、逃旗,[272] 務須謹愼. 必要在京的確中保,[273] 酌量所長, 給其工食. 親寫投用文契,[274] 載明籍貫人氏, 並"來歷不明、投充·賣身旗下、[275] 公·私過犯等情,[276]

(禍)라는 정치적 격변을 만났을 때 양(梁)·패(沛) 지방 사이에 숨어서 작은 수레를 밀면서 처자식을 태우고 다녔고, 물건을 주워서 생계를 유지하였으며, 이런 생활을 10여 년 하다가 마침내 초가집을 지어 살게 되었다고 한다. 이러한 청빈자수(淸貧自守)의 생활 때문에 때로는 양식이 다 떨어지기도 하는 가난 속에서도 태연하였기에, 마을 사람들이 "시루에 먼지가 생기는 범사운, 솥에 물고기가 자라는 범래무(甑中生塵范史雲, 釜中生魚范萊蕪)"라는 노래를 불렀다고 한다. 다시 말해 범염은 빈곤하면서도 절조를 지키는 어진 선비를 가리키는 대명사가 된다. 한편 명금(鳴琴)은 『한시외전(韓詩外傳)』 권2나 『여씨춘추(呂氏春秋)』 「찰현(察賢)」 또는 유향(劉向)의 『설원(說苑)』 「정리(政理)」편에 나오는 고사에서 비롯된 것으로 자천(子賤)이 거문고나 켜면서 건물 밖으로 나서지도 않았지만 단부(單父)는 잘 다스려졌다는 줄거리다. 자천은 『여씨춘추』와 『설원』에서는 복자천(宓子賤) 또는 복자(宓子)로 나온다. 이하 『후한서』 등 24사(史)는 모두 중화서국(中華書局) 판본을 이용하였다.

259 폭객(暴客)은 강도나 도적을 가리킨다.

260 약부(若夫)는 그런데, 그렇지만(至於)이라는 뜻으로 구절이나 단락의 맨 앞에서 다른 일을 언급할 때 사용한다. 수조(守助)는 수망상조(守望相助) 즉, 외침이나 재난을 예방하기 위해 인접한 마을 간에 서로 감시해 주고 비상시에는 상호 협조하는 것을 가리킨다.

261 민간의 치안 유지를 위한 일종의 연좌제 상호감시 체계인 보갑(保甲)은 10호를 패(牌. 우두머리는 牌頭), 10패를 갑(甲. 우두머리는 甲頭), 10갑을 보(保. 우두머리는 保長)로 조직하면서 상호 연대 보증 아래 출입하는 사람을 단속하고 감시하게 하였다. 보갑제도에 대해서는 제21-23권 형명부 10-12 보갑(保甲) 1-3에서 상세하고 다루고 있다.

262 장포(壯捕)는 민장(民壯)과 포졸(捕卒)로 아문에서 치안을 담당하는 인원을 가리킨다.

263 여기서 가인(家人)은 집안에서 부리는 하인이나 시종을 가리킨다. 불일(不日)은 머지않아라는 뜻이다.

264 일개(一槩)는 모두·일괄적으로라는 뜻이다. 사각(謝却)은 사절(謝絶)한다는 뜻이다.

265 개도(介塗)는 부임지까지 가는 길을 말한다. 개(介)는 경계·간격, 양자의 사이라는 뜻이다.

266 여기서 기강(紀綱)은 법도·치리(治理)·관리(管理)라는 뜻이다.

267 관절(關切)은 관계가 밀접한 사람을 가리킨다.

268 시쾌(市儈)는 모리배·시정잡배를 말한다.

269 공식(工食)은 임금·봉급을 가리킨다.

270 장자(裝資)는 의장과 재물, 즉 생활비용을 말한다.

271 초괴(招怪)는 남의 원망이나 나무람을 산다는 뜻이다.

272 도기(逃旗)는 기지(旗地)에서 도망친 도인(逃人)이나 노예를 가리키는 것 같다. 청대 초기에 중대한 범법사항으로 간주되었던 도인 문제에 대해서는 이 책의 제19권 형명부 9 도인(逃人)과 간정(姦情)에서 자세하게 다루고 있다.

273 중보(中保)는 중간에서 보증을 서는 일이나 그 사람을 가리킨다.

274 투용(投用)은 고용, 문계(文契)는 문서계약을 말한다.

275 투충(投充)은 권세가나 부자 밑에 들어가 노복이 됨으로써 비호를 받는 것을 말한다. 매신(賣身) 역시 다른 사람에게 팔리거나 인격(人格)을 상실하고 권세 있는 사람 밑에 들어간다는 뜻이다. 기하(旗下)는 원래 팔기의 호적을 가리키는데, 나아가 팔기(八旗) 소속, 또는 팔기의 기인(旗人)을 뜻하기도 한다. 따라서 여러 가지 사정으로

俱係中保一面承管,[277] 與本主無涉".[278] 中保等務查眞正姓名, 花押存據,[279] 以免後日之患.

1-13. 영접하러 온 아역 대하기(待接役)[280]

[신임 지현으로부터] 「지시공문(諭單)」을 받으면, 본 주현의 이서(吏書)·아역의 우두머리는 공동으로 논의하여 [접대할 인원을] 선발하여 붉은 종이를 쓴 「홍비(紅批)」를 휴대하고 지현을 영접하게 한다. 「홍비」에는 관례에 따르면 전임 지현이나 서리(임시) 지현이 서명한다. 가까운 곳이라면 혹 경사에 직접 가지고 와서 제시하는 경우도 있는데, 이럴 때에는 [신임 지방관은] 「홍비」에 따라 호명을 한 다음, 나가서 휴식을 취하게 한다. 다음날 각기 반별로 나누어 음식과 술, 상금 등을 주어 위로하고, 「수령확인문서(批廻)」를 주어 현으로 돌려보내거나, 아니면 도중에 신임지방관의 고향집에 보내기도 한다. 지정된 부임 기한이 아주 여유가 있어 곧바로 부임할 것이 아니라면 응당 그들을 먼저 돌려보내고, 시기가 되면 본 주현의 경계로 나와 영접하게 해야 한다. 그렇게 함으로써 경사에 오래 머물러 여비를 낭비하거나, 본관의 행동거지를 엿보면서 집안사람들과 안면을 터서 아첨하거나 뇌물을 쓰지 못하게 막는 것이다.

대저 영접하러 온 아역 가운데에는 모름지기 언변이 출중하게 뛰어난 한두 사람이 있기 마련이다. 본관의 질문이나 이야기를 기다렸다가 답변하게 하려는 것이다. 그런 사람은 대개 아첨하면서 비위를 맞추어 중용되기를 희망하거나, 아니면 전임관이 시비를 피해 보고자 이용하는 경우이니 절대로 경솔하게 그들을 신변에 남겨 두어서는 안 된다. 신중하고 경험이 많은 이서(吏書) 한 사람을 골라 부임지 백성의 성향이나 행정에 관해 물어보되, 다

팔기 소속이 되었지만 여기에서 도망친 도인(逃人)을 가리키는 것으로 보인다.

276 과범(過犯)은 잘못을 저질렀다는 뜻이다.

277 승관(承管)은 책임지고 떠맡는다는 뜻이다.

278 무섭(無涉)은 관계가 없다는 뜻이다.

279 화압(花押)은 계약 말미에 초서(草書)로 서명을 하거나 특수한 부호로 대신하는 것을 말한다. 이른바 오늘날의 서명이나 사인이라 할 수 있다. 존거(存據)는 증거로 남겨 둔다는 뜻이다.

280 접역(接役)은 신임 지방관을 마중 나온 아역을 가리킨다.

만 주의하여 묵묵히 듣기만 할 뿐 그 자리에서 가타부타 이야기를 해서 그들이 본관의 내심을 쉽사리 엿보게 해서도 안 된다.

또 전임관 때의 유학 교유(教諭)나 현승(縣丞)·주부(主簿) 등이 서찰을 함께 보내오면 즉각 답장을 한다. 전사(典史)·역승(驛丞)·순검(巡檢)이 만일 아무런 내용이 없는 「홍비」를 가지고 마중을 나오게 한 경우가 있다면 그래도 「수령확인문서」를 주어 보낸다. 그런데 만약 선물을 가져왔다면, 부임하기 전에 이것을 받는 것은 예법이 아니다. 선물과 함께 보내온 「품문(禀文)」을 반드시 뜯어 볼 필요는 없고, 「홍비」 위에 "원문 그대로 돌려보낸다(原文帶回)"라고 크게 쓰고, 전달하러 온 아역에게 적당히 상을 준다.

「홍비」를 모두 받은 다음에는 앞표지 아래에 모년 모월 모일에 수령하였다고 쓰고, 본관이 검은색 붓글씨로 날짜를 기입한다. 되돌려 보낼 때에는 앞표지 위에 '수령 확인(批迴)'라는 글자를 크게 쓰고, 본관이 붉은 먹으로 '비(批)' 글자 위에 점을 찍고, 각 아역이 모두 「수령확인문서」를 받기를 기다려 앞서 나온 「지시공문」을 내려 『수지(須知)』 등의 책자를 작성하여 보내라고 지시한다. 만일 제1차 영접반이 가지고 오지 않았으면, 즉 제2차 영접반이 속히 가져오도록 하거나, 아니면 다시 한 번 「지시공문」을 내려 독촉하면 될 것이다. 다만 『수지』 등의 책자만을 보내도록 할 뿐 아역들이 경내를 벗어나 영접하러 오는 것을 허용해서는 안 되며, 이 또한 신임 지현의 지시와 통보에 따르게 한다.

「諭單」旣到, 本治吏書頭役,[281] 公議僉撥,[282] 賫「紅批」迎接.[283] 批例係前官, 或署篆僉.[284]

---

281 이서(吏書)는 아역과 서리(書吏)를 가리킨다. 치(治)는 치소(治所), 즉 주현아문을 가리킨다. 두역(頭役)은 아역의 우두머리에 대한 경칭(敬稱)으로 두옹(頭翁)이라고도 한다.

282 첨(僉)은 첨(簽)과도 통하며 소집하다, 불러 모으다, 골라서 보낸다, 또는 문서에 이름을 쓰고 서명을 한다는 뜻이 있다. 발(撥)도 뽑아서 보낸다는 뜻이므로, 첨발은 골라 뽑아서 보낸다는 뜻으로 보인다.

283 「홍비(紅批)」는 원래 붉은 종이를 사용한 문서양식으로, 신임 지현에게 보내는 부임축하용 문서나 명첩(名帖. 紅帖이라고도 한다)을 가리킨다. 아마 「홍품(紅禀)」이나 「쌍홍품(双紅禀)」과 같은 것으로 보인다. 서동(徐桐) 집(輯), 『목령서[집요](牧令書[輯要])』(同治 7年 江蘇書局刊) 권2에 실린 호연우(胡衍虞)의 『거관과과록(居官寡過錄)』 권2 11a-b, p.45(官箴書集成編纂委員會 編, 『官箴書集成』 黃山書社, 1999의 제7책)에 의하면 "신임 지방관이 부임할 때 「홍품(紅禀)」·「홍정(紅呈)」을 투체(投遞)하는 일은 가장 쉽게 폐단을 낳는다. 응당 부임 전에 고시를 내어 살인이나 강·절도사건은 관인을 접수한 다음 홍품을 가지고 수시로 고발할 수 있는 것 외에, 기타 낡은 사안이나 모든 소송은 결국 사흘 이내에 대서(代書)를 선발하고 시기를 정하여 소송 접수를 공표하는데, 위반하는 경우는 모두 접수하지 않는다"고 기록하고 있다. 「홍비」가 「홍품」과 거의 같은 용도라는 것은 여기에서 짐작할 수 있다.

284 서전(署篆)은 서인(署印)과 같은 뜻이다. 관인(官印)은 모두 전서체(篆文)로 새겨졌기 때문에 이런 명칭이 생겼는데, 새로 정규관리가 부임할 때까지 임시로 그 직무를 대행하는 것, 즉 서리(署理)를 가리킨다. 첨(僉)은 여기서는 문서에 이름을 쓰고 서명을 한다는 뜻으로 보인다.

近地或有至京投見,[285] 照批點名,[286] 令出安歇.[287] 次日按班分別, 犒勞酒飯、賞銀,[288] 給與「批迴」,[289] 遣發回縣,[290] 或便道至家.[291] 憑限尙遠,[292] 未卽臨任, 亦應使之先回, 屆期于本境迎接,[293] 免令久住, 耗費盤纏,[294] 窺探本官行徑,[295] 與家人情熟,[296] 打點鑽營.[297] 大抵迎接各役內, 必有一、二出尖能言之人,[298] 伺候本官問話, 以便荅應.[299] 其人非鑽幹遠迎,[300] 希圖見用,[301] 卽前官使任, 籍此躱避是非,[302] 切不可輕留左右. 擇吏書老成歷練者,[303] 喚詢民風、政事, 只留心默聽, 不必便置可否, 使彼易于窺測. 前官廣文、丞簿,[304] 附有書札, 仍卽裁復.[305] 典史[306]、驛巡,[307] 如空批來迎, 仍打發「批廻」.[308] 若具有夫儀,[309] 尙未到任, 收之非體. 不必拆其

---

285 투견(投見)은 직접 문서를 가지고 와서(가서) 만난다는 뜻이다.

286 점명(點名)은 지명하거나 호명한다는 뜻이다.

287 안헐(安歇)은 머물러 휴식을 취한다는 뜻이다.

288 호로(犒勞)는 술과 음식으로 위로한다는 뜻이다.

289 「비회(批迴. 또는 批回 · 回批)」는 원래 주현에서 성의 독무아문으로 사람이나 물건 · 곡식 등을 보낼 때 함께 올려 보내는 두 장의 대비(大批) 및 상세한 액수를 기입한 소비(小批)를 말하는데, 독무를 거쳐 포정사에서 수령을 확인하는 내용을 기입한 다음, 한 장은 독무가 보관하고 나머지는 영수증과 더불어 주현에 돌려준다. 이러한 회송용 「수령확인문서」가 바로 비회다. 여기서는 단순한 확인 서명을 해서 다시 돌려보내는 문서를 가리키고 있다.

290 견발(遣發)은 보낸다, 파견한다는 뜻이다.

291 편도(便道)은 '곧바로 직행하거나 가는 길에'라는 뜻이다.

292 빙한(憑限)은 임용증서에서 기술하고 있는 부임 기한을 가리킨다.

293 계기(屆期)는 기한(기일)이 된다는 뜻이다.

294 반전(盤纏)은 여비를 가리킨다.

295 행경(行徑)은 행실이나 거동을 말한다.

296 정숙(情熟)은 서로 친해지다, 공모한다는 뜻이다.

297 타점(打點)은 수습하다, 뇌물을 써서 다른 사람과 소통할 수 있도록 청탁한다는 뜻이다. 즉 뇌물을 써서 유리한 방향으로 처리하려는 행위를 가리킨다. 찬영(鑽營)은 방법을 찾거나 인정에 의존해서 명리를 모색 · 추구하는 것을 가리킨다.

298 출첨(出尖)은 남보다 뛰어나다는 뜻이고, 능언(能言)은 말솜씨가 좋다는 뜻이다.

299 답응(荅應)은 답응(答應)과 같은 뜻이다.

300 찬간(鑽幹)은 첩영(鉆營)과 같은 뜻으로 분주하게 돌아다닌다는 뜻이고, 원영(遠迎)은 남의 비위를 맞춘다는 뜻.

301 견용(見用)은 등용되다, 쓰인다는 뜻이다. 견(見)은 동사의 앞에 써서 피동(被)을 나타낸다.

302 타피(躱避)는 피하다, 회피한다는 뜻이다.

303 노성역련(老成歷練)은 경험 많고 숙련되었다는 뜻이다.

304 광문(廣文)은 현의 학교인 유학에 근무하는 교육 관리인 교유(敎諭)를 가리킨다. 교유는 원대(元代) 이래 현마다 배치되어 문묘의 제사와 소속 생원의 교육을 담당하였다. 승부(丞簿)는 주현의 현승(縣丞)과 주부(主簿) 등 좌이관(佐貳官)을 가리킨다. 좌이관(佐貳官)는 본래 주무 관료[主司]를 보좌하는 관원을 가리킨다. 지부 · 지주 · 지현의 보좌관인 통판(通判) · 주동(州同) · 현승(縣丞) 등을 가리키는데, 그 품급은 주무관리보다 약간 낮다.

305 재복(裁復)은 답복 · 회답한다는 뜻이다.

306 전사(典史)는 관명(官名)으로 원대 이후 설치되어, 지현 아래에서 집포(緝捕) · 감옥(監獄)을 관장하는 속관(屬官)이었다. 현승 · 주부가 설치되지 않은 경우에는 전사가 그 직무를 겸임하였다.

307 역순(驛巡)은 역승(驛丞)과 순검(巡檢)으로 마찬가지로 지현의 속관이다.

308 타발(打發)은 '보낸다, 떠나게 한다, 발송한다, 응대한다'는 등의 뜻을 가지고 있다.

309 부의(夫儀)는 아마 부의(賻儀)와 비슷한 뜻으로 보인다. 즉 부례(賻禮)나 선물 · 예물을 가리키는 것 같다. 부(賻)

來稟, 于「紅批」上大書“原文帶回”,[310] 量賞來役. 「紅批」投訖,[311] 卽于前幅下, 書某年某月日到, 本官墨筆標日. 臨發于前幅頂上, 大書‘批廻’二字, 本官硃筆于‘批’字上一點, 俟各役領批, 給發前「諭單」, 令其造送『須知』等冊. 如頭接未經送到, 卽面諭二接速賚, 或再發一諭飭催可也. 若發諭, 止令投送『須知』各冊, 不許衙役出境迎接, 亦聽新任飭知.

1-14. 『문서등록장부』 만들기(立『號簿』)

체첨(掣籤) 후에는 단단하고 두꺼운 종이로 『문서등록총장부(總號簿)』 한 권을 만든다. 「지시공문」을 내리거나 「홍비」를 가져와서 영접하는 것 등 공무에 속한 일은 모두 날짜순에 따라 일일이 기입을 해 넣음으로써 이후의 참고에 대비한다. 축하객에 대해서도 『방문장부(門簿)』를 만드는데, 수시로 칭호와 거주지를 기록하고, 보내온 명찰이 한 장짜리[약식]인지 두 장짜리[정식]인지를 구분하여 기록함으로써 답방을 할 때 참고할 수 있게 한다. 선물을 보내온 경우에 대해서도 『선물장부(收儀簿)』를 만들어 그 내역을 기록한다. 전별이나 초대에 대해서도 따로 『전별장부(請餞簿)』를 만들어 물리친 것과 받아들인 것을 기록함으로써 부임 후에 답례 응수를 할 수 있게 한다. 친우의 청탁이 있을 때에는 작게 접은 종이인 「소접(小摺)」에 대략을 기록하고 따로 비밀상자에 보관해 두어 잊어버리지 않도록 한다. 호의를 베풀어 달라는 부탁을 받으면, [호의를 받는] 당사자를 만났을 때 이 사실을 알려줌으로써 그가 부탁을 한 사람에게 감사의 뜻을 표시할 수 있게 해 준다.

掣籤之後, 用堅厚紙張, 輯一『總號簿』.[312] 凡係公事, 如發諭、投批迎接等件, 俱挨順日月,[313]

는 원래 상가에 보내는 재물을 가리킨다.

310 대회(帶回)는 가지고 돌아간다는 뜻이다.

311 흘(訖)은 완료·종결·종말을 뜻한다.

312 호부(號簿)는 문서등록 장부를 말한다.

313 애순(挨順)은 ‘순서대로, 차례대로’라는 뜻이다.

一一塡註, 以備査考.[314] 其賀客立『門簿』,[315] 隨時登記稱呼、寓所, 或單簡、全簡,[316] 以便荅拜.[317] 送賀禮, 立『收儀簿』, 註明收璧.[318] 餞行請酒, 立『請餞簿』, 註明辭領,[319] 以便任後酬謝. 親友有事相託, 立「小摺」,[320] 記明大略, 另置密笈, 以免遺忘. 若囑靑目,[321] 相見不妨表明, 使彼知之, 以便聲謝囑者.[322]

1-15. 부임 날짜의 선택(擇到任吉期)

부임 날짜는 지방의 멀고 가까움에 따라 부임 증명서 위에 기한이 기재되어 있다. 부임에 적당한 길일(吉日)은 물론 증명서의 기한 내에 있어야 하며, 경사를 떠나는 시기와 부임 전에 다른 곳에 머무를 일이 있는지 없는지도 아울러 따져 보아야 한다. 혹은 길일을 두 개 골라서 부임이 늦거나 일러지는 것에 대비하기도 한다. 그 날짜는 보통 천덕(天德)·월덕(月德)이나 황도(黃道)·명당(明堂) 등의 길일을 최고로 친다. 그런 다음 다시 「천천도(天遷圖)」를 보면서 기준으로 삼는다. 간지(干支)는 본명(本命, 즉 자기가 출생한 해의 간지)과 행년(行年), 즉 여기서는 부임하는 해의 간지가 상생(相生)하는 것을 좋게 여기고, 상충(相沖)하거나 상극(相剋)하는 것을 꺼린다. 그 밖에 흉성(凶星)에 대해서는 다양한 명목이 있지만 크게 구애받을 필요는 없다.

세간에 1·5·9월은 관원의 부임에 적당하지 않다고 전해진다. 『발미력(發微曆)』은 두평(竇萍)이 『당서음훈(唐書音訓)』「고조기(高祖紀)」에서 "1·5·9월에는 사형 집행을 하지 않는

314 사고(査考)는 나중에 조사하면서 들춰 보고 점검한다는 뜻이다.
315 문부(門簿)는 방명록을 말한다.
316 단간(單簡)은 1장으로 된 명찰, 전간(全簡)은 2장으로 된 명찰이다.
317 답배(荅拜)는 답례의 방문을 말한다.
318 수벽(收璧)은 예물을 받는다는 뜻이다.
319 사령(辭領)은 사양하고 받아들인다는 뜻이다.
320 소접(小摺)은 작게 접은 종이를 말한다.
321 청목(靑目, 또는 靑眼. 반대의 뜻은 白眼)은 호의나 중시를 받는다는 의미인데, 여기서는 상사로부터 부탁을 받은 경우를 가리킨다.
322 성사(聲謝)는 감사의 뜻을 드러낸다는 것이다.

다"고 주를 달면서 불교의 『지론(智論)』을 인용하여 "부처께서는 대보경(大寶鏡)으로 사대신주(四大神州), 즉 사방의 세계를 비추고 매월 한 차례씩 움직이며 사람들의 선악을 살피시는데 1·5·9월에는 남쪽인 남첨부주(南瞻部洲)를 비춘다."라고 한 이야기를 옮겨 싣고 있다. 따라서 이 세 달에는 형벌을 줄이거나 가볍게 해 주고 선행을 쌓으며, 사형을 금지하고 가축을 잡지 않는다는 것이다. 사대부들이 이 세 달에 부임하지 않게 된 것은 도살 금지의 명령(斷屠의 令)이 있었기 때문인데, 나중 사람들이 이것을 답습하면서 흉월(凶月)로 삼아 이 시기에 부임하는 것을 꺼리게 되었다.

특히 강희(康熙) 을묘년(乙卯年. 즉 강희 14년인 1675년) 운남·귀주에서 전쟁[323]이 일어나면서 각 성 관원은 부임 기한을 아주 엄격히 지키게 되었다. 나는 직예성(直隸省) 하간부(河間府) 동광현(東光縣)의 지현에 임명되었을 때 5월 10일에 부임하였다. 그렇지만 3년 동안 위아래로 서로 편안하였고 지방에 아무런 사고도 없는 상태에서 다음 근무지로 옮길 수 있었다. 즉 1·5·9월이 반드시 모두 흉한 것만은 아니라는 점은 이것으로 입증할 수 있다. 아래에는 관직에 부임하면서 길흉을 따지는 경우에 긴요한 성도(星圖)를 골라 기록해 놓음으로써 점성술에 펼칠 때 조그만 도움을 주고자 한다.[324]

到任日期, 按地方遠近, 于憑上註有定限. 所擇到任吉日, 務在憑限之內, 酌量出京, 幷任前有無別處淹留.[325] 或選擇兩吉日, 以備到任遲速之用. 其日期宜用天德、月德、黃道、明堂等日爲上吉.[326] 再考「天遷圖」, 以爲定準. 干支喜與本命、行年相生,[327] 忌相沖克. 其餘凶

323 이른바 '삼번(三藩)의 난'을 가리킨다. 전검(滇黔)은 각기 운남과 귀주성의 별칭이다.

324 바로 뒤의 부록(「지방관으로 부임할 때 통용되는 길일(上官赴任通用吉日)」·「천천도설(天遷圖說)」·「논본간지대(論本幹枝對)」)은 복잡한 점성술의 내용을 자세히 설명하고 있지만, 너무 번잡하고 난해하며, 본문의 내용과도 직접 관련이 없 모두 생략하였다.

325 엄류(淹留)는 (외지에) 머문다는 뜻이다.

326 천덕(天德)·월덕(月德)은 길일의 명칭 가운데 하나다. 고대 역법가의 점성술은 청룡(青龍)·명당(明堂)·금궤(金匱)·천덕(天德)·옥당(玉堂)·사명(司命) 등의 여섯 별(六辰)을 길신(吉神)으로 여겨 육신이 담당하는 날(六辰值日)은 모든 일에 적당하여 흉하거나 껄끄러운 것을 피할 필요가 없다고 하여 황도길일(黃道吉日)이라고 불렀다. 그래서 일하기에 적당한 날짜를 가리키는 말로도 사용된다. 황도는 지구가 1년에 한 번 태양주위를 돌지만, 지구에서 보면 마치 태양이 한 바퀴 도는 것처럼 보이는데, 이 길을 가리키는 것이다. 신(辰)은 별이나 뭇별·별자리, 또는 해와 달·별을 통칭하는 용어이며, 1년에 열두 번 해와 달이 만나는 때를 가리키기도 한다. 상길(上吉)은 대길(大吉)이란 뜻이다.

327 간지(干支. 幹枝)는 천간(天干: 甲·乙·丙·丁·戊·己·庚·辛·壬·癸의 총칭)과 지지(地支: 子·丑·寅·卯·辰·巳·午·未·申·酉·戌·亥의 총칭)의 합칭(合稱)이다. 음력에서는 이 양자의 60쌍 조합을 통해 연도·날짜를 표시한다. 처음에는 날짜를 나타내는 데 쓰였으나 후에는 주로 연도를 나타내는 데 사용되었다. 본명(本命)은 자기가

星,[328] 名色甚多,[329] 不必太拘. 俗傳正·五·九月不宜上任.[330] 按『發微曆』,[331] 載竇萍『唐書音訓』註「高祖紀」,[332] “正·五·九月不行刑”, 引釋氏「智論」,[333] “天帝釋以大寶鏡照四大神州,[334] 每月一移, 察人善惡. 正·五·九月照南瞻部洲.” 故于此三月, 省刑修善, 禁刑斷屠.[335] 士大夫于此三月不上官,[336] 以其有斷屠之令, 後人遂相沿爲凶月, 而忌用之. 康熙乙卯滇黔用兵,[337] 各省官員到任, 定限甚嚴. 余時補直隸東光, 于五月初十日莅任.[338] 三年之內, 上下相安, 地方無事, 猶幸量移,[339] 則正五九月之未必皆凶, 此其驗矣. 上官赴任吉凶,[340] 擇其緊要星

태어난 해의 간지(띠)를, 행년(行年)은 당시의 연령을 가리킨다. 점성술에 따르면 그 사람의 그해 운세를 가리키기도 한다.

328 흉성(凶星)은 상서롭지 못하거나 불길한 별자리, 특히 토성과 화성을 가리킨다.

329 명색(名色)은 명목·명칭을 가리킨다.

330 원문은 '三五九月'로 되어 있으나 뒤의 구절은 모두 '正五九月'로 되어 있어 분명한 잘못이므로 바로잡았다. 상임(上任)은 부임을 말한다.

331 발미(發微)는 미묘한 점을 밝혀낸다는 뜻으로 보통 책이름이나 편명(篇名)으로 자주 쓰인다. 어떤 사물의 감춰진 정밀한 이치나 원래의 모습에 대한 탐색을 가리키는 뜻이다. 이를테면 명대에 편찬된 택일(擇日)을 위한 역법서(通書)에는 『전보발미대통력정통서(全補發微大統曆正通書)』나 『신결전보발미력정통서대전건집(新鍥全補發微曆正通書大全乾集)』 등의 명칭이 보이는데, 발미력은 아마 이런 역법서를 가리키는 것으로 보인다.

332 두평(竇萍)은 자가 자야(子野)로 송대(宋代) 산동(山東) 문상현(汶上縣) 출신이다. 학문에 정통하였으며 저서로는 『주보(酒譜)』·『신당서음훈(新唐書音訓)』 등이 있다고 한다. 여기의 『당서음훈』은 아마 『신당서음훈』을 가리키는 것으로 보인다.

333 『지론(智論)』은 『대지도론(大智度論)』으로 불교의 논서(論書)다. 『지도론(智度論)』·『지론(智論)』·『석론(釋論)』 등으로 간칭되기도 하며 『마가반야석론(摩訶般若釋論)』으로 번역되기도 한다. 『대품반야경(大品般若經)』의 해설을 위해 쓰인 것이라고 하는데, 인도의 용수(龍樹)가 지은 것을 후진(後秦)의 구마라습(鳩麻羅什)이 번역하였다고 한다.

334 천제석(天帝釋)은 부처를 가리킨다. 사대 신주는 사대 부주(四大部洲)로 사방에 위치한 불교의 극락세계, 즉 남첨부주(南瞻部洲)·동성신주(東聖神洲)·서우하주(西牛賀洲)·북구로주(北拘盧洲)를 가리킨다. 신주는 중원 지역이나 중국을 가리키는 별칭이기도 하다.

335 단도(斷屠)는 도살 금지령으로 『수서(隋書)』 권2 「제기(帝紀) 고조(高祖) 하(下)」에 의하면 인수(仁壽) 3년 하오월(夏五月)에 "6월 13일은 짐의 생일이므로 해내에 선포하여 무원황제(武元皇帝)·원명황후(元明皇后)를 위해 도살을 금지한다(六月十三日, 是朕生日, 宜令海內爲武元皇帝、元明皇后斷屠.)."라고 선포하였다. 또한 단도는 사형집행의 정지를 뜻하기도 한다.

336 상관(上官)은 여기서 명을 받고 부임한다는 뜻이다.

337 전검(滇黔)은 운남(滇은 雲南의 별칭)과 귀주(黔은 貴州의 별칭)의 별칭이며, 전검용병은 오삼계(吳三桂) 등이 청조에 반기를 들고 일으킨 이른바 '삼번(三藩)의 난'을 가리킨다.

338 황육홍(黃六鴻)이 동광현 지현이 된 해가 바로 강희 14(1675)년이다.

339 양이(量移)는 원래는 죄 때문에 멀리 유배되었으나 사면을 받아 가까운 곳으로 자리를 옮기는 것을 뜻하였으나, 지방관의 천직(遷職)·전근(轉勤)을 가리키는 뜻이 되기도 한다.

340 점복서(占卜書)의 대표격인 『옥갑기(玉匣記)』에도 「상관부임천천도(上官赴任天遷圖)」·「상관부임길일(上官赴任吉日)」 등의 독립 항목을 볼 수 있다. 이 책의 원문에도 「상관부임길일(上官赴任吉日)」이 길게 실려 있지만 모두 생략하였다.

圖, 于左以爲參考, 星家之一助云.[341]

○ 부록: 지방관으로 부임할 때 통용되는 길일(上官赴任通用吉日) [생략]. ○『천천도설(天遷圖說)』[생략] ○ 논본간지대(論本幹枝對) [생략]

○ 附錄: 上官赴任通用吉日.『天遷圖說』. 論本幹枝對 [省略]

1-16. 서명하고 증명서 받기(畫憑領憑)

부임 명령이 떨어지고 보름이 지난 후 [도찰원(都察院)의] 이과(吏科)에 가서 부임 증명서(文憑)에 서명을 한다.[342] 이날, 두 장의 「붉은 명첩(紅手揭)」에 직접 자신의 이력을 기입한 다음 이부(吏部) 및 선사(選司)에 제출한다. 또한 자신의 「이력서」와 「동료 신임관의 상호보증서」, 그리고 「경관(京官)의 보증서」를 갖추어 이과에 제출한다.【두 군데 모두 하인을 보내어 제출하게 해도 된다.】이른 아침에 이과로 가서 기다리다가 증명서에 서명을 하는데, 이것을 '화빙(畫憑)'이라고 한다.

또 보름 후에 이부(吏部)에 가서 부임 증명서를 받는데, 증명서는 비록 이부에서 발급하지만 임지에 부임하는 날짜를 적어 주는 일은 이과(吏科)에서 맡는다. 부임하는 날짜는 조금이라도 늦추도록 요청해서, 여유 있게 짐을 꾸릴 수 있어야 한다. 증명서를 받는 날에는 「수령증」 1장과 「이력서」 2통을 써서 먼저 선사(選司)에 제출한다. 증명서가 발급되어 손에

---

341 성가(星家)는 별을 보고 길흉을 점치는 사람을 가리킨다.

342 도찰원(都察院)은 명대 홍무(洪武) 연간에 설치된 어사대(御史臺)에서 바뀌어 설치된 관서의 명칭으로 관리를 감찰하고 탄핵하는 것이 주 업무였다. 즉 대표적인 언관(言官)의 기능을 담당하였지만, 또한 중대한 사법안건의 심리에도 참여하였는데, 이런 성격은 청대에도 마찬가지였다. 한편 문·무관의 부임증명서(赴任文憑)는 각기 도찰원의 이과(吏科)와 병과(兵科)에서 기한을 기입하여 주었다. 이과나 병과는 도찰원에 설치된 육과(六科. 즉 吏·戶·禮·兵·刑·工科)에 속하는 것으로 급사중(給事中)이 그 주된 관원이었으며, 내각문서 베끼기(科抄), 중앙 관청이나 지방 독무의 주장(奏章)에 대한 봉박(封駁), 각 아문 문서의 주소(注銷), 관원의 칙서(勅書) 발급 등을 맡았다.

들어오면, 자세히 살펴 확인해야 한다. 만약 찢어지거나 씻어 내고 고쳐 쓴 흔적이 있으면 즉시 해당 관원에게 알리든지, 아니면 [그 위에 확인] 도장을 찍어 줄 것을 요청해야 한다. 그래야만 부임하여 성의 포정사에게 증명서를 제출할 때 퇴짜를 맞는 일이 없을 것이다. 증명서는 비단으로 잘 싸고, 기름종이로 보호한 다음, 다시 비단 주머니 하나를 마련하여 거기에 담는데, 그 위에 거는 끈을 단단히 연결한다. 임지로 출발할 때에는 목 밑에 걸어 가슴 앞부분에 안 보이게 감추고, 밤에는 베개 옆에 두어 뜻밖에 잃는 일을 막아야 한다.

命下半月後, 赴吏科畵憑.[343] 是日用「紅手揭」二個, 寫脚色, 投吏部幷選司.[344] 又具「脚色手本」,[345] 「互結供狀」,[346] 「京官印結」投科.[347] 【二處俱交長班可投[348]】 清晨赴科伺候, 于憑冊書一押, 是謂: '畵憑'. 又半月赴吏部領憑, 憑雖部給, 而僉限則在科.[349] 到任限期, 須浼稍寬,[350] 以便舒徐束裝. 領憑之日,[351] 寫「領狀」一紙,[352] 「脚色」二本, 先投選司, 憑給入手, 詳看明白. 如有傷損洗補, 卽當官稟明, 或求蓋印, 免到任繳憑致藩司駁查. 憑用絹幅包好, 護以油紙, 再置一緞囊, 盛之, 上牢綴挂帶. 起程懸于項下, 暗置胸前, 夜則置之枕畔, 以防不虞.

○ 부록: 「이력서」 양식(「脚色」式) 【표지에 '올립니다(呈)'는 글자를 한 자 쓴다.】

새로 선발된 모성 모부 모 주현의 모가 삼가 올립니다.

지금 비직(卑職)는 연령이 몇 세로 모성 모부 모 주현 사람으로 모과 공생[진사·거인·예감] 출신인데, 모년 모월에 지금 직무를 제수 받았음을 알리는 바입니다. 【부임 이후라면

---

343 화빙(畵憑)은 관리로 부임할 때의 증명서(文憑)에 서명(畵押)하는 것을 일컫는다. 화압(畵押)은 서명이나 사인, 또는 특별한 부호를 그려서 확인하는 것을 가리킨다.

344 선사(選司)는 관료에 대한 전선(銓選)을 담당하던 기구를 가리키는데, 여기서는 이부에 소속된 문선사(文選司. 또는 文選淸吏司)를 가리키는 것으로 보인다. 문선사는 문직 관료의 품급 및 임명과 승진과 전임 그리고 월선(月選) 사무 등을 담당한다.

345 「수본(手本)」은 소송문서·공문 또는 상사나 스승, 고관을 뵐 때 사용하는 명첩을 가리킨다.

346 호결(互結)은 상호보증, 또는 그 문서를 말한다. 「공장(供狀)」은 「구두진술서」·「확인서」·「진술서」를 가리킨다.

347 경관(京官)은 경사에서 임직하고 있는 관원을 가리키며, 지방관과 대비되는 말이다.

348 장반(長班)은 하인, 경관을 따라다니는 하인, 북경의 각 회관(會館)에서 일하던 하인 등을 가리킨다.

349 첨한(僉限)은 부임 기한을 정한다는 뜻으로 보인다. 첨은 고른다는 뜻이 있다.

350 매(浼)는 여기서는 부탁한다, 청구한다는 뜻이다.

351 영빙(領憑)은 문빙, 즉 증명서를 받는 것을 말한다.

352 영장(領狀)은 관부에서 어떤 것을 받을 때 제출하는 증빙 문건, 수령증이나 영수증을 가리킨다.

모년 모월 모일 부임하였다는 것을 덧붙여 쓴다.】

년 월 일

○「확인서」 양식([「供狀」式)

「확인서」를 제출하는 사람 모는 연령이 몇 세로 모성 모부 모 주현 사람으로 모도를 통해 모년 모월 모일에 삼가 모성 모부 모 주현의 직무를 제수 받아, 지금 이과로 와서 확인 서명을 하는 바입니다. 위의 진술내용은 모두 사실입니다.【고선을 통한 경우라면「이력서」를 아울러 제출한다.】

년 월 일

○「수령증」 양식(「領狀」式)

새로 선발된 모성 모부 모 주현의 모가 지금 관원의 직무를 제수받은 것에 대한 수령증을 제출하는 바입니다. 상부 지시에 따라 증명서 한 통을 수령하였으며, 수령 받은 것이 사실입니다.

년 월 일 수령하는 관원 모

○「보증서」 양식(「出印結」式)

관함. 지금「수령증」을 제출하는 바입니다.

상부 지시에 따라 새로 선발된 모성 모부 모 주현의 모는 진실로 본인이 직접 증명서를 수령하여 부임하며, 그 가운데 결코 남을 사칭하여 수령한 바가 없음을 보증하는 바입니다. 이 확인은 모두 사실입니다.

년 월 일

○ 附錄:「脚色」式【面頁寫一‘呈’字[353]】

新選某省某府某州縣某謹呈.

今開卑職年若干歲, 係某省某府某州縣人, 由某科貢生、進士、擧人、例監, 于某年月內除授今職.【如到任後, 添寫于某年月日到任】

年 月 日

○「供狀」式

供狀人某年若干歲, 係某省某府某州縣人, 由某途于某年月日, 欽除某省某府某州縣, 今赴吏科畵憑, 所供是實.【若由考選者,[354] 投開「履歷」】

年 月 日

○「領狀」式

新選某省某府某州縣某, 今於與「領狀」, 爲除授官員事.[355]

依奉領到文憑一道,[356] 所領是實.

年 月 日 具領官某

○「出印結」式

官銜 今於與領狀事.

依奉結得新選某省某府某州縣某人, 委係親身領憑赴任, 中間並無冒領. 所結是實.

年 月 日

---

353 야(頁)는 책장을 세는 단위, 쪽, 장을 가리킨다. 따라서 면야(面頁)는 첫 쪽이나 표지를 말한다.

354 고선(考選)은 고사(考査)나 고시(考試)를 통해 인원을 뽑아 쓰는 것을 말한다.

355 이 문장에서 '爲 … 事'는 공문의 제목을 알리는 역할을 한다. 원래 무슨 일 때문에 상주(또는 보고)를 한다는 형식에서 비롯되었는데, '위'와 '사' 사이에 있는 구절은 그 공문의 제목이라고 생각하면 되기 때문에 '위'와 '사'는 굳이 그 뜻을 번역하지 않아도 될 것이다.

356 도(道)는 수량을 나타내는 양사(量詞)다.

1-17. 출발 신고(辭朝)

증명서를 받은 다음에는, 붉은 종이 두 장에 「이력서」대로 쓴 다음 홍려시(鴻臚寺)에 제출하여 조정에 출발 신고를 하고 사은을 하는 행사에 참석한다는 등록을 한다. 5일에 등록을 하고 10일에 안내하는 사람을 따라 입조(入朝)하는데, 보통은 [자금성의] 오문(午門) 밖에서 사은 행사를 한다. 그러나 만일 황상(皇上)께서 직접 대전에 나오시게 되는 경우에는 먼저 오문 밖에서 일제히 모인 다음 직명(職名)을 쓴 「명첩(名帖)」 같은 것을 세 장 준비한 다음, 오른쪽 문(右闕)에 대기하는 하남도(河南道)와 왼쪽 문(左闕)에 대기하는 홍려시, 그리고 이부(吏部)에 각기 하나씩 제출한다. 그다음 각 관인을 따라 좌액문(佐掖門)으로 들어가서 문관(文官)들이 자리 잡는 동반(東班) 아래 뒤편에 앉아 있다가 이두관(螭頭官)이 부르는 소리를 들으면 일어선다. 황상께서 보좌에 앉으신 뒤, 정숙하라고 내려치는 채찍(靜鞭)의 소리가 세 번 울리고 사은(謝恩)을 하라는 말이 들려오면 반(班)을 따라 삼궤구고두(三跪九叩頭)의 절을 행하며, 다 마치면 반으로 돌아가서 차를 마시고 난 뒤 해산한다.【하인을 대신 신고 행사에 참석시키는 사람도 있는데, 그것이 타당하다고 여겨질 때만 그리해야 할 것이다.】

領憑後, 用紅單二個, 照脚色寫, 投鴻臚寺,[357] 報名辭朝謝恩.[358] 逢五報名, 逢十引入朝, 午門外謝恩. 如遇皇上陞殿, 先于午門外齊集, 用一様職名三個,[359] 右闕河南道, 左闕鴻臚寺、吏部投收. 隨各官人左掖門, 于文官東班在下後邊坐. 聽螭頭傳呼起立,[360] 皇上駕御寶座,[361]

---

357 홍려시(鴻臚寺)는 의례(禮儀)를 전담하던 중앙정부의 기관으로 조회(朝會) · 연회(宴會) · 전례(典禮) · 제사(祭祀) · 근견(覲見) 등의 의례를 규찰하는 책임도 지니고 있다. 직책은 예부(禮部)와 서로 겹치는데, 실제로는 예부의 통솔 아래에 있다.

358 보명(報名)은 어떤 활동이나 조직에 참가하기 위해 자신의 성명이나 연령, 관적 등을 갖추어 등록하는 것을 말한다. 사조(辭朝)는 조정에 고별인사를 한다는 뜻, 즉 부임하러 간다고 신고하는 것을 말한다. 사은(謝恩)은 황제에게 예절을 통해 감사의 표시를 하는 것을 말한다.

359 직명(職名)은 관함과 성명을 쓴 명첩 · 명찰을 가리킨다.

360 이두관(螭頭官)은 원래 당직을 서면서 기록을 담당하였던 당대(唐代)의 사관(史官)인 기거랑(起居郎) · 기거사인(起居舍人)의 별칭이었다. 여기서는 당직을 맡은 관원을 가리키는 것으로 보인다. 이두(螭頭)는 그들이 당직을 서면서 교룡의 머리가 조각된 궁전 기둥 부근에 자리 잡았기 때문에 생긴 명칭이다.

361 가어(駕御. 駕馭)는 원래 마차를 몬다, 구사한다는 뜻이다. 하지만 여기서는 황제께서 도착하셨다는 뜻으로 쓰인다. 가(駕)는 경사(敬辭)로 상대방을 높이는 것이고, 어(御)는 제왕의 재위(在位)나 어떤 장소에 임행(臨幸)하였다는 뜻이다.

靜鞭三鳴,[362] 傳呼謝恩, 隨班行三跪九叩頭禮.[363] 畢仍歸班一, 俟飮茶散. 【亦有委長班料理者,[364] 須妥當方可】

1-18. 고별인사(辭行)

떠나기 며칠 전에는 경사에서 서로 알고 지냈던 각 관원에게 관례에 따라 직접 손으로 쓴「명첩」 등을 들고 찾아가 고별인사를 한다. 요즘에는 오직 스승이나 서로 친분이 두터운 사람, 술을 사면서 송별하고 축하해 주었던 사람들에게만 직접「명첩」을 지니고 가 감사의 뜻을 표시하며, 나머지 사람들에게는 그런 일을 생략하거나 멈추어 분주함을 피한다.

起行有日, 凡在京相識各官, 照例用手本「柬帖」,[365] 到門辭行.[366] 近日惟座主、[367] 相厚,[368] 及請酒送賀禮者, 方具柬親辭, 餘俱省止, 以免奔馳.[369]

---

362 정편(靜鞭)은 정편(淨鞭)이라고도 하는데, 제왕의 의장 가운데 하나로 제왕이 하림(駕臨)할 때 소리를 내어 사람들이 정숙하도록 지시하는 것이다. 황색실로 만드는데, 끝부분에 납을 붙여 땅을 내리칠 때 소리를 울리게 한다.

363 삼궤구고(三跪九叩), 또는 삼궤구고두(三跪九叩頭)는 세 번 무릎을 꿇고 그때마다 세 번씩 이마를 땅에 두드리는 방식으로 청대 황제에게 행하는 가장 정중한 형식의 예의였다.

364 요리(料理)는 안배·처리한다는 뜻이다.

365 간첩(柬帖)은 신찰(信札)·명첩이나 명함(帖子) 등을 가리킨다.

366 사행(辭行)은 먼 길을 떠나기 전에 고별을 하는 것을 말한다.

367 좌주(座主. 坐主)는 당·송대 진사(進士)가 시험감독관(主試官)을 부르던 명칭인데, 명·청대에는 거인(擧人)·진사(進士) 역시 그 시험감독관이나 총감독(總裁官)을 좌주나 사좌(師座)라 부르게 되었다.

368 상후(相厚)는 상어(相於)와 같은 뜻으로 친하다, 서로 정이 깊고 두텁다는 뜻이다.

369 분치(奔馳)는 분주하게 돌아다닌다는 뜻이다.

1-19. 청탁(薦託)

무릇 요직에 아는 사람이 있으면 그에게 간청하여 관할 상사에게 잘 봐달라는 서찰을 보내 달라고 청탁해야 한다고 말하기도 한다. 하지만 이것은 용렬한 사람의 주장에 지나지 않는다. 만약 재능이 스스로 떨쳐 일어날 만하고 청렴한 절조를 굳게 지킬 의지가 있다면 상사가 당연히 눈여겨볼 것이니 어찌 따로 반드시 다른 사람의 도움을 부탁할 필요가 있겠는가? 만약 용렬하고 무능하며 청렴하지도 못한 사람이라면 분주하게 두루 청탁을 한다고 해도 어찌 나무라고 꾸짖는 말을 막는 데 도움이 되겠는가? 더구나 상사의 윗사람이거나 가까운 관계이지만 사이가 껄끄러운 사람에게 더더욱 추천 서한을 요청해서는 안 될 것이다. 이 경우는 도리어 그들의 혐오와 꺼림을 부르기에 충분하니, 손해가 있을 뿐 도움은 되지 않는다. 경사에 있을 때 보살핌을 청했던 사람을 방문하여 그에게 촉탁을 요청하든지, 아니면 본인과 정말 관계가 좋아 진심으로 도움이 되어 줄 사람이 있다면 그에게 부탁하도록 한다. 밖으로는 상사를 만나기 위해 경사를 떠나는 일이나, 안으로는 각 아문의 공무를 처리하는 데 있어 이렇게 부탁을 해야만 비로소 제대로 효과가 있고 일을 그르치지 않을 것이다. 그 나머지 겉치레뿐인 교제 관계라면 마구잡이로 청탁할 필요가 없다. [그 결과] 어떤 일에 있어 스스로 공이 있다고 생각하는데 그에게 보답을 하지 않는다면 도리어 원망을 사게 되기 때문이다.

凡要路有相識,[370] 懇其致札所轄上司, 以求青照.[371] 然此爲下乘說法.[372] 若才堪自振,[373] 志矢清操,[374] 上臺定應括目, 何須別假聲援?[375] 倘闒冗無能, 簠簋不飭,[376] 區區泛囑,[377] 奚裨

370 요로(要路)는 높고 중요한 자리를 가리키며, 상식(相識)은 서로 아는 사이, 또는 사람을 가리킨다.

371 청조(青照)는 남에게 봐달라거나 돌봐 달라고 요청할 때 쓴 말이다. 검은 눈동자를 가리키는 청안(青眼)은 경시한다는 뜻의 백안(白眼)과 대비되는 말로 남을 아끼거나 사랑한다는 것을 가리킨다. 백안은 같은 높이에서 보면 검은 눈동자가 보이지만, 위에서 내려다보면 흰자위가 보인다는 것에서 비롯되었다.

372 하승(下乘)은 하등의 말을 가리키는데, 평범하고 뒤떨어지는 인재를 비유한다.

373 자진(自振)은 스스로 떨치고 일어난다, 스스로를 구할 수 있다는 뜻이다.

374 지시(志矢)는 곧다, 정직하다, 단단하고 바르다는 뜻이다. 청조(清操)는 고상한 절조(節操)를 말한다.

375 성원(聲援)은 멀리서 지원한다, 공개적으로 지원의 뜻을 표시한다, 응원한다는 뜻이다.

376 보궤(簠簋)는 보와 궤라는 곡식을 담는 두 가지 예기(禮器)를 가리키지만, 뇌물을 가리키기도 한다. 그래서 보궤불식(簠簋不飭. 簠簋不脩)은 관리생활을 하는 데 청렴하지 못한 사람을 가리키는 완곡한 표현이기도 하며, 보궤지풍(簠簋之風)은 관리가 재물을 탐하여 뇌물을 받는 풍기를 가리킨다. 『한서(漢書)』 권48의 「가의전(賈誼傳)」에 나오는 "옛적에는 대신이 청렴하지 못하다는 죄목에 걸려 쫓겨나면 청렴하지 않다고 하지 않고, 보궤를 제대로

譏訶?[378] 至于上司之尊輩, 與雖親而不浹者,[379] 薦函尤不可索, 適足取其忌厭, 反有損而無益也. 或訪彼都中所托照應者,[380] 求其囑致, 或與我相好, 實心爲我有幹濟之人, 外而上司出京, 內而各衙門公事, 以此托之, 方關切無悞. 其餘泛交,[381] 無庸混托.[382] 遇事居功不報,[383] 反爲招怪.[384]

1-20. 행장 꾸리기(治裝)[385]

[부임하러 가는 도중의] 수레와 말이 얼마나 화려하거나 아니면 소박한지는 주머니 사정이 넉넉한지 아닌지를 보아야 한다. 부임하면서 그야말로 털끝만큼도 더러움에 물들지 않고 행장에 모든 물품을 제대로 갖추고자 한다면, 이것은 오로지 집안 살림이 아주 넉넉한 경우에만 가능한 일이다. 그렇지 않으면 다방면으로 빚을 내야 하게 되므로, 헛되이 남이 쳐다보는 외모만 치장하려 든다면 부임하여 앉은 자리가 미처 따뜻해지기도 전에 빚쟁이들이 뜰 안에 들이닥쳐 빚을 독촉하게 될 것이다. 그렇게 되면 관직에 나오면서 처음 마음먹은 뜻을 바꾸지 않으려고 해도 또한 가능하겠는가? 그러므로 사군자(士君子)가 바야흐로 처음 관직에 나갈 때 충군(忠君) · 애민(愛民)만을 마음에 둔다면, 비록 부임할 때 입은 옷이 초라하고 수레가 볼품이 없다고 할지라도 이 또한 도리어 그 청렴한 기개를 더욱 드러내 주게 될 터이다.

車馬之華樸, 視囊橐之豊儉.[386] 若履任一塵不染,[387] 行李百物求備, 惟家計素封而後可.[388]

꾸미지 못하였다고 말하였다(古者大臣有坐不廉而廢者, 不謂不廉, 曰: '簠簋不飾'.)."라는 고사에서 비롯된 말이다.

377 구구(區區)는 분주하게 힘을 쓴다, 바쁘게 서두른다는 뜻이다.

378 기가(譏訶. 譏呵)는 꾸짖고 나무란다는 뜻이다.

379 불협(不浹)은 융합하지 못해 사이가 껄끄럽다는 뜻이다.

380 조응(照應)은 협력하다, 돌보다, 보살핀다는 뜻이다.

381 범교(泛交)는 진정으로 사귀지 않는 겉치레뿐인 교제를 말한다.

382 혼탁(混托)은 함부로, 마구, 무턱대고 청탁한다는 뜻이다.

383 거공(居功)은 스스로 공로가 있다고 생각한다, 내세운다는 뜻이다.

384 초괴(招怪)는 남의 비난이나 책망을 가져온다는 뜻이다.

385 치장(治裝)은 행장을 차리다, 여장을 갖춘다는 뜻이다.

386 낭탁(囊橐)은 주머니를 가리킨다.

否則多方稱貸,[389] 徒飾觀瞻,[390] 席未暖而索逋在庭,[391] 求其無渝初志, 也得乎?[392] 故士君子捧檄方新, 以忠君、愛民爲心, 雖衣敝駕羸,[393] 亦愈彰其羔羊之節矣.[394]

1-21. 출발(起程)[395]

행장을 꾸릴 때에는 짐에 대한「명세서」를 만들어야 한다. [짐을 넣은] 광주리에는 글자로 만든 번호를 순서대로 매기고, 몇 번 광주리에 어떤 물건이 있는지 하나하나 번호에 따라 목록을 만들어, 도중에 꺼내서 사용할 수 있게 해야 한다. 또한 따로 짐을 점검하기 위한「목록」도 만들어서 길을 떠날 때 번호에 따라 사람을 시켜 운반하게 한다. 숙소에 이르렀을 때마다 번호에 따라 점검하면 잃어버릴 염려가 거의 없을 것이다. 출발에 임박해서는 미리 손으로 쓴「직명단첩(職名單帖)」을 약간 챙겨 둠으로써 사람을 보내 송별하는 친우에게 원래 보내온 명첩에 끼어 함께 돌려줄 수 있도록 한다. 존귀한 분에 대해서는 단첩이 아닌 제대로 된「정식 답장명첩(全揭)」을 보내도록 한다.

○ 도중에 혹시 시간이 지연되어 부임기한을 넘길 것 같으면, 지나가는 길에 있는 주현의 지방관으로부터 병에 걸렸다는「보증서」를 미리 받아 두고, 의생(醫生)과 여관의「확인서」도 함께 받아서 증거로 삼아야 한다. 부임한 다음 기한이 적힌 문서를 반납할 때 그 사

---

387 일진불염(一塵不染)은 청정하고 품격이 고상하다는 뜻이다. 원래는 불교의 용어로 진정한 청정의 경지에 이르러 육진(色·聲·香·味·觸·法) 가운데 어느 하나에도 물들지 않았다는 뜻에서 비롯되었다.

388 소봉(素封)은 관작(官爵)이나 봉읍(封邑)이 없지만 그에 비할 만한 재부를 가진 사람을 가리킨다.

389 칭대(稱貸)는 빚을 낸다, 돈을 빌린다는 뜻이다.

390 관첨(觀瞻)은 겉모양, 외관을 말한다.

391 색포(索逋)는 빚을 독촉한다는 뜻이다.

392 무투(無渝)는 달라지거나 바뀌지 않는다는 뜻이다.

393 가리(駕羸)는 말이 여위고 허약하다는 뜻이다. 원래 가(駕)는 말이나 마차·수레 등의 탈것을 가리킨다.

394 고양(羔羊)은 새끼 양을 말한다.『시경』「소남(召南) 고양(羔羊)」의 편명이기도 한데, 사대부의 절조가 청결하고 진퇴에 절도가 있다는 것을 나타내는 데 쓰인다.

395 기정(起程)은 출발하여 여정에 오른다는 뜻이다. 이 제목은 원래 '부록「보증서」받기[取結 附]'란 부제가 붙어 있으나, 부록이 따로 본문과 독립하여 있는 것이 아니므로 여기서는 부제를 생략하였다.

정을 분명하게 설명하면서 「보증서」와 함께 제출한다. 「보증서」를 받는 곳은 기한의 날짜를 봐서 너무 늦거나 너무 이른 곳이어서는 안 된다. 대략 중간쯤에서 기한 내의 일정과 별 차이가 없을 때에야 비로소 「보증서」를 받는다. 만약에 기한 밖의 날짜에 「보증서」를 받았다면 나중에 승인을 받지 못하고 기한을 넘긴 것에 대해 정례(定例)에 따라 처분을 받게 된다.

○ 부임할 때 곧바로 가지 않고 길을 멀리 돌아가는 것은 정례에 따라 처분을 받는다. 돌아가는 길에 있는 주현에서 「보증서」를 받아 내거나 제출하는 것 모두 적절한 일이 아니므로 신중해야 한다.

束裝時,[396] 須記一「行李細單」.[397] 笥篋編排字號,[398] 某號內係某物, 一一照號開記, 以便途次取用.[399] 又另記一「行李點單」,[400] 就道時以便按號派人押行.[401] 每至宿店, 亦按號查點, 庶無遺失. 瀕行預帶手本「職名單帖」若干,[402] 親友差人候送者, 以便夾原帖璧還.[403] 尊顯者, 仍復全揭.[404]

○ 途次偶有耽延,[405] 恐到任逾限, 須預先取經過州縣患病「印結」,[406] 粘連醫生、店家「甘結」爲據.[407] 到任後, 于繳憑文書,[408] 聲說明白,[409] 將「印結」連憑申繳.[410] 其取結之處, 要看憑

396 속장(束裝)은 행장(行裝)을 꾸린다는 뜻이다.

397 행리(行李)는 길을 떠날 때 휴대하는 물품이나 짐 꾸러미를 가리킨다. 세단(細單)은 명세서를 말한다.

398 사협(笥篋)은 대나무로 만든 작은 광주리다. 편배(編排)는 일정한 목적에 의해 순서대로 배열한다, 안배한다는 뜻이다. 자호(字號)를 글자를 써서 구분하는 번호로 삼는 것을 말한다.

399 도차(途次)는 도중에, 또는 여행길에 머무르거나 잠을 자는 곳이라는 뜻이다.

400 점단(點單)은 점검번호를 가리킨다.

401 압행(押行)은 호송·운송·압송을 뜻한다.

402 「단첩(單帖)」은 관계(官界)에서 사용하던 한 장짜리 접지 않는 명첩을 말한다. 「단홍첩(單紅帖)」, 「단홍찰(單紅刺)」이라고도 한다.

403 벽환(璧還)은 물건을 원래의 주인에게 돌려준다는 뜻이다.

404 「전게(全揭)」는 제대로 된 형식을 갖춘 게첩(揭帖), 즉 명첩을 가리키는 것으로 보인다. 게첩은 원래 청대 관원이 제본을 상주할 때 같이 올리는 3통의 부본(副本)을 가리키는 것이다(中國第一歷史檔案館 編著, 『청清代文書檔案圖鑑』, 岳麓書社, 2004, p.22, p.140). 지방관이 상사에게 올리는 험문(驗文. 상행문의 일종) 앞에 첨부되어 있던 부분인 이력게첩(履歷揭帖)의 사례도 있으므로 그 용도는 다양한 것처럼 보인다(張我德 等編, 『清代文書』, 中國人民大學出版社, 1996, pp.159-161).

405 탐연(耽延)은 멈추거나 늦어진다는 뜻이다.

406 환병(患病)은 병에 걸렸다는 뜻이고, 인결(印結)은 관인을 찍은 「보증서」를 말한다. 이하에서는 인결을 모두 「보증서」로 번역하였다.

407 첨련(粘連)은 함께 붙인다는 뜻이다. 점가(店家)는 여관이나 상점을 말하며, 감결(甘結)은 관부에 제출하는 서명

限日期, 不可太遲, 亦不可太早. 約在中途, 與限內程期相倣,[411] 方可取結. 若限外日期取結, 不准, 仍照違限處分.

○ 上任繞道,[412] 例有處分. 如繞道州縣取結、出結, 均有未便,[413] 愼之.

을 한 「확인서」로 그렇지 않으면 달게 처벌을 받겠다는 내용을 담고 있다(감결은 자인서·자원서·서약서 등으로 번역될 수 있으나 여기서는 모두 「확인서」로 통일하였다). 여기에 관인을 찍어서 그 신빙성을 높인 것이 「보증서」인 인결(印結)이다. 결(結)은 책임을 지겠다거나 해결이 되었다는 것을 보증하는 문서를 가리킨다.

408 격빙(繳憑)은 기한이 적힌 서류를 반납한다는 뜻이다. 지방에 파견되기 전에 이부로부터 부임기한이 적힌 서류를 받는데 부임한 다음 이것을 반납해야 하였다.

409 성설명백(聲說明白)은 분명하게 사정을 설명한다는 뜻이다.

410 신격(申繳)은 반납한다는 뜻이다. 신(申)은 상행문(上行文)을 가리키는 것으로 상사에게 보고한다는 뜻이 있으므로 반납하면서 보고한다는 뜻으로 볼 수 있다.

411 정기(程期)는 일정·기한을 말하며, 상방(相彷. 相仿)은 상당하다, 차이가 거의 없다는 뜻이다.

412 요도(繞道)는 곧바로 가지 않고 다른 길로 돌아서 간다는 뜻이다.

413 미편(未便)은 적절하지 못하다, 타당하지 못하다는 뜻이다.

| 제2권 |

부임부 莅任部 1

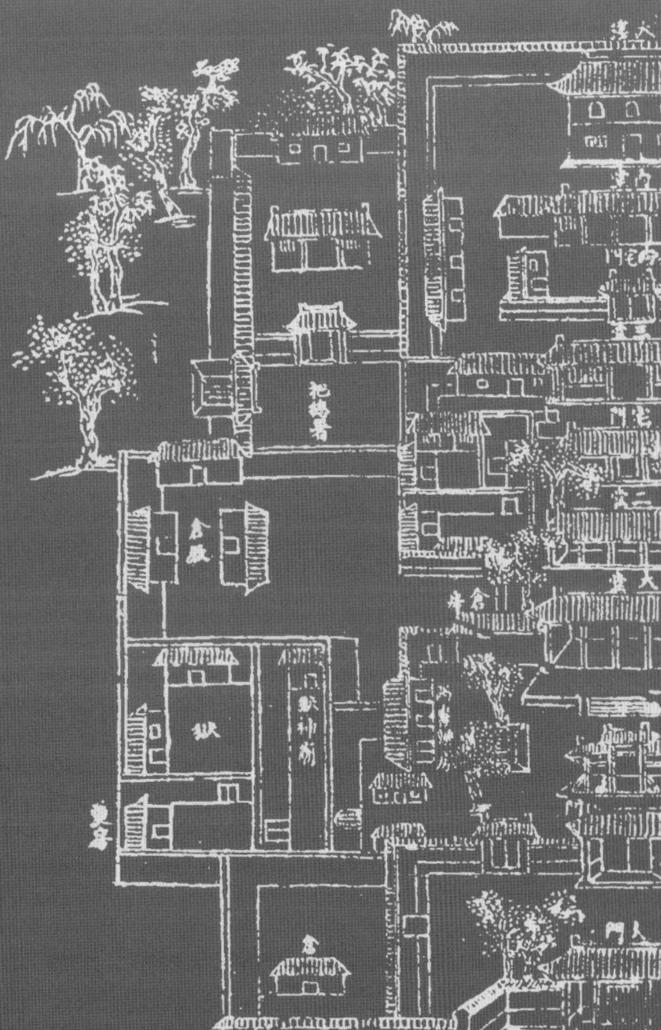

福惠全書

2-01. 총론(總論)

속담에 이르기를 "신부(新婦)는 문에 들어올 때를 보아야 하고, 신임 관원은 부임할 때를 보아야 한다"고 하였다. 또한 이르기를 "관원(官)은 서리(胥吏)를 일주일 동안 살펴보고, 서리는 관원을 사흘 동안 살펴본다"고 하였다. 무엇 때문에 이런 말이 생겼을까? 대개 그 시작을 살펴보면 바로 그 끝을 짐작할 수 있기 때문이다. 무릇 관원(官員)은 그 성정(性情)에 관대하거나 엄격한 차이가 있고, 정사(政事)를 베푸는 데에도 치밀하거나 소홀하다는 차이가 있다. 관대하면 쉽게 친해져 점차 [서리가] 농간을 부리고자 하게 된다. 엄격하면 범하기가 어려워 감히 쉽사리 법을 어기지 못하게 된다. 또한 정사에 치밀하면 운영이 반드시 꼼꼼하므로 [서리가] 불법을 저지를 수 없다. [반대로 정사에] 소홀하면 계산과 고려가 대부분 허술한 게 많아 여기서부터 폐단이 생겨난다. 그러므로 자기 생각을 잘 감추는 지방관은 항상 예측할 수 없는 모습을 보여 줌으로써 기뻐할 것인지 화를 낼 것인지 도무지 미리 알아차리지 못하게 할 수 있고, 그 직무를 잘 처리하는 지방관은 언제나 도저히 속일 수 없다는 모습을 보여 주어 일 처리에 틈을 탈 기회를 주지 않는다. 이렇게 해야만 간교한 서리와 지방의 사납고 흉악한 무리가 움츠러들면서 행동을 고치고 마음을 되돌림으로써, 감히 친밀함을 믿고 술수를 부리거나 쉽사리 부정을 저질러 법을 어기지 못하게 된다.

그러므로 중요한 핵심은 모두 부임 초기에 있고, 수레에서 내리면서 바로 이런 모습을 일부러 보여 주어야 한다는 것이다. 그리고 속에 품은 지혜를 사용할 때는 모름지기 임기를 마치고 자리를 떠날 때까지 시종일관 한결같은 모습을 보여 주어야 한다. 이렇게 하면 때에 맞추어 일을 적절히 처리하고, 일에 따라 적당한 조치를 마련하여 어디서든 그 엄격함을 꺼리지 않는 경우가 없고, 어느 때든 그 정밀한 솜씨를 보여 주지 않음이 없을 것이다. 부임 초기에 처리해야 할 모든 일은 이전의 관례에 따르거나 아니면 새로운 규정을 반포해서 처리해야 하지만, 모름지기 힘써 모든 일을 두루 합당하게 다루면서 빠뜨리지 않고 정돈해야 한다. 비록 신임관이 처리할 정사의 일부분이지만, 실은 오랫동안 지속될 훌륭한 방안을 조목조목 순서대로 뽑아 다음에 열거해 놓았으니, 원컨대 지방관은 부임 초기에 특히 이런 데 주의해 주기를 바란다.

諺云: "新婦看進門, 新官看到任." 又云: "官看吏一七,[1] 吏看官三日." 何也? 蓋觀其始, 卽可以概其終也. 夫官之性情有寬, 有嚴, 政事有精, 有忽. 寬則易親, 而可以漸行其術; 嚴則難犯, 而不敢輕干其法. 精則經營必密, 而奸無可施; 忽則計慮多疎,[2] 而弊因從入. 故善藏其用者,[3] 恒示人以不可測, 而喜怒不得窺其端; 善謀其務者, 恒示人以不可欺, 而事爲無所投其隙.[4] 然後奸胥、猾吏與地方豪惡之徒,[5] 戢然改行回心,[6] 而不敢恃親而行術, 輕犯而干法.[7]

然要之皆于下車之始,[8] 而有以徵之.[9] 至其用其謀, 雖守之終任去官而有如一日. 于是因時制事, 因事制宜, 無在而不憚其嚴, 無往而不見其精矣.[10] 蒞任之初, 所有應行事宜, 或因其成例,[11] 或更出新規, 務須咸理曲當,[12] 振飭無遺.[13] 雖爲新政之一班,[14] 實卽良法之可久, 銓次其條,[15] 列之于左, 願司牧君子,[16] 于三日新官而加之意,[17] 可也.

---

1 일칠(一七)은 1주일, 즉 7일을 가리킨다.

2 계려(計慮)는 계산이나 고려하는 것을 말한다.

3 장용(藏用)은 그 기능(功用)을 아래에 숨긴다, 또는 의도를 몰래 감춘다는 뜻이다. 따라서 여기서는 자기 생각을 드러내지 않고 잘 감춘다는 뜻으로 보인다.

4 투극(投隙)은 틈을 탄다, 기회를 엿본다는 뜻이다.

5 호악(豪惡)은 사납고 흉악(凶惡)하다는 뜻이다.

6 집(戢)에는 싸움을 멈춘다, 중단한다, 거두어들인다는 뜻이 있으므로 집연(戢然)은 멈추고 거두어들이는 모습을 나타낸다.

7 간법(干法)은 범법(犯法)처럼 법을 어긴다는 뜻이다.

8 하거(下車)는 관리가 임지에 도착하다, 부임한다는 뜻이다. 『예기(禮記)』「악기(樂記)」편에 "무왕은 은을 정복한 다음 상으로 돌아갔는데, 수레에서 내리기도 전에 황제의 후손을 계 땅에 봉하였다(武王克殷, 反商, 未及下車, 而封黃帝之後於薊)"는 구절에서 비롯되어 이 말은 최초의 즉위·부임을 가리키게 되었다.

9 유이(有以)는 일부러 의도적으로 한다, 무언가 원인이나 규율이 있다는 뜻이다. 징(徵)은 증명하다, 표시한다, 상징한다는 뜻이 있다.

10 무재이불(無在而不)은 어디에 있든 …하지 않음이 없다는 뜻이고, 무왕이불(無往而不)은 어디를 가든 …하지 않음이 없다는 뜻이다. 무재(無在)나 무왕(無往)은 '불(不)'이나 '비(非)'라는 글자와 함께 쓰이면서 긍정의 뜻을 나타낸다. 이를테면 무왕불극(無往不克. 無往不勝)은 어디를 가든 이기지 못하는 경우가 없다는 뜻이다.

11 성례(成例)는 기존 관례·전례·선례를 가리킨다.

12 곡당(曲當)은 위곡득당(委曲得當)의 줄임말로, '두루 또는 모두 합당하게'라는 뜻이다.

13 진칙(振飭)은 정돈한다는 뜻이다.

14 일반(一班)은 사물의 일부분이란 뜻이다.

15 전차(銓次)는 여기서는 순서대로 편성한다는 뜻이다.

16 사목(司牧)은 관리하다, 통치하다는 뜻이므로 사목군자는 바로 지방관을 가리킨다.

17 삼일신관(三日新官)은 '이제 막 부임한 관료'라는 뜻 같다. 신임관에 대해서는 "신관상임삼파화(新官上任三把火)"라는 속어(俗語)가 있다는 점도 기억할 필요가 있다. 관원은 새로 부임하면 반드시 무언가 새로운 조치·정책을 통해 위풍을 보여 줌으로써 기선을 제압하려 한다는 뜻이다. 여기에는 신임관이 항상 처음 다루는 몇 가지 일을 가지고 자신의 재능이나 개혁의 결심을 표현하지만, 얼마가 지나면 모든 것이 예전처럼 돌아간다는 뜻도 내포되어 있다. 『삼국연의(三國演義)』에서 제갈량이 유비의 군사(軍師)가 된 다음 조조의 군대를 세 번 화공(火攻)으로 공격하였다는 고사에서 비롯되었다고도 한다.

2-02. 부임을 알리는 「품첩」 제출(投到任稟)

성성(省城)이나 부치(府治)에 현 아문이 함께 있는 주현이라면 부임하기 며칠 전에 「품첩」을 써서 직속상관인 지부나 근무지 주둔부대의 무관, 그리고 통판·동지 등 윗사람에게 부임을 보고한다. 그 「품첩」의 내용은 단지 부임 일기를 알리면 되므로, 내용은 요점만을 알리는 간략한 것이어야 하며 괜히 쓸데없는 것을 늘어놓아서는 안 된다.

如省·郡附郭縣邑,[18] 將到任數日前, 用「稟帖」稟知本府及軍、糧等廳.[19] 其稟只報明到任日期, 詞貴簡要無事浮冗.[20]

○ 부록: 「품첩」 양식(「稟帖」式)

새로 모성 모부 모 주현의 지현으로 선발된 모가 삼가 아룁니다.

평범한 재주밖에 없는 제가 외람되이 아주 힘든 임무를 떠맡게 되어, 밤낮을 가리지 않고 길을 재촉하여 도착하게 될 날이 머지않은 것 같습니다. 다행히 기댈 만한 덮어 주실 곳이 있어, 크게 도와주시는 은혜를 베풀어 주실 것을 기대하고 있습니다. 마치 바야흐로 태양을 의지할 수 있게 됨을 기뻐하여 해바라기가 그쪽으로 기울어지는 것과 같은 간절한 마음입니다. 저는 삼가 이번 달의 모일을 택하여 부임하고자 하므로 응당 그에 앞서 보고를 올립니다. 나중에 인수인계가 끝나기를 기다려 곧바로 달려가 뵙도록 하겠습니다. 엎드려 자애롭게 살펴 주시길 바라는 바입니다. 이에 품을 올리는 바입니다. 이상입니다.

이상과 같은 품을 올리는 바입니다.

년 월 일

---

18 성군(省郡)은 독무가 주재하는 성도(省都)와 지부(知府)가 근무하는 부치(府治)의 소재지를 가리킨다. 부곽(附郭)은 부(府)의 속현(屬縣)을 가리킨다. 현읍(縣邑)은 현치(縣治) 또는 현성(縣城), 즉 현 아문의 소재지를 가리킨다.

19 품(稟)은 위에 대해 보고한다는 뜻이거나 그러한 형식의 공문서(上行文)를 가리킨다. 「품첩(稟帖)」은 백성이나 하급 관료가 (상급) 관부에 올리는 문서를 가리킨다. 청(廳)은 동지·통판의 아문을 가리킨다. 지부의 좌이관·속관은 지현보다 품급이 낮으므로, 양(糧)은 지부와는 다른 지휘 계통의 상급 관원을 가리키거나 일반적인 명칭으로 쓴 것 같다. 독량도(督糧道)를 가리킬 수도 있지만, 독량도의 아문은 양도서(糧道署)라서 청(廳)과는 거리가 있기 때문이다.

20 무사(無事)는 '이유 없이, 괜히'라는 뜻이고, 부용(浮冗)은 남는 것, 쓸데없는 것을 가리킨다.

○「禀帖」式

新選某省某府某州縣知州縣某, 謹禀.

卑職一介庸材, 謬叨劇任,[21] 星馳載道,[22] 戢羽非遙.[23] 幸帲幪之可托,[24] 冀弘宇庇之恩,[25] 喜雲日之方依,[26] 彌切葵傾之悰.[27] 卑職謹擇於本月某日到任, 合先期具禀, 俟受事後, 卽虔趨謁. 伏惟慈鑒. 須至禀者.

右 具

禀

年 月 日

2-03. 부임을 알리는 「포고」와 「패문」 발송(發到任「示」·「票」)

부임하기 사나흘 전쯤에 먼저 취임을 알리는 「홍색 포고문」을 보내고, 또한 「패문(牌文)」을 한 통 보내 취임할 때 이용할 인부나 마차 등의 항목을 재촉하여 받도록 한다.【「패문」의 형식은 뒤에 보인다.】

將到任三五日前, 先發上任「紅告示」, 卽發一「牌」,[28] 催取到任應用夫馬等項.

---

21 도(叨)는 탐을 낸다는 뜻이지만, 첨가된다는 뜻도 있어 떠맡게 된다는 것을 겸손하게 표현할 때 항상 사용되기도 한다. 이를테면 "신은 감히 평범한 재주를 가지고 큰 임무를 떠맡게 되었습니다(臣妄以庸才, 謬叨重任)."라는 경우에 항상 사용되는 것이다.

22 성치(星馳)는 유성처럼 달린다, 별을 보면서(밤낮으로) 달린다, 경쟁한다는 뜻이 있다. 재도(載道)는 길을 가득 채운다는 뜻이다.

23 집우(戢羽)는 날개를 접어 나는 것을 멈춘다는 뜻이다.

24 병몽(帲幪)은 본래 장막(帳幕)을 가리키지만, '덮을 것, 나아가 비호(庇護)'라는 뜻도 지닌다.

25 우비(宇庇)는 비호한다는 뜻이다.

26 운일(雲日)은 구름과 해, 또는 햇빛이나 태양을 가리킨다.

27 규경(葵傾)은 해바라기가 해를 향해 기울어지는 것을 말하므로, 앙모하는 심정을 비유하기도 한다. 소(悰)는 정성, 참된 마음을 뜻한다.

28 패(牌)는 즉 「패문(牌文)」을 가리킨다. 「패문」은 명·청대에 쓰이던 위에서 아래로 내려 보내는 지시공문(下行文)

○ 부록:「홍색 포고문」 양식(「紅示」式)

신임 모 주현의 지현 모성은 [지방]관직을 제수받았다.

본 지현은 최근 임명을 받아 이곳에 부임하게 되었다. 정확히 모월 모일 길시에 부임할 것이니, 경내의 소속 관리, 현유학(縣儒學)의 교사와 학생, 이노인(里老人) 등은 시기가 되면 모두 참가하여 얼굴을 보여야 하며, 이것을 그르치거나 잘못을 해선 안 된다. 이에 특별히 고시하는 바이다.【아래쪽에 붉은 글씨로 '실(實)'이란 글자를 쓴다. 길시의 '길'자도 붉은 글씨로 쓴다.】

년 월 (날짜를 쓴다) 일 발급.

실제로 아문 앞에 붙일 것.

○「패문」 양식(「牌」式)

신임 모 주현의 정당 모가 공무 때문에 알린다.

본 지현은 정확히 모일【붉은 글씨로 쓴다.】 모시【붉은 글씨로 쓴다.】에 부임할 예정이다. 거기에 필요한 모든 인부와 마필에 대해 미리「패문」을 보내 알리며, 이를 위해 아역을 미리 보내 안배하도록 한다. 관련 방(房)의 이서 등은 다음에 나열하는 인부·마차·가마·지레 등의 목록에 나오는 숫자대로 하나하나 불러들여 준비하고, 거기에 사용된 주고받는 비용 지급을 늦추거나 그르치는 일이 있어서는 안 된다. 나중에 문제가 있다는 것이 조사로 밝혀지면 붙잡아 처벌하는 불편함이 생길 것이다. 이에 지시를 하는 바이다.【붉은 글씨로 '실(實)'이란 글자를 쓴다.】

첨부목록:

가마 [ ] 대. 말 [ ] 필. 지레 [ ] 대

역참의 병사, 나팔수, 우산을 드는 하인 및 일을 맡은 아역들은 기존 규정대로 모두 모

의 일종이다.

처에서 대기할 것.

위 내용을 병방의 각 이서에게【붉은 글씨로 당직을 쓴다.】 패문으로 보낸다. 이상.

년 월 일【붉은 글씨로 쓴다.】

부임한 날부터【붉은 글씨로 쓴다.】 안으로 반납할 것.

○ 최근 부임을 알리는 「홍색 포고문」은 모두 전임 지현이나 서리 지현이 대신 발포하고, 또한 신임 지현의 가족은 대부분 부임 이후 관아에 도착한다. 때문에 거기에 필요한 인부나 말은 그 시기에 맞추어 「표문(票文)」을 내려 준비하여 영접케 한다. 따라서 사전에 아역을 통해 「패문」을 보낼 필요가 없으므로, 앞서 예로 든 두 양식은 그냥 보존해 두고 참고로 삼으면 될 것이다.

○「紅示」式

新任某州縣正堂某姓,[29] 爲除授官員事.[30]

照得本州縣新膺簡命,[31] 來蒞玆土, 的于某月某日吉時上任,[32] 所有合屬官吏、[33] 師生、[34] 里

---

29 정당(正堂)은 정청대당(聽政大堂)을 가리키기도 하지만, 부주현의 지방 정인관(正印官)에 대한 호칭이기도 하다. 명·청대에는 포정사로부터 지주·지현에 이르기까지 각급 지방관은 모두 정방형의 인장('印')을 사용하였기 때문에 이런 명칭이 생겼다(따라서 正印官·印官이라고도 한다). 참고로 총독이나 순무 등은 원래 명대에 임시 파견직이라 장방형 인장인 '관방(關防)'을 사용하였다. 그리고 청대의 관인(官印)에는 황제의 인신(印信)인 어보(御寶), 친왕의 인신인 보(寶), 상설국가행정기구의 관인(주현의 경우도 여기에 해당된다)으로 금·은·동으로 주조하는 인(印), 그리고 임시성 및 재정·경제·공사를 담당하는 기구에서 사용하는 관방(關防. 독무의 경우가 이에 해당된다), 번부(藩部)의 대신(大臣)·좌령(佐領) 등 무관이 사용하던 도기(圖記), 기층 행정·군정단위의 좌이관이 사용하던 조기(條記)와 검기(鈐記) 등 여섯 종류가 있었다. 중국제일역사당안관(中國第一歷史檔案館) 편저(編著), 『청대문서당안도감(清代文書檔案圖鑑)』(岳麓書社, 2004), 제6장 3절 「文書的印信制度」, pp.286-289을 참조.

30 제수(除授)는 관직을 내린다는 뜻이다. 앞서도 나왔지만 이 문장에서 '爲…事'는 공문의 제목처럼 내용의 요약을 알려 주는 역할을 한다.

31 조득(照得)은 조사해 보아서 알았다(查察而得)는 뜻이지만, 보통 아래로 내려 보내는 공문(下行文)이나 포고(布告)의 첫머리에 항상 사용하는 구절이다. 따라서 굳이 그 뜻을 해석하지 않아도 상관없다. 간명(簡命)은 간임(簡任)과 같다. 즉 골라서 보내 임명한다는 뜻이다.

32 길시(吉時)는 좋은 시진, 길한 시간을 말한다.

33 소유(所有)는 '전부, 모든'이라는 뜻이다. 합속(合屬)은 합속(闔屬)·합경(闔境)과 같은 뜻으로 경내의 모든 곳이라는 뜻이다.

34 사생(師生)은 스승과 제자라는 뜻이지만, 여기서는 현의 학교, 즉 유학(儒學)에 소속된 교직 관료와 학생(生員이

老人等,[35] 至期一體參謁,[36] 毋得違錯. 特示. 【硃判實字于下 ○ 吉時吉字亦硃判】

年 月 (硃判日)[37] 日給

實貼署前

○「牌」式

新任某州縣正堂某姓,爲公務事.

照得本州縣, 的于某日 【硃判】 某時 【硃判】 上任, 所有應用夫馬, 合先遣牌知會.[38] 爲此仰役前去著落,[39] 該房吏書照依後開夫、馬、轎、槓名數, 一一喚備, 用過領給工價, 毋得遲悞, 取究未便.[40] 須至牌者. 【判實字】

計開: [41]

轎 幾乘. 馬 幾匹. 槓架 幾副.

凡舖兵、吹手、傘扇夫皀幷執事各役, 悉照舊規, 俱在于某處伺候.

右牌仰兵房 【硃直】 各吏書. 准此.

年 月 【硃判日】 日

定限上任 【硃限】 日繳

○ 近來到任「紅示」, 俱係前任或署篆代出, 卽新官家眷, 多係蒞任後至署, 應用夫馬, 臨期

나 童生) 등을 가리키는 것으로 보인다.

35 이노인(里老人)은 이를테면 명초에 이(里)에서 덕망 있는 연로자를 뽑아 이노인(里老人)이라 하면서 이민(里民)의 교화 및 쟁송(爭訟)을 맡겼던 존재이지만, 여기서는 아마 이장(里長)을 가리키는 것으로 보면 될 것이다.

36 참알(參謁)은 윗사람을 찾아뵌다는 뜻이다.

37 판일(判日)은 날짜를 기입해 넣는다는 뜻이고, 주(硃)는 붉은 물감이므로, 여기에 붉은 먹물로 날씨를 써넣는다는 뜻이다.

38 지회(知會)는 통지한다, 알린다는 뜻이다.

39 착락(著落)은 처리 · 조치 · 안배한다는 뜻이다.

40 취구(取究)는 붙잡아 조사하거나 처벌한다는 뜻이다. 나중에 조사하여 발각되면 처벌을 받을 것이라는 뜻으로 '찰구미편(察究未便)'과 같은 용어다.

41 계개(計開)는 항목대로 하나하나 나열한다는 뜻으로, 청대에는 목록의 머리에 관행적으로 이것을 사용하였다. 따라서 목록이나 첨부내용이라고 번역할 수 있다.

出「票」,[42] 備辦迎接, 無庸遣「牌」, 其前列示牌二式, 存之備覽可也.

2-04. 입경(入境)

신임관의 부임은 사민(士民)들이 [지현에 대해] 보고 듣는 출발점이 된다. 따라서 신임관의 모든 행동은 응당 그 이로움과 해로움, 다급함과 느슨함에 따라 조이거나 늦추는 방법을 써야 한다. 지방이 피폐해 있을 경우에는 구휼을 우선으로 하고, 백성이 교활하고 사나울 경우에는 법령의 시행을 우선으로 한다. 독서인들의 기풍이 경박할 경우 예교(禮敎)의 진작을 우선으로 하고, 서역들이 부정을 일삼을 경우 형벌을 우선으로 한다. [요컨대 신임관의 행동에서] 중요한 바는 백성의 마음을 통쾌하게 만들면서 뭇사람의 신임을 얻어 내어 쇠락한 풍습을 전혀 새롭게 바꾸어 내는 것이다. 그렇게 하면 신임관이 유능하고 재간이 있다는 평판이 부임하는 날부터 바로 퍼져 나가게 될 것이다.

하지만 평소 경륜을 갖추어 사전에 충분한 대책을 마련한 경우가 아니라면 어찌 곧바로 핵심을 찌르는 성과를 거둘 수 있겠는가? 마음속으로 그 이치를 잘 이해하고 있어야 관대함과 엄격함을 잘 조화시켜 베풀 수 있는 법이다. [신임관이] 자기가 부임하는 지역에 들어서자마자, 또한 일에 따라 한 번쯤 위세를 보여 줄 수도 있다. 하지만 이것은 아주 재간이 빼어난 사람을 두고 하는 말이다. 만약 자신이 그 정도 수준이 아니라고 생각한다면, 더욱 마음을 집중시켜 주의 깊게 살핀 다음 실행에 옮겨야만 아마도 엄격함과 관대함이 '거꾸로'라는 비난을 피할 수 있을 것이다.

부임지에 들어온 다음에는 함께 따라온 가속들은 잠시 별관에 머무르게 하고, 취임식이 마무리되면 그때 가서 관사로 들어오게 한다. 취임 하루 전이나 또는 사흘 전에는 성황묘(城隍廟)에 가서 재계를 하고 하룻밤을 머무는 재숙(齋宿)을 하게 되는데 이를 '숙삼(宿

42 표(票)는 증거로서 사용하는 공문의 일종, 즉 증명서로 보통 인쇄된 양식에 따라 쓰였다. 오늘날의 차표·문표·입장표 등을 생각하면 쉽게 그 용도를 알 수 있지만, 청대 관청에서도 사법 안건이나 세금 문제 때문에 사람을 소환하거나 구인(拘人)할 때 제시하는 공문으로도 사용하였다. 따라서 출표(出票)는 표문을 내려서 어떤 일을 지시한다는 뜻이다.

三)'이라고도 부른다. 담당 아역은 취임식의 의례 절차를 자세하게 나열하여 신임 지현이 살펴볼 수 있도록 올려 보내야 하며, 이에 따라 그대로 식을 거행한다. 혹시 의례에 적절하지 못한 점이 있더라도 갑작스레 바꾸어서는 안 된다. 주변 사람들이 익숙하지 않으면 도리어 그때 가서 혼란을 일으킬지도 모르기 때문이다. 가령 일을 맡은 아역이 어쩌다 작은 실수를 저지르더라도 바로 곤장으로 다스려, 속 좁고 성급하며 관용을 베푸는 태도가 없다는 점을 보여 주어서는 안 된다.

新官到任, 乃士民觀聽之始. 凡所擧動, 須因其利弊緩急, 而張弛之. 地方疲瘠,[43] 先之以撫恤; 民俗刁悍,[44] 先之以法令; 士風澆漓,[45] 先之以禮教; 胥役作奸, 先之以刑罰. 貴有以快人心而孚衆望, 使刓敝之習, 渙然更始,[46] 而精明譽聞, 已著于下車之日矣. 然非經綸素具, 胸有成竹,[47] 其何以立中肯綮乎?[48] 夫心知其故, 競絿寬猛.[49] 方其入境時, 亦可因事而畧露一班, 然此蓋爲上乘說法.[50] 倘見有未到, 尤宜潛心熟察,[51] 然後措諸施行, 庶不致有剛柔倒置之譏. 旣入境, 相隨家屬,[52] 暫停別館, 俟上任事畢, 方傳入署. 於上任前一日, 或前三日, 至城隍廟齋宿,[53] 謂之: '宿三.' 該房開具上任儀注,[54] 呈送詳閱,[55] 照以擧行. 或禮有未當, 莫遽改易, 恐左右未嫺,

43 피척(疲瘠)에서 피(疲)는 세금의 체납이 아주 많을 정도로 백성이 성향이 자못 완고하다는 뜻이고, 척(瘠)은 궁핍하다는 뜻이다.

44 조한(刁悍)은 교활하고 사납다는 뜻이다.

45 요리(澆漓)는 경박하여 두텁지 않다, 부실하다는 뜻이다.

46 완폐(刓弊)는 갈아서 훼손하다, 파괴하다, 또는 쇠퇴하거나 부진하다는 뜻이다. 환연(渙然)은 (의심이나 오해 등이) 확 풀리거나 흩어지는 모양을 가리킨다.

47 흉유성죽(胸有成竹)은 성죽재흉(成竹在胸)과 같은 뜻으로 대나무를 그리기 이전 마음속에 이미 그 형상이 갖추어져 있다는 것을 가리킨다. 즉 일을 처리하기 전에 일찌감치 전반적으로 계산과 고려를 마쳤다는 뜻인데, 송대 소식(蘇軾)의 「문여가화운당곡언죽기(文與可畵篔簹谷偃竹記)」(『황조문감(皇朝文鑑)』 권82. 『四部叢刊景宋刊本』 所收)에 나오는 "따라서 대나무를 그리려면 반드시 먼저 가슴속에 대나무를 만들어 두어야 한다(故畵竹, 必先得成竹於胸中)"는 구절에서 비롯되었다고 한다. 줄여서 성죽(成竹)이라고도 한다.

48 긍계(肯綮)는 요해나 요점, 가장 중요한 관건을 비유한다. 중긍계(中肯綮)는 핵심·요점을 찌른다는 뜻이다.

49 경구(競絿)는 『시경』 「상송(商頌) 장발(長發)」편에 나오는 "난폭하지도 비굴하지도 않고, 강경하지도 않고 연약하지도 않다(不競不絿, 不剛不柔)"라는 구절에서 비롯되었다. 여기서 정사를 베풀 때 완급을 적당하게 조절하는 것을 경구라고 부르게 되었다. 관맹(寬猛)은 관대함과 엄격함을 말하므로 경구관맹은 관대함과 엄격함을 조절해 가면서 정사를 베푸는 것을 가리킨다.

50 상승(上乘)은 상품(上品)·상등(上等), 또는 그러한 인재를 가리킨다.

51 잠심(潛心)은 몰두하다, 마음을 집중시킨다는 뜻이다.

52 상수(相隨. 相隋)는 '서로 의존하여, 잇따라'라는 뜻이다.

53 재숙(齋宿)은 제사나 전례를 치르기 전날 목욕하고 옷을 갈아입어 심신을 청결하게 한 다음 혼자 잠을 자서 경건함을 표시하는 일을 말한다. 성황신(城隍神)에 대해서는 바로 뒷부분을 참조.

54 해방(該房)은 당직을 맡은 해당 아역, 또는 관련 사무를 담당하는 아역을 가리킨다. 개구(開具)는 나열하다, 열거

反致臨時錯亂. 倘執事人役偶有小失, 未可輒加杖責,[56] 示人以褊急無寬容之度也.[57]

2-05. 재숙(齋宿)

재숙은 성황묘에서 하는 것이 관례다. 만일 불편하다면 공관에 가서 머무르다가 분향 의식을 치를 즈음에 성황묘에 가도 좋다. 그 하루 전에는 먼저 「서약문(誓文)」을 미리 마련해야 하는데, 작성할 때는 단정한 해서체로 써서 의례를 집전하는 예생(禮生)에게 준다. 신임관이 성황신에게 절을 할 때 예생은 「서약문」을 펼쳐 읽으며, [마친 다음] 그것을 불태운다. 「서약문」은 자신의 뜻을 밝히고 또한 이를 빌어서 스스로 경각심을 갖게 하는 것이니, 감히 그것을 어겨 신의 견책을 받는 일이 있어서는 안 된다. 만약 이러한 서약을 상투적인 낡은 관행으로서만 받아들인다면 이것은 남을 속이고 신을 모독하는 것이니 차라리 아예 하지 않는 것만 못하다.

齋宿例于城隍廟.[58] 如不便, 就宿公館, 于行香時,[59] 詣城隍廟亦可. 先一日預擬「誓文」,[60]

하다, 하나하나 써넣는다는 뜻이며, 의주(儀注)는 제도나 의식절차 등을 말한다.

55 정송(呈送)은 (아역이 지현에게 문서를) 올려 보낸다는 뜻이고, 상열(詳閱)은 (지현이) 이를 살펴보면서 검토한다는 뜻이다.

56 장책(杖責)은 태형(笞刑)이나 곤장형(杖刑)으로 처벌한다는 뜻이다. 법률적으로 태형과 곤장형은 각기 소죽판과 대죽판을 달리 사용하며 청대의 태형(苔刑)은 각기 10·20·30·40·50태를 때리는 것이고, 보다 무거운 형벌인 곤장형의 경우에도 60·70·80·90·100장을 때리는 것이다. 본문에서 명확한 구분이 되지 않을 경우 양자를 합칭하여 곤장형으로 번역하기도 하였다.

57 편급(褊急)은 도량이 좁고 성정이 조급하다는 뜻이다.

58 성황(城隍)은 본래 성벽(城牆)과 호성하(護城河. 埃字), 즉 성지(城池)를 가리키지만, 여기에서 성지를 수호하는 신(城隍神. 城隍爺)을 뜻하게 되었다. 성황의 숭배는 주대(周代)까지 거슬러 올라갈 수 있으나 위·진남북조 시대 이후 대체로 도교나 민간신앙으로서 출현하였고, 송대에 이르면 국가사전(國家祀典)의 범위에 들어가 각 지방에 모두 보급되었다. 명대에는 태조가 직접 경사와 각 부·주·현의 성황신에게 작위와 복식을 내려서 규정해 주고 각 지방관이 정기적으로 제사를 주지하게 하였다. 청대에는 성황의 지위가 더욱 높아져 신임관은 부임 전에 반드시 성황묘에서 재숙(齋宿)해야 했으며, 부임하는 날 성황묘 앞에서 제례를 치른 다음에야 취임할 수 있었다. 성황신은 도시(城池)나 국가의 수호신으로서 생인망령(生人亡靈)의 장선벌악(奬善罰惡)·생사화복(生死禍福)과 행복이익(幸福利益)을 주재하는 것으로 인식되었으며, 명·청대 이후에는 하나의 신의 관직(官職)이 되어 성도(省都)의 성황은 지하세계인 음간(陰間)의 순무, 부의 성황은 음간의 지부, 현의 성황은 음간의 지현이나 마찬가지

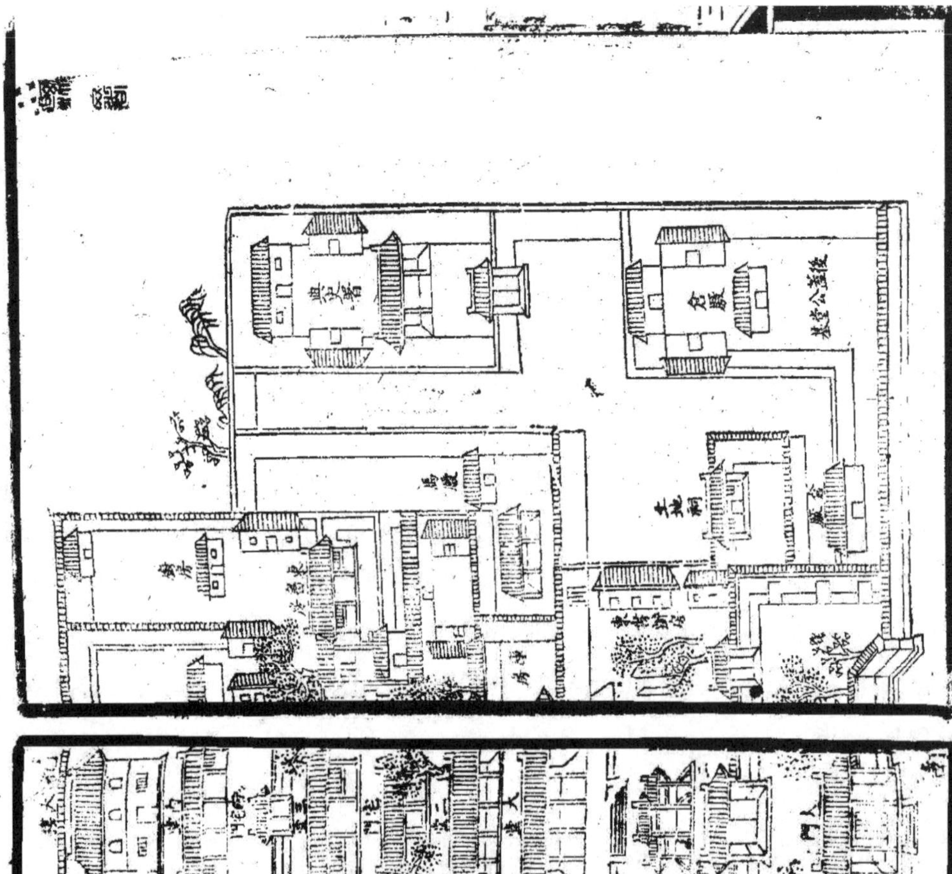

산동성 제성현(諸城縣)의 현 아문
* 담성현지의 그림이 없어 참고로 제성현의 현 아문도를 넣었다.

端楷書,[61] 就授禮生,[62] 俟謁神時, 禮生展讀焚化.[63] 按誓文所以明吾志, 且藉之自警, 不敢有所違背, 以干神譴也. 若以誓爲故套,[64] 欺人瀆神, 不如弗用之爲愈耳.

2-06. 관인 수령(受印)

관인(官印)을 주고받는 일은 각 지역마다 규정이 다르다. 대체로 근래에는 전임 지현이든 서리 지현이든 아니면 지부·동지가 아울러 보관하였든 상관하지 않고, 모두 신임 지현이 입경하는 날에 지현의 좌이관(佐貳官)에게 위탁하여 이방(吏房)과 함께 공관으로 보낸다. 그리고 탁자를 한가운데 설치하고 관인을 위에 놓은 다음 신임관은 경건하게 그 앞에 선다. 좌이관과 이방 서리가 입회하여 보내온 자물쇠의 봉인 상태를 점검한 다음, 보자기를 열어 밀봉 상태를 살피고, 자물쇠를 따고 상자를 열어 관인의 밀봉 상태를 살피도록 요청한다. 그리고 신임 지현에게 관인을 올려 도장의 뒷면(印背)과 앞면(印面), 그리고 전서체 글씨(篆文)와 네 귀퉁이 및 자루를 자세히 살피도록 한다. 만약 끼워 넣어 고치거나 파손된 부분이 있으면 몇 군데인지를 기록한다. 그다음에는 이전대로 단단히 밀봉한 다음 열쇠와 함께 친히 넘겨받는 절차를 끝낸다. 아울러 "이방은 모 좌이관과 함께 끼워 넣어 고치거나 파손된 부분이 몇 군데 있었음을 살펴서 확인하였다"는 「확인서」를 받아 보존한다.【이 「확인서」는 지현 아문의 관저(內宅) 안에 보관하여 나중에 상사가 조사하여 확인할 것에 대비한다. 만약 관인의 글자가 모호하다면 이부로 반납하여 바꾸어야 하지, 그대로 주고

였다. 성황묘(城隍廟)는 이 성황신을 제사지내는 곳이다. 이러한 민간종교와 국가권력의 관계를 이해하기 위해서는 유장근, 「민간종교」(吳金成 외, 『명청시대사회경제사』, 이산, 2007 소수)를 참조.

59 행향(行香)은 매월 초하루와 보름마다 묘에 가서 향을 태우면서 절을 하거나 신임 관리가 묘에 가서 분향의식을 치르던 것을 가리킨다.

60 예의(預擬)는 미리 준비·계산·고려한다는 뜻이다.

61 단해(端楷)는 단정하게 쓴 해서체 글씨(正楷)를 가리킨다.

62 예생(禮生)은 의식의 절차와 진행을 담당하는 사람을 가리킨다. 보통 제사 때 옆에서 일어나거나 무릎을 꿇거나 머리를 조아리라고 외치는 일을 맡는다. 보통 학생이나 생원 등이 맡는다.

63 전독(展讀)은 펼쳐 읽는다는 뜻이다.

64 고투(故套)는 상투적인 낡은 관행이나 방식을 가리킨다.

받아서는 곤란하다. 만일 수선한 곳이 너무 많고 글자모양도 의심스러우면, 상사에게 확실하게 보고해 두어야만 나중에 이 때문에 피해를 받는 일을 피할 수 있다.

○ 그 관인에 새겨진 글자는 특히 자세히 살펴서 본 주현의 관인인지 아닌지를 분명히 확인해야 한다.】

交代印信,[65] 各處規矩不同.[66] 大抵近日無論前官、署篆及府廳帶掌,[67] 俱于新官入境日, 委本州縣佐貳官,[68] 同吏房送至公館. 設案居中, 奉印案上, 新官肅立.[69] 眼同佐貳官、吏房送匙驗封,[70] 啓袱驗封, 開鎖啓匣, 請印驗封. 呈印詳看背、面、篆文、四角及柄, 如有嵌補、缺損,[71] 記明幾處.[72] 照舊封固,[73] 同印匙親受訖,[74] 隨取"吏房眼同某官驗明嵌補、缺損若干處"「甘結」存案.[75] 【其「甘結」存宅內, 以妨日後上司查驗.[76] 或印信糢糊, 繳部更換, 留難交收.[77] 倘補處甚多, 跡涉可疑, 詳明上司,[78] 庶免貽累.[79]

○ 其印文, 尤須詳驗是否本州縣之印】

---

65 인신(印信)은 관인(官印)·인장(印章)을 가리킨다. 나아가 권력이나 관직을 비유하기도 한다.

66 규구(規矩)는 원래 동그라미를 그리는 컴퍼스와 네모를 그리는 굽은 자를 가리킨다. 나아가 예법이나 법도, 일정한 표준이나 관행을 가리킨다.

67 대(帶)는 '함께, 부수적으로, 겸하여'라는 뜻이고, 장(掌)은 장악한다, 관리한다는 뜻이어서 대장(帶掌)은 원래 사무를 도와주는 사람을 가리키기도 하지만, 여기서는 지부나 동지가 (자신의 것과 아울러서) 임시로 함께 보관하는 것을 가리킨다.

68 좌이관(佐貳官)은 본래 주사(主司)를 보좌하는 관원을 가리킨다. 지부·지주·지현이라는 주사의 보좌관인 통판(通判)·주동(州同)·현승(縣丞) 등을 가리키며, 그 품급은 주사보다 약간 낮다.

69 숙립(肅立)은 경건하게 선다는 뜻이다.

70 안동(眼同)은 회동(會同. 跟同)처럼 '함께, 누구의 입회 아래'라는 뜻이다. 험봉(驗封)은 봉인이 잘 유지되어 있는지를 검사하는 것을 말한다. 복(袱)은 보자기를 말한다.

71 감보(嵌補)는 끼워 넣거나 고친 것을 말한다.

72 기명(記明)은 확실하게 기록한다는 뜻이다. 기(記)는 기록한다는 뜻이고, 명(明)은 '확실하게, 분명하게'라는 뜻을 덧붙여 준다.

73 봉고(封固)는 확실하게 봉인을 한다는 뜻이다.

74 흘(訖)은 완료, 종결, 종말을 뜻한다.

75 존안(存案)은 관청에서 등록하여 문서를 보존한다거나 남겨 두어 나중에 참고로 삼는다는 뜻이다.

76 방(妨)은 원래 손해를 끼친다, 막다, 방해한다는 뜻인데, 여기서는 나아가 대비한다는 뜻으로 쓰인 것 같다.

77 유난(留難)은 (일부러 트집을 잡아) 앞으로 더 나아가거나 지나가지 못하게 만들다, 난처하게 만든다는 뜻이고, 교수(交收)는 주고받는 것을 말한다. 따라서 인수인계를 미루거나 늦춘다는 뜻으로도 해석이 가능하지만, 여기서는 그대로 주고받아서는 곤란하다고 해석하였다.

78 상명(詳明)은 확실하게 보고한다는 뜻이다. 상(詳)은 보고한다는 뜻(아울러 上行文의 일종이기도 하다). 상(詳)에 대해서는 제5권 부임부 4「5-01.「상문」 해설(「詳文」贅說)」을 참조.

79 이루(貽累)는 부담을 남긴다, 화를 부른다, 연루되거나 견루된다는 뜻이다.

2-07. 아문 도착(到衙門)

취임하는 날에는 골라잡은 때에 맞추어 길복(吉服)을 입고【혹 조복(朝服)을 입기도 하는데, 이는 나중에 사은의식(謝恩儀式)을 할 때에 다시 갈아입는 과정을 줄이기 위해서이다.】 성황묘에 가서 제례를 행한다. 제사에 쓸 가축과 비단은 전례에 따라 준비하게 한다. 예생(禮生)은 큰 목소리로 제례의 절차를 진행하며, 제례를 마친 다음에는 「서약문」을 낭독하기도 한다. 읽기를 마치면 그것을 비단과 함께 태운다. [신임 지현은] 제례가 끝난 다음 가마를 타는데, 의장(儀仗)과 악대(樂隊)가 길을 인도한다. 아문의 대문 안에 이르면 가마에서 내려 두 번째 문인 의문(儀門)과 토지사(土地祠)에 제사를 지낸다.

제사를 마치면 중앙의 보도를 걸어 향안(香案) 앞으로 가서 궁궐이 있는 쪽을 향해 사은의식을 한다. 사은 후 속리(屬吏)들에게 공수(拱手)하여 인사를 한 다음 청당(廳堂)에 오른다. 각종 차역 인원은 의문 밖에서 함께 대기한다. 신임 지현이 공좌(公座)에 앉으면 속리들도 순서에 따라 자리에 앉는다. 음양생(陰陽生)이 때를 알리고, 차역들은 각자의 지위에 따라 신임 관원을 알현하기 위해 양쪽으로 나누어 줄을 선다. 당직 차역이 문서에 서명할 것을 요청하면, 이서(吏書)들은 순서대로 서명한다. 이를 마치면 이방리(吏房吏)가 좌이관 등과 지현이 서명할 것을 요청하는데, 먼저 좌이관의 우두머리가 하고 난 다음 신임 지현이 한다. 이 일이 끝나면 이방이 「부임문서」를 올려 서명을 요청하는데, 이때 이방은 일일이 서명할 곳을 손으로 지적해 준다. 관인을 맡은 아역은 그 사용을 시작하기 위해 열쇠를 요청한다.【그 열쇠는 작은 상자 안에 넣어 보관하며, '봉(封)'이란 글자를 써서 밀봉되어 있는데, 관인과 함께 대당에 올려 보내져 향안 앞에 비치되어 있다.】 서명한 문서에 이 관인을 찍고, 그 일이 끝나면 다시 봉인한다.

혹시 전임 지현이나 서리 지현이 명첩(名帖)을 가지고 와서 창고·감옥·성문 등의 자물쇠와 열쇠를 인계해 주겠다고 하면, 상급 이역인 경승(經承)이 공개적으로 하나하나 확인하여 인수인계 수속을 완료한다. 이방리(吏房吏)는 각 방의 아역을 이끌고 와서 현의 『지방지(縣志)』와 「지도(縣圖)」·『수지책(須知冊)』을 직접 바친다. 서리·문지기·하인 등 각 차역은 차례대로 신임 지현을 알현한다. 이를 마친 다음에는 좌이관이 신임 지현을 알현하면서 축하를 하고, 청당 앞에서 서로 맞절을 한다. 수령관(首領官) 등은 처마 끝 밑에서 정참례(庭參禮)를 행한다. 예를 마치면 좌이관을 환송하는데, [좌이관은] 가운데 계단으로 내려가 말을 타고 나간다. 다시 수령관과 인사를 하고 내보내는데 [수령관은] 동쪽 계단으로 걸어서 나간다. 그다음에는 문을 닫고 돌아오는데, 관인을 맡은 이역이 관인을 받들고 앞서 길을 열고, 문지기는 열쇠 함과 관인·영패(領牌)의 각 자물쇠를 받들고 그 뒤를 따라 내아(內衙)로 들어가 건네준다.

○ 이날 전임관이나 본 지방부대의 무관(營官)이 인사하러 방문하면 청당의 문을 열고 거기에서 만나며, 현 유학(縣儒學)의 교유(敎諭)는 후당(後堂)으로 맞이하여 차를 대접하는데, 이들 모두 층계 앞에서 가마나 말을 타고 나갈 때까지 배웅한다.

○ 신사들은 당일에 축하하러 방문하기도 하고, 혹은 사흘 뒤 [신임 지현이 문묘와 성황묘에] 분향한 다음에 방문하기도 한다. 문과 부엌의 신에게 제사하는 것도 사은의식 다음에 하는 경우도 있고, 공좌에 앉은 다음에 하는 경우도 있다. 예를 행하는 방법은 각 지방마다 모두 다르다. 다만 속리가 올려 보낸 절차에 따라 행할 따름이다. 지금까지 설명한 것 역시 다만 그 대략적인 모습만을 말했을 뿐이다.

○ 또한 아문에 들어가는 날에는 아문 각 건물의 담과 문을 두루 살펴 정면 이외에 마땅치 않은 곳이 있다면 공방(工房)에게 보수하라는 명령을 내려야 한다. 막우(幕客)가 머무는 곳은 되도록 택문(宅門) 부근에 있는 소송문서를 수리하는 상자인 전두(轉斗)와 멀리 떨어진 곳에 두어야 한다. 불법 행위를 막을 수 있을 뿐만 아니라 쓸데없는 의심을 피할 수 있기 때문이다.

上任日, 照擇定其時,[80] 穿吉服,[81] 【或穿朝服,[82] 省謝恩再換】詣城隍神前, 行祭禮. 牲帛照例備辦.[83] 禮生贊唱,[84] 行獻禮後,[85] 禮生宣讀「誓文」.[86] 讀畢, 竝帛焚化. 禮畢乘輿, 執事、鼓樂前導.[87] 至衙署大門內下輿, 祭儀門、土地祠.[88] 畢, 從中道步, 至香案前,[89] 望闕謝

---

80 택정(擇定)은 골라서 정한다는 뜻이다.

81 길복(吉服)은 옛적 제사에서 입던 옷(제사는 길례였기 때문에 이런 명칭이 생겼다), 또는 예복 일반을 가리킨다.

82 여기서 조복(朝服)은 관료들이 천자를 만나는 조회(朝會)를 할 때 입는 예복(관복)을 말한다. 정중한 전례를 행할 때도 역시 이 옷을 입는다.

83 생백(牲帛)은 제사에 쓰이는 가축(犧牲)과 비단(幣帛)을 가리킨다. 이를테면 『주례』「춘관(春官) 사사(肆師)」에서는 "큰 제사를 세워 옥과 비단, 흰색의 가축(소)를 쓰고, 그다음 규모의 제사를 세워 가축과 비단을 쓰며, 작은 제사를 세워 가축만을 쓴다"고 하였다.

84 찬창(贊唱)은 찬례창명(贊禮唱名)의 줄임말로 관혼상제 때 의식(儀式)의 절차를 낭독하고 진행을 맡아 보는 일을 가리킨다.

85 헌례(獻禮)는 제례의식을 가리킨다.

86 선독(宣讀)은 뭇사람 앞에서 큰 소리로 읽는다는 뜻이다.

87 집사(執事)는 의장(儀仗)을 맡은 사람, 고악(鼓樂)은 악대(樂隊)를 가리킨다.

88 의문(儀門)은 관청 안의 두 번째 정문(第二重正門), 토지사(土地祠)는 토지신을 모시는 사당을 말한다.

89 향안(香案)은 향로와 촛대를 위에 비치한 탁자를 말한다.

恩.[90] 畢, 與僚屬拱手上堂.[91] 諸色人役俱于儀門外伺候.[92] 新官陞公座,[93] 僚屬照位次坐.[94] 陰陽生報時,[95] 皂隸禀排衙.[96] 値堂皂隸請書案,[97] 吏書以次書押.[98] 畢, 吏房吏禀書公座,[99] 先首領、佐貳,[100] 而後印官.[101] 書公座畢, 吏房承送「到任文書」僉押,[102] 該吏逐一指點. 直印吏禀開印請匙,[103] 【其匙用小匣盛貯,[104] 判'封'封定, 隨印帶上堂, 置案前以備開用】將所僉文書用印畢, 封訖. 或前官或署篆, 持帖送倉庫、監獄、城門等鑰匙, 該經承吏,[105] 當堂逐一驗明交割訖.[106] 吏房吏率各房, 投遞『縣志』,[107]『縣圖』、『須知』.[108] 書門、皂快各人役,[109] 依

---

90 망궐(望闕)은 궁궐 방향을 우러러 쳐다본다는 뜻으로, 천자(天子)를 회념(懷念)한다는 뜻이기도 하다.

91 요속(僚屬)은 좌이관·속관·속리를 아울러 가리키는 말. 공수(拱手)는 가슴 앞에서 두 손을 맞잡고 인사하는 것을 가리킨다. 상당(上堂)은 청당(廳堂. 正廳. 大堂)에 오른다는 뜻이다.

92 제색(諸色)은 각양각색, 각종(일이나 사물)을 뜻한다. 이를테면 제색인등(諸色人等)은 각양각색의 지위·직업이나 신분을 지닌 사람들을 가리킨다. 인역(人役)은 차역(差役)·차인(差人)을 가리킨다. 차역(差役)은 원래 일반 백성이 번갈아 가면서 관부에 가서 부림을 당하는 요역을 말한다.

93 공좌(公座)는 지현이 앉아서 일을 처리하던 좌석을 가리킨다.

94 위차(位次)는 관위의 등급이나 순서에 차라 배정된 위치를 말한다.

95 음양생(陰陽生)은 점성술·점·풍수지리·해몽 등을 도맡아 처리하던 사람을 가리킨다.

96 조예(皂隸)는 지방관이 출입할 때 형장(刑杖)을 들고 위세를 과시하거나, 형벌 집행 등의 업무를 맡는 차역이다. 배아(排衙)는 지현 등 장관이 자리에 오르면 아문에서는 의장을 진열하고 속관과 이역들이 순서에 따라 참알(參謁)하기 위해 양쪽으로 늘어서 줄을 서는 것을 말한다.

97 치당(値堂)은 이역이 공당(公堂)에서 당직을 서면서 일을 처리하던 것을 가리킨다. 서안(書案)은 공문 뭉치나 긴 탁자를 가리키지만, 여기서는 (인수인계 관련) 문서에 서역들이 서명한다는 뜻으로 보인다.

98 서압(書押)은 화압(花押)과 같은 뜻으로 서명 또는 사인, 특별한 부호를 그리는 것을 말한다.

99 서공좌(書公座)는 공좌에 앉은 지현이나 좌이관 등이 (인수인계 관련) 문서에 서명을 하는 것을 가리키는 것 같다.

100 수령관(首領官)은 좌이관보다 한 등급 낮은 하급 이역(吏役)이다. 지현의 좌이관은 현승(縣丞)과 주부(主簿) 등이 있다.

101 인관(印官)은 정당(正堂)·정인관(正印官)과 같은 뜻으로 황제로부터 임명된 지방의 정식 관원을 말한다.

102 첨압(僉押)은 문서 위에 사인·서명을 하여 책임을 진다는 표시를 하는 것, 또는 관부에서 공무를 처리하는 것을 가리킨다.

103 개인(開印)은 도장을 사용하기 시작한다는 것으로, 업무를 시작한다는 뜻이다. 전통시대에 관청에서는 연말에 관인을 봉인(封印)하였고, 다음 해 정월에 다시 개봉하여 사용하기 시작하였다.

104 성저(盛貯)는 담아서 보관한다는 뜻(收藏)이다.

105 경승(經承)은 앞서도 나왔지만 지방아문의 아역 가운데 경험이나 이력이 높은 상급 아역을 가리키기도 한다.

106 당당(當堂)은 '아문 또는 대당(大堂)에서 공개적으로'라는 뜻이다. 교할(交割)은 인수인계를 처리할 때 쌍방이 관련된 사항을 주고받아 수속을 완료하는 것을 말한다.

107 투체(投遞)는 직접 전달한다는 뜻이다.

108 『수지책(須知冊)』은 각 부문의 인원 편제, 직권 범위 등 기본 상황에 대해 지방정부에서 편찬한 간단한 안내·소개책자를 말한다. 『수지』라고도 한다. 이에 대해서는 제2권 부임부 1 「2-08. 『수지』책 보기(看『須知』)」를 참조.

109 서문(書門)은 아래, 또는 측근의 문서담당 아역을 가리키는 것 같다. 조쾌(皂快)는 주현 아문에서 일하던 차역을 가리킨다. 조반(皂班)은 공당에 서서 형장(刑杖)을 들고 관원의 위세를 과시하거나 형벌의 집행을 담당하는 인원이고, 쾌반(快班)은 보쾌(步快)와 마쾌(馬快)로 나뉘어 공문을 전송하거나 집행의 독촉, 범인 체포 등을 맡았다. 장반(壯班)은 관원 출입의 호위나 세량의 운송 업무를 담당하고, 죄수를 관할하는 일도 맡았다. 이밖에도 포역(捕役. 치안유지와 범인 체포 임무를 집행한다), 금졸(禁卒. 지방 감옥의 간수와 관리 임무를 맡는다), 오작(仵作. 검

次衆謁. 畢, 佐貳官謁賀, 前行交拜禮.[110] 首領等官滴水簷行庭衆禮.[111] 禮畢, 送佐貳, 中階下乘馬出. 再揖首領官, 由東階步出. 掩門, 乃退, 直印吏承印前導,[112] 門子捧匙匣、印牌各鑰,[113] 隨進交內衙.[114]

○ 本日前任官、營官來拜候上堂,[115] 開門大堂相會,[116] 儒學迎入後堂待茶,[117] 俱送至階前升輿馬出.

○ 紳衿亦有本日謁賀者,[118] 亦有三日行香後者. 祭宅門、宅竈, 有謝恩後卽祭者, 亦有公座畢祭者. 所行禮有各處不同. 惟照開送儀注行之. 此亦不過擧其大畧耳.

○ 進衙門日, 周視閤署墻垣、門戶,[119] 有迎外不謹之處,[120] 傳工房改塞.[121] 其幕客所居, 務與宅門轉斗相遠,[122] 以避嫌疑,[123] 不獨妨作弊也.

○ 부록:「부임하여 성황묘에 올리는 제문(到任祭城隍文)」

[성황]신께서는 옳고 바르게 뭇 백성에게 복을 만들어 주시며, 위에서 환하게 비추면서 선

시를 맡는 차역 내지 法醫) 등 다양한 유형이 있었는데, 이 차역을 통틀어 조쾌(皂快)라고도 한다.

110 교배(交拜)는 서로 맞절을 말한다. 처음 얼굴을 보았을 때 하는 절이다.

111 적수첨(滴水簷)은 물이 떨어지는 처마를 가리킨다. 정참(庭參)은 하급 관원이 빠른 걸음으로 다가가 예에 따라 장관(長官)을 알현하는 것을 가리킨다. 보통 문관은 북면궤배(北面跪拜)를 하고 장관은 서서 절을 받으며, 무직은 북면궤고(北面跪叩)를 하면서 자기 직함을 큰 소리로 외치며 장관은 앉아서 절을 받는다.

112 승인(承印)은 도장을 받쳐든다(捧印)는 뜻이다.

113 문자(門子)는 문지기, 또는 지방관의 좌우에서 시중을 드는 하인을 가리킨다. 인패(印牌)는 도장과 영패(令牌), 또는 호구등기패(戶口登記牌) 등을 뜻한다.

114 내아(內衙)는 현 아문의 내부에 있는 지현의 관저, 즉 내택(內宅)을 가리킨다.

115 영관(營官)은 지방의 무비(武備)와 치안을 담당하는 관리라는 뜻인데, 바로 지방부대에 근무하는 무관(武官)을 가리킨다.

116 대당(大堂)은 관부에서 일을 처리하거나 사건을 심리하던 정청(正廳)을 가리킨다. 객당(客堂)을 가리키기도 한다.

117 여기서 유학(儒學)은 현 학교인 유학에 근무하는 교육관리인 교유(教諭)를 가리킨다. 교유는 원대(元代) 이래 현마다 배치되어 문묘의 제사와 소속 생원의 교육을 담당하였다. 교관(教官) 또는 학관(學官)은 문묘와 유학을 담당하는 관리로 부학(府學)에는 교수(教授), 주학(州學)에는 학정(學正), 현학(縣學)에는 교유(教諭)와 훈도(訓導) 등이 있었다.

118 신금(紳衿)은 신사(紳士)와 같은 뜻이다. 신(紳)은 관직 경험이 있지만 은퇴하여 보통 고향에서 거주하는 사람을 가리키고, 금(衿)은 청금(青衿)으로 생원(生員)의 복장, 즉 생원을 가리킨다. 따라서 신사는 보통 현직 관원이 아니지만, 학위를 지닌 독서인층을 가리킨다.

119 문호(門戶)는 문을 말하는데, 한 짝으로 된 것은 '호(戶)', 두 짝으로 된 것은 '문(門)'이라 한다.

120 영외(迎外)는 아마 관청 앞의 바깥쪽이란 뜻인 것 같다. 영(迎)은 '전면·정면'이라는 뜻이 있다.

121 개색(改塞)은 고쳐 짓는다, 보수한다, 수리한다는 뜻이다.

122 전두(轉斗)는 소송문서 등을 투입하기 위한 상자를 가리킨다.

123 혐의(嫌疑)는 의심·회의·시기를 가리킨다.

과 악을 맡고 계십니다. 제가 이곳 지현을 맡게 되었으니 최선을 다하는 마음으로 직무에 최선을 다하여 직접 와서 살피시더라도 아무런 부끄럼이 없고자 합니다. 이에 보잘 것 없는 제수용품을 마련하여 삼가 공경히 바치오니, 신께서는 이것을 듣고 와서 받아 주십시오.

○「의문(儀門)에 올리는 제문(祭儀門文)」

[의문의] 신께서는 음양의 덕을 함께 맡아 의문을 여닫는 일을 맡고 계시니, 착한 사람과 그렇지 않은 사람이 드나드는데 그 살펴보심을 피할 수 없을 것입니다. 제가 이곳 지현을 맡게 되어 아주 두려워하는 마음으로 일하고자 하오니, 신께서는 시종일관 길한 일만 있게 해 주시기 바랍니다.

○「부임 축문(到任祝文)」

제가 황상의 크나큰 은혜를 입어, 이부에서 이곳 지현을 맡도록 선발해 주셔서 외람되이 이 주현의 일을 맡게 되었습니다. 하지만 허술하고 평범하여 재주는 뭇 백성을 키우기에 부족하고 지혜는 백성을 보살피기에 부족할까 대단히 부끄럽습니다. 따라서 힘써 직무에 충실하고자 하는데 오늘 부임하면서 삼가 볼품없는 제물을 바쳐 공경하게 신을 마중하오니, 묵묵히 은근하게 도와주셔서 시종일관 길하고 경사스러운 일만 있게 해 주시기 바랍니다.

○ 이런 제문 전체는 쓰임새가 그리 크게 관계가 없으니, 그대로 써도 될 것이다.

○ 附錄:「到任祭城隍文」

惟神正直, 造福蒸黎,[124] 於昭在上, 善惡是司. 某來宰邑, 黽勉厥心,[125] 克殫厥職, 無愧鑒臨. 爰采溪澗,[126] 肅將藻蘋,[127] 神其聽之, 來格來歆.[128]

---

124 증려(蒸黎)는 백성·뭇사람을 가리킨다. 증(蒸)이나 여(黎)는 모두 중(衆)과 뜻이 통한다.
125 민면(黽勉. 黽俛)은 진력한다, 노력한다, 애쓴다는 뜻이다.
126 계간(溪澗)은 산골짜기의 도랑물을 가리킨다.
127 숙장(肅將)은 공경하게 바친다(敬奉. 敬獻)는 뜻이다. 조빈(藻蘋) 또는 빈조(蘋藻)는 말(藻)과 개구리밥(蘋)으로

○「祭儀門文」

惟神陰陽合德,[129] 司其闔闢,[130] 惟善與否, 莫逃出入. 某來宰邑, 用懷怵惕,[131] 惟神相終始吉.

○「到任祝文」

某蒙皇上鴻恩, 天曹銓選, 叨宰玆邑, 深愧疏庸, 材不足以牧衆, 道不足以濟民, 勉赴職守, 是日履任, 用修芹獻,[132] 敬迓明神, 默相陰扶, 始終吉慶.

○ 此通套, 所用無甚關係, 仍之可也

2-08.「업무규칙」 공포(出「堂規」)[133]

신임 지현이 부임하게 되면 모든 일이 새로 시작되지 않는 게 없지만, 각기 받아들이거나 거부하는 의견이 달라 하나로 통일하기는 쉽지 않다. 하지만 내가 생각하기에 「업무규칙(堂規)」이라는 것은 단지 공당(公堂)에서의 업무 처리, 그리고 각 방과(房科) 아역의 일상 업무에 대해 규칙을 세워 지키게 하는 것일 뿐이다. 형명이나 전곡 같은 문제는 아주 많은 설명이 필요해서 따로 그에 관한 항목을 두어 서술할 예정이므로 여기서는 어지럽게 집어넣지 않았다.

옛사람들이 제사에 쓰던 수초(水草)를 가리킨다. 나아가 제사용품(祭品)이나 제사(祭祀)를 대신 가리키기도 한다.

128 격(格)은 온다(來), 이른다(至)는 뜻이다. 흠(歆)은 조상이나 신이 제사 음식을 받는다는 뜻이다.

129 합덕(合德)은 동덕(同德)과 같은 뜻이다.

130 합벽(闔闢)은 문을 닫고 여는 것을 뜻한다.

131 출척(怵惕)은 두려워한다는 뜻이다.

132 근(芹)은 미나리를 가리키지만, 볼품없는 성의라는 겸손한 용어(謙詞)로 쓰이기도 한다. 근헌(芹獻)은 근경(芹敬)처럼 삼가 바친다는 뜻이다.

133 여기에도 원문에는 '式附'라고 추가되어 있으나, 바로 뒤에 양식이 나오므로 표기는 생략하였다.

新官蒞任, 諸事不無更始, 各有意見取裁, 難以畫一. 但愚謂:「堂規」者, 祇就公堂臨政, 幷各房科人役逐日承辦之事,[134] 而立規程, 使知遵守. 至刑名、錢穀, 累紙難盡, 另有條晰論示, 玆不必紊入.

○「업무규칙」의 양식【이것은 내가 담성현에 부임하면서 사용한 것이다.】

다음과 같이「업무규칙」을 공포하니 이를 따라 지키도록 하라.

본 지현은 이 땅에 새로 부임하면서, 시들고 망가진 부분을 북돋아 보살피고 간교하고 법을 왜곡하는 풍조를 제거하는 데 열심히 힘써, 비리의 근원을 깨끗이 끊어 버리고자 하니 특히 반드시 따라 지켜야 할 것이다. 이후로 모든 사항에 대해서는 따로 전반적인 지시를 내리겠지만, 이하의「업무규칙」을 응당 먼저 각 아역들에게 통보하는 바이니 모두 삼가 지키면서 경솔하게 어기는 일이 있어서는 안 될 것이다. 이상.

1. 본현 아문의 내아(內衙·內宅)에서 해 뜰 무렵에 운판(雲板)을 일곱 번 치고 밖으로 첫 번째 [딱따기 소리를 전하여] 시각을 알리면, 해당 서역은 성문의 열쇠뭉치를 수령하며, 각 사무실의 서역들은 모두 사무실에 모여 업무 시작 준비를 한다. 운판을 다섯 번 쳐서 밖으로 두 번째 시각을 알리면 각 사무실 인원은 모두 이당(二堂)에 집결하고 순서대로 [출근부에] 서명을 받은 다음, 반별로 대기한다. 운판을 쳐서 세 번 쳐서 세 번째 시각을 알리면 관인(官印) 담당 이역 1명, 문지기 2명은 내아의 문(宅門)에 가서 대기한다. 다시 운판을 쳐서 한 번 소리를 내면 문지기 하인은 열쇠를 요청하여 내아의 문을 열고 관인담당 이역이 들어간 다음 관인상자를 떠받든 문지기가 들어가 관인상자와 의문의 각 열쇠를 받들고 청당에 들어선다.

2. 지현이 대당에 들어와 앉을 때 관인담당 이역은 대당의 왼쪽 처마 밑에 서고, 문지기는 오른쪽 처마 밑에 선다. 각 방과 서역은 모두 과별로 대기하며, 대당을 담당한 조예(皂隸) 2명은 대당 아래의 좌우에 선다. 각 방의 조예는 각기 동·서 조예방에서 대기하며, 각 반 쾌수(快手)는 모두 의문 밖에 대기한다. 감히 자리를 어지럽히거나 부르지 않았는데도

134 방과(房科)는 이·호·예·병·형·공 육방(六房)과 그 내부 부서(科)를 가리키며, 거기에서 일하는 하급 인원인 이역을 가리키기도 한다.

멋대로 대당에 들어오면 모름지기 엄히 처벌할 것이며, 대당을 담당한 조예 역시 마찬가지로 처벌을 받을 것이다.

3. 질서 유지를 담당하는 차역 2명은 오로지 불필요한 인원이 들어오는 것을 막는다. 동서 양쪽 쪽문을 담당한 조예 2명은 문을 확실히 지켜 업무를 처리하는 서역 외에는 일률적으로 청당에 들어오는 것을 허용하지 않아야 한다. 어기면 사람은 엄히 처벌한다.

4. 아침조회에서 각 이역이 준비 완료의 보고를 마치면, 의문담당 조예가 열쇠를 받고 의문을 여는데, 먼저 문건 수령을 지시하는 패를 받들어 상부로 보고하거나 답장을 하는 모든 공문 가운데 원래 담당 서역이 돌려받도록 넘겨주어야 할 것, 소역참(小驛站)의 포사(鋪司)에 보내 전송해야 할 것 등등에 대해 차례대로 서리가 이름을 불러 나누어 준다. 그 다음은 소송문서 접수를 지시하는 패를 받드는데, 긴 탁자 하나를 사용한다. 대당 담당 조예가 그것을 대당의 계단 위에 안치하면, 소송문서를 제출하는 사람들은 동쪽 쪽문으로 들어와 몸소 탁자 앞에 무릎을 꿇고 소송문서를 탁자 위에 올려놓은 다음 동쪽 계단 아래로 내려가 대기한다. 대당 서역이 탁자 앞으로 가서 한 장씩 점검을 마치면, 그들을 모두 한 줄로 이끌고 서쪽 쪽문으로 나가게 한다. 그다음은 일에 대해 아뢰는 패를 받드는데, 일에 대해 아뢰는 사람은 모두 사정을 분명하게 설명하는 「보고문(稟摺)」을 써서 지방관이 읽고 점검할 수 있도록 올린다. 긴급하거나, 기밀이어서 말로 보고해야 할 것도 모두 순서대로 청당 앞에 앞서 무릎을 꿇고 아뢰어야 하며, 시끄럽게 뚫고 들어와서 혼잡스럽게 해서는 안 된다. 피고 등 관련자까지 함께 끌고 와 인적 사항을 점검하는 경우에는 원래 그 사건을 떠맡은 차역(原差)이 관련 문건을 들고 청당에 오른다. 인적 사항의 점검이 끝나면 원래 데리고 온 차역이 피고를 다시 끌고 나가 그날로 명단에 올려 재판을 기다리게 한다. 만약 중요한 피고를 끌고 오지 못하면 그 일을 맡은 차역을 처벌하고, 기한을 엄격하게 정하여 다시 구인하게 한다.

5. 본현의 아문에서 소송문서를 수리하는 것은 3·6·9일로 한정하며,[135] 그 나머지 날에는 단지 소송관련 [첨부·부속] 문서를 접수하는 일만 할 뿐이니, 이 순서를 마구잡이로

135 이에 대해서는 이 책의 제11권 형명부(刑名部) 1 「11-02-03. 「고발장」 접수(放告)」를 참조. 소송문서는 뒤에 나오지만 송사(訟詞)나 고발장(告訴狀)이라고도 하는데, 여기서는 소송문서 또는 고발장으로 번역하였다. 고소장(告訴狀)은 원래는 고장과 소장의 합칭이다. 원고가 작성하는 것을 고장(告狀. 고발장), 피고자 작성하는 답변을 소장(訴狀. 답변서)이라고 하는 것이다. 양자를 소송문서로 통치하는 경우도 많지만, 굳이 구분해서 서술해야 할 경우에는 편의상 고장을 고발장, 소장은 답변서라는 명칭으로 구분하였다.

어지혀서는 안 된다. 하지만 확실한 살인사건이나 강·절도, 도인(逃人), 그리고 지방의 중대한 사정에 대한 것은 언제든지 와서 고발해도 좋다.

6. 소송에 관련된 피고가 구인되어 재판에 넘겨지면, 해당 서역은 원고·피고의 「고발장」·「답변서」 및 「사유서」·「반박문」 등을 함께 모아 책으로 만든 다음 재판을 하는 날 청당에 올려 지현이 살펴볼 수 있게 한다.[136] 그리고 지현이 들어와 공좌에 앉는 것을 알리는 신호가 울리면 패의 순서에 따라 심문이 시작된다. 심문할 때 초서(招書) 한 사람만 청당 입구의 왼쪽에서 상세하게 「구두진술」을 듣고 적는 것을 허용하는데, 「구두진술」의 원래 내용을 순서대로 기록하되 뒤바꾸거나 빠뜨리는 일, 또는 글씨를 흘려 쓰는 일이 있어서는 안 된다. 문지기 한 사람은 청당의 오른쪽 처마 아래 서서 첨표를 들고 대기한다. 원고는 패에 따라 의문 안의 왼쪽 계단 아래 무릎을 꿇고, 피고는 패에 따라 의문 안의 오른쪽 계단 아래 무릎을 꿇으며, 증인은 의문 안의 가운데 계단 아래 무릎을 꿇고, 조용히 불러서 묻기를 기다려야 하며 멋대로 위에 오르거나 시끄럽게 호소해서는 안 된다. 어기면 무겁게 처벌한다. 심문이 끝나면 초서 일을 맡은 서역은 「구두진술서」를 청당에 제출하여 날짜를 기입하고 봉인하여 탁자 위에 올려놓는다. 그리고 지현의 「판결문초안(審語)」이 나오기를 기다려 사무실로 보내어 보관한다. 만약 [이 「판결문초안」에 대한] 상사의 비준을 받았다면, 심문이 끝난 다음 관례대로 관련자들이 서명을 한 「구두진술」 책자를 보내고, 지현의 「심리의견(看語)」과 상세한 「사건조서」가 나오기를 기다려 [지현에게] 모아 보내 검토할 수 있게 한다. 만약 감히 죄명을 잘못 기입하거나 사사로이 「구두진술」의 내용을 고칠 경우, 조사하여 발견되면 반드시 불법으로 간주하여 무겁게 처벌할 것이다.

7. 패표가 내려지면 해당 서역(胥役)은 반드시 원건 공문과 『문서등록부』를 반납하고 서명해야 한다. 만약 패표가 있지만 원건 공문이 없거나, 패표와 원건 공문이 있지만 『문서등록부』가 없으면 무거운 처벌을 받는다.

8. 패표를 받은 차역들이 정해진 날 모이면, 해당 서역은 지시된 업무가 기록된 『문서등록부』를 들고 하나하나 이름을 따라 마감점검을 한다. 만약 업무처리 기한이 지났는데도 돌아와서 패표를 반납하여 말소하지 않았다면 처벌을 받는다. 마감기한 내에 도착하지 않으면 차역을 보내 구인한다. 만약 마감점검일에 해당 부서에서 마감에 대해 보고하지 않는다면 불법행위로 간주하여 처벌한다. 업무처리 마감시간이 되면 차역은 원래 지시를 내린 서역과

136 이 부분에 대해서는 이 책의 제12권 형명부 2에서 상세하게 다루고 있다.

함께 『문서등록부』를 가지고 청당에 와서 번호에 따라 원래의 패표와 부속 문서를 반납하여 말소한다. 만약 패표 한 장을 지연시킨다면, 20판(板)의 태형으로 무겁게 처벌한다.

9. 여러 상사로부터의 공문을 받아 각 방으로 보내면, 각 방의 상급 아역인 경승은 이와 관련된 이전의 안건이 있는지 세심하게 조사하여 아주 신속하게 처리를 해야 한다. 회답을 해야 할 것은 신속히 회답하고, 완결시켜야 할 것은 신속하게 완결시킨다. 만약 일시적으로 완결시키기 어려운 일이라면 모름지기 문서를 갖추어 지현에게 분명히 보고함으로써 기한연장을 신청할 수 있게 해야 한다. 만약 멋대로 지연시키거나 내버려 두었다가 상사가 차표를 보내 올려 보내기를 독촉하는 일이 발생하게 된다면, 반드시 압송하여 처벌을 받게 하고 해직시킬 것이다.

10. 무릇 상사에게 보고하는 문서철은 모두 하루 전에 원고를 보내 해서체로 베껴 써서 다음날 관인을 찍어 전송할 수 있게 해야 한다. 종이는 희고 단단한 것이어야 하며, 글자는 힘써 단정한 해서체로 써야 하며 틀리거나 빠진 것, 흘려 쓰거나 씻어 내고 고쳐 쓰는 일이 있어서는 안 된다. 날마다 사용하는 각종 문서나 패표 등도 역시 하루 전 오후 1-3시 무렵 각 방에서 함께 모으고 봉투에 담아 내택에 보냄으로써 지현이 검열할 수 있게 해야 한다. 어기면 무겁게 처벌한다.

11. 무릇 상사의 지시를 받고 파견되어 온 경승이 있으면, 청당의 일이 끝나기를 기다려 문지기가 먼저 분명하게 아룀으로써 지현이 그를 불러 만나볼 수 있게 해야 한다.

12. 청당의 공무나 소송안건 심리가 있는데 만일 존귀한 빈객이 찾아온다면, 청당 일을 맡은 이역은 모름지기 완곡한 말로 답장을 해야 하며, 청당 일이 끝나면 곧바로 소식을 전달해야 한다. 하지만 밀봉한 서신의 경우에는 일률적으로 모두 전달을 금지하며, 어기면 무겁게 처벌한다.

13. 본현 아문의 각종 업무는 모두 지현이 친히 결정하며, 결코 좌우에 있는 사람의 손을 빌리지 않는다. 만약 이역이 이유 없이 내택의 문에 접근하면서 [지현과 무슨 연줄이 있는 것처럼] 속임수를 써서 불법을 저지르고 백성을 기만하는 경우가 있다면 곧바로 엄격하게 징벌할 것이다. 내택의 문을 지키는 인원도 즉각 잡아서 보고하지 않았다면, 아울러 처벌한다.

14. 본현의 아문에서는 매일 필요한 장작과 쌀, 채소 등의 물자를 날짜별로 『매판부(買辦簿)』를 작성하며 붉은색 먹물로 점검표시를 한다.[137] 모두 문은(紋銀)을 직접 지급하고,

---

137 이에 대해서는 「2-19. 매판 정하기(定買辦)」를 참조.

시가에 따라 공정하게 값을 제대로 치르고 구입하며, 표를 써서 외상으로 물품을 구입하는 일은 전혀 없다. 따라서 감히 관부를 사칭하면서 강매하거나 가격을 깎는 사람이 있다면 추징하여 보상하게 할 뿐만 아니라 엄격하게 처벌하여 칼을 씌우고, 아역의 자리에서 쫓아낼 것이다.

15. 업무지시를 받는 각 차역은 모두 모름지기 몸가짐을 바르게 하고 대기해야 하며, 다른 사람을 대신 고용해서 거짓이름을 대는 일이 있어서는 안 된다. 조사하여 발각되면 엄중히 처벌하며, 아울러 소환에 응하지 않는 사람도 무겁게 처벌한다.

년 월 일 고시
당규 (서명)

○「堂規」式【此鴻到郯城任者】

爲申飭堂規, 以一遵守事.

照得本縣新莅茲土, 惟孜孜以培養凋殘, 釐剔奸骫爲務,[138] 欲求淸絶弊源, 尤必法行. 自邇除一應事宜, 另行通飭外, 所有堂規, 合先曉諭爾各役知悉, 共宜恪守, 毋輕蹈三尺.[139] 須至堂規者.[140]

一. 本縣內衙, 黎明擊雲板七聲,[141] 外傳頭梆,[142] 該役領城門鑰匙, 各書房齊集公廨辦

---

138 위(骫)는 위(骪)의 속자(俗字)로 뼈가 굽다, 왜곡하다, 굽힌다는 뜻이다.

139 삼척(三尺)은 법률, 나아가서는 법칙·기준을 가리킨다. 『사기(史記)』 권122 「혹리열전(酷吏列傳) 두주(杜周)」에 "두주가 말하였다. '삼척은 어디서 나온 것이오(杜周曰: 三尺安出哉)?'"라는 구절이 있는데 배인(裴駰)의 『집해(集解)』는 『한서음의(漢書音義)』를 끌어다 "삼척의 죽간에 법률을 썼기 때문이다(以三尺竹簡書法律也)."라고 설명하고 있다. 즉 3척 길이의 죽간에 법률이 쓰인 데서 비롯된 뜻인 것이다. 삼척은 또는 세 자짜리 나무로 하는 형벌, 즉 협곤(夾棍)을 써서 고문하는 무거운 형벌을 가리키기도 한다.

140 수지(須至)에서 자(者)로 끝나는 이 부분은 공문에서 관행적으로 쓰는 마침 구절이다. 가운데에는 해당 공문의 명칭이 들어간다.

141 운판(雲板. 雲版)은 양쪽 부분을 구름모양으로 만들어 장식한 철제(또는 목제) 소리기구를 가리킨다. 관청이나 사원 등에서 일이나 시간·집결을 알리는 신호를 울리는 데 사용하였다.

142 방(梆)은 딱따기이다. 즉 순라를 돌거나 경보를 알릴 때, 또는 사람들을 모으거나 흩어지게 하는 데 쓰는 대나무나 속이 빈 나무 만드는 소리기구로 방자(梆子)라고도 한다. 여기서 두방이나 다음에 나오는 이방·삼방 등은 모두 일정한 시각을 가리키는 소리를 뜻하는 것으로 보인다.

事.[143] 擊雲板五聲, 外傳二梆, 各房齊集二堂, 依次領僉押,[144] 各役齊集, 按班伺候. 擊雲板三聲, 外傳三梆, 承印吏一名、門子二名, 至宅門俟候. 再擊雲板一聲, 把門皂隸請論匙開宅門,[145] 承印吏入, 捧印箱門子入, 捧卷匣、儀門各鑰匙陞堂.

一. 坐堂時, 承印吏站立堂簷之左, 門子站立堂簷之右, 各房科俱依科伺候, 把堂皂隸二名, 站立堂下左右. 該班皂隸, 各于東西皂隸房伺候. 該班快手, 各于儀門外伺候. 敢有攙雜及非奉呼喚, 擅自上堂者, 定行重責,[146] 把堂皂隸責同.

一. 巡風人役二名,[147] 專司驅逐閑人. 東西角門皂隸二名,[148] 門首把定,[149] 除辦事衙役外, 一槩不許放入, 違者重責.

一. 早堂各役回風畢,[150] 把儀門皂隸領鑰開門, 先擡領文牌.[151] 將一應申覆公文,[152] 應付原役領回者, 應發鋪司傳遞者,[153] 該房次第唱名分發. 次擡投文牌,[154] 用長桌一張, 把堂皂隸抬置當堂階上, 投文人等由東角門進, 親自跪投桌上, 仍退立東階下, 聽候. 堂吏至桌前, 逐張點名訖, 俱魚貫西角門而出. 次抬稟事牌, 稟事人等俱要寫明白「稟摺」呈閱.[155] 或緊急、機密口稟, 須挨次至堂口跪稟, 毋得攙擠喧雜. 有人犯拘齊驗到者,[156] 原承行吏賫卷上堂,[157] 點名畢,

---

143 공해(公廨)는 관서(官署)를 가리킨다.

144 첨압(僉押)은 문서에 서명이나 사인을 하는 것, 또는 관부에서 공무를 처리하는 것을 가리킨다.

145 파문(把門)은 문을 지킨다는 뜻 또는 문지기를 가리킨다.

146 중책(重責)은 무거운 형벌을 내린다는 뜻이다.

147 순풍(巡風)은 지키면서 동정을 관찰한다는 뜻인데, 여기서는 질서 유지 담당 차역을 가리킨다.

148 각문(角門)은 정문 양쪽의 작은 쪽문을 가리킨다. 건축물의 모서리 가까이 있어 이런 이름이 붙었다.

149 파정(把定)은 확실하게 통제한다, 장악한다는 뜻이다.

150 조당(早堂)은 아침에 관청 사무실에 앉아 업무를 보는 것, 또는 아침나절 업무시간을 가리킨다. 회풍(回風)은 관원이 자리에 앉기 전에 수하 이역이 그에게 모든 것이 제대로 준비되어 있고 아무런 사고도 없음을 보고하는 것을 말한다. 이것을 마친 다음 지현에게 대당에 오르는 것, 즉 승당(升堂)을 요청한다.

151 영문패(領文牌)는 문건을 수령해 가라는 것을 알리는 패로 보인다. 관부에서는 증명서로 나무·금속으로 만든 판을 이용하던 것이 바로 패(牌)이다. 즉 패는 표지하거나 고시하기 위한 판(板)으로 패자(牌子)와 같은 뜻이며, 문패·간판·신주(牌位)·고시패(告示牌) 등을 가리키기도 한다.

152 일응(一應)은 모든 이라는 뜻이고, 신복(申覆)은 상사에게 답장으로 보고를 한다는 뜻이다.

153 포사(鋪司)는 포체(鋪遞), 즉 공문서 전달의 책임을 맡는 소역참(小驛站)의 책임자를 가리킨다. 역참에 대해서는 제28·29권 역참부를 참조.

154 투문패(投文牌)는 관부에서 백성에게 와서 소송문서를 제출하라고 알리는 패자(牌子)다. 투문(投文)은 문서를 제출한다는 뜻이다. 여기서는 소송문서를 제출하거나, 아니면 소송문서와 관련된 부속·첨부문서를 제출하는 것을 가리킨다. 후자는 투사(投詞)라고 하는데, 본문에서는 약간 양자가 뒤섞여 쓰이고 있는 것으로 보인다.

155 품(稟)은 위에 대한 보고를 가리키고, 접(摺)은 여러 번 접은 문서를 가리킨다. 정열(呈閱)은 위로 올려 보내 읽을 수 있게 한다는 뜻이다.

156 인범(人犯)은 형사안건의 피고를 가리킨다. 험도(驗到)는 원래 이부(吏部)에서 각 성으로부터 경사로 보내진 관원의 연령·외모 등을 점검하던 것을 가리킨다. 여기서는 인적 사항의 확인을 가리키는 것으로 보인다.

原差押出,[158] 卽日掛牌候審.[159] 如要犯不到, 原差究責, 嚴限補拘.

一. 本縣放告,[160] 以三、六、九日爲期, 其餘日止收投文,[161] 不得槩行混擾. 倘有眞正人命、盜賊·逃人及關係地方重大事情, 許不時抱牌告.[162]

一. 詞訟人犯拘齊掛審後, 該承行將原、被「告狀」、「訴·稟詞」, 彙齊粘連卷宗, 送閱午堂.[163] 審日仍候三梆坐堂,[164] 照牌次序喚審. 審時止許招書一名,[165] 在堂口左側詳聽「口供」,[166] 挨次寫錄, 毋得錯落「原供」, 潦草字跡.[167] 門子一名, 在堂簷右側站立, 聽候執籤.[168] 原告照牌跪于儀門內左階下, 被告照牌跪于儀門內右階下, 干證跪于儀門內中階下,[169] 靜聽喚問, 不得擅起上前喧稟. 違者重責. 審畢, 招房卽將「口供」呈堂判日, 封繳案上, 候出「審語」,[170] 發房存案.[171] 如奉上司批詞, 審畢, 照例畫供送卷, 候出「看語」,[172] 詳細「敘招」送閱.[173] 如敢錯擬罪名及私

---

157 승행(承行)은 상부의 지시를 받아 그 업무를 처리한다는 뜻인데, 여기서는 담당 부서(房科)나 거기에 속한 서역(胥役)을 가리키는 것으로 보인다.

158 원차(原差)는 지시 공문을 받아 사건의 피고·증인 등을 구인(拘引)하는 임무를 띠고 가장 먼저 파견된 차역을 가리킨다.

159 괘패(掛牌)는 어떤 일을 알리는 패를 내건다는 뜻이다. 지방관의 임면을 알리거나 의생·율사 등이 개업을 알리는 데에도 쓰였다. 후심(候審)은 말 그대로 심판을 기다린다는 뜻이다.

160 방고(放告)는 매달 정기적으로 아문에서 소송안건을 접수하는 일을 가리킨다(4월에서 7월까지의 농사철에는 모반·살인 등 중대 사안이 아니면 접수하지 않았다). 그때 밖에 내걸어 소송문서 접수의 시작을 알리는 패를 방고패(放告牌)라고 한다.

161 여기서의 투문은 소송문서와 관련된 부속·첨부문서를 제출하는 것, 즉 「투사(投詞)」를 가리키는 것으로 보인다.

162 포패(抱牌)는 사건 수리를 허용하는 방고패를 안고라는 뜻이니, 정해진 시일이 아니지만 허용한다는 뜻으로 보인다.

163 오당(午堂)은 낮(오후)에 법정심문이나 공무처리를 하는 것이나 또는 그런 일을 하는 장소를 뜻한다.

164 삼방(三梆)은 세 번 딱따기를 치는 것인데, 관장이 공당에 들어와 착석하는 좌당(坐堂)을 알리는 신호다. 좌당(坐堂)은 청당(廳堂)에 앉는다, 관리가 출정(출정)하여 안건을 심리하거나 공무를 처리한다는 것을 뜻한다.

165 초서(招書)는 피고를 심문할 때 자백·진술의 기록을 책임진 인원을 가리킨다.

166 구공(口供)은 심문받는 사람이 입으로 진술하는 사건과 관련된 내용을 말한다. 즉 자백·구두진술·공술 등을 가리킨다.

167 요초(潦草)는 '진지하지 않게, 대강, 경솔하게'라는 뜻이고, 글씨를 단정하지 않게 흘려 쓴다는 것을 가리키기도 한다.

168 첨(籤)은 관부에서 범인을 체포·징벌할 때 쓰던 증명서(憑證)를 뜻한다. 이를테면 「첨표(籤票)」는 구속영장을 가리킨다. 또는 가늘고 긴 막대모양의 물건으로 야간에 소리로 시각을 알렸던 죽첨(竹籤. 竹槍)을 가리키기도 한다.

169 간증(干證. 干證)은 소송안건과 관련된 증인을 가리킨다.

170 심어(審語)는 판결문초안을 가리킨다. 다음에 나오는 심리의견(看語)과 같은 뜻이지만, 상사의 재가 여부를 거치는 것 때문에 명칭을 달리한다. 이에 대해서는 이 책의 제12권 형명부 2를 참조.

171 발방(發房)은 문건을 담당 방과의 서리에게 보내는 것을 말한다.

172 간어(看語)는 안건을 심사하여 판단을 내린 지방관의 심리의견을 가리킨다. 즉 '감어(勘語), 심리의견(審單), 또는 얼어(讞語)'라고도 하는데, 소송사건에 대한 초보적 판결(해당 지방관이 판단한 안건의 범죄사실·율례·형량의 경중에 대해 평론을 하고 의견을 적어 넣은 判決辭)이라 할 수 있다. 보통 판단을 내린 구절 다음에 그 사정을 설명하거나 아니면, 먼저 사정을 설명한 다음 판단을 내리는데 반드시 앞뒤가 서로 일치해야 한다. 앞으로는 '심리의견'으로 통일하게 표기하겠다. 이에 대해서는 이 책의 제12권 형명부 2를 참조.

改「口供」, 査出定以作弊重究.

一. 凡出牌票,[174] 該承行務將原案同『號簿』送僉,[175] 如有牌票無案, 有牌票無『號簿』者, 重責.[176]

一. 凡承票差役俱于某日,[177] 該承行執差『號簿』, 逐名査比.[178] 如過限不銷究責.[179] 臨比不到差拿. 如比日, 該房不禀比, 以作弊責究. 其銷差之時,[180] 該差同原承行持『號簿』, 當堂照號回銷原票附卷, 如稽留一票,[181] 重責二十板.[182]

一. 奉各上臺文到發房,[183] 該經承細査有無前案, 星夜料理,[184] 應回者速回, 應結者速結. 倘有一時難結之事, 須具摺禀明,[185] 以便申請寬限. 如敢任意耽延沉閣,[186] 以致差票提催,[187]

---

173 서초(敍招)는 사건 상황과 관련자의 진술 등을 종합하여 작성한 사건조서를 가리킨다.

174 패표(牌票)는 관부에서 모종의 구체적인 목적을 위해 발행하는 고정된 격식의 명령서 내지는 증명용 도구를 말한다. 차역은 명령을 집행할 때 이것을 증거로 내세운다. 출패표(出牌票)는 패표를 발행한다는 뜻이다.

175 송첨(送僉)은 올려 보내 서명한다(呈送簽押)는 뜻이다.

176 참고로 패(牌)나 표(票) 등의 지시공문을 내릴 때 그 지시공문을 사용할 수 있는 사무의 범위나 지시공문의 유효기한을 정하고 사후에 회수·말소하는 문제에 대해서는 다음과 같은 법령의 규정이 있다. 『대청률례(大淸律例)』 권6 「이율(吏律) 직제(職制)」(『律』51.00). 「신패(信牌)」(“1. 凡府、州、縣置立信牌, [拘提人犯, 催督公事], 量地遠近, 定立程限, 隨事銷繳. 違者, [指差人違牌限]一日笞一十, 每一日加一等, 罪止笞四十. 2. 若府、州、縣官遇有催辦事務, 不行依律發遣信牌, 輒[親]下所屬[坐]守[催]併者, 杖一百[所屬指州縣鄕村言]; 其點視橋梁、墹岸、驛傳、遞鋪, 踏勘災傷、檢屍、捕賊、鈔箚之類, 不在此限.” 『大淸律例』(北京: 法律出版社, 1999年版, p.145)

177 승표차역(承票差役), 즉 표문이라는 증명서를 받아서 임무를 처리하기 위해 파견되는 아역을 말한다.

178 비(比)는 관부에서 범인을 체포하거나 세금을 징수할 때 아역을 파견하여 기한을 정하고 독촉하는 것, 즉 공무처리의 마감 일자를 가리킨다. 따라서 사비(査比)는 마감에 임박한 업무처리의 점검을 가리킨다. 이에 대해 보다 자세한 사항에 대해서는 이 책의 제7권 전곡부 2를 참조.

179 여기서 소(銷)는 미리 지정된 기한 내에 공무를 처리하고 관련된 지시공문을 반납하여 그 처리가 완료되었음을 보고하면서 그 공문의 효력을 말소·폐기시키는 일을 말한다. 이를테면 차역이 피고의 구인 등 부과받은 임무의 처리가 끝나면 돌아와서 그 처리가 완료되었음을 보고하면서 아울러 그 일 처리를 지시한 패표 등 증명서를 반납하여 그 업무를 말소시키는 것을 말한다. 이를 회소(回銷)라고도 한다.

180 소차(銷差)는 돌아와서 상사에게 주어진 임무를 마쳤다고 보고하는 것을 가리킨다.

181 계류(稽留)는 지연(遲延)하거나 정류(停留)시킨다는 뜻이다.

182 여기서 책(責)은 태형·곤장형에 의한 처벌을 가리키며, 판(板)은 곤장형에 쓰는 죽판(竹板)을 가리킨다.

183 봉(奉)은 위로부터 내려온 공문을 받는다, 접수한다는 뜻이고, 상대(上臺)는 보통 상사나 상관을 가리키는데 궁정·조정을 가리키기도 한다. 각 상대(各上臺)는 각급에 걸친 상사들을 함께 지칭할 때 쓰는 용어다. 발방(發房)은 안건을 담당 방과의 서리에게 보내 처리하게 하는 것을 가리킨다.

184 성야(星夜)는 '밤에도, 밤을 도와, 또는 아주 신속하게'라는 뜻이다.

185 구접(具摺)은 접을 갖춘다, 즉 접힌 문서로 보고를 한다는 뜻이고, 품명(禀明)은 분명하게 아뢴다는 뜻이다.

186 탐연(耽延)은 질질 끌다, 멈추게 한다는 뜻이다. 침각(沉閣. 沈閣)은 방치하다, 내버려 둔다는 뜻이다.

187 차표(差票)는 지방관이 차역을 파견하여 공무를 처리할 때 내리는 증빙문건을 가리킨다. 향촌에 내려가 세금을 독촉하거나, 범인이나 피고·증인을 소환하거나, 토지경계를 조사하거나 할 때 사용되며, 파견되는 차역의 성명이나 불필요한 인원을 많이 대동해서는 안 된다거나 차표의 사용이 끝나면 아문에 반납해서 말소해야 한다는 등의 내용이 담겨 있다. 제(提)는 사람이나 물건·돈을 가지고(데리고) 온다는 뜻이다.

定行解究責革.[188]

一. 凡申詳上臺文冊, 俱于前一日送稿案, 放行謄眞,[189] 次日送印. 紙張宜堅白, 字畫務端楷, 不許錯落、潦草、洗補. 至各項日行文移、牌票,[190] 亦于先一日未刻, 各房彙齊, 僉套送宅,[191] 以便檢閱, 違者重責.

一. 凡上司差承, 候堂事畢, 把門人先行稟明, 以便傳見.

一. 堂上公事及審理詞訟, 如有尊客賜顧,[192] 聽事吏須婉詞回覆, 候堂事畢傳稟. 其封口書函, 一槩不得傳稟, 違者重責.

一. 本縣諸事, 俱係親裁, 並不假手左右. 如有吏役無故擅近宅門, 影射作弊,[193] 哄騙愚民者, 立究重懲. 把門人役, 不行扭稟,[194] 並究.

一. 本縣每日所用薪米、蔬菜等物, 逐日登記『買辦簿』, 硃筆點過. 俱係現發紋銀,[195] 時價平買, 並不用票賖取一物.[196] 敢有指官强買, 短少價値者, 除追償外, 重責枷示革役.

一. 聽差各役,[197] 俱要正身伺候, 毋許僱替頂名.[198] 查出重究, 并有呼喚不到者重責.

年　月　日示

堂規　押

---

188 해구(解究)는 압송하여 처벌한다는 뜻이고, 책혁(責革)은 처벌하고 파면한다는 뜻이다.

189 등진(謄眞)은 해서체(楷書體)로 베껴 쓰는 것을 가리킨다.

190 문이(文移)는 문서·공문, 또는 그것을 보내는 것을 가리킨다.

191 첨투(僉套)는 관부에서 사용하던 봉투의 일종으로 안에 지방장관이 서명하도록 요청하는 문건을 담는다. 택(宅)은 현 아문의 내부에 있는 지현의 관저(官邸), 즉 내택(內宅. 內衙)을 가리킨다.

192 사고(賜顧)는 돌봄을 내려주신다는 말로 다른 사람이 와서 둘러보는 일을 높여 부르는 경사(敬辭)다.

193 영사(影射)는 사칭하다, 속이다, 덮는다는 뜻이다. 이것을 빌려서 저것을 이야기하면서 은연중에 어떤 사람이나 일을 가리키는 경우에도 쓰인다.

194 유(扭)는 잡는다는 뜻이고, 품(稟)은 아뢴다는 뜻이다.

195 문은(紋銀)은 청대 통행되던 일종의 표준 은량(銀兩)을 가리키며, 순도와 무게가 가장 좋은 것이다. 보통 말굽모양으로 녹여 만들기 때문에 마제은(馬蹄銀)이라고도 하며, 보문(寶紋)·족문(足紋)이라고도 한다.

196 사취(賖取)는 외상으로 사들인다는 뜻이다.

197 청차(聽差)는 지시를 듣고 임무를 맡아 파견된다, 일을 맡는다는 뜻이다.

198 정명(頂名)은 남의 이름을 대신하거나 사칭하는 것을 가리킨다.

2-09. 『수지』책 보기(看『須知』)

『수지』는 한 주현 행정사무의 큰 줄기와 세부 사항 모든 것을 갖추고 있다. 따라서 이 책자를 펼쳐 보면 한 번에 그 대체적인 윤곽을 파악할 수 있다. 각 방(房)에서는 힘써 각 항목에 따라 되도록 상세하게 나열하고, 표지에는 "모 방과에서 모건의 『수지』책을 만들었다."라고 분명하게 기입해야 하며, 맨 뒤에는 "모년 모월 모일 모 방과의 모인이 작성하였다."라고 밝힘으로써 나중에 조사하거나 찾아볼 수 있게 해야 한다.

○ 이방(吏房)은 이서(吏書) 등의 관속(官屬)과 본지의 임용대기 관원 등을 관리한다. 이를테면 본 아문의 이역(吏役)이 몇 명, 서리(書吏)가 몇 명인지, 모모가 모년에 지원하여 일을 맡게 되었는지, 소속 관원(官員)과 찬전(攢典)은 몇 명이고, 모관이 모년 모월 모일에 부임했는지, 임기 내에 추천·처벌·임무 위임·대리 임무가 있었는지, 승진·전근으로 생긴 빈자리가 있는지, 모찬전이 모년에 지원하여 자리를 맡았고 임기가 끝나 자리가 비었는데 아직 메우지 못했는지, 감생·공생·거인·진사가 모년에 합격하거나 연납(捐納)을 했는지, 관직에 지원한 적이 있는지, 모년 모월 서류를 제출하여 이부에 임용을 신청했는지, 재임 중 정우(丁憂) 등의 문제가 있었는지, 승려와 도사·음양생(陰陽生)·의관(醫官) 등이 몇 명 있는지를 보고한 적이 있는지 하는 문제 등이다.

○ 호방(戶房)은 올해 응당 징수해야 할 세금수입과 상부로의 기해(起解) 및 지방에서의 지출(支給), 여름과 가을 두 차례의 토지세, 인정(人丁)의 차역과 요역·잡세 등을 관장한다. 【또한 호방에서 토지세와 호구만을 관장하고 잡세는 따로 호잡과(戶雜科)를 두어 관장하는 경우도 있다.】 주현의 토지 면적이 얼마이고, 응당 징수해야 할 세금 액수는 얼마이며, 세금이 면제되거나 늘어난 모년의 인정 수가 얼마인지, 그 가운데 우면(優免) 혜택을 받는 사람을 제외하면 응당 징수해야 할 액수가 얼마가 되는지, 부세 가운데 상부로 올려 보내야 할 액수는 얼마이고 지방에 남길 것은 얼마이고 지출할 것은 얼마인지, 그리고 모년에 상부로 올려 보내거나 지방에서 지출해야 할 액수가 얼마인데 올려 보내지 않거나 지급하지 않은 액수는 얼마인지, 그리고 백성의 세금 체납이 있는지 없는지를 파악해야 한다.

또한 매년 본지에서 소화해야 할 「염인(鹽引)」 액수는 얼마이고, 소나 당나귀에 매기는 세금, 아첩세(牙稅)·잡세, 토지·건물등기세(田·房契稅)와 전당업세(當鋪稅)는 얼마이고, 모년에 부임하고서부터 이임(離任)할 때까지 모모년·월·일의 징수와 기해는 얼마이고 완납되지 않은 부분이 얼마인지, 매년 적곡연(積穀捐)을 얼마 거두었는지, 그 가운데 옮겨 쓴 부분이 있는지 없는지, 그래서 실제로 창고에 남아 있는 액수는 얼마인지, 매년 부세 징수를 맡는 총서(總書), 이장(里長), 창고 서리(倉書), 창고 수납일꾼(收役), 납세자(花戶) 등의 명단 책자는 어떤지 하는 문제다.

○ 예방(禮房)은 봄·가을의 제사 및 과거(科擧)·신사(鄕紳)와 학교(學校), 축하용 패방과 편액(旌表), 선현(先賢)의 사묘(祠墓)·고적(古蹟) 등을 관할한다. 예컨대 문묘(文廟)나 사단(社壇)에 봄·가을 제사를 위해 매년 할당된 자금이 얼마인지, 세시(歲試)·과시(科試)를 위해 지출되는 비용이 얼마이며, 거인·진사를 위해 패방(牌坊)을 짓는 데 얼마가 들어가는지, 황상의 위패 수리나 달력·방문(榜文) 게시 비용은 얼마인지, 그리고 각 항목에의 지출·수령·기해 등은 얼마인지, 매년 학전(學田)에서 거두어들이는 소작료가 얼마이고 이 가운데 지출하거나 옮겨 쓴 것, 그리고 현재 남아 있는 액수가 얼마인지를 파악해야 한다.

또한 이곳을 거쳐 간 뛰어난 지방관이나 본지의 명사가 몇 분이고, 선현 모모의 사당이나 분묘가 몇 군데이고 어디에 자리 잡고 있는지, 또한 어느 왕조 사람이고 어떤 관직에 나갔는지 아닌지, 후예가 있는지 없는지, 있다면 어떤 신분의 사람인지 역시 알아 두어야 한다. 의부(義夫)·절부(節婦)·효자(孝子)·순손(順孫)으로 이름난 사람이 누구이고 어느 왕조 사람인지, 지금 살아 있는지 아닌지, 언제 표창을 받았는지에 대해서도 마찬가지다. 그리고 본지 출신 관원 가운데 현임은 몇 명이고 퇴임한 사람은 몇 명이며, 어떤 학위로 어떤 직위까지 거쳤는지, 현재 봉전(封典)을 받은 관원의 존속(尊屬)은 누구이고 본지 출신 어떤 관원의 부친이며 어떤 신분인지, 그리고 거인·공생·감생이 몇 명이고 관직에 지원을 했거나 임용을 기다리는 중인지 아닌지, 문·무(文武)생원이 몇 명이고, 경내에 절이나 도관이 몇 곳이고 어디에 위치하며 승려·도사가 몇 명인지도 파악해야 한다.

○ 병방(兵房)은 문군(門軍)·조쾌·민장, 소역참의 병사, 역참의 마부와 말 등을 관할한다. 즉 문군이 몇 명이고 모모가 모문을 지키며, 법정인원(經制)인지 아닌지, 어떤 항목의 임금을 지급하는지, 조쾌·민장이 몇 명이고 모모가 법정인원이고, 그 가운데 이중으로 근무하거나 과오 때문에 파면된 사람이 있는지, 소역참의 병사는 몇 명이고, 모모가 법정인원이며, 모모가 어디에 근무하면서 어디로 공문을 전송하는지, 그리고 그 거리의 원근은 어떤지를 파악해야 한다. 역참을 담당하는 서리인 역서(驛書)는 역참의 마부·말의 명단·목록을 작성하는데 경내에 역참이 모두 몇 군데이고 모역에 말이 몇 필 있도록 법으로 정해져 있는지, 패자마부(牌子馬夫)는 몇 명이고, 현재 임무를 수행 중인 말에 모자란 액수는 없는지, 가마를 드는 인부는 몇 명이고 법정인원이 있는지 없는지, 또한 경내에 역참나루(水驛)가 있는지, 모모선박 몇 척을 구비하도록 법에 규정되어 있는지, 뱃사공(水手)은 몇

명이고 정해진 임금이 있는지, 어떤 지역 어떤 항목의 차사(差使)에게 봉사를 해야 하는지를 파악해야 한다.

아울러 매년 말을 사는데 할당된 자금이 얼마이며, 임금이나 사료비용은 얼마인지, 말 한 필당 얼마씩 지급하는지, 마부나 패부 등은 1인당 얼마씩 지급하는지, 수의사나 약재에 관한 연간 비용은 얼마이고, 어떤 조세 항목의 옮겨다 쓰는지, 선박 제조와 수리 기한은 몇 년인지, 식량은 어떻게 지급하고, 모 항목을 옮겨 사용하여 결산처리를 하는지, 「감합」·「화패」 등 증명서를 제시할 경우 1인당 얼마씩 비용·식량을 지급하는지, 부임하는 날까지 모항목에 얼마를 지출하였으며, 초과되거나 거짓 명목으로 지출되거나 아니면 지급되지 않은 항목이 있는지도 파악해야 한다.

○ 형방(刑房)은 살인, 강·절도와 기지(旗地)에서 도망친 도인(逃人), 소송, 보갑(保甲)과 포역(捕役)·감창(監倉)·금졸(禁卒) 등을 관할한다. 예를 들어 살인사건이라면 어떤 일 때문에 모인이 모인을 때려죽였는데, 원고는 모인이고, 계획살인인지 아니면 난투살인인지, 상부에 판결문초안을 보고하고 그것이 제본(題本)으로 중앙에 보고된 다음 완결되었는지 아닌지를 파악해야 한다. 강·절도사건이라면 피해자인 모인이 어떤 일로 신고를 하고, 모년 모월 모일에 강·절도를 당했는지, 강도는 모모인이고 일당은 있는지, 있다면 체포되었는지, 장물을 되찾고 피해자가 그것을 확인하였는지, 모 아문에 보고를 올리고 그것이 제본으로 중앙에 보고되어 완결되었는지 등을 파악해야 한다.

도인 문제라면 어떤 일로 모년 모월 모일에 도인이 자수한 것인지, 아니면 이장 등이 신고한 것인지, 아니면 포역·민장이 체포한 것인지, 모년 모월 모일에 모 아문에 보고하였는데 그에 대한 지시는 있었는지를 파악해야 한다. 혹은 모 사건에 대해 모 아문에서 범인·증인을 올려 보내라는 지시를 받았다면, 그들을 보냈는지, 소송사건인데 [그 처리에 대해] 황상의 상유를 받은 적이 있는지, 아니면 상사의 지시를 받아 처리하는 것인지, 그리고 무슨 일 때문에 모년 모월 모일 모 아문의 지시와 검토를 받았는지, 그 지시에 대한 답변을 올렸는지 여부를 파악해야 한다.

그리고 본 현성(治所)의 근교에 보(保)가 모두 몇 군데인지, 매 보가 관할하는 향장(鄕長)은 몇 명, 보장(保長)은 몇 명, 집장(集長)·진장(鎭長)·촌장(村長)과 장두(莊頭)는 몇 명, 장정(壯丁)은 몇 명, 총계 몇 명인지를 파악해야 한다. 포역은 몇 명, 금졸(禁卒)과 창부(倉夫)는 몇 명, 원래 법정인원은 몇 명인지, 그리고 예전에 과오 때문에 파면된 적이 있는지를 파악해야 한다. 현재 감옥에 수감된 살인범이 몇 명, 강·절도범은 몇 명, 도인이 몇 명, 창고에 있는 피고는 몇 명인지, 매년 벌금형으로 대신하여 받는 현금과 곡식이 얼마인지, 지금 모창 모고에 보관되어 있는지, 응당 모 아문으로 올려 보내야 하는지, 그리고 보냈는지의 여부와 완납·체납의 여부도 파악해야 한다.

○ 공방(工房)은 건물의 보수 및 축조와 군수물자의 구매 등을 관할한다. 이를테면 찰원(察院)·공관(公館)이 몇 군데인지, 어디에 자리하고 있는지, 의자와 탁자 등 가구나 의장용 기물, 운반용 짐 상자 등 물품이 현재 얼마나 있고, 기존 관례에서는 어떻게 구매하여 비치하였는지를 파악해야 한다. 소역참이나 교량, 나루터가 몇 군데 있고, 어디에 자리하고 있으며, 어느 도로에 인접하는지, 파손되거나 무너진 것은 없는지 역시 마찬가지다. 현성의 지현·좌이관의 아문을 기존 관례에서는 어떻게 보수했는지, 감옥은 어떻게 수리했는지, 군수물자와 말구유 등, 수레와 선박 등을 구매할 때 모년 모월 모일에 어떤 부세(세입)항목을 옮겨 쓰라는 어느 곳의 공문을 받았는지, 실제로 얼마를 지출했는지, 그 결과를 정식으로 결산처리하였는지, 그리고 수령·지급에 완결되지 않은 부분이 있는지도 파악해야 한다.

○ 이상 『수지』에 들어가는 내용 가운데 일부는 상세하게 열거해야 하는데 제대로 하지 않은 경우가 있으므로, 항목별로 제대로 열거해서 작성하도록 해야 한다. 만약 얼렁뚱땅 작성해서 형식을 갖추지 못한 것이 있다면 날짜를 기입하여 돌려보내 사흘 내에 고치도록 시키고, 아울러 원래 보낸 책자도 함께 반납하게 한다. 그래도 여전히 빠트리고 제대로 작성하지 않은 것이 있어 조사하여 드러나면 함께 처벌한다.

○ 현승(縣丞)·주부(主簿)·현위(縣尉)·순검(巡檢)·역승(驛丞)·세과사대사(稅課司大使)·현창대사(縣倉大使)·갑관(閘官) 등 지현 휘하 관원은 무슨 일을 담당하는지, 제대로 완결되지 못한 일이 있는지, 지현아문에 배속된 법정 부역(夫役)은 몇 명인지, 1인당 임금은 얼마인지, 모 예산항목에서 지급하는지 등에 대해서도 역시 해당 방에서 명단과 목록을 만들어 올려야 한다. 본현 관역(官役)의 봉급은 전체 정액이 얼마이고, 얼마를 수령하거나 지급했는지 등에 대해서도 역시 그 일을 담당하는 해당 부서에서 명단·목록을 만들어 보내서 [지현 본인이] 열람할 수 있도록 해야 할 것이다.

『須知』乃一州縣之政事大綱、節目,[199] 無不備載, 以其開卷可一覽而得其槩也. 各房務要照款詳開,[200] 冊面簽註明"某房科造完某件須知冊,"[201] 冊尾註明"某年月日某房科某人", 以便査覽.

---

199 절목(節目)은 나무마디·관건·조목이나 항목·순서, 자질구레한 세부사항 등을 가리킨다.

200 조관(照款)은 항목에 따라, 항목별로라는 뜻이다. 상개(詳開)는 상세하게 나열한다, 늘어놓는다는 뜻이다.

201 첨(簽)은 요점이나 간단한 의견을 쓴다거나 그런 것들이 들어간 쪽지를 가리킨다. 따라서 책면첨(冊面簽)은 책자

○ 吏房經管吏書官屬及本治候選官員等項.[202] 如本衙門吏若干名、書手若干名, 某某于某年報納著役,[203] 所屬官攢若干名,[204] 某官于某年月日到任, 任內有無薦罰、委署及陞遷空缺. 某攢典于某年月日報納著役, 有無役滿[205]出缺、懸缺,[206] 監、貢、擧、進,[207] 某年中式援納,[208] 曾否考職, 于某年月起文赴部,[209] 有無在籍、[210] 丁憂事故.[211] 曾否申報僧、道、陰陽、醫官若干名.

○ 戶房經管應徵、解給,[212] 夏稅、秋糧,[213] 丁差、徭役,[214] 雜課等項.[215] 【亦有戶房止經管

의 표지에 붙인 쪽지나 제목 부분을 가리킨다.

202 관속(官屬)은 관원의 속리(屬吏)를 말한다. 낭중(郎中) 이하의 경관(京官)이나 도원(道員) 이하의 지방관이 과거시험이나 연납을 통해 처음 관직에 나갈 때, 또는 전직 관리가 여러 이유로 자리를 비웠다가 전례에 따라 다시 임용될 때 모두 이부에 가서 신고를 하고 제도적으로 마련된 순서에 따라 선발·임용을 대기해야 하는데, 이것을 후선(候選)이라고 한다. 즉 임용대기자라고 할 수 있다.

203 보납(報納)은 일정한 비용을 내면서 신고한다는 뜻이고, 착역(著役)은 일을 맡기 시작하였다는 것을 가리킨다.

204 관찬(官攢)은 관원(官員)과 찬전(攢典)을 가리킨다. 찬전(攢典)은 원·명대에는 창고나 염장 등의 이역을 가리켰지만, 청대에는 수령관·좌이관·잡직관 등에 속하는 소리(小吏)를 가리킨다.『흠정광서대청회전(欽定光緒大淸會典)』(『續修四庫全書』 史部 政書類. 上海古籍出版社, 2002) 권12「이부(吏部) 험봉청리사(驗封淸吏司)」(p.129)에는 다음과 같은 기록이 있다. "관직에 있는 사람을 두어 방과(房科)의 일을 다스리게 하는 것을 이(吏)라고 한다. ……지방 소리(小吏)의 구분은 네 가지이다. 첫째는 서리(書吏: 총독·순무·학정·각 창고와 세관 감독의 소리는 모두 서리라고 한다)이고, 둘째는 승차(承差: 총독·순무가 서리 외에 다시 설치하였다), 셋째는 전리(典吏: 사·도·부·청·주·현의 소리), 넷째는 찬전(攢典: 수령관·좌이관·잡직관 등에 속하는 소리를 모두 찬전이라고 한다)이라고 한다. 모두 백성 가운데에서 선발하여 충원한다."

205 지방의 소리(外吏)는 5년 복무하면 만기가 되었다. 따라서 한 번 더 복무하거나, 남을 사칭해서 복무하거나, 만기가 되어도 물러나지 않는 경우 등 법을 어기는 자는 모두 처벌을 받도록 규정되어 있었다. 한편 농력(음력) 7월(孟秋之月)에는 총독·순무가 5년 만기를 채운 소리를 모아 고시(告示)·신문(申文) 등을 가지고 시험을 치러 그 수의 절반을 넘지 않는 수준에서 합격시켜(1등은 종9품이 되었지만 2등은 未入流였다), 이부에 보고함으로써 전선(銓選)의 명단에 들어가게 하였다.

206 출결(出缺)은 원래의 인원이 자리를 비우거나 사망으로 빈자리가 난 경우를 가리키며, 현결(懸缺)은 직위가 빈자리로 남아 있어 보충을 기다린다는 뜻이다.

207 감·공·거·진(監·貢·擧·進)은 각기 과거시험의 학위소지자인 감생(監生)·공생(貢生)·거인(擧人)·진사(進士)를 가리킨다. 즉 신사층 전체를 가리킨다고 볼 수 있다.

208 중식(中式)은 과거시험에 합격하는 것을 가리키고, 원납(援納)은 여기서는 연납(捐納)을 가리킨다. 즉 일종의 국가에 대한 기부를 통해 학위를 얻는 것으로 감생(監生)이 바로 그러한 대표적인 경우다.

209 기문(起文)은 문장이나 원고를 쓴다, 또는 상급으로 문건을 올려 보고한다는 뜻이다. 따라서 '기문부부(起文赴部)'는 이부(吏部)에 서류를 제출하여 임용을 기다린다는 뜻, 즉 관직에 나간다는 뜻으로 보인다.

210 재적(在籍)은 본적지에 거주한다는 뜻도 있지만, 여기서는 관적(官籍)에 이름을 올려놓고 있다는 뜻이다. 즉 현직관료일 때라는 뜻이다.

211 정우(丁憂)는 직계 존속의 상을 당해 관직에서 약 3년 동안 벗어나는 것을 가리킨다. 부모의 사후 자녀는 3년상을 치르면서 관직에 나가지 않고 결혼하거나 연회에 참석하거나 과거에 응시하지 않는 예법에서 나왔다. 정우는 또한 정간(丁艱)이라고도 하며, 정내간(丁內艱)은 모친상, 정외간(丁外艱)은 부친상을 가리킨다. 사고(事故)는 사정·문제·연고·사유·변고 등을 뜻한다.

212 응징(應徵)은 여기서는 본래의 징수 목표와 실제 징수 상황에 관련된 여러 요소를 참작하여 결정한 해당연도에 실제로 징수해야 하는 세금액수를 가리킨다. 해급(解給)은 위로 올려 보내는 것을 해(解. 즉 上交 또는 起解)라

田糧、[216] 丁口,[217] 其雜課另設戶雜科者[218]】如地畝若干, 應徵銀糧若干, 有無某年錙增人丁若干, 內除優免應徵額銀若干,[219] 地丁應起運若干,[220] 存留若干, 應支款若干, 某年起運、支給若干, 有無未解、未給及有無未完民欠, 每歲額銷「鹽引」若干,[221] 牛、驢、牙、雜、田·房契稅、當舗等稅若干, 自某年起, 及卸事止, 某某年月日徵收、起解若干, 有無未完若干, 每年捐積穀若干,[222] 有無動支,[223] 實存倉若干及每年經收錢糧,[224] 總書、里長、倉書、收役、花戶等冊.[225]

하고, 급(給)은 주현의 예산으로 지출하는 것(發放 또는 支給)을 가리킨다. 기해(起解)는 지방정부에서 거둔 전량(錢粮. 또는 稅糧)을 상급정부로 올려 보내는 것을 가리킨다. 청대 지방정부에서 거둔 전량 가운데 해당 지방행정 경비로 쓰기 위해 남겨 놓은 부분을 존류(存留)라고 하는데, 이 항목 가운데 그 일부를 지방에서의 지출에 충당하는 것을 지급(支給)이라고 한다. 이는 또한 좌지(坐支)라고 하는데, '좌'는 고정된 자리라는 뜻이고, '지'는 지출을 뜻하는 것이다. 해급은 기해와 지급을 합쳐 부르는 것이고, 존류와 지급을 합쳐서 부를 경우는 유지(留支)라고 한다.

213 하세추량(夏稅秋糧)은 양세(兩稅. 二稅), 즉 여름과 가을에 완납해야 하는 부세(賦稅)를 가리킨다. 당(唐) 덕종(德宗) 때부터 징수되기 시작하였으며 기존의 조·용·조(租庸調)를 하나로 통합하여 납부하게 하였다. 하세는 6월, 추량은 10월을 넘겨서는 안 된다고 하였으므로 양세라고 하였는데 이후 명대 중기까지 답습되면서 토지세(田賦) 제도의 근간을 이루었다. 따라서 여기서는 토지세를 가리키는 것으로 이해하면 될 것이다.

214 정차(丁差)는 성인 남자에게 부과되는 요역을 말한다. 요역(徭役)은 관부에서 평민 성인 남자에게 일정한 시기나 특수한 상황 아래 떠맡도록 하는 일정한 수량의 무상 노동을 가리킨다. 보통 역역(力役)이나 군역(軍役)·잡역(雜役) 등이 있다. 따라서 정차·요역은 요역 전체를 가리키는 것으로 이해하면 될 것이다.

215 잡과(雜課)는 잡세(雜稅), 즉 정규토지세 이외의 각종 부가세를 가리킨다.

216 전량(田糧)은 토지세, 또는 부세(賦稅)를 가리킨다.

217 정구(丁口)는 호구, 또는 인구를 말한다. 성년 남자는 정(丁) 또는 인정(人丁)이라 불렀고, 여성과 미성년 남자는 구(口)라고 불렀다.

218 이에 대해서는 제6-8권의 전곡부 1-3에서 상세하게 다루고 있다. 여기 나오는 각종 세금이나 관련 용어에 대해서는 그 부분을 참조할 것.

219 우면(優免)은 토지세나 요역 등에 대하여 면제의 특권을 부여하여 우대하는 것을 가리킨다. 이를테면 명·청대에 신사는 요역에 대한 우면권이 그 특권으로 인정되었다.

220 지정(地丁)은 토지세와 인두세를 가리킨다. 즉 지방에서 거두는 부세 전체를 보통 통칭하는 말이다. 기운(起運)은 운반을 시작한다는 뜻도 있지만, 여기서는 기해(起解) 즉 상부로 올려 보내는 액수를 가리킨다.

221 「염인」(鹽引)은 염상(鹽商)이 소금 가격을 납부하면, 발급해 주어 지정된 산지에서 소금을 받은 다음 허용된 장소로 운반하여 판매할 수 있게 해 주는 증빙서류를 가리킨다.

222 적곡(積穀)은 저장된 곡식, 또는 곡식의 저장을 가리킨다. 적곡연(穀積捐)은 공용 창고에 곡식을 비축·저장하기 위해 토지면적 등을 기준으로 삼아 납세자들에게 일정한 기부를 시키는 것을 가리킨다.

223 동지(動支)는 끌어올려 쓰거나 옮겨 쓴다는 뜻으로 예산을 본래 할당된 목적 외에 다른 용도로 옮겨서 지출하는 것을 가리킨다.

224 경수(經收)는 (자기가 담당하여) 징수한다, 받는다는 뜻이다.

225 이장(里長)은 이(里)의 우두머리 직역, 창서(倉書)는 창고를 담당하는 서리, 수역(收役)은 창고의 수납일꾼을 가리킨다. 화호(花戶)는 납세자, 즉 호구책에 등재되어 있는 호구(戶口)를 말한다. 화(花)는 그 종류가 아주 다양하여 한결같지 않다는 뜻이 있다.

○ 禮房經管春秋祭祀、賓興考試、[226] 鄉紳、學校、慶賀旌表、[227] 先賢祠墓、古蹟等項.[228] 如文廟[229]、社壇額編,[230] 兩季祭祀銀若干, 歲科盤費銀若干,[231] 擧進牌坊銀若干,[232] 修理龍亭·曆日·榜紙銀若干,[233] 各項有無支領起解. 每年學租若干,[234] 有無支動現存若干. 名宦鄕賢幾位, 先賢某某祠墓幾處, 坐落何所, 係某朝人, 有無出仕何官, 有無後裔, 係何色目人.[235] 義夫、節婦、孝子、順孫幾人, 係某某朝, 有無現在, 于某時旌表. 鄕宦現任幾人, 致仕幾人, 係何出身,[236] 歷仕某某任, 現在封君幾人,[237] 是某鄕宦之父, 係何出身. 擧人、貢監若干, 有無考職候選. 文武主員若干.[238] 境內寺觀若干所, 坐落何處, 僧、道若干人.

---

226 빈흥(賓興)은 주대(周代)에 향에서 현능한 사람을 뽑아 국학에 입학시켰다는 것을 말하는데, 보통 지방관이 수험생에게 연회를 베풀어 초대하던 의식이나 향시(鄕試)를 가리킨다. 자세한 것은 제24권 전례부「24-10. 빈흥고시(賓興考試)」항목을 참조.

227 정표(旌表)는 관부에서 충효절의(忠孝節義)가 뛰어난 사람을 위해 패방(牌坊)을 세우거나 편액(匾額)을 내려 줌으로써 표창하는 것을 말한다. 또는 그 패방이나 편액을 가리킨다.

228 이에 대해서는 이 책의 제24권 전례부와 제25·26권 교양부에서 상세하게 다루고 있다. 여기 나오는 각 항목의 명칭이나 내용에 대해서는 이 부분을 참조.

229 문묘(文廟)는 공자를 모신 사당을 가리킨다. 당대(唐代)에 공자가 문선왕(文宣王)에 봉해졌으므로 문선왕묘(文宣王廟)라고 하였는데 원·명(元明) 이후로는 약칭하여 문묘라고 부르게 되었다.

230 액편(額編)은 제도적으로 정해진 숫자나 수량, 또는 정액(定額)을 가리킨다.

231 세과(歲科)는 세고(歲考)와 과고(科考)를 가리킨다. 세고(歲考. 歲試)는 성의 학정(學政)이 부·주·현의 생원·늠생(廩生)을 대상으로 거행하던 고시를 가리킨다. 우열을 구별하여 상벌을 내리며, 생원 등은 반드시 여기에 응해야 하였다. 과고(科考)는 명·청대 향시(鄕試) 이전에 지방 주현의 학관(學官)이 거행하던 선발시험으로 생원은 반드시 여기에 합격해야 향시에 응할 수 있었다. 반비(盤費)는 여비나 생활비를 가리키기도 하지만 여기서는 지출, 비용을 뜻한다.

232 패방(牌坊)은 충의지사나 효녀·열녀 등을 기념하기 위해 세우는 일종의 기념용 건축물을 가리킨다. 이를테면 정절패방(貞節牌坊)·공덕패방(功德牌坊) 등이 있는데, 기둥 사이의 윗부분에 편액을 만들어 기념하는 문자를 써넣는 것이 보통이다.

233 용정(龍亭)은 본래 천자의 위패가 있는 건물(宮)을 말한다. 여기서는 황제의 위패를 모신 향정(香亭. 또는 香輿·香車)을 가리키기도 한다. 즉 희경(喜慶)을 표시하는 채색 비단이나 끈으로 장식한 정자와 향로와 황제의 위패, 또는 그것들을 싣고 있는 수레나 마차를 말한다.

234 학조(學租)는 지방의 교육용 공유재산인 학전(學田)에서 나오는 소작료 수입을 가리킨다. 이것은 교육용 기금으로 쓰인다.

235 색목(色目)은 종류의 명목(名目)을 가리킨다. 이를테면 생원의 '색목'에는 늠선생(廩膳生)·증광생(增廣生)·부생(附生)이 있다는 식이다. 나아가 색목은 인품이나 신분을 가리키기도 한다.

236 출신(出身)은 과거고시 합격자의 신분(학위)이나 자격, 또는 학력을 가리킨다.

237 봉군(封君)은 '봉읍을 가지고 있는 귀족'이란 뜻도 있지만, 여기서는 자손이 고위직으로 출세하면서 봉전(封典)을 받은 사람을 가리킨다.

238 원시(院試)를 통과한 동생(童生)을 생원(生員)이라 하는데, 생원부터는 공명(功名)을 얻었으므로 사대부계층에 들어가며 신사(紳士)의 일부로 간주되었다. 그래서 차요(差徭)가 면제되고, 지현을 만나도 궤배(跪拜)하지 않아도 되며, 지현도 이들에게 멋대로 형벌을 집행하지 못하는 등의 특권이 주어졌다. 생원에 대해서는 이 책의 제24권 전례부「24-10. 빈흥고시(賓興考試)」부분을 참조.

○ 兵房經管門軍,[239] 皂快、民壯、舖司兵、驛遞夫馬等項.[240] 如門軍若干名, 某某派守某門, 是否經制,[241] 支給何項工食. 皂快、民壯若干名, 某某係經制, 有無重役,[242] 過犯革逐.[243] 舖司兵若干名, 某某係經制, 某某在某地方, 送某處公文, 道里遠近. 管驛驛書開造驛遞夫馬,[244] 本治共有幾驛, 某驛額設馬若干匹, 牌子馬夫若干名,[245] 現在行差馬有無缺額, 轎槓青白夫若干名,[246] 有無經制. 本治有無水驛,[247] 額設某某船若干隻, 水手若干名, 有無額設工食, 供應何路何項差使.[248] 每年額設買馬銀若干, 工料銀若干,[249] 每馬支給若干, 馬牌夫等每名支給若干,[250] 獸醫、藥材每年支給若干, 動支何項錢糧, 船隻打造修理, 是何年限, 工價作何支給, 何項動用開銷,[251] 「勘合」、「火牌」每員名廩給、口糧若干.[252] 自到任之日止, 某項支過若

---

239 문군(門軍)은 문을 지키는 사병을 가리킨다.

240 이에 대해서는 이 책의 제28·29권 역참부를 참조.

241 경제(經制)는 원래 '나라를 다스리는 제도'라는 뜻이다. 여기서는 법에 의해 규정된 제도를 가리킨다.

242 중역(重役)은 이중으로 업무에 종사한다는 뜻이다.

243 과범(過犯)은 '잘못, 과오(過誤)'라는 뜻인데, 여기서는 전과자를 가리키는 것 같다. 혁축(革逐)은 혁제(革除)·구축(驅逐), 즉 파면되었다는 뜻이다.

244 역서(驛書)는 역참을 관리하는 서리를 가리킨다. 역체(驛遞)는 역전(驛傳)과 같은 뜻으로 역참(驛站)과 전사(傳舍)를 가리키는데 문서를 전송하는 것을 우(郵. 또는 傳)라고 하며, 말을 갈아 바꾸는 곳을 역(驛)이라고 한다. 따라서 역체·역전 또는 역참은 문서를 전달하고, 관원이 왕래하거나 물자를 운반하는 도중에 중간에 잠시 쉬거나 머무는 곳을 가리킨다.

245 패자마부(牌子馬夫)는 패자(牌子), 즉 공문의 전송 임무 등을 담당하는 마부다.

246 청백부(青白夫)는 청색과 백색 옷을 입은 인부·가마꾼들을 가리킨다.

247 수역(水驛)은 역참 역할을 하는 나루터를 말한다.

248 차사(差使)는 임무를 맡고 파견되어 역참을 이용하는 관리나 사자, 또는 그 임무를 가리킨다.

249 공료(工料)는 보통 인건비와 재료·사료를 가리킨다.

250 마패부(馬牌夫)는 말을 돌보는 마부를 가리킨다.

251 동용(動用)은 본래 정해진 용도와는 다른 곳으로 옮겨 쓴다는 뜻이다. 개소(開銷)는 작정개소(作正開銷)를 가리킨다. 즉 정식 회계항목으로 등재하여 회계처리(奏銷)를 한다는 의미다. 예산의 지출은 사전에 이미 그에 대한 승인이 있어야 하므로, 그 지출을 허락받지 않은 항목을 기입하여 결산 문서를 제출할 경우 당연히 중앙의 호부에서 퇴짜를 놓아 승인해 주지 않는다.

252 감합(勘合)은 서로 맞추어 보아 확인하는 부계(符契)·부절(符節)를 가리킨다. 도장을 찍은 문서를 반으로 나눠 가진 다음 나중에 맞추어 보거나 하여 증거로 삼는 것을 말한다. 군대의 파견이나 가마·마차의 황궁 출입, 관원의 역참 이용에 모두 이것이 이용되었다. 여기서는 역참에 도착한 관병(官兵)이 사용하는 감합을 가리키고 있다. 역참에 도착한 관병은 반드시 병부(兵部)에서 발행한 증거문서를 지방관에 제시하여 점검을 받아야 하는데, 서로 맞춰보아 확실하다면 그때에 비로소 모든 물품을 지급한다(廩給給). 이것을 감합이라고 한다. 화패(火牌)는 원래 군중의 부신(符信) 가운데 하나로, 병사가 각지에 명령을 전달할 때는 화패 1면을 지급받는다. 역참을 이용하는 관병(官兵)은 역참에 도착하면 즉시 그곳 지방관으로 하여금 공문(文票)을 보내 다음 역참의 지방관에게 통지함으로써 일체 필요한 물건을 준비하게 하는데, 그때의 공문을 화표라고 부른다. 그 일이 마치 불처럼 화급한 것이기 때문에 이렇게 부르는 것이다. 화패는 바로 화표이기도 하다(이상 「감합」과 「화패」에 대해서는 『六部成語注解』, pp.113-114를 참조). 늠급(廩給)은 봉록이나 신급(薪給), 또는 의식용 생활물자나 그런 것을 지급한다는 뜻이고, 구량(口糧)은 군대나 아문에서 사병이나 요역 인원에게 지급하는 식량을 말한다. 나아가 봉급이나 일상생

干, 有無透冒未支.[253]

○ 刑房經管人命、盜逃、詞訟、保甲、捕役、[254] 監倉、[255] 禁卒等項.[256] 如某命案爲某事某人打死某人, 原告某人, 或謀或毆, 有無審報, 具題完結.[257] 某盜案爲某事失主某人呈報, 某年月日被劫, 强盜某某人, 夥黨有無拿獲,[258] 眞贓有無起認,[259] 申報某衙門, 曾否具題完結. 某逃案爲某事, 于某年月日, 或逃人自首,[260] 或地方禀報,[261] 或捕壯拿獲,[262] 于某年月日申報某衙門, 有無批示.[263] 或又有某案奉某衙門行提,[264] 曾否起解.[265] 某詞訟或欽件,[266] 或憲件爲某事,[267] 于某年月日奉某衙門批審,[268] 曾否詳覆批示.[269] 本治四鄕共幾保,[270] 每保所管鄕

활에 필요한 식량을 가리키기도 한다.

253 투(透)는 투지(透支), 즉 지출이 정액을 넘어선 초과 지출을 가리킨다. 모(冒)는 모지(冒支), 즉 거짓 명목의 지출이다. 미지(未支)는 응당 지급해야 할 것을 지급하지 않은 경우다.

254 포역(捕役)은 치안 유지나 범인 체포에 종사하던 차역을 말한다.

255 감창(監倉)은 죄인을 수감하는 장소나 뇌옥·감옥을 통칭하기도 하지만, 여기서는 창고를 감시하는 인원을 가리킨다.

256 금졸(禁卒)은 감방의 간수와 관리 임무를 맡는 차역이다. 이상의 항목에 대해서는 이 책의 제11-23권 형명부에서 상세하게 다루고 있다.

257 '제(題)'의 부분은 원래 한 칸이 빠져 있는 부분인데, 이것은 제(題)가 황제에게 올라가는 공문을 뜻하기 때문에 황제에 대한 공경의 뜻으로 한 칸을 비운 것이다. 이것을 보통 '대두(擡頭)'라고 하는데, 원래 세로로 쓰던 공문에서 줄 가운데 부분이 해당되면 아예 다음 줄로 옮기고 윗부분을 한 칸 내지는 두 칸(또는 그 이상)을 다른 줄보다 올려서 쓰는 방식에서 비롯되었다. 또한 제(題)는 황제에게 올리는 주장(奏章)을 가리키며, 특히 명·청대에는 제본(題本)을 가리킨다. 병·형·전량(兵刑錢糧) 및 지방민무(地方民務) 등 대소 공사는 모두 제본을 사용하여 보고하였는데, 관원이 직인을 찍어 제본을 갖추어 올리면(이것을 具題라고 한다) 통정사(通政司)에서 내각으로 보내 황제에게 전달하였다. 보다 개인적인 형식의 보고는 주본(奏本)을 사용하였는데 여기에는 직인을 사용하는 것이 허락되지 않았다. 청초에는 제본(題本)과 주접(奏摺)이 사용되었는데, 직접 황제에게 진주(陳奏)하거나 긴급한 사항을 보고할 때는 일반적으로 주접이 사용되었고, 통정사를 통해 내각으로 전달되는 일상 행정에는 제본이 사용되었다. 이후 주접의 사용이 점차 늘어나게 되었는데, 광서(光緖) 28(1902)년에는 통정사·제본이 폐지되고 주접만 사용되었다.

258 과당(夥黨)은 도적이나 모반 집단의 무리를 가리킨다.

259 진장(眞贓)은 부정한 방법으로 취득한 재물, 즉 훔친 현물·장물이나 뇌물을 말한다. 기인(起認)은 이런 것을 되찾는 것(起)과 피해자(원주인)가 이 장물이 자기 것인지를 확인하는 일(認)을 가리킨다.

260 자수(自首)는 스스로의 죄를 분다는 뜻이다.

261 지방(地方)은 이장(里長)이나 갑장(甲長)·순역(巡役) 등 향촌의 직역(職役)을 통틀어 가리키는 말이다. 지보(地保)라고도 한다. 앞으로는 장소를 가리키는 '지방(地方)'과의 혼동을 피하기 위해 직역을 가리키는 지방은 대부분 '지보'로 통일하여 번역하였다.

262 포장(捕壯)은 포역(捕役)과 민장(民壯)의 합칭이다.

263 비시(批示)는 상급기관이 하급기관의 공문서에 대해 의견을 표시하는 것, 결재와 지시를 말한다. 남에게 의견을 요청할 때 쓰는 경칭이기도 하다.

264 행제(行提)는 공문을 보내 피고와 관련문서, 증거 등을 상부로 올려 보내게 하는 것을 가리킨다.

265 기해(起解)는 상부로의 자금 발송 또는 범인의 압송을 가리킨다.

266 흠건(欽件)은 흠안(欽案)과 같은 뜻으로 황제의 직접 지시를 받아 처리하는 안건을 가리킨다.

267 헌건(憲件)은 상사의 공문, 또는 상사가 처리를 지시한 안건이나 공문을 가리킨다.

268 비심(批審)은 조사하여 검토한다는 뜻이다.

269 상복(詳覆)은 보고하여 답변을 올리는 것을 가리킨다. 상(詳)은 위로 보고한다는 뜻(내지는 그 문서 즉, 上行文)

長某人, 保長某人, 某鎭·集·村長、莊頭某人,[271] 壯丁某人, 共若干名. 捕役若干名, 禁卒、倉夫若干名, 經制幾名, 從前有無過犯革逐. 現今在監命犯若干名、盜犯若干名, 逃犯若干名, 在倉人犯若干名,[272] 每年罪贖銀穀若干,[273] 現貯某倉某庫, 應解某衙門, 曾否報解, 有無完、欠.

○ 工房經管修造及置辦軍需等項.[274] 如察院公館幾所,[275] 坐落某處, 椅桌、鋪陳、執事、[276] 槓箱等件,[277] 見存若干, 舊例作何置辦. 舖舍、橋梁、津渡幾處, 坐落何地方, 係何孔道,[278] 有無毁壞坍塌. 本治正·佐衙門, 舊例作何修理, 監倉作何補葺.[279] 置辦軍需、槽鍘、[280] 車船等物.

이고, 복(覆)은 답변을 한다는 뜻이다.

270 사향(四鄕)은 현성 주변의 향촌을 가리킨다.

271 집진(集鎭)은 현성을 제외하고 비교적 상업이 번화한 장소, 보통 향촌 가운데 비농업인구가 중심이 되는 거민 지구를 가리킨다. 집은 시집(市集), 즉 정기적으로 무역활동을 하는 장소를 가리키며, 진(鎭)은 원래 군사요충지 내지 군대주둔지에서 시작되었으나 명·청대에는 상업이 번성한 구역을 가리키는 용어가 되었다. 시진(市鎭)·집진(集鎭)·성진(城鎭) 등은 대개 비슷한 의미를 지닌 용어이나 그 규모나 행정구역의 명칭에 다양한 차이가 있다. 장두(莊頭)는 전장(田莊)의 관리인 또는 촌장·촌두와 같은 향촌의 직역(職役)을 가리킨다.

272 여기서 재창(在倉)은 피고를 창고에 가두는 것을 가리킨다. 즉 피고 등을 임시적으로 구치하는 장소를 가리키는 것으로 보이는데, 원래 죄인을 일시적으로 감금하는 장소는 감(監)이나 옥(獄)이라 불렀다(전통중국에서는 인신을 구속하는 감옥형이나 그것을 위한 감옥이라는 것은 존재하지 않았다). 다음의 제3권에 나오지만 창(倉)의 경우는 비교적 죄가 무겁지 않은 사람만 수감된다는 설명이 있어 약간 차별이 있는 것처럼 보이지만, 청대 감옥에는 내감(內監)·외감(外監)·여감(女監) 또는 연감(軟監)·외감·이감(里監. 重監)·암감(暗監. 黑獄)·여감이라는 구분은 있어도 창(倉)은 명목이 보이지 않는다(那思陸, 『淸代州縣衙門審判制度』, 中國政法大學出版社, 2006, p.97). 또한 감옥에는 중범을 가두고, 기타 나머지 경범 죄인이나 증인 등 관련인물을 지보의 보증 아래 보석해야 한다고 법에 규정되어 있지만, 실제로 증인이나 경범죄인 등을 다른 장소나 반방(班房), 즉 아역의 숙직실 등에 가두거나 아니면 헐가(歇家)에 머무르게 하는 것이 관행이었던 것으로 보인다(김선혜, 「재판」, 吳金成 외, 『명청시대사회경제사』, 이산, 2007, pp.165-167). 반방은 원래 아역의 숙직실에서 비정식 구금시설로 바뀌었고 나아가서는 그러한 장소의 대명사로 바뀌기까지 하여 오늘날까지도 그런 의미로 사용되고 있지만(陳兆肆, 「淸代法律: 實踐超越表達—以衙役群體運作班房爲視角—」, 『安徽史學』 2008-4), "창(倉)·포(鋪)·소(所)·점(店) 등의 명목으로 경범 죄인을 사사로이 가두거나, 또는 이 때문에 그들이 사망하는 경우에 대해서는 해당 독무에 대해서 즉각 參核하여 법에 따라 처단할 것이다."라고 규정되어 있었으므로(趙曉華, 『晚淸訟獄制度的社會考察』, 中國人民大學出版社, 2001, pp.116-145를 참조) 원칙적으로는 불법이었다.

273 죄속은 바로 속죄(贖罪)로 돈이나 현물로 형벌을 대신하는 것, 즉 일종의 벌금형을 가리킨다. 벌금형은 그 대상자나 대상범죄에 일정한 제한이 있었다.

274 치판(置辦)은 사들인다, 마련한다는 뜻이다.

275 찰원(察院)은 도찰원(都察院)을 가리키기도 하고, 순안어사(巡按御史. 巡按察院)나 그 어사(御史)가 밖에서 일하는 머무는 아문을 가리키기도 한다. 여기서는 시험장(考場)을 가리키는 것으로 보인다. 지방의 과거(科擧) 등 교육 관련 업무를 담당하는 학정(學政)이 대부분 어사출신이어서 이 찰원은 동시에 시험장을 의미하기도 하였다.

276 여기서 집사(執事)는 의장(儀杖)을 가리킨다.

277 공상(槓箱)은 물건을 나르기 위해 어깨에 메는 상자, 짐 상자를 가리킨다.

278 공도(孔道)는 큰 길(大道. 通道)을 가리킨다.

279 보즙(補葺)은 보수하거나 수선한다는 뜻이다.

280 조찰(槽鍘)은 여물을 담는 말구유와 작두를 말한다.

于某年月日, 奉某處明文, 動何項錢糧, 應付過若干, 有無開銷、領給未完.

○ 以上須知, 有者詳晰開造, 未經列出者, 照款開造. 如有朦混不合式者, 判日發出, 限三日改造, 并原發冊送繳. 如有遺漏不造, 查出一併責究.

○ 丞、簿、尉、巡、驛、使、倉、閘等官經管某事,[281] 有無未完, 本官衙門經制夫役幾名,[282] 每名工食若干, 何項支給, 亦着該房造送.[283] 本縣官役俸工, 額支若干,[284] 支領過若干, 亦着經管該房開造送覽.

2-10. 증명서 반납(繳憑)

지현은 취임하는 날 바로 이부로부터 받은 증명서를 정례에 따라 해당 아문[즉 이부]으로 반납해야 한다. [그렇지만 직접 이부에 전달할 수 없으므로 상사인 지부를 통해] 포정사에 보고를 올리면, 포정사는 순무에게 보고를 올리고, 순무는 이부의 이과(吏科)로 자문(咨文)을 보내면서 아울러 그 증명서를 반납한다. [그러면] 이부의 이과에서는 그것을 검토한 다음 폐기처분을 한다. 따라서 지현은 그 증명서를 꼼꼼히 살펴보되 그 양식대로 한 장을 베껴서 보존해 두어, 후일에 참고할 수 있도록 한다. 증명서의 반납은 한 달을 넘겨서는 안 되며, 한 달 이내라면 언제든지 괜찮다.

○ 「증명서반납보고」 양식(「申文」憑式) 【연월은 양식에 따라 기입한다.】

모관 모가 관직을 제수받은 일에 대해 올립니다.

281 각기 현승(縣丞)·주부(主簿)·현위(縣尉)·순검(巡檢)·역승(驛丞)·세과사대사(稅課司大使)·현창대사(縣倉大使)·갑관(閘官)을 가리킨다. 이러한 지현의 보좌관(좌이관)이나 속관 명목에 대해서는 유자양(劉子揚) 편저(編著), 『청대지방관제고(淸代地方官制考)』(紫禁城出版社, 1988), pp.112-114, 또는 주보명(周保明), 『청대지방이역제도연구(淸代地方吏役制度硏究)』(上海書店出版社, 2009), pp.98-108을 참조할 수 있다.

282 부역(夫役)은 소집되어 복역하거나 고용되어 일하는 사람을 말한다.

283 착(着. 著)은 누구로 하여금 무엇을 하게 한다는 사역(使役)의 뜻을 지니고 있다.

284 액지(額支)는 정액 지출을 가리킨다.

본직은 연령 몇 세로 모성 모부 모현 출신인데, 모 자격을 가지고 모년 모월 모일에 지금 관직을 제수받았고, 이부로부터 모 자호 증명서 한 통을 수령하였습니다. 원래 모년 모월 모일까지 부임하도록 정해진바, 그에 따라 모월 모일에 부임하여 직무를 인수받았습니다. 그래서 원래 수령한 모든 증명서는 응당 대신 전달하여 반납해 달라고 상사에게 보고를 올려야 할 것입니다. 이상입니다.

첨부목록: 다음의 내용을 상부로 보고하여 올립니다.

증명서 1통

이상의 내용을 직속상사인 지부【만약 현이 주의 통할 아래 있다면 또한 지주에게 보내는 경우도 있다. 이왕의 정례에 따라 행한다.】에게 보고하는 바입니다.

년 월 일 모성 모부 모현【현승 모. 지현 모. 전사 모】

上任之日, 卽將部憑照例申繳該衙門,[285] 轉申布政司,[286] 司詳撫院,[287] 咨繳部科查銷.[288] 其憑須細加檢點, 仍照式謄寫一張收存, 日後有所稽考. 憑限不得過一月, 在一月以內者勿問.

○「申文憑」式【年月照式塡】

某官某爲除授官員事.

照得本職年若干歲, 某省某府某縣人, 由某行于某年某月日除授今職, 領到吏部某字號文憑一道, 原限某年月日到, 遵依于某月日到任受事外, 所有原領文憑, 理合具由申憲轉施行.

---

285 신격(申繳)에서 신은 상부에 대한 보고 즉 상행문(上行文)을 가리키며, 격(繳)은 (증명서를 아울러) 반납한다는 뜻이다.

286 전신(轉申)은 아래로부터 올라온 공문, 즉 상행문(申)을 중간에서 받아서 전달하면서 보고를 한다(申)는 뜻이다. 전(轉)은 중간에서 대신 전달해 준다는 뜻이다. 여기서 지현은 지부에게 보고를 하여 지부가 받아서 결국은 포정사에게 올려 주도록 요청하는 것이다.

287 상(詳)은 상부에 보고하는 공문, 즉 상행문의 일종으로 보고한다는 뜻이며, 부원(部院)은 순무(巡撫)의 별칭이다.

288 자격(咨繳)은 자문(咨文)을 보내 반납한다는 뜻이다. 자문(咨文)은 고위 관원이 동등한 직급, 또는 다른 계통의 비슷한 직급에게 보내는 공문, 즉 평행문(平行文)의 일종이다. 독무는 상서나 시랑 직함을 아울러 지니고 있으므로 중앙의 육부에 보내는 공문은 평행문인 자문(咨文)이 되는 것이다. 부과(部科)는 여기서는 이부의 이과를 가리킨다. 사소(查銷)는 검토하여 (공문의 내용에 따른 사무처리가 완결되어 공문의 효력이 더 이상 필요가 없어졌으므로) 폐기처분(말소)한다는 뜻이다.

須至申者.

計: 申送

文憑一道

右申本府【如縣屬州統轄, 亦有送州者. 照往例行】

年 月 日 某省某府某縣【縣丞某. 知縣某. 典史某】

2-11. 문묘 분향(謁廟行香)

기존 관례에 의하면 부임한 지 사흘, 또는 바로 다음날에 문묘(文廟)와 성황묘 등 정기적으로 제사를 지내는 사묘에 들린다. 새로 부임한 관원은 예복을 입고 가마를 타며, 의장대열은 북을 치고 나팔을 불면서 앞길을 인도한다. 문묘의 동홍문(東紅門) 밖에 이르면 가마를 세우고, 섬돌 아래까지 걸어가 선다. 예생이 의례를 선창하면, 한인 관료(漢官)의 예를 할 경우 꿇어앉았다가 일어서는 절을 네 번 하고, 기인(旗人) 관료의 예를 따를 경우에는 세 번 무릎을 꿇고 [그때마다 세 번씩 모두] 아홉 번 머리를 조아린다. 예를 마치면 문 밖에서 가마를 타고 현의 유학(儒學)으로 가서 지현은 좌이관·속관과 함께 유학의 교관(廣文)과 서로 두 손을 맞잡고 올리는 인사를 한다. 이 절차가 끝나면 명륜당에 올라가서 지현이 가운데 앉고 지현의 좌이관·속관과 교관은 순서에 따라 앉으면, 생원들이 절을 한다. 끝나면 유학의 하인이 첨통(籤筩)을 받들고 와서 꿇어앉아, "제비를 뽑아 경전의 일부를 강론해 주십시오."라고 아뢴다. 그러나 실제로 지현이 제비를 뽑아서 강론할 필요는 없고, 강론에 능한 생원 한 사람이 경서 가운데 한 장 풀이하는 것을 들으면 된다. 이러한 전례는 그냥 그대로 남겨 둘 뿐이다. 예를 마치면 예방이 지필을 올려 강론한 생원에게 보낸다. 그다음 신임 지현은 자리에서 일어나 섬돌 아래에 이르러서 교관들에게 작별 인사를 한다. 그리고 가마를 타고 성황묘의 각 사당에 들러 분향을 한다.

풍습이 좋지 않은 지역에서는 언제나 강론을 한 다음 생원이 「탄원서」를 올리는 경우가 있다. 혹은 지방의 이해(利害) 관계를 조목별로 진술하거나, 아니면 아역(衙役)의 과오를 지적하기도 한다. 그 가운데에는 물론 공적인 명분을 빌려 개인적인 이익을 꾀하거나 아니면 보복을 꾀하는 경우도 많다. 신임 지현은 주변의 수하를 시켜 그것을 받도록 하지만, 사안에 대한 가부 여부를 그 자리에서 밝힐 필요는 없다. 하지만 그 성명과 「탄원서」의 매수는 분명히 기록해 두어서 주변 사람이 그것을 뽑아내거나 바꿔치지 못하게 해야 한다. [지현은 그것을] 가지고 내아로 들어가 그 내용을 보고 사정을 살피되, 이치에 합당한 글을 제시한 사람에 대해서는 조사를 해서 이전에 백성을 해친 적이 있는지의 여부를 알아보고, 서서히 그것을 참작해서 일을 처리한다. 개인적인 일을 꾀하는 경우라면 그냥 내버려 두어도 상관없으며, 모두 다 그에 대한 처리 결과를 공개할 필요는 없다. 문제점이 지적된 아역에 대해서는 과연 못된 행적이 있었는지를 조사하되, 모름지기 [생원이 고발한 것이 아닌] 다른 일을 빌려서 처벌해야지, 「청원서」에 의거하여 실행함으로써 사인(士人)들이 떠들썩하게 경쟁하며 나서는 분위기를 띄울 필요는 없다. 만약 사인을 모욕한 사건이고 그 자신과 밀접한 관계가 있는데도 아직 처벌되지 않은 경우가 있으면, 마땅히 공개적으로 포고를 하여 피해자인 생원이 직접 소송문서의 접수가 가능한 날에 문서를 올려 고발할 수 있도록 허용한다. 이렇게 하면 문약한 사인의 울분이 풀릴 수 있을 것이고, 공적인 명분을 빌려 개인적인 목적을 이루려는 사람도 쉽사리 그 뜻을 얻지 못할 것이다.

舊例到任三日或次日, 謁文廟及城隍廟諸常祀.[289] 新官吉服乘輿,[290] 執事鼓吹前導. 詣文廟東紅門外下輿, 步至丹墀下立.[291] 禮生贊禮, 如行漢禮,[292] 唱跪興四拜, 行滿禮,[293] 唱三跪九叩頭. 禮畢, 門外乘輿, 詣儒學, 廣文[294]、僚佐相揖.[295] 畢, 升明倫堂中坐, 僚佐、廣文序坐, 諸生行禮.[296] 畢, 門斗捧籤箭跪禀: "掣籤講書".[297] 然禀而不必掣, 聽善講者講書一章, 存其典例而已. 講畢, 禮房呈驗紙筆,[298] 送講書生員. 新官離坐, 至階下, 揖別廣文. 登輿詣城隍各祀

289 상사(常祀)는 정기적인 제사 또는 그런 제사를 치르는 곳을 가리킨다.

290 길복(吉服)은 제사 때 입는 복장, 예복을 가리키는데, 제사는 길례(吉禮)이기 때문에 이런 명칭이 붙었다.

291 단지(丹墀)는 궁전의 붉은색 계단이나 붉은색 지면, 또는 관부나 사묘의 계단 부분을 가리킨다.

292 한례(漢禮)는 한족(漢族) 내지는 한관(漢官)의 의식을 가리킨다.

293 만례(滿禮)는 만주족의 예법이란 뜻이지만, 실제로는 팔기(八旗)에 속하는 기인(旗人) 관료의 예법을 말한다.

294 광문(廣文)은 당대 국자감에 설치된 광문관(廣文館)의 박사나 유학(儒學)의 교관(敎官)을 가리킨다. 여기서는 후자를 말한다.

295 요좌(僚佐)는 좌이관과 속관 등을 가리킨다. 상읍(相揖)은 서로 두 손을 맞잡고 올리는 절(읍)을 한다는 뜻이다.

296 제생(諸生)은 현의 학교에 입학한 생원들을 가리킨다.

297 궤품(跪禀)은 무릎을 꿇고 윗사람에게 아뢴다는 뜻이다. 체첨(掣籤)은 제비뽑기라는 뜻이고, 강서(講書)는 강론한다는 뜻이다. 따라서 체첨강서는 제비를 뽑아 거기 나온 경전의 소제목에 따라 강론을 한다는 뜻이다.

298 정험(呈驗)은 위로 올려 점검을 받는다는 뜻이다.

行香. 畢, 廻衙.

每有刁懥之區,[299] 諸生于講書後, 遂遞「呈詞」者,[300] 或條陳地方利弊, 或指摘衙役過犯.其間假公濟私,[301] 希圖報復者多.官惟命左右收之,不必更置可否.[302] 仍記明姓名、張數, 以防左右抽換,[303] 帶進內衙,[304] 觀其詞而察其情, 近理者訪其所事, 從前有無病民,[305] 徐爲斟酌行止.[306] 爲私者存而勿論可也, 俱不必掛牌批示. 如所指衙役, 訪其果有奸蠹實跡, 須另事究革, 不必據呈施行, 以長學校囂競之氣.[307] 如係有侮辱斯文,[308] 事干切己,[309] 未經斷懲者, 應掛牌示,[310] 許被害本生于告期呈控.[311] 如此懦衿之屈忿當伸,[312] 而假公者亦不得遽逞其志矣.

2-12. 각종「고시」의 발포(發各「告示」)

신임 지현의 일 처리는 경내의 모든 백성이 우러러 경청하는 바이지만, 그 큰 뜻은 역시 대부분 포고문에서 드러난다. 멀리 떨어진 사향(四鄕)의 백성도 비록 직접 만날 수는 없지만, 이것을 통해 신임 지현의 말을 봄으로써 기쁘고 다행스럽게 여길 수 있다. 어찌 오로

---

299 조비(刁懥)는 교활하고 못되었다는 뜻이다.

300 「정사(呈詞. 呈辭)」는「정문(呈文)」을 가리킨다.「정문」은 윗사람에게 올리는 공문의 일종인 상행문(上行文)으로 보통 아래쪽 사정을 알리거나 청원이나 탄원을 하는 데 사용된다.

301 가공제사(假公濟私)는 공가(公家)의 명의나 역량을 빌려서 또는 공익을 명분으로 하면서 실은 개인의 이익을 꾀하거나 얻는 행위를 가리킨다.

302 경치(更置)는 다시 세우다, 바꾸다, 변동시킨다는 뜻이다.

303 추환(抽換)은 뽑아내고 바꿔 치운다는 뜻이다.

304 대진(帶進)은 몸에 휴대하여 가지고 들어간다는 뜻이다.

305 병민(病民)은 백성을 해친다는 뜻이다.

306 행지(行止)는 움직이고 멈추는 것을 말한다.

307 효경(囂競)은 떠들썩하게 경쟁한다는 뜻이다.

308 사문(斯文)은 예악교화(禮樂敎化)와 전장제도(典章制度), 즉 문화를 가리킨다. 나아가 문학이나 문아(文雅)라는 뜻도 있지만 문인·유사(儒士)를 가리키기도 한다.

309 절기(切己)는 절실하다, 몸에 와 닿다, 자기와 밀접한 관계가 있다는 뜻이다. 간(干)은 간여하다, 관련된다는 뜻이다.

310 패시(牌示)는 포고 패 위에 붙인 고시문을 가리킨다.

311 정공(呈控)은 품공(禀控)과 같은 뜻으로 고발장을 올린다는 뜻이다.

312 나금(懦衿)은 문약한 서생을 가리킨다. 금(衿)은 청금(青衿)으로 학생(생원)의 복장을 가리킨다.

지 아문에서 일하는 사람들만 따르고 지켜야 함을 알아야 하겠는가? 따라서 이전의 것을 이어받거나 새롭게 개혁해야 하는 모든 업무는 임기가 시작되는 초기에 정하는 것이 가장 중요하다. 시작할 때 그 계획이 확정되어 있으면, 정해진 순서에 따라 효과가 나타나는 것은 마치 식은 죽 먹기처럼 순조로울 것이다. 무릇 백성을 깨우치는 모든 「고시」는 마땅히 간단하고 명료해야 하며, 화려한 문장을 과시해서는 안 된다. 이른바 "부녀자나 어린아이라도 모두 알아볼 수 있어야 한다"는 것이다. 양식을 뒤에 첨부한다.

○ 생각건대, 부임을 알리는 「고시」는 너무 번잡하기에 지금 아래에 여러 양식을 수록해 놓았다. 전곡이나 형명·보갑 등 여러 조항에 관련된 「고시」는 뒤에 나오는 이 책의 해당 부분에서 각기 다루고 있어 여기에는 수록하지 않았다.

新官行事, 爲闔境所觀仰,[313] 而其大旨亦多見之文告.[314] 此遠鄕百姓不得見新父母,[315] 而見新父母之言, 以爲欣幸,[316] 寧獨執事在公者,[317] 知所遵守哉? 故一切因革事宜貴定之于始.[318] 始法旣定, 而按程課效,[319] 則游刃有餘矣.[320] 凡諸曉諭宜明白簡切,[321] 勿以詞華是炫.[322] 所謂: "婦人、童豎皆可知之者"也.[323] 示式附.

---

313 행사(行事)는 일 처리(辦事. 從事)를 뜻한다. 합경(闔境)은 경계 이내의 모든 지역, 즉 전체 경내를 가리킨다. 관앙(觀仰)은 쳐다보다, 우러러본다, 경청한다는 뜻이다.

314 대지(大旨)는 주된 뜻, 대요를 가리킨다. 문고(文告. 告示)는 정부기관이 발포하는 통고를 말한다. 시유(示諭)나 고지(告知)·효시(曉示)와 비슷한 뜻으로 위에서 아래로 내리는 공문서의 형식(下行文)이다.

315 원향(遠鄕)은 현성에서 멀리 떨어진 향촌, 즉 사방의 향촌(四鄕)을 가리킨다.

316 흔행(欣幸)은 기쁘고 다행스럽게 여긴다는 뜻이다.

317 집사(執事)는 여기서는 일에 종사하거나 주관한다는 뜻이다. 관직이나 업무를 지닌 관원·하인, 일이나 공작을 가리키기도 한다. 재공(在公)은 공무(公務)를 처리한다는 뜻이다.

318 인혁(因革)은 따르는 것과 혁파(革罷)하는 것, 즉 인습과 변혁을 가리킨다. 사의(事宜)는 사정(事情)이나 사정에 관한 안배와 처리, 또는 사정의 도리(道理)를 뜻한다.

319 과효(課效)는 그 효과를 점검한다는 뜻이다.

320 유인유여(遊刃有餘. 游刃有餘)는 유인여지(遊刃餘地)라고도 쓴다. 『장자(莊子)』「양생주(養生主)」편에 나오는 유명한 "포정해우(庖丁解牛)"의 고사에서 비롯되었다. 전국시대 양나라의 백정(庖丁)이 어느 날 왕 앞에서 소를 잡았다. 그 모습을 가만히 지켜보던 왕은 포정의 낡은 칼과 유연한 손놀림에 탄성을 질렀는데, 포정은 "부단한 노력으로 도가 텄기 때문에 19년 동안 바꾸지 않은 칼로도 살과 살 사이 넓은 틈이 있는 듯 소를 잡는다"고 담담히 말하였다. 여기에서 최선을 다해 어떤 일에 능통한 자는 여유 있게 상대방을 압도한다는 뜻을 가리키게 되었다. 즉 유인유여는 솜씨 있게 일을 처리하다, 힘들이지 않고 여유 있게 일을 처리한다는 뜻이고, 식은 죽 먹기라는 표현인 것이다.

321 효유(曉諭. 曉喩)는 분명하게 권도(勸導)하고 알리는 것으로 대부분 윗사람이나 상부에서 아래에 지시하는 형식이다. 보통 관청에서 백성에게 권하는 데 많이 쓴다.

322 사화(詞華)는 글이나 어귀가 아주 화려함을 가리킨다. 따라서 사화시현(詞華是炫)은 화려한 문장을 뽐내는데 오로지 주의를 기울인다는 뜻이다.

323 동수(童豎)는 더벅머리를 한 어린아이라는 뜻이다.

○ 按: 到任告示頗煩, 今姑載數式于左. 至干錢穀、刑名、保甲諸條, 散見後各部中者, 皆可擧爲文告, 故不多贅.[324]

2-13.「정문고시」(「頭門告示」)[325]

정문을 지키는 조예에게 고시하여 알리니 숙지하도록 하라.

무릇 본 지현이 공무를 처리하고 있을 때, 멋대로 정문을 통해 관계자가 아닌 사람이 들어오게 놓아 두어서는 안 된다. 매일 밤 1경을 알리는 첫 북소리가 난 다음에는 즉시 정문을 봉쇄하여 일률적으로 사람들이 출입하는 것을 막아야 한다. 북이 배치된 고루(鼓樓)의 경부(更夫)는 매일 저녁 5명을 파견하고, 매 경(2시간)마다 돌아가며 교체한다. 매 경마다 북을 두드리는데, 반드시 정해진 시각에 따라 분명하게 해야 하며, 새벽이 돌아오면 정문을 다시 연다. 북소리가 혼란스러워 분명치 않거나, 멋대로 빠르거나 느리게 쳐서는 안 된다. 만일 정문을 지키는 조예 및 경부가 잠에 빠져 북 치는 시간을 그르치거나 아침 점호시간에 참가하지 않으면 반드시 엄중하게 처벌할 것이다.

示諭把頭門皀隷知悉.[326]

凡本縣陞堂,[327] 不許擅放閑人進門.[328] 每晩起更以後,[329] 卽行封鎖, 一槩人等不許出入. 其鼓樓更夫,[330] 每晩派定五人, 輪更交替, 每更鼓點,[331] 俱要按定時刻分明, 直至黎明攢點.[332]

---

324 다췌(多贅)는 군더더기가 많다, 말이나 서술이 길다는 뜻이다.

325 원문에는 "門樓更夫 附"라는 구절이 붙어 있으나, 여기서는 생략하였다.

326 두문(頭門)은 정문을 가리키며, 파두문(把頭門)은 정문 문지기를 가리킨다. 지실(知悉)은 알린다, 숙지하게 한다는 뜻이다. 보통 위에서 아래로 내리는 공문서나 서신에서 자주 쓰이는 용어다.

327 승당(升堂)은 관리가 청당에 올라 업무를 보거나 안건을 심리한다는 뜻이다.

328 한인(閑人)은 한인(閒人)·간인(間人)과 같은 뜻이다. 한가하여 아무 일도 없는 사람이나 적군에 잠입하여 상황을 정찰하고 정보를 찾는 인원을 가리키기도 하지만, 여기서는 업무에 상관없는 사람, 관계자가 아닌 사람을 가리키는 뜻이다.

329 기경(起更)는 5경 중의 1경을 알리는 첫 번째 북소리를 말한다. 전통시대에는 황혼에서 새벽까지를 갑·을·병·정·무 5단계로 나누고 이를 알리기 위해 북을 쳤는데, 이를 오경(五鼓) 또는 오야(五夜)라고 하였다.

330 경부(更夫. 更人)은 5경을 알리는 북을 치고, 순찰을 도는 야경꾼을 가리킨다.

毋得昏亂不淸, 疾徐任意.[333] 如把門皂隷及更夫貪睡違怠不遵,[334] 或查點不到,[335] 定行重責.

2-14. 「이문고시」(「二門告示」)

이문(二門)의 조예에게 고시하여 알리니 숙지하도록 하라.

무릇 본 지현이 공무를 처리하고 있을 때에는 누구든지 문 밖에 빙 둘러서서 서로 밀치거나 하면서 안을 엿보는 일이 없도록 해야 한다. 당직반의 쾌수(快手)는 이문 밖에서 지시가 떨어지기를 기다리도록 한다. 혹시 상사가 보낸 차사(差使)가 문에 도착하였을 경우 [문 밖에서] 잠시 기다리게 하고, 지현이 공무를 마치면 우선 분명하게 아뢰어서 그를 불러서 만날 수 있도록 해야 한다. 만약 긴급한 일로 온 차사라서 즉각 만나봐야 할 경우라면, 역시 반드시 분명하게 아뢰어서 그를 불러들일 수 있게 해야 한다. 감히 이를 어기거나 그르칠 경우에는, 반드시 엄중하게 처벌하되 용서하지 않을 것이다.

示諭把二門皂隷知悉.[336]

照得本縣陞堂, 凡一應人等不許在門外圍立, 擁擠窺探.[337] 該班快手在二門外聽差.[338] 遇有上司來差到門,[339] 俱令暫止, 俟本縣堂事畢,[340] 先行稟明傳見.[341] 如係緊差, 應卽見者,[342]

---

331 고점(鼓點)은 북을 두드려 시각을 알리는 북소리 숫자를 가리킨다.

332 찬점(攢點)은 문을 연다는 뜻이다. 송대(宋代) 궁중에서는 5경이 지나면 북과 딱따기를 치면서 궁문을 열기 시작하였는데, 이것을 찬점(攢點)이라고 하였으며, 청대에는 이것을 발뢰(發擂: 북과 종을 치기 시작한다)라고 불렀다.

333 질서(疾徐)는 빠르거나 느린 것을 가리킨다.

334 위태(違怠)는 어기거나 게을리한다는 뜻이다.

335 사점(查點)은 하나하나 (인원을) 점검한다, 점호를 한다는 뜻이다.

336 이문(二門)은 대문 안에 거듭 세운 문(中門. 重門)을 가리킨다. 참고로 앞에서는 의문(儀門)이라고 했는데, 여기서는 그런 표현이 사용되고 있지 않다.

337 옹제(擁擠)는 사람이나 수레·배들이 한데 몰려 서로 밀칠 정도로 붐비는 것을 말한다. 규탐(窺探)은 엿보다, 정탐한다는 뜻이다.

338 해반(該班)은 당직반을 맡다, 당직을 한다는 뜻이고, 쾌수(快手)는 아문에서 집포(緝捕)를 전담하던 차역(差役)을 가리킨다. 청차(聽差)는 지시를 받아 임무를 맡는다, 심부름을 한다는 뜻이다.

339 내차(來差)는 파견되어 온 사자나 심부름꾼, 즉 차사(差使)를 가리킨다.

340 당사(堂事)는 공당에서의 안건심리나 업무처리를 가리킨다.

亦須稟明傳入. 敢有違悞,[343] 定行重責不貸.[344]

2-15. 「택문고시」(「宅門告示」)

택문(宅門)을 지키는 조예에게 고시하여 알리니 숙지하도록 하라.

천당(川堂)은 [지현이 거주하는] 내택(內宅. 內衙)에 가까우니 반드시 힘써 엄숙함을 유지해야 하며, 누구 한 사람 후당(後堂)에 서서 엿들을 수 있도록 놓아두어서는 안 된다. 만일 아역들이 [지현의 서명이 필요한] 문서봉투나 긴급한 문건 초고를 전하러 왔다면, 딱따기(梆)를 쳐서 소리를 내면서 문서상자 안에 직접 집어넣어야 한다. 품청이나 장부문건인 경우 모름지기 아울러 그 목록을 써서 첨부함으로써 [지현이] 검토하거나 발송할 수 있게 해야 하지, 구두로 요청해서는 안 된다. 또 아역이 [지현에게 문서상자에 문건을 넣었다고] 아뢸 때에는 반드시 딱따기를 치고 높은 소리로 말해야 하지, 그냥 문서상자에 대해 고개를 숙이고 낮은 소리로 말해서는 안 되며, 일을 마치면 바로 밖으로 나가야 한다. 이를 어기는 자는 처벌할 것이며, 문지기들은 아침저녁으로 대기하면서 멋대로 근무지를 이탈하거나 다른 사람을 대신 시켜서는 안 된다. 어길 경우 처벌하여 파면할 것이다.

示諭把守宅門皂隸知悉.[345]

照得川堂逼近內衙,[346] 務須嚴肅, 不許容放一人後堂站立窺聽.[347] 如吏書傳送僉套,[348] 或緊急文稿,[349] 許擊梆從轉斗內投進.[350] 凡稟請、簿籍文卷,[351] 俱要寫具稟單,[352] 以憑查發, 不

---

341 품명(稟明)은 분명하게 아뢴다는 뜻이고, 전견(傳見)은 (상급자가 하급자를) 불러와서 만난다(召見)는 뜻이다.

342 긴차(緊差)는 긴급한 소식이나 지시를 알리는 차사를 가리킨다.

343 위오(違悞)는 어기거나 그르친다는 뜻이다.

344 부대(不貸)는 용서하지 않는다, 그르치지 않는다는 뜻이다.

345 택문(宅門)은 여기서는 현 아문의 내부에 있는 지현의 관저(官邸), 즉 내택(內宅)으로 통하는 대문을 가리킨다.

346 천당(川堂. 또는 穿堂)은 내원(內院)과 외원(外院) 사이에 있어 뚫고 지나갈 수 있는 사무실을 가리킨다. 여기서 손님을 만날 수도 있다.

347 후당(後堂)은 뒷면의 당옥(堂屋)이나 당옥 뒤의 정원을 가리킨다. 참립(站立)은 서다, 오래 서다는 뜻이다.

348 이서(吏書)는 아역을 가리킨다. 첨투(僉套)는 결재를 받기 위한 문서를 담은 봉투를 가리킨다.

許口請. 其衙役回話,[353] 務要擊梆高聲傳稟,[354] 不許附斗低言, 事完卽出, 違者責究. 門役早晩伺候,[355] 不得擅離, 亦不許他人代替, 如違責革.

2-16. 「빈관고시」(「賓館告示」)[356]

음양생에게 고시하여 알리니 숙지하도록 하라.

빈관은 귀중한 손님이 찾아오시는 곳이니 매일 깨끗하게 청소하고, 앉을 수 있는 의자 등을 마련해 놓아야 하며, 관계없는 사람이 들어와 더럽게 밟지 않도록 해야 한다. 만약 귀빈이 방문하면 빈관에 앉아 계시기를 청하고, 본 지현의 업무가 끝나기를 기다려 [귀빈이 건네준] 명첩을 가지고 와서 아룀으로써 [지현이 그를] 공손히 마중할 수 있도록 해야 한다. 만일 지현이 공무로 외출하였다면 반드시 완곡하게 사정을 알리고 방명록에 존함을 기입하도록 요청하여, 본 지현이 아문으로 돌아온 다음 답방을 할 수 있게 해야 한다. 이를 어기거나 게을리해서는 안 되며, 어길 경우 조사해서 처벌하되, 용서하지 않을 것이다.

示諭陰陽生知悉.[357]

賓館係尊客光臨之地,[358] 每日打掃潔淨, 陳設坐椅, 不許閑人混入, 汚穢作踐.[359] 倘賓尊客

349 문고(文稿)는 문건, 문서의 초고를 말한다.

350 격방(擊梆)은 딱따기를 쳐서 신호를 보낸다는 뜻이다. 전두(轉斗)는 소송문서 등을 투입하기 위한 상자를 가리킨다.

351 품청(稟請)은 아뢰어서 요청한다는 뜻이고, 부적(簿籍)은 등록장부나 명부(목록)를 가리킨다.

352 사구(寫具)는 글로 써서 갖춘다는 뜻, 즉 기입한다는 뜻이다. 품단(稟單)은 아문에 대해 사정을 알리는 진술 문건, 이를테면 청원서, 신고서, 신청서 등을 가리킨다.

353 회화(回話)는 대답하다, 답장을 한다, 또는 아래에서 위로 아뢴다(稟告)는 뜻이다.

354 전품(傳稟)은 전달하여 아뢴다는 뜻이다.

355 조만(早晩)은 '아침과 저녁으로'라는 뜻이다. 사후(伺候)는 시중을 들다, 옆에서 기다린다는 뜻이다.

356 빈관(賓館)은 빈객을 초대하여 머물게 하는 곳을 말한다.

357 음양생(陰陽生)은 점성술·점·풍수지리·해몽 등을 도맡아 처리하던 사람을 가리킨다. 천문생(天文生) 또는 풍수선생(風水先生)이라고도 한다.

358 광림(光臨)은 손님의 방문을 높여 부르는 말(敬詞)이다.

359 작천(作踐)은 짓밟다, 파괴한다는 뜻이다.

賜顧, 請賓館端坐, 俟本縣堂事畢, 持帖進禀, 以便肅迓.[360] 如本縣公出,[361] 當婉覆登簿, 俟回衙答拜. 毋得違慢,[362] 取究不貸.

2-17. 「예방고시」(「關防告示」)

속임수를 쓰는 사칭 행위를 막음으로써 법률과 기율을 바로잡고자 한다. 본 지현은 대대로 학문을 가업(家業)으로 삼아 왔고, 집안에서는 순수하고 신중하게 행동하도록 가르침을 받아왔기에 친족 자제 중에 외지에 유학(遊學)하는 사람이 이전부터 전혀 없었다.[363] 본 지현이 이곳에 지방관으로 부임하였지만, 본래 성격이 곧고 인정에 얽매이지 않으며, 청빈한 생활을 고집하겠다고 굳게 다짐하여 조금도 재물에 얽매이지 않는다는 점은 진실로 오랜 벗과 지기들이 평소 잘 알고 있다. 따라서 이 지역에 찾아와서 [본 지현과의 관계를 사칭하면서 그것을 빌미로] 재물을 요구하는 사람은 당연히 있을 턱이 없다. 간혹 건달·무뢰배가 나타나 본 지현의 친구이나 일가친척을 사칭하면서 경내에 숨어 들어와 그러한 관계를 과시하며 한 바탕 큰 속임수를 펼칠 준비를 한다면, 향촌의 어리석은 백성이 그 술수에 빠져들까 두렵다. 응당 이에 대해 깨우쳐 주어야 하고 아울러 그런 행위를 엄금하고 체포해야 하므로, 이 고시를 내어 현성 전체의 병사·백성에게 숙지시켜야 할 것이다. 만약에 이러한 못된 무뢰배가 있다면 즉시 고발하여 체포·처벌할 수 있도록 허용한다. 만약 사찰·도관(道觀)·여관 등에서 이런 사람이 머무는 것을 허락하거나 향약·지보 등이 알고도 고발하지 않는다면, 조사하여 발각될 경우 모두 함께 처벌하여 용서하지 않을 것이다. 이상.【생각건대, 예방에 관련된 공문에서 서술하는 내용은 각기 다르며 이것은 그 대략을 보여 주는 데 지나지 않는다. 여기서는 한 사례를 늘어놓아 전체를 대비할 수 있게 하였다.】

---

360 숙아(肅迓)는 공손히 맞이한다는 뜻이다.

361 공출(公出)은 공무로 외출한다는 뜻이다.

362 위만(違慢)은 어기거나 게으름을 피운다는 뜻이다.

363 앞서 나온 제1권 출사부 「1-10. 「품첩」의 우송(郵「禀帖」)」 부록의 「사륙계」 양식 내용에 따르면 황육홍의 부친은 복건성의 건계현에서 관직을 지낸 황국기(黃國琦)였고, 장인은 명말에 복건순무(福建巡撫)를 지낸 추유련(鄒維璉)이다. 따라서 황육홍이 명망 있는 관료사대부 가문의 후손임은 분명하다.

爲關防詐僞,[364] 以肅法紀事.

照得本縣世業詩書, 家訓純謹,[365] 從無親族子弟, 在外遊學. 卽本縣捧檄玆土. 素性狷介,[366] 不聽一情, 矢志氷蘗,[367] 不愛一錢, 諒爲朋舊所稔知.[368] 其見訪抽豊,[369] 自應絶跡.[370] 或有無籍棍徒,[371] 指稱本縣親友、宗支, 潛藏境內,[372] 招搖誆騙,[373] 誠恐鄕愚墮其術中.[374] 理合曉諭,[375] 幷嚴行禁緝, 爲此示, 仰合邑軍民人等知悉. 如有前項奸棍, 許卽首報,[376] 以憑拿究.[377] 倘寺觀、旅店容留, 鄕、地知而不擧,[378] 査出一體治罪不貸. 須至關防者.[379] 【按: 關防敘述, 各有不同, 此其大略也. 列之以備一體】

---

364 관방(關防)은 원래 관문을 지키고 변방을 방어한다(守關防邊)는 뜻인데, 나아가 예방·단속·경계, 경비를 선다, 기밀누설을 막는다는 뜻도 있다. 사위(詐僞)는 사기·기만·속임수 등을 가리킨다. 한편 '수지관방자'라는 문장의 끝부분으로 보아 여기서 관방은 사전에 경고하는 공문의 한 형식이기도 하다.

365 순근(純謹)은 순박하고 신중하다는 뜻이다.

366 소성(素性)은 '본성, 본래의 성품'이라는 뜻이다. 연개(狷介)는 고고하고 청렴하다, 분수를 지킨다는 뜻이다.

367 시지(矢志)는 맹서를 하여 결심을 보인다는 뜻이다. 빙얼(氷蘗. 氷糵)은 얼음과 새 움(싹)으로 얼음을 마시고 나무 움을 먹는 청빈한 생활을 가리킨다. 즉 춥고 힘들지만 절조를 지키는 것을 비유한다.

368 붕구(朋舊)는 벗과 오래전부터 아는 사람을 가리킨다. 임지(稔知)는 평소 잘 알고 있다는 뜻이다.

369 추풍(抽豐. 抽風)은 각종 관계나 구실을 이용하여 다른 사람에게 재물을 갈취하는 일을 가리킨다.

370 절적(絶跡. 絶迹. 絶蹟)은 종적이 끊기다, 보이지 않는다는 뜻이다.

371 무적(無籍. 無藉)은 호적에 등록되지 않아 납세를 하지 않거나 세금을 내지 않는다, 거리낌이 없다, 무뢰하다는 뜻이지만, 여기에서 무뢰한이라는 뜻이 나왔다. 곤도(棍徒) 역시 마찬가지로 무뢰배를 뜻한다.

372 잠장(潛藏)은 숨어든다, 숨는다, 은거한다는 뜻이다.

373 초요(招搖)는 과시하다, 뽐낸다는 뜻이고, 광편(誆騙)은 속이다, 속여서 빼앗는다는 뜻이다. 초요광편(招搖誆騙)은 초요당편(招搖撞騙)처럼 이름을 빌려 과시하면서 사기 공작을 편다는 뜻이다.

374 향우(鄕愚)는 시골백성을 낮춰 부르는 칭호다.

375 이합(理合)은 당연히, 마땅히라는 뜻으로 공문에서 자주 쓰이는 단어다.

376 수(首)는 자수한다, 자수하면서 남을 고발한다는 뜻이며, 수보(首報) 역시 마찬가지다.

377 나구(拿究)는 구인하여 처벌한다는 뜻이다.

378 향지(鄕地)는 향약(鄕約)과 지보(地保)의 병칭이다. 청대의 향에서는 향장(鄕長) 아래에 장두(莊頭)·향약·지보를 두어 향리의 잡무를 나누어 맡게 하였다. 모두 봉록이 없는 역직(役職)으로 거의 모든 경우 향약·지보로 병칭된다고 하겠다.

379 "須至…者"는 앞서도 나왔지만, 공문이나 증명서의 마지막 구절에서 쓰이던 관용어 형식으로 끝맺음을 보이는 것 외에는 특별한 뜻은 없다.

2-18. 내·외 문서등록장부 작성(設內外『號簿』)

아문 각방에서 떠맡아 하는 일은 정례에 따라 『문서등록장부(號簿)』가 있어 관련된 안건을 모두 등록하고 있을 터이므로, 여기서 다시 번잡하게 언급할 필요는 없다. 하지만 황량하고 궁벽한 주현에서는 『문서등록장부』가 있더라도 너무 간략하거나 뒤죽박죽이기 마련이다. 따라서 매 건마다 기록해 두지 않으면 빠뜨리고 일을 그르치게 되며, 항목마다 장부를 만들지 않아 아무런 체계도 잡지 못하기 일쑤다. 만약 업무가 많고 번잡한 데다가 아주 바쁜 가운데 이전의 문서철 속에서 신속하게 필요한 것을 찾아보고자 한다면, 어찌 장부에 따라 곧바로 찾아낼 수 있겠는가? 따라서 모든 상사의 공문이나 각 방에서 만든 문서 초안, 그리고 모든 증빙문건(差票)에 대해서는 모름지기 먼저 내택에 등록을 하고, 내려 보낼 때 관인을 찍은 다음 해당 방과로 보내야 한다. 따라서 내택의 『문서등록장부(內號)』가 외부의 『문서등록장부(外號)』보다 훨씬 중요해질 것이다. 부임한 이후 해당 방에 미리 지시하여 모든 『문서등록장부』는 각기 같은 모양으로 2부를 만들어 관인을 찍되, 한 부는 방과에 보내 번호대로 등록하게 하고, 다른 한 부도 내택에 남겨 두어 번호대로 등록하게 하면 내·외 장부의 [번호] 등록과 말소가 서로 어긋나거나 틀리는 일이 없을 것이다. 그렇게 되면 해당 방과에서 업무를 게을리하거나 쌓아 두고 질질 끄는 폐단도 쉽게 조사해서 찾아낼 수 있다. 내택의 아문에서 응당 해야 할 업무에 대해서도 역시 일을 맡은 사람이 매 항목마다 장부를 만들어 매 건마다 기입하게 하면 나중에 찾아서 들춰 보는 일이 훨씬 편할 수 있다. 【『등록장부』와 그 양식은 뒤에 첨부하였다.】

衙門各房承行,[380] 例有『號簿』, 登記事件, 可無煩贅及. 但荒僻州縣, 雖有『號簿』, 未免簡畧雜亂. 非每件塡記, 則遺漏悞事; 非逐項立簿, 則頭緖不淸. 倘遇煩劇匆忙之際,[381] 亟欲査閱, 何以按籍而卽得乎?[382] 凡上司公文、各房稿案, 與一應差票, 必先宅內掛號, 放行用印,[383] 而後發

380 앞서 나온 것처럼 승행(承行)은 상부의 지시를 받아 그 업무를 처리한다는 뜻인데, 담당 부서(房科)나 거기에 속한 서역(胥役)을 가리키는 것으로 보인다.

381 번극(煩劇. 繁劇)이나 극번(劇煩)은 지방 주현의 사무가 번잡하고 무거운 것을 가리킨다.

382 안적(按籍)은 등록장부나 전적(典籍)에 따라, 비추어라는 뜻이다.

383 방행(放行)은 통과를 허용한다, 집행을 비준한다는 뜻이다.

該房, 則內號較外號爲尤重矣.[384] 到任後宜預飭該房, 每『號簿』各置一樣二本送印, 一本發房登號,[385] 一本留宅登號, 庶號件內外登銷, 無有遺錯. 而該房遲延、沉捺之弊,[386] 亦易于稽査矣. 至于內衙應行事宜, 經管之人亦每項設簿,[387] 逐件登塡, 庶查閱爲便. 【『號簿』幷式附】

○ 부록: 『문서등록장부』와 그 양식(『號簿』幷式附)[388]

『상사공문장부(上司公文簿)』【각 방의 장부양식은 뒤에 첨부】
『상사가 처리를 지시한 안건의 문서장부(上司批審詞狀簿)』【각 방의 장부양식 첨부】
『지현이 스스로 처리한 안건의 문서장부(自理詞狀簿)』【각 방】
『상사가 처리를 지시한 안건 관련 차역인명부(上司詞狀差簿)』【각 방】
『지현이 스스로 처리한 안건 관련 차역인명부(自理詞狀差簿)』【각 방】
『잡차 인명부(雜差簿)』【각 방】
『이서 인명부(吏書花名冊)』【이방(吏房)】
『실징책(實徵冊)』【호방(戶房). 양식은 이 책의 전곡부(錢穀部)를 참조】
『실징전량총부(徵收錢糧總簿)』【호방. 양식은 이 책의 전곡부(錢穀部)를 참조】
『매일수입장부(流水日收簿)』【호방. 수역(收役) 첨부)】
『전량마감장부(比較錢糧簿)』【호방 전량 외에 따로 창구(倉口)마다 장부 설치】
『전량 독촉 경리인명부(催糧經理花名冊)』【호방】
『천표 발행장부(印發串票簿)』【호방】
『곤단 발행장부(印發滾單簿)』【호방】
『한단 발행장부(印發限單簿)』【호방】
『체납자 구인 차역인명부(摘拿欠戶差簿)』【호방】
『체납 경리 구인 차역명부(拿欠糧經里差簿)』【호방】

---

384 내호(內號)는 내호부(內號簿)의 약칭이다. 아문에서 상사의 공문, 각 방의 문서초안 및 모든 차표(差票)의 장부는 모두 두 부를 만드는데, 내아(內衙. 內宅)에 두는 것을 내호부라고 한다.

385 등호(登號)는 문서번호를 등록한다는 뜻이다.

386 침나(沉捺. 沈捺)는 (처리하지 않고) 쌓아 둔다는 뜻이다.

387 경관(經管)은 맡아서 관리한다는 뜻이다.

388 여기 나오는 다양한 장부 내역에 대해서는 관련 부분에서 대체로 다시 설명되므로 여기서는 상세한 설명을 하지 않았다.

『매일전량 수입장부(收糧日報簿)』【호방】

『봉투 개봉장부(拆封簿)』【호방】

『전량 기해장부(起解錢糧簿)』【호방고리(戶房庫吏)】

『전량 창고수령장부(錢糧庫收簿)』【고리(庫吏)】

『관봉 지급·수령장부(支領官俸簿)』【호방고리】

『임금 지급·수령장부(支領工食簿)』【호방고리】

『고아·빈민용 미곡 지급·수령장부(支領孤貧口糧簿)』【호방고리】

『역참 임금·재료비 지급·수령장부(支領驛站工料簿)』【호방고리】

『전당업세·아세·잡세 세금장부(典坊、牙·雜稅銀簿)』【호잡방(戶雜房)】[389]

『전당업세·아세·잡세 세금수입장부(收典、坊·牙·雜稅銀簿)』【호잡방】

『아첩 수령·교환장부(領換牙帖簿)』【호잡방】

『단묘 제사비용 지급·수령장부(支領壇廟祀銀簿)』【예방고리(禮房庫吏)】

『유학 교사·생원의 봉록·장학금장부(支領師生俸廩簿)』【예방고리. 하인(齋夫)[390]·문지기(門斗)의 임금항목 첨부】

『상사에게 보낸 송례 장부(上司禮節簿)』[391]【예방. 송례 내에 쓰지만 내용을 기입해서 발송하지는 않는다(送禮內記, 不塡發)】

『보갑 인명책(保甲烟戶冊)』【병방(兵房). 양식은 이 책의 보갑부(형명부 11 보갑 1)를 참조】

『보갑 장정책(保甲壯丁冊)』【양식은 이 책의 보갑부(형명부 11 보갑 1)를 참조】

『보갑·향약·지보 등 인명책(保甲、鄕、保等花名冊)』【병방】

『본현 사경 경계책(本縣四境地界冊)』【병방】

『성문 수비병사 인명책(守門軍花名冊)』【병방】

『체포된 사염 운반자 인명책(拿獲私鹽人犯冊)』【병방】

『사염·당나귀 판매 수입책(私鹽驢變價冊)』【병방】

『조쾌·민장 등 인명책(皂快民壯等花名冊)』【병방】

『상사가 처리를 지시한 안건의 벌금형 추징관련장부(上司贓罰簿)』【각 방】

『지현이 처리한 안건의 벌금형 추징관련장부(自理贓罰簿)』【각 방】

---

389 바로 위의 항목과 거의 비슷한 것으로 보아 아마 착오로 중복된 것일 수도 있다.

390 재부(齋夫)는 학교에서 일하는 하인을 가리킨다.

391 여기서 예절(禮節)은 아마 예물(禮物), 즉 상사에 대한 보낸 예물을 가리키는 것으로 보인다.

이상의 장부는 각방과 내택에 똑같은 내용이 각기 한 부씩 비치되어야 한다(以上該房內宅一樣二本).

『내아에서 파견한 잡차인명부(內雜差簿)』
『매판장부(買辦簿)』[392]
『송례 장부(送禮簿)』
『수례 장부(收禮簿)』
『서신 장부(書啓簿)』

이상은 내택 전용이다(以上惟內宅用). 생각건대, 등록장부의 용도가 아주 많기 때문에 이루 다 기록할 수는 없고, 여기 늘어놓은 것은 날마다 필요로 하는 것뿐이다. 나머지는 일에 따라 만들면 될 것이다. 일 처리를 맡은 방과(房科)의 명칭은 각지마다 조금씩 다르기 때문에, 여기에 각기 아래에 주를 달아 놓았지만 역시 대략의 사례를 든 것뿐이다. 도인이나 강·절도 등은 백성을 가장 해치는 못된 존재이고, 또한 임기가 끝날 때까지 없기를 바라는 마음에서 여기에 든 장부 명단에는 싣지 않았다.

○『상사공문장부(上司公文簿)』 및 그 양식

『상사공문장부』는 네모난 형태로, 가장 뒷면에는 베로 만든 단단하고 두터운 푸른 겁질을 씌우며, 중간에 붉은색 긴 쪽지를 붙여 모년 모월 모일【날짜는 본관이 검은색으로 표기한다.】 만들었다고 쓰고, 왼쪽 반에 붉은색 네모난 종이쪽지를 붙이고 그 위에 '상사공문장부'라고 크게 쓴다. 안에는 희고 깨끗한 면연 용지 약간 장을 사용하며, 굳게 장정한 다음 도장을 찍는다.【뒤에 몇 장에 몇 번 도장을 찍었는지 기록한다.】 상사의 공문이 도착하면 곧바로 여기에 기입하는데, 상사의 공문 1건으로 모월 모일 모 아문의 모자호 공문 한 통을 받았는데, 그 공문은 다음과 같은 제목이다:

공문의 첫줄[제목]【상사 공문의 간단한 요약을 기록한다.】 아래의 주【모 차사 또는 모

392 매판에 대해서는 바로 뒷 절을 참조.

역참으로부터 받았다는 것을 기입】

이 공문과의 관련 내용 정리(前件).【일 처리의 완료가 어려울지 아닐지를 보아서 반쪽의 공백을 남겨 둠으로써 나중에 기입해 넣는다.】

모년 모월 모일 수령.【아래에 원차, 또는 모 역참이나 모 차사, 모반에 넘겼다는 내용을 기입】

만약 일이 이미 완결된 것이라면 해당 승행은 '완결'이란 쪽지를 붙이고, 본 지현이 등록장부를 점검할 때를 붉은 먹으로 '완료'라고 쓰고 점검을 마칠 때를 기다려서, 그 장부를 내택으로 올려 보낸 다음 내택의 장부와 함께 대조하면서 점검한다. 내택 장부의 이 공문 위에 "대조 및 등록말소"라고 쓰고 작은 확인도장을 찍는다.

○『상사가 처리를 지시한 안건의 문서장부』 및 그 양식(『上司批審詞狀簿』式附)

1건 모년 모월 모일 수령

모 아문 모 자호 공문 한 통 및 첨부 소송문서 1장

소송문서 첫줄[제목]【소송문서의 간략한 요약을 기입한다.】 아래의 주【아래에 모 차사 또는 모 역참으로부터 수령하였다는 것을 기입】

원고 [ ], 피고 [ ], 증인 [ ]

이 공문과 관련하여, 모월 모일 모 차역을 보내 구인하였고, 모월 모일 출두하였고, 모월 모일 심리가 완료됨. 모일【사유서·보고서·진술조서 등을】 갖추어 올리는 일을 완료하였음.【아래에 원차 모, 혹은 모 역참이나 모 차사에게 넘겼다고 기입】

상사가 결재를 하면, 그 내용대로 메워 기입한다. 생각건대, 이 등록장부를 이 두 가지만 제시하였지만, 나머지도 대략 마찬가지일 것이다.

『上司公文簿』【各房簿式附】

『上司批審詞狀簿』【各房簿式附】

『自理詞狀簿』【各房】

『上司詞狀差簿』【各房】

『自理詞狀差簿』【各房】

『雜差簿』【各房】

『吏書花名冊』【吏房】

『實徵冊』【戶房式, 見錢穀部】

『徵收錢糧總簿』【戶房式, 見錢穀部】

『流水日收簿』【戶房付收役】

『比較錢糧簿』【戶房錢糧外有別項倉口, 各設簿】

『催糧經理花名冊』【戶房】

『印發串票簿』【戶房】

『印發滾單簿』【戶房】

『印發限單簿』【戶房】

『摘拿欠戶差簿』【戶房】

『拿欠糧經里差簿』【戶房】

『收糧日報簿』【戶房】

『封簿』【戶房】

『起解錢糧簿』【戶房庫吏】

『錢糧庫收簿』【庫吏】

『支領官俸簿』【戶房庫吏】

『支領工食簿』【戶房庫吏】

『支領孤貧口糧簿』【戶房庫吏】

『支領驛站工料簿』【戶房庫吏】

『典坊牙雜稅銀簿』【戶雜房】

『收典坊牙雜稅銀簿』【戶雜房】

『領換牙帖簿』【戶雜房】

『支領壇廟祀銀簿』【禮房庫吏】

『支領師生俸簿』【禮房庫吏, 齋夫、門斗、工食附後】

『上司禮節簿』【禮房. 送禮內記, 不塡發】

『保甲煙戶冊』【兵房冊, 式見保甲部】

『保甲壯丁冊』【兵房冊, 式保甲部】

『保甲鄕保等花名冊』【兵房】

『本縣四境地界冊』【兵房】

『守門軍花名冊』【兵房】

『拿獲私鹽人犯冊』【兵房】

『私鹽驢變價冊』【兵房】

『快民壯等花名冊』【兵房】

『上司贓罰簿』【各房】

『自理贓罰簿』【各房】

以上, 該房內宅一樣二本.

『內雜差簿』

『買辦簿』

『送禮簿』

『收禮簿』

『書啓簿』

以上, 惟內宅用.

按:『號簿』之用頗多, 不能盡記, 此所定者乃日所常需, 其餘因事而設可也. 經管房科, 各處稍有不同, 玆分註其下, 亦大畧擧之耳. 至于逃、盜, 乃害民之蟊蜮,[393] 且願終任無之, 故簿名不載.

○『上司公文簿』附式

簿形方面, 背用綿料堅厚青殼, 中貼紅長簽, 書某年某月日 【日, 本官墨標】 立, 左畔用紅方簽, 大書上司公文簿. 內用潔白棉連,[394] 約若干張, 裝釘整固送印.[395] 【後記若干張用印若

---

393 모역(蟊蜮)에서 모(蟊, 蝥)는 농작물의 뿌리를 갉아먹는 해충이나 갑충(甲蟲)·집게벌레·거미·나무좀 등을, 역(蜮)은 물여우를 가리킨다. 그래서 모역(蟊蜮)은 농작물을 해치는 해충을 뜻하고, 나아가 악인을 비유한다.

394 면연지(棉連紙)는 연사지(連史紙)를 가리키는데 원래는 면연사지(綿連四紙)가 와전된 것이다. 강서·복건 등지에서 생산되며 대나무가 원료인데, 종이 질이 섬세하고 흰 데다가 오래되어도 변하지 않아 귀중한 서적이나 비첩(碑帖)·서화(書畵)·부채(扇面) 등에 많이 사용하였다.

395 장정(裝釘)은 장정(裝訂)과 같다. 즉 흩어진 책이나 종이를 묶어서 표지를 갖춘 책으로 만드는 과정을 가리킨다.

干顆】遇有公文至卽書, 一件, 某月某日奉到某衙門某字號公文一角, 憲牌內開[396]:

爲某事【將牌內畧節載明】 下註【差某人, 或舖遞】

前件【看事結之難易難結, 留空白半頁, 以便疊塡】

于某月某日回文訖 【下註交原差, 或發舖司某, 或差某、班某】

如事已完結者, 該承粘浮簽書完訖, 俟本官比號件時, 硃書完訖. 比畢, 將簿送內宅與內簿對同, 于內簿前件上, 打"對同銷號訖"小戳.[397]

○『上司批審詞狀簿』式附

一件 某年某月某日奉到某衙門某字號公文一角內「詞狀」一紙.

告爲某事.【將狀內節畧記明】 下註【差某人, 或舖遞】

原告某 被告某 干證某

前件 于某月某日差某人拘, 于某日投到,[398] 某日審訖. 于某日具【由·詳冊·招批】解訖.[399]【下註交原差某, 或發舖遞, 或差某人】

上司批允, 照批語塡註, 按掛號列此二式, 餘大略同.

---

396 헌패(憲牌)는 상급 관부가 보낸 고시패(告示牌)나 체포영장(票牌)을 가리킨다. 헌(憲)은 상사를 가리킨다. 내개(內開)는 상급이나 동급 기관에서 온 문서를 인용할 때 쓰인다. 즉 이 말 뒤에 인용내용이 오므로, "그 내용은 다음과 같이 서술되어 있다"는 뜻으로 공문의 내용을 소개할 때 쓰는 용어다.

397 대동(對同)은 대조하여 잘못을 바로잡음으로써 정본과 부본의 문자를 같이 만든다는 뜻의 공문용어(公文用語)이다. 소호(銷號)는 편성번호를 말소하여 이미 처리가 끝났다는 것을 표시하는 일을 말한다. 흘(訖)은 완료·종결을 뜻하지만 굳이 번역하지 않아도 될 것이다.

398 투도(投到)는 여기서는 출두하였다는 것을 가리킨다.

399 유(由)나 상(詳)은 모두 위로 보고하는 상행문(上行文)의 일종이고, 초(招)는 구두진술서나 사건조서를 가리킨다. 비(批)는 상사의 지시공문을 말한다. 원문은 具【由·詳冊·招批解】訖의 형식이나, 아마도 具【由·詳冊·招批】解訖의 착오인 것 같다.

2-19. 매판 정하기(定買辦)

지현의 내택에 필요한 물건을 사들이는 일은 비록 자질구레하지만, 관·민이 재물을 거래하는 일이라서 가장 비방을 초래하기 쉽고, 또한 거꾸로 좋은 인상을 주기도 쉬운 일이다. 상점들은 대개 토착이 아닌 경우가 많고, 상인들 또한 먼 지역 출신이므로 [지방관에 대한] 비난과 칭찬의 소리는 비바람보다도 빨리 퍼진다. 따라서 오늘날 상사들이 추천할 때에는 모름지기 상점으로부터 외상으로 물건을 사들이지 않아야만 청렴한 것으로 여기므로 더더욱 신중하지 않으면 안 된다.

그렇게 하려면 『매판부(買辦簿)』를 한 부 만들고, 가깝고 신뢰할 수 있는 성실한 사람에게 맡겨 관리하게 해야 한다. 내일 필요한 채소를 오늘 저녁 장부에 기입한 다음 보내오면 본 지현이 확인하고 붉은 점을 찍어 매판에게 넘겨 그 장부대로 매입하게 하는 것이다. 각 물품 밑에는 현금을 얼마 사용했는지, 오늘 사들인 가격이 얼마인지를 계산하고, 마지막 줄에 모두 합쳐 합계를 낸다. 매판 일을 맡는 사람은 해당 부서의 아역 가운데 우두머리가 성실하고 근검한 자를 골라 열흘이나 보름 단위로 돌아가며 맡게 한다. 당번이 된 날에 해당 매판이 영수증을 갖춰 오면 [지현은] 은량 얼마를 넣은 봉투를 붉은 먹으로 봉인하여 우두머리 아역의 입회 아래 직접 지급한다. 그 영수증을 묶은 문서철은 『매판 현금수령장부(買辦領銀卷)』라고 한다. 매판의 당직이 끝나는 날에는 돈을 얼마 쓰고 얼마가 남았는지 그리고 "결코 상점으로부터 외상으로 사들이거나 제 값을 주지 않고 사들인 적이 없다"는 문구를 분명하게 써넣은 「확인서」 한 부를 남은 돈과 함께 반납하게 한다. 관리를 맡은 사람은 이 내용을 확인한 다음 「확인서」를 뒤에 첨부하여 문서철로 만든다.

만약 임지가 교통량이 아주 많은 곳이라면 지나가는 차사에게 물품 등을 제공할 때 인쇄된 양식의 증빙문건(印票)을 발행하여 [물품을] 구입하게 한다. [물품을 판매한] 해당 상점이 [증빙문건을 가지고] 아문에 와서 [대금을] 받고자 하면, 즉시 가격대로 지불하고 그 증빙문건을 받아 말소시킨다. 내택의 사람은 단연코 단 한 사람이라도 밖에 나가 물건을 구입하는 것을 허용하지 않는다. 그렇게 함으로써 [이를 빙자하여] 사기를 치는 행위가 늘어나는 것을 막고자 하는 것이다. 이상과 같이 한다면 물건을 구입하는 차역이 착복하는 일도 없을 것이고, 아울러 상인들도 모두 서로 기뻐할 것이다.

買辦一事,[400] 雖爲末節,[401] 然官與民通財, 最易招謗, 亦易見好.[402] 蓋行戶多非土著,[403] 而商賈又係遠方, 毁譽之聲, 捷于風雨. 故今上臺保薦,[404] 必以不賒取行戶爲淸廉之事實,[405] 尤不可不愼. 法宜置『買辦簿』一扇,[406] 託親信老成人經管. 將明日需用菜蔬, 先日晩開寫簿上, 送本官驗明硃點, 發買辦. 照簿買進某物, 下註用銀若干, 計本日買價, 末行共結一總.[407] 其買辦之人, 亦着該班頭役選擇樸實勤儉者, 十日或半月一輪. 上班之日, 本役具價領硃封紋銀若干,[408] 同頭役面給, 其領粘卷名曰: 『買辦領銀卷』. 買完之日, 將用過價銀若干,[409] 存剩若干, 具一「結狀」,[410] 開寫明白及"並無賒取戶行、短少價値"字樣,[411] 與剩銀同繳經管人査明, 將結「狀並」附卷. 如遇衝途供應過差,[412] 用印票發買,[413] 本行戶當堂具領, 卽照時給價銷票.[414] 內宅人等斷不許一人出外買物, 致滋影射.[415] 如此則買役無所侵剋,[416] 而行戶亦羣相感悅矣.

○ 부록: 「매판고시」【이것은 내가 동광현에 있을 때 내린 고시다. 매판부 앞면에 다시 몇 마디로 요약하여 쓰는데, 그 의미는 대략 같다.】

---

400 여기서 매판(買辦)은 지현의 내택(內宅)에서 필요한 물품의 구입하는 일, 또는 그 일을 맡는 사람이나 차역을 가리킨다.

401 말절(末節)은 세절(細節)이나 소절(小節), 말절세행(末節細行)처럼 대국(大局)에 관련이 없는 사소한 행위를 가리킨다.

402 견호(見好)는 잘 보이다, 눈에 들다는 뜻이다.

403 행호(行戶)는 상행(商行)에 가입한 상호 또는 상점이나 상인을 가리킨다.

404 보천(保薦)은 보증하여 추천한다는 뜻이다.

405 사취(賒取)는 외상을 한다는 뜻이다.

406 법의(法宜)는 응당 무엇을 해야 한다는 뜻으로 쓰이는 것 같다. 선(扇)은 창문·유리·병풍 따위를 세는 단위인데, 여기서는 장부를 세는 단위로 쓰이고 있다.

407 일총(一總)은 종합하여 계산한다는 뜻이다.

408 가령(價領)은 수취증·영수증을 뜻한다. 문은(紋銀)은 청대 통행되던 일종의 표준 은냥(銀兩)을 가리키며, 순도와 무게가 가장 좋은 것이다. 보통 말굽 모양으로 녹여 만들기 때문에 마제은(馬蹄銀)이라고도 하며 보문(寶紋)·족문(足紋)이라고도 한다. 족은(足銀)은 순도가 완전한 은자(銀子)를 가리킨다.

409 가은(價銀)은 물품·재산을 매매할 때 지불해야 하는 은냥의 가격을 가리킨다.

410 결장(結狀)은 관부에 제출하는 증명이나 담보, 또는 완결을 표시하는 문서를 뜻한다.

411 단소(短少)는 모자란다, 부족하다는 뜻이다.

412 충도(衝途)는 번화한 거리, 대로를 가리킨다. 과차(過差)는 역참(驛站)을 이용하면서 지나가는 차사(差使)를 가리킨다. 역참과 차사에 대해서는 제28·29권의 역참부를 참조.

413 인표(印票)는 인쇄된 형식의 증빙공문을 가리킨다.

414 소표(銷票)는 표증(票證)을 말소한다(注銷)는 뜻이다.

415 영사(影射)는 거짓으로 사칭하다, 속이다, 이것을 빌려 저것을 이야기함으로써 은연중에 어떤 일이나 사람을 이야기하는 것을 가리킨다.

416 침극(侵剋)은 가로챈다, 착복한다는 뜻이다.

다음과 같이 알린다.

본 지현은 본래 성품이 담백하여 사치스러운 것을 가장 싫어한다. 하지만 매일 필요한 장작과 쌀, 채소 등은 민간에서 구입하지 않을 수 없다. 따라서 너희 상인들이 혹은 멀리서 물건을 가져와 팔거나, 아니면 약간의 밑천으로 자그마한 이익이라도 얻고자 하는 것을 생각할 때, 어찌 차마 지방관으로서 도리어 객상의 편의를 해칠 수 있겠는가? 자그마한 밑천으로 장사를 하는 사람은 사실 모두 가난한 백성으로 날마다 몇 푼을 벌어서 가족들 입에 풀칠을 하는데, 또한 어찌 부모관(父母官)의 입장에서 차마 백성의 보잘것없는 이익을 뺏을 수 있겠는가?

그러므로 [앞으로 지현의 내택에서 물품을 구입할 경우] 실 한 가닥, 곡식 한 알갱이라도 모두 현금을 지급하고 시가에 맞추어 제값을 치르며, 결코 상점에서 외상으로 구입하거나 제값을 치르지 않는 경우가 없을 것이다. 만약 본 지현이 간혹 면포나 비단, 그릇 등의 물품이 필요할 경우에도 또한 실제 가격을 분명히 [증빙문건에] 기재하고, 이것을 갖추어 아문에 오면 즉각 그 가격을 지급할 것이며, 결코 지연시키거나 깎아 내리지 않음으로써 성의와 신뢰를 보여 줄 것이다. 만약 매판 업무를 맡은 아역이 감히 구실을 만들어 외상을 강행하거나, 제멋대로 질이 떨어지는 현은(現銀)을 쓰거나, 물건 값을 억지로 낮추려 할 경우에는 피해자들이 즉시 「청원서(稟)」를 올리는 것을 허용함으로써, 그들을 무거운 곤장형과 칼을 씌우는 형벌을 내리고 파면할 것이다. 너희 상인들은 눈치를 보다가 스스로를 그르침으로써 백성의 입장에서 생각하여 돌보고자 하는 본 지현의 진실하고 간절한 뜻을 저버려서는 안 될 것이다. 이에 특별히 고시를 하는 바이다.

○ 附「買辦告示」式【此鴻在東光時示. 買辦簿前面頁, 復節書數語. 其意略同】

爲曉諭事.

照得本縣素性澹泊, 最厭奢侈. 但每日所用薪米、蔬菜, 勢不得不買之民間. 因念爾鋪行,[417] 或携貨遠來貿易, 或挾資冀獲錙銖,[418] 豈忍以地方官而反討客商之便宜? 卽小本生意, 皆係窮民, 日撰數文, 一家糊口, 又豈忍以父母而反奪百姓之微利? 故一絲、一粟, 俱發現

---

417 포행(鋪行)은 점포와 상행(商行), 즉 상점들을 가리킨다.

418 치수(錙銖)는 미세한 수량의 이익이나 돈을 가리킨다.

紋,[419] 照市價平買, 並不賒取舖行, 虧短價值.[420] 倘本縣偶需布帛、器用等物,[421] 亦卽開明實價, 當堂具領給發, 絶不遲留減少, 以昭誠信. 如買辦人役, 敢有借端强行賒取及擅使低銀, 掯短物價, 許被害卽時扭「禀」, 以憑重責枷革.[422] 爾行戶等勿得瞻狥自悞,[423] 以負本縣體恤肫切之意.[424] 特示.

419 현문(現紋)은 문은, 은자를 가리킨다.
420 휴단(虧短)은 모자라다, 부족하다는 뜻이다.
421 기용(器用)은 그릇과 용구를 말한다.
422 중책(重責)은 곤장(죽판)으로 치는 형벌을 가리킨다. 중책의 경우 아마도 태형이 아닌 곤장형을 의미하는 것으로 보이는데 분명하지는 않다. 가혁(枷革)은 칼을 씌워 공개하는 가형에 처하고 파면한다는 뜻이다.
423 행호(行戶)는 상가·상호를 가리킨다. 첨순(瞻徇, 瞻狥)은 사사로운 인정에 구애받다, 눈치를 본다는 뜻이다.
424 체휼(體恤, 體卹)은 남의 입장에 서서 생각함으로써 동정하고 보살펴 준다는 뜻이고, 순절(肫切)은 진실하고도 간절하다는 뜻이다.

| 제3권 |

부임부 莅任部 2

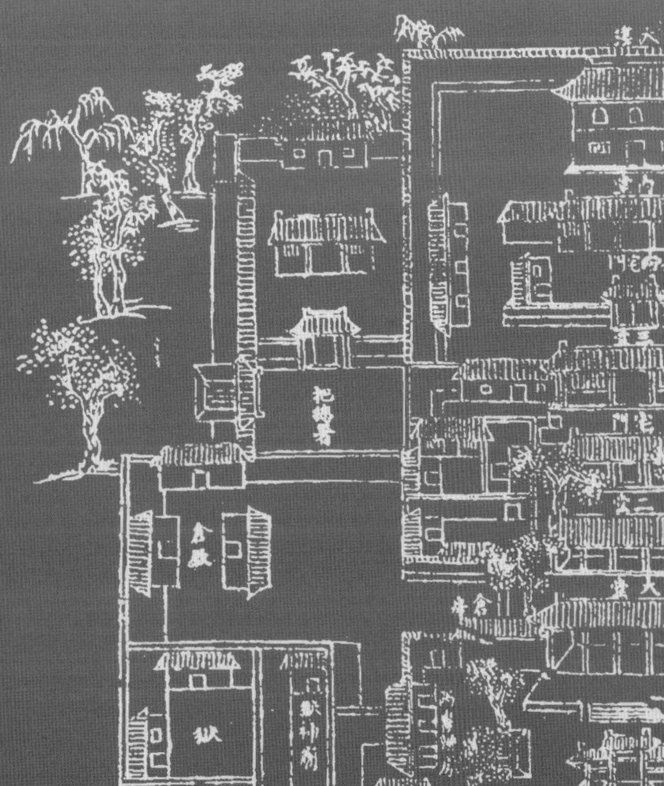

福惠全書

3-01. 아역 부리기(馭衙役)[1]

이서(吏書)·조쾌(皂快)는 법정 인원을 제외하면 대부분 임시적으로 일을 도와주는 비정규 아역(白役)이다. 현의 업무가 많고 복잡한 곳에서는 이들을 지나치게 솎아 내면 업무 처리 인원이 부족하고, 너무 남용하면 못된 무리가 끼어들어 활개를 치게 된다. 부자 관계나 친인척 관계를 통해 자리에 눌러 붙은 지 오래된 경우도 항상 나타난다. 힘센 무뢰배나 세력가 일당이 끼어드는 경우도 마찬가지다. 이들은 불법을 저지르는 데 아주 익숙한 데다가 그 수법도 대담하고 악랄하다. 그래서 이들은 지현이 너그러워 얕잡아 보인다 싶으면 온갖 불법을 자행하며, 반면 아주 엄격하다 싶으면 무리를 지어 흉계를 꾸며 몰래 지현을 공격한다. 못된 하층 신사를 앞잡이로 내세우고, 내택에서 일하는 하인을 끄나풀로 삼아 지현에게 조그마한 흠이라도 있으면 이를 꼬투리로 삼아 걸핏하면 상사에게 「청원서」나 「고발장」을 올리겠다고 갖가지 공갈을 치면서 피의자를 돈 받고 풀어 주게 하거나, 무고한 사람을 함정에 빠뜨려 해치는 악행을 자행한다. 그래서 너그러운 지현은 협박을 받아 그들을 감히 어찌 해볼 도리를 찾지 못하며, 엄격한 지현은 멍하니 바보가 되어 그들을 처벌하는 것을 꺼리게 된다. 그 결과 이들이 세금을 갉아먹고 양민들을 학대하게 되면서 관원과 백성 모두가 이루 다 헤아릴 수 없는 피해를 입는다.

그렇다면 이들에 대해 아무런 대책도 세울 수 없다는 말인가? 그에 대한 대책은 오로지 윗사람이 현명함으로 부정을 밝혀내고, 법제로 그것을 막아 내며, 신상필벌의 원칙으로 그들을 장려·처벌하고, 동정으로 공감을 얻어 내고, 성의로 감동을 주는 것뿐이다. 특히 그 가운데 핵심은 바로 마음을 공정하게 써서 티끌만치도 스스로를 더럽히지 않으면서 뛰어나고 민첩한 재주와 식견으로 능숙하게 일을 처리하는 데 있다. 즉 [지현이] 우선 자신의 몸가짐부터 바로잡아 잘못이 없게 만들고 모든 업무를 제대로 처리하면 순식간에 아랫사람들의 좁은 식견을 바꿔 놓을 수 있으니, 그렇게 되면 상사는 그 청렴함과 유능함을 칭찬할 것이고 백성

---

1 이 부분은 황육홍이 지방관으로서 역량을 멋들어지게 과시한 부분으로 내세울 만한 것 가운데 하나다. 그래서 실제로 왕식(王植) 등편(等編), 『건륭담성현지(乾隆郯城縣志)』(乾隆28年刊本. 中國方志叢書: 華北地方 第378號, 成文出版社影印, 1976) 권7 「질관지(秩官志)」 26a-27a(pp.165-167)에서는 황육홍의 지현 경력에서 내세울 만한 활약을 보인 세 가지 사건의 하나로 그가 부임 초기에 실행한 역참 정리의 사례를 자세히 소개하고 있다. 아역 문제에 대해서는 제30권 서정부 1 「30-03. 아두(衙蠹)·지곤(地棍)의 지명체포(訪拿蠹棍)」에서도 간략히 다루고 있다.

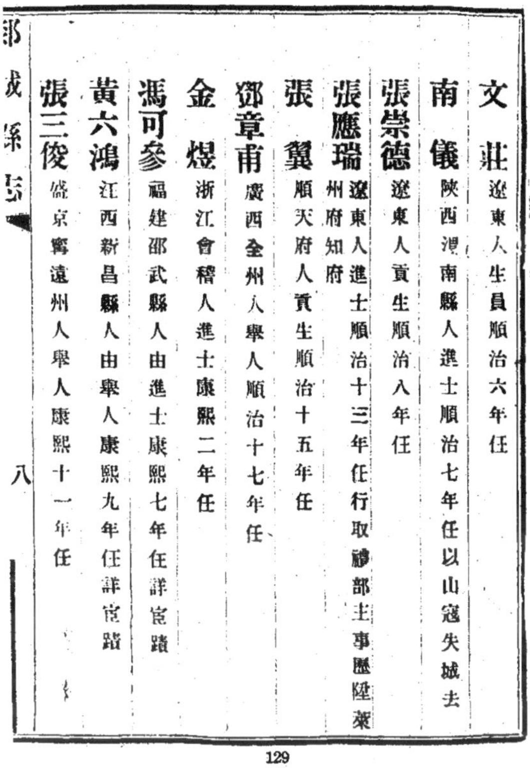

郯城縣志 八

文莊 遼東人生員順治六年任
南儀 陝西渭南縣人進士順治七年任以山寇失城去
張崇德 遼東人貢生順治八年任
張應瑞 遼東人進士順治十三年任行取禮部主事歷陞萊州府知府
張翼 順天府人貢生順治十五年任
鄧章甫 廣西全州人舉人順治十七年任
金煜 浙江會稽人進士康熙二年任
馮可參 福建邵武縣人由進士康熙七年任詳宦蹟
黃六鴻 江西新昌縣人由舉人康熙九年任詳宦蹟
張三俊 盛京寧遠州人舉人康熙十一年任

129

『건륭담성현지』 권7 「질관지(秩官志)」 8a(p.129)에 실린 황육홍의 재임 기록

은 지현을 찬양하는 노래를 베끼게 될 것이다. [이렇게 하면] 앞서 든 도깨비 같은 무리들을 내가 마음대로 부릴 수 있는 부하로 만드는 일이 어찌 어렵겠는가! 예전에 관리를 해치고 백성을 괴롭히던 사람들도 이제는 모두가 스스로 공익에 앞장서면서 법을 지키게 된다. 그렇지만 어찌 이것이 타고난 선량한 본성이 겉으로 드러난 것이겠는가? 대개 이들은 평소 눈치 보는 재주가 뛰어나 순식간에 입장을 바꾼다. 나쁜 짓을 하다가 반드시 벌을 받게 되는 짓은 도움이 안 되며, 차라리 행동거지를 바꿔 법도를 지키는 쪽이 훨씬 쓸모가 있음을 아는 것이다.

내가 이런 말을 하는 것은 그냥 스스로 짐작하여 하는 이야기가 아니다. 대부분 과거 담성현(郯城縣) 지현 시절에 실제 시험해 본 적이 있기 때문이니, 지금 그 줄거리를 대강 들어 보는 것도 괜찮지 않을까? 담성현은 남북으로 연결되는 큰길에 자리 잡고 있어 평소에 업무가 많고 다스리기 쉽지 않은 곳이라 불려 왔다. 가뭄과 홍수도 아주 빈번하였다. 더구나 강희(康熙) 7(1668)년에는 지진을 만나서 압사자가 호적에 올라 있는 성년 남자만 해도 8천여 명이었고, 이 숫자에는 다른 사람들이 포함되지 않았다. 현성의 성벽과 관사(官舍), 백성의 주택 역시 거의 대부분 무너져 내렸다. 이로 인해 다른 곳으로 떠도는 사람들이 잇따르고, 농경지는 방치되어 황폐해졌다. 정규 부세(正賦)는 매년 연체되었지만 징수마감을 독촉할 사람도 없었다. 역참을 통해 임무를 맡은 사절, 즉 차사(差使)의 왕래는 아주 빈번하였지만 그들에게 편의를 제공할 재력은 거의 고갈되어 버렸다. 이 때문에 담성현 지현은 여러 차례 탄핵을 당하였고, 현의 업무는 그럴수록 더욱 황폐해졌다. 못된 생원과 무뢰배가 아문을 좌지우지하였고, 부패한 서리들은 횡령과 수탈을 자행하였다.

강희 9년 2월에 이 지방으로 부임하는 것이 결정되자 나는 바로 담성현의 부세를 조사해 보았다. 그랬더니 13년 동안 체납이 이어졌고, 역참 두 군데의 마필(馬匹)은 이미 오랫동안 죽거나 모자란 부분이 채워지지 않고 있었다. 혁직된 전임 지현 네 사람은 여전히 현지에 남아서 머무르면서 임무 교대를 기다리고 있었다.[2] 세력이 큰 생원과 토착 무뢰배는 금강(金剛) · 천왕(天王) · 나찰(羅刹)이라 불렸는데, 24명이 사향(四鄕)에 분포하고 있었다. 삼반 · 육방(三班六房)의 우두머리 아역(衙役)과 각 방과(房科)의 책임자들 역시 모두 그 패거리였고, 내택에 드나들며 시중드는 문지기나 하인들조차 모두 그 끄나풀이었다.[3] 그러기에 업무수행을 지시하는 차표(差票)가 떨어져도 그들의 지시가 없으면 감히 일을 맡으려 하지 않았고, 소송이 벌어져도 그들이 주관하지 않으면 감히 고소를 할 수 없었다. 더욱 개탄할 만한 것은 납세자들이 내는 전량을 매년 불법적으로 대납(代納)하는 일을 그들이 도맡아, 사향의 각 리(里) · 사(社)에서는 아무 소리도 못하고 [모자라는 부분을 대신] 억울하게 물어내고 있었다. 관원이 조금만 그들의 뜻에 거슬리면 무뢰배들을 부추겨 조정에 무고(誣告)하였기 때문에 걸핏하면 여러 사람에게 피해가 돌아갔다. 하지만 이런 것은 단지 본현의 못된 무리들이 끼치는 해악일 뿐이었다.

반면 상부에서 지시한 안건이 완결되지 못할 경우에는 상급기관에서 내려온 차역(差役)이 [숙소에] 눌러앉아 재촉하니 경승(經承)은 매일 기름진 안주와 술상을 대접하고, 노래 부르는 기생을 불러 안겨 주어야 하였다. 더구나 그가 떠날 때에는 업무비용과 여비를 요구하는데 50냥, 100냥을 찔러주지 않으면 안 되었다. 그 액수가 조금이라도 성에 차지 않으면 경승을 쇠사슬로 묶고 감방에 가두거나, 아니면 상급의 도(道) · 부(府)로 끌고 가서는 뇌옥에 감금해 놓고는 식음을 끊어 버렸다. [결국] 그 처자들이 땅바닥을 기면서 애걸하고 뇌물을 써야만 비로소 풀려날 수 있었다. 따라서 담성현에 파견되는 일을 큰 돈벌이로 생각하는 상사의 차역들은 잔뜩 돈을 써서라도 일을 맡아 끊이지 않고 담성현에 찾아들었다. 이들은 차표를 소지하고 아문의 청당에 나타나 지현과 맞먹으려 들었다. 거만한 자세를 취하면서 이역들을 봉쇄하거나 붙잡아 두고는 반드시 지현이 나와 답변하게 하였던 것이다. 칼자루가 그쪽에 있었기 때문에 지현은 마치 호랑이나 승냥이처럼 그들을 두려워하여 봉투를 뜯고 궤짝을 기울여서 [세금으로 들어온] 돈을 긁어모아 그들에게 쥐어 줌으로써 [가능한 한 빨리] 돌아가는 여정에 오르게 할 수밖에 없었다. 이런 까닭에 경사로 올려 보내는 정

2 제3권 부임부 2 「3-06. 인수인계 방법(淸査之法)」 부분 결말을 참조.

3 이러한 명 · 청대 무뢰의 행태에 대해서는 오금성, 「무뢰」(吳金成 외, 『명청시대사회경제사』, 이산, 2007 수록)에서 상세하게 소개하고 있다.

규 세입(正項)의 액수는 줄어들고, 잡다한 사무를 처리하는 비용은 크게 늘어났다. 서역들이 공무를 처리할 시간은 줄어들고 상사의 차역을 접대하는 데 들이는 시간은 훨씬 늘어났다. 이런 사정이니 어찌 관원이 망가지지 않고, 어찌 아역이 도망가지 않으며, 민정과 풍속이 어찌 야박하고 난폭해지지 않을 수 있었겠는가?

당시 경사에 있던 여러 윗분은 이곳으로 부임한다는 소식을 듣고 나를 위해 탄식하며 안타까워하지 않는 경우가 없었다. 그래서 나는 말을 아끼면서 곰곰이 생각해 보았다. 제갈량(諸葛亮)은 사천(蜀)에 들어가면서 "어지러운 나라를 다스리는 데는 무거운 형벌을 사용해야 한다"고 하였고, 한신(韓信)의 배수진은 스스로를 사지(死地)에 둠으로써 도리어 삶을 꾀할 수 있었다. 만약 내가 지금 담성현을 다스리는 데 여전히 종래의 관행을 따른다면, 이리저리 눈치를 봐야 할 것이 많아 반드시 남에게 좌지우지되면서 털끝만큼의 성과도 거둘 수 없을 것이다. 이렇게 되면 다시 전임 지현의 전철을 밟는다. 따라서 모름지기 대담하게 이왕에 이루어진 것을 완전히 뒤집고, 사사건건 모든 일을 전임 지현과 거꾸로 처리해야만 아마 기사회생의 계기를 잡을 수 있을 것이라고 결론을 내렸다.

그래서 경사를 출발하기 이전에 부패한 서역과 토호가 누구누구인지를 알아보게 하였다. 또한 본현의 공생(貢生) 모씨가 마침 나를 찾아왔는데, 그는 금강(金剛)의 일당이나 마찬가지로 여러 차례 좋은 말로 나를 떠보려고 하였다. 나는 대략 상투적인 말만 늘어놓으면서 현에 관련된 일에 대해서는 전혀 언급하지 않았다. 그가 돌아가 현성의 사람들에게 말하기를 "신임 지현은 쉽게 상대할 수 있는 사람이 아니다."라고 하였다. 그 이전에는 부패한 서역들이 다투어 제일 먼저 오는 영접 대열에 끼고자 하였는데, 이 소식을 듣고는 위축되어서 신참인 우직한 아역으로 바꿔 치웠다고 한다. 그동안 쌓은 악명이 너무 뚜렷하여 아마 먼저 알아볼까 두려워하였기 때문일 것이다. 그렇지만 새로 충당된 우직한 아역도 모두 평소에 그들이 턱으로 부리던 사람이었으므로, 감히 그들의 못된 과거 행적을 들어서 고발하지는 못하였다. 나는 그들을 만나자 순서대로 재물과 음식을 주어 위로하고 그날로 즉시 돌아가게 하여 한 명도 남겨 두지 않았다. 또한 현의 업무에 대해서도 입을 다물고 언급하지 않았다.

5월에 경사를 출발하여, 중도에서 팽성(彭城. 오늘날의 강소성 徐州)을 거쳐 [담성현 쪽으로 북상하다가 담성현 남쪽의 강소성에 속한] 숙천(宿遷)현에 도착하였다.[4] 그리고 6월 18일에 현의

4 서주는 담성현의 서쪽에 자리 잡고 있는데, 황육홍은 북경에서 서주까지 곧바로 내려갔다가(북경 부근의 通州에서 서주까지 대운하를 이용하였을 가능성도 있다), 다시 담성현의 남쪽에 자리 잡은 숙천현(宿遷縣) 쪽으로 내려간 다음, 거기서 곧바로 북상하여 담성현의 남쪽으로 진입한 것으로 보인다.

[남쪽에 있는] 홍화부(紅花埠)에 도착하였다. 홍화부에는 역참(驛局)이 있었는데 남쪽에서는 숙천에서 오는, 그리고 북쪽에서는 담성현 현성에서 오는[5] [남북을 왕래하는] 각 차사들이 모두 여기에서 말을 바꿔 탔다. 이날 아역이 나를 영접하여 공관으로 안내했지만, 나는 말 고삐를 잡아당겨 들어가지 않고 "역참으로 가자"고 이야기하였다. 그러자 역참을 관리하는 병서(兵書)가 대경실색하며 곧바로 무릎을 꿇고 보고하였다. "부임하고 사흘 후에 길일을 택하여 공문을 보낸 다음 역참을 순시하시는 것이 기존 관례입니다." 나는 질책하여 일렀다. "역참은 정규 부세만큼 중요한 것인데, 지금 지나가면서 들르지 않고 어찌 기존 관례를 따진다는 말인가?" 곧 말을 채찍질하여 역참에 이르고 그 마구간 등의 건물을 둘러보니 아예 비바람을 막을 수 없을 정도였다. 말의 사료를 점검해 보니 한 톨의 콩도, 한 다발의 건초도 없었다. 더러운 쓰레기들이 쌓여 악취가 진동하였고, 파리와 모기가 마치 안개처럼 떼를 지어 날고 있었다. 말 몇 마리는 뼈다귀만 남아 있는데다가 목과 척추는 상처투성이였고, 까마귀가 무리를 지어 쪼고 있었다.

오호라! 전임 풍가삼(馮可森) 지현이 탄핵을 받아 일을 그만두자, 직속상관인 도대(道臺)가[6] 대리인을 뽑아 일을 맡겼는데 그가 역참 서역들과 결탁하여 임금과 비용 등을 착복하고 마부들이 말을 먹이는 사료 또한 줄여 버렸던 것이다. 그래서 양 역참의 법정 액수인 124마리의 말 가운데 불구가 되거나 바짝 마른 말 18마리만 겨우 남아 있는 상태였다.[7] 나는 이것을 보고 크게 분노하여 곧 병서, 마패(馬牌) 등을 쇠사슬로 묶고 각기 [소죽판(小竹板)으로] 30회를 내려치는 [태형] 처벌을 내렸다. 도대 아문의 포쾌(道快)는 큰 소리로 머리를 조아리며 "저는 도대 아문의 포쾌 왕 모입니다."라고 외쳤지만, 나는 "도대께서는 네게 말을 기르라고 했지, 말을 해치라고 하지는 않으셨다. 하물며 너는 현의 역참을 맡아서 관리하였으니 응당 현으로부터 처벌을 받아야 한다."라고 꾸짖으면서, [대죽판(大竹板)으로] 20회를 내려치는 [곤장형] 처벌을 내렸다. 그리고 다음날 도대에게 이를 상세하게 보고하고 아울러 「품계」를 올려 사죄(謝罪)하였다. 상사의 차역이라고 해서 부정을 저지르고 조정의 법을 어기는 것을 감히 눈감아 주지는 않았던 것이다. 그러자 여러 아역들이 소문을 듣고 모두 공포심을

5 홍화부는 현재의 지도에 의하면 산동성과 강소성의 경계지역에 자리 잡고 있다.

6 이 경우에는 연주부(兗州府)·기주부(沂州府)·조주부(曹州府)를 함께 관할하는 연기조도(兗沂曹道)를 가리키는 것으로 보인다.

7 앞서 든 기록에 의하면 담성현 역참의 정액마는 모두 90필(담성현 20필, 홍화부 70필)인데, 이것은 건륭 연간의 기록이므로 강희 연간과는 차이가 있을 수 있다.

품었다.

19일 성황묘에서 재숙(齋宿)하고 20일에는 성황신에게 참배하고 분향과 「서약서」 낭독을 마친 다음 부임하여 현 아문에 들어갔다. 그리고 조예의 우두머리에게 지시를 내려 형벌을 시행하는 데 능숙한 조예 8명을 뽑고 아울러 새로운 대죽판 곤장 10대를 들여와 점검하게 하자 각 아역들이 서로 놀라 쳐다볼 뿐 무슨 영문인지를 몰랐다. 사흘째 되는 날 [문묘와 성황묘에] 분향을 하고 업무를 개시하면서 「고시」를 반포하였다. 다음날 낮 청당(廳堂)에서 각 아역들을 불러 인원 점검을 하면서, 『인원점검명부(卯簿)』의 이름 아래에 나이와 생김새 · 고향(貫籍) · 거주지 및 아역으로 들어온 시기와 맡은 일 등을 상세하게 기록해 놓게 하였다. 점검 시에 동서 양쪽의 쪽문을 닫고, 각 아역들을 반(班)에 따라 이름을 불러 계단 아래에 오게 한 다음 위를 향해 꿇어앉아 나이와 생김새, 고향을 스스로 말하게 하여 『인원점검명부』와 일치하는지 여부를 살피면서, 아울러 인상이 좋고 나쁜지도 은근히 관찰하여 기억해 두었다. 평소에 불법을 저지르던 사람이라면 두려워 말이 떨릴 것이고, 행동거지에도 실수가 있기 마련인 데다가 안색이 마치 잿빛처럼 바뀌 터였다.

각 아역에 대한 점검이 끝나자, 곧 모 아역을 불러 앞으로 나오게 하고 그 죄를 나열하면서 지적하였다. "너는 모건의 일로 불법을 저질렀는데, 모관은 너 때문에 경력을 망쳤고, 모 백성은 너 때문에 유린을 당했으니, 네가 죄를 피해 도망쳐도 죽음으로도 용서받을 수 없다. 내가 지금 네게 곤장형을 내리는 것은 이전에 피해를 입은 사람들의 분을 풀어 주기 위함이다." 그리고 선발한 조예들에게 명령을 내려 형을 집행하도록 했는데, 죄의 가볍고 무거움을 따져 큰 곤장으로 치게 하였다. 곤장을 맞은 사람은 모두 20여 명이었는데, 열흘이 지나 죽은 사람이 한 명 있었다. 맞고 나서 면직된 자는 다섯이었는데, 이들은 이른바 오랫동안 아역에 있었던 우두머리나 방과 책임자들로 못된 무뢰배와 한 패거리였다. 그런 다음에는 다시 나머지 아역들을 불러들여 경고하였다. 그들은 모두 머리를 땅에 조아리고 부딪치면서 비 오듯이 땀을 흘렸다. 이러한 조치가 있고 난 다음 현성의 신민(紳民)들이 기뻐하여 환호하면서 "지현이 내린 벌과 죄가 정말로 잘 들어맞아 털끝만큼도 어긋남이 없다."라고 통쾌히 여겼다. 이후에도 조금이라도 불법이 있으면 곧바로 적발하였다. 나는 감히 스스로 재간이 뛰어남을 뽐내었지만, 만약 내가 그 간교함을 모두 꿰뚫어 보지 못하였다면 그들은 천하의 관리를 모두 깔보면서 우습게 여겼을 것이다.

이렇게 하자 전곡 · 형명 분야의 일이 모두 엄격하게 규정대로 처리되면서 틈을 타서 부정을 저지를 만한 빌미가 없어져 버렸다. 처벌을 받을 죄가 있으면 반드시 벌을 주고 용서하지 않았으며, 권장할 만한 공이 있으면 반드시 아끼지 않고 상을 주었다. 전량을 일찌감치 위로 올려 보내고 상부 지시 안건도 일찍 종결시켜 경승이 위로 불려 갈 있이 없도록 하였다. 상사의 아역이 내려와도 현에서 식사를 제공하고 돌아갈 때 여비를 제공함으로써, 그들이 현의 서역을 쇠고랑을 채운 채 끌고 가 멋대로 갈취할 수 없게 하였다. 무릇 아주 중요한 차사가 내려올 경우에는 마치 천둥벼락이 내려치는 것처럼 기세가 등등한데, 모든 인부와 말의 제공을 내가 직접 나서 처리하면서 아역이 채찍에 맞거나 마패가 묶인 채로 두들겨 맞는 일도 사라졌다. 이 또한 이들을 어여삐 여겨 아끼는 방법의 하나였다.[8] 형벌의 위엄과 포상을 통한 권장이 모두 공정하게 이루어졌으므로, 상을 받을 만한 공이 있으면 죄가 있더라도 반드시 상을 주었고, 벌을 받을 만한 죄가 있으면 비록 공이 있더라도 반드시 벌을 주었다. 상을 줄 때는 항상 더 주지 못해 안타까운 것처럼 하였고, 벌을 줄 때는 항상 차마 주기 어려운 것처럼 하였다. 이렇게 하자 상은 [기대보다] 작은 경우가 없어 받는 사람이 크게 감동을 느끼며 받을 수 있었고, 벌은 [예상보다] 큰 경우가 없어 원망을 하는 사람이 없었다. 바로 지극한 정성이 감동을 낳은 것이 아니겠는가?

그리하여 내가 근무한 2년 동안 천왕이나 금강이라 불리던 사람들은 모두 못된 마음을 버리고 결국은 부처님의 호법(護法) 같은 존재가 되었고, 못된 악당이나 부패한 서역도 그릇된 마음을 버리고 모두 나라 법을 제대로 지키게 되었다.[9] 내가 부친상을 당해 초상을 치르기 위해 남쪽으로 떠나게 되자, 어린아이와 백발노인까지 떠나는 수레의 끌채를 붙잡고 바퀴를 막으면서 아쉬워하였고, 삼반·육방의 아역들 역시 소리치면서 눈물을 뿌렸다. 누가 "비둘기와 매는 길들이기 어렵고, 승냥이와 이리는 따르게 할 수 없다"고 하였던가? 내가 특별히 장황스럽고 자질구레하게 이 일을 드러내어 기록하는 것은 이런 경우에 마주쳤을 때 백성의 우두머리인 지방관이 그들을 진작시키고 고무함으로써 교화시킬 수 있기를 바라는 마음이 간절하기 때문이다.

내가 사흘째에 인원점검을 한 것은 오로지 전임 지현의 임기 가운데 죄를 저지른 아역들을 처벌하기 위해서였다. 죄가 무거운 자들은 곤장으로 처벌하고 파면시켰으며, 죄가 가벼운 사람은 관대하게 곤장형만 내린 다음 스스로 죄를 뉘우치고 고칠 수 있게 하였다. 그 밖에도 모두 알아낼 수는 없었지만 못된 무리들이 있었고, 또한 각종 요역을 감당하지 못한 어리석은 향민들이 아역의 우두머리를 매수하여 아문에 들어옴으로써 잡다한 요역을

8 이러한 역참의 문제에 대해서는 이 책의 제28·29권 역참부(郵政部)에서 상세하게 다루고 있다.

9 이 사례에 대한 보다 구체적인 서술은 제18권 형명부 8 도적 하 「18-08. 지역방범대 점호(土番點卯)」 부분을 참조할 수 있다.

피하려는 경우도 적지 않았다. 이 두 가지 모두 응당 사전에 막아야 할 필요가 있었다. 그래서 따로 지시를 내려 전반적인 인원점검을 실행함으로써 못된 뿌리는 힘써 뽑아내고, 나쁜 싹이 아예 자랄 수 없도록 노력하였다. 벼만 남겨 두고 잡초를 없애, 요컨대 쭉정이와 피가 아예 뿌리내리지 못하게 한 것이다. 이른바 "지방관이 청렴하고 아역의 기강이 엄숙하면 그 지방 백성이 복을 받는다"고 하는 것은 바로 이런 일을 가리킨다.

吏書、皀快,[10] 除經制外,[11] 類多幇身白役.[12] 縣務殷繁之處,[13] 過汰則不足供役, 濫用則匪類滋奸. 每有父子、姻親盤踞年久者, 有巨棍、勢豪串黨竄入者, 獘竇熟滑,[14] 膽大手辣.[15] 本官長厚可欺, 則恣爲不法. 嚴刻過甚,[16] 則朋謀暗算.[17] 結劣衿爲爪牙,[18] 通內丁爲線索.[19] 本官稍有瑕疵, 輒指爲把鼻,[20] 講呈說告,[21] 恐嚇多端賣訪,[22] 勾窩陷害無罪.[23] 于是長厚者受其挾制, 莫敢伊何.[24] 嚴刻者化作癡呆,[25] 憚于用罰. 而侵蝕錢糧, 凌虐良懦,[26] 官民均被其毒, 有不可勝

---

10 조쾌(皀快)는 조예(皀隷)와 쾌수(快手)를 함께 부르는 명칭이다.

11 경제(經制)는 원래 나라를 다스리는 제도를 말하지만, 여기서는 보다 구체적으로는 법에 의해 규정된 제도를 가리킨다.

12 유다(類多)는 '대다수 · 대부분'이라는 뜻이고, 방신(幇身)은 용공(庸工), 즉 임시로 고용되어 남의 일을 도와주는 사람을 뜻한다. 백역(白役)은 법정 인원이 아니지만 실제로 일하고 있는 차역, 즉 편제 이외의 차역(編外差役)을 가리킨다. 백(白)은 가짜나 근거가 없는, 비어 있는 상태를 가리킨다.

13 은번(殷繁)은 많고 복잡하다, 번다(繁多)하다는 뜻이다.

14 폐두(獘竇)는 폐해를 낳은 구멍이나 근원을 가리킨다. 숙련 · 숙달되었거나 매끄럽다는 뜻도 있다.

15 수랄(手辣)은 (수단이) 모질다, 냉혹하다는 뜻이다.

16 엄각(嚴刻)은 엄격하고 가혹하다는 뜻이다.

17 암산(暗算)은 몰래 남을 해치거나 모함하려고 하다, 흉계를 꾸민다는 뜻이다.

18 열금(劣衿)은 품행이 열악한 생원을 가리킨다. 금(衿)은 청금(靑衿)으로 생원의 복장인데, 생원이나 나아가 독서인을 가리키기도 한다.

19 내정(內丁)은 지현의 내택에서 부리는 하인을 가리킨다. 선색(線索)은 '실마리 · 단서 · 줄거리'라는 뜻이지만, 나아가 끄나풀 · 염탐꾼 · 정보원을 뜻하기도 한다.

20 파비(把鼻)는 자루 · 근거 · 연유 등 가리킨다.

21 여기서 정(呈)은 청원서나 탄원서 등 위에 올리는 공문서의 형식이고 고(告)는 고발(장)을 가리킨다. 즉 상사에게 탄원하거나 고발하겠다고 협박한다는 뜻이다.

22 공혁(恐嚇)은 으르다, 협박한다는 뜻이고, 다단(多端)은 '여러 모로, 다방면으로'라는 뜻이다. 매방(賣訪)은 뇌물을 받은 다음 사로잡은 피고를 풀어서 놓아주는 것을 가리킨다.

23 구와(勾窩)는 함정을 만든다, 함정에 빠지게 한다는 뜻으로 보인다. 와(窩)는 '장물아비'라는 뜻도 있어 이들과 결탁한다는 뜻으로도 해석될 수 있다.

24 이하(伊何)는 여하(如何)라는 뜻으로 막감이하(莫敢伊何)는 막가내하(莫可奈何), 무가내하(無可奈何), 불가내하(不可奈何)와 같은 뜻으로 어찌 할 도리나 방법이 없다는 뜻이다.

25 치태(癡呆)는 우둔하다, 멍청하다, 멍하다는 뜻이다.

26 양나(良懦)는 선량하고 나약한 사람을 말한다.

言者矣.

然則計將無所施乎? 惟在上者精明以燭之, 法制以防之, 必罰以懲之, 信賞以勸之, 矜卹以體之, 至誠以動之. 而大要尤在秉心公正, 一塵不染, 才識超敏, 處事裕如. 則自家操守,[27] 先立于無過之地, 諸務畢擧, 頓改其壁壘之觀,[28] 上司稱其廉能, 百姓騰其歌頌. 前此一班魍魎,[29] 何難爲我之用神![30] 昔日害官擾民, 今皆自奉公守法. 然而豈眞天良渙發哉? 蓋此輩窺伺素工,[31] 轉移最捷, 知惡之必懲而無濟,[32] 莫若改行遵度之, 反爲見用耳.[33]

鴻之斯語, 非自揣摩,[34] 蓋昔待罪郯城,[35] 實有所試, 今畧擧其槩而述之, 可乎? 郯地當南北孔道, 素號衝疲, 水旱頻仍, 復遭康熙七年地震, 壓死在籍人丁八千餘名, 而他不與.[36] 城垣官舍、百姓屋宇, 傾塌殆盡.[37] 以故流亡相續,[38] 田地抛荒,[39] 正賦節年拖欠,[40] 催比無

---

27 자가(自家)는 자기 스스로라는 뜻이다. 조수(操守)는 평소의 행동거지·품행·절조를 말한다.

28 벽루(壁壘)는 담벼락과 성채를 가리키지만, 나아가 사물 간의 대립과 경계를 비유하기도 한다.

29 망량(魍魎)은 전설 속 산천의 정령·귀신·도깨비 등을 가리킨다.

30 용신(用神)은 사주(四柱)에서 강한 기운은 억제하고 부족한 기운은 보충해 중화시키는 역할을 하는 것을 가리키는 용어이지만, 여기서는 자신에게 큰 도움이 되는 존재(부하)를 비유적으로 표현하는 것 같다.

31 규사(窺伺)는 몰래 관찰하거나 감시한다, 엿본다는 뜻이고, 소공(素工)은 타고난 재주나 솜씨를 가리킨다.

32 무제(無濟)는 도움이 안 된다, 쓸모없다, 구제가 안 된다는 뜻이다.

33 견용(見用)은 쓰이다, 쓰임새가 있다는 뜻이다.

34 췌마(揣摩, 揣摹)는 상대방의 뜻을 헤아려서 맞춘다, 헤아린다, 음미한다는 뜻이다.

35 대죄(待罪)는 관리의 임직(任職)에 대한 겸칭(謙称)이다. 차마 그 직무를 감당하지 못해 죄를 얻을 것이라는 뜻이다.

36 하지만 『건륭담성현지(郯城縣志)』 권5 「식화지(食貨志)」, 18a-19a에 의하면 강희 7년의 지진으로 압사한 인정은 1,552정(丁)으로 되어 있다. 명말 만력(萬曆) 13년에서 숭정(崇禎) 연간의 경우 담성현의 원래 인정은 모두 4만 2,000정이었고, 앞서 순치(順治) 3년 편심(編審) 때 (명말 청초의 전란을 거치면서) 죽거나 피살당하거나 도망치거나 후손이 끊긴 경우가 3만 75정이어서 차역을 담당할 인정의 경우 9,727정만이 남았고 거기에 거·공·생원 등 본인의 요역을 면제받은 242명이 포함되어 있었다. 더구나 (약 25년이 지난) 강희 11년의 편심에서는 인정이 9,498정으로 파악되고 있다. 또한 「편년지(編年志)」, 6a-b(pp.99-100)에도 강희 7년 지진의 경과가 사실적으로 묘사되어 있는데 거기서는 "남녀노소 8,700여 명(男婦子女八千七百有奇)"이 지진으로 사망하였다고 기록하고 있다. 전체 사망자가 이 정도이고, 호적에 오른 성년남자의 수는 그보다 훨씬 적었을 것이다. 따라서 황육홍이 말하는 인정(人丁)은 "남녀노소" 전체를 말하는 것으로 보아야 할 것 같다. 실제 이 책의 제5권 부임부 4의 「5-01. 「상문」 해설(「詳文」贅說)」과 「5-02. 「품첩」 해설(「禀帖」贅說)」에 나오는 황육홍(黃六鴻) 자신의 여러 글도 1만 정도의 사망자를 낸 것으로 누차 지적하고 있다.

37 경탑(傾塌)은 건물과 담이 무너진다는 뜻이다. 『건륭담성현지』 권3 「편년지」, 6a-b는 이 해 대지진이 일어났을 때의 참상을 다음과 같이 보여 주고 있다. "큰 소리가 서북쪽으로부터 오더니, 일시에 건물과 수목들이 모두 앞으로 엎어지고 뒤로 자빠지면서 윗부분이 땅에 닿기를 두세 차례 하였다. 결국 일순간에 성루(城樓)·타구(垜口)·관사(官舍)·민방(民房) 및 촌락의 사관(寺觀) 등 1만 칸이 무너졌고, 남녀노소 8,700여 명이 죽었다. 사람이 땅 위에 서면 마치 둥근 돌 위에 올라선 것과 같이 이리 돌고 저리 뒹굴어 도저히 똑바로 설 수 없었다. 당시 땅이 갈라지고 샘물이 솟아나 두세 길 높이로 물길이 분출하는 통에 온 곳에 물이 흐르고 도랑과 냇물도 가득 찼는데, 시간이 지나자 모두 사라져 버렸다. 땅이 갈라진 곳은 혹은 건너뛸 수 없을 만한 너비로 벌어졌고, 그 안은 감히 내려다보기 겁날 정도로 깊었다. 무너진 곳은 모두 단계별로 층층이 구별되었으며, 갈라진 곳은 진흙과 모래가 가득하였는데 그 깊고 얕거나 넓고 좁은 형상은 이루 다 표현할 수 없을 정도다. 이를테면 상생(庠生) 이헌옥(李獻

人.[41] 郵使往來如織,[42] 供應告匱.[43] 于是縣官屢被參罰,[44] 邑務愈致廢弛, 衿棍把持衙門, 胥蠹恣行侵擾. 殆鴻康熙九年二月, 掣選玆土, 隨査本縣逋賦十有三年, 兩驛馬匹久經倒缺,[45] 革職前任四員尙留候代.[46] 豪衿土棍號稱金剛、天王、羅刹,[47] 二十四人分布四鄕. 三班頭役與各房科

玉)은 집 안에 있다가 바닥이 몽땅 꺼지면서 마치 끝이 없는 구멍 속으로 떨어질 듯하였지만 갑자기 물이 솟아오르면서 다시 위로 떠올라 겨우 옆의 땅바닥을 잡고 위로 올라올 수 있었다. 늠생(廩生) 이육원(李毓垣)은 보리 1균(箘)이 있었는데, 땅속에 모두 빠져들고 겨우 몇 가닥만 남았다. 또한 늠생 고덕무(高德懋)는 가족 29명 가운데 겨우 1남 1녀만 살아남았다. 온 땅이 모두 시체로 가득 차서 제대로 염을 하고 매장을 할 수도 없었다. 지현 풍가삼(馮家參)은 '재민가(災民歌)'를 지어 그 일을 기록하였다."

38 유망(流亡)은 고향이나 조국에 몸을 둘 수 없어 다른 곳으로 흘러들어 떠도는 것, 또는 그러한 사람들을 가리킨다.

39 전지(田地)는 이미 개간된 토지, 즉 농경지를 가리킨다. 남방에서는 낮은 곳의 개간된 토지를 전(田), 높은 곳의 그것을 지(地)라고 하지만, 북방에서는 논을 전이라 하고 나머지는 모두 지라고 한다. 전지에는 각기 다양한 종류가 있어 그에 따라 부과되는 세율도 달랐다.

40 정부(正賦)는 정규 부세, 정세(正稅)를 말한다. 청대의 경우는 바로 실물이나 화폐로 거둔 토지세(보통 地丁錢糧이라 칭한다)를 가리킨다. 절년(節年)은 역년(歷年), 즉 여러 해에 걸친다는 뜻이고, 타흠(拖欠)은 오랫동안 연체한다는 뜻이다.

41 최비(催比)는 지방관이 아역에게 기한을 설정하여 긴요한 업무를 완결하도록 마감을 설정하고, 그 기한을 넘어도 완결하지 못하면 처벌하던 것을 가리킨다. 비(比)는 원래 관부에서 범인을 체포하거나 세금을 징수할 때 아역을 파견하여 기한을 정하고 독촉하는 것을 가리키는 뜻이 있다.

42 우사(郵使)는 역참의 하급 관리를 가리키기도 하지만, 여기서는 역참을 이용하는 차사들을 가리키는 것으로 보인다. 여직(如織)은 사물이 어지럽고 복잡하게 교차하는 것을 비유할 때 쓴다.

43 공응(供應)은 필요한 재물을 공급하거나 수요를 만족시키는 제물을 가리킨다. 또한 시중을 든다는 뜻도 있다. 여기서는 역참을 이용하는 차사에 대한 접대나 그것을 위한 비용을 가리킨다. 고궤(告匱)는 모자라다거나 다함을 알린다는 뜻이다.

44 황육홍의 전임 지현 풍가삼(馮可參)은 복건성(福建省) 소무현(邵武縣) 출신의 진사(進士)로 강희 7년 담성현에 부임하였는데, 부임한 지 두 달 만에 지진을 만나 사태를 수습하느라 큰 노력을 하였으며 청렴하고 공정한 양리(良吏)로 평가를 받았다. 하지만 전량 체납 때문에 혁직을 당했으므로 동정을 샀다고 기록되어 있다. 『건륭담성현지』 권7 「질관지(秩官志)」, 26a를 참조. 실제로 권11의 「예문지(藝文志)」에는 「성야론(星野論)」·「부세론(賦稅論)」·「청련향병협수의(請練鄕兵協守議)」·「하방의(河防議)」·「의창론(義倉論)」 등 많은 글이 실려 있기도 한다(18a-25b). 여기에는 또한 황육홍의 「경개사기(傾蓋祠記)」도 실려 있다(25b-27a).

45 도결(倒缺)은 모자라거나 빠져 있어 불완전하다는 뜻으로 보인다. 『건륭담성현지』 권4 「건치지(建置志)」 「역체(驛遞)」, 6a-7a(pp.339-341)에 의하면 담성현의 역참은 두 군데로 하나는 성내 현치(縣治)의 동쪽에 있는 이갑역(里甲驛)으로 말 20필, 마부 30명, 구부(臼夫) 40명, 증구부(增臼夫) 60명이 정액이었다. 다른 역참은 홍화부역(紅花埠驛)으로 현성 남쪽 45리에 있었다. 말 70필, 마부 30명, 초패(抄牌) 2명, 비체공문마부(飛遞公文馬夫) 2명, 약재수의(藥材獸醫) 1명이 정액이었으므로 사실상 현성의 역참보다는 훨씬 규모가 크다고 하겠다. 이외에도 소역참인 체포(遞舖. 즉 舖舍)가 11좌(座) 있었고 총포사(總舖舍)는 현치 앞에 있었는데 포장(舖長)이 1명 있었다.

46 황육홍이 부임하기 이전 네 명의 담성현 지현은 순치(順治) 15년 부임한 장익(張翼), 순치 17년 부임한 등장보(鄧章甫), 강희 2년 부임한 김욱(金煜), 강희 7년 부임한 풍가삼(馮可參)이다. 순치 15년부터 계산하면 황육홍이 부임하는 강희 9년까지는 앞서 나온 대로 약 13년의 시간이 된다. 『건륭담성현지』 권7 「질관지(秩官志)」의 「지현(知縣) 국조(國朝)」, 7b-8a를 참조.

47 여기서 금강(金剛)은 불교용어로 금강저(金剛杵)를 잡고 부처를 모시는 역사(金剛力士)를 말하며, 사원의 산문(山門) 안에 조각되는 천왕(天王)을 가리키기도 한다. 천왕(天王) 역시 불교용어로 호법신(護法神), 천계의 왕(天界之王)을 가리킨다. 나찰(羅刹) 역시 악인(惡人)이나 악귀(惡鬼)를 가리킨다.

有執掌者,[48] 皆其黨羽. 門子在內宅出入伺候者, 皆其耳目. 一票出, 非其使令,[49] 不敢差, 一詞興, 非其主持,[50] 不敢告. 尤可恨者, 花戶錢糧年年聽其包攬,[51] 里社呑聲賠納,[52] 官吏少有拂意,[53] 挑唆無賴叩閽,[54] 動輒拖累多人.[55] 然此猶本邑諸奸之爲害也.

至于上司號件未完,[56] 差舍守催,[57] 經承每日供給肥肉、大酒,[58] 喚唱包娼. 及其臨行,[59] 需索差錢、路費,[60] 非五十金、百金不止, 苟不滿慾, 則鎖墩下處,[61] 閉之幽室, 或帶赴道府,[62] 收禁舖厫,[63] 斷絶飮食, 妻子匍匐哀求打點,[64] 方纔釋放. 上差因而視爲奇貨,[65] 遂厚費鑽營, 絡繹

---

48 삼반육방(三班六房)은 주현아문 이역·서역·아역의 총칭이다. 즉 서리(胥吏)와 차역(差役)을 가리킨다. 서리(胥吏)는 보통 서리(書吏)라고도 하는데 주현 정부에서 이·호·예·병·형·공(吏·戶·禮·兵·刑·工) 등 육방(六房)의 문서 업무를 담당하는 인원이었고, 차역은 주로 외근 업무를 담당하면서 민간에서 분주하게 돌아다니며 직접 정부의 법령이나 결정을 집행하였으며, 그 종류는 보통 조(皂)·장(壯)·쾌(快)의 3반(班)으로 구분된다. 이들 서리와 차역을 합칭하여 육방서리(六房書吏)와 삼반아역(三班衙役), 또는 육방삼반이라고도 부르는데, 원래 지방 정부에서 이(吏)는 관(官)의 20배 정도로 많았는데, 역(役)은 또한 이(吏)의 두 배 정도가 있었다고 한다.

49 사령(使令)은 명령이나 심부름을 가리킨다.

50 주지(主持)는 장악하다, 주도하다, 지탱하다는 뜻이다.

51 포람(包攬)은 위탁을 받아 대리로 처리한다, 청부를 맡는다는 뜻이다. 보통 세금 납부나 소송을 도맡아서 대리해 주면서 이권을 챙기는 일을 가리킨다. 원래는 납세자 개인이 직접 납부처리하도록 되어 있어 불법이었지만, 그런 일이 금지된 지방의 신사나 아역·무뢰 등이 이런 일을 주로 도맡아 이익을 챙기는 것이 보통이었다.

52 이사(里社)는 보통 향리를 가리키는데, 여기서는 담성현의 기본 행정구역을 가리킨다. 당시 담성현은 각기 9리로 구성된 4향(大安東鄕, 大安西鄕, 長樂鄕, 芙東鄕), 즉 32리로 구성되어 있었다. 『건륭담성현지』 권4 「건치지(建置志) 이사(里社)」, 7a-8a를 참조. 배납(賠納)은 배상하기 위해 결손이나 손해 부분을 납부한다는 뜻인데, 여기서는 할당된 세금 가운데 모자란 부분을 남은 납세자들이 세금을 더 내서 대신 메운다는 뜻이다.

53 불의(拂意)는 뜻에 거슬린다, 여의치 않다는 뜻이다.

54 도사(挑唆)는 부추긴다는 뜻이다. 고혼(叩閽)은 백성이나 관리가 억울한 점이 있어 직접 조정에 호소하는 것을 가리킨다.

55 동첩(動輒)은 '걸핏하면'이란 뜻이다.

56 호건(號件)은 관아에서 심리 중인 안건, 또는 등록되어 번호가 매겨진 문서나 서신 등을 가리킨다.

57 수최(守催)는 눌러앉아 독촉한다는 뜻이다.

58 대주(大酒)는 비육(肥肉)과 함께 쓰이면서 풍성한 술자리를 가리킨다.

59 임행(臨行)은 출발할 때가 된다는 뜻이다.

60 수색(需索)은 협박하여 강제로 빼앗는 것을 가리킨다. 늑색(勒索)과 같은 뜻이다.

61 관쇄금폐(關鎖禁閉)는 쇠사슬로 묶어 가둔다는 뜻이고, 하처(下處)는 감방을 가리킨다.

62 도부(道府)는 현보다 위에 있는 도(道. 여러 부를 관할한다)와 부(府. 여러 주현을 관할한다)라는 지방정부나 그 장관을 가리킨다.

63 포오(舖厫)는 뇌옥을 가리킨다.

64 타점(打點)은 뇌물을 쓴다, 뇌물을 주어 청탁함으로 뜻을 전하거나 돌보게 하는 것을 가리킨다.

65 기화(奇貨)는 진귀하고도 드문 물품이나 재화를 가리킨다. 여기서 나온 기화가거(奇貨可居)라는 숙어는 상인 희귀한 물건을 독점하여 쌓아 둠으로써 나중에 높은 값에 팔아치우려 하는 것을 가리키는 것으로 『사기(史記)』 권85 「여불위열전(呂不韋列傳)」의 기사에서 유래한다. "자초는 진나라 왕의 서자 출신으로 다른 제후에게 인질로 가 있었는데 수레나 탈것, 들여 쓰는 것이 풍족하지 못하고 거처도 곤궁하여 뜻을 얻지 못하고 있었다. 여불위가 상업 활동을 위해 한단에 갔다가 그를 보고 가여워하면서 말하였다. '이 사람은 장래를 보고 투자해 둘 만한 가치가 있다'(子楚秦諸庶孼孫, 質於諸侯, 車乘進用不饒, 居處困, 不得意. 呂不韋賈邯鄲, 見而憐之曰: '此奇貨可居.')." 거기(居奇)는 기화(奇貨)를 쌓아 놓고 좋은 값을 기다린다는 뜻이다. 기화(奇貨)는 진귀하고도 드문 물품이나 재화를 가리킨다.

而至,[66] 執票登堂, 與縣令分庭抗禮,[67] 封鎖捉吏, 回話立要本官. 彼爲宰者, 畏其勢如狼虎, 不得已而拆封倒櫃,[68] 遣發起程.[69] 以故庫銀運解正項之數少,[70] 料理雜費之數多.[71] 吏胥幹辦公事之時少, 支應上差之時多.[72] 如此而官安得不壞, 役安得不逃, 民情、風俗安得不底于澆且橫哉?[73]

當時輦下諸公,[74] 莫不爲鴻嗟惜.[75] 而鴻則靜言思之, 諸葛武侯入蜀云[76]: "治亂國, 用重典."[77]; 韓淮陰之背水陣,[78] 置之死地而後生. 余今治郯, 仍復循其繩墨.[79] 多所瞻顧,[80] 勢必

66 찬영(鑽營)은 연줄을 찾아 인정에 매달림으로써 이익이나 명예를 꾀하는 것을 가리킨다. 낙역(絡繹. 絡驛)은 끊이지 않고 잇따라 왕래가 멈추지 않는 모습을 가리킨다.

67 분정(分庭)은 정원을 가운데로 나누어 자리를 잡아 대등함을 보인다는 뜻이다. 분정항례(分庭伉禮. 分庭抗禮) 역시 평등한 예절로 서로 만난다는 뜻이다. 주인과 손님이 서로 만날 때 주인은 정원의 동쪽에서, 손님은 서쪽에서 서로 절을 하여 평등함을 보였던 것을 가리킨다. 나아가 피차의 세력이나 위세가 비슷하여 서로 균형을 맞추는 것을 가리킨다.

68 탁봉(拆封)은 봉투를 연다, 도궤(倒櫃)는 상자를 뒤집어 그 안의 돈을 꺼낸다는 뜻이다.

69 견발(遣發)은 출발시킨다, 기정(起程) 역시 여정을 시작한다, 즉 출발하여 길에 오른다는 뜻이다.

70 고은(庫銀)은 세금창고에 들어 있는 은, 즉 국고(國庫)를 말한다. 정항(正項)은 정세(正稅), 즉 토지세(地稅)와 인두세(丁賦)를 가리키며 전부(田賦), 세량(稅糧)이라고도 한다.

71 요리(料理)는 처리한다는 뜻이다.

72 지응(支應)은 응수·접대·공응(供應)·시중 등을 뜻한다.

73 저(底)는 도달하다, 이끈다는 뜻이다. 요(澆)는 경박하다, 박정하다, 야박하다는 뜻이고 횡(橫)은 난폭하다, 거칠다는 뜻이다.

74 연하(輦下)는 연곡하(輦轂下)의 약칭이다. 연곡하(輦轂下)는 황제의 수레바퀴 아래, 즉 경사(京師)를 가리킨다.

75 차석(嗟惜)은 탄식하며 안타까워한다는 뜻이다.

76 제갈무후(諸葛武侯)는 삼국시대 촉의 제갈량(諸葛亮, A.D. 181-234)을 가리킨다. 사후에 충무후(忠武侯)라는 시호를 받았으므로 제갈무후·무후라고 칭하게 되었다. 제갈량은 자(字)가 공명(孔明)으로 낭야(琅邪. 오늘날의 산동성 沂南) 사람으로 동한 말 융중(隆中. 오늘날의 호북성 襄陽)에 은거하면서 '와룡(臥龍)'이라 불렸는데, 207년 유비(劉備)가 삼고초려(三顧草廬)를 통해 주요한 참모로 맞아들였다. 제갈량은 형주(荊州. 오늘날의 호남과 호북)와 익주(益州. 오늘날의 사천)를 점거하고 손권(孫權)의 오(吳)와 연합하여 조조(曹操)에 대항하자는 건의를 하였고, 손권과 연합한 적벽대전(赤壁大戰)의 승리를 통해 형주와 익주를 점령하고 촉한(蜀漢)을 세웠다. 조비(曹丕)가 한(漢)을 대신하자 유비에게 칭제(稱帝)를 건의하여 스스로 승상이 되었다. 그는 기계 제작과 수리에 능하여 한꺼번에 여러 대의 화살이 발사되는 활을 발명했고 팔진법(八陣法)을 완성하였다고 하며, 유비가 죽은 후는 어린 후주(後主) 유선(劉禪)을 보필하여 재차 오와 연합하면서 생산을 장려하여 민치(民治)를 꾀하고 운남(雲南)으로 진출하여 개발을 도모하는 등 국가 경영에 힘썼으나 사마의(司馬懿)의 위(魏)와 대치하다가 오장원(五丈原)의 군중(軍中)에서 사망하였다.

77 중전(重典)은 중법(重法)과 같은 뜻으로 무거운 형벌을 가리킨다. "어지러운 나라를 다스리는 데에는 무거운 형벌을 써야 한다(治亂國, 用重典)"는 구절은 본래 『주례』「추관(秋官) 대사구(大司寇)」의 구절("刑亂國, 用重典")에서 비롯된 것으로 보인다.

78 배수진(背水陣)은 물을 등지고 진을 펼친다는 것이다. 한(漢)의 장수 한신(韓信)이 조(趙)를 정형(井陘)에서 공격할 때 이를 사용하여 대승을 거두었는데, 장수들이 배수진을 친 이유를 묻자 그는 "병법에도 '죽을 자리에 빠진 다음에 삶을 꾀할 수 있고, 죽을 자리에 들어간 다음에야 목숨을 유지할 수 있다'고 하지 않았느냐?(兵法不曰'陷之死地後生, 投之亡之而後存'乎?)"라고 답하였다고 한다. 이에 대해서는 『사기(史記)』(中華書局, 1959. 이하 『사기』 등 24사의 正史는 모두 中華書局판본을 이용하였다) 권92 「회음후한신열전(淮陰侯韓信列傳)」을 참조.

79 승묵(繩墨)은 본래 목공이 직선을 그릴 때 쓰는 검은 줄인데, 여기서 기준·준칙·법도 등의 뜻이 파생되었다.

調弄由人,[81] 寸籌莫展.[82] 是又前官之續矣. 務須放膽作翻案文字,[83] 事事與前官相反,[84] 庶其有瘳乎![85] 于是未出京之先, 廉得衙蠹、土豪某某者.[86] 及本邑明經某,[87] 適來見顧, 亦金剛之流亞,[88] 數以言餂鴻.[89] 鴻略敍套語,[90] 絶不談及縣事. 明經歸而告諸邑人曰: "新父母非易與者." 先是蠹役爭領頭批來迎,[91] 至是畏縮,[92] 更易新充蠢朴者,[93] 以其積惡著聞,[94] 恐先識已. 而新充蠢朴之人, 皆其平日所頤指使,[95] 諒不敢擧陳其過跡也. 及叩見,[96] 以次犒之,[97] 卽日令回不留一役, 亦絶口不言及縣事.[98] 五月出京, 由中道至彭城而南達宿遷.[99] 六月十八日, 抵邑之紅花埠.[100] 埠有驛局, 南自宿至, 北自邑至, 各差皆在此換馬. 是日人役迎接, 導至公館,[101] 鴻勒

---

80 첨고(瞻顧)는 앞뒤를 둘러본다(瞻前顧後)는 뜻으로 여러 가지를 고려해야 하기 때문에 주저하면서 결정하지 못하는 모습을 뜻한다.

81 조롱(調弄)은 '희롱하다, 좌지우지하다, 악기를 연주한다'는 뜻이고, 유인(由人)은 '남의 생각대로, 남에 의해'라는 뜻이다.

82 촌주(寸籌)는 일주(一籌)와 같은 뜻으로 숫자계산에 쓰이는 대나무 살가지(竹簽)를 가리키지만, 계책이나 방법을 뜻하기도 한다. 따라서 촌주막전(寸籌莫展)·일주막전(一籌莫展)은 도무지 어찌할 방법이 없다, 속수무책이라는 뜻이다. 『송사(宋史)』 권434 「채유학전(蔡幼學傳)」에서 채유학이 영종(寧宗)에게 올린 상소에서 "모사(謀士)들이 정원에 가득 차 있는데 아무런 방책 하나도 토해 내지 못한다(多士盈庭而一籌不吐)"고 했던 데서 비롯되어, 아무런 방법도 없음을 비유하는 말이 되었다고 한다.

83 방담(放膽)은 '대담하게, 마음을 크게 먹고 용기를 내서'라는 뜻이다. 번안(翻案)은 이미 결론이 난 사건이나 안건을 뒤집어엎는 것, 즉 원래의 평가나 결론·처분 등을 뒤집어엎는 것을 가리킨다. 따라서 번안문자를 짓는다는 것은 기존의 안건이나 관행을 뒤집어엎는다는 뜻이다.

84 사사(事事)는 '사사건건, 모든 일에'라는 뜻이다.

85 서(庶)는 다행히, 혹시 등 희망이나 기원을 가리키는 뜻이며, 추(瘳)는 병이 낫다, 완쾌된다는 뜻이다.

86 염(廉)은 고찰·사찰·조사한다는 뜻이 있다. 즉 사(査)나 찰(察)과 같은 뜻으로, 염득(廉得)은 조사해서 알아낸다는 뜻이다. 아두(衙蠹)는 아문 속의 탐욕스러운 이역(吏役), 즉 부패한 아역을 가리킨다.

87 명경(明經)은 명·청대 공생(貢生)에 대한 존칭이다. 공생은 국자감에 보내진 생원을 가리킨다. 명경(明經)은 원래 수대(隋代)의 과거과목으로 경의(經義)를 통해 합격자를 뽑았는데(詩賦로 뽑는 경우를 進士라고 하였다), 송대 이후 경의(經義)·논책(論策)으로 진사를 뽑게 되면서 폐지되었다.

88 유아(流亞)는 아류(亞流), 즉 '버금가는 종류'라는 뜻이다.

89 첨(餂)은 꾀어 낸다는 뜻인데, 깊이 탐문하다, 속을 떠본다는 것을 가리킨다.

90 투어(套語)는 접대하기 위해 인사치레로 하는 발언을 가리킨다.

91 두비(頭批)는 첫 번째의 무리, 즉 제1군·제1조라는 뜻이다.

92 외축(畏縮)은 위축되다, 주눅이 든다는 뜻이다.

93 준박(蠢朴)은 우직하고 소박하다는 뜻이다.

94 적악(積惡)은 쌓아 온 악행을 가리키고, 저문(著聞)은 저명하다, 유명하다는 뜻이다.

95 소이지사(所頤指使)는 턱으로 부리던 바라는 뜻이다.

96 고견(叩見)은 아랫사람이 윗사람을 만나 뵌다는 뜻이다.

97 호(犒)는 재물이나 음식 등으로 위로한다는 뜻이다.

98 절구(絶口)는 입을 다문다는 뜻이다.

99 팽성(彭城)은 강소성 북부의 서주(徐州)를 가리킨다. 유명한 서초패왕(西楚霸王) 항우(項羽)가 수도를 세웠던 곳이고 한대에도 팽성의 명칭이 유지되었으나, 이후에는 점차 서주(徐州)로 대체되었다. 숙천(宿遷)은 강소성(江蘇省) 서주부(徐州府)의 숙천현(宿遷縣)으로 가장 북부에 있으면서 산동성의 담성현과 인접해 있다.

轡不入曰: "詣驛局." 時管驛兵書大驚失色,[102] 遂跪稟曰: "到任三日後, 擇吉遣牌視驛, 此舊例也." 鴻叱之曰: "郵驛與正供幷重,[103] 今過而不入, 安問例乎?" 遂策馬至驛,[104] 觀其棚廠,[105] 則風雨不蔽也. 驗其芻菽,[106] 則顆束無有也. 汚穢堆積,[107] 臭氣熏蒸,[108] 則蠅蚋聚飛如霧.[109] 數馬骨立, 頷脊潰裂, 則烏鴉啄食成麋.

噫! 馮令被參御事.[110] 本道撥役代理, 勾通驛書,[111] 侵剋工料. 夫牌飼秣,[112] 又減茭芻.[113] 以故兩驛額馬一百二十四, 僅剩殘疲十八騎. 鴻見之大怒, 遂鎖兵書、馬牌等,[114] 各責三十.[115] 道快

---

100 홍화부(紅花埠)는 담성현에 속해 있으며, 강소성(江蘇省) 서주부(徐州府)와 접경하는 지역에 자리 잡고 있다. 즉 산동성과 강소성의 경계에 자리 잡고 있다.

101 공관(公館)은 지방관의 숙소나 관사를 가리킨다.

102 관역병서(管驛兵書)는 역참을 관리하는 병방(兵房) 서역(書役)을 가리킨다. 역참은 원래 중앙의 병부(兵部)에서 관할하는 업무였다.

103 우역(郵驛)은 역참(驛站)이나 역전(驛傳)을 가리킨다. 우(郵)는 걸어서 전달한다는 뜻(步遞)이고 역(驛)은 말로 전달한다(馬遞)는 뜻인데, 역참은 차사가 임무 수행 도중 숙식을 해결하는 곳이기도 하고, 중앙과 지방 사이의 공문서 전송을 담당하는 곳이기도 하다. 역참에 대해서는 이 책의 제28·29권 역참부를 참조. 정공(正供)은 국가의 창고에 들어가는 미곡이란 뜻으로 바로 정규 부세를 가리킨다.

104 책마(策馬)는 말에 채찍질을 하여 모는 것을 가리킨다.

105 붕창(棚廠)은 큰 천막이나 가건물을 가리키는데, 여기서는 마구간을 말한다.

106 추숙(芻菽)은 꼴과 콩, 즉 말의 사료를 가리킨다.

107 오예(汚穢)는 더럽다, 또는 더러운 것이란 뜻이다.

108 취기(臭氣)는 더러운 냄새를 말한다.

109 승예(蠅蚋)는 파리와 모기를 가리킨다.

110 풍령(馮令)은 앞서 나온 황육홍의 전임 지현 풍가삼(馮可森)을 가리킨다. 피참(被參)은 탄핵(彈劾)을 받는다는 뜻이고, 어사(御事)는 여기서는 일을 넘겨준다는 뜻이다.

111 역서(驛書)는 역참을 관리하는 서리를 가리킨다.

112 부패(夫牌)는 말을 기르는 마패부(馬牌夫)를 가리키는 것으로 보인다. 사말(飼秣)은 사료, 또는 사료를 먹인다는 뜻이다.

113 교추(茭芻)는 사료로 쓰는 건초를 말한다.

114 마패(馬牌)는 앞서 나온 마패부(馬牌夫)를 가리키는 것 같다.

115 책삼십(責三十)은 소죽판(小竹板)으로 내려치는 태형(笞刑)을 가리키는 것으로 보인다. 청대의 태형(笞刑)은 각기 10·20·30·40·50태를 때리는 것인데, 각 10태를 한 등급으로 하여 모두 5등급으로 나누었다. 그리고 10태를 4판(板)으로 환산하여 실행하는데(이를 折責이라고 한다), 5의 배수가 아닌 수, 즉 5에 미치지 못하는 수는 모두 빼버렸다. 그래서 10태는 4판, 20태는 5판(8판에서 3판을 뺀 숫자다. 이하 동일), 30태는 10판(12판에서 2판), 40태는 15판(16판에서 1판), 50태는 20판(20판 그대로)으로 환산되어 소죽판(小竹板)을 사용하는 형벌이 시행되었다(旗人의 경우 채찍형으로 대체되었다). 보다 무거운 형벌인 곤장형의 경우에도 60·70·80·90·100장이 마찬가지 방법으로 환산되고, 대죽판(大竹板)을 사용하는 형벌이 시행되었다(『대청률례(大淸律例)』 권4 「명례율(名例律) 상(上)」(『律』1.00). "[名者, 五刑之罪名. 例者, 五刑之體例也] 五刑. 笞刑五[笞者, 擊也. 又訓爲恥. 用小竹板]; 一十[折四板]; 二十[除零, 折五板]; 三十[除零, 折一十板]; 四十[除零, 折一十五板]; 五十[折二十板]. 杖刑五[杖重於笞, 用大竹板]; 六十[除零, 折二十板]; 七十[除零, 折二十五板]; 八十[除零, 三十板]; 九十[除零, 折三十五板]; 一百[折四十板]."(『大淸律例』(北京: 法律出版社, 1999年版, p.80) 또한 이에 대해서는 『대청회전(大淸會典)』 권53 「형부(刑部) 험봉청리사(驗封淸吏司)」(『續修四庫全書』 史部 政書類. 上海古籍出版社, 2002), pp.512-514 및 관군군(管軍軍), 『중국고대의 "황장"(中國古代的"皇杖")』(中國法制出版社, 2006)의 제14장 pp.112-113; 나사륙(那思陸), 『청대주

大呼叩頭曰[116]: "某乃道快王某也." 鴻叱之曰: "本道令爾養馬, 不令爾賊馬也. 況爾旣司縣驛, 應受縣罰", 亦重責二十. 次日申詳本道,[117] 且修稟謝罪,[118] 不敢以憲役作奸, 扞朝廷法.[119] 于是衆役聞風恐怖. 十九日城隍廟齋宿, 二十日謁神, 焚誓畢, 上任入署. 遂命皂頭,[120] 選慣行刑

현아문심판제도(淸代州縣衙門審判制度)』(中國法政大學出版社, 2006), pp.183-185를 참조). 그리고 원래『대청률례』에 따르면 신금(紳衿)이 미납한 부분은 각 주현에서 호별로 따로 명단을 만들어 보고함으로써 직접 이름을 거명하여 탄핵을 받게 하였다. 또한 문무관원이나 신사는 이임(已任)·미임(未任)을 막론하고 모두 미납분량에 따라, 이임자는 혁직하고 미임자는 정대(頂帶)와 의금(衣衿)을 박탈하여 법에 따라 칼을 씌우거나 장형으로 처벌을 받게 되어 있었으며, 주현이 따로 명단을 만들어 보고하지 않았다가 다른 경로로 발각되면 지현이 이부에 의해 처벌을 받게 되어 있었다(『대청률례』 권11「호율(戶律) 창고(倉庫) 상(上)」(『律』119.06) [收米穀曰: '倉', 收財帛曰: '庫']. 條例. "6. 凡紳衿所欠分數, 各州縣逐戶開出, 另冊詳報, 指名題參, 無論文武鄕紳、進士、擧人、生員, 並貢監及有頂帶人員, 已任、未任, 俱按未完分數, 已任者革職, 未任者去頂帶、衣衿, 按例枷責治罪. 如州縣不行另冊詳報, 別經發覺, 交部議處."(p.220)). 한편 여기서『대청률례』의 조문과 그 인용방식에 대해 잠깐 언급해 둘 필요가 있다.『대청률례』는 청초 이래 여러 차례 개정이 이루어지며, 가장 최초의 것은 순치(順治) 3(1646)년에 처음 반포된『대청률집해부례(大淸律集解附例)』(30권, 459條)가 있고, 황육홍이 지방관으로 근무하던 시기의 강희(康熙) 연간에는『현행측례(現行則例)』(강희 18년, 例文 290條)가 그 뒤에 첨부되었다. 그리고 강희 연간에 개정이 진행·완성되었지만 옹정(雍正) 3(1723)년에 주정(奏定), 5년 간성(刊成), 6년 반행(頒行)된 대청률집해[부례](大淸律集解[附例])』(四庫未收書輯刊編纂委員會 編,『四庫未收書輯刊』 제1집 26책. 北京出版社, 1997 所收. 율문『436條, 부례 824條)가 있다. 하지만 여기서 인용한『대청률례(大淸律例)』의 조문과 권수, 쪽수는 전도(田濤)·정진(鄭秦) 표점·교열(點校),『대청률례(大淸律例)』(北京: 法律出版社, 1999년판)에 기본적으로 의거하였다. 이것은 건륭 5년, 즉 1740년의『흠정대청률례(欽定大淸律例)』(47권[律例正文 36권 總類 7권 比引律條 1권]. 율문 436條, 부례 1,409條)판본을 기초로 한 것인데, 이후 율법의 조문은 전혀 바뀌지 않았고 조례의 부분만 계속 추가되었을 뿐이므로 가장 완비된 형태의 율례합편(律例合編) 형식의 판본일 뿐만 아니라 현재 가장 쉽게 구할 수 있는 가장 기본적인 판본이므로 이것을 인용의 기준으로 삼게 된 것이다. 그리고 이하 '『律』39.00' 형식으로 추가 표기된 것은 모두『대청률례』 해당 조문을 확인하여 원문인 율법(律. 39의 부분)과 조례(條例. 00의 부분)를 순서대로 번호를 매겨 표기한 것이다.『대청률례』는 기본적 조문인 '율'과 율의 규정내용을 수정·보완·세분화하는 성질의 부가조문인 '조례'로 구성되어 있으며, 이 때문에 율례라는 이름이 붙었다. 그리고 인용조문의 짙은 색 부분은 본문의 내용과 직접 연결되거나, 그러한 부분이 없을 경우 찾아낸 이와 유사한 부분이다. 하지만 이 번호는 현재 인터넷에서 쉽게 구할 수 있는 텍스트판『대청률례』 자료, 즉 '국학도항(國學導航)'에 올라와 있는 '大淸律例'(http://www.guoxue123.com/shibu/0401/01dqll/index.htm)에 따른 것인데, 이것은 건륭 판본이 아닌 도광 판본의『대청률례』에 기초한 것이라는 점을 염두에 둘 필요가 있다.『대청률례』의 436조로 구성된 율법 부분은 건륭 연간 이후 변화가 없지만, 조례부분은 건륭 5년 판본의 1,049조에서 최후에는 1,892조(同治 9년)로 늘어나면서 편찬시기마다 편차가 있기 때문이다. 그리고 도광(道光) 6(1826)년판은 장영쟁(張榮錚) 등(等) 표점·교열(点校),『대청률례(大淸律例)』(天津古籍出版社, 1995)라는 판본에서 확인할 수 있다. 이 도광 6년판『대청률례』도 독자적인 방식으로 조례에 대해 번호를 붙이고 있지만, 조례 전체에 대한 일련번호라 여기서는 그 형식을 따르지 않고, 율례의 조문을 찾아 확인하는 데 편리한 앞서의 방식을 선택하였다(다만 조례번호의 경우 판본에 따른 차이 때문에 완전히 도광판의 번호와 일치하지 않는 부분도 있다).

116 도쾌(道快)는 도대(道臺)의 아문에서 일하는 조예인 포쾌(捕快)를 가리킨다.

117 신상(申詳)은 상사에게 아뢴다, 보고한다는 뜻이고(申이나 詳 모두 위에 보고한다는 뜻이다), 본도(本道)는 담성현이 속한 기주부(沂州府)와 더불어 연주부(兗州府)·조주부(曹州府)를 함께 관할하는 연기조도(兗沂曹道)를 가리키는 것으로 보인다.

118 수품(修稟)은 상사에게 올리는 공문, 즉 상행문(上行文)의 일종인 품(稟)을 갖추어 올린다는 뜻이다.

119 헌역(憲役)은 상사가 내려 보낸 아역을 가리킨다. 헌(憲)은 상사·상관을 뜻한다.

皂隸八名, 幷毛頭大板十片進驗.[121] 各役互相駭視, 不知所爲. 及三日行香視事出示.[122] 次日午堂各役過堂點卯,[123]『卯簿』詳註年貌、籍貫、住址及着役日期、經管謀事于姓名之下.[124] 點時令閉東西兩角門, 各役挨班逐名至階下, 向上跪命, 念年貌、籍貫,[125] 與卯簿同否, 幷相其面貌之良惡, 而默記之. 彼素爲不法者, 則言語恇怯,[126] 擧止失錯,[127] 面色宛若死灰也.[128] 各役點畢, 乃令某某至前, 數其罪曰: "爾某事作弊, 某官爲爾壞, 某民爲爾魚肉, 爾實逋罪不容於死.[129] 吾今姑示責革,[130] 爲昔受害者洩憤也." 遂命所選行刑用大板, 因其罪之輕重而酌責之. 計受杖共二十餘人, 逾旬而斃者一, 其杖而黜革者五,[131] 是所謂: "積年頭役、執掌科書, 爲豪棍之黨羽者"也. 乃更進其餘而申儆之.[132] 衆皆角崩稽首,[133] 汗如雨下. 于是闔邑紳民歡呼稱快謂: "鴻之罰與罪, 協不爽銖黍."[134] 殆後稍涉奸私, 卽爲摘發. 鴻敢自炫精明, 但不破其奸, 彼謂: "天下之官, 皆可狎侮耳."[135]

于是錢穀、刑名所司一切, 嚴爲法制, 使無弊竇之可乘. 至于罪所當懲, 必罰無宥, 功所當

---

120 조두(皂頭)는 조예의 우두머리를 말한다.

121 모두(毛頭)는 울퉁불퉁하거나 껄껄하다는 뜻인 것 같은데, 청대의 형벌기구인 모판(毛板)을 가리키는 뜻으로 보인다. 모판은 중국의 남방 산구에서 자라는 모죽(毛竹)으로 만들었는데, 모죽은 키가 크고 거칠고 질긴 데다가 탄성이 풍부하여 가구나 농구·어구·종이 만들기에도 많이 쓰였다고 한다. 대판(大板)은 청대의 경우 태형과 장형을 각기 소판(小板)과 대판(大板)으로 대신하면서 아울러 그 회수를 할인하여 시행하게 하였는데, 그것을 가리킨다. 진험(進驗)은 제출하여 검사를 받는다는 뜻이다.

122 시사(視事)는 관청에 나아가서 일을 보다, 일을 처리한다는 뜻이다.

123 오당(午堂)은 낮에 재판(심문)이나 공무처리를 하는 것을 가리킨다. 따라서 여기서는 낮에 공무를 처리하는 것을 뜻하는 것으로 보인다. 과당(過堂)은 원래 진사가 급제한 다음 안내를 받아 재상을 알현하던 일을 가리켰지만, 여기서는 소송 당사자가 공당에 와서 심문을 받는 일이나 점검대상이 점검·심사를 받는 일을 가리킨다. 점묘(點卯)는 원래 묘시(오전 5-7시 사이)에 진행하던 관청의 인원점검을 뜻하지만, 나아가 일반적인 인원점검(點名)을 가리키기도 한다.

124 묘부(卯簿)는 점묘 시에 사용하는 인원점검명부를 가리킨다.

125 염(念)은 읽는다는 뜻이지만, 여기서는 자기 입으로 말하는 것을 가리킨다.

126 광겁(恇怯)은 겁에 질리다, 겁내어 위축된다는 뜻이다.

127 실착(失錯)은 틀리거나 어지러워진다는 뜻이다.

128 완약(宛若)은 완여(宛如)처럼 마치 …와 같다는 뜻이고, 사회(死灰)는 안색이 아주 창백하고 참혹하다는 뜻이다.

129 포죄(逋罪)는 죄를 피하여 숨는다는 뜻이다.

130 고(姑)는 잠시, 잠깐이라는 뜻이다. 따라서 고시(姑示)는 잠깐 보여 준 것이라는 뜻이다. 책혁(責革)은 처벌하고 면직시킨다는 뜻이다.

131 출혁(黜革)은 파면하거나 면직시킨다는 뜻이다.

132 신경(申儆)은 충분히 주의시킨다, 거듭 경계한다는 뜻이다.

133 각붕(角崩)은 마치 가축의 뿔을 부러뜨린 것과 같다는 뜻으로 머리를 땅에 조아리는 것을 비유한다. 계수(稽首)도 이마가 땅에 닿도록 절을 한다는 뜻이다.

134 불상(不爽)은 틀리지 않다는 뜻이고, 수·서(銖黍)는 각기 아주 작은 중량의 단위다. 따라서 조금도 틀리지 않다는 뜻이다.

135 압모(狎侮)는 업신여긴다, 깔본다는 뜻이다.

勸, 必賞無慳.[136] 若錢糧早解, 上件早結, 必不令提攝經承,[137] 憲役下縣, 官給飯食, 起程官給路費, 必不令鎖帶該胥,[138] 恣意措勒. 凡大差一至, 勢若雷霆,[139] 一切供張、夫馬, 俱鴻親身料理, 必不令鞭毆衙役, 弔打馬牌.[140] 是亦矜恤之一道也. 無論刑威賞勸, 一出于公. 功之可賞, 雖罪而賞必施, 罪之應加, 雖有功而刑必及. 于其賞也, 而常如其不足, 于其罰也, 而嘗懷其不忍. 如是, 賞無小, 受者固足以興感, 罰無大, 受者亦無以生怨, 非至誠有以動之乎? 故鴻匏繫二載,[141] 所謂: "天王、金剛," 洗滌魔心, 竟作瞿曇之護法,[142] 卽神奸、[143] 巨蠹,[144] 消除惡念, 共遵憲典之章程.[145] 及罹先君大故, 讀禮而南,[146] 微獨黃童、白叟臥轍攀轅,[147] 卽三班、六房亦呼號洒淚. 孰謂: "鳩鷹難化, 豺狼之不可革面哉"?[148] 鴻特不厭娓瑣,[149] 表而出之, 凡遇乎此, 深有望于長民者,[150] 振作鼓舞以化導之可也.

鴻三日點卯, 惟欲懲處前官任內積蠹而設,[151] 罪重者責革之, 罪輕者姑予杖, 使之改過自

---

136 무간(無慳)은 아끼지 않는다는 뜻이다.

137 제섭(提攝)은 가까이 끌어당긴다는 뜻이다. 여기서는 주현의 경승이 상사 아문으로 불려 가는 가리키는 것으로 보인다.

138 쇄대(鎖帶)는 쇠사슬, 쇠고랑을 채운다는 뜻이다.

139 뇌정(雷霆)은 우레·천둥을 말한다.

140 조타(弔打)는 묶어서 매달아 놓고 때린다는 뜻이다.

141 포계(匏繫)는 열리기는 하나 먹지 못하는 박, 즉 쓸모없는 사람을 이르는 말이다. 『논어(論語)』「양화(陽貨)」에 "내가 어찌 매달려 있지만 아무도 먹지 않는 표주박 같은 존재이겠느냐?(吾豈匏瓜也哉? 焉能繫而不食)"라는 구절에서 파생되었다. 여기서는 황육홍이 자신이 지현으로 근무하던 일을 겸손하게 표현하는 데 쓰고 있다.

142 구담(瞿曇)은 산스크리트어 Gotama의 음역으로 석가여래(釋迦如來)를 가리킨다.

143 신간(神奸)은 아주 대단한 악당을 가리킨다.

144 거두(巨蠹)는 아주 못된 부패한 서리를 가리킨다.

145 헌전(憲典)은 나라법을 말한다. 장정(章程)은 제도·법규나 규정 등을 가리킨다.

146 독례(讀禮)는 친상(親喪) 중에 모든 일을 중지하고 오직 예서(禮書) 가운데 상제(喪祭)에 관한 글만 읽던 일을 가리킨다. 따라서 직계존속의 상중이라는 뜻이다.

147 황동(黃童)은 어린아이, 백수(白叟)는 백발의 노인을 말한다. 와철반원(臥轍攀轅) 또는 반원와철(攀轅臥轍)은 수레의 끌채 위에 올라타거나 수레바퀴 앞에 드러눕는다는 뜻으로 『후한서(後漢書)』 권56 「열전(列傳) 후패전(侯霸傳)」과 『후한서』 권106 「열전(列傳) 순리전(循吏傳) 맹상(孟嘗)」에 나오는 고사에서 비롯되었다. "(후한) 갱시 원년 사자를 보내 후패를 소환하였더니 백성과 노약자들이 서로 붙잡고 통곡하면서 사자의 수레를 가로막거나 아니면 길을 막고 누워서 호소하였다. '제발 우리 후 군수가 1년 더 다시 머무를 수 있게 해 주십시오.'"라는 고사와 "(맹상이) 병이 들어 상서를 올려 사직을 요청하자 경사로 다시 소환되기에 이르렀는데, 서리와 백성이 수레에 올라타서 가지 말라고 요청하였다. 맹상은 이래서 도저히 앞으로 나갈 수 없자, 향민의 배를 타고 야밤에 숨어서 떠났다."라는 고사가 합쳐서 백성이 훌륭한 지방관을 만류하거나 미련을 갖는 일을 가리키게 되었다.

148 혁면(革面)은 안색이나 태도를 바꾸다, 철저히 회개한다는 뜻이다.

149 미쇄(娓瑣)는 장황하고 자질구레하다는 뜻이다.

150 장민(長民)은 백성의 우두머리, 관장(官長)을 뜻한다. 원래는 천자나 제후를 뜻하였는데, 나중에는 지방관리를 가리키게 되었다.

151 적두(積蠹)는 오랫동안 아문에 근거를 두고 부정과 불법을 일삼던 서리를 가리킨다.

新. 至于別有匪類, 未及盡知, 以曁愚蠢鄕民, 不堪驅使,[152] 賄買頭役, 厠身衙門, 希免雜差, 兩者俱宜澄汰. 故另行通行飭査,[153] 總期除惡務盡, 毋使萌芽滋長,[154] 存禾去莠, 要令秕稗全無,[155] 所謂: "官淸吏肅," 一方百姓始克受福也.

○ 부록:「아역 점검을 지시하는 고시(飭査各役示)」

각 아역에 대한 점검을 지시함으로써 모두 함께 새롭게 태어나고자 한다.

담성현은 본래 다스리기 힘들고 척박한 땅이라 불리는 데다가, 누차 재난을 겪어 풍속이 각박하고 기강이 무너졌다. 그래서 매사에 모두 나태하고 해이한 기색이 보이고 사람마다 각기 대충 지내자는 마음을 품고 있으며, 이러한 성향은 아역들이 특히 심하였다. 예컨대 육방(六房) 서리(吏書)들은 모두 맡은 바 일이 있는데, 전량을 담당하는 서리는 근거가 될 장부나 호적도 갖추지 않은 채 오로지 세금을 가로채는 데에만 힘을 쏟았다. 형명을 관리하는 서리는 원고와 피고의 시비는 따지지 않고 오로지 돈을 요구하는 데만 신경을 썼다. 역참을 관리하는 서리도 말이 쓰러지든 차사의 임무가 지체되든 상관하지 않고 오로지 돈을 가로채어 자기 배를 불릴 생각뿐이었다. 하물며 고참 서리인 경승이 일 처리를 하는 것을 보면 업무수칙에 어둡고, 다른 아문으로 보내는 공문 형식조차 알지 못하며, 글자를 쓰는 데도 서투르고 문서의 원고를 베끼는 데에도 엉망진창이다. 기타 조예·쾌수와 민장 역시 이를테면 은냥(銀兩)을 호송하고, 패표(牌票)를 수령하고, 도인이나 강·절도범을 체포하고, 범법 행위를 순찰하는 등 바삐 돌아다닐 전담 책무가 있다. 이런 업무들이 결코 가볍지 않은데도 전혀 통제가 이루어지지 않아, 명색이 우두머리(頭役) 차역인데 나머지 차역의 주소를 모르며, 명색이 반의 우두머리(班首)인데 반원의 얼굴을 알지 못한다.

듣기에 전임 지현 시절 상사의 차역을 통해 처리를 지시받은 안건이 때로는 십여 일이 지나도 답장이 이루어지지 않았고, 표(票)를 받고 독촉·체포하러 간 경우에는 몇 달이 지나도 [임무를 완결하였다는 증거로 그 표가] 반납되지 않았다고 한다. 그래서 상사가 처리를 지

---

152 향민(鄕民)은 구체적으로 보면 현의 아문이 있는 현치(縣治), 즉 현성(縣城)을 둘러싼 사방의 향촌(鄕村), 즉 사향(四鄕)에 거주하는 백성이라는 뜻이다. 구사(驅使)는 부리다, 일을 시킨다는 뜻이다.

153 칙사(飭査)는 아랫사람에게 조사하도록 지시하는 뜻이지만, 여기서는 아문의 아역 전반에 대해 인원점검을 하는 뜻으로 쓰이고 있다.

154 자장(滋長)은 더욱 자라나게 한다는 뜻이다.

155 비패(秕稗)는 벼와 대비되는 쭉정이와 피를 가리킨다. 즉 시시한 것이나 좋지 않은 것을 가리킨다.

시한 공문은 오랫동안 미결 상태로 남았고, 현의 업무 역시 모두 폐기되다시피 하였는데, 그 이유를 헤아려보면 하루 이틀에 생겨난 일이 아니었다. 본 지현은 이곳에 새로 부임하여 모든 일마다 힘써 떨쳐 일어나기를 꾀하고자 한다. 만약 주변 사람들이 여전히 옛날처럼 완강하게 버틴다면 그 밖의 다른 일은 더 이상 따져 무엇을 하겠는가?

우선 각 경승은 따로 시험을 치르게 할 것이며, 그 밖의 인원에 대해서는 응당 먼저 전반적인 인원점검을 해야 할 터이므로 특별히 이 고시를 내어 이방(吏房)과 병방(兵房)에게 알리는 바이니, 조속하게 각 아역의 『인원명부』 두 권을 작성하도록 하라. 서리(書吏. 書辦)는 이방(吏房)이 책임지고 조예·쾌수·민장은 병방이 책임지는데, 각기 법정인원인지의 여부를 파악하고, 매 아역의 이름 밑에 연령과 외모·관적, 복무 개시일, 거주지 주소 및 현성과의 거리 등을 모두 갖추어 기입해야 한다. 사흘을 기한으로 작성을 완료하여 모두 모아서 내택으로 올려 보낸 다음 본 지현이 시기가 되어 인원점검하기를 기다려야 할 것이다.

[인원점검의 시기가 되면] 각 아역은 종전에 과오를 저질러 파면이나 퇴직을 당하였다가 다시 들어온 적이 있는지, 아울러 전임 시기에 저지른 과오가 있는지 그리고 발각된 일이 있는지 등등에 대해 모두 스스로 과오를 저지른 날짜와 사유에 대해 분명하게 목록을 작성하여, [인원점검을 하는] 청당에서 본인이 직접 제출하라. 잘못을 뉘우치고 스스로를 바꿀 수만 있다면 이전의 모든 잘못에 대해서는 전혀 추궁하지 않을 것이다. 그러나 만약 숨기거나 꺼리는 바가 있는데 조사를 통해서나 다른 사람의 고발로 발각된다면 반드시 무겁게 처벌을 함으로써 후회해도 아무런 소용이 없게 만들 것이다. 그리고 다섯 명마다 「상호보증서」 1장을 작성하되, 말미에는 우두머리의 성명과 보증한다는 서명을 받아야 하며, 아울러 "본 아역의 이러한 과오 유무에 대한 확인에서 만약 서로 짜고 숨기거나 밝히기를 꺼려한 경우가 있다면 함께 모든 처벌을 달게 받겠습니다."라는 문구가 들어가야 한다. 이 또한 인원점검 때에 직접 제출하라.

앞으로 아문의 모든 아역은 마땅히 [과거의 잘못된] 마음가짐을 씻어 내고 함께 떨쳐 일어날 수 있도록 꾀해야 한다. 삼가 조심스럽게 행동하고, 부정을 저지르거나 공무를 그르쳐서는 안 되며, 패표(牌票)를 끼고 향민을 짓밟아서는 안 되며, 못된 무뢰배에 의지하여 국법을 깔보고 농락해서는 안 된다. 이에 대해 하나라도 따르지 않음이 있다면, 법에 의한 엄격한 처벌이 있을 것이다. 이에 특별히 고시하는 바이다.【그날 과오 목록을 제출한 사람이 세 명 있었는데, 모두 처벌하지 않았으며, 두 명은 마침내 개과천선을 하였다. 한 명은 나중에 다른 일로 쫓아냈으며, 쓸 만한 경우가 아닌 아홉 명은 퇴직을 허용하였다. ○ 담성현은 이미 폐단이 오래 쌓인 곳이었기 때문에 이렇게 모든 조치들이 아주 엄격하였다. 만약 이러한 폐단이 없는 다른 곳이라면 너그러움이나 엄격함 또한 지방에 따라 참작하여 수위를 조절해야 할 것이다.】

○「飭查各役示」附

爲飭查各役, 以共砥維新事.[156]

照得郟邑素稱疲瘠, 屢遇災眚,[157] 風俗澆漓,[158] 法紀凌替,[159] 事事皆有廢弛之色, 人人各懷苟且之心,[160] 而于衙役爲尤甚. 卽如六房吏書咸有執掌,[161] 乃管錢糧者旣無冊籍之可稽,[162] 惟思侵漁之是務.[163] 管刑名者不問原被之曲直, 祇知勒索之是求. 管驛遞者弗恤馬倒而悞差,[164] 但冀剋銀而肥巳. 至于經承辦事, 規矩不諳, 行移之體式茫然,[165] 字習生疏, 稿案之抄謄亦錯. 他如皂快、民壯人等, 亦有犇走專責,[166] 如護解銀兩、[167] 承領牌票、[168] 緝拿逃盜、[169] 巡察奸宄.[170] 所係非輕, 乃更全無統攝,[171] 名爲頭役而各役之住址不知,[172] 名爲班首而闔班之

156 공지(共砥)는 함께 갈고 닦는다는 뜻이다. 지(砥)는 숫돌을 가리킨다. 유신(維新)은 다시 새로 시작한다는 뜻이다. 원래 『시경』「대아(大雅) 문왕(文王)」에 나오는 "주는 비록 오래된 나라지만, (문왕 때에 이르러서도) 그 명은 여전히 새롭다(周雖舊邦, 其命維新)"는 구절에서 비롯되었으며, 여기서 낡은 제도를 바꿔 개혁을 추진하는 것을 가리키는 의미로 사용하게 되었다.

157 재생(災眚)은 재앙 · 화환(禍患)을 가리킨다.

158 효리(澆漓)는 경박하여 두텁지 않다, 각박하다는 뜻이다.

159 법기(法紀)는 법률 · 기강을 가리킨다. 능체(凌替)는 문란해지다, 쇠락하다, 몰락한다는 뜻이다.

160 구차지심(苟且之心)은 단지 눈앞의 일이 지나가기만 하면 된다는 마음가짐을 가리킨다.

161 즉여(卽如)는 이를테면, 가령이라는 뜻이다.

162 내(乃)는 '…한데도, …까지도, 그럼에도 불구하고' 등의 뜻이 있다.

163 침어(侵漁)는 가운데서 가로챈다는 뜻이다.

164 오차(悞差)는 직무(출장업무)를 지체하다, 그르친다는 뜻이다.

165 행이(行移)는 아문 사이에 왕래하는 공문을 가리킨다. 행(行)이나 이(移) 평행문(平行文)의 일종이다. 이에 대해서는 김경록(金暻綠), 「明代 公文制度와 行移體系」, 『明淸史硏究』 26, 2006, p.145를 참조. 망연(茫然)은 아주 넓어 끝이 없는 모습을 가리키며, 멍하니 아무것도 알지 못하거나 낙담한 모습인 뜻하기도 한다.

166 분주(犇走)는 분주(奔走)와 같은 뜻으로 부지런하게 돌아다닌다는 뜻이다.

167 호해(護解)는 죄인이나 재물을 호위하여 압송하는 것을 가리킨다.

168 승령(承領)은 수령한다는 뜻이다.

169 집나(緝拿)는 구인 · 체포라는 뜻이다.

170 간귀(奸宄. 姦宄. 姦軌)는 안팎으로 범법 행위를 저지른다는 뜻으로 간구(奸究)와 통한다. 『상서』「순전(舜典)」에 '약탈과 살인을 저질러 안팎으로 환란을 가져온다(寇敵奸宄)'라는 구절이 나오는데, 여기서 "외부의 적을 간, 내부의 적을 귀라고 한다(在外曰奸, 在內曰宄)"고 해석된다.

171 통섭(統攝)은 통할 · 통제를 뜻한다.

172 주지(住址)는 주소를 말한다.

面貌未識. 聞前任奉差號件,[173] 或經旬不回,[174] 承票催拘, 或累月未繳, 以致憲件久稽,[175] 邑務俱廢. 揆厥所由,[176] 已非一日. 本縣新蒞玆土, 每事力圖振刷,[177] 若左右之頑玩猶昔,[178] 其他又何求焉?

除各經承另行考試外,[179] 合先通査點, 爲此示, 仰吏·兵二房知悉,[180] 着速攢造各役『花名淸冊』二本.[181] 書辦責成吏房,[182] 皀快、民壯人等責成兵房, 分別是否經制, 每役名下俱註明年貌、籍貫、着役日期、居址某處及距城里數. 定限三日內, 彙齊送宅, 聽候本縣,[183] 至期査點. 其各役從前有無過犯、[184] 革退重入, 並前任有無過犯曾否發覺, 俱令本役照所犯年月情由, 明白開單, 當堂親投.[185] 但能改過自新, 已往一切不究. 如敢隱諱, 或査出, 或告發, 定行重懲, 便追悔無及矣.[186] 每五人「互結」一張, 尾開頭役姓名, 認保花押,[187] "本役前項有無過犯, 如有扶同隱諱, 一體甘罪"字樣,[188] 亦於點時投遞.[189] 自今以後, 凡在衙門各役, 咸宜洗滌肺腸,[190] 共圖振作, 謹愼小心,[191] 毋作弊, 毋悞公, 毋挾持牌票而魚肉鄕人, 毋倚恃棍豪而藐玩國法.[192] 一有不遵, 三尺具在. 特示. 【是日, 具犯由者三人,[193] 俱不究, 二人竟改過, 一人後以他事黜之, 不堪用者, 九人准退. ○ 此因郯積弛已極, 故諸尙嚴察. 若他處無此弊, 其寬猛又當隨地

---

173 봉차(奉差)는 지시를 받고 출장을 나간다는 뜻이다.
174 경순(經旬)은 열흘 남짓이라는 뜻이다.
175 헌건(憲件)은 상사가 처리를 지시한 공문을 가리킨다.
176 소유(所由)는 거쳐 온 길, 과거로부터 유래된 것이라는 뜻이다.
177 진쇄(振刷)는 진작(振作)이나 정숙(整肅)과 같은 뜻이다.
178 완완(頑玩)은 교활하고 완고하다는 뜻이다.
179 여기서 "제(除)……외(外)"는 '…을 제외하고'란 뜻이지만, 문맥상 '…을 하였고,(또는 하였다.) 그리고 또한'이라는 식으로 번역하였다.
180 앙(仰)은 아래로 내리는 공문(下行文)에서 '…으로 하여금'이란 뜻으로 명령을 표시한다.
181 찬조(攢造)는 모아서 편집한다는 뜻이고, 화명책(花名冊)은 인명책·민호책을 가리킨다.
182 서판(書辦)은 문서담당 속리를 뜻한다. 책성(責成)은 임무 완성을 독촉한다는 뜻이다.
183 청후(聽候)는 관청이나 상사의 결정을 주의하면서 기다린다는 뜻이다.
184 과범(過犯)은 과오를 가리킨다.
185 당당(當堂)은 '아문 또는 대당(大堂)에서 공개적으로'라는 뜻이다.
186 후회무급(後悔無及, 追悔無及)은 나중에 후회해도 이미 늦는다는 뜻이다.
187 인보(認保)는 보증을 선다는 뜻이다. 화압(花押)은 서명이나 사인을 뜻한다.
188 자양(字樣)은 문자·단어·구절 등을 뜻한다.
189 투체(投遞)는 직접 제출한다는 뜻이다.
190 세척(洗滌)은 씻어 낸다, 제거한다는 뜻이다. 폐장(肺腸)은 허파와 창자를 가리키지만, 여기서는 내심이나 마음가짐을 비유한다.
191 소심(小心)은 주의한다, 삼간다는 뜻이다.
192 의시(倚恃)는 믿고 의지한다는 뜻이고, 모완(藐玩)은 경시하고 소홀히 한다는 뜻이다.
193 범유(犯由)는 죄상(罪狀)을 말한다. 여기서는 자기의 과오에 대해 자백한 문서를 가리킨다.

酌劑耳[194]】

3-02. 신중한 예방 조치(謹關防)

[지현이 거주하는 내택] 택문의 안팎에는 모두가 지현을 속이려는 사람들뿐이며, 전곡·형명 업무에서는 부정이 저질러지지 않는 경우가 없다. 따라서 지현이 조금이라도 총명하지 않거나, 예방을 소홀히 할 경우 서로 결탁하여 이익을 갈취하려는 경우가 반드시 나타나기 마련이다. 대체로 아역과 지현을 수행하는 시종(家丁)이 열심히 일하는 것은 단지 이를 빌어 스스로의 몸을 살찌우면서 풍족하게 먹고 입을 수 있기 때문에 지나지 않는다. 그렇지 않으면 어찌 처자식을 내던지고 [지현의 부임지에 따라와] 비굴한 모습과 자세로 좌우에서 분주히 시중을 들겠는가? 따라서 이들의 탐욕이 절실하면 절실할수록 부정을 막기 위한 예방은 더욱더 엄격해야 한다.

그래서 택문은 마땅히 더욱더 굳게 막아 한 사람이라도 [제멋대로] 드나들게 해서는 안 된다. 공문서나 소송문서를 접수하는 상자인 전두(轉斗)는 응당 성실한 사내아이가 지켜보면서 관리하게 해야 한다. [어린 탓에] 담이 작아서 감히 부정행위를 저지르지 못하기 때문이다. 아니면 믿을 수 있는 측근이나 하인으로 하여금 교대 근무를 시키거나, 가끔은 정해진 시간에 상관없이 교대시켜 도저히 예측하지 못하게 함으로써 다른 사람에게 간파될까 두려워 부정을 저지르는 일을 꺼리도록 만들어야 한다. 막우의 하인이나 시종도 전두 근처에 서서 외부 사람과 이야기하는 것도 금지함으로써 서로 내통하는 것을 막아야 한다.

매일 지현에게 결재문서 봉투가 전달되는데, 가끔 측근으로 하여금 골라서 조사해 보게 하거나, 아니면 스스로 그것을 받아 와서 들춰 봄으로써 해당 아역이 은밀하게 막우와 결탁하기 위한 문서를 끼워 넣는 일을 막아야 한다. 또한 다음날 아침에도 이 결재문서는 지현이 직접 확인하여 내보내야 한다. 아역이 긴급한 일로 아뢸 일이 있으면, 사람을 시켜 불러오되 다만 계단 아래에 꿇어앉아 보고하도록 해야지 [문서가 놓여 있는] 지현의 책상 근

194 작제(酌劑)는 참작하여 처리한다는 뜻이다.

처에 접근하게 해서는 안 된다. [책상 위에 있는 문서 정보를 훔쳐보고] 밖에 나가 위세를 부리면서 못된 짓으로 남을 속일까 두렵기 때문이다. 문지기도 내택에서 대기하게 해서는 안 된다. 혹시 지현이 막우와 더불어 공무를 논의할 때 몰래 이야기를 엿듣고 정보를 누설시킬 수 있기 때문이다.

소송에 의심스러워 판단하기 어려운 점이 있거나 결정하기 쉽지 않은 공무가 있을 때에는 모름지기 마음속으로만 유념하면서 은근히 살펴보아야지, 경솔하게 서역들에게 물어보아서는 안 된다. 이 무리들은 지현의 뜻을 엿보는 데 아주 능통하여 [지현이] 그 죄를 관대하게 처리할 것임을 알게 되면 바로 "지현에게 뇌물을 쓰라[즉 자신에게 뇌물을 달라]"고 얘기하고, 모름지기 그 일을 꼭 행할 것임을 알게 되면 바로 "자신이 지현에게 아뢰어서 그리 된 것"이라고 내세운다. 나중에 과연 그대로 일이 처리되면 저들은 큰 이익을 얻고 자신의 공로를 챙기지만, 지현은 결국 이용만 당하는 꼴이 된다. 오랫동안 이런 일에 종사하여 지현의 성품에 익숙해지면, 큰 사기꾼은 오히려 겉모습이 충직하게 보인다고 하듯이 교묘한 말로 지현을 현혹시키려 한다. 일단 그 술수에 빠져들면 장차 백성을 해치는 데에만 머물지 않고, 나아가 지현 본인까지 해치게 될 것이다. 어찌 신중하지 않을 수 있겠는가! 한편 내택의 사람이 밖으로 나갔다가 왕왕 아역과 함께 술을 마시거나 기루에서 창기와 자기도 하는 일이 있는데, 혹시라도 상사가 그런 소식을 듣게 되면 몹시 불편해질 것이다. 또한 못된 하인이 임무를 맡거나, 품행이 단정치 못한 친척이 향리에 돌아가서 말썽을 부리는 일도 생길 수 있으니 이 점도 더욱 조심하지 않을 수 없다.【전두에 대해서는 대략 앞의 「택문고시」에서 다루었으므로 다시 이야기하지는 않겠다. ○ 전두를 담당하는 사람에게는 엄격하게 지시하여 전두에서 멀리 떨어지지 못하게 해야 한다. 그래서 밖에서 딱따기를 두드리면 반드시 본인이 직접 가야지 다른 사람이 대신 전달받게 해서는 안 된다. 만약 전두 담당이 일을 그르치면 반드시 처벌해야 한다. 그 거주지 역시 전두와 가까워야 한다. 아침저녁으로 혹시 급한 일이 있는데 그르치거나 지연시킬지 모르기 때문이다.】

宅門內外, 俱是瞞官之人, 錢穀、刑名無非作弊之事. 官府稍不精明, 或疎防範, 未有不通同攫利者.[195] 蓋衙役、跟官家丁効用,[196] 不過藉以肥身, 優于溫飽.[197] 不然胡爲而拋妻棄子,

---

195 통동(通同)은 '결탁하다, 연결하다, 함께 짜고'라는 뜻이다. 통동일기(通同一氣) 역시 마찬가지로 서로 짜고 결탁한다는 뜻이다. 확리(攫利)는 이익을 잡아챈다, 얻는다는 뜻이다.

196 근관(跟官)은 관원을 따르면서 시중을 든다는 뜻, 또는 그 시종을 가리키기도 한다.

197 온포(溫飽)는 따뜻하고 배부르다, 즉 의식이 충족하다는 뜻이다.

奴顔婢膝,[198] 以趨蹌于左右乎?[199] 故垂涎甚切,[200] 塞竇彌嚴.[201] 宅門宜加封鐍,[202] 不許一人出入. 轉斗宜令老實童子看管, 膽小不敢作弊. 或親信、紀綱,[203] 輪班更換, 或換不拘時, 以示不測, 使彼憚于作弊, 恐被人看破. 幕僕、隨丁, 不許立近轉斗與外人說話,[204] 以杜交通. 每日僉套送入, 宜間着親信簡查, 或自行掣閱,[205] 以防該房夾有關通幕內字帖.[206] 次早, 各套仍宜當官驗發. 衙役有緊事回話, 傳入止令堦下跪禀, 毋得近案, 恐彼出外影射騙人.[207] 門子不可令內宅伺候, 或本官對幕客商榷公事, 竊聽口氣, 透漏消息.[208]

詞訟有疑難, 公事有未決, 止宜留心暗訪, 不可輕問胥役. 此輩最善窺瞯本官意旨,[209] 彼知欲寬其罪, 遂謂: "向官打點."[210] 知其事在必行, 遂謂: "是我禀白."[211] 後果如其言, 在彼獲利居功, 而官竟爲所用. 久之熟識官性,[212] 大詐似忠, 巧言惑聽. 一有不察墮其術中, 將來不止害民, 而並害官矣, 可不愼哉! 至于宅內人出外, 往往向衙役飮酒, 靑樓宿娼,[213] 倘上憲聞之, 深爲未便, 或劣僕經差, 匪親歸里,[214] 尤不可不加謹也. 【轉斗大略已見前「宅門告示」, 不重贅. ○ 司轉斗人嚴諭不許遠離, 卽外擊梆, 必候本人到, 不許他人代傳. 如司斗悞事, 定宜責處. 其居址宜近轉斗, 恐早晩有緊事, 不致遲悞也】

---

198 노안비슬(奴顔婢膝. 또는 婢膝奴顔)은 환심을 사기 위해 남에게 비굴하게 알랑거리다, 빌붙는다는 뜻이다.
199 추창(趨蹌)은 분주하게 다니다, 종종걸음으로 걷는다는 뜻이 있지만, 여기서는 분주하게 시중을 든다는 뜻이다.
200 수연(垂涎)은 먹을 생각에 침을 흘린다, 나아가 아주 흠모하거나 얻고자 하는 욕망이 강한 것을 비유한다.
201 새두(塞竇)는 구멍을 막는다, 즉 빈틈없이 지킨다는 뜻이다.
202 봉휼(封鐍)은 밀봉하다, 닫고 열쇠로 잠근다는 뜻이다.
203 기강(紀綱)은 하인들을 이끄는 사람을 가리켰으나 나중에는 하인을 가리키게 되었다.
204 막복(幕僕)은 막우의 하인, 수정(隨丁) 역시 옆에 따라다니면 시중을 드는 하인을 가리킨다.
205 체열(掣閱)은 직접 가지고 와서 본다는 뜻이다.
206 관통(關通)은 결탁하다, 한패가 되다, 뇌물을 받는다는 뜻이다.
207 영사(影射)는 사칭하다, 속이다, 덮는다는 뜻이다. 이것을 빌려서 저것을 이야기하여 은연중에 어떤 사람이나 일을 가리키는 경우에도 쓰인다.
208 투루(透漏)는 소홀함 때문에 사람이나 물건, 소식 등이 몰래 빠져나가게 한다는 뜻이다.
209 규간(窺瞯)은 엿본다는 뜻이다.
210 타점(打點)은 뇌물을 써서 청탁을 하거나 돌봐 달라고 하는 것을 말한다.
211 품백(禀白)은 아뢴다는 뜻이다. 품(禀)이나 백(白) 모두 같은 뜻이다. 따라서 품백은 상관이나 윗사람에게 사정을 보고한다는 뜻이다.
212 숙식(熟識)은 오랫동안 알아 비교적 잘 이해하고 있다는 뜻이다.
213 청루(靑樓)는 여기서는 기원(妓院)이나 기녀를 가리킨다.
214 비친(匪親)은 품행이 단정하지 못한 친척을 가리킨다. 귀리(歸里)는 고향에 돌아간다는 뜻이다.

3-03. 몸소 둘러보기(親查閱)[215]

부임한 다음 성벽과 해자, 당고(堂庫)와 창고(倉庫) 건물 등은 모두 직무와 관련된 바이므로 응당 순서대로 자세히 살펴보지 않으면 안 된다. 당고의 현금과 창고의 곡식은 특히 인수인계라는 중요 사안과 직결되는 것이므로 소홀하게 대충 넘겼다가 스스로 화를 뒤집어쓰는 일이 있어서는 안 될 것이다. 응당 살펴보아야 할 바에 대해서는 다음과 같이 나열하였다.

到任之後, 一應城池,[216] 倉庫,[217] 皆職掌所關, 俱宜次第細加查閱. 至于庫銀、倉穀, 尤屬交盤重務,[218] 非可潦草過套,[219] 以自貽累也. 所有應行查閱, 謹列如左:

3-03-01. 당고(庫)

[아문 안에 있는] 당고 건물은 정규 부세로 거둔 은냥을 저장해 두는 동시에 부가적으로 장물이나 흉기, 각종 관물(官物)을 보관하는 곳이다. 규정에 따라 당고담당 서리(庫書)가 이를 관장하며, 조금이라도 드나드는 것이 있으면 모두 장부에 올린다. 신임 지현이 분명하게 점검을 할 때에는 우선 전임 지현【만약 서리 지현이 있다면 함께 할 것을 요청한다.】과 좌이관 등이 모두 참석하도록 요청한 다음, 당고의 문 앞에 가서 서열대로 앉는다. 관계가 없는 아역들은 모두 의문 밖으로 쫓아내고 조예가 양쪽 쪽문을 잘 지키게 하며, 긴 탁자를 두고 그 위에 막대저울을 남쪽으로 향하게 둔다. 당고담당 서리는 『당고장부』를 펼쳐 당고

215 이 내용에 대한 보다 자세한 서술은 제22권 형명부 12 보갑 2의 「22-01. 나무울타리와 해자 건축(建築柵濠)」을 참조할 수 있다.

216 성지(城池)는 성벽(城牆)과 그것을 둘러싼 호성하(護城河. 垓字)를 가리킨다.

217 여기서는 지현아문에 안에 있고 은이나 기타 관물을 보관하는 당고(堂庫)와 지현아문 밖 다른 곳에 존재하며 곡식 등을 보관하는 창고(倉庫)가 구분되고 있다. 하지만 대부분은 통칭하여 창고라고 부르는 것으로 보인다. 또한 『대청률례』 권11 「호율(戶律) 창고(倉庫) 상(上)」(『律』119.06) [收米穀曰: '倉', 收財帛曰: '庫']의 서술에 따르면 (p.216) 창(倉)은 미곡을 저장하는 곳, 고(庫)는 다른 재물이나 비단 등을 저장하는 곳이라는 차이가 있다.

218 교반(交盤)은 전임이 이직할 때 장부·공공기물·문서 등을 확인하여 후임자에게 넘겨주는 것, 즉 인수인계를 말한다.

219 과투(過套)는 관례적으로 하는 행사로 생각하여 대충 넘기거나 얼렁뚱땅 해치운다는 뜻이다.

에 보관된 은냥의 액수가 『인수인계장부』에 있는 것과 동일한지를 확인하고, 기준에 따라 은냥의 액수를 저울로 재서 확인한다.【만약 은의 액수가 많지 않다면 당고에서 잴 필요는 없다. 그리고 만약 은냥의 순도가 떨어진다면 관은장(官銀匠)에게 넘겨 순도를 정확하게 재서 보충하게 한다.】만약 장물이나 무기 등 물품이 있으면 하나하나 점검하여 『당고저장물장부(庫簿)』와 맞는지 확인하고, 들어맞는 것이 확인되면 장부에 날짜를 적고 당고에 보관한다. 그리고 당고담당 서리로 하여금 점검한 『은냥부』 및 『장물·무기 등 장부』를 각기 따로 한 부씩 만들어 내택으로 보내게 한다.【점검한 장부와 대조하여 일치하는지 확인해야 한다.】그리고 또한 당고담당 서리로부터 "결코 당고 안에 있는 물품을 숨기거나 빠트리거나 남기지 않았다."라는 「확인서」를 받아서 보관해 둔다. 지현은 몸소 당고 안으로 들어가 위아래의 벽이나 땅바닥 사이를 불빛에 비추어 보면서 확인하며, 그 밖에 다른 물건이 없으면, 그때야 [인수인계를 마치고] 비로소 해산한다. 만약 무너지거나 물이 새서 응당 수리해야 할 곳이 있으면 해당 서리로 하여금 조사하여 확인한 다음 목록을 제출하여 지현이 검토할 수 있게 한다.

堂庫者, 所以貯正項地丁銀兩,[220] 及附寄盜贓、兇器、諸官物者也. 例係庫書掌之, 出入絲毫, 皆登簿籍. 新任盤查時,[221] 先請前任 【若有署事並請】 及佐貳等官俱至, 然後詣庫門序坐. 驅閑役盡出儀門外, 皂隷把定兩角門. 設長案, 天平南向, 庫書展『庫簿』, 將存庫銀兩查明數目, 是否與『交代冊』同, 仍逐平彈準紋足不少.[222] 【如銀不多, 不用在庫彈兌. 如銀低潮, 著官銀匠估確補色[223]】 如有贓械等物, 俱逐件驗明與『庫貯簿』, 點過不少, 判日存庫. 著庫書照盤

---

220 정항(正項)은 정세(正稅)를 가리키며 지정은냥은 백성이 납부하는 토지세(地稅)와 인두세(丁賦)를 가리킨다. 인두세는 청대 중기 이후에는 모두 토지세로 병합되었으므로 이것을 합해 지정(地丁=地丁銀), 또는 지정전량(地丁錢糧)이라 통칭하게 된다.

221 반사(盤査)는 철저하게 또는 상세하게 점검하는 것을 말한다.

222 평(平)은 종래 은냥을 잴 때 사용하던 일종의 형량표준이다. 이를테면 고평(庫平)은 창고(국고)에 들어갈 때 재는 단위이고, 조평(漕平)은 조운(漕運)과 관계될 때의 형량표준으로, 각기 그 무게와 순도의 기준이 다른 평은 시기·지역에 따라서도 많은 차이가 있었다. 따라서 때문에 은냥의 액수를 정확하게 재려면 일정한 기준(그 장소에서 사용하는 평)에 따라 잴 필요가 있었다. 탄(彈)은 막대저울에서 준성(准星)을 발동시킨다는 것이고, 준(準)은 준성(准星. 準星 또는 釘盤星. 定盤星)으로 막대저울(戥子)에서 저울추와 쟁반이 수평을 이루는 무게중심점을 가리킨다. 따라서 탄준(彈準)은 곧 작은 저울로 양을 잰다는 뜻이다. 문(紋)은 문은(紋銀)을 가리킨다.

223 관은장(官銀匠)은 관부의 지정을 받아 은자를 녹여 말발굽 형태의 마제은(馬蹄銀)으로 만드는 등 은냥을 관리하는 일을 맡는 수공업자를 가리킨다. 관은장에 대해서는 이 책의 제6권 전곡부 1「6-02-14. 관은장 폐지(革官銀匠)」 부분을 참조. 색(色)은 금속의 순도(純度)를 가리키므로 보색(補色)은 여기서는 순도를 보완한다는 뜻이다. 고(估)는 재화나 물품의 가치나 수량을 재는 것이므로, 고확(估確)은 분명하게 잰다는 뜻이다.

過『銀兩簿』、[224]『贓械等物簿』, 各另造一本送宅, 【要査與點簿對】 仍取庫書"並無隱漏存剩在庫物件"「甘結」存案. 親身入庫內, 上下墻壁地間, 用火通照, 再無別物, 方散. 如庫有頹漏, 應修理之處, 令該書査明, 開單送閱.

3-03-02. 창고(倉)

[당고와는 달리 아문 밖에 있는 창고에 대해서는] 역시 마찬가지로 전임 각 관원의 참석을 요청하고, 창고담당 서리(倉書)로 하여금 창고에 보존하는 미곡의 양을 액수대로 점검하게 한다.【만약 미곡이 아주 많아 전부 점검하기가 어려울 정도라면 아마 모자라거나 젖어서 문드러진 것이 거의 없을 터이다.】그리고 창고담당 서리나 감시인으로부터 "『인수인계책』에 나열된 수량 그대로 창고에 보관하고 있으며, 만약 한 홉, 한 되라도 모자라거나 젖어 문드러진 것이 있으면 배상해서 메우기를 원합니다."라는 「확인서」에 서명을 받아서 보관한다. 또한 만약 실제로 모자라거나 젖어 문드러진 것이 있으면, 각급 상사에게 분명히 보고한다. 창고의 미곡 액수 점검을 마친 다음, 밀봉하는 쪽지를 붙이고 자물쇠를 채운다. 그리고 일어서서 창고 담장을 돌아보아 무너지거나 망가진 곳이 있는지, 초가지붕이 새거나 물이 흐르는 곳이 있는지, 창고 본체에는 부서지거나 금이 간 곳이 있는지, 창고바닥에 새는 구멍이 있는지 하나하나 살펴본 다음, 만약 있다면 창고담당 서리로 하여금 목록을 제출케 하여 수리할 수 있도록 한다.

亦請前任各官, 著倉書將倉內所存米穀照數盤量.[225] 【如穀石多難盤驗, 其似無短少、浥爛】[226] 令倉書、看守人等出具"悉照『交代冊』開數目存倉, 如有升合短少、浥爛, 情願賠補"「甘罪結狀」,[227] 畫押存案. 如或浥爛、短少, 詳明各憲.[228] 盤量畢, 標封鎖固,[229] 起看週倉墻垣有無坍壞, 苫蓋有無滲漏,[230] 倉身有無損裂, 倉底有無漏孔, 逐一査閱, 有則倉書開單, 以憑修葺.[231]

---

224 반과(盤過)는 계산이나 조사를 하였다는 뜻이다.
225 반량(盤量)은 계산한다, 점검한다는 뜻이다.
226 읍란(浥爛)은 젖어서 문드러진다는 뜻이다.
227 정원(情願)은 지원한다, 바란다, 원한다는 뜻이다.
228 상명(詳明)은 분명하게 보고한다는 뜻이다. 각헌(各憲)은 바로 위로 이어지는 각급 상사들을 가리킨다. 이를테면 지부 · 도대 · 포정사 · 독무 등을 가리킨다.
229 표봉(標封)은 위에 밀봉한다는 쪽지를 붙이는 것을 말한다.

3-03-03. 감방과 감창(監倉)[232]

부임 이후 바로 형방에게 지시하여 『감금범 인명점검책』을 작성하게 한다. 범인마다 이름 아래에 나이와 용모·고향, 언제 무슨 사건에서 무슨 죄를 저질렀는지, 판결이 끝나지 않았거나 판결이 끝나 어떤 형벌로 대기하고 있는지 기입하게 한다. 그리고 직접 감방(監房)에 가서 한 사람씩 불러 나이와 용모를 점검하고, 범죄사유를 물어 과연 『감금범 인명점검책』과 들어맞는지를 확인한다. 병에 걸렸거나, 춥고 배고픈데 돌봐 주는 사람이 없는 범인이라면 중죄를 범한 병자의 경우에는 의생을 불러 치료하게 하고, 춥고 배고픈 사람들에게는 식량·돗자리·솜옷 등을 제공한다. 경죄를 범한 병자의 경우로 돌봐 줄 사람이 있으면 잠시 보석하여 밖에서 치료를 받게 하고, 병이 나으면 돌아와 신고하게 한다. 보증을 받고 풀어 줄 수 있는 사람은 즉각 보증을 받고 풀어 준다.

손발을 묶는 족쇄와 쇠고랑 및 문의 열쇠·자물쇠는 튼튼한지 살펴보고, 사방의 담장도 응당 높여야 할 곳은 높이고, 가시울타리를 둘러야 할 곳은 울타리를 두르게 한다. 담장 근처에 타고 올라갈 수 있는 키 큰 나무나 가지가 있으면 잘라 버린다. 하수구나 오물구멍이 너무 크고 넓으면 벽을 쌓아 축소하고, 오물과 더러운 냄새를 제거하기 위해 깨끗하게 청소하도록 한다. 감옥신(獄神)을 모신 사당은 형방 서리에게 엄히 지시하여 안에 아무것도 쌓아 놓지 못하게 하고, 옥졸들에게 불씨나 촛불을 조심하도록 엄히 경고하며, 술에 취해 안에 들어가 잠을 자는 일도 막는다. 형방 서리는 매일 밤 돌아가면서 숙직을 서고, 야경꾼은 매일 밤 옥을 돌면서 순찰을 돌아야 하며, 게을리하거나 그르치는 경우는 무거운 처벌을 받게 한다. 그리고 감창(監倉)에 갇혀 있는 사람·범인의 명부도 만들게 하여 지현이 직접 가서 점검해야 하며, 보증을 받고 풀어 줄 수 있는 사람은 사정을 참작하여 풀어 주어야 한다. 대체로 감창에 있는 범인들은 정말로 중대한 범죄를 지은 경우가 없으므로 여기에 오랫동안 묶어 두지 않는 것 역시 인정(仁政)을 베푸는 방법 가운데 하나다.

---

230 점개(苫蓋)는 갈대나 풀로 짠 덮개, 즉 초가지붕을 가리킨다.

231 수즙(修葺)은 수리한다는 뜻이다.

232 여기서 감창(監倉)은 감방(監房)과 감창(監倉)을 통칭하여 부르는 말이다. 감방은 감옥이나 마찬가지이고, 감창은 상대적으로 가벼운 죄를 저지르거나, 심문·재판의 필요상 증인이나 관련된 사람들을 감금해 두는 장소를 가리킨다. 보다 자세한 내용은 제13권 형명부 3 「13-01. 감금(監禁)」을 참조. 하지만 이 책에서는 양자가 대체로 구별 없이 혼용되고 있는 것으로 보인다.

到任後, 卽命刑房攢造『監犯花名點冊』. 每犯下註明年貌、籍貫、係何年何案犯何罪、已·未審結聽候. 親詣監, 按冊逐名點視, 驗其年貌, 問明犯由, 果否與冊相對. 如有患病·飢寒無主之犯, 係重罪病者, 撥醫調治,[233] 飢寒者給與口糧、草薦、絮襖之類.[234] 係輕犯患病有主者, 卽暫准的保, 在外調治,[235] 病愈回報. 應保釋者, 卽與保釋. 簡視鐐銬及門戶鍵鑰是否堅固,[236] 四圍墻垣, 應增高者增高, 應設棘者設棘,[237] 近墻內外, 有樹木可攀附者剪伐.[238] 水管、穢穴寬大者壘小,[239] 汚物臭味, 掃滌潔淨. 獄神祠, 嚴諭刑書, 不許在內堆積, 嚴諭禁卒, 小心火燭, 不許酗酒熟睡.[240] 刑書每夜輪班直宿, 火夫每夜繞獄巡更,[241] 不許怠悞, 違者重究. 在倉人犯亦造冊, 親詣點視, 應保應釋, 斟酌而行. 大約倉犯諒無重情, 不宜多繫, 亦仁政之一端也.

3-03-04. 성지(城池)

성벽과 해자(垓字: 護城河)는 창고나 감옥 등이 그 안에 있으므로 아주 중요한 곳이다. 따라서 응당 주위를 자세하게 둘러보고 성벽의 담장이나 누대가 기울어지거나 무너진 곳이 있으면 수리하도록 하고, 화약·총포의 무게와 위치 등을 등록하며, 잠복초소도 무너지거나 망가진 곳이 있으면 수리하게 한다. 그 비용은 기부를 받거나 벌금으로 충당하거나, 아니면 모금을 하는데, 그 완급을 조절하여 차츰차츰 하면 되지 하루아침에 완벽하게 만들려고 노력할 필요는 없다. 성벽의 경우에는 어느 곳이 얇고 허술하며, 어느 곳이 두껍고 튼튼한지, 성내의 어느 곳이 높은 언덕이어서 바깥을 내다볼 수 있는지, 성 밖의 어느 곳이 높은 언덕이어서 성안을 내려다볼 수 있는지, 어느 곳이 현성의 용맥(龍脈)이고 어느 곳이 현성과 생극(生剋) 관계에 있는지, 성의 모습이 둘레나 길이, 넓고 좁음은 어떤 모양인지, 성 내외에 강이나 호수가 있는지, 그늘이 우거진 녹음이 있는지, 어느 곳이 주민의 주택이고, 어느 곳이 황무지

---

233 발(撥)은 뽑는다, 옮긴다, 분배한다는 뜻이 있다.

234 초천(草薦)은 거적·돗자리, 서오(絮襖)는 솜옷을 가리킨다.

235 적보(的保)는 확실하고 믿을 수 있는 보증을 하는 점포(歇家)나 사람을 가리킨다. 조치(調治)는 요양하면서 치료한다는 뜻이다.

236 요고(鐐銬)는 족쇄와 쇠고랑을 가리킨다. 건약(鍵鑰)은 열쇠와 자물쇠를 가리킨다.

237 극(棘)은 가시나무를 뜻한다.

238 반부(攀附)는 잡고 올라간다, 타고 올라간다는 뜻이고, 전벌(剪伐)은 자른다, 베어 낸다는 뜻이다.

239 누소(壘小)는 돌이나 벽돌 따위의 단단한 것으로 수로 옆쪽을 보수하여 축소한다는 뜻으로 보인다.

240 후주숙수(酗酒熟睡)는 술을 잔뜩 마시고 취해서 잠이 든다는 뜻이다.

241 화부(火夫)는 소방이나 등·불 등의 관리를 맡은 사람을 이르는 말이다.

인지 하나하나 분명하게 살펴보아야 한다. 그래서 공격하거나 방어를 할 수 있는 장소에 대해서 평소 미리 마음속에 기억해 두어야만 만일 지방에 문제가 생겼을 경우 차분하게 대처하며 당황하여 어쩔 줄 모르는 일이 생기지 않게 할 수 있다.

城池爲倉庫、囹圄在內,[242] 關係甚重, 宜周遭詳視,[243] 雉堞、樓櫓傾圮者補築之,[244] 火藥、銃炮斤兩、位數登記之, 窩舖倒壞修葺之.[245] 其工費或捐, 或罰, 或募, 權其緩急, 漸次經營, 非可旦夕求全者也. 至於城垣地勢, 何方單薄, 何方堅厚, 城內何方高阜可以瞭外, 城外何方高阜可以瞰內, 何處爲本治之來龍,[246] 何處爲本城之生剋,[247] 其城之方長、濶窄似何形像, 城內外有無河濠, 有無林蔭, 何處有居民房舍, 何處係荒原曠野, 逐一審視明白, 其可爲攻擊、守禦之地, 平日預記之于心, 倘一旦地方有事. 則布置整暇,[248] 不致倉皇而失措矣.[249]

3-03-05. 역참(驛局)[250]

신임 지현은 일단 부임하면 역참을 방문하는 모든 차사(差使)를 알아서 처리해야 하며, 만약 지연되거나 그르치는 일이 있으면 모두 신임 지현의 책임이다. 전임 지현이 남긴 마필의 수가 정액에 미치지 못해 인수를 거부하면서 차사도 전임 지현이 떠맡아야 한다고 주장하는 경우가 자주 있다. 하지만 신임 지현에 대한 업무평가는 모두 바로 부임하는 날

242 성지(城池)는 원래 중국 도시의 전통적인 형태로 성벽과 그것을 둘러싼 해자(護城河. 垓字)를 아울러 부르는 말이다. 하지만 여기서는 성벽에 대해서만 이야기하고 있는데, 보다 자세한 내용은 제22권 형명부 12 보갑 2「22-01. 목책과 해자 건축(建築柵濠)」부분에서 다루고 있다. 영어(囹圄)는 감옥을 뜻한다.

243 주조(周遭)는 '주위'라는 뜻이다.

244 치첩(雉堞)은 꿩(雉)과 성가퀴(堞), 즉 성벽 위의 요철(凹凸)로 이루어진 짧은 담이나 성벽을, 누로(樓櫓)는 멀리 쳐다보거나 공격·수비용으로 쓰이는 성벽 위의 덮개 없는 높은 부분을 가리킨다. 경비(傾圮)는 기울어지거나 무너진 것을 뜻한다.

245 와포(窩鋪. 窩舖)는 도로 주변에 검문을 위해 설치한 초소를 가리킨다. 임시로 지어 비바람을 피하기 위한 가건물이나 천막을 가리키기도 한다.

246 풍수전문가(堪輿家)의 용어로 산세(山勢)를 용(龍)이라 하는데 산세가 일어나거나 가라앉고 길게 뻗어 있는 모습을 용맥(龍脈)이라고 하며, 내룡(來龍)은 용맥의 내원(來源)을 가리킨다. 즉 산세가 어디에서 뻗어 오는가 하는 것이다.

247 생극(生剋)은 오행(五行) 사이의 상생상극(相生相克)을 가리킨다.

248 정가(整暇)는 엄숙하면서도 차분한 모습을 가리킨다.

249 창황(倉皇. 倉惶. 倉遑. 倉徨. 倉黃)은 바쁘고 급박하다는 뜻이다. 실조(失措)는 (놀라고 당황하여) 어찌할 줄 모른다는 뜻이다.

250 역참에 대해서는 이 책의 제28·29권 역참부 1·2에서 아주 상세하게 다루고 있다.

부터 시작되며, 탄핵·처벌이 있으면 바로 신임 지현이 피해를 보지 인계를 받지 않았다고 전임관에게 떠넘길 수 없다는 것을 모르고 하는 소리다. 만약 현성이 교통왕래가 빈번한 곳에 자리 잡고 있다면, 부임한 다음에는 응당 직접 역참을 방문하여 마필을 조사하고 질병이나 상처가 있는 것을 제외하고 살찌고 건장하여 임무를 감당할 수 있는 마필이 몇 마리인지, 그리고 모성이나 모 아문의 차사를 접대하기 위해서는 매일 마필이 얼마가 필요한지를 파악한다. 가끔 고위 관료의 차사 일행이 내려오면 앉아서 타고 갈 마필의 숫자가 아주 많아, 비록 정액의 마필이 다 있다고 해도 부족하게 된다. 이때 잘못하거나 그르치는 경우 크게 처분이 내려지니 모름지기 다방면으로 노력하여 마필을 구입함으로써 말구유의 모습을 바꾸어 놓아야만 비로소 신임 지현의 예리함을 보여 줄 수 있다.

기타 역참이 설치된 지형은 이를테면 넓고 비어 있어야 하며, 물이나 샘이 가깝고, 마을이 있는 곳이어야 한다. 만약 낮은 저지대거나, 아주 비좁거나, 마을이 멀리 떨어진 곳이라면 반드시 다른 곳을 찾아 옮겨야 한다. 목책이나 헛간이 무너졌으면 병서(兵書)를 독촉하여 신속하게 뚜껑을 덮도록 하고, 더러운 분뇨나 쓰레기가 쌓여 있으면 마부를 독촉하여 곧바로 청소를 시킨다. 여물로 주는 건초나 꼴의 질, 그리고 삶아 주는 콩이 잘 익었는지도 점검해 보아야 한다. 만약 여물이 오래되어 곰팡이가 끼면 회모래를 섞어 주거나, 콩이 익지 않고 딱딱하면 그 수량을 줄여서 먹이게 되는데, 이런 것들은 제대로 말을 먹이지 못함을 보여 준다.

차사를 접대한 내용을 보여 주는 장부나 임무를 마치고 돌아오는 마필을 살펴보는 일도 필요하다. 만약 임무가 끝났는데도 돌아와서 보고하지 않거나, 돌아온 말이 땀을 많이 흘리면서 비쩍 말랐다면, 이것은 따라간 패부(牌夫)가 게으르거나 농땡이를 쳤음을 보여 주는 것이다. 이런 경우에는 모두 응당 가중 처벌을 하되, 아울러 고시를 내어 경고를 함으로써 장차 그런 일을 감히 하지 못하게 해야 한다. 말을 거두어 키우거나 부정을 제거하는 상세 방안에 대해서는 이 책의 「역참부(郵政部)」에서 모두 다루고 있으므로 여기서 상세히 이야기하지는 않겠다.

新官既經到任, 一應驛遞差使, 俱係新任料理, 如有遲悞, 俱新任之責. 每有前官馬不足額, 新任不肯受代, 差使仍著前任應付. 不知新任一切考成,[251] 俱以到任之日爲始, 及有參罰, 仍是新官受累, 不得以未經受代, 諉之前官也. 若邑處衝途, 接任之後, 便應親身下局, 查點馬匹, 除殘疲若干外, 膘壯堪應差若干,[252] 計算應付某某省、某衙門差使, 每日大約需馬若干. 至間有大人差出, 騎坐頗多, 雖額馬猶苦不足, 失悞大有處分, 即須多方購買, 使櫪廐改觀,[253] 方見新硎之利.

他如設局之地, 宜空曠, 近水泉, 有村鎭之處, 如係低窪, 逼窄, 煙村窵遠者, 須擇地改遷. 如柵廠毁壞, 宜責兵房亟爲苫蓋, 糞穢堆積, 宜責馬夫亟爲掃除. 視其所莝茭芻之粗細,[254] 所煮豆粒之生熟. 如茭芻長黴, 雜以灰砂, 豆粒生硬, 剋其數目, 此喂養之不善.[255] 稽其應付之簿籍、回差之馬匹, 如應付逾限不銷, 差回馬多汗瘦, 此跟牌之怠玩.[256] 均應倍加重懲, 仍出示申飭, 以儆將來. 至于牧養之法、剔弊之詳, 具載郵政部, 茲不複贅.

3-04. 지방지 열람(覽志書)[257]

한 주현의 산천과 인물, 세금과 토산품, 마을과 시장, 사당과 교량 등은 지방지에 두루 실려 있다. 따라서 그 지방에 새로 부임할 경우, 이것을 한 번 훑어보면 형세의 넓고 깊음과 좁고 막힘, 세금의 많고 적음이나 가볍고 무거움, 호구의 많고 적음이나 늘어나고 줄어듦을 모두 살펴볼 수 있으므로 지방을 다스릴 때 이를 통해 절충점을 찾을 수 있다. 이를테면 지방 명현(名賢)의 사묘(祠墓)는 제사의례와 관련된 것이니, 그 건물을 새로 단장하고 제물을 바쳐 제사 지내야 한다. 선대(先代)의 고적(古蹟)은 세월이 오래되어 잊혀지기 마련이지만 애써 이를 찾아내어 다시 한 번 그 훌륭한 경지를 드러내 보이면, 풍속과 교화가 개선될 뿐만 아니라 이 지방의 풍광 자체를 훨씬 운치 있게 만든다. 또한 수많은 고위관료

---

251 고성(考成)은 일정한 기간마다 관리의 업무성적을 평가하는 것을 가리킨다(앞으로는 '업무평가'로 번역하겠다). 지방관의 경우 3년마다 한 차례 업무평가가 이루어지는데, 이것을 대계(大計), 또는 계리(計吏)라고 한다. 『주례』 「천관(天官) 태재(太宰)」에도 "삼년이면 모든 관리의 업적을 크게 평가하여 처벌하거나 상을 준다(三歲則大計群吏之治, 而誅賞之)"고 하였는데, 명·청대에도 지방관(外官)에 대한 고핵(考核)은 3년마다 한 차례 이루어졌다. 상세한 내용은 바로 이 책의 제24권 전례부 「24-02. 조근과 대계(朝覲大計)」 부분을 참조.

252 표장(膘壯)은 살찌고 건장하다는 뜻이다.

253 역구(櫪廐)는 말구유와 마구간을 말한다.

254 좌(莝)는 여물을 준다는 뜻이고, 교추(茭芻)는 꼴·건초를 말한다.

255 외양(喂養)은 유아나 동물에게 먹이를 주어 먹이는 것을 말한다. 성장하거나 생존할 수 있게 돌보는 것도 포함한다.

256 근패(跟牌)는 차사를 수행하여 말이나 마차를 몰고 가는 마부(牌夫)를 가리킨다.

257 현재 역자가 구할 수 있는 담성현의 현지는 『건륭담성현지』 외에 그다음 시대의 것으로 가경(嘉慶) 15년에 편찬된 『속수담성현지(續修郯城縣志)』(中國方志叢書 華北地方 第24號. 成文出版社影印, 1968)가 있다.

나 차사들이 지나다니는 통로인데 어찌 다리를 보수하지 않을 수 있겠으며, 책 읽고 거문고 타는 소리가 유명한 이곳에 어찌 화려한 문장에 의한 칭송이 없을 수 있겠는가? 이 또한 그 지방관으로서 마땅히 신경을 써야 할 부분이다.[258]

따라서 "[지방관으로서는 업무평가가 달린] 세금을 거두고 행정사무를 처리하는 일이 우선 급하다"고 이야기해서는 안 된다. 또한 어찌 그러한 업무만을 걱정하면서 스스로를 거칠고 속된 지경에 빠뜨리려 하는가? 내가 담성현에 부임했을 때 이 지역은 가장 업무가 번중한 곳이라고 했지만, 그래도 공무를 수행하다 여가 시간이 나면 홀로 말을 타고 성곽 밖으로 나가 우공(于公)의 묘를 조문하고 백성이 이곳에서 벌채를 하지 못하도록 금한 바 있으며, 유오동(由吾洞)을 탐방하여 높고 험한 산세 속에서 무언가 색다른 것을 찾아보기도 하였다. 또한 문관사(問官祠)의 사당 건물을 수리하고 경개사(傾蓋祠)를 새로 지음으로써, [孔子와 郯子 등] 옛 성현의 자취가 이 지방을 다시 비추게 하였다. 또한 계패사(界牌寺)의 돌길을 보수하고, 10리마다 소역참 건물을 세워[259] 남북으로 오가는 수레들이 먼 길을 가면서 고생을 덜도록 해 주었다. 비록 지방관이 당연히 해야 할 일이라고 하겠지만, 또한 이를 통해 스스로 거칠고 속된 경지에서 조금이라도 벗어날 수 있는 것이다.

一邑之山川、人物、貢賦、土産、莊·村·鎭·集、祠廟、橋梁等類, 皆志書所畢載. 而新莅是邦,[260] 一爲披覽,[261] 則形勢之奧衍、阨塞,[262] 租庸之多寡、輕重, 烟戶之盛衰、稀密, 咸有所稽, 而政理用是以取衷焉.[263] 至于名賢祠墓, 爲祀典之所關,[264] 新其棟宇,[265] 饗以犧牲.[266] 先代古蹟爲歲月之久湮,[267] 加意蒐求,[268] 重標勝槩.[269] 不惟風敎藉以感興, 而疆域益爲增色.[270] 諸如

258 이런 점들에 대해서는 이 책의 제24권 전례부에서 다시 상세하게 다루고 있다.
259 이에 대해서는 이 책의 제31권 서정부 2「31-04. 패방(牌坊)과 소역참 건립(建立坊鋪)」에서 상세히 다루고 있다.
260 방(邦)은 제후의 봉국을 뜻하는데, 여기서는 주현을 가리키는 뜻으로 사용되고 있다.
261 피람(披覽)은 들춰 본다, 펼쳐 본다, 감상한다는 뜻이다.
262 오연(奧衍)은 세가 깊이 파들고 널리 퍼지는 것을 가리킨다. 액새(阨塞)는 험하고 막힌 요새지역을 가리킨다.
263 정리(政理)는 정치나 정치의 도리, 탁월한 정치적 업적을 가리킨다.
264 사전(祀典)은 제사의례 또는 그것을 기록한 전적을 가리킨다.
265 동우(棟宇)는 집의 마룻대와 추녀 끝, 또는 집이나 건물을 가리킨다.
266 희생(犧牲)은 제사에 쓰이는 가축을 말한다.
267 구연(久湮)은 오래되어 잊혀진다는 뜻이다.
268 수구(蒐求)는 찾아 모은다는 뜻이다.
269 승개(勝槩, 勝概)는 빼어난 경치, 아름다운 경지를 가리킨다.
270 증색(增色)은 광채를 돋우다, 정취를 더한다는 뜻이다.

冠蓋經臨之途,[271] 豈可杠梁弗治,[272] 弦誦傳揚之地,[273] 寧無黼黻爲文?[274] 抑亦邦大夫所宜用心者矣.[275] 毋曰: "簿書期會是急".[276] 又安恤此以自委於俗拙,[277] 可也? 鴻任郯, 最稱繁劇,[278] 於公餘匹馬出郭,[279] 弔于公之墓,[280] 禁民樵採. 訪尤吾之洞,[281] 搜異嶔崎.[282] 葺問官之祠, 新傾蓋之祀,[283] 俾聖跡賢踪, 重光下邑.[284] 修界牌寺之石街,[285] 立十里舖之館舍,[286] 使南轅北轍

---

271 관개(冠蓋)는 관리의 모자와 덮개가 달린 수레인데, 여기서 관직이나 고위관료나 사자(使者)를 가리키게 되었다. 관개상망(冠蓋相望)은 사자나 고관들이 길에서 왕래하는 것이 끊이지 않는다는 표현이다.

272 강량(杠梁)은 작은 다리를 가리킨다.

273 현송(弦誦)은 거문고 타는 소리와 책 읽는 소리(弦歌誦讀)로 바로 학교 교육을 가리킨다. 전양(傳揚)은 전파·선양한다는 뜻이므로 현송전양은 교육열이 아주 높다는 것을 비유하는 말이다. 『건륭담성현지』 권2 「여지지(輿地志) 형승(形勝)」, 28a에 의하면 과거의 지방지에서 현의 8경(八景) 가운데 하나로 '서원금성(書院琴聲)'을 들고 있으므로 담성현의 교육에 대해서는 상당히 자부심을 가지고 있었음을 알 수 있다.

274 보불(黼黻)은 원래 예복에 수놓은 화려한 무늬를 가리키는데, 나아가 화려한 문구나 문장 즉 수식용 문장을 가리킨다.

275 방대부(邦大夫)는 여기서 지방관을 빗대는 말로 쓰이고 있다.

276 부서(簿書)는 재물의 출납을 기록하는 장부나 관서의 문서·장부를 가리키며, 기회(期會)는 규정된 기한 내에 정령을 실시하는 것으로 대부분 조정이나 관부의 재물 출납에 관련된 것이다. "부서기회시급(簿書期會是急)"은 지현의 업무평가에 직결되는 세금징수나 행정처리만 급하게 여기고 나머지는 소홀히 여긴다는 뜻이다. 기회부서(期會簿書)도 마찬가지 뜻이다.

277 여기서 휼(恤)은 우려하다, 둘러본다는 뜻으로 해석할 수 있을 것 같다. 졸속(拙俗)은 조속(粗俗)과 같은 뜻으로 거칠고 속되다는 뜻이다.

278 번극(繁劇)은 앞서도 나왔지만 업무가 아주 많고 무겁다는 뜻이다.

279 공여(公餘)는 공무의 여가를 가리킨다.

280 우공(于公)은 담성현이 동해군에 속했던 한대 사람으로 옥리(獄吏)로 심판이 아주 공정하였고, 효부(孝婦)의 억울한 사정을 풀어 준 것으로 유명하다고 한다. 그는 자신의 판결이 음덕(陰德)을 많이 쌓아 후손들이 크게 일어날 것이라고 하면서 네 마리 말이 끄는 수레가 들어갈 수 있도록 그 문을 크고 높게 만들게 하였으며, 과연 아들과 손자가 모두 봉후(封侯)가 되었다고 한다. 담성현의 서향(西鄕)에 있는 고대사(高大社)는 바로 그 옛 땅이라고 한다. 『건륭담성현지』 권9 「인물지(人物志) 명현(名賢)」 1b를 참조.

281 우오지동(尤吾之洞)은 『건륭담성현지』에 보이지 않는다. 아마 이것은 유오동(由吾洞) 또는 유오선동(由吾仙洞)을 가리키는 것 같다. 유오선동의 '선동운학(仙洞雲壑)'은 현의 8경(八景) 가운데 하나(『건륭담성현지』 권2 「여지지(輿地志) 형승(形勝)」, 28a-b)인데, 유오는 수(隋)나라 때의 도사 유오영(由吾榮)으로 젊어서 도사가 되어 연(燕)·조(趙) 사이(오늘날의 하북성과 산서성)를 떠돌다가 진양(晉陽)에 이인(異人)이 있어 법술(法術)에 능하다는 말을 듣고 방문하여 그 전승을 얻었으며, 이후 산동의 낭야산(瑯琊山)에 은거하여 장생술을 추구하다가 85세에 서거하였다고 한다(『건륭담성현지』 권12 「부여지(附餘志) 잡기(雜記)」, 35b).

282 금기(嶔崎)는 높고 험하다는 뜻이다.

283 문관사(問官祠)는 『건륭담성현지』 권6 「질관지(秩官志)」, 4b에 의하면 현성 북문 안에 있는 세 칸 건물로 강희 7년의 지진으로 무너졌으나 황육홍이 중수(重修)하였다고 기록하고 있다(郯子廟 또한 현성 남쪽 15리쯤 되는 곳에 있었다). 문관(問官)은 이 책의 「자서(自序)」 부분에서 언급된 담성현의 명칭이 유래된 담자(郯子)와 관련된 고사를 가리킨다. 한편 경개사(傾蓋祠)는 담성현 현성 북쪽 10리쯤에 공자가 정자(程子)를 만난 곳이라고 하는 장소에 나중 사람들이 정자를 지은 곳인데, 황육홍이 부임한 후 새로 사당을 지었다. 정자(程子)는 현인이지만 이렇게 가까이에 있으면서 공자의 제자로 들어가 수업을 받지도 않았고 단지 공자 때문에 이름을 전할 수 있었으므로 정자의 이름을 딴 사당으로 하지 않았다고 설명하고 있다. 앞서 언급하였지만 이에 대해서는 『건륭담성현지』의 「예문지(藝文志)」에 실린 황육홍의 「경개사기(傾蓋祠記)」(25b-27a)를 참고할 수 있다.

無苦征途.[287] 雖云吏所當圖, 亦求免于俗拙耳.

3-05. 인수인계를 위한 점검(査交代)

신임 지현이 일을 맡게 될 때 인수인계가 그 첫 번째가 되지만, 그 가운데서도 전곡(錢穀)이 가장 중요하다. 왜냐하면 전곡은 그 항목(款項)이 아주 복잡하여 여기에는 정규 부세(正項)와 잡세(雜項)라는 구분 외에도 신증(新增)·재구(裁扣)·가윤(加閏)·견면(蠲免)·타흠(拖欠)·대징(帶徵)·사제(赦除)·유저(流抵) 등 아주 다양한 세부항목이 존재하기 때문이다. 하지만 각 항목에는 모두 정액으로 편성된 징수(徵收)·기해(起解)·존류(存留)가 구분되어 있고, 또한 모두 정해진 액수가 있으므로 서로 뒤섞이는 것이 허용되지 않는다. 하지만 일을 맡다 보면 매번 상사가 긴급한 자금을 올려 보내도록 독촉하기 때문에 저쪽 항목을 옮겨다 이쪽에 옮겨다 쓰는 일을 피하기 어렵다. 그러다가 만약 이쪽 항목의 징수와 독촉이 제대로 진행되지 않으면 반드시 결손 부분이 생기게 된다. 만약 사은 혜택으로 세금 면제 지시라도 내려지게 되면, [징수해서 메워야 하는데 면제되었으므로] 옮겨다 써서 생긴 구멍을 메울 방법이 사라질 뿐만 아니라, 그 항목 자체의 [미납분] 추징조차 어려워진다. 추징을 강행하면 간교한 백성이 걸핏하면 이를 들어 "[세금을 면제하라고 한] 황상의 성지를 어긴다"고 지적할 것이다.

그렇지만 이러한 결손이 생기면 결국 지방관에게 피해가 돌아가는 일이 많다. 전량을 기해할 때는 응당 정액대로 올려 보내야 하지만, 그때 지현에게 긴급한 수요가 생기면 이 전량에서 빌려 써서 일단 그 수요를 메우지 않을 수 없다. 하지만 그렇게 되면 매번 기해할 때마다 걸핏하면 시기를 놓치게 된다. 한편 존류항목은 대부분이 본현에서의 지출, 아

284 중광(重光)은 다시 빛나다, 여러 세대에 걸친 큰 덕을 빛나게 이어진다는 뜻이다. 하읍(下邑)은 국도(國都) 이외의 성읍, 작은 지방이나 주현을 가리킨다.

285 계패사(界牌寺)라는 지명은 위에서 인용한 『건륭담성현지』에 나오지 않아 확인하지 못하였다.

286 관사(館舍)는 빈객을 접대하여 머물게 하는 숙소를 말한다.

287 정도(征途)는 원행 길, 출정하러 가는 먼 길을 가리킨다.

역 등의 임금 따위를 지급하는 데 쓰이며 계절별로 지출이 이루어진다. 그런데 지현이 중간에서 일부를 가로채거나, 아니면 다른 돈으로 지출해 놓고 그만큼을 받아서 메워 놓지 않거나, 인정에 얽매여 기일을 앞당겨 지급해 주는 경우가 생겨난다. 이렇게 하다 보면 이임 시기가 되어 『인수인계책』을 작성할 때 이리저리 옮겨 쓴 구멍을 메울 방법이 없다. 그래서 따로 [거짓말로] 기해하였다는 액수를 늘리든지, 아니면 백성의 현재 미납분 액수를 부풀려 늘리는 방법을 쓴다. 또는 거짓 영수증을 마구 붙여서 지출항목을 거듭하여 결산처리를 하든지, 아니면 개인적인 지출을 뒤섞어 놓아 합계를 맞추려고 한다. 전량 항목이 아주 복잡하여 체계적으로 정리하기가 매우 힘들다는 점을 이용함으로써, 신임 지현을 속여 인수인계를 받아들이게 하려는 것이다. 만약 신임 지현이 안면을 봐서 청탁을 들어주고 쉽사리 인수인계를 받으면 나중에 그 피해가 작지 않다. 그러므로 모름지기 제대로 확인점검을 하여 의심할 나위 없이 분명한 다음에야 인수인계를 받고 「확인서」를 써 주어야 한다. 그렇지 않을 경우에는 항목마다 사실대로 상사에게 분명하게 보고해 두어야 한다. 결코 엄격하고 각박한 것을 좋아해서 전임관에게 죄를 얻으려 하기 때문은 아니다. 모든 점검방법과 대상에 대해서는 삼가 다음과 같이 서술하였다.

新官受事, 以交代爲第一務. 而惟錢穀爲尤要. 蓋款項繁多, 其間有正, 有雜, 有新增,[288] 有裁扣,[289] 有加閏,[290] 有蠲免,[291] 有拖欠,[292] 有帶徵,[293] 有赦除,[294] 有流抵.[295] 頭緒不一, 但各項俱有額編徵收、起解、存留, 俱有定數, 無容混淆. 然經手之官, 每因上司有緊項催提, 未免移彼應此. 若此項徵比不前,[296] 必致拖欠. 倘一經蠲赦, 則所那之孔無補, 本項又難復追, 追則奸民輒稱悖旨. 懸欠往往累官.[297] 至于起運錢糧, 自應照數辦解, 然本官遇有急需, 不無借

288 신증(新增)은 새로 개간된 토지와 새로 유입된 인구 등으로 늘어나게 된 세입(稅入) 부분을 가리킨다.
289 재구(裁扣)는 삭감하여 공제(扣除)해 주는 부분을 가리킨다.
290 가윤(加閏, 加潤)은 윤년의 윤달분으로 거두는 것을 가리킨다.
291 견면(蠲免)은 세금 감면을 뜻한다.
292 타흠(拖欠)은 미납·체납분을 가리킨다.
293 대징(帶徵)은 정규 부세와 더불어 거두는 부가세를 가리킨다.
294 사제(赦除)는 체납되었지만 사면된 세금 액수를 공제하는 것을 가리킨다.
295 유저(流抵)는 올해 거둔 세금 가운데 재황 때문에 면제되어 남은 액수를 (납세자에게 돌려주는 대신) 남겨 두었다가 다음 해 내야 할 세금으로 돌리는 것을 가리킨다.
296 징비(徵比)는 전량의 징수를 독촉하기 위해 그 많고 적음을 비교하여 독촉하는 것을 가리킨다.
297 현흠(懸欠)은 오랫동안 반납·청산되지 않은 액수를 가리킨다.

用以圖塡補, 遂致起解每輒愆期.[298] 其存留之項, 大半本縣支銷、俸工、役食, 按季給發, 本官從中貪扣, 或代支而未經補領,[299] 或狥情而先期過給.[300] 及値離任之時, 攢造『交代』, 那借之空缺無塡,[301] 非別增起解倉口,[302] 卽多開現在民欠. 非多粘冒領,[303] 重疊開銷, 卽混設私支, 希圖准算. 正以其錢糧款項繁多, 頭緖急難淸理, 故思朦混新官,[304] 以希接受. 若新任瞻顧情面,[305] 聽受囑託, 輕爲收受, 日後貽累非淺. 故必淸查有法, 洞晰無疑,[306] 而後交盤出結.[307] 否則逐款據實詳明. 非好爲苛刻開罪前寅也.[308] 所有淸查之法, 與應行淸查者, 謹列于左.

3-06. 인수인계 방법(淸查之法)[309]

본현의 전량은 정액에 따라 편성되어 있으며, 모두 『부역전서』를 근거로 삼고 있다. 잡다한 현금 세입(雜項鈔課)도 모두 지방관에 대한 업무평가에 관련되는 것이므로 세입 항목별로 하나하나 실오라기 하나 흘림 없이 점검해야 한다. 매년의 정액세입(額徵)은 또한 호부에서 검토해서 내려 보낸 「납세통지서(由單)」 및 포정사가 검토한 『회계책』을 근거로 삼는다. 【지금 「납세통지서」는 발급이 정지되었다.】 이서(里書)가 작성한 본년의 『실징책(『實徵冊』)』 역시 『회계책』에 비추어 검토해야 한다. 따라서 『인수인계책(交代冊)』을 검토하려

298 연기(愆期)는 시기를 놓치거나 그르친다는 뜻이다.

299 대지(代支)는 다른 항목의 돈으로 대신 지출한다는 뜻이고, 보령(補領)은 그것을 돌려받는다는 뜻이다.

300 순정(徇情)은 개인적인 감정에 따른다는 뜻이고, 과급(過給)은 지불한다는 뜻이다.

301 나차(那借. 挪借)는 자금을 다른 용도로 옮겨 쓰거나(보통 挪移라고 한다), 빌려 쓰는 것을 가리킨다.

302 창구(倉口)는 문자대로는 창고의 문·입구라는 뜻이지만, 여기서는 아마 기해 액수를 가리키는 것 같다.

303 모령(冒領)은 가짜 영수증을 가리킨다.

304 몽혼(朦混)은 속임수로 상대방이 가짜를 믿게 하는 것을 가리킨다.

305 정면(情面)은 정분(情分)과 체면(面子), 개인적인 관계로 생긴 안면을 말한다.

306 동석(洞晰)은 명료하게 안다는 뜻이다.

307 출결(出結)은 일이나 사정이 이미 확실히 완료되었거나 사실이라는 것을 증명하는 확인서·보증서 또는 그러한 문서를 제출하는 일을 가리킨다.

308 가각(苛刻)은 엄격하고 각박하다는 뜻이며, 인(寅)은 동료에 대한 경칭이므로, 전인(前寅)은 전임 지현을 가리킨다.

309 여기 나오는 각종 정세·부가세·잡세 등의 내용이나 항목 등 관련 용어에 대해서는 이 책의 제6·7·8권 전곡부(錢穀部) 등 관련부분에 보다 상세하게 정리되어 있으니, 그 부분을 참조할 것.

면 먼저 『부역전서』와 『회계책』을 검토한 다음에야 현 전체의 전량 항목을 두루 살펴볼 수 있고, 올해 징수한 확실한 액수를 검토하고자 하면 먼저 이서가 만든 『실징책』을 들춰 본 다음에야 징수가 완료되었는지 미납되었는지를 파악할 수 있는 것이다. 전임관의 임기 내에 응당 징수했어야 할 전량이라면 모두 연도별로 대조하여 분명하게 액수와 항목을 아무것도 빠뜨리지 않은 파악한 다음에야 비로소 그 징수 부분을 검토한다.

○ 징수에는 전임자의 전임이 넘겨주어 당고에 보존된 것이 있고, 전임자의 전임 시절 백성의 체납이 있었지만 뒤이은 후속 징수가 완결되지 않은 것도 있는데, 이런 것들은 전임자들이 징수한 액수로 확정해야 한다. 따라서 『인수인계책』에는 관례적으로 네 가지 항목이 있으니, 그것은 바로 구관(舊管) · 신수(新收) · 개제(開除) · 실재(實在)이다. 관(管), 즉 구관은 전임자가 당고에 모아 두어 후임자에게 넘겨주는 것을 가리킨다. 수(收), 즉 신수는 전임자 시절 미납된 것과 현임자가 징수한 것을 가리킨다. 제(除), 즉 개제는 징수한 세입을 항목에 따라 위로 올려 보내거나 지방에서 지출한 것이다. 재(在), 즉 실재는 올려 보내거나 지출하고 당고에 남아 있는 것으로 이것은 아울러 다음 해의 구관이 된다. 이 네 가지 항목이 있으므로 항목별로 먼저 징수를 조사하는 것이다.

백성의 미납분을 뒤이어 징수한 바에 대해서는 전임자의 전임자가 인계하면서 만든 백성의 『미납책(民欠冊)』을 받아와서 징수담당 서리 · 이장이 작성한 『[징수완료]납세자명부』를 대조하여 일치하는지, 뒤이어 징수한 것이 완료되었는지, 그리고 어떤 항목을 보충하여 기해하였는지를 점검한다. 현임 지현의 임기에 징수한 것에 대해서는 『일일수취책』의 영수증을 가져다가 [납세자가 낸 세금봉투의 밀봉을 열어 돈을 꺼낸 다음 그 액수를 기록한] 『당고장부』와 대조하여 일치하는지를 검토한다. 또한 올해 신증이 있는지 없는지, 만약 윤년을 만났을 경우에는 윤달분 징수가 있는지의 여부에 대해서도 『실징책』과 『부역전서』 · 『회계책』을 대조하고, 또한 『실징책』과 『인수인계책』을 대조하여 검토한다. 만약 『실징책』에 빠진 것이 있다면 바로 이서(里書)가 부정을 저지른 것이니, 그를 불러 심문한다. 만약 『교대책』에 빠진 것이 있다면 호방(戶房)이 부정을 저지른 것이니, 그를 불러 심문한다. 만약 이런 것들을 점검해서 밝혀내지 못하거나, 아니면 이전에 이러한 회계내용을 중앙정부에 보고하여 승인을 받은 것이 아니라면, 인수를 받은 다음 이 내용대로 중앙정부에 보고할 경우 호부(戶部)로부터 모름지기 퇴짜를 맞게 되니, 그렇게 되면 그 액수는 현임 지현이 배상해야 할 부분이 되어 버린다. 징수 부분의 액수를 확실하게 점검하였으면 그다음은 기해 부분으로 넘어간다.

○ 기해액수가 『회계책』과 일치하면 [기해가 완료되어 포정사가 도장을 찍어 돌려보내 준]

「수령확인문서(批迴)」를 점검한다. 「수령확인문서」가 있어야만 비로소 정식 회계처리로 인정이 된다. 이것은 낡은 영수증을 새 영수증으로 개조하거나, 적은 액수를 큰 액수를 부풀릴 수 있기 때문이다. 「수령확인문서」를 밝은 곳에서 자세하게 검토하여 금액이나 연도 위에 [종전의 글씨나 숫자를] 씻어 내고 다시 쓴 흔적이 있는지를 확인하고, 【강소·절강지방의 간교한 서리들은 물에 적혀 숫자를 바꿔 쓰는 방법을 사용하는데, 절대로 아무 흔적을 남기지 않는다. 단지 고쳐 쓴 부분에 얇은 주름무늬가 생겨 다른 부분과 좀 다를 뿐이다.】 그 위에 "대조확인"이라는 작은 도장을 찍는다. 「수령확인문서」가 없는 경우에는 기해를 담당한 경승이나 아역이 가로챈 것이거나 아니면 적게 올려 보냈기 때문에 「수령확인문서」를 [돌려받지 못해] 제출하지 않고 버티는 경우다. 경승과 기해를 담당한 아역을 불러서 심문하여 밝히는데, 그 경우 그 부분은 정식으로 회계 처리된 것으로 인정하지 않고 빼놓은 다음 추징을 신청한다. 이렇게 해서 기해 부분에 대한 점검이 끝나면 다음은 존류 항목을 점검한다.

○ 존류 항목 아래도 역시 기해가 있다. 이를테면 모 아문의 봉록이나 임금용으로 뽑아 올려 보낸 것이나 올해 응당 올려 보내야 할 교체기간에 지급된 지현의 봉록 공제액 같은 것인데, 모두 「수령확인문서」를 검토해서 확인한 다음에야 비로소 정식으로 인정을 해 준다. 응당 지급해야 할 부분은 『회계책』과 대조·점검하여 그 액수가 맞으면 「영수증」과 대조한다. 「영수증」이 있는 경우에는 정식 회계항목으로 인정해 주며, 없는 경우에는 「영수증」을 받아 장부 뒤에 붙인 다음 '대조확인'이라는 작은 도장을 찍는다. 만약 중복하여 수령하거나, 『부역전서』나 『회계책』에 본래 없는 명목의 자금을 멋대로 지급한 경우에는 원래의 「영수증」을 반환하고, 정식회계로 인정하는 것을 거부한다. 또한 각종 지급은 모두 전임 지현의 이임일로 마감을 하며, 그다음에 이루어져서는 안 된다. 예를 들어 올해 사면령(赦免令)이 떨어지면 올해 관원·아역의 봉록과 임금 역시 사면 일자에 맞추어 공제를 해야 하며, 초과지급을 해서는 안 된다. 응당 전임 지현·아역의 이름 아래 보완해서 메움으로써 당고에 존재하는 것으로 삼아야 할 명목은 이를테면 중앙정부의 지시를 받아 모항의 물자를 모부에 올려 보냈는데, 아직 그에 대해 정식 회계처리 과정이 완결되지 않은 [따라서 그 값에 해당되는 돈을 받지 못한] 것과 같은 경우다. 이 경우에는 모름지기 그 일을 맡아 처리한 중개상인 아행(牙行)를 불러다 조사해야 한다. 언제나 아행이 대신 사들여 준 가격이 지나치게 높아서 그것을 중앙부서에서 깎아내려 버린 경우에는 [아행이 대신 사들여 준] 금액으로 정식 회계처리를 할 수 없기 때문에, 응당 중앙부서에서 그것을 받아 줄 수 있는지 신청을 해 보아야 한다. 만약 원래의 아행이 없다면 그것은 문서를 날조하여 돈을 가로챈

것이니, 또한 응당 상사에게 보고하고 그 일을 맡아서 처리한 사람에게 배상을 하게 해야 한다. 존류 항목 부분에 대한 점검이 끝난 다음에는 백성의 미납 부분과 당고에 남아 있는 은냥을 점검한다.

○ 백성의 미납(民欠)은 『실징책』과 대조하여 점검한다. 기해·존류·지급 항목에서 「수령확인문서」와 「영수증」을 장부 뒤에 첨부한 것이 얼마이고, 창고에 남아 있는 부분이 얼마인지를 확인하면 그 나머지가 백성의 미납분인데, 이에 대해서는 호방과 경최(經催)·양리(糧里) 등 징수(및 독촉) 담당자가 『미납자명부』를 작성하게 한다. 이것이 『인수인계책』에 나오는 미납 부분과 일치한다면, 바로 호방과 양리 등에게 "확실히 백성이 체납한 것임을 확인한다."라는 「확인서」를 작성하게 한 다음 계속 징수하는 것을 승인한다. 만일 『인수인계책』에 기록된 미납자 대부분이 이미 다른 지역으로 도망간 사람들이라면, 전임 지현이 주소나 업무평가와 관련하여 모두 완납한 것이라고 허위보고를 한 것이다. 또한 아직 올려 보내거나 지급하지 않은 항목이 있어 후임자가 징수를 완료하여 메워 넣어야 할 부분이 있다면 그것을 인수받아서는 안 되며, 응당 상사에게 보고하여 관련자가 배상하여 메우도록 요청해야 한다.

그런데 전량은 매년 은 7, 동전 3의 비율로 징수해서 존류 항목으로 지출해야 한다는 규정이 있다. 만약 매년의 존류·지급 부분을 모두 은으로만 징수한다면 백성의 미납분에 동전으로 거두어야 할 부분이 있고, 이것은 은으로 바꿔 기해하기 어렵게 된다.[310] 만약 반드시 은으로 징수하려 한다면 백성에게 불평의 구실을 주지 않을까 염려스럽다. 백성의 미납분이 동전으로 얼마 있고 그 점을 전임 지현이 어떻게 보완할 것인지에 대해 다짐을 받아 두어야, 나중에 은으로 바꾸어 상부로 올려 보내면서 손해를 보는 일을 피할 수 있다. 만약 전임 지현이 돈이 없어 아무런 방도가 없다면 징수한 동전을 신임 지현의 봉록이나 아역의 임금으로 대신 지급하고, [그렇게 해서 아낀 은냥을] 상부로 올려 보내는 방법도 있다. 인정을 봐줘 변통하는 하나의 방법인 것이다. 당고에 실제 남아 있는 은냥의 경우 신임 지현이 넘겨받는 액수가 부족하면 지난 1년 동안 징수한 전량 액수 전체를 다시 점검한다. [지금까지 징수·기해·존류는 이미 점검한 바 있으므로], 그 가운데 기해로 쳐줄 수 있는 백성의 미납분을 제외한다면, 나머지 모자라는 액수는 바로 횡령한 부분이다. 모두 상사에게 보고하여 관련자가 배상해서 메울 수 있도록 요청해야 한다.

310 주현에서 세입을 상부로 올려 보낼 때에는 동전을 사용할 수 없고, 모두 은냥으로 바꿔야만 한다. 주현에서 세금

○ 창고 점검에 대해서는 앞의 '몸소 둘러보기(親查閱)'에 나오므로 다시 언급하지 않겠다.

○ 지정은(地丁銀)을 제외한 모든 전량은 모두 잡항(雜項)으로 배치하여 각기 전담자를 둔다. 만약 『부역전서』·『회계책』에 그 항목의 정액이 규정되어 있다면, 또한 경승에게 『사주책(四柱冊)』을 만들어 제출하도록 한다.

○ 결관(缺官)에 대한 봉급지급분이나 벌금으로 공제된 봉록이 있다면, 상부로 기해하여 「수령확인문서」를 받았는지의 여부를 이방에게 지시해 장부로 만들게 한다.

○ 소금세의 기해 여부와 「염인」의 반납·말소 여부를 점검하고, 전임 지현들이 몇 년 동안 방치해 두고 호부에 반납하지 않은 잔류 「염인」이 존재한다면 호잡방(戶雜房)이나 호방(戶房)에서 장부를 만들게 한다.

○ [현 유학의] 교관이나 학생의 공석(空席)이나 학조(學租) 등의 항목, 기해 및 확인영수증의 존재 여부에 대해 예방에게 장부를 만들게 한다.

○ 전당업세는 이전에 매년 정액으로 다섯 냥을 징수했는데, 지금은 열 냥으로 늘어났고, 점포별로 모아서 기해한다. 아첩세, 소·당나귀세, 어업세, 부동산 등록세의 경우 기해에 정해진 액수가 없고 지방마다 많고 적음이 일정하지 않다. 이 세금항목을 기해하거나 확인영수증을 받았는지에 대해 호잡방에게 장부를 만들게 한다.

○ 역마(驛馬)는 역참마다 정액이 있는데, 간혹 인근 주현에 협조를 해 주어야 하는 경우가 있다. 전임 지현은 모름지기 정액을 인계해 주어야 하며, 신임 지현은 모든 말을 직접 점검하여 고른 다음 마부를 시켜 시승을 해 보고 수의사들이 검진하게 한다. 그리고 살찌고 건강하고, 이빨이 작고, 건강하게 빨리 달릴 수 있는 말만을 인수하도록 하며, 아울러 마패부·수의사의 「확인서」를 받아 둔다. 역마를 점검할 때는 바로 낙인을 찍는다. 만약 수척하고 노쇠해 차사를 실어 나르는 일을 감당하기 어려운 역마가 있으면 퇴출시키고 새로 매입해 벌충하게 해야 하지, 경솔하게 인수를 받아 스스로에게 해를 끼치는 일이 있어서는 안 된다. 또한 이를 담당하는 병방에게 장부를 만들게 한다.

○ 본현에 황상께서 지시했는데 마무리되지 않은 사안이나 상급기관이 아직 판단을 내리지 않은 소송이 있는지 여부를 형방과 해당 경승에게 물어보고, 장부를 만들게 한다. 장

의 일부로 거둔 동전을 은냥으로 바꾸는 것은 동전과 은냥의 교환 시가(銀錢比價)에 따르는데, 그 시가의 변동으로 지현이 큰 손해를 보거나 아니면 반대로 큰 이득을 얻을 수도 있다. 당연히 지현은 세금을 징수할 때 이 은전비가를 참고로 하며, 지역에 따라 성에서 사전에 그것을 정해 주기도 한다.

물과 벌금·병기·화약 등의 물품이 창고 안에 보관되어 있고, 전임 지현의 명의로 봉인되어 있다면 반드시 점검할 수 있는 『당고장부』가 있을 것이다. 봉인이 없는 경우 반드시 물품별로 점검하도록 한다. 화약은 모름지기 불을 붙여 봐야 하는데, 몰래 팔아 치우고 대신 회토(灰土)를 섞어 놓아 실제 사용할 수 없는 것이 있을지 모르기 때문이다. 이 모든 것은 창고담당 서리에게 장부를 만들게 한다.

○ 다리·부두나 노점상에 대한 세금이 기존 규정에 있는지 여부를 확인하고, 공방에게 관련 장부를 만들게 한다.

○ 창고의 곡식은 당고의 은냥처럼 중요하다. 지금은 곡가조절을 위한 상평창(常平倉)에 곡식을 기부하도록 하고 있어 세금을 낼 때 토지면적에 따라 (더불어) 곡식을 납부하도록 권장하고 있다. 각각의 항목이 있고, 또한 매년 묵은 쌀을 내보내고 햅쌀로 바꿀 때에는 쌀을 팔거나 대출해 주고 추수 때 모두 창고로 돌려받는데, 각기 『출납인명부』가 있다. 『인수인계책』은 호방이 담당하는데 실제로 창고에 있는 곡식 분량을 조사해 사주에 따라 작성하여 제출한 경우에만 정식으로 인수를 받는다. 팔거나 대출하였는데 아직 돈을 내거나 돌려주지 않은 경우는 담당자가 명부를 작성해 제출하는데, 이것을 곡식 매매 및 대출장부와 『출납인명부』의 원책과 대조하고 이 채무자들을 소환하여 한 사람씩 확인한 뒤, 담당자의 「확인서」를 받아 보관해 둔다. 곡식을 대출하였지만 진짜 채무자가 없는 경우, 곡식을 팔았는데 대금을 아직 지불하지 않은 경우, 그리고 현재 창고에 보관 중인 곡식의 품질이 떨어지고 수량이 부족한 경우에는 모두 담당자가 보상하게 해야 하며, 또한 상사에게도 이를 보고해야 한다(곡식창고에 저장해 놓는 미곡·잡량·보리와 콩 등의 비율은 남북이 같지 않는데, 한 가지 곡식을 보면 다른 것을 유추할 수 있다).

○ 이상 각 항목을 점검하여 아무런 문제가 없으면, 우선 각 방 담당자들의 「확인서」를 모아 붙여 책으로 만들고 도장을 찍은 다음에야 비로소 인수인계를 할 수 있다.

생각건대, 인수인계의 핵심은 바로 주고받는 것을 분명히 하고, 전임자에게 속아 넘어가 스스로 피해를 보는 일이 없어야 한다는 점이다. 전임자가 추천을 받고 승진을 하여 옮겨 가는 경우라면 각 항목이 자연히 분명할 것이고 인수인계 역시 용이할 것이다. 그런데 [전임 지현이] 어리석고 무능하여 평상시 아역들에게 농락을 당해 그들이 안팎으로 짜고 부정을 저지르면서 횡령을 하였거나, 본인이 옮겨 썼지만 메울 힘이 없는 경우에는 이임할 때 각 항목을 어지럽게 뒤섞어 갖은 방법으로 진상을 감춤으로써 남들이 제대로 꿰뚫어 보기 어렵게 만들려고 한다. 그렇지만 앞서 내가 설명한 것처럼 그 요령을 제대로 파악하면, 비록 숨기는 사정이 있다고 할지라도 점검하는 사람의 눈길을 피하기 어려울 것이다.

그렇지만 임명을 받아 부임하는 사람 가운데에는 흰머리가 될 때까지 힘들게 공부하다가 간신히 합격하여 겨우 박봉이라도 누리게 된 사람도 있고, 훨씬 젊은 나이에 관리가 되었지만 행정사무에 대해서는 아무것도 모르는 사람도 있다. 그래서 일단 과오나 실책으로 이임하게 될 때에는 인수인계를 제대로 하지 못한 결과 여전히 자기가 근무하던 곳에서 머무르면서 남루한 복장으로 추위와 굶주림에 시달려 거의 거지나 마찬가지의 참담한 지경에 빠지는 경우도 있다. 이와 같은 사람들을 신임 지현은 당연히 가련히 여겨야만 한다. 따라서 전량은 공무 때문에 옮겨 썼고, 실제 그런 증거가 있다면 그를 위해 신청해서 방법을 마련해 그 부분이 정식으로 회계처리가 되게 해 주고, 업무평가에서 낙제를 받아 봉록이 벌금으로 깎이거나 일 처리를 소홀히 하여 남의 것을 대신 물어 주어야 하는 경우라면 원래 지방업무 때문에 피해를 본 것이니, 신사나 기로들에게 권장하여 힘껏 돈을 내어 돕게 해야 한다. 끼니도 제대로 못 챙기고 고향에 돌아갈 여비도 없는 경우라면 동료 지방관들이 기부를 하고, 평소 그 은혜를 입었던 서역들이 돈을 보태어 조속히 무거운 짐을 벗고 힘들게나마 고향으로 돌아가서 궁핍하지만 다시 부모처자들과 함께 모여 살 수 있도록 해 주어야 한다. 이 또한 어진 군자의 마음씀씀이가 아니겠는가?

내가 담성현의 지현을 맡았을 때 전임 지현 네 분이 피차간에 인수인계를 하지 않아 앞뒤로 10여 년을 머무르고 있었으니 힘들고 고통스러움은 이루 다 표현할 수 없을 정도였다. 부임한 지 반 달쯤 되자 상사인 [기주부의] 지부가 [인접한 연주부] 역현의 지현에게 인수인계 감시 임무를 주어 보냈으므로, 나는 즉시 인수인계를 받고 아울러 앞서 말한 것과 같은 회계처리 및 기부와 도움의 방법을 신청하였다. 그 결과 한 분은 작고하였지만, 나머지 세 분은 잇따라 고향에 돌아갈 수 있었다. 비록 내가 방자하게 감히 어진 군자가 되겠다고 나선 것은 아니었지만, 그대로 같은 동료로서의 슬픔을 모른 채 두고 볼 수는 없었기 때문이다.

○ 또한 전임 지현 가운데에는 업무를 넘겨주기는 하였지만 전량 문제가 제대로 정리되지 않아 오랫동안 억류당하고 있던 경우가 있었다. 그런데 재주 또한 평범한 사람이자 후임자가 부임하자 전임 지현의 친구 가운데 경사에 있던 한 사람이 후임관은 만만하다고 생각해서 지방 실력자에게 부탁해서 신임 지현을 찍어 눌러 억지로 인수인계를 받게 하였다. [그리고 『인수인계책』의 내용은] 이를테면 백성 미납분의 경우 전임 지현이 옮겨 쓰고 채우지 못한 부분을 미납자들이 메워 넣을 것이라고 거짓으로 기입한 것이 아니면, 부패한 서역이 세금이 완납되었음에도 불구하고 『미납자명부』를 위조하여 속이는 것으로 만들어져 있었다.【횡령한 부분의 세입 액수를 줄이고, 미납 부분의 세입 액수를 늘린다.】만약 신임 지현이 재간이 있었다면 미납자·완납자에 대해서 일일이 한 사람씩 불러서 대질심

문을 하면 그 내막을 파헤치는 것이 어찌 어려운 일이었겠는가? 또한 최근 몇 년 동안 [전임 지현이 다루어 온] 회계에 대해서도 장부를 가져다 놓고 조사하면 쉽게 점검할 수 있었을 것이다. 그런데 실제로는 이렇게 분명하게 확인·점검할 능력은 없어 그야말로 속수무책이었으니, 무작정 인수인계를 받아들이자니 나중에 입을 피해가 만만치 않아 보였고, 그렇다고 계속 지연시키는 것도 또한 상관의 비위를 거슬러 죄를 얻게 될 터였다. 이렇게 되자 신임 지현으로 부임한 홍취가 가시기도 전에 우선 힘들기만 한 인수인계 때문에 의기소침할 수밖에 없었다. 그러니 부임지를 새롭게 바꿀 방안을 마련하여 지방관으로서의 명성을 떨친다는 것은 어찌 감히 엄두라도 낼 수 있었겠는가?

나로서는 만약 전임 지현이 정말로 고난에 빠져 마치 거지와 같은 생활을 하고 있고, 또한 백성의 미납액 역시 그다지 많지 않다면, 자신의 역량에 그래도 여유가 있을 경우 억지나마 인수인계를 받아 주어 추징할 것을 제외하고는 돈을 쏟아 붓는 것을 아까워하지 않고 대신 완납하거나 메워 주는 편이 낫다고 생각한다. 그렇게 되면 상관에게는 인수인계를 완결시켰다는 기쁨을 주게 되고, 전임 지현에게는 무거운 사슬에서 풀려나 고향으로 돌아갈 수 있는 감동을 줄 수 있을 뿐만 아니라, 자신 역시 심신을 안정시키고 본임의 여러 업무에만 신경을 써서 처리할 수 있게 되니, 어찌 한 가지 거동으로 세 가지 좋은 효과를 거두는 것이 아니겠는가? 속담에도 이르기를 "동쪽 울타리 아래서 잃고, 서쪽 울타리 아래서 줍는다"고 하였다. 3년의 지현 임기 동안 열심히 자신의 직무를 수행하다 보면 다행히 아무런 과오도 저지르지 않을 것이고, 또한 조금씩 쌓아 감으로써 [앞서 대신 처리한 것에 대한] 보상을 받을 수도 있을 것이다. 그런데 백발이 되도록 힘들게 공부하여 이제 간신히 박봉이라도 얻게 되는가 싶었는데, 재주는 부족하고 도와주는 사람도 드물어 앞서와 같은 엄청난 부담을 안게 되면, 받자니 도저히 나중에 메울 방법이 없고, 미루자니 이리저리 허물을 사게 되어 정말로 불행한 처지에 빠진 것이라고 하지 않을 수 없다. 이를 어찌할 것인가!【여기서는 앞서 말한 백성의 미납에 대해서만 얘기하였는데, 만약 세금 징수가 제대로 이루어지지 않아 그런 것이라면 당연히 전임 지현의 이름으로 추징하여 메우면 될 것이며, 상사의 권위가 있더라도 이것을 억지로 신임 지현에게 떠넘길 수는 없는 법이다.】

本治錢糧額編,[311] 總以『賦役全書』爲據. 其雜項、鈔課,[312] 俱關考成, 逐款要查, 絲毫不可

311 본치(本治)는 본 관할구역, 본 치소(治所), 즉 여기서는 지현이 관할하는 현을 가리킨다. 액편(額編)은 제도적으

遺漏. 每年額徵,[313] 亦以部核「由單」及司核『會計冊』爲據.[314] 【今「由單」停刊】 其里書攢造本年實徵,[315] 亦遵照『會計』核定. 故欲査『交代冊』, 先査『全書』、『會計』, 而後通縣之錢糧款項可攷. 欲査本年徵收確數, 先査里書攢造實徵, 而後徵收之完、欠可定. 自前官任內應徵錢糧, 俱要逐年磨對,[316] 淸白款項數目, 無有遺漏, 然後査其徵收.

○其徵收有前任上手交下存庫者,[317] 有前任上手民欠未完接徵者,俱要作前任經收之數.[318] 故『交代冊』例有四柱曰: "管、收、除、在."[319] '管'者舊管, 卽上手存庫, 交與下手者也. '收'者新收, 卽上手民欠, 與本任之經收者也. '除'者開除, 謂: "經徵之照款解給者"也. '在'者實在, 謂: "解給所存在庫, 爲下年舊管者"也. 有此四柱, 以便照柱先査徵收. 其所收接徵民欠, 弔上上手交代『民欠冊』,[320] 並糧里認完『花戶冊』査對, 是否相同, 接徵有無未完, 補解何項, 本任徵收弔取『流水日收』串根, 與拆封『庫簿』査對均同.[321] 又要査本年有無新增. 若遇閏年有無加

로 정해진 숫자나 수량, 또는 정액을 가리킨다.

312 잡항(雜項)은 다양한 명목의 잡세를 가리킨다. 초(鈔)는 지폐나 증명서(鹽引, 茶引 등), 나아가 전(錢)을 가리킨다. 또한 명·청대에 내지관세(內地關稅)를 받던 세관(稅關)도 원래 이 지폐로 세금을 납부받았으므로 초관(鈔關)이라고 불렀다. 초(鈔)는 명대 초기에 전(錢)과 병행하여 사용되었으나, 명 후기 이후가 되면 발행량이 과다하여 그 가치가 크게 떨어지면서 이후 거의 사용되지 않고 은이나 전으로 대체되었다. 초과(鈔課)는 이러한 상업관련 세금으로 보이지만, 부과금(賦課金)이나 입항세(入港稅) 또는 선세(船稅)를 가리키기도 한다. 여기서 잡항과 초과는 정세 이외에 주현으로 들어오는 잡다한 현금수입을 가리키는 것으로 보아도 좋을 것이다.

313 액징(額徵)은 응당 징수해야 할 정해진 액수를 가리킨다.

314 부핵(部核)은 부에서 점검한다는 뜻인데, 전곡관계 부서는 호부이므로 호부에서 점검하였다는 뜻이고, 「유단(由單)」은 부세 징수의 근거가 되는 문서, 즉 「이지유단(易知由單. 즉 납세통지서)」을 가리킨다. 사핵(司核)은 사에서 검토하였다는 뜻인데, 전량문제는 당연히 포정사사(布政使司)에서 다룬다. 따라서 포정사가 검토하였다는 뜻이 된다.

315 이서(里書)는 호장(戶長)·도차(圖差)와 마찬가지로 이장을 보좌하여 전량 징수 등의 기록을 담당하는 청대 지방주현의 직역(職役)으로 토지 면적의 기록도 담당한다. 실징(實徵)은 그해에 실제로 징수하는 부역의 총액을 가리킨다.

316 마대(磨對)는 대조하면서 점검한다, 심문한다는 뜻이다.

317 상수(上手)는 선임자, 앞서 그 일을 다룬 사람을 가리킨다.

318 경수(經收)는 징수한다, 받는다는 뜻이다.

319 관·수·제·재(管收除在)는 사주책(四柱冊)의 네 가지 항목을 말하는데, 사주(四柱)는 구관(舊管), 즉 기존의 정액, 신수(新收)는 새로운 증액분, 개제(開除)는 새로 줄어든 부분, 실재(實在)는 이상의 계산을 종합하여 현재 남아 있는 액수 이 네 가지를 가리킨다. 즉 구관+신수-개제=실재인 것이다. 『부역전서』를 비롯한 재정이나 전량 관련 회계장부, 『인수인계책』은 모두 이 사주청책(四柱淸冊) 형식으로 이루어져 있다. 청책(淸冊)은 재물이나 관련 항목을 정리한 다음 상세하게 등기한 장부나 목록 책자를 말한다.

320 조(弔, 吊)는 거두어들이거나 다시 반납을 받는다는 뜻(提取. 收回)이다. 상상수(上上手)는 전임자의 전임자를 가리킨다.

321 유수(流水)는 상점의 (매일) 상품 판매 금액을 가리키는데, 여기서는 매일의 세금징수액을 가리킨다. 『유수장부』에 대해서는 제6권 전곡부 1 「6-02-07. 『일일수입장부(流水收簿)』」, 「6-02-08. 『일일수입보고장부(流水日報簿)』」에서 상세하게 다루고 있다. 천근(串根)은 「천표(串票)」의 일부로 납세자에게 영수증으로 찢어 주고 아문에서 남겨 놓은 부분을 가리킨다. 「천표」는 납세자가 전량을 납부할 경우 징수를 맡은 관리가 발급하는 증명서를

閏, 將『實徵冊』與『全書』、『會計』對,[322] 又將『實徵冊』與『交代冊』對. 如實徵漏造. 卽係里書作弊, 喚問里書. 如交代漏造, 卽係戶房作弊, 喚問戶房. 若不查出, 或前此未經奏銷,[323] 交代之後, 部中駁查, 卽累現官賠項矣. 徵收之數旣淸, 然後再查起解.

○ 其起解之數, 與『會計』合, 則對「批廻」,[324] 有「批廻」者, 方准開銷. 恐有以舊批改作新批, 以少數改作多數. 將批向光處細照銀數上、年月上無洗補痕跡.[325] 【江浙奸胥有用水補摋之法, 絶無痕跡. 惟補處紙廉紋,[326] 與原紙不續】 乃于前件上, 用一'查對訖'小戳. 無「批廻」者, 或係解出經承與解役侵欺, 或解兌短少, 臥批不發.[327] 喚問經承幷原解之人, 仍不得作准開銷摘出, 申請追掣.[328] 如此起解旣淸, 然後再查存留.

○ 其存留項下亦有起解.如撥解某衙門俸工役食,[329] 如本年遇有應解裁扣缺官銀兩,[330] 俱要查驗「批廻」, 方准作數. 其應支給, 查與『會計』款合, 則對「領狀」, 有「領狀」者, 作正開銷, 無領狀者, 取領粘卷, 仍于前件用"查對訖"小戳. 倘有重領, 幷『全書』、『會計』本無款項擅自給發者, 將

가리킨다. 보통 한 장의 종이에 같은 양식의 영수증이 두세 장씩 같은 모양으로 연결되어 인쇄되었기에 이런 이름이 붙었다. 「천표」에 대해서는 제6권 전곡부 1 「6-02-06. 「삼련천표(三連串票)」」를 참조.

322 『실징책(實徵冊)』은 『부역전서(賦役全書)』나 기타 자료에 기초하여 매 리나 도, 그리고 갑을 위해 작성한 것이다. 각종 토지의 세율, 정세의 세율, 지정은의 정액 등을 정확하게 파악해서 징수에 이용하기 위한 것이다.

323 주소(奏銷)는 정식 회계항목으로 등재하여 결산 회계처리를 한다는 의미다. 개소(開銷)는 작정개소(作正開銷)를 가리킨다. 즉 예산의 지출은 사전에 이미 그에 대한 승인이 있어야 하므로, 그 지출을 허락받지 않은 항목을 기입하여 결산문서를 제출할 경우 당연히 중앙의 호부에서 퇴짜를 놓아 승인해 주지 않는다.

324 비회(批廻. 또는 批回·回批)는 원래 주현에서 성의 독무아문으로 사람이나 물건·곡식 등을 보낼 때 함께 올려 보내는 두 장의 대비(大批) 및 상세한 액수를 기입한 소비(小批)를 말하는데, 독무를 거쳐 포정사에서 수령을 확인하는 내용을 기입한 다음, 한 장은 독무가 보관하고 나머지는 영수증과 더불어 주현에 돌려준다. 이러한 「회송용 확인문서(批示回文)」가 바로 비회다. 이것은 결국 상급 관청의 뜻을 공문에 기록하여 하급 관리가 알게 한다는 것으로 여기서는 '「수령확인문서」'라고 번역하였다. 또한 청대의 경우 주현에서 징수한 전량은 지방에 남겨 쓰는 존류(存留) 부분 외에는 3일 내에 기해하도록 되어 있었다. 우선 3일 전에 기해할 항목과 수량, 날짜 및 기해를 담당 차역의 이름을 상부로 보고하고 서로 연결된 두 장의 큰 「확인문서(文批)」를 갖추어 올렸는데, 여기에는 연·월·일과 액수를 기입해 넣고 아울러 번호도 기입하였다. 기해를 맡은 차역이 성성(省城)에 도착하여 독무의 아문에 신고하면 여기서 우선 이것을 등록을 한 다음, 포정사에게 넘겼다. 포정사는 실제로 은냥이나 양곡을 수령한 다음 영수증(實收)과 함께 이 「확인문서」를 돌려주었다. 한 장은 독무가 보관하고, 다른 한 장은 주현으로 돌려보내 보관하게 했던 것이다. 주현에서는 또한 기해할 때 따로 간단한 확인 문서(小批)를 보내는데 여기에는 그 기해의 액수가 적혀 있었다. 포정사는 기해를 수령한 다음 이것과 실제 수령 액수가 일치하면 확인 도장을 찍어 돌려주었다.

325 세보(洗補)는 글씨(숫자)를 물로 씻어 내고 그 위에 새로운 글씨(숫자)를 다시 써넣는다는 뜻이다.

326 염문(廉紋)은 아마 미세한 주름이나 마름모꼴 무늬를 말하는 것 같다.

327 와비(臥批)는 여기서 「수령확인문서(批廻)」를 깔고 뭉개 앉아 내놓지 않는 것을 말하는 것으로 보인다.

328 추체(追掣)는 추징을 가리키는 것으로 보인다.

329 발해(撥解)는 뽑아서 올려 보낸다는 뜻이다.

330 결관은냥(缺官銀兩)은 결관봉은(缺官俸銀)과 같은 뜻으로 전임관의 이임과 후임관의 취임 사이의 기간에 지급되는 지방관의 봉급을 가리킨다.

原領掣回, 不准開銷. 且各項支給, 俱于前官離任日扣住, 不得過領. 如本年遇有赦免, 則本年官俸役食, 亦照赦免月日分數扣除, 不得過支, 應前官役名下補完, 算作存庫. 卽或奉文辦買某項咨部, 尙未准銷, 亦必弔査原行. 每有辦買價多奉部核減者, 不得以用過數目, 准作開銷, 應申請定奪.[331] 如無原行, 卽屬揑侵, 亦須詳請經手償補. 存留之款旣淸, 然後査民欠及存庫銀兩.

○ 其民欠與『實徵冊』, 査對經收之數.[332] 除起解、存留、支給[外],[333] 批領附卷若干,[334] 存庫若干,[335] 其餘民欠若干, 着該房及經催[336]、糧里, 開造『欠戶花名』.[337] 與『交代』未完相合, 卽令該房糧里具"實在民欠"「甘結」, 准作接徵.[338] 若冊開欠戶, 多係逃亡, 前任以關奏銷考成,[339] 虛報全完.[340] 仍有未經解給款項,[341] 于接管任內徵完補項者,[342] 不可收受, 應詳請經手賠補.[343] 但每年錢糧有應徵銀七錢三之例, 作存留項下支銷.[344] 若每年存留、支給俱儘徵完銀數,[345] 則民欠尙有未完之錢, 難以作銀起解. 若必欲徵銀, 又恐小民口實. 査民欠有錢若干, 應于前任作何補算, 庶免日後易銀起解之累. 若前任貧窘無措, 或將所徵之錢, 算作新任俸薪與衙役工食,[346] 扣銀起解,[347] 亦一推情變通之法也.[348] 至于存庫銀兩, 交兌不足, 與一年徵收錢

---

331 정탈(定奪)은 가부나 거취를 결정한다는 뜻이다.
332 사대(査對)는 조사하여 대조한다는 뜻이고, 경수(經收)는 책임을 지고 받다, 징수한다는 뜻이다.
333 앞서 나온 '제(除)'자에 호응하기 위해 여기에 '외(外)'자가 들어가야 할 것으로 보인다.
334 비령(批領)은 「수령확인문서」와 「영수증」을 뜻하는 것으로 보인다. 영(領)은 '고수(庫收)' 또는 '실수(實收)' 등의 명칭을 가진 영수증을 가리킨다. 부권(附卷)은 여기서는 책 뒤에 첨부한다는 뜻으로 보인다.
335 존고(存庫)는 당고나 창고에 재물이 있다는 뜻이다.
336 경최(經催)는 세금 징수의 독촉을 맡은 사람을 가리킨다.
337 경최와 마찬가지로 양리(糧里)도 이갑에서의 전량 징수와 독촉을 맡은 총책임자를 말한다. 개조(開造)는 나열하여 만든다, 작성한다는 뜻이며, 흠호화명(欠戶花名)은 미납자 명단을 가리킨다.
338 준(准)은 인정·허용한다는 뜻이고, 접징(接徵)은 뒤를 이어 계속 징수한다는 뜻이다.
339 주소(奏銷)는 청대 각 주현이 매년 전량 징수의 실제 금액을 호부에 보고하여 그 비준을 얻던 체계를 가리킨다. 각 성에서는 매년 전량의 수입과 지출에 대해 기한에 맞추어 보고해야 했는데, 이 보고 시기가 되면 포정사는 『지정주소청책(地丁奏銷淸冊)』을 만들었고, 독무는 이것을 검토한 다음 도장을 찍어 황책(黃冊)으로 만들어 호부에 보고하였다. 호부는 각 성의 이러한 보고를 종합하여 전국의 세출·세입을 검토한 다음 황제에게 보고하여 승인을 받았다. 이러한 과정, 즉 예·결산의 회계처리 과정을 주소라고 한다.
340 전완(全完)은 완전히 납부한다는 뜻이다.
341 관항(款項)은 자금 또는 그 항목을 가리킨다.
342 접관(接管)은 관리를 접수한다는 뜻이다. 즉 후임자를 가리킨다.
343 배보(賠補)는 배상하여 보충한다는 뜻이다.
344 지소(支銷. 支消)는 지출한다는 뜻이다.
345 징완(徵完)은 징수를 완료하다, 모두 징수하다는 뜻이다.
346 공식(工食)은 임금을 말한다.
347 구은(扣銀)은 원래 각 성에서 중앙정부로 보내는 은냥 가운데 일부를 아문의 비용으로 빼놓는 것을 가리킨다.
348 추정(推情)은 '정리를 참작하여, 인정을 감안하여'라는 뜻이다.

糧, 通盤打算,[349] 除有民欠可抵解外, 其餘無着, 卽係侵蝕,[350] 俱應詳請經手賠補.[351]

○ 盤庫見前"親查閱"條,[352] 不再贅.

○ 地丁之外, 凡有錢糧, 俱作雜項, 各有專司.[353] 若係『全書』、『會計』額款,[354] 亦令經承照造『四柱』開送.[355]

○ 缺官罰俸,[356] 有則曾否起解獲批, 吏房應造冊.

○ 鹽課曾否上納,[357] 額引曾否繳銷,[358] 有無上上手節年沉閣殘引,[359] 未經繳部, 戶雜房或戶房造冊.

○ 師生空缺[360]、學租等項,[361] 有無起解獲批, 禮房造冊.

○當稅以前每年額徵伍兩,[362] 今增十兩, 按舖彙解.[363] 其牙稅[364]、牛·驢·漁課[365]、契稅,[366] 雖解無定額, 而各處多寡不同, 曾否起解獲批, 戶雜房造冊.

○ 驛馬每站俱有額設, 或更有鄰封協濟.[367] 前任須照額設交授.[368] 每匹須親自點選, 令馬夫騎試, 獸醫驗看無病、膘壯、齒小、馳騁快健者,[369] 方與收受. 仍取馬牌夫、獸醫「結狀」,[370]點

---

349 통반(通盤)은 '전반적, 전면적'이라는 뜻이고, 타산(打算)은 '계산하다, 계획하다, 고려한다'는 뜻이다.

350 침식(侵蝕)은 횡령을 말한다.

351 상청(詳請)은 위에 보고하여 (지시를) 요청한다는 뜻이다. 경수(經手)는 '관리하다, 떠맡는다'는 뜻이다. 또는 그 사람을 가리킨다.

352 반고(盤庫)는 창고의 물품을 점검한다는 뜻이다.

353 전사(專司)는 전담한다, 즉 전문적으로 장악·담당한다는 뜻이다.

354 액관(額款)은 정액의 자금을 가리킨다.

355 사주(四柱)는 앞서 나온 관·수·제·재(管收除在)의 네 항목으로 이루어진 사주책(四柱冊)을 가리킨다.

356 벌봉(罰俸)은 지방관이 과오 때문에 일정기간 봉록 지급이 정지되는 처벌을 받는 것, 또는 그때의 봉록을 가리킨다.

357 염과(鹽課)는 식염(食鹽)을 대상으로 징수되는 세금을 가리킨다. 이에 대해서는 제8권 전곡부 3 및 잡과부(雜課部) 「8-02-09. 염세(鹽課)」 부분을 참조.

358 격소(繳銷)는 반환하여 그 효력을 말소시키는 조치를 말한다.

359 절년(節年)은 '최근 몇 년 동안, 역년'이라는 뜻이다. 침각(沈擱. 沉擱. 沉閣)은 내버려 두다, 오래 놓아두다, 방치하다는 뜻이다.

360 사생(師生)은 현 학교의 교관과 제자(생원)들, 공궐(空闕)은 공결(空缺), 즉 빈자리·결액을 가리킨다.

361 학조(學租)는 서원 등 교육기관이 보유한 농경지에서 거두어 비용으로 충당하던 소작료를 가리킨다.

362 당세(當稅)는 전당업세를 말한다. 액징(額徵)은 응당 징수해야 할 정해진 액수(세입)를 가리킨다.

363 휘해(彙解)는 모아서 올려 보낸다는 뜻이다.

364 아세(牙稅)는 중개상인의 아행(牙行)에서 내는 아첩세(牙帖稅)를 가리킨다.

365 어과(漁課)는 어민에게 거두던 세금을 말한다.

366 계세(契稅)는 부동산 계약·전당·매매 관련 등록세나 취득세를 가리킨다.

367 인봉(鄰封)은 이웃 주현·지방을 가리킨다. 협제(協濟)는 지방정부가 중앙의 지시에 의해 다른 지방으로 보내 도와주던 세입을 가리킨다.

368 교수(交授)는 책임을 지고 넘겨준다는 뜻이다.

369 치빙(馳騁)은 말을 풀어 주어 빨리 달리게 하는 것, 다투어 경주하거나 추격하는 것을 가리킨다.

時卽用烙印. 如疲瘦、老殘不堪應差者, 退令買補, 不得草率交收, 自貽賠累. 經管兵房造冊.

○ 本縣有無未完欽案,[371] 及上司有無未完批審「詞狀」,[372] 問刑房及該經承造冊. 贓物、罰贖及軍器、火藥等物, 如現貯庫內係他官封記,[373] 必有『庫簿』可查, 其無封記, 須逐件驗明. 火藥定宜點試, 恐有盜賣攙和灰土,[374] 不堪施用, 俱令庫書造冊.

○ 橋埠·門攤稅,[375] 舊例有無, 工房造冊.

○ 倉穀與庫銀並重, 今有常平捐穀,[376] 照地畝勸輸穀, 各有款項. 且每年出陳易新,[377] 或糶或貸, 俱秋收時還倉, 各有『出納花名冊籍』. 其『交代冊』係戶房經管, 亦照四柱造送, 盤查實在存倉者, 作正收受. 糶貸未交者, 該管造送花名, 幷弔當日糶貸數目、花名底冊磨對,[378] 仍喚欠戶, 逐名詢認,[379] 取該管「結狀」存案. 其貸出若無眞正欠戶, 糶出未經買交及現存倉穀色惡爛,[380] 數目短少, 俱經手償補, 仍行詳請. 【倉貯米穀、雜糧、麥豆, 南北各有不同, 擧一穀而他可類推】

○ 以上各項查明無弊, 俱先取各房經管「甘結」, 粘連用印成卷, 方可交代. 按: 交盤大旨不過要授受分明, 毋爲上手朦混, 以自貽累耳. 然上首係薦俸陞遷,[381] 各項自是淸楚, 交盤亦易. 惟衰庸闒茸,[382] 平時倚役蒙蔽,[383] 內外通同, 作弊侵漁, 或本官那用無力補償, 未免卸事將款項抖亂,[384] 多方掩飾, 使人難以稽查. 然前此開陳所謂: "振綱挈領",[385] 雖有遁情, 亦難逃照察

---

370 마패부(馬牌夫)는 말을 돌보고 모는 마부를 가리킨다.

371 흠안(欽案)은 황제의 지시를 받아 처리하던 안건을 말한다.

372 비심(批審)은 상사가 검토하고 지시를 내린다는 뜻이다.

373 봉기(封記)는 밀봉한 표기를 가리킨다.

374 참화(攙和)는 뒤섞는다는 뜻이다.

375 문탄(門攤)은 호별로 부담하게 하는 세금이라는 뜻이지만, 실제로는 길거리의 좌판에 부과하는 세금을 가리킨다. 이에 대해서는 제8권 전곡부 3 및 잡과부(雜課部) 「8-02-07. 문탄세(門攤稅)」를 참조.

376 상평(常平)은 상평창(常平倉), 즉 미가를 조절하기 위해 창고에 미곡을 저장해 두었다가 값이 싸면 팔고 비싸면 사들이던 제도, 또는 그 창고를 가리킨다. 이에 대해서는 제27권 황정부를 참조.

377 출진역신(出陳易新)은 토고납신(吐故納新)과 같은 뜻으로 오래된 것을 내보내고 대신 새것으로 바꾼다는 뜻이다. 여기서는 묵은 쌀을 팔아 치우고 대신 햅쌀을 사들이는 것을 가리킨다.

378 저책(底冊)은 원래의 책·원장(原帳)을 가리킨다.

379 흠호(欠戶)는 체납자를 가리킨다.

380 악란(惡爛)은 변색되고 문드러진다는 뜻이다.

381 상수(上首)는 가장 윗자리나 으뜸을 가리키는데, 아마 바로 앞에 나온 상수(上手)와 같은 뜻으로 쓰인 것 같다. 천봉(薦俸) 역시 추천과 (보다 높은 지위에 따른) 봉록을 가리키는 것으로 보인다.

382 쇠용탑용(衰庸闒茸)은 쇠용탑나(衰庸闒懦)와 같은 뜻으로 어리석고 허약하며 무능하다는 뜻이다. 탑용(闒茸)은 평범하고 뒤떨어진다는 뜻이다.

383 몽폐(蒙蔽)는 어리석어 알지 못한다는 뜻도 있지만, 여기서는 속이다, 진상을 숨긴다, 가린다는 뜻이다.

384 두란(抖亂)은 어지럽히다, 어지럽게 만들다, 혼란스럽게 하다는 뜻이다.

385 진강설령(振綱挈領)은 제강설령(提綱挈領), 설령제강(挈領提綱)과 같은 뜻으로 요점을 잘 파악한다는 뜻이다. 원래 설령(挈領)은 옷깃을 잡아 올린다는 뜻이고, 제강(提綱)은 그물을 버티는 줄인 벼리(綱)를 잡아당긴다는 뜻이

矣. 然而捧檄蒞官, 有白首寒窗而始沾升斗,[386] 有青年掛綠而政理茫然,[387] 一旦罣悞卸事, 因交代未楚, 流落舊治,[388] 襤褸饑寒,[389] 慘同乞丐. 如此類者, 新任猶當憐之. 錢糧因公動用, 實有指證者, 爲之申請, 設法開銷. 考成罰俸, 疏漏包賠,[390] 原爲地方受累, 爲之勸勉紳衿耆老, 量力輸助. 至于饔飧不給,[391] 歸里無資, 則寅僚推贈, 胥役素蒙惠利者餽送之, 俾早釋重負, 匍匐故鄉,[392] 復與父母妻孥褰衣聚首,[393] 不亦仁人君子之用心乎? 鴻承乏郯城時,[394] 前任四官, 彼此不受交代, 前後留十餘年, 苦難殫述. 鴻履任半月, 本府委監盤嶧令至,[395] 鴻卽與交代並申請開推贈輸助, 如前所云者. 除一官物故,[396] 三官相繼旋里, 雖不敢妄擬仁人, 然狐兎之悲, 亦有不能恝置者矣.[397]

○ 又有前任之官, 接經緣事,[398] 錢穀未淸, 羈留日久, 而後官初蒞, 才復平庸, 前官在京親友知新任爲可欺, 囑託地方當事,[399] 壓制新官, 逼勒交代.[400] 其未完民欠內, 非前官那空無補,

---

다. 이를테면 『남제서(南齊書)』 권54 「열전(列傳) 고일(高逸) 고환(顧歡)」에는 "신이 듣기에 그물을 당기려면 벼리를 끌어올리면 되고 갖옷을 털려면 옷깃을 잡아야 한다고 했습니다. 벼리와 옷깃을 잘 다스리면 털과 그물눈은 저절로 펴질 것입니다(臣聞擧網提綱, 振裘持領, 綱領旣理, 毛目自張.)."라는 구절이 있다. 또한 강령(綱領)도 여기에서 나온 뜻으로 핵심이나 요점·요령을 가리킨다.

386 백수(白首)는 백발, 즉 나이가 들었음을 표현하며, 한창(寒窗. 寒窓)은 춥고 차가운 창으로 적막하면서도 힘든 독서 생활을 비유한다. 즉 상당히 나이가 들어서야 비로소 과거시험에 합격하였다는 뜻이다. 승두(升斗)는 열 홉, 즉 한 되(升)와 열 되, 즉 한 말(斗)을 가리키며, 나아가 소량의 쌀이나 곡식, 또는 보잘것없는 박봉(薄俸)을 비유한다. 따라서 첨승두(沾升斗)는 그나마 박봉이라도 받게 되었다는 뜻이다.

387 괘록(掛綠)은 녹포(綠袍)를 입는다, 즉 관리가 된다는 뜻이다.

388 유락(流落)은 외지에서 표류하다, 쇠락하다, 윤락하다, 처지가 좋지 않다는 뜻이다.

389 남루(襤褸)는 장식이 없는 낡고 짧은 헌옷이나 헤진 헌옷 즉, 옷이 낡아 해지고 찢어진 것을 형용한다.

390 포배(包賠)는 응당 배상해야 할 항목을 한꺼번에 총괄하여 보충하는 것을 말한다.

391 옹손(饔飧)은 밥이나 밥을 한다는 뜻이다.

392 포복(匍匐)은 기어가다, 땅에 엎드리다, 나아가 온힘을 다하다, 힘들고 피곤하다는 뜻이 있다.

393 한의(寒衣)는 추위를 막기 위한 옷이란 뜻도 있지만, 여기서는 얇고 홑겹이어서 추운 옷을 가리킨다. 취수(聚首)는 함께 모인다는 뜻이다.

394 승핍(承乏)은 비어 있는 지위를 이어받는다는 뜻으로 관직에 앉는 것을 겸손하게 표현하는 말이다.

395 감반(監盤)은 감독하여 조사한다는 뜻으로, 재부(財賦)를 장악하는 관리의 임기가 끝나 후임자에게 인수인계를 할 때 상사가 현장 감시를 위하여 거기에 관리를 파견하던 청대의 제도를 가리킨다. 역령(嶧令)은 인접한 연주부(兗州府) 역현(嶧縣)의 지현을 가리키는 것으로 보인다. 연주부는 담성현이 속한 임기부와 마찬가지로 연기조도(兗沂曹道)의 관할에 속한다.

396 물고(物故)는 사고·사망을 뜻한다.

397 호토지비(狐兎之悲)는 호사토읍(狐死兎泣)과 같은 뜻으로, 여우가 죽으면 토끼가 슬퍼한다는 것인데 같은 무리끼리 슬픔을 같이한다는 뜻이다. 호토(狐兔)는 여우와 토끼를 뜻하지만, 나쁜 사람이나 소인배를 가리키기도 한다. 괄치(恝置)는 그냥 놔둔다, 놔두고 돌보지 않는다는 뜻이다.

398 연사(緣事)는 공무(公務)를 가리킨다.

399 여기서 당사(當事)는 당권자(當權者)·관련자를 가리킨다.

400 핍륵(逼勒)은 핍박하다, 강박하다는 뜻이다.

詭開欠戶希塡, 卽蠹胥侵蝕完數, 僞造『欠冊』朦抵. 【減其此蝕之數, 增作彼未完之數】 若新任才能, 花名完、欠, 逐戶何難喚質, 歷年經管, 弔冊亦易稽査. 其如淸釐無術, 束手茫然, 欲行接受, 旣懼貽累之非輕, 若更遲延, 又忤上官而獲罪. 是下車之意興, 而先見沮于交代之疑難, 其何以振新猷,[401] 而彰譽問乎?[402] 愚以爲前官果屬顚連,[403] 形同流丐, 且民欠無多, 酌己之力量優餘, 莫若勉爲接受,[404] 除可追徵外, 不惜傾資, 代完補項. 在上官有仰承結件之懽, 在前任有釋縶還鄕之感, 在已亦得心神安靜, 而專意料理本任諸務, 不亦一擧而三善備焉. 語云: "失之東隅, 收之桑楡."[405] 使三年之中, 恪共乃職,[406] 可幸無過, 又何不漸積以取償也. 若夫白首寒酸,[407] 始沾升斗, 才疏援寡, 而當此重累, 受之則賠補無從, 委之則彼此獲咎, 是蓋遭逢之不幸者矣. 奈之何哉! 【此條就前言民欠而言, 若經徵無著, 自在前官名下追補, 雖上司威權, 亦不能挾之于新任也】

3-07. 경승 시험(考經承)

경승이란 상당한 기간 동안 그 일을 경험해 본 다음 그 할 일을 떠맡아서 처리하는 사람이다. 만약 업무의 자세한 내용을 제대로 알지 못한다면 대충 해치우고 책임을 메우자 할 것이니, 어찌 '경험자(經)'에 어울린다고 하겠는가? 또한 질문을 받고 하는 답변이 분명하지 않다면, 사실 얼렁뚱땅 하는 대답일 터이니 어찌 '떠맡아 처리하는 사람(承)'에 어울

---

401 신유(新猷)는 업적을 세우기 위한 새로운 모략을 가리킨다.

402 예문(譽問)은 명예를 뜻한다.

403 전련(顚連)은 몹시 고달프다, 고난과 고통에 빠져 있다거나 그런 사람을 뜻한다.

404 면위(勉爲)는 굳이, 억지로 한다는 뜻이다.

405 "실지동우, 수지상유(失之東隅, 收之桑楡)"는 비록 손실이 있지만 결국은 보상을 받는다는 뜻이다. 동우(東隅)는 해가 뜨는 곳이고 상유(桑楡)는 지는 해가 비추는 곳(에 있는 뽕나무와 느릅나무)을 가리킨다. 상유(桑楡)는 저녁 해가 서쪽의 뽕나무와 느릅나무 위에 걸린다는 것에서 만년이나 전원에의 은거를 가리키기도 하지만 여기서는 상유보(桑楡補)란 뜻이다. 즉『후한서(後漢書)』권47「풍이전(馮異傳)」에 나오는 "처음에는 회계(回谿)에서 손해를 보았지만 결국 승지(黽池)에서 떨쳐 일어날 수 있었으니 동쪽 모퉁이에서 잃었지만 서쪽에서 만회하였다고 할 수 있다."라는 구절에서 나온 것으로, 실책과 손실을 잘 보완한다는 뜻으로 쓰인다.

406 내직(乃職)은 당신의 직무라는 뜻이다.

407 한산(寒酸)은 앞서 나온 한창(寒窓)처럼 가난하고 힘든 독서인을 가리킨다.

리겠는가? 그런데 편벽하고 협소한 성이나 황량한 주현에서는 무릇 상부로 올리는 공문을 작성하게 되면, 경승이 [답변을 위해서] 초안을 작성하는데, 매번 "보내 주신 공문을 받았습니다."라는 어귀만 쓰고, 그다음부터는 어찌할 줄 몰라 결국 붓을 놓아 버리는 경우가 많다. 또한 심리를 거친 소송문서에 대해서도 형방이 「사건조서」를 작성하는데, 지현이 내린 심리의견이 있어 근거가 될 수 있는데도 어떻게 죄를 가늠해야 할지 전혀 종잡지 못한다. 내가 예전에 담성현과 동광현에서 일을 할 때 모두 이런 일을 당하였다. 그래서 경승을 시험하는 방안을 만들었다. 대당의 문을 걸어 잠그고 그 맡은 바 직무에 따라서 출제를 했는데, 문장의 내용과 이치를 대략이라도 이해하고 필적이 그런대로 깨끗한 사람을 승진시켰다. 백지 답안지를 내거나, 악필인 자는 내쫓았다. 이후 스스로 노력하고자 생각하게 되어 제대로 된 문장을 지을 수 있는 사람들이 점차 늘었다. 그렇지만 저들이 어찌 문장에 힘쓸 필요가 있겠는가? 그렇게 해도 경승자리에 오르지 않으면 전혀 얻는 것이 없기 때문이다. 만약 해당 방과에 노련하고 차분한 사람이 있다면 문장에 장기가 없더라도 계속 남겨서 일을 돕도록 한다면, 전체적으로는 상당히 공무에 보탬이 될 것이다.

經承者, 經歷其事而承奉其所行也.[408] 若事之始末不明,[409] 則苟且塞責,[410] 何謂之: '經'? 若奉行之登答不楚,[411] 則朦混致對, 何謂之: '承'? 故僻小省分荒凉州縣,[412] 凡奉到上行,[413] 經承作稿, 每至"蒙此"而下, 竟自閣筆,[414] 卽審過「詞狀」,[415] 該房敘招雖有「看語」爲據,[416] 莫識從科.[417] 鴻昔承乏郯、東二邑, 均受此累. 所以設考經承之法. 大堂扃戶,[418] 按其所掌出題, 詞義

408 경력(經歷)은 상당히 시간이 오래되었다, 몸소 경험해 본다는 뜻이고, 승봉(承奉)은 지시를 받들어 실행에 옮긴다는 뜻이다.

409 시말(始末)은 '처음과 끝, 처음부터 끝까지'라는 뜻도 있지만, '처음부터 끝까지의 경과, 자세한 내막'이라는 뜻도 있다.

410 구차(苟且)는 소홀히 하다, 대강 해치운다는 뜻이고, 색책(塞責)은 책임을 메우다, 대충 해서 넘긴다는 뜻이다.

411 등답(登答)은 즉시 답변하다, 대답한다는 뜻으로 하급이 상급에게 회답할 때 흔히 사용한다.

412 벽소(僻小)는 외지고 좁다는 뜻이다.

413 상행(上行)은 관부의 문서 가운데 아래에서 위로 올라가는 형식(上行文)을 가리킨다.

414 각필(閣筆. 擱筆)은 붓을 멈춘다, 내려놓는다는 뜻이다.

415 심과(審過)는 조사·심판을 하였다는 뜻이다. 사장(詞狀)은 소송문서를 가리킨다.

416 서초(敘招)는 구두진술을 받아 서리가 작성한 「사건조서」를 가리킨다. 「간어(看語)」는 안건을 심사하여 판단하는 지방관의 심리의견을 가리킨다. 감어(勘語)·심리의견(審單)·얼어(讞語)라고도 하는데, 소송사건에 대한 초보적 판결(해당 지방관이 판단한 안건의 범죄사실·율례 및 형량의 경중에 대해 평론을 하고 의견을 적어 넣은 判決辭)이라 할 수 있다. 보통 판단을 내린 구절 다음에 그 사정을 설명하거나 아니면, 먼저 사정을 설명한 다음 판단을 내리는데 반드시 앞뒤가 서로 일치해야 한다. 이에 대해서는 이 책의 제16권 형명부 6 인명(人命) 하를 참조.

417 과(科)는 법규·형률을 뜻하기도 하며, 재판의 판결을 내린다는 뜻도 있다. 따라서 종과(從科)는 형률에 따라 구

略通,[419] 字蹟稍淸者陟之. 其交白卷類, 塗鴉者黜之.[420] 殆後人思自勵, 漸次成章者多矣.[421] 然彼豈果勉于筆墨哉? 蓋非從事經承, 無所弋獲耳.[422] 倘該房有老成熟練, 筆墨雖非所長, 亦留協理, 總期有益于公而已.

3-08. 대서 선발(攷代書)

백성의 부모가 되는 지방관은 본래 소송에 의한 분쟁을 가라앉혀 백성의 재력(財力)을 키울 수 있기를 크게 기대한다. 그러나 아주 절박한 사정이 있어 입을 다물고 있기 어려운 경우, [백성은] 부득불 아문에 가서 고소를 하지 않을 수 없다. 그렇지만 향리의 무지한 백성과 고아·과부는 스스로 소송문서를 쓸 수는 없으니 모름지기 대서인(代書人)을 청할 수밖에 없다. 이 대서인들은 대부분 노련한 소송거간꾼(訟棍)이므로, 붓을 놀리는 데 익숙하여, 암퇘지 한 마리가 다친 것을 가지고 걸핏하면 모자(母子)를 산 채로 죽인 것이라고 소송을 제기하며, 망나니 청년이 여자를 유혹해서 강간해도 쉽사리 풀려나게 만든다. 따라서 그 소송문서를 보면 비록 고요(皐陶)와 같은 옥신(獄神)이라 할지라도 분노를 터트릴 것이고, 그 「구두진술」을 보면 포증(包拯. 즉 포청천)과 같은 명판관(名判官)이라 할지라도 웃음을 터뜨리지 않을 수 없을 정도다. 이렇게 허공에 누각을 짓는 것과 같은 날조된 내용은 단지 붓의 힘만으로 멋대로 꾸민 것이지만, 그래도 시비선악을 비추어 준다는 진시황의 거울(秦鏡)에 올라 앉아 5리에 걸친 짙은 안개 속을 들여다보기는 어려운 법이다. 따라서 응당 [이러한 것을 바로 잡으려는 방법으로는] 다음과 같은 고시를 내걸어야 한다.

본 현성에서 다른 사람을 위해서 소송문서(고장과 소장)을 대서(代書)해 주는 사람들

체적인 형벌의 수준에 대해 판결을 내린다는 뜻으로 보인다.

418 경호(扃戶)는 문을 걸어 잠근다는 뜻이다.

419 사의(詞義)는 문장이나 단어의 뜻을 말한다.

420 백권(白卷)은 흰색 답안지, 즉 빈 답안지를 말한다. 도아(塗鴉)는 '먹을 더덕더덕 칠한다', 즉 '악필'이라는 뜻이다.

421 성장(成章)은 제대로 된 문장을 쓴다는 뜻이다.

422 익획(弋獲)은 화살을 쏴서 잡는다, 즉 얻는다, 사로잡는다는 뜻이다.

에 대해 본 지현은 날짜를 정해 대당에서 시험을 치를 수 있게 하고자 한다. 그래서 문장의 뜻이 분명하게 통하는지를 보고, 또한 그 용모가 단정하고 선량한지를 보아 몇 사람을 채용할 것이다. 뽑힌 사람은 자신의 연령·용모·고향을 밝힌 문서와 더불어 「자원서」·「보증서」를 갖추어 직접 제출하라. [그러면] 본현에서는 위쪽에는 지현의 서명을 새기고 아래쪽에는 대서인의 성명을 새긴 작은 나무 도장 하나를 지급할 터인데, 모든 고장·소장의 마무리에는 이 도장을 찍어야 할 것이다. 엄격하게 지시하는데 원고·피고를 막론하고 대서인은 오로지 사실에 근거하여 분명하게 곧바로 써야 하며, 사실을 날조하거나 부풀려서는 안 된다. [만약 그럴 경우] 본 지현이 실제 사정을 밝혀내면 곧바로 대서인과 고소인을 구인하여 엄중하게 처벌할 것이고, 그다음에 가서야 심판을 진행할 것이다. 나머지 채용되지 못한 대서인 가운데 먼 곳에서 온 외지의 무뢰배라면 즉시 경내에서 쫓아낼 것이며, 토착인 가운데 감히 사실을 날조하여 멋대로 대서를 해 주는 사람이 있다면 즉시 구인해서 무겁게 처벌하고 칼을 씌워 대중에게 공개할 것이다. 원고·피고의 소송문서에 대서인의 도장이 없는 것은 접수를 허용하지 않는다. 채용된 대서인 가운데 감히 향민이나 고아·과부를 괴롭히거나 제멋대로 돈을 뜯어내면서 즉시 대서를 해 주지 않는 경우가 있다면 피해자 본인이 직접 [현 아문에] 와서 호소하면서 아뢰는 것을 허용함으로써 대서인이 무거운 처벌을 받도록 할 것이다.

나는 동광현과 담성현 두 곳에서 일할 때 이 방법을 썼는데, 마침내 거짓을 날조하여 고발하면서 소송을 거는 사람이 거의 없어져 많은 걱정거리를 줄일 수 있었다.

爲父母者, 原期息訟以養民財力.[423] 然而有情關迫切, 勢難緘默者,[424] 不得不赴官鳴控.[425] 其鄉愚孤嫠不能自寫,[426] 必倩代書,[427] 類多積年訟師,[428] 慣弄刀筆,[429] 傷一牝彘,[430] 輒以活

423 식송(息訟)은 소송에 의한 분쟁을 가라앉힌다는 뜻으로 전통시대 지방관에게는 명판결보다 더 중요한, 따라서 가장 바람직한 조치로 간주되었다.

424 세난(勢難)은 대세로 보아 …하기 어렵다는 뜻이고, 함묵(緘默. 緘嘿)은 입을 다물고 말하지 않는다, 침묵하고 말을 거의 하지 않는다는 뜻이다.

425 명공(鳴控)은 아뢰어 호소하다, 고소한다는 뜻이다.

426 고리(孤嫠)는 고아와 과부를 말한다.

427 청(倩)은 청(請)과 같은 뜻이다. 대서(代書)는 남을 대신해서 청원서나 소송문서를 써 주는 것을 직업으로 하는 사람을 가리킨다.

428 적년(積年)은 오래된, 다년간, 즉 경험이 풍부한 사람이라는 뜻이다. 송사(訟師)는 소송 거간꾼을 말하는데(訟棍

殺母子爲詞, 惡少强姦誘女, 以連辱見釋.[431] 以故觀其訟牘,[432] 雖皐陶亦必裂眦,[433] 訊其「口供」, 卽龍圖爲之發笑.[434] 所以空中樓閣,[435] 祇憑三寸雞毛,[436] 座上秦銅,[437] 莫辨五里昏霧. 法宜出示:

有在本治爲人代書「詞狀」者, 許赴本縣定日當堂考試, 詞理明通,[438] 且驗其狀貌端良者,[439] 取定數名, 開明年貌、籍貫, 投具「認·保狀」.[440] 本縣發一小木印記,[441] 上刻正堂花押,[442] 下刻代書某人. 凡係告·訴狀詞,[443] 于紙尾用此印記. 嚴諭代書, 無論原、被, 止要據事明白直書,[444] 不許架空裝點.[445] 本縣審出眞情, 立拿代書並告人重責, 然後剖斷.[446] 其餘未取代書, 如係遠方游棍, 立行驅逐, 如係

이라는 멸칭도 있다), 법적으로 금지된 존재였다.

429 도필(刀筆)은 필기도구를 가리킨다. 고대 죽간(竹簡)에 글을 쓸 때 오류가 있으면 칼로 깎아내고 다시 썼기 때문에 이런 명칭이 생겨났다. 도필은 나아가 문장이나, 법률문서·소송문서를 가리키기도 한다. 따라서 도필리(刀筆吏. 刀筆이라고 부르기도 한다)는 문서를 담당하는 관리나 소송 거간꾼(訟師)을 가리킨다.

430 빈체(牝彘)는 암퇘지를 말한다.

431 연욕(連辱)은 (편지나 보살핌 등을) 연이어 받거나 입는다는 것을 표현하는 겸사(謙詞)로 쓰인다. 견석(見釋)은 석방된다는 뜻이다.

432 송독(訟牘)은 소송문서를 가리킨다.

433 고요(皐陶. 皐繇)는 전설상의 순(舜) 임금 때의 사법관(司法官), 나아가서는 옥관(獄官)·옥신(獄神)을 가리키기도 한다. 열자(裂眦. 裂眥)는 화가 나서 눈동자가 커지고, 눈자위가 찢어질 것 같은 느낌을 가리킨다. 즉 눈초리가 찢어지다, 몹시 화를 낸다는 뜻이다.

434 용도(龍圖)는 여기서는 포청천(包靑天), 즉 명판관으로 유명한 포증(包拯. 999-1062)을 가리킨다. 포증은 북송대 여주(廬州) 합비(合肥. 오늘날의 안휘성 합비) 출신으로 자는 희인(希仁)이며, 천성(天聖) 연간의 진사이다. 수많은 관직을 거치면서 청렴하고 공정·강직한 것으로 이름을 떨쳤는데, 천장각대제(天章閣待制)를 지낸 바 있어 '포대제(包待制)', 용도각직학사(龍圖閣直學士)를 지낸 바 있어 '포용도(包龍圖)'로도 불린다.

435 공중누각(空中樓閣)은 공중에 세워진 누각이라는 말 그대로 근거 없는 이론이나 현실과 동떨어진 환상 따위를 가리킨다.

436 삼촌계모(三寸鷄毛)는 세 치 닭털이라는 뜻으로, 모필(毛筆)이나 붓을 가리킨다.

437 진동(秦銅)은 진경(秦鏡), 즉 진시황제가 사람의 선악·정사(正邪)를 비춰 보았다고 하는 거울을 가리킨다.

438 사리(詞理)는 문장의 뜻이나 이치를 가리킨다.

439 단량(端良)은 단정하고 선량하다는 뜻이다.

440 인보(認保)는 보증을 한다는 뜻이다. 인(認)은 떠맡기를 승인한다, 자원한다는 뜻이 있고, 보(保)는 보증서·추천서를 뜻한다.

441 인기(印記)는 공용 도장을 가리킨다.

442 정당(正堂)은 명·청대 부·주·현의 정인관(正印官), 즉 지부·지주·지현에 대한 호칭이기도 하다.

443 소송문서(告訴狀)는 고장과 소장의 합칭으로 원고가 작성하는 것을 고장(告狀. 「고발장」), 피고자 작성하는 답변을 소장(訴狀. 「반박문」)이라고 하였다. 장사(狀詞)는 소송문서의 내용을 가리킨다. 청대에는 민사심판과 형사심판의 엄격한 구분이 없었다.

444 직서(直書)는 사실에 의거하여 쓴다는 뜻이다.

445 가공(架空)은 허공에 떠서 부실하다, 기초가 없다는 뜻이고, 장점(裝點)은 장식하다, 꾸민다는 뜻이므로 사실을 날조하여 과장하고 꾸미는 것을 가리킨다.

土著, 敢有揑虛擅書, 立拿重責枷示.[447] 其原、被「詞狀」無本代書印記者, 不准. 所取認代書, 敢有欺凌鄕民孤寡、任意勒索,[448] 不卽與書寫者, 許本人赴禀重究.

鴻承乏兩邑, 卽用此法, 竟無揑虛告理,[449] 省卻許多心事也.[450]

3-09. 누규 혁파(革陋規)[451]

무릇 이른바 '누규(陋規)'라 하는 것은 지방 역대로 내려온 기존 관례이지, 내가 새로 만들어 시작한 것은 아니다. 그러나 관리가 된 사람으로서 얼마 되지 않은 각박한 봉록은 그 끝이 뻔한데, [지방관으로서 이리저리] 접대에 들여야 하는 비용은 그야말로 끝이 없다. 그러므로 [새로 부임한 지현이 개혁조치를 취한다고] 만약 오랜 누규를 모두 정리하여 없애 버린다면 분명 좋은 일이기는 하다. 그렇지만 이러기 위해서는 지현이 극도로 청빈한 생활을 감당해야만 하므로 [본인은 그것을 감당할 수 있다고 해도] 후임자도 계속 그런 상황을 이어받을 것이라고 장담하기는 어렵다. 또한 도저히 그러한 곤궁한 생활을 견디다 못해 나중에는 본인이 다시 스스로 없앤 과거의 누규를 부활시키기도 한다면 처음부터 끝까지 잘 해내는 사람은 없더라는 비난을 피하기 어려울 것이다.

그렇다면 어찌 해야 하겠는가? 내가 생각하기에 누규에는 굳이 없앨 필요가 없는 것, 여러모로 고려해 보았을 때 존속과 폐지가 절반씩인 것, 모름지기 폐지해야 하는 것 세 종류가 있다. 예컨대 화모(火耗) 항목은 은 1냥마다 3-5푼(分)을 부가적으로 징수하는 것이므로 그야말로 티끌 모아 태산이라는 식이다. 따라서 내는 사람은 그 정도를 내는 데 그다지 어려움을 느끼지 않지만, 거두는 사람은 뭇사람들에게 조금씩 모아 큰 액수를 모을 수 있

---

446 부단(剖斷)은 분석하여 판단하다, 시비를 가린다는 뜻이다.
447 가시(枷示)는 칼(枷)을 씌어 대중에게 보이는 형벌을 말한다.
448 취인(取認)은 뽑아서 인정해 준다는 뜻이다.
449 고리(告理)는 소송문서 또는 처리의 청구를 뜻한다.
450 생각(省却)은 면하다, 제거한다는 뜻이다.
451 누규 문제에 대해서는 제30권 서정부(庶政部) 1 「30-02. 개선 사항 보고(條陳興革)」에서도 다시 언급하고 있다.

다. 또한 아첩세·잡세 등 여러 세입은 약간 여유가 있다 해도 그것은 마치 수확이 끝난 다음 남은 이삭에서 얻는 이익 정도에 지나지 않는다. 이런 것을 얻는다고 해서 어찌 탐욕스럽다고 하겠는가? 따라서 이런 것들은 폐지할 필요가 없다.

또한 예컨대 교통 요지에 있어 업무가 많은 지역에서는 역참에서 접대하는 데 들어가는 비용이 아주 막대하다. 때문에 수레와 당나귀는 지방사람에게 부과하고, 말먹이용 건초는 납세자의 토지 면적에 따라 부과하고, 이 항목들을 호부에 정식 보고하여 회계처리를 하는 것 또한 부득이한 수요라고 하지 않을 수 없다. 그렇지만 이런 항목에 대해 구실을 만들어 가렴주구를 하거나 거기에 손을 대서 돈을 빼돌려서는 안 된다. 백성에게 비난의 구실을 얻게 해 주기 때문이다. 이런 것들은 여러모로 고려해서 존속시키는 것과 폐지하는 것이 반반인 경우다.

그렇지만 [세금 독촉과 징수를 담당하는] 양리(糧里)를 뽑을 때에 제공되는 뇌물이 있는데, 이름 하여 '다과비(茶果)'라고 한다. 창고 서리를 뽑을 때 [나를 뽑지 말라고] 제공되는 뇌물은 이를 '돈 주고 빠지는 것(買免)'이라 한다. 호구조사(編審)에도 뇌물이 있어 이른바 '수고비(酬勞)'라고 한다. 심지어 봄맞이(迎春) 행사에도 '예물(折乾)'이 있고, 향음주례(鄕飮酒禮)에도 '감사비(致謝)'가 있다. 양리의 '다과비'는 가난한 백성에게 빼앗는 것이고, 창고 서리를 뽑을 때 '돈 주고 빠지는 것(買免)'은 부호들에게 가로채는 것이다. 호구조사에서 뇌물을 받으면 결과는 당연히 불공정해질 것이고, 봄맞이의 '예물'이나 향음주례의 '감사비'는 바로 상인들로부터 돈을 갈취하는 것이다. 이런 것을 알지 못한다면 그것은 실로 부끄러운 일이고 조정의 중대한 제도를 크게 훼손시키는 것이며, "백성을 괴롭혀 더러운 돈을 받는 것은 관원이 지켜야 할 계율을 어기는 것이다."라는 우리 관리들의 원칙을 크게 저버리는 것이다. 이것들은 마땅히 반드시 확실히 폐지해야 한다.

凡所云: '陋規'者,[452] 乃地方歷來之成例, 而非自我創始者也. 然爲吏者升斗之祿有限, 而

---

452 누규(陋規)는 관리가 다양한 명목을 붙여 윗사람에게 바치는 뇌물이나 비용, 또는 백성이나 부하로부터 거두는 비용이나 수수료·부가세 등을 가리킨다. 그 종류는 아주 다양하지만 모두 관행화(慣行化)된 것이었으며, 봉급이 매우 낮은 관리에게는 주요한 재원이자 부를 축적하는 수단이었고, 모자라는 세금 액수를 채우는 돈도 지방관의 각종 판공비나 상사나 중앙부서의 관리(京官)에 대한 선물·뇌물(이것 자체도 누규이지만)도 모두 여기에서 나왔다. 다른 말로 예비(例費)·규비(規費)라고도 하는데, 보통 '예(禮)'나 '경(敬)'이란 명목을 빌어 명절이나 생신 때 상사에게 올려 보내는 누규는 '규례(規禮)'라고 하였고, 상사의 수행인원에게 제공하는 것은 '규비(規費)'라고 불렀다.

應酬之費無窮.[453] 若一切舊規, 盡爲裁革, 固屬美事, 但氷蘖之需,[454] 後此者難爲繼也. 迨其捉襟肘見,[455] 而復易轍更弦,[456] 未免來鮮終之誚.[457] 奈何? 愚以爲陋規有可不必革者, 有斟酌其間而因革相半者,[458] 有斷斷乎必宜革者.[459] 如火耗一節,[460] 每兩三分五分, 銖積而黍累之.[461] 出之者未覺其難, 取之者原因乎衆.[462] 以及牙、雜諸稅, 稍有贏餘, 猶遺秭滯穗之利也,[463] 得之寧爲貪乎? 此可不必革者也. 如衝劇之區, 供應浩繁,[464] 車驢派之地方, 芻藁輸之戶畝,[465]

---

453 응수(應酬)는 교제하면서 왕래한다, 접대한다는 뜻이다.

454 빙얼(冰蘖. 冰檗)은 얼음과 새 움(싹)으로 얼음을 마시고 나무 움을 먹는 청빈한 생활을 가리킨다. 즉 춥고 힘들지만 절조를 지키는 것을 비유한다.

455 착금주견(捉襟肘見. 捉衿見肘. 捉衿見肘)는 "옷깃을 여미면 팔꿈치가 드러난다."라는 뜻으로 생활이 곤궁하거나 처지가 곤란함을 비유하는 고사성어다. 『장자(莊子)』「잡편(雜篇) 양왕(讓王)」에 실린 증자(曾子)의 고사에서 유래되었다. "증자가 위나라에 머물면서 …… 십 년 동안 옷을 짓지 않았다. 그래서 머리에 관을 바로 쓰려고 하면 끈이 떨어져 있었고, 옷깃을 여미려고 하면 옷이 작아서 팔꿈치가 드러났으며, 신을 신으면 뒤꿈치가 떨어져 있었다."

456 역철경현(易轍更弦)은 경현역철(更弦易轍)·경현개변(更弦改轍)처럼 방법·태도를 바꾸는 것을 비유한다.

457 여기에 들어간 '래(來)'자는 뜻이 아마 연자(衍字)인 것 같다. 선종(善終)은 아마 선시선종(善始善終)·선시영종(善始令終), 즉 선시선종은 처음부터 끝까지 모두 좋다, 처음부터 끝까지 잘 한다는 뜻이다. 초(誚)는 꾸짖다, 책망한다는 뜻이다.

458 짐작(斟酌)은 술을 따르는 것을 말한다. 넘치지 않도록 따르는 것을 '짐(斟)', 넘치도록 따르는 것을 '작(酌)'이라고 하는데, 그 중간이 가장 적절하므로 거듭 고려하여 알맞은 정도를 찾아 술을 따르는 것을 짐작(斟酌)이라고 한다. 나아가 짐작은 생각한다, 평가·안배한다는 뜻이 있다. 인혁(因革)은 연혁(沿革)처럼 인습과 변혁을 말한다. 상반(相半)은 '각기 절반씩, 서로 대등하게'라는 뜻이다.

459 단단호(斷斷乎)은 '확실하게, 절대, 분명하게'라는 뜻이다.

460 화모(火耗)는 금속을 녹여 부어 화폐를 만들 때 발생하는 소모분을 가리키는데, 보통 백은(白銀)을 은정(銀錠. 銀塊, 또는 馬蹄銀)으로 만들 때 소모되는 분량을 가리킨다. 지방주현이나 각 성에서는 거둔 세금을 성이나 중앙의 호부로 올려 보낼 때 50냥 무게의 원보(元寶)로 만든다. 백성은 은으로 세금을 낼 때 부스러기를 내므로 이러한 부스러기를 녹여 원보로 만드는 과정에서 소모되는 부분이나 주현에서 위로 올려 보낼 때 필요한 운송비 등을 예상하여 세금을 징수할 때 미리 받는 것을 '화모'라고 한다. 화모는 명·청대에는 결국 정규 세금 외에 가징(加徵)되는 세액이 되었다. 화모는 지방관이 각종 판공비나 개인 소비 용도로 사용하는 비정규적 수입, 즉 누규의 주된 원천이 되었다. 화모의 비율은 지방관이 정하기 때문에 이것을 어떻게 정하느냐에 따라 지방관의 비정규적 수입의 규모가 크게 달라질 수밖에 없었다. 지방관의 정규 수입은 아주 적었기 때문에 지방관의 수입이나 재부의 축적에서 사실 이 화모는 아주 큰 비중을 차지하였다. 옹정 연간에는 지현이 자율적으로 징수하여 사용하던 이 부분에 대한 개혁이 이루어져, 화모가 합법화되면서 세액의 일부('모선(耗羨)'이라고 한다)로 편입되었다. 하지만 이 모선 부분은 중앙의 호부로 넘겨지지 않고 성의 포정사에게 넘겨져 성 관원에 대한 보조비용 내지는 수당(津貼)으로 사용되었다. 이것을 지방관의 청렴을 보장하기 위한 보조비라고 하여 보통 '양렴은(養廉銀)'이라고 하며, 이러한 개혁을 '모선귀공(耗羨歸公)'이라고 부른다.

461 수·서(銖黍)는 각기 아주 작은 중량의 단위이므로 수적(銖積)이나 서루(黍累)는 조금씩, 한 방울씩 모은다는 뜻이다.

462 여기서 호(乎)는 동사 뒤에 붙어 '우(于)'와 같은 뜻으로 쓰인 것이다.

463 자(秭)는 수(穗)와 마찬가지로 이삭을 가리킨다. 유자(遺秭)는 유수(遺穗)·유수(遺穟)와 같은 뜻으로 농작물 수확 후 논밭에 남은 이삭을 가리킨다.

464 호번(浩繁)은 아주 크고 번다하다, 번잡하고 무겁다는 뜻이다.

照部核開銷, 亦不得已之需也. 但不可借端苛斂、染指其間,[466] 使百姓得以藉口.[467] 此斟酌其間而因革相半者也.

至于僉糧里有餽,[468] 名曰: '茶果'.[469] 報庫書有賄, 謂之: '買免'.[470] 編審有儀,[471] 謂之: '酬勞'.[472] 甚至迎春扮會有'折乾',[473] 鄉飮酒禮有'致謝'.[474] 不知糧里之'茶果', 攘之窮民, 庫書之買免, 蠹其富戶, 編審受賂, 則開報任其不公, 迎春折乾、鄉飮索謝,[475] 則刮行戶之臭錢,[476] 實爲可恥, 辱朝廷之盛典,[477] 大負吾徒所謂[478]: "厲民黷貨,[479] 有玷官箴."[480] 此斷斷乎所宜痛革者也.

---

465 추고(芻藁)는 말린 풀을 가리킨다. 추고세(芻藁稅)는 진한대(秦漢代)부터 시작된 토지세의 일종으로 원래 개간지에 적용되던 것이 모든 토지로 확대되었다.

466 염지(染指)는 부당한 이익을 나눠 가지다, 자기 몫이 아닌 이익을 취하다, 남몰래 가진다는 뜻이다.

467 자구(藉口)는 다른 사람의 이야기를 빌려 근거로 삼는다, 가탁한다, 배를 채운다는 뜻이다.

468 궤(餽)는 음식이나 재물을 보내는 것, 선사하는 것을 가리킨다.

469 다과(茶菓)는 일종의 간식비라고 할 수 있다.

470 매면(買免)은 돈을 써서 속죄를 하거나 차역을 면한다는 뜻이다.

471 편심(編審)은 호구조사를 통한 인정 파악과 명부(冊籍) 작성을 가리킨다.

472 수로(酬勞)는 수고비를 말한다.

473 영춘(迎春), 즉 봄맞이는 지방관이 관례적으로 입춘 하루 전날 신사나 보좌관들을 이끌고 음악이 연주되는 가운데 동쪽 교외에서 춘우(春牛)를 맞이하는 의식을 가리킨다. 제24권 전례부 「24-09. 봄맞이(迎春)」를 참조. 절건(折乾)은 금은 재물로 뇌물이나 선물을 보내는 것을 가리킨다.

474 향음주례(鄉飮酒禮)는 주대(周代)에 덕행이 뛰어난 사람을 불러 술자리를 마련하면서 빈객의 예로 대접하던 것을 가리키며, 이후 지방관이 유학에서 거행하는 일종의 경로의식을 가리키게 되었다. 자세한 내용은 바로 제24권 전례부 「24-11. 향음주례(鄉飮酒禮)」 부분을 참조.

475 색사(索謝)는 바로 앞에는 치사(致謝)로 되어 있지만, 뜻은 같다.

476 취전(臭錢)은 정의롭지 못한 재물을 뜻한다.

477 성전(盛典)은 성대하거나 융중한 전례 또는 중대한 전장제도(典章制度)를 가리킨다.

478 오도(吾徒)는 우리들, 우리 문도(門徒)라는 뜻이다. 여기서는 관리 · 지방관을 가리킨다.

479 여민(厲民)은 백성을 학대한다, 해친다, 훈련시킨다는 뜻이다. 독화(黷貨)는 더러운 뇌물을 받는다는 뜻이다.

480 관잠(官箴)은 관리생활을 하면서 경계하여 따라야 할 규범을 가리킨다. 황육홍의 이 책도 사실 관잠서(官箴書)의 일종이다.

3-10. 개별 방문 금지(禁私謁)[481]

지현이 신사를 접대할 때에는 응당 우대하는 예를 갖추어야 한다. 그러므로 공무로 아문을 방문하면 빈관에서 서로 맞이하여 좋은 말씀을 내려 주셔서 고맙다고 치하를 해도 좋을 것이다. 또한 명절 때가 되어 인사를 하러 온다면, 문지기로 하여금 명첩을 받아 두게 하여, [나중에 지현이] 차분하게 답장으로 사례하는 성의를 펼칠 수 있다. 그렇지만 만약 사택의 막료들이 저녁이 되어 만나고자 한다면, 그것은 장부 등 문서를 가지고 검토하는 것도 아니어서 공무와 아무런 상관이 없을 뿐만 아니라 또한 [뇌물을 주고받거나 부정한 거래를 한다는] 불필요한 오해를 살 수 있으므로, [만남을 거절하는 내용을 적은] 쪽지를 후당(後堂)에 걸어 둠으로써 완곡한 말로 먼서 선수를 쓴다.

當事之待紳衿, 固宜優禮. 然因公事而惠臨, 則賓館相迎, 可拜昌言之賜.[482] 値歲時而入賀, 則閽人領刺,[483] 容申荅謝之誠. 若其私宅曳裾,[484] 入暮謀面,[485] 匪惟簿書無間,[486] 亦屬瓜李爲嫌,[487] 懸約後堂,[488] 婉詞先致.[489]

---

481 사알(私謁)은 개인적인 용무로 만나 청탁을 한다는 뜻이다.

482 창언(昌言)은 좋은 말, 정당한 언론, 거리낌 없는 언론을 말한다. 배사(拜賜)는 삼가 주신 것을 공손히 받는다는 뜻이다. 즉 좋은 말씀을 해 주셔서 고맙다고 하는 뜻이다.

483 혼인(閽人)은 문지기, 영찰(領刺)은 명첩을 받는다는 뜻이다.

484 옷자락을 끈다는 뜻의 예거(曳裾)는 "왕후의 문하에서 관리생활을 한다"는 말의 줄임말이다. 『한서(漢書)』 권51 「가추매로전(賈鄒枚魯傳) 추양(鄒陽)」에 "고루한 마음을 감춘다면, 어느 왕의 문하에서든 긴소매를 끌면서 관리생활을 할 수 없겠습니까?"라는 구절에서 비롯되었는데, 즉 왕후의 문하에서 관리나 식객생활을 한다는 뜻이다. 여기서는 지현의 막우를 가리킨다.

485 입모(入暮)는 늦은 무렵, 즉 해질 녘을 말한다. 모면(謀面)은 안색을 살피다, 만난다는 뜻이다.

486 비유(匪惟. 匪唯)는 비단(非但), 즉 …일뿐 아니라는 뜻이다.

487 과리(瓜李)는 과전리하(瓜田李下), 즉 오이 밭에서 허리를 굽혀 신발을 고쳐 신고, 배나무 아래서 갓을 고쳐 씀으로써 오이나 배를 딴다는 의심을 받는다는 뜻이다. 따라서 쉽사리 혐의를 불러일으킬 수 있는 장소나 처지를 가리킨다.

488 현약(懸約)은 만나지 못할 때 용건을 써서 남겨 둔 종이쪽지를 걸어 둔다는 뜻이다.

489 완사(婉詞. 婉辭)는 완곡하게 거절한다는 뜻이다.

3-11. 『방명록』 보고(申繳『門簿』)[490]

[여기에서 이야기하고자 하는 것은] 현의 유학(儒學)과 현 아문의 관계인데, 학교에 몸을 담은 생원들이 현 아문에 출입하는 것은 한편으로는 고상하게 보여 사람들로 하여금 그것을 보고 경탄하게 하지만, 다른 한편으로는 품행을 잃은 것으로 보여 사람들이 눈살을 찌푸리게 하기도 한다. 따라서 학교에 몸담고 있는 경우라면 마땅히 스스로 고아함을 추구하고 품행을 길러야만 할 것이다. 일찍이 성의 학정(學政)께서 『순환방명록(循環出入簿)』을 만들어 주현으로 내려 보내 생원이 아문을 출입하면 거기에 이름을 기록하고 문지기가 그 『방명록』의 관리를 맡게 하였으며, 현에서 계절마다 그 내용을 보고하도록 하여 품행이 뒤떨어지는 생원을 징벌하는 것을 본 적이 있다. 그 뜻은 학교에 몸담고 있는 사람들이 자중하도록 하기 위한 것이었다. 그런데 호사가들은 분주히 돌아다니며 일을 벌이는 것이 재능이라고 생각하므로, 학정이 반포한 『방명록』은 비록 계속하여 남아 있지만 대부분 다시 상투적인 형식으로만 여기게 되었다. 생원은 아문에 들어가면서도 기록하지 않았고, 생원이 기록해도 현은 보고하지 않았으며, 현에서도 보고해도 학정은 처벌하지 않았으니, 그 방명록을 둔 것은 헛되이 쓸모없는 혹이 되어 버린 것이 아니겠는가!

하지만 나는 이렇게 말하고 싶다. "버드나무 가지를 꺾어 울타리를 만드는데, 어진 선비는 여전히 조심스럽게 주위를 살핀다", "배나무 밑에서 갓끈을 고쳐 쓰거나, 참외밭에서 신발을 바꿔 신는 것은 군자가 피해야 할 일이다." 무릇 지방관은 『방명록』을 받으면 바로 그날로 문지기에게 그것을 들고 의문 옆에 대기하게 해서 생원이 들어오면 그 용무에 따라서 곧이곧대로 쓰게 하고, 계절마다 그것을 모아서 [학정에게] 보고해야 한다. 학정이 그 가운데 규범을 어긴 사람을 적발하거나, 해당 학교에 공문을 보내 경고하거나, 아니면 직접 학교에 찾아갔을 때 그 학생을 열등으로 분류함으로써 처벌을 분명히 하면, 독서하는 학생들은 모두 자중해야 함을 알고, 잘못된 길이나 나쁜 길로 접어들지 않을 것이다. 이것이 어찌 품행을 절제하는 데 도움이 되지 않겠는가!

한편 생원이 위에 아뢰어야 할 것이 있다면 먼저 현 유학의 교유에게 보고하게 해야 한다. [학관이] 그것을 보고 이치에 합당하면 관인을 찍고 봉인하여 [지현에게] 보내면 된다.

---

490 신격(申繳)은 위로 올려 보내 반납한다는 뜻이지만, 본문의 내용에 따라 보고한다는 용어로 바꾸었다.

무릇 일반인의 소송문서에 생원을 증인으로 끌어들인 경우가 있다면 그것은 접수하지 않는다. 그렇게 함으로써 생원이 재판정에서 무릎 꿇고 앉아 심판을 받는 것을 피하기 위함이니, 이 또한 학교를 중시하고 선비의 품행을 도탑게 하는 방안 가운데 하나다.

儒學之於縣堂,[491] 秀才出入其間.[492] 一則雅觀,[493] 令人見之而可敬; 一則品失, 令人見之而可憎. 故身廁黌宮者,[494] 宜自崇雅而植品, 則得矣.[495] 嘗見督學使置『循環門簿』,[496] 發州邑, 生員出入衙門, 則書之. 命門斗司其籍, 而州邑按季申報, 以爲劣懲.[497] 其意亦欲學校盡歸于自重也. 無如好事者以奔競爲才華,[498] 而學使所頒門簿, 上下相沿, 復視爲故套. 生員雖入弗填, 雖填弗報, 雖報弗懲, 其門簿之設, 不徒爲贅疣乎![499] 愚謂: "折柳樊圃, 良士瞿瞿",[500] "李下瓜田, 君子所避."[501] 凡有司奉到『門簿』, 宜日令一門斗執簿儀門側, 生員入則因其所事而直書之, 有司按季繳報. 學使摘其踰檢者,[502] 或行學戒飭,[503] 或臨校置之劣等,[504] 以明示其罰, 則士皆知所自重, 而不流于匪僻矣.[505] 是非檢制行誼之一助乎![506] 至于生員有所呈控,[507] 令

491 여기서 '지어(之於)'는 보통 앞뒤 단어의 관계를 나타낼 때 쓰인다. 이를테면 A之於B는 A와 B의 관계는 또는 A의 B에 대한 관계는, A는 B에 대해서라는 뜻이다. 따라서 '儒學之於縣堂'은 "유학과 현 아문의 관계"라는 뜻이다.

492 수재(秀才)는 생원, 즉 현 유학의 학생들을 가리킨다. 청대의 경우 각 성의 학정(學政)이 주지하는 현시(縣試)·부시(府試)·원시(院試)의 3단계 동시(童試)가 있었는데, 이것을 통과해야만 생원자격을 취득하여 부주현의 학교에 입학할 수 있었다. 생원은 또는 수재(秀才)나 제생(諸生)이라고도 일컬어지는 가장 하급의 학위였다.

493 아관(雅觀)은 보기에 아름다워 조잡하지 않다, 아름답다는 뜻이다.

494 신측(身廁)은 참여하다, 끼어든다는 뜻이다. 횡궁(黌宮)은 학궁(學宮), 즉 학교를 가리킨다.

495 식품(植品)은 인품을 세우다, 배양한다는 뜻이다.

496 독학사(督學使. 督學使者. 學使. 學使者)는 학정(學政. 提督學政)의 별명이다. 명·청대 각 성에 파견되어 교육행정과 각 부·주·현에서 동생(童生)과 생원(生員)의 고시를 치르는 일을 감독하였던 전문 관원으로 보통 한림원(翰林院)이나 진사(進士) 출신의 경관(京官)이 담임하였다. 임기가 3년이었고, 학정의 지위는 독무와 거의 대등한 정도였다. 원래 『순환부(循環簿)』는 담당자가 번갈아 가면서 관리하면서 월별로 등기하는 장부를 가리킨다.

497 열징(劣懲)은 나쁜 사람을 징벌한다는 뜻이다.

498 무여(無如)는 그렇지만, 유감스럽게도라는 뜻이다. 분경(奔競)은 분주하게 경쟁한다는 뜻이다. 명예나 이익에 대한 추구, 재화(才華)는 밖으로 드러난 재주, 특히 글재주를 가리킨다.

499 췌우(贅疣. 贅肬)는 혹을 말하는데, 쓸모없는 물건을 비유하는 데 보통 쓰인다.

500 절류번포(折柳樊圃)는 버드나무를 꺾어서 밭의 울타리를 만든다는 뜻으로 타인의 출입을 막으려 하지만, 허술하여 누구나 출입할 수 있음을 비유한다. 절류(折柳)의 고사는 『시경』「제풍(齊風) 동방미명(東方未明)」에 나오는데 가장 연약한 방어설비를 비유한다.

501 이하과전(李下瓜田)은 앞서 나왔던 과리(瓜李)의 뜻과 같다.

502 유검(踰檢)은 멋대로 법도에 따르지 않는 것을 가리킨다.

503 계칙(戒飭)은 경고하다, 훈계한다는 뜻이다.

504 임교(臨校)는 학교를 방문하다는 뜻이다.

505 비벽(匪僻)은 사악(邪惡)하다는 뜻이다.

506 검제(檢制)는 약속과 절제를 뜻하며, 행의(行誼)는 품행·도의·행위를 가리킨다.

先白學師,[508] 閱其合理者, 用關防封送. 凡平人告狀, 牽生員作證者不准, 免其跪候公庭,[509]亦所以重學校, 敦士行之一端也.

507 정공(呈控)은 위에 고발한다, 알린다는 뜻이다.

508 학사(學師)는 교유(敎諭)나 훈도(訓導), 즉 현 유학의 학관(學官)을 가리킨다.

509 궤후(跪候)는 무릎을 꿇고 앉아 심판을 대기한다는 뜻이다.

| 제4권 |

부임부 蒞任部 3

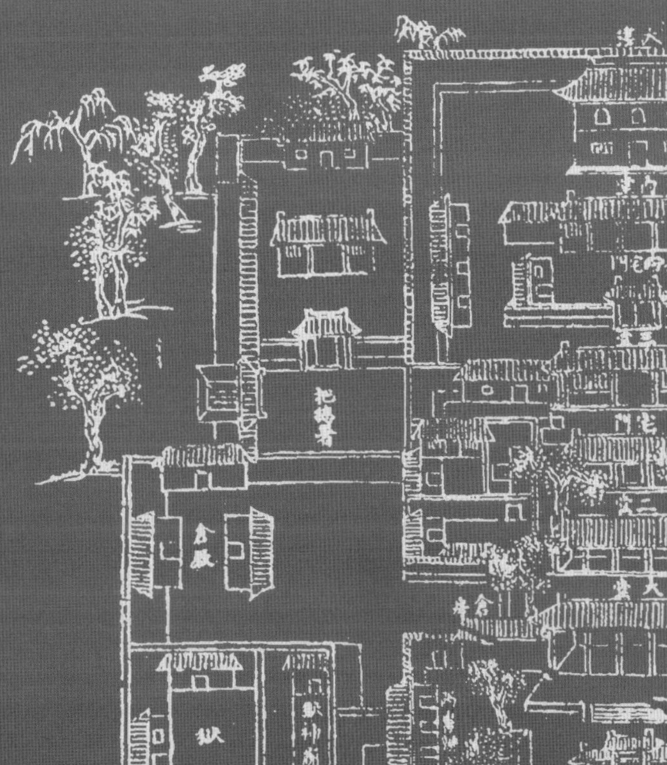

福惠全書

4-01. 신중한 몸가짐(謹操守)

무릇 관리가 되면 모름지기 몸가짐을 제대로 지키는 것을 우선으로 삼아야 하며, 주현의 지방관이라면 더욱 그러하다. 궁핍하고 척박한 지역은 백성이 가난하고 재물이 부족하여 당연히 얻어낼 만한 것이 없지만, 풍요로운 곳일 경우 이전부터 내려온 관례화된 누규, 즉 상규(常規)가 있다. 그렇지만 상규 가운데서도 응당 거두어도 될 만한 것인지를 고려해 본 다음 거두어야 할 것이 있다. 만약 불만의 표적이 되어 비난하는 소리가 그치지 않는 것이라면 마땅히 폐지하여 백성의 칭송을 받을 수 있어야 한다. 서역들은 언제나 이것으로 본관에게 아부하면서 아무런 해도 없다고 하지만, 사실 지현이 하나를 얻으면 서역들은 그때 열을 얻는다. 반면 그 해로움을 따진다면 가장 먼저 지현에게 돌아갈 것이다. 다만 전량의 모선(耗羨)은 여러 사람이 마치 같이 들면 쉬운 것처럼 티끌 모아 태산이 되는 방안이 된다. 지현 역시 이에 의존해서 청렴함을 유지할 수 있고, 갖은 접대에 들어가는 행정경비를 확보할 수도 있으니, 전체를 몽땅 폐지하기는 어렵다. 그렇지만 이전보다 조금 낮추어 준다면 현 백성 모두의 환호성이 길에 넘치지 않겠는가?

한편 소송은 민간의 시비곡직을 구분하는 일과 관련된 것이니 응당 공정하게 판결하여 지혜로움을 보여 주어야 한다. 뇌물을 주고 청탁하는 경우에 대해 이야기하자면, 올바른 사람이라면 오로지 이치에 의해 승리할 것이라 생각하니 어찌 뇌물을 쓰려 하겠는가? 결국 못된 사람이 어두운 밤에 부정한 방법을 쓰면서 반드시 상대방을 이기려고 하는 것이다. 만약 지현이 돈 받는 것을 조금이라도 이롭게 여겨, 본래의 생각과는 달리 판결하여 올바른 사람이 억울함을 호소할 길이 없게 만든다면, 그가 어찌 상사에게 고발하지 않고 그냥 달게 받아들이겠는가? 대체로 지현의 탐욕스러움이나 청렴함에 대해서는 상사에게도 눈과 귀가 있으며, 또는 몰래 찾아와 조사하거나 아니면 피해자가 호소하고 고발함으로써 알게 되기도 한다. 어질고 너그러운 상사라면 먼저 엄히 꾸짖음으로써 잘못을 고치기를 기대하지만, 엄격하고 강직한 상사라면 바로 탄핵하는 상소문을 올릴 것이다. 그렇게 되면 즉각 신분과 명예를 잃게 된다.

그런데 탐욕스러운 마음을 품어 [지현 자리를] 대단한 이익이 나는 것으로 생각하면, 마치 이리나 호랑이가 사람을 잡아먹는 것처럼 그 가죽과 뼈까지 씹어 먹는 데에만 그치지 않는다. 지현이 엄격한 형벌과 가혹한 율법을 이용하여 재물을 모으면 백성은 있는 돈 없는 돈 모두 털어 바치면서도 참을 수밖에 없다. 그러한 백성의 깊은 원한과 쌓인 분노는 지현에게 돌아가지 않으면 도대체 누구에게 돌아가겠는가? 언제나 탐욕스러운 관리들은 온갖 수단을 써서 백성으로부터 고혈을 뽑아 내고자 하며, 그곳은 기름진 땅이니 내 주머니를 가득 채우자는 식으로 나서 걸핏하면 [임기 동안] 모으는 재산이 사오십만 냥이 된다. 내가 몰래 계산해 보니 매년 1만 냥을 쓰더라도 오십 년은 충분히 물 쓰듯 낭비해도 될 정도인 것이다. 하지만 어찌 예상이나 했겠는가? 몇 년도 지나지 않아 도둑질을 당하거나 강도를 만나고, 불에 타 버려 거의 모든 것이 탕진되어 버릴 것이다. 뒤이어 그 자신도 은밀한 규방에서 죽게 되는데, 차마 이야기하지 못할 내막이라도 있게 되면, 이는 어찌 어둠 속에서 귀신이 농간을 치는 것이라 하지 않을 수 있겠는가?

오호라! 긁어모은 돈은 이미 어디론지 날아가 버렸는데, 백성의 원성과 지방관으로 남긴 추악한 행적은 백 년, 천 년 동안 전해지면서도 바뀌지 않을 것이다. 무엇을 얻고 무엇을 잃었는지 너무도 뚜렷하게 드러나지 않는가? 따라서 설사 국법에 의한 처벌은 피할 수 있을지는 모르지만 귀신의 징벌까지도 피하기는 어려울 것이다. 그러니 헛된 이름만 얻고 스스로 화를 당하는 것보다는 욕심 없이 담백하게 사는 것을 즐겨 자손에게 복을 전해 주는 편이 훨씬 낫지 않겠는가? 지현이 청렴한 기풍을 유지하면 백성도 입이 있으니 이를 칭찬할 것이고, 쓰디쓴 황벽나무 껍질을 먹고 얼음을 마실 정도의 깨끗한 몸가짐에 대해서는 상사들도 마음에 담아 둘 터이다. 아울러 조만간 향리에서는 숭배의 대상이 되고, 조정에서는 또한 추천의 대상이 될 것이다. 어찌 이것이 실제로는 대대로 끝없이 부귀와 영화를 누리는 방안이 아니겠는가?

爲官之道, 必以操守爲先,[1] 而州邑爲尤要. 其疲瘠之區, 民貧財匱, 自無可取. 其富饒之地, 原有歷來常規.[2] 然常規之中, 亦宜酌其可取者而取之. 若其斂怨而嘖有煩言者,[3] 亦當革除以收民譽.[4] 在胥役每以此阿媚本官,[5] 以爲無害, 不知官取一而吏取其十矣. 究其有害, 首歸于官. 惟錢糧羨耗,[6] 乃衆擎易擧,[7] 積少成多之具,[8] 官亦藉以養廉,[9] 而應酬公費,[10] 似難槩觸. 但

1 조수(操守)는 평소의 품행이나 절조, 또는 선행을 계속하면서 절조를 지킨다는 뜻이다.
2 상규(常規)는 관례화·일상화된 누규를 말한다.
3 염원(斂怨)은 '원망을 거두어들인다, 부른다'는 뜻이고, 책유번언(嘖有煩言)은 여러 사람이 입을 모아 비난하다, 비난하는 소리가 그칠 줄 모른다는 뜻이다.
4 민예(民譽)는 '백성이 명예롭다고 생각하는 사람, 또는 백성의 칭송'이라는 뜻이다.
5 아미(阿媚)는 아첨하면서 떠받든다는 뜻이다.
6 '모선(耗羨)'은 앞서 나온 화모(火耗)를 가리킨다. 화모는 명·청대에는 결국 정규 세금 외에 가징(加徵)되는 세

較前稍爲輕減, 則闔邑不卽歡聲載道乎?

至于詞訟, 乃民間曲直所關, 自應從公剖斷, 以示神明.[11] 若夫賄囑之事,[12] 直者惟憑理勝, 豈肯行求?[13] 曲者昏夜夤緣,[14] 必期絀彼.[15] 官稍利其財, 而違心聽斷,[16] 使直者抑鬱無伸, 彼豈甘心而不上司告理耶?[17] 夫有司之貪廉, 上司自有耳目, 或密加訪聞, 或被害鳴控.[18] 仁恕者尤先之以切責,[19] 冀其改過, 嚴介者遽登之以白簡,[20] 頓喪身名.

若夫黷貨居心, 視爲奇貨, 如狼虎之噬人, 不盡其皮骨不止, 是己之嚴刑酷法而聚之, 彼則傾囊倒篋而吞之矣.[21] 其民之深仇積恨, 不歸之己, 而歸之誰耶? 又每見貪夫百計吸民, 彼地脂膏盡肥私橐,[22] 動輒四五十萬. 鴻竊私計之, 卽歲浪費萬金, 猶可足五十年之揮灑,[23] 何意未

액으로 지방관이 각종 판공비나 개인 소비 용도로 사용하는 비정규적 수입, 즉 누규의 주된 원천이 되었다. 옹정 연간에는 지현이 자율적으로 징수하여 사용하던 이 부분에 대한 개혁이 이루어져, 화모가 합법화되면서 세액 일부로 편입되었고, 이것을 '모선'이라고 부르게 되었다. 하지만 이 모선 부분은 중앙의 호부로 넘겨지지 않고 성의 포정사에게 넘겨져, 성 관원에 대한 보조비용 내지는 수당(津貼)으로 사용되었다. 이것을 지방관의 청렴을 보장하기 위한 보조비라고 하여 보통 '양렴은(養廉銀)'이라고 하며, 이러한 개혁을 '모선귀공(耗羨歸公)'이라고 부른다.

7 중경이거(衆擎易擧)는 여러 사람이 맞들면 쉽게 든다, 백지장도 맞들면 낫다는 뜻이다.

8 적소성다(積少成多)는 '적은 것들을 모아 큰 양을 만든다', 즉 '티끌 모아 태산'이라는 뜻이다.

9 청대의 경우 양렴은은 앞서 나온 '모선' 관련 조항에서 설명하였던 것처럼 관리의 정규 봉록 외에 직무에 따라 따로 지급하는 보조금을 가리킨다. 하지만 양렴은은 문관은 옹정 5년에, 무관은 건륭 40년에 지급이 시작되었으므로 그보다 이전인 강희 연간에 해당되는 이 시기는 여기에 해당되지 않는다. 즉 '양렴'은 '양렴은'이 아니라 그냥 "청렴함을 키우거나 유지하는 데 도움이 된다"는 뜻으로 보아야 할 것이다.

10 공비(公費)는 아문의 행정 경비라는 뜻이다.

11 신명(神明)은 본래 천지간의 모든 신령(神靈)을 뜻하지만, 나아가 신과 같은 밝은 지혜, 영명함이나 신통함, 사람의 정신·생각·지혜를 가리키기도 한다.

12 약부(若夫)는 '그런데, 그렇지만(至於)'이라는 뜻으로 구절이나 단락의 맨 앞에서 다른 일을 언급할 때 사용한다. 회촉(賄囑)은 뇌물을 주면서 청탁을 하는 것이다.

13 행구(行求)는 '꾀한다, 도모한다'는 뜻이다.

14 인연(夤緣)은 '달라붙다, 빌붙다, 아첨하다, 매달린다'는 뜻으로 뇌물을 주거나 연줄을 타서 출세하려는 것을 가리킨다. 보통 연줄을 이용하여 부정한 행위를 하는 것을 '인연위간(夤緣爲姦)'이라고 한다.

15 출(絀, 黜)은 물리친다, 배척한다는 뜻이다.

16 청단(聽斷)은 소송에 대해 자세히 듣고 판결하다, 사건을 심리한다는 뜻이다.

17 고리(告理)는 고발한다, 처리를 청구한다는 뜻이다.

18 명공(鳴控)은 호소한다, 고발한다는 뜻이다.

19 절책(切責)은 몹시 꾸짖다, 호되게 질책한다는 뜻이다.

20 백간(白簡)은 관원을 탄핵하는 주장(奏章), 상소문을 가리킨다.

21 경낭도협(傾囊倒篋)은 주머니와 돈 광주리를 기울이고 뒤집는다는 뜻으로 가진 것을 남김없이 다 내놓는다는 뜻이다.

22 사탁(私橐)은 개인 돈주머니, 개인의 돈을 가리킨다.

23 휘쇄(揮灑)는 돈을 물 쓰듯 한다는 뜻이다.

及數載,[24] 而盜劫、火焚消磨殆盡.[25] 且繼以身死閨閫之中,[26] 有不忍言者, 是豈非冥冥之中, 有鬼神播弄于其間哉! 嗚呼! 金已付之無何有之鄉,[27] 而怨聲穢跡傳之千百年而弗替, 其孰得孰失, 不大彰明較著矣乎?[28] 故縱免王誅, 難逃鬼罰, 與其負虛名而身嬰實禍,[29] 曷若甘淡泊而福遺子孫.[30] 至于懸魚、塵甑之風,[31] 小民有口,[32] 茹蘖飮氷之操,[33] 大吏有心. 其尸祝于鄉而薦剡于朝者,[34] 且旦暮幾之矣.[35] 寧獨享榮華于奕世,[36] 膺富厚于無窮也哉![37]

---

24 하의(何意)는 '왜, 또는 어찌 예상하였겠는가, 의외로'라는 뜻이다.

25 소마(消磨)는 소모하다, 마모된다는 뜻이다.

26 규곤(閨閫)은 궁원·후궁·내실·규방 또는 가정이나 가족, 또는 규방의 은밀한 일을 가리킨다.

27 무하유지향(無何有之鄕)은 아무것도 없는 무변무애(無邊無涯)의 세계, 허무의 세계를 가리킨다. 『장자(莊子)』「내편(內篇) 소요유(逍遙游)」에 나오는 장자의 말이다. "지금 그대는 큰 나무가 있지만 아무런 쓸모가 없음을 걱정하는데, 어찌 이 나무를 아무것도 없는 고장, 텅 빈 들에 심지 않는가?"

28 교저(較著. 較箸)는 명백하다, 현저하다는 뜻이다.

29 영(嬰)은 만나다, 당하다는 뜻이다. 따라서 신영(身嬰)은 몸소 당한다는 뜻이다.

30 담박(淡泊)은 마음이 담담하고 욕심이 없다, 공명에 마음이 없다는 뜻이다.

31 현어(懸魚)는 매달린 물고기를 말하는데, 후한(後漢)의 양속(羊續)이 태수(太守)로 있을 때 생선을 선사한 관리가 있었는데, 그 생선을 매달아 놓고 이를 경계한 『후한서』 권61 「양속(羊續) 열전(列傳)」의 고사에서 비롯되었다. "부승이 일찍이 생선을 바친 적이 있는데, 속은 이를 받아 정원에 걸어 두었다. 부승이 나중에 다시 또 바치려 하자, 양속은 전에 매달아 놓은 생선을 꺼내어 보여 줌으로써 그 뜻을 가로막았다." 진증(塵甑)에 대해서는 「1-12. 시종 모집(募家丁)」에서 이미 설명한 바 있다.

32 유구(有口)는 말을 잘한다는 뜻이지만, 여기서는 아마 유구개비(有口皆碑), 즉 사람마다 칭송한다는 뜻과 연결된다고 보아야 할 것이다.

33 여벽음빙(茹檗飮冰)은 쓰기로 유명한 황벽나무 껍질을 먹거나 얼음을 먹을 정도로 살림살이가 궁색(窮塞)하다는 뜻인데, 앞서 나온 빙얼(冰蘖. 冰檗)과 같은 뜻으로 춥고 힘들지만 절조를 지키는 것을 비유한다.

34 시축(尸祝)은 제사를 지낸다, 숭배한다는 뜻이다. 시(尸)는 나무로 만든 신주패(神主牌), 또는 신상(神像)·신주(神主)를 만든다, 또는 그것으로 제사를 지내는 사람을 가리킨다. 축(祝)은 말 그대로 축복한다는 뜻이다. 즉 『장자』「내편 소요유」에 "요리사가 요리하지 않는다고 해서 시축이 그 자리를 대신해 요리하지는 않는다"거나 「잡편(雜篇) 경상초(庚桑楚)」에도 "그대는 어찌 함께 그를 숭배하고 사직을 지키는 사람으로 삼지 않는가?"라는 구절에 나온다. 천섬(薦剡)은 남을 추천하는 문서, 나아가 추천하는 일을 가리킨다.

35 단모(旦暮. 旦莫)는 '아침과 저녁, 하루 내내, 나아가 조만간, 곧이'라는 뜻이 있다.

36 혁세(奕世)는 여러 세대, 누대에 걸친다는 뜻이다.

37 부후(富厚)는 풍부한 물질적 재부를 가리킨다.

4-02. 참을성 키우기(忍性氣)[38]

무릇 주현관은 지방의 공무를 다룰 때 마치 향리 이웃 사이의 다툼을 풀어 주는 것처럼 응당 가라앉은 마음과 차분한 자세를 가지고 대처해야 한다. 조금이라도 참지 못하면, 서로 싸우도록 부추기는 격이니 오히려 다툼을 풀어 주려던 사람이 피해를 입게 될 것이다. 하지만 이것은 모두 너무 진지하게 업무에 임하고, 너무 심하게 악을 미워하는 데서 비롯된다. 그래서 천하에는 아주 간교한 놈들과 못된 놈들이 이리나 호랑이보다 훨씬 많다는 알지 못하는 것이다. 이 간악한 무리들이 나라를 좀먹고 백성을 갉아먹는 것은 늑대나 호랑이가 사람이나 짐승을 물어뜯는 것과 뭐가 다르겠는가? 그렇지만 간악한 무리가 나라를 좀먹고 백성을 갉아먹는다고 크게 분노한 나머지 그 가죽을 깔고 자고 그 고기를 먹지 못하는 것을 원통하게 여긴다면, 저 위의 하늘 역시 응당 늑대나 호랑이가 사람이나 짐승을 물어뜯는 것에 분노하여 벼락을 내려침으로써 일찌감치 그 흉악함을 제거하고 멸종을 시켰을 것이다. 따라서 다툼을 잘 풀어 주는 사람의 마음은 마치 저울을 다는 것과 같아서 저울추와 물건이 적당하게 균형을 이루게 하는 데 멈추어야지 어느 한쪽으로 기울어져서는 안 된다. 그렇게 되면 양쪽의 기분이 차분히 가라앉아 기쁜 마음으로 그 중재를 듣게 되는 것이다.

행정을 제대로 하는 지방관 또한 마찬가지다. 무릇 크게 간악한 지방의 무리는 향민을 속이고 해치며 나라의 세금을 가로채고 갉아먹는 존재이지만, 이것이 그들에게는 일상적인 일이다. 그런데 지현이 한 번쯤은 착하고 겁이 많은 백성의 편을 들어 법도를 분명하게 드러내고 큰 소리를 내면서 그들을 모조리 없애 버리려고 하는 경우가 있다. 그렇지만 평소에 흉악하게 날뛰면서 방자하게 전횡을 부리던 이들이 어찌 고개를 숙이고 진심을 밝히면서 달게 법의 처벌을 받아들여 자신들을 묵사발 내는 사람들의 기분을 좋게 만들려 하겠는가? 반드시 거꾸로 지방관을 제압해 낼 방안을 생각해 내려 할 것이다. 이렇게 되면 다

---

38 이 사안은 이 책의 제5권 부임부 4의 「5-02-5. 연주부 채 지부에게 올리는 품첩(上兗州府蔡太尊)」에 나오는 유정완(劉廷琬) 안건을 가리키는 것 같다. 황육홍이 여기서 이름을 들고 있지는 않지만, 「연주부 채 지부에게 올리는 품첩(上兗州府蔡太尊)」에서 자세히 서술하고 있는 것은 바로 이 사안이 틀림없다. 신사와 그의 부친이 생원이 관련된 포람 사건이 담성현에서 황육홍의 부임 시에 여러 차례 있었다고 보기는 어렵기 때문이다. 한편 제17권 형명부 7 「17-05. 도적 체포(緝捕)」에 나와 있는 왕가습(王可習) 관련사건의 내용도 이 주제와 관련이 있고, 제30권 서정부 1 「30-03. 아두(衙蠹)·지곤(地棍)의 지명체포(訪拿蠹棍)」에서도 이 문제를 간략히 다루고 있다.

툼을 풀어 주려던 중재자가 가라앉은 마음으로 차분하게 대처하지 못하고 또한 서로 싸우도록 부추기다가 상처를 받는 경우와 뭐가 다르겠는가? 이것은 모두 스스로 인내하지 못하고, 너무 진지하고 업무에 임하고 너무 심하게 악을 미워하는 데서 비롯된 잘못이다.

내가 담성현에 근무할 때 못된 신사 모씨가 있어 자기 마을 백성의 전량 백여 금을 모두 청부하여 대납(包攬)하고 있었다. 이것으로 탐욕을 채운 것이 20여 년이 되었지만 역대 지현 가운데 아무도 이것을 따지지 못하였고, [그 신사가 체납한 것에 대해] 해당 이·사는 대신 독촉을 받고 있었다. 내가 부임한 다음 이장에게 미납자를 보고하도록 한 다음 구인해서 심문하였더니, 오로지 머리를 조아리며 울 뿐 감히 입을 열지 못하였다. 그래서 곤장을 치고자 하였더니, 그때 가서야 비로소 못된 신사의 부정한 행적을 털어놓으면서 포람 때문에 체납이 되는 이유를 밝혔다. 나는 이 소리를 듣고 그야말로 머리카락이 곤두설 정도로 크게 화가 나서, 곧바로 공문을 갖추어 공식적으로 그를 잡아다가 여러 미납자와 함께 장부를 대조하였다. 그는 이들이 자신에게 감히 맞서는 것에 화가 나서, 일어서서 머리를 들고 있는 사람의 뺨을 갈겼다. 나는 마침내 대로(大怒)하여, 곧바로 유학의 교관을 청해 그 장삼(長衫)을 벗겨 [신사 자격을 박탈하고], 뜰에서 곤장으로 형벌을 내린 다음 곧바로 각 상사에게 두루 보고를 올렸다.[39] 당시 산동성 순무대인께서는 본현에서 심문해서 판결할 수 있도록 엄한 지시를 내려 주셨고, 학정께서도 그 신사의 공명을 박탈한 다음 보고하라고 현 유학에게 지시를 하셨다.

[그런데] 그 신사의 부친 역시 아주 골치 아픈 하층 신사였다. 그는 "순무 모공께서 새로 부임하시기 때문에 곧 도착하신다."라고 기대하고 있었다. 그래서 나의 잘못이라고 [순무에게 고발하겠다는] 항목을 여러 가지 늘어놓은 소송문서를 작성하여 자기 친척인 생원을 통해 내게 보여 주었다. 아버지가 자식을 위해 관대한 처리를 부탁하게 하려는 뜻이라고는 하지만 여전히 다른 미납자들을 무고하고 있었다. 그래서 나는 웃으면서 이를 물리쳤다.

---

39 원래 『대청률례』에 따르면 신금(紳衿)이 미납한 부분은 주현에서 각 호별로 따로 명단을 만들어 보고함으로써 직접 이름을 거명하여 탄핵을 받게 하였다. 또한 문·무관원이나 신사는 이임(已任)·미임(未任)을 막론하고 모두 미납분량에 따라, 이임자는 혁직하고 미임자는 정대(頂帶)와 의금(衣衿)을 박탈하여 법에 따라 칼을 씌우거나 장형으로 처벌하게 되어 있었으며, 주현이 따로 명단을 만들어 보고하지 않았다가 다른 경로로 발각되면 지현이 이부에 의해 처벌받게 되어 있었다. 『대청률례』 권11 「호율(戶律) 창고(倉庫) 상(上)」(『律』119.06) [收米穀曰: '倉', 收財帛曰: '庫']. 條例 "凡紳衿所欠分數, 各州縣逐戶開出, 另冊詳報, 指名題參, 無論文武鄉紳、進士、擧人、生員, 並貢監及有頂帶人員, 已任、未任, 俱按未完分數, 已任者革職, 未任者去頂帶、衣衿, 按例枷責治罪. 如州縣不行另冊詳報, 別經發覺, 交部議處."(p.220)

내가 지방에 피해를 입힌다면 나를 고발하는 것이 마땅하다. 만약 나를 협박하여 법을 왜곡하게 만듦으로써 죄 있는 사람을 내버려 두고 죄 없는 사람을 무고하게 만들려 한다면, 비록 관직이 올라가고 봉록이 높아진다고 해도 나는 하지 않을 것이다. 하물며 자칫하면 직무를 망치고 스스로를 욕되게 하는 일이라면 어떻겠는가?

마침 순무께서 산동성에 들어오시기를 기다려 그 신사의 부친은 "아주 탐욕스럽고 가혹하다"는 말을 내세워 나를 고발하였다. 순무께서는 마음속으로 의심하였지만, 아무런 내색도 비추지 않으셨다. 그리고 신임 순무는 부임한 지 사흘 만에 사도(司道)들을 만나셨을 때 조용히 현직 관원들의 현명함에 대해 물어보셨다. 먼저 포정사(布政使)인 태첨(泰瞻) 시천예(施天裔) 공이 즉묵(卽墨)현의 지현 주군(朱君)과 나를 들어 산동에서 가장 훌륭(循良)한 관리의 으뜸이라고 말씀해 주셨다. 안찰사(按察使) 하육수(何毓秀) 공(公)과 도대(道臺) 전광태(錢光泰) 공(公) 등도 또한 입을 모아 나를 칭찬해 주시면서 내 치적 가운데 알려진 바를 거론하셨다. 다음날 포정사 시천예 공이 신임 순무를 찾아가서 만났을 때 순무께서는 그 신사의 고발장을 그에게 보여 주셨는데, 포정사께서는 웃으며 말씀하셨다.

그 아버지와 그 아들은 정말 골치 아프군요! 그 아들이 오랫동안 비리를 저지르면서 포람과 전량 체납을 일삼았기에 문서를 보면 지금 지현에 의해 보고된 사실이 다 나와 있습니다. 이제 다시 말을 꾸며 터무니없이 고발하는 것을 보니 지현에게 뒤집어씌우려는 것 같습니다.

순무께서는 마침내 문서를 검토해 보시고, 그 고발에 대해 크게 질책하시면서 받아들이지 않으셨다. 그 아들은 결국 유배형(流刑)에 처해졌다.

오호라! 당시 시천예 공 등이 깊이 믿고 적극적으로 칭찬해 주지 않으셨다면 간교한 무고에 걸려들지 않을 가능성이 얼마였겠는가? 만약 내가 납세자들의 말을 들었을 때 바로 그 생원을 불러 간곡하게 타이르고 화복(禍福)과 이해(利害)로 깨우친 다음 몇 년 동안 체납한 전량을 조속히 완납하라고 하였다면 어떠했을까? 그래도 다시 버티고 체납한다면, 명단을 만들고 현 유학에게 「첩문(牒文)」으로 통보하여 그 문지기로 하여금 함께 독촉하게 했어야 하였다. 그래도 여전히 다시 따르지 않는다면 지현과 현 유학이 함께 상사에게 보고하고, 아울러 여러 납세자에게 멋대로 포람에 따른 죄를 묻는 것이 다음 순서였다. 그래서 그 생원이 조정의 법을 두려워하였다면 전량 체납이나 납부 거부의 문제도 저절로 해

결됐을 것이고, 다른 납세자들도 징계를 당한다는 소식을 들으면 그 생원의 불만과 원망도 저절로 가라앉았을 것이다. 체납 문제가 해결되고 원한이 가라앉았다면, 마을 사람들은 당연히 끌려가 독촉을 당하는 번거로움이 없어졌을 것이고, 지방관 역시 무사하게 지낼 수 있었을 것이다. [그런데 당시에는] 왜 이런 생각을 하지 못했을까? 너무 진지하게 일을 맡았고 너무 심하게 악을 미워하는 바람에 오히려 미친개에게 물리는 불운을 만났을 뿐 아니라, 하마터면 어디 억울함을 밝힐 수도 없는 무고를 당할 뻔했던 것이다.

내가 뒤이어 직예성의 동광현(東光縣)으로 옮겼을 때에도 평소 아문의 일을 좌지우지하면서 마치 담성현의 그 신사처럼 세금을 청부받아 대납하고 있던 못된 생원(劣衿)이 있었다. 동광현의 경명지(更名地) 납세자 절반가량의 전량이 그에게 귀속되어 있었고, 그 생원의 경명지 전량은 유독 많았다. 나는 그래서 그의 일족을 뽑아 전량 납부를 독촉하는 최두(催頭)로 삼았다. 그러자 어느 날 그가 현 아문에 찾아와 다른 성씨로 최두를 바꿔 달라고 직접 요구했지만 나는 거절하였다. 이 못된 생원은 나와 오랫동안 언쟁을 하면서 말과 태도가 자못 불손하였기 때문에, 나는 화가 가슴속에 치밀어 올라 하마터면 책상을 뒤집어엎고 그를 한번 내쳐다가 곤장을 안길 뻔하였다. 하지만 지난번 담성현의 못된 신사와 얽힌 일을 아주 안타깝게 여겼으므로 여러 차례 화를 참으면서 좋은 말로 달래어 내보냈고, 최두도 결국 바꾸지 않았다. 이후 경명지의 전량은 마침내 정액대로 완납되었다. 내가 이임한 날에 이르러 현성의 향신·사민들 가운데에는 수레의 끌채에 매달려 울며 전송하는 이들이 길에 넘칠 정도로 많았다. 그 못된 생원의 동생도 또한 술을 들고 와 교외에서 함께 마시며 전별을 해 주었는데, 내가 떠나는 것을 몹시 아쉬워하였다.

나는 그래서 지방 사무는 반드시 지방에 따라서 사정을 참작하여 처리해야 한다는 것을 깨달았다. 어찌 자신의 희로애락을 거기에 개입시켜 도리어 다툼과 소란만 가중시킬 필요가 있겠는가? 따라서 나는 지방관이 된 사람들이 내가 경험한 위의 두 사례를 거울로 삼아 지방 사무를 처리하기를 기대한다. 마을의 분쟁을 해결해야 할 경우 양쪽의 기분을 차분히 가라앉게 만든다면, 그들은 기쁜 마음으로 처분을 받아들일 것이다. 간교한 악당을 다룰 때에도 하늘이 호랑이와 이리를 내면서도 벼락을 내려 몽땅 그것들을 멸종시키려 하지는 않는다는 점을 염두에 두어 그들이 포효하고 날뛰는 기세를 함부로 드러내지 못하게 만들고, 장차 발을 거두고 꼬리를 말아 물러가게 할 정도면 충분한 것이다.

夫州縣官遇地方公事, 如鄉鄰釋爭, 宜平心靜氣以處之. 稍或不耐, 則相助爲鬪, 而釋爭者反受其傷矣. 然此皆由于任事太眞、疾惡太甚, 不知天下大奸、大惡多于狼虎. 其奸惡之蠹國嚼民,[40] 與狼虎之噬人食物, 何處無之. 若必因奸惡之蠹國嚼民, 而馮凌暴怒,[41] 恨不寢其皮而食其肉,[42] 則上天亦宜怒狼虎之噬人食物, 而雷霆下擊, 早已除其兇, 而絶其類矣. 故善釋爭者, 心如衡然,[43] 使權與物適相當而止,[44] 勿使有所偏欹,[45] 則兩家之意氣平, 而欣然聽其處矣.[46] 善爲政者亦然. 凡地方大奸、大惡, 騙害鄉民, 侵蝕國賦, 在彼視爲常事. 而官長一旦扶其良懦, 彰其憲典,[47] 大呼而亟殄之. 彼其素所桀驁恣横之氣,[48] 豈肯俯首輸心,[49] 甘就三尺, 以快爲其魚肉者之志, 將必反而思所以制其官長矣. 是則與釋爭者, 不能平心靜氣以處, 又相助爲鬪, 而受其傷者何異哉? 然此皆不能自耐, 而任事太眞、疾惡太甚之過也.

如鴻在郯, 有劣衿某者, 以本社民糧百餘金, 悉爲包攬,[50] 飽之谿壑者二十餘年,[51] 歷任不敢過問,[52] 里社徒受追比. 迨鴻至, 令里長開報欠戸拘訊之, 唯叩頭號泣而不敢言, 欲責之, 乃言惡矜劣狀幷所以包攬拖欠之故. 鴻聞之不勝眥裂髮指,[53] 立命補牘公擧,[54] 與諸欠戸對簿,

---

40 두(蠹)는 좀먹다, 작(蠹嚼)은 갉아먹는다는 뜻이다.

41 풍릉(馮淩. 馮陵)은 닥치다, 다그치다, 능가하다, 초월하다, 또는 의기(意氣)를 크게 드러내는 모습을 가리킨다. 폭노(暴怒)는 대로(大怒) 또는 물살이 아주 거칠고 격탕하는 모습을 가리킨다.

42 침피식육(寢皮食肉)은 『좌전』 양공(襄公) 21년조에서 주작(州綽)이 제(齊)의 장공(莊公)에게 "저는 최근에야 신하가 되었지만, 두 사람을 만약 짐승에 비유한다면, 신은 그 살을 먹고 그 가죽을 깔고 잤을 것입니다."라고 한 말에서 비롯되었는데, 원한이 아주 깊거나, 또는 용맹스러운 행위 · 정신을 비유한다.

43 형(衡)은 저울을 뜻한다.

44 권(權)은 막대저울 또는 막대저울의 추를 가리킨다.

45 편의(偏欹)는 경사(傾斜)처럼 한쪽으로 기울어진다는 뜻이다.

46 흔연(欣然)은 기뻐하는 모습을 가리킨다.

47 헌전(憲典)은 법률 · 법전을 가리킨다.

48 걸오(桀驁)는 흉악하고 고집이 세다는 뜻이고, 자횡(恣横)은 방종하게 전횡을 부린다는 뜻이다.

49 수심(輸心)은 진심을 표시한다는 뜻이다.

50 포람(包攬)은 세금 납부나 소송을 도맡아서 대리해 주면서 이권을 챙기는 일을 가리킨다. 원래는 납세자 개인이 직접 납부하도록 되어 있어 불법이었지만, 그런 일이 금지된 지방의 신사나 아역 · 무뢰 등이 이런 일을 주로 도맡아 이익을 챙기는 것이 보통이었다.

51 계학(谿壑. 溪壑)은 산 사이의 골짜기를 가리키지만, 나아가 탐욕을 비유하기도 한다.

52 과문(過問)은 어떤 일에 대해 관심을 표현하면서 의견을 덧붙이는 것을 가리킨다. 가서 방문한다는 뜻도 있다.

53 자열발지(眥裂髮指)는 눈자위가 찢어지고 머리카락이 위로 치솟은 모습, 즉 몹시 분노한 모습을 가리킨다. 원래 『사기(史記)』 권7 「항우본기(項羽本紀)」에 "(劉邦을 지키려는 樊噲가) 마침내 안에 들어가 장막을 들추고 서쪽을 향해 서서 눈을 부릅뜨고 항우를 쳐다보는데, 머리카락은 위로 치솟았고 눈자위는 찢어질 듯하였다."라는 유명한 홍문연(鴻門宴)의 고사에서 비롯되었다.

54 보독(補牘)은 찢어 버린 문서를 주워 다시 꿰맞추어 문서를 만든다는 뜻이다. 송(宋)의 조진(趙普)이 태조(太祖)에게 한 인재를 추천하는 문서를 누차 올리자 태조가 화가 나서 문서를 찢어서 내던졌는데, 조진이 다음날 다시 그 문서를 꿰어 맞추고 이어 붙여 올리자, 태조가 잘못을 깨닫고 그 사람을 등용하였다는 고사(『송사(宋史)』 권265 「조진(趙普) 열전(列傳)」)에서 비롯되었다. 여기서는 공문서를 보완하여 갖춘다는 뜻으로 보인다. 공거(公擧)는 대중이 추대한다는 뜻이지만, 여기서는 공개적으로 소환한다는 뜻으로 보인다.

彼憤衆遽敢攖鋒,[55] 乃起而批擧首之頰, 鴻遂大怒, 立請敎官, 褫其衣,[56] 杖之于庭, 而通申各憲. 時大中丞嚴批本縣究擬,[57] 學使者仰學除名招報.[58] 而某之父亦憊衿也.[59] 曰: "撫軍某公新任將至." 彼乃列鴻多款, 令伊親某生示鴻, 欲爲其子求寬, 而坐誣衆戶. 鴻笑而卻之曰: "鴻果獲罪地方, 控之宜也. 若使挾余枉法,[60] 舍有罪以誣無罪, 雖增官益秩, 吾不爲也. 況棄職而辱身乎?" 比撫軍入境,[61] 乃父遂以"奇貪異酷"一詞致控矣. 撫軍心疑之, 而未有以發也. 到任三日後看司道,[62] 因從容詢及有司賢否.[63] 方伯泰瞻施公,[64] 乃首擧卽墨令朱君,[65] 及鴻爲山左循良冠.[66] 而臬憲何公[67]、各道錢公等,[68] 復交口稱鴻,[69] 幷歷擧治行之所知者. 次日方伯施公進

---

55 영봉(攖鋒)은 칼끝을 부딪친다는 뜻, 즉 맞서서 대항한다는 뜻이다.

56 치의(褫衣)는 옷을 벗긴다, 빼앗는다는 것으로, 치(褫)는 빼앗는다, 폐지하다, 혁제(革除)한다는 뜻이다. 여기서 교관을 부르고 옷(長衫)을 벗긴다고 하는 것은 먼저 그의 생원 공명(功名)을 박탈하고, 따라서 생원 자격을 잃어 입을 자격이 없는 장삼을 벗겨낸 다음 형벌에 처한다는 뜻이다. 지방관이라 할지라도 생원의 공명을 가진 신사를 직접 처벌할 수는 없었고 반드시 신사 자격을 박탈하여 일반 백성과 같은 신분으로 만든 다음에야 처벌할 수 있었기 때문이다. 참고로 치혁(褫革)은 관복(冠服)을 박탈한다, 나아가 공명(功名)을 혁제(革除)한다는 뜻이다.

57 중승(中丞)은 동한(東漢) 이후 어사대(御史台)의 장관을 가리키나, 명·청대에는 순무에 대한 칭호로도 쓰였다. 구의(究擬)는 범인을 심문해서 그 형벌에 대한 판결을 내린다는 뜻이다.

58 학사자(學使者) 또는 독학사(督學使)·독학사자(督學使者)·학사(學使)는 학정(學政), 즉 제독학정(提督學政)을 말한다. 여기서 초(招)는 자술·진술조서(供認)를 가리킨다.

59 비(憊)는 고달프다, 또는 못되었다는 뜻이다.

60 왕법(枉法)은 법률을 왜곡하거나 파괴한다는 뜻이다.

61 비(比)는 '가까이·최근·근래·이전'이라는 뜻이 있고, '…을 기다려 또는 대기하여'라는 뜻도 있다.

62 사도(司道)에서 사(司)는 양사(兩司), 즉 포정사사(布政使司)와 안찰사사(按察使司)를 가리키며 도(道)는 도대(道台)를 가리킨다.

63 종용(從容)은 거동이 차분하고 편안함을 가리킨다.

64 방백(方伯)은 포정사의 경칭이다. 시공(施公)은 시천예(施天裔. 또는 周天裔)를 가리킨다. 한군팔기(漢軍八旗) 소속의 그는 순치 17(1660)년부터 강희 22(1693)년까지 아주 이례적으로 긴 시간 동안 산동포정사를 지냈다. 전실보(錢實甫) 편(編), 『청대직관연표(淸代職官年表)』(中華書局, 1980) 제3책 「포정사연표(布政使年表)」, pp.1773-1787을 참조). 태첨(泰瞻)은 그의 자(字)이며, 그의 호(號)는 송암(松岩)이다.

65 즉묵(卽墨)은 산동성 내주부(萊州府)에 속한 현의 이름이다.

66 산좌(山左)는 산동의 동쪽인데, 산동성을 가리킨다. 태항산(太行山)의 왼쪽, 즉 동쪽에 있기 때문이다. 반대로 산우(山右)는 산서성(山西省)을 가리킨다. 순량(循良)은 나라와 법에 충실한 관리, 순량(循良)한 관리를 가리킨다.

67 얼헌(臬憲)은 안찰사(按察使)에 대한 경칭(敬称)이다. 하공(何公)은 강희 5(1666)년부터 강희 18(1679)년까지 산동안찰사를 지낸 하육수(何毓秀)를 가리킨다. 『청대직관연표』 제3책 「포정사연표(布政使年表)」, pp.1773-1787을 참조.

68 강희 연간 산동성에서 도대를 지낸 사람으로 전(錢)씨는 강희 5년 분순무덕도(分巡武德道)를 지낸 전광태(錢光泰. 順天府 大興人으로 擧人 출신)가 유일하므로, 아마 그를 가리키는 것 같다. 『도광제남부지(道光濟南府志)』(中國地方志集成 山東府縣志輯 01. 鳳凰出版社, 2004) 권29 「질관(秩官) 칠(七) 국조(國朝) 무덕도(武德道)」, 42b, 또는 『강희(康熙) 산동통지(山東通志)』 권24 「직관(職官)」 권25의 19a를 참조. 나아가 『건륭(乾隆) 기주부지(沂州府志)』(中國地方志集成 山東府縣志輯 61. 鳳凰出版社, 2004) 권17 「직관(職官) 상(上)」 9a에는 병자(丙子)년의 거인(擧人)으로 강희 10년 동연도로 부임한 전광태(錢光態)의 이름이 확인되므로, 이 점은 거의 확실한 것으로 보인다. 담성현이 속한 기주부를 관할하는 연기조제도(兗沂曹濟道)는 청초에는 동연도(東兗道) 또는 기주도(沂

見, 撫軍以某生狀示之, 施公笑曰: "憊哉! 某氏父子也. 因擧其子積惡, 攬戶抗糧, 爲本縣所申, 前案具在, 今復揑詞誣控,[70] 以圖反噬耳."[71] 撫軍遂檢牘視之, 乃大批切責不准,[72] 而其子竟坐流.[73]

嗚呼! 當時非施公等相信之深, 極爲稱說, 其不中于奸誣者幾何矣.[74] 使鴻當日聞花戶之言, 乃召某生切諭之, 曉以禍福利害, 以歷年之逋欠, 速爲早完.[75] 如再玩延,[76] 開單牒學,[77] 令門斗共兼催, 再或不遵, 則縣與學交申之, 而衆花戶亦責以擅從包攬之罪. 彼某生者畏朝廷之法, 而逋抗自淸,[78] 聞花戶之懲, 而憤恨自平. 逋抗淸, 憤恨平, 而里社無追比之累,[79] 官長亦相安于無事矣. 夫何計不出此? 乃任事太眞, 疾惡太甚, 反遭狂瘈之噬,[80] 幾蒙不白之誣乎?[81]

迨鴻繼補東光, 有劣衿某平日把持衙門, 包攬賦稅, 無異彼生. 其本邑更名地糧、花戶半歸劣手,[82] 而劣之更名糧獨多. 鴻乃僉劣姓爲催頭.[83] 劣一日登堂,[84] 面求更僉他姓, 鴻不許. 劣爭辯良久, 詞色頗不遜,[85] 鴻怒塡胸臆, 輒欲掀案撻之.[86] 因創疇昔彼生之事,[87] 屢遏而止, 乃好

州道)로 불리었는데, 치소는 기주(沂州)에 있었으며 황육홍의 담성현 이임 이후인 강희 13(1674)년부터는 연주부와 동창부의 9개 주현을 소속으로 삼게 되었다. 우평한(牛平漢) 주편, 『청대정구연혁종표(淸代政區沿革綜表)』(中國地圖出版社, 1990), p.191을 참조.

69 교구(交口)는 '입을 모아, 대담하면서'라는 뜻이다.

70 날사(揑詞)는 위조된 말이나 문서 또는 그 내용을 말한다. 무공(誣控)은 허구로 사실을 날조하여 고소하는 것을 가리킨다. 즉 무고(誣告)와 같은 뜻이다.

71 여기서 반무(反噬)는 자기가 나쁜 짓을 해 놓고 도리어 남을 모함하는 것을 가리킨다.

72 절책(切責)은 호되게 질책한다는 뜻이다.

73 좌(坐)는 죄를 범하거나 죄의 판결을 받는다, 과오를 범한다, 연좌된다는 뜻이다. 유(流)는 오형(五刑) 가운데 하나인 유배형(流配刑)을 가리킨다.

74 부중(不中)은 부합하지 않다, 적합하지 않다, 이루어지지 않다, 목표에 맞지 않는다는 뜻이 있다.

75 포흠(逋欠)은 전량을 체납하거나 미납하는 것을 가리킨다.

76 완연(玩延)은 소홀히 하면서 늦춘다는 뜻이다.

77 첩(牒)은 관부에서 사용하는 공문, 또는 공문을 보낸다는 뜻이며, 정문(呈文)이나 송사(訟辭)라는 뜻도 있다. 첩학(牒學)은 현의 유학(학교)에 공문을 보낸다는 뜻이다.

78 포항(逋抗)은 전량의 체납 및 납부 거부를 가리킨다.

79 추비(追比)는 기한을 설정하여 전량 납부를 독촉하는 것을 가리킨다.

80 광계(狂瘈)는 미친개(狂犬)로 악인을 비유한다.

81 불백(不白)은 호소할 데 없거나 혐의를 풀 수 없다는 뜻이다.

82 명대에 각 성에는 번봉(藩封)을 세워 왕장(王莊)을 두었고, 수도 부근의 기보(畿輔)지역에는 황장(皇莊)과 궁장(宮莊) 및 훈척대신(勳戚大臣)들에게 하사한 토지 등이 있었다. 청조에 이르러서는 이 토지에 대해 기보 지역에서는 권지(圈地)를 통해 팔기(八旗)에게 토지를 할당하였고, 그 남쪽과 다른 성에 속한 이런 토지에는 백성을 모아 토지를 소작하게 하였는데, 이를 강희 8년에 경명지(更名地)라고 이름을 바꾸었다. 이 경명지는 별도의 항목으로 『부역전서』에 편입되어 전량은 그에 따라 징수하게 되었다. 제8권 전곡부 3 및 잡과부 「8-02-14. 경명지(更名地)」를 참조.

83 최두(催頭, 催首)는 관부에서 지정하여 전량의 징수를 독촉하는 책임을 맡긴 사람으로 납세자가 전량을 제때에 내지 않으면 최두가 먼저 마감독촉을 당한다.

言慰之出, 而催頭卒不更. 是後更名糧卒如額全完. 及鴻離任之日, 邑鄕紳士民攀轅泣送者,[88] 相望于道,[89] 而此生昆弟亦復携壺榼,[90] 飮餞于郊,[91] 情頗戀戀.[92] 鴻乃悟地方事但當就地方斟酌了之, 何必以己之喜怒置乎其間, 而反滋擾攘. 故鴻願司民牧者,[93] 以鴻二事爲鑒, 處地方公事. 如鄕鄰之釋爭, 使兩家之意平, 而欣然聽處. 馭大奸、大惡, 如上天之生狼虎, 不必雷霆下擊, 輒思殄絶. 但使咆哮跳梁之氣無所逞施,[94] 彼將斂足戢尾而退, 則善矣.

4-03. 조급함 경계하기(戒躁怒)[95]

무릇 관직에 있으면서 일을 처리하고 사람을 만날 때 의지해야 할 것은 오로지 원칙(理)과 정황(情)뿐이다. 원칙은 응당 지켜져야 하며, 원칙에 따라 법을 운용하면 남용되는 법이 없다. 정황을 참작하면 양해할 만한 것이 있어, 그 정황에 따라 법을 굽혀 운용하면 법이 왜곡되지 않는다. 왜 그런가? 사물의 그 원래 있는 모습을 그대로 따르되, 처음부터 거기에 마음을 개입시키지 않으면 되는 것이다. 거울에 사물을 비추어 보는 것에 비유하자면, 그 아름다움과 추함은 자신의 형태에 따르지 거울과는 상관이 없는 것과 마찬가지다.

---

84 등당(登堂)은 현 아문의 대당(정청)에 오른다는 뜻, 즉 현 아문을 찾아 지현을 방문하였다는 뜻이다.

85 사색(詞色)은 언어나 얼굴표정, 즉 태도를 가리킨다.

86 달(撻)은 채찍이나 곤봉으로 친다, 공격한다, 손으로 때린다는 뜻이다.

87 창(創, 刱)은 징치·경계·확대한다는 뜻이다. 또는 창(愴)과 통해 창초(創楚)하다, 즉 고통을 아프고 슬프게 여긴다는 뜻으로도 쓰인다. 주석(疇昔)은 '예전·종전·과거'라는 뜻이다.

88 반원(攀轅)은 반원와철(攀轅臥轍)의 줄임말로, 지방관이 전임(轉任)할 때 백성이 수레의 끌채에 매달리거나 바퀴 앞에 누워서 말을 잡고 못 가게 하면서 유임(留任)을 간원하는 것을 가리킨다.

89 상망(相望)은 서로 쳐다본다는 뜻이다. 상망우도(相望于道)는 길 위에서 서로 보게 된다, 즉 그런 사람이 아주 많다, 끊이지 않는다는 뜻이다.

90 곤제(昆弟)는 형제를 가리킨다. 호합(壺榼)은 차나 술을 담는 그릇을 가리키며, 나아가 자리를 벌려 술을 마신다는 뜻도 있다.

91 음전(飮餞)은 술을 대접하여 보낸다, 전별(餞別)한다는 뜻이다.

92 연연(戀戀)은 아쉬워하거나 미련을 가지고 놓지 못하는 감정을 표현한다.

93 민목(民牧)은 백성을 직접 다스리는 군왕이나 지방관을 가리키는 말이다.

94 영시(逞施)는 마음대로 발작한다는 뜻이다.

95 조로(躁怒)는 초조하고 분노한다는 뜻이다.

만약 일이나 사람을 대하는 데 조금이라도 거기에 자신의 기쁘거나 화가 난 심정을 개입시킨다면, 원칙과 정황은 모두 치우치게 사용되어 남용과 왜곡의 폐단이 뒤따르지 않을 수 없다. 무릇 법을 남용하여 가혹함에 가까운 것보다는 차라리 법을 왜곡하여 용서함에 가까운 것이 낫다. 용서라는 것은 자상함으로 간주될 수 있지만, 가혹함은 참혹하고 각박한 쪽으로 흐르는 것을 피할 수 없기 때문이다.

내가 동광현에 있을 때 장촌(莊村)의 담과 거기에 붙은 수로를 수리하고 준설하라는 공문을 받자, 보정(保正)과 장두(莊頭) 등에게 지시하여 그 공사를 담당하도록 맡겼다. 그리고 공사가 완료되었다는 보고를 받은 다음 내가 친히 답사를 나가 동향(東鄉)에 이르렀다. 보정으로 있던 조(趙)모가 안내를 하였는데, 지나가는 촌장마다 갖은 핑계를 대고 피해 돌아가면서 내게 보여 주지 않았다. 속으로 의심스러워지자 결국 말을 달려 직접 가서 살펴보니, 모든 것이 예전처럼 무너지고 막힌 그대로였다. 촌장의 백성을 불러 힐문하고 나서야 비로소 조씨가 뇌물을 받고 얼버무린 다음 요행으로 피해 가려고 하였음을 알게 되었다. 나는 거짓으로 나를 속여 넘기고, 개인적으로 백성으로부터 돈을 갈취한 것에 분노해서 곤장을 때리도록 지시하였다. 그러자 다른 보정들이 빙 둘러 무릎을 꿇고 형벌을 면제해 달라고 청하였기 때문에 그것 때문에 더욱 화가 나서 마침내 무거운 곤장 30대를 치게 하였다. 결국 한 달도 되지 않아 조씨는 세상을 떴다. 내가 그 아들을 불러 물어보니 한질(寒疾)에 걸렸는데 치료가 되지 않았다고 하였다. 곤장 때문에 생긴 상처가 도졌는데, 그 아들은 내놓고 이야기할 수 없었던 것이라는 생각이 들었다. 그 때문에 한참 동안 슬픈 마음을 가눌 수 없었고, 은 3냥을 내려 주어 장례비용에 보태도록 하고 아울러 1정(丁) 몫의 요역을 면해 주었다. 동광현을 떠난 지 이미 18년이 되었지만 매번 이 일을 생각할 때마다 후회하지 않음이 없지만, 이미 어쩔 수가 없었다.

따라서 백성을 위하는 좋은 방법은 사람을 만나고 일을 처리할 때 오직 원칙과 정황에 따라 법을 운용하는 것이라고 나는 생각하게 되었다. 이렇게 하려면 한때의 분노에 휘말려 참혹하고 각박한 결과를 낳음으로써 훗날 깊이 후회하지 않도록 신중한 자세를 취하는 것이 그래도 낫지 않을까?

夫居官之處事接物,[96] 所憑者惟理與情而已. 理所應執, 則據理以用法, 而法不爲濫; 情有

96 처사(處事)는 일하는 것, 일처리를 말하고, 처사접물(處事接物)은 수물(酬物)·대인접물(待人接物)과 같은 뜻으

可原,[97] 則因情以屈法, 而法不爲枉. 何也? 一如其事物所當然,[98] 而初無所庸其心也. 譬鏡之照物, 其爲姸、爲媸,[99] 隨所自形而與鏡無與也. 若事物之來, 稍參喜怒于其間, 則理與情皆有所偏用, 而不能無濫與枉之弊. 夫與其濫而近于苛, 毋寧枉而近于恕,[100] 恕猶不失爲慈祥,[101] 苛則未免流于慘刻矣.[102]

鴻在東光時, 奉文修浚莊、村墻濠,[103] 責令保正、莊頭等,[104] 董理其役.[105] 及報完之後, 鴻親行査勘至東鄕. 保正趙某者, 爲之前導, 所過莊、村, 多托故繞避,[106] 不爲引視. 鴻心疑之, 遂趨騎往査, 則皆頹塞如故. 喚莊民詰之, 始知趙某之受賄而思倖免也. 鴻怒其欺詭, 且私斂民財, 命杖之. 而他保正環跪, 固請免, 乃愈激鴻怒, 遂重杖三十, 未逾月而趙某身故.[107] 鴻召其子詢之, 云染寒疾不治.[108] 鴻竊意其杖瘡釘結,[109] 而其子不便明言也. 爲惻然者久之, 因賞銀三兩, 以助殯葬之資, 且免其一丁. 迄今去東邑十有八載, 每一念及, 未嘗不追悔之無從也.[110] 因思爲民上者, 凡接物處事, 惟酌其理與情而用法, 愼毋騁一時之躁怒而流爲慘刻,[111] 以深他日之悔, 則庶乎其可矣.[112]

로 다른 사람들과 만나는 것을 가리킨다.

97 정유가원(情有可原)은 그 정황이나 정리(情理) 면에서 양해할 수 있는 측면이 있다는 것, 즉 정황을 참작할 수 있다는 것을 표현하는 숙어다. 원(原)은 용서·양해·이해한다는 뜻이다.

98 일여(一如)는 완전히 같다, 닮았다는 뜻이다.

99 연(姸)은 예쁘다, 치(媸)는 보기 흉하다, 추하다는 뜻이다.

100 '여기(與其)'는 '무령(毋寧)'과 어울려 '…하기보다는 차라리 …하는 편이 낫다'는 뜻을 나타낸다. '무령(毋寧)' 대신 '갈약(曷若)'이나 '령(寧)'·'하여(何如)'·'막약(莫若)'·'숙약(孰若) 등이 쓰이기도 한다.

101 불실(不失)은 '그래도 …로 여길 수 있다, 간주할 수 있다, 부끄럽지 않다'는 뜻이다. 자상(慈祥)은 자애롭고 따뜻하다는 뜻이다.

102 참각(慘刻)은 무자비하고 각박하다는 뜻이다.

103 수준(修浚, 修濬)은 다듬고 트이게 한다는 뜻이다.

104 보정(保正)은 보(保)의 우두머리를 가리킨다. 청대 보갑법(保甲法)에서 10호(戶)는 패(牌. 우두머리는 牌長), 10패는 1갑(甲. 우두머리는 甲長), 10갑은 보(保)였다. 장두(莊頭)는 전장(田莊)의 관리인 또는 촌장·촌두와 같은 향촌의 직역(職役)을 가리킨다.

105 동리(董理)는 감독하여 관리한다, 정리한다는 뜻이다.

106 탁고(托故)는 핑계로 삼다, 구실을 만든다는 뜻이고, 요피(繞避)는 돌아서 피한다는 뜻이다.

107 신고(身故)는 사망한다는 뜻이다.

108 한질(寒疾)은 감기 따위로 생긴 질병을 가리킨다.

109 여기서 정(釘)은 정(疔), 즉 헌데나 종기, 즉 장형(杖刑) 때문에 생긴 상처를 가리키는 것으로 보인다.

110 무종(無從)은 어찌할 도리가 없다, 할 수 없다는 뜻이다.

111 신무(愼毋)는 '절대 …하지 말라'는 뜻이다. 빙(騁)은 말을 달리다, 마음 내키는 대로·멋대로 한다, 과시한다, 푼다는 뜻이고, 조로(躁怒)는 성급해하고 화를 내는 것을 가리킨다.

112 서호(庶乎)는 서기호(庶幾乎)와 비슷한 것으로 거의, 대체로, 다행히, 아마, 혹시 등의 뜻이 있다. 따라서 서호기가(庶乎其可)는 '아마 괜찮지 않을까, 아마 그것이 낫지 않을까' 하는 뜻으로 보인다.

4-04. 음주가무 멀리하기(遠博飮)

지방관은 한 주현의 형명·전곡 등을 총괄해서 처리한다. 백성의 이익·폐단에 관한 모든 일이나 행정사무의 원활한 시행을 위해서는 몸소 나서서 계획하고 근심하지 않으면 안 되며, 그렇게 해서 소홀히 하거나 빠진 부분에 대한 염려를 없애고자 한다. 따라서 아침저녁으로 잠을 자거나 식사를 하는 데에도 편안하게 자거나 배불리 먹을 겨를이 없으니, 하물며 도박이나 바둑 같은 오락, 술잔치의 즐거움을 누릴 겨를이 어디 있겠는가? 바둑을 두거나 도박을 하는 것은 한가한 때 시간을 때우는 일이고, 술을 마시고 시를 짓는 것은 정취를 풀어 내는 방식이다. 백성의 일에 관심을 두는 사람이라면 하물며 촌음의 시간이라도 돌이킬 수 없음을 아쉬워하고 직무를 수행하느라 생긴 피로를 풀기도 힘든데, 어디 한가한 틈이 있어 이렇게 산림에 은거한 사람들이 즐기는 도구에 매달릴 시간이 있겠는가?

어떤 사람은 말한다. "일을 처리하고도 시간이 남는데 어찌 바둑을 두는 데 방해가 될까? 문서를 다루다 지겨우면 또한 술 한 잔으로 시름을 풀 수 있다." 이런 일이 처음부터 공무 수행에 방해되는 법은 없다. 하지만 결국 [바둑이나 도박에서] 악착같이 이겨 보겠다고 나서다 보면 해가 순식간에 서쪽으로 떨어지는 것도 잊게 되며, 진탕 술을 퍼마시며 노래에 취하다 보면 그야말로 시간 가는 줄 모르게 된다. 하루를 헛되이 보면 이를 메우는 데 며칠이 걸려도 힘들고, 하룻밤 실컷 퍼마신 숙취는 며칠이 지나도 완전히 깨어나기 어렵다. 어찌 이를 가리켜 "시간을 헛되이 낭비하여 일을 망친다"고 하지 않겠는가? 따라서 나는 지방관이 된 사람은 소동파 선생이 바둑을 두지 않았고, 우임금이 좋은 술을 싫어하였던 일을 따르고 배우기를 바랄 뿐이다.

夫有司統理一州、一邑之刑名、錢穀. 擧凡百姓之利弊、政事之張弛,[113] 靡不躬親計慮, 以期無疏畧、闕失之憂. 是則朝夕之夢寐,[114] 飮食猶未遑安飽, 而況博奕之戲, 杯觴之宴樂乎?[115] 夫敲枰鬪楮,[116] 乃消日之閒情[117]; 飮酒賦詩, 乃遣興之逸致.[118] 留心民事者, 方且惜寸陰之莫挽, 勞

---

113 장이(張弛)는 장시(張施)라고도 하는데, 활시위를 팽팽하게 당기는 것과 느슨하게 하는 것을 말한다. 따라서 사물의 진퇴·기락·흥폐를 비유한다.

114 몽매(夢寐)는 잠자면서 꿈을 꾸는 것, 또는 그러한 상태다.

115 배상(杯觴)은 술잔, 나아가 술을 마시는 것을 말한다.

鞅掌之爲疲,[119] 又有何暇適而爲此山林隱逸之具耶? 說者謂: "游刃之餘, 奚妨于對局, 簿書之倦, 亦解于銜巵."[120] 初于公務未嘗有礙也. 然而爭贏較勝, 頓忘白日之西沉, 暢飮酣歌, 未覺金壺之漏盡.[121] 不知一朝之曠, 補之數日而未能, 一夜之酲洏,[122] 以屢晨而弗醒. 豈不得謂之: "廢時失事"乎哉? 故鴻願司民牧者, 效坡公之不奕棋,[123] 師大禹之惡旨酒可也.[124]

4-05. 상사 받들기(承事上司)[125]

부하로서 상사를 섬기는 방법은 오로지 공경함과 부지런함에 있을 뿐이다. 공경하면 오만함이 감히 생기지 않아 상사를 알현할 때에는 모름지기 공손하고 신중해질 것이고, 예절을 차릴 때에는 모름지기 시기가 적절하고 완벽할 것이다. 부지런하면 태만이 싹트지 않아 상사의 명령을 받들어 행할 때에는 모름지기 자세하고 신속할 것이고, 자문을 구할 때

---

116 고평(敲枰)은 바둑판을 두드린다는 뜻, 즉 바둑을 가리킨다. 저(楮)는 닥나무, 나아가 종이나 지폐를 가리킨다. 투저(鬪楮. 鬪楮)는 투지패(鬪紙牌)·투지패(鬪紙牌)처럼 일종의 도박을 가리키는 것 같다.

117 한정(閒情)은 한가한 심정이란 뜻이다.

118 견흥(遣興)은 마음속에 든 것을 풀어 버린다, 고민을 풀고 마음을 가다듬는다는 뜻이다. 일치(逸致)는 세속을 초탈한 마음가짐, 또는 한적하고 안일한 정취를 말한다.

119 앙장(鞅掌)은 직무를 수행하느라 바쁘고 번거롭다는 뜻이다.

120 함(銜)은 머금다, 마신다는 뜻이다. 함주(銜酒)나 함치(銜巵)는 역시 술을 마신다는 뜻이다. 치(巵)는 술잔을 뜻한다.

121 금호(金壺)는 동호(銅壺)·주호(酒壺)의 미칭이기도 하지만 여기서는 각루(刻漏), 즉 물시계를 가리킨다. 구리로 만든 항아리 밑에 구멍을 뚫고 항아리 가운데 시각을 알리는 화살표 모양의 부표를 세워, 항아리의 물이 떨어지면서 줄어들면 화살표 위에 시각이 드러나게 하는 장치였다. 따라서 여기서는 금 항아리의 물이 모두 샌다는 것은 시간이 간다는 것을 뜻한다.

122 정이(酲洏)는 숙취를 가리킨다.

123 파공(坡公)은 송나라의 유명한 문인이자 관료인 소식(蘇軾)에 대한 경칭이다. 소식의 호는 동파거사(東坡居士)이다.

124 대우(大禹)는 전설의 하(夏)를 건립하였다고 일컬어지는 우(禹)임금을 가리킨다. 우는 순(舜)임금의 지시를 받아 홍수를 다스리는 데 전력하였으며, 이 일에 종사한 13년 동안 자기 집 앞을 세 차례 지나면서도 그 안에 들어가지 않았다고 한다. 나중에 순의 후계자로 선발되었고, 하를 세운 성왕(聖王)으로 간주된다. 지주(旨酒)는 미주(美酒)를 말하는데, 우임금이 좋은 술을 싫어하고 좋은 말을 좋아했다는 것은 『맹자』「이루(離婁) 하(下)」에 나온다("禹惡旨酒, 而好善言.").

125 승사(承事)는 받들어 모신다는 뜻이다. 그리고 원래 「도임참게(到任參揭)」가 부가되어 있다고 주(註)가 달려 있지만, 실제 원본(다른 판본 역시 마찬가지다)에는 그런 부분이 없다. 이 장의 뒷부분(「4-12. 여러 문서의 양식(文移諸式)」)에는 여러 문서 양식이 부록으로 게재된 부분을 가리키는 것 같다.

에는 모름지기 완곡하고 정성스러울 것이다. 이른바 '참현(參見)'이라는 것은 주현관이 부임할 때 반드시 상사를 알현해야 하는 것을 가리키는데, 혹은 부임하는 도중에 먼저 성도(省都)에 들르기도 하고, 혹은 같은 성(城)에 아문이 있는 경우 부임한 다음날 찾아뵙거나 한다. 혹은 부임지와 성도의 거리가 조금 먼 경우라 할지라도 결코 늦거나 늦춰서는 안 된다. 상사는 기꺼이 부하를 접견하여 그의 재능과 인품을 관찰하고자 한다. 부하 역시 기꺼이 상사를 알현하여 그 성정(性情)을 알아보고자 한다. 그렇지만 상견례는 예방(禮房)에게 묻거나 다른 동료에게 문의하여 시세를 헤아리되 지나침이 없어야 하고, 언제나 법도에 맞춰야 한다. 안부를 물을 때에는 즉 앞뒤로 순서가 있어야 하며, 공무에 관해 아뢸 때에는 상세하고 철저하여 요점이 있어야 한다. 혹 힐문을 받을 때에는 [상사의] 기쁨과 노여움을 관찰하여 차분하게 대답해야 하며, 혹은 동료와 함께 상사를 알현하는 데 상사가 다른 사람에게 말씀하고 있으면 끼어들어서는 안 된다. 행동거지와 절하기, 나아가고 물러남의 빠르기 등은 응당 보통 때에 익혀 두어야 한다. 무릇 상사에게 알릴 일이 있으면 작은 쪽지에 기록하여 두고, 그때가 되어서 다시 점검하여 잊어버리지 않도록 해야 한다. 이런 것들이 바로 공경하고 삼가는 것이다.

지방 특산물을 선물로 보내는 것은 모두 기존의 관례를 따르되,【예물의 양을 늘렸다가 그것이 관례가 되어 버리면, 후임 관원에게 원망을 받는 것을 피할 수 없다.】가능하면 보내기 전에 직접 골라서 정해야 한다.【기한을 넘겨 보내면 상사는 자신을 모독하는 것으로 여길 터이므로, 응당 일찌감치 처리해야 한다. 예물에 곰팡이 흔적이 있을 수 있고, 물건의 질이 낮거나 가짜일 수도 있고, 봉인 글씨가 더럽혀지거나 잘못 쓰일 수도 있으므로 반드시 하나하나 직접 세밀하게 점검해야 한다.】인색한 모습을 내비쳐 [형편없는 선물을 보냈다가] 상사가 손을 내저으며 거절하는 일이 있어서는 안 된다. 이른바 "시기가 적절하고 완벽하다는 것이 바로 이런 것이 아니겠는가?" 언제나 겉으로는 빈궁하고 검소하다고 치장하면서 스스로 고고한 척 뽐내 모든 예절 형식을 담박하게 드러내는 부하가 있다. 그렇지만 만약 그가 정말로 청렴하여 상사의 인정을 받는 것이 아니라면, 모름지기 그 거만함과 기만을 혐오하여 [상사가 악착같이] 흠을 들춰 내는 상황으로 연결될 것이 틀림없다.

한편 상사의 공문을 받았을 때에는 그 경중을 헤아려,【무릇 상사가 보내온 문서는 모름지기 본인이 직접 개봉해야 한다. 먼저 봉투에 긁히거나 손상된 없는지, 겉면에 몇 건이 담겨 있음을 기록했는지, 안에는 연·월을 어떻게 기록하였는지를 살펴보고, 굳게 봉인한 문서라면 바로 기밀에 해당되므로 내택으로 가지고 가서 열어 보고 대책을 정한 다음에야 방과에 내려 보내야지, 경솔하게 먼저 기밀을 누설해서는 안 된다.】문서번호를 등록하고 방으로 내려 보내 응당 그 시말을 보고하게 하고【요컨대 특별문서인지 아닌지를 보고, 만일 관련된 이전 문건이 있다면 모름지기 이 안건의 자초지종과 답변 여부에 대해 살펴보아야 한다. 전후가 모순되게 하거나 얼렁뚱땅 마무리함으로써 상사로부터 멍청하다는 평가를 받아서는 안 된다.】 즉시 답장을 보내야 하며, 이 또한 직접 점검해 보아야 한다.【직인을 찍을 때에는 모름지기 답장문서의 종이가 희고 깨끗한지, 지워서 수정한 글자의 흔적은 없는지, 필획은 단아한 해서체인지 자세히 살펴보아야 한다. 또한 연·월·일 및 봉투 겉면에 쓰는 문서 건수와 관함도 살펴야 한다.】 결코 애매하고 둘러대거나 경솔하게 처리하여 소홀함을 보여서는 안 된다.【문서를 발송할 때에는 해당 서리의 면전에서 직접 확인한 다음 봉투에 집어넣고 단단히 풀칠하여 붙임으로써 가지고 가는 도중 고쳐 쓰는 것을 막아야 한다. 중요 안건이라면 봉인문서를 상사가 보내온 차역에게 직접 맡기거나, 중요한 이역을 파견하여 빠르게 전송함으로써 도중에 멈추거나 뜯어 보는 폐단을 막아야 한다.】

혹은 중요 안건 때문에 상사에게 직접 아뢰는 「품독(禀牘)」을 따로 작성해서,【무릇 공식 보고서인 「상문(詳文)」에 쓰기 불편한 내막이 있는 일이라면 응당 [「상문」과 같이 보내는] 「품문(禀文)」으로 그것을 분명하게 밝혀야 하며, 또한 상관을 만났을 때 직접 아뢰어야 할 중요 안건인 경우에도 미리 「품문」을 통해 밝혀 두는 것이 좋다.】 더욱 분명하게 사정을 설명해야 할 경우도 있는데,【이 사안의 전말을 아주 말끔하게, 그리고 응당 해야 할지 말아야 할지를 충분히 설득력이 있게 아뢴다면 모든 상사가 수긍하면서 믿음을 보여 줄 것이다.】 결코 거짓말이나 교묘한 말솜씨로 속여서는 안 된다. 이러한 방법이 바로 상세함과 신속함, 완곡함과 성실함을 모두 겸하는 것이다.

다른 한편 부절(符節)을 소지하고 역참을 이용하는 차사(差使)가 왕림하였을 경우에는 말먹이와 수레를 제대로 안배하고, 아주 풍성하게 접대해야 하며,【무릇 상사가 지나가거나 아니면 공무로 특별히 왕림하였을 때 왕래하는 교량과 도로를 미리 지방(地方)에게 명하여 고르게 다듬도록 해야 한다. 역참이나 숙소 설비는 모두 몸소 처리해야 한다. 필요한 모든 물품은 모자라서는 안 되며, 간식을 맡은 사람은 신선하고 청결한 데 힘써야 한다. 또한 아역이 말에 따라 일부러 황량하고 곤궁한 모습을 보이는 일이 있어서는 안 된다.】 서적과 의장 기구는 가지런히 갖추어 두어야 한다.【만일 조사를 받는 경우라면 응당 조사받을 업무를 잘 정돈해 둠으로써, 때가 되어서야 허겁지겁 처리하는 일이 있어서는 안 된다. 그 때문에 경승이 질책을 받으면 지현의 체면이 손상된다. 모든 접대와 의장은 아주 선명하게 처리해야 하며, 여기 동원되는 사람은 모두 노련하여 일을 덜 수 있는 사람이어야만 한다. 상사가 지나가는 곳에는 미리 지방과 수완이 뛰어난 아역을 파견하여 순찰하게 한다. 그렇게 해서 못된 무뢰배가 숨어들었다가 마을 어귀나 시장 끝 또는 황량한 야외에서

나타나 큰소리로 억울함을 호소하는 일을 허용해서는 안 된다.】

만약 문고(文告)를 공포하는 경우라면 반드시 큰 거리에 내걸어야 한다.【상사가 내린 「고시」나 금지·경고의 포고 가운데 인쇄해서 방문(榜文)으로 붙여야 할 것이라면 지시에 따라서 게시하되 응당 붙여야 할 지역을 빠뜨려서는 안 된다. 상사가 지나가다 직접 보거나, 혹은 사람을 보내 살펴보게 했는데 찾지 못한다면 일부러 숨기고 감추었다고 생각하여 행동거지를 의심하게 될 것이다.】 상사의 지시로 파견된 차역 역시 그 등차(等差)를 살펴서 접대한다.【만약 상사가 특별히 파견한 경우라면 반드시 일의 대소와 파견된 사람의 허실을 살펴 그 접대의 두텁고 엷음을 결정해야 한다. 요컨대 모름지기 예의로 접대하되, 태만해서는 안 되는 것이다. 이들의 비위를 거스르면 나중에 분명히 [상사에게 지현에 대해] 비방하게 된다.】 이러한 것이 바로 부하가 상사를, 그리고 아랫사람이 윗사람을 모시고 받드는 올바른 길이다. 그렇지만 마음속에 공경하고 부지런함이 없다면, 이런 소리를 한들 무슨 소용이 있겠는가?

屬吏之所以事上官, 惟在敬與勤而已. 敬則傲慢不敢生, 而參見之必恭必愼, 儀節之必時必週; 勤則怠忽不敢萌, 而奉行之必詳必速, 諮請之必婉必誠. 所云: '參見', 州縣到任, 必謁上司, 或途次先由省會,[126] 或同城抵治次日, 或治境距省稍遠, 皆不宜遲緩. 上司樂見屬員, 覘其才品. 屬員亦樂見上司, 識其性情. 惟相見之儀, 詢之禮房, 訪之寮宩,[127] 揣之時勢, 毋過謟,[128] 毋不中度.[129] 語寒暄則先後有序,[130] 禀公事則詳切有要,[131] 或蒙詰問, 觀喜怒而委曲致對,[132] 或同寅共見, 上司向他語, 勿攙雜而更置已詞.[133] 容止、跪拜[134]、進退疾徐,[135] 宜嫺之于平日. 凡有啓事,[136] 書之袖褶,[137] 臨時省覽,[138] 免致遺忘, 此則恭愼之謂也. 其餽送土宜, 悉照舊規,

126 도차(途次)는 도중에 또는 여행길에 머무르거나 잠을 자는 곳이라는 뜻이다.
127 요채(僚宩)는 속료를 가리킨다. 채(宩)는 녹봉·관직·관리를 뜻한다.
128 과도(過謟)는 지나치게 의심하다, 어긋나다, 망령되다는 뜻이다.
129 중도(中度)는 표준이나 법도에 맞다, 적절하다는 뜻이다.
130 한훤(寒暄)은 춥고 따뜻한 것을 묻다, 즉 인사말을 나눈다는 뜻이다.
131 상절(詳切)은 상세하고도 간절하다는 뜻이다.
132 위곡(委曲)은 완곡하게, 차분하게, 순종적으로, 은근히, 자세하게 등 다양한 뜻이 있다.
133 참잡(攙雜)은 섞다, 끼어들다, 혼잡하게 하다는 뜻이다.
134 용지(容止)는 언행·용모와 행동거지를 말한다.
135 질서(疾徐)는 빠르고 느림, 즉 속도를 말한다.
136 계사(啓事)는 고시·공고 또는 알림.
137 수접(袖褶)은 작아서 소매 속에 감출 수 있는 접은 종이(摺子)를 가리킨다.
138 성람(省覽)은 들춰 보다, 점검한다는 뜻이다.

【禮數一增,[139] 卽爲成例, 未免取怨後官】 務於先期躬親簡點,[140] 【過期而送上官, 以爲慢已, 故宜早辦, 幣帛恐有霉跡,[141] 物色恐有低假, 封簽字跡,[142] 恐有汚斜錯悞. 故必一一親細點看】 勿露吝形, 致見揮斥.[143] 所謂: "時而周者非乎?" 每有下僚, 外飾貧儉, 自炫孤高, 一切儀文,[144] 出之淡薄. 若非眞正淸廉, 上司見諒,[145] 未有不惡其矯詐,[146] 而披摘瑕疵者矣.[147]

至于奉到上行, 審度輕重,[148] 【凡上司來文, 須親手開拆, 先看封套有無擦損, 封面開內幾件, 封內何註語年月, 遇有釘封,[149] 卽係機密, 待進衙拆看, 計定然後發行, 毋先輕洩】 登號發房,[150] 宜詳始末, 【要看是否特行. 如有前案, 須查此案原委,[151] 有無回覆, 毋得前後矛盾, 糊塗了事, 使上司視爲昏庸[152]】 立卽申覆,[153] 尤加親閱, 【用印時, 須將回文詳看, 紙張堅白, 字無洗補, 筆畫端楷. 再看年月小日及封面件數官銜】 切勿朦混草率以示疏.[154] 【發行時, 命該吏對面點明, 入封粘實, 以防夾帶改寫. 如緊要文書, 或封付來差, 遣要役馳送, 以防停閣拆看之弊[155]】 或因要務, 應修稟牘, 【凡事有委曲,[156] 未便見之「詳文」, 卽宜用「稟」聲說, 亦宜于見上官時, 將要事用「稟」, 預先稟明】 更須悉白情事, 【將此事原委, 說得透徹, 應行應止, 說得動情可聽, 上官未有不首肯見信者】 切勿虛詞巧飾以示欺. 此詳與速、婉與誠之兼盡也. 然又有旌節經臨,[157] 騶輿按部,[158] 廚傳供帳,[159] 豐盛宜加. 【凡上司經過, 或公事特臨, 往來橋梁道路,

---

139 예수(禮數)는 예의나 예모·예절, 즉 사회적 신분이나 지위에 상응하는 예의와 격식을 가리킨다.

140 선기(先期)는 약정한 날보다 앞서, 미리라는 뜻이고, 간점(簡點)은 골라서 지정한다, 선정한다, 검사한다는 뜻이다.

141 폐백(幣帛)은 제사나 선물에 쓰이는 예물인 비단을 가리키지만, 나아가 재물을 뜻하기도 한다.

142 봉첨(封簽)은 기물 위에 붙여 봉인·봉함을 표시하는 쪽지를 가리킨다.

143 휘척(揮斥)은 제멋대로 휘두르다, 손을 내저어 물러가게 한다는 뜻이다.

144 의문(儀文)은 예절·예의형식을 가리킨다.

145 견량(見諒. 見亮)은 겸손한 말로 상대방이 자신을 양해해 준다는 뜻이다.

146 교사(矯詐)는 거짓으로 속인다는 뜻이다.

147 피적(披摘)은 들춰 낸다는 뜻이다.

148 심도(審度)는 헤아려서 정한다는 뜻이다.

149 정봉(釘封)은 정봉문서(釘封文書), 즉 특수한 방법으로 봉합한 문서를 가리킨다. 못으로 문서에 구멍을 뚫고 끈을 통과시켜 문서의 기밀과 긴요함을 보이는데, 보통 범인 호송 문서에 잘 쓰인다.

150 등호(登號)는 문서번호를 등록한다는 뜻이다. 발방(發房)은 안건을 담당 방과의 서리에게 보내 처리하게 하는 것을 가리킨다.

151 원위(原委)는 사건의 경위·본말·자초지종을 말한다.

152 혼용(昏庸)은 멍청하고 어리석다, 우둔하다는 뜻이다.

153 신복(申覆)은 답장을 올린다는 뜻이다. 신(申)은 위에 보고한다는 뜻이다.

154 절물(切勿)은 결코(절대로) …하지 말라는 뜻이다.

155 정각(停閣. 停擱)은 내버려두다, 중지하다, 일을 방치한다는 뜻이다.

156 위곡(委曲)은 여기서는 자세한 사정·곡절을 뜻한다.

157 정절(旌節)은 사자(使者)가 증거물로 소지하던 부절이나 신부(信符)를 말한다. 여기서는 사자를 가리키는 것 같다.

預飭地方平治. 公館鋪設, 俱宜親身料理. 凡係需用不可有缺, 小飯坐司務要鮮潔,[160]不可聽衙役之言, 用示荒凉窮苦】冊籍仗儀,[161] 整齊具備.【如係查勘, 卽將所勘事宜, 料理齊備, 勿致臨時倉卒, 經承取責, 本官體面不雅. 一應伺候執事, 俱要鮮明, 供役諸人, 俱要老成省事. 上司所臨之處, 預飭地方及差能事衙役巡邏, 毋許藏留棍徒, 于村頭、市尾、曠野、荒郊, 呼冤喊告】

若頒行文告, 務須張掛通衢.[162]【上司「告示」, 或係禁止、申飭,[163] 應刻榜者, 卽遵示列榜,[164] 應貼某所者, 卽貼某所, 恐上司經過親見、或差人探看, 以爲藏匿有心, 疑其行止也】奉遣差承, 亦視等差接待.[165]【如係上司專差,[166] 須看事之大小、所差人之浮實,[167] 以定所待之厚薄. 總宜待之以禮, 不可怠慢. 恐彼不悅, 致生毁謗也】此皆以卑奉尊,[168] 以下事上之正軌也. 然非敬勤居心,[169] 又烏足以語此耶?

4-06. 신사 접대(待紳士)[170]

본지의 신사는 북경이나 지방에서 임직하고 있는 사람도 있고, 휴가를 내서 고향에서 지내는 사람도 있고, 관직을 떠나 집에 머무는 사람도 있다. 그들과 교제할 때는 응당 예로써 접대를 해야 하고 서로 만난 때에는 명첩을 쓰며 모든 것을 기존 관례에 따라야 한다.

---

158 추여(騶輿)는 말을 먹이는 사람과 수레를 말한다. 안부(按部)는 부서에 따라 분류한다, 안배한다, 조리나 순서에 맞게 따른다, 소속 지역을 순시한다는 뜻이다.

159 주전(廚傳)은 여객에게 숙식과 거마를 제공하던 장소, 따라서 역참을 뜻한다. 공장(供帳)은 연회용 장막, 그릇, 음식 등을 늘어놓는다, 연회를 거행한다는 뜻이다.

160 소반(小飯)은 점심(點心)이나 간단한 음식을 말한다. 무요(務要)는 반드시 …해야 한다, 하기를 바란다는 뜻이다.

161 장의(仗儀)는 의장·의식에 사용하는 병장기를 가리킨다.

162 장괘(張掛)는 펼쳐서 건다는 뜻이다.

163 신칙(申飭)은 경고·질책·지시라는 뜻이 있다.

164 준시(遵示)는 지시에 그대로 따른다는 뜻이다.

165 등차(等差)는 등급의 차이를 말한다.

166 전차(專差)는 특별한 공무를 처리하기 위해 파견된 사람을 가리킨다.

167 부실(浮實)은 들뜨고 경박해서 알차지 못하다는 뜻이다.

168 봉존(奉尊)은 존중한다는 뜻이다.

169 경근(敬勤)은 삼가 조심하고 힘써 노력한다는 뜻이다.

170 신사에 간명한 소개는 오금성, 「신사」(吳金成 외, 『명청시대사회경제사』, 이산, 2007 수록)를 참조.

신사가 자신에게 절실한 일로 또는 형제나 자식·친척과 관련하여 뜻밖의 문제에 부딪치게 되더라도 역시 또한 두루 체면을 세워 주어야 하니, 이것은 바로 독서인을 중시하고 예교를 지탱하기 위함이다. 한편 학교에 문장이나 품행이 뛰어난 선비가 있으면 특별히 우대해야 하며, 미천하고 빈곤한 독서인의 경우에는 봉록을 나누어 학자금을 도와줄 수도 있다. 이것은 어진 부모관이 정사를 돌보면서 당연히 해야 할 일일 뿐만 아니라, 현명한 사람은 이런 소식을 듣고 고무를 받아 더욱 스스로를 아낄 것이며, 어리석은 사람도 스스로 반성하면서 부끄러움을 알아 역시 다투어 경전을 읽게 될 것이다. 이러한 일은 풍속과 교화가 은근히 점차적으로 바뀌는 데 진정으로 적지 않은 영향을 미친다.

또한 원래 백성의 칭송은 보통 내심에서 나오지만, 사대부들의 지방관에 대한 포폄은 대부분 말장난에 의존하는 것임을 기억해 두어야 한다. 그래서 사대부들이 한 번이라도 분노를 품으면, 유하혜(柳下惠)처럼 몸가짐이 뛰어난 사람을 [유하혜의 동생이지만 천하의 악당인] 도척으로 바꿔 치울 수 있으며, 자그마한 흠이라도 우연히 걸리면 곧바로 도랑에 풍파를 일으키는 것이다. 지방관으로서는 자기 뜻을 굽혀 그들의 비위를 맞추는 것은 너무 약하다는 부끄러움을 느낄지도 모르지만, 그렇다고 일부러 그들을 모독하여 위세를 보이는 것은 도리어 지나치게 뻗댄다는 비난을 부를 수도 있다. 이러한 문제에 대처하는 방식은 오로지 예절을 지키고 의례와 직분을 제대로 따르는 것이며, 모름지기 책임 또한 더욱 늘어나기 마련이므로 율법도 경솔하게 어지럽히기는 어렵다는 정도면 되지 않을까? 공자께서도 "현명한 관리를 모시고, 어진 선비와 벗이 되어야 한다"고 말씀하셨고, 『시경』에서도 "[하지만 중산보(仲山甫)만은] 부드러워도 먹지 않고 딱딱해도 토하지 않았다. [또한 불쌍한 사람을 모욕하지도 않고 강폭한 사람을 두려워하지도 않았다.]"고 한 것은 바로 이런 뜻일 것이다.

本地鄉紳有任京外者, 有告假在籍者, 有閒廢家居者.[171] 其交際之間, 宜待之以禮, 用刺相覿,[172] 悉照舊規. 其有切己事, 或兄弟子侄, 橫罹意外,[173] 亦必周全體面, 所以重衣冠而扶名敎也.[174] 至于學校中有文章品行之士, 特加優遇. 貧寒不給者, 或分廉俸, 資之膏火,[175] 非

171 한폐(閒廢)는 간폐(間廢)와 같은 뜻으로 관직을 잃는 것을 가리킨다.

172 상적(相覿)은 서로 만난다는 뜻이다.

173 횡이(橫罹)는 의외로, 갑작스레, 돌연히 피해를 당한다는 뜻이다.

174 의관(衣冠)은 앞서 나왔듯이 사 이상의 복장 내지는 신사나 사대부를 가리키기도 한다. 명교(名敎)는 명분(名分)을 정하는 것을 중심으로 한 예교(禮敎)를 가리킨다.

惟賢父母政體應然, 而賢者聞風知勸, 益加自愛. 不肖者返衷自愧,[176] 亦爭事『詩』、『書』. 其于風敎黙化潛移, 正自不小. 且從來草茅謳頌,[177] 本出肺腸,[178] 縫掖春秋,[179] 多憑口吻.[180] 一念懷嗔,[181] 可使展禽作跖,[182] 微疵偶染,[183] 頓令尺澤生波,[184] 爲仕者曲意逢迎而避謗, 固爲繞指之羞,[185] 有心凌辱而示威, 亦涉過剛之忌.[186] 惟禮所當存, 儀循分及,[187] 法難輕縱,[188] 責亦必加, 庶乎可矣. 語云: "事其大夫之賢者, 友其士之仁者."[189] 詩曰: "柔亦不茹, 剛亦不吐."[190] 其斯之謂歟!

---

175 고화(膏火)는 조명용 불, 야간에 독서하기 위한 등화를 가리키는데, 학습보조금을 가리키기도 한다.

176 반충(返衷)은 반성한다는 뜻이다.

177 초모(草茅)는 초묘(草茆)·초모(艸茅)와 같은 뜻으로 잡초·초야·민간 내지는 평민이나 비루하고 미천한 사람을 가리킨다.

178 폐장(肺腸)은 내심이나 생각을 비유하는 뜻이다.

179 봉액(縫掖. 縫腋)은 큰소매의 홑옷(大袖單衣)으로 옛날 유자(儒者)의 복장이므로, 유자(儒者)를 가리키기도 한다. 『춘추(春秋)』는 물론 공자가 편집하였다고 하는 노(魯)의 편년체 역사서를 가리키기도 하지만, 여기서는 『춘추』에서 주로 쓰인 필법(筆法), 즉 포폄(褒貶)을 가리키는 것으로 보인다. 포폄은 칭찬하거나 깎아 내린다는 뜻으로 『춘추』 문장은 대부분 포폄의 뜻을 포함하고 있다고 해석되어 왔다. 춘추필법(春秋筆法)이란 용어도 여기에서 비롯되었다.

180 구문(口吻)은 입이나 목소리, 또는 어조(語調), 또는 말 속에서 드러내는 관점이나 시각을 뜻한다.

181 회진(懷嗔)은 화나 원망을 품는다는 뜻이다. 진(嗔)은 화·분노·원망을 뜻한다.

182 전금(展禽)은 춘추시대 노의 대부 전획(展獲)이다. 그의 자는 계(季) 또는 금(禽)인데, 유하(柳下)에 식읍(食邑)을 받았고 시호를 혜(惠)라고 하였으므로 보통 유하계·유하혜 등으로 불리며, 그 가운데 유하혜라는 이름이 가장 잘 알려져 있다. 고사에 의하면 성문을 지키던 유하혜가 집 없는 여자를 만났는데 그녀가 동상을 입을까 두려워 밤새 품에 껴안고 앉아서 옷으로 덮고 있었지만 전혀 흐트러짐이 없었다고 한다. 때문에 유하혜는 몸가짐을 제대로 하는 남자를 가리키게 되었다. 한편 도척(盜跖)은 춘추시대 노의 대도(大盜)이자 유하혜의 동생이다. 『장자(莊子)』 「잡편(雜篇) 도척(盜跖)」에 의하면 "공자가 유하계(유하혜)의 벗이 되었는데, 유하혜의 동생은 이름을 도척이라고 하였다. 도척은 따르는 졸개가 9천 명으로 천하를 횡행하면서 제후를 침탈하여 그 저택에 들어가 문을 부수고 가축을 약탈하고 부녀자들을 강탈하였으며, 재물을 탐내 가족을 버려, 부모형제를 전혀 돌보지 않고 제사도 지내지 않았다."라고 묘사되고 있다.

183 미자(微疵)는 작은 흠·결점을 가리킨다.

184 척택(尺澤)은 작은 연못(小池)을 가리킨다. 척택생파(尺澤生波)는 평지풍파(平地風波)와 같은 뜻으로 보면 될 것 같다.

185 요지(繞指)는 요지유(繞指柔)를 뜻한다. 요지유는 『문선(文選)』에 실린 유곤(劉琨)의 「중증노심(重贈盧諶)」이란 시(詩)의 구절("어찌 알았겠는가, 백 번 제련한 강철이 손가락으로 굽힐 정도로 부드럽게 바뀌었으니")에서 비롯되었다. 그래서 요지유는 굳센 사람이 좌절을 겪으면서 부드럽고 연약하게 바뀐 것을 비유하거나, 아주 부드럽고 유연하다는 것을 뜻하기도 한다.

186 과강(過剛)은 너무 양기가 넘친다, 강폭(剛暴)한 기운이 넘친다, 지나치게 강경하다는 뜻이다.

187 순(循)은 따르다, 준수하다, 구하다, 찾는다는 뜻이다.

188 종법(縱法)은 법을 왜곡한다(枉法)는 뜻이다.

189 『논어(論語)』 「위령공(衛靈公)」 편에 나오는 구절이다. "자공이 인을 실행하는 방법에 대해 묻자 공자께서 말씀하셨다. '장인도 자기 일을 잘 하려면 우선 모름지기 그 기구를 예리하게 다듬는다. 우리는 나라를 위해서 일하니, 현명한 관리를 모시고, 어진 선비와 벗이 되어야 한다.'(子貢問爲仁, 子曰: '工欲善其事, 必先利其器, 居是邦也, 事其大夫賢者, 友其士之仁者'.)"

190 『시경』 「대아(大雅) 탕지십(蕩之什) 증민(烝民)」에 나오는 구절이다. "사람들은 또한 말한다. 부드러우면 먹고,

4-07. 속관·동료와의 교제(交接寅僚)[191]

속관(屬官)들은 아침저녁으로 함께 일을 하므로 지현의 거동에 대해 모르는 바가 없어, 그들이 자신들의 업무를 제대로 수행하기를 바란다면 우선 지현 자신부터 올바르게 처신해야 한다. 자신을 바로잡으면 속관들이 두려워하며 받들지 않음이 없다. 하지만 속관들은 품계가 낮고 봉록이 적어 모든 것은 지현에게 의존하고 있으니, 응당 그들의 수고를 긍휼히 여기고 그들의 궁핍을 가엾게 여겨, 공이 있으면 추천하여 권장함을 보이고 급한 일이 있으면 도와줘 은혜를 보여야 한다. 속관의 재주가 일을 감당하지 못하는 경우에는 다양한 방법으로 지시해서 일을 할 수 있게 만들어야지 각박하게 책임을 물어서는 안 된다. 간혹 우연히 어긴 일이 있으면 부드러운 얼굴로 일깨워 잘못을 고칠 수 있기를 기다린다. 만일 이런 점에 조금도 신경을 쓰지 않고 성격을 그대로 드러내면서 행동한다면 여기에서 원망과 틈이 생겨날 것이다.

한편 인근 지역의 지방관들 역시 모두 동료 사이이니 마땅히 가끔 교제를 할 필요가 있다. 서로 의기투합하는 사람과는 당연히 좋은 관계를 유지하겠지만, 남다르다고 우쭐대는 사람과도 역시 스스로를 굽혀 원만한 관계를 유지해야 한다. 모든 공무와 관련된 것에 대해서는 힘써 서로 협조해야 한다. 내가 먼저 베풀 수 있다면 그가 나중에 보답할 것이다. 그렇지 않고 평소 관계가 원만하지 못하면 업무관련 정보도 서로 공유하지 않게 된다. 만약 한 지역에서 잡힌 도인(逃人)이 심문과정에서 느닷없이 자기가 머물던 [이웃 현의] 주소를 토해 내거나 도적무리들이 다른 주현에서 저지른 일을 자백하거나 한다면, 그 안건은 소송절차에 따라 모두 중앙의 형부(刑部)로 보내지거나 「사건조서」에 따라 상사에게 보고되어 버리는데, 그렇게 되면 어떻게 [중간에 차단해서 일이 자신에게 확산되는 것을] 막아 보려고 해도 어찌 남은 힘이 있겠는가? 【예전에 담성현에 부임하였다가 상을 당해 일을 넘기고 성성(省城)에 가서 상사에게 감사 인사를 간 적이 있었다. 때마침 순무의 생신이라 주현 관원들에게 음식이 내려져 모

딱딱하면 토한다. 하지만 중산보만은 부드러워도 먹지 않고 딱딱해도 토하지 않으며, 불쌍한 사람을 모욕하지도 않고 강폭한 사람을 두려워하지도 않는다(人亦有言, 柔則茹之, 剛則吐之. 維仲山甫, 柔亦不茹, 剛亦不吐, 不侮矜寡, 不畏彊禦.).”

191 인료(寅僚)는 동료를 말한다. 여기에는 '영관부(營官附)'라는 부제가 붙어 있다. 영관(營官)은 군부대인 영의 장관, 또는 지방의 무비와 치안을 책임지는 무관을 가리킨다.

두 관청에 모이게 되었다. 그때 능현(陵縣) 지현 아무개와 평원현(平原縣) 지현 아무개가 얘기를 하고 있었는데, 평원현 지현의 태도가 몹시 거만하였다. 능현 지현은 그때 발끈하였고, 얼마 안 있어 능현에서 도인이 잡혔는데 그가 평원현에 숨어 있었다고 진술하였다. 능현 지현은 이 진술을 그대로 형부에 보고하였고, 결국 평원현 지현은 파직되고 말았다. 동광현에 내가 부임하였을 때에도 인접한 [직예성 河間府의] 교하현(交河縣)은 산동성 [德州府의] 낙릉현(樂陵縣) 가까이에 자리 잡고 있었다. 그런데 낙릉현에서 황상의 어명을 받은 사건에 관련하여 잡힌 도적이 장물을 대해 스스로 교하현 모인을 턴 것이라고 진술하였다. 낙릉현 지현이 이를 산동순무에게 보고했고, 산동순무는 다시 제본(題本)으로 조정에 알려 버렸으므로 교하현 지현은 도적사건을 은닉한 죄로 파직되었다. 한 사람은 거만하게 굴다 원한을 샀고, 다른 사람은 인근 지역과의 관계를 소홀히 하다 느닷없이 관직을 잃게 되었다. 이는 내가 직접 본 것을 적어서 기록한 것이니 본보기로 삼기를 바란다.】

그리고 모든 주현에는 해당 지역에 주둔하는 군대의 무관(軍官)이 있는데 대개 수비(守備) 아니면 천총(千總)·파총(把總)이다.[192] 과거시험 출신 문관인 지현은 이 무관들을 경시하여 마지않는데, 무관들 역시 병력 관할을 믿고 지현에게 은근히 불만을 품는 경우가 있다. 병사와 백성이 서로 다툴 때마다 각자 한쪽을 옹호하지만, 백성이 병사들에게 업신여김을 당하는 경우도 적지 않다. 간혹 지방에서 비상상황이 발생했을 때 무관이 먼저 엉터리로 보고를 올려 지방이 종종 이러한 무관들 때문에 소요를 겪기도 한다. 이것은 모두 문·무 관원이 화목하지 못해 빚어진 결과다.

따라서 무관은 직위 고하를 막론하고 마땅히 우대하는 예로 상대해야 한다. 명절 때 예물을 보내고 주연에 서로 초대함으로써 서로 간의 감정을 교류할 수 있을 것이며, 간혹 청탁이 있을 경우 인정이나 도리에 크게 어긋나지 않는다면 그것을 허락해 줌으로써 생계에 보탬이 될 수 있게 한다. 부대의 대장이 만나러 오면 좋은 말로 위로하고 수행 병사와 시종에게도 술과 음식을 내린다면, 부대 상하 전체가 감격하고 기뻐하지 않는 경우가 없을 것이다. 이 때문에 무관의 경우 기뻐하는 가운데 지현에 대한 공경심을 가질 것이고, 하급 무관의 경우 감격하는 가운데 외경심을 가질 것이다. 무릇 지방에서 변고가 발생했을 때 모름지기 먼저 무관들과 상의한 뒤 대책을 시행한다면 병사 무리도 얌전할 것이고 감

192 지현과 무관의 관계에 대해서는 황육홍 자신이 직접 쓴 상문(詳文), 즉 제5권 부임부 4 「5-02-01. 양 제독에게 올리는 품첩(上楊提臺)」에서 직접적인 사례와 함께 소개하고 있으므로 함께 참조할 수 있다.

히 무력을 믿고 소요를 일으키지 않을 것이니 주현 백성이 얻는 복도 많을 것이다. 이 또한 문·무 관원이 서로 화목해서 얻게 되는 분명한 효과가 아니겠는가!

僚佐朝夕共事,[193] 凡印官擧動, 無不周知, 欲其恪供乃職, 必須持己以正.[194] 己旣正而寮屬無不凜承矣.[195] 然秩卑祿微, 諸惟仰賴堂尊,[196] 宜恤彼勤勞, 憫其貧乏, 有功則擧之以示勸, 有急則周之以示恩. 才不稱事,[197] 多方指示, 而毋爲苛責守.[198] 或偶渝,[199] 和顔開導,[200] 而俟其改圖. 若稍不留意, 徑情以行,[201] 則怨隙從此生矣.[202] 至于鄰封, 均屬寅誼,[203] 尤宜聘問以時. 意氣相投者, 固合深相結納, 淩厲自異者,[204] 亦爲折節周旋.[205] 凡屬公事關連, 務必互爲照應.[206] 我克施之于先, 彼自報之于後. 否則情非素洽, 事莫通聞. 倘有逃人忽扳住址, 盜夥別供鄰案,[207] 一經依詞解部, 據招詳憲, 則料理彌縫, 尙遺餘力乎? 【鴻昔任郯, 以丁艱卸事,[208] 赴省辭謝上臺. 值撫軍生辰, 留州縣飯, 俱齊集官廳. 淩令某與平原令某語, 平原色甚倨, 淩艴然,[209] 未幾淩獲逃人, 供窩在平原. 淩竟據供解部, 平原遂落職. 鴻繼任東光, 有鄰邑交河,[210] 與山左樂陵接壤.[211] 樂陵欽案盜獲贓, 供自交河行劫某者. 樂陵竟詳東撫具題,[212] 交令以諱盜

---

193 요좌(僚佐)는 여기서 지현의 좌이관과 속관을 가리킨다.
194 지기(持己)는 지신(持身)처럼 몸가짐을 말한다.
195 요속(寮屬)은 속관들을 가리킨다. 늠승(凜承)은 삼가 또는 두려워하면서 받든다는 뜻이다.
196 앙뢰(仰賴)는 기댄다, 의지한다는 뜻이다. 당존(堂尊)은 현의 속리들이 지현을 존칭하여 부르는 말.
197 칭(稱)은 상당하다, 부합한다는 뜻이고, 칭사(稱事)는 일을 감당하거나 잘 해낼 수 있다는 뜻이다.
198 책수(責守)는 직책·직무를 말한다.
199 우(偶)는 뜻하지 않게, 투(渝)는 바꾸다, 위배하다, 벗는다는 뜻이다.
200 개도(開導)는 계발(啓發)하여 이끌어 준다, 앞에서 끌어 준다는 뜻이다.
201 경정(徑情)은 '성질대로, 멋대로, 임의로'라는 뜻이다.
202 원극(怨隙)은 '원망·혐오'라는 뜻이다.
203 인의(寅誼)는 동료 사이의 우정·우의(友誼)을 가리킨다.
204 능려(淩厲)는 하늘 높이 날다, 기세가 신속하고 맹렬하다, 웅장하다, 예리하다는 뜻이다.
205 절절(折節)은 자기를 굽혀 남의 밑에 들어간다, 평소의 뜻이나 행동을 바꾼다는 뜻이다.
206 조응(照應)은 배합한다, 돌본다, 호응한다는 뜻이다.
207 도과(盜夥)는 '무리를 모은 도적, 도적 일당'이란 뜻이다.
208 정간(丁艱)은 정우(丁憂)로 이를테면 직계존속의 상을 당해 3년 동안 초상을 치르면서 관직에서 물러나던 것을 가리킨다.
209 불연(艴然)은 발끈하는 모습을 뜻한다.
210 교하현(交河縣)은 직예성(直隸省) 하간부(河間府) 소속으로 동광현과 인접해 있고, 산동성 낙릉현의 북쪽에 자리 잡고 있다.
211 낙릉현(樂陵縣)은 산동성 덕주부(德州府)의 소속으로 동광현·교하현과 그리 멀지 않은 산동성 북부의 직예성과 인접한 지역에 자리 잡고 있다.
212 동무(東撫)는 산동순무를 가리킨다. 구제(具題)는 제본(題本)을 갖추어 상주(上奏)한다는 뜻이다. 즉 공문을 통

刊職.[213] 一以倨傲取怨, 一以失交鄰誼,[214] 遽捐功名.[215] 此鴻所目覩者, 書之以爲前鑒[216]】

凡州邑俱有營弁駐防,[217] 大約非守備,[218] 則千 · 把總也.[219] 從科目出身者, 未免輕覷營官,[220] 而營官亦恃管兵, 未免銜憤州邑. 每遇兵民相鬩, 各自護持,[221] 而民往往爲兵所欺凌.[222] 或値地方偶警, 弁先混報, 而地方往往爲弁所騷擾. 此皆文武不和之故也. 故營官無論大小, 俱宜優禮相待. 歲時筐篚見遺,[223] 樽罍相招,[224] 所以申情款,[225] 卽間有干請,[226] 于情理無大關礙,[227] 不妨聽允, 所以佐饔飧.[228] 至于隊長進見, 慰以甘言, 兵丁跟隨,[229] 犒之酒饌, 則闔營上下未有不感悅者矣. 于是營官因悅生敬, 兵目因感生畏,[230] 凡地方有故, 必先商確而後行,[231] 卒伍相安, 不敢倚强而生事, 州邑之百姓受福多矣. 此又非文武和睦之明效也歟!

해 중앙정부에 보고한다는 뜻이다.

213 간직(刊職)은 삭직(削職), 즉 면직을 당한다는 뜻이다.

214 인의(鄰誼)는 이웃 사이의 우정이나 감정을 뜻한다.

215 공명(功名)은 과거학위(科擧學位)나 관직의 명위(名位)을 가리키는데, 여기서는 후자를 가리킨다.

216 전감(前鑑)은 전거지감(前車之鑒)·전거(前車)와 같은 뜻으로 『순자(荀子)』「성상(成相)」편에 나오는 구절("앞 수레가 이미 뒤집어졌는데, 뒤의 수레는 아직 모르니, 언제나 깨달을까?")이나 『대대례기(大戴禮記)』「보부(保傅)」편에 나오는 구절("속담에 말하길, '앞 수레가 뒤집어지면 뒤의 수레가 경계로 삼는다고 한다.'") 등에 전고가 있다. 이왕의 실패를 가지고 교훈으로 삼는다는 것을 비유하는 것이다.

217 영변(營弁)은 중하급 무관을 가리킨다.

218 수비(守備)는 명·청대 무관의 명칭으로 청대 녹영(綠營)의 경우 제독(提督. 종1품)·총병(總兵. 정2품)·부장(副將. 종2품)·참장(參將. 정3품)·유격(游擊. 종3품)·도사(都司. 정4품)·수비(守備. 정5품)·천총(千總. 정6품)·파총(把總. 정7품) 등이 있었다.

219 천총(千總)은 앞서 나온 대로 정6품의 무관을 가리킨다.

220 과목(科目)은 성질에 따른 분류와 명칭, 또는 과거시험을 통과하여 얻은 공명을 가리킨다.

221 호지(護持)는 보호하여 유지한다, 편든다는 뜻이다.

222 기릉(欺凌)은 업신여기고 욕보인다, 억압하고 모독한다는 뜻이다.

223 세시(歲時)는 사계(四季)나 일정한 계절·시간을 가리킨다. 광비(筐篚)는 대광주리이지만, 거기 담긴 예물을 가리키기도 한다. 견유(見遺)는 버려진다, 내게 보내 주신다는 뜻이다.

224 준뢰(樽罍)는 술통(樽)과 술독(罍), 즉 술을 담는 그릇, 또는 술을 마시는 것을 가리킨다.

225 정관(情款)은 감정의 융합이나 교류를 가리킨다.

226 간청(干請)은 청탁을 말한다.

227 정리(情理)는 인정과 도리, 또는 정서를 가리킨다. 관애(關礙)는 방해하거나 저애한다, 관련되다, 끌려 들어간다는 뜻이다.

228 옹손(饔飧)은 밥 또는 밥을 짓는다는 뜻이다. 음식이나 연회를 가리키기도 한다.

229 근수(跟隨)는 뒤에 따른다, 또는 그런 사람을 가리킨다.

230 병목(兵目)은 사병의 우두머리, 보통 군관을 가리킨다.

231 상각(商確)은 짐작한다, 논의한다, 토론한다는 뜻이다.

4-08. 신중한 서명과 결재(謹僉押)

결재라는 것은 바로 지현이 붉은 먹으로 승인 표시를 하고 직인을 찍는 일을 가리키지만, 이서(吏書)가 부정을 저지르는 것 역시 바로 이러한 지현의 승인 표시를 속여서 훔치는 데 핵심이 있다. 직인을 한번 몰래 찍게 되면 바로 귀신도 협박할 수 있는 부적이나 직접 돈으로 바꿀 수 있는 증서가 되기 때문이다. 기존 관례에서는 아침 업무를 시작할 때 지현이 천당(川堂)에서 결재를 하면 각 방과는 순서대로 기다려 점검을 받고 서명과 도장을 받았다. 하지만 다만 지현이 잠시라도 허술하거나 소홀히 하면, 표를 가지고 바꿔치기하거나 아니면 틈을 타서 몰래 직인을 찍는 폐단이 생겼다. 그래서 이런 작폐를 막기 위해서 오로지 내택에서만 붉은색을 직인을 찍은 다음에야 비로소 방과로 내보내는 방식으로 바꾸었다.

그러나 위로 올리거나 아래로 보내는 문서에 직인을 찍는 것은 원래 정해진 형식이 있으므로 반드시 능숙한 사람이 관리해야만 잘못이 생기지 않는다. 그래서 무릇 육방(六房)이 매일 처리해야 할 안건은 그 전날 초고를 갖추어 원래의 관련 공문과 함께 내택으로 보내게 하여 지현이 그 내용을 보고 처리를 지시할 수 있게 하였으며, 다음날 아침 이를 내보내 깨끗하게 베껴 써서 다시 서명·결재를 받도록 하였다. 또한 지시공문인 「패표(牌票)」를 『날인장부(僉簿)』에 올리지 않는 경우가 있다면, 이것은 바로 서명과 직인을 몰래 훔쳐서 사사로이 남을 협박하는 데 쓰려는 것이므로 반드시 엄중하게 처벌하였다. 만약 「패표」가 『파견장부(差簿)』의 발송 내용과 다르거나, 또는 방과에서 긴급한 일이 있어 「차표」를 발급하지만 이를 내택으로 보내 등록하고 검사를 받은 다음 내보낸 것이 아니라면 모두 부정을 저지르는 것으로 간주하여 엄중하게 처벌하였다.【방과에서 「첨표(僉票)」를 발급할 때는 해당 방과에서 우선 내택으로 보내 등록을 하면 지현이 그 위에 "내택 등록"이라는 작은 도장을 찍어 방과로 내려 보낸 다음에 그 표를 점검·발급하게 해야만 빠뜨리거나 숨기는 폐단이 없어진다. 무릇 「차표」를 모두 내택에 등록시키게 하고, 정해진 기한마다 비교하여 점검하면 아역들이 자연히 감히 부정을 저지르지 못할 것이다.】

僉押關係惟在標硃、用印,[232] 吏書作弊亦惟在騙得一硃. 偷得一印, 便是嚇鬼之符、支錢之

232 표(標)는 표시하거나 쓴다는 뜻이므로 표주(標硃)는 붉은색 먹물로 표시를 한다는 뜻이다. 주(硃)는 주사(朱砂.

票. 故舊例早堂僉押在川堂, 各房挨次看僉用印, 秖因官府一時疏虞, 非執票混標, 卽乘間竊印. 所以後來防弊, 止在內衙硃印方發. 但上下文書用印, 原有定式, 須諳練者主之, 庶無錯誤. 凡六房每日應行事件, 先日具稿, 并原案送宅,[233] 斟酌放行,[234] 次早發之, 謄淸送僉.[235] 有「牌票」不登『僉簿』者,[236] 此卽欲騙硃偸印, 私行嚇詐者也,[237] 定應重究. 如有「牌票」不同『差簿』送標, 及在堂有緊急「差票」不送宅掛號驗發者, 俱以作弊重責. 【在堂「僉票」,[238] 該房送宅掛號訖, 宅內卽于票上用一"掛內號訖"小戳[239] 送堂驗發, 始無遺匿之弊. 凡差票槩掛內號, 照限査比, 衙役自不敢作奸弊矣】

4-09. 등록문서 정리(淸號件)

상사의 공문 및 패표는 안건 처리를 독촉하는 것이 아니면 피고를 잡아 올리라는 것이므로, 각 해당 경승(經承)은 반드시 기한을 엄격히 지켜서 완결해야 한다. 예컨대 내용 없는 문서만으로 답변할 수 있다면 사흘 내에 답장을 보내야 한다. 전량의 기해를 독촉하거나 소송문서를 심사하는 일은 먼저 공문을 갖추어 기한을 늦춰 달라고 답장을 한 다음, 일 처리의 완결을 기다려 바로 보고하는데, 답장은 물론 사흘 내에 해야 한다. 조쾌 등이 표를 받아 향에 내려갈 때에는 현성에서 얼마나 먼지를 따져 기한을 세우는데, 대략 30리는 다음날까지, 60리는 사흘까지, 90리는 4-5일까지로 한다. 기밀로 긴급한 사안일 때에는 별도로 마쾌(馬快)를 보내는데, 마쾌는 밤낮으로 말을 달려 일을 마치고 돌아와서 표를 반납해

朱沙)를 말하는데, 단사(丹砂)라는 광물을 원료로 한 붉은색 안료를 말한다. 첨압(僉押)은 문서에 도장을 찍거나 서명·사인을 함으로써 책임을 지겠다는 표시를 하는 것을 말한다.

233 원안(原案)은 최초의 문서철(案卷), 또는 원래의 안권을 말한다.

234 방행(放行)은 여기서는 집행을 비준한다는 뜻이다.

235 송첨(送僉)은 올려 바쳐 서명을 받는 것을 말한다.

236 첨부(僉簿)는 『문서발송 등기부』를 가리킨다.

237 혁사(嚇詐)는 협박과 공갈을 말한다.

238 「첨표(僉票)」는 관부에서 발급하여 공무를 재촉하거나 피의자를 구인하는 증명서를 가리킨다. 「차표(差票)」와 같은 뜻이다.

239 내호(內號)는 『내호부(內号簿)』, 즉 내택의 『문서등록장부』를 가리킨다.

야 하므로 이 기한을 따르지는 않는다.

기한을 세운 다음에는 반드시 그 기한에 따라 일을 마감했는지 점검해야 한다. 기한을 넘겨서도 표를 반납하여 말소시키지 않으면, 반드시 넘긴 기한이 얼마인지에 따라 처벌하여 경각심을 갖고 두려워함으로써 감히 늑장을 부리지 못하게 만들어야 한다. 그러나 또한 거리는 비록 가까우나 일 처리가 쉽지 않아 즉각 표를 반납하여 말소하기 어려운 경우가 있는데, 그렇다고 하더라도 기한을 넘겼는데 처벌하지 않으면 이는 스스로 법을 어기는 셈이 된다. 따라서 가까운 곳이라 할지라도 또한 일이 쉽고 어려움을 참작하여 기한을 늘려 줄 수도 있으며, 미리 정한 기한에 지나치게 구애받을 필요는 없다. [앞 절에서 이야기한 것처럼 패표의 발급 등과 관련된] 『등록장부』들을 모두 정리하는 날은 한 달에 여섯 번을 잡는데, 일이 없는 빈 날을 정하여 이런 마감점검을 한다. 아침 업무를 마치고 나서 해당 이역을 독촉하여 각 방과 이역 및 차역을 마감점검에 참여하게 한다. 만약 마감점검을 하는 날임에도 해당 이역이 이것을 아뢰지 않는다면 시간을 끌어 부정을 저지르는 것으로 보고 즉각 엄중하게 처벌한다. 말소되어 폐기된 패표는 갈고리(√) 표시를 하여 [폐기되었음을 기입한 다음] 아문 내부에 보존함으로써 이후의 참고에 대비한다.

上司公文、牌票, 非催儹案件,[240] 卽拘提人犯,[241] 各該經承須嚴立限期完結. 如空文可覆者限三日,[242] 催起解錢糧、批審「詞狀」者, 先具文申覆寬限, 俟卽解報, 亦限三日. 其皀快等承票下鄉, 量離城遠近立限, 大約三十里限次日, 六十里限三日, 九十里限四日、或五日. 遇有機密緊事, 另差馬快,[243] 星馳回繳, 不在此限. 其限期旣立, 必須照限查比,[244] 逾限不銷, 必須照逾限久近責懲, 使彼有所儆懼而不敢怠玩. 然又有地雖近, 而事難立銷者, 若逾限不責, 是自爽其法. 故于近地又當酌事之難易, 以少寬之, 未可過于拘泥也.[245] 其清號日期, 一月六次, 擇定空日查比, 早堂事畢, 責成該吏喚各房及差役聽比. 如比日, 該吏不稟, 卽以延捱作弊重責,[246]

240 최찬(催儹. 催趲)은 독촉하다, 재촉한다는 뜻이다.
241 구제(拘提)는 소환에 응하지 않는 피고 등을 직접 체포하여 압송하는 것을 가리킨다.
242 공문(空文)은 실질적인 내용이 없는 문서, 텅 비고 들뜬 문사, 유명무실한 법률규장 등을 가리킨다.
243 마쾌(馬快)는 마쾌수(馬快手)로 아문에서 집포(緝捕) 업무를 담당하던 이역을 가리킨다.
244 사비(查比)는 차역에게 설정된 기한에 맞추어 임무 완성과 결과 보고 여부를 점검하는 것을 가리킨다.
245 구니(拘泥)는 구애받다, 고집하여 변통할 줄 모른다는 뜻이다.
246 연애(延捱. 延挨)는 우물우물 늦추다, 어물어물 미룬다는 뜻이다.

其銷過廢牌, 卽勾抹存署內,[247] 以備查考.

4-10. 답례 편지(酬荅書札)

현성의 신사들이 보내는 편지를 대부분 사정을 봐 달라고 부탁하는 내용이다. 음양생(陰陽生)이 그런 편지를 대신 전해들고 와서는 안 되며, 업무가 끝나기를 기다려 음양생이 먼저 아뢰면 편지를 갖고 온 대리인이 직접 전달하게 한다. 만약 인근지역의 동료나 신사, 또는 먼 곳의 친구가 사람을 시켜 편지를 보낸다면, 간방(柬房)으로 하여금 장부를 만들어 순서대로 번호를 매겨 등록하고, 먼저 지현에게 아뢰어 지시를 청하게 해야 한다. 그 『등록장부』에 모월 모일에 모처의 누구【아역 혹은 가인】를 시켜 편지를 보냈는지 기록하고, 그 뒤에 앞에 받은 편지내용을 기록한다. 만약 답장을 보냈다면 그 편지내용 아래에 며칠에 답장을 보냈는지 기록하고, 그 위에 "등록 말소(처리 완료)"라는 작은 도장을 찍는다. 내아에서 서찰을 관리하는 사람에게도 『등록장부』를 만들어 마찬가지로 번호를 매기게 한다. 만약 선물이 있다면 "어떤 선물을 받았다"고 기록하고, 편지 안에서 뭐라고 했는지 그 내용도 간략하게 기입한다. 만약 어떤 허가를 요청하는 내용이거나 전량과 호구·토지에 관한 것이라면 응당 그 업무를 담당하는 막우에게 보여 주어 주의하도록 하되, 답장을 보내 허락하는 것은 막아야 하는데, 만약 나중의 처리가 이 답장과 서로 다르게 이루어진다면 아주 큰 원망과 비난을 살 수도 있기 때문이다.

보내온 편지봉투는 번호를 매길 때에는 모년 모월 모일 모인이 보낸 편지인지를 아울러 기입하여 답장을 기초하는 사람에게 보내며, 그는 어떻게 답장을 할 것인지 분명히 물어본 다음, 초고를 작성하여 [지현의] 검토를 받는다. 그다음 베껴 쓰는 사람에게 보내 옮겨 쓰도록 한다. 옮겨 쓰는 것이 끝나면 편지 원본과 함께 지현에게 보내어 검토를 받은 다음에야 도장을 찍고 봉인을 한다. 간방에 넘겨야 할 것은 간방에 넘기고, 편지를 전해 온 사람에게 직접 넘겨야 할 것은 전해 온 사람에게 넘긴다. 전해 온 사람은 잠시 쉴 곳을 마련

247 구말(勾抹)은 구소(勾銷)와 같은 뜻으로 √표시를 하여 지우거나 효력 말소를 표현하는 것이다.

하여 음식과 숙소를 제공해 주거나, 내아에 머무르게 하거나 아니면 노자 돈을 주는 등 보내온 사람이 윗사람인지 아랫사람인지 가까운 사람인지 아닌지 등을 참작하여 접대를 해야 한다. 답장을 보낼 때에도 역시 번호를 등록하는 것은 앞서와 마찬가지다.

받은 편지는 매달 한 묶음으로 묶고, 제목쪽지도 붙여 모월분인지를 기입한 다음 보관한다. 답장원고는 글 쓰는 사람을 시켜 모아 두었다가, 역시 『등록장부』에 따라 순서대로 옮겨 적음으로써 나중에 참고할 수 있게 한다. 매년 연말 혹은 관리자가 바뀐다면 편지 원본과 초고모음을 모두 내아로 보내게 하여 검토한 다음 보관함으로써 그것이 다른 사람의 손에 넘어가 이용되는 것을 피해야 한다. 만약 비밀서찰로서 편지를 전해 온 사람이 직접 전달하였다면, 간방을 거쳐 번호를 매길 필요는 없다. 그 답장초안도 응당 스스로 손봐야 하며, 만약 어려운 점이 있다면 심복이나 견식이 있는 사람과 상의하도록 하고, 편지 원본도 내부에서 보관하여 밖으로 내보낼 필요가 없다. 즉 옷섶에 보관하고 스스로 등록하여 잊어버렸을 경우에 대비하는 것이다.【서찰은 산문이나 사륙변려문으로 쓰는데 보내 온 편지의 문체에 따라 답장을 한다.】

本治鄕紳投書多是說情.[248] 陰陽生不得傳進, 著候堂事畢, 陰陽生先禀, 著來使當堂親投.[249] 如鄰邑同寅、鄰紳遠友差人投書, 著柬房置簿,[250] 挨次登號, 先具「禀單」討示.[251] 其『號簿』註明某月日某處差【衙役、家人】投書一封, 後列前件. 如發回書, 卽于前件下註某日發回書訖, 上用“銷號”[252]小戳. 其內衙收掌書札之人, 置簿掛號亦同. 如有禮物註明“收璧某件”,[253] 書中云云, 註明畧節. 如係來辭聽允,[254] 有關錢糧、戶土, 須照會管理幕友, 以便留意, 毋使回書旣允, 及其發落矛盾,[255] 大招怨尤.[256] 其來書封面,[257] 于掛號時, 並記“某年月日某人札”, 遂

248 투서(投書)는 서신, 또는 서신을 보낸다는 뜻이다. 설정(說情)은 인정에 호소하다, 통사정하다, 사정을 봐 달라고 부탁한다는 뜻이다.
249 내사(來使)는 사명을 띠고 오다, 또는 그 사람, 즉 온 사람을 가리킨다.
250 간방(柬房)은 아문에서 서찰의 왕래사무를 담당하던 사무실을 가리킨다.
251 「품단(禀單)」은 (아문이나 지현을 향해) 사정을 아뢰거나 진술하는 문건을 가리킨다. 토시(討示)는 지시를 요청한다는 뜻이다.
252 소호(銷號)는 등록번호를 말소한다는 뜻이다. 즉 이미 처리가 완료되었음을 표기하는 것이다.
253 수벽(收璧)은 예물을 받는다는 뜻이다.
254 청윤(聽允)은 받아들여 허용한다는 뜻이다.
255 발락(發落)은 처리·처치·교대 등 여러 뜻이 있다.
256 원우(怨尤)는 원망하면서 탓한다, 질책한다는 뜻이다.
257 봉면(封面)은 책갈피를 말한다.

發起草之人, 問明答意, 具草送閱, 方發寫人謄正.[258] 謄完, 並原書送覆閱, 方用圖章封實. 應付柬房者付柬房, 應付來使者付來使. 其來使或應送下處,[259] 送米麵下程,[260] 或應留住內衙, 或應送路費, 相其尊卑、親逖而斟酌待之.[261] 回書臨發, 仍登號仝前.[262] 其來書每月一束, 粘掛票籤,[263] 記明月分收貯. 其回書槀,[264] 著寫人彙收, 仍置簿挨順謄錄, 以便查看. 每年終或管理人更換, 原書幷草槀錄冊俱宜送官內查收, 免落人手以爲把柄. 倘機密書札, 來使親投, 不必經由柬房掛號. 其覆稿宜自繕, 或有疑難, 與心膂[265]、有識人相商. 其原書內收, 不必發出, 仍置袖珍,[266] 自爲登記, 以備遺忘. 【書啓或散文,[267] 或四六, 照來函裁復[268]】

4-11. 손님 맞기(待游客)[269]

우리 지방관이 박봉이라도 받게 되면, 가난할 적의 친구들도 희망을 갖게 될 뿐만 아니라, 우연히 얼굴 한 번 마주친 사람도 뭔가 조금이라도 혜택을 받을 생각을 할 터이니, 어찌 그들이 끊임없이 찾아오는 것을 막을 수 있겠는가? 만약 근무지가 교통 요충지라면 지나가는 김에 들릴 때 단지 명첩 한 장만 쓰면 될 것이니, 어찌 지방관을 한 번 보고 가는 것을 꺼리겠는가? 본래 친구라고 칭하던 사람이나 평소 많은 은혜를 베풀어 주신 분이라면 당연히 감정도 도타울 것이니, 또한 지나가는 여객과 같이 놓고 이야기할 것은 못 된다.

각 주현의 네 성문에는 성문을 지키는 병사(門軍)가 있으니 응당 그 병사들에게 미리

258 등정(謄正)은 다시 정식으로 옮겨 쓴다는 뜻이다.
259 하처(下處)는 주소나 임시로 쉬는 곳을 가리킨다.
260 하정(下程)은 멈추다, 쉬다, 술과 음식을 접대한다는 뜻이다.
261 친적(親逖)은 친하고 멀다는 뜻이다.
262 동(仝)은 동(同)의 고자(古字)이다.
263 표첨(票籤)은 여기서는 문서철의 내용을 표시하는 제목용 쪽지를 가리킨다.
264 고(槀)는 고(稿)와 마찬가지로 초고·원고를 말한다.
265 심려(心膂)는 가슴과 등뼈, 가장 소중한 것, 가장 믿는 사람(심복)을 뜻한다.
266 수진(袖珍)은 소매 속에 보관한다, 또는 물건이 작다는 것을 표현한다.
267 서계(書啓)는 아랫사람이 윗사람에게 보내는 서신·신찰을 말한다.
268 재복(裁復)은 적절하게 답변을 한다는 뜻이다.
269 이 문제는 제31권 서정부 2 「31-06. 방문자 보고(城門報單)」에서 다시 다루고 있다.

깨우쳐 주어야 한다. 즉 왕래하는 여객 가운데 현성에 들어와 지현을 배방하려는 경우가 있으면 반드시 관직명과 성명 및 고향, 그리고 일부러 왔는지 아니면 지나가는 길에 들른 것인지, 어떤 집에 머무를 것인지를 물어보고 숙소에 돌아가 기다리기를 완곡하게 요청한 다음 즉시 명단을 작성하여 지현에게 전하여 아뢰게 하는 것이다. 그러면 지현은 직접 가서 만나 보고 음식과 숙소를 접대하겠다고 요청을 하게 되는데, 앞 절에서 든 것처럼 어떠한 사람인가에 따라 숙소·술자리나 예물을 모두 상·중·하 세 등급으로 구분한다. 이 또한 근무하는 지방이 부유한지 아닌지, 또한 정상적으로 들어오는 세입이 얼마 정도인가에 따라서 그 등급마다의 풍요로움과 인색함을 정한다. 그리고 다음날 예물을 보내면, 사흘 정도의 접대를 넘기지 않고 손님은 떠나게 될 것이니, 손님은 너무 오래 머무른다는 원망을 [지현으로부터] 듣지 않아서 좋고, [지현은] 손님이 너무 많은 번거로움을 피할 수 있는 것이다. 만약 지현이 평소 몸가짐을 아주 깨끗이 하였다면 백성은 입이 있어 그를 칭송할 것이고, 손님은 귀가 있어 그런 소리를 듣게 될 것이니, 비록 무언가 긁어 먹으려고 찾아왔던 사람이라 할지라도 역시 얼음이나 빨고 돌아가는 것을 양해할 수밖에 없을 것이다. 하지만 찾아온 손님을 아예 못 본 것처럼 내동댕이쳐서 오랫동안 체류하게 하였다가 여비라도 떨어져 오가지도 못하는 신세로 만든다면, 원한이 극심하여 비방을 하고 마구잡이로 욕하게 될 터이니 손님과 주인 모두의 체면이 손상을 입게 된다.

吾輩既叨微祿,[270] 不特貧親友有所希望, 卽偶逢一面亦思叨潤餘波, 安能阻其絶跡不來? 若地當衝境, 便道經過, 祗費寸牋半刺,[271] 彼何憚而不一見邦君?[272] 至于夙稱朋好及素荷解推,[273] 情誼應敦, 又非所論于游侶也. 各州邑四門設有看守門軍, 宜曉諭門軍, 凡有往來遊客進城拜州縣, 門軍須問明某官銜、某姓名籍貫, 或特來, 或便過, 住何人家, 婉言荅覆請回寓所, 卽寫報單傳禀. 隨先往拜, 親送下程請啓, 視如前項何等之人, 下程、酒席、贐儀俱酌定上

270 도(叨)는 탐내다, 차지한다는 뜻으로 스스로를 겸하하기 위해 쓰는 말이다.

271 촌전반자(寸牋半刺)는 한 치 길이의 종이나 반쪽짜리 명첩이라는 뜻이다. 즉 간략한 형식의 명찰을 뜻한다.

272 방군(邦君)은 제후국의 군주나 자사 등의 지방관을 가리키는 말이다. 여기서는 지현을 가리킨다.

273 해추(解推)는 해의추식(解衣推食)의 줄임말로 아끼지 않고 옷이나 먹을 것을 준다는 뜻으로 남에게 은혜를 베푼다는 뜻이다. 『사기(史記)』 권92 「회음후열전(淮陰侯列傳)」의 기사에서 비롯되었다. "한왕이 상장군의 인신을 내려 주시고, 수만의 군사를 내어 주시고, 옷을 벗어 주시고, 먹을 것을 내게 밀어주시고, 말을 들어주시고 계책을 채택해 주셨기 때문에, 제가 여기에 이를 수 있었습니다."

中下三等,[274] 亦視地方之美惡及居恒之進入,[275] 以定三等之豐嗇. 次日送費, 不過三日周旋起身,[276] 在彼無久稽之怨, 在我免多客之擾. 若其素矢淸操, 百姓有口, 游客有耳, 彼雖貪掘藏而來, 亦可諒飮氷而去. 但未宜漠置弗問, 任厥淹留.[277] 斧資告竭,[278] 進退維艱, 則恨極謗生, 毁言橫出, 賓主體面, 兩有所傷矣.

4-12. 여러 문서의 양식(文移諸式)[279]

무릇 지현의 아문과 상사의 각 아문 사이에 공문이 왕래하는 데에는 당연히 일정한 형식이 있다. 오로지 기존 관례를 따르면 되지만, 주현에서 항상 사용하는 관용적인 공문은 곳곳마다 약간씩은 다르기는 하나 대체로는 아마 다음과 같은 양식에 지나지 않을 것이다. 그래서 특별히 아래에 다음과 같이 열거하여 참고로 삼게 한다. 이 또한 크고 작은 것은 어느 하나 빠뜨리지 않는다는 뜻이다.

凡本衙門及上司各衙門, 文書往來自有一定體式. 惟遵照舊例, 但凡州縣所常用通套文移,[280] 雖或各處稍有不同, 而大段亦不過如是. 故特列式于左, 以備參考. 是亦巨細弗遺之意云耳.

---

274 진의(贐儀. 費儀)는 보내는 예물을 가리킨다.
275 거항(居恒)은 언제나, 항상이라는 뜻이다.
276 주선(周旋)은 접대하다, 돌본다는 뜻이다.
277 엄류(淹留)는 체류하다, 만류하다, 머무르게 하다는 뜻이다.
278 부자(斧資)는 자부(資斧. 資鈇)처럼 여비를 가리킨다.
279 문이(文移)는 문서·공문을 뜻한다. 그리고 여기서 번역된 양식은 보통 두 가지 경우를 함께 담고 있다. 따라서 ( ) 안에 들어 있는 글자는 괄호 앞에 있는 글자를 대신할 수 있다. 이를테면 '蒙(據)'와 같은 경우는 모두 '받았다'고 해석할 수 있지만, 몽(蒙)은 위에서 내려온 공문을 받았다는 뜻이고, 거(據)는 아래로부터 또는 대등한 위치로부터 보내온 공문을 받았다는 뜻이다. 또한 이를테면 상격(上檄)은 상사의 지시 공문이고, 인정(人呈)은 일반 백성이 올린 품정(청원서)이다. 상행문(上行文)·하행문(下行文), 또는 평행문(平行文) 여부에 따라 그 뒤의 내용도 달라지므로 각기 따로 번역해야 하지만, 여기서는 번거로움을 피하기 위해 ( )의 내용은 생략하고 번역하지 않았다.
280 통투(通套)는 관용적인 격식을 뜻한다.

○「신문(申文)」 양식【상사에게 신보(申報)할 때는「신문」을 쓴다.「상문(詳文)」은 서책 1권을[281] 추가하는데, 반드시 글자를 대조하여 확인해서「신문」과 다르지 않게 해야 한다.[282]「험문(驗文)」에는 서책이 필요하지 않다.[283]】

모성 모부 모 주현은 모사 때문에 모 상사의 지시를 받았는데, 그 제목【간략한 내용】은 대략 이렇습니다. 이 공문을 받았으므로 응당 답변을 올려야 할 것입니다.

이 때문에 모관은 지금 앞서와 같은 제목의 공문을 갖추어【「상문」인 경우에는 "따로 서책을 동봉하였습니다."라는 네 글자를 쓴다. 상사 모두에게 보내는 경우라면 "모 아문에게 보고하고 아울러"라는 네 글자를 첨가한다.】상사께 응당 보고해야 하는 것이니, 삼가 살펴봐 주시기를 바랍니다. 이상.

이상과 같이 상문을 모 상사[아문]의 직함)에 올립니다.

년 월 일 모 주현의 모, 모 좌이 모, 모 수령 모, 배 서리 모【이것은 없어도 된다.】

○「申文」式【申報上司, 用「申文」. ○「詳文」加書冊一本, 須査對字跡與「申文」無異.「驗文」不用書冊】

某省某府某州縣, 爲某事蒙[據]某憲牌[呈報],[284] 前事【云云】.[285] 蒙[據]此.【云云】合

---

281 이를 상책(詳冊)이라고 한다.

282 장아덕(張我德) 등편(等編),『청대문서(淸代文書)』(中國人民大學出版社, 1996), pp.143-155에도 상문에 대한 자세한 설명과 더불어 실제 사례 몇 가지가 제시되고 있다.

283 장아덕 등편,『청대문서』, pp.156-165이나 황학권(黃卓權)의 논문(「'淡新檔案'的認識與運用: 淸代衙門文書的遊戲規則」,『新竹文獻』34, 2008), pp.86-119에는「험문(驗文)」에 대한 설명과 사례가 제시되고 있다. 이에 따르면「험문」은 청대 지방관이 사용하던 상행문 가운데 하나로「상문」과「험문」은 함께「신문(申文)」으로 간주되었다.「상문」은 부하가 상책을 같이 보내 상사의 결재를 요구하면 상사는 상문 위에 결재를 하여 돌려보내고 상책을 보관하지만,「험문」은 단지 보고만 할 뿐 상사의 결재를 요구하지 않는다는 점이 달랐다. 즉 험문은 신문의 한 종류로 정식으로 명문으로 규정된 상행문서는 아니며, 과정을 진술하거나 존재를 조사하여 확인하는 것으로 상급의 지시나 담장이 필요가 없었던 것이다. 단지 문종의 명칭에「험문」이라고 써서 구분할 뿐인데 청말에 가면 그다지 사용되지 않았다.

284 여기서 '몽(蒙)'은 위에서 온 공문을 받았다는 뜻이고, '거(據)'는 동급이나 아래에서 온 공문을 받았다는 것을 뜻한다. 경우에 따라 바꿔 쓰는 것이다. 또한 [ ] 안의 내용은 여기서는「신문」과「상문」에 따라 다른 단어·구절이 쓰인다는 것을 가리킨다.

285 전사(前事)는 바로 앞의 "爲 … 事"의 내용이나 제목을 언급하는 것, 또는 그 내용에 대해라는 뜻이다. 즉 같은 내용이나 제목을 인용할 때 사용하는 용어다. '운운(云云)'은 그 내용을 언급하거나 또는 생략해서 가리키는 것이다.

行[286]申覆[詳報].

爲此某官今備前由,【「詳文」加"另具書冊"四字. 通詳者加"除詳某衙門外"[287]】擬合具詳[申]憲臺,[288] 伏乞照詳[驗]施行. 須至詳[申]者.

右　詳[申]

某上司衙門銜

年 【某事 印】 月 日 某州縣某某 佐貳某 某首領某 背書吏某 【或缺】

○「첩(牒)」의 양식【지주(知州. 정5품 내지 종5품)가 통판(通判. 정6품)에게, 지현(知縣. 정7품)이 좌이관인 주부(主簿)에게 공문을 보낼 때는「첩」을 사용한다.】

모 주현에서는 모사 때문에 모 상사의 지시공문을 받았는데, 그 제목【간략한 내용】은 대략 이렇습니다. 이상과 같은 내용이 주현에 도착했으니 응당 귀청에 통보해야 할 것입니다. [이 공문을 받으면] 번거롭더라도「첩」내에 있는 내용에 따라 처리하시되, 지연시켜서는 안 된다고 청하는 바입니다. 이상.

이상과 같이 첩을 모청에 보냅니다.

년 월 일

○「諜」式【州行判, 縣行主簿, 用「諜」】

某州縣, 爲某事蒙[據]某上司[人呈], 爲前事【云云】. 等因, 到州縣. 合移牒貴廳[簿], 卽煩照牒文內事理施, 請勿遲延. 須至牒者.

右　牒

286 합행(合行)은 응당, 또는 응당 시행되어야 한다는 뜻으로 사용되는 공문의 용어다.

287「통상(通詳)」은 한 명의 상사가 아니라 자기 위쪽의 상사 모두에게 올리는「상문」이다. 이를테면 지현의 경우 지부·도대·포정사(안찰사)·순무(총독) 등이 그 대상이 될 수 있다.

288 의합(擬合)은 응당 …을 해야 한다, 하고자 해야 한다는 뜻이다. 의(擬)은 어떤 일을 하려고 한다는 것을 가리키고, 합(合)은 응당, 마땅히라는 뜻이다. 헌대(憲臺)는 후한(後漢) 때 이전의 어사부(御史府)를 헌대(憲臺)로 개칭하였는데, 이후 비슷한 기구나 어사를 통칭하게 되었으며, 또한 상관에 대한 존칭으로도 쓰인다. 여기서는 후자의 뜻이다.

某廳[主簿]
年 月 日

○「고첩(故牒)」의 양식: 주현에서 유학(儒學)에 공문을 보낼 때 사용한다.

모 주현에서는 모사 때문에 모 상사의 지시공문을 받았는데, 그 제목【간략한 내용】은 대략 이렇습니다. 이상과 같은 내용이 주현에 도착했으니 응당 귀 유학에 통보해야 할 것입니다. 이 때문에 응당 「고첩」을 보내야 하니, [받으시면] 번거롭더라도 안에 있는 내용에 따라 처리하시되, 지연시키지 마십시오. 이상.

이상과 같이 첩을 보냅니다.
년 월 일

○「諜」式【州行判, 縣行主簿, 用「諜」】

某州縣, 爲某事蒙據某上檄[人呈], 前事 【云云】 等情,[289] 到州縣. 擬合就行, 爲此除外合行「故牒」前去, 卽便照牒備去事理施行, 毋致遲悞. 須至牒者.
右故牒. 准此.
年 月 日

○「첩정(牒呈)」의 양식【주의 통판(州判)이나 주부(主簿)가 상사에게 유학이나 지현에게 올릴 때에 사용한다.】

모 아문에서는 모사 때문에 모인이 올린 「품정(稟呈)」을 받았는데, 그 제목【간략한 내용】은 대략 이렇습니다. 이상과 같은 내용이 제게 도착했습니다. 삼가【그 내용】에 따라 … 이 때문에 응당 「첩정」을 갖추어 올리니 청컨대 그에 따라 시행해 주실 것을 엎드려 빕니

289 등정(等情)은 공문이나 계약서에서 쓰는 용어로 하급기관(또는 평행기관)에서 올려 보낸 문서의 인용·서술을 끝마칠 때 쓰는 인용부호나 마찬가지다. 등정거차(等情據此) 역시 마찬가지로 그런 내용을 전달받았다는 것을 표시하는 용어다.

다. 이상.

이상과 같은 첩정을 모 아문에 올립니다.
년【모사】 월 일 모관【서명】 배 서리 모【서명】

○「諜呈」式【州判、主簿呈堂, 儒學呈縣, 用「諜呈」】

某衙門, 爲某事據某人具呈【云云】. 等情, 到職. 切照【云云】. 爲此, 合行具牒呈, 請伏乞云云施行. 須至牒呈者.

右 牒呈
某衙門
年【某事】 月 日 某官【押】 背書吏某【押】

○「관(關)」의 양식【주현에서 같은 주나 현과 공문을 주고받을 때, 현승에게 공문을 보낼 때, 도사(都司)에게 보낼 때「관문(關文)」을 사용한다. 현에서 괘명주동(掛名州同)[290]에게 공문을 보낼 때에「괘명주신문(掛名州申文)」을 쓰기도 한다.】

모 아문에서는 모사 때문에 모 상사의 지시공문을 받았는데, 그 제목【간략한 내용】은 대략 이렇습니다. 이상과 같은 내용이 주현에 도착했으니 응당「관문」을 갖추어 귀하에게 통보해야 할 것입니다. 청컨대 이 내용에 따라 시행을 하시되, 시행을 지체시키지는 말아 주십시오. 이상.

이상과 같이 관문을 모 아문에 보냅니다.
년【직인】 월【검은 먹으로 날짜를 쓴다.】 일
관【서명】

290 괘명(掛名)은 이름을 올려놓았지만, 명의만 있을 뿐 실제 일은 하지 않는 경우를 가리킨다. 주동(州同)은 주의 동지(同知)로 지주의 보좌관(副職)이다.

○「諜呈」式【州判、主簿呈堂, 儒學呈縣, 用「諜呈」】

某衙門, 爲某事蒙[據]某上檄[人呈], 前事【云云】等情, 到州縣, 合行備關貴某, 請照關文內備去情由, 請勿遲滯施行. 須至關者.

右 關

某衙門

年【印】月【墨判】日[291]

關【押】

○「이회(移會)」의 양식【무관 가운데 부장(副將) 이에 대해서는 평행문(平行文)인「이회(移會)」의 수본(手本)을 쓴다. ○「관문」과 동일하지만, "이상과 같이 관문을 보냅니다."라는 구절은 "이상과 같이 이회를 보냅니다."로 바꾸며, 그다음 줄에 '관' 자나 서명을 사용하지 않는다.】

○「移會」式【武官副將以下平行, 用「移會」手本. ○ 與「關」同, 但右關改右移會, 年月後不用'關'字並押】

○「차부(箚付)」의 양식【속하에게 통보를 할 때「차부」를 쓴다.】

모 아문에서는 모사 때문에 모처의 자문(咨文. 또는 呈文)을 받았는데, 그 제목【간략한 내용】은 대략 이렇다. 이상과 같은 내용이 주현에 도착했으니 응당 모 아문에 차부를 보내야 할 터인데, 해당 이역은 곧바로 …… 하되, 시행의 결과를 보고해야 할 것이다. 이상.

이상과 같이 차부를 보낸다. 이를 받았습니다.

년【직인】월 일 발급

차부【서명】

○「箚付」式【知照下屬, 用箚付】

291 판일(判日)은 날짜를 써넣는다는 뜻이다.

某衙門, 爲某事准某處咨呈, 前事【云云】, 准此. 擬合就行「箚付」某衙門, 該管吏卽行【云云】, 繳報施行. 須至箚付者.

右箚付某官.　准此.

年【印】月 日 給

箚付【押】

○「첩(帖)」의 양식【속하에게 독촉할 때 사용한다.】

모 아문에서는 모사 때문에 「첩문」을 보낸다. 본 주현 소속의 모 사안에 대해 …… 하고 있는 상황은 해당 관리가 상투적인 일상행사로 보아 기한을 어기고 있음이 분명하다. 본래 응당 …… 해야 하지만, 일단 다시 한 번 독촉을 하기 위해 이 첩을 보내 해당 관리로 하여금 신속하게 …… 하고자 한다. 다시 한 번 늦장을 부려 기한을 어김으로써 불려와 처벌을 받는 불편함이 없어야 할 것이다. 이상.

이상과 같이 모처에 첩을 내려 보낸다. 이를 받았습니다.

년 월 일 발급

첩【서명】

某衙門, 爲某事. 照得本州縣所屬某事【云云】等情, 顯係, 該官吏視爲泛常, 以致違限, 本應【云云】, 姑再行催. 爲此, 合仰該官吏作速【云云】, 毋得再遲取究未便. 須至帖者.

右帖下某處. 准此.

年 月 日 給

帖【押】

○「부자(付子)」의 양식【사건을 넘겨받을 때 부자를 쓴다. 이것은 보통 방에서 방으로 넘기는 것인데, 정인관의 부자를 쓰는 경우도 있다.】

모 아문 모방에서는 모사 때문에 모월 모일 모인의 「품정」을 받았는데, 그 제목【내용】은 대략 다음과 같습니다. 또한 지금 모 아문의 지시를 받았는데, 앞서와 같은 내용입니다. 이 일은 모방에 속한 일이므로 응당 부자를 보내야 통보해야 할 것입니다. 귀방에 아울러 관련문서를 함께 넘기는 바이니 번거롭더라도 부자에 따라 시행하시길 바랍니다. 이상.

년 월 일

부【서명】

○「付子」式【交受事件, 用付子. 此係房付房, 或有用印官付子】

某衙門某房, 爲某事, 于某月日某人呈, 前事【云云】. 今蒙某衙門[憲牌], 開前事【云云】. 事隸某房, 合行移付貴房, 併案歸結, 煩爲査照施行. 須至付者.

年 月 日

付 【押】

○「비(批)」의 양식【공문의 전달보고(申送) · 압송(管解) · 영접(迎接)에는 모두 비(批)를 사용한다. 영접에는「홍비(紅批)」를 사용한다.】

모 아문에서는 모사 때문에 지금 차역을 파견하여 다음과 같은 공문을 책임지고 전달하게 하여, 본월 모【붉은색 먹으로 기입】일 이전까지 모 아문에 직접 전달하도록 하였으며,「수령확인문서(批迴)」를 가지고 돌아오기를 기다리고 있습니다. 이상.

첨부내용: 책임전달 공문 1통【공문의 맨 끝(왼) 쪽에 붉은색 먹으로 '봉(封)'자를 쓰며, 또한 그 옆에 붉은색 먹으로 '공백(空白)' 두 글자를 쓴다. 은을 올려 보내는 경우라면 은의 액수 위에 도장을 찍는다.】

이상의 비를 차역 모인을 보내 전달합니다. 이를 받았습니다.

년 월【붉은색으로 작게 날짜를 쓴다.】일

【「보증서」·「영수증」·「인수증」 등의 양식은 모두 싣지 않았다.】

○「批」式【申送、管解、迎接俱用批. 迎接用「紅批」】

某衙門, 爲某事, 除外今差本役管賫後項公文, 定限本月某日【硃標】前, 赴某衙門臺下[292]告投, 守候「批迴」. 須至批者.

計: 管賚公文一角【于角左側硃寫一'封'字, 署開硃寫'空白'二字. 如係解銀, 批于逐項銀數上用印】

右批差某人. 准此.

年 月【硃塡小日】日

【如「結狀」、「實收」、「收管」等式, 冗不悉載】

○ 부록: 날인(用印) 양식

직인을 찍는 방법은 각지마다 또한 약간씩 다르다. 하지만 정용(正用)과 사용(斜用), 그리고 상·중·하로 나누어 번갈아 바꿔서 찍는 방법은 크게 다르지 않다. 요컨대 해당 방에서 직인을 찍어 달라고 요청할 때 반드시 도장을 찍을 자리에 쪽지를 붙이고 정용인지 사용인지 적어 놓게 한다면 잘못 찍는 경우가 거의 없을 것이다. 무릇 상사에게 올리는 문서는 각 쪽이 연결되는 부분(騎縫處)에 도장을 찍는데, 반드시 문서 면의 절반쯤에서 한가운데에 똑바로 찍는다(正用). 위에서 아래로 내려 보내는 문서나 장부인 경우에는 쪽이 연결되는 부분의 위쪽 한가운데에 비스듬하게 찍는다(斜用). 대등한 경우(平行)에는 조금 아래쪽 정면에 똑바로 찍는다. 연·월·일에는 모두 한가운데 똑바로 찍는다. 무릇 좌이관의 직인(條記)은 연·월·일의 우측에 찍는다. 봉투의 연·월 역시 마찬가지다. 상하의 봉투 입구에 찍을 때에는 모두 가운데에 찍는다. 이것은 평행이거나 하행인 경우 모두 마찬가지다. 만약 상사에게 올리는 「품문」을 쓸 경우에는 따로 작은 도장인 검기(鈐記)를 쓰는데 직명 위에 그것을 찍는다.

用印各處亦微有不同.[293] 然正用、斜用、上·中·下番用之處,[294] 大約無異. 總之, 該房送印

292 대하(臺下)는 대(台)의 하면이지만, 남에 대한 존칭으로도 쓰인다.

293 청대의 관인(官印)에는 황제의 인신(印信)인 어보(御寶), 친왕의 인신인 보(寶), 상설국가행정기구의 관인(주현의 경우도 여기에 해당된다)으로 금·은·동으로 주조하는 인(印), 그리고 임시성 및 재정·경제·공사를 담당하는 기구에서 사용하는 관방(關防. 督撫의 경우가 이에 해당된다), 번부(藩部)의 대신(大臣)·좌령(佐領) 등 무관이 사용하던 도기(圖記), 기층 행정·군정 단위의 좌이관이 사용하던 조기(條記)와 검기(鈐記) 등 여섯 종류가 있었다. 중국제일역사당안관(中國第一歷史檔案館) 편저(編著), 『청대문서당안도감(淸代文書檔案圖鑑)』(岳麓書社,

時, 須貼浮簽于當印處, 註明斜、正等式, 庶無錯用. 凡上行文書,[295] 鈐縫處用印,[296] 須在番面半中正用.[297] 上行下文書、簿冊, 鈐縫處在上半正面斜用. 平行則稍下正面正用. 年月印俱係正用. 凡私條記在年月右側用.[298] 封套年月亦然. 至上下封口, 俱當中用. 此平行、下行皆是. 若上行文禀, 另用小鈐記,[299] 在職名上用.

○『평가서(賢否冊)』의 양식

상사가 지시를 내려 속하에 대한 『평가서』를 요구하는데, 이를테면 주현의 좌이관·수령관·유학 등에 대해서는 정인관인 주현이 규정에 따라 그것을 기록하여 상사에게 올려 보낸다. 그 『평가서』는 연령·근무태도·재능·몸가짐 네 항목으로 나눠지는데, 나이가 젊고, 행정 방면에서 민첩하고, 재주가 뛰어나고, 몸가짐이 깨끗하다는 평가가 기록되면 최우수의 성적이 된다. 그 뒤에는 간략한 평가내용을 쓰는데 네 글자 또는 두 구절을 가지고 모두 이어서 쓴다. 만약 상사에게 추천하는 경우라면 또한 모름지기 실제 업적의 관련 근거를 제시하면서 내용을 채우고 도장을 찍어 보내는데, 반드시 내택에서 작성해야지 방과의 이역들에게 내용이 먼저 새어나가게 해서는 안 된다. 『평가서』는 음면(陰面)에서부터 쓰기 시작하며, 네모난 칸으로 만들어진 양식의 종이를 묶은 책에 매 행마다 20자씩 쓴다.

凡上司行票取下屬『賢否』, 如州縣佐貳、首領、儒學等員, 正印官例得開送. 冊內分年、政、才、守四柱, 其塡年靑、政敏、才長、守潔者, 爲甚優. 後註考語或四字, 或二句, 俱接寫. 若上

2004), 제6장 3절「文書的印信制度」, pp.286-289.

294 정용(正用)은 문서의 한가운데, 또는 문자가 한 가운데 들어가도록 찍는 방법, 사용(斜用)은 도장의 모서리가 위로 올라오도록 찍는 방법이다. 그리고 번용(番用)은 위·가운데·아래 등 위치를 바꾸어 가며 번갈아 찍는다는 뜻이다.

295 판본에 따라 문서(文書)가 아니라 지서(支書)라고 되어 있으나 문서(文書)가 옳은 표현으로 보인다.

296 검봉(鈐縫)은 증명서·계약서 등 중요문서에서 페이지가 서로 연결되는 부분의 가운데(기봉(騎縫)이라고 한다) 등에 도장을 찍어 서로 연결되는 것을 보이는 방법을 가리킨다. 중간에 빠진 부분이 생기거나, 다른 사람이 바꿔치는 것을 막기 위해 각 페이지의 연결부분마다 도장을 찍는 것이다. 이 도장을 기봉장(騎縫章)이라고 한다.

297 번(番)은 매(枚)·편(片)·장(張)·폭(幅) 등 종이의 형태를 나타낸다.

298 조기(條記)는 군정(軍政) 기관의 기층단위, 이를테면 각 주현의 유학·현승·역승·주부·이목(吏目)이나 각 성의 수비(守備), 또는 주방팔기의 좌령(佐領) 등이 사용하는 직인을 가리킨다. 중국제일역사당안관 편저, 『청대문서당안도감』, p.288.

299 검기(鈐記)는 대부분 문직 좌잡관이나 병마(兵馬)·전량(錢糧)을 겸관(兼管)하지 않는 무직관이 사용하는데, 각 성 포정사가 발급한다. 중국제일역사당안관 편저, 『청대문서당안도감』, p.288.

司薦擧, 又必開列事實, 塡寫用印, 俱在內衙, 不落房科, 未便先漏洩也. 冊陰面寫起, 冊格式紙,[300] 每行二十字.

모성 모부 모 주현에서는 모사 때문에「품정」을 올립니다. 지금 본 주현 및 소속 관원에 대해서 이력과 업적, 그리고『평가서』를 작성하여 제시하는 바입니다. 이상.

첨부내용:

본 아문관(지현)

모부 모 주현의 지현인 모인은 올해 몇 세로 모성 모부 모현 사람이며, 모행에 의해 모년 모월 모일 모 관직을 제수 받았으며, 모년 모월 모일 현직으로 승진하여, 모월 모일 부임하였습니다.

업적

첫째.【지현 자신에 대한 평가서를 쓴다. 이하는 항목별로 병렬한다. ○ 지현 본인에 대해서는 스스로에 대한『평가서』를 쓰기 곤란하므로 단지 업적 관련 사실만을 기입한다. 좌이관에 대해서는 지현이 모두『평가서』를 기입해야 한다. 매 관마다 따로 쪽을 만들어 작성하며, 양면(陽面)에서부터 쓰기 시작한다.】

둘째.【위와 같음】

모 좌이관

모 좌이관 모는 올해 몇 세로, 모성 모부 모현 사람으로 모행에 의해 모년 모월 모일 모 관직을 제수 받았으며, 모월 모일 부임하였습니다.

몸가짐【깨끗하다거나 평범하다는 등의 내용을 쓴다.】

재주【뛰어나다거나 평범하다는 등의 내용을 쓴다.】

근무【부지런하다거나 평범하다는 등의 내용을 쓴다.】

연령【장년이라거나 중년이라는 등의 내용을 쓴다.】

---

300 격식(格式)은 관리의 처사규칙이나 법도를 말하기도 하지만, 일정한 문서의 규격양식을 가리키기도 한다. 여기서는 후자의 뜻이다.

업적

첫째.【좌잡에 대한 평가서를 쓴다. 좌잡에 대한 평가는 대부분 청렴하다거나 백성을 사랑한다, 부지런하고 신중하다, 업무에 최선을 다한다는 식이다. 유학의 경우에는 생원들을 잘 독려한다, 교육에 힘쓴다는 것 등이다.】

둘째.【위와 같음】

평가【사실에서 이 평가내용을 끌어내야 한다.】

某省某府某州縣, 呈爲某事. 今將本州縣併所屬官員備造履歷, 塡註事實、考語, 合行開呈. 須至冊者.

計開:

本衙門官

某府某州縣知州縣某人, 年若干歲, 係某省某府縣人, 由某行於某年月日除授某官, 某年月日陞授今職, 於某年月日到任.

事實

一. 卑職云云【以下逐項並列 ○ 本官不便自塡考語, 只開事實. 其佐貳屬官. 俱塡考語. 每一官另起一頁. 陽面寫起】

某佐貳官某, 年若干歲, 某省某府縣人, 由某行於某年月日除授今職, 于某年月日到任.

守【淸、平等字隨用】 才【長、平等字隨用】

政【勤、平等字隨用】 年【壯、中等字隨用】

事實

一. 本官某事云云【大約佐貳不外淸廉、愛民、勤愼、盡職, 儒學不外課士、端敎等事】

考語云云【要從事實內勘出】

○「게첩(揭帖)」[301]의 양식

301 「게첩(揭帖)」은 원래 청대 관원이 제본을 상주할 때 같이 올리는 3통의 부본(副本)을 가리키는 것(중국제일역사

「게첩」은 깨끗하고 두터운 흰색 백지 한 장을 쓰는데, 밖에 '게첩'이라는 두 글자를 쓰고 그 위에 도장을 찍는다. 안에는 바로 원래 기입할 내용을 쓰는데, 그 아래에 "모관의 못된 행적을 확인하였으므로 그 모든 못된 행적을 다음과 같이 열거합니다."라고 쓴다. 그 다음 줄 아래에서 [몇 칸 들어가(내려가)] '첨부내용(計開)'이라고 쓰고, 다시 줄을 바꿔 모관의 행적을 나열하는데, 항목별로 따로 줄을 바꿔 써내려 간다. 연·월 부분에는 직인을 찍고, 바깥부분은 밀봉하여 다시 도장을 찍는다. 만약 모관이 아무런 잘못된 행적이 없다면 곧바로 「밀품」을 올려 답장을 해야 하며, 아울러 결코 경솔하게 이에 관련된 소식을 누설해서는 안 된다.

用潔厚白全一箇, 外寫'揭帖'二字, 上蓋印一顆. 內開卽用原註語, 下云"蒙取某官劣蹟, 所有劣款, 開列于後." 次行低寫'計開', 又一行開列一某官云云, 逐款另起一行並寫去. 年月用印, 外加釘封, 鈐印. 如某官實無劣蹟, 當卽「密稟」回覆, 並不可輕洩.

○『현황보고(憲綱冊)』[302]의 양식

모성 모부 모 주현에서 본 주현의 현황에 관련된 목록을 올려 보냅니다. 지금 본 주현 소속의 현황에 대해 규정에 따라 작성하였으니, 응당 제출하여 보고해야 할 것입니다. 이상.

첨부내용:

- 관속(官屬)

  정인관 지주[지현] 1인【직관은 모두 여기에 차례대로 기입한다.】

- 전량(錢糧)

  지정전량 징수액 [ ]【지정·전량의 실물 징수분에 대해 차례대로 기입한다.】

- 향신(鄕紳)

당안관 편저, 『청대문서당안도감』, p.22, p.140)이지만, 지방관이 상사에게 올리는 험문(驗文) 앞에 첨부되어 있던 부분인 이력게첩(履歷揭帖)의 사례도 있으므로(장아덕 등편, 『청대문서』, 中國人民大學出版社, 1996, pp.159-161) 그 용도는 다양한 것처럼 보인다. 여기에 소개되는 「게첩」도 이 두 경우와는 다른 사례로 쓰이고 있다. 아마 부본이기는 하지만 상관에게 부하의 부족한 부분을 지적하는 일종의 사신(私信)처럼 쓰이는 것이다.

302 헌강(憲綱)은 법기(法紀)·법도(法度)·법망(法網)이라는 뜻인데, 여기서는 주현의 관리나 신사 및 전량·역참 등 간략한 현황을 가리키는 용도로 쓰이고 있는 것 같다.

모인【현재 모관에 임직하고 있는지, 아니면 전직 모관이었는지 차례대로 기입한다.】

- 거인(擧人)【문·무 거인을 각기 기입한다.】

모인【모과에 합격하였고, 이미 임관을 준비하는 중인지에 대해 차례대로 기입한다.】

- 공생(貢生)

모인【모년 모 명목의 공생이고, 이미 임관을 준비하는 중인지에 대해 차례대로 기입한다.】

- 감생(監生)

모인【이미 임관을 준비하는지에 대해 차례대로 기입한다.】

- 생원(生員)

모두 [ ] 명

- 절부·효자(節孝)

모인【효자와 절부를 차례대로 기입한다.】

- 정규 서역(經制胥役)

이방리(吏房吏) [ ] 명【방과 반에 따라 차례대로 기입한다.】

- 소역참(急舖遞)

모포, 포병 [ ] 명【차례대로 기입한다.】

- 역참(驛站)

모역 마부 [ ] 명

역마 [ ] 마리

마부 [ ]명

나귀 [ ] 마리

- 하거(河渠)【있으면 차례대로 기입한다. 이하 동일】
- 교량(橋梁)
- 단묘(壇廟)

이상과 같이 책을 갖추어 보고합니다.

년 월 일 모관 모

某省某府某州縣,

爲申送文冊. 今將本州縣所屬憲綱事理, 依例繕造, 理合申送. 須至冊者.

計開:

一. 官屬

掌印知州縣一員【凡有職官, 挨次造入)

一. 貢賦

徵條銀若干【丁糧本色, 挨次查入)[303]

一. 鄕紳

某人【或現任某官, 或原任某官, 挨次造入】

一. 擧人【文武各造】

某人【某科中式, 已未考揀, 挨次造入】

一. 貢生

某人【某年某項貢, 已未考職, 挨次造入】

一. 監生

某人【已未考職, 挨次造入】

一. 生員

共若干名

一. 節孝

某人【孝子節婦, 挨次造入】

一. 經制胥役

吏房吏, 若干名【逐房逐班, 挨次造入】

一. 急舗遞

某舖 舖兵 若干名【挨次造入】

一. 驛站

某驛夫 若干名

馬 若干匹

夫 若干名

驢 若干頭

303 여기서 조은(條銀)은 지정은(地丁銀)을 가리킨다. 대조은(大條銀)의 경우는 원보(元寶. 즉 은괴)를 제조하는 데 쓰는 원료은을 가리킨다.

一. 河渠【有則挨造. 下仝】

一. 橋梁

一. 壇廟

右　具

冊

年 月　日 某官某

○『이서근무평가책(吏書勤惰冊)』

모성 모부 모 주현에서 모사 때문에 보고를 올립니다. 지금 본 주현에 소속된 이서의 연령·고향·충원일시 등에 대해서 기입하고 근무상황에 대해서도 기록을 하였으니, 응당 제출하여 보고해야 할 것입니다. 이상.

첨부내용:

아문 육방의 정규 이서

이방(吏房)

서리 모인은 올해 몇 세로, 모부 모 주현 사람이며, 모년 모월 모일 근무를 시작하였습니다.

[이 사람에 대한] 평가【조심스럽고 신중하다, 성실하다, 주의 깊다, 보통이다, 부지런하고 신중하다, 진실로 신중하다, 과오가 없다, 또는 새로 들어와 부지런하다는 식으로 쓴다.】

서수(書手) 모인【앞서와 같다. 이하 동일. 없는 경우 빈칸으로 둔다.】

[이 사람에 대한] 평가

전리(典吏) 모인

[이 사람에 대한] 평가【방별로 그대로 작성한다.】

각 속 서수(書手)

모 좌이원(佐貳員) 하(下)

찬전(攢典) 모인

[이 사람에 대한]평가

서수 모인

[이 사람에 대한]평가

모 수령원(首領員) 하(下)【앞서와 같이 기록한다.】

이상을 책자로 갖추어【다른 페이지의 양면에 쓴다.】보고합니다.【이 부분은 음면 가운데 온다.】

년 월 일　　모관 모인

某省某府某州縣, 呈爲某事. 今將本州縣倂所屬吏書年甲、籍貫、參充日期, 開列前件, 塡註勤情緣由, 合行開呈. 須至呈者.

計開:

衙門六房經制吏書

吏房

司吏某人 年若干歲 某府某州縣人 于某年月日著役

前件 【謹愼、誠實、小心、平常、勤愼、誠謹、無過、亦勤, 新役等字隨用】

書手某人 【照前後仝. 無者塡缺】

前件

典吏某人

前件 【逐房照造】

各屬書手

某佐貳員下

攢典某人

前件

書手某人

前件

某首領員下 【照前造】

右　具 【寫于另頁陽面】

冊 【陰面之中】

年 月 日 某官某人

제5권

부임부 涖任部 4

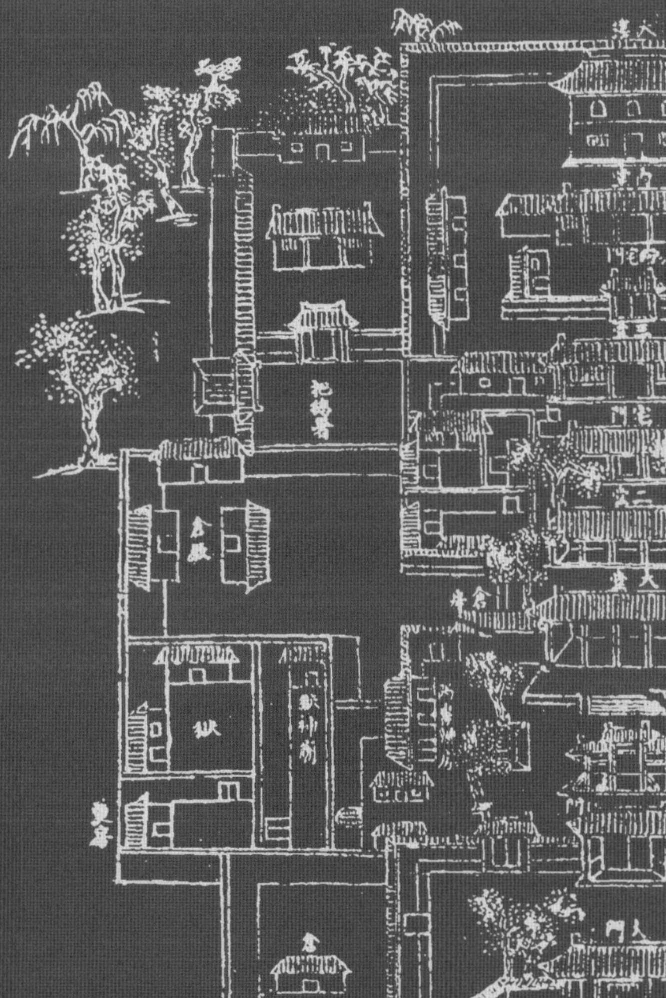

福惠全書

5-01. 「상문」 해설(「詳文」贅說. 부록: 「상문」 사례)[1]

무릇 「상문(詳文)」이라는 것은 그 일을 자세히 이야기하면서 상사에게 보고하는 것이다. 따라서 「상문」은 일의 경과를 명확하게 밝히고, 뜻이 분명한 단어를 사용하며, 가부간(可否間)의 의견을 진술한 다음 상사의 판단과 결정을 기다리는 것이 중요하다. 그 대부분의 내용은 형명(刑名)·전곡(錢穀)이나 지방 이해관계에 관련된 일이다. 예를 들어 형명에 관계된 경우 관대하게 처리하고자 하면 기실 불쌍히 여겨 동정할 수 있는 사정에 따라 서술하면 되고, 엄중하게 처리하고자 하면 법으로 결코 용서할 수 없는 상황을 밝히면 된다. 전곡의 경우 응당 추징해야 할 경우에는 중간에서 가로채고 조세 납부를 거부하는 간교함을 들어서 이야기하고, 면제해 주고자 하는 경우에는 그 어렵고 곤궁한 고통을 나열하면 된다. 마땅히 일으켜야 할 이로움에 대해서는 어떤 점에서 백성을 이롭게 하는지를 들고, 해로워서 마땅히 없애야 하는 것은 어떤 점에서 백성을 괴롭히는지 들면 된다. 요컨대 사리를 아주 분명하게 하고 그 내막을 몹시 상세하게 밝힘으로써, 읽다 보면 부지불식간에 즐거워하거나 화내고 울거나 슬퍼하는 감정이 자연스럽게 솟아오르게 할 수 있다면, 비록 내 말대로 결정하고 싶지 않더라도 어찌 그것이 가능하겠는가? 무릇 「상문」은 지방관의 중요한 업무 가운데 하나이며, 「상문」을 올려 그것이 제대로 받아들여지는지의 여부는 또한 지방관의 체면에 관련되는 것이기도 하다. 그러므로 부득이한 일이 아니라면 결코 경솔하게 「상문」을 올려서는 안 된다. 내가 담성현에서 일할 때 전량이나 역참에 관한 「상문」을 여러 차례 올렸는데, 모두 상사의 승인을 받아 낸 적이 있었다. 그렇다고 해서 이것들이 어찌 솔깃할 정도로 감동적인 문장이라고 감히 뻐길 수 있겠는가? 다만 역시 상사께서 관대하고 겸허한 마음으로 하급 관리를 어여삐 여겨주셨기 때문일 것이다. 여기에 관련된 모든 「상문」을 열거하니 참고하기를 바란다.

夫「詳文」者, 詳言其事而申之上臺者也. 貴在源委清楚[2]、詞意明切,[3] 而陳以可否之義, 仰

---

1 췌설(贅說)은 쓸데없는 말, 군더더기 또는 너무 말이 많다는 뜻이다.

2 원위(源委)는 물이 나오고 돌아가는 곳을 가리키는데, 나아가 사정의 본말이나 자세한 경위를 가리키기도 한다.

3 명절(明切)은 분명하고도 간절하다는 뜻이다.

候憲裁.[4] 其大旨不過刑名、錢穀、地方利弊之事.[5] 如言刑名, 應寬者則據其實可矜恤之情, 應嚴者則擧其法無可宥之狀. 如言錢穀, 應追者則擧其侵呑、逋抗之奸, 應免者則擧其艱難、窮困之苦. 至于利所當興, 則擧其所以利民者何在, 弊所當革, 則擧其所以害民者何存. 總宜事理透徹,[6] 出之委曲詳盡,[7] 使閱者誦之, 其可喜、可怒、可泣、可悲之情, 不覺其油然而動,[8] 勃然而生,[9] 則雖欲不從吾言以爲可否, 得乎? 夫「詳文」亦有司之要務, 且詳之其行與否, 均關有司體面. 故事非不得已, 亦不可輕易動詳. 鴻昔在郯, 有關錢糧、驛站數詳, 俱蒙上臺允行. 豈敢云言堪動聽,[10] 亦上臺虛懷惘吏爲然耳.[11] 所有「詳文」數首, 姑列之于左, 以備其類云.

○ 부록: 「상문」 사례(「詳文」 附)

5-01-01. 「사면 이전에 끌어다 납부한 전량 면제를 요청하는 상문 (請豁免赦前流借錢糧)」[12]

조서(詔書)에 따라 감면함으로써 황제 폐하의 은혜를 넓히고 피폐한 백성을 구해 주실 것을 간절히 요청합니다. 담성현 전체의 신사 왕사기(王士奇) 등과 향민(鄉民) 장종언(張宗顔) 등이 앞서의 제목과 같은 탄원서를 다음과 같이 올렸습니다.

생각건대 담성현은 콩알만 한 아주 작은 현으로 오랫동안 쇠락해서 30년 이래 농지

---

4 앙후(仰候)는 윗사람의 판단을 기다린다는 뜻이다. 헌재(憲裁)는 상사의 비준이나 결정(裁定)을 말한다.

5 대지(大旨)는 주된 요지, 개요, 또는 다른 사람의 뜻을 가리킨다.

6 투철(透徹)은 상세하고도 깊이 들어간다, 철저하다, 명백하다는 뜻이다.

7 위곡(委曲)은 자세한 내막이나 상세함, 또는 상세한 서술을 뜻한다. 상진(詳盡)은 상세하게 남김없이, 상세한 상황이라는 뜻이다.

8 유연(油然)은 자연스럽게 일어나는 모습 또는 천천히 또는 차분하게라는 뜻이다.

9 발연(勃然)은 우쩍 일어난다는 뜻으로 감정이 일어나는 모습이나 분노나 긴장으로 얼굴색이 변하는 모습을 가리킨다.

10 동청(動聽)은 듣기에 감동스럽다거나 흥취를 느낀다는 뜻이다.

11 허회(虛懷)는 겸손하고 빈 마음을 가리킨다.

12 할면(豁免)은 면제라는 뜻이다. 사전(赦前)은 사면 이전이라는 뜻으로, 사후(赦後)와 대비된다. 사법 방면의 경우 특정항목에 대해 사면 조서가 반포되면 그 이전의 죄(赦前)는 관례에 따라 사면을 받을 수 있는데, 반포된 이후의 죄(赦後)는 사면을 받을 수 없다는 차이가 있다. 유차(流借)는 잠시 빌린다는 뜻으로, 어떤 항목의 경비가 부족할 때 나머지 항목의 잉여자금을 잠시 빌려 쓰는 것을 가리킨다. 여기서는 올해 거둔 세금을 잠시 빌려 작년, 또는 그 이전의 체납액을 메운 것을 가리킨다.

는 황폐해지고 사람의 자취는 드물어 고개를 들어 보면 황량한 참상이 눈을 가득 채워 차마 말로 표현할 수 없을 정도입니다. 또한 강희 4(1665)년에 대기근이 있었고, 강희 7년에는 지진까지 덮쳐 농지의 곡식들은 낱알 한 갱이 거두지 못하였으므로 백성은 굶어 죽은 사람이 태반이고 가옥은 모두 무너져 버렸으며 깔려 죽은 사람이 1만여 명이었습니다. 그 가운데 살아남은 사람들도 낮에는 굶주림과 추위에 울부짖고 밤에는 들판이나 탁 트인 곳에서 노숙할 수밖에 없었으며, 심지어는 아버지와 아들이 서로를 돌보지 못하고 가족끼리 서로를 보호하지 못하며, 늙거나 약한 사람의 시신은 골짜기에 버려지고 어리고 젊은 사람들은 사방으로 도망쳐 흩어졌습니다. 도로를 왕래하는 사람들이 [이러한 참상을] 보고 마음 아파하여 눈물을 흘리면서 "앞으로 담성현은 백성이 없을 것이다."라고 여길 정도였습니다.

다행히도 조정에서 백성의 고통을 불쌍히 여겨, 강희 4년의 전량을 전부 면제해 주시고, 강희 7년의 전량은 40%를 감면하여 60%만 징수하도록 해 주셨습니다. 그 덕분에 간신히 살아남아 상처를 싸맨 백성은 부세 징수의 고통이 점차 줄어들자 조금씩 돌아와 옛 땅을 다시 돌보게 되었으니, 황상의 어진 덕을 입은 것이 이미 얕지 않았습니다. 강희 8년에 이르러서는 또한 11월 25일 사은조서(恩詔)를 반포하시어 순치(順治) 16·17·18년과 강희 1·2·3년분 전량 가운데 실제로 백성이 체납한 부분을 모두 감면해 주셨습니다. 전체 담성현 백성이 뛸 듯이 기뻐하며 환호하지 않은 사람이 없었고, 태어나서 성주(聖主)를 만난 것을 서로 축하해 마지않았습니다. 우리 백성의 삶을 온전하게 해 주심이 이 얼마나 두터운 것입니까! 이로부터 고향을 떠났던 사람들이 다시 차츰 돌아와 농사에 종사하고 황폐한 경지 역시 점차 개간이 되었지만, 백성이 여전히 아침저녁을 제대로 찾아먹기 힘든 것은 생각건대 여러 가지 재앙이 함께 닥쳐 그 결과 먹고 입는 것이 부족하기 때문이며, 아마 수십 년 동안 원기를 북돋우지 않으면 결코 쉽사리 회복할 수 없을 것입니다.

그런데 최근 내려온 호부(戶部)의 문서에는 사면 이전 시기의 체납액을 추징하여 사면 이후 시기의 전량을 메운다는 내용이 있다고 합니다. 무릇 백성이라면 응당 공무를 우선시해야 할 줄로 압니다. 하지만 강희 5·6·7년의 전량으로 강희 1·2·3년 및 순치 16·17년 등의 전량을 메운 것은 실로 소민들이 곤궁하여 도저히 세금을 낼 여력이 없는데다가, 전임 지현이 지방관 업무평가에 압박을 받아 부득불 최근 거둔 전량을 빌려다 옛날의 체납액을 대신 메울 수밖에 없었기 때문입니다. 지금 이미 면제를 받은 지 오래인데, 이렇게 빌려서 메운 것에 대해서 면제 조치를 인정해 주지 않고 여전히 계속 추징하시겠다고 하는데, 빌려서 메운 것은 사면 이전에 해당되지만 추징하겠다는 것은 실제로는 이미 사면된 해에 해당됩니다. 무릇 이미 면제된 백성의 체납을 추징하여 빌려서 메움으로 생긴 구멍을 메우겠다는 것은 바로 옛날에 이미 사면을 했는데 지금 다시 추징하는 것이나 마찬가지입니다. 그렇게 되면 [사면을 지시하였던] 찬란하게 빛나는 황상의 조서를 어떻게 삼가 따를 수 있겠습니까?

하물며 지금 당장 강희 10년분 전량을 이미 징수하기 시작하였고, 강희 5·6·7·8·9년의 체납액 또한 아울러 독촉을 하고 있습니다. 마치 논밭과 조정과 창고가 모두 비고 물속과 산 속, 논밭과 마을의 것을 모두 쓸어 가버리는 것과 같으니, 어찌 살을 잘라 종기를 치료하듯이 눈앞의 다급함 때문에 장래에 손해를 보는 일을 계속 감당할 수 있겠습니까? 아마도 가난한 백성은 버티기 어려워 분분히 도망갈 생각을 하고, 이미 떠난 사람은 다시는 돌아올 생각을 하지 않을 것이며, 지금 있는 사람은 역시 응당 딴 데로 옮겨 갈 것입니다. 그러면 이전의 체납을 추징하기 어려워질 뿐만 아니라 올해의 전량 징수조차 불가능해질 것이니, 담성현 백성만의 근심일 뿐만 아니라 지방관의 책임이 되기도 합니다. 저희들은 몸소 고난을 거쳐 왔고, 모든 사람들은 아주 다급한 심정이어서 감히 공동으로 글을 올려 호소합니다. 엎드려 빌건대 아래 사람들의 상황을 굽어 살피시고 백성의 숨어 있는 고통을 느껴 [지현께서] 특별하게 「상문」을 올려 주시어 감면의 은혜를 받을 수 있기를 기원합니다. 이것은 감히 외람되게 특별한 은혜를 얻고자 하는 것이 아니라 다만 이미 반포된 조서의 유지를 믿고자 하기 때문입니다. 이것이 가능하다면 다 죽게 된 담성현 백성이 다시 살아날 수 있는 기회가 될 것입니다.

이상과 같은 청원서가 현 아문에 전달되었습니다. 그래서 지현인 제가 다시 살펴보니, 담성현에서는 강희 5·6·7년의 전량을 빌려 강희 1·2·3년 및 순치 16·17년 등의 전량을 대신 메워 기해(起解)한 액수가 5,057냥(兩) 2전(錢) 남짓입니다. 그런데 새로 호부의 지시를 받아 상사께서 저희에게 억지로라도 추징하라고 하는 지시를 전달하셨으니, 응당 그대로 따라야 할 것입니다만, 담성현 백성은 실제로는 절대로 감당할 수 없을 것이라고 생각됩니다. 담성현은 토지가 척박하고 백성이 가난하며 오랫동안 기근과 곤궁을 겪은 다음인데다가 여러 차례 재난까지 찾아와 호구가 줄어드는 것이 날로 심하고 전량 체납이 더욱 늘어나고 있습니다. 우리 황상께서는 이러한 가난한 백성을 불쌍하게 여기셔서 이미 정규 부세를 면제하고 누차 구휼해 주시는 깊은 은택을 베풀어 주셨는데, [백성이 절대로 감당하지 못한다는 것은] 정말로 백성의 힘이 버텨 낼 수 없기 때문입니다. 그렇지만 수년 동안 백성의 생계를 도탑게 할 수 있는 방책이 제대로 실행되지 못한 데다가 여전히 추징을 하겠다는 소란은 그대로입니다. 강희 5·6·7년의 전량 원액은 모두 전임 지현이 [이전의 체납분으로 옮겨서 기해하느라] 체납에 대해 책임을 져야 하고, 지금은 또한 현임 지방관에 대한 평가가 다급하게 닥쳐왔습니다. 그래서 9년분의 전량 징수에서 이것들을 모두 함께 징수하고자 하니 온갖 어려움이 한데 몰릴 수밖에 없습니다. 여기에다가 다시 기왕에 몇 년 동안 체납된 부분까지 추징하겠다고 나선다면, 1년 동안 10년 사이의 체납분을 한꺼번에 거둬들이는 셈이 됩니다. 오호라! 그렇지 않아도 지치고 힘든 백성이 어찌 이를 감당할 수 있겠습니까?

저는 항상 공무로 밖에 나갈 때마다 백성이 술지게미와 겨만 먹다 보니 얼굴색이 싯누런데다가, 바람과 눈을 막을 옷도 제대로 걸치지 못하는 것을 보고 있습니다. 더구나 열흘 정도 밥 짓는 연기가 끊겨 춥고 배고파서 차라리 목을 매어 죽는 사람들도 있다고 들었습니다. 비록 수시로 이들을 돌보고자 하지만, 현 경내 사방 전체를 어찌 다 두루 살필 수 있겠습니까? 만약 지금 다시 사면 이전의 옛 체납액을 계속 추징하겠다고 한다면, 백성은 바야흐로 봄을 맞이하는 농지를 버리고 경작하지 않을 뿐 아니라 기둥뿌리 몇 개로 지탱하는 집에도 더 이상 미련을 두지 않고 모두 처자식을 데리고 딴 지방으로 도주해 버릴 것입니다. 이것은 조정이 수십만의 금전으로 구휼하여 되살려 놓은 백성을 다시 고향을 떠나 떠돌도록 강제하는 것이나 마찬가지이니, 이 어찌 몹시 안타까운 일이 아니겠습니까?

즉 추징의 독촉 말하자면, 백성은 비록 어리석고 천하지만 곤장으로 두들겨 맞는 것을 두려워하지 않는 사람이 없습니다. 그렇지만 그 골수까지 모두 빨려나가 목숨을 유지하기도 시간이 부족한데, 세금을 납부하는 독촉이 몹시 급박할 경우 만약 이들이 저항이라도 하는 길을 선택하게 된다면 비록 곤장과 칼이 있다고 할지라도 어떻게 씌울 수 있겠습니까? 이것은 오랫동안 쌓인 체납액을 충분히 징수하기도 전에 우선 토착 백성의 민심을 잃는 것이고, 그들이 모두 모두 현 밖으로 도망가 농지를 황폐하게 만들 것입니다. 이럴 경우 그들이 흩어져 도망가게 놔두고 아무 일도 하지 않든지, 아니면 그들을 널리 끌어안고 불러들여 돌보는 것 가운데 하나를 선택할 수밖에 없을 터입니다. 황상께서 측은히 여기심은 응당 강희 4년의 견면과 강희 7년의 구휼에만 한정되지는 않을 것입니다. 그렇기 때문에 이미 백성이 흩어진 다음에 세금의 경감을 이야기하는 것보다는 그들이 흩어지기 전에 징수를 중지하는 것이 훨씬 나을 것이며, 국고를 쏟아 부어 구휼함으로써 그 비용의 지출을 더욱 늘리는 것보다는 차라리 지금의 체납액을 모두 감면시켜 주어 그 은혜를 크게 늘리는 편이 훨씬 낫지 않겠습니까?

전에 산동순무께서 제문(題文)을 올려 주셔서, 완납되지 못한 전량은 비록 사면 범위의 안에 들어가지는 않지만 응당 추징해야 할 백성의 체납액은 실제로는 사면이 이루어진 해에 들어간다고 이야기해 주셨습니다. 산동순무의 이 인자한 발언은 아주 간절하여 황상을 감동시키기에 충분하였지만, 호부(戶部)에서는 이 문제를 논의한 결과 장(張) 대신(大臣)이 올린 상소문 안에서 "옮겨서 납부한 전량은 여전히 추징해서 기해해야 하며", "사면범위에 들어가는 것은 실제 백성의 체납이지, 관청에서 옮겨 납부한 전량은 감면되지 않는다"고 한 의견을 따랐습니다. 생각건대 전량은 원래 각기 정해진 항목이 있어 이것을 이리저리 옮겨 쓰게 되면 결국 부정과 폐단을 낳는 실마리가 되기 때문에, 지난해와 올해의 전량을 잠깐 동안 옮겨 쓰더라도 반드시 그것을 되찾아 와서 본래 창고의 액수를 메워야 한다고 염려하는 취지로 봅니다. 호부의 대신 자리에 계시니 어찌 국가 대사를 위해 지극히 당연한 방안을 마련하고 심원한 계획을 세우려 하시지 않으시겠습니까? 그렇지만 옮겨서 쓴 것은 관부이지만 실제로는 국가에 전량으로 기해되었고, 체납한 것은 백성이지만 이미 오래전에 감면에 대한 조서를 받은 바 있습니다.

또한 옮겨서 쓴 이유를 따지고 보면 당시의 지방관이 아직 여유가 있는 부분을 옮겨서 당장 시급한 부분으로 옮긴 것이므로, 이 옮겨 쓴 금액을 그해 전량 항목으로 계산한다면 전량 정액에는 원래 손해를 끼친 부분이 없습니다. 지금의 백성 또한 남은 목숨을 간신히 유지하는 경우가 아닌 사람이 누가 있겠습니까? 그래서 세금 감면의 조항으로 오래 묵은 체납액의 추징을 감면하는 것은 바로 사면 조서의 취지와 그대로 일치하는 바입니다. 또한 호부 대신의 원주(原奏)는 강희 4년에 이루어졌고 여기서 논의된 바는 당연히 준수해야 하겠지만, 황상의 사면 조서는 강희 8년에 내려졌으니 당연히 이 조서의 취지가 더욱 믿을 만한 것입니다. 어제 정월 22일의 『저보(邸報)』를 들춰 보다 화(華) 감숙순무(甘肅巡撫)가 막(莫) 섬감총독(陝甘總督)과 함께 감숙성 등지의 조세 감면을 요청한 상소에 대해 호부에서 답변을 한 제본(題本)을 발견했는데, 거기에서는 이렇게 이야기하고 있습니다.

> 영주(寧州) 등 8주현은 강희 7년에 미납한 은 1만 3,001냥과 미곡 1,559석(石)을 강희 9년분과 함께 징수해야 하는데, 실제로 토지가 척박하고 백성은 가난하여 이들을 곤장으로 때리면서 납부를 독촉하더라도 제대로 된 액수를 충분히 채우는 것은 정말로 불가능합니다. 이에 [감숙순무와 섬감총독이 공동명의로] 제본을 올려 감면을 요청합니다.

호부에서 이것을 검토한 결과 승인을 해 달라고 요청하는 의견을 올려 황상께서 그것을 승인하는 유지를 이미 내리셨습니다. 따라서 감숙성에서 강희 9년에 함께 징수하려던 전량은 황상께서 어렵지 않게 호탕하신 면제의 은혜를 베풀어 주셨습니다. 하물며 강희 8년의 사은조칙(恩詔)은 천하 사람들이 모두 함께 경사를 같이 누릴 수 있게 했는데, 어찌 저희는 실제적인 면제의 은혜를 누리지 못한다는 말입니까? 일개 보잘것없는 지현으로 전량의 면제 여부에 대해 어찌 감히 참견할 자격이 있겠습니까? 다만 담성현 백성의 고통과 어려움이 이미 극에 달하여 헛되이 추징에만 힘쓰다가 도리어 아무런 이익도 얻지 못할까 두렵고, 또한 정말로 위태로운 상황을 두 눈으로 똑똑히 보고 있는 까닭에, 이러한 상황을 보면서 말을 하지 않다가 혹시 만일이라도 백성이 놀라고 두려워하여 몰래 도망치는 것을 제대로 막지 못함으로써 기왕의 체납액을 추징하지 못할 뿐만 아니라 새로운 전량 역시 받아낼 방법이 없어진다면 도저히 그 죄를 되돌릴 수 없을 것입니다.

최근에 "액수 그대로 추징하여 올려 보내라"라는 상부 지시를 받았습니다만, 담성현의 신사와 이재민들은 오래도록 황상의 은덕을 간절하게 바라면서 목을 길게 뽑고 발꿈치를 들어 기대하고 있습니다. 신속하게 구제조치를 취해 주시어 아침저녁으로 위태로운 목숨을 연명할 수 있게 해 주시기를 바라는 것이 마치 큰 가뭄 뒤에 단비를 기다리는 것처럼 간절합니다. 엎드려 빌건대 제발 순무께 보고를 올리니 [순무께서] 내용을 보충해 제본(題本)을 올려 주시도록 요청드립니다. 그래서 원래 내린 사면의 조서에 따라 감면 조치를 받을 수 있게 해 주시기를 간절하게 바라옵니다. 이것을 통해 고향에 안주하는 백성이 타향으로 떠돌지 않을 수 있도록 해 주신다면 앞으로 담성현 백성은 영원히 조정에 제대로 전량을 바치는 양민(良民)이 될 것이며 대대로 상사의 의로운 행동을 칭송하면서 은혜를 느끼는 적자(赤子)가 될 것이니, 그렇게 되면 담성현 백성으로서는 정말 다행이고, 제게도 큰 다행이 될 것입니다.

爲亟請遵詔豁免,[13] 以廣皇仁, 以救殘黎事.[14] 據閫縣紳衿王士奇等、鄕民張宗顔等呈, 前事呈稱[15]:

---

13 극(亟)은 '급히, 신속히'라는 뜻이므로 극청(亟請)은 아주 다급하게 요청한다는 뜻이다.

14 잔려(殘黎)는 남아 있는 백성, 피폐한 백성을 가리킨다.

15 전사(前事)는 앞에 나온 "爲 … 事"의 내용을 언급하는 것, 또는 그 내용에 대해라는 뜻이다. 즉 같은 내용이나 제목을 인용할 때 사용하는 용어다. 정칭(呈稱)은 아랫사람이 올린 탄원서·청원서(呈文)에서 그 내용을 인용(을 시작)하는 말이다. 즉 탄원서의 내용은 다음과 같다는 뜻이다.

切照郯城彈丸小邑,[16] 久被凋殘,[17] 三十年來田地汙萊,[18] 人烟稀少,[19] 極目荒凉之狀,[20] 已不堪言.[21] 復有四年之奇荒、七年之地震, 田禾顆粒無收,[22] 人民餓死大半, 屋舍盡皆倒壞,[23] 男婦壓死萬餘, 即間有孑遺,[24] 晝則啼饑號寒, 夜則野居露處, 甚至父子不能相顧, 室家不能相保,[25] 老弱轉徙于溝壑,[26] 少壯逃散于四方, 往來道路之人, 見者酸心流涕,[27] 意謂[28]: "從此無郯民矣." 幸遇朝廷軫念民瘼,[29] 將四年錢糧全蠲, 七年免四徵六. 於是救死扶傷之民, 將暫緩徵輸之苦,[30] 稍稍復歸故土, 整理舊業,[31] 其感戴皇仁已不淺矣.[32] 逮康熙八年, 又奉有十一月二十五日恩詔, 將順治十六、七、八年、康熙元、二、三等年錢糧實欠在民者槩行蠲免,[33] 闔郯百姓無不踴躍歡呼,[34] 相慶生逢聖主. 其爲我民計生全者, 抑何厚也. 自是流移亦漸歸農,[35] 荒田亦漸墾闢. 而百姓猶朝夕之不給者,[36] 蓋以瘡痍方起,[37] 衣食未豐, 非加以數十

---

16 절조(切照)는 절실하게 살펴본다는 뜻이지만, 문장의 처음을 시작하는 것(發語詞)으로 보면 굳이 해석하지 않아도 된다. 탄환(彈丸)은 탄궁(彈弓)으로 발사하는 진흙·돌·쇠로 만든 둥근 알을 뜻하는데 나아가 크기가 탄환만 한 것을 형상하는 데도 쓰이며, 지방이 작고 좁은 것을 비유하기도 한다.

17 조잔(凋殘)은 꽃잎이 시들어 떨어지는 것, 나아가 쇠락하거나 훼손되는 것을 가리킨다.

18 오래(汙萊. 洿萊)는 토지가 완전히 황폐해진 것을 가리킨다.

19 인연(人烟. 人煙)은 사는 사람의 밥 짓는 연기를 말한다. 나아가 인가(人家)를 가리킨다.

20 극목(極目)은 눈에 가득 차다, 또는 눈을 한껏 치켜뜨고 최대한 멀리 바라본다는 뜻이다. 황량(荒涼)은 사람의 모습이 없는 황무지(荒蕪地)의 모습, 또는 처량하다는 뜻을 나타낸다.

21 불감(不堪)은 차마 할 수 없다, 떠맡을 수 없다, 불가능하다는 뜻이다.

22 전화(田禾)는 농작물, 나아가 곡물을 가리킨다.

23 도괴(倒壞)는 무너지고 부서진다는 뜻이다.

24 혈유(孑遺)는 남아 있는 생존자·잔존자·유민을 가리킨다.

25 실가(室家)는 집·부부·처자·가정이나 가족, 가가호호를 가리킨다.

26 구학(溝壑)은 산골짜기, 나아가 들판에서 죽거나 곤경에 빠짐을 가리키기도 한다. 보통 죽은 시신이 골짜기를 메운다(塡溝壑)는 표현으로 많이 쓰인다.

27 산심(酸心)은 상심(傷心)과 같은 뜻이다.

28 의위(意謂)는 생각하다, 마음속으로 그린다는 뜻이다.

29 진념(軫念)은 비통하게 생각한다는 뜻이고, 민막(民瘼)은 백성의 질고(疾苦)를 가리킨다.

30 징수(徵輸)는 부세의 징수와 수납을 가리킨다.

31 업(業)은 가업·산업·직업 등의 뜻이 있다. 산업의 경우 토지·건물·작방 등 부동산이나 생산 사업을 가리킨다.

32 감대(感戴)는 감격하여 사랑하고 떠받든다는 뜻이다.

33 순치(順治) 연간은 청조 입관(入關) 이후의 첫 황제인 순치제의 재위기간으로 1644-1661년이며, 순치 17·18년은 1660·1661년에 해당된다. 강희(康熙) 연간은 1662-1722년 사이인데, 강희 원년에서 2·3년은 1662-1664년에 해당된다.

34 용약(踴躍은 도약(踴躍)과 마찬가지로 뛰어오른다는 뜻이지만, 나아가 기뻐서 춤추는 모습이나 정서가 고양되고 열렬한 모습을 가리킨다.

35 유이(流移)는 유망(流亡) 또는 이동, 나아가 고향을 떠나 떠도는 사람들을 가리킨다.

36 부급(不給)은 공급이 부족하다, 결핍되어 있다는 뜻이다.

年之培養元氣,[38] 終未易復也. 近奉有部文, 欲追赦前民欠, 補還赦後銀兩.[39] 凡在庶民, 誼當急公.[40] 但五、六、七等年, 借解元、二、三並順治十六、七、八等年錢糧, 實係小民窮苦, 輸納無資, 而前任迫於考成,[41] 不得不那新補舊.[42] 迺今奉赦已久, 以借解不准議蠲, 仍行追補. 但查借解雖在未赦之年, 而追補實在已赦之歲. 夫欲追旣赦之民欠, 以補借解之倉口, 則是昔已赦而今復追也. 煌煌天語,[43] 其何以恪遵乎? 況目下十年錢糧, 就在開徵, 五、六、七、八、九年, 又經帶比,[44] 正苦三空四盡,[45] 何能剜肉醫瘡.[46] 切恐窮民難支, 紛紛思逃, 使旣去者決不復歸, 見在者亦當轉徙.

---

37 창이(瘡痍)는 큰 상처나 재해의 고통, 나아가 고통을 받는 백성을 가리킨다. 방기(方起)는 병기(幷起), 즉 함께 일어난다는 뜻이다.

38 원기(元氣)는 사람의 정신이나 정기, 또는 국가나 사회단체 등이 생존과 발전에 필요로 하는 정신적·물질적 역량을 가리킨다.

39 보환(補還)은 상환하다, 배상한다는 뜻이다.

40 급공(急公)은 공익에 열심이라는 뜻이다.

41 모든 주현관은 지정전량(地丁錢糧)의 징수 성과에 대해 평가와 처분을 받았다. 그해의 전량을 완납시키거나 3년 연속으로 완납시키는 경우 각기 기록(紀錄. 記錄) 1차나 가일급(加一級. 가일급은 기록 4차에 해당한다)의 포상을 받았지만, 반대로 미납분이 있을 경우 그 정도에 따라 처벌을 받았다. 이를테면 강희 2년에는 미납전량이 10% 이하면 승진이 이루어지지 않고 1년 벌봉(罰俸)의 처벌을 받았고, 10%면 강일급(降一級), 20-40%면 각기 강2-4급의 처벌과 더불어 처벌을 기다리면서 징수를 독촉하는 대죄최징(待罪催徵)의 처벌을 받았다. 그리고 50% 이상이면 혁직(革職)이었다. 그리고 지주에서 독무에 이르는 위의 상사들 역시 이에 따라 그 강도가 좀 약하기는 하지만 마찬가지로 처분을 받도록 정해졌다. 『대청회전사례(大淸會典事例)』(『續修四庫全書』 史部 政書類 798-814. 上海古籍出版社, 2002) 권173 「호부(戶部) 전부(田賦) 최과고성(催科考成)」의 강희(康熙) 2년조 기사(記事)를 참조. 이러한 처분은 물론 관련된 내역과 시기에 따라 차이가 있었다.

42 나신보구(那新補舊)는 새것을 옮겨 옛것을 메운다는 뜻이다. 즉 올해 들어온 세입으로 지난해나 그 이전의 체납분을 메우는 것을 가리킨다.

43 황황(煌煌)은 아주 밝게 빛나는 모습, 쳐다보기 어려울 정도로 빛나는 모습을 가리킨다. 천어(天語)는 당연히 황제의 말이란 뜻으로, 여기서는 세금 감면을 지시한 황제의 명령을 가리킨다.

44 대비(帶比)는 형장(刑杖)으로 독촉하면서 핍박하는 것을 가리킨다.

45 삼공(三空)은 논밭(田野)과 조정(朝廷)·창고(倉庫)가 텅 비었다는 뜻이다. 『후한서』 권96 「진번전(陳蕃傳)」에서 나오는 구절에서 비롯되었다("무릇 평안한 시절에도 그래도 절제가 필요하였는데, 하물며 지금처럼 세 가지가 빈 고난 속에서는 더 이상 말할 필요가 있겠습니까? 논밭이 비어 있고, 조정이 비어 있고, 창고가 비어 있으니, 이를 삼공이라 합니다."). 사진(四盡)은 『양서(梁書)』 권28 「어홍전(魚弘傳)」에 나오는 고사로 완전한 소모·이용을 뜻한다("항상 남에게 말하였다. '내가 군수를 하면 이른바 네 가지를 다 써 버립니다. 즉 물속의 물고기나 자라, 산속의 노루, 논밭의 미곡, 마을의 백성을 모두 다해 버리는 것입니다. 장부가 세상에 태어난 것은 마치 가벼운 먼지가 어린 풀 위에 앉는 것처럼 가볍고, 흰말이 짧은 틈 사이로 지나치는 것처럼 짧습니다. 인생의 환락과 부귀를 언제 다할 수 있겠습니까!'").

46 완육의창(剜肉醫瘡)은 완육보창(剜肉補瘡)·완육생창(剜肉生瘡)·완육성창(剜肉成瘡)·완육주창(剜肉做瘡)과 같은 뜻이다. 본래 살을 잘라 내어 부스럼을 치료하려 하였으나 잘라 낸 부분이 도리어 새로운 부스럼을 만든다는 뜻으로 나중의 결과를 돌보지 않고 해로운 수단으로 눈앞의 위급함을 구하려는 것을 가리킨다. 당(唐) 섭이중(聶夷中)의 「상전가(傷田家)」라는 시의 구절("2월에 새로운 생사를 팔고, 5월에 새 곡식을 사들이네. 눈앞의 종기를 치료하기 위해, 아까운 살을 잘라 내야 하니. 원컨대 임금의 마음이 찬란한 빛을 내는 촛불이 되어, 비단 옷을 입

不惟舊欠難追, 亦且現徵無措, 非獨郯民之憂, 實賢父母之責也. 士奇等身歷艱難, 萬民急切, 故敢合詞呈控. 伏乞俯念下情, 體察民隱,[47] 特賜具詳, 祈恩豁免. 非敢邀殊恩於望外,[48] 止祈信詔旨於已頒, 則郯人垂死之年,[49] 卽更生之日也.

等情.[50] 具呈到縣.[51] 據此.[52] 該卑縣復查得[53]:

郯邑康熙五、六、七年借解元、二、三、順治十六、七、八等年錢糧, 通計五千五十七兩三錢有奇. 新奉部議,[54] 再蒙憲檄,[55] 勒令追解, 自應祇遵. 然在郯民, 實有萬萬不能堪者. 郯邑地瘠民貧, 當荒殘久困之後, 災祲疊見之餘,[56] 戶口消耗日甚, 錢糧逋欠更多.[57] 我皇上哀此窮黎, 旣蠲惟正之供,[58] 屢沛賑施之澤已深,[59] 悉民力之不支矣. 數年以來, 厚生之計未周, 追呼之擾如故, 卽六、七、八年錢糧, 原額每缺于前官, 考成並急于今日. 故九年歲內, 一時並徵, 艱難備至, 若復追節年借解之銀,[60] 是一年之中而取足十餘年之欠額. 嗟嗟罷甿,[61] 何以堪此? 卑職常公事出外, 見民間食饜糟糠,[62] 面多菜色,[63] 寒冬風雪, 體無完衣, 且聞有旬斷炊烟, 凍餒自經者.[64] 卑職雖時加撫恤, 然四境之遙, 何能遍及? 今復追比赦前舊欠, 方春之土, 棄而不耕, 數椽之

은 귀족의 연회석이 아니라, 입고 먹을 게 없어 도망간 백성의 초가집만을 비추길.")에서 비롯되었다고 한다.

47 민은(民隱)은 백성의 고통을 가리킨다.

48 망외(望外)는 '뜻밖에, 기대 이상으로'라는 뜻이다.

49 수사(垂死)는 죽음에 접근하였다는 뜻이다.

50 등정(等情)은 공문이나 계약서에서 쓰는 용어로 하급기관(또는 평행기관)에서 올려 보낸 문서의 인용·서술을 끝마칠 때 쓰는 인용부호나 마찬가지다.

51 구정(具呈)은 정문(呈文)을 갖추어 올린다는 뜻이고, 도현(到縣)은 지현에게 이것이 전달되었다는 뜻이다.

52 거차(據此) 역시 마찬가지로 하급 또는 평행 기관으로부터 공문 등을 받았다는 것을 가리키는 용어다.

53 사득(查得)은 조사해 보아서 얻었다, 알게 되었다는 뜻이지만, 실제로는 자신의 의견이나 조사결과를 서술하는 문장의 첫마디(發語詞)에 쓰이는 것이다.

54 부의(部議)는 황제의 지시에 따라 호부에서 의논하여 상주한 것을 가리킨다.

55 헌격(憲檄)은 상사의 지시공문을 말한다.

56 재침(災祲)은 재이(災異)·재앙·재화와 같은 뜻이다.

57 포흠(逋欠)은 부세·전량의 체납을 가리킨다.

58 유정지공(惟正之供)은 바로 정공(正供)을 말하는데, 상공(常供)과 마찬가지로 국가의 창고에 들어가는 미곡이란 뜻으로 바로 정규 부세를 가리킨다.

59 패(沛)는 보통 성대하거나 충족한 모습, 빠르게 가는 모습을 가리키지만, 여기서는 내린다는 뜻으로 보인다.

60 절년(節年)은 최근 여러 해 동안(積年·歷年)이라는 뜻이다.

61 차(嗟)는 탄식한다는 뜻으로 차차(嗟嗟)는 호소·찬미·슬픔을 나타내는 감탄사다. 파맹(罷甿)은 지치고 힘든 백성을 가리킨다.

62 조강(糟糠. 糟穅)은 술지게미와 겨(곡물껍질) 등 조악한 음식으로 가난한 사람의 식량을 가리킨다. 또한 한 조강지처(糟糠之妻)란 말은 "가난하고 천할 때의 친구를 잊어서는 안 되며, 술지게미와 겨로 때우던 시절의 아내와 떨어져서는 안 된다"고 한 『후한서』 권56 「송홍열전(宋弘列傳)」에서 인용된 송홍의 발언에서 비롯되었다.

63 채색(菜色)은 굶주려(또는 채소만 먹어) 영양부족인 기민(饑民)의 파리한 안색을 가리킨다.

64 자경(自經)은 목을 매어 자살하는 것을 말한다.

居,[65] 復無所戀. 擧欲携妻挈子, 逃之別境, 是使朝廷數十萬之金錢蠲賑全活之民, 而一旦迫之流離失所, 不甚可惜哉? 卽以追比言之, 民雖愚賤, 未有不畏敲朴者.[66] 當其髓枯骨盡, 救死不贍之時,[67] 加以催科孔亟,[68] 萬一挺而走險,[69] 雖有桁楊,[70] 何以加之? 是未能取贏積歲之逋欠, 而先失土著之民心, 使邑境空虛, 田廬荒廢, 將聽其散亡而不爲之所乎? 抑廣爲招徠而加之意乎?[71] 聖天子惻然念之, 當又不啻如四年之蠲、七年之賑矣. 然與其議蠲于旣散之後, 孰若輟徵于未散之先?[72] 與其發帑以賑而更多其費,[73] 孰若悉蠲是逋而大暢其恩乎? 前蒙院臺具題, 以未完錢糧雖在未赦之內, 其應追民欠實在赦免之年, 仁言愷切, 眞足感動天聽,[74] 而部議以臺臣張條奏疏內"借解錢糧, 仍行追解",[75] 又云"赦內止免實係民欠, 未免官借補解". 切意以爲錢糧原有定款, 慮因那借開混冒之端, 新舊或有暫移, 亦必按追補本倉之數, 其在大部臺臣, 豈非爲軍國籌至當計深遠哉? 然借解者官, 而錢糧則實輸公府,[76] 逋欠者民, 而蠲免已久奉恩綸. 揆其借解之由, 當日之官不過那緩就急,[77] 若以借解之銀算歸本年項下, 于正額原未有虧也. 今日之民亦孰非殘喘餘生,[78] 而援以蠲免之條, 悉豁節年追補, 於詔旨正相符也. 且臺臣原奏在康熙四年, 條議固所當遵. 皇上恩蠲在康熙八年, 詔旨尤爲可信. 卑職昨閱正月二十二日邸報,[79] 有戶部題覆甘撫華會同總督莫爲秦屬蠲免一疏,[80] 內稱:

---

65 수연(數椽)은 서까래 몇 개뿐이라는 뜻으로 초라한 집을 가리킨다. 보통 모옥수연(茅屋數椽)이라는 식으로 쓴다.

66 고박(敲朴. 敲撲)은 채찍으로 때리는 형구를 가리킨다. 짧은 것을 고, 긴 것을 박이라 한다.

67 불섬(不贍)은 부족하다는 뜻이다.

68 최과(催科)는 세금납부를 독촉한다는 뜻이고, 공극(孔亟)은 아주 긴급하다, 급박하다는 뜻이다.

69 정이주험(挺而走險. 鋌而走險)은 정록주험(挺鹿走險)과 같은 뜻으로 다급해지면 어쩔 수 없이 모험적으로 나갈 수밖에 없다는 것을 가리키는데 보통 백성이 반란을 일으키는 길로 나감을 비유한다. 원래 『좌전』 문공(文公) 17년조의 기사에서 비롯되었다("옛사람이 말하기를 …… 사슴이 죽음의 위기에 처하면 어떤 그늘인지를 가리지 않는다고 하였다. 작은 나라가 큰 나라를 섬길 때, 큰 나라가 덕으로 대하면 덕으로 모시며, 부덕함으로 대하면 그 사슴과 마찬가지로 위험에 빠질 경우 모험에 나서지 않을 수 없고, 급하면 무엇을 가릴 수 있겠는가?").

70 항양(또는 형양. 桁楊)은 다리·목에 두르는 형구인 차꼬(항)·도리(형)나 나아가 형구 일반을 가리킨다.

71 초래(招徠)는 (백성이나 개간민을) 불러 온다, 불러 모은다는 뜻이다.

72 '여기(與其) A'는 '숙약(孰若) B'와 어울려 A하기보다는 차라리 B하는 편이 낫다는 뜻을 나타낸다.

73 탕(帑)은 재물, 또는 재물을 보관하는 금고·창고를 가리킨다. 보통 내탕(內帑)을 가리키는데, 이것은 국고(國庫)나 국고의 재물, 또는 국고와는 달리 관리되는 황실의 내고(內庫)를 가리키기도 한다.

74 천청(天聽)은 하늘·제왕이 청문(聽聞)하는 것을 가리킨다.

75 대신(臺臣)은 본래 어사대(御史台)의 관원을 가리키지만, 나아가 중앙의 고위관료를 가리키기도 한다.

76 공부(公府)는 군왕이나 삼공(三公)의 저택, 또는 관부(官府)를 가리킨다.

77 나완취급(那緩就急)은 급하지 않은 것을 옮겨 우선 급한 것을 메운다는 뜻이다.

78 잔천(殘喘)은 쇠로하거나 죽음에 임박했을 때의 거친 호흡, 나아가 남은 목숨이나 그 위기를 말한다.

79 『저보(邸報)』는 『경보(京報)』·『조보(朝報)』라고도 하는데, 전통시대의 일종의 관보(官報)다. 지방장관이 경사에 저(邸)를 두어 조령(詔令)이나 주장(奏章) 등을 베껴서 지방으로 중앙의 소식을 전달하게 하였던 데서 비롯되었다. 『저보』는 당대에 이미 나타났지만, 이런 명칭은 송대에 생겼으며, 명대 후기에는 활자판 인쇄본도 나타나게

寧州等八州縣, 九年帶徵七年未完銀一萬三千一兩零, 糧一千五百五十九石零, 實皆土瘠民貧, 追比敲朴, 萬難取盈,[81] 題請豁免.

部議覆准,[82] 業奉兪旨, 則秦省九年帶徵糧銀, 皇上不難施浩蕩之恩. 况八年恩詔普天同慶,[83] 而反不得沾蠲免之實乎?

卑職一介微員, 應否蠲免, 安敢置喙,[84] 獨是郯民困苦已極, 恐徒事追比, 終屬無益. 目覩阽危之狀,[85] 最爲眞切. 若坐視不言, 倘一旦驚惶逃竄, 不可阻禦, 舊欠無追, 新糧莫措, 則卑職之罪, 莫可逭矣. 頃奉憲牌"照數追解," 郯邑紳士、災民久切仁天之戴,[86] 翹首跂足所望亟爲拯救,[87] 以延旦夕之命者, 不異大旱之冀甘霖也. 伏乞憲臺, 轉詳院憲,[88] 補牘具題,[89] 懇遵原詔准與豁免, 俾安土之衆, 免致流離, 從此郯城百姓永永爲朝廷輸租納賦之良民, 世世爲憲臺頌義感恩之赤子,[90] 郯民幸甚, 卑職幸甚.

5-01-02. 「역참 마필을 메우기 위한 자금 요청(請撥補驛站買馬)」[91]

지금 피폐해 있는 역참이 옛날에는 외진 곳이었지만 지금은 교통이 번잡한 곳이 되었을 뿐만 아니라, 차사(差使)의 왕래는 빈번하고 역참 사이의 거리는 멀어, 조속히 자금을 마련하여 마필을 매입함으로써 역참의 곤란을 해소하고자 간청하는 바입니다.[92] 생각건대

되었다. 청대에는 『경보』라고도 하였는데 보방(報房)의 상인이 운영하였다.

80 제복(題覆)은 제본(題本)을 통해서 답장을 한다는 뜻이다. 진(秦)은 섬서성(陝西省)의 간칭이기도 한다. 춘추시대 진국(秦國)이 오늘날의 섬서성에 자리하고 있었기 때문이다. 하지만 여기서 진속(秦屬)은 감숙성도 포함하는 뜻으로 보인다. 그렇지 않으면 감숙순무가 이름을 올릴 이유가 없기 때문이며, 실제 뒤에 나오는 영주(寧州)는 감숙성 경양부(慶陽府)에 속하는 현의 이름이기도 하다.

81 취영(取盈)은 부세를 충분히 거둔다는 뜻이다.

82 부의복준(部議覆准)은 황제의 지시에 따라 호부에서 이 문제를 논의한 결과 승인 지시를 내려 달라고 황제에게 답변을 올렸다는 뜻이다.

83 보천(普天)은 하늘 전체, 천하에 두루라는 뜻이다. 즉 보천지하(普天之下)와 같은 뜻이다.

84 치훼(置喙)는 끼어들어 말하다, 의논에 참여한다는 뜻이다.

85 점위(阽危)는 위험, 또는 위험에 접근한다는 뜻이다.

86 대(戴)는 떠받든다, 받든다는 뜻이지만, 나아가 은혜에 감격한다, 행한다는 뜻도 있다.

87 교수기족(翹首企足)은 머리를 들고 쳐다보고, 발꿈치를 들고 돋움 발을 한다는 뜻으로 대부분 아주 간절하고 바라거나 생각하는 것을 비유한다.

88 전상원헌(轉詳院憲)은 대신 순무(院憲)에게 상문을 전해 올린다는 뜻이다. 즉 지현이 직접 순무에게 상문을 올릴 수 없으므로 바로 위의 상사인 지부·도대를 통해 대신 전달해서 올리는 것이다.

89 보독구제(補牘具題)는 순무가 내용을 보완하여 중앙정부에 제본(題本)을 올린다는 뜻이다.

90 적자(赤子)는 어린아이(嬰兒)를 가리키며, 나아가 백성·인민을 비유하기도 한다.

91 이와 관련된 사정에 대해서는 제28권 역참부 1 「28-01. 총론(總論)」에서 다시 언급되고 있다.

역참의 설치는 원래 차사의 왕래 및 공문서의 전송에 편의를 제공하기 위한 것이므로, 마부들에게 지급할 임금과 사료가 있고 밤낮으로 신속하게 달릴 수 있는 마필이 있는데 [이 두 가지는] 실로 역참에서 가장 급하게 필요로 하는 것이라 어느 하나 없어서는 안 됩니다. 담성현은 역참의 동로(東路)가 아직 열리지 않았을 때에는 마필을 이용하는 경우도 그리 많아 그럭저럭 가까스로 버텨 낼 수 있었습니다만, 하남순무가 제본을 올려 [역참의 동로가] 개설된 다음부터는 모든 사절과 차사가 대부분 동로를 통해 오가게 되었으므로 하루도 편안한 날이 없을 정도가 되었습니다.

실제 [산동성의 가장 남쪽에 자리 잡은] 담성현은 남쪽으로 강소성과 연결되는 산동성 첫 번째 역참입니다. 담성현의 이갑(里甲) 역참과 홍화부(紅花埠) 역참 두 군데에는 마필의 정액이 120필에 그치는데, 담성현 남쪽의 [강소성의] 동어(峒峿) 역참, 북쪽의 임기현(臨沂縣) 역참까지는 모두 120리 거리이고, 서쪽으로 역현(嶧縣)에 이르는 길은 180리의 거리입니다. 이렇게 역참 사이의 거리가 길면 말이 힘써 달리고 지쳐 쓰러질 우려가 있고, 마필이 적으면 쉬게 하거나 번갈아 임무를 맡길 방도가 없으므로 지쳐 쓰러져 죽는 마필을 감당할 수 없게 됩니다. 마필의 정액에서 결손이 발생하면 그때마다 반드시 사서 메워야 하니, 피폐한 역참의 엄중한 곤란은 바로 이 때문에 생깁니다.

엎드려 생각건대, 중로(中路)에 속하는 등현(滕縣)·등림(滕臨) 두 역참과 추현(鄒縣)·주계(邾界) 두 역참, 그리고 창평(昌平)·신가(新加) 등의 역참은 각 역참 사이의 거리가 겨우 40-50리에 지나지 않고 마부의 임금·사료 외에도 마필을 사들여 보충하는 데 쓰이는 비용에 양첨(糧簽)이란 항목은 있습니다. 지금 담성현의 역참 사이 거리는 중로에 비한다면 그 길이가 세 배에만 그치는 것이 아닌데, 임금·사료로 지급할 자금은 있어도 마필을 사들여 보충하는 데 쓸 전량 항목이 전혀 없습니다. 자금을 옮겨 써서 마필을 사들이고자 해도 임금·사료는 모두 정액이 규정되어 있어 말을 키우거나 역참 인원에게 지급할 비용, 그리고

92 『건륭담성현지』 권4 「건치지(建置志) 역체(驛遞)」, 6a-7a(pp.339-341)에 의하면 담성현의 역참은 두 군데로 하나는 성내 현치(縣治)의 동쪽에 있는 이갑역(里甲驛)으로 말 20필, 마부 30명, 구부(臼夫) 40명, 증구부(增臼夫) 60명이 정액이었다. 다른 역참은 홍화부역(紅花埠驛)으로 현성 남쪽 45리에 있었다. 말 70필, 마부 30명, 초패(抄牌) 2명, 비체공문마부(飛遞公文馬夫) 2명, 약재수의(藥材獸醫) 1명이 정액이었으므로 사실상 현성의 역참보다는 훨씬 규모가 큰 쪽이었다고 하겠다. 이 외에도 소역참인 체포(遞舖. 즉 舖舍)가 11좌(座) 있었고 총포사(總舖舍)는 현치 앞에 있었는데 포장(舖長)이 1명 있었다. 『흠정대청회전사례(欽定大淸會典事例)』 권655 「병부(兵部) 우정(郵政) 치역(置譯)」 및 권662 「병부(兵部) 우정(郵政) 설포 4(設舖四)」에도 관련사항이 나와 있지만, 그 내역은 약간 차이가 있다.

마부에게 지급할 식량이 부족해질 것이고, 그렇다고 임금·사료를 제대로 지급하자니 차사는 많고 마필은 적어 급박한 상주문이나 긴요한 사절의 갈 길을 막게 되지 않을까 염려됩니다.

"더욱더 비용을 절약하라고 하라"고 할 수도 있지만, 역참 사이 거리가 멀면 말이 힘들어 버티지 못하고 쓰러져 죽는 경우가 많아, 사들여 메워야 될 마필도 반드시 늘어납니다. 어찌 정액이 있어 한계가 있는 전량을 가지고 정액 외로 끝없이 늘어나는 마필 구입 비용을 감당해 낼 수 있겠습니까? 또한 대규모 차사 일행이 도착할 경우 조금이라도 부족함이 있으면 바로 역서(驛書)나 패부(牌夫)를 매와 채찍으로 번갈아 내려치는 등 문제가 발생하므로 빚을 얻어 마필을 매입함으로써 차사에게 제공하는 일이 불가피해집니다. 제가 작년 유월에 부임한 이래 마구간과 말구유를 유지하는 잡다한 비용을 제외하고 1년 동안 사들인 마필만 해도 이미 4백여 필을 넘었으며, 쓰러져 죽은 마필 또한 이미 절반을 넘었습니다. 지금은 또한 마필을 사들이느라 진 빚을 독촉하는 사람들이 잇따라 아문을 찾아오고 있지만, 제가 연금술을 가지고 있는 것도 아니고 어떻게 이 빚을 청산할 수 있겠습니까? 이러한 하급 관리의 무거운 부담을 털어놓아 호소하지 못한다면, 피폐한 역참에 앞으로 닥칠 폐해는 실로 더 이상 지탱하기 어려울 정도가 될 것입니다.

엎드려 빌건대, 상사께서는 담성현이 산동성의 문호를 맡고 있어 역참 사이가 길고 차사가 빈번한 고충을 안고 있음을 안타깝게 여기셔서, 임금·사료 외에 마필을 매입할 수 있는 전량 항목을 첨가하고 지정전량의 정규 항목으로 회계처리를 할 수 있도록 「상문」을 대신 올려 주시기를 바랍니다. 만약 첨가 문제를 [순무께서] 제본으로 상주하는 것을 불편하다고 생각하신다면, 제가 조사해 보니 말의 사료비용에서 남은 잉여금인 건광은냥(建曠銀兩)에 대해 호부에서 이것을 남겨서 교통이 빈번한 주현에서 마필을 구입하는 용도로 뽑아 쓰라고 지시한 바 있으니, 건광은냥에서 마필 구입비용을 그때그때 옮겨 쓰는 것을 허용하고 아울러 이 제도를 영구적인 것으로 해 달라고 호부에 자문(咨文)으로 요청하여 주셔도 좋습니다. 이 문제는 역참의 무거운 부담을 도저히 더 이상 지탱해 낼 수 없다는 점 때문에 제기한 것이지, 결코 기존 제도의 범위 밖에서 사사로이 분에 넘치는 요청을 함으로써 상사의 귀를 더럽히려는 의도가 아닙니다.【나중에 호부에서는 동로의 13개 역참도 담성현과 마찬가지로 역참마다 마필 구입용으로 7백 냥씩을 지급하고, 이것을 영구적인 정액으로 삼는다고 결정하였다.】

爲疲驛昔僻今衝, 差繁站遠, 籲請撥補買馬,[93] 以甦驛困事. 切照驛遞之設, 原以供皇華往來及承舍賫奏,[94] 有工料以給圉牧,[95] 有馬匹以副星馳,[96] 此實郵傳急需, 缺一不可. 念郯邑當東路未開,[97] 用馬稀少, 猶可勉支, 自豫撫題定之後,[98] 一切使客、差員, 大半皆由東路, 迭往迎來, 日無寧晷.[99] 郯邑接南省, 實爲山左首驛.[100] 査卑縣里甲及紅驛兩處額設之馬, 止一百二十匹, 而郯南至峒峿,[101] 北至沂,[102] 皆一百二十里, 西至嶧,[103] 則一百八十里, 站長則有奔馳、竭蹶之虞, 馬少又無休息、更番之術, 以致倒斃不堪, 見額動闕,[104] 時須買補, 疲驛之重困, 職爲此也. 伏査中路滕縣[105]、滕臨二驛, 鄒縣[106]、邾界二驛, 與昌平、新加等驛, 每站相去只四五十里, 工料之外, 又有糧僉買馬. 今郯之站遠, 較之中路, 不啻三倍, 止有工料銀兩, 並無買馬錢糧. 欲那買馬, 則工料係額設, 養馬及驛使廩給, 與馬夫口糧必有不給, 欲儘工料, 則差多馬少, 恐急切奏章及緊要差使, 又致羈程. 卽云: "加意節省", 其如站遠, 馬力難支, 倒斃旣甚, 買補必多, 安能以額內有限之錢糧, 爲額外無窮之購買? 且大差一到, 少有不敷, 則驛

---

93 유청(籲請)은 간청한다는 뜻이다.

94 황화(皇華)는 사절(使節)·사자(使者)·차사(差使)를 가리킨다. 승사(承舍)는 공문을 전달하는 차역을 가리키며, 재주(賫奏)는 상주문을 운반한다는 뜻이다.

95 어목(圉牧)은 말을 기르는 마부를 말한다.

96 성치(星馳)는 별을 보며 달린다, 즉 밤낮으로 급하게 달린다는 뜻이다.

97 동로(東路)는 청대 역참에서 모든 역참의 출발지인 북경의 황화역(皇華驛)에서 산동성으로 가는 노선인데, 다시 둘로 나뉘어 하나는 강소성(江蘇省)·안휘성(安徽省)·강서성(江西省)·광동성(廣東省)으로, 다른 하나는 강소성·절강성(浙江省)·복건성(福建省)으로 연결되었다. 청대 역참은 이밖에도 성경(盛京)으로 가는 동북로(東北路), 장가구(張家口)를 거쳐 서북의 신강에 이르는 서북로(西北路), 하남성(河南省)을 거쳐 호북성(湖北省)·호남성(湖南省)·광서성(廣西省)에 이르는 중로(中路), 산서성(山西省)을 거쳐 섬서성(陝西省)·감숙성(甘肅省)·사천성(四川省)·청해(青海)와 서장(西藏)에 이르는 서로(西路)로 구분되었다. 누조이(樓祖詒), 『중국우역발달사(中國郵驛發達史)』(中華書局, 1940), pp.355-356을 참조.

98 예무(豫撫)는 하남순무(河南巡撫)를 가리킨다. 예(豫)는 하남성의 별칭이다. 제정(題定)은 제본(題本)을 올린 결과 그것이 받아들여져 결정되었다는 뜻이다.

99 영구(寧晷)는 안정된 시각, 편안한 시간을 가리킨다. 구(晷)는 해시계를 말한다.

100 여기서의 남성(南省)은 강소성을 가리키는 것으로 보아야 할 것이다. 강소성은 원래 청초에는 강남성에 속했으며, 그 총독은 한때 강서총독을 겸하기도 하였으므로 나중에 양강총독(兩江總督)이라는 이름으로 바뀌면서 강남성에서 갈라진 안휘·강소·강서성을 여전히 그 관할구역으로 삼게 된다. 강남성이 언제 강소성과 안휘성으로 나누어졌는가에 대해서는 논란이 있지만 보통 강희 연간(강희 6년)의 일로 설명된다.

101 동어(峒峿)는 강소성의 가장 북쪽에 있는 서주(徐州)의 마릉산(馬陵山) 부근에 있는 동어진(峒峿鎭)을 가리킨다. 여기에는 역참도 있었다.

102 기(沂)는 기주부(沂州府)의 부치(府治)와 함께 있는 임기현(臨沂縣)을 가리킨다.

103 역현(嶧縣)은 산동성 연주부(兗州府) 소속으로 담성현의 서쪽에 자리 잡고 있다.

104 현액(見額. 現額), 즉 현재 있는 마필의 수를 가리킨다.

105 등현(滕縣)은 산동성 남부의 연주부에 속하는 현이다. 북쪽에 추현(鄒縣)이 있으며, 자고로 주변의 여러 성과 경계를 접하고 있어 '구성통구(九省通衢)'라는 별명도 있다.

106 추현(鄒縣)도 산동성 연주부의 현으로 맹자(孟子)의 고향으로도 잘 알려져 있다.

書、牌子, 鞭撻交加, 勢不得不揭借買馬以供差使. 卽卑職去年六月受事以來, 除料理棚廠[107]、槽鍘繁費不論外,[108] 約計一年之內, 所買補之馬, 已四百餘匹, 其倒斃者, 又已過半. 見今逼索馬價, 接踵盈門, 又安能有點金之術,[109] 而淸償之? 此下吏之賠累, 無從申訴, 而疲驛此後之弊壞, 實有難支者也. 伏乞憲臺, 念郯邑山左門戶, 站遠差煩之苦, 慨賜轉詳,于工料之外, 添設買馬錢糧, 准于地丁正項銷算. 若以添設不便具題, 則查建曠銀兩,[110] 曾奉部文, 留爲衝邑撥補買馬之需, 亦乞咨達部臺,[111] 准于建曠銀兩動支買馬, 永爲定例. 此卑職實從驛遞重務萬分苦難起見, 非敢私于成法之外, 妄行干請, 以瀆憲聽也. 【後蒙部議, 東路十三站, 俱照郯邑每站, 撥補買馬銀柒百餘兩, 永爲定額】

5-01-03. 「투항해 온 반군출신 관병을 이주 · 안착시키는 것을 면제해 달라는 요청(請免投誠移駐官兵)」[112]

투항해 온 반란군의 장군 · 병사를 각기 대오로 편성하여 농민으로 복귀시키는 문제에 대해 보고하는 바입니다. 포정사께서 보내신 이와 같은 제목의 다음 공문을 받았습니다.

원(袁) 산동순무로부터 다음과 같은 지시를 받았다.

병부로부터 [같은 제목의] 자문(咨文)을 받았다.

107 붕창(棚廠)은 마구간을 뜻한다.

108 촬(鍘)은 여물 따위를 베다, 자르다, 또는 작두를 가리킨다.

109 점금(點金) 또는 점금지술(點金之術)은 도교에서 말하는 연금술, 즉 쇠를 황금으로 바꾸는 기술로, 보통 돈을 마련할 방법이 없을 때 사용하는 비유다.

110 건광(建曠)은 말의 사료비용은 모두 매월 30일분으로 계산해서 발급하는데, 한 달이 29일인 경우(이것을 小建이라 하는데 29일이고, 大建은 큰 달로 한 달이 30일이다) 하루치가 남게 되므로 이것을 남겨서 판공비용으로 쓰게 된다. 이것을 건광[은](建曠[銀])이라고 한다. 건광은은 다른 경우에도 사용하는데, 이를테면 관세(關稅) 같은 경우도 매월 30일을 단위로 징수하지만 29일어치를 호부로 올려 보내는데 이것을 소건은(小建銀)이라 하며, 나머지 하루치를 남겨 두었다가 판공비로 사용하며, 이것 역시 건광[은](建曠[銀])이라고 한다. 『육부성어주해』, p.42, p.117을 참조.

111 자달부대(咨達部臺)는 자문을 중앙의 호부에 전달한다는 뜻이다. 성의 독무가 중앙의 육부에 보내는 공문이 바로 자문(咨文)의 형식이다. 자문(咨文)은 상급 관원이 동등한 직급, 또는 다른 계통의 비슷한 직급에게 보내는 공문, 즉 평행문(平行文)의 일종이다. 독무는 상서나 시랑 직함을 아울러 지니고 있으므로 중앙의 육부에 보내는 공문은 평행문인 자문(咨文)이 된다.

112 이에 대해서는 「5-02-05. 연주부 채 지부에게 올리는 품첩(上兗州府蔡太尊)」에 실린 내용도 아울러 참조할 수 있다. 또한 제30권 서정부 1 「30-02. 개선 사항 보고(條陳興革)」에서도 다시 언급되고 있다.

다음과 같은 유지를 받았습니다. "투항해 온 관병 좌도독(左都督) 임(林) 등을 임기현(臨沂縣)·비현(邳縣)·담성현 등지에 안치시키고, 가옥을 짓고 황무지를 개간하게 하라."

이를 통보하는 바이다.

이러한 [산동순무의] 지시가 저희 담성현에 내려왔습니다. 생각건대, 투항 관병을 이곳으로 옮겨 주둔시키고, 제대로 안착시키고자 한다면 반드시 개간할 수 있는 황무지와 집을 지을 수 있는 택지가 있어야 합니다. 즉 그들이 이곳에 처음 오게 되면 안치시킬 집이 있어야 그들이 마치 고향에 돌아가는 것처럼 여길 수 있고, 이래야만 병사들과 토착 백성 양쪽이 서로 상대를 편하게 여길 수 있습니다. 그리고 앞서의 공문에서 포정사께서 내린 지시를 보면 "주택과 비어 있는 공간, 그리고 둔종(屯種)할 수 있는 황무지와 주택을 지을 수 있는 곳에 대해 미리 조사해 보라"고 하셨습니다. 이것은 정말로 주도면밀한 고려에서 나온 것이고, 또한 먼 곳에서 온 사람들을 회유하려는 조정의 은덕에다가 병사와 백성을 안정시키고자 하는 지극한 뜻을 더한 것이라 하겠습니다.

그런데 제가 조사해 보건대 담성현은 지진을 겪고 난 다음 가옥은 열 채 가운데 아홉 채가 무너져 버렸습니다. 그래서 앞서 딴 곳으로 떠났던 원래의 주민이 돌아오려고 해도 돌아올 곳이 없습니다. 비록 무너지다 남은 사관(寺觀)이 한두 군데의 있기는 하나 이미 오래전부터 수비대가 주둔하고 있으며, 그 밖 백성의 주택이나 초가집은 그야말로 드문드문 있을 정도입니다. 저와 아문의 다른 관리들도 민간의 주택 몇 채를 빌리고 있지만, 비바람을 가리지 못하고 있습니다. 현성이 이와 같은데 주변 촌락의 상황은 당연히 미루어 짐작할 수 있을 것입니다.

따라서 비어 있는 공간에는 잠시라도 머무를 만한 주택이 전혀 없습니다. 그리고 황무지를 조사해 보면 눈에 들어오는 곳은 모두 잡초가 무성한 땅이 아닌 곳이 없습니다. 그렇지만 성과 촌락 부근에는 점차 개간되는 곳이 보이고 가끔 가다 분산된 자그마한 황무지들이 있기는 하지만 대부분 임자가 있습니다. 다만 현성 동북쪽은 산 주변의 토양이라 땅에 모래와 돌이 많이 섞여 있고, 서북쪽은 호숫가 지역이라 지세가 낮아 조금이라도 가뭄이나 수재가 생기면 그야말로 나락 한 톨도 거두지 못할 정도입니다. 그래서 주민들은 모두 딴 데로 뿔뿔이 흩어졌고, 그 땅은 오래된 황무지가 되어 버려 수십 년 동안 아무도 관심을 두지 않았습니다. 이러니 둔간을 할 수 있는 황무지는 없다고 해야 할 것입니다. 그리고 주택 건축과 관련하여 농지와 가깝게 주택을 짓는 것은 농사에 편하기 때문입니다. 만일 택지가 거주할 만한 곳이지만 개간해야 할 황무지가 딴 곳에 자리 잡고 있다면 농사일 하러 다니기 몹시 힘이 듭니다. 반대로 황무지는 개간할 만한 곳인데 주택지로서는 적당하지 않다면 처자식이 무엇을 믿고 편히 머물 수 있겠습니까? 지금 담성현의 황무지는 대부분 산과 호수 근처에 있어 평소부터 가뭄과 홍수의 피해가 잦았고, 또한 농경지와 주택지가 서로를 방해하는 형편입니다. 이러니 황무지 부근에는 결코 주택을 짓고 살 만한 곳이 없다고 하겠습니다.

나아가 아뢸 것이 한 가지 더 있습니다. 담성현은 누차 큰 재해를 당해 남아 있는 백성이 그리 많지 않지만, 조정의 전량 면제와 구휼 혜택, 그리고 여러 상사의 안무덕택에 떠나서 옮겨 갔던 백성이 조금씩 다시 생업에 복귀하고 있습니다. 그런데 지금 투항한 관병을 경내에 안치시킨다는 소식이 전해지자마자 어리석고 무지한 경내의 모든 백성은 엄청나게 놀라면서 오로지 장차 그 때문에 큰 피해를 입을 것만을 두려워하고 있습니다. 오래 거주한 사람들도 오히려 먼 곳으로 옮겨 가 피하려 하고 있으니, 외지에 있는 사람들이 다시 돌아오기를 어찌 바랄 수 있겠습니까? 이것은 담성현에 새로 투항한 관병들을 불러들임으로써 도리어 토착 백성을 잃게 만드는 것이나 마찬가지입니다. 또한 담성현은 산동성의 변두리에 위치한 작은 현으로 강소성(江蘇省)의 해주(海州)·감유현(贛楡縣)·비현(邳縣)·숙천현(宿遷縣)·술양현(沭陽縣)과 땅이 서로 얽혀 있어 법을 어기는 무리들이 가장 빈번하게 출몰하는 곳입니다. 만약 도적 일당이나 못된 병사들이 피차간에 멋대로 오가면서 좋지 않은 영향을 주고받게 된다면, 내지 핵심 지역처럼 제대로 통제하고 방어할 수 있는 없으므로 특히 더욱 조심스럽게 대비하지 않으면 안 될 것입니다.

이렇게 피폐한 담성현에 부임하면서부터 저는 날마다 비쩍 말라붙은 몸과 광대뼈가 두드러진 얼굴을 한 굶주린 백성과 서로 의지하면서 지키고 있습니다. 하지만 아무리 신경을 써서 이들을 보살피고 부축해 주더라도 정말 그들은 떨치고 일어나기 어려운 형편입니다. 하물며 여러 해 동안 전량을 체납하여 이미 추징 독촉으로 고달팠던 상황에서 다시 놀랄 만한 의외의 일이 발생하면 이제 다시 백성의 도망이 출현할까 두렵습니다. 포정사께서는 "앞의 항목에 대해 힘써 하나하나 확실하게 조사하라"는 지시를 내리셨는데, 제가 살펴보니 담성현에는 황무지가 있지만 실로 개간할 만한 황무지가 아니며, 토지는 있더라도 택지로 삼을 만한 곳은 전혀 없습니다. 현성과 주변 향촌 내외에 사실상 사람 사는 흔적이 드물어 투항한 관병을 안치시킬 만한 주택이나 장소가 없습니다.

따라서 이런 사정으로 보건대 그들을 안치시키려 하더라도 그럴 장소를 얻기 어려우며, 개간과 둔전에도 결코 적절한 상황이 아니라고 하겠습니다. 투항 관병을 안치시키는 큰 문제에 관련된 까닭에 이러한 지방 사정에 대해 감히 말씀을 올리지 않을 수 없으니, 엎드려 바라옵건대 상사께서 이 점을 분명하게 살펴보시고 신속하게 상부로 보고를 올려 주신다면, 관병은 안무의 혜택을 입고 휴식을 취할 수 있을 것이며, 피폐한 담성현 역시 놀라서 소란을 피울 염려가 없을 것입니다.【이에 대해 순무의 비준을 받아 담성현은 관병을 받아들여 안치시키는 일을 피할 수 있었다.】

爲報明僞統領將軍、投誠官兵,[113] 分別入伍歸農事.[114] 蒙布政司憲票,[115] 前事內開[116]:

蒙巡撫部院袁[117]:

准兵部咨,[118] 前事奉旨:

"安揷投誠官兵左都督林等在沂、費、郯等處,[119] 築房開荒."

劄付.[120]

等因, 到縣. 蒙此.[121] 切照移駐投誠官兵,[122] 欲安揷得所, 必有可墾之荒, 可廬之地. 卽其始至地方, 便須房屋安置, 使其所至如歸, 斯兵民兩便, 可以相安. 玆奉司行,[123] 預查房屋空閒處所, 並荒地堪以屯種及修築房屋之處.[124] 此誠計慮周詳.[125] 而于朝廷柔遠之恩,[126] 更加以

113 보명(報明)은 분명하게 보고한다, 보고하여 분명하게 한다는 뜻이다. 통령(統領)은 무직(武職) 명칭 가운데 하나인데, '위(僞)'라는 글자가 붙은 것은 반란군·적군 쪽의 관직이라는 것을 가리킨다. 투성(投誠)은 투항·귀순을 한다는 뜻이고, 관병(官兵)은 그대로 국가의 병사, 또는 관장(官長)·병사(兵士)를 가리킨다. 이들은 청조의 중국 정복에 저항하다가 투항하여 청조 군대로 편입된 잔존 세력을 가리키는 것으로 보인다.

114 입오(入伍)는 군대에 참가한다, 군대로 편입된다는 뜻이다.

115 헌표(憲票)는 상사가 내린 지시를 가리킨다. 표(票)는 하행문(下行文)의 일종이다.

116 내개(內開)는 상급이나 평급 기관에서 온 문서를 인용할 때 쓰인다. 즉 이 말 뒤에 인용내용이 오므로, "그 내용은 다음과 같이 서술되어 있다"는 뜻이다. 또는 책 속에 이렇게 쓰여 있다는 뜻이기도 하다.

117 부원(部院)은 청대의 순무가 병부시랑(兵部侍郎) 겸 도찰원우도어사(都察院右副都御史)의 직함을 가지고 있기 때문에 붙은 별칭이다. 강희 9(1670)년부터 10(1671)년 사이 산동순무를 맡았던 원무공(袁懋功)을 가리킨다.『청대직관연표』 제2책「순무연표(巡撫年表)」, pp.1539-1540을 참조.

118 자(咨)는 앞서 나온 자문(咨文)을 가리킨다.

119 기비담(沂費郯)은 서로 인접한 위치로 볼 때 임기현(臨沂縣)·비현(費縣)·담성현(郯城縣)을 가리킨다.

120 차부(劄付)는 관부에서 하급 속관에게 통보하는 공문을 가리킨다.

121 몽차(蒙此)는 상급으로부터의 공문을 받았다는 것을 확인하는 뜻이다.

122 절조(切照)는 절실하게 살펴본다는 뜻으로 문장의 처음에 쓰는 발어사(發語詞)다.

123 사행(司行)은 포정사가 내려 보낸 공문이라는 뜻이다. 행(行)은 공문서나 공문서를 보내는 일(行文書)을 가리킨다.

124 공한(空閑)은 비어 있거나, 방치되어 있다는 뜻이다. 둔종(屯種)은 둔간(屯墾)을 가리킨다. 둔간(또는 屯田)은 둔수(屯戍)하면서 농사를 짓는 것으로 보통 병사나 백성, 또는 상인들을 동원·이주시켜 개간과 농경에 종사하게 함으로써 식량을 확보하게 하는 것을 가리킨다.

125 계려(計慮)는 계획과 고려를 뜻하고, 주상(周詳)은 주도면밀하다는 뜻이다.

126 유원(柔遠)은 먼 곳의 사람이나 나라를 안무하는 것이다. 여기서는 멀리서 온 사람(투항 관병)을 안착시키는 것

安輯兵民之至意也.[127] 卑職伏查, 郯邑自罹地震之後, 房屋坍塌,[128] 十室而九, 本境在先逃亡之民, 方欲歸無所. 縱一、二破敗寺觀, 久爲防兵占住. 此外民居草房, 寥寥相望,[129] 卽卑職與衙官, 俱僦民間數椽, 風雨不蔽. 城邑如是, 村落可知. 此空閒處所, 並無房屋可以暫居也. 又查郯之荒田, 未嘗不蕪萊在望.[130] 然附城近村之處, 漸見開墾, 間有零星荒地,[131] 尙多有主. 惟邑之東北, 土傍諸山, 多雜沙石, 西北則濱湖之地, 勢若窪下. 稍有旱潦, 顆粒無收, 以故居民流散. 其地竟成古荒, 數十年來, 無有過問, 此荒地之無可屯種者也. 至于築室畔田, 所以便于農作. 倘地可營居而于荒田異處, 則耕作之奔走爲勞. 倘土可墾開而于版築非宜,[132] 則婦子之寧止何賴?[133] 今郯荒田多近山湖之地, 素苦旱潦, 于耦耕聚處,[134] 正兩有相妨.[135] 此荒田附近, 並無可修築房屋之處也.

抑卑職更有陳者.[136] 郯邑屢被奇灾, 殘黎無幾,[137] 蒙朝廷蠲賑[138]、各憲臺撫綏,[139] 流移之氓, 稍稍復業.[140] 今一聞安插投誠官兵, 顓愚無知,[141] 合境洶駭,[142] 惟恐將來受其騷擾, 久處者猶思遠徙以避, 在外者又安望其復歸. 是使郯邑一安新集之兵, 而反失土著之民矣. 且郯係山左邊隅小邑, 實與南省海、贛、邳、宿、沭陽,[143] 地土相錯, 最爲奸宄出沒, 設有匪類與不肖兵丁, 彼此橫行, 互相影射,[144] 非如腹內大地, 可以控制防禦, 尤不可不爲鰓鰓過計者.[145] 卑職處

을 말한다.

127 안집(安輯)은 안무(安撫)하다, 안정시킨다는 뜻이다.

128 담탑(坍塌)은 무너지고 쓰러진다는 뜻이다.

129 요요(寥寥)는 아주 적거나 적막하고 공허한 모양을 나타낸다.

130 재망(在望)은 먼 곳이 시야 안에 들어온다는 뜻이다.

131 영성(零星)은 작은, 소량의, 분산된 것이라는 뜻이다.

132 판축(版築)은 두 쪽의 판자 사이로 진흙을 다져 넣고 두들겨 담을 쌓는 건축 기술을 말하지만, 여기서는 토목공정 일반 내지는 주택 건설을 가리키는 것으로 보인다.

133 영지(寧止)는 안락·안정을 뜻한다.

134 우경(耦耕)은 둘이서 함께 경작하는 것, 나아가 농사나 농무를 가리킨다.

135 상방(相妨)은 서로 방해된다, 저촉된다는 뜻이다.

136 억(抑)은 마치, 설마, 어찌, 또한, 아니면, 하지만, 설사, 혹시 등 여러 가지 뜻이 있다.

137 무기(無幾)는 많지 않다, 오래지 않다는 뜻이다.

138 견진(蠲賑, 蠲振)은 조세를 면제하고 굶주리고 가난한 사람을 구제하는 것을 말한다.

139 무수(撫綏)는 안무한다는 뜻이다.

140 복업(復業)은 타지를 떠돌던 백성이 다시 돌아와 생업에 종사하는 것을 말한다.

141 전우(顓愚)는 착하고 어리석다는 뜻이다.

142 합경(合境, 闔境)은 전경(全境), 즉 지역 주민 전체라는 뜻이고, 흉해(洶駭)는 깜짝 놀란다는 뜻이다.

143 이곳들은 산동성과 인접한 강소성 북부의 주현들이다. 즉 해주(海州)·감유현(贛楡縣)·비현(邳縣)·숙천현(宿遷縣)·술양현(沭陽縣)을 가리킨다.

144 영사(影射)는 속이다, 뒤섞다, 가로막다는 뜻이다.

145 새새(鰓鰓)는 두려워하는 모습을 가리킨다. 과계(過計)는 잘못된 계획을 세운다, 또는 지나치게 고려한다는 뜻이다.

此殘疆, 日與二三鳩形鵠面之小民, 相爲依守,[146] 雖加意拊循,[147] 猶難振起. 況節年逋欠, 已苦追呼, 苟更有意外驚疑,[148] 恐逃亡又復見于今日.

卑職恭承司檄,[149] "謹遵前項, 逐一確査". 郯邑雖有荒而實非可墾之荒, 郯邑雖有地而並無可廬之地, 城鄕內外烟井蕭條,[150] 而亦無閒房可以安置之處. 以此揆之, 安揷旣難得所, 墾屯切屬非宜, 緣係安揷投誠事理, 其地方情形, 不得不冒陳憲聽, 伏乞憲臺俯垂電察,[151] 速賜轉詳,[152] 則官兵荷綏輯之休,[153] 而殘邑亦無驚擾之虞矣. 【蒙院憲批, 准郯邑免其安揷】

5-01-04. 「토사로 뒤덮인 기주 강풍구 등 황지 측량 업무 위임에 대한 답변(議覆委 勘沂州江風口沙壓荒地)」[154]

재난을 당한 백성에게 신속하게 살길을 열어 주어야 합니다. 기주부 지부께서 긴급공문을 보내셨는데, "원(袁) 산동순무와 포정사의 [다음과 같은] 지시를 받았다."라는 내용이었습니다. 저는 모월 모일에 상사의 위임을 받자 바로 기주부 지부께 보고하여 기한을 정해 함께 현장조사를 하자고 약속을 하였습니다. 그런데 이후 뜻하지 않게도 날마다 큰 눈이 내려 온 들에 눈이 가득 쌓인 관계로 경계를 알아볼 수 없어 실질적으로 현장조사가 아주 어려워졌습니다. 그래서 이미 12월 7일에 공문을 갖추어 기한 연장을 신청했습니다. 그렇지만 또한 순무께서 지시한 안건이라는 점을 고려하면 오래 지체해서는 안 되기 때문에 12월 25일 홀로 말을 타고 기주부로 가서 나(羅) 지주와 함께 직접 강풍구(江風口)·마문구(馬門口) 지방으로 향했는데, 마침 쌓인 눈이 여전히 녹지 않고 모래는 두텁게 쌓여 있는 데다가 얼음도 두꺼워 거의 말의 배까지 닿는 형편이었으므로 하나하나 논밭을 따지면서 실

---

146 의수(依守)는 서로 기댄다는 뜻이다.

147 부순(拊循)은 서로 위로한다, 받쳐 준다는 뜻이다.

148 경의(驚疑)는 놀랍거나 의심스럽다는 뜻이다.

149 사격(司檄)은 포정사의 지시(공문)라는 뜻이다. 격(檄)은 하행문(下行文)의 일종이다.

150 성향(城鄕)은 현성(縣城)과 주변 사방의 향촌을, 소조(蕭條)는 적막하고 황량한 모습, 쇠퇴하거나 쇠미한 모습을 가리킨다.

151 전찰(電察)은 상사에게 분명하게 살펴 달라고 요청할 때 쓰는 말. 즉 번개처럼 훤하게 살펴달라는 높임말이다.

152 속사(速賜)는 신속하게 내려 주시라는 뜻이므로 '속사전상(速賜轉詳)'은 즉 신속하게 대신 보고를 올려 달라고 정중하게 요청을 하는 뜻이다. 전(轉)은 이렇게 중간에 끼어서 대신 전달하는 것을 가리킬 때 항상 사용한다.

153 타집(綏輯)은 안무하여 모은다는 뜻이다.

154 이와 관련된 사항에 대해서는 제30권 서정부 1 「30-02. 개선 사항 보고(條陳興革)」에서도 다시 간단히 언급되고 있다.

지조사를 할 수 없었습니다.

그렇지만 대세로 보건대 강풍구와 마문구는 모두 기하(沂河)의 서안(西岸)에 있고 서로 약 20리 정도 떨어져 있는데, 봉산사(峯山社)·당장(唐莊) 등 열두 촌락은 이 두 하구 사이에 자리 잡고 있습니다. 매번 강물이 크게 늘어날 때마다 밖에서 물이 들어와 그 사이에 모여들게 되므로 열두 촌락은 모두 그 피해를 입습니다. 강 하구에 가까운 곳은 물이 거세게 몰아쳐서 땅을 쓸어 내어 물길로 만들어 버리고, 평탄하게 퍼진 곳은 물이 넘쳐들어 모래가 쌓여 모래땅이 되어 버리는 것입니다. 당장 지구는 강풍구에 가깝기 때문에 그 피해가 유난히 심합니다. 강풍구에서 물에 쓸려 나간 제방이 마문구의 몇 배나 되기 때문에, 물이 들어오는 기세가 크고 흐름 역시 길어서 여기서부터 남쪽으로 20리 정도가 물에 잠겼으며, 마문구에 직접 연결되는 봉산 등 열한 군데 촌락은 마문구에서 들어오는 물로 피해를 보는데 물의 기세가 조금 줄어들기는 하지만 강풍구의 영향을 늘려 주는 역할을 하고 있으며, 양쪽 하구에 가까운 채촌(菜村) 등 지구는 실로 양쪽 하구의 물로 피해를 보고 있습니다.

비록 무겁고 가벼운 차이가 있기는 하지만 열두 촌락은 모두 재해를 당하였다는 점에서는 차별이 없기 때문에, 이전의 기름진 옥토가 지금은 모두 모래가 쌓인 땅으로 바뀌어 버렸습니다. 이것은 제가 직접 목격한 바이고, 재해를 입은 백성이 급박하게 호소하는 바이기도 합니다. 그렇지만 더욱 두려운 것은 [새로 생겨 『부역전서』에 기입되어 있지 않는] 이 정액 이외의 모래땅이 전량을 감당할 수 있는 개간된 농경지로 지목된 것, 그리고 재난을 당한 이후 지금까지 25년 동안의 전량을 어떻게 완납하는가 하는 점입니다. 강희 3년에 호부의 토지측량 지시가 있었는데 어째서 이 점을 보고하여 측량을 신청하지 않았는지 모르겠습니다만, 아마 상부의 불허가 있었던 것 같습니다. 제가 자세하게 힐문하자 원래 「청원서」를 올린 정홍복(鄭洪福), 이노인(里老人) 손응재(孫應才) 등이 다음과 같이 진술하였습니다.

> 봉산사(峯山社)에는 정액 외의 남는 땅이 전혀 없으며, 이전에 『부역전서』를 작성할 때에는 지주가 도망가 버린 황무지여서 빠지거나 남은 것이 있었어도 신고가 이루어지지 않았습니다. 원책에 [전량을 거둘 수 있는 농지로 기록되었지만 지금은] 모래로 뒤덮여 버린 땅 111경(頃) 50무(畝) 9분(分)이란 숫자를 채우기에도 충분하지 않은데, 어찌 다시 속여서 허위로 추가신고를 할 수 있겠습니까? 25년 이래 비록 수재를 만나더라도 이전에는 재해가 비교적 가벼워서 촌락 전체의 사람들이 그래도 대신 [손해를 보면서] 메울 수 있었습니다. 이를테면 순치 15년 홍수가 침범하여 모래가 엷게 덮였지만 간혹 경작할 수 있는 토지가 있었으므로, 강희 3년에 호부의 토지측량 지시가 내려왔을 때 촌

민들은 법을 두려워하고 공익을 우선시하여 그래도 웬만큼 버틸 수 있다고 하면서 감히 황무지로 신고해서 전량 면제를 받고자 하지 않았습니다. 강희 7년에 이르러서는 갑작스러운 지진을 만나 압사 당한 남녀가 아주 많았고, 게다가 한 달 내내 큰비가 내리자 기하의 수위가 아주 빨리 올라가 하구가 물에 쓸려 점차 커지고 강물은 넘쳐서 널리 퍼졌습니다. 이리하여 평지는 물의 깊이가 1장을 넘었고 집과 전답은 모두 수몰되어 버렸으므로, 노약자들은 다른 곳으로 옮겨 간 사람이 아주 많았으며, 토사로 덮인 황무지는 버려져서 경작이 어려웠으므로 강희 7·8·9년의 전량은 지금까지도 체납되어 추징이 불가능합니다. 강희 8년 2월 전 순무께서 직접 왕림하셔서 구휼에 나섰을 때, 저희들은 이미 재난을 당한 백성에게 신속하게 살길을 열어 달라고 청원서를 올린 바 있습니다. 당시 지부(知府)의 속리인 조마(照磨)와 지주(知州)께서 공동으로 실지조사를 나와 새로 장부를 만들어 포정사에게 올린 바 있습니다. 이제 다행히 다시 순무께서 왕림하시고 그 인자한 기풍이 널리 퍼지니 다시 이전의 신청을 되풀이하여 급히 전량의 감면을 요청하여 살아남은 백성을 구하고자 합니다.

정홍례 등의 「구두진술」에 비추어 보고, 아울러 제가 나 지주와 함께 목격한 바에 따르면, 봉사·당장 등 12촌에서 원래 신고한 110경 50무 9분의 토지가 강물이 넘쳐흘러 토사로 뒤덮여 버린 상황은 분명한 사실이며, 더 이상 다시 따져 볼 필요는 없는 것으로 보입니다. 그렇지만 제가 위임을 받아 실지조사를 하였으나 쌓인 눈이 온 들을 덮고 깊은 것은 1장을 넘고 얕아도 몇 척에 이르렀기 때문에 실제로 논밭을 하나하나 검사할 수는 없었습니다. 또한 장부에 나온 납세자(花戶)는 3백여 명을 내려가지 않는데, 정홍례 등의 진술에 의하면 절반은 이미 도망가 버렸고, 즉 현재 남아 있는 호구는 아주 멀리 살고 있어 한꺼번에 모으기 어렵다고 하였으므로 비록 이노인(里老人)의 「확인서」를 받기는 하였지만 한 집 한 집 점검을 거친 것이 아니므로 감히 그것을 인정하여 보증하지는 못합니다. 기주부의 관인을 찍은 「보증서」와 『사지청책(四至淸冊)』은 나 지주가 제게 직접 지시하였으므로 먼저 12월 22일에 지부께 보고한 바 있습니다. 이상과 같이 직접 강풍구·마문구에 가서 조사한 상황과 정홍례 등의 「구두진술」을 사실에 비추어서 보고하는 바입니다.

그리고 한 가지 더 요청할 것이 있습니다. 담성현은 기주부에 속하는 현에 지나지 않아 장부책자나 「확인서」를 보고하거나 받는 것, 원래의 「청원서」를 올린 이노인을 불러 오도록 독촉하는 업무 등이 신속한 반응을 얻는 데 조금 어려움이 있습니다. 만약 기한을 그르치게 되면 누구에게 그 허물을 떠맡기겠습니까? 응당 따로 다른 관원에게 위탁하여 자세하게 실지조사를 하여 확실한 보고를 하게 한다면, 순무께서 지시하신 안건은 보다 신속히 처리되고 이재민도 몸 둘 곳을 잃는 일이 없을 것입니다.

爲急豁民灾等事. 蒙本府火票,[155] 前事內開:

蒙撫部院袁、布政司憲票云云.

等因. 蒙此. 卑職于某月某日, 遵奉憲委,[156] 隨申沂州, 定期會同踏勘.[157] 去後,[158] 不意連日大雪, 瀰漫遍野, 疆界不分, 實難履畝,[159] 已于十二月初七日, 具文懇請展限矣.[160] 然又慮事關院件, 未敢久遲, 乃于十二月二十五日單騎赴沂, 會同本州羅知州, 親詣江風口、馬門口地方. 時積雪未消, 沙深氷厚, 汲及馬腹, 未能逐畝勘明. 然觀其大勢, 江、馬門二口, 皆在沂河西岸, 相距約二十里, 而峯山社、唐莊等十二村地, 並在兩口之內. 每遇河水大漲, 水從外入, 交滙其中, 十一村地俱受其害. 近口之處, 水衝激而刷地成渠, 平衍之區水泛濫而積沙成洲, 其唐莊地近江風口, 故受害獨深. 緣江風口衝囓之隄,[161] 數倍馬門, 故水之入勢大而流亦長. 自唐莊迤南,[162] 浸淫二十里, 直接馬門口, 峯山社十一村實受之. 馬門口水之入, 勢雖少殺, 亦助江風爲虐,[163] 而相近菜村等地, 實受之兩口之水爲害. 雖有重輕, 而十二村之地, 被灾原無差別. 故擧昔膏腴之壤, 盡成沙磧之場, 此卑職之所目擊, 而灾黎之所急爲呼籲者也. 然猶恐以額外沙灘,[164] 指爲承糧熟地,[165] 與夫被灾二十五年錢糧,[166] 何以全完, 康熙三年奉文淸

155 화표(火票)는 보통 긴급하게 공문을 전송할 때의 증명서(역참을 관리하는 병부에서 발행한다)나 관부에서 범인을 체포할 때의 증거공문을 가리킨다. 화(火)는 '불처럼 신속하게'라는 뜻인데, 여기서는 긴급공문 내지는 지시라는 뜻으로 사용되었다.

156 헌위(憲委)는 상사가 임무를 위탁하였다는 뜻이다.

157 답감(踏勘)은 현장에 가서 실지조사를 하는 것을 말한다.

158 거후(去後)는 이후라는 뜻이다. 보통 어떤 조치를 취하거나 공문을 발송을 완료하였다는 뜻인데, 그 결과 또는 그 이후에 다시 어떤 일이 벌어지거나 답장이나 관련 공문을 받았다는 것을 뜻하는 전래(前來)와 함께 자주 사용된다.

159 이무(履畝)는 실지 관찰, 토지측량을 뜻한다.

160 전한(展限)은 마감기한을 늦추는 것을 말한다.

161 충설(衝囓)은 충설(衝齧)과 같은 뜻으로 물결이 제방을 깎아내리는 것을 가리킨다.

162 이(迤)는 이어지거나 연속된다, …으로 향한다는 뜻이다.

163 '助…爲虐'은 그 폐해가 아주 심하다는 것을 가리킬 때 사용하는 구절이다. 조주위학(助紂爲虐)이나 조걸위학(助桀爲虐)은 폭군 주나 걸을 도와 못된 짓을 한다는 뜻이고, 조천위학(助天爲虐)은 천재(天災) 외에 인재(人災)가 더해진다는 뜻이다.

164 액외(額外)는 정액 이외라는 뜻이지만, 여기서는 『부역전서』 등에 세금을 내야 하는 농경지로 등재되어 있지 않는 토지라는 뜻으로 보인다.

165 승량(承糧)은 상부의 지시를 받아 세금을 내는 것을 말한다. 숙지(熟地)·숙전(熟田)은 다년간 경작해 온, 또는 평상시에 경작하는 토지나 곡식이 여문 토지를 가리킨다. 황지(荒地)에 대비되는 말이다.

166 앞서도 나왔지만, 여부(與夫)는 다른 곳에서는 보이지 않는 용어인데, '그리고' 또는 '그런데'라는 접속사로서 이

丈,[167] 何以不行詳請,[168] 誠有如憲檄之所駁者. 卑職細加詰問, 據原呈鄭洪禮、里老孫應才等供稱:

峯山社並無額外餘地. 當先造冊, 因地主逃荒,[169] 尙有遺漏, 未經開報. 原冊沙壓一百一十頃五十畝九分之數, 尙未足以盡之, 何敢復有假冒. 二十五年以來雖遭水患, 然在前被灾尙輕, 闔社猶可包賠.[170] 如順治十六年之大水泛入, 沙壓稍淺, 間有花地可種,[171] 故康熙三年奉文淸丈, 小民畏法急公, 苟可勉强支持, 未敢遽爲告免. 至七年忽遭地震, 男婦壓死甚多, 加以浹月霪雨, 沂河驟漲, 水口以衝決而漸大, 河流以瀰漫而漸廣. 于是平地水深丈餘, 室廬、田畝盡被漂沒, 老弱轉徙無算, 砂磧荒棄難耕, 所以七、八、九年錢糧, 至今拖欠無追. 康熙八年二月, 前院親臨賑濟, 洪禮等已有急豁民灾之呈, 蒙委本府照磨[172]、暨本州知州公同踏看, 造有淸冊解司存案. 玆幸遇院臺下車, 仁風遠被, 復申前請, 急求豁免, 以救殘黎.

等情. 據此. 爲照鄭洪禮之口供,[173] 合之卑職同羅知州之目擊, 其峯社、唐莊等十二村, 原報地一百一十頃五十畝九分, 委係河水衝漲, 沙壓情眞,[174] 似可無庸再詰. 但卑職蒙委踏看, 實緣積雪遍野, 深者丈餘, 淺亦數尺, 未能逐畝淸查. 其冊開花戶不下三百餘名. 據洪禮等供, 半已逃亡, 卽見在人戶住居窵遠, 一時難集, 雖取有里老「甘結」, 未經逐戶查明, 不敢扶同具結. 其沂州「印結」並『四至淸冊』,[175] 羅知州面諭, 先于十二月二十二日具申本府在案. 爲此合將親至江風、馬門口看過情由, 並鄭洪禮等「口供」, 據實詳報. 卑職更有請者. 郯城係沂州轄邑, 其申取冊、結, 拘催原呈里老人等, 未免呼應少難, 倘悞限期, 咎將誰諉?[176] 合無另委別員, 細加踏勘, 確實回報, 庶院件得以早結, 而災民不致失所矣.[177]

책에서 자주 쓰인다.

167 청장(淸丈)은 토지조사·토지측량을 말한다.

168 상청(詳請)은 보고하여 요청한다는 뜻이다.

169 도황(逃荒)은 기근을 만난 지역에서 딴 곳으로 이동하는 것을 가리킨다.

170 포배(包賠)는 응당 배상해야 할 항목을 한꺼번에 총괄하여 보충한다, 책임지고 보충한다는 뜻이다.

171 화지(花地)는 아마 다양한 종류의 경지를 말하는 것 같다.

172 조마(照磨)는 원대(元代) 이후 설치된 문서·전량을 담당하는 속리를 가리킨다.

173 구공(口供)은 심문을 받는 사람이 입으로 진술하는 사건과 관련된 내용을 말한다. 즉 자백·구두진술·공술 등을 가리킨다.

174 정진(情眞)은 그 정상이 분명한 사실이라는 뜻이다.

175 사지(四至)는 토지나 주택의 네 방향 경계를 가리키므로 『사지청책』은 토지의 위치를 그려 넣고 사방의 토지에 대해서 설명한 토지장부를 가리키는 것으로 보인다.

176 위(諉)는 번거롭게 하다, 남의 탓으로 돌린다는 뜻이다.

5-02. 「품첩」 해설(「禀帖」贅說. 부록: 「품첩」 사례)

무릇 「품첩」은 혹은 「상문」으로는 말하기에 불편한 내용이나, 모름지기 「상문」에 쓸 필요는 없는 내용을 아뢰어서 뜻을 전달하고자 하는 것이다. 따라서 그 문장은 간결하고 깔끔하게 쓰는 것이 중요하며, 쓸데없이 길게 늘어놓아서는 안 된다. 그 취지 역시 진실하고 속이는 것이 없어야 한다는 점이 중요하다. 논의하면서 지시를 요청하는 부분에서는 완곡하게 표현하는 것이 중요하며, 직접 노골적인 표시를 해서는 안 된다. 분석하면서 변호하는 부분에서는 어조가 평온한 것이 중요하며, 어리석게 고집하거나 과격해서는 안 된다. 그런 다음에야 보는 사람의 눈에 쉽게 들어가고 또한 쉽게 받아들여질 수 있기 때문이다. 그렇지 않고 어지럽게 복잡한 내용으로 지면만 가득 채운다면 헛되이 필묵을 낭비하는 것이고, 아마도 상관의 비위도 제대로 맞추지 못할 것이다. 다음 「품첩」 몇 편은 마찬가지로 내가 담성현에서 일할 때 썼던 것으로, 일단 부록으로 늘어놓음으로써 골라서 이용하는 사람을 기다리고자 한다.

夫「禀帖」者, 或「詳文」有不便言, 與不必見之「詳文」, 而乃以禀通之也. 其詞貴簡浄*毋冗*,[178] 其意貴誠實無欺. 其商酌請示之處, 貴婉曲*毋徑情*[179]; 其申辯剖晰之處, 貴和平*毋戆急*.[180] 然後覽者易于入目, 而亦易于見聽. 否則紛紜滿紙,[181] 徒廢筆墨, 恐有未當于上官之意耳. 後禀帖數首, 亦鴻在郯任者, 姑附之以備體云.

○ 부록: 「품첩」 사례(禀帖 附)

---

177 실소(失所)는 제대로 있어야 할 곳에 있지 못한다, 몸둘 곳이 없다는 뜻이다.

178 무용(毋冗)은 쓸데없이 번잡하거나 길다는 뜻이다.

179 경정(徑情)은 솔직하게 감정을 드러낸다, 감정대로 한다는 뜻이다.

180 당급(戇急)한다는 것은 어리석다, 고집스럽게 다툰다, 그리고 다급하거나 과격하다는 뜻이다.

181 분운(紛紜. 紛云)은 너무 많이 담아 복잡하고 어지러운 모습, 혼란스러운 모습을 가리킨다.

5-02-01. 「양 제독께 올리는 품첩(上楊提臺)」[182] (1)(2)[183]

(1) 저는 부임한 이래 담성현이 임기현·역현의 서쪽 산악지대와 인접한 데다가 강소성의 비주·숙천현 등과 땅을 맞대고 있어 쉽사리 법을 어기는 못된 무리들이 출몰한다는 점을 염려하여 보갑제를 엄격하게 실행하고 밤낮으로 순찰을 돌았습니다. 저 자신 역시 추위와 더위를 꺼리지 않고 밤에 나가 직접 점검하였는데, 이것은 지방의 안정을 도모하고 멀리서 제독께 염려를 끼치는 번거로움을 드리지 않고자 하였기 때문입니다. 저희 담성현에 주둔하는 부대의 무관(營官)에 대해서도 언제나 좋은 관계를 맺을 수 있도록 주의하였으며 두 군데 부대의 병사들에게도 때로 노고를 치하해 주었는데, 같이 지방에 봉사하는 입장에 있는 사람들이 모름지기 평소에 서로 뜻과 취향이 잘 들어맞아야만 일이 생겼을 경우 비로소 힘과 마음을 합쳐 서로 도울 수 있기 때문입니다. 따라서 저는 부임한 지 두 해째가 되지만 제독께서 멀리서 위엄을 떨쳐 주신 덕택에, 또한 우리 지방의 영관이 위로 제독의 어진 뜻을 잘 떠받들어서 함께 마음을 합쳐 방어에 나설 수 있었으므로 못된 도적 무리들이 지방을 엿보지 못하게 할 수 있었습니다.

지금 저는 불행히도 부친상을 당해 초췌한 몸을 감당하기 어려워 매일 위임을 받아 직무를 대신할 사람을 기다리고 있는 형편이지만, 듣기에 최근 비주·숙천의 도적 무리들이 조금씩 꿈틀거리기 시작하였다고 합니다. 그러므로 지방의 안위는 오로지 수비를 맡은 관원에게 의존할 수밖에 없습니다. 엎드려 생각건대 담성현에는 종래 두 사람의 무관이 배치되어 있었는데, 한 사람은 현성에 주둔하면서 성지와 창고를 방어하는 책임을 맡았고, 다른 한 사람은 홍화부에 주둔하면서 교통의 요충지를 장악하는 책임을 맡고 있는데 기량과 용기가 빼어나고 재간과 계책이 민첩하고 단련된 사람이 아니면 아마 쉽사리 이런 임무를 맡지 못할 것입니다. 지금 현성에 주둔하는 파총(把總) 모는 성격이 무난해서 쉽사리 친해질 수 있지만 너무 안일함을 탐하며, 홍화부의 파총 모는 젊은 나이지만 자못 오만하고 병사들을 통제하는 데에는 평소 규율이 없으므로 두 사람 모두 약간은 문제가 있다고 하겠습니다. 저는 황폐한 담성현의 하급 관리지만 제독의 은혜를 입은 바 아주 깊어 무릇 보고 들은 바가 있으면 의리상 입을 다물기 어렵기 때문에 감히 제독을 위해서 몰래 알리지 않

182 제대(提臺)는 제독(提督)의 존칭이다. 여기서 양제대는 황육홍의 담성현 지현 재임과 시기가 거의 겹치는 산동제독이었던 양첩(楊捷)을 가리킨다. 『청대직관연표』 제3책, pp.2442-2444를 참조.

183 이 문제는 제4권 부임부 3 「4-07. 속관·동료와의 교제(交接寅僚)」를 참조할 수 있다.

을 수 없습니다.

이를테면 각 집(集)에 나누어 배치한 군대에 대해서는 응당 수시로 감찰을 해야 하는데, 모파총은 부대에 부임한 이래 종래 한 번도 외곽으로 나가 점검을 한 적이 없습니다. 또한 한 달 내내 밤에 나가 순찰을 한 적도 없으니 이것은 안일에 빠진 증거 가운데 하나입니다. 하급 지휘관(管隊)인 장삼(張三)은 5월 10일 아내를 시켜 거민 소군애(邵君愛)의 보리를 베게 하였고, 장진(張進)·사이(史二)는 6월 22일 마두집(馬頭集)의 향약인 장무덕(張茂德)의 곡식을 억지로 베어 갔는데, 장무덕이 이것을 따지자 다시 많은 사람을 데리고 와서 몹시 구타하였습니다. 온몸에 비늘모양의 상처를 입었음을 이미 전사(典史)가 조사하여 확인하였습니다. 그래서 온 마두집 전체의 사람들이 근심하고 두려워하고 있습니다. 이렇게 병사들을 풀어 백성을 해치니 도대체 기율이라는 것을 어디에서 찾을 수 있겠습니까? 또한 장삼과 같은 경우는 담성현의 순경쾌수(巡更快手) 왕가영(王加英)과 진우(陳友)를 쇠사슬로 묶고, 칼을 뽑아 최량쾌수(催糧快手) 이응양(李應陽)과 호장(戶長) 왕(王)을 내리쳐 부상을 입혔으며, 아들 원신(元臣) 등을 시켜 조예(皂隸) 왕진례(王進禮)를 채찍으로 치게 하여 얼굴이 피범벅이 되게 하였습니다. 대진(戴進)은 포장(捕壯) 조응거(趙應擧)의 집 안에 들어가 마실 것을 요구하면서 그의 아내를 희롱하고 핍박하였습니다. 이런 일들은 아역들이 모두 그들로부터 능욕을 당한 것이니, 또한 따질 게 못 된다고 할 수도 있으며, 이 파총은 아랫사람을 다룰 줄 모르는 데 지나지 않는다고 할 것입니다.

다른 파총의 경우 거동이 올바르지 못하고 병사들을 멋대로 풀어놓는데, 모두 본인이 앞장설 정도입니다. 이를테면 나루터에 가서 손님을 환송하는데 도중에 조운총독(漕運總督)의 공문을 긴급하게 운반하던 마부 양수부(楊守富)를 만나자 그가 말에서 내려 피하지 않는 것에 분노하여 쇠사슬로 묶고 부대에 끌고 갔다가 밤늦게 되어서야 풀어 준 사건이 있습니다. 긴급공문이어야 비로소 말을 타고 운반하는 것이고 또 그 기한도 정해져 있는데, 단지 말에서 내리지 않았다는 이유만으로 하루 종일 갈 길을 묶어 놓았으니, 만약 문서의 전송을 그르치게 된다면 누가 허물을 감당하겠습니까?

또한 홍화부집(紅花埠集)은 남북으로 이어지는 요충지로 이곳 집진(集鎭)의 목책 열쇠는 전례대로라면 지보가 받아서 관리하며 지나가는 차사가 있으면 도착 즉시 열어 주게 되어 있습니다. 그런데 모 파총이 부임한 이래 이 열쇠를 빼어다가 부대에 비치하는 바람에, 역참을 이용하는 차사들이 매번 [여기서 길이 막히면] 이 목책을 쪼개 버려야겠다고 벼르고 마부에게 화를 옮겨 채찍질과 매질이 번갈아 그에게 쏟아지는 형편이 되었습니다. 무릇 주장(奏章)을 운반하는 일이 얼마나 중요한 일인데 감히 길을 막아 놓고 지나가지 못하게 한다는 말입니까? 만약 제본(題本)이나 주접(奏摺)이 늦어지거나 그릇된다면 누구의 잘못이 되겠습니까?

또 홍화부집에서는 매년 마신(馬神)을 제사 지내고 연극을 공연하는데 모 파총은 자기가 왔는데 일어서지 않는다고 여자 역할을 하는 배우를 그 자리에서 몹시 처벌하여, 집의 모든 사람들이 무릎을 꿇고 간청하자 곤장으로 세 번 내려친 다음에 풀어 주었습니다. 무릇 걸어서 연극공연을 보러 간 것은 스스로 귀를 더럽히고자 한 것인데, 어찌 무슨 까닭에 이리 남을 괴롭힌다는 말입니까? 이 또한 그 성정이 아주 교만한 것을 보여 주는 일단입니다. 나아가 소역참 포사(舖舍) 건물을 지키는 병사인 장문등(張文登) 등은 스스로 편안한 잠을 탐하여 야간순찰을 도는 경부(更夫)들에게 단지 자신의 포사만 순찰을 하도록 요구하였고, 장인산(張寅山)·당소간(唐小趕) 등은 포사에서 조금 멀리 떨어진 곳에 갔다고 해서 마침내 그들을 묶어 놓고 고문하였으니 거리의 백성이 모두 분노할 수밖에 없었습니다. 그리고 북쪽에서 오신 곽(郭) 내각학사(內閣學士)께서 홍화부를 지나가시는데, 하급지휘관 노호장(盧戶長)은 병사들을 이끌고 역참에 들어와 역마 네 필을 강제로 끌고 가 대오에 합류시켜 호송하고 다음날 오후 늦게야 비로소 돌려보냈는데, 그 말들은 달리면서 상처를 입어 거의 사망할 지경이었습니다. 그렇지만 이런 일들은 그래도 병정들이 좀 방자한 것 정도입니다.

더욱 놀라운 일은 7월 8일 홍화역의 마부 장조원(張調元)이 계란을 파는 사람 왕태평(王太平)과 다투고 있는데, 병사 장득승(蔣得勝)이 옆에서 튀어나와 장조원을 몹시 두들겨 팬 것입니다. 장조원이 달려가 사정을 아뢰자 모 파총은 병정들을 단속하기는커녕 오히려 하급 지휘관 노(盧)를 시켜 무리가 달려들어 무섭게 두들겨 패서, 그는 거의 죽다가 살아났습니다. 병정들은 이 기회를 틈타 마부를 보기만 하면 달려들어 두들겨 팼으므로 역 전체의 마부와 패부들이 놀라서 뿔뿔이 흩어지는 바람에 지나가는 긴요한 차사에 대해 며칠 동안 접대하는 사람이 없을 정도였습니다. 이 문제는 홍화부집의 향약·지보와 거민들이 목격하지 않은 경우가 없습니다. 무릇 조정에서 병사를 배치한 것은 원래 백성을 지키기 위함인데 지금 병사들은 그야말로 아무것도 거리낌이 없고 지휘관은 이들을 엄격하게 단속하지도 않고 오히려 몸소 앞장을 서는 형편이니 장래 군대와 백성 사이에 이루 말할 수 없는 일이 생길지도 모르겠습니다. 이 또한 지방의 방어 체계를 믿을 수 없게 되는 것에만 그치지는 않을 것입니다.

이전에 담성현에 주둔하던 천총(千總) 주성명(朱成名)과 파총 사응패(史應珮) 두 무관이 부대에 있을 때에는 병사들이 어려워하고 백성이 껴안아 매일 밤 순찰을 할 경우 항상 사졸(士卒)보다 앞서 모범을 보였으니 이른바 "기량과 용기가 빼어나고 재간과 계책이 민첩하고 단련된 사람"이라면 바로 이들을 가리키는 것입니다. 주성명 천총은 강희 9년 겨울 무렵 근무순환 제도로 전근을 가게 되었는데, 저는 사민들이 그를 계속 머무르게 해 달라는 「청원서」를 올렸기 때문에 상사에게 그것을 요청한 바 있습니다만, 선례를 어기기 곤란하다고 하여 허가를 받지 못한 적이 있습니다. 지금 저는 다시 한 번 상사 앞에서 간청하오니, 특별히 선례를 깨고 가능한 한 신속하게 주성명·사응패 두 사람이 담성현과 홍화부역에 돌아와 근무하고 지금 있는 두 사람을 물러나게 주신다면, 병사들도 경각심을 갖게 되고 이 지역도 또한 안전을 염려하지 않아도 될 것입니다.

저는 담성현에 근무한 지 한 해가 넘었지만, 감히 무관들에게 죄를 얻은 적은 없습니다. 장차 떠나가려고 하는 이 시점에 또한 어찌 스스로 꺼리는 바를 저지르려 하겠습니까? 하지만 실로 지방의 숨겨진 근심이란 입장에서 본다면 전후로 주둔한 무관의 두텁고 엷음에 대해 감히 따지지 않을 수 없으니, 엎드려 빌건대 제독께서 잘 굽어 살펴주신다면 지방으로서는 큰 다행일 것이고, 저로서도 큰 다행일 것입니다.

(2) [처음 제남으로 압송하라는 지시가 내려진] 소군애(邵君愛) 등의 사안은 이미 다시 제독께 품을 갖추어 올린 바 있으므로, 제 초심에 대해서는 이미 살펴보셨으리라 생각합니다. 저는 앞서 언급한 두 무관에 대해서는 털끝만큼도 개인적인 감정이 없으며, 전에 올린 「품첩」에서 다룬 문제에 대해 제독께서 심각한 처벌을 내릴 것이라고는 예상하지 못했습니다. 다만 한 조각 어리석은 마음으로 지방을 위한다는 생각에 혹시 두 무관을 다른 사람으로 바꿔 주신다면 그다지 큰 말썽거리가 없을 것이라고 여겼으므로 제독께서 특별히 사랑을 베풀어 주시는 것을 믿고 아무것도 남김없이 모두 털어놓았던 것입니다. 그렇지만 뜻밖에도 제독께서 이 문제를 아주 깊숙이 추궁하셔서, 사실 [앞서 지적한] 두 말단 무관에 대해서는 그리 엄격한 처벌이 필요하다고 생각하지 못한 저로서는 도리어 반성하면서 당황할 수밖에 없으니 어찌 스스로 편안할 수 있겠습니까? 지금 다시 지시공문을 보내시어 중요 증인 종삼(鍾三) 등 30여 명을 압송하라고 하셨으니 응당 그에 따라 이들을 올려 보내야 할 것입니다. 그렇지만 그들은 대부분은 품팔이나 장사를 하는 백성으로 하루 벌어 하루 먹는 형편입니다. 담성현은 성의 수도(省會)인 제남(濟南)과 7백 리 넘게 떨어져 있으니, 이 거리를 왔다 갔다 하면 어찌 생계를 꾀할 수 있겠습니까? 그들은 성회로 압송된다는 말을 듣자마자 모두 다 딴 데로 도망가 버릴 것입니다. 제독께서 이들을 불러 올려 심문하시는 것은 지방의 안정을 위해서이지만, 그보다 앞서 이 가난한 백성이 놀라고 생계를 박탈당하게 되

니 이렇게 되면 어찌 제가 제독의 인덕을 우러러 떠받들 수 있겠습니까? 응당 다시 간청하지 않을 수 없습니다. 제독께서 이 문제에 대한 깊숙한 처벌을 일괄적으로 면제해 주신다면, 앞서 든 두 무관도 은혜를 입을 수 있고 저 또한 개인적인 고충을 풀 수 있을 것이며, 처음 압송된 소군애 등, 그리고 두 번째로 압송지시가 내려진 종삼 등도 모두 전체적으로 은혜를 입을 수 있으니, 제독의 은혜와 위엄이 함께 영향을 미칠 수 있을 것입니다. 마지막으로 제독께서 특별히 사랑해 주시는 것을 믿고 감히 다시 송구스러운 간청을 하면서 엎드려 인자하게 살펴 주시기를 비는 바입니다.

(1) 卑職到任以來, 因念郯邑與沂、嶧西山諸峒相近, 兼江南邳、宿等處接壤, 奸宄易于出沒, 乃淸嚴保甲, 晝夜巡警. 卑職尤不憚寒暑, 宵出親查, 所以期地方寧輯, 不致遠煩憲慮也. 至駐防營官之在卑縣者, 卑職每留意周旋, 即兩汛兵丁亦時爲獎勞, 以其同事地方, 必平時氣誼交孚,[184] 而臨事始心膂相助.[185] 故卑職蒞任兩載, 仰籍憲臺威靈遐暢, 亦營官上體德意, 能同心扞圉,[186] 庶萑苻不有所窺伺耳.[187] 今卑職不幸罹先君之變, 毀骨支離,[188] 日顒委代,[189] 且近聞邳、宿匪黨, 又蒸蒸蠕動,[190] 則闔邑安危, 惟防官是賴. 伏查本縣舊設防官二員, 一駐縣邑, 有城池、倉庫之責, 一駐紅花埠, 有扼要控制之司. 非技勇優超, 才猷敏練者, 恐未易膺玆任也. 今在城把總某性, 雖平易近人,[191] 然喜耽安逸, 紅花埠把總某, 年雖少壯, 而性頗驕矜,[192] 至約束兵丁, 素無紀律, 則兩官均有可議焉. 卑職荒郯下吏, 蒙憲臺恩遇最深, 凡有見聞, 義難緘默, 敢不爲憲臺密陳之.

如分撥各集防兵, 宜時加檢察, 某把總自到汛以來,[193] 既未嘗郭外查點. 且終月不聞夜出,

184 기의(氣誼)는 의기와 감정을 말한다. 기의교부(氣誼交孚)는 기의상투(氣誼相投. 氣義相投)와 마찬가지로 취향이나 감정이 서로 잘 맞는다는 뜻이다.

185 심려(心膂)는 심장과 척추 뼈를 가리키며, 심사(心思)와 정력(精力), 또는 주요한 보좌인원이나 믿을 수 있는 심복, 요직을 가리킨다.

186 한어(扞圉)는 한어(扞禦)와 같은 뜻으로 방어하다, 저항한다는 뜻이다.

187 추부(萑苻)는 도적들이 출몰하던 못의 이름(또는 갈대 등이 우거진 못을 가리킨다고도 한다)으로 나아가 도적이나 초구(草寇), 또는 도적이 출몰하는 곳을 가리키게 되었다.

188 훼골(毁骨)은 슬퍼하여 뼈만 남은 것처럼 몸이 상한 것을 가리키며, 지리(支離)는 초췌하다, 피곤하다, 분산된다는 뜻.

189 옹(顒)은 우러러보다, 기대한다는 뜻이다.

190 증증(蒸蒸)은 상승하거나 흥성하는 모습을 가리키며, 연동(蠕動. 蝡動)은 기어 다니는 곤충, 또는 그것들이 꿈틀거리며 움직인다는 뜻이다.

191 파총(把總)은 정7품의 무관(武官)이다.

192 교긍(驕矜)은 교만하여 잘난 체 한다는 뜻이다.

193 신(汛)은 명·청대 군대가 주둔하던 장소를 가리킨다.

此耽逸之一班矣. 至管隊張三, 于五月初十日, 縱妻鏹居民邵君愛之麥, 張進、史二, 于六月二十二日, 强刈馬頭鄉約張茂德之穀,[194] 德與理論,[195] 復統多人毒打, 當經典史驗明,[196] 遍體鱗傷. 闔鎮人心惴惴,[197] 縱兵殃民若此, 又紀律之謂何歟? 他如張三, 鎖卑縣巡更快手王加英、陳友, 拔刀擊傷催糧快手李應陽與王戶長,[198] 縱子元臣等捶皂隸王進禮,[199] 血流被面. 戴進入捕壯趙應擧室索飮, 因而姦逼其妻. 此衙役受其欺淩, 又不足論巳. 然某把總猶不過馭下無術耳. 至某把總則擧動乖張,[200] 兵丁縱肆, 皆身爲之倡. 如以到汛拜客, 路遇飛遞漕撫公文馬夫楊守富,[201] 怒其不下馬引避, 鎖拿營署, 至晩始釋. 夫緊急公文方繇馬遞, 註有限期, 僅以不下馬之故, 而羈縶終日, 倘文書稽程,[202] 誰職其咎乎?

如紅埠當南北要衝, 本集柵鑰例係地方收掌, 遇有過差, 隨到隨啓, 自某把總到汛, 拘鑰存營, 致郵使每欲劈柵, 移怒馬夫, 鞭撻交下. 夫賫奏何事, 乃揹不放行? 倘本章遲悞, 又誰之愆乎? 本集歲例祀馬神演戲, 某把總怒其不起立, 將唱旦者當場痛責,[203] 因闔集跪懇, 杖至三棍乃免, 夫徒步往觀, 自取褻耳,[204] 又何怪而責之哉? 此亦見驕矜之一班矣. 至守舖營兵張文登等, 自貪穩睡, 命更夫止就伊舖巡邏, 張寅山、唐小趕,[205] 距舖稍遠, 遂懸弔考掠, 街民飮恨. 北來內閣學士郭, 經過紅花埠, 管隊盧戶長, 統衆入驛, 强拉驛馬四匹, 充伍送差, 次日至晡方還,[206] 騎傷幾斃. 然此尤兵丁恣肆耳. 更可駭者, 七月初八日, 有紅驛馬夫張調元, 與賣蛋人王太平爭嚷, 營兵蔣得勝從旁突出, 執調元痛打. 及調元犇稟,[207] 某把總不加約束, 反麾盧管隊

---

194 마두(馬頭)는 담성현 현성 서북쪽에 위치한 마두집(馬頭集)을 가리킨다.

195 이론(理論)은 도리나 이치를 가지고 따진다는 뜻이다.

196 전사(典史)는 관명(官名)으로 원대 이후 설치되어, 지현 아래에서 집포(緝捕)·감옥(監獄)을 관장하는 속관(屬官)이었다. 현승·주부가 설치되지 않은 경우에는 전사가 그 직무를 겸임하였다.

197 췌췌(惴惴)는 근심하고 두려워하면서 경계하는 모습을 가리킨다.

198 호장(戶長)은 갑장(甲長) 또는 보장(保長)을 가리킨다.

199 추(捶)는 채찍질을 한다는 뜻이다.

200 괴장(乖張)은 못되다, 부당하다, 괴팍하다는 뜻이다.

201 조무(漕撫)는 명·청대 전국의 조운 사무를 관할하던 고급 관원으로 강소성의 회안부(淮安府)에 주재하였다. 명대의 경태(景泰) 2년, 즉 1451년에 처음 설치되었으며 정식 명칭은 "총독조운겸제독군무순무봉양등처겸관하도(總督漕運兼提督軍務巡撫鳳陽等處兼管河道)"로 조운과 군무·하도, 그리고 여봉순무(廬鳳巡撫)의 역할을 겸하는 것이었다. 청대 초기(1659)까지는 여봉순무의 역할을 겸직하여 강소성과 안휘성 여러 부의 지방 사무를 관할하였으나, 이후에는 강소성의 장강(長江) 이북 지역에만 범위가 한정되었다.

202 계정(稽程)은 행정(行程)을 그르친다, 망친다는 뜻이다.

203 단(旦)은 연극에서 여자 역할을 맡는 사람을 가리키므로 창단자(唱旦者)는 여자 역할을 하는 배우를 가리키는 것으로 보인다. 통책(痛責)은 아주 매섭게 질책하거나 처벌한다는 뜻이다.

204 설이(褻耳)는 귀를 더럽힌다는 뜻이다.

205 '唐小趕'이 아닌 '唐士趕'으로 된 판본도 있다.

206 포(晡)는 신시(申時), 즉 오후 3-5시 무렵을 가리킨다.

率衆兇毆,[208] 垂死復甦. 兵丁乘機, 凡遇馬夫, 槩行攢打, 以致闔驛夫牌,[209] 驚逃星散, 過往緊差, 數日無人應付. 此本集約地、居民罔不目覩者.[210] 夫朝廷設兵, 原以衛民, 今營兵肆行無忌, 營官不加嚴飭, 身爲之倡, 則將來兵民之間, 有不可勝言者. 又非特備禦之不足恃已也.

前駐防卑縣千總朱成名、把總史應珮, 二官在汛, 兵畏民懷, 每遇夜巡, 卽身先士卒, 所謂: "技勇超優, 才猷敏練"者, 斯其選也. 千總朱成名, 九年冬間, 換班應調, 卑職據士民保留「公呈」, 詳請憲臺, 以不便違例, 未蒙俞允. 今卑職敢再呼籲憲臺之前, 懇請特爲破例, 仍早令朱成名、史應佩, 駐防卑縣、紅驛二處, 將某某撤回, 則卒伍知所警飭, 而疆圉可保無虞矣.[211] 卑職在郯浹歲, 從未敢獲罪營官. 詎且晚將去之時, 復自蹈嫌怨? 然實從地方隱憂起見, 非敢前後駐防有所厚薄也. 伏冀憲臺俯賜垂鑒. 地方幸甚, 卑職幸甚.

(2) 邵君愛等一案, 已再具禀臺前, 卑職之初心, 想蒙電鑒. 卑職實于某某二官, 非有纖芥之嫌,[212] 前禀原未冀憲臺深究, 祇以一片癡腸,[213] 從地方起見, 或得將卑職汛房, 另行更換, 庶無貽悞, 因恃憲臺夙愛, 故言無不盡耳. 豈料憲臺遂行窮究, 非惟某某微員不足當嚴威之加, 卑職返衷悚惕,[214] 何以自安? 今蒙飭提要證鍾三等三十餘名, 宜卽遵解. 但伊等多係傭工末技之民, 趁食度日,[215] 郯距省會七百餘里, 往來何以資生, 一聞行提, 盡皆逃竄. 在憲臺提審不過以安靖地方爲念, 而先合此輩窮民驚惶失業, 又非卑職所以仰承憲臺之德意矣. 合無仍請憲臺槩免深究,[216] 不特某某之二官, 可邀恩全, 卑職之私衷, 可以釋疚,[217] 而初提邵君愛等, 再提之鍾三等, 俱羣被雨露,[218] 于憲臺恩威並濟中矣. 卑職終恃憲臺辱愛, 敢再冒瀆,[219] 伏祈慈照.

---

207 분품(犇禀)은 달려가서 아뢴다는 뜻이다.
208 휘(麾)는 지휘하다, 부르다, 모은다는 뜻이다.
209 부패(夫牌)는 역참에서 일하는 마부와 패부를 가리킨다.
210 약지(約地)는 향약과 지보 등 향촌의 하급 직역을 가리킨다.
211 강어(疆圉)는 변경(邊境)·변계(邊界)·변방(邊防)을 말한다.
212 섬개(纖芥. 纖介)는 아주 미세하다, 또는 아주 미세한 틈이나 불만을 가리킨다.
213 치장(癡腸)은 어리석은 마음, 심정이란 뜻이다. 장(腸)은 내심·충심이라는 뜻이 있다.
214 반충(返衷)은 반성한다는 뜻이다. 송척(悚惕)은 두렵고 당황스럽다는 뜻이다.
215 진식(趁食. 趂食)은 밥 먹을 것을 꾀하다, 삶을 도모한다, 먹을 것을 찾아다닌다는 뜻이다.
216 합무(合無)는 어찌 아니(何不), 응당이라는 뜻이다.
217 석구(釋疚)는 오랜 고생에서 벗어난다는 뜻이다.
218 우로(雨露)는 여기서는 은택·은덕을 뜻한다.
219 모독(冒瀆. 冒黷)은 모범(冒犯)처럼 더럽힘을 무릅쓰고 감히 …을 한다는 뜻으로 윗사람에게 자신을 낮추면서 껄끄러운 이야기를 할 때 쓴다.

5-02-02. 「제동 단 도대께 답하는 품첩(復濟東丹道臺)」[220]

저는 양첨은냥(糧僉銀兩)을 수령하라는 대인의 지시를 받은 다음 「품첩」을 갖추어 파견하신 아역을 통해 답장을 드린 바 있습니다. 하지만 보내주신 공문을 읽다 보니 "상사께서 「상문」을 올려 주셔서 가을·겨울 두 계절분 양첨은냥을 동로에 지급하게 되었다", 또한 "호부의 지시에 그대로 따라 지급하라고 순무께서 지시를 내리셨다. 이 공문은 반납할 것"이란 내용이 있었습니다.

저는 산동성의 남쪽 귀퉁이에 있어 그 가운데 상세한 내막은 잘 모르지만 대인 앞에 아뢰지 않을 수 없는 사정이 있습니다. 양첨항목을 [동로·서로(중로) 역참이] 나누어 받는 일은 "과거 편벽하였지만 지금은 요충지가 된 역참 관련 안건"에서 요청하여 승인을 받은 바 있습니다.[221] 뒤이어 바로 순무의 지시를 받았는데, 나누어 받는 액수를 호부에 보고하였으며, 원래 강희 11년을 시작으로 한다는 내용이었습니다. 또한 한 해가 끝나면 1년 동안 마필을 사들인 값을 호부에 보고하여 처리를 하면 반드시 1년분 양첨을 지급하며, 그다음에야 액수로도 내역을 작성하여 보고할 수 있다고 하였습니다. 지금 대인께서 보내신 공문에 따르면 담성현과 홍화부 두 역은 각기 강희 11년분 양첨은냥을 728냥 4전 9분 남짓 받는 것으로 되어 있습니다. 만약 그 액수대로 수령한다면 두 곳은 합쳐서 1,456냥 9전 남짓을 받게 됩니다. 그런데 봄·여름 두 계절 동안 서로(西路)에는 이미 전액을 지급하였는데 동로에는 단지 가을·겨울 분의 절반만을 지급한다면, 담성현과 홍화부로 따질 경우 수령하는 것이 700냥 남짓에 지나지 않게 됩니다.

저는 부임한 이래 담성현과 홍화부의 역참이 산동성의 첫 번째 교통요지가 되어 비록 차사가 번다하고 마필이 쓰러져 죽는 경우가 많았지만 감히 역참이 제대로 운영되지 못하게 한 적은 전혀 없었습니다. 그래서 마필을 사들이느라 얻은 빚 수천 금 때문에 지금도 날마다 빚쟁이가 문을 둘러싸고 독촉하는 일이 거의 하루도 빠짐이 없을 정도입니다. 지난번 안건으로 대인의 지시를 받자 사람을 북쪽으로 보내 [마필을 구입하는 데] 상당히 고심하였지만 다행히도 어느 정도는 실마리가 풀렸습니다. 저는 지금 정우(丁憂) 때문에 자리

---

220 제동도대(濟東道臺)는 강희 9(1670)년 설치되었으며 치소는 제남부(濟南府)에 있었는데 제남부와 동창부(東昌府) 소속의 9개 주현을 관할하였다. 우평한(牛平漢) 주편, 『청대정구연혁종표(淸代政區沿革綜表)』(中國地圖出版社, 1990), p.191.

221 앞서 나온 「5-01-02. 「역참 마필을 메우기 위한 자금 요청(請撥補驛站買馬)」」을 참조.

를 비워야 하는데, 만약 강희 11년분에 대해 나누어진 대로 전액을 지급받지 못하고 그 가을·겨울 두 계절분도 또한 제가 이임하는 날까지로 제한한다면, 수령할 수 있는 액수가 얼마나 되겠습니까? 이것은 앞서 애써 노력하였지만 헛수고가 되고 나중에는 그에 대해 보상도 받지 못하는 꼴이니, 반드시 어물전에 매달린 말린 물고기 꼴이 될 게 분명합니다. 최근 전해 듣기에 호부의 지시를 받은 날부터 시작하여 그 당시 몫을 나누어 호부에 보고한 내용은 원래 1년분 전액이었지, 결코 강희 11년에 보고한 것처럼 모일부터 시작하는 것이 아니라고 합니다. 지금 순무께서 호부의 지시대로 지급하라고 지시하신 것은 1년분으로 나눈 액수[의 절반]입니까? 아니면 가을·겨울분으로 나눈 액수의 절반입니까? 만약 가을·겨울분의 절반만 동로에 지급한다면, 결국 강희 11년에 마필을 사들인 다음 보고한 액수는 아마 호부의 지시에 부합하지 않게 될 것입니다.

요컨대 중로와 동로 모두 조정의 역참이고 그 주변 주현 역시 모두 대인의 속하입니다. 엎드려 빌건대 대인께서 다시 한 번 장기적인 관점에서 판단하시고 장청(長淸)·태안(泰安) 등 부근 주현에게 지시하셔서 적당한 방안을 논의하도록 해 주신다면 그 은혜에 감복하지 않을 수 없을 것입니다. 만약 중로(서로)가 이미 봄·여름에 액수 전부를 지급 받았으니 가을·겨울 액수 역시 당연히 전부를 동로에 지급한다면, 동로 몫으로 나눠진 1년분 액수와 서로 일치할 것이고, 이른바 "호부의 지시에 그대로 따른다"는 것도 바로 이것을 가리키는 것입니다. 만약 대인께서 과감하게 주지하셔서 이렇게 바꿔 주신다면, 일방적으로 오랫동안 극도로 무거운 부담을 질 수밖에 없었던 동로 역참들이 모두 깊은 은혜를 입게 되며, 온갖 멍과 상처투성이의 하급 관리인 저로서도 목숨을 유지할 수 있는 큰 혜택을 받을 것입니다.

卑職荷老大人憲票, 諭領糧僉銀兩, 隨具稟付憲役回報矣.[222] 但卑職伏讀憲臺來行, 內開:

蒙憲臺呈詳, 秋冬二季糧僉支給東路.

又開:

蒙院批:[223] 仰照部文支給. 繳.

---

222 헌역(憲役)은 상사가 보낸 아역을 말한다.

223 몽원비(蒙院批)는 순무의 지시·결재를 받았다는 뜻이다. 격(繳)은 보통 공문에서는 문서를 읽은 다음 반납하라는 뜻으로 쓰인다. 하급기관에 대한 지시의 부본(副本)을 그 하급기관에 돌려주거나, 아니면 상급기관의 친필·지시·황제의 주비(硃批) 등을 용건이 완료되면 다시 내려온 순서에 따라 거꾸로 돌려보내는 것을 말한다.

卑職地居山左南隅, 未悉其中詳細, 有不得不禀于老大人之前者. 分劈糧僉一項,[224] 原于昔僻今衝案內之所請允. 旋蒙院憲, 以分劈之數, 報明在部, 原以十一年爲始. 且歲終以一年買過馬匹價值, 報部開銷, 則必支以一年分劈之糧僉, 然後可以如數造報. 今憲票後開, 郯城、紅花二處, 每處十一年分糧僉銀, 各七百二十八兩四錢九分有奇. 夫領若得照數, 則二處共應領銀一千四百五十六兩九錢有奇. 如春夏二季, 西路已經全支, 僅將秋冬二季之半分給東路, 則卽郯、紅兩驛而論, 所領不過七百有奇矣. 卑職自到任以來, 因郯、紅爲東省首衝, 雖差煩馬倒, 未敢不飽騰盈櫪.[225] 以故馬價積欠數千餘金, 至今逼索環門, 殆無虛日. 至昔僻今衝一案, 蒙憲臺諭令, 卑職遣人赴北, 頗殫苦心, 幸而就緖. 卑職玆値丁憂去任, 如十一年, 不能照分劈全支. 其秋冬二季, 又扣至卑職卸事之日爲止, 所領寧有幾何? 是徒勞于前, 而無補于後, 知必爲郯肆之枯魚矣.[226] 近傳聞以奉文之日爲始, 夫當日分劈報部, 原係一年全數, 並未于十一年申明以某日爲始也. 今院批照部文支給, 或係一年分劈之數乎? 抑秋冬二季分劈一半之數乎? 如以秋冬一半分劈東路, 遂爲十一年買馬造報之數, 切恐于部文猶有未合也. 總之, 中、東兩路俱係朝廷郵驛, 中、東州縣, 均爲憲臺屬員, 伏乞老大人, 再爲從長酌奪, 仍檄附近長淸、泰安等州縣,[227] 立爲妥議, 知無不仰體憲恩者. 如中路已將春夏全領, 秋冬二季自應全給東路, 則與分劈一年之數相符, 所謂: "遵照部文," 正在此也. 倘蒙憲臺慨賜主持, 秖轉移間,[228] 不惟東偏久苦極累之驛, 咸沐洪施, 卑職百痏千瘡之下吏,[229] 受生成于不淺矣.[230]

---

224 분벽(分劈)은 나눈다, 가른다는 뜻이다.

225 포등(飽騰)은 병사는 배부르고 말은 힘이 왕성하다는 뜻이고, 영력(盈櫪)은 말구유가 넘친다는 뜻으로 포등영력은 결국 군수가 충족되고 사기가 높다는 것을 비유한다. 등(騰)은 등등(騰騰)으로 기세나 사기가 오르고 힘이 왕성한 모습, 활력에 찬 모습을 묘사할 때 쓰인다.

226 고어(枯魚)는 말린 물고기, 고어지사(枯魚之肆)는 건어물 가게를 말하지만, 나아가 곤경이나 위험한 상황을 가리키기도 한다. 『장자(莊子)』「잡편(雜篇) 외물(外物)」에 장주(莊周)가 관리에게 곡식을 빌리러 갔는데 현의 세금을 다 거두면 빌려 주겠다고 하자 발끈한 장주가 꺼낸 이야기에서 나온다. "내가 어제 오는 길에서 누군가 날 불렀습니다. 그대로 수레가 지나다니는 곳을 돌아보니 붕어(鯽語) 한 마리가 있어 내가 물었습니다. '자넨 붕어로군. 여기서 무엇을 하는가?' 붕어가 대꾸하기를, '나는 동해의 파도 속에서 놀다가 잘못해서 이리 떨어지게 되었는데 그대는 물 한 바가지로 나를 구해 주면 안 되겠나?" 그래서 나는 말했습니다. '좋지. 내가 남쪽으로 오월 왕에게 놀러 가면 서강의 물을 끌어다가 그대를 맞이해 주지. 어때 괜찮겠는가?' 붕어가 화난 표정으로 대꾸했습니다. '……물 한 바가지면 나를 살릴 수 있는데 이런 식으로 희롱하다니, 차라리 일찌감치 건어물 가게에 가서 날 찾는 게 낫겠소!'"

227 장청(長淸)은 제남부 장청현, 태안(泰安)은 태안부 태안현을 가리킨다.

228 지(秖)는 지(祇)와 마찬가지로 단지, 다만이라는 뜻이다. 전이(轉移)는 전환·이동·개변(改變)이라는 뜻이다.

229 백유천창(百痏千瘡)은 온갖 멍과 부스럼이라는 뜻으로 상처나 부상이 크다, 또는 폐단·문제가 아주 많다는 것을 비유한다. 천창백이(千瘡百痍)·천창백공(千瘡百孔)도 같은 뜻이다.

230 생성(生成)은 양육하다, 장성(長成)하다, 생명을 유지한다는 뜻이다.

5-02-03. 「동연 전 도대께 올리는 품첩(上東兗錢道臺)」[231] (1)-(3)

(1) 마침 대인의 지시를 받았는데, 여러 사람을 무고하여 죽인 사건에 대해 역현(嶧縣)에서의 합동심문이란 일을 제게 맡기셨습니다. 대인의 넘치는 사랑을 받아 장려하고 맡기시는 일이 항상 제게는 과분하였습니다. 매번 재능이 없고 어리석은 저를 버리지 않으시고 부려주시니, 비록 용렬한 하급의 말 같은 존재이지만 주인의 그림자를 보고 말이 콧소리를 내는 것처럼 저로서도 무언가 대인께 보탬이 되는 일에 힘쓰고자 하지 않을 수 없습니다. 그런데 전해 듣기에 경구(京口)의 모 장군께서 조만간에 북경으로 돌아가시는데, 마필이 200여 필 정도가 필요하다고 합니다. 담성현의 두 역참에 배치된 마필의 정액은 겨우 그 절반에 미칠 뿐입니다. 지금 현재 다방면으로 구매하고 있지만 필요한 수가 너무 많아 갑작스럽게 전부를 갖추지는 못하고 있습니다. 더군다나 강소(江蘇)·절강(浙江) 두 성에서 북경으로 보내는 은궤(銀櫃)가 잇따라서 도착한다고 보고되고 있고, 인부가 많게는 천 명이 필요합니다. 이 두 가지 일은 제가 직접 처리하지 않으면 그때가 닥쳤을 때 정말로 대응하기 곤란합니다. 또한 현승과 현위도 모두 다른 임무를 받았으므로 옆에 일을 맡길 관원도 없는 형편입니다. 그리고 만약 은궤가 일단 이 혼란스러운 황폐한 담성현에 도착하면 밤을 나누어 순찰을 돌아야 하는데 이 때문에 저는 한밤이 되어도 잠들지 못합니다.

이것이 최근 역참에 일이 아주 번다하게 밀려들어 정말로 몸과 마음이 모두 지친 실제 상황입니다. 만약 역현까지 갔다가 돌아오고 아울러 심문까지 맡아야 한다면, 자칫해서 열흘이 넘는 시간이 걸릴 터입니다. 만약 역참 업무에 조금이라도 잘못이나 그르침이 생긴다면, 아마 대인께 큰 근심을 끼쳐드리지 않을까 두렵습니다. 혹시라도 제가 북쪽으로 향하는 장군에 관련된 업무를 처리한 다음 다시 도대께서 위임하신 업무를 맡는 방안을 생각해 보았지만, 이 안건은 상사의 지시를 받은 것으로 아마 오랫동안 미뤄 두기 어려울 것입니다. 혹시라도 역현의 지현에게 심문업무를 전담시키시든지 아니면, 다른 주변 주현의 지방관 가운데에서 따로 골라 위임하시면 어떠할지 감히 대인께서 너그럽게 봐주시고 결정해 주시면 그에 따르기를 바라는 바입니다.

---

231 『건륭기주부지(乾隆沂州府志)』(中國地方志集成 山東府縣志輯 61. 鳳凰出版社, 2004) 권17 「직관(職官) 상(上)」 9a에는 병자(丙子)년의 거인으로 강희 10년 동연도로 부임한 전광태(錢光態)의 이름이 확인된다. 따라서 도대 전은 바로 전광태(錢光泰)를 가리킨다.

(2) 도인(逃人) 이대(李大)는 전에 그를 압송하던 차역(差役) 두란(杜蘭) 등이 소홀히 감시하다 놓친 경우입니다. 두란 등이 등급을 낮춘 노역형을 받으면서 이 사안은 종결되었습니다만, 조례를 세심하게 검토해 보면 원래 중도에 도망간 도인은 다시 원래 포획한 지방에서 기한에 맞추어 체포해야 한다는 처분은 없는 것으로 보입니다. 단지 상소문 말미에 "체포하여 따로 완결시킨다"는 구절이 있어, 마침내 형부의 기한 내 처리지시를 받았을 뿐입니다. 그렇지만 어느 성 어느 땅이든 도인의 발이 닿지 않은 곳이 있습니까? 이대는 [직예성 하간부(河間府)의] 임구현(任丘縣)에서 도망쳤고 지금쯤은 아마 산동성의 경내에 있지 않을 터인데, 하물며 어떻게 담성현 한 군데에만 책임을 물을 수 있겠습니까? 지금 대인께서 보내신 아역이 압송을 독촉하여, 저희 현의 경승으로 하여금 대인께 찾아가 답장을 드리도록 하였습니다. 엎드려 빌건대 인자하게 살펴 주시길 바랍니다. 저희가 이미 잡아낼 방법이 없다는 이야기는 따로 「상문」을 갖추어 안찰사께 보고하였습니다.

(3) 황폐한 담성현은 몇 년 동안이나 전량을 체납하였으므로 누차 방법을 강구하여 엄격하게 추징하라는 순무·포정사 대인의 각 지시를 받은 바 있습니다. 부임 이래 이 때문에 심혈이 거의 고갈된 지 이미 1년 남짓입니다. 전에 이미 대략 보고서를 갖추어 올린 바 있으니 다시 되풀이하지는 않겠습니다. 지금 유상인(劉尙仁)이 왕응승(王應昇)을 고발한 사안은 대인께서 직접 불러다 심문하시겠다고 하니 감히 이 때문에 아뢰고자 합니다. 담성현의 도망간 지 오래된 납세자의 전량은 땅주인이 도망가 버렸기 때문에 오로지 그 땅을 경작하는 사람에게 책임을 묻습니다. 도망간 납세자의 땅이 황폐해져 아무도 경작하지 않을 때에는 오로지 해당 갑(甲)의 호두(戶頭)가 책임지고 물어내는데, 그의 고혈(膏血)이 얼마나 된다고 이러한 부담을 능히 견뎌 낼 수 있겠습니까? 이렇게 정말 부득이한 사정 때문에 처음으로 이 버려진 땅의 처분을 허용하였는데, 반드시 가장 가까운 형제인 경우에만 비로소 남겨진 토지를 팔아 전량을 대납하는 것을 허용하였습니다. 아무런 관계가 없는 사람에 대해서는 제가 이미 일찌감치 포고를 내어 끼어들어 문제를 일으키는 것을 금지하였습니다. 지금 왕응승의 고발 명단에 유상인이 올라 있는데, 「품문」에 따르면 농지 30무를 경작하고 있는데 여러 해 동안 이것을 숨겨 『전량장부』에 들어가 있지 않다는 것입니다. 저는 바쁘게 곡부(曲阜)로 보내 심문을 받게 하였지만 단지 압송하는 것만을 허용했을 뿐, 농지를 숨기고 있는 것이 과연 사실인가 따지지는 않았습니다. 만약 유상인이 숨긴 것이 사실이라면 율법에 따라 햇수로 따져 추징하고 토지는 몰수하되, 토지 규모를 따져 처벌하면 됩니다. 만약 단지 도망간 납세자의 전량만을 대신해서 물어내게 한다면 그것은 아주 관대한 처분

이나 되어 버립니다. 엎드려 빌건대 대인께서는 저희의 고충을 감안하시고, 또한 실로 조정의 전량을 확보한다는 입장에서 깊은 마음을 오묘하게 움직이시어 제게 추징할 수 있는 여지를 남겨 주기를 바랍니다. 그렇지 않으면 오로지 앉아서 탄핵과 처벌을 기다리고 손을 묶은 채 죽음을 기다리는 일뿐입니다. 대인의 하늘과 땅과도 같은 은덕 아래 감히 정성을 다해 간청하오니, 자비롭게 살펴 주시기를 바랍니다.

(1) 適蒙憲檄, 以誣殺多命一案, 委職于嶧縣會審.[232] 卑職仰蒙老大人過愛, 獎任逾涯, 每不棄駑駘,[233] 飾以連錢,[234] 加之驅策. 雖凡庸下駟, 亦將望影嘶風,[235] 思有以目效矣. 但傳聞京口大人,[236] 旦夕回北, 用馬至二百餘匹, 兩驛額設之馬, 僅及其半. 卑職正在多方購買, 但需數甚多, 未能卒備. 兼江浙銀鞘,[237] 接踵報至, 夫役多至千名. 兩項非卑職親身料理, 臨時萬難荅應. 且丞、尉皆已他委,[238] 旁無可寄之員. 卽銀鞘一至擊柝荒城,[239] 夜分巡警, 卑職嘗爲中宵不寐. 此近時驛遞繁難, 眞爲之形神俱瘁者也.[240] 若嶧縣往返, 兼之訊鞫, 動羈旬日, 倘驛務涉有違悞, 恐致煩老大人淸慮. 或俟卑職料理北去之後, 再遵台委, 又恐此案係奉行憲件, 未便久羈. 或乞專委嶧縣, 抑別簡材能隣邑, 敢冀憲慈鑒有批示, 以便遵行.

(2) 逃人李大, 卽前解役杜蘭等所疏脫者也. 逮杜蘭等減等發徒,[241] 此案已結, 細査條例,

---

232 회심(會審)은 합동심리·합동심사를 뜻한다.

233 노태(駑駘)는 걸음이 더딘 둔한 말을 가리키며, 나아가 재능이 없고 어리석은 사람을 비유한다.

234 연전(連錢)은 서로 이어진 동전과 같은 형상의 꽃무늬, 그러한 모양의 장니(障泥), 즉 말의 배 양쪽에 내려 진흙 등이 튀는 것을 막는 진흙마개를 말한다.

235 망영(望影)은 멀리서 모습을 본다는 뜻이고, 사풍(嘶風)은 말이 바람을 맞고 우는 모습을 가리킨다.

236 경구(京口)는 오늘날 강소성의 진강(鎭江)에 소속되는 곳으로 장강 남안(南岸)에 있는 전통적인 군사 보충지 가운데 하나였다. 청대에도 주방팔기(駐防八旗)가 주둔하였고, 건륭 연간에 장군(將軍)이 폐지되기 전에는 장군(將軍)과 부도통(副都統) 등이 지휘하고 있었다. 여기서 경구 대인은 아마 장군(京口駐防靜海將軍)을 가리키는 것으로 보인다.

237 은초(銀鞘)는 은으로 장식한 칼집이란 뜻이나, 여기서는 향은(餉銀)을 운반하기 위해 쓰던 상자를 가리킨다. 즉 나무 속을 파내고 은자(銀子)를 안에 넣은 다음 밀봉하고, 바깥에 번호를 적어 놓은 것이다. 여기서는 아마 강남 지보에서 중앙의 호부은고(戶部銀庫)로 올려 보내는 전량을 가리키는 것 같다.

238 승위(丞尉)는 현승(縣丞)과 현위(縣尉)를 가리킨다.

239 격탁(擊柝)은 딱따기를 치면서 야간순찰을 도는 것을 말한다. 또는 전사(戰事)나 전란(戰亂)을 비유하기도 한다.

240 형신(形神)은 여기서는 육체와 정신을 가리킨다.

241 발도(發徒)는 도형(徒刑), 즉 노역형을 위해 보냈다는 뜻으로 보인다. 노역형(徒刑)은 죄수에게 일정 기한의 자유를 박탈하고 아울러 노역에 종사하게 하는 형벌을 가리킨다. 『당률소의(唐律疏義)』「명례(名例)」에 의하면 "도는 노예를 말한다. 생각건대 노예로 삼아 욕보이는 것이기 때문이다(徒者奴也, 蓋奴辱之0)."라고 한다. 이 형벌은 춘추전국시대에 출현하였으나, 북주(北周)에서 처음으로 도라는 이름이 붙었고, 형기는 대체로 1-5년이었다. 수대

原未有中途在逃復行原獲處所勒限緝獲之處分也.[242] 止因疏尾有緝獲另結一語, 遂奉行爲部限耳. 何省、何地非逃人之所托足? 李大係任丘逃去,[243] 此時恐幷不在山左界內, 況止問之郯城一邑乎? 今蒙憲役催提, 令經承赴憲回話, 伏乞慈照. 卑職已將無憑踹緝之語,[244] 另文申詳臬憲矣.[245]

(3) 卑職以荒郯節年逋欠, 屢奉院、司各檄, 著行設法嚴追. 自受事以來, 心血耗竭于此者, 一年有餘矣. 前畧已具申臺前, 不敢更瀆. 茲有劉尚仁告王應昇一案, 蒙憲親提, 敢卽以此陳之. 郯節年逃戶錢糧, 本戶旣逃, 則惟佃地之人是問,[246] 至戶逃地荒, 無人承種, 惟有本甲戶頭之包賠, 彼戶頭之膏血幾何,[247] 能堪此賠累耶? 萬不得已, 始聽其單開,[248] 必至親手足,[249] 方

(隋代)에는 정식 오형(五刑)의 하나가 되었으며, 송대에는 장형(杖刑)으로 대신 되기도 하였다. 원대에는 5등급으로 나뉘고 장형이 부가되었으며, 명·청대에도 비슷하였다. 노역은 보통 해당성의 역참 일꾼으로 일하거나 수부(水夫)·화부(火夫) 등의 잡역을 맡게 하였다.

242 중도재도(中途在逃)는 도인이 잡혀 가던 중 다시 도망가는 일을 가리킨다. 중도(中途)는 중도탈주(中逃脫走)·중도도주(中途逃走)를 의미하며, 재도(在逃)는 범인이 몰래 도망 중이고 아직 체포되지 않았다는 뜻이다. 도인의 체포를 위해 순치 연간에 처음 마련된 『독포칙례(督捕則例)』 하(下)의 「029. 해송도인(解送逃人)」(解送逃人-01. 一. 凡直隸各省等拏解逃人, 嚴加肘鎖, 每一名差有家産正身解役二名遞解. 其經過地方官將逃人肘鎖驗明, 每一名亦換差有家産正身解役二名遞解. 如不差有家産正身解役及少差解役, 以致疏脫或解役同逃人逃走者, 地方官交部議處. 將解役審明係疏脫者, 照不覺失囚例減本犯罪二等科斷.[如本犯罪輕, 減盡無科者, 將解役照不應輕律折責發落]. 故縱者, 與同罪, 至死減一等. 若有受賄情弊, 計贓以枉法從重論.[解役將逃人案內牽連人犯中途疏脫者, 亦照此科斷.] 如地方官照例僉差押解, 而解役疏脫人犯或同逃人逃走者, 將解役審明, 照例分別治罪, 僉差不愼之地方官亦交部議處.)과 「037. 해역소탈도인(解役疏脫逃人)」(解役疏脫逃人-01. 一. 凡解役押解逃人中途脫逃者, 如審係疏脫, 將解役減本犯二等科斷. 給限一百日[戴罪]追捕, 限內能自捕得, 免罪. 故縱者, 不給捕限, 與逃人同罪[至死減一等, 罪雖坐定]. 未斷之先能自捕得, 減逃人罪一等科斷. 受財者, [不在此限,] 計贓, 以枉法從重論. 若他人捕得及逃人已死或自首, 均不准減免. 其疏脫逃人之同行解役, 如有實因患病落後, 在經過地方官處呈明有據者, 免罪.)에 의하면 압송 도중 경과하는 주현에서 지방관이 도인의 쇠사슬 채운 것을 점검하고 한 명마다 차역 두 사람씩을 붙여 체해(遞解)하는 임무가 주어졌다. 도인이 도주하는 경우 지방관은 처벌을 받게 되고, 압송 차역의 경우 감시 소홀로 인한 것으로 밝혀지면 본범(本犯)보다 2등급 낮춘 형벌에 처해지며, 1백 일을 기한으로 추포(追捕)하는데 기한 내에 다시 잡으면 면죄가 되었다. 압송 차역에게 다시 포획할 의무가 주어지지 "중도에 도망간 도인은 다시 원래 포획한 지방에서 기한에 맞추어 체포해야 한다는 처분"은 『독포칙례』에는 없는 것이다. 이러한 예에 대해서는 『독례존의(讀例存疑)』 권54의 「독포칙례(督捕則例)」(http: //www.terada.law.kyoto-u.ac.jp/dlcy/index.htm) 부분을 참조.

243 임구(任丘)는 직예성 하간부 임구현(任丘縣)을 가리킨다.

244 선집(踹緝)은 채집(踩緝)과 같은 뜻으로 추격하여 잡는다는 뜻이다.

245 얼헌(臬憲)에서 얼(臬)은 안찰사(按擦使)의 별칭이다.

246 "유(惟)…시문(是問)"은 오로지 …에 대해서만 따진다, 책임을 묻는다는 뜻이다.

247 고혈(膏血)은 기름과 피를 말한다. 보통 백성의 기름과 피를 가리킨다.

248 단개(單開)는 명단을 나열·제시한다는 뜻인데, 여기서는 도망친 호구가 남긴 토지명단을 공개하여 그것을 처분한다는 뜻으로 보인다.

249 수족(手足)은 형제를 비유한다.

准鬻其遺產, 爲之代納. 至于風馬不及,[250] 卑職早已出示, 禁其扳害矣.[251] 今王應昇之單列尙仁, 據禀以其種地三十畝, 節年欺隱, 未入『流水』.[252] 卑職以匆匆之曲阜送攷,[253] 但准差拘, 未究其欺隱果實與否. 使尙仁欺隱果眞, 則按律宜照年追納, 田沒入官, 計畝論罪. 若止使其賠本甲逃糧, 猶寬政也. 伏乞憲臺鑒職苦衷, 實從朝廷錢糧起見, 惟妙用深心, 爲卑職存一追徵地步. 不然惟有坐聽參罰, 束手待斃而已. 以托憲臺覆載之下,[254] 敢瀝誠上懇,[255] 仰祈慈鑒.

5-02-04. 「동연 이 도대께 올리는 품첩(上東兗李道臺)」

전에 대인이 현으로 보내신 공문을 받았습니다. 상사께서 판단하여 결정을 바꿔 주시기를 간청한 사안 때문에 마두집(馬頭集)에서 올해 거둔 아·잡세 및 과정(課程) 등의 세수(稅收)가 모두 은 얼마이고, 제가 재임하던 시기에 거두고 올려 보낸 액수가 얼마인가를 조사하라는 것이었습니다. 그렇지만 이(李)가 서리 주동지(州同知)가 전혀 여기에 간여하지 않았다는 것을 이미 공문을 갖추어 대인께 아뢴 바 있습니다. 듣기에 「상문」 내에 "이 항목의 은냥은 모두 비어 있는데, 이미 전부 완납이 된 상태에서 왜 위로 올려 보내지 않는가?"라는 구절이 있다고 하니, 서리 주동지 이가 여전히 아직 하나하나 제대로 아뢰지 않은 것 같습니다. 원래 아세·잡세 항목은 매년 자원납부를 원하는 아상(牙商)이 납부하는 곡식과 객상(客商)들이 신고하는 담배·베·양조(술)에 대한 잡세로 그 다과에 따라 거두어

---

250 풍마불급(風馬不及)은 풍마부접(風馬不接)·풍마우불상급(風馬牛不相及)과 같은 뜻으로 서로 아무런 상관이 없는 사물을 비유할 때 사용한다. 『좌전』 희공(僖公) 4년조의 기사에 사자가 대신 전한 "그대(齊 桓公)는 북해에 자리 잡고 있고, 과인은 남해에 자리 잡고 있으니, 오로지 말과 소를 놓아주더라도(또는 말과 소가 발정을 일으키더라도) 서로 미칠 일이 없을 것이오."라고 한 초(楚) 성왕(成王)의 말에서 비롯되었다. 풍(風)은 서로 유혹한다는 뜻, 또는 놓아준다, 풀어놓는다는 뜻으로 해석되기도 한다.

251 반해(扳害)는 반함(扳陷)과 마찬가지로 거짓으로 무고하여 모함하거나 해친다는 뜻이다.

252 유수(流水)는 본래 상점의 (매일) 상품판매 금액을 가리키는데, 여기서는 『전량수납 장부』를 비유하는 것으로 보인다. 이에 대해서는 제6권 전곡부 1 「6-02-07. 『일일수입장부(流水收簿)』」·「6-02-08. 『일일보고장부(流水日報簿)』」에서 상세하게 다루고 있다.

253 총총(匆匆)은 바쁘게, 급하게라는 뜻이다. 곡부(曲阜)는 산동성 연주부의 곡부현(曲阜縣)을 가리킨다. 곡부는 공자의 고향으로 유명하다. 송고(送攷, 送考)는 시험에 참가하게 한다, 또는 넘겨주어 심문·고문하게 한다는 뜻이다.

254 복재(覆載)는 뒤덮는 것과 싣는 것을 말한다, 즉 모두 포용하는 것을 가리킨다. 이를테면 『예기(禮記)』「중용(中庸)」편에 "이런 고로 이름이 중국 밖으로까지 넘쳐 오랑캐에게도 미쳤으며, 배와 수레가 닿는 곳, 사람의 힘이 통하는 곳, 하늘이 덮고 땅이 싣는 곳, 해와 달이 비추고 이슬과 서리가 내린 곳에서는 무릇 혈기를 지닌 사람이면 부모를 존중하지 않음이 없으니 이를 배천(配天)이라고 한다"는 구절에서 나온다. 나아가 복재는 천지(天地)나 제왕의 은덕을 가리키기도 한다.

255 역성(瀝誠)은 성심(誠心)을 다한다는 뜻이다.

올려 보내는 것이며, 따라서『부역전서』에도 실려 있지만 원래 정해진 액수라는 것이 없습니다. 과정이란 항목은 [채소 따위를] 소금에 절여 만드는 작업장에서 신고한 세금으로 매년 포정사에 은 230냥 4전 남짓을 올려 보내며, 세금을 거두는 시기는 본년 9월에서부터 다음 해 3월까지 가야 그칩니다. 그 세금은 소금에 절인 물품의 액수에 비추어 해당 상인이 출발 전에 신고하여 납부하는 것이지, 정규 부세처럼 기한을 정해 놓고 징수하는 것은 아닙니다. 조사해 보니 제가 올해 6월 18일부에 아·잡세 13냥 5전을 올려 보냈고, 다시 11월 4일 137냥 1전 6분을 올려 보냈으며, 징수하였지만 당고에 보관하고 있는 액수 15냥 3전 9푼은 인수항목으로 집어넣었으므로, 아직 징수하지 못한 70냥 3전 6분은 후임자가 이어받아 징수하여 다시 올려 보내면 될 것으로, 제 임기 내에 전액을 거두어 놓고 올려 보내지 않은 것이 아닙니다. 그러므로 서리 주동지 이가 말한 바 "비어 있고, 올려 보내지 않았다"는 말이 잘못되었음은 대인께서 어렵지 않게 분명히 살피실 수 있을 것입니다.

정원(程源)이 노세표(盧世標)를 고발한 사안은 올봄에 시작되었습니다. 순무께서 연주부의 양청(糧廳)에게 위임하여 마두집의 과세를 조사케 하셨는데, 정원 등은 본집의 향약으로 순무의 엄정한 지시였으므로 이를 처리하지 않을 수 없었습니다. 양조장(釀造場) 상인 정소산(程少山) 등은 노세표를 가게의 관사(管事)로 고용하였는데, 뜻밖에도 노세표는 가운데서 수작을 부려 정원 등이 돈을 갈취하여 자기 배를 채운다고 비방하고, 양조장 가게들을 선동하여 정원을 고발함으로써 은근히 이익을 얻으려 하였습니다. 정원 등이 마침내 제게 탄원서를 올렸기에 구인하여 심문하려던 참인데, 노세표가 친구를 맞아들여 정원과 화해하기로 하였습니다. 어제 마침 [이임하는 저를 대신할] 서리 주동지가 도착했는데, 노세표와 산서성(山西省)의 동향(同鄕)인데다 평소 정원과 사이가 좋지 않았습니다. 더군다나 마두집에는 항상 강남 출신과 산서 출신 상인의 차별이 있어 왔기에, [노세표가] 서리 주동지에게 부탁해서 직접 마두집에 가서 세금 징수의 독촉문제를 조사한다는 명분으로 정원 등을 구속하게 한 것입니다. 이 때문에 마두집 전체의 상민이 깜짝 놀라 상점 문을 닫았는데, 노세표 등은 다시 서리 주동지에게 가서 "정원 등이 실로 이런 철시(撤市)를 주동하였다"고 고발하였습니다. 그래서 정원 등은 억울한 나머지 격한 감정으로 대인 앞에 나아가 악행을 조장한다는 혐의로 노세표를 고발하게 된 것입니다.

그렇지만 정원이 노세표를 고발한 것은 소송이 서리 주동지까지도 연루시키는 것이라서 아무래도 꺼리는 바가 있을 수밖에 없었습니다. 노세표가 원한을 품고 기회를 틈타 정원을 모함한 것 역시 실로 이 사건의 시작입니다. 지금 마두의 상민들은 서리 주동지의 처소에 가서 상하 간의 도리를 다할 수 있게 해 달라고 정원을 대신하여 죄를 청하고 있습니다. 노세표의 친구들 역시 양쪽을 위해 화해를 알선하여 서로간의 오랜 앙금을 풀어 주려 하고자 합니다. 이제 노세표 등이 현재 대인 앞에 직접 나가 심리를 받게 되었으므로 엎드려 빌건대 이들이 모두 무지한 백성임을 감안하여 관대하게 처분해 주신다면, 서남쪽에 자리 잡은 마두집의 내분은 저절로 사라질 것이고 집 전체의 사람들 역시 더할 나위 없는 은혜를 느낄 것입니다.

저는 또한 서리 주동지가 못된 무뢰배가 철시(撤市)를 주도한다고 하면서 노세표 등의 원 고발장을 함께 동봉하여 대인께 보고하였다고 들었습니다. 그렇지만 마두집의 이보(里保)·향약은 모두 정원이 항상 공익에 앞장섰고, 전임 지부로부터 장려하는 표창을 받은 바도 있다고 하면서 그를 못된 무뢰배에 비유하는 것은 지나친 것 같다고 말하고 있습니다. 철시사건의 경우 실로 서리 주동지가 과격해서 불러일으킨 것이지, 정원과 어찌 관계가 있겠습니까? 하지만 정원은 남쪽 출신이고 외롭고 약한 처지에 놓여 있으니, 노세표의 적수가 되지 못합니다. 아울러 대인께서 자세하게 살펴보시고 특별하게 은혜를 베풀어 주신다면, 정원은 대대손손 대인에게 은혜를 갚고자 할 것이며, 양민들은 더욱 권장을 받는 것을 알게 될 것입니다. 저는 평소 대인의 과분한 우대를 받아 왔기에 감히 이렇게 거슬리는 「품첩」을 올리오니, 모두 자비롭게 살펴 주시기 바랍니다.

前蒙憲票到縣, 爲公籲憲天一案,[256] 行査馬頭集本年牙、雜、課程,[257] 共該銀若干, 卑職任內徵解過若干, 而署事李州同,[258] 並未與聞, 卑職業已具文詳覆老大人矣. 聞詳內有: "此項銀兩, 統在空懸, 旣係全完, 何不起解"等語, 則李州同仍未嘗逐一陳明也. 夫牙·襍一項,[259] 每歲因投認牙人所納之穀石,[260] 幷客商所報之烟花、布、麯,[261] 隨其多寡, 以爲收解,[262] 故

---

256 헌천(憲天)은 위에 보고하는 소송안건 가운데 바로 위의 상사가 억울함을 풀 수 있도록 결정을 뒤집어 주기를 바라는 것을 가리킨다.

257 『건륭담성현지』 권4 「건치지(建置志) 리사(里社)」와 「건치지(建置志) 시집(市集)」, 8b-9b에 의하면 마두(馬頭)는 서향팔사(西鄉八社)의 하나이자, 3·8일에는 큰 시장, 5·10일에는 작은 시장이 열리는 마두집(馬頭集)이 존재하는 곳이기도 하였다. 아잡과정(牙雜課程)은 아첩세(牙帖稅), 잡세(雜稅), 기타 세금을 가리킨다. 과정(課程)은 부세 납부의 기한, 또는 세율에 따라 납부하는 부세라는 뜻도 있다.

258 서사(署事)는 임시로 직무를 대리한다는 뜻이고, 주동(州同)은 관명으로 바로 지주의 부직(副職)인 주동지(州同知)를 가리킨다.

259 아잡(牙襍)은 아잡(牙雜)과 같다.

260 투인(投認)은 자진해서 납부하겠다는 의사를 밝히는 것을 말한다. 인(認)은 떠맡기를 승인한다, 자원한다는 뜻이 있다.

261 국(麯. 麴)은 보리나 쌀을 찐 다음 발효시켜 말린 누룩을 말하며, 나아가 술을 빚는 양조를 가리킨다.

『全書』開載, 原無定額. 課程一項, 卽醃造棚廠所報之水程,[263] 每歲解司銀二百三十兩四錢有奇, 計收稅之期, 始自本年九月, 止于次年三月. 其稅銀視醃之數, 聽本商臨行報納, 非若正供徵比之有定限也. 查卑職于本年六月十八日, 解過牙·褋銀十三兩五錢, 又于十一月初四日, 解過一百三十七兩一錢六分, 除收完存庫十五兩三錢九分, 造入交盤外, 仍未完銀七十兩三錢六分, 自在接管者經收續解, 非卑職任內已照額全收而不行起解也. 然則李州同所云"空懸不解", 自難逃憲臺電燭中矣.

至于程源之告盧世標, 始于今春, 撫院委兗糧廳,[264] 行查馬頭課稅, 程源等係本集鄉約, 以院件嚴切, 不得不爲料理. 麵行程少山等, 僱覓盧世標爲本行管事. 不謂[265]: "世標從中作梗,"[266] 且謗源斂費侵肥, 欲倡麵店告源, 乃陰以爲利. 源遂具禀卑職, 正行拘審, 世標邀親友, 與源勸息. 昨署事者至, 有世標山西同鄉, 素與源不合. 又因馬頭集每有江南、山西兩商民之分, 遂囑署事親至馬頭, 以査催稅銀行拘源等. 闔集商民驚駭閉戶, 世標又首禀署事云: "程源實爲之倡." 源蒙冤情激, 于老大人臺下, 所以有逢惡屠孤之控也.[267] 然源告世標, 詞連署職, 未免有忌器之嫌.[268] 世標懷怨, 乘機傾源, 亦實由發蹤之始.[269] 今馬頭商民, 于李州同處, 代源請罪, 以全上下大體.[270] 源標親友, 亦爲兩家講解, 以釋彼此夙嫌. 玆世標等現解赴憲臺審埋, 伏乞老大人念源標等均係愚氓無知, 從寬免究, 則西南之釁自消, 而闔集亦感恩無旣矣.[271] 卑職又聞李州同以虎棍罷市等事,[272] 並封盧世標原詞申報憲臺. 然馬頭里保、鄉約, 惟源尤爲

---

262 수해(收解)는 징수해서 기해(起解)한다는 뜻이다.

263 엄조(醃造)는 소금에 절인다는 뜻이다. 수정(水程)은 수로나 수로의 이정(里程), 선로라는 뜻이지만, 염운사(鹽運使)가 염상(鹽商)에게 발급하는 소금운송 면허장을 가리키기도 한다. 여기서는 아마 이 소금 관련 세금을 가리키는 것 같다.

264 좌량청(坐糧廳)은 청대 호부의 창장아문(倉場衙門)에 특설된 관서(官署)를 가리키지만, 양청(糧廳)이란 관직명은 보이지 않는다. 여기서 연양청(兗糧廳)이라 했으므로 아마 잡항세과(雜項稅課)를 관장하는 연주부 지부의 속관인 세과사(稅課司)의 대사(大使)를 가리키는 것으로 보인다.

265 불위(不謂)는 '알리지 않다, …이라 생각하지 않다, …으로 치지 않다, 또는 불의에, 뜻밖에'라는 뜻이다.

266 종중작경(從中作梗)은 중경(中梗)과 마찬가지로 가운데 끼어들어 방해한다, 교란시킨다는 뜻이다.

267 봉악(逢惡)은 봉악도비(逢惡導非)와 마찬가지로 나쁜 놈에게 영합하여 악행을 조장한다는 뜻이다. 도고(屠孤)는 무슨 뜻인지 확인하기 곤란하다.

268 기기(忌器)는 투서지기(投鼠之忌)·투서기기(投鼠忌器)·척서기기(擲鼠忌器)와 같은 뜻으로 해악을 제고하고자 하지만 꺼리는 바가 있다는 뜻을 비유한다. 즉 쥐를 던지려고 해도 그릇이 가까이 있으면 그릇이 깨질까 봐 꺼리게 된다는 속담에서 나왔다.

269 발종(發蹤)은 발종(發縱)·발종지시(發縱指示, 發蹤指示)·발종지사(發縱指使 .發蹤指使)와 같은 뜻으로 조종하고 지휘한다, 사주한다, 자취를 드러내어 과시한다는 뜻이다.

270 대체(大體)는 '중요한 의리나 대국과 관련된 도리' 또는 '대요나 대강·대개'라는 뜻이다.

271 무기(無旣)는 끝이 없다, 다함이 없다는 뜻이다.

272 호곤(虎棍)은 악곤(惡棍)과 마찬가지로 '못된 무뢰배'라는 뜻이다.

急公, 卽前任道憲俱蒙優獎, 比之虎棍, 似屬過焉. 至罷市之事, 實緣李州同過激而成, 于源奚涉? 但源係南人, 處于孤弱, 非世標敵耳. 並祈老大人詳加體訪, 特賜恩施, 則良民益知所勸, 不特源世世銜結已也.[273] 卑職素蒙老大人洪庇優容, 敢以瀆稟, 統惟慈鑒.

5-02-05. 「연주부 채 지부께 올리는 품첩(上兗州府蔡太尊)」 (1)-(6)

(1) 연주부(兗州府)에 속하는 27개 주현에서 종래 가장 피폐한 곳은 반드시 "임기현과 담성현"이라고 일컬어져 왔습니다. 그리고 담성현은 또한 기하(沂河)의 하류에 자리 잡고 있어, 가뭄이나 홍수의 피해를 입지 않는 해가 없었습니다. 최근에는 다시 강희 7년의 지진이 덧붙여져 죽은 사람이 만 명을 넘었는데, 누차 각 대인께서 보살펴 주셔서 모든 노동력 동원과 관련된 역차(力差)·잡역(雜役)을 다른 주현보다 가볍게 해 주셨으며, 하부(河夫)의 동원에서도 역시 이전에는 할당을 면제해 주셨습니다. 생각건대 백성의 힘이 이미 고갈된 것을 잘 아시고 계시던 데다가 또 파견된 장소가 아주 멀었기 때문일 것입니다. 그렇지만 작년 낙마호(駱馬湖) 공사에 대해서는 공사규모가 크고 비용이 많다고 해서 담성현에도 할당이 되었습니다. 물론 대인의 지시를 따라야 하겠지만, 지방이 시끄럽고 백성이 지시를 받들 능력이 없을까 우려됩니다. 제가 부임한 이래 사민(士民)들이 분분히 「청원서」를 올리는데 모두 은혜를 베푸시어 기존의 선례를 따라 하부의 징발을 면제해 달라고 요청하는 것이었습니다. 저는 바야흐로 앉은자리가 따뜻해지기도 전에 초고를 갖추어 위에 보고하려던 참인데, 도원·숙천현의 공사에 관련된 하부의 징발령이 다시 내려왔습니다.

제가 보기에 담성현은 오랫동안 피폐해진 이후로 도망가 떠돌던 백성은 아직 다 생업에 복귀하지 않았고, 황무지로 바뀐 농지도 아직 다 개간이 이루어지지 않았으며, 역참에서 접대해야 할 사절은 너무나 빈번하고, 체납된 전량은 마치 산처럼 쌓여 있습니다. 이렇

---

273 함결(銜結)은 촌초함결(寸草銜結)·결초함환(結草銜環)처럼 힘은 박약하지만 역시 은혜를 느껴 보답하고자 노력한다는 뜻이다. '결초'의 고사는 춘추시대 진(晉)의 대부 위무자(魏武子)가 죽으면서 아들 위과(魏顆)에게 첩을 순장시키라고 했는데 위과는 평소 하시던 말씀과는 다르다고 해서 그 말을 따르지 않고 이 첩을 시집보냈다. 나중에 위과가 진(秦)의 장사와 싸울 때 한 노인이 나타나 풀을 묶어 그의 발이 걸려 넘어지게 함으로써 위과가 그를 포로로 잡을 수 있게 하였다는 고사에서 비롯된다. 그날 밤 꿈에 그 노인이 나타나 자신이 시집보내 준 첩의 아버지라면서 보답을 한 것이라고 이야기하였다는 것이다(『좌전』 宣公 15년조의 기사). 함환(銜環)은 한대(漢代)의 양보(楊寶)가 꾀꼬리(黃雀) 한 마리를 구해 주었더니 밤에 황의동자(黃衣童子)로 나타나 백옥환(白玉環) 네 매(枚)를 주었다는 고사를 말한다. 그래서 결초환함은 은혜를 느껴 보답하고자 하는 것을 가리킨다.

게 죽었다가 살아나 목숨을 유지하기도 어려운 백성에게 2-3백 리 밖에 나가 노역에 종사하라고 요구하는 것은 단순한 노동력의 징발에 그치지 않고 목숨까지 위협할 것이라고 여겨 비쩍 마른 몸매에 싯누런 얼굴을 한 백성이 노인을 부축하고 어린아이를 안은 채 찾아와 제 앞에서 울면서 호소하는 경우가 끊이지 않을 정도입니다. 최근 『저보』를 들춰 보니 황하(黃河)와 운하(運河)가 한꺼번에 큰 문제를 드러내어 거기에 들어가는 비용이 걸핏하면 백만 냥에 이르러, 위로는 구중궁궐에 계시는 황상께서 밤낮으로 염려하고 계시고, 아래로는 여러 대인께서 분주하게 움직이시는 것을 알고 있으니 또한 감히 굽혀서 백성의 사정을 따름으로써 대공사를 방해하기도 곤란한 형편일 것입니다. 그래서 각 마을의 이재민들을 완곡한 말로 위로하면서 그래도 상부의 지시를 따라 공무를 위해 노동력을 징발해야 한다고 설득하였습니다만, 담성현 백성이 고통받고 근심하는 상황은 정말로 결코 감당하기 어려운 점이 있음을 감히 사실에 의거해서 대인 앞에 여쭙지 않을 수 없습니다. 엎드려 비오니 특별히 이들을 어루만져 주셔서 파격적으로 은혜를 베풂으로써 당장 눈앞의 혜택을 받을 수 있을 뿐만 아니라 나중에도 은혜를 갚을 수 있기를 바라게 해 주십시오. 대인께서 이 조그만 담성현을 위해 영구적인 대책을 마련해 주신다면 그야말로 백골에 살을 붙여 주시는 은혜가 될 것입니다. 오로지 이 문제 때문에 「품첩」을 올리오니 자비롭게 살펴 주시기 바랍니다.

(2) 어제 대인께서 고계증(高繼曾) 사건과 관련된 「사체검안서(死體檢案書[屍格])」를 올려 보내라고 지시하셨습니다만,[274] 제가 전임 지현이 남긴 문서철을 하나하나 들춰 보니 단지 간수가 올린 죄수의 질병에 대한 「보고서」, 집포 아역이 올린 질병으로 인한 「사망 보고서」 및 고계증의 부친 고광경(高景光)이 병으로 사망한 죄수를 인수받아 매장하면서 쓴 「확인서」를 제외하고는 「사체검안서」라고 할 만한 것이 전혀 없었기에 이 점을 대인께 보고드립니다. 또한 그 이전 23일에 받은 대인의 공문에서 고계증의 시신을 자세히 검시해 보라고 지시하신 것은 진실로 중대한 안건을 신중하게 처리하려는 대인의 의도인 줄 아옵니다만, 관련 범인이나 증인은 모두 부에서 심판을 기다리고 있으므로 만약 이들을 모두 현으로 돌려보내 달라고 요청하고 아울러 공문을 보내 검시를 맡은 차역을 불러들여 관을 열어서 다시 검시를 한다면, 적어도 열흘 내지는 한 달이 걸릴 것입니다. 그렇게 되면 지금

---

274 검시(檢驗) 및 사체검안서에 대해서는 제14권 형명부 4 인명(人命) 상의 「14-07. 검시(檢驗)」 부분을 참조할 수 있다.

이미 기한이 임박하였는데 사건의 처리를 늦추고 그르친 죄를 아마 피할 수 없을 것입니다. 그렇다고 만약 거짓으로 써서 메움으로써 구차하게 질책을 피하고자 한다면 또한 어찌 당사자 양쪽의 마음을 설득하고 원고의 입을 막을 수 있겠습니까? 차라리 고광경이 「확인서」에 쓴 대로 "몸소 약을 달여 먹였으나 결국 치료가 되지 않았다"고 병사한 것으로 결론을 내리는 편이 나을 것 같습니다. 그렇게 하면 제 마음속으로 물어도 스스로를 속이지 않은 것이 되고, 순무께도 또한 사실대로 보고하는 것이니, 아마 다시 퇴짜를 맞는 번거로움도 없을 것입니다.

(3) 저는 어리석고 둔한 자질을 가지고 황폐해진 담성현의 책임을 맡았는데, 이전 지현이 완결시키지 못한 일과 몇 년 동안 쌓인 체납 등이 산더미처럼 쌓여 있어 대인의 위엄을 받들지 못하였다면 거의 속수무책이었을 것입니다. 생각건대 담성현의 행돈(杏墩)·주려(朱呂)·중구(重溝)·신왕(新汪) 등의 마을은 절반쯤은 신사가 전량을 포람(包攬)하고 있으며, 신왕 마을은 특히 도망해 버린 호구가 가장 많은데, 유정완(劉廷琬)이 납세자 명단에 이들을 몰래 집어넣어 신왕에 토지를 가지고 있는 사람들만 특히 심하게 피해를 입고 있고, 가난한 백성이 [이렇게 도망가 버렸지만 포람을 하는 유정완이 납세자 명단에 몰래 집어넣어 버린 사람들] 대신 손해를 보면서 메우고 있으니 그에 대한 분노와 원한이 쌓인 것이 이미 하루 이틀이 아닙니다.[275] 누차 제 앞에 와서 호소를 하는데, 남 대신 전량을 납부하는 고통과 도망한 납세자를 숨기고 전량을 포람하는 부정에 대해 성회(省會)로 가서 고발을 하겠다는 것입니다. 저는 목민관으로 임명되었으니 기껏해야 하층 신사 한 명 정도를 어찌 포용하지 못하겠습니까? 그렇지만 뭇사람들의 분노를 풀기 쉽지 않고 또한 한 사람을 징계하여 백 사람에게 경고를 함으로써 오랜 폐단을 제거하는 것은 또한 제 일이기도 합니다. 따라서 감히 유정완의 포람에 대해 각 상사에게 알리고 처리를 요청하였던바, 지부와 도대께서 제가 심문해서 처리할 것을 지시하셨습니다.

그 결과 모든 증인이 갖추어졌는데, 유독 유정완만이 저항하면서 심문에 응하지 않았습니다. 비록 [하층 신사의 관리에 책임이 있는] 현 유학에게 관리를 부탁하였지만 그것도 제대로 통제가 되지 않았으니, 평소 얼마나 날뛰고 행패를 부렸는지 가히 짐작할 수 있습니

275 여기서 서술하는 내용은 제4권 부임부 3 「4-02. 참을성 키우기(忍性氣)」에 나오는 내용과 상당한 부분이 일치하기 때문에 같은 사안을 다룬 것으로 보인다. 따라서 이 안건의 전모는 그 부분을 함께 참조해야 좀 더 분명해질 것이다.

다. 저는 상사의 지시와 관련된 사안이라 유정완의 부친 유명원(劉明遠)을 지부께 압송하였더니 그제야 유정완이 비로소 지부대인 앞에 출두하였다고 들었습니다. 압송 지시를 받은 호연년(胡延年) 등의 증인은 제가 이미 현 아문으로 끌고 왔지만, 호연년 등이 읍소하는 바에 따르면 모두 다 올 한해의 책임을 맡은 사장(現年社長)으로 각기 전량 미납자에 대한 독촉 임무를 맡고 있어 잠시라도 자리를 벗어날 수 없으며, 더군다나 가을에 접어들어 보리와 밀을 수확해야 하는데 이것은 한 해의 식량이 바로 이 시기에 달려 있으니 대인께 보고하여 적절한 조치를 해 달라고 간절히 기원한다는 것입니다.

제가 굽어보기에 농번기에는 원래 소송을 중지하는 것이 마땅하며, 하물며 지금으로서는 은혜를 아직 입지 못한 바라 사람들은 바야흐로 초조해하고 있는 형편이니 백성의 숨은 고통을 감안하여 다시 대인께 결단을 내려 지시해 주시기를 부탁드릴 수밖에 없습니다. 혹시 보리와 밀의 수확이 끝나고 열흘쯤 뒤에 다시 지시대로 압송하도록 해 주시든지 아니면 지금 즉시 지시대로 올려 보내 심문을 받든지 이 두 가지 가운데 제가 감히 멋대로 결정할 수 없으니, 이에 대해 「품첩」을 올리는 바입니다.

(4) 유정완 사건과 관련하여 압송을 지시받은 증인 가운데 저는 지시에 따라 호제명(胡際明)·호연년(胡延年) 등을 차역을 보내 구인하려 하였습니다. 그런데 어찌 알았겠습니까? 뜻밖에 유정완은 자기 스스로 직접 지부대인 앞에 출두하였다가, 다시 몰래 담성현으로 숨어 돌아온 다음, 한 패거리인 호일진(胡日塵) 등과 작당하여 호제명·호연명을 팔다리를 부러뜨릴 정도로 심한 상처를 입도록 몹시 구타한 다음 호제명을 기주(沂州) 경내로 끌고 가 버렸으며, 현재 그 종적을 찾을 수 없습니다. 이 사안의 주범은 유정완이고 가장 중요한 증인은 호제명이니, 주범은 이미 구인에 저항하면서 멀리 달아나 버렸고 게다가 핵심증인까지 끌고 가 버린 셈입니다. 조정을 위해 국가의 율법을 지키고, 대인을 위해 지시를 받들고자 하였는데 뜻밖에 이런 못된 무리가 이렇게까지 날뛸 줄은 정말 예상하지 못했습니다.

원래 신왕 마을은 도저히 더 이상 손해를 보면서 전량을 대납하는 것을 견딜 수 없다고 호소한데다가, 저들에 대해 원한을 품은 지 오래였으므로 상사께 이 문제의 처리를 요청하였던 것입니다. 그런데 지금 전량 문제가 해결되기도 전에 도리어 이런 식으로 팔다리가 부러지는 등 피해가 더 심해진다면, 이것은 제가 도와주겠다고 나섰다가 도리어 일을 망친 셈이 됩니다. 국법에 의한 처벌이 이루어지기도 전에 먼저 소인배들이 멋대로 자기 뜻을 이루니, 저야말로 진실로 가운데서 이를 갈며 분노하지 않을 수 없습니다. 또한 호일진은 호연년 등이 가장 먼저 고발한 사람이기도 합니다만, 단지 현재 그가 도대의 아역(道役)

이라 잠시 관대하게 풀어 줄 수밖에 없습니다.

엎드려 생각건대 일을 시작한 사람은 유정완이고, 그를 도와 더 못된 악행을 저지른 것은 호일진입니다. 호일진의 행패는 동생 호초진(胡超塵)이 이 사안과 연루되어 있기 때문인데, 국외자이면서 더욱 사납게 날뛰면서 저로 하여금 이 사안을 가지고 그 말도 안 되는 무고를 파헤칠 수 없게 하고 있습니다. 지금 유정완과 호일진은 기주 경내에 잠복하고 있으니 그들을 즉각 잡아다 처벌하도록 엄격한 지시를 내려 주시기를 대인께 엎드려 간청합니다. 담성현의 감추어진 비리는 정말로 유정완 등이 멋대로 행패를 부리도록 방치한다면 도저히 해결되지 않을 것이며, 선량한 백성은 놀라고 두려워하면서 목소리를 죽일 수밖에 없고, 어디에도 그 고통을 호소할 수 없을 것입니다. 또한 더 이상 율법 자체가 통하지 않을 것이며, 국가의 전량 징수에 나타나는 혼란은 도저히 그 끝이 보이지 않을 것입니다. 저는 유정완과 호일진에 대해 원래 아무런 선입견이 없지만, 실로 지방을 위하는 입장에서 부득불 대인께서 결단을 내려주시기를 바랄 수밖에 없습니다. 이에 「품첩」을 갖추어 아뢰는 바입니다.

(5) 투항한 관병을 안치시켜 황무지를 개간하고 둔간을 하라는 대인의 지시공문을 최근 받은 바 있습니다.[276] 감히 그대로 따르지는 못하였으나, 대인의 지시를 받들어 세밀하게 현지를 답사하여 방법을 모색한 다음, 부득불 대인께 실정을 아뢰지 않을 수 없어 이미 「상문」을 갖추어 답장을 올린 바 있습니다. 담성현의 황지는 곳곳에 눈에 띄는 바이지만, 산이나 호수 주변에 자리 잡아 농경에 부적합하므로 마치 돌밭처럼 버려져 있습니다. 백성도 개간할 수 없는데 병사들에게 넘겨주면 그들 역시 개간할 수 없을 터이고, 그렇게 되면 결국 둔간을 위한 땅을 찾을 경우 결국 반드시 백성이 개간한 농지를 침범하게 될 것이 그렇게 될 것입니다. 하물며 이 병사들은 오랫동안 통제를 받아 왔던 병사들도 아니고, 투항해 온지 얼마 안 되는 무리라서 늑대와 같은 거친 성정이 여전히 남아 있으므로, 만약 이들을 두 성이 땅을 맞대고 있어 법을 어기는 무리가 출몰하는 사이에 뒤섞여 거주하게 한다면 예측하지 못한 문제가 쉽사리 발생할 것입니다. 또한 장소가 기주의 부대와 2백여 리나 떨어져 있어 정말로 거리가 멀어 통제가 제대로 이루어지기 어려운 형편이 될 것입니

276 이 문제는 앞서 나온 「5-01-03. 투항해 온 반군출신 관병을 이주·안착시키는 것을 면제해 달라는 요청(請免投誠移駐官兵)」에서도 다루어졌다.

다. 앞으로도 또한 숨겨진 우환이 많을 터인데, 담성현의 백성은 지금 당장 눈앞에 닥친 것만으로도 놀라서 마치 뜨거운 불과 끓는 물 사이에 놓인 것과 같습니다.

담성현에는 종래 주둔하던 부대가 있었는데 제가 고심하면서 조정을 하여 병사와 백성이 조금씩 서로 편안한 상태가 되어 가고 있습니다. 여기에다가 투항한 관병을 억지로 배치한다면 남·북 출신의 성향이 서로 달라 아마 병사와 백성이 서로 안심하지 못할 것입니다. 만약 이들의 사이가 화목하지 못하면 모름지기 더욱 분란이 심해질 것이며, 가운데서 조정하는 일은 더욱 어려워질 것입니다. 또한 도망쳤다가 이제야 막 돌아온 백성은 조금이라도 생활이 안정되지 않으면 곧바로 고향을 등지고 떠나 버릴 것입니다. 지금 살고 있는 사람도 멀리 이사하여 피하고자 생각한다면, 어찌 밖에 있는 사람이 돌아오기를 바랄 수 있겠습니까? 관병을 이주시켜 둔간을 하는 대신 전량을 납부하는 백성이 무리 지어 생업을 잃게 한다면, 아직 회복하지 못해 피폐한 담성현의 원기는 더욱 소모될 수밖에 없고, 몇 해 동안 체납된 전량을 추징하는 일 역시 불가능해질 것입니다. 대인의 업무평가도 아마 이 때문에 피해를 볼 것이니, 단지 저의 공명(功名)이나 생명에만 관련된 일은 아닙니다. 엎드려 빌건대 신속하게 순무 대인께 보고를 올려 주시기를 간청하는 바입니다. 하늘을 돌리고 해를 끌어오는 공덕은 모두 대인께서 말라붙은 나뭇가지에 새로운 생명을 불어넣어 주시는 은혜를 내려 주시는 데 달려 있습니다.

(6) 저는 작년에 담성현의 누적된 체납을 추징하여 완결시키는 문제 때문에 호두(戶頭)의 「청원서」를 받은 바 있는데, "기주위(沂衛)의 군호(軍戶) 상사(桑四)가 현의 토지 4경 이상을 침범하고 있으며, 매년 전량납부를 체납하면서 항거하고 있다"는 내용이었습니다. 제가 차역을 보내 구인하려 했으나 그는 사납게 차역을 구타하면서 저항하였으므로 다시 기주위에 공문을 보냈는데, 그쪽에서는 그를 아주 단호하게 비호하면서 단 한마디의 답변도 보내지 않았습니다. 조정에서 『부역전서』에 규정한 전량을 거두는데 어찌 군호라는 신분이 호신부가 될 수 있으며, 기주위가 체납자가 도망하여 숨는 소굴이 될 수 있다는 말입니까? 피폐한 담성현은 십여 년 이래 체납이 없었던 적이 없는데, 결국 납세에 저항하면서 버티는 것이 풍조를 이루고 있는 것도 원인의 하나입니다. 저는 바야흐로 각 대인의 엄격한 지시를 받들어 힘써 이런 상황을 쇄신하고자 합니다. 기주위가 군호 한사람을 비호하여 전량 독촉업무 자체를 마비시키고 있지만, 국가의 정규 부세를 그렇다고 내팽개쳐 둘 수도 없으니, 아주 작은 액수도 모두 업무평가와 관련되기 때문입니다. 또한 공익에 앞장서는 한두 사람의 호두에게 폐를 끼쳐 그들이 대신해서 납부하게 하는 것도 곤란합니다.

이런 상황이라 어쩔 수 없어 마침내 각 대인께 모두 보고서를 올렸는데, 현재 대인께서 압송해서 심문하시겠다고 하니 엎드려 빌건대 엄히 심문하셔서 상사가 몇 년 동안 체납해 온 전량을 모두 깨끗이 추징할 수 있게 해 주시고, 아울러 땅과 사람이 서로 다른 곳에 자리잡고 있으니 앞으로는 서로 침범해서 경작하는 일이 없게 하라고 위소(衛所)에도 지시를 내려 주신다면, 전량도 깨끗이 정리되고 오랫동안 버티면서 체납하던 사람들도 경각심을 가지게 될 것입니다.

(1) 兗屬二十七城,[277] 從來之稱凋敝者, 必曰"沂、郯". 而郯又承沂下流, 水旱之灾, 無歲不有. 近復加七年之地震, 死者萬計, 歷蒙各憲臺軫念, 一切力差、雜役, 視他邑稍輕, 卽河夫一項,[278] 亦前此所未派. 蓋稔知民力之旣竭, 而地之相去尙遠也. 惟昨年駱馬湖之役,[279] 以工大費繁, 派及殘邑, 雖勉遵憲令, 而地方騷然, 有民不堪命之憂. 卑職受事以來, 士民紛紛呈愬,[280] 皆以籲恩查例, 詳免河夫爲請. 卑職席未暇暖,[281] 方擬具稿上申, 而桃、宿之河夫又至矣.[282] 竊念郯當積敝之後, 民之流亡者, 未盡復業, 地之荒蕪者, 未盡開墾, 郵傳之應付者如織, 錢糧之逋欠者如山. 此眞救死不贍之民, 而責之就役于二三百里之外, 非徒爲力役之征, 亦將有性命之累, 宜鳩形菜色, 扶老挈幼, 泣訴于下吏之前者, 踵相接也. 卑職近閱邸報, 黃、運二河, 一時並急, 所費金錢, 動以百萬, 上廑九重之宵旰,[283] 下煩各憲之馳驅,[284] 又不敢曲狥民情, 有妨大役. 隨將各社灾黎, 婉言撫慰, 仍遵憲檄, 從公勉派外, 但郯民疾首蹙額之狀,[285] 實有萬萬不

---

277 청초 연주부에는 조주(曹州)·제녕주(濟寧州)·동평주(東平州)·기주(沂州) 등 4주와 23현이 속하였다.

278 하부(河夫)는 하도(河道), 즉 황하나 운하의 물길·제방을 관리하는 데 동원되는 인부(일종의 差役)를 가리킨다.

279 낙마호(駱馬湖. 樂馬湖)라고도 하는데 강소성 4대 호수 가운데 하나로, 서주(徐州)·숙천(宿遷)에 걸치고 있으며, 담성현을 지나는 기수(沂水)가 흘러드는 곳이다. 마릉산(馬陵山) 아래 낙마호는 높은 곳에서 보면 큰 말의 등처럼 보인다고 한다.

280 분분(紛紛)은 어지럽거나 많은 모습, 또는 아주 바쁘고 혼란스러운 모습을 가리킨다. 정소(呈愬)는 「정문(呈文)」, 즉 「탄원서」를 올려 호소한다는 뜻이다.

281 석미가난(席未暇暖)은 석불가난(席不暇暖. 席不暇煖)과 같은 뜻으로 앉은자리가 따뜻해지기도 전에 떠난다는 뜻으로 아주 분주하게 바빠 오래 머물 시간이 없음을 형용한다. 『회남자(淮南子)』「수무훈(修務訓)」에 나오는 "[이리저리 여러 나라를 돌아다니느라 바빠] 공자에게는 굴뚝이 새까매질 겨를이 없었고, 묵자에게는 앉은자리를 따듯하게 할 겨를이 없었다"는 구절에서 비롯되었다.

282 도숙(桃宿)은 역시 산동성과 인접한 강소성 북부의 도원현(桃源縣)과 숙천현(宿遷縣)을 가리킨다.

283 소간(宵旰)은 소의간식(宵衣旰食), 즉 해뜨기 전에 옷을 입고 해가 지고 나서야 식사를 한다는 것으로 아주 부지런하게 일하는 모습을 형용한다. 보통 제왕이 정사에 바쁜 것을 칭송할 때 사용하므로 제왕을 가리키기도 한다.

284 치구(馳驅. 馳敺. 馳駈)는 채찍질을 하여 말을 빨리 달리게 한다, 또는 분주하다, 힘을 쓴다는 뜻이다.

285 질수축액(疾首蹙額)은 질수축알(疾首蹙頞)·질수빈축(疾首嚬蹙)과 마찬가지로 골치 아프다고 하면서 이마나 콧마루를 찌푸린다는 뜻이니 혐오하고 근심하거나 증오하는 모습을 가리킨다. 원래는 『맹자』「양혜왕(梁惠王) 하

能堪者, 敢據實禀明于老大人之前. 伏乞加意撫綏, 破格垂卹, 使不得邀惠于目前者, 猶可望恩于後日, 則老大人之爲蕞爾邑計久遠,[286] 不啻白骨而肉之矣.[287] 專此上禀, 伏惟慈照.

(2) 昨蒙老大人提取高繼曾案內「屍格」,[288] 卑職遵將前任原卷, 逐一細閱, 止有禁子「患病呈詞」,[289] 捕衙病故「申文」, 並繼曾父高景光病故領埋「結狀」,[290] 此外並無相驗「屍單」, 可以申送臺下. 至先奉二十三日憲票, 令卑職將繼曾身屍逐細檢驗,[291] 誠爲憲臺愼重大案之意. 但查一干犯證,[292] 俱在郡候審, 若申請發回, 關提仵作,[293] 弔棺開驗, 動須旬月, 卽今限期已迫, 遲悞之罪, 恐不可免. 若欲架空塡註, 苟圖塞責, 又何以服兩造之心,[294] 而箝原告之口? 似當卽就景光原結"身親煎藥, 調理不痊"等語, 以定病死之案, 問心旣爲勿欺,[295] 詳院亦稱實錄, 或可無煩再駁耳.

(3) 卑職以庸駑之質, 受事荒郯, 前令之未完, 積年之逋欠, 纍纍在案, 非奉宜老大人威靈. 則卑職幾束手無措. 查郯之杏墩、朱呂、重溝、新汪等社,[296] 半係紳衿包攬, 而新汪一社逃亡

(下)」에서 비롯되었다("지금 왕께서 여기서 주악을 울리게 하면 백성이 종과 북 소리, 통소와 피리 소리를 듣고 모두가 골치 아파하면서 이마를 찌푸리고 서로 이야기할 것입니다. '우리 왕이 음악을 좋아한다고 어찌 이런 극한 상황으로 우리를 몰아넣어, 아버지와 아들이 서로 보지 못하고 형제와 처자가 헤어지게 하는 것일까?'").

286 최이(蕞爾)는 아주 작은 모습을 형용한다.

287 백골이육(白骨而肉)은 육골(肉骨)과 같은 뜻으로 백골에 다시 생살이 돋게 한다는 뜻으로 깊은 은혜를 느낀다는 것을 비유한다. 『좌전』 양공(襄公) 22년조의 기사에 "내가 가서 신숙예(申叔豫)를 보니 그 사람은 이른바 죽은 사람을 살리고, 백골에 살을 붙일 수 있는 사람이다."라고 한 초(楚)의 영윤(令尹) 원자풍(薳子馮)의 말에서 비롯되었다.

288 「시격(屍格)」은 「사체검안서」를 가리킨다. 험장(驗狀)·시단(屍單)이라고도 한다.

289 금자(禁子)는 감옥의 간수를 가리킨다.

290 영매(領埋)는 인령매장(認領埋葬), 즉 사망자의 친척임을 확인하고 시신을 인수받아 매장하는 것을 가리킨다.

291 검험(檢驗)은 시신의 상태를 살펴보는 것을 가리키지만, 험(驗)은 사망사건이 일어난 다음 얼마 되지 않아 일차적으로 이루어지는 시신 검사를 말하며, 그다음 관을 마련하여 시신의 염을 하게 한다. 그다음에 대질 심문이 이루어진다. 검(檢)은 대질심문 등 재판이 시작되는 등 얼마간 시간이 지나 된 다음 유골 등을 검사하는 것을 말한다. 따라서 검험은 1·2차 검시를 말한다.

292 일간(一干)은 한 무리, 한 패거리란 뜻이다.

293 관제(關提)는 공문을 보내 범인을 체포·소환하게 하다, 또는 범인 체포를 위해 각지에 돌리는 공문을 말한다. 관(關)은 바로 그러한 공문을 가리킨다. 여기서는 오작(仵作), 즉 검시를 맡는 차역을 소환한다는 뜻으로 보인다. 오작은 검시를 맡는 차역이다.

294 양조(兩造)는 쌍방이나 소송의 쌍방, 즉 원고와 피고를 가리킨다.

295 문심(問心)은 이구문심(以口問心), 즉 입속으로 스스로 자문해 보면서 마음속으로 헤아려 본다는 뜻이다.

296 『건륭담성현지』 권4 「건치지 리사(里社)」, 7a-9a에 의하면 행돈(杏墩. 大安西鄕 소속)·주려(朱呂. 長樂鄕 소속)·중구(重溝. 長樂鄕 소속) 등의 사(社)는 이름이 나오지만, 신왕사(新汪社)는 이미 해촌사(解村社. 大安東鄕 소속)

最衆, 俱爲[劉]廷琬隱入高册, 乃地土之在新汪者獨累, 窮民賠償, 夫其飲恨積憤于廷琬, 已非一日矣. 屢訴陳卑職之前, 思以賠累之苦、包隱之害, 赴省控告.[297] 卑職忝爲民牧, 于一逢掖諸生,[298] 何所不容? 然以衆憤之未易平, 且懲一警百, 以釐宿弊, 卑職事也. 故敢以廷琬之包攬, 申請各憲, 仰蒙憲臺暨道臺, 俱批職鞫審, 衆證俱齊, 而廷琬獨抗不赴質. 雖經取有該學之收管, 猶不得而覊之, 則其平日之踰閒、疏勒可知矣.[299] 卑職以憲件所係, 將廷琬之父明遠解赴憲臺, 聞廷琬方始投到臺前. 蒙提胡延年等一干犯證, 卑職已經行拘到縣, 但據延年等泣陳, 俱係現年社長, 承催各欠, 未得暫離, 又兼二麥已秋,[300] 現將收穫, 終歲身家所係, 正在此時, 懇祈申詳緩解. 卑職俯思農忙猶且止訟,[301] 况目下雨澤未降, 人政皇皇,[302] 民隱堪念, 合再請憲臺裁奪批示. 或俟二麥告終, 旬日之後, 再遵行起解, 或卽行提鞫審, 卑職未敢擅便, 理合具禀.

(4) 蒙檄提劉廷琬案內犯證, 卑職遵將胡際明、胡延年等, 同原差行拘. 豈廷琬自赴憲投到之後, 潛復逌歸, 與黨惡胡日塵等, 痛毆際明、延年, 至折其肢體, 慘毒異常, 幷際明抬去沂州界內, 無可踪跡.[303] 此案首犯廷琬, 而要證則際明也. 首犯旣已遠颺, 抗不服拘, 要證又行搶去. 卑職爲朝廷守大法, 爲老大人奉憲行, 誠不意鼠輩陸梁一至于此.[304] 原以新汪一社, 賠累不堪, 彼輩積怨已久, 故卑職申請憲臺在案. 今賦役未淸, 反遭荼毒,[305] 肢體傷殘, 甚于賠累, 是卑職之申請, 適有以悞之也. 未經國法之加, 先快宵小之志,[306] 卑職誠爲之切齒不平于中者

에 합병되어 버렸다고 나온다.

297 여기서 성(省)은 성회(省會), 즉 산동성의 수도인 제남(濟南)을 말한다.

298 봉액(逢掖)은 봉액(縫掖. 縫腋), 즉 큰소매의 홑옷(大袖單衣)으로 옛날 유자(儒者)의 복장이므로, 유자(儒者)를 가리킨다. 제생(諸生) 역시 생원(生員)의 별칭이다.

299 유한(踰閒. 踰閑)은 탕검(蕩檢)·탕검유한(蕩檢踰閒. 蕩檢逾閑)과 같은 뜻으로 행위가 방탕하고 예법을 지키지 않음을 일컫는다. 검(檢)과 한(閑)은 규거와 법제를 가리킨다. 소륵(疏勒)은 다잡음·단속이 소홀하다는 뜻이다.

300 이맥(二麥)은 대맥(大麥)과 소맥(小麥), 즉 보리와 밀을 말한다.

301 농망(農忙)은 씨앗을 뿌리거나 수확을 하는 농사철에는 주현관이 응당 소송을 중단해야 하는 것을 가리킨다.

302 황황(皇皇)은 아름답고 장엄한 모습, 밝은 모습을 가리키기도 하지만, 황공해하거나 방황하여 안정하는 모습을 가리키기도 한다. 황(皇)은 황(惶)과도 통하기 때문이다. 황황급급(皇皇汲汲)도 놀라서 다급한 모습을 형용한다.

303 종적(踪跡)은 종적(蹤跡)처럼 자취·흔적 또는 그것을 뒤쫓는다는 뜻이다.

304 서배(鼠輩)는 다른 사람에 대한 멸칭(蔑稱)으로 비천하고 보잘것없거나 쥐새끼 같은 놈들이란 뜻이다. 육량(陸梁)은 도약하거나 어지럽게 달리는 모습, 나아가 발호하거나 창궐하는 모습, 거리낌 없이 횡행한다는 뜻을 가리킨다.

305 도독(荼毒)은 해친다, 괴롭힌다는 뜻이다.

306 소소(宵小)는 소인(小人)·악당이라는 뜻이다.

矣.[307] 又日塵亦係延年等所首告之人,[308] 卑職以現係道役, 姑從寬釋. 伏查發蹤者廷琬, 肆虐者日塵也. 日塵之肆虐, 以弟超塵在此案內, 身居局外, 益悍然横行, 令卑職無能執此案而訊其狂噬耳.[309] 今廷琬、日塵, 現潛州境, 伏乞憲臺, 嚴檄沂州, 行提正法. 郯邑之包詭,[310] 政不獨廷琬等倘任其狼戾,[311] 格而不行,[312] 則良善皆畏懼呑聲, 莫敢控訴. 不惟法紀無存, 而國賦之淆亂, 政未有底也. 卑職于廷琬、日塵, 原無成心, 但實從地方起見, 不得不仰祈憲斷, 理合稟明.

(5) 頃奉憲檄, 安插墾荒官兵屯種, 敢不凜遵, 但奉憲行, 細爲踏勘籌度,[313] 下吏過計, 不得不有稟于憲臺, 已具詳申覆臺前矣. 郯之荒地, 非不蕪萊在望, 但依山濱澤, 耒耜所不可加,[314] 棄猶石田也. 民不可墾, 而以授之兵, 兵仍不可墾, 則漸侵民既墾之熟地而居,[315] 爲屯種之地, 恐勢所必至. 况此輩非久係節制之兵, 甫經革面,[316] 而狼性猶存, 雜處于兩省接壤、奸宄出沒之閒, 易生不測. 地去沂鎭, 且二百餘里, 政恐鞭長未足以資彈壓也.[317] 日後且多隱慮, 而郯民目前已洶洶惶懼, 如迫湯火.[318] 郯向設有駐防之兵, 經卑職苦衷調劑,[319] 少相帖伏,[320] 再加以投誠之偪處, 南北異性, 深恐兵與民未必相安. 卽兵與兵亦未必相輯, 紛擾必甚, 調劑愈難, 又

---

307 절치(切齒)는 이를 가는 모습, 즉 극단적으로 통한(痛恨)하는 모습을 말한다. 절치부심(切齒拊心, 切齒腐心)과 같은 뜻이다. 불평(不平)은 분개한다, 불만을 품는다는 뜻이다.

308 수고(首告)는 직접 나서서 남을 고발한다(出首以告他人之事)는 뜻이다. 이와 대비하여 투수(投首)는 스스로가 한 일을 스스로 관에 알리는 것(自作之事自告於官)으로 오늘날의 자수와 같은 의미다.

309 광서(狂噬)는 미친 듯이 깨문다, 멋대로 모함한다는 뜻이다.

310 포궤(包詭)는 거짓을 감춘다, 겉을 치장한다는 뜻이다.

311 정(政)은 여기서는 정(正)·지(只) 즉, 바로, 단지 등의 뜻으로 쓰인 것 같다. 바로 다음 단락의 문장에서도 이런 뜻으로 쓰이고 있다. 낭려(狼戾)는 흉악하다, 포악하다는 뜻이다. 어지럽게 퇴적되어 있다, 종횡으로 교차한다는 뜻도 있다.

312 격이불행(格而不行)은 막혀서 제대로 이루어지지 않는다는 뜻이다.

313 주도(籌度)는 모획하다, 방법을 생각한다는 뜻이다.

314 뇌사(耒耜)는 쟁기와 보습, 즉 농기구를 가리킨다.

315 숙지(熟地)·숙전(熟田)은 다년간 경작해 온, 또는 평소 경작하는 토지나 곡식이 여문 토지를 가리킨다.

316 혁면(革面)은 안색이나 태도를 바꾸다, 철저히 회개한다는 뜻이다.

317 편장(鞭長)은 편장막급(鞭長莫及)·편장미급(鞭長不及)·편장불급마복(鞭長不及馬腹)과 마찬가지로 채찍이 길어도 말의 배에 미치지 못한다, 또는 채찍이 길다고 해도 그것으로 말의 배를 쳐서는 안 된다는 것을 가리키는데, 보통 힘이 미치지 못한다는 것을 비유하는 데 쓰인다. 원래 "옛말에도 있듯이 '비록 채찍이 길다 해도 말의 배에는 미치지 않는다고 했습니다.'"라고 한 『좌전』 선공(宣公) 15년조의 기사에서 비롯되었다.

318 탕화(湯火)는 끓는 물과 뜨거운 불, 또는 그 사이를 말한다.

319 조제(調劑)는 치료·조절·조정, 또는 돌본다는 뜻이다.

320 첩복(帖伏)은 땅에 바싹 엎드리다, 반항하지 않고 순종한다는 뜻이다.

逃亡甫集之衆, 少不安生, 便輕離故土. 今現居者思遠徙以避, 在外者安望其來歸? 以移駐屯種之官兵, 而使完糧之百姓羣相失業, 荒郯未復之元氣, 愈見消耗, 節年錢糧之逋欠, 無可追徵. 恐憲臺之考成, 亦因之爲累, 非特卑職之功名性命已也. 伏乞電詳轉院, 則迴天挽日之功, 皆出憲臺起死嘘枯之賜矣.[321]

(6) 卑職去年因淸追荒郯積欠, 據戶頭禀稱, "有沂衛軍戶桑四,[322] 侵種縣地至四頃有餘, 節年俱行逋抗." 經卑職之差拘, 則悍然毆差, 及卑職移關沂衛, 彼庇覆過堅, 又無隻字關覆. 以朝廷應輸比在冊之錢糧, 豈軍戶遂可爲護身之符, 而沂衛乃爲逋逃之藪乎? 荒郯十餘年來, 無年不欠, 總因抗玩成風. 卑職方仰承各憲嚴檄, 力行振刷. 以沂衛庇一軍戶, 遂致催徵束手, 且正項既不可空懸,[323] 絲毫皆考成所在, 又不可累一、二急公之戶頭, 代其賠納. 萬不得已, 遂具通詳, 現蒙憲臺提審, 伏乞嚴行究訊, 將桑四節年陳欠, 槩行淸追, 並敕行衛所, 既有分地分人, 此後不應更相侵種, 庶田賦以淸. 而積玩以警矣.

---

321 허고(嘘枯)는 위기에서 구해 내는 것, 또는 그 은덕을 비유한다. 허고취생(嘘枯吹生)은 마른 것을 불어넣어서 살리고, 산 것은 불어넣어서 말리기도 한다는 것으로 말재주가 뛰어남을 가리키기도 하지만, 또한 허고와 같은 뜻으로 쓰이기도 한다.

322 위(衛)는 명대 그리고 청초의 군사제도에 따른 부대편제를 가리킨다. 명대에는 몇 개의 부(府)를 합쳐 하나의 군사구역으로 삼고 위(衛)를 설치하였으며, 그 아래에 천호소(千戶所)와 백호소(百戶所)를 두었는데 청초에도 이를 따랐다. 군호(軍戶)는 병사를 배출하는 민간 호구를 가리킨다. 이를테면 호에는 민호(民戶)·군호(軍戶)·장호(匠戶) 등의 구분이 있었다.

323 정항(正項)은 정규부세·정세(正稅)를 가리킨다.

제6권

전곡부 錢穀部 1

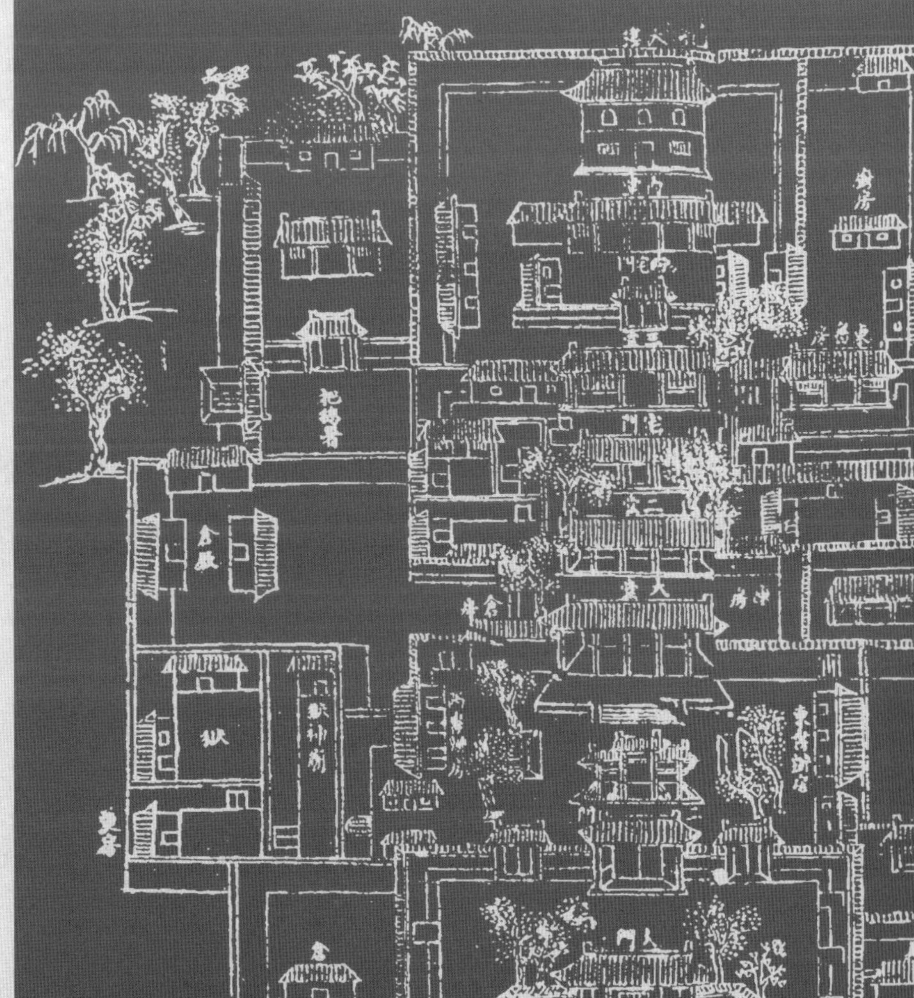

福惠全書

6-01. 총론(總論)[1]

무릇 지방관의 직책에서 가장 중요한 것은 세금 징수라는 업무인데, 세금 징수에서 중요한 문제는 바로 징수 독촉(催徵)과 마감(比較), 세금의 개봉과 보관(拆貯), 상부로의 이송 및 지출(解給), 조량(漕項)의 징수와 운반(收兌) 등 몇 가지뿐이다. 징수 방법이 제대로라면 백성이 그 때문에 피해를 입지 않고, 마감(比較)이 제대로 이루어지면 서리(胥吏)나 이장(里長)이 간사한 농간을 부릴 수 없다. [봉투로 밀봉되어 거둬진] 세금을 제대로 개봉하여 보관하면 그것이 침식(侵蝕)당하는 폐단을 피할 수 있으며, 상부로 이송하거나 지정된 용도에 지출하는 것을 제대로 하면 세금 항목의 액수가 모두 정확해질 수 있다. [이렇게 되면] 지방관을 속이고 규정을 욕보이며 군량을 훔치고 세금을 포탈하는 것이 [어찌] 가능하겠는가? 조량(漕糧)의 경우는 오로지 거둘 때 백성이 편해야 하되 창고에서 새나가는 것을 막아야 하며, 운반하는 사람(運丁)이 편해야 하되 운송 선박(運幫)의 농간이 방지되어야 한다는 데 요점이 있다. 이렇게만 하면 세금 관련 업무에는 더 이상 할 일이 거의 없다. 여기서 그 중요한 사항을 열거하여 [독자가] 채택하기를 기다린다.

夫有司之職, 大要錢穀爲重, 而錢穀之重, 祇在催徵[2]、比較[3]、拆貯[4]、解給,[5] 與漕項[6]、收兌

---

1 명·청대의 조세·요역제도에 대해서는 김홍길, 「세역제도」(吳金成 외, 『명청시대사회경제사』, 이산, 2007 수록)에서 간명한 소개를 해 주고 있다. 또한 전체적인 전량 징수의 과정에 대해서는 구동조(瞿同祖), 『청대지방정부(淸代地方政府)』(法律出版社, 2003 ← Ch'u Tong-tsu, *Local Goverment in China under the Ch'ing*, Stanford University Press, 1962)의 제8장 「징세(徵稅)」 부분도 좋은 참조가 된다. 한편 이와 관련된 청대의 재정에 대해서는 김형종, 「淸代國家權力의 性格: 財政史的 觀點에서의 理解」, 『東亞文化』(서울대 동아문화연구소) 45, 2007을 참조.

2 최징(催徵)은 토지세 등의 징수를 독촉한다는 뜻이다.

3 비교(比較)는 관부에서 기한 내에 일을 마치지 못한 차역이나 자백을 하지 않는 범인에게 기한을 정해 곤장으로 처벌하면서 추궁하는 것을 가리킨다. 또한 전량을 징수하거나 범인을 체포할 때 기한을 정하고, 기한 내에 이루지 못하면 관련자를 처벌한 다음 다시 기한을 정하여 완성케 하는 것을 가리키기도 한다. 비(比)는 원래 관부에서 범인을 체포하거나 세금을 징수할 때 아역을 파견하여 기한을 정하고 독촉하는 것을 가리킨다. 또한 곤장으로 처벌하거나, 기한을 정해 납부하게 한다는 뜻도 있다. 여기서는 간단하게 지칭하기 위해 '마감(독촉)'이라고 번역하였다.

4 탁(拆)은 세금을 낼 때 제출한 봉지를 뜯어 안에 든 세금을 꺼내는 것이고, 저(貯)는 보관하는 것이다.

5 해(解)는 (세금이나 범인을) 위(상급의 아문)로 올려 보낸다(上交)는 뜻이고, 급(給)은 방출·지급한다(發放)는 뜻이다. 주현에서 거둔 세금은 위로 올려 보낼 경우 모두 은으로 바꾼 다음 그것을 녹여 은괴(銀塊)를 만들고, 이것을 성의 포정사에게 보내는 것이 청대의 제도이다.

6 조항(漕項)은 백성이 조량(漕糧)이란 정세(正稅)를 낼 때 함께 내야 했던 각종 부가잡세를 통틀어서 가리키는 말이다. 하지만 원칙적으로 실물로 거두는 조량과는 달리 조항은 돈으로 거두는 것이라 하므로, 징수와 운반을 이

數者而已.[7] 催徵有法, 而百姓不得受其累; 比較有法, 而胥里不得播其奸. 拆貯有法, 而侵蝕之弊可免; 解給有法, 而款項之數可清. 求其欺官、侮典[8]、盜餉、逋糧,[9] 得乎? 至于漕項, 惟收之便民, 而塞倉中之漏巵,[10] 兌之便丁, 而杜幫中之掯柄.[11] 則錢穀之司, 庶無餘事矣. 今僅臚列其要,[12] 以俟採擇焉.

6-02. 전량 징수 독촉(催徵)

6-02-01. 실제 징수액 조사(査實徵)

토지(田)에 대해 매기는 세금을 양(糧)이라 하고, 인정(人丁. 성인 남자)이 [요역을] 제공하는 것을 정(丁)이라 하며, [이 두 가지] 정규 부세(正賦)를 통틀어 지정(地丁)이라고 한다. 하지만 남북에 따라 간략하거나 번잡함에 차이가 있고, 각처의 세금 항목도 다르다. 예를 들어 직예(直隷)와 산동(山東)에서는 [모든 것이 일조편법에 의해] 한 가닥으로 편성되어 지정(地丁)으로 귀속된다. 강남(江南)[13]과 절강(浙江)은 그 재부(財賦)가 천하의 으뜸으로서 은으로 걷는 세금에는 토지세와 조량(漕項) 및 그 부가세(耗贈), 어세(漁稅)·갈대세(蘆稅) 등의 부가세, 그리고 아세(牙稅)·잡세(雜稅) 등의 항목이 있으며, 쌀로 걷는 세금으로는 조량(漕糧)과 모증(耗贈)·백량(白糧)·백모(白耗)·남량(南糧)·남모(南耗) 등이 있다. 정규 세액, 즉 정액(定額) 이외에는 [과거에 개간된] 토지에 대하여 그해에 새로 처음 과세를 한 것과, 윤년(閏年)이 있을 때 늘어난 한 달분, [반대로] 수재·가뭄을 당하였을 때 사면받거나 할인받은 세액(銀·

야기한다면 조항이 아닌 조량이라고 해야 정확한 내용이 될 것이다. 제8권 전곡부 3 및 잡과부 「8-01. 조항(漕項)」 부분을 참조. 다만 조량 관계 용어는 지역별로 편차가 크다는 점을 고려할 필요가 있다.

7 수(收)는 조량을 (실물로) 납부를 받는 것이며, 태(兌)는 그것을 운반·운송하여 다른 곳으로 이전(移轉)하는 것을 가리킨다.

8 관전(官典)은 관리, 즉 관원과 이역을 가리킨다.

9 포량(逋糧)은 세금·조세 체납을 가리킨다.

10 누치(漏巵)는 바닥에 구멍이 있는 술그릇을 말하므로, 나아가 새나가는 것을 가리킨다.

11 긍(掯)은 압제한다, 억누른다, 구실을 만들어 곤란하게 만든다는 뜻이다.

12 여열(臚列)은 늘어놓는다는 뜻이다.

13 여기서의 강남은 이른바 장강 남쪽 지방을 가리키는 강남이 아니라 청대 초기에 존재하던 강남성(江南省)을 가리킨다. 나중에 이 지역은 강소와 안휘 등으로 나뉘었다.

米, 즉 은이나 쌀 등의 실물로 내는 세금이므로 전량과 같은 뜻이다)이 있으니, [이 모든 것을 계산해서 산출하는 것이] 곧 그해의 실징액(實徵額)이다.

[따라서] 『부역전서(賦役全書)』와 「이지유단(易知由單)」은 특히 미리 내용을 개정해서 간행해야 한다. 오늘날 [이곳에서는] 「유단(由單)」의 간행이 정지되었고, 오직 『부역전서』와 포정사(布政使)가 검토하는 『회계책(會計冊)』만이 있다. 아마 강남 지역도 이보다 적지는 않을 것이다. 주현에서 실제로 징수하는 것은 이서(里書)들이 책(冊)에 따라 작성한다. 그 작성하는 방법은 본현 1년의 전체 세액에 무슨 항목, 무슨 항목이 얼마씩 있고 또 모두 얼마인지, 도(都)·도(圖)·이(里)·갑(甲)으로 나뉜 구역이 모두 몇 개 있고 그 세액은 얼마인지를 [우선 따진다. 그다음에는] 각 이갑(里甲)마다 납세자(花戶)들의 세액이 각기 얼마이고 또 그 합계가 모두 얼마인지 [등을 따진다], 해당 갑(甲)의 세액 전체는 갑 전체의 합계와 일치해야 하며, 그리고 이러한 갑 전체의 세액을 모두 합하면 도(圖)의 합계와 일치해야 하며, 도(圖) 전체의 세액을 모두 합하면 현 전체의 세액과 일치해야 한다. [이렇게 되면] 이른바 현 전체의 세액과 그 구체적인 내역이 제대로 들어맞는다. 그런 다음에 이 책에 따라 세금을 징수하면 [세액이] 늘어나거나 줄어드는 폐단이 없을 것이다.

田之所稅爲糧, 人之所供爲丁, 統正賦之名曰:[14] '地丁'. 然南北繁簡之不同, 各處款項之不一. 如直隸、山東止一條編總歸地丁.[15] 江南、浙江財賦甲天下, 銀則有地畝, 有漕項、耗贈,[16]

---

14 정부(正賦)는 정항전량(正項錢糧), 즉 정규 토지세를 가리키며, 궁정이나 정부·군대를 지탱하는 기본 재원이 된다. 토지세('地')는 토지의 비옥함이나 척박함의 정도에 따라 세율이 정해지고, 그것에 근거하여 현금(은자나 동전)으로 징수된다. 따라서 각 성의 세율이나 같은 성내의 다른 주현의 세율은 모두 다르다. 인두세('丁')는 이론상 만 16-60세의 성년남자에게 부과되어 노역을 대신하는 것이다. 이 세율 또한 지방에 따라 다르다. 1713년 이후에는 1711년에 등기된 인정(人丁)의 기록을 정은 징수의 영구적 근거로 삼기로 했기 때문에, 이후 늘어나는 인구는 '성세자정인정(盛世滋生人丁)'이라 불리게 되면서 과세 대상에서 제외되었다. 그래서 '정'은 이제 인구 단위가 아니라 하나의 세수(稅收) 단위를 가리키는 것으로 바뀌게 되었다. 그리고 옹정 연간 이후가 되면 정은은 더 이상 독립적인 세금 항목으로 남지 못하고 지역에 따라 시기 차이가 있지만 토지세에 병합되어 징수되는 방식으로 바뀌게 된다. 이것을 '탄정입무(攤丁入畝)'·'정수지파(丁隨地派)'라고 한다. 이리하여 지세와 정세는 지정은(地丁銀, 地丁錢糧이라고도 불린다)으로 합쳐지며, 지정은은 사실상 토지세나 마찬가지가 되었다. 실제 소유하고 있는 토지가 없으면 정은 역시 면제되는 것이다.

15 일조편(一條編)은 일조편법(一條鞭法. 鞭은 編의 俗稱이다)을 말하는데, 명대 가정(嘉靖) 연간에 장거정(張居正)이 제안하여 만들어진 부역제도로 한 주(州)의 부역을 총괄하고 토지면적과 인정의 수를 계산하여 토지세와 인두세를 모두 화폐나 은자로 납부하게 하는 방법(計畝徵銀)으로 과거 납세자가 징수와 운반을 책임지던 것을 관부에서 스스로 징수하여 운반함으로써 세금제도를 간편화하려는 방안이었다. 즉 각종 부역의 징수를 하나로 통합하고 토지면적에 따라 은을 징수하는 방법이었다.

16 모증은 모미(耗米)와 증미(贈米)를 가리키는데, 조량의 운반 과정에서 소모되는 것을 예상하여 그것을 메우거나

有漁、蘆等課,[17] 牙、雜等稅銀, 米則有漕糧, 有耗贈, 有白糧[18]、白耗[19]、南糧[20]、南耗等米.[21] 至于定額之外, 或又有本年開墾新增, 有閏年之加閏, 有淹·荒豁除,[22] 奉赦、奉蠲等銀·米, 則本年徵收之額. 『賦役全書』[23]、「易知由單」,[24] 尤必預爲改刊. 今「由單」停刊, 惟『全書』與司核『會計冊』.[25] 東南必不可少. 州縣實徵, 里書遵照攢造.[26] 其攢造之法, 本縣一年銀·米, 某項、某項若干, 共該若干, 都、圖、里、甲共若干,[27] 該銀·米若干, 各里甲花戶銀·米若干, 共該若干, 要必各甲花戶之銀·米與甲總合, 各甲之銀·米與圖總合, 各圖之銀·米與縣總合, 所謂: '一縣之總撒'相符.[28] 然後照此冊徵收, 庶無增多減少之弊.

아니면 각종 운반 경비를 보충한다는 명목으로 정액 외에 부가로 거두는 부분을 가리킨다. 즉 조량의 부가세인 것이다.

17 어로등과(漁蘆等課)는 어민이 고기를 잡는 것에 세금을 부과하거나, 물가의 토지에 대해 갈대로 내게 하는 세금을 가리킨다.

18 백량(白糧)은 명·청대 강남의 5부(府)에서만 징수하던 궁정과 경사의 관원에게 공급하기 위한 쌀(米穀)을 말한다.

19 백모(白耗)는 백량을 징수할 때 소모분을 보충한다는 명목으로 부가되는 쌀을 말한다.

20 남량(南糧)은 강소나 절강 등 남방의 몇 성에서 징수하여 물길을 통해 경사로 운반되던 쌀을 가리킨다.

21 남모(南耗) 역시 남량을 징수할 때 소모분을 보충한다는 구실로 부가로 징수되던 쌀을 가리킨다.

22 엄황(淹荒)은 수재나 가뭄으로 인한 농업 생산의 피해를 가리킨다.

23 『전서(全書)』는 『부역전서(賦役全書)』를 가리키는데 명·청대에 각 지방의 부역(세금과 요역)의 총수를 기재하였던 장부를 말한다. 전국의 토지세와 요역, 즉 부역(賦役)의 규칙을 제정하기 위해 만든 책으로 명대 만력(萬曆) 연간의 규칙에 따라 만들었는데, 지정원액(地丁原額. 즉 지역마다 정해진 錢糧의 定額)을 먼저 싣고, 그다음으로 토지의 황무(荒蕪), 인구의 도망(逃亡) 등을 기재하며(이에 따라 발생하는 실제 징수할 수 없는 부분을 계산하고), 그다음으로 실제로 징수하는 부역의 총액 및 상부로 올려 보낼 부분(起運이라고 한다)과 지방에 남겨 행정 비용으로 쓸 부분(存留라고 한다)의 액수를 기재한다. 마지막으로는 새로 개간된 토지와 새로 유입된 개간민 관련 부분을 추가한다(이에 따라 새로 증가되는 부분은 바로 新增이라고 한다). 순치 11년 처음 전국에 반포되었으며, 이후 여러 차례 수정이 이루어졌다. 부역의 징수는 바로 이 『부역전서』에 의거하여 이루어졌다. 원래는 10년마다 한 번씩 개정하기로 되어 있었으나 제대로 지켜지지는 않았다.

24 「유단(由單)」은 「이지유단(易知由單)」으로 '납세자가 알기 쉬운 통지서' 「유첩(由帖)」·「유단(由單)」이라고도 하는데, 여기에 토지의 등급과 세율·납세액 등이 기재되어 납세자에게 발급되었다. 「이지유단」은 명대에 시작되었고, 청초에 약 40년간 시행되다가 강희 26(1687)년 다음 해부터 간송(刊送)을 중지한다는 명령이 내려졌다. 강소 등지에는 여전히 사용되었지만, 전국적인 부세 징수도구로서의 기능은 이때 공식적으로 중지되었다. 하평(何平), 『청대부세정책연구(淸代賦稅政策硏究) 1644-1840』(中國社會科學出版社, 1998), pp.234-240을 참조.

25 『회계책(會計冊)』은 성(省) 아문에서 중앙의 호부(戶部)로 보내는 관은(官銀)의 상황을 기록한 책자. 1688년 이후 『주소책(奏銷冊)』으로 편입되었다.

26 이서(里書)는 호장(戶長)이나 도차(圖差)와 마찬가지로 이장을 보좌하는 인원으로 보인다.

27 도(都)·도(圖)·이(里)·갑(甲)은 단계적으로 내려가는 현내 행정구역의 단위를 가리킨다. 현은 현성을 제외하면 몇 개의 향, 향은 몇 개의 도(都), 도(都)는 몇 개의 도(圖), 도는 몇 개의 이(里), 이(里)는 열 개의 갑(甲)이라는 식이며, 중간에 구(區)라는 단위가 들어가기도 한다.

28 총살(總撒)은 총결·총계를 뜻하는데, 여기서는 총계와 그것을 구성하는 구체적인 통계 내역, 자질구레한 수목(數目)을 가리키는 것 같다. 살(撒)은 모두 다 늘어놓거나 표현한다는 뜻이다.

6-02-02. 세금 징수 총책임자 선발(僉糧里. 부록: 總書)[29]

납세자(花戶)의 전량(錢糧)을 독촉할 때에는 오로지 이장(里長)에 의지한다. 그리고 이갑(里甲)에서 전량 징수의 총책임자(總催)는 [해마다] 순번에 따라 돌아가면서 맡는다. 그런데 그해에 일을 맡게 된 이장(里排 또는 排里) 자리는 아문(衙門)과 친숙한 못된 지방 건달이 뇌물을 써서 임명되거나, 아니면 현성(縣城)에 거주하는 악질 토호(豪蠹)가 도맡아 포람(包攬)을 하는 경우가 많으며, [이들은] 전량을 빼돌리려고 시도하지 않으면 억지구실을 만들어 납세자들에게 추가로 세금을 할당하는 것이 보통이다. 따라서 징수를 독촉하는 총책임자 자리는 노련하고 부유하며, 소심하여 법을 두려워하는 사람에게 맡겨야만 적절하다. 명단을 보고받고 배년이장을 점검할 때에는 그 사람의 풍모가 간사한지 좋은지, 집안 살림은 여유가 있는지를 살펴보고, 아울러 해당 양방(糧房)과 이갑 등에서 보증해야만 비로소 「지원서」를 제출할 수 있게 한다. 만약 나중에 그들이 전량을 빼돌리거나 납세자를 괴롭히는 경우가 있으면 보증인들도 함께 배상하게 하고 같은 죄를 묻는다.

[총책임자를 도와 문서작업을 하는] 총서(總書)의 경우 「납부기한통지서(限單)」를 작성하는 일과 매번 기한마다 완납했는지의 여부를 검토·계산하는 일을 모두 맡는 사람이므로 역시 숙련되고 성실하며, 집안도 괜찮고 법을 두려워하는 사람이 「보증서」를 갖추어 「지원서」를 직접 제출하게 해야 한다. 그래야만 납세자와 배년이장들이 그에게 뇌물을 써서 기한을 넘기거나, 적게 거둬 놓고 그보다 많다고 보고하거나 미납한 것을 완납하였다고 속여서 보고하는 폐해를 피할 수 있을 것이다.【지금은 배년이장을 없애고 각 갑의 갑장(戶頭)을 징수 책임자로 이용하는데, 역시 배년이장의 경우처럼 「보증서」를 갖추어 지원하게 한 다음 검증하는 사례를 따라야 한다. 자세한 것은 나중에 나오는 '갑장에게 징수 독촉 책임을 맡기기(6-02-12)' 부분을 보라.】

催徵花戶錢糧,[30] 惟憑里長. 而里甲之總催,[31] 又有輪充排年.[32] 其里排往往地方猾棍、熟

---

29 여기서의 양리(糧里)는 이갑에서의 전량 징수와 독촉을 맡은 총책임자를 가리키는 것 같다. 이갑제 아래에서는 해마다 전량 징수와 독촉을 책임진 배년이장(排年里長. 또는 現年里長이나 限年里長이라고도 한다), 즉 배리(排里)가 바뀌는데, 여기서는 이 경우 그에게 총최(總催)라는 명칭도 부여한 것으로 보인다. 전량 징수와 독촉의 총책임자라는 뜻인데, 그들 도와 문서작업을 맡은 사람이 총서(總書)인 것 같다.

30 화호(花戶)는 전량을 납부하는 납세자·납세호를 가리킨다.

31 총최(總催)는 전량의 징수와 독촉을 모두 책임지는 향리의 직역(職役)을 가리킨다. 이장은 전량의 징수와 독촉을

慣衙門者鑽充,[33] 或在城之豪蠹包攬,[34] 非圖侵蝕錢糧, 即借端科派花戶.[35] 故催糧排里, 必老成殷實、小心畏法者, 方可當之. 于開報點僉時,[36] 須驗其人之相貌奸良、家道厚薄, 幷令該糧房及里甲等「保結」,[37] 方許投遞「認狀」.[38] 如日後侵糧擾戶, 保結均賠同罪. 至于總書攢造「限單」,[39] 查算每限完、欠, 皆其經手,[40] 亦須熟諳誠實、有身家畏法之人, 具保投認,[41] 庶免花戶、排里, 遇限賄買, 以少開多, 以欠作完之弊. 【今革里排, 用各甲戶頭總催者, 亦應照里排報驗「保結」例. 詳見後戶頭總催說】

6-02-03. 창고담당 서리 지명(點庫吏. 부록: 倉書)

창고담당 서리(庫吏)의[42] 직무는 [창고에 있는] 전량의 출입을 담당하는 것이므로, 모름지기

책임지고 있으므로, 이갑의 총최는 바로 배년이장이 매년 번갈아 맡는다.

32 배년(排年)은 매년 번갈아 가면서 차역(差役)을 맡는 일이나 또는 그 사람을 가리킨다. 명대의 이갑법에서는 110호(戶)를 1리(里)로 삼고, 성년남자(丁)와 토지세액(糧)이 많은 10호를 골라 우두머리로 삼았다. 나머지 100호는 10갑으로 나눴으므로 매 갑은 10호, 매 리는 110호인 셈이다. 매년 이장(里長, 즉 里의 우두머리) 1인, 갑수(甲首, 즉 甲의 우두머리) 1인이 번갈아 가면서 세금 징수와 독촉을 책임졌으며, 번갈아 한 번씩 맡으면 10년이 한 주기가 되었다. 그 해에 자리를 맡게 된 이장을 배년이장(排年里長)을 이배(里排)라고 불렀다. 이에 대해서는 박원호 등,『명사식화지역주』, 소명출판, 2008)의 「호구(戶口)」(pp.18-21)를 참조할 수 있다. 청대의 경우도 마찬가지인데, 뒤에 나오는 「6-02-10. 이장의 부담을 갑장에게 분담시키기(甦排落甲)」를 보면 "10개 갑(즉 1리)에서 돌아가면서 징세 임무를 떠맡게 되는 사람을 배년(排年)[이장]이라고 한다.【현년(現年)[이장]이라고도 한다】그해의 정규 부세(正賦)와 기타의 잡역(雜差)은 모두 배년이장에게 책임을 묻는다(十甲輪充值年當差者, 謂之: '排年'.【又謂之: '現年'】其一年中之正賦、雜差, 皆排年是問.)."라고 분명하게 규정하고 있어 배년이장은 동시에 현년이장을 의미하기도 한다. 따라서『명사식화지역주』, p.19의 주21)에서 "흔히 배년이란 그해에 이갑역을 담당하는 현년(現年) 혹은 해년(該年)이 아닌 차례를 기다리는 나머지 이갑호를 뜻한다"고 설명한 것은 정확한 표현이 아닌 것으로 보인다.

33 찬충(鑽充)은 아부하거나 뇌물을 써서 충임한다는 뜻이다.

34 호두(豪蠹)는 권세를 이용하여 크게 재물을 침탈하는 사람이나 아역을 가리킨다.

35 차단(借端)은 구실을 빌려서, 구실을 만들어서라는 뜻이다. 과파(科派)는 요역(力役)이나 부세를 나누어 부과하거나(攤派), 색취(索取)한다는 뜻이다.

36 개(開)는 늘어놓는다, 보(報)는 보고한다는 뜻이므로, 명단을 작성하여 보고한다는 뜻을 가리킨다. 점검(點僉)은 하나하나 확인한다는 뜻이다.

37 양방(糧房)은 전량 징수를 담당하는 서역, 즉 호방(戶房)의 서리를 가리키는 것으로 보인다.

38 투(投)는 '직접 와서'라는 뜻이고, 체(遞)는 제출하거나 보낸다는 뜻이다. 인장(認狀)은 자원서를 말한다. 떠맡기를 승인한다, 자원한다는 뜻을 나타낸다.

39 「한단(限單)」은 기한을 알려 주면서 전량을 납부하도록 하는 통지서, 즉 납부기한통지서를 말한다.

40 경수(經手)는 일을 맡거나 처리하는 인원을 가리킨다.

41 보(保)는 보증서, 또한 보증하여 추천한다는 뜻이 있으므로 구보(具保)는 「보증서」나 보증인을 갖춘다는 뜻이고, 투(投)는 직접 본인이 가서 제출한다는 뜻이다.

42 이에 대해서는 제3권 부임부 2 「3-03-01. 당고(庫)」 부분을 참조.

집안도 괜찮고 부유하며, 노련하고 법을 두려워하는 자여야만 이 일을 맡길 수 있다. 그렇지 않으면 [전량이] 침식되는 것을 피할 수 없기 때문이다. 이런 이유로 지방관은 창고담당 서리를 지명하는 것을 어려워하여, 결국 매번 각 도(圖)·리(里)에서 뽑아서 보고하도록 요구하게 되었다. 하지만 그 결과 [대상자들이] 계속 지명 당하는 일을 피하기 위해 뇌물을 주는 일이 되풀이되면서, 결국은 주변 향촌(四鄕)의 부호들이 거의 피해를 입지 않은 사람이 없을 정도가 유폐가 발생하였다. 이런 일은 강남 지방에서 가장 심각한 폐해가 되고 있다.

무릇 [창고담당 서리를] 교체할 일이 생겼을 때에는 각 방의 서리(書吏) 가운데 앞서 이야기한 것처럼 제대로 임무를 감당할 수 있는 사람을 골라 임명해야 한다. 만약 [거기서] 얻지 못하면, 도(圖)·리(里)에서 1명을 추천하도록 엄격하게 지시하되 지현이 나서 직접 점검해야 한다. 만약 그가 임무를 감당할 만하다면 도·리, 그리고 집안이 확실하고 적당한 사람으로 하여금 보증을 세워 「지원서」를 직접 내게 해야 한다. 보고가 사실이 아니어서 나중에 문제가 발생하면 보증인도 함께 처벌한다.

하지만 임명한 다음에는 오로지 전량의 출납만을 관리케 하되 결코 별도의 가혹한 요구를 해서는 안 된다. 지현들은 보통 창고담당 서리들에게 좀 뜯어내도 된다고 여겨, 매번 목록을 만들어 주면서 비단이나 그릇 등의 물건을 사들이게 한다. 물론 그 값을 치르겠다고 말하지만, 모두 거짓말[이고 조금도 지불하지 않는 것]이다. 그래서 향민들은 [창고담당 서리로 지명되었다는 소리를] 들으면, 마치 끓는 물에 떨어진 것처럼 여겨 무거운 뇌물이라도 써서 벗어날 수 있다면 오히려 다행이라고 여긴다. 어떤 사람은 이서(吏書) 가운데 골라 계절별로 임용한다면, 그 기간이 길지 않아 부정을 저질러도 그리 심하지 않을 것이라고 말하기도 한다. [하지만] 이서(吏胥)들이 모두 똑똑한 것은 아니어서 교대로 일을 맡기면 오히려 더 번거로워질 수도 있으니, 1년을 다 채운 다음 교대시켜 줌으로써 책임을 다할 수 있게 하는 방법이 더 나을 것이다.

○ 각 창고에서 전량을 거둘 때에는 규정에 따라 이 일을 맡는 담당자(經收)가 있지만, 또한 반드시 1명을 더 지명하여 창총(倉總)으로 삼음으로써, 전량의 출입을 검사하고 전량이 빼돌려지거나 도둑질 당하는 것을 막아야 한다. 하지만 조량으로 거둔 미곡을 창고에 보관해 두는 것은 한 계절을 넘지 않으며, 운송하도록 넘긴 다음에는 실로 남는 것도 많지 않다. 다만 근래에 상평창(常平倉)에 곡식을 기부 받아 저장하기 위해 토지면적에 따른 기부를 권장하고 있는데, 이는 모두 지현의 직무에 속한다. 따라서 반드시 부유하고 노련한 사람을 골라 관리하게 하고, 지현이 때로 방문하여 혹시라도 침탈되어 줄어들거나 습기 차서 벌레를 먹는 일이 발생하지 않게 해야 한다.

庫吏職司錢糧之出入,[43] 必身家殷實、老成畏法者, 方克勝任. 否則侵蝕在所不免,[44] 是以有司每難其人, 遂令各圖、里開報. 而其流弊, 至于賄金買放,[45] 疊報不休, 四鄉之殷民,[46] 幾于一網打盡, 此東南之爲害最酷者也. 凡遇有更換, 宜擇各房書吏, 如前項勝任者充之. 卽不獲已,[47] 嚴諭圖、里公擧一人, 當官點驗, 如果勝任, 卽令圖、里幷的當有身家之人,[48] 具保投認. 如公報不實, 日後事犯, 將保結者究處. 但點充之後,[49] 止令司錢糧出納, 斷不可別有苛求. 往往本官以庫吏爲可擾, 每開單責買紬緞、器皿等物, 雖云給價, 究屬子虛.[50] 所以鄕民聞報, 如墮沸湯, 甘心重賄得脫, 而猶以爲幸也. 說者謂: "從吏書中四季點充, 爲日不久, 卽作奸不致過深." 夫吏胥未必多賢, 更替交代, 反滋煩擾, 莫若滿歲方易, 以專責成之爲得耳.

○ 各倉收糧, 例有經收, 而又必點一人, 以爲倉總, 所以稽出入, 而防侵盜也. 然漕米屯倉,[51] 不過一季, 開兌之後,[52] 諒亦無多. 惟近來常平捐積, 每畝勸輸, 皆屬有司職掌, 必得殷實老練之人, 爲之經管, 而有司時加訪察, 或不致有侵漁短少、浥爛蟲蝕之虞矣.

6-02-04. 징수 담당자 고르기(選收役)

징수 담당자(收役)는 이른바 '궤리(櫃吏)'를 말한다. 구(區)·리(里)의 많고 적음을 계산하여 궤(櫃)를 두고, 매 궤를 한 사람이 관리하게 한다. 따라서 응당 각 방·과에서 성실하고 숙련된 사람 몇 명을 골라서 계절별로 돌아가며 일을 맡긴다. 이름이 적힌 제비를 뽑아 담당할 사람을 정하고, 궤의 번호가 적힌 제비를 뽑아 담당할 궤를 정하게 함으로써 모두 자기 뜻대로 고르지 못하게 한다.

세금을 걷는 방법은 다음과 같다. 궤리는 매일 아침 근무가 시작되면 궤를 들고 [세금을] 걷는 장소로 오는데 잠시라도 멋대로 자리를 뜰 수 없으며, 포정사로부터 수령한 표준

---

43 직사(職司)는 주관(主管)하거나 집장(執掌)한다는 뜻이다.
44 재소불면(在所不免)은 피할 수 없다, 불가피하다는 뜻이다.
45 매방(賣放)에는 돈을 받고 사사로이 풀어 준다(受賄私放)는 뜻이 있다. 매방(買放)의 경우도 아마 돈을 주어 그 일이나 부담을 피한다는 뜻으로 보인다.
46 은민(殷民)은 부호를 가리킨다.
47 불획(不獲)은 하지 못하거나 얻지 못한다는 뜻이다.
48 적당(的當)은 정확하고 확실하다, 합당하다는 뜻이다.
49 점충(點充)은 지명하여 충당한다는 뜻이다.
50 자허(子虛)는 공허한 일, 거짓이나 허구라는 뜻이다.
51 둔창(屯倉)은 저장할 양곡이 창고에 들어오는 것을 말한다.
52 개태(開兌)는 태운을 개시한다는 것, 즉 창고의 조량을 넘겨 운송하게 하는 것을 말한다.

형 작은 저울을 책상 위에 함께 두어 납세자가 언제든지 [그것으로 재 본 다음 세금을] 완납할 수 있게 한다. [세금으로 납부하는] 은을 담는 봉투는 면지(棉紙)를 이중으로 사용하여 끝을 붙이되 너비 세 치 길이 네 치로 만들고, 봉투 위에 '일정(一定)'이란 글자를 인쇄한다. 납세자는 세금을 납부할 때에 이 봉투를 산 다음 궤가 있는 곳으로 갖고 가서, 스스로 관용[표준형] 저울로 정확하게 은의 액수를 재서 납부한다. [이때] 궤리는 단지 은의 순도만을 확인할 뿐, 【혹은 관은장으로 하여금 궤가 있는 곳에서 은의 순도를 조사하는 것을 돕게 한다. 만약에 나중에 봉투를 뜯어서 순도가 낮은 것이 발견되면 관은장이 이를 배상한다. 하지만 이를 빌미로 납세자를 협박할 수도 있으니 은을 담는 봉투를 판매하게 하되, 봉투 당 종이 값과 공임으로 2문(文)만을 보상해 주고 그 밖의 다른 것을 요구하지 못하게 함으로써, 현실과 법 양쪽을 모두 만족시키는 것이 가장 낫다.】 저울을 들고 대신 재서는 안 된다.

납세자는 스스로 봉투 입구를 밀봉하고, 궤리는 세금을 담은 봉투 위에 "모도 모리의 모인이 모 항목과 기한의 세금을 모년 모월 모일에 납부하였으며, 모자(某字) 제 몇 번의 궤이고, 징수 담당자는 모인이다."라는 사항 등을 명확하게 기입한다. 그리하여 납부한 세금을 양식에 맞추어 『일일수납장부』에 등록한 다음, 납세자의 입회 아래 바로 이어서 궤에 넣고, 납세 영수증의 [빈칸을] 기입하여 납세자가 보관하도록 발급한다. 단 납세자가 [직접 가서] 이름을 적고 납부하지 못할 때에는 현년이장이 대납하도록 하는데, 그래도 반드시 원래 납세자 본인의 이름을 적게 하여, 마감되었을 때 각 호의 세금 완납 여부를 대조하여 조사할 수 있게 한다.

만약에 은과 동전을 함께 섞어 거두었으면, 영수증과 『일일수납장부』에 [이런 사실을] 모두 명백하게 기입해야 한다. 동전은 모름지기 관에서 주조한 것이어야 하고, 순도가 낮거나 무게가 떨어지는 것이 뒤섞이게 해서도 안 되며, 별도의 상자에 보관한다. 개봉할 때에도 장부와 함께 대조하여 만약에 순도가 낮거나 액수가 부족한 것이 있으면 궤리가 보상하게 한다. 이렇게 하면 은이 궤리의 손안에 넘어가는 일이 없을 것이다. 징수한 것이 단지 한 계절의 것뿐이고, 또한 봉투를 개봉할 때 함께 대조하고, 『일일수납장부』로 다시 맞추어보면서 총계를 고쳐서 다시 계산하면, 간악한 서리들도 도저히 그 신묘한 기술을 펼칠 수 없을 것이다. 세금을 받는 궤는 매일 저녁에 천당(川堂)이나 대당(大堂) 우측으로 옮겨서 궤리와 숙직 인원들이 감시하게 한다.

○ 생각건대 당고(堂庫)의 은궤는 모두 군향(軍餉)과 관계된 것이니, 응당 주둔 부대의 지휘관이 매일 밤에 성실하고 법을 두려워하는 병사를 뽑아서 사무실을 지키게 해야 한다. 만약에 소홀함이 있으면 해당 지휘관은 책임을 회피하기 어려울 것이다. 이렇게 협력을 받

아 지키면 더욱 안심할 수 있다.

收役者所謂: '櫃吏', 是也.[53] 計區、里之多寡以設櫃, 每櫃一人掌之, 宜于各房科擇老成諳練者若干名, 四季輪充. 以掣名籤而定人, 以掣櫃籤而定所守,[54] 俾皆不能以意得. 其收銀之法, 櫃吏每日早堂時,[55] 舁櫃至收所, 時刻不得擅離, 將司頒較準等子公置案上,[56] 聽納戶不時完納. 其盛銀封袋,[57] 用棉紙雙層糊裱,[58] 製成三寸濶, 四寸長, 封袋上刊'一定'字樣.[59] 納戶完銀時買此袋, 持至櫃所, 自將官等稱準銀數,[60] 櫃吏止看明銀色紋足,[61] 【或令官銀匠,[62] 在櫃所佑看銀色, 如拆出低潮,[63] 銀匠賠補. 但恐借端掯勒納戶,[64] 莫若將銀袋令其置賣, 每袋止償紙張工價二文,[65] 此外不許需索,[66] 似亦情法兩得】 不許執等代稱.

納戶自封袋口, 櫃吏于銀袋上塡明"某圖 · 里某人完納某項某限銀若干, 某年月日某字第幾號, 收役某人." 隨照式登記『流水收簿』,[67] 眼同納戶穿連入櫃,[68] 隨塡串票,[69] 付納戶收執,[70]

---

53 궤리(櫃吏)는 세금을 징수하는 상자인 은궤(銀櫃)를 담당하는 이원(吏員)으로 궤서(櫃書)라고도 한다. 청대의 전량 납부는 통지서를 받은 납세자가 직접 백은(白銀)이나 동전(銅錢)으로 세금을 마련하여 관청이나 특정한 장소에 가서 관청의 검사를 거친 다음 이것을 봉투에 넣고 밀봉하여 직접 은궤에 던져 넣는 것(自封投櫃)이 원칙이었다. 궤리는 바로 그 상자를 담당하는 인원이었다. 물론 실제로는 신사나 서역에 의한 포람, 즉 납세청부가 훨씬 일반적이었다고 일컬어진다. 세금 징수과정의 투명성이 가장 큰 문제였기 때문에 이갑 정역(正役)에 의한 징세라는 명대의 이갑제적 방식 대신 청조는 이러한 자봉투궤의 방법으로 그것을 보장하고자 하였던 것이다. 따라서 이 방법은 청초부터 후기에 걸쳐서까지 유일하게 공인된 징세방법이기도 하였다.

54 명첨(名籤)은 이름을 쓴 제비, 궤첨(櫃籤)은 상자의 번호를 쓴 제비를 가리킨다.

55 조당(早堂)은 아침에 관청 사무실서 업무를 보는 일이나 그 시간을 가리킨다.

56 사반(司頒)은 포정사가 [표준으로] 반포(지급)한 것이라는 뜻, 교준(較準)은 비교 · 검사하여 표준에 맞게 한다는 뜻이고, 등자(等子)는 즉 등자(戥子)로 작은 저울을 말한다.

57 봉대(封袋)는 곧 봉투(封套)를 말한다.

58 호표(糊裱)는 봉투(의 목도리)에 풀을 부친다는 뜻이다.

59 일정(一定)은 규정 · 확정이라는 뜻이다.

60 관등(官等)은 관청의 표준 저울을 말하고 칭준(稱準)은 정확하게 저울로 잰다는 뜻이다.

61 간명(看明)은 분명하게 본다, 보아서 확인한다는 뜻이다. 은색은 백은의 성색(成色), 즉 순도를 가리킨다. 문은(紋銀)은 청대 통행되던 일종의 표준 은량(銀兩)을 가리키며, 순도와 무게가 가장 좋은 것이다. 보통 말굽 모양으로 녹여 만들기 때문에 마제은(馬蹄銀) · 보문(寶紋) · 족문(足紋)이라고도 한다. 족은(足銀)은 순도가 완전한 은자(銀子)를 가리킨다.

62 관은장(官銀匠)은 관부의 지정을 받아 은자를 녹여 마제은으로 만드는 등 은냥을 관리하는 일을 맡는 수공업자를 가리킨다.

63 저조(低潮)는 은냥의 순도가 기준보다 낮은 것을 가리킨다.

64 긍륵(掯勒)은 협박한다, 억누른다는 뜻이다.

65 공가(工價)는 임금이나 제조비용을 가리킨다.

66 수색(需索)은 협박하여 강제로 빼앗는 것을 가리킨다. 늑색(勒索)과 같은 뜻이다.

67 유수(流水)는 상점의 (매일) 상품판매 금액을 가리키는데, 여기서는 매일 매일의 세금징수액을 가리킨다. 따라서 『유수수부(流水收簿)』는 『일일수납장부』라는 뜻이다.

但花戶不得冊名封納,[71] 卽現年里長代納, 亦必寫本戶花名, 以便臨比查對各戶完、欠.[72] 如銀錢兼收, 票簿俱登塡明白, 錢須官鑄釐文, 不許攙收低少, 另匣收貯. 拆封時並驗, 如有低小短少, 櫃吏賠補. 如此白鏹不得入櫃吏之手.[73] 所收不過一季, 又有拆封對號,[74] 流水査擦, 改稽總撤, 猾胥無所施神巧之技矣. 其櫃, 每晩舁至川堂, 或大堂右側,[75] 櫃吏及宿堂人役看守.

○ 按: 堂庫銀櫃, 俱關軍餉,[76] 駐防營官, 例應每夜撥老成畏法兵丁, 在堂守護. 倘有疏虞, 該營難以推諉, 卽協護更覺放心.

○ 부록: 궤의 형식(櫃式附)

궤(櫃)는 네모난 형태이며, 대략 지름이 두 자 다섯 치이고, 높이도 이와 비슷하다. 두껍고 단단한 나무로 만들고, 테두리를 철로 싸고 견고하게 못질한다. 내부는 네 칸으로 나누고, 네 개의 칸막이는 네 개의 리(里)로 나누는데, 칸막이 가까이의 궤 측면에 '모리(某里)'라고 기록한다. 칸막이 깊숙한 바닥에는 각각 쇠고리를 박고, 이 고리에 긴 선(線)을 묶은 다음, [이 선을] 칸막이를 통해 궤 뚜껑 위로 꺼낸다. 맨 꼭대기의 구멍은 가로로 두 치, 직경은 그 절반으로 하며, 그 안에 돌아가는 나무 속 뚜껑을 만드는데, 이를 '곤방(滾梆)'이라 한다. 그 절반은 입구처럼 틈이 벌어지는데, 꼭대기의 구멍 아래 가로로 설치한다. 아래서 끄집어낸 선은 큰 침(大針)을 관통시킨다. 은을 담은 봉투를 이 침으로 꿰뚫어 집어넣으면 곤방이 이를 받는다. 곤방에서 받은 은이 밑의 구멍으로 떨어지면 곤방이 다시 위로 올라오니, 한번 들어간 은은 다시 나오지 못한다. 만약에 다른 항목의 전량이 있으면, 은의 많고 적음을 헤아려 궤나 갑(匣)을 따로 두어야 한다. 궤·갑을 봉인하는 날에는 지현이 사무실(大堂)에서 사면과 바닥·뚜껑 등이 모두 파괴되거나 구멍을 뚫은 후 봉인한 흔적이 없는지를 친히 검사한다. 그다음에 자물쇠·열쇠를 검사하고, 자물쇠에 붉은색 글씨로 표시한

---

68 천연(穿連)은 '함께 연결하여, 이어서'라는 뜻이다.
69 천표(串票)에 대해서는 아래의 「6-02-06.「삼련천표(三連串票)」」 부분을 참조.
70 수집(收執)은 받아서 보존한다(收存)는 뜻이다.
71 책명(冊名)은 책에 이름을 남긴다는 뜻이다. 붕명(朋名)이라 된 판본도 있는데, 아마 책명이 맞는 것 같다.
72 비(比)는 일 처리를 재촉하기는 위해 둔 마감을 가리킨다.
73 백강(白鏹)은 화폐로 쓰인 은을 가리킨다.
74 대호(對號)는 대조번호를 가리킨다.
75 대당(大堂)은 아문에서 사무나 안건을 처리하던 사무실(正廳)을 가리킨다.
76 군향(軍餉)은 군인의 봉록과 급양에 관련된 비용을 가리킨다.

밀봉 쪽지를 붙이고 궤의 입구와 그 주위를 단단히 밀봉한다. 궤리가 징수한 은을 받아 [창고로] 내가면 궤의 열쇠를 잘 봉인하여 지현이 내아(內衙)에서 보관하다가 봉투를 뜯어 꺼낼 그 안의 세금을 꺼낼 때 보고를 올려 수령하도록 한다.

櫃形方, 約徑二尺五寸, 高稱是.[77] 用堅厚木爲之, 鐵包釘牢固. 中分四格, 格分四里, 于近格櫃傍, 書明'某里'. 格深至底, 底上各釘鐵圈, 圈縛長線, 度出格眼櫃蓋之顚.[78] 顚竅約橫二寸, 直半倍之, 內製轉木, 名曰: '滚梆'. 半面開縫如口,[79] 横安竅下. 其度出之線首貫大針及穿銀將納, 則梆口仰承. 旣納竅中, 則梆腹上逼, 入者不能復出矣. 如別項錢糧, 量銀多寡, 或櫃或匣, 宜另置之. 其封櫃匣之日, 本官當堂親驗四圍底蓋, 俱無損裂及活孔縫痕, 隨驗明鎖鑰, 將鎖門硃押,[80] 並櫃口週圍封固. 櫃吏領出收銀, 其櫃鑰封好, 本官收貯內衙, 俟折封時稟領.

6-02-05. 신사의 구별(別儒宦)

국가의 부세는 신사이거나 일반 백성이거나를 막론하고 모두 공공의 의무를 우선시하여 납부하는 것이므로, 어찌 신사만 따로 우대할 수 있겠는가? 하지만 징수의 독촉에 대해 이야기하자면, [이 임무는] 소민(小民)이 1년씩 돌아가면서 맡기 때문에 이들이 [신사의] 거대한 저택에 들어가 세금을 독촉하기는 어렵고, 신사가 좇아와 호통을 친다면 도리어 가난한 백성의 고통만 가중시킬 뿐이다. 마감[기한의] 점검 문제에서도 신사들이 그 사회적 신분을 믿고 버텨서 세금 체납으로 구인하여 처벌하기 어려우므로, 간사하고 완고한 무리는 이런 것을 빌미로 기한을 늘리고자 한다. 못된 하층 신사의 경우에는 다른 사람의 토지세를 떠맡아 대신 처리(包攬)함으로써 국가에서 징수하는 세금을 멋대로 갉아먹는다. 하지만 만약 법을 집행하는 지방관이 사대부들의 체면을 무시하게 되면, 곧바로 [지현에 대한 신사들의] 집단적인 비방이 들끓게 된다. 그러므로 아주 적당한 방책을 마련해야 한다. 그것은 [신사의 경우] 별도로 특별히 도(圖)를 나누어 넣고, 일반 서민은 여기에 끼어들지 못하게 하는 것이다. 이를 통해 우대한다는 뜻을 보임으로써 그들이 직접 독촉하게 하면, 아마도 혼

77 칭시(稱是)는 이와 비슷하거나 버금간다는 뜻이다.
78 격안(格眼)은 칸(구멍)을 의미한다.
79 개봉(開縫)은 틈이 생기다, 벌어진다는 뜻이다.
80 주압(硃押)은 붉은색 먹으로 밀봉 쪽지 위에 글자를 쓰거나 사인을 하는 것을 가리킨다.

자서만 늑장 부리기는 어려울 것이다. 그래도 여전히 기한을 넘기면서 세금을 납부하지 않으면, 음양생이나 문지기를 통해 첩(帖)을 보내면서 대신 요청하게 한다. 그런데도 위세를 믿고 완납하지 않으면, 그 가속들을 체포하여 추궁한다. 이것이 바로 신사 항목을 따로 두는 것인데, 역시 변통하는 방법의 하나다.

國家賦稅, 無論紳衿、編戶, 俱宜一體急公輸納, 何得有儒宦之別? 然以催徵而論, 小民排里難登巨室之門, 紳士追呼,[81] 反益窮甿之擾. 以比較而論, 倚恃衣冠,[82] 未便以抗延拘究, 奸頑逃比,[83] 猶思以藉託求寬. 至于不肖子衿,[84] 包攬他人地土, 恣蝕官租.[85] 若夫執法賢侯,[86] 毁破斯文情面,[87] 輒騰衆謗. 于是畫一至當之策, 另分特設之圖, 不列之于庶人, 所以示優, 直付之于自催, 似難獨緩. 然猶逾限不納, 陰陽、門斗送帖代求,[88] 果其怙勢無完, 拿追家屬.[89] 此儒宦之所由別立, 抑亦變通之一道也.

6-02-06. 「삼련천표(三連串票)」[90]

「천표」, 즉 납부영수증은 전량을 납부하는 납세자가 갖고 있으면서 증거로 삼는다. 그러나 납세자만 증명서(執照)를 갖고 있다면 배년이장은 마감이 다가왔을 때 「임한사절(臨

---

81 추호(追呼)는 [이서(吏胥)가 찾아와서] 세금이나 요역을 독촉하는 것을 가리킨다.

82 의관(衣冠)은 진신(縉紳), 즉 신사나 사대부(士大夫)를 가리킨다.

83 도비(逃比)는 마감기한을 도망하여 피하는 것을 가리킨다.

84 자금(子衿)이나 청금(靑衿)은 푸른 옷깃을 한 학생·생원(과 그 복장)을 가리킨다.

85 관조(官租)는 정부가 징수하는 소작료나 세금을 가리킨다.

86 약부(若夫)는 그런데, 그렇지만(至於)이라는 뜻으로 구절이나 단락의 맨 앞에서 다른 일을 언급할 때 사용한다. 현후(賢侯)는 덕을 지닌 사람에 대한 경칭으로, 여기서는 지현을 높여 부르는 말로 보인다.

87 사문(斯文)은 유사(儒士)·문인(文人)·독서인을 가리킨다.

88 음양생은 천문·관상·점복·풍수 등에 관한 방술(方術)을 담당하는 사람을, 문두(門斗)는 관학에서 일하는 하인이나 문지기를 가리킨다.

89 나추(拿追)는 체포하여 추궁하는 것을 뜻한다.

90 「천표(串票)」는 납세자가 전량을 납부할 경우 징수를 맡은 관리가 발급하는 증명서를 가리킨다. 보통 한 장의 종이에 같은 양식의 영수증이 두세 장씩 같은 모양으로 연결되어 인쇄되었기에 이런 이름이 붙었다. 이것은 「절천(截串)」·「절표(截票)」라고도 한다. 원래는 두 장으로 나누어 한 장은 관부에서, 다른 한 장은 납세자가 보관했는데, 관리나 서역의 이를 이용한 폐단이 늘어나자 나중에는 중간의 징세 담당자가 보관하는 한 장이 추가되어 세 장으로 바뀌었다(1653년부터 쓰인 두 장짜리는 1689년 폐지되었다). 1690년부터 사용되기 시작한 이것이 바로 「삼련천표」이다. 천(串)은 서로 연결되어 한 꾸러미를 이룬다는 뜻이며, 이 세 장의 영수증 사이에('合同三聯串票'라는) 도장을 찍는데, 여기에는 세금의 항목과 액수·완납액이 표기되었다.

限査截)」[91]을 근거로 삼아 결산할 수 없으므로 반드시 『일일수납장부』를 들춰 볼 수밖에 없게 된다. 그렇게 되면 번호가 뒤섞여 계산이 어려워지는 것을 피할 수 없다. 따라서 잘라서 납세자에게 주는 부분(串)과 배년이장에게 남겨 두는 부분(截)을 함께 만들 수밖에 없다. 그렇지만 배년이장이 이 부분을 갖고 있으면 관청에서는 세금이 완납 여부를 조사할 방법이 없어, 모름지기 『일일수입보고(流水日報)』를 근거로 삼을 수밖에 없다. 하지만 여기에는 징수된 은의 액수만 기록되어 있을 뿐 납세자의 이름을 빠져 있을 수밖에 없다. 그래서 결국 이 두 가지 영수증 외에 또 한 장의 영수증 뿌리부분 즉, 「표근(票根)」도 함께 만들지 않을 수 없다. 이 [세 장의 영수증은 본래 한 장으로 연결되어 만들어졌다가 각기 분리되어 보관되는데] 합해서 사용한다는 뜻에서 「삼련천표」라고 부르는 것이다.

그 세 장의 영수증 양식은 서로 같다. 다만 그 표 머리 부분에 각기 '납호집조(納戶執照)'[92]·'임한사절(臨限査截)'·'표근존산(票根存算)'[93]라는 식으로 인쇄된 제목이 다를 뿐이다. 「집조」와 「사절」, 이 두 표(票)는 전량을 완납했을 때 궤리가 납세자에게 [세금]내용을 기입하여 발급한다. 한 장(「집조」)은 납세자 자신이 갖고 다른 한 장(「사절」)은 배년이장에게 넘겨주는데, 여기에는 완납 액수가 적혀 있다. 「표근」은 매일 저녁 궤리가 『일일수입보고』와 함께 내아에 제출하여 결산 근거로 삼는다. 이것이 「삼련표」가 최고로 좋은 이유다.

응당 리마다 [영수증 책을] 각기 한 권을 만들고, 각기 한 글자씩 번호를 부여한다. 리마다 한 권씩을 만듦으로써 다른 리의 것이 섞여 들어가지 않고, 리마다 한 가지 번호를 부여함으로써 다른 번호를 끼워 넣지 못하게 하는 것이다. 각 권은 100장으로 하고, 먼저 번호를 기입한 후에 도장을 찍으며, 100번째 장마다 반드시 정확한 수를 확인해 보아야 한다. 납세자는 세금을 내면 곧바로 「천표」를 발급받는데, 궤리는 먼저 영수증 번호와 리마다의 글자 번호를 쓰고, 자세한 납부 액수를 분명하게 적어 넣는데 펼쳐서 양쪽이 겹치게 접어 다른 것을 끼워 넣는 것을 방지한다.

그런데 궤리가 「천표」를 발급하기 전에 향민이 무지한 것으로 보이면 확인도장이 찍히지 않은 「천표」(白票)로 주면서 세금을 거둬 가로채기도 한다. 아니면 세금을 받고도 「천표」를 주지 않아 납세자들이 시간을 소비하면서 기다리게 하는데, 이것은 특히 부지런한 행정 처리에

---

91 임한사절(臨限査截)은 배년이장이 마감 시간이 되었을 때 맞춰 보는 영수증으로 납세자에게 받는 것이다.

92 납호집조(納戶執照)는 납세자가 보관하는 영수증·증명서라는 뜻이다.

93 「표근(票根)」 또는 「표근존산(票根存算)」은 영수증을 발급해 주고 남은 뿌리 부분(存根)으로 관청에 남겨 두어 계산하기 위한 것이다.

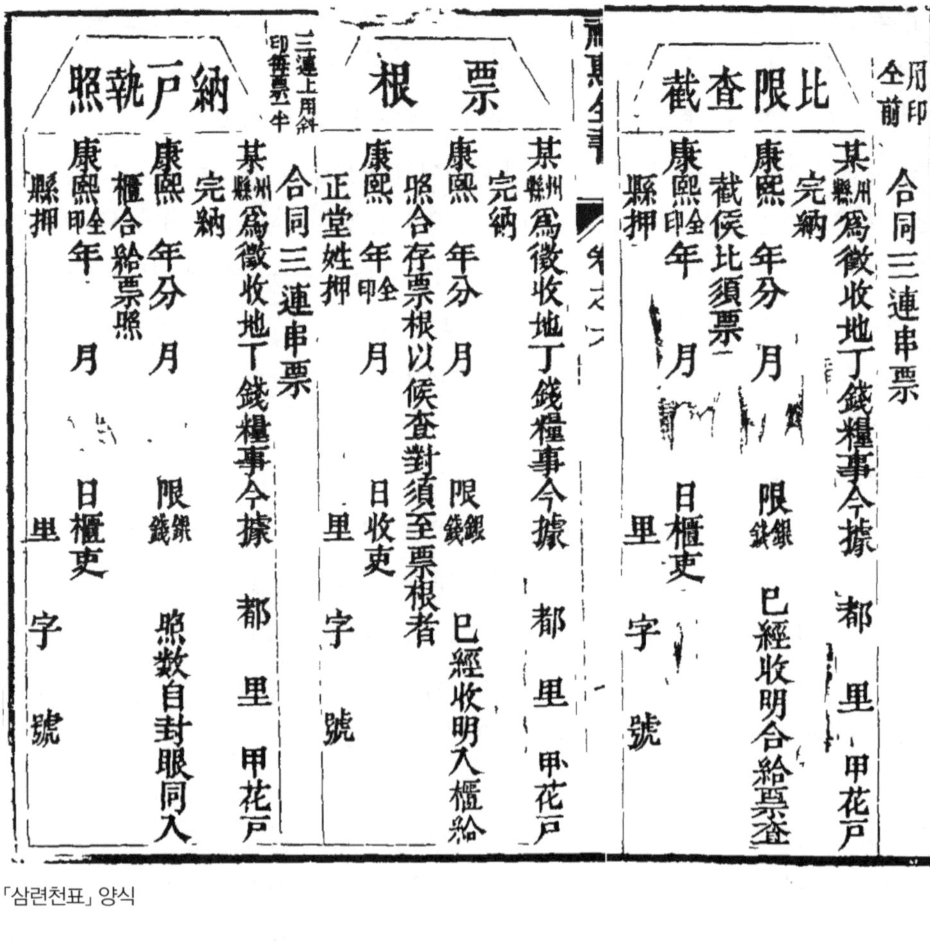

用印
全前
比限查截
合同三連串票
某州縣為徵收地丁錢糧事今據 都 里 甲花戶
完納 康熙 年分 月 限銀錢 已經收明合給票查
截侯比須票
康熙印全年 月 日櫃吏
縣押 里 字 號

票根
某州縣為徵收地丁錢糧事今據 都 里 甲花戶
完納 康熙 年分 月 限銀錢 已經收明入櫃給
照合存票根以候查對須至票根者
康熙 年印全 月 日收吏
正堂姓押 里 字 號

三連上用斜
印每票一半

納戶執照
合同三連串票
某州縣為徵收地丁錢糧事今據 都 里 甲花戶
完納 康熙 年分 月 限銀錢 照數自封眼同入
櫃合給票照
康熙印全年 月 日櫃吏
縣押 里 字 號

「삼련천표」 양식

서는 안 될 일이다. 「천표」는 면연지(棉連紙)를 사용하여 선명하게 인쇄하며, 매 권의 앞뒤는 면지를 사용하여 표지를 붙임으로써 안의 「천표」가 손상되는 것을 막아야 한다. 제본도 견고하게 하여 [「천표」가] 흩어지지 않게 해야 하며, 책표지에는 도장을 찍어 훔쳐서 찢어 가는 일을 방지한다. 「표근」을 모두 사용하면 책은 반드시 반납해야 한다. 표의 양식은 아래에 자세히 실어 두었다.【만약에 호두(갑장)를 이용하여 납세 독촉 임무를 맡긴다면, 그 「사절표」는 호두에게 주어 기한에 맞추어 결산하게 한다. ○ 「표근」은 반납받되, 번호에 따라 쪽수를 확인한다. 찢어지거나 빠지는 것을 막기 위해서이다.】

「串票」者, 納糧花戶執之以爲據者也. 然花戶有執, 而排里臨限無憑「查截」,[94] 勢必問之『流水』, 未免號雜而難稽. 故「截串」之不可不並設也; 抑排里有截, 而在官完納無從稽考, 勢必憑之『日報』. 又未免止銀數而少花名.[95] 故「票根」之不可不俱存也. 合而用之, 名曰: 「三連串票」. 其法三式相同, 而票額有「納戶執照」、「臨限查截」、「票根存算」之名各異. 「執照」、「查截」二票, 完糧時櫃吏塡付納戶, 一自執, 一付排里. 「查截」票完數. 「票根」, 每晩櫃吏, 仝『流水日報』, 繳入內衙, 以憑存算. 此三連票之所以爲至善也. 宜里各一本, 里各立一字爲號. 里各一本, 則他里不得混入. 里各一號, 則他號不得借充. 每本額定百張, 先塡號而後用印, 每百定須細數. 旣發櫃, 而卽領串, 先塡號庶各里之字, 記分明細數, 張以重頁之,[96] 恐防夾帶.[97] 若夫櫃發票前, 鄕愚無知, 恐櫃吏以白票私收.[98] 抑且執銀無票, 致納戶需時守候, 尤非勤政之體. 其票用棉連紙, 印刷明白, 每本前後用棉紙護葉, 以防擦損. 裝釘要牢固不散, 護頁用印鈐, 以防偸折. 用完「票根」, 俱要繳進. 票式詳列于左: 【如用戶頭催糧應比,[99] 其「查截票」, 卽付戶頭「臨限查截」. ○「票根」繳進, 仍照號查明張數, 恐妨扯落】

6-02-07. 『일일수입장부(流水收簿)』

『[일일]수입장부([流水]收簿)』는 각 궤리들이 세금을 거둔 내용을 기록한 장부다. '유수(流水)'라는 것은 흐르는 물이 차츰차츰 웅덩이를 채우듯이 흘러드는 것처럼 매일매일의 수입을 그때마다 차례대로 기입하는 것이다. 【'『곳간장부(廒經)』'라고 하는 곳도 있다.】 각 궤는 4리의 세금을 받아넣는데, 리마다 각기 줄·칸을 인쇄한 『일일수입장부』 한 권을 만들어 둔다. 매 100번째의 수입(세금)을 받을 때마다 수입으로 들어온 은의 총액을 결산하며, 동전으로 거둘 때에도 역시 마찬가지다. 매일 몇 번째 번호까지 거두었는가를 기록하고, 다음 줄에는 모월 모일에 모두 몇 호를 거두었으며, 실제로 은 얼마와 동전 얼마를 거

94 앞서 나왔지만 임한사절(臨限查截. 또는 比限查截)은 전량을 징수할 때 사용하던 삼련천표의 한 부분을 가리킨다. 관청과 납세자 사이에서 징수·독촉의 책임을 맡은 이장이나 갑장에게 납세자가 제출하는 영수증이다.

95 화명(花名)은 바로 화호(花戶), 즉 납세자의 이름을 가리킨다.

96 중야(重頁)는 쪽이 겹치게 한다는 뜻이다. 야(頁)는 책장을 세는 단위, 쪽, 장을 가리킨다.

97 협대(夾帶)는 금지된 물품을 감추거나 다른 물건에 섞어 휴대한다, 시험 부정을 저지른다는 뜻이다.

98 백표(白票)는 붉은색의 확인 도장 즉 관인(官印)이 찍히지 않은 영수증이다. 당연히 법적으로는 효력이 없다.

99 호두(戶頭)는 전량의 징수와 독촉을 맡은 기층 인원이라고 하는데, 여기서는 갑장(甲長)을 가리킨다. 응비(應比)는 마감(독촉)에 응한다는 뜻이다.

두었으며, 그리고 이전까지 거둔 것과 합산하면 모두 은 얼마와 동전 얼마를 거두었는지 분명하게 기입한다.【[오늘 받아서] 아직 봉투를 뜯지 않았던 것을 이전에 거둔 것과 합산한다는 뜻이고, 이미 봉투를 뜯었던 것은 다시 합산할 필요가 없다.】

그 은전(銀錢)의 총수는 응당 거둔 세금의 총액과 일치해야 한다. 은전의 액수·항목을 기입할 때에는 뚜렷한 필획으로 기록하고, 흘려 쓰거나 덧칠하거나 고쳐 쓰지 못하게 해야 한다. 이를 어기면 무겁게 처벌하며, 조사하여 과연 폐해가 있을 때에는 무겁게 처벌하고 칼을 씌워 대중에게 공개하고 아역의 자리에서 쫓아낸다. 이른바 "100호(號)마다 한 번씩 결산하고, 매일 전날까지의 수입을 합쳐 결산한다"면, 세금으로 거둔 은전의 총액을 쉽게 계산할 수 있다. 또한 매일 번호를 기입하면 예전에 발급한 표근을 조사하기 쉽다. 매 리의 천표를 각기 한 권으로 묶으면, 궤를 열었을 때 번호에 따라 각 칸막이 속의 세금 액수를 대조하기 쉽다.

『[流水]收簿』者, 各櫃吏收銀之簿也. 流水者, 按日挨登, 如流水之盈科漸進也.[100] 【又有名『廒經』者】 每櫃收四里, 每里各置印成行格『流水』一本. 每收一百號, 結一銀總, 如收錢亦照結總. 每日共收若干號, 于次行註明某月日共收若干號, 實收銀若干、錢若干, 連前共收銀若干、錢若干. 【未拆封者, 方作連前算, 已拆者, 不必再連】 其銀錢總數, 務與撒數合. 登記銀錢數目, 務須筆畫明淨, 不許潦草、磨擦、改補. 違者重責, 查果有弊, 重責枷示革役.[101] 所謂: "每百號一結, 每日連前一結," 易于算收銀總數. 每日塡明號數, 易于查給過票根. 每里串各一本, 拆封時易于按號查對格中銀數也.

6-02-08. 『일일수입보고장부(流水日報簿)』

『일일수입보고장부』와 『일일수입장부』는 동시에 직인을 찍어 내보낸다. 궤리는 매일 각 궤마다 『일일수입장부』에 따라 모리(某里)의 세금 얼마를 모일에 얼마 거뒀는지를, 그리고 이전의 것과 합하여 총액이 모두 얼마인지를 [『일일수입보고장부』에] 종합하여 기입한다. 모리에서 거둔 총액을 기입한 다음에는 담당자(經收)가 누구인지를 기록하고, 총액 다

100 영과(盈科)는 물이 웅덩이를 채운다는 뜻이다.
101 가시(枷示)는 목에 칼을 씌워 대중에게 공개한다는 뜻이다.

음에는 달과 날짜를 기록하여 보고를 올린다. 이 『일일수입보고장부』는 매일 저녁 무렵에 『일일수입장부』와 이미 사용한 「표근」, 그리고 아직 사용하지 않은 「천표」 등과 함께 일제히 내택(內院)으로 보내 점검할 수 있게 한다. 다음 날 [이것들을] 다시 내보내지만, 여전히 『일일수입보고장부』의 저본을 내아에 남겨 두고 궤별로 보내온 매일의 수입보고 양식에 따라 기입해 둠으로써 [외아(外衙)의] 『일일수입보고장부』와 언제든지 서로 대조하면서 맞춰 볼 수 있게 한다. [이렇게 하면] 궤리들이 감히 보고한 다음에 [거둔 세금 액수의] 많고 적음을 고치는 폐단을 저지르지 못할 것이다.

『[流水]日報簿』與『[流水]日收簿』同時印發.[102] 櫃吏將每日各櫃收某里銀錢若干, 照『流水日收』, 彙塡某日共收過銀錢若干, 連前結一總數共若干. 某里收數後, 仍開明經收某人,[103] 總數後開明某月日呈. 其簿每日昃同『流水日收[簿]』與用過「票根」, 幷未用「串票」, 一齊送宅, 以憑查對. 次日再發, 內衙仍置『日報』底簿,[104] 照櫃送日報式登記, 以便與『日報』不時查對. 庶櫃吏不敢于報後有更改多少之弊.

6-02-09. 징수 독촉 방법 정하기(定催徵法)

전량을 징수할 때는 모름지기 각 리별로 미리 『실징책(實徵冊)』을 만들어서, 배년이장이 한 리에서 거두어야 할 세금(銀·米)의 총액과 각 납세자가 1년에 완납해야 할 구체적인 세금 액수를 알고 그 납부를 독촉할 수 있게 해야 한다. 『실징책』은 『부역전서』와 『회계책』에 따라서 전(田)·지(地)·산(山)·탕(蕩)과 인정(人丁)에 대한 과세기준이 어떻고, 각 도(都)·도(圖)·리(里)의 전·지·산·탕은 1무당 과세 규정액이 은·미로 각기 얼마인지를 따지며, 인정에 대해서도 역시 하여 이렇게 총액이 은·미로 모두 얼마인지를 합산해서 작성한다.

만약 올해에 어떤 항목의 세금을 실물 대신 돈(은전)으로 내라든지, 어떤 항목을 늘리라든지 하는 호부의 지시공문을 받았다면, 세율에 의거하여 각 리의 인정(人丁)과 전산(田産)에 골고루 할당하게 된다. 그런 경우에는 어떤 리의 세액 기록 뒷부분에 어떤 것을 실물대신 돈으로 냈다거나 늘려서 징수하거나 또는 삭감된 세금이 얼마인지, 그 결과 실제

---

102 인발(印發)은 관인·직인을 찍어 내보내는 것을 말한다.

103 명경(明經)은 분명하게 나열한다는 뜻이다.

104 저부(底簿)는 남겨 두어 나중에 찾아보기 위한 저본(底冊)·원본을 가리킨다.

로 징수해야 할 세금이 얼마인지를 모두 나열해야 한다. 각 갑의 전·지·산·탕, 인정에 대한 세금과 늘어나거나 줄어든 액수 역시 리와 같은 방식에 따라서 작성한다.

각 갑의 세액을 모두 합하면 리의 총액과 같아야 하고, 각 리의 세액을 모두 합하면 도(圖)의 총액과 같아야 하며, 각 도의 세액을 합하면 현의 총액과 같아야 하는데, 이래야만 1년에 실제로 징수해야 할 세액이 정해질 수 있다. [이렇게 실제 징수액이 확정되면] 각 갑에서는 정해진 양식에 따라서 간단한 징수문서를 만드는데, 이를 「장단(長單)」이라고 한다. 배년이장은 이것을 가지고 세금의 완납 여부를 판단할 수 있다. 또 호별로 양식에 따라서 네모난 표를 만드는데, 이를 「호단(戶單)」이라 한다. 납세자는 이것을 가지고 자신이 납부해야 할 액수를 마치 손바닥을 보는 것처럼 분명하게 알 수 있다. 이렇게 총서(總書)가 실제 징수액의 종합 액수를 파악하면 현의 총계와 일치하지 않는 경우가 없다.

하지만 매번 자기 이름으로 낼 은·미나 도맡아 대신 청부하는 다른 납세자의 것을 아주 잘게 나누어 남에게 전가시키거나, 향리의 무지하고 힘없는 사람들에게 한 홉, 한 되씩 덧붙여 할당하는 경우가 많다. 게다가 전량의 항목이 아주 번잡하고 늘어나거나 줄어드는 것도 일정하지 않기 때문에 계산에 뛰어난 사람이라고 할지라도 마치 뒤엉킨 실타래를 푸는 것처럼 어려우니, 어떻게 그 간사한 농간을 꿰뚫어볼 수 있겠는가? 단지 『실징책』에 작성하여 내택으로 보내오기를 기다려서, 작년에 실제 징수한 것과 올해에 늘어나거나 줄어든 액수가 있는지 없는지를 도(圖)별로 조사하여 확인한 다음 『실징책』에 직인을 찍어 발급하고, 나아가 「장단」과 「호단」에 내용을 기입하게 하는 방법뿐이다. 그리고 다시 「장단」과 「호단」을 내택으로 보내오기를 기다려서, 실제 징수액을 도·리·갑별로 대조하여 확인한 다음 「장단」·「호단」에 직인을 찍어 배포하면, 세금을 전가하거나 늘려서 할당하는 따위의 폐해를 없앨 수 있다. 모든 책의 양식은 아래에 열거하겠다.

凡徵錢糧, 必須各里預造『實徵冊』,[105] 使排年里長知一里應徵銀·米總數, 幷花戶一歲應完銀·米撒數, 而督催之. 其冊遵照『[賦役]全書』、『會計[冊]』田·地·山·蕩[106]、人丁科則,[107]

---

105 『실징책(實徵冊)』은 『부역전서』나 기타 자료에 기초하여 매 리나 도, 그리고 갑을 위해 작성한 것으로 각종 토지의 세율, 정세의 세율, 지정은의 정액 등을 정확하게 파악해서 징수에 이용하기 위한 것이다.

106 전지산탕(田地山蕩)은 논과 밭, 언덕과 물가의 땅 등 세금부과의 대상이 되는 네 가지로 분류되는 토지를 가리킨다. 전지(田地)는 또한 이미 개간된 토지를 가리키는데, 남방에서는 낮은 곳의 개간된 토지를 전(田), 높은 곳의

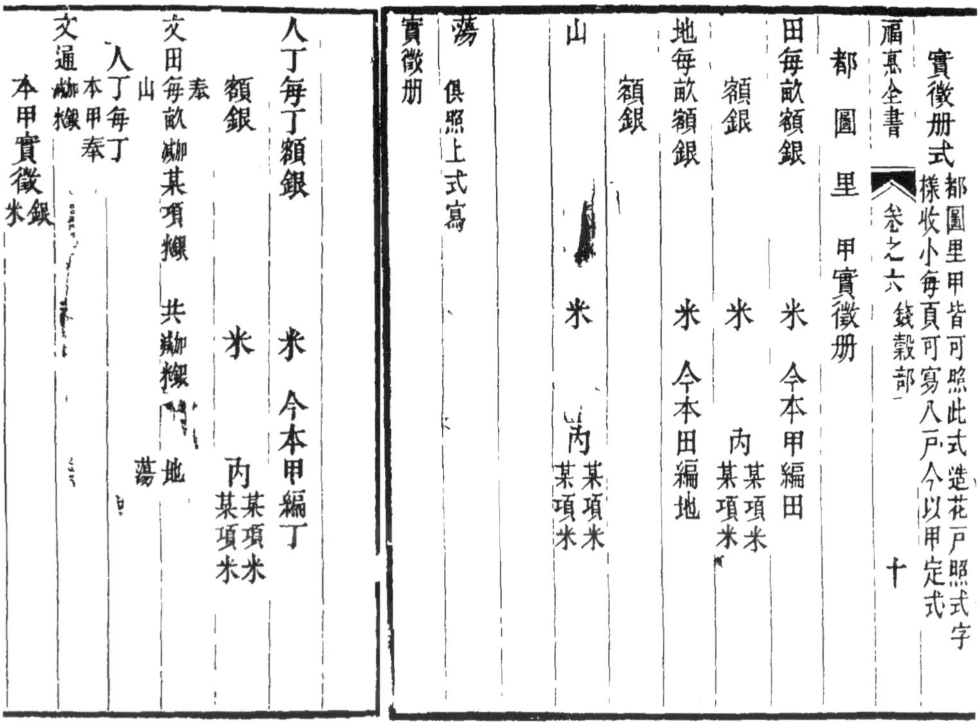

實徵册式 都圖里甲皆可照此式造花戶照式字樣收小每頁可寫八戶今以甲定式

福惠全書《卷之六 錢穀部》 十

都 圖 里 甲實徵册

田每畝額銀 米 今本甲編田

額銀 米 內 某項米 某項米

地每畝額銀 米 今本田編地

額銀 米 內 某項米 某項米

山 米 內 某項米 某項米

蕩 俱照上式寫

實徵册

人丁每丁額銀 米 今本甲編丁

額銀 米 內 某項米 某項米

奉文田每畝加某項銀 共加銀 地 山 蕩

人丁每丁 本甲奉

文通加銀

本甲實徵 銀 米

『실징책』 양식

某都某圖某里田每畝額銀若干、米若干, 地每畝額銀若干、米若干, 山蕩、人丁等亦如之, 共該銀若干、米若干. 如本年奉文某項改折[108]、某項加增, 于各里丁、産, 照則均派.[109] 卽于某里後開列該改折、加增銀·米若干、裁減銀·米若干、實應徵銀若干、米若干. 其各甲田·地·山·蕩、人丁額銀·米幷加增裁減之數, 亦照里式開造. 須各甲之數與里總合, 各里之數與圖總合, 各圖之數與縣總合, 則一年之實徵與爲定額. 而各甲又照式造手摺,[110] 謂之:「長單」. 排里執

그것을 지(地)라고 하지만 북방에서는 논을 전이라 하고 나머지는 모두 지라고 하였다. 전지에도 다양한 종류가 있어 그에 따라 세율도 달랐다.

107 인정(人丁)은 세금과 요역의 징수대상으로 파악되는 성년 남자를 가리킨다. 과칙(科則)은 토지의 종류나 등급에 따라 정해지는 토지세의 표준, 즉 세율을 가리킨다.

108 개절(改折)은 부세를 원래 내야 할 물품 대신 다른 물품이나 은냥(현금)으로 대체하여 납부하는 방식을 말한다. 절(折)은 실물을 화폐로 바꾸어 처리한다는 뜻이다.

109 정산(丁産)은 (성년남자의) 인구와 토지 재산을 가리킨다.

110 수접(手摺)은 상업상의 교역 내용을 기록한 접은 종이를 가리킨다.

此以考經催之完、欠. 各戶照式造方票, 謂之:「戶單」. 花戶執此以考本身之應納, 皆瞭若指掌矣. 然總書攢造實徵大數, 未有不合縣總者. 但每以己名銀·米及包攬他戶, 毫釐飛灑,[111] 升合加攤于鄉愚懦弱之人.[112] 且錢糧款項繁多, 增裁不一, 卽有心計者, 如棼絲難理,[113] 又烏從而測其奸弊哉? 惟俟造成『實徵冊』送宅, 將上年實徵, 與本年有無加減之數, 逐圖查淸, 然後將實徵印發塡單,[114] 俟「長單」、「戶單」送宅, 將實徵逐圖里甲對淸, 然後印單給散, 而飛灑、加攤之弊可除矣. 所有冊式並列于左.

○『실징책』 양식【도·도·이·갑에서 모두 이 형식에 따라 만든다. 납세자의 양식과 글자는 작게 하여 매 쪽마다 여덟 가구씩 쓴다. 지금의 것은 갑을 기준으로 한 양식이다.】

도·도·이·갑『실징책』

전(田)은 매 무(畝) 당 액은(額銀) [ ], 미(米) [ ]인데, 지금 본 갑에 편성된 전(田)의 액은은 [ ], 미는 [ ]이다. 그 안에는 모항의 미 [ ], 모항의 미 [ ]가 포함된다.

지(地)는 매 무(畝) 당 액은(額銀) [ ], 미(米) [ ]인데, 지급 본갑에 편성된 지(地田)의 액은(額銀)은 [ ], 미는 [ ]이다. 그 안에는 모항의 미 [ ], 모항의 미 [ ]가 포함된다.

산(山)은 미(米) [ ]인데, 모항의 미 [ ], 모항의 미 [ ]가 포함된다.

탕(蕩) 역시 위와 마찬가지다.

『실징책』

인정(人丁)은 매 정(丁)마다 액은(額銀) [ ], 미(米) [ ]인데, 지급 본갑에 편성된 인정(人

111 호리(毫釐)는 1호(毫)와 1리(釐)를 가리킨다. 1리는 10호이다. 10리는 1푼(分)이며 10푼은 1전(錢), 10전은 1양(兩)이므로 아주 적은 수량을 가리키는 것이다. 일반적인 무게 기준인 양(兩) 밑에는 전(錢)·분(分)·리(釐)·호(毫)·사(絲)·홀(忽)·미(微)·섬(纖)·사(沙)·진(塵)·애(埃) 등 십진법에 따라 내려가는 11단위가 있다. 비쇄(飛灑)는 지주가 관부와 결탁하여 자신이 내야 할 토지세를 다른 농민의 토지에 전가시켜 부세를 회피하는 방법을 가리킨다.

112 승합(升合)은 1되(升)와 1홉(合), 즉 아주 적은 수량(의 미곡)을 가리킨다. 10홉은 1되고, 10되는 1말(斗)이며, 10말은 1섬(石)이다. 곡(斛)은 원래 10되였으나 남송대 이후 5되로 바뀌었다. 따라서 2곡이 1섬이다.

113 분사(棼絲)는 어지럽게 엉킨 실(亂絲)을 가리킨다.

114 인발(印發)은 도장을 찍어 내보내는 것을 말한다.

丁)의 액은은 [ ], 미는 [ ]이다. 그 안에는 모항의 미 [ ], 모항의 미 [ ]가 포함된다.

상부의 공문을 받아 전(田)은 매 무당 모항의 액은·미가 늘어나거나 줄어든 것이 [ ]이고, 지(地)·산(山)·탕(蕩)의 경우도 각기 [ ]이다.

인정은 매 정당 상부의 공문을 받아 전체적으로 모항의 액은·미가 늘어나거나 줄어들었으므로 본갑에서 실제로 징수하는 것은 은 [ ], 미 [ ]이다.

○『實徵冊』式【都·圖·里·甲皆可照此式造. 花戶照式字樣收小, 每頁可寫八戶, 今以甲定式】

『都圖里甲實徵冊』

田每畝額銀 [ ] 米 [ ] 今本甲編田額銀 [ ] 米 [ ] 內【某項米 某項米】
地每畝額銀 [ ] 米 [ ] 今本田編地額銀 [ ]
山 米 [ ] 內【某項米 某項米】
蕩 俱照上式寫

『實徵冊』

人丁每丁額銀 [ ] 米 [ ] 今本甲編丁額銀 [ ] 米 [ ] 內【某項米 某項米】
奉文田每畝加[減]某項 銀·米 共[ ] 加銀減米 [ ] 地 [ ] 山 [ ] 蕩 [ ]
人丁每丁 本甲奉文通加銀減米 [ ]
本甲實徵 銀·米 [ ]

6-02-10. 이장의 부담을 갑장에게 분담시키기(甦排落甲)

10개 갑(즉 1리)에서 돌아가면서 징세 임무를 떠맡게 되는 사람을 배년(排年)[이장]이라고 한다.【현년(現年)[이장]이라고도 한다.】그해의 정규 부세(正賦)와 기타의 잡역(雜差)은 모두 배년이장에게 책임을 묻는다.[115] 비록 부세나 긴급한 요역이라고는 하지만 원래는 모든 납세자로부터 나오는 것인데, 힘센 토호나 오래된 못된 아역, 억세게 버티는 가난뱅이들은 세금·부역을 부과하거나 불러도 응하지 않는 경우가 많아, 정규 부세 때문에 [배년이장은] 채찍·곤장의 형벌을 당하고, 잡역 때문에 모자라는 부분을 대신 배상하여 메우기에 바쁘다. 동남 지역의 주현에서는 매번 [배년이장이] 당번을 맡는 해가 되면 양서(糧胥)·서총(書總)·보헐(保歇)·도차(圖差), 그리고 성내의 무뢰배들이 마치 누린내 나는 고깃덩이 주변으로 몰리는 개미떼처럼 달려들어 모두 [배년이장을] 뜯어먹을 생각만 한다. 그래서 다방면으로 배년이장을 협박하고 공적인 것을 빌려 개인적 이익을 취하며, 품속에서 붉은색 먹물로 쓴 「지시공문」을 꺼내면서 어떤 일 처리에 쓸지 알려 주지도 않으면서 걸핏하면 수백, 수천을 요구한다. 그러면서 시급한 것이어서 절대 지체되어서는 안 된다고 말하는 식이다. 이들은 대부분 음식점이나 술집에서 배년이장들을 실컷 후려쳐 뜯어먹거나, 아니면 며칠 동안 감창 같은 데 감금시켜 곤욕을 치르게 하면서 그 욕심을 크게 채우기 전까지는 절대로 멈추려 하지 않는다.

그래서 시골사람들은 현성(縣城)을 지옥처럼 생각하고 임무를 받고 파견된 서리들을 마치 흉악한 귀신처럼 여겨, 이들을 마주치면 그야말로 혼이 달아나고 간이 떨릴 지경이다. 게다가 이 흉신 무리는 [배년이장이] 두려워하여 위축된 모습을 보이면 대신 도맡아 처리해 주겠다고 접근하면서 엄청난 액수의 비용을 요구한다. 어리석은 백성은 어쩔 수 없이 많은 돈을 끌어다 쏟아 넣음으로써 한 몸의 안일을 꾀하게 된다. 하지만 어찌 예상이나 하였을까? [또 다른 못된 무리에 의해] 긴급한 임무가 떨어지거나 외부로 파견되는 일이 꼬리를 물고 이어지는데, 멋대로 있지도 않는 항목을 내세워 돈을 뜯어 가는 것이 어찌 하나를 가지고 열을 빼앗는 정도에 그치겠는가?

오호라! 1년 기한의 임기가 끝나기도 전에 [배년이장은] 가산을 탕진하고 처자식을 팔기에 이르는 것이니, 그 참담함은 이루 말할 도리가 없을 정도다. 그러나 이것은 그래도 한 몸, 한 집안에만 국한된 이야기이다. 때때로 해당 갑이나 일가친척의 경제적 역량이 형편없으면 서로 힘을 합쳐 도와주겠다고 나섰다가 결국 잇따라 모두 빈털터리가 되어 버리는 경우도 있다. 이것은 마치 "사지를 묶어 굶주린 호랑이에게 먹이로 주는 것이나, 들개를 묶어 탐욕스런 늑대에게 먹이는 것과 마찬가지"다. 어찌 모두 즉각 씹어 삼키지 않겠는가? 무릇 부모관(父母官)이 된 사람은 배년이장의 고충을 헤아려 반드시 먼저 보헐과 도차의 폐단을 없애 주어야만 그 이후에 전량이 침식(侵蝕)당하는 폐해를 줄일 수 있다. 또한 배년이장의 수고로움이 애

115 배년이장은 기한별로 자기 리의 모든 납세자가 완납을 하면 「귀농면비표(歸農免比表)」를 받아 집에 돌아가는 것이 통상적인 경우이지만 그렇지 못하였을 경우에는 '비책(比責)'을 받을 때 공당(公堂)에 소환되어 가서 볼기나 곤장(笞杖)을 맞는다. 「귀농면비표」에 대해서는 제7권 전곡부 2 「7-01-03. 「절표」 지급과 마감 면제(截票免比)」를 참조.

처럼다면 반드시 「장단(長單)」을 각 갑으로 넘겨주어 임무를 분담시켜 준 다음에야 [배년이장들이 분주하게] 돌아다니며 세금을 독촉하는 수고를 줄여 줄 수 있다.

그러나 이것은 부세와 요역이 복잡하고 무거운 주현에 해당되는 이야기다. 세액이 적고 땅이 궁벽한 곳 같으면 각 갑의 경최(經催)를 이용하면서 배년이장을 모두 배제해 버리는데, 이는 그늘이 싫다고 뙤약볕 아래로 나가는 것보다 더 어리석은 일이 아닐까? 그렇다면 요역이 번잡하고 부세가 무거운 지역에서는 결국 배년이장이 없어서는 안 되느냐고 묻는 사람도 있다. 내 생각은 다음과 같다.

> 큰 주현은 도·리의 수가 많을 수밖에 없어 징수 마감일에는 아문의 대청(大廳)을 사람들이 빙 둘러싸 꽉 채우게 될 것이므로, 거기서 여러 가지 폐해가 발생할 가능성이 많다. [이때] 지현이 일처리를 게을리하면 깊은 밤이 되어서도 여전히 업무가 끝나지 못한다. 그런 것보다는 차라리 [각기 나누어서] 배년이장이 소집에 응하게 만들어서 사람 수도 적고 일 처리도 훨씬 쉬운 방안이 나을 것이다. 그렇더라도 세금 독촉이 적절한 방법에 따라 이루어진다면, 완납한 사람이 늘어나고 [배년이장은 임무를 마치고 「귀농면비표」를 받아] 농사일로 되돌아가 마감 독촉을 피할 수 있다. 또한 리별로 기한을 나누면, 마감을 맞아 전량도 완납되고 아문의 대청도 아무런 소란이 없을 것이다. 또한 왜 결국 배년이장은 없어서는 안 되느냐는 질문이 필요하겠는가?[116]

지금 일시적이라도 배년이장이 분주하게 돌아다니며 세금을 독촉하는 수고를 덜어 주고자 한다면, 매 갑에 그 임무를 넘겨주어 독촉하는 일을 나눠 맡기는 수밖에 없다. 배년이장이 이미 힘든 일을 맡고 있는데, 다른 납세자들은 어찌 자기들만 한가로움을 즐길 수 있겠는가? 이쪽에서는 날마다 두들겨 맞고 얻어터지는데, 저쪽에서는 어찌 아프고 가려운 것을 느끼지 못하겠는가? 더군다나 압송 업무나 소환에 응하는 일, 형벌을 피하기 위해 제공하는 뇌물 따위의 비용은 배년이장이 혼자의 몸으로 리 전체의 부담을 지는 것이나 마찬가지인데, 이것은 정리(情理)에 비춰 보아 아주 옳지 못한 일이다. 그러므로 응당 『실징마감기한장부(實徵限簿)』에 따라 갑별로 「장단」 한 권씩을 베껴 해당 갑에 넘겨주고, 갑에

116 이 부분은 설명이 너무 축약적이어서 정확한 해석이 쉽지 않다. 다음 권의 「7-01-01. 마감기한과 점검(比限說)」에서도 이 문제를 다시 다루고 있어 참고가 된다.

서는 근면하고 집안이 괜찮은 사람을 추천하여 여러 납세자에게 독촉하도록 해야 한다. 이 사람을 경최(經催)라고 한다. 만약에 경최가 「장단」을 갖고 깔아뭉개면서 독촉에 나서지 않는다면, 배년이장은 차역에게 보고하여 그를 체포·처벌하게 한다. 완강하게 버티면서 독촉에 응하지 않는 납세자가 있는 경우에도 배년이장은 이를 보고하여 체포하도록 해야 한다. 이렇게 하면 배년이장이 수고로움을 피할 수 있을 뿐만 아니라, 각 갑에서도 여럿이서 함께 맞들어 쉽게 처리할 수 있으니, 이보다 나은 방법이 어디에 있겠는가?

十甲輪充值年當差者,[117] 謂之: '排年'. 【又謂之: '現年'】 其一年中之正賦、雜差, 皆排年是問. 雖云賦役飛徭,[118] 原自出之衆戶, 其如勢豪積蠹[119]、頑憊窮民,[120] 任呼不應, 正賦累其敲朴,[121] 雜役累其包賠. 如東南州縣, 每遇值年, 則糧胥、書總、保歇[122]、圖差,[123] 與在城之棍虎,[124] 若羣蟻聚羶, 咸思饕食. 于是多方恐嚇, 假公保私, 「硃票」出於懷中,[125] 莫知何事料理, 動云千百, 刻不可遲. 非多蠹嚼呑于坊肆,[126] 卽累日困閉于舖倉,[127] 不大快其所欲不止. 以故, 鄕人望城市如地獄, 見差胥如獰鬼, 魂飛膽慄. 而一黨兇神, 因其畏縮, 誘以代辦之詞, 科其不貲之費.[128] 愚民無奈, 拚出多金, 利身安逸. 孰意飛差、外派接踵而來任,[129] 其將無作有, 何止用一索十?

嗟嗟! 役未及終, 而傾家蕩産, 賣子鬻妻, 其慘不可勝道矣. 然此猶止一身、一家而言也. 更

117 당차(當差)는 어떤 주어진 일이나 임무를 맡는다는 뜻이다.

118 비요(飛徭)는 임시적인 시급한 요역을 가리킨다.

119 적두(積蠹)는 아문에 오랫동안 버티고 있는 못된 아역을 가리킨다.

120 완비(頑憊)는 억척같이 끝까지 버틴다는 뜻이다.

121 고박(敲扑)은 고박(敲撲)이라고도 한다. 채찍으로 때리는 형구로 짧은 것은 고, 긴 것은 박이라고 한다. 따라서 채찍이나 곤장으로 때리는 것을 말한다.

122 보헐(保歇)은 여관이나 기타 쌀가게 등의 장사를 하면서 직업을 소개하거나 관부와의 관계에 중개를 서면서 보증인 역할을 하는 직업, 내지는 그 사람을 가리킨다. 여기서는 보증을 서는 여관 주인이라고 할 수 있다. 「6-02-13. 보헐과 도차의 제거(革保歇圖差)」를 참조.

123 배년이장이 직역에 취임하면, 그에게 보증을 선 해당 양방은 곧바로 좌최차(坐催差)를 파견한다. 그를 바로 도차(圖差)라고 한다. 이들은 도(圖) 단위로 전량 징수 독촉의 책임을 맡는데, 주요 임무는 이장이나 갑장을 감독하면서 그들이 마감 기한에 응해 제때에 공당(公堂)에 도착하도록 보장하는 것이었다..

124 곤호(棍虎)는 악질 건달이나 무뢰배를 가리킨다. 곤(棍)은 건달·무뢰배를 일컫는 말이다.

125 「주표(硃票)」는 「주필관표(硃筆官票)」·「주필표(硃筆票)」라고도 하는데, 관부에서 붉은색 먹물로 쓴 「전표(傳票)」 즉, 「지시공문」을 가리킨다.

126 방사(坊肆)는 시장·저잣거리·상점 등을 가리킨다.

127 포창(舖倉)은 감창·감옥을 가리킨다.

128 자(貲)는 계산하다, 헤아린다는 뜻이다. '소비부자(所費不貲)'는 계산할 수 없을 정도로 엄청나다는 뜻이다.

129 비차(飛差)는 매우 긴급한 임무나 그 사람을 가리킨다.

有甲分單寒, 宗支寡弱, 協力匡助, 相繼告空, 所謂: "括孱肌而餧餓虎,[130] 牢罷犬以飽貪狼." 安有不立㗖俱盡者哉? 凡爲父母者,[131] 憫排年之苦, 必先力除保歇, 盡革圖差, 而後侵蝕之害甦. 憫排年之勞, 必宜「長單」落甲, 公任分催, 而後奔箠之累釋.[132]

然此猶爲差煩賦重之州縣言之也. 若乃糧簡地僻, 竟用各甲經催,[133] 并排年而去之, 不尤愈于畏陰而留影乎?[134] 或問之曰: "然則差繁賦重之區, 排年終不可去耶?" 愚曰:

> 州縣大者, 圖土必多, 臨比之日, 公堂環擁,[135] 諸弊易生. 當事倦勤,[136] 深更未罷, 莫若排年應卯,[137] 人少而事易辦耳. 雖然催科有法, 完納衆而歸農免比, 按里分期, 臨限清而聽事無擾.[138] 又何排年之終不可去乎?

今姑爲排年釋犇箠之累, 其落甲分催之不可已也. 排年旣任其勞, 衆戶獨享其逸. 此卽敲朴日加, 彼何關于痛癢?[139] 而且押差喚卯[140]、行杖鋪堂,[141] 種種多費, 是以排年之一身, 而當全里之重困, 揆之情理, 殊有未安. 宜照『實徵限簿』, 每甲謄造「長單」一本, 分發本甲. 每甲公輪勤幹有身家一人,[142] 傳催衆戶, 名曰: '經催'. 如經催臥單不催, 排年稟差拿究. 如頑戶任催不納, 排年遞稟摘拘. 是則不惟排年免累, 而各甲亦屬衆擎易擧, 法寧有善于此者乎?

---

130 잔기(孱肌)는 메마른 몸을 가리킨다.

131 여기서 부모(父母)는 부모관(父母官), 즉 주현의 지방관을 가리킨다.

132 분추(奔箠)는 돌아다니며 세금 미납자를 때린다(독촉한다)는 뜻이다.

133 경최(經催)는 갑에서 전량 징수의 독촉 책임을 나눠 맡은 사람을 가리킨다.

134 그늘을 피하려고 뙤약볕 속으로 나가는 어리석음을 가리키는 것으로 보인다. 아마 "그림자와 발자국을 피한다(畏影避跡)"는 고사와 연결될 수 있을 것이다. 이 고사는 『장자(莊子)』「잡편(雜篇)」「어부(漁父)」에 나오는데 "그림자와 발자국을 남기는 것이 싫어 이것을 떼 놓고자 달리는 사람이 있었는데, 발을 떼는 일이 촘촘하면 촘촘할수록 발자국은 늘어나고, 빠르게 달리면 달릴수록 그림자는 몸에서 떨어지지 않았다. 자신이 여전히 늦어서 그렇다고 생각한 그는 쉬지 않고 질주하다가 결국 힘이 떨어져 죽었다. 그늘에 들어가면 그림자가 없어지고, 가만히 있으면 발자국이 없어지는데, 정말 어리석은 경우다."라는 이야기다. 결국 이것은 사리에 밝지 못하고 어리석은 사람이 스스로를 괴롭힌다는 것을 비유하게 되었다.

135 환옹(環擁)은 많은 사람이 빙 둘러싼다, 포위한다는 뜻이다.

136 권근(倦勤)은 힘든 행정업무에 염증을 느낀다는 뜻이다.

137 응묘(應卯)는 소집·호출에 응한다는 뜻이다. 매일 아침 묘시(卯時, 5-7시)에 출근 점검이 있었던 데서 비롯되었다. 묘는 여기서는 전량 징수의 마감기한(比卯)을 가리킨다.

138 청사(聽事)는 관청에서 안건을 처리하는 청당(廳堂)을 가리킨다.

139 하관우통양(何關于痛癢)은 자신의 이해관계와 무슨 관계가 있느냐는 표현이다. 통양(痛癢)은 아픔과 가려움을 가리킨다.

140 압차(押差)는 범인이나 세금을 운송·운반하는 차역을 가리킨다.

141 행장(行杖)은 곤장으로 때리는 것을 말한다. 포당(鋪堂)은 포반(鋪班)이라고도 하는데 관부의 차역이 범인에게 뇌물로 요구하여 받는 돈을 가리킨다.

142 근간(勤幹)은 부지런하고 노련하다는 뜻이다.

○ 부록: 「장단」의 양식(「長單」式附)

갑장에게 내려 보내 징세를 재촉하는 「장단(長單)」의 양식【1갑마다 1권으로, 갑의 납세자가 양식대로 만든다.】

갑장의 징세독촉장(甲長經催單)

모주현에서는 갑장에게 징세 독촉의 임무를 맡긴다. 전량은 국가의 부세에 관련되는 것이므로 각 납세자는 응당 기한에 맞추어 완납해야 할 것이다. 그러나 기한에 맞추거나 그렇지 않고 버티는 경우 등이 각기 다르므로 이 독촉의 임무를 맡기고자 하는데, 진실로 세금을 독촉하면서 소란을 피울까 두려워 이 독촉장을 갑장에게 주어 납세자마다 전달하여 독촉함으로써 기한에 맞추어 완납하게 하려는 것이다. 만약 저항하면서 어긴다면 차역을 파견하고 구인하여 무겁게 처벌할 것이며, 갑장이 독촉장을 배포하지 않고 머뭇거린다면 현년이장이 「탄원서」를 갖추어 올리는 것을 허락함으로써 구인하여 함께 처벌하되 용서하지 않을 것이다.

이 독촉장을 모리 모갑 모 갑장에게 지급하여 이것을 가지고 독촉하게 한다.

본갑에서는 모두 합해 실징 지정은이 [ ]이다.【[ ] 안에 징수할 액수를 기입한다.】

일호(一戶)

양식은 『마감기한장부』와 같다.

○ 무릇 여기서 말하는 경최(經催)는 본갑의 호수(戶首)이다. 만약 배년이장을 없앤다면 바로 호수를 이용하여 한 갑의 납세자 전체를 독촉하게 한다. 「장단」은 매 갑에서 양식에 맞추어 만들어, 납세자의 완납 여부를 파악한다. 다만 배년이장이 이것을 가지고 경최의 완납 여부를 파악하는 과정을 생략하는 것이다. 따라서 그 독촉장의 제목에서는 '갑장경최'라는 글자를 삭제하고 대신 '호수총최장단(戶首總催長單)'이라 바꾸며, 독촉장에서 '갑장'이라는 글자를 삭제하고 "호수가 기한에 맞추어 완납하게 한다"고 바꾸며, 그 아래도 "기한에 맞추어 완납하지 않으면 마감점검으로 호수를 독촉하는데, 만약 호수가 기한을 넘기고 몸소 마감독촉에 응하지 않으면 차역을 파견하여 무겁게 처벌하며, 납세자가 저항하면서 독촉에 응하지 않으면, [호수가] 「탄원서」를 올려 구인하여 처벌하되 용서하지 않을 것이다."라는 내용으로 바꾼다.

○「長單」式附

落甲經催「長單」式【一甲一本, 甲中花戶依式造】

甲長經催單

某州縣, 爲落甲經催事. 照得錢糧關係國賦, 各花戶自應遵限完納. 但良頑不等, 擬卽差催, 誠恐需索滋擾, 合給單甲長, 按戶傳催, 作速遵限完納. 如有抗違差拏重究, 甲長停單不催, 許現年具稟, 拘責幷究不貸.

右單給某里某甲長某執催

本甲通共實徵地丁銀 若干【內實搭徵錢若干】

一戶

式同『限簿』

○ 夫條內所謂: '經催'者, 卽本甲之戶首也. 如革去里排, 卽用戶首, 以總催一甲之花戶. 其「長單」, 每甲仍照式造, 以考花戶之完、欠. 惟省卻里排之執, 以考經催完、欠耳. 其單刪去'甲長經催'字樣, 改爲'戶首總催長單', 其單內去'甲長'字樣, 改爲'戶首遵限完納', 下改如"完不合限, 責比戶首, 逃限不親身應比, 差拿重究, 花戶抗不聽催, 具稟拘究不貸."

6-02-11. 「곤단」에 의한 전량 징수(「滾單」落戶)

무릇 「장단」을 갑에 넘겨주는 것은 갑장이 「장단」을 수령하여 본갑의 납세자를 독촉하게 함으로써 배년이장을 위해 수고를 덜어 주어 혼자만 힘들지 않게 하기 위함이다. 「곤단」을 납세자에게 넘기는 것은 본갑의 납세자가 독촉장을 받으면 돌아가며 납부를 독촉하게 함으로써 갑장의 수고를 덜어 주고 신속한 완납을 꾀하기 위함이다. 그 방법은 전량을 징수하기 시작하고 나서 첫 번째와 두 번째 기한까지 납부하도록 하되, 서너 번째 기한이 되어서도 액수대로 완납하지 않으면, 이 명부에 따라서 본갑의 납세자를 다섯 가구씩 나누어 하나의 「곤단」을 만들고 차례대로 각 호의 미납 액수를 기입한 다음, 세액의 다과를 막론하고 네 번째 기한까지 완납하도록 하는 것이다. 그리고 다섯 가구 가운데 미납액이 가장 많은 사람을 최두(催頭. 독촉 책임자)로 삼는다. 그 「곤단」은 갑장이 받아서 [미납액이] 가장 많은 사람에게 주어 최두 일을 맡긴다.

이 최두는 마감시간이 되면「곤단」을 가지고 마감점검을 받으러 나간다. 마감점검이 끝나면, [자신의 세금을 완납한 최두는] 그다음으로 미납액이 많은 사람에게「곤단」을 넘겨주어 다음 최두로 삼는다. 만약 이「곤단」을 받았는데도 기한 내에 완납하지 않거나,「곤단」을 가지고 있으면서도 마감점검에 응하지 않는 사람은 바로 구인하여 미납액을 완납하도록 처벌한다. 그 나머지 납세자의 경우 기한 내에 완납하지 않으면 최두가「탄원서」를 올려 잡아들임으로써 무겁게 처벌하며, 세액 전체를 납부해야 풀어 주도록 벌한다. 만약에 기한을 넘겨서도 다시 완납하지 않으면 칼을 씌워 대중에게 공개한 다음, 세액을 완납하도록 독촉한다. 이 방법은 제대로 실행되는지 여부를 모름지기 부지런하게 조사해 보아야 한다. 그렇지 않으면「곤단」을 넘겨도 지키지 않을 것이니 이 또한 무익한 일이기 때문이다.

夫「長單」落甲者, 著甲長領單, 經催本甲花戶, 所以爲現年分勞, 勿致獨累也.「滚單」落戶者,[143] 著本甲花戶單到滚催.[144] 所以爲甲長分勞, 期于速完也. 其法, 錢糧開徵頭二限聽納, 至三四限, 完不如數, 照此簿, 甲分每五戶列一單, 挨塡各戶欠數. 不論銀數多寡, 分作四限完納. 五戶中以欠數最多者爲催頭.[145] 其單, 甲長領給最多者. 催頭逢卯,[146] 執單赴比.[147] 比後又交與下手欠數多者爲催頭. 如單到不照限完納及臥單不赴比者, 立卽差拿罰完欠數. 其餘戶不照限完, 催頭稟拿重責, 亦罰全完方釋. 如過限再不完, 枷示仍責全完. 須要勤查法在必行, 否則雖滚不遵, 亦無益也.

143「곤단(滚單)」은 청초에도 이름이 보이긴 하지만 강희 연간 전국적으로 보편적으로 사용되기 시작하였다. 납세자의 상호 독촉을 이용한 전량 징수를 위해 사용한 것이다. 매 리 가운데 5호나 10호를 한 단위로 삼아, 매 호의 토지면적과 세액, 춘·추의 납부기한과 납부액을 기입한 다음 갑수에게 발급하고 10개의 기한으로 나누어 자진 납부를 독촉하게 한 것이다.「곤단」에 의한 징수 독촉은 가장 미납액이 큰 납세자에게서 그다음의 납세자에게로 순서대로 독촉의 책임이 넘어가므로(挨次滚催) 이런 명칭이 붙은 것 같다. 여기서는 지역 단위(就田問賦)가 아닌 납세자 단위(就人問賦)로 전량 납부를 독촉하는 책임이 부과되고 있다는 특징이 있다(何平,『清代賦稅政策研究 1644-1840』, pp.247-255).

144 단도곤최(單到滚催)는「장단(長單)」을 받으면 이것을 가지고 다른 미납자를 독촉하게 한다는 뜻이다.

145 최두(催頭)는 최수(催首)라고도 한다. 관부에서 지정한 전량을 재촉하는 사람이란 뜻이다. 체납자가 기한대로 완납하지 않으면 최수가 독촉과 처벌을 받는다.

146 묘(卯)는 징수독촉의 마감기한(比卯)으로 제1기는 바로 제1묘라고 부르는 식이다.

147 부비(赴比)는 기한을 정해서 전량을 징수·독촉할 때 기한을 넘기고 납부하지 않는 사람을 불러 마감독촉을 하는 것이다.

6-02-12. 갑장에게 징수 독촉 책임을 맡기기(戶頭總催說)

전량을 거둘 때 배년이장을 이용하는 것은 납세자들이 이리저리 흩어져 뭉쳐 있지 않기 때문이다. 따라서 리마다 배년이장을 두어 완납을 독촉하고, 마감기한이 되면 소집에 응해 결과를 보고하게 한다. 납세자들은 수가 많아 모두가 하나같을 수 없으므로 납세자들이 완납하지 않으면 역시 현년이장에게 책임을 씌운다. 이는 또한 몇몇 사람으로 많은 무리를 통제하고, 번거로움을 줄이고 간편함으로 나가는 길이기도 하다. 다만 배년이장은 혼자서 리 전체의 납세자를 독촉하고 혼자서 모든 호에 대한 독촉을 떠맡아 뒤집어쓰므로 대단히 힘들 수밖에 없다. 이에 각 갑의 갑장들을 경최(經催)로 임명하여 배년이장의 수고를 나누어 맡게 하며, 각 갑에서 완강하게 버티면서 질질 끄는 사람이 있으면, 「곤단」을 발급하여 호별로 차례대로 독촉하게 하여 갑장의 수고를 조금 덜어 준다. 이러한 방법은 가장 훌륭한 것이다.

대개 배년이장이 생겨나면서부터 곧바로 보헐·도차·총서·양리 등이 상규(常規)나 사비(使費)를 의논하여 정함으로써 [배년이장에게] 큰 부담을 덮어씌었다. 그래서 배년이장도 납세자(甲戶)에 대해서 세금을 가로채거나 갉아먹거나 마구잡이로 할당하거나 부당한 액수를 요구하는 등 폐단을 저지르게 되었다. 따라서 배년이장의 부담을 덜어 주려면 보헐·도차를 없애지 않을 수 없으며, 납세자들의 부담을 덜어 주려면 배년이장을 없애지 않을 수 없다. 배년이장을 없애면 그 일을 떠맡는 사람이 없으니, 총서와 양리 또한 제멋대로 뜯어먹는 일이 불가능해진다. 이에 성천자(聖天子)께서는 배년이장이 백성에게 큰 해가 된다는 것을 깊이 아시고 신속하게 그것을 없애는 문제를 논의하도록 지시하시어 독촉의 책임은 오로지 각 갑의 호두(戶頭)에게 맡기도록 하셨다. 호두는 자기 마을사람이 자기마을의 납세자를 독촉하는 것이라, 탐욕스럽게 뺏는 일이 없어지니 다른 사람들이 엿보는 일 역시 드물어진다. 이 또한 아주 훌륭한 방법이다.

하지만 호두는 자기 마을에서 전량을 독촉하지만, 마감기한에 맞춰 보고하기 위해서는 반드시 현성에 가야 한다. 만약에 이를 단단히 감독하면서 확인하지 않는다면, 세금을 독촉하는 데 진력하지 않거나 마감에 응하지 않는 사람이 없다고 보증할 수 있겠는가? [그렇기 때문에] 내 생각에는 [이런 단속을 책임지는] 도차를 갑작스럽게 없애기는 곤란한 것으로 보인다. 도차를 빠른 시일 내에 없애지는 못한다 하더라도, 그 상규·사비는 예전만큼 심하지는 않아서 단연코 스스로 자기 돈으로 배상하는 일은 없을 것이니, 조금도 백성을 괴롭히지 않게 될 것이다. 또 호두는 매 갑에서 돌아가면서 맡도록 하고, 그 명단을 아예 경승에게 맡겨 그가 작성하여 보고하게 하는 방법도 있다.

그렇지만 만약 호두를 선거로 뽑지 않는다면 [경승이 농간을 부려] 쓸 만한 사람에게 뇌물을 받고 벗어나게 해 주거나, 아니면 지원자를 막고 감당할 능력이 안 되는 사람을 고르지 않을 것이라고 보장할 수 있겠는가? 그렇게 되면 내 생각으로는 세금 독촉에 그다지 도움이 되지는 않을 것이다. 세금 독촉에 그다지 도움이 되지 못하면, 세금을 가로채거나 갉아먹거나 마구잡이로 할당하거나 부당한 액수를 요구하는 등의 폐단이 예전처럼 심하지 않게 막을 수는 있지만, 기한 내에 모두가 완납하여 아무도 마감 독촉을 받지 않은 상황은 결코 나타나기 어려울 것이다. 도차를 없애지 못하면 백성의 피해를 모두 없애지는 못하며, 또한 이와 맞물려 다른 폐해들도 잇따라 생겨날 수도 있다. 세금 독촉이 실효를 거두지 못하면, 지방관도 업무평가에서 일찌감치 그에 부응하는 성적을 올릴 수 없고, 또한 그 때문에 또 다른 폐단이 이것을 구실로 생겨날지 모른다. 그러니 어찌 훌륭한 방안을 마련하여 이렇게 좋은 뜻을 지키려 하지 않겠는가?

내 생각으로는 한 갑의 전량을 호두에게 맡기려면, 모름지기 그 갑 내에서 연륜과 정력을 제대로 갖추고 있으며, 부유하여 세금도 많이 내면서도 소심하여 법을 두려워하는 사람을 골라 충당해야 한다. 늙거나 어리거나, 외롭고 가난하거나, 유약하고 무능한 사람은 모두 공개모집에 끼어들 수 없게 해야 한다. 그 책임은 본갑에 묻되, 지현이 점검하여 과연 감당할 수 있는 사람이라면, 다음과 같은 양방·총서의 「보증서(保狀)」를 받는다.

> 다음과 같이 보증합니다. 모리·갑의 모가 호두에 지원하여, 모년분 본갑의 전량 전체를 독촉하는 책임을 떠맡고자 합니다. 만약에 공무를 그르치거나, 불법을 저지르고 서로 짜고 부정을 저지르거나 『마감기한장부』나 『완납·미납장부』를 조작한 것이 발각되면 함께 달게 처벌을 받겠습니다.

그 후에는 해당 호두의 다음과 같은 「자원서(認狀)」를 받는다.

> 모리·갑의 모는 실제 자원하여 본갑의 호두에 응모하여, 모년분 납세자들의 전량 전체를 독촉하는 책임을 맡아 그들이 기한을 지켜 스스로 완납하도록 하겠습니다. 만약에 세금을 가로 채거나 갉아먹거나 마구잡이로 할당하거나 공무를 어긋나거나 그르치게 하거나, 대리인을 고용하여 마감에 응하는 등의 폐해가 발각되면, 무거운 처벌이라도 달게 받겠습니다.

또한 5갑의 호두 5명마다 함께 연명으로 다음과 같이 상호보증을 서도록 한다.

> 다음과 같이 보증합니다. 모갑의 모, 모갑의 모 등은 모년분의 본갑 납세자의 전량을 독촉하는 데 자원합니다. 만약에 세금을 가로 채거나 갉아먹거나 마구잡이로 할당하거나 부당한 액수를 요구하는 등의 폐해를 저지르거나, 잘못을 숨겨주면서 신고·고발하지 않거나, 마감 소집에 응하지 않고 몰래 도망가는데 마감 관련 일을 맡는 사람이 이를 머무르도록 막지 않는 일이 있으면 모두 달게 처벌을 받겠습니다.

이렇게 「자원서」·「보증서」·「상호보증서」 등을 풀로 붙여 한 권의 책으로 만들고 관인을 찍어 보관한다. 지현은 이들이 호두 역할을 맡는 것을 인준할 때는 모두 공당에 불러 모아 우선 훈계를 한 다음 뒤이어 격려를 함으로써, 그들이 두려워하면서도 기꺼이 따를 수 있게 해야 한다. 호두는 평소 집안 형편이 괜찮은 사람이어서 결코 다른 납세자를 대신해서 추궁·독촉을 받으려 하지는 않을 것이며, 따라서 반드시 독촉하는 데 힘써 노력할 것이다. 납세자들 역시 체면 때문에 애써 기한 내에 세금을 납부하려고 노력할 것이므로 미납·체납 항목이 마감까지 이르는 경우가 줄 것이다. 그리고 마감기한에 이르러 양서들은 이미 보증을 섰으므로 스스로 감히 멋대로 적은 것을 많다고 하거나, 미납한 것을 완납하였다고 지현을 속이면서 허물을 자초하지는 못할 것이다.

납세 마감기한에 이르렀을 때 호두는 상호보증을 섰지만 전량을 완납하지 못해 마감점검에 응해야 할 다른 호두들과 함께하면서, 마감점검이 끝난 다음에야 같이 해산하도록 한다. 만약에 상호보증을 선 사람들 가운데 마감점검에 응하지 않거나, 관련자가 이들을 머무르도록 막지 않는 일이 있다면 본인 자신이 마감점검에 응하는 것 외에도 추가적으로 문책함으로써, 서로 견제하여 감히 몰래 도망치는 사람이 없게 해야 한다. 이렇게 마감점검에 응하지 않은 사람에 대해서는 해당 리에 그런 사람이 몇 명이나 있는지, 지방이 얼마나 먼지 가까운지를 따져 차역을 보낸 다음 한꺼번에 몇 사람씩 압송하여 무겁게 치벌하되, 기한에 맞추어 완납을 해야만 비로소 석방을 해 준다. 만약에 호두 가운데 기한을 앞당겨 [예정된 분납액보다] 많은 액수를 납부시키거나 혹은 기한도 되기 전에 완납시킨 사람이 있으면, 붉은 띠(花紅)를 두르게 하고 음악을 연주해 주는 등 각각 장려하고 상을 줌으로써 나머지 사람들을 고무한다. 이렇게 하면 법을 받들면서 공무를 우선시하지 않는 호두가 없을 것이며, 도차들의 애꿎은 단속도 피할 수 있을 것이다. 백성에게 피해를 주는 것들 역시 이로부터 모두 없어지지 않겠는가?

또한 납세자가 1년에 납부해야 할 액수는 이에 대해 상세히 나누어 기록한 「장단」이 있다. 따라서 호두가 이것을 가지고 평소에 독촉하면, 마감기한이 되어 완납·미납 등을 검토할 때 마치 손바닥을 보는 것처럼 쉽고 분명할 것이다. 전량 납부가 부진한 납세자에게는 「곤단」을 나누어 발급해 주고 호별로 순서에 따라 독촉하게 하면, 그런 무리들은 이 때문에 신속하게 전량을 완납할 것이다. 완강한 납세자가 독촉에 응하지 않고 버티는 경우, 호두가 「탄원서」를 올려 구인·처벌함으로써 미납분을 추징하면, 나머지 미납액도 점차 완납되는 것이 어렵지는 않을 것이다. 이렇게 하면 호두도 두루 수고하며 홀로 무거운 부담을 지지 않아도 될 뿐만 아니라, 갑호가 내는 정규 세액 역시 완납이 가능해진다. 또한 이렇게 되면 지방관은 업무평가에도 일찌감치 넉넉히 부응할 수 있지 않겠는가?

그렇지만 다음 해의 새로운 전량에 대해서는 따로 새로운 경최를 임명해야 한다. 만약에 선발·보고를 통해 제대로 된 사람을 얻지 못하면, 이전 해의 담당자를 그냥 남겨 두어도 괜찮을 것이다. 다만 전량 독촉에 보탬이 되도록 힘쓸 뿐, 순번에 따라 돌아가면서 임용하였다가 도리어 징세 업무를 그르치게 해서는 곤란하다. 그 가운데 혹시라도 못된 사람이 있어 익숙한 재간을 빌미로 부정을 저질러 이를테면 배년이장에 관련된 여러 폐단이 다시 나타난다면, 납세자들이 그를 지명하여 몸소 고발하는 것도 허용해야 한다. 지현은 불시에 탐방·시찰하여 [이런 사례에 대해서는] 무거운 벌을 내리고 해임한 다음에 부정한 돈을 추징하여 원주인에게 돌려주도록 해야 한다. 이렇게 엄격하고 분명한 조치를 내린다면 어찌 다시 법을 가벼이 여기는 사람이 나타날 수 있겠는가?

나는 앞서 배년이장의 이해득실에 대해서, 여기서는 다시 호두를 이용하는 문제에 대해서 이야기를 하였는데, 이들은 모두 전량 징수를 독촉하는 데 아주 중요한 직책이며, 이전의 사례로부터 교훈을 얻지 못하면, 나중에는 반드시 소홀함이 있을 것이다. 따라서 여기서 약간의 심득을 삼가 진술함으로써, 당사자들이 채택할 수 있도록 대비를 하였다.

夫催科而用排年者, 以花戶零星, 分而無統, 故各里設排年, 督催完納及逢限應卯.[148] 納戶人多, 未能齊一. 故花戶完不如數, 亦責比現年. 是亦以寡馭衆、省繁就簡之道也. 但排年以一人而催全里之戶, 以一身而應衆戶之比, 甚爲苦累. 于是, 以每甲之甲長, 命爲經催, 以分任排年之勞, 而各甲每有頑梗、延捱,[149] 又別設「滾單」, 令其逐戶挨催, 以少節甲長之勞. 法至善也.

---

148 응묘(應卯)는 여기서는 전량징수의 마감기한(比卯)에 따른 점검에 응하는 것을 말한다.

蓋自排年之設, 則有保歇、圖差、總書、糧吏, 議立常規[150]、使費之爲累.[151] 而排年于甲戶, 亦遂有兜收侵蝕[152]、雜派濫索之爲累. 故欲甦排年, 不得不革保歇、圖差, 欲甦花戶, 不得不革排年. 排年革而首事無人, 其總書、糧吏亦無所恣其呑噬. 是以聖天子深知排年爲百姓之大害, 于是亟議革除.[153] 而催督之任, 惟專責之各甲之戶頭. 以其鄕人而催鄕戶. 彼旣無其貪獲, 人亦鮮所覬覦, 法又至善也.

然而戶頭催糧, 多在鄕曲, 應比又須至城. 倘無所以董押之,[154] 保無有儹催不力與臨卯不到者乎? 吾恐圖差之未能遽去也. 圖差未能遽去, 其常規、使費, 雖不至如疇昔之甚, 而斷無賠錢自效,[155] 毫不擾民者也. 抑戶頭每甲輪流充當, 一任經承造報. 倘無所以選擧之, 保無有賄脫可用與抑認不堪者乎? 吾恐催科之未能有益也. 催科未能有益, 其兜侵、派索, 雖可以杜在昔之奸, 而斷難按限全完, 不事追比者也.[156] 圖差之不去, 是民害之猶未盡除, 且恐他弊亦因緣而起. 催科之無益, 是考成之莫克早副, 且恐他奸又更端爲用, 豈可不思良策以守此美意乎?

愚以爲一甲之錢糧寄之戶頭, 必就本甲擇年力精壯、殷實糧多、小心畏法者充之. 其老穉孤貧、庸懦無能者, 一槩不得混應公擧, 則責之本甲, 印官驗果堪充, 取其糧房、總書「保狀」, "實保結得: 某里甲某, 堪應戶頭, 總催某年分本甲花戶錢糧. 如有悞公不法及通同作弊、增減比限 · 完、欠冊單, 查出一體甘罪"云云. 然後, 取該戶頭「認狀」: "某里甲某, 實認應本甲戶頭, 總催某年分花戶錢糧, 遵限自封完納. 如有兜收侵蝕、需索違悞、臨卯不到、僱替應比等弊, 願甘重究"云云.

又每五甲戶頭五人, 共具連名互結, "實互結得: 某甲某, 某甲某, 認催某年分本甲花戶錢糧. 如有兜收侵蝕、需索作弊、隱狥不行擧首及臨卯私逃、在比人不行留阻,[157] 一體甘罪"云云. 將「認 · 保 · 互各結」, 粘連成卷, 用印存案. 印官于認役之時, 齊集當堂, 始申之以誡飭, 繼加之以奬慰, 使其知所懼而樂所從. 彼戶頭旣素有身家, 必不肯代花戶受比, 而催督之必力. 花戶

---

149 완경(頑梗)은 어리석게도 복종하지 않는 사람을 말한다. 연애(延捱)는 미루고 질질 끈다는 뜻이다.

150 상규(常規)는 일반적인 규칙을 말하지만 여기서는 통상적으로 또는 관례적으로 지불되는 비용 · 수수료 · 뇌물 등을 가리키는 것으로 보인다.

151 사비(使費)는 지출비용이나 뇌물이나 접대 등을 위해 사용하는 비용을 가리킨다.

152 두수(兜收)는 횡령한다는 뜻이라고 한다.

153 강희제 때 현년이장의 폐해 때문에 이것을 폐지하라는 지시가 내려졌으나, 지방사회에서 그대로 지켜진 것 같지는 않다. 구동조, 『청대지방정부』, p.228을 참조.

154 동압(董押)은 꼭 묶다, 단속하다, 감독한다는 뜻이다.

155 배전(賠錢)은 돈으로 배상한다는 뜻이다. 자효(自效 · 自効)는 스스로 남을 위해 역량이나 생명을 바친다는 뜻이다.

156 추비(追比)는 기한을 정하여 전량을 독촉하거나 임무를 부여하였지만, 기한을 넘겼을 때 곤장이나 감등 등의 방식으로 처벌하면서 그 완수를 독촉하는 가리킨다.

157 유저(留阻)는 저지한다는 뜻이다.

亦碍其體面, 必勉于按限輸將,[158] 而逋欠之目少. 及其比限, 糧胥具有「保結」, 自不敢任意以少增多, 以欠作完, 朦官取咎. 至于戶頭逢限, 同互結有未完應比幾人, 必俟比完同散. 如結中有"臨卯不到, 在事不行留阻", 除本身應比外, 再加量責, 使彼此共相箝制,[159] 而不敢私逃. 其逃卯者, 視本里逃卯之多寡, 酌其地方遠近, 一差可拘數人, 嚴拿重責, 仍照限完方釋. 若戶頭能破限多完, 或先限全完者, 花紅、鼓樂,[160] 分別獎賞, 以鼓勵其餘. 如此, 戶頭未有不奉法急公, 而啚差之董押可免矣. 其爲民害者, 不從此盡除乎?

再,[161] 如花戶一年應納之數, 則有分註之「長單」, 戶頭執此, 平時催儹, 逢限稽查完、欠, 瞭如指掌. 戶中輸納不前, 則有分發之「滾單」, 令其逐戶挨催, 連類因之速竣.[162] 至如頑戶任催不應, 戶頭具禀, 拘責押追, 餘欠無難漸楚. 如此, 戶頭亦不致偏勞重困, 而甲戶之正供可淸矣. 其爲考成者, 不于是克副乎? 若夫來歲新糧, 又須別認經催. 倘擧報未得其人, 不妨問留舊役, 祇期有濟于催科, 難狥輪充而悞帑. 至其中或有不肖, 以熟滑生奸,[163] 如前此排年諸弊, 許花戶指名首告. 印官不時訪察, 重究斥革, 追贓給主. 則嚴明之下, 又尙有輕于三尺者乎? 鴻因前幅, 具言排里利弊, 而今更用戶頭, 均係催徵要役, 似未可懲乎前, 而忽乎後. 故謹陳一得, 以備當事采擇焉.

6-02-13. 보헐과 도차의 폐지(革保歇·圖差)

전량이 완납되지 않는 것이 모두 납세자의 체납 때문만은 아니다. 그 폐해는 보헐(保歇)이 횡령하고 갉아먹는 데서 비롯된다. 이갑호[배년이장]의 부담이 무거운 것 또한 정규 세액이 무겁기 때문은 아니다. 그 폐해는 도차(圖差)의 자의적인 부과와 행패에서 비롯된다. '보(保)'라는 명칭은 배년이장이 마감점검을 회피할까 두려워 현성에서 머무르는 장소를 확실하게 파악해 놓는 것을 가리킨다. 그렇게 함으로써 [문제가 생겼을 때] 쉽게 찾아서 잡아들일 수 있다. '헐(歇)'이라는 명칭도 배년(현년)이장이 향리에 거주하기 때문에 현성에 들

---

158 수장(輸將)은 부세를 납부한다는 뜻이다.
159 겸제(箝制)는 통제·공제를 뜻한다.
160 화홍(花紅)은 모자 위에 꽂아 주는 금화(金花)나 몸에 두르는 홍색 비단으로 꽃 모양 매듭이 들어 있는데, 보통 혼례나 경사 등을 가리키는 예물이 된다.
161 재(再)는 앞서의 서술에 뒤이어 추가로 보충설명을 할 때 쓰는 용어다.
162 연류(連類)는 동류(同類), 즉 같은 무리를 가리킨다.
163 숙활(熟滑)은 숙련·습관 또는 그러한 재간이란 뜻이다.

어오면 숙소를 찾아 쉬는 곳인데, 그렇게 해서 소집에 응하기 편하고자 하는 것이다. 그런데 경력이 오래된 못된 서역들은 결국 자신의 부자·형제들로 하여금 이 보험을 맡게 한다. 전량에 대해 이미 많은 부탁을 받아 놓았기 때문에 그들은 이를 이용하여 멋대로 세금을 침식하거나 돌려쓰는 것이다. 경험이 많은 도시의 무뢰배들 또한 그 부자·형제들이 양서를 맡게 한다. 그 결산은 모름지기 이 양서의 손을 거쳐야 하기 때문인데, 완납·미납 여부 등을 그들은 마음대로 바꿔 쓸 수 있다. 심지어는 아문의 우두머리 아역이나 마감을 어긴 사람을 잡아들이는 차역 등도 모두 그들의 친구다.

그래서 "관부의 연줄은 내가 모두 장악하고 있으니 마감점검에도 빠질 수 있는데 당신이 반드시 있을 필요가 있느냐? 단지 전량만 바로 내게 맡겨 주면, 곧바로 향리로 돌아가도 좋다"고 장담하는 것이다. 그래서 배년이장들은 이곳을 영험 있는 사당으로 의지하며, 이들을 심복이라고 믿게 된다. 일단 [배년이장을 속여] 속여 전량을 손에 넣게 되면 임의로 침탈하는 일로 이어지며, 징수 마감에 이르러서는 서로 짜고 덮어 준다. 간혹 조사로 부정이 드러나 적발·체포되기도 하는데, 관련 차역·양리들이 서로 짜고 시간을 질질 끌면서 잠시 몸을 피할 수 있게 하는 계략을 사용하기 때문에, 이렇게 해서 체납된 세금은 도저히 마무리되지 않는다. 결국 배년이장들은 마감점검을 두려워하여 어쩔 수 없이 불만을 삭히면서 참고 배상할 수밖에 없다.

한편 배년이장이 직역을 맡게 되면, 그에게 보증을 서 준 해당 양방은 곧바로 독촉책임자, 즉 좌최(坐催)를 파견한다. 그를 바로 도차(圖差)라고 부르는데, 도(圖)별로 나누어 뽑아 보낸다. 이 때문에 도차는 조예를 통해 양방에게 이 일을 따내는 데 비용을 쓰게 되고, 도의 크고 작음, 비옥함과 척박함에 따라 이익이 큰 쪽을 따내는 데 또 비용을 들이게 된다. 이런데서 양방은 이익을 얻는다. [그다음에는] 내아로 차표(差票)를 보내는데, 이것 때문에 내아로 들어가는 문서를 투입하는 상자인 전두(轉斗)를 맡은 사람이 이익을 얻는다. 그리고 도별로 검토하여 차역을 등록하고 번호를 매기는 아역 또한 이것으로 이익을 얻는다. 나아가 관인을 맡는 사람이 그것을 찍어 주는 일을 미루면서 발급해 주지 않거나, 각종 사무를 총괄하는 서역이 공갈을 치면서 차역을 바꾸겠다고 협박하는 등 갖가지 일들도 모두 이런 이익 때문이 아닌 것이 없다.

오호라! 도차라는 존재는 형명과 전곡의 책임을 맡는 것도 아니고 식량이나 세금 창고를 지키는 임무도 없으니, 어디서 몰래 빼내 훔칠 수 있겠는가? 일단 [이 일을 따내기 위해] 이처럼 막대한 비용을 들였으니, 이것을 향촌 소민으로부터 빼앗지 않으면 도대체 어디서 메울 수 있겠는가? 이래서 매년의 상례로서 세규(歲規)를 요구하고, 압송을 피하고 하향(下

鄕)하도록 해 주면서 돈을 받고, 경승을 대신해서 서류비용을 보조한다는 명목으로도 돈을 받고, 상사가 파견한 경최나 공문전달 인원을 접대하는 비용이란 명목으로 돈을 뜯어낸다. 마감점검에 참석하지 않거나, 대신 사람을 보내거나 책벌을 받게 하는 일도 돈을 받고 처리해 준다. 현년이장은 이런 것 때문에 피해를 보지 않을 수 없다.

도차에게 예절을 챙기는 것, 적절하게 인사와 선물을 보내는 것, 각종 구실을 만들어 돈을 추렴하는 것, 급한 용무로 파견되어 온 차역을 접대하는 것, 이런 모든 일에 큰 비용이 들어서 이갑은 이 때문에 피해를 입는다. 전량 독촉을 위해 하향(下鄕)하였다는 구실로 방문해오면, 가구마다 술과 밥을 내고, 수레와 노새를 찾아 제공해야 한다. 혹은 공무로 탐방하기 위해 지나가면서도 다시 찾아와 머무니, 머물거나 송별하는 데에도 다시 비용이 추가된다. 이 때문에 납세자들이 피해를 입는다. 이를테면 체납자를 체포해 가기 위해 따로 공문을 발송하여 차역을 파견하면, 이내 이와 결탁한 일당들이 곧바로 달려와 [체납자에게] 쇠고랑을 채운다. 체납자가 경황 중에 숨거나 피하기라도 하면 곧바로 처자식을 붙잡아 욕보이니, 이웃사람들이 이로 인해 피해를 받고 닭과 개도 이 때문에 불안해할 정도가 된다. 또한 간교한 차역들은 가운데서 농간을 부려 무마시켜 줄 것처럼 하면서 머리장식과 옷가지를 판돈이나, 돈 대신 쌀 따위를 받아 가니 가난한 백성이 이로 인해 피해를 입지 않는 경우가 없다.

이렇게 백성의 고혈이 모두 서역·무뢰배들의 끝없는 수탈에 노출될 수밖에 없는 것이다. 이러한 상황은 궁극적으로 전량을 독촉하는 데 전혀 도움이 되지 않으며, 국가의 정규 세금 또한 모두 그들의 개인 주머니로 새어 나간다. 보험과 도차를 확실하게 없애야 한다는 점은 다시 생각해서 결정을 내릴 필요도 없는 일이다.

錢糧之不完, 非盡花戶之拖欠,[164] 其弊由于保歇之兜收侵蝕; 里戶之重累, 非盡正供之難應, 其弊由于圖差之橫科恣擾. 保之名, 恐限年逃卯, 取在城所住爲保, 以便根拿[165]; 歇之名, 因現年居鄕, 必入城覓寓爲歇, 以便應卯. 乃積年之胥蠹, 遂以其父子、兄弟充保歇, 以其錢糧多所付託, 可以任意侵挪; 積年之市棍, 又以其父子、兄弟充糧胥, 以其算結必由彼手, 可以改移完、欠. 甚之衙門頭役, 押卯差人, 皆其親友, 聲言: "官府之線索,[166] 可自我操, 臨比之勾

164 타흠(拖欠)은 오랫동안 질질 끌면서 내놓지 않는 것을 가리킨다.
165 근나(根拿)는 추적해서 잡아들인다는 뜻이다.
166 선색(線索)은 두서·실마리·연줄·소식이나 정보 등을 가리킨다.

銷,[167] 何須爾在. 但以錢糧見付,[168] 無妨竟自還鄕." 現年方且倚爲叢社,[169] 恃爲腹心, 錢糧誆騙入手, 任意侵漁. 及其臨比通同掩飾, 間或查出摘拿, 該差糧吏, 互作延挨躱閃之計,[170] 到底欠難終掛, 里戶畏比, 復受吞聲忍氣之賠.

至于現年上役, 取保該房, 卽出坐催,[171] 名曰: '圖差', 按圖分撥. 于是皂隸買差有費, 圖有大小、肥瘠, 買美差有費,[172] 而糧房因之爲利. 向內衙傳送差票,[173] 而轉斗因之爲利.[174] 查對圖分, 登差掛號, 而相公因之爲利.[175] 至于司印留難不給, 管總嚇要改差,[176] 而種種無不因之爲利. 嗚呼! 一圖差也, 非有刑名、錢穀之司, 囷庾、庫藏之守,[177] 可侵而竊也? 乃一旦重費如此, 而不取之鄕曲之小民, 則將何自而取哉? 于是講歲規有費,[178] 免押下鄕有費, 包攬經承幇貼、紙張有費,[179] 包攬上司催提、承舍有費,[180] 臨卯不到代應、代比有費, 而現年因之爲害.

講節禮, 送人事,[181] 打抽豊,[182] 派飛差使用有費, 而里甲因之爲害. 借名催糧下鄕, 各家款酒飯, 索車驢, 或公事經過探望, 又復留宿, 寓送贐儀, 而花戶因之爲害. 若拘挐欠戶, 另票遣差, 乃又串同來役, 立刻鎖馳.[183] 倘驚惶避匿, 則捉辱妻子, 鄰舍爲之被害, 雞犬爲之不寧. 而奸差從中作鬼,[184] 調停勸解, 釵裙估値, 米穀代錢, 而窮民小舍, 無不因之爲害. 是以閭閻有限之脂膏, 而供蠹棍無窮之朘削,[185] 究于催科毫無補益, 正課悉飽私囊. 其保歇、圖差之嚴行痛革, 又

---

167 구소(勾銷)는 구소(勾消)·주소(注消)로, 취소나 말소라는 뜻이다.
168 견부(見付)는 맡긴다는 뜻이다.
169 총사(叢社)는 숲속에 있는 산신당이나 절간을 가리킨다고 한다.
170 타섬(躱閃)은 살짝 비키다, 피한다는 뜻이다.
171 좌최(坐催)는 앉아 기다리면서 독촉하여 받는다는 뜻(坐等催取)이다.
172 미차(美差)는 수입이 좋은 자리나 일을 가리킨다.
173 차표(差票)는 지방관이 차역을 파견하여 임무를 맡길 때 내리는 증빙문건이다.
174 전두(轉斗)는 본래 소송문서를 투입해 넣는 상자를 가리킨다. 이 전두에서 꺼낸 문서가 내아로 들어가는데, 여기서는 이 상자를 책임지는 사람을 가리키는 것 같다.
175 상공(相公)은 재상·관리·독서인·남자에 대한 경칭인데, 여기서는 아마도 하급관리·아역 따위를 가리키는 것으로 보인다.
176 관총(管總)은 각종 사무를 총괄하는 우두머리를 가리킨다.
177 균유(囷庾)는 식량창고(糧倉)를 말한다.
178 세규(歲規)는 매년 상례적으로 지불하는 돈(뇌물)을 가리키는 것으로 보인다.
179 방첩(幇貼)은 경제적인 원조·보조를 말한다. 지장(紙張)은 판공비를 가리킨다. 심홍은(心紅銀), 또는 심홍지장은(心紅紙張銀)도 같은 뜻인데, 심홍은 인쇄용 먹물, 지장은 종이를 가리킨다.
180 승사(承舍)는 공문을 전달하는 차역을 가리킨다.
181 인사(人事)는 사정을 이야기하면서 청탁하거나 교제에 응수하는 일, 또는 선물로 보내는 예물을 가리킨다.
182 타추풍(打抽豊)은 타추풍(打秋風)과 같은데, 각종 구실이나 명분을 빌어서 재물을 빼앗아 내는 것을 말한다.
183 쇄치(鎖馳)는 수갑·쇠고랑을 채운다는 뜻이다.
184 작귀(作鬼)는 속임수를 쓰다, 농간을 부린다는 뜻이다.
185 전삭(朘削)은 착취한다는 뜻이다.

不待再計而決之矣.

6-02-14. 관은장 폐지(革官銀匠)[186]

[전량을 징수할 때] 관은장을 설치한 것은 크게 두 가지 이유가 있다. 하나는 납세자가 전량을 납부할 때 그것을 순도가 충분한 은괴(紋足銀)로 녹여 만듦으로써, 순도가 낮은 은의 납부를 막는 것이다. 다른 하나의 이유는 성(省) 포정사(布政使)의 창고로 보낼 때 그것을 큰 은덩어리(大錠. 이것을 元寶라고 한다)로 만듦으로써, 바꿔 오라고 퇴짜 맞는 일을 막기 위해서이다. 하지만 관은장이 되기 위해 지원서나 보증인을 확보하는 데 비용이 들고, 양방 차역에게도 돈을 줘야 하며, 아울러 작업장 임대비, 식비와 연료비, 점원 임금 등에도 잔뜩 돈이 들어간다. 그러니 은을 녹이려는 납세자에게 부당한 이득을 뜯어내지 못하도록 하는 것이 과연 가능하겠는가?

그가 돈을 더 뜯어내는 방법 가운데 첫 번째는 은냥의 가치를 깎아내리기 위해 순도를 낮게 평가하는 것이다. 두 번째는 소량의 은도 무조건 은괴로 녹여 만들어야 한다고 우기는 것이다. 세 번째는 비록 작은 은괴라도 모름지기 [자신의 확인] 도장을 찍게 하[면서 그 비용을 받]는 것이다. 네 번째는 은을 녹일 때마다의 비용을 터무니없이 높여 부르는 것이다. 다섯 번째는 납세자를 오래 기다리게 만드는 것이다. 시골사람들은 빨리 납부하는 데 급급한 나머지 비용을 두 배로 지불하게 된다. 여섯 번째는 사람이 많아 혼잡할 때, 어리석고 유약한 시골사람을 찾은 다음 일부러 그 앞에서 은을 녹이는 도가니를 엎어 버리는 것이다. 순식간에 은을 다시 긁어모으기 어렵게 만들어 놓고, 오히려 이 시골사람을 탓해 돈을 갈취하는 것이다. 이러한 갖가지 폐단들은 여기에만 그치지 않는다.

그리고 전량으로 거둔 은을 녹여 은괴로 만든 다음 성고(省庫)로 옮길 때에 이르러서는 이 은괴가 정해진 순도에 미치지 못하면 곧바로 납세자들이 순도가 낮은 은을 납부했기 때문이라고 둘러댄다. 무지한 향민이 가끔 그런 경우가 있겠지만, 봉투를 뜯어 확인한 다음 보충해서 내게 하는 일이 어찌 어렵겠는가? 하지만 권세 있는 관원이나 신사 가문에서는 보통 순도가 낮은 은을 가지고 직접 봉투에 밀봉하여 납부한다. 은장이 어찌 이들에게 따질 수 있겠는가? 그러니 관은장을 설치한 것은 실제로는 전량 징수라는 공무에는 전혀

186 이와 관련된 문제는 제31권 서정부 2 「31-11. 가짜 은 제조 금지(禁造假銀)」에서 간략히 다루어지고 있다.

도움이 되지 않지만, 도리어 가난한 백성을 어렵게 만들기에는 충분하다.

따라서 납세자들이 세금을 은으로 녹여 바꾸는 일은 자신들이 알아서 편한 대로 하게 만들어야 한다. 다만 은이 든 봉투를 밀봉한 다음에는 거기에 은장의 이름을 적게 하는 것이 필요하다. 만약에 은괴가 기준에 맞는다면 은장이 분명하게 확인하기만 하면 될 뿐 따로 도장을 찍게 할 필요는 없다. 그리고 만약에 은의 무게가 2전이란 무게가 되지 않으면 굳이 은괴로 만들지 않아도 된다. [이렇게 하면] 납세자들에게 절약되는 바가 많을 것이다. 성고로 올려 보낸 은괴에 대해서는 그 주머니에 은장의 이름을 기입하고 각 은장들이 번갈아 일을 맡게 하면 역시 공무를 그르치지 않을 것이다. 불초한 서리들이 혹시 다른 수작을 펴면서 관은장을 꼭 설치해야 한다고 할지도 모르겠지만, 나는 감히 들어줄 수 없다.【강남에는 봉점(封店)이라는 것이 있는데, 백성에게 큰 해가 되니 반드시 이를 금지해야 한다.】

官銀匠之設, 大端有二. 一爲花戶完糧, 欲其傾銷紋足,[187] 以杜封納低潮. 一爲起解藩庫,[188] 欲其傾銷大錠, 以防駁換責成. 然而投認[189]、討保有費,[190] 糧房差役有費, 以及賃房、日食、硝煤、夥計有費,[191] 求其不侵剋傾銀納戶, 得乎?[192] 其一侵剋, 銀水刻看成色.[193] 其二侵剋, 碎銀分文亦必成錠. 其三侵剋, 打印雖小錠亦要戳錢. 其四侵剋, 火錢每火必須多索. 其五侵剋, 守候鄉人, 急于封納, 倍給火錢. 其六侵剋, 擁擠窺其鄉愚孤懦, 故將銀罐傾翻, 急難淘淨, 反賴他人.[194] 種種奸弊, 不一而足.

及至傾銷起解,[195] 元寶從無足色, 卽云: "納戶低潮", 亦係無知閒有, 何難拆出拘償? 若其勢宦霸衿, 卽低潮自封, 銀匠安能過問? 是于公事無補, 適足有累窮民. 凡納戶傾銷, 聽其自

---

187 경소(傾銷)는 금·은을 녹여 새로운 형태로 만든다는 뜻이다.

188 번고(藩庫)는 성고(省庫), 즉 포정사에게 속하는 전곡(전량)창고를 가리킨다. 주현에서 거둔 세금은 그 가운데 규정된 액수를 큰 덩어리의 은괴(大錠)로 만들어 번고로 올려 보냈다. 이것이 바로 기운(起運)이다.

189 투인(投認)은 지원서를 직접 제출한다는 뜻이다.

190 토보(討保)는 보증할 사람을 찾는 것을 말한다.

191 과계(夥計)는 점원을 가리킨다.

192 경은(傾銀)은 은냥 조각을 녹여 덩어리로 만든다는 뜻이다.

193 은수(銀水)는 은냥·은자의 성색이나 시가·값어치를 말한다. 성색(成色)은 금속화폐나 기물에 포함된 금속의 순도를 말한다.

194 뢰(賴)는 속여서 빼앗다, 자기 탓임을 인정하지 않고 발뺌하면서 남의 탓이라고 억지를 부린다, 남에게 잘못을 덮어씌운다는 뜻이 있다.

195 경소(傾銷)는 금·은을 녹여서 덩어리로 만든다는 뜻이다. 기해(起解)는 기운(起運)처럼 전량이나 사람을 위로 올려 보내거나 압송한다는 뜻이다.

便, 但于封銀袋後, 註其銀匠姓名. 若銀係足紋, 止須本匠看明, 不必另爲用印. 若紋銀不上二錢, 不必更傾成錠, 其于納戶, 所省旣多. 至于起解元寶, 袋封有名, 各匠輪傾, 亦于公事無悞. 若不肖吏胥, 或別有所爲, 以爲應設, 則非愚所敢聞也.【吳下有稱封店,[196] 最爲民害, 尤宜禁之】

6-02-15. 은과 동전을 섞어 거두기(地丁搭錢)

지정전량(地丁錢糧)은 70%는 은으로 걷고, 30%는 동전으로 내게 하는데, 이는 본래 동전을 유통시키기 위한 것이었다. 국가에서 주조한 동전(制錢) 10문(文)은 1전(錢) 무게의 문은(紋銀)과 교환된다. 하지만 동전은 [전량 가운데 주현에 남겨서 사용하는 행정비용인] 존류(存留) 항목에서만 사용하고, 은 7 동전 3의 비율로 지급하며, 상급 기관으로 올려 보내는 데에는 사용하지 않는다. 따라서 징수한 동전은 모두 [현지에서의] 지출 항목이 되는데, 은으로 환산하여 지급한다. 그리고 [정규 전량이 아닌] 잡항(雜項) 세과(稅課)는 모두 상급기관으로 보내는 것이므로, 각지에서는 대부분 은으로 징수한다. 그렇지만 지정 전량을 거둘 때 동전으로도 거두니, 납세자가 소액의 [은을] 동전과 섞어서 내기에는 불편한 점이 있다. 결국 전체 마감기한 가운데 마지막 한두 기한 내에 가서 완납한 동전 액수를 『일일수입장부(收銀流水號)』 안에 기입해 넣음으로써 나중에 계산·검토하기 편하게 만든다. 동전은 나무 상자에 따로 보관하되, 관에서 주조한 동전만 받아야 하며, 한 문씩 하나하나 모두 살펴보아, 몰래 주조하거나 무게·질량이 떨어지는 불량품이 뒤섞이게 함으로써 나중에 동전을 지출할 때 곤란을 낳아서는 안 된다. 만약에 [목갑을] 뜯어 보아 [그러한 동전이] 발각되면 징수한 이역에게 배상하게 한다.

地丁錢糧, 七分徵銀, 三分搭錢,[197] 原爲流通國寶起見.[198] 制錢十文, 作紋銀一錢.[199] 然錢

---

196 오하(吳下)는 오나라의 땅이었던 지역을 말한다. 대체로 강남을 가리킨다고 보면 될 것이다.

197 탑전(搭錢)을 동전을 섞어 사용한다는 뜻, 즉 적당한 표준이나 비례로 분배하거나 배합한다는 탑배(搭配)를 의미한다.

198 국보는 여기서 통보(通寶) 즉, 동전(制錢)을 가리키는 것으로 보인다. 제전(制錢)은 관국(官局)에서 감독하여 주조한 동전을 말하며, 형식·무게·순도·비율 등에서 모두 정해진 제도가 있어 이런 이름이 붙었다. 동전과 은의 교환비율(銀錢比價라고 한다)은 청대 전기에는 대체로 고정적이었지만(1000 : 1 정도), 단기적 변동이 있어 이것이 납세자의 부담이나 지현의 비정규적 수입과 밀접한 관련이 있기 때문에 징세 과정에서 가장 민감한 문제 가운데 하나였다. 청대 후기에 가면 은전비가의 급격한 변동 때문에 이것은 더욱 심각한 문제가 된다.

惟存留項下, 作銀七錢三支給, 解款不用.[200] 故所徵之錢, 槩作支項, 算銀發給.[201] 至于雜項稅課, 俱係起解, 各處大槩徵銀. 但地丁收錢, 納戶不便零星搭配. 總在限末一、二卯, 完納錢數俱填『收銀流水號』內,[202] 以便稽查. 其錢用木匣另貯, 須要官鑄制錢, 逐文看過, 不許攙和私小,[203] 致難支放.[204] 如拆封摘出, 該收吏賠補.

199 여기서 문(文)은 동전의 매수를 가리킨다. 은의 경우 전(錢)과 냥(兩)은 모두 무게 단위다(1兩은 10錢이고, 1錢은 10分이다). 은 1냥(兩)은 보통 동전 1,000문 정도로 교환되는 것이 청대(전기)의 표준적인 은전 교환비율이었다. 이것은 성의 독무가 당시 시장의 교환율에 따라 확정하였으며 주현관이 함부로 올릴 수는 없었지만, 주현관은 시세보다 훨씬 자신에게 유리하게 그 비율을 정하거나 동전 또는 은 어느 한쪽으로의 납세를 강요함으로써 이익을 도모할 수 있었다.

200 해관(解款)은 상급 기구로 올려 보내는, 즉 기운(起運)·기해(起解)하는 돈·자금이라는 뜻이다.

201 산은(算銀)은 은량과의 교환비율로 계산한다(折算銀兩)는 뜻이다.

202 앞에서는 『유수수은부(流水收銀簿)』란 명칭으로 나왔다.

203 참화(攙和)는 섞다, 혼합하다는 뜻이다.

204 지방(支放)은 지출·지급을 의미한다.

| 제7권 |

전곡부 錢穀部 2

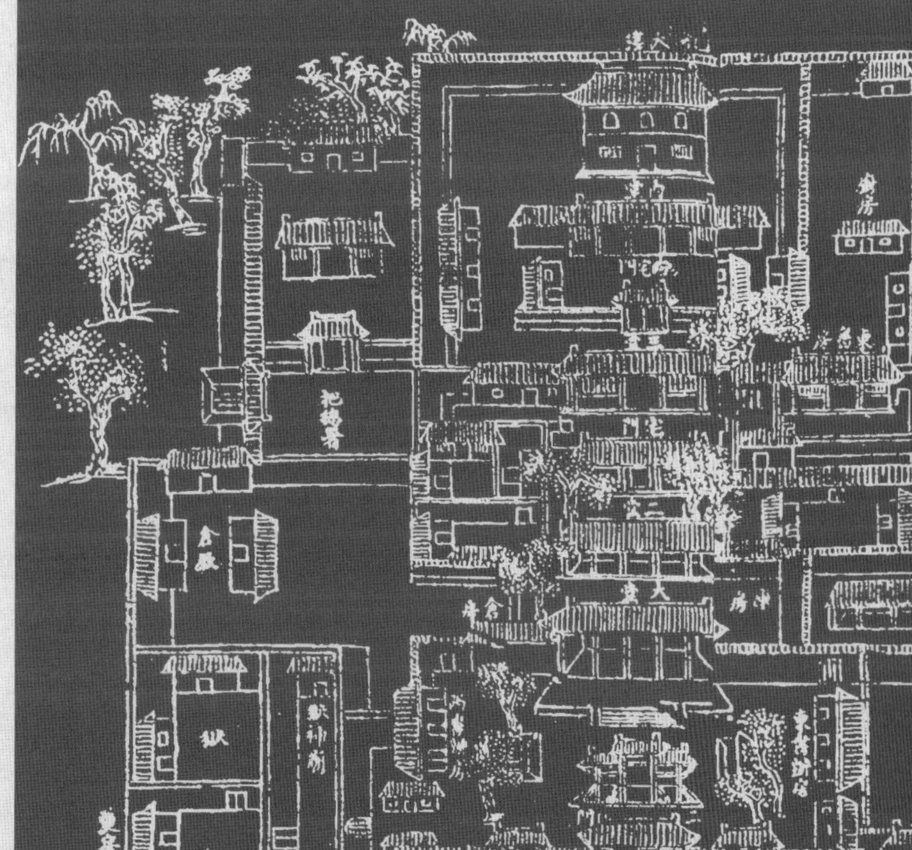

福惠全書

7-01. 마감점검(比較)

7-01-01. 마감기한과 점검(比限說)

전량의 수납은 모름지기 정해진 마감기한(定限)이 있다. 완납과 미납에 대한 마감점검(比較)은 모름지기 정해진 시기(定期)가 있다. 일단 마감기한이 정해지면 백성은 한가한 때에 은냥(銀兩)을 마련하였다가 마감되기 전에 납부하면 되니, 바쁘다고 허둥지둥할 염려가 없을 것이다. 또한 [마감점검] 시기가 정해지면 배년이장은 한가한 무렵에 전량을 독촉하고 마감기한이 되었을 때 마감점검을 받으면 되니, 서로 책임을 떠넘기는 폐단이 없을 것이다.[1] 그러므로 마감기한을 정하는 것은 지나치게 촉박해서는 안 되고, 또한 지나치게 느슨해서도 안 된다. 너무 촉박하면 은냥을 마련하지 못했는데 이미 기한이 임박해 버리고, 너무 느슨하면 은냥을 마련했어도 납부하지 않고 다음 기한을 기다렸다가 내려고 하기 때문이다. 마감점검 또한 너무 엄격해서는 안 되며, 또한 너무 관대해서도 안 된다. 너무 엄격하면 [태형·곤장형 등의] 형벌을 가하느라 쓸데없이 바쁘고, 소요되는 비용도 훨씬 늘어난다. 너무 관대하면 [전량의] 체납이 더욱 쌓이면서 여러 폐단이 생기기 쉬워진다. 그러나 마감기한을 정하는 일은 어렵지 않지만, 마감독촉(比限)은 더욱 어렵다. 마감독촉은 어렵지 않지만, 미납분을 완전히 청산하는 일은 더욱 어렵다. 미납분을 청산하는 일은 어렵지 않지만, 진짜 완납·미납을 [가짜 완납·미납으로부터] 가려내는 일은 더더욱 어렵다.

왜 이렇게 말하는가? 무릇 마감기한을 정하고자 하면 모름지기 먼저 백성의 형편과 시기(民時)를 살펴보아 하며, 아울러 성(省)으로 올려 보내거나 지방에 남겨 쓰는 액수(起解와 存留) 등을 보고하는 시기를 그르치지 않아야만 비로소 적당하고 할 수 있다. 정례(定例)에 의하면, 하세(夏稅)는 6월을 넘겨서는 안 되고 추량(秋糧)은 10월을 넘겨서는 안 된다. 징수 시작은 아무리 빨라도 역시 봄의 두 번째 달(2월)에 해야 한다. 4월은 또한 춘궁기로 백성의 형편이 가장 쪼들릴 무렵이다. 5월은 마침 보리를 수확하고 모를 파종하는 시기이고, 6월은 계절이 바야흐로 찌는 듯한 무더위를 맞아 채찍이나 곤장으로 형벌을 받을 경우 [상

1 「7-01-02. 『마감점검장부』 만들기(立『比簿』)」에 의하면 "[마감]기한은 1일에서 15일까지를 상한(上限)으로 하며, 16일에서 20일 사이에는 조사하여 구인하며, 21일에서 25일까지는 마감독촉(마감점검)을 한다. 16일에서 30일까지는 [마감기한의] 하한(下限)으로 하는데, 1일에서 5일 사이에는 조사하여 구인하며, 6일에서 10일까지는 마감독촉을 한다"고 되어 있다. 마감기한이 지난 다음 마감점검(독촉)시기가 오는 것이다.

처가 잘 낫지 않아] 아주 고통스러운 시기다. 이러한 것들이 응당 유념해야 할 시기(民時)다. 정례로써 헤아려 보면, 절반은 마땅히 징수를 늦추거나 마감점검을 중지하는 날이 된다. 만약 모름지기 억지로 지방관 업무평가에서 요구되는 납세성적에 부응하고자 한다면, 많고 적음을 구분하여 그 마감기한을 조절해야 할 것이다!

전량 징수의 시작은 매월 상·하 2한(限)으로 나누는데, 이것을 합하여 1분(分)으로 삼는다. 10개월로 계산하면 상·하 20한으로 도합 10분이 되며, 2월에 시작하여 10월에 마친다. 그 사이 2월에는 [세금을 거두지 않은] 정월의 2한 1분을 마저 채워서 징수하고, 5월에는 다만 상반월(上半月)의 1한 0.5분만을 징수하며, 6월에는 다만 하반월(下半月)의 1한 0.5분만을 징수한다. 5월 하반월의 1한은 7월에 합병하여 1.5분을 징수하고, 6월 상반월의 1한은 8월에 합병하여 1.5분을 징수한다. 이렇게 해서 모두 합치면 10개월 10분을 16한으로 나누어 완납하게 된다. 이것은 기한의 수가 줄어들지만 세액에는 모자람이 없는 매우 편리한 방법이다.

또한 마감점검의 기한이 되면 현년이장이 서로 모여 대기하는데, 지현이 갑자기 다른 일에 얽매이거나, 또는 마감점검에 즈음하여 뭇사람들이 모여 시끄럽게 떠들게 되면 간사한 이장은[2] 많은 사람이 뒤섞여 있는 것을 이용하거나 심야에 심문·질책이 완료되기 어려운 틈을 타서, 아니면 빈틈을 타고 도주하여 마감점검을 벗어나기도 한다. 하물며 등잔기름 값이나 종이 값, 대신 곤장을 맞을 사람을 사는 비용이나 돈으로 형벌을 가볍게 하기 위한 비용 등 [마감점검과 관련하여 배년이장의 부담이 되는 갖가지 폐단]도 도저히 폐지되기 어렵다. 그러므로 "마감기한을 정하는 것은 어렵지 않지만, 마감점검은 어렵다"고 하는 것이다.

그렇지만 공당 한 군데에서 마감점검이 혼잡스럽게 치러지다 보면 지겹게 기다려도 일이 끝나지 않는다. 이것은 한꺼번에 모두 마감점검을 받게 되어 있기 때문이다. 그래서 그것을 위한 대책으로서 「사절표(査截票)」[3]를 조사하는 방법이 마련되었다. 납세자가 기한에 맞추어 완납을 하면, 즉 「삼련천표」 중 「사절표」를 끊어 배년이장에게 넘겨줌으로써 그가 총서에게 제출하여 장부에 올리게 한다. 만일 배년이장이 해당 기한의 은냥을 재촉하여 완납시키면 총서는 이를 완전히 결산한 다음 [향리로 돌아가도 좋다고 허용하는 증명서인] 「귀농

---

2 원문에는 이정(里正)이라고 나오지만, 이정은 지금까지 나온 적이 없고, 당연히 (배년)이장이라고 해야 할 것이다.

3 「6-02-06. 「삼련천표(三聯串表)」」에 나오는 임한사절(臨限査截) 또는 비한사절(比限査截), 즉 삼련천표의 두 번째 표를 말한다.

표(歸農票)」를 발급해 주어 마감점검을 면제해 준다. 이처럼 완납을 한 배년이장이 빠져 버리면 공당의 마감점검에 참가해야 할 사람이 그리 많지 않게 된다. 이역(里役)들이 기다리는 수고나 마감점검에 응하기 위한 비용을 줄일 수 있을 뿐만 아니라, 지현 역시 골치 아프고 소란스러운 일을 피할 수 있다.

그런데 완납·미납 여부를 조사하는 데에서는 양방(糧房)의 『마감기한장부(限簿)』가 있고, 배년이장에게는 「실징한단(實徵限單)」이 있으므로, 누가 완납했고 누가 미납했는지는 모름지기 이 『마감기한장부』와 「실징한단」을 대조해서 서로 맞는지 확인해야 하며, 「사절표」와 「귀농표」도 맞춰 보아야 한다. 『마감기한장부』에 분명하게 기입이 이루어지면 그다음은 이것을 [지현이 거주하는] 내택으로 보낸다. 내택에서는 반드시 다시 자세한 점검을 해야 하며, 「표근」과 『마감점검장부(比簿)』의 완납된 액수가 서로 부합해야만 비로소 완납으로 인정해야 한다. 이 모든 것을 어찌 총서·양방에게만 맡길 수 있겠는가? 그래서 "마감점검은 어렵지 않지만 완납·미납을 자세히 조사하는 것은 어렵다"고 하는 것이다.

그렇지만 확실한 조사의 핵심은 오로지 내아(內衙), 즉 지현의 부지런하고 민첩함과 정밀하고 상세함에 달려 있다. "부지런하고 민첩함"은 무엇을 말하는가? 일단 한 차례의 기한을 게을리하거나 망치면, 곧바로 다음 기한이 제대로 정리하기 어려워진다. 이렇게 되면 결국 완납·미납이 뒤섞이면서 그것을 대조하여 조사하기 힘들어질 수밖에 없다. 따라서 모름지기 기한마다 완결케 하고 체납한 경우에는 곧바로 적발하여 체포한다면, 이장이나 납세자는 그 벌을 피할 수 없을 것이다. "정밀하고 상세함"은 무엇을 말하는가? 총서·양방은 이장과 납세자로부터 뇌물을 받거나, 혹은 그들과 한패를 이루어 부정을 저지르거나 세금을 가로챈다. 그래서 『마감점검장부』에[4] 있는 해당 쪽의 두 겹을 덧붙여 버려 전체를 비호하거나, 물로 고약을 녹여 붙여 체납액이 많은 사람을 비호하는 방법을 쓰기도 한다. 혹은 『마감점검장부』의 관련 부분을 찢어 버려 명단에서 아예 빼버리기도 하는데, 지현이 이런 것을 일일이 기억하여 잘못을 따지기 어려우므로, 완납 액수를 거짓으로 기록하여 한때라도 덮어 숨기려고 하는 것이다. 만일 내아에서 세심하게 점검하여 밝히거나 가을 서리처럼 매섭게 공당에서 율법을 시행하지 않는다면 이러한 요사한 속임수를 제대로 파악하기는 어려울 것이다. 그래서 "완납·미납을 가려내는 것은 어렵지 않아도, 진짜 완납·미납을 [가짜 완납·미납으로부터] 가려내는 것은 더더욱 어렵다"고 하는 것이다.

4 원문은 『비책(比冊)』이라고 되어 있지만 아마도 『비부(比簿)』를 가리키는 것 같다.

그러나 사실 이런 것들은 모두 어려운 일이 아니다. 완납·미납에 거짓 보고가 없게 하면 폐단이 없어진다. 마감점검이 혼잡하지 않게 하려면 완납자는 돌려보내고 체납자만 마감점검을 하면 된다. 모든 세금을 완납시켜 미납이 없게 하려면 완고하게 버티는 사람을 적발하여 추징을 강제하면 된다. 이런 여러 가지가 제대로 갖추어지면 세금을 독촉하는 방법은 더 이상 따질 게 없다.

錢糧輸納, 必有定限. 完、欠比較,[5] 必有定期.[6] 限有定, 而百姓閒時辦銀, 逢限上納, 無顧此失彼之虞; 期有定, 而排里閒日催糧, 臨期聽比, 無指李推張之弊.[7] 故定限不宜太促, 亦不宜太緩. 促則辦銀未就, 而限期已臨. 緩則有銀不交, 而希挨下限[8]; 比較不宜太嚴, 亦不宜太寬. 嚴則敲朴徒勤, 而費錢愈甚; 寬則負逋益積,[9] 而奸弊易生. 然而定限無難, 比限爲難. 比限無難, 淸完、欠爲難. 淸完、欠無難, 而欲淸眞完、眞欠之爲尤難.

何以言其然也? 夫欲定限, 必先度民力, 審民時, 而又無悞于起解、存留之考奏, 方爲允當. 按定例, 夏稅不逾六月, 秋糧不逾十月.[10] 至于開徵,[11] 早亦必得仲春,[12] 而四月又値靑黃不接,[13] 此民力甚絀之際也. 五月正當收麥揷秧, 六月天方炎暑, 苦于刑撻.[14] 此又民時之所當念也.[15] 以定例計之, 半宜弛徵停比之日. 若必仰副考成, 其在分別多寡, 以幷限乎!

錢糧開徵, 每月上·下二限, 共作一分. 以十個月計之, 上·下二十限, 共作十分. 始于二月, 終于十月. 其間以二月找徵正月二限一分, 五月止徵上半月一限半分, 六月止徵下半月一限

---

5 비교(比較)는 관부에서 전량을 징수하거나 인범(人犯) 등을 체포할 때 기한을 정하는데, 기한이 되어도 완료하지 못하면 반드시 책벌을 받아야 하고 그런 다음 다시 기한을 정하여 완성해야 하였다. 그래서 '비교'라고 불렀다. 비마(比磨)·비묘(比卯)라고도 불렀다.

6 보통 음력 2월에서 시작되어 10월(또는 11월)에 끝나는 전량 징수(5-7월은 농번기라 징수가 정지되었다)까지 보통 10개의 작은 기한으로 나누어 징수가 이루어졌고, 원칙적으로는 기한마다 세액의 1/10을 납부하는 것이었다. 당연히 지방 사정에 따라 이러한 절차는 아주 다양한 모습을 보였다.

7 지리추장(指李推張)은 엉뚱한 사람을 가리키며 서로 책임을 떠넘겨 회피하는 것을 의미한다.

8 하한(下限)은 여기서는 다음 기한(期限)을 가리킨다.

9 부포(負逋)는 타흠(拖欠)과 같은 의미로 체납한 조세를 가리킨다.

10 당대(唐代) 이후 토지세는 하(夏)·추(秋) 두 계절로 나누어서 징수하였는데, 하세(夏稅)는 바로 하계에 징수하던 것이고, 추량(秋糧)은 바로 추계에 징수하던 것이다.

11 개징(開徵)은 징수를 시작한다는 뜻이다.

12 중춘(仲春)은 봄의 두 번째 달, 즉 음력 2월을 말한다.

13 청황부접(靑黃不接)은 청황미접(靑黃未接)이라고도 하는데, 묵은 식량은 이미 다 먹었지만 새로운 식량은 아주 거두지 못한 때, 즉 춘궁기를 가리킨다.

14 형달(刑撻)은 태·장형으로 처벌한다는 뜻, 즉 형벌을 가한다는 뜻이다.

15 민시(民時)는 또한 농시(農時)를 가리킨다.

半分, 而以五月下半月一限, 幷于七月共徵一分半, 以六月上半月一限, 幷于八月共徵一分半, 合之十月十分, 止作十六限全完. 其爲限旣省而于賦額無虧, 法甚便矣. 至于比限有期. 現年相集伺候,[16] 而本官忽値他務所羈, 及臨比雜遝喧譁, 而奸里正藉多人廝混,[17] 或深夜訊責之難淸,[18] 或乘間脫逃而漏卯.[19] 況燈油、紙張[20]、代杖[21]、買刑之諸費,[22] 未能盡革乎? 故曰: "定限難, 比限之爲難也."

雖然比限之混于一堂, 旣倦而不能畢事者, 由于一槩聽比也. 今設一查截之法, 花戶照限完納, 卽將三連串中「査截一票」, 付排里, 交總書登簿. 如排里催足本限之銀, 總書算淸, 卽給「歸農票」免比. 如是完者旣去, 聽比寥寥,[23] 不惟里役免守候之苦、應卯之費, 而本官亦可省潰擾之煩矣. 若夫稽查完、欠,[24] 糧房設有『限簿』, 排里設有「實徵限單」, 孰完孰欠, 必「限單」與『限簿』査對相符, 而「査截」與「歸農票」合一. 『限簿』登塡明白送宅, 而內宅又必逐加磨核,[25] 及「票根」與『比簿』完數相符,[26] 方准作完數. 豈可盡委之總書、糧房乎? 故曰: "比限無難, 淸查完、欠之爲難也."[27]

然而淸查之妙, 全在內衙勤敏、精詳. 何爲: '勤敏'? 一限怠玩, 則下限難淸, 必致完、欠混雜, 無從磨對.[28] 務須逐限完結, 欠者摘拿, 則里長、花戶無所逃其罰矣. 何謂: '精詳'? 總書、糧房受里長、花戶之賄買, 或通同作弊以侵欺. 于是『比冊』之上, 粘揭重頁, 庇護全里, 水貼膏藥, 庇護欠多之人. 或抽簿逃卯, 官府槩難記詰, 捏登完數, 希圖掩飾一時. 若非犀照朗于署中,[29] 霜

---

16 사후(伺候)는 기다리다, 눈치를 엿본다는 뜻이다.

17 시혼(廝混)은 뒤섞여 혼잡하다는 뜻이다.

18 신책(訊責)은 심문과 책벌을 가리킨다.

19 누묘(漏卯)는 마감이나 소집 기한 또는 관부의 추궁을 피해 도망치는 것을 뜻한다.

20 지장(紙張)은 종이 값이라는 명목을 내세운 판공비를 가리킨다. 심홍은(心紅銀) 또는 심홍지장은(心紅紙張銀)도 같은 뜻인데, 심홍은 인쇄용 먹물, 지장은 종이를 가리킨다.

21 대장(代杖)은 보수를 받고 남 대신 곤장을 맞는 것이다.

22 매형(買刑)은 화전매형(花錢買刑)을 말하는데, 이것은 형사안건의 피의자가 즉각 사형집행의 처벌을 받지 않고 또한 적극적으로 피해자의 손실을 배상할 경우 판결할 때 가벼운 쪽으로 처리해 주는 것을 말한다. 여기서는 아마도 형벌의 실행을 가볍게 하도록 돈을 쓰는 것을 가리키는 것 같다.

23 요요(寥寥)는 아주 적다, 적막하다는 뜻이다.

24 약부(若夫)는 '그런데, 그렇지만(至於)'이라는 뜻으로 구절이나 단락의 맨 앞에서 다른 일을 언급할 때 사용한다.

25 마핵(磨核)은 자세하게 대조하면서 점검하는 것을 말한다.

26 『비부(比簿)』는 여기서 『마감점검장부』라고 번역했다. 다음의 「7-01-02. 『마감점검장부』 만들기(立『比簿』)」를 참조.

27 청사(淸査)는 자세하고 분명한 조사를 말한다.

28 마대(磨對)는 바로 위의 마핵(磨核)과 같은 뜻으로 보인다.

29 서조(犀照)는 서조우저(犀照牛渚)를 가리킨다. 『진서(晉書)』 권67 「온교전(溫嶠傳)」에 나오는 고사로 온교가 우저기(牛渚磯)에 이르러 그 물이 깊고 괴물이 있다고 하므로 코뿔소의 뿔(犀角)로 비추어 괴물을 보았다는 고사에서 나왔다. 그윽하고 미세한 부분을 꿰뚫어 살펴본다는 뜻으로 사용된다.

法施于堂上,[30] 未有不墮其妖霧矣. 故又曰: “淸完、欠無難, 而淸眞完、眞欠之爲尤難也.” 然而均無難也. 欲完、欠無虛, 惟在淸弊. 欲比限不混, 惟在完歸欠比. 欲全完無欠, 惟在摘頑勒追. 數者具, 而催利之法無餘事矣.

7-01-02.『마감점검장부』 만들기(立『比簿』)

[배년이장을 도와 문서작업을 하는] 해당 총서는 현 전체의 실제 징수액 총수를 [리마다의 구체적인 총계로 나누어 계산하고], 리·갑에서는 [다시] 이것을 토지 등의 세율에 따라 각 갑 납세자의 세액으로 나누어 계산하는데, [각 리의 총액을 합한] 실제 징수액 총수는 현 전체의 총수와 일치해야 한다. 그리고 [각 리·갑의] 실제 징수액을 열 개의 기한(10한)으로 나누되, 기한마다 완납할 액수는 얼마인데, 그 가운데 이미 완납된 액수는 얼마이며, 이전 것과 합하면 완납된 액수는 모두 얼마이고, 아직 미납된 액수는 얼마인지를 구별하여 각 기한의 아래쪽에 기입해 넣는다. 기한마다 각 갑의 완납·미납의 총계 및 구체적인 내역을『일일수입장부(收銀流水)』와 대조하여 틀림이 없는 경우에만 비로소 착오나 누락이 없다고 인정한다. 각 갑 납세자의 세액은 많고 적음을 막론하고 열 개의 분(分)으로 나누어 부과하는데, 분마다 얼마의 액수를 다시 상·하 두 기한으로 나누어 부과한다. 이렇게 정한 분의 액수(分數)에 따라 계산하여 장부를 만들어 넘기면, 양방은 이것을 다시 지현의 내택에 올려 보낸다. 지현은 이것을 점검하여 문제가 없으면 관인을 찍어 다시 양방에게 넘겨준다. 그리고 마감기한이 되면 여기에 완납·미납 여부를 기입한 다음 마감점검을 받기 위해 [양방이 다시 지현에게] 올려 보낸다.

○『마감점검장부』와「실징한단」은 모두 본지의 토지세율과 전량항목에 따라 [표지에] ‘일정(一定)’이란 글자를 인쇄한 네모 칸막이 양식의 책을 인쇄·배포함으로써 그때그때 숫자를 칸의 공란에 기입해 넣게 하는 것이 편리하다.

該總書將闔縣額徵總數,[31] 各里照依田·地等科則分算,[32] 實徵銀數與縣總額數相同. 將實

---

30 상법(霜法)은 서리처럼 매서운 형법을 말한다.

31 액징(額徵)은 마땅히 징수해야 하는 세금 액수를 말한다. 이것은 모두 고정된 액수가 있기 때문에 액징(額徵)이라 하며, 편징(編徵)이라고도 한다.

32 이 문장 다음에 나오는 장부양식 부분에 있는 구절은 “현 전체의 액징 총수를 각 리마다의 구체적인 총계로 나누

徵銀分作十限, 每限該完若干、已完若干、連前共完若干、未完若干, 分註各限之下. 每限仍將各甲完、欠總撒幷『收銀流水』查對無差, 方無舛漏. 其各甲花戶銀數, 無論多寡, 俱派作十分. 每分若干, 派作上、下兩限. 照前所定分數算造, 彙交糧房送宅, 查對無差. 然後印發糧房, 逢限登塡完、欠送比.[33]

○ 按: 簿、單俱照本處田地科則、錢糧款項, 刊印'一定'字樣冊格, 臨時塡註活數爲便.

○ 부록: 『마감점검장부(比簿)』·「이갑한단」·「납세자실징한단」 양식.[34]

○ 『마감점검장부』 양식【리마다 1권, 1권마다 11장으로, 맨 앞의 한 장에는 리의 총액을 기입하고, 현년이장의 성명을 작은 글씨로 써넣은 다음 해당 리의 10한과 납부해야 할 은의 액수를 기록한다】

리의 경최　[ ]　사산총서(查算總書) [ ]　양방 경승 [ ]
본년 실징조은 [ ], 그 안에 탐징 제전 [ ]을 포함
제1한 2월 2분　응당 완납해야 할 은 [ ], 이미 완납한 은 [ ]
제2한 3월 1분　응당 완납해야 할 은 [ ], 이미 완납한 은 [ ]
제3한 4월 1분　응당 완납해야 할 은 [ ], 이전의 것까지 합해 모두 은 [ ]
제4한 5월 반분　응당 완납해야 할 은 [ ], 이미 완납한 은 [ ]
제5한 6월 반분　아직 납부하지 않은 은 [ ]
제6한 7월 반분
제7한 8월 반분【모두 이전 양식대로, 각기 써넣는다.】
제8한 9월 1분
제9한 10월 1분
[ ]년 [ ]리 『[조은]마감점검장부』

어 계산하고, [다시 이것을] 토지 등의 세율에 따라 각 갑 납세자의 세액으로 나누어 계산한다(該總書將闔縣額徵總數分算各里撒數, 照依田地等科則, 分算各甲花戶銀數)"로 되어 있다. 이것을 통해 보다 정확한 뜻을 파악할 수 있다.

33 등전(登塡)은 기입해 넣는다는 뜻이다.

34 여기서 한단(限單)은 기한 내에 납부할 액수를 통지하는 문서다. 즉 「납부기한통지서」라고 할 만한 것이다.

【그 기한은 1일에서 15일까지를 상한(上限)으로 하며, 16일에서 20일 사이에는 조사하여 구인하며, 21일에서 25일까지는 마감독촉을 한다. 16일에서 30일까지는 하한(下限)으로 하는데, 1일에서 5일 사이에는 조사하여 구인하며, 6일에서 10일까지는 마감독촉을 한다. 아홉 차례의 기한을 넘겨서도 미납이 있다면 하얀 종이쪽을 붙이고 도장을 찍어 보냄으로 마감독촉을 시작한다.】

○ 또한 그 기한은 징수·독촉하는 월에 따라 숫자를 나누어 모두 아홉 차례로 만듦으로써 월마다 「한단」과 대조하면서 완납·미납을 조사할 수 있게 한다. 만약 따로 기한을 나누어 정한다면 오히려 뒤죽박죽이 되어 통일성을 확보하지 못할 것이다. 이 장부가 있으면 리마다 완납·미납의 상황이 일목요연해지므로, 「한단」을 보는 것보다 훨씬 편하다. 이것은 리의 『마감기한장부』이므로 갑에서도 또한 그대로 적용할 수 있다.

○ 만약 주현에서 배년이장을 없애고 오로지 호두(戶頭)만을 사용한다면, 단지 리의 『마감기한장부』양식에 비추어 갑의 『마감기한장부』 앞머리에 만들어 넣음으로써, 리 전체의 완납·미납 상황을 쉽사리 살펴볼 수 있게 한다. 그렇게 하면 배년이장이 맡아서 처리하는 일과 호두가 맡아서 처리하는 일이 다르지 않아 서로 모방하여 행할 수 있다.

○「이갑한단」 양식

「실징[ ]【이갑의 명칭을 써넣는다.】한단」 양식

모 주현 모향 모도 모갑 인정은 모두 합해 [ ] 명, 우면 [ ] 명.

전(田) [ ] 무 은·미 [ ])

지(地) [ ] 무 은·미 [ ]

산(山) [ ] 무 은·미 [ ]

탕(蕩) [ ] 은·미 [ ]

본 [지명]은 모두 합해 본색미(本色米) [ ], 원액 지정 모모등 은 [ ], 추가된 모모은 [ ]을 징수하므로, 통틀어서 실제로 징수하는 은 [ ]에 제전 [ ]을 포함한 액수다. 1분은 은·전 [ ]을 징수하며, 1.5분은 은·전 [ ]을 징수하고, 2분은 은·전 [ ]을 징수한다.【주현의 토지에 대한 과세율이나 전량의 항목에 증가가 있는지의 여부는 모두 따지지 않고, 본처의 『부역전서』에서 정한 양식에 따라 작성한다.】

2월은 2분을 징수하며 상·하한은 [ ]이고, 은 [ ], 전 [ ]을 징수한다.

3월은 1분을 징수하며 상하한은 [ ]이고, 은 [ ], 전 [ ]을 징수한다.

4월은 1분을 징수하며 상·하한은 [ ]이고, 은 [ ], 전 [ ]을 징수한다.

5월은 0.5분을 징수하며 상·하한은 [ ]이고, 은 [ ], 전 [ ]을 징수한다.

6월은 0.5분을 징수하며 상·하한은 [ ]이고, 은 [ ], 전 [ ]을 징수한다.

7월은 1.5분을 징수하며 상·하한은 [ ]이고, 은 [ ], 전 [ ]을 징수한다.

8월은 1.5분을 징수하며 상·하한은 [ ]이고, 은 [ ], 전 [ ]을 징수한다.

9월은 1분을 징수하며 상·하한은 [ ]이고, 은 [ ], 전 [ ]을 징수한다.

10월은 1분을 징수하며 상·하한은 [ ]이고, 은 [ ], 전 [ ]을 징수한다.

【표지의 끝부분에 모갑 호두 모인, 사산총서 모인, 양방 경승 모인의 이름을 기입한다. 아홉 차례의 기한을 넘겼는데 여전히 미납분이 있다면, 각 기한의 미납액수를 조사하여 다음 쪽에 기록하고 마감점검을 한다.】

○ 나누어진 액수대로 완납한 사람에게는 "절표를 받아 마감점검을 면제한다(截票免比)"는 네 글자의 도장을 찍어 준다. 액수대로 내지 못하는 사람의 경우에는 미납액수를 기록한 점검쪽지를 붙여 두면, 장부 첫 쪽의 총액과 비교·대조하여 마감점검을 해야 할 경우와 면제한 경우가 일목요연하게 나타난다. 매달마다 나누어진 분수(每月分數)는 남·북지방 기후의 시원하고 무더움, 토지기운의 빠르고 이름이 각기 다르므로 응당 현지의 파종·수확시기와 바쁘고 한가한 시기를 감안하여 정해야 할 것이다.

○「납세자실징한단」의 양식【리마다 1권씩 만드는데 맨 앞의 표지에 리의 총액을 기입한다. 갑은 각 갑의 총액을 기입하는 맨 앞의 표지를 만든다.】

1호 인정 납부액 2월 2분 납부액 [ ]이고, 상한 은 [ ], 하한 은 [ ]이다.

전(田) [ ]무. 1무마다 은·미 [ ]을 징수하므로 납부액은 모두 합해 은/미 [ ].

지(地)·산(山)·탕(蕩)의 경우 역시 마찬가지로 평미(平米) 모두 [ ]을 징수.

미(米) 이외에 원액지정 등은 [ ], 추가 은 [ ]을 징수하므로 모두 합해 실징은은 [ ]이고 그 안에 탑징 제전 [ ]이 포함된다.

1분은 은·전 [ ]을 징수하며, 1.5분은 은·전 [ ]을 징수하고, 2분은 은·전 [ ]을 징수한다.

2월은 2분을 징수하며 상·하한은 [ ]이고, 은 [ ], 전 [ ]을 징수한다.

3월은 1분을 징수하며 상·하한은 [ ]이고, 은 [ ], 전 [ ]을 징수한다.
4월은 1분을 징수하며 상·하한은 [ ]이고, 은 [ ], 전 [ ]을 징수한다.
5월은 0.5분을 징수하며 상·하한은 [ ]이고, 은 [ ], 전 [ ]을 징수한다.
6월은 0.5분을 징수하며 상·하한은 [ ]이고, 은 [ ], 전 [ ]을 징수한다.
7월은 1.5분을 징수하며 상·하한은 [ ]이고, 은 [ ], 전 [ ]을 징수한다.
8월은 1.5분을 징수하며 상·하한은 [ ]이고, 은 [ ], 전 [ ]을 징수한다.
9월은 1분을 징수하며 상·하한은 [ ]이고, 은 [ ], 전 [ ]을 징수한다.
10월은 1분을 징수하며 상·하한은 [ ]이고, 은 [ ], 전 [ ]을 징수한다.

2호 인정: 앞과 동일.
【완납한 가구는 기한마다 완납 도장을 찍어 주고 절표를 해당 가구의 자리에 붙이며, 미납자는 도장을 찍지 않음으로써 조사하여 구인할 수 있게 한다. 액수를 다 내지 못한 경우에는 [미납액수를 기록한] 점검 쪽지를 붙여 놓는다.】

○ 해당 총서는 현 전체의 실제 징수액 총수를 리마다의 구체적인 총계로 나누어 계산하고, [리·갑에서는 다시 이것을] 토지 등의 세율에 따라 각 갑 납세자의 세액으로 나누어 계산한다. 세액의 많고 적음에 상관없이 모두 열 차례로 나누어 부과하는데, 번마다 얼마씩 나누어 부과하고, 상·하 두 차례 기한을 둔다. 앞에서 정한 양식에 따라 나눈 세금액수를 계산하여 문서를 작성한 다음, 모아서 양방에 넘겨준다. 기한이 다 되면 총서는 「절표」를 조사하여 확인하고, 완납·미납을 기록하여 미납자를 구인하여 독촉할 수 있도록 해야 한다. 배년이장이나 갑장에게 넘어가는 「[실징]한단」이나 「장단」은 모두 이 양식에 맞추어 작성하여 지급한다. 관련 장부의 문서는 모름지기 본현 토지에 대한 세율과 전량의 항목에 따라 [표지에] '일정'이란 문구를 인쇄한 네모 칸막이의 양식으로 간행하여, 거기에 숫자를 메워 넣고 계산할 수 있게 해야 한다.

○『比簿』式·「里甲限單」式·「花戶實徵限單」式

○『比簿』式附 【每里一本, 每本十一張. 以前一張登寫里總, 註現年姓名後, 造本里十限該銀】
里經催 [ ] 查算總書 [ ] 糧房經承 [ ]

本年實徵條銀 [ ]內 搭徵錢 [ ]

第一限 二月二分 該完銀 若干, 已完銀 若干

第二限 三月一分 該完銀 若干, 未完銀 若干

第三限 四月一分 該完銀 若干, 本限完銀 若干

第四限 五月半分 該完銀 若干, 連前共完銀 若干

第五限 六月半分 未完銀 若干

第六限 七月分半

第七限 八月分半 【俱同前式, 分淸寫刊】

第八限 九月一分

年 里 條銀比簿

第九限 十月一分【其限以初一至十五日上限, 十六日至二十日査拿, 二十一日至二十五日比責. 以十六日至三十日下限, 初一日至初五日査拿, 初六日至初十日比責. 九限外有欠粘接白頁, 送印開比】

○ 其限按徵比月分分數, 均作九限, 以便逐月與「限單」査對完、欠之數. 若另分作限, 恐反參差不能合一. 有此簿, 各里完、欠, 一目了然, 較看「限單」更省力. 此係里比簿, 甲亦可用.

○ 如州邑革去里長、排年, 專用戶頭, 止照本里『比簿』式, 造于本甲『比簿』之首, 以便稽一里之完、欠, 其則排里經管之事, 與戶頭經管無異, 可相彷而行.

○「里甲限單」式附

「實徵【里甲照塡】限單」式

某州縣某鄉某都某甲 共人丁 [ ] 優免 [ ]

田 [ ] 畝 銀·米 [ ]

地 [ ] 畝 銀·米 [ ]

山 [ ] 畝 銀·米 [ ]

蕩 銀·米 [ ]

木共徵本色米 若干

原額地丁某某等銀 若干, 續加銀 若干

通共實徵銀 若干, 內搭徵錢 若干

按一分徵銀/錢 若干, 分半徵銀/錢 若干, 二分徵 銀/錢 若干 【州縣田地科則、錢糧款項有

無加增, 俱不問, 照本處全書所定照式開造】

二月徵二分 上·下限 徵銀 若干 徵錢 若干
三月徵一分 上·下限 徵銀 若干 徵錢 若干
四月徵一分 上·下限 徵銀 若干 徵錢 若干
五月徵半分 上·下限 徵銀 若干 徵錢 若干
六月徵半分 上·下限 徵銀 若干 徵錢 若干
七月徵分半 上·下限 徵銀 若干 徵錢 若干
八月徵分半 上·下限 徵銀 若干 徵錢 若干
九月徵一分 上·下限 徵銀 若干 徵錢 若干
十月徵一分 上·下限 徵銀 若干 徵錢 若干

【總頁末開某甲戶頭某人, 査算總書某人, 糧房經承某人. 如九限外有欠, 彙査各限欠數, 接 項開比】

○ 照分數完者, 印"截票免比"四字. 完不如數者, 浮僉票出欠數, 卽用簿前頁總數査對, 應比、應免一目了然. 按所定每月分數, 南北天時之凉燠、地氣之遲早各有不同, 宜照本處播穫閑忙月分, 定分可耳.

○「花戶實徵限單」式附 【每里一本. 首造里總一頁, 各甲造甲總一頁】

一戶人丁 該銀 若干
田 若干畝 每畝徵 銀·米 若干 共該銀·米 若干
地同
山同
蕩同
平米 共若干
除米外, 原額地丁等銀 若干, 續加銀 若干
通共實徵銀 若干, 內搭錢 若干
【一分徵銀·錢 若干, 分半徵銀/錢 若干, 二分徵銀/錢 若干】
二月徵二分 上·下限 徵銀 若干 徵錢 若干

三月徵一分 上·下限 徵銀 若干 徵錢 若干

四月徵一分 上·下限 徵銀 若干 徵錢 若干

五月徵半分 上·下限 徵銀 若干 徵錢 若干

六月徵半分 上·下限 徵銀 若干 徵錢 若干

七月徵分半 上·下限 徵銀 若干 徵錢 若干

八月徵分半 上·下限 徵銀 若干 徵錢 若干

九月徵一分 上·下限 徵銀 若干 徵錢 若干

十月徵一分 上·下限 徵銀 若干 徵錢 若干

一戶: 式同同前 【完者, 按限印完, 將「截票」粘在本戶, 欠者不印以憑查拿, 不如數者算浮斂票出】

○ 該總書將闔縣額徵總數分算各里撒數, 照依田地等科則, 分算各甲花戶銀數. 無論多寡, 俱派作十分. 每分若干派作, 上、下兩限. 照前所定限分數算造, 彙交糧房. 凡遇臨限, 總書將「截票」驗明, 登記完、欠, 以憑送比. 其排年「限單」、落甲「長單」, 俱照此式造給. 簿、單須按本縣田地科則、錢糧款項刊印'一定'字樣冊格, 塡算活數爲便.

7-01-03. 「절표」 지급과 마감 면제(截票免比)

두 장이 연결된 「마감면제표(連二免比票)」 가운데 한 장은 「절표존산(截票存算)」이고, 다른 한 장은 「귀농면비표(歸農免比票)」인데, 서로 이어지는 가운데 부분에 직인을 찍는다. 무릇 배년이장은 본 기한의 은냥 납부를 독촉하는데, 납세자는 세금을 내고 받은 붉은 확인 도장이 찍힌 「사절표(査截票)」를[35] 받아 배년이장에게 넘겨주고, 배년이장은 그것을 총서에게 넘겨준다. 총서는 기한별로 분명하게 결산을 한 다음 [완납이 이루어졌으면, 배년이장에게] 「귀농면비표」 1장을 잘라서 발급해 줌으로써 배년이장이 마감점검을 기다리지 않고 집에 돌아갈 수 있게 해 준다. 마감점검을 하는 날 총서는 보관하고 있는 모든 「절표」와 「존산표근(存算票根)」을 『마감기한장부(限簿)』에 실린 본년 배년이장의 분기별 기한에 따라서 징

35 「6-02-06. 「삼련천표(三連串票)」」 부분을 참고.

수를 독촉해야 할 부분이 적힌 곳 아래에 풀칠하여 끼워 넣어 양방에게 넘기고 [양방은 지현에게 넘겨] 조사받을 수 있도록 보낸다. 만일 배년이장이 이미 기한에 따라 완납을 시켰는데도 억지로 돈을 뜯어내려 하는 총서가 있다면, 이름을 지목하여 큰소리로 탄원하는 것을 허용함으로써 엄중하게 처벌한다.

○ 부록: 「마감면제표」의 양식

만약 본 기한 내에 다음 기한 것까지 완납한 경우가 있다면 기한마다 할당된 「귀농표」 1장씩을 잘라서 지급하되, 모름지기 두 기한을 분명하게 기입하고 다음 기한의 총계 내에 잘라 붙여 쉽게 확인할 수 있게 한다. 기한에 할당된 액수에 미치지 못하는 사람에게 잘라 지급하는 것은 허용하지 않으며, 『마감기한장부』에 점검쪽지(符簽)를 붙여 놓고 기한 이내 완납을 기다려 총액을 결산한다. 리마다 20쪽으로 10한 상·하를 기준으로 한데 묶어 앞쪽에 표지를 붙여 장정하고, 몇 장인지 확인한 다음 도장을 찍고 표번호를 붙여 총서에게 넘기되, 반드시 표를 받았다는 「영수증」을 받아 둔다(그림 참조).

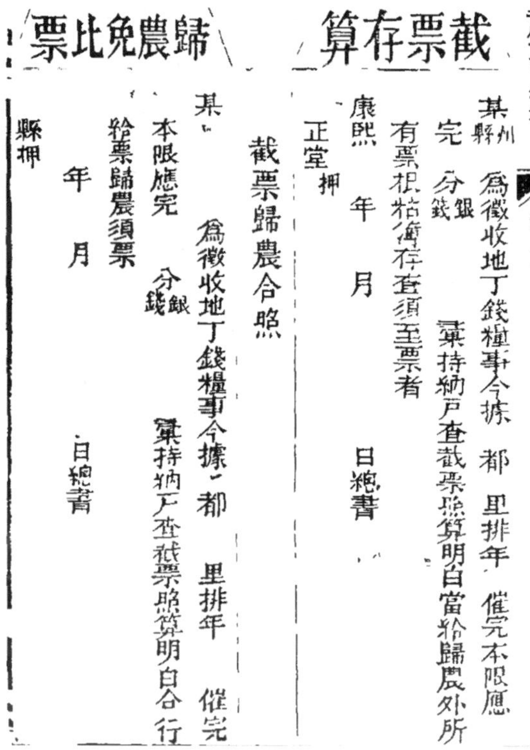
截票存算
某州縣 為徵收地丁錢糧事今據 都 里排年 催完本限應
完 分 銀錢 業持納戶查截票照算明白當給歸農外所
有票根粘簿存查須至票者
康熙 年 月 日總書
正堂 押

截票歸農合照

歸農免比票
某 為徵收地丁錢糧事今據 都 里排年 催完
本限應完 分 銀錢 業持納戶查截票照算明白合行
給票歸農須票
年 月 日總書
縣押

「절표존산」·「귀농면비표」 양식

○ 「절표존산·귀농면비 통합표(截票、歸農合照)」 양식[36]

「절표존산(截票存算)」

36 오른쪽이 「절표존산(截票存算)」이고, 왼쪽이 「귀농면비표(歸農免比票)」인데, 그 가운데에 「마감면제표(截票歸農合照)」라는 제목이 붙어 있는 형식이다.

모 주현에서는 다음과 같이 지정전량을 징수한다. 지금 모도 모리의 보고를 받았는데, 이번 분한(分限)에 납부해야 할 은 [ ] 전 [ ]에 대한 납세자의 「사절표」를 모아서 가지고 왔는데 분명하게 계산하여 확인하였으므로, 응당 그를 귀농하게 하는 것 외에도 모든 「표근」은 장부에 붙어 조사에 대비해야 할 것이다. 이상.

강희 년 월 일 총서

지현 서명

「절표존산 · 귀농면비 통합표(截票、歸農合照)」[37]

「귀농면비표(歸農免比票)」

모 주현에서는 다음과 같이 지정전량을 징수합니다. 지금 모도 모리의 보고를 받았는데, 이번 분한(分限)에 납부해야 할 은 [ ] 전 [ ]에 대한 납세자의 「사절표」를 모아서 가지고 왔는데 분명하게 계산하여 확인하였으므로, 응당 표를 지급하여 그를 귀농하게 하게 해야 할 것입니다. 이상.

[강희] 년 월 일 총서

지현 서명

「連二免比票」, 一「截票存算」,[38] 一「歸農免比」, 合縫用印.[39] 凡排里催足本限糧銀, 將花戶「查截」朱串, 彙交總書, 照分限算淸, 卽截給「歸農免比票」一紙, 竟令歸農, 不必候比. 查比之日, 總書將所存「截票」、「存算票根」, 粘入『限簿』本排應催分限之下,[40] 交與糧房送查. 如本排照限已完, 總書措索, 不卽給歸農者, 許指名喊稟重究.

○「連二截票式」附. 如有本限透完下限者, 每限截給「歸農票」一張, 須作兩限明截, 粘下限總內, 以便稽查. 不足限數者不准截, 止于『限簿』掛浮簽, 俟下限完數總算. 每里二十頁, 以十限上 · 下爲率, 仍裝釘護頁, 數明張數, 用印登票號, 發總書, 仍取「領票領狀」. 【見圖[41]】

---

37 이 부분은 두 표 사이의 가운데 부분(合縫)으로, 두 표의 통합양식임을 이야기하고 있다.

38 존산(存算)은 절표를 잘라 주고 남는 부분, 즉 표근으로 보관하였다가 나중에 계산하기 위한 것이라는 뜻이다.

39 합봉(合縫)은 틈을 접합한다는 것 또는 그 틈 자체를 가리키는데, 여기서는 통합표의 가운데 부분을 말한다.

40 본배(本排)는 본년 배년이장을 가리킨다.

○「截票、歸農合照」

「截票存算」

某州縣, 爲徵收地丁錢糧事. 今據[ ]都[ ]里排年, 催完本限應完[ ]分銀·錢[ ], 彙持納戶「查截票」, 照算明白, 當給歸農外, 所有「票根」, 粘簿存查. 須至票者.

康熙 年 月 日 總書

正堂 押

「截票、歸農合照」

「歸農免比票」

某州縣, 爲徵收地丁錢糧事. 今據[ ]都[ ]里排年, 催完本限應完[ ]分銀·錢[ ], 彙持納戶「查截票」, 照算明白, 合行給票歸農. 須票.

年 月 日 總書

縣 押

7-01-04. 미납자 적발과 구인(摘拿頑戶)[42]

각 이갑 납세자의 완납·미납을 조사하는 것은 단 세 가지의 마감문서 「비단(比單)」에 의존한다. 그 하나는 배년이장의 분기별 마감문서인 「분한비단(分限比單)」이다. 두 번째는 경최를 맡는 갑장의 그것이고, 세 번째는 바로 각 갑 납세자의 그것이다. 이 세 가지 「비단」은 각기 나누어 이것으로 마감점검을 할 수 있고, 모두 합쳐 대조하여 거둔 세액 전체를 살필 수 있어 매우 편리하다. 이를테면 납세자의 완납 여부는 해당 갑장이 기한마다 「비단」에 납세자별로 기록한다. 또한 배년이장과 경최의 성적이 완납인가 미납인가 하는 점은 해당 총서가 리별로 「비단」에 기록하여 내택에 보냄으로써 지현의 점검을 받는다. 그 배년이장[이 담당하는 이갑]의 완납 여부는 가능한 한 리는 리별로 총액을 결산하고 갑은 갑

---

41 413쪽의 그림을 참조.

42 완호(頑戶)는 완강하게 납세를 거부하거나 버티는 납세자를 가리킨다.

별로 총액을 결산함으로써, 지현이 책을 펼치면 어떤 리는 아직 미납이 있어 마감점검에 응해야 하고, 어떤 리는 이미 완납하였으므로 굳이 불러다 마감점검을 할 필요가 없는지 곧바로 알 수 있다.

이미 완납한 경우는 모름지기 궤리가 거둔 총액과 갑호가 납세한 액수의 총액을 대조하여 서로 일치하는 것을 확인한 다음에야 비로소 완납으로 인정한다. 만약 착오가 있다면, 곧바로 총서와 양방·배년이장을 구인·심문하되, 미납한 사람은 배년이장이 책임지고 적발하여 마감점검에 응하게 한다. 만약 배년이장이 고집을 부려 완강한 미납자를 내아에 보고하지 않았다면, 지현은 모름지기 어떤 갑에 미납이 있고 그 갑의 미납은 어떤 납세자 때문인지를 조사한 다음 그 납세자의 성명을 먼저 고시하여 신속하게 완납하여 구인을 면하도록 지시해야 한다. 만약 다시 준 마감기한까지도 완납하지 않는다면, 차역을 보내 구인하여 심문·추징한다. 도나 리가 서로 가까운 경우는 「지시공문(票)」 한 장으로 열 명을 구인할 수도 있다. 구인된 미납자에 대해서는 따로 『차역파견장부(差簿)』를 만들어, 마감기한에 맞추어 차역이 임무를 완수하게 하며, 완납한 다음에야 [그 지시공문의] 문서번호를 말소한다. 미납자를 구인하면 반드시 그를 처벌하여 경각심을 갖도록 해야 하며, 이래야만 독촉 책임자인 경최 역시 쉽게 힘을 낼 수 있다. 그리고 [이렇게 해서] 비록 완납하더라도 이번 분기가 아닌 다음 분기에 낸 액수에 포함시키는 것만 허용한다면, 미납자가 감히 질질 끌면서 버티지 못할 것이고, 마감기한 역시 제대로 지켜진다.

○ 간교하고 완강한 납세자는 은자가 있어도 기꺼이 미리 납부하려 하지 않는다. 마감독촉을 당해서야 비로소 "현은(現銀. 즉각 낼 수 있는 은자)을 마련하였지만, 아직 투궤(投櫃)하는 데 이르지는 못하였다"고 말하는 것이다. 이럴 경우 모름지기 처벌하여 경각심을 갖게 해야 하며, 은자를 납부하더라도 다음 기한으로 귀속시키는 것을 허락할 뿐 결코 [마감점검을 하는] 공당에서 현장 납부를 하게 해서는 안 된다. 원래의 마감기한이 이미 지났기에 장부의 기록을 고치는 것이 불편할 뿐 아니라, 근본적으로 은자가 세금을 거두는 은궤로 투입된 적이 없어 누락된 번호를 정리하기 골치 아프기 때문이다. 간혹 현장검사에서 가지고 있는 현은을 적발당해도 악착같이 납부를 거부하는 사람이 있는데, 그럴 경우 단지 적발된 은자가 얼마인지 점검한 다음 쪽지에 써서 『마감기한장부』에 붙이고, 붉은 먹으로 다음 기한에 검사해야 한다고 기록해 두면 된다. 그렇게 하면 숨기고 빼돌려서 돌아갈 수 없을 것이다.

○ 배년이장이나 갑장 가운데 자기 지역의 인구·세액이 많아 혼자서 납세를 독촉하기 어려운 경우, 공개적으로 지현에게 도와줄 사람의 명단을 보고하거나, 혹은 개인적으로 아는 사람들끼리 돌아가면서 [즉 여러 명이 한 사람의 일을] 맡기는 경우가 있다. 이런 경우 여

기에 충당된 사람들은 매번 마감기한이 닥치면 어물어물 지연시키면서 마감점검을 피해 보려고 하는 경우가 많다. 여하튼 이번 마감을 넘기고 보면, 다음 마감은 다른 사람이 맞게 되니 자기하고는 상관 없다는 생각이다. 그래서 이들은 게으르게 굴면서 [독촉 임무를 방치하고] 놀거나, 아니면 마구잡이로 징수하여 세액을 가로채고 자기 뱃속을 채우는 식으로 나가기 마련이다. [이러한 문제에 대해서는] 오로지 각자 자기가 맡은 기한에 대해서만 개별적으로 납세 독촉의 책임을 분담시키고 완납·미납 여부에 대한 마감점검을 받게 하면, 끼리끼리 돌아가면서 맡아 마감기한을 무시하는 폐단은 저절로 없어질 것이고, 서로 책임을 떠미는 일도 없을 것이다.

○ 납세자에게 세금을 받았다는 증거로 잘라 준 「비한사절(比限查截, 즉 查截小票)」은 [배년이장을 거쳐 총서에게 제시되면, 총서가] 「한단(限單. 즉 납부기한통지서)」에 첨부하여 [지현에게] 올려 보내 점검을 받는다. 만약 이것을 점검하여 분한과 일치한다면, 즉 '대조확인(對同)' 하였다는 작은 도장을 찍어 봉인해 둔다. 이것은 가짜 「비한사절」을 가지고 마감점검을 회피하여 슬쩍 넘기려는 사례를 적발하기 위함이다. 또한 분한(分限)마다 납세자와 갑을 대조하고, 갑과 리를 대조해야 한다. 그리고 이미 마감점검을 면제해 준다는 직인을 찍었다면, 「비한사절」과 그 「표근」도 역시 봉인하여 보존함으로써 나중에 전체적으로 쉽게 점검할 수 있게 해야 한다. 일이 바빠서 소홀히 하다 보면 간악한 서역들이 그 틈을 이용하여 부정을 저지를지 모르기 때문이다. [미납자를] 조사하여 구인·심문하는 날에는 인시(寅時. 아침 3-5시)부터 유시(酉時. 저녁 5-7시)까지 모름지기 하루 안에 조사를 끝마쳐야 한다. 오늘 미루어 쌓아 두면 내일은 더욱 쌓인 것이 늘어나 제대로 끝내기가 더욱더 어려워지기 때문이다.【요즘 주현의 지방관들은 대부분 단지 경최(經催)와 호수(戶首)만 불러다 마감점검을 할 뿐, 미납자를 잡아다가 독촉하는 일은 하지 않는다. 현직 관원에게 이것이 확실히 일을 줄여 줄 뿐만 아니라 편안한 방법이기 때문이다. 그러나 경최는 미납자 때문에 마감점검을 당하며 그래서 빚을 내서 대신 완납하거나 재산을 저당 잡히거나 팔아서 구멍을 메우기도 하는데, 그 고통을 누구에게 하소연할 수 있겠는가? 나는 부모관이 된 사람은 스스로의 노고를 아끼지 말고 미납액이 많은 사람을 잡아들여서 독촉과 추징을 실행해야 한다고 생각한다. 그렇게 함으로써 나머지 사람들에게 경각심을 줄 수 있고, 경최 역시 한숨을 돌릴 수 있을 터이기 때문이다. 이것 역시 어진 정치의 한 갈래다.】

查各里甲花戶納銀之完、欠, 止憑三「比單」. 其一, 里長排年「分限比單」. 其二, 甲長經催「分限比單」. 其三, 各甲花戶「分限比單」. 此三單, 分則以之查比, 合則以之考數, 法甚便也. 如花戶完、欠, 該甲長每限將「比單」按戶登塡. 如排年、經催完、欠, 該總書將「比單」按里登塡, 送宅查對. 其排年完、欠, 務要里結、里總、甲結、甲總, 使開冊便知某里尙欠應比, 某里已完不必摘比.[43] 其已完者, 須將櫃收、甲戶總撒磨算相符, 方可作准. 若有舛錯, 卽拿總書、糧房與排年審究, 尙欠者, 將排年摘出値比.[44] 倘頑年不稟頑戶,[45] 內徜必查欠由何甲, 甲由何戶, 先將欠戶姓名示出, 令速完免拘. 若再限不完, 出差拘比. 圖、里相近者, 一票可拘十人. 所拘頑戶, 另立『差簿』, 照限比差,[46] 納完銷號.[47] 頑戶拘到, 必責使彼知儆, 而經催亦易爲力. 雖有銀完納, 准入下限之數, 如是頑戶不敢拖欠, 而卯限亦可漸淸矣.

○ 奸頑里戶有銀不肯先納, 及至臨比, 始稱"辦有現銀, 未及入櫃", 亦必責儆, 銀准歸入下限, 斷不可令其堂交. 其限數已截, 未便更易. 且銀不入櫃, 漏號難淸. 間有當官驗銀出, 仍不納者, 止將驗銀若干, 用浮簽粘限單, 硃筆點記, 下限驗查, 則不隱漏攜回.

○ 排、甲中有糧多一人難催, 或當官報認,[48] 或私幫朋充.[49] 每有臨限延捱, 希圖避卯者,[50] 意謂: "捱過此卯, 便是下手接比, 與彼無涉." 所以非懶惰成玩, 卽包收侵肥. 惟有各名下分認經催, 比其完、欠, 則朋充壓卯之弊自絶, 而彼此亦不致推卸矣.[51]

○ 其各戶「查截」小票, 粘于「限單」送查. 若查與分限相同, 卽以對同小印封之,[52] 恐其假票避比, 希圖混過, 仍行揭去其完納分限, 戶與甲對, 甲與里對. 已印免比, 則「查截」、「票根」亦宜封印, 以便歸總存查.[53] 恐事忙忽畧, 被奸書朦蔽, 查挐之日, 自寅至酉, 務必查盡. 恐今日委積, 明日愈多愈難淸也. 【今之州邑, 多有止比經催戶首, 而不摘拿欠戶, 在官固屬省事便安.[54] 然經催爲欠戶受比, 以致揭債,[55] 代完典鬻、賠累, 其苦將何訴乎? 吾願爲民父母者, 勿惜已勞, 摘其欠多者, 稍爲拘責照追, 則其餘知儆, 而經催亦獲少甦, 是亦仁政之一端耳】

---

43 여기서 적비(摘比)는 적발하여 마감점검을 받게 한다는 뜻으로 쓰인 것 같다.
44 치비(値比) 역시 마감점검에 임하게 한다는 뜻이다.
45 완년(頑年)은 아마 지시에 순순히 응하지 않는 배년이장을 가리키는 것 같다. 완호(頑戶)는 물론 버티면서 납세를 거부하거나 완납하지 않는 납세자를 말한다.
46 비차(比差)는 기일이 지났음에도 임무를 달성하지 못한 경우, 그 임무를 맡은 사람이 대신 책임을 지는 것을 가리킨다.
47 소호(銷號)는 번호를 지워 준다, 이미 처리가 끝났다고 표시한다는 뜻이다.
48 보인(報認)은 자원해서 보고한다는 뜻이다.
49 붕충(朋充)은 한 사람 명의로 지정된 일을 여러 명의 사람이 돌아가면서 맡는다는 뜻이다.
50 연애(延捱)는 연애(延挨)와 마찬가지로, 어물어물 미룬다는 뜻이다.
51 추사(推卸)는 책임을 전가하다, 회피하다는 뜻이다.
52 대동(對同)은 대조하여 점검함으로써 잘못을 바로잡고, 양쪽 내용이 같음을 확인한다는 뜻이다.
53 존사(存查)는 보존하여 나중에 참고하거나 점검할 수 있게 한다는 뜻이다.
54 재관(在官)은 현직에 있다는 뜻이다.
55 게채(揭債)는 차채(借債), 즉 빚을 얻는다는 뜻이다.

7-01-05. 전량 완납의 장려(完糧獎勵)

무릇 전량이 많고 번다한 지역이나 교활하고 완고함이 습관이 된 납세자들은 여러 해 동안 전량을 체납하며 버티는 경우가 많다. 비록 엄격하게 형벌을 가하고 마감점검을 하더라도 저들은 차라리 몸으로 고통을 때울지언정 악착같이 어물어물 미루든지, 아니면 몰래 인근 지역으로 도망가 일가친척에게 피해를 끼치면서도 아예 못 본 척하는 것이다. 왜 그들은 법을 두려워하지 않고 굳이 타인에게 재앙을 떠넘기고자 하는가? 이것은 대체로 이들이 납세 거부와 체납을 아주 현명한 꾀로 여기고 있는데, 지방관이 이를 부끄럽게 생각하는 마음을 일으키는 방법을 찾지 못하였기 때문이다. 따라서 이들에게 형벌을 베푸는 것은 [이런 마음을 불러일으키기에는] 부족하지만, 예악(禮樂)으로 감화시키는 방법을 찾는다면 도리어 이러한 마음을 불러일으키고도 남음이 있다고 생각한다. 그 방법은 영예와 치욕이 미치는 바에 대해 격려하고 고무하는 것으로, 이렇게 하면 순식간에 생각을 바꾸지 않는 사람이 없다.

내가 예전에 담성현을 맡았을 때 행돈(杏墩)·주려(朱呂)·노구(勞溝)·저돈(褚墩) 등의 마을에서는 10여 년 동안 전량이 체납되었는데도 징세 독촉에 힘을 쓰지 못해, [그 때문에] 지현들이 잇따라 파직되어 쫓겨났다. 내가 부임하여 전량 징수를 시작하고 마감점검을 해도 완강하게 저항하는 것은 여전하였다. 담성현의 백성은 풍속이 서로 교활하고 간사함을 다투며, 예의·겸양과 염치를 모른 지 이미 오래된 상태였다. 게다가 종전부터 요역 때문에 큰 고통을 받아 왔는데, 이를테면 홍수방지용 제방에 들어가는 버드나무가지 채집, 군마 끌기 노역, 수레와 당나귀를 이용한 운송 등이 그것이었다. 이 때문에 피곤함과 곤란함이 헤아릴 수 없을 정도였기에 백성은 요역을 독사와 맹호보다 더 두려워하였다. 나는 대체로 그 원인을 살펴서 알게 된 다음, 아문 앞에 다음과 같이 게시문을 붙였다.

> 무엇보다 공익을 소중히 여겨 분한에 맞춰 완납하는 사람은 본현의 공당(公堂)에서 지현이 직접 술을 하사하고, 몸에 붉은 비단(花紅)을 두르고 머리에는 꽃을 꽂아 영예를 표시해 주면서 북을 치고 음악을 연주하여 [아문의] 중문을 통해 나갈 수 있도록 하겠다.

그러자 분한에 맞추어 완납한 사람이 세 명 나타났고, 나는 바로 앞서 말한 의식에 따라 그들을 환송하였다. 또한 제2차 분한에 맞추어 주려(朱呂) 등의 마을에서 미리 완납한 사람이 나타났다. 나는 그를 크게 장려하면서 탄식하여 말하였다. "누가 너희 마을은 기꺼이 세금을 납부하지 않는다고 하는가?" 그런 다음 앞의 경우처럼 그의 몸과 머리에 화홍과 꽃을 둘러 주고 의식에 따라 환송해 주었다. 그리고 버티면서 세금을 체납하는 납세자에게는 장형(杖刑)을 내리고, 복도 양측에 무릎 꿇고 앉아 있도록 하였으며, 술과 화홍을 하사받은 완납자가 의식에 따라 환송을 받고 나간 다음에야 일어설 수 있게 하였다.

그러면서 내가 여러 사람을 자세하게 관찰해 보니, 이러한 영예·치욕에 대한 생각이 마음속에 큰 자극을 주는 것처럼 보였다. 곧 아문 앞에 다시 다음과 같은 내용을 게시하도록 하였다.

> 무엇보다 공익을 소중히 여겨 올해 전량의 반액을 완납한 사람은 본현이 직인을 찍은 증서(印票)를 발급하여 금년 잡차(雜差)의 절반을 면제해 주고, 완납한 사람은 금년 잡차 전부를 면제해 주겠다.

그리고 해당 서리에게 명령하여 「잡차면제증서(蠲免雜差照票)」를 인쇄하여 대기하도록 하였다. 그러자 주려 등의 마을에서 이 소식을 듣고 서로 앞을 다투어 나섰으므로 두 번째 분한이 되지 않았는데도 모두 전액을 완납하였다. 이후 지금까지 미납하는 백성이 전혀 없었다. 이런 일이 있은 다음에야 나는 알게 되었으니, 그들이 어찌 정말로 선량함이 없었겠는가? 대개 평상시에는 타고난 선량함이 아주 깊이 가라앉아 있으나, 윗사람이 그것을 끌어올려 주면 그 기회를 맞이하여 올바른 길로 접어드는 것이다. 지금도 역시 전량이 많고 번다한 지역이나 교활하고 완고함이 습관이 된 납세자가 어찌 적다고 할 수 있겠는가? 내가 말하고자 하는 것은 이들을 격려하고 권장함으로써 그 마음을 돌려 바른길로 이끌어 주지 않는다면, 날마다 부지런히 채찍질로 처벌한다고 해도 그들이 더욱 도망치고 숨게 할 뿐이라는 점이다. 그래서 나는 몸소 경험하였던 사실을 들어 이 글이 읽는 사람이 채택할 수 있도록 대비하였다.

凡屬錢糧煩多之地與刁頑成習者,[56] 未有不積年逋欠.[57] 雖嚴加刑比, 彼寧苦其皮肉, 而立意延挨, 否則潛逃鄰境, 卽貽累其親屬而置若罔聞.[58] 豈其不畏法而甘委禍干他人哉? 蓋以抗

56 조완(刁頑)은 교활하고 완고하다는 뜻이다.
57 적년(積年)은 '여러 해, 많은 해'라는 뜻이다.
58 치약망문(置若罔聞)은 마치 못 들은 것처럼 제쳐 놓는다는 뜻, 즉 흥미나 관심을 두지 않는다는 뜻이다.

延爲故智,[59] 而有司無術以興起其愧恥之心也. 于是有桁楊施之而不足,[60] 禮樂感之而有餘者, 卽此榮辱之所及, 于以激勸而鼓舞之, 未有不勃然易念者矣.[61] 鴻昔待罪郯邑, 有社曰: 杏墩、朱呂、勞溝、褚墩等處者, 積欠十餘年, 縣官以催科不力, 相繼罷去. 及鴻抵任開徵比卯, 其頑抗自若也.[62] 郯之民俗競刁詐, 不知禮讓、廉恥久矣. 且素苦丁差,[63] 如河工採柳、兵馬縴夫、運送車驢之類, 困累不貲,[64] 民之畏斯役甚于毒蛇猛虎. 鴻廉得其故, 乃榜示于署前曰: "有能急公照限全完者,[65] 本縣公堂親爲遞酒, 披紅揷花, 鼓樂由中門導出." 于是照限全完者有三人焉. 卽導送如儀. 及再限, 朱呂等社遂有先完者. 鴻大加獎嘆曰: "孰謂爾社不樂輸耶?" 因與披雙紅導出如儀. 其逋玩者受杖跪于甬道傍,[66] 俟飮酒披紅者出, 竟乃命起. 鴻微察諸人, 其榮辱之念相與感動于中也. 乃復榜示于署前曰: "有能急公, 將本年錢糧完半者, 本縣給與印票, 免今年雜差之半, 全完者, 今年雜差全免." 遂命該胥梓「蠲免雜差照票」以俟. 于是朱呂等社聞之, 踴躍爭先, 不二限而如額全完矣, 迄今無逋民焉. 然後知若輩豈眞無良哉? 蓋平日秉彝,[67] 汩沒甚深. 惟在上者濬發之, 迎其機而救正之耳. 今錢穀煩多之地, 與刁頑成習者詎少哉? 意非有所激勸, 俾其回心而嚮道, 雖日勤鞭撻, 祇足益其逃匿而已. 故鴻擧其身之已驗者, 以備採擇焉.

7-01-06. 잡항 마감점검의 병행(雜項并卯)[68]

마감점검은 올해 분의 지정조은(地丁條銀. 즉 지정전량을 말한다)을 독촉하기 위한 것이다. 하지만 이외에도 작년에 거두지 못한 부가세 체납분, 증가되거나 삭감된 조량 부가세, 장반(匠班) 비용, 안료(顔料) 등의 물품 구입비가 있는데, 모두 실물로 거두는 세금이다. 이것들 또한 도·리마다 해당 경승이[69] 자료를 모아 『마감[점검]책자』를 작성해야 하는데, 지정전량과 함께 같은 기한으로 마감점검을 하는 것이 좋다. 그렇게 함으로써 도·리에서 분주

59 고지(故智)는 이미 사용하였던 계책, 낡은 방법이란 뜻이다.
60 항양(桁楊)은 다리나 목 위에 씌우는 형구, 일반적으로 형구를 가리키기도 한다.
61 발연(勃然)은 돌연(突然), 갑자기라는 뜻이다.
62 자약(自若)은 차분하다, 아무런 구애를 받지 않는다는 뜻이다.
63 정차(丁差)는 성년 남자에게 부과되는 노역·요역을 가리킨다.
64 부자(不貲)는 계산하거나 헤아릴 수 없다는 뜻이다.
65 급공(急公)은 공익·공무를 앞세운다. 거기에 열심이라는 뜻이다.
66 용도(甬道)는 건물 사이의 지붕이나 담이 있는 복도를 가리킨다.
67 병이(秉彝)는 타고난 천성이나 그것을 지킨다는 뜻이다.
68 잡항(雜項)은 여기서는 본년 정규세 이외의 각종 항목으로 징수되는 세액을 가리킨다.
69 기왕의 서술로 보면 경승이 아닌 경최가 보다 적절할 수도 있다.

하게 따로 마감점검에 응하지 않아도 되고, 지방관 역시 잇따라서 마감점검에 나서야 하는 번거로움을 줄일 수 있다. 증가되거나 삭감된 조량 부가세, 조량을 운반하는 운정(運丁)에게 지급되는 행월 등의 미곡은 모두 실물로 거두는 항목에 속하므로, 지방관은 이것 역시 창고에 가서 직접 미곡을 징수하는 날 함께 마감점검을 하는 것이 더 편할 것이다.

比較者, 本年地丁之條銀也. 此外更有帶徵舊欠,[70] 與漕項贈截、匠班[71]、顔料等物銀,[72] 總屬本色,[73] 亦應照圖、里, 該經承彙成『比冊』, 總與條銀一卯比較, 庶圖、里無紛應之擾, 而官亦省連比之煩. 至于漕糧贈耗[74]、行月等米,[75] 俱係本色項下, 印官亦于下倉收糧之日, 一期比較甚便.

7-01-07. 전량 징수와 독촉(徵比餘論)

생각건대, 마감점검 기한이 예를 들어 21일이라고 하면, 20일에는 즉 마땅히 [세금을 징수하는] 은궤를 봉인하여 더 이상 수납을 허락하지 않아야 한다. 그렇게 함으로써 간교한 이장이나 교활한 납세자가 마감기한이 임박해서야 은냥을 가지고 와서 마감점검을 피하려 것을 막아야 한다. 그러나 전량이 많고 복잡하여 이미 상한과 하한으로 나누었다면, 예를 들어 전에 16일에서 30일까지를 하한으로 정했을 경우 20일에서 25일까지가 상한[에 내지 않은 것을 다시 기한을 연장하여 내도록 독촉을 하는] 마감기한이다. 만약 이때 은궤를 봉인하여 수납 하지 않는다면, 하한의 전량을 징수하는데 도리어 6일을 늦추어야 하는 상황[즉 26일부터 하한의 징수를 개시하는 상황]이 발생하므로, 여전히 은궤를 열어 전량을 징수할 수밖에 없다. 그러나 이때 징수하는 것은 이번 기한의 몫이므로, 전번 기한의 것에 해당되는 금

70 대징(帶徵)은 일종의 부가세로 병렬해서 같이 거둔다는 뜻이다. 이를테면 전부대징(田賦帶徵)은 토지세를 거둘 때 같이 거두는 부가세의 일종인데, 상평창에 곡식을 저장하기 위해 거두는 적곡연(積穀捐)과 같은 경우는 납세자의 토지면적에 비례해서 부가적으로 거둔다.

71 장반은(匠班銀)은 수공업자에게 징수하던 요역 대체 비용을 가리킨다.

72 안료은(顔料銀)을 가리킨다. 이 역시 『부역전서』에 해마다 거둬야 하는 정액이 규정되어 있었다.

73 실물로 거두기로 원래 정해진 토지세를 본색(本色)이라고 한다. 다른 실물이나 화폐로 거두는 것은 절색(折色)이라고 부른다.

74 증모(贈耗)는 운반할 때의 소모를 구실로 액외로 징수하는 일종의 잡세를 가리킨다.

75 행월(行月)은 명·청대 군대와 조량 운정(運丁)에게 지급되던 봉록은 월향(月餉)이라 하고, 임무를 집행할 때 추가되는 것을 행량(行糧)이라고 하는데 양자를 합쳐 행월이라고 부른다.

액과 섞이게 해서는 안 된다. 이렇게 해야만 전번 기한에 미납한 사람들이 마감 독촉을 피하기 어렵게 만들고, 이번 마감기한도 세액을 완납시키는 데 문제가 없어서, 양쪽 다 편할 수 있기 때문이다. 그러나 모름지기 마감점검 10일 전에 이러한 사항을 큰 종이에 써 붙여 고시함으로써 모두가 알 수 있게 해야 한다.

징수에서 완납과 미납을 조사할 때 가장 중요한 것은 마지막 분한(末限)이다. 그러나 각 리의 완납·미납 액수는 바로 각 갑의 완납·미납 액수[의 총계]이고, 각 갑의 완납·미납 액수는 바로 각 납세자의 완납·미납 액수[의 총계]이다. 먼저 해당 리의 실제 징수액이 얼마이고, 이미 완납한 액수는 얼마이며, 아직 미납된 액수는 얼마인지를 조사한 다음, 10갑을 조사하고, 그 다음으로 각 납세자를 조사한다. 그래서 각 납세자의 완납·미납을 10갑과 대조해보고, 10갑의 완납·미납을 1리와 대조해 본다. 리마다 이렇게 하고, 갑마다 이렇게 하고, 납세자마다 이렇게 한다면 완납·미납 액수와 현의 전체 실제 징수액이 서로 꼭 들어맞을 것이다. 만약 납세자와 각 갑·리의 완납·미납 여부가 제대로 일치하지 않는다면, 모름지기 총서·양서를 처벌하여 그 진상이 제대로 밝혀질 수 있도록 해야 한다. 하지만 납세자의 진정한 완납·미납 여부는 또한 모름지기 해당 리의 『일일수입장부』를 기한별로 완납한 「표근(票根)」과 대조하여 점검해야 한다. 만약 정말로 미납된 것이 있다면 마땅히 납세자에게 책임을 돌려야 한다. 만일 납세자가 이미 완납을 했는데도 불구하고 미납으로 처리된 것이라면 마땅히 배년이장에게 책임을 물어야 한다. 즉 납세자의 미납분은 해당 배년이장의 명의 아래로 모으고, 따로 기한을 설정하여 완납을 독촉하게 만드는 것이다. 만일 납세자가 완강하게 버틴다면 즉각 구인하여 추징하되, 완납한 다음에야 석방을 한다. 만일 태만하여 이 일을 지연시키다가 눈 깜짝할 사이에 연말이 되면 반드시 꾸물대다 다음 해 초봄이 될 것이고, 지방관은 중앙에 보고하는 데 기한을 그르칠까 봐 결국 다른 돈을 끌어다 [이 때문에 생긴 구멍을 메워] 기해를 해야 할 것이니, 이 또한 다른 부채의 구멍을 하나 더 늘리는 것이 아니겠는가?【배년이장을 이용하는 경우가 아니라면 각 갑 호두 명의 아래 미납된 액수를 기록하고, 기한을 정하여 독촉하여 완납시키도록 한다.】

按: 比限如在二十一日, 二十日卽宜封櫃, 不准收納, 以杜奸里猾戶, 臨限持銀搪比.[76] 但錢糧煩多, 旣分上·下限. 如前定十六至三十日爲下限, 則二十至二十五日爲上限比期.[77] 若封

---

76 당(搪)은 피하다, 막다, 저항한다는 뜻이므로 당비(搪比)는 마감점검을 회피한다는 뜻으로 보인다.

櫃不納, 則下限收糧, 反遲六日, 惟仍抬櫃收糧. 但所收者, 是本限分數, 不准混入前卯之銀耳. 如此前卯所欠, 仍難逃比, 此限之銀, 無悞完納, 庶兩爲便也. 然須于未比十日之前, 以此令大張告示, 通行曉諭. 徵收稽查完、欠, 最重末限. 然各里完、欠之數, 卽各甲完、欠之數, 各甲完、欠之數, 卽各戶完、欠之數. 先査一里實徵若干、已完若干、未完若干, 次査十甲, 又次査花戶, 以花戶之完、欠對十甲, 以十甲之完、欠對一里. 里里如是, 甲甲如是, 戶戶如是, 則完、欠之數與縣總實徵相符矣. 若其戶·甲·里完、欠不對, 須究總書、糧書, 務令水落石出.[78] 然花戶之眞完、欠, 又須將本里『日收號』, 照限査對完糧「票根」, 果有未完, 自應責之花戶. 如花戶旣完則所欠, 自應責之排里. 卽花戶之欠, 仍彙各排年名下, 另勒限催完. 如花戶抗頑, 立拿追比, 全完方釋. 倘一怠緩, 轉瞬歲寒,[79] 必致拖沓開春,[80] 有司恐奏報愆期, 必須那解,[81] 不又增一借孔乎? 【排年不用, 卽在各甲戶頭名下, 照欠勒限催完】

7-02. 봉투 개봉(折封)

7-02-01. 봉투 개봉(拆封)[82]

무릇 전량은 분한마다 [미납자를] 적발하여 잡아다 마감점검을 한 다음에야 비로소 봉인봉투를 풀 수 있다. 개봉에 임할 때에는 모름지기 아침 일찍 집무실의 일을 마치고 다른 업무를 모두 물리친 뒤, 천당(川堂)이나 후당(後堂)에서 무관한 사람들을 물러나게 하되 다만 문지기 한 사람만 멀리서 서서 기다리도록 한다. 고리(庫吏)는 저울을 담당하고 양서는 계산을 담당한다.

먼저 각 궤짝을 원래 봉인한 자물쇠를 연 흔적이 있는지 검사한 다음 차례대로 순서에 따라 개봉을 시작한다. 모리(某里)를 개봉하라고 외치면, 즉 모리의 『수입장부』를 책상 위

77 비기(比期)는 마감점검 기한을 가리킨다.
78 수락석출(水落石出)은 수위가 떨어져서 잠겨 있던 돌이 드러난다, 즉 일의 진상이 밝혀진다는 뜻이다.
79 여기서 세한(歲寒)은 겨울을 가리킨다.
80 타답(拖沓)은 꾸물꾸물하다, 꾸물거린다는 뜻이다. 개춘(開春)은 초봄(음력 정월 또는 입춘 전후)을 말한다.
81 나해(那解)는 다른 항목의 돈을 끌어다 대신 기해(起解)한다는 뜻이다.
82 탁봉(柝封)은 납세자가 밀봉하여 납부한 세은(稅銀)의 봉지를 여는 것을 말한다.

로 올린다. 양서(糧書)가 장부에 따라 번호를 세면서 소리 높여 '몇 번'이라고 외치면, 궤짝의 봉인선을 따라서 봉투를 하나씩 꺼내고, 봉인된 봉투의 성명·세액을 장부와 대조하여 틀리지 않으면 고리(庫吏)가 저울추를 저울대의 저울눈에 깔끔히 맞춘 다음에야 비로소 은냥을 저울접시에 올려놓게 한다. 그렇게 하면 가볍고 무거움이 즉시 나타나는데, 무게에 따라 저울추를 추가하거나, 혹은 덜어 낸다. 그러나 모름지기 봉투 하나하나마다 장부의 번호와 대조하여 맞추면서 그 금액이 적지 않아야만 비로소 개봉을 완료하고 다시 모아 재도록 한다. 그리고 봉투마다 은의 순도를 살핀 다음 그것을 은 광주리(銀筐) 안에 넣어야 한다. 만일 순도가 떨어지거나 무게가 부족한 것이 있으면 은을 봉인하여 따로 두고, 명단을 펴서 기록하고 붉은색 먹으로 표시를 하여 나중에 불러다 심문할 수 있게 한다.

고리는 저울(天平)을 책상 위에 올려놓고, 저울추를 지현에게 보내 점검을 받는다. 그 다음 먼저 저울에 걸어 좌우로 기울어지지 않는지 확인하고 나서야 비로소 추를 쟁반 위에 넣어 재기 시작한다. [저울추와 은을 양쪽에 달아 재는 경우] 정확하게 양쪽이 수평을 이루면 양서(糧書)는 그때마다 포장하여 봉인하고, 저울추를 바꾸어 작은 자투리의 무게까지 정확하게 잰다. 저울로 잰 액수 전체와 『수입장부』의 액수가 일치하면 곧 『수입장부』를 책상 위에 올려놓는다. 그리고 그 장부의 월·일 아래에 붉은 먹으로 '개봉완료(拆訖)'라는 두 글자를 분명하게 기입한다.

개봉이 완료된 궤짝 하나마다 궤리는 따로따로 별도의 「개봉명단(拆單)」을 작성한다. 그 위에 "모궤의 것은 모리 모인이 모일부터 모일까지 모리의 은냥 얼마를 징수했고, 모리의 은냥 얼마를 모월 모일에 개봉 완료하였다."라고 기록한다. 그다음 고리는 이전 차례의 「개봉명단」을 조사하여 "이전 것과 합쳐 모두 은냥 얼마를 개봉하였다."라고 기록한다. 그 다음 다시 연·월을 쓰고 지현이 날짜를 쓰고 서명한 다음 차례차례 풀로 붙여서 책을 만든다. 그것을 당고로 보내거나 아니면 내아로 보내 보관·검사할 수 있게 한다.

각각의 은궤마다 이러한 방식으로 개봉하여 기록하면, 대체로 빠지거나 틀린 부분이 없을 것이다. 은냥의 순도가 부족한 봉투는 각기 붉은 먹으로 봉인하고, 또한 『수입장부』의 납세자 명단 위에도 점을 찍어 표시해 두었다가, 나중에 잡아다 보충하게 한 다음 장부에 표시해 놓은 것을 말소한다. 그렇게 징수한 은냥의 봉투는 여전히 그날 개봉한 액수 내에 포함시킨다.

○ 각각의 봉투에 들어 있는 액수 총액이 만약 부족함이 없고 약간 남는 것이 있더라도 봉투를 개봉할 때 지현은 딴 데 마음을 쓰거나 시선을 돌려 주의를 분산시켜서는 안 된다. 간악한 서리는 차가운 눈으로 은근히 살펴보고 있다가 조금만 틈이 보이면 개봉할 때 손

으로 봉투 귀퉁이를 잡아 은냥을 땅에 흘린다거나, 아니면 저울로 잴 때 약간의 은을 손가락 사이에 집은 다음 잽싸게 소매 자락 속에 던져 넣기 때문이다. 전체 총액에 남는 것이 있으면 지방관이 그 남는 액수에 대해서는 그다지 깊이 따지지 않는다는 점을 알고 있는 것이다.

○ 늦은 시간이라면 봉투를 개봉해서는 안 된다. 지현이 피곤해서 조는 경우도 있고, 게다가 촛불 아래에서는 쉽게 부정을 저지를 수 있기 때문이다.【만약 개봉한 봉투에서 나온 은의 순도나 무게가 낮은 정도가 크지 않으면, 잡아다가 보충케 하는 것을 면해 줌으로써 관대함을 보여 준다.】

夫糧每限摘比之後, 方可拆封. 臨拆之時, 務須早堂事畢, 諸務盡却, 或川堂, 或後堂, 將閑人避開, 止許一門子遠立伺候.[83] 庫吏管稱, 糧書管算. 先驗各櫃原封, 鎖門未動, 然後挨次啓拆. 唱拆某里, 卽持某里『收簿』呈案, 糧書按簿數號, 高唱若干號, 卽將櫃封就線逐封取起, 對封簿姓名、銀數無差, 庫吏放定等陀在星,[84] 方許放銀在盤, 輕重可以立見. 或連稱, 或抽稱,[85] 但須逐封對簿號不少, 方拆開總兌.[86] 每封帶看銀色, 置銀筐內. 如有低潮及短少者, 將銀封另放, 開單記明, 硃筆點過, 以便拘問.[87] 庫吏將天平置當案, 法馬送官驗明,[88] 先兌天平左右無欹, 方入法馬盤內. 兌准一平,[89] 糧書逐平包封, 換法馬兌准尾數,[90] 總點所兌, 與『收簿』數合, 卽將收簿呈案. 于月日下硃判'拆訖'二字. 拆完一櫃, 櫃吏另具一「拆單」, 上開"某櫃某吏某自某日至某日止, 經收某里銀若干, 某里銀若干, 于八月日拆訖." 庫吏査前次拆單, 親塡連前, "共拆銀若干." 于後再寫年月, 印官判日畫押,[91] 遞粘成卷. 或付庫, 或交宅, 以便存査. 逐櫃照此拆寫, 庶無遺錯. 其低色短少, 各封硃筆封好, 仍于『收簿』本戶名上點記, 俟拘補後, 將簿點銷訖, 銀封仍歸本日所拆數內.

---

83 문자(門子)는 문지기를 가리킨다.

84 방정(放定)은 깔끔히 정리하다, 제자리에 정돈한다는 뜻이다. 등타(等陀)는 저울추, 성(星)은 저울대의 저울눈을 가리킨다.

85 연칭(連稱)은 저울추를 추가하여 무게를 늘리는 것, 추칭(抽稱)은 저울추를 덜어 내어 무게를 줄이는 것을 가리키는 것으로 보인다.

86 탁개(拆開)는 밀봉된 물건을 열어본다는 뜻이고, 태(兌)는 바꾸거나 교환한다, 잰다는 뜻이다.

87 구문(拘問)은 불러다 심문한다는 뜻이다.

88 법마(法馬)는 저울추를 가리킨다. 보통 '겁마(砝碼)'라고도 한다.

89 태준(兌准)은 칭준(秤准)과 같은 뜻으로 정확하게 무게를 잰다는 뜻인 것 같다.

90 미수(尾數)는 작은 자투리나 소수점 아랫자리의 수를 말한다.

91 판일(判日)은 날짜를 기입해 넣는다는 것이고, 화압(花押)은 서명 또는 사인, 특별한 부호를 그리는 것을 말한다.

○ 按: 各封含總正數, 若無短少, 尙有贏餘, 拆時本官不可分心,[92] 別用分目別視.[93] 奸胥但冷眼微窺, 稍有瑕隙,[94] 在拆則手箝封角,[95] 搓塊擲地,[96] 在兌則指夾零銀, 輕丢入袖. 知合總自有贏餘, 官于正數之外, 未便深求也.

○ 晩閒不可拆封, 恐本官倦盹, 且燈下易于作弊. 【若所拆銀封內, 低少無多, 免其拘補, 以示寬大】

7-02-02. 『합동장부(併簿)』

징수한 전량을 받아들이거나 내보내는 일은 바로 고리(庫吏)의 전담업무이다. 매일 각 은궤로 징수한 은냥을 유시(酉時. 오후 5-7시)에 모아 종합적으로 보고할 때, 고서(庫書)는 장부 두 부를 비치하고 궤리의 『일일수입보고[장부]』에 따라 그 내용을 기입하여 등록한다. "모일 모궤는 모리에서 은냥 얼마를 징수하였고, 모리에서 징수한 은냥 얼마는 이전에 거둔 것과 합쳐 계산하면 모두 은냥 얼마"라고 기록한 다음, 그 뒤에 월·일을 써넣는다. 장부 두 개를 동일한 양식으로 만들고, 위에 "『합동은고장부(併銀庫簿)』 순호(循號)·환호(環號)를 모년 모월 모일에 만들었다."라고 기록한다.

만일 세금이 든 봉투를 개봉할 때가 되면 그 과정을 모두 마친 다음 고리가 월·일을[97] 써넣고, 지방관이 날짜를 써넣고 붉은 먹으로 "개봉 완료"라고 표시를 하여 아문으로 보내 점검을 받게 한다. 이때 '순'자 호는 남기고 '환'자 호만 아문으로 넘긴다. 그리고 다시 은냥을 개봉하는 날이 되면, 둘 다 고리에게 넘겨 이어서 기입하게 한다. 궤리가 이미 『일일수입보고』를 작성하였고, 고리에게 또한 『합동은고장부』가 있으니, 징수를 담당하는 사람이 그것을 빼돌려 가로챌 방법이 없을 뿐만 아니라, 각 리의 완납자·미납자, 징수한 세액의 많고 적음을 한눈에 알아볼 수 있다. 혹시 긴급하게 자금을 독촉하여 올려 보낼 일이 있더라도 장부를 보면 곧 알 수 있으니 모름지기 해당 경승의 계산에 의존할 필요도 없다.

---

92 분심(分心)은 마음을 분산시킨다는 뜻이다.
93 분목(分目)은 눈을 딴 데로 돌린다는 뜻이다.
94 하극(瑕隙)은 넘볼 수 있는 틈을 가리킨다.
95 봉각(封角)은 봉투의 모퉁이를 가리킨다.
96 차괴(搓塊)는 은자를 내던진다는 뜻이다. 척지(擲地) 역시 땅에 내던진다는 뜻이다.
97 앞서 나온 내용과 비교하면 연·월이 보다 정확한 표기다.

收放錢糧, 乃庫吏耑司.[98] 每日各櫃收銀, 酉刻攢號時,[99] 庫書置簿二扇, 照櫃吏『日報』登塡 “某日某櫃某里收銀若干, 某里收銀若干, 連前共收銀若干”, 後開某月日. 二簿一樣, 上貼“『併銀庫簿』循、環二號, 某年月日立.” 如遇拆封, 于結總後, 庫吏添寫月日, 官判日, 硃標“拆訖”, 送衙查對. 循留環發, 俟拆銀日, 幷發庫續登. 櫃吏旣有『日報』, 庫吏又有『併銀』, 不惟司收者無所容其侵漁, 而各里之頑良、櫃銀之多寡, 瞭然可考. 或有緊項催解, 按簿卽知, 不必計算于該承也.

7-02-03. 은의 보관(貯銀)

원래 현 아문 내부에 당고(堂庫)가 있는 까닭은 은냥을 보관하기 위해서이다. 응당 고리가 관리해야 하지만, 근래 서리들은 유가의 복고 이념을 따르는 독서인도 아니니 빼돌려서 가로채지 않는다고 보장할 수 없다. 그러므로 나중에 돈을 들여 가면서 추징하는 것보다는 예방하는 것이 훨씬 나은 방법이다. 게다가 아문 서리들이 퇴근하고 나면 드나드는 사람이 거의 없고, 한두 명의 야경꾼이 있더라도 대충 어물어물 때우는 시늉을 할 뿐이다. 서너 명의 영졸(營卒)들 역시 더욱이 예측하기 어려워 염려가 된다. 유일한 방책은 오로지 국가의 재산임을 명시하는 것이지만, 그래도 제대로 된 상인들이 물건을 보관하는 사례를 본받는 것이 최선의 방법이다. 그래서 아문 내에 엄밀한 곳을 선택하여 봉인·저장하되 믿을 수 있는 심복을 시켜 지키게 하며, 긴급한 항목의 기해·지급이 아니라면 가볍게 옮겨 쓰지 못하게 하는 것이다. 왜 그런가? 예를 들어 서시(西施)와 모장(毛嬙) 같은 미녀를 곁에 두고 있다고 하자. 호색(好色)하는 사람이라면 어찌 가만히 참고 있겠는가? 아마 반드시 담을 넘어서라도 껴안으려 하고, 결국은 예의에 어긋나는 잘못을 저지를 것이다. 저지르기는 쉬워도, 후회하기는 어렵다. 그러니 나는 보관을 담당하는 사람이 밤새 여자를 품에 안고 있었지만 음란한 짓을 하지 않았다는 유하혜(柳下惠) 같은 군자이었으면 하는 것이다.

縣堂之所以有庫者, 原爲貯銀地也. 本應庫吏收掌, 但近來胥吏, 非復古之士流,[100] 保無侵

---

98 단사(耑司)는 바로 전사(專司)로 전문 책임이라는 뜻이다.

99 찬호(攢號)는 장부의 내용을 종합하여 보고하는 것을 말한다.

100 사류(士流)는 사대부·독서인을 가리킨다.

蝕. 與其旣費而追, 莫若預防爲得.[101] 且堂間吏散, 人跡寥寥, 雖有一、二更夫,[102] 不過虛應故事.[103] 四三營卒, 尤爲叵測可虞.[104] 計惟明示以公家之帑, 無如姑效乎良賈之藏.[105] 于署內擇其嚴密處所封貯,[106] 俾親信守之, 非緊項解支, 不可輕動. 何也? 譬之施、嬙在側,[107] 好色者寧無動情? 正恐踰墻之摟,[108] 終爲非禮之玷, 蹈之則易, 悔之則難. 吾願主藏者, 爲坐懷不亂之柳下生, 可也.[109]

7-02-04. 기해와 지출(解給)[110]

기운과 존류는 지방재정의 두 가지 큰 지출항목이지만, 대체로 [위로 올려 보내는] 기운이 시급하고, [남겨서 사용하는] 존류는 모두 지방에서 지출하는 것이니 그래도 좀 늦출 수 있다. 그러나 존류 가운데도 기해하는 항목이 있으므로 이것은 또한 느긋한 가운데서 시급한 것이다. 기운은 관례대로 포정사에게 보내어 군향(兵餉)으로 충당하는데 계절에 따라 올려 보내는 것이 있고, 상부의 공문 지시를 받아야만 비로소 올려 보내는 것이 있으니, 응당 각지의 기존 사례(舊例)를 잘 살펴보아야 한다. 만약 상부의 공문을 받은 다음 올려 보내는 것이 선례라면, 먼저 올려 보내는 것이 당연히 공익을 앞세우는 것에 속하겠지만, [그러다가] 갑작스러운 공문의 지시를 받았는데 세금 징수와 독촉이 제대로 진행되지 않아 대응할 도리가 없다면 도리어 일을 그르치게 된다. 만약 세금이 들어오면 오는 대로 계속 기해하는 선례라면 세금 봉투를 개봉한 다음에는 곧바로 그 액수 전부를 포정사에게 올려 보내 버림으로써 현의 보관 책임을 줄일 수도 있다. 존류 가운데 기해하는 항목에 관해서

---

101 '여기(與其) A'는 '막약(莫若) B'와 어울려 A하기보다는 차라리 B하는 편이 낫다는 뜻을 나타낸다.

102 경부(更夫)는 야경꾼을 말한다.

103 허응고사(虛應故事)는 이전대로 하면서 얼렁뚱땅 때우는 것을 말한다.

104 파측(叵測)은 헤아릴 수 없다. 추측할 수 없다. 간교하다는 뜻이다.

105 무여(無如)는 …만 못하다는 뜻이다.

106 봉저(封貯)는 봉인하여 저장, 보관한다는 뜻이다.

107 시장(施嬙)은 서시(西施)나 모장(毛嬙) 같은 미녀를 가리킨다. 서시(西施)는 유명한 중국고대 4대 미녀 가운데 한 사람으로 월(越) 출신이며, 모장 역시 월왕(越王)의 총애를 받은 첩이다.

108 루(摟)는 끌어들이다, 유인하다, 껴안는다는 뜻이다.

109 좌회불란(坐懷不亂)은 춘추시대 노의 유하혜(柳下惠)와 관련된 고사다. 성문을 지키던 유하혜가 집 없는 여자를 만났는데 그녀가 동상을 입을까 걱정해서 밤새 품에 껴안고 앉아서 옷으로 덮고 있었지만 아무런 흐트러짐이 없었다고 한다.

110 해급(解給)은 위로 올려 보내는 것을 해(解. 즉 上交)와 주현의 예산으로 지출하는 급(給. 즉 發放)을 말한다.

는 어떤 아문의 지시에 의한 것인지, 혹은 선례에 따라 어떤 시기에 응당 기해하는 것인지 등등을 모두 잘 헤아려야 한다.

본현의 지급(지출·소비)항목 역시 이를테면 계절에 따라 먼저 지급해야 할 것이 있는데, 역전(驛遞)의 비용(工料)이 그 경우다. 매달 미리 지급해야 하는 것은 고아나 빈민에게 주는 식량이다. 매달 말에 지급하는 것은 감창의 금졸(禁卒)과 역참 병졸의 임금·식량이다. 또한 일에 따라 지급하는 것으로는 또한 단묘(壇廟)의 제사나 빈흥(賓興) 의식을 위한 경비가 있다. 그렇지만 관봉(官俸)은 모름지기 분기 말에 지급하며, 아역의 봉록 또한 연말에 가서야 전액을 수령한다.

요컨대 전량은 여름과 가을 두 계절에 징수하는데, 징수해야 할 세금이 완납되지 않았어도 기해해야 할 것은 되도록 기해를 해야 하지만, 지방에서 쓸 돈을 모두 지급해 버려서는 안 된다. 혹시라도 완납 분한이 늦어지는데 지급 액수가 이미 채워져 버렸다면, 모자라게 되는 것은 기해해야 할 자금만 남기 때문이다. 그리고 관원·아역이 초과하여 지출하거나 미리 당겨쓰는 일 같은 사례는 절대로 시작해서는 안 된다. 만일 다른 변고가 생기면 모두 지현이 배상하거나 메워야 하기 때문이다. 그러나 부하에게 의외로 긴급하게 돈이 필요한 경우가 생기기도 하고, 아역들 역시 대부분이 가정형편이 빈곤하여 급박한 사항에 처하거나 빈곤한 사람을 도와주어야 할 경우도 있다. 따라서 인정을 베푸는 지방관의 조치 역시 모두 일괄하여 이야기할 수만은 없다.

起運、存留,[111] 雖有二項, 大約以起運爲急, 而存留俱係支給, 尙爲可緩. 然存留中亦有起解之款, 又爲緩中之急. 起運例解藩司, 撥充兵餉, 有按四季解者, 有奉牌提始解者,[112] 宜審各處舊例. 若例係牌提, 而先行起解, 固屬急公. 但忽值牌提, 而徵比不前, 猝無以應, 反爲玩愒. 若例聽陸續起運, 拆封之後, 卽宜盡數解司, 以省貯縣干係.[113] 至于存留內解款, 或係某衙門關提,[114] 或例係何時應解, 俱宜酌量而行. 其本縣之支銷,[115] 亦有按季先給者, 如驛遞之工料;

111 기운(起運)은 지방정부가 거둔 세액 가운데 상부(또는 중앙정부)로 올려 보내도록 지정된 항목을 가리키며, 거둔 세액 가운데 일부를 남겨 두어 지방정부의 지출에 이용하는 예산항목을 존류(存留)라고 한다.

112 패제(牌提)는 일종의 명령문(하행문) 형식인 패문(牌文)을 통해 위로 올려 보내라(提)고 지시한다는 뜻이다.

113 간계(干係)는 관련·책임이란 뜻이다.

114 관제(關提)는 관(關)이란 형식의 공문을 보내 위로 올려 보내라거나 범인을 잡아들이라고 요청하는 것을 말한다.

115 지소(支銷=支消)는 지출·소비란 뜻이다.

按月先給者, 如孤貧之口糧[116]; 月終支給者, 如監倉禁卒、舖司兵之工食[117]因事支給者, 如壇廟之祭祀、賓興之典禮.[118] 若夫官俸須在季終, 役食又當歲暮領足. 總之, 錢糧夏秋二季, 未經全完, 先儘起解, 不可儘支. 恐完納愆期,[119] 支數已足, 而掛欠者,[120] 則俱解項矣. 至于官役之過支[121]、預借, 斷不可開.[122] 倘有他故, 皆印官賠補. 然而僚屬遇有意外急需,[123] 下役亦多家道貧苦,[124] 賙急憫貧,[125] 仁宰之事,[126] 又未可槩論也.

7-02-05. 『[전량]기해 · 지출장부』 만들기(立『解支庫簿』)

전량의 지급·기해에 대해서는 매년 이를 총괄하는 장부(책) 한 권을 만든다. 맨 앞쪽에는 먼저 본년 응당 징수해야 할 액수를 열거하고, 그 뒤에는 "모월 모일에 은 얼마를 개봉[하여 보관]하였다."라고 기록한다. 지급이나 기해를 하게 되면, 월·일의 순서에 따라 "모아문에 모항의 은냥 얼마를 기해하였고, 모항에 모등(某等)의 은냥 얼마를 지급하였으며, 이상 도합 기해·지급한 은냥은 얼마이고, 현재 개봉하여 보관 중인 은냥은 얼마"라고 기록한다. 한 차례 기해·지급이 이루어지면 그 액수를 빼고 다시 계산하여 기록하고, 한번 세금봉투를 열어 세금이 추가되면 다시 한 번 기존 보관액수와 합산하여 얼마라는 총계를 낸다. 이것을 『[전량]기해·지출장부(解支庫簿)』라고 하는데, 일반 가정의 가계부처럼 없어서는 안 되는 존재다.

---

116 구량(口糧)은 군대나 아문에서 사병이나 요역 인원에게 지급하는 식량을 말한다. 나아가 봉급이나 일상생활에 필요한 식량을 가리키기도 한다.

117 금졸(禁卒)은 지방 감옥의 간수와 관리 임무를 맡는 차역, 포사(舖司)는 포체(鋪遞), 즉 역참(驛站)을 가리키고, 포사병을 역전에 근무하는 병사이다.

118 빈흥(賓興)은 주대(周代)에 향에서 현능한 사람을 뽑아 국학에 입학시켰다는 것을 말하는데, 보통 지방관이 수험생에게 연회를 베풀어 초대하던 의식이나 향시(鄕試)를 가리킨다. 자세한 것은 제24권 전례부 「24-10. 빈흥고시(賓興考試)」 항목을 참조.

119 건기(愆期)는 시기를 놓치다, 그르친다는 뜻이다.

120 괘흠(掛欠)은 부족하다는 뜻이다.

121 과지(過支)는 초과지출을 뜻한다.

122 예차(預借)는 미리 빌려 쓴다, 당겨 쓴다는 뜻이다.

123 요속(僚屬)은 막료(幕僚)나 속관(屬官)을 말한다.

124 가도(家道)는 가업(家業)이나 가경(家境), 즉 재산상태를 가리킨다.

125 주급(賙急)은 급박한 상황에 처한 사람을 구한다는 뜻, 민빈(憫貧)은 가난한 사람을 안타깝게 여긴다는 뜻이다.

126 인재(仁宰)는 인정을 베푸는 관리라는 뜻이다.

錢糧支解, 每年置一總冊. 前一頁, 先開本年應徵數目, 後寫"某某月日拆銀若干". 遇有解支, 挨順月日開寫, "解某衙門某項銀若干, 一支某項某等銀若干, 以上共解支過銀若干, 現貯拆存銀若干". 解支一次, 扣算開寫一次,[127] 拆封一次, 連前結總一次. 名曰: 『解支庫簿』. 此猶人家之日用底帳,[128] 不可少也.

7-02-06. 『기해 · 지출분기책』 만들기(立『解支兩截册』)

비록 『[전량]기해 · 지출장부』가 만들어졌더라도 각각의 기해(起解) · 유지(留支) 항목이 뒤섞여 기록되어 있으므로 창고 안에 보관된 것이 있는지 없는지를 알 수는 있지만, 상부로의 기운(起運)을 완료했는지, 지방에서의 지출 액수는 얼마인지 등은 이것만으로는 찾아보기 쉽지 않다. 그래서 응당 상 · 하반부 두 칸을 구분한 양식으로 관인을 찍은 장부를 만들어야 한다. 상반부의 앞 칸에는 먼저 본년 원액 가운데 모처에 응당 기해해야 할 액수가 얼마인가를 기록하고, [그 아래 칸에는] 각 기해 항목을 차례대로 기입해 넣는다[즉 이것은 기해 관련 장부이다]. 그리고 상반부의 뒤 칸에는 먼저 본년 원액 가운데 [본지에서] 모항에 응당 얼마를 지출해야 하는지 그 액수를 기록하는데, [그 아래 칸에는] 공백을 많이 남겨 두었다가 만일 지급 · 기해를 하게 되면 지급 · 기해 날짜와 항목을 계속해서 기입하고, 「수령확인문서」와 「영수증」을 이미 받았는지 아직 아닌지의 여부도 기록한다[즉 이것은 존류 관련 장부다]. 【이미, 아직 이 두 글자가 들어갈 자리는 비워 두었다가, 「수령확인문서」를 이미 받았으면 '이미(已)' 글자를 써넣고, 기한이 지났어도 그것을 받지 못하였으면 '아직(未)'이란 글자를 써넣는다. 만약 [본지에서의] 지급의 경우 「영수증」을 먼저 받고 나중에 지출을 하므로 '아직(未)'이란 글자를 채워 넣을 필요가 없다.】 그렇게 해서 [양쪽] 아래 칸의 이미 지급 · 기해한 액수와 [양쪽] 위 칸의 응당 지급 · 기해할 액수가 서로 들어맞는다면, 「수령확인문서」를 이미 모든 받은 항목 아래에 '완결(完訖)'이라는 두 글자 도장을 찍는다. 만약 아직 지급 · 기해하지 않았다면 백지상태로 남아 있게 되니 한 번 보면 쉽사리 알 수 있고, 자연히 기해액수가 모자라거나 본지에서 과잉지급이 나타나는 폐단도 없을 것이다. 【이 책의 양식은 부록으로 실었다.】

---

127 구산(扣算)은 결산 또는 환산하여 계산하는 것(折算)을 말한다.
128 일용저장(日用底帳)은 가계부를 가리킨다.

『[解支]庫簿』雖立, 各項解支款目錯雜而寫,[129] 但知庫中有無存積,[130] 而起運之完、欠, 支給之盈縮, 難以查攷. 宜立上 · 下兩截印冊一本. 前上半截, 先註本年原額應解某處若干, 將各解項挨註完. 後上半截, 又先註本年原額應給某項銀若干, 多留空白. 若遇解支, 下半截陸續塡註解給月日、數目,[131] 批、領已、未掣取.[132] 【已、未二字宜空, 俟批已掣, 塡'已'字, 批過限未掣, 塡'未'字. 若支項, 先取領後給, 可無未字之塡矣】 使下半截已解支之數, 與上半截應解支之數相符, 則于批、領俱經掣取項下, 印'完訖'二字. 若未解支, 則朗然白紙, 一覽易見, 自無缺解、濫給之弊矣. 【冊式附】

○ 부록: 『기해 · 지출분기책(解支截冊)』의 양식

[전반부]『기해 · 지출분기책』양식

一. 응당 기해할 액수 [ ]

모 아문에 보내는 모항의 은냥 [ ]냥

一. 이미 기해한 액수 [ ]

이 항목 모월 모일 관원[아역] 모인에게 「수령확인문서」를 주고 파견하여 기해하도록 하였음.

이 항목【완결된 경우 "완료"라는 도장을 찍는다】

모 아문에 넘겨 수령하게 하였음. 「수령확인문서」는 이미[아직] 받았음[받지 않았음]

[후반부] 『기해 · 지출분기책』양식

一. 응당 지급할 모항의 액수 [ ]

응당 계절마다 지급해야 하는 경우 먼저 춘 · 하 · 추 · 동 사계라는 글자를 나열하고, 응

---

129 해지(解支)는 해급(解給)과 같은 뜻으로 위로 올려 보내는 것(解)과 지방에서의 지출(支給)을 말한다.

130 존적(存積)은 쌓아 보관한다는 뜻이다.

131 해급(解給)은 해지(解支)와 같은 뜻이다.

132 비령(批領)은 「수령확인문서」와 「영수증(實收)」을 말하는데, 바로 다음의 「7-02-07. 『수령확인문서장부』의 작성(比『批簿』)」을 참조. 체취(掣取)는 받았다는 뜻이다.

당 월별로 지급해야 할 항목은 각기 12개월의 글자를 나열한다. 각기 '이 항목(前件)'의 아래에 기입하여 도장에 따라 지급을 완료할 수 있게 한다.

一. 이미 지급한 액수 [ ]

이 항목 모 계절[월] 모일에 수령완료하였음. 영수증을 받아 책 뒤에 붙인다.

『解支截冊』式[133]

一. 應解

某衙門某項銀 若干兩

一. 解銀若干 前件于某月某日批差官[役]某 解赴

前件 【完者印"完訖"二字】

某衙門交收 批迴已[未]獲

一. 應給某項銀 若干

應季給有先列春、夏、秋、冬四季字樣. 應月給者列十二個月字樣,

各于前件之下, 以便按印給訖.

一. 給銀 若干

前件某于某季[月]某日 領訖. 取領附卷

7-02-07. 『수령확인문서장부』의 작성(比『批簿』)

[기해(起解)를 받은 상급기관에서 제대로 수령하였다고 확인하여 발급하는] 「수령확인문서(批迴)」와 「영수증(實收)」은 전량을 기해할 때 확보해야 할 가장 중요한 증거가 된다. 이것을 제대로 받지 못한다면 전량이 결국 미납으로 처리되어 허공에 날아가버리는 결과를 낳기

133 원 양식은 ----선을 기준으로 위쪽이 오른쪽, 아래쪽이 왼쪽에 자리 잡고 있다.

때문에, 모름지기 엄밀하게 마감독촉을 해야 한다. 응당 전량 기해의 담당자가 그것을 제대로 받아서 돌아오도록 그에 관련된 『수령확인문서장부(批簿)』를 꼭 만들어야 한다. 거기에는 먼저 "모아문에서 보내온 모호 「영수증」 몇 장을 모월 모일에 받았다"고 쓰고, "모자(某字) 제모호 「영수증」 1장, 모항의 은냥 얼마를 기해하며, 차역 모인이 기해를 관장한다"는 내용을 기입한다. 다음 행에는 '이 항목(前件)' 두 글자를 쓰고 아래에는 공백을 많이 남겨둠으로써 나중에 채워 써넣을 수 있게 한다. 월·일 아래에는 '확보(獲)'라는 글자를 쓰는데, 예를 들어 「수령확인문서」를 확보하였다면 '확보' 글자 위에 '이미 수령(已收)'이란 두 글자를 적어 넣는다. 만약 '이미(已)' 글자가 없는 경우라면, 마감기한에 맞추어 독촉을 한다.

○ 생각건대, 전량(은냥)을 넘겨주어 기해하게 할 때에는 원래 운송노선을 통제하여 그 기한을 정한다. 만약 기한을 넘겨서도 「수령확인문서」를 받아 오지 않는다면, 즉각 심문하고 독촉한다. 꾸물거리다가 전량을 갈취 당하는 일이 있어서는 안 되기 때문이다. 그런데 이렇게 지연이 되는 원인에는 전량을 올려 보낼 때 양서·고서들이 나누어서 갈취하는 경우도 있고, 이것을 가지고 빌려서 장사를 하면서 잠시 시일을 끌다가 이문을 남겨 다시 메우는 경우도 있다. 또한 전번에 그 돈을 횡령하였다가 이번의 것으로 그것을 메워 넣는 경우도 있다. 만약 시간이 오래되어도 제대로 청산되지 않는다면 독촉이 더욱 심해지고, 그러면 이들은 곧 도망쳐 숨어 버린다. 상사가 빨리 올려 보내라고 독촉하는데 지현은 어찌 책임지고 그 손실을 메워 넣지 않을 수 있겠는가? 이들이 부정을 저질렀다는 사실이 조금이라도 발견된다면 즉각 마땅히 그 가족으로 하여금 보증을 서게 하고, 본인을 감금하여 추징한다.

「批迴」[134]、「實收」乃解銀之符驗.[135] 未曾掣獲,[136] 錢糧終屬空懸, 必須嚴密比較. 經解之人

134 앞서 나왔지만 「수령확인문서」, 즉 「비회(批迴. 또는 批回·回批)」는 원래 주현에서 성의 독무아문으로 사람이나 물건·곡식 등을 보낼 때 함께 올려 보내는 두 장의 대비(大批) 및 상세한 액수를 기입한 소비(小批)를 말하는데, 독무를 거쳐 포정사에서 수령을 확인하는 내용을 기입한 다음, 한 장은 독무가 보관하고 나머지는 영수증과 더불어 주현에 돌려준다. 이러한 「회송용 확인문서(批示回文)」가 바로 「비회」이다. 이것은 결국 상급 관청의 뜻을 공문에 기록하여 하급 관리가 알게 한다는 것으로 여기서는 「수령확인문서」라고 번역하였다. 또한 청대의 경우 주현에서 징수한 전량은 지방에 남겨 쓰는 존류(存留) 부분 외에는 3일 내에 기해하도록 되어 있었다. 우선 3일 전에 기해할 항목과 수량, 날짜 및 기해를 담당 차역의 이름을 상부로 보고하고 서로 연결된 두 장의 큰 「확인문서(文批)」를 갖추어 올렸는데, 여기에는 연·월·일과 액수를 기입해 넣고 아울러 번호도 기입하였다. 기해를 맡은 차역이 성성(省城)에 도착하여 독무의 아문에 신고하면 여기서 우선 이것을 등록한 다음, 포정사에게 넘겼다. 포정사는 실제로 은냥이나 양곡을 수령한 다음 「영수증(實收)」과 함께 이 「확인문서」를 돌려주었다. 한 장은 독무가 보관하고, 다른 한 장은 주현으로 돌려보내 보관하게 했던 것이다. 주현에서는 또한 기해할 때 따로 간단한

掣獲, 須立一『比簿』. 先寫“奉某衙門發號批若干張”, 後開“某月日”, 塡寫“某字第幾號批一張, 起解某項銀若干, 差役某管解.” 次行開‘前件’二字, 下多空白, 以便塡寫. 月日下寫‘獲’字, 如批收獲到, 卽于‘獲’字上, 塡批‘已收’二字. 若無‘已’字者, 限日比較.

○ 按: 批銀旣付承解,[137] 原約路程, 以定限期. 若逾限不掣「批迴」, 卽宜査比, 毋得稽延, 以致乾沒.[138] 然稽遲之故, 有解出糧·庫書分侵者. 有竟借作生意, 暫延時日, 撰利補解者.[139] 亦有前件侵蝕, 那此抵彼者. 若久而不淸, 比急便爲逃匿. 上司催提, 印官能無賠累? 奸弊稍有發覺, 卽當將家屬取保, 本身監追.[140]

7-02-08. 「수령확인문서」의 기입(塡解批)

「수령확인문서(批迴)」는 원래 규정에 따라 포정사가 발급하며, 장당마다 모두 번호(字號)가 있다. 은냥을 기해할 때는 많고 적음에 상관없이 모름지기 이 번호에 따라 기입하여 사용하되, 번호를 뒤집어써서 상사(上司)의 조사·처벌을 받는 일이 있어서는 안 된다. 어떤 못된 서역들은 부정을 저지르기 위해 시급하지 않은 항목으로 우선 메워 기해하고 [기해 항목]을 다른 용도로 옮겨 써서 이익을 얻고자 하기도 한다. 그러나 이미 실제대로 써넣은 다음이라면 그들도 어쩔 수 없이 뜻을 굽혀 그대로 기해할 수밖에 없다. 그러므로 무릇 상사가 발급한 번호가 붙은 「수령확인문서」는 반드시 내아에 보관하였다가, 전곡(錢穀) 업무를 맡는 사람에게 넘겨주어 보관하게 한다. 응당 올려 보내야 할 전량이 생긴다면 해당 방(房)이 지현에게 모 항목 얼마의 은을 별도의 안건으로 이송하겠다는 것을 품청(稟請)하여 결재를 받게 한 다음, 「수령확인문서」를 내주어 거기에 그대로 기입하게 한다. 이렇게 하면 자연히 멋대로 기입하여 못된 짓을 저지르는 일이 없을 것이다.

이러한 기해 전량에 대한 「확인문서(解批)」를 기입할 때에는 마땅히 더욱 삼가고 신중해

「수령확인문서(小批)」를 보내는데 여기에는 그 기해의 액수가 적혀 있었다. 포정사는 기해를 수령한 다음 이것과 실제 수령 액수가 일치하면 확인 도장을 찍어 돌려주었다.

135 「실수(實收)」는 관고(官庫)에서 은냥을 납부받은 다음 발급하는 증명서(영수증)이다. 부험(符驗)은 증거라는 뜻이다.

136 체획(掣獲)은 체취(掣取)처럼 받았다는 뜻이다.

137 승해(承解)는 떠맡아서 기해한다는 뜻이다.

138 건몰(乾沒)은 유용·횡령·착복한다는 뜻이다.

139 찬리(撰利)는 돈을 번다는 뜻이다.

140 취보(取保)는 보증받는 것이고, 감추(監追)는 감독하여 추징하는 것을 가리킨다.

야 한다. 먼저 「확인문서」를 밝은 빛에 비추어 보아 결코 파손되지 않았음을 점검한 다음에야 그 내용을 기입하는데, 한 글자라도 흘려 쓴 글씨로 써넣어서는 안 된다. 또한 모름지기 은냥의 금액과 날짜를 살펴보아서 글씨가 모호하거나 물로 씻어서 고친 것이 아님을 확인한 다음 직인을 찍는다. 만약 글씨가 모호하거나 물로 씻어 고쳤다면, 해당 서역을 심문·처벌하는 것 외에도 또한 그 이유와 사정을 문서를 갖추어서 설명하면서 원래의 「확인문서」를 교체하여 발급하겠다고 보고를 올려 신청한다. 만약 원래의 「확인문서」에 조금이라도 손상이 있다면 역시 마땅히 교체 발급을 신청함으로써 못된 서역이 그 흠집을 틈타 부정을 저지르는 것을 막아야 한다. 계속 이어 발급하는 「확인문서」의 경우는 다만 대략적인 큰 액수만 기입하지만, 마지막 차례에 보내는 「확인문서」의 경우에는 모름지기 이 항목에 대한 종전의 기해 액수를 결산해야 한다. 또한 아주 작은 액수가 있더라도 역시 모두 계산에 포함시켜야 하는데, 그렇지 않으면 상사의 장방(帳房)에서 받아들이지 않고 퇴짜를 놓으면서 보충하여 기해하라고 요구할 것이다. 이렇게 되면 다시 한 번 더 비용을 들이게 된다.

「批迴」例由司發, 每張俱有字號. 解銀不拘多寡, 須挨號塡用, 不得顚倒致被上司査究.[141] 有等奸胥作弊,[142] 利將緩項塡解, 希圖那用,[143] 但既已實塡, 不得不曲從起解.[144] 故凡上司所發號批, 定須藏之內衙, 付司錢穀之人收執.[145] 遇有應解錢糧, 該房禀請,[146] 批定解某項若干另案放行,[147] 然後發批令塡, 自無擅塡作奸之事. 至于塡寫「解批」,[148] 更宜謹愼. 先將批對明照過, 幷無破損, 然後登塡, 一字不許潦草塡完.[149] 又須照看銀數年月, 俱無糢糊洗補, 然後蓋印. 若有糢糊洗補, 除究處該吏,[150] 具文聲說情由, 原批申送請換. 若原批有小損, 亦宜申請換給, 以杜奸胥借損孔, 而滋弊竇.[151] 其陸續解批, 只照銀大數塡寫,[152] 若結末一批, 須將本項從

141 사구(査究)는 조사하여 처벌한다는 뜻이다.

142 유등(有等)은 어떤(有些, 有的), 일부라는 뜻이다.

143 나용(那用, 挪用)은 다른 곳에 쓰기로 되어 있는 돈이나 물건을 딴 데 쓰는 것을 가리킨다.

144 곡종(曲從)은 자신의 뜻을 굽혀 상대방의 의견을 따른다는 뜻이다.

145 수집(收執)은 받아서 보존한다는 뜻이다.

146 품청(禀請)은 위를 향해 청구하는 것을 말한다. 품(禀)은 위를 향해 보고한다는 뜻인데, 일반 백성이나 관료가 상급에 요청이나 호소를 위해 위에 올리는 문서(上行文)의 일종이기도 하다.

147 비정(批定)은 결재를 내린다는 뜻이다.

148 「해비(解批)」는 범인을 올려 보내거나 전량을 올려 보내는 공문인데, 여기서는 전량을 상부로 기해할 때 딸려 보내는 문서를 가리키는 것 같다.

149 요초(潦草)는 글씨를 흘려 쓰는 것을 가리킨다.

150 구처(究處)는 심문하여 처벌한다는 뜻이다.

前結算. 但有渺漠,[153] 俱宜算入, 否則上房駁查補解,[154] 又是一番多費矣.

7-02-09. 「수령확인문서」의 점검(驗「掣批」)

기해의 「수령확인문서」에는 포정사 아문에서 확인 도장을 받은 다음, 물로 씻어서 큰 액수를 적은 액수로 고친 경우가 있다. 「영수증」에도 수령한 다음 물로 씻어서 적은 액수를 큰 액수로 고치는 경우가 있다. 「수령확인문서」의 액수를 적은 액수로 고쳤다면, 즉 적게 기해하여 남은 은냥을 착복하고 「수령확인문서」를 돌려받은 다음 원래의 액수로 고친 것이다. 「영수증」은 포정사아문의 창고에서 발급하는 것으로 반드시 적은 액수를 많은 액수로 바꿔야만 원래 바뀌친 기해 액수와 들어맞게 된다. 이러한 폐단은 귀신도 예측하기 어려우니, 만약 하나하나 차례대로 점검하지 않는다면 그 계략에 빠져들 수밖에 없다.

「批迴」有印發後洗補以多改少者.[155] 「實收」有領出後洗補以少改多者. 「批迴」改少, 則解少侵銀, 掣後仍改原數. 「實收」由自司庫, 必要以少改多, 恰合改過批數.[156] 此等弊端, 神鬼莫測, 若不逐次照看, 難免墮術中.

7-02-10. 소액 기해의 엄격한 관리(嚴「小批」)

전량은 지정에 관련된 것이 아니라면 대부분 본 주현에서 발행한 간략한 양식의 「확인문서(小批)」를 사용한다. 예를 들어 상급의 지부나 포정사 아문과 관련된 잡세나 규정된 액수 이상으로 돈을 뽑아 기해하는 항목 등이 그런 경우다. 이러한 「확인문서」는 가장 쉽게 내용을 바꾸거나 숨길 수 있다. 대개 상사 아문에서 발급한 것이 아니라 조사할 수 있는

151 폐두(弊竇)는 폐단이나 그 폐단을 낳는 틈, 구멍을 가리킨다.

152 대수(大數)는 대체적인 수, 대강의 수를 말한다.

153 묘막(渺漠)은 아득하다는 뜻도 있지만, 여기서는 아주 작은 무게단위를 가리킨다.

154 상방(上房)은 상사 아문의 자금 등을 관장하는 장방(帳房)을 가리킨다. 박사(駁査)는 문제가 있다고 퇴짜를 놓아 다시 점검하게 하는 것을 말한다.

155 인발(印發)은 관인·직인을 찍어 발급하는 것을 말한다.

156 흡합(恰合)은 바로 딱 들어맞는다는 뜻이다. 비수(批數)는 여기서는 아마 기해하도록 지현에 의해 결재를 받은 액수를 가리키는 것 같다. 비는 사물을 순서대로 나누어 부르거나 수량을 나타내는 양사(量詞)로도 해석될 수 있다.

번호가 없기 때문이다. 현의 서리들은 왕왕 상사 아문의 경승들과 결탁하여 누차 기해하도록 독촉을 하는데, 그렇게 기해를 한 다음에는 기해 담당 아역(解役)이 끝내「확인문서」를 받아 제출하지 않으며, 상사 아문의 독촉 더 이상 내려오지 않는다[이렇게 해서 중간에 횡령하는 것이다]. 지현은 사무가 번잡하니 어찌 이런 일들을 일일이 모두 기억할 수 있겠는가? 만약 그러한 내막에 정통하여 가끔가다 골라서 검사하지 않는다면, [서리와 경승들이] 이미 그 간악한 욕심을 채운 뒤일 것이고, 지현은 다시 나중에 그런 액수를 알아서 메워 넣어야 된다. 따라서 반드시 기한에 맞추어 엄격하게 조사함으로써,「확인문서」의 회수와 기해 업무의 분명한 완결에 주의해야 할 것이다.

錢糧非係地丁, 多用本州縣「小批」.[157] 如府司雜稅[158]、額外撥解等項, 是也. 此等「批迴」最易侵匿. 蓋非上司頒發, 無號可稽. 縣胥往往勾通上司經承, 屢次催提, 及其解後, 解役竟不掣批, 而上司之催檄, 亦不至矣. 印官事煩, 豈能記憶? 若非內幕精詳, 時爲簡覈, 前者既飽奸壑, 而後來仍復補苴.[159] 務須按限嚴査, 掣批淸項乃已.

7-02-11.「수령확인문서」와「영수증」보관(粘批收)

「수령확인문서」와「영수증」을 확보하면 그것은 기해한 사실을 입증하는 증거가 될 뿐 아니라, 또한 승진·전근할 때 인수인계의 근거가 되기도 한다. 따라서 마땅히 따로 [보관하는] 궤짝을 비치하여 엄격하게 봉인표시를 하되, 불씨가 있는 곳에 가까이 두어서는 안 된다. 기해 액수 전체를 모두 올려 보내기를 기다려 날짜 순서대로「영수증」을 끼워 넣고 풀로 붙여 책으로 묶은 다음, 종이가 겹쳐지는 곳에 비스듬하게 직인을 찍어 보관한다. 매년 회계보고(奏銷)가 끝나기를 기다려, 해당 방(房)의「영수증」을 받아 "모년분 모 항목 모 항목의「수령확인문서」몇 장을 받았다."라고 기입한 다음, 역시 궤짝 안에 넣어 문서철에 추가한다. 만약 해당 방의 이역에게 맡겨 둘 수 없다고 생각되면, 내택에 보관하는 편이 훨씬 온당할 것이다. 하지만 아직 완납되지 않은 항목을 먼저 책에 붙여서는 안 된다. 상사가 갑자

157 여기서「소비(小批)」는「대비(大批)」와 함께 올려 보내는「수령확인문서」의 일부로 대비보다 간략한 양식이지만 구체적인 액수를 기록하고 있다.

158 부사(府司)의 부는 지부(知府), 사는 포정사사(布政使司)를 가리킨다.

159 보저(補苴)는 메우다, 보충한다는 뜻이다.

기 올려 보내라고 해서 검토할 때, 그것들을 떼어내고 숫자를 다시 정리하기 불편하기 때문이다. 만약 아직 회계결산을 거치지 않았다면, 역시 쉽사리 해당 방에게 넘겨주어서도 안 된다.

批、收掣獲,[160] 旣爲起解憑據, 亦陞遷交代張本,[161] 宜另置一櫥, 嚴爲封識,[162] 不近燈火之地. 候全款解完, 挨序月日, 夾入「實收」, 粘連成卷, 下用騎縫斜印收貯.[163] 待奏銷後,[164] 取該房「領狀」, 開寫"領到某年分某項某項批若干張", 存內粘案. 若該房不堪交付, 莫若存內, 尤爲穩當. 其未完款項, 不可先粘, 恐上司一時弔査,[165] 揭開不便. 若未經銷算,[166] 亦不宜輕發該房.

7-02-12. 엄격한 기해 관리(嚴管解)

종래 아역들이 부정을 저질렀던 것은 지현의 총명함과 재간이 부족한 데서 유래하였다. 만약 지현이 사전에 예방할 수만 있다면, 간악한 아역들이 의지할 바가 없고 지방 공무 역시 제대로 처리되지 않는 것이 없을 터이다. 이를테면 전량을 기해할 때 한두 푼의 적은 금액 역시 모두 국고(國帑)와 관련된 것이므로 반드시 부유하고 노련한 서역을 선택하여 책임지고 운반하게 하고, 양고(糧庫)에 관련된 여러 사람이 확실한 보증을 서게 해야 한다. 운반해야 할 액수가 많으면 주둔하는 군대에 공문을 보내 병사들을 뽑아 호송을 맡기며, 또한 신임하는 사람을 파견하여 법을 지키게 하고, 시종(內丁. 家丁)을 함께 보내 운송을 돕게 한다. 이렇게 하면 문을 나서지 않았을 경우 보증과 담보를 맡은 사람이 있으니 자연히 감히 집에서 (전량을) 착복하거나 숨기지 못할 것이고, 일단 길을 떠난 다음에도 같이 가는

---

160 비수(批收)는 아마도 「수령확인문서(批廻)」와 「실수(實收)」의 합칭으로 보인다.
161 장본(張本)은 '의거(依据)'라는 뜻이다.
162 봉지(封識)는 밀봉하고 표시를 해 둔다는 뜻이다.
163 기봉(騎縫)은 두 장의 종이가 만나거나 합쳐지는 곳을 가리킨다.
164 주소(奏銷), 즉 전량주소(錢糧奏銷)는 청대에 새로 도입된 일종의 회계 결산 방법이다. 각 성의 포정사가 우선 소속 주현·기관에게 『주소초책(奏銷草冊)』을 보고하게 한 다음 이것을 기초로 구관(舊管)·신수(新收)·개제(開除)·실재(實在)로 구성된 성의 『예·결산총책(總冊. 黃冊과 淸冊)』을 만들어 독무(督撫)의 검사를 받고 호부(戶部)에 일정한 기한에 맞추어 올려 보내는 것이다. 호부는 이를 검토한 후 연말에 종합하여 황제에게 상주하여 비준을 받았다. 이것을 통해 자세한 자금 출입상황이나 현존액수가 보고·파악되었기 때문에 각 성이나 지방은 각자의 수지상황에 따라 재정을 단독으로 운영하는 것이 허용되지 않았다. 반면 호부는 전국의 경비를 파악하고, 세입에 따라 세수(稅收)를 통제(量入以出)할 수 있었다.
165 조사(弔査)는 가져다가 살펴본다는 뜻이다.
166 소산(銷算)은 결산(結算, 決算)을 가리키므로 여기서는 주소(奏銷)를 뜻하는 것이다.

호송인이 있어 결코 도중에 가로채거나 착복하지 못할 것이다. 이렇게 하면 액수대로 전량이 제대로 상부에 넘겨지지 않거나, 전량을 납부하였다는 「확인문서」를 기한 내로 되돌려 받아오지 못하는 일이 어찌 나타나겠는가?

그런데 만약 차역을 신중하게 선발하지 않으면, 비록 시종을 함께 보내 돕게 했더라도 그가 경망스러운 사람이라면 이러한 무리들이 능숙하게 주색으로 현혹시키므로 거기에 넘어가지 않는 경우가 드물다. 그렇게 해서 중간에 전량을 가로채는데, 일이 발각되더라도 오히려 [지현이 파견한] 내정에게 책임을 떠넘긴다. 따라서 시종은 두루 시험을 거쳐 흠이 없고, 성정이 충직한 사람이 아니면 절대로 가볍게 이런 일을 맡겨서는 안 된다.

또한 원거리로 전량을 운반하는 문제에 관해서는 관원이든 서리이든 더욱 신중하게 골라 특히 건장하고 능력이 있는 사람이 이 일을 맡게 해야 한다. 만약 쌀이나 콩 등의 물품이라면 반드시 규정대로 깔고 덮어 보관해야 한다. 비에 젖으면 쉽게 썩기 때문에 마땅히 부지런하게 검사를 해야 한다. 특히 운반 노동자(脚夫)들이 훔쳐 내는 방법은 아주 다양하기 때문에 반드시 엄밀하게 방비해야 한다. 은냥이 든 궤짝을 운송하는 경우라면 겉에 생소가죽을 입히고, 쇠 띠로 묶고 못으로 단단히 밀봉한다. 궤짝이 오랫동안 바람과 햇볕에 노출되면 나무가 말라 밀봉된 부분이 터지면서 작은 은 부스러기가 마구 쏟아지게 되니, 못된 놈들이 이러한 틈으로 은자를 파내기 때문이다. 이렇게 감싸고 못질을 해 놓으면 나중에 부족한 부분을 채워 넣어야 하는 근심도 없을 것이고, 게다가 혹은 뜻밖의 일이 생겨도 짧은 시간 안에 이 궤짝에 손을 대기 어려울 것이다.

從來衙役作弊, 由于官欠精明. 若官能先事預防, 使奸無所騁, 則公事未有不辦者矣. 如起解錢糧, 分、釐皆關國帑,[167] 務須選擇殷實老成胥役僉解,[168] 取糧庫諸人的保,[169] 多則移營撥兵獲送,[170] 并遣親信守法, 內丁協解.[171] 未出門保任有人,[172] 自不敢在家侵隱, 旣就途伴護有人, 並不能在路呑蝕銀. 有不照數交兌, 批有不按限掣者乎? 若選差不愼, 雖有內丁協解, 人屬

167 분(分)은 은(銀) 1냥(兩)의 1/10무게인 전(錢)의 1/10이고(즉 은 0.01兩), 리(釐)는 분의 1/10(즉 0.001兩)이다

168 첨해(僉解)는 책임지고 운송한다는 뜻이다.

169 적보(的保)는 확실한 보증이나 담보를 말한다.

170 이(移)는 공문의 일종(平行文)으로 서로 통속관계에 있지 않는 관청 사이에 보내지는 문서에 많이 쓰인다. 지현과 영관은 서로 아무런 통속관계가 각기 다른 문·무 계통의 관리이므로 '이문(移文)'이 사용되는 것이다.

171 내정(內丁)은 집안의 하인을 가리킨다.

172 보임(保任)은 형사담보의 제도, 보증의 책임을 말한다.

輕浮, 此輩善以酒色迷人, 鮮有不爲所動. 彼從中侵扣, 事露反得以內丁推諉.[173] 故內丁非歷試無假、志性忠耿之人,[174] 未易輕委也. 至于運解遠餉, 或官, 或吏, 尤當愼選, 精壯有幹才者, 以充斯任. 若米、豆等物, 須墊蓋如法. 雨濕易爛, 看驗宜勤. 夫脚盜法最多,[175] 更須防範. 若解餉銀鞘,[176] 外蒙以生牛皮, 鐵箍密釘.[177] 蓋以鞘經風日,[178] 木瘦縫開, 滴珠狼籍,[179] 奸人趁縫敲挖. 如此包釘, 則無賠補之患, 且或有不虞, 遽難動手也.

7-02-13. 지출의 완급(支放緩急)

[지방에서의] 지출항목 가운데 무엇보다도 가장 긴급한 것은 바로 역참(驛站)에 관련된 것이다. 역관(驛官)이 있으면 역관이 「직인을 찍은 문서」와 「영수증」을 갖추어 지급을 받는다. [그렇지 않고] 가령 지현이 겸하여 관리하는 경우라면 역참을 관리하는 병서(兵書)와 말을 관리하는 병역인 마패(馬牌)가 「영수증」을 갖추어 지급을 받는다. 혹은 매월, 혹은 계절마다 지급하는데, 응당 매달 초나 계절의 첫 달에 지급되어야 한다. 역참을 이용하는 사절들에게 식사를 제공하고, 마부의 음식이나 임금·사료를 제공하는 일은 모두 미루어져서는 안 되기 때문이다. 그다음은 소역참(鋪司)의 병졸들이다. 이들은 모두 빈민으로 주야로 공문을 전송하는 수고를 하므로, 응당 각 소역참의 「영수증」을 받고 매월 지급해야 한다. 양제원(養濟院)의 고아·빈민의 식량 역시 응당 이름에 따라 매달 먼저 지급하고, 「수령자 영수증」을 확보한다. 피복도 추위를 막기 위해 사용하는 것이므로 응당 겨울이 시작되는 첫 달에 지급해야 한다.

○ [전량의] 존류[항목] 가운데에는 마땅히 때에 따라 지급해야 하는 것이 있다. 문묘의 정제(丁祭), 각 단사(壇祠)의 봄·가을 제사는 모두 5일 전에 지급하여 제수용품을 준비할

---

173 추위(推諉)는 책임 회피, 미루기를 의미한다.

174 지성(志性)은 성정(性情)을 말한다. 충경(忠耿)은 충성스럽고 정직하다는 뜻이다.

175 부각(夫脚)은 각부(脚夫)를 말하는 것 같다. 보통 각부는 부두나 정거장에서 손님을 대신해서 짐이나 화물을 날라주는 노동자, 잡역부를 가리킨다.

176 해향(解餉)은 은량(銀粮)의 운송을 말한다. 은초(銀鞘)는 은괴를 운송 또는 저장하기 위하여 나무로 만든 상자를 가리킨다.

177 잡(箍)은 대나무나 쇠로 만든 띠로 물건의 외면을 단단히 묶는 데 쓰는 것을 말한다.

178 풍일(風日)은 바람과 햇볕을 말한다. 즉 바람과 햇볕에 노출하는 것이다.

179 적주(滴珠)는 원형의 작은 은덩어리를 가리킨다. 녹여 만든 은덩어리가 가운데 가장 작은 것을 적주, 보다 큰 것을 과자(錁子), 가장 큰 것을 원보(元寶)라고 한다. 낭자(狼籍)는 난잡하게 어질러진다는 뜻이다.

수 있게 하며, 해당 방과 소역참의 「영수증」을 받아 둔다. 응당 계절 말기에 지급해야 하는 것이 있는데, 관속(官屬)의 봉은(俸銀), 문지기(門斗)·좌이관(佐貳官) 등의 수당(役食)이다. 관속의 봉은은 관속의 자리에 변동(裁缺)이 있거나 여러 가지 처벌(降罰)을 받는 사고가 있을 수 있고, 좌이의 수당 역시 소금·속죄 비용 따위로 인한 변동·공제가 있을 수 있으므로 조기에 지급해서는 안 된다. 응당 일에 따라 지급해야 하는 것에는 용정(龍亭)이나 과거시험장 수리, 빈흥·향음 등의 항목이 있는데, 모두 각 관련자의 「영수증」을 받는다. 마땅히 연말에 지급해야 하는 것은 생원에 대한 보조금이고, 연말에 보충하여 모자란 부분을 지급하는 것은 본 아문 아역들의 수당이다. 생원의 보조금은 때에 따라 삭감이나 인원 변동이 있기 때문이고, 아역의 수당은 때에 따라 공용으로 충당되기도 하기 때문이다. 감창에 근무하는 금졸의 식량·수당은 이름에 따라 매월 지급한다. 죄수의 식량도 이름에 따라서 먼저 3일에 한 차례씩 나누어 주며, 한꺼번에 몽땅 지급하여 서졸(胥卒)들이 중간에 착복하게 해서는 안 된다. 이상은 모두 매년 정해진 제도에 따라서 지출을 하는 것인데, 지출이 완료되면 관봉·수당 등의 「영수증」은 모두 각기 풀로 붙여 책을 만들고, 직인을 찍어 보관한다.

支放中之急項, 莫先驛遞. 有驛官則驛官具「印文」、「領狀」支給.[180] 如本縣帶管, 則管驛兵書馬牌具領支給.[181] 或每月, 或按季, 宜在朔初季首.[182] 蓋以過差廩給口糧,[183] 及馬夫工食、草料, 俱屬不可緩者. 其次則鋪司兵, 皆係貧民, 晝夜傳送公文辛苦, 宜取各鋪司「領狀」, 按月支給. 養濟院孤貧口糧,[184] 亦宜逐名按月先給, 取「花名領狀」. 其布花係禦寒所用, 宜冬首支給.

○ 存留中宜因時支給者, 文廟丁祭,[185] 各壇祠春秋祀, 俱先五日前放, 以便備牲品, 取該房鋪「領狀」. 宜季終支領者, 官屬俸銀[186]、門斗·佐貳役食. 俸銀恐有裁缺、降罰事故,[187] 佐貳役食恐有鹽觔、罪贖,[188] 不可早放. 因事支給者, 修理龍亭[189]、察院、賓興、鄉飮等項,[190] 俱取各

180 인문(印文)은 관인을 찍은 공문을 가리킨다.

181 마패(馬牌)는 말을 관리하는 병역(兵役)을 가리킨다. 구령(具領)은 문서를 갖추어 수령한다는 뜻이다.

182 삭(朔)은 음력 매달의 초하루를 가리킨다.

183 과차(過差)는 지나가는 차사(差使), 즉 사절 등을 말한다.

184 양제원(養濟院)은 보제당(普濟堂)이라고도 하는데 청대 국가에서 운영하던 자선 기구를 가리킨다. 고빈구량(孤貧口糧)은 청대에 고아나 빈민, 의지할 데 없는 장애인을 거두어 부양하면서 지급하던 은미(銀米)를 가리킨다.

185 정제(丁祭)는 음력 2월과 8월 첫 번째 정일(丁日)에 공자에게 지내던 제사를 가리킨다.

186 지령(支領)은 지급하여 수령한다는 뜻이다.

187 재결(裁缺)은 관리가 원임관직에서 면직되고 보결(補缺)을 기다리는 것을 말한다.

188 염근(鹽觔)은 바로 염근(鹽斤), 즉 소금이다. 죄속(罪贖)은 돈이나 물자로 벌을 대신하는 것을 말한다.

189 용정(龍亭)은 본래 천자의 위패가 있는 건물(宮)을 말한다. 황제의 위패를 모신 향정(香亭. 또는 香輿·香車)을

該管「領狀」.[191] 宜年終支給者, 生員廩餼.[192] 年終找給者,[193] 本衙門工食. 廩餼時有裁減空缺, 工食時有公用抵充,[194] 至于監倉禁卒工食, 按名逐月支給. 囚徒口糧,[195] 按名先三日一次俵散, 不可總放爲胥卒中飽,[196] 以上每年照經制放完,[197] 將官俸役食各「領狀」, 分別粘卷, 用印存案.[198]

가리키기도 한다. 즉 희경(喜慶)을 표시하는 채색 비단이나 끈으로 장식한 정자와 향로와 황제의 위패, 또는 그것들을 싣고 있는 수레나 마차를 말한다.

190 찰원(察院)은 여기서는 시험장(考場)을 가리킨다.

191 해관(該管)은 장관(掌管), 즉 장악·통제·관리한다는 뜻이다.

192 생원(生員)은 청대의 경우 각 성의 학정(學政)이 주지하는 지방 과거시험인 현시(縣試)·부시(府試)·원시(院試) 등의 동시(童試)를 통과하여 부·주·현의 학교에 입학하여 학습할 수 있었던 독서인을 가리킨다. 생원은 또는 수재(秀才)나 제생(諸生)이라고도 일컬어지는 가장 하급의 학위였다. 늠희(廩餼)는 재학 생원에게 주던 보조금과 식량을 말한다.

193 조급(找給)은 모자란 부분을 계산해서 보충해 지급하는 것, 즉 보급(補給)을 말한다.

194 저충(抵充)은 메워서 충당한다는 뜻이다.

195 수도(囚徒)는 수범(囚犯), 즉 죄수를 가리킨다.

196 중포(中飽)는 부정한 수단으로 가운데서 가로채거나 이익을 얻는 것을 가리킨다.

197 경제(經制)는 나라를 다스리는 제도, 확립된 국가제도라는 뜻이다.

198 존안(存案)은 정부나 관련기구에서 등록하여 보존하거나, 보존하여 이후의 점검·조사에 대비하는 것을 가리킨다.

| 제8권 |

전곡부 錢穀部 3 및 잡과부 雜課部

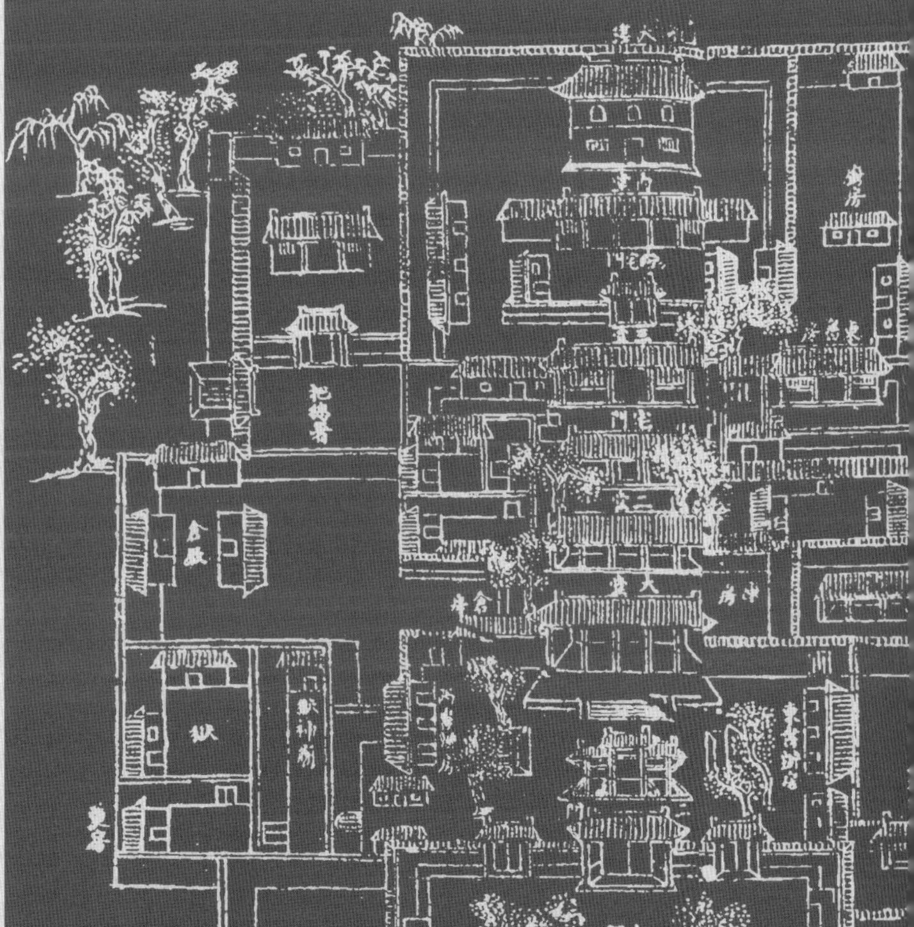

福惠全書

8-01. 조항(漕項)[1]

8-01-01. 조량의 징수와 운반(漕項收兌)

조량(漕糧)은 강소·절강·강서·호광(湖廣) 및 산동·하남 등의 성(省)에 할당되어 있다.[2] 강소성과 절강성은 재화와 부세가 동남 지방에서 으뜸이기 때문에 조량도 각 성에서 내는 액수의 절반을 차지하고, 조량 때문에 생기는 폐해 역시 마찬가지다. 그러나 그 폐해의

---

1 조량(漕糧)은 역대 왕조에서 수로를 통해 수도(京師)로 운반하여 관원과 군인들의 양식으로 제공하던 미곡 등의 세량(稅糧)을 가리킨다. 그 수량은 보통 경사에 주재하는 관·군의 수에 따라 결정되었는데 명·청대에는 대체로 연간 약 400만 석(石) 정도였다. 조량의 징수 형태는 네 가지가 있는데 (1) 정태미(正兌米)는 북경으로 운반하는 창량(倉糧)으로 330만 석이 정액이었고 (2) 개태미(改兌米)는 통주(通州. 당시의 북경 부근. 오늘날은 북경시구)로 운반하는 창량으로 정액이 70만 석이었다 (3) 개징(改徵)은 조량을 다른 품종으로 바꾸어 징수하는 것이었고 (4) 개절(改折)은 은냥으로 환산(折算)하여 징수하는데 그것은 지정은(地丁銀) 항목으로 병합되어 호부에 보고되었다. 한편 조량은 장강 중·하류의 8성에서만 징수되었다. 청대 조량의 주체는 명대처럼 여전히 강소의 소·송·상·진·태(蘇·松·常·鎭·太) 5부와 절강의 항·가·호(杭嘉湖) 3부 지역이었다. 각기 179만 석과 63만 석으로 조량 400만 석(實徵은 343만 석 정도)의 약 61%를 차지하였던 것이다. 그 외에도 명대에는 백량(白糧)을 소·송·상·가·호(蘇·松·常·嘉·湖) 5부에서 공납하였는데 약 21만 4,000석으로 당지에서 산출된 찹쌀(白熟粳糯米)이었다. 청대에도 이것은 똑같았는데 단지 민운을 관운으로 바꾸었을 뿐이다. 산동의 경우 조량 부담액은 정·개태미 24만 석(粟米·麥) 더하기 흑두(黑豆) 20만 석 좌우 정도였다. 여기서 조량에 대해서 크게 다루지 않고 간단히 몇 가지만 언급하고 넘어가는 것은 산동의 경우 지정은(地丁銀)이나 정차(丁差)에 비하면 조량이 그리 큰 문제는 아니었기 때문이다.

한편 조량을 운반하는 것을 조운(漕運)이라고 하는데 조운에는 많은 소모비용이 들었으므로 정액 외에도 다양한 부가세를 거두어 그 비용에 충당하였다. 그러한 것이 바로 조항(漕項), 또는 수조(隨漕)인데 이것은 바로 조량(漕糧) 정세(正稅) 이외에 추가되는 부가세를 통칭한다. 여기에서 말하는 '조항'은 조항이 아닌 조량을 가리키는 것으로 보인다. 청대에는 정태미(正兌米)에는 조량 1석(石. 섬)마다 2두(斗, 말) 5승(升. 되)-4두를 거두었으며, 개태미(改兌米)에는 1석마다 1두 7승에서 4두까지 조항을 거두었다. 이 밖에도 조량과 함께 징수하는 경재(輕齎. 正兌의 경우 가징되는 일종의 경비)·역미절은(易米折銀. 改兌의 경우 가징되는 일종의 경비)·관군행월(官軍行月)·석목판죽(席木板竹) 등의 항목이 있었는데, 그 징수와 운반은 정세와 다름이 없었다. 지방에서 따로 거두는 부수(浮收. 액외징수)는 이러한 정모세액(正耗稅額) 외에 또 다시 거두는 일종의 부가 징수인데, 여기에 포함되지 않았다. 또한 그 밖에도 관례적인 수수료(陋規)로 여러 항목이 아울러 징수되었으므로 보통 납세자가 1석의 조량을 납부하더라도 실제 납부하는 것은 1석 4-5두 정도였다. 그리고 조운선의 수와 편제는 명대와는 약간 달라 청대에는 일반적으로 부주(府州)를 단위로 하였는데 10인 1선, 10선 1방으로 삼아 10선끼리 서로 보증을 서게 하였으며, 이런 조운선이 1만 455척 정도로 명대보다 약간 감소하였다. 실제로는 약 6,000-7,000척이 운용되었는데, 매 척당 실을 수 있는 조량은 500석을 초과하지 못하였다고 한다. 그리고 19세기 중반까지 대운하를 통해 이루어지던 조운은 19세기 중·후반 이후에는 바닷길을 통하는 해운(海運)으로 대체되었다. 조운의 주된 루트였던 명·청대의 운하에 대한 간명한 소개로는 조영헌, 「대운하」(吳金成 외, 『명청시대사회경제사』, 이산, 2007 수록) 및 조영헌, 『대운하와 중국 상인: 회양지역 휘주상인 성장사 1415-1784』(민음사, 2011)을 참조.

2 호광(湖廣)은 명대의 명칭으로 청대에는 호남(湖南)과 호북(湖北)으로 나뉘었으므로 조량이 징수되는 지역은 장강 하류의 8성에 한정되었다.

원인인 각 성의 누규와 폐단은 각기 다른 모습이지만, 아역이나 창고의 서리가 멋대로 가로채고, 간악한 무뢰배가 납세를 대행해서 청부하며, 지방토호가 운군(運軍)의 우두머리와 결탁하여 돈을 요구하면서 선박의 운행을 막고, 향민을 속이고 억압하는 상황은 모든 성이 거의 마찬가지다. 지금은 다행히도 관부의 책임 아래 조량을 거두고 관부에서 직접 조량을 운군(運軍)에게 인도하는 방법을 채택하여 기정(旗丁)이 사나운 횡포를 부리는 일이 훨씬 줄었다. 그렇다고 해도 [지현이] 징수를 감독하는 데서부터 시작하여 부두에서 마지막으로 조량을 [운군에게] 인도하기까지의 일은 양장·이장 등도 자신하고는 무관하다고 태연하게 향리에서 여유를 즐길 수는 없을 것이다. 지금 여기서는 그 수많은 폐단 가운데 마땅히 금지되어야 할 것을 몇 가지 열거하도록 하겠다.

漕糧一項,[3] 惟江、浙、江西、湖廣幷山東、河南等省有之. 而江浙財賦首甲東南,[4] 故漕糧居各省之半, 而爲漕之害亦居各省之半. 然其爲害之端, 諸省陋規、弊竇,[5] 雖有不同, 至于衙蠹[6]、倉胥恣意侵蝕,[7] 奸棍包攬,[8] 勢豪勾通旗甲, 需索留難,[9] 欺壓鄕賤,[10] 則是處皆然也.[11] 今幸官收官兌,[12] 旗丁之虎惡少衰.[13] 而該管監收,[14] 水次開兌,[15] 其糧、里亦不能脫然事外而優游于

3 조량(漕糧)에 대해서는 앞의 조항(漕項) 부분에 대한 설명을 참조. 조량(漕糧)은 조미(漕米)라고도 하며, 청대의 경우는 관수관태(官收官兌)의 방법을 채택하여 관부에서 조량의 징수·운반을 책임졌다. 역대의 조운은 운수의 곤란, 선척의 소모, 관리의 침식 등으로 엄청난 낭비가 있었으며, 청말의 경우에는 1석을 운반하기 위해 몇 석의 비용이 들어간다고 할 정도였다. 이러한 조운을 위해 관부에서는 황하·대운하 등을 유지하는 데 많은 비용을 치러야만 하였지만, 이를 통해 남북 교통과 물자 이동이 크게 활성화되기도 하였다. 조운은 대운하가 사실상 막히게 된 19세기 후반 이후 해운(海運)으로 바뀌었다가 철로 교통이 보급된 20세기에 들어와서 완전히 폐지되었다.

4 재부(財賦)는 재물, 또는 재물과 부세를 말한다.

5 누규(陋規)는 관리가 다양한 명목을 붙여 불법적으로 징수하는 관행화(慣行化)된 수수료 또는 부가세였다. 봉급이 매우 낮은 관리에게는 주요한 재원이자 부를 축적하는 수단이었지만, 모자라는 세금 액수를 채우는 돈도, 지방관의 각종 판공비나 상사나 중앙부서의 관리에 대한 선물·뇌물도 모두 여기에서 나왔다. 예비(例費)·규비(規費)라고도 한다. 폐두(弊竇)는 폐단이나 그 폐단을 낳는 틈·구멍을 가리킨다.

6 아두(衙蠹)는 아문 속의 부패하고 탐욕스러운 이역(吏役)을 가리키는 멸칭이다.

7 창서(倉胥)는 창고를 담당하는 서리, 창리(倉吏)를 가리킨다.

8 곤(棍)은 깡패·건달·무뢰 등을 가리킨다.

9 기갑(旗甲)은 여기서는 조운을 담당하는 병정, 즉 운군(運軍) 가운데의 우두머리를 가리킨다. 수색(需索)은 협박하여 강제로 빼앗는 것으로 륵색(勒索)과 같은 뜻이다. 유난(留難)은 못 가게 막고 운송을 방해하면서 돈을 요구하는 것을 가리킨다.

10 향천(鄕賤)은 향민(鄕民)에 대한 멸칭이다.

11 시처(是處)는 처처(處處)·도처(到處)라는 뜻이다.

12 관수관태(官收官兌)는 조량을 관부에서 책임지고 징수하여 운반한다는 뜻이다. 즉 개별 납세자(糧戶)로부터 위탁받은 마을의 중개인(糧長)을 거쳐 주현관이 일단 조량을 거둔 다음 그것을 운관(運官)·운군(運軍)에게 인도하고, 미리 납세자로부터 징수하여 둔 수수료라 할 수 있는 증첩은(贈貼銀) 혹은 증첩미(贈貼米)를 주는 방법이

鄉井也.[16] 今姑以陋弊數端, 擇其宜禁絶者, 列之于左:

8-01-02. 백성이 편리한 납부 방법(輸糧便民)

주현의 곡식창고는 대부분 현성 내에 있다. 그러나 주변 향촌은 현성(縣城)과 멀리 떨어져 있고, 특히 동남 지역은 평원으로 도로가 발달하여 수레나 나귀 따위로 운반할 수 있는 북부 지역과는 여건이 다르다. 동남 지역의 주현은 대부분 산지에 위치한 외지고 후미진 곳이고, 지세도 험악하고 울퉁불퉁한 모습이다. 따라서 한 사람이 짊어지고 갈 수 있는 무게가 기껏해야 겨우 네 말에 그친다. 만약 조량이 10석이라면 마땅히 25명이 필요한데, 부가 징수분과 식비는 여기에 포함되어 있지도 않다. 또한 성내로 들어와도 양식을 소지한 채 바깥에 머물 수 없으므로 모름지기 숙박업소에 들러야 하며, 바로 창고에 인도할 수도 없으므로 또한 반드시 대기하는 것이 필요하다. 이런 과정에서 징수 담당 창고 서리의 수탈을 피할 수 있다는 보장도 없다. 또 성내의 창고로 왕복하는 데는 끄떡하면 며칠이 걸리니, 농사일도 황폐해짐을 피할 수 없다. 운송에 고용되는 사람들은 날짜를 따져 임금을 받으니, 10석의 조량을 운반하려면 모름지기 그 절반에 가까운 돈이 비용으로 들어간다. 향민이 어떻게 이를 감당할 수 있겠는가? 이를 해결하기 위해서는 현성 가까이 사는 경우는 바로 현의 창고에 거두어 보관하면 되고, 현성에서 멀리 사는 경우는 그 마을에서 딱 거리가 중간쯤 되는 곳이나 물길이 통하는 곳에 창고를 지으면 된다. 그래서 조량을 거두어야 할 때, 조량 담당관이 미리 이를 알려 [창고로 조량을 운반해 놓게 한 다음] 정해진 날 창고에서

다. 이러한 변화는 백성과 운군의 접촉을 차단하고 그 사이에 주현관을 개입시킴으로써 운군·운관이 양장(糧長)을 부당하게 착취하는 것을 막는 조처로 크게 환영을 받았다. 명대에는 조량을 납부해야 할 양호가 거주지 부근의 군대에게 인도하는 태운법(兌運法)이나 운군이 양호의 거주지 부근에 직접 가서 조량을 수취하고 그 대가로 운임을 받는 개태법(改兌法)으로 양호의 피해가 아주 컸기 때문이다. 그러나 이러한 '관수관태'는 운군 대신 관리가 수탈을 하거나 운군이 납세자 대신 주현관에게 돈을 요구하는 폐해가 발생하게 되었다(表教烈, 「清代 前期 漕運의 弊端: 運軍의 存在樣態를 중심으로」, 『省谷論叢』 26下, 1995를 참조).

13 기정(旗丁)은 조량을 책임지고 운반하는 병정, 운수 노동자(運軍)를 가리킨다. 운정(運丁)·군정(軍丁)·둔정(屯丁)이라고도 한다. 청 초에는 조운 둔정을 모두 군적(軍籍)에 속하게 만들어 세습적으로 임직하고, 4년마다 한 번씩 호적을 정리하게 하였다. 대신 국가에서는 팔기 병제처럼 이들에게 둔전을 지급하였기 때문에 기정(旗丁)이란 말이 생겼다. 호악(虎惡)의 호(虎)는 사납다, 맹렬하다는 뜻이다.

14 해관(該管)은 담당(掌管)한다는 뜻이다. 감수(監收)는 수취의 감독을 뜻한다.

15 수차(水次)는 물가·나루·부두를 가리킨다. 개태(開兌)는 운반(을 개시)하는 것을 뜻한다.

16 양리(糧里)는 양장·이장 등 조세(조량) 징수를 담당하는 사람들을 가리키는 것 같다. 탈연우유(脫然優游)는 태연하게·편안하게·한가하게 쉰다는 뜻이다. 향정(鄉井)은 가향(家鄉)을 말한다.

조량을 거두면, 향민이 운송하기도 쉽고 비용도 절약할 수 있다.

凡州縣糧倉多在城中. 然四鄕距城窵遠,[17] 東南非比北地平原周道,[18] 可以車運驢駝. 東南州邑多在山陬僻壤,[19] 險阻崎嶇.[20] 計一人擔負, 僅能四斗. 若糧有十石, 須得二十五人, 而加耗[21]、飯米不與焉. 及至城中不能露處, 也又須歇寓, 不能卽兌也, 又須守候. 其間收受保無倉胥之勒索乎?[22] 往返動須數日, 農事未免荒廢. 倩僱之人, 計日算工, 是家有十石之糧, 必得過半之費, 民其何以堪乎? 計莫若距城近者仍縣倉收貯, 距城遠者聽民于本鄕適中及通水之處, 就便建倉. 每值收糧之時, 管糧官預期傳檄,[23] 刻日收受,[24] 則鄕民輸將旣易, 其費亦省矣.

8-01-03. 창고 접수의 폐해(倉收陋弊)

백성이 창고에 가서 조량을 납부할 때에는 정액 세량(稅糧) 이외에 가모(加耗. 손실보충분)와 다과비(茶菓)가 있고, 창고 서리와 두급(斗級)에게 가는 종이 값(紙筆), 도량형 사용비(量斛), 창고 경비 등의 비용도 추가된다. 또한 조량을 넘겨받아 운송하기 시작하는 부두에서도 [운정이] 수로운송비, 수화물 창고 비용, 제사비 등을 요구하는데, 이러한 부담은 보통 정상적으로 피할 수 없는 것들이다. 성내 창고에 가면 또한 다양한 서역·무뢰배들이 서로 짜고 납세자(糧戶)를[25] 속인다. 납세자들이 헐가(歇家)에 도착하면 처음에는 아주 크게 신경을 써 주고 후대하면서, 조량을 납부하고 영수증을 받는 모든 절차를 대신 처리해 줄 터이니 납세자는 앉아서 기다리기만 하면 될 것이라고 설득한다. 그다음 납세자가 그를 믿게 되면 자신들이 대신 매입해서 조량을 납부해 주고 현금도 할인해 주고 수수료(使費)도 도맡아 몽땅 처리해 주겠다고 나서지만, [실제로는 넘겨받은 돈이나 곡식을 모두] 가로채 버려 조

---

17 조원(窵遠)은 아득히 멀다, 요원하다는 뜻이다.

18 주도(周道)는 여기서는 도로가 널려 있다는 뜻이다.

19 산추(山陬)는 산모퉁이, 즉 산골의 외진 땅을 가리킨다. 벽양(僻壤)도 후미지고 황량한 곳을 가리킨다.

20 험저(險阻)는 험악하고 막혀 있어 지나가기 아주 힘들다는 뜻이고, 기구(崎嶇)는 지세의 높낮이가 고르지 않다는 뜻이다.

21 가모(加耗)는 정액 이외로 가징되는 소모비용, 즉 세량의 일시 보관 및 운반 도중 예상되는 손실액을 정규 세액에 덧붙여 미리 받는 일종의 부가세이다.

22 수수(收受)는 수납·접수를 말한다.

23 전격(傳檄)은 격문을 전달하여 포고하는 것을 말한다.

24 각일(刻日)은 극일(克日)과 같은 뜻으로, 그날 또는 정해진 날이라는 뜻이다.

25 앞에서는 지정은의 경우 납세자가 화호(花戶)라고 불렸는데, 조량에 관련된 경우에는 이들을 양호(糧戶)라고 부른다.

량이 모두 체납되게 만들어 버린다. 그 결과 [체납 때문에] 나중에 소환장이 나와 차역이 납세자를 구인하러 올 때쯤이면, 그들은 다시 구실을 만들어 도망쳐 숨어 버린다. 납세자는 어쩔 수 없이 고통을 참으면서 다시 배상을 해야 하는데, 차역이 임무를 마치고 돌아가자마자 이들은 다시 돌아와 옛 자리에 둥지를 튼다. 이것이 바로 이른바 창혈에 관련된 폐해이다.

또한 창고 서리의 해묵은 작폐도 있다. 쌀의 품질 등을 트집 잡아 접수를 거부하거나, 혹은 되질을 하는 이역과 짜고서 되를 발로 차거나 쌀을 산처럼 높이 쌓아서 가능한 한 많은 분량을 담음으로써 납부량이 부족하다고 트집을 잡고 접수를 중단하는 것이다. 이것이 바로 창고 서리의 농간이다. 심지어 못난 창고담당 관원은 간사한 서리를 가볍게 믿어 뇌물을 받고, 쌀을 햇볕에 말리는 작업을 소홀히 하며, 권세 있는 집은 너그럽게 봐주면서 선량하고 힘 없는 향민들이 대신 메우게 하는 일도 있는데, 이러한 갖가지 폐단은 이루 다 헤아릴 수 없을 정도다.

이를 해결하기 위해서는 각 창고에서 징수를 담당하는 경수(經收)와 창고 서리를 엄격하게 점검하고, 그들을 선발할 때 힘써 여유 있고 신중한 사람을 골라야 한다. 창고에 와서 조량을 납부할 때는 납세자(양호)가 직접 와서 내게 하고 창혈이 포람하는 것을 금지하고, 아울러 그들을 엄격히 잡아다 다스리고 지역에서 내쫓아 창고 근처에 얼씬거리지 못하게 함으로써 틈을 보아 부정한 짓을 저지르지 못하게 막아야 한다. 창고 서리의 경우 조량을 받을 때 쌀의 품질이 정결한지를 확인한 다음 곧바로 되질을 평평하게 해서 징수하게 하되, 억지로 꼬투리를 잡아 질질 끌거나 멋대로 한 되에 훨씬 많은 양을 넣으려고 수작을 부리지 못하게 해야 한다. 조량 담당관[즉 주현관]의 경우는 조량을 거둘 시기에는 매일 창고에 출석하면서 직접 쌀의 청결과 건조 상태를 검사한 다음, 열쇠를 채워 창고를 엄밀하게 봉인해야 한다. 조량 징수가 끝나면 창고를 감시하는 아역으로부터 "창고마다 제대로 된 수량을 접수하여 실제 수량이 부족해지는 일이 없습니다."라는 「확인서」를 받아서 함께 보존해 둔다. 이래야만 납세자가 피해를 입지 않게 되고, 보관된 조량도 침탈당하는 일을 피할 수 있다.

○ 생각건대, 조량 징수가 시작되면 징수를 담당하는 경수(經收)와 창고 책임자(倉總)는 매일 창고에 출석해야 하고, 쌀을 까부르는 선상(搧箱)이나 크고 작은 되를 되도록 많이 갖추어 놓아 징수가 신속히 끝나게 해야 한다. 만약 창고 밖에 곡식을 쌓아 놓은 것이 있으면, 지방관은 창고에 갔을 경우 어떤 이유로 창고 안에 넣지 않고 바깥에 쌓아 두었는지를 반드시 물어 조사해야 한다. 징수 담당자가 창고에 없기 때문이거나, 아니면 수수료를 억

지로 뜯어내기 위해 그런 경우라면 그를 잡아다 처벌한다. 『조량징수장부(收糧簿)』는 [지정전량을 거둘 때처럼] 『일일수입장부』와 『출입명부(循環)』에 따라 내용을 작성하고, 성내로 보내 점검받게 하는데, [지현은] 점검을 한 다음 매일의 내용을 기입하여 보관한다. 마감점검의 시기는 조량이 많고 적음을 적절하게 헤아려 기한을 설정한다. 「조량납부영수증(糧串)」 또한 [지정전량을 거둘 때 사용한] 「은표(銀票)」의 경우처럼 모두 사용한 다음에야 다시 발급한다.

凡百姓上倉交糧,[26] 正糧之外, 有加耗, 有茶果, 有倉書、斗級紙張·量斛·看倉諸費.[27] 及起運水次, 又派有水脚[28]、墊艙[29]、神福等費,[30] 此亦常情所不能免也. 至于城倉, 有種胥蠹、市棍, 勾哄糧戶,[31] 爲其歇家,[32] 始則加意款待,[33] 一應上糧收票, 俱其代爲料理, 糧戶可以安坐而畢事. 及其繼也, 以彼爲可信, 倉糧代買上納, 銀則折乾,[34] 使費盡行包攬, 糧皆掛欠.[35] 迨出票差拿, 彼復托故潛匿, 而糧戶啞苦重賠. 甫及銷差,[36] 而仍然盤踞,[37] 剝蝕不休.[38] 此倉歇之爲害

---

26 상창(上倉)은 입고(入庫)를 뜻한다.

27 두급(斗級)은 관의 창고 등을 주관하는 역리(役吏) 등을 가리킨다. 두(斗)는 두자(斗子), 즉 창고의 도량형을 관리하는 이역(吏役), 급(級)은 절급(節級), 즉 하급 무관이나 이역을 가리킨다. 실제로는 양곡을 받을 때 그 되를 관리하는 역할을 맡는다.

28 수각(水脚)은 수로 운송비용을 말한다.

29 점창(墊艙)은 수화물이나 그것을 보관하는 창고를 가리킨다.

30 신복(神福)은 제사 때 쓰는 신상(神像)이 인쇄된 종이를 말한다.

31 구홍(勾哄)은 끌어들여 속인다는 뜻이다.

32 보통 여관, 즉 객상이 화물을 맡기고 휴식을 취하는 곳을 가리키지만, 여기서는 반헐(飯歇. 歇家)을 가리키는 것으로 보인다. 반헐은 관방에서 설립을 허용하거나 아니면 유력 신사 등이 설립하는데, 소송사건에서 대질 심문에 나가는 피고나 증인 등을 관의 위탁을 받아 수용하기 위한 영리적 목적에서 만들어졌다. 소송 때문에 현성에 들어오면 반드시 헐가에 투숙해야 했는데, 그 헐가는 보통 소송을 도맡아 처리해 주거나 아니면 그것을 빌미로 돈을 챙겼던 것이고, 관부나 소송대리인·서리·차역 등과 일정한 관계를 가지고 있었다. 때문에 유죄판결을 받은 피고의 보석에도 보증인 역할을 맡았다. 이른바 소송거간꾼(訟棍)의 주된 활동무대이기도 하였으므로 여기에 투숙한 사람은 보통 재산을 날리기 일쑤였다고 한다(趙曉華, 『晚清訟獄制度的社會考察』, 中國人民大學出版社, 2001, pp.121-122). 또한 김선혜, 「재판」, 吳金成 외, 『명청시대사회경제사』, 이산, 2007, pp.165-167 및 제11권 형명부(刑名部) 1 「11-02-13. 편민방 설치(設便民房)」에서도 상세하게 언급하고 있다.

33 가의(加意)는 특별히 주의한다는 뜻이다.

34 절건(折乾)은 여기서는 할인이라는 뜻이다.

35 괘흠(掛欠)은 돈이 모자라 잠시 돈 내기를 연기하는 것을 가리킨다. 괘(掛)는 해결이나 완료가 되지 않은 상태에서 그냥 놔두는 것을 말하며, 흠(欠)은 미납·체납을 뜻한다.

36 소차(銷差)는 돌아와서 상사에게 주어진 임무를 마쳤다고 보고하는 것을 가리킨다.

37 반거(盤踞)는 둥지를 틀고 지킨다, 점거한다는 뜻이다.

38 박식(剝蝕)은 물체가 침식당해 손상을 입는 것을 말한다.

也. 又有倉胥積惡, 指稱米色雜碎, 掯勒不收, 或串同斗級, 踢斛淋尖,[39] 指稱欠數, 停閣倉收,[40] 此倉蠹之爲害也. 甚至糧官不肖,[41] 輕信奸書受賄, 不事曬揚, 寬狥勢豪面情, 責償良懦,[42] 種種陋弊, 不可枚擧.

計惟各廒嚴點經收[43]、倉書, 務遴殷愼. 凡到倉上糧, 俱令糧戶親納, 不許倉歇包攬, 仍嚴行拿究, 地方驅逐, 毋得容留倉廒左近,[44] 窺探生奸.[45] 至于倉胥收糧, 驗明米色乾淨,[46] 卽與平斛收兌, 毋許借端留難, 恣意淋踢. 其糧官凡遇收糧, 每日坐倉, 親加驗看揚曬、乾淨, 封鎖嚴密. 收完之後, 看倉吏役取"各廒收過實數, 不致短少"「甘結」存案, 庶納戶不致擾累, 而糧儲可免侵漁矣.

○ 按: 開徵之時, 經收宜日日在廒, 倉總須日日在倉,[47] 多置搧箱、斗斛,[48] 以便速收. 如有堆頓廒外, 印官到倉, 卽要査問是何緣故, 若經收不在, 或勒掯使費, 立拿究責. 其『收糧簿』, 照依『收銀流水』、『循環』塡寫,[49] 送査在城, 仍打日報存査. 比期酌糧多寡定限. 「糧串」亦依銀票用完再發.[50]

8-01-04. 조량미 인계(糧米派兌)[51]

조운선이 부두에 도착하면 비록 "관부에서 운반을 책임진다"고 하지만, 각 창고에서 거두는 것은 원래 모도(某圖) 모리(某里)에서 온 것인지 기재하게 되어 있으므로 해당 양장

---

39 척곡림첨(踢斛淋尖)은 세량을 보다 많이 거두기 위한 수법 가운데 하나로, 척곡은 양곡이 가득 찬 되를 발로 차서 더욱 꼭꼭 다지면서 더 많은 양이 되에 담기게 하는 것이고, 임첨(淋尖)은 양곡 등으로 되를 채운 다음 그 위에 산 모양으로 쌓아 올리게 해서 한 되로 치는 수법이다.

40 정각(停閣. 停擱)은 멈춘다, 내쳐둔다는 뜻이다.

41 양관(糧官)은 창고를 담당하는 관리다.

42 양나(良懦)는 착하고 겁 많은 양민을 가리킨다.

43 경수(經收)는 책임지고 받다, 징수한다는 뜻이지만 여기서는 창고에서 조량 징수를 담당하는 이역(吏役)을 가리킨다.

44 창오(倉廒. 倉敖)는 양곡을 저장하는 창고를 가리킨다. 좌근(左近)은 부근·인근이란 뜻이다.

45 생간(生奸)은 부정한 짓을 한다는 뜻이다.

46 험명(驗明)은 검증·검사를 뜻한다. 명(明)은 분명하게 확인하거나 점검하는 것을 뜻한다. 미색(米色)은 쌀의 질을 가리킨다.

47 창총(倉總)은 창서(倉書) 가운데의 총책임자라는 뜻으로 보인다.

48 선상(搧箱)은 위아래로 흔들어 곡식에 섞인 티나 검불 따위를 날려 버리는 기구(키)나 풍상(風箱)을 말한다.

49 『순환(循環)』은 매일 출입하는 사람의 명단을 작성한 장부를 가리킨다.

50 「양천(糧串)」은 세량을 납부하였음을 증명해 주는 「영수증」을 가리킨다.

51 조량의 징수는 보통 10월에 시작되어 11월에 징수가 완료되었다. 그래야만 12월에 기운(起運)할 수 있었기 때문이다.

(糧長)이 모든 책임을 맡게 된다. 그러나 양장은 대부분 향민이라 결국 현성의 무뢰배들이 나서서 대행하는 것을 피할 수 없으니, 그 가운데 온갖 작폐가 바로 여기에서 생겨난다. 가장 가증스러운 것은 [그들이] 바로 서역과 결탁하는 것이다. 조량이 수백 석에 달하는 경우 몇 척의 선박에 나누어 인계를 하게 되는데, 이렇게 쌀을 작은 단위로 나누어 흩뜨리면 운반과정에서 소모가 생길 뿐만 아니라 이리저리 나누어 싣다 보니 도저히 제대로 다 살피며 감독할 수 없게 된다.

또 다른 폐해는 [그들이] 기갑(旗甲)과 결탁하여 유력자의 조량은 뇌물을 받고 순서를 무시하고 최우선적으로 가장 좋은 순서의 선단(船團)으로 인계하는 것이다. 조운선 차역인 변정(弁丁)들은 모난 행동으로 쓸데없이 말썽이 생기는 것을 피하고자 나약하고 권세 없는 사람들의 조량은 가장 좋지 않은 순서의 선단에 넘기게 된다. 또한 변정들은 아주 가난하여 온갖 수단을 써서 돈을 뜯어내려 하며, 대놓고 납세자들이 그들의 신통한 능력을 두려워하게 만들어 어쩔 수 없이 좋은 말을 해 달라고 중개인을 찾아 돈을 쓰게 만든다. 조량이 많고 적거나, 또는 납세자가 부자이건 가난한 사람이건 상관없이 모두 그들의 올가미를 빠져나오기 힘든 것이다.

만약 제대로 된 기개를 갖춘 지방관이라면 현 전체의 조량에 대해서는 운송담당 관원과 함께 친히 창고에 가서 거기서 조량을 넘겨주는 작업을 총괄함으로써 조운선의 기갑이 멋대로 창고를 고르는 횡포를 부리게 못하게 해야 한다. 아울러 창고 서리들이 개인적으로 아주 적은 양의 양곡이라도 빼돌린다면, 앞서의 무뢰배들처럼 즉각 잡아다 칼을 씌우고 대중에게 공개하여 무겁게 처벌해야 한다. 그렇게 해야 납세자들이 유리한 순서의 선단을 얻기 위해 돈을 쓰는 폐단을 없앨 수 있다.

凡運船到次, 雖云: '官兌', 而各廒所收, 原記某圖、某里, 俱有糧長經手.[52] 但糧長多係鄉民, 未免市城積棍出身代理,[53] 其中奸弊, 遂因之而生. 其最可惡者, 一在串通胥役. 有糧數百石者, 分派各船受兌, 米既零星折耗,[54] 不免分頭照應,[55] 耳目難周. 一在串通旗甲, 將强有力

52 양장(糧長)은 향촌에서 조량의 징수와 운반을 책임진 사람으로 보통 지역 내의 대호(大戶)로 충원하는 것이 일반적이었다. 경수(經手)는 관리·처리한다는 뜻이다.

53 적곤(積棍)은 행패를 부리는 깡패를 가리킨다. 출신(出身)은 여기서는 나서서 어떤 일에 종사한다는 뜻을 가리킨다.

54 영성(零星)은 작은 조각·소량, 분산된 모습이라는 뜻이다. 절모(折耗)는 (징수·운반·교환과정에서의) 손실·소모를 가리킨다.

55 분두(分頭)는 각기, 나누어라는 뜻이다. 조응(照應)은 배합한다, 호응한다, 처리한다는 뜻이다.

者之糧賄買好幫次撥兌. 弁丁顧惜廉隅,[56] 不致格外多事,[57] 將懦無勢者之糧分撥壞幫次.[58] 弁丁皆屬貧苦, 百般恣意需擾,[59] 明要糧戶懼彼神通, 不得不爭爲央託, 說合講錢.[60] 無論糧之多寡、人之貧富, 但難出其套中. 若印官有風力者,[61] 總是闔縣糧米, 眼同運官, 親爲掣廒受兌, 不得任憑旗甲揀廒.[62] 及倉胥私撥零分, 如前積棍, 嚴拿重責枷示, 則花派買幫之害可除矣.[63]

8-01-05. 쌀의 품질 꼬투리 잡기(米色刁難)[64]

조운선의 변정이 부두에서 인계받는 정미(正米) 이외에도 관례상 모미(耗米)가 있고, 또한 모미 외에도 추가로 받는 사례비(贈貼)나 선적 수수료 등의 비용이 있다. 그렇지만 기세등등하게 횡포를 부리던 이 운군은 관부에서 [직접 조량을] 거두고 운반하는 방법으로 바뀌자, 양장·이장에게 가혹하게 수탈할 수 있는 빌미가 사라져 버렸다. 하지만 창고에 도착하게 되면 이들은 인계 업무를 담당하는 경승이나 못된 창고 서리와 결탁하여 고의로 쌀의 품질을 꼬투리 잡아 건조를 위한 추가 비용을 내놓으라고 강요하며, 이 때문에 압송 담당 차역이나 보험은 이 기회를 틈타 납세자들에게 운송 담당관에게 제공하는 것 외에도 개인적인 수수료나 차 값, 모임·도량형·목욕 비용 등 갖가지 명목을 멋대로 갈취한다. 그리고 조금이라도 뜻을 이루지 못하면 떼 지어 떠들썩하게 일어나 선동을 한다. 품질이 조악한 미곡을 자신들에게 억지로 떠맡긴다고 지방관에게 공갈을 치고, 조량 운반이 지체된다고 어리석은 이장 등을 협박하는 것이다. 지방관은 업무평가에 장애가 있을까 두려워 귀머거리·벙어리 흉내를 내면서 그들이 향민을 짓밟는 것을 모르는 척할 수밖에 없다. 최근에

---

56 변정(弁丁)은 조운을 맡은 차역을 가리킨다. 고석(顧惜)은 애석하게 여긴다는 뜻이고, 염우(廉隅)는 모서리(稜角), 나아가서 여기서는 몸가짐이나 품행을 가리키는데 여기서는 너무 튀거나 모난 행동을 하는 것을 피한다는 뜻으로 보인다.

57 격외(格外)는 따로, 특별히라는 뜻이다.

58 분발(分撥)은 분배·분파(分派)를 말한다.

59 백반(百般)은 각양각색, 온갖 방법을 다한다는 뜻이다.

60 설합(說合)은 가운데서 중개를 해 주다, 좋은 말을 해 주거나 설득한다는 뜻이다. 강전(講錢)은 중간에 선 사람이 중개를 해 주는 비용을 말한다.

61 풍력(風力)은 여기서는 기개와 박력, 또는 권세나 위세를 가리킨다.

62 임빙(任憑)은 맡겨 두다, 상관하지 않는다는 뜻이다.

63 화파매방(花派買幫)은 뜻이 불분명하지만, 본문에서 나오듯이 납세자가 돈을 주고 유리한 선단을 고르는 일을 가리키는 것으로 보인다.

64 조난(刁難)은 일부러 방해한다, 꼬투리를 잡는다는 뜻이다.

는 조량 인계를 전체적으로 감독하는 감태(監兌)가 설치되었지만, 그 역할이란 단지 창고에 내려와 인원점검을 하고 견본미(樣米)를 짐검하는 것뿐이므로, 그가 어찌 지방관을 대신하여 노고를 덜어 주면서 스스로 번거로움을 자처하겠는가? 이 때문에 백성이 조량 1석을 납부할 때 들어가는 부가 비용은 이 정액 조량인 1석보다 훨씬 더 많다.

이러한 문제를 잘 해결하기 위해서는 납세자가 조량을 낼 때 지방관이 불시에 직접 창고에 가서 쌀의 품질을 검사하여, 정말로 쌀이 잘 마르고 둥글고 청결한 것이어야만 접수를 허용하게 해야 한다. 만약 조금이라도 쌀에 다른 것이 섞이거나 부서진 것이 있다면 여러 차례 까불러서 고르게 해야 하며, 인정을 봐주거나 뒷돈을 받고 접수하게 해서는 안 된다. 만약 창고 감시인이 돈을 받고 마구잡이로 거두거나, 창고 서리가 몰래 쌀을 훔치거나 겨·쭉정이로 바꿔 치는 일이 있다면, 임의로 창고 하나를 골라 철저하게 조사·적발함으로써 엄중하게 다스리고 칼을 씌워 대중에게 공개한 다음 파면하고, 아울러 빼돌린 부분을 배상하게 만든다. 이렇게 하면 조량 인계에 즈음하여 관련자가 피해를 받는 일이 사라질 것이고, 조운선의 기정 역시 넘볼 틈을 찾을 수 없을 것이다.

凡弁丁水次領兌,[65] 正米之外, 例有耗米, 又有耗外贈貼及負重、厓駁等費.[66] 其如橫甲刁軍,[67] 因改官收官兌, 無處苛求糧、里. 但至臨倉之時, 串通管兌經承、倉蠹, 故嫌米色不堪, 勒令曬颺加貼, 以致押差、保歇乘機講兌官贈之外,[68] 另派私津及吃茶、會話、制斛、洗澡,[69] 種種名色, 恣意搜剝. 稍不遂意,[70] 動輒鼓噪,[71] 以惡糧壓派, 挾制縣官,[72] 以遲兌悮漕, 恐嚇愚里. 有司恐碍考成,[73] 只得粧聾作啞,[74] 任其魚肉. 近雖有監兌廳尊,[75] 不過下倉點卯,[76] 樣米呈

---

65 영태(領兌)는 수령(領取)한다, 운송을 지휘한다는 뜻이다.

66 증첩(贈貼)은 주현관이 조량을 양호로부터 수납할 때 징수하는 일종의 수수료로서, 성마다 그 명칭과 액수가 달랐다. 부중(負重)은 무거운 것을 지고 옮긴다는 뜻이고, 애박(厓駁)에서 애(厓)는 물가나 언덕, 박(駁)은 작은 배나 배로 물건을 나르는 것을 말하므로 아마도 물가에서 배로 옮겨 싣는 것과 관련된 비용·수수료를 가리키는 것 같다.

67 횡갑조군(橫甲刁軍)은 만행을 부리는 사나운 군병(여기서는 運軍)을 가리킨다.

68 압차(押差)는 범인이나 부세의 압송 임무를 띠고 파견된 차역을 가리킨다.

69 세조(洗澡)는 목욕을 가리킨다.

70 수의(遂意=遂心)는 뜻을 이룬다는 의미다.

71 동첩(動輒)은 '끄떡하면, 자칫하면'이라는 뜻이다. 고조(鼓噪)는 북을 치고 소리를 친다, 선동한다는 뜻이다.

72 압파(壓派)는 부당하게 남에게 떠넘긴다는 뜻이다. 협제(挾制)는 권세를 이용하거나 약점을 잡아 억지로 복종하게 하는 것을 말한다.

73 조운선이 출발하지 못하고 지연되거나 조량 인계가 잘못될 경우, 주현관이 일체의 책임을 졌다. 즉 기정이 인계(交兌)를 받으면 「확인증(兌單)」을 주현관에게 주게 되어 있으므로 인계 이전에는 모든 책임을 주현관에게 물었고, 인계가 끝난 이후에는 변정에게 책임을 묻게 되어 있었다.

驗,[77] 安能代令襄勞, 自取煩擾?[78] 以故小民一石之糧, 費用浮于正數. 其善爲計者, 惟在糧戶上納, 印官不時親臨, 面驗米色, 委係乾圓、潔淨, 方准交收. 稍或雜碎, 務須倍加颺扇, 不得狥情受賄. 倘有倉胥得錢濫收及倉蠹侵偸、私攙糠粃, 抽廒盤驗,[79] 重究枷革, 仍令賠補. 庶不致臨兌貽累經里,[80] 而旗丁亦無釁可乘矣.

8-01-06. 조운선 출발 독촉(嚴勒開幫)[81]

조량을 인계할 시기가 가까워지면, 지방관은 먼저 고시를 통해 조량을 인계하는 모든 작업을 기존 규정에 따라 가지런히 일제히 준비를 마칠 수 있도록 해야 한다. 그렇지 않으면 조운선이 도착할 경우 강변에 조운선이 복잡하게 뒤엉키고, 운군과 선원들이 큰 무리를 지어 시끄럽게 떠들며 온갖 소요를 일으키게 되는데, 이는 특히 법질서가 제대로 지켜지는 모습이 아니다. 지현은 응당 지보(地保)에게 지시하여 신속하게 탐색하여 보고하게 하고, 선박이 도착하는 즉시 바로바로 조량을 인계해야 한다. 조량 인계가 끝나면 바로 변정으로부터 도장을 찍은 「보증서」·「확인서」를 받은 다음, 언제 출발하는지를 보고받고 강변에서 멀리 떨어진 곳으로 나아가 수로를 막는 일이 없도록 독촉한다. 그렇게 하면 이들은 사람 수도 적고 세력도 고립되어 버림으로써 무리를 믿고 날뛰는 일을 벌일 수 없게 된다. 조량 인계가 정해진 시간에 맞추어 이루어지면, 그들이 머물면서 말썽을 일으키는 것을 피할 수 있다.

凡値開兌將近, 印官先期出示, 將一應漕兌事宜, 照舊規預爲料理齊備.[82] 否則運船一到,

---

74 장롱작아(粧聾作啞)는 듣지도 보지도 않는다, 흐리멍텅함을 가장한다는 뜻이다.

75 감태(監兌)는 각 성에서 동지(同知)나 통판(通判) 등의 관원을 선발하여 임명하던 직책으로 조량의 교환(交換)과 기운(起運)을 총감독하였다. 청존(廳尊)은 동지를 가리키는 존칭이다.

76 점묘(點卯)는 원래 묘시(오전 5-7시 사이)에 진행하던 관청의 인원점검을 뜻하지만, 나아가 일반적인 인원점검(點名)을 가리키기도 한다.

77 양미(樣米)는 미곡 검사에 쓰던 견본미(見本米)를 말한다. 정험(呈驗)은 올려서 검사를 받는다는 뜻이다.

78 번요(煩擾)는 번거로움·소란·분란을 가리킨다.

79 반험(盤驗)은 철저하게 검사하는 것을 가리킨다.

80 여기서 경리(經里)는 아마도 조량 징수·인계를 담당하는 사람들을 가리키는 것 같다.

81 이와 관련된 사항은 제31권 서정부 2 「31-01. 조운선 운행 협조와 독촉(漕船催儹)」에서도 다시 간단히 언급되고 있다.

82 제비(齊備)는 모든 준비를 갖춘다는 뜻이다.

擁擠河干,[83] 旗丁、水手,[84] 千百成群, 騷擾喧譁, 殊非法紀. 印官宜諭地方探報,[85] 隨到隨兌. 兌畢, 卽取弁丁「印·甘結狀」,[86] 申報開行日期, 催攢遠離口岸,[87] 不得阻塞河路,[88] 庶人少勢孤, 勿致恃衆橫行. 剋期受兌,[89] 可免逗留滋擾矣.[90]

8-02. 잡과부(雜課部)

8-02-01. 총론(總論)

잡세 또한 『부역전서(賦役全書)』에 기재되어 있는 것이 있으나, 정액이 있는 것과 없는 것으로 나뉜다. 지방마다 잡세 항목은 다르고 징수 방법 역시 같지 않다. 그 가운데에는 포정사사(布政使司)나 부(府)로 올려 보내는 것도 있고, 지정 항목에 추가 포함시켜 한꺼번에 성(省)으로 기해하는 것도 있다. 대체로 정액이 없는 항목은 기해 외에 약간의 잉여분이 있어 청렴한 지방관이 행정비용에 보태어 사용한다. 그러나 경승(經承)이 해마다 누규(陋規)를 거기에서 받아 가기 때문에, 대부분 그것으로 침식되어 버린다. 만약 이를 힘써 정리한다면 티끌 모아 태산이 된다고 그래도 조그마한 보탬은 될 것이다.

雜課亦有『全書』開載者,[91] 但有額、無額之分耳. 各處款項不一, 徵收亦不一, 其中有解司、解府者, 有增入地丁一例起運者. 大抵無額之項, 除起解外, 稍有羨餘,[92] 爲廉吏以佐公用. 但

---

83 옹제(擁擠)는 밀집하여 서로 끌어안고 밀친다는 뜻이다. 하간(河干)은 하변(河邊)·하안(河岸)을 말한다.

84 수수(水手)는 선원·수병·뱃사람을 가리킨다.

85 탐보(探報)는 첩보·정보를 말한다.

86 「결장(結狀)」은 담보나 완료를 증명하기 위해 관부에 제시하는 확인문서를 가리킨다. 「인결(印結)」은 관인을 찍은 「보증서」, 「감결(甘結)」은 사실과 다를 경우 달게 처벌을 받겠다고 하면서 자기 이름을 서명하는 「확인서」를 말한다.

87 구안(口岸)은 제방·항구를 말한다.

88 조색(阻塞)은 물길이나 교통을 막는 것을 가리킨다.

89 극기(剋期)는 엄격히 정해진 기한 이내에라는 뜻이다.

90 두류(逗遛, 逗留)는 멈춘다, 쉰다는 뜻이고, 자요(滋擾)는 말썽을 일으켜 소동을 부린다는 뜻이다.

91 잡과(雜課)는 정세(正稅)에 대비되는 것으로, 토지세와 인두세인 지정은과 관련된 징수가 정세라면 여타의 다른 재원을 가진 염과(鹽課)·차과(茶課)·아세(牙稅)·당세(當稅) 등은 잡세로 분류된다. 개재(開載)는 기재한다는 뜻이다. 개(開)는 나열한다는 뜻이고, 재(載)는 싣는다는 뜻이다.

經承歲有常規,[93] 大半爲其侵蝕, 若加意釐淸, 是亦泰山不讓土壤之道耳.[94]

8-02-02. 안료세(顔料稅)와 장반은(匠班銀)

안료 · 약재 · 달력 · 종이, 여우가죽과 소뿔, 장반은(匠班銀) 등의 항목은 『부역전서』에 기재되어 있고 해마다 정액이 있으나, 지방마다 있는 곳도 있고 없는 곳도 있어 동일하지 않다. 그러나 담당 경승은 기해 비용이나 운반 비용까지 포함시켜 자못 무겁게 부과한다. 예전에 지정은에 부수적으로 징수하던 것은 배년이장에게 책임을 지워 멋대로 정액보다 더 거둘 수 없게 해야 한다. 하지만 예전에 다양한 직종의 사람들에게 부과하여 징수하던 것은 경승에게 책임을 지워 사적으로 갈취하는 것을 금지해야 한다. 따라서 배년이장이 징수하는 것은 단지 지정 징수의 근거가 되는 「조편단(條編單)」에 첨부하여 함께 독촉하고 마감 점검을 하면, 따로 차역을 보낼 필요가 없어 번거로움을 줄일 수 있다.

顔料、藥材、曆日[95]、榜紙, 狐皮牛角、匠班等項,[96] 載在『全書』, 歲有定額, 然各處有無不同. 但該承指稱解費、盤脚,[97] 科派頗重.[98] 舊從地丁派徵者, 責在排里, 不得濫派. 舊從諸色人等派徵者,[99] 責在經承, 毋許私索. 至由排里徵收者, 只宜附入「條編單」內,[100] 一同催比, 不必另差,

---

92 선여(羨餘)는 잉여(盈餘, 剩餘)를 가리킨다. 명 · 청대에는 정규 세금 외에 가징(加徵)되는 세액(火耗)이 있었는데, 청의 옹정 연간에 지현이 자율적으로 징수하여 사용하던 이 부분에 대한 개혁이 이루어져 화모가 합법화되면서 세액의 일부('모선(耗羨)'이라고 한다)로 편입되었다. 하지만 이 모선 부분은 중앙의 호부로 넘겨지지 않고 성의 포정사에게 넘겨져 성 관원에 대한 보조비용 내지는 수당(津貼)으로 사용되었다. 이것을 지방관의 청렴을 보장하기 위한 보조비라고 하여 보통 '양렴은(養廉銀)'이라고 하며, 이러한 개혁을 '모선귀공(耗羨歸公)'이라고 부른다.

93 여기서의 상규(常規)는 통상적으로 받는 누규, 즉 관행화된 수수료를 가리킨다.

94 『사기(史記)』 권87 「이사열전(李斯列傳)」에 나오는 "태산은 한 줌의 흙도 사양하지 않아서 그 높이를 이룰 수 있었고, 바다는 작은 물줄기도 가리지 않고 받아들여 그 깊이를 얻을 수 있었다."라는 구절에서 비롯되었다. 큰 뜻을 품은 인물이나 국가는 사소한 의견이나 인물이라 하더라도 포용한다, 도량이 넓다는 비유에도 쓰이지만, 여기서는 차라리 "티끌 모아 태산"이라는 속담의 구절이 더 어울린다고 할 것이다.

95 역일(曆日)은 일력(日曆) · 역서(曆書)를 가리킨다.

96 장반은(匠班銀)은 수공업자에게 징수하던 요역 대체 비용을 가리킨다.

97 반각(盤脚)은 운반 노동자의 임금을 가리킨다.

98 과파(科派)는 세금이나 요역을 부과하는 것을 가리킨다.

99 제색인등(諸色人等)은 각양각색의 지위 · 직업이나 신분을 지닌 사람들을 가리킨다. 원래는 본색목인(本色目人)이라고 되어 있으나 아마 잘못인 것 같다. 또한 '제색목인(諸色目人)'이라고 해도 뜻은 비슷하다. 색목(色目)은 각색명목(各色名目), 즉 각종 명목이란 의미이기 때문이다. 참고로 원대(元代)의 경우 주민을 종족 · 종교 · 직업에 따라 약 열 가지 좌우로 구분하였는데 이것을 제색호계(諸色戶計), 또는 호계라고 한다는 점도 기억할 필요가 있을 것이다. 민(民) · 군(軍) · 참(站) · 장(匠) · 염(鹽) · 유(儒) · 승(僧) · 도(道) 등이 그것이다. 일부는 국가에서 강제

以省煩擾.

8-02-03. 전당업세(當稅)

전당업세(當稅)는 점포당 원래 5냥을 징수하였다. 하지만 삼번의 난이 일어난 다음부터는 배로 증가하여 점포당 10냥을 징수하고, 별도의 항목으로 묶어 따로 기해하게 되었다. 만약 전당업 상인이 스스로 기해한다면 연명으로 「수령확인문서」를 수령한 다음, 정해진 기한까지 [실제 납부결과를 확인 받은 그] 「수령확인문서」를 관청에 다시 제출하게 한다. 한편 불법으로 전당 영업을 하면서 납세하지 않는 경우가 있는데, 경승은 이들에게 몰래 뇌물을 받고 지방관을 속여 보고하지 않는다. 따라서 마땅히 공고를 하여 현재 납세하는 전당포를 관의 인정을 받은 전당포(官當)로 삼고, 점포의 문 위에 증명패찰을 내걸 수 있도록 허용해야 한다. 그리고 그 점포명 및 상인의 성명을 책으로 만들어 보고하면 [지방관이] 그것을 검토한 다음 보존한다. 그리고 납부하지 않는 경우는 불법 전당포(私當)로 간주하여 누구라도 고발할 수 있게 하며, 조사하여 사실임이 확인되면 탈세율에 따라 처벌한다. 만약 시골 빈민이 농기구를 저당 잡혀 식량이나 종자를 대출한 경우는 이런 사례에 해당하지 않는다.

當稅每舖原例五兩.[101] 甲寅軍興增倍,[102] 每舖十兩, 另批起解.[103] 若本商自解, 僉名領批,[104]

로 뽑아 충당하는 것이고, 일부는 고시나 기타 방식을 통해 인가하는 것이었다. 모든 호는, 이를테면 군호는 군대에 사람을 내보내고, 참호는 역전에 사람을 내는 등 국가에 대하여 각기 다른 특별한 의무를 졌다.

100 「조편단(條編單)」이 다른 곳에서 전혀 언급되지 않아 무엇을 가리키는지 분명하지 않다. 지정은, 즉 정세 징수용 서류의 일종으로 보이는데, 그렇다면 배년이장이 관할하는 실징책이나 장단·호단을 가리키는 것으로 보인다.

101 당세(當稅)는 전당업에 대한 과세를 가리킨다.

102 갑인년은 이른바 삼번(三藩)의 난이 본격화된 강희 13(1674)년을 가리킨다. 강희 초년 원래 명의 장군으로 청조에 투항하였던 오삼계(吳三桂)는 평서왕(平西王)에 봉해져 운남과 귀주를 관할하고 있었고, 상가희(尙可喜)는 평남왕(平南王)으로 광동, 그리고 정남왕(靖南王) 경중명(耿仲明)의 후손 경정충(耿精忠)은 복건을 지키고 있었는데 이들은 통칭하여 삼번이라고 불렀다. 삼번은 주둔하는 지역에서 과도한 권력을 누리면서 군대와 조세를 장악하였고 중앙의 막대한 지원을 받기도 하였다. 이 때문에 강희제는 결국 삼번의 철거(산해관 밖 요동으로의 원상 복귀)를 결정하였지만, 오삼계 등은 이에 반기를 들어 본격적인 반란이 시작되었다(강희 12년 11월). 한때 오삼계는 크게 경계를 넓히면서 청조를 위협하기도 하였으나 강희 17년 오삼계가 병사한 다음 반란군은 점차 붕괴되어 강희 20년 마침내 최종적으로 진압되었다. 군흥(軍興)은 전쟁이 일어났다는 뜻이다.

103 여기서 비(批)는 양사(量詞)로 상당한 규모의 화물이나 수량이 많은 사물을 가리킬 때 쓴다. 차례나 묶음이라 해석할 수도 있다.

104 첨명(僉名)은 연명(連名)이라는 뜻이다.

按限掣繳.[105] 又有私押暗當,[106] 未經納稅, 經承陰受其賂, 瞞官不報. 宜出示曉諭, 現在納稅者, 即爲官當, 許舖門懸牌, 將典名, 並商人姓名, 造冊送查存案. 如不納稅, 即爲私當,[107] 許諸色人等首告, 究實仍照漏稅律治罪. 如鄕曲貧民, 以農具器用押貸米穀、糧食者, 不在此例.

8-02-04. 부동산 거래세(田房稅)

부동산 거래세는 특히 탈세가 심하다. 편심(編審)하는 해를 만나게 되서야 소유권 이전 등록이나 물주 변경 수속에 대해 간혹 세금을 내고 확인도장을 얻어 내려는 경우가 있을 정도이다. 또한 주현관이 이임할 때에 신사와 아역이 지방관에게 청탁하고 애걸하면서 [나중에 원하는 대로 써넣기 위해] 납세액이 찍히지 않은 백지 영수증에 납부확인 도장을 찍어 달라고 하는 경우도 있으니, 이러한 폐단은 지방마다 모두 그런 관행이 존재하여 타파하기가 쉽지 않다.

큰 현의 경우 토지와 건물 등 부동산 거래가 이루어지지 않는 날이 얼마나 있겠는가? 하루에 100냥이 오고가면 1년의 경우 수만 냥에 이르고, 따라서 세액을 계산해 보면 1천 냥 이하로 내려가지 않을 것이다. 하지만 오늘날 주현에서 1년에 부동산세(田房稅)를 보고할 경우 그 액수는 정말로 아주 미미하다. 그 탈세의 상황을 어찌 이루 다 표현할 수 있겠는가?

따라서 마땅히 본현의 관아(官牙) 몇 명에 대해 그 명단을 작성해 놓고, 무릇 부동산 교역이 있는 경우 반드시 관아가 계약서에 서명케 하며, 교역이 이루어진 사흘 이내에 관아가 그 내용을 현에 보고하게 해야 한다. 관아는 달마다 교역이 있었는지의 여부를 초하루와 보름에 현 아문에 출두하여 직접 「확인서」를 제출해야 한다. 만약 서로 결탁하여 부동산세를 빠뜨린 경우, 관아는 체포하여 처벌하며 업주도 율법에 따라 벌을 준다. 만약 향촌의 진·집(鎭集)이라면 해당 지보나 이갑에게 맡겨 신고하게 한다. 이를 어길 경우 현성의 아행·업주의 사례에 비추어 율법에 따라 함께 처벌한다. 응당 이러한 점들을 먼저 널리 공고하여 사람들이 법을 두려워하게 하면, 부동산 거래를 신고하는 사람이 반드시 늘어날 것이다.

---

105 체격(掣繳)은 납부(交納)한다, 반납한다는 뜻이다. 격(繳)은 돌려보낸다는 뜻이 있다.

106 사압(私押)은 전당포가 관부에 납세하지 않고 암중에 영업을 한다는 뜻이고, 암당(暗當) 역시 같은 뜻이다.

107 사당(私當)은 관부에 납세하지 않는 불법 전당업 점포를 가리킨다.

田·房稅契, 隱漏尤多.[108] 若遇編審之年推收、過戶,[109] 間有以田契稅印者.[110] 又州縣離任之時, 紳衿討情, 衙役乞恩, 以田·房二契用白印者, 此陋弊處處皆然, 不可破也. 以大縣之田·房交易, 何日無之? 日以百金計, 歲卽數萬, 計稅銀當, 不下千金. 今州縣一年報稅, 竟爾寥寥,[111] 其隱漏可勝言乎?

宜將本縣官牙若干名,[112] 造花名存案. 凡有田·房交易, 定由官牙書名畫押, 交易三日內官牙具單報縣. 每月有無交易, 官牙朔望當堂親遞「甘結」. 如扶同隱漏, 官牙拿究, 業主依律科罪. 若鄉村鎭、集,[113] 着落地方、里甲首報.[114] 如違, 照城牙、業主, 依律並究. 須先出示曉諭, 則人知畏法, 而報者必多矣.

8-02-05. 가축 등의 잡세(牛驢雜稅)

소와 당나귀, 가축, 담배, 면화, 술과 누룩 등의 세금은 거래할 때에 거둔다. 정례에 따르면 아행(牙行)의 경기(經紀)가 가격을 조정하고 화물을 발송한다. 현성과 향촌에서 거래가 이루어지는 곳에는『점검장부(卯簿)』를 만들고 이를 해당 아행의 경기에게 발급하여 날마다 거래를 모두 장부에 기록하고 세금을 거두게 한다. 만약 장부에 기재하지 않으면, 탈

108 전방세(田房稅)는 토지와 건물 등 부동산 거래의 계약서에 매기는 세금이다. 오늘날의 인지세(印紙稅)와 비슷하지만 중국에서 인지세는 20세기에 와서야 도입되었다. 토지나 건물 등의 부동산을 저당 잡히거나 매매할 경우 계약이 성립한 다음 새 주인이 계약서 용지(白契)를 가지고 관부에 가서 계세(契稅)를 내는 것을 세계(稅契)라고 한다. 세계를 거친 다음 계약서는 붉은 확인 도장이 찍힌 계약서(「紅契」 또는 「朱契」)로 바뀌면서, 재산권이나 과세 등의 수속이 이루어지고 법적인 효력을 확보하게 된다. 즉 「백계」는 관부의 인가를 거치지 않아 관인이 찍히지 않은 계약서를 말하고(대체로 송대 이후 민간에서 유행하였다), 이와 대비되는 것은 「홍계」이다. 법률상 부동산 전매나 매매의 경우 세계를 거치지 않으면 태형(笞 50)을 처벌하고 부동산 가격의 절반을 몰수하도록 되어 있었다.

109 추수(推收)는 토지나 건물을 저당 잡히거나 매매할 경우 관부에 신고하여 재산권과 세금에 관련된 등록수속을 하는 것, 과호(過戶)는 토지나 건물 등의 소유권이 이전된 다음 법정수속에 따라 물주의 성명을 바꾸는 것을 가리킨다. 이에 관련된 것은 제9권 편심부(編審部) 1 「9-07. 부동산 등록이전(定推收)」 부분을 참고.

110 세인(稅印)은 세금납부 확인도장을 가리킨다.

111 경이(竟爾)는 결국(竟然), 요요(寥寥)는 쓸쓸하고 공허하다, 아주 수량이 적다는 뜻이다.

112 관아(官牙)는 관부로부터 영업허가증, 즉 아첩(牙帖)을 발급받고 일하는 정식 아행(牙行), 즉 일종의 중개상인을 가리킨다. 바로 다음다음의 「8-02-06. 아첩세(牙稅)」 부분을 참조.

113 진집(鎭集)은 현성을 제외하고 비교적 상업이 번화한 장소, 보통 향촌 가운데 비농업인구가 중심이 되는 거민 지구를 가리킨다. 집은 시집(市集) 즉 정기적으로 무역활동을 하는 장소를 가리키며, 진(鎭)은 원래 군사요충지 내지 군대주둔지에서 시작되었으나, 명·청대에는 상업이 번성한 구역을 가리키는 용어가 되었다. 시진(市鎭)·집진(集鎭)·성진(城鎭) 등은 대개 비슷한 의미를 지닌 용어이나 그 규모나 행정구역의 명칭에 다양한 차이가 있다.

114 착락(着落)은 귀속시키다, 귀결하다는 뜻이다.

세한 것으로 간주하여 조사·처벌한다. 그러나 거래가 많고 적음은 정해진 때가 있는 것도 아니고 날씨가 흐리고 개는 것도 일정하지 않기 때문에, 간교한 아행은 이것을 빌미로 거래 내역을 숨겨 열 가지 가운데 겨우 한두 가지만을 기록한다. 그렇다고 해서 너무 엄격하게 단속을 하면 아행이 거래하는 사람들에게 지나치게 뜯어낼까 두렵고, 너무 관대하게 다루면 헛되이 간교한 무리들의 배만 채울까 두렵다. 따라서 오로지 가끔씩 불시에 나가 아행을 조사함으로써, 그들이 감히 속이지 못하게 하는 정도면 충분할 것이다. 장부는 모두 쪽수를 한정하고, 초하루와 보름에 반납하여 새로 교환을 받게 한다. 내아에서는 아행이 거두고 보고한 세액을 조사하여 기록하며, 이전 장부는 아문(내아)에 보관하되 외부로 반출시키지 않는다.

牛驢、牲畜、烟包、布花、酒麵等稅, 交易之所收也. 例有牙行經紀,[115] 評價發貨.[116] 凡城鄉貿易之處, 置一『卯簿』, 發給該牙行經紀, 逐日逐起登簿收稅. 如不登簿, 卽以漏稅查究. 然貿易多寡之不時、陰晴之無定, 奸牙得以藉口隱匿, 十僅塡其一、二. 太嚴恐其多索貿易之人, 太寬徒飽奸猾之輩. 亦惟時出不意以稽察之,[117] 使其不致甚欺則可耳. 每簿止定數張, 朔望繳換, 內衙查記收報之數, 舊簿存衙, 不必發外.

8-02-06. 아첩세(牙稅)

「아첩(牙帖)」은 아인(牙人)의 신분증이다. 한 장의 「아첩」으로 수십 명이 영업을 하기도 하는데, 「아첩」이 없는 사아(私牙)들이 마치 「아첩」이 있는 것처럼 행세하면서 영업을 하는 것이다. 해당 방(房)의 서리들은 뇌물을 받기 때문에 이들을 적발하지 않는다. 만약 이 사람의 「아첩」이 효력을 상실하더라도, 다른 사람을 시켜 그 이름을 사칭하면서 계속 그 「아첩」을 이용하게 하며, 또한 해당 방의 서리들과 이익을 나누어 누리면서 새로운 「아첩」으로 바꾸지도 않는다. 이래서 한 장의 「아첩」에 수십 명이 달라붙을 뿐만 아니라, 또한 그 이름을 속이면서 수십 명을 번갈아 바꿔 치울 수도 있는 것이다. 이 문제의 해결을 위해

115 경기(經紀)는 관부의 비준을 받고 쌍방의 거래를 중개하는 일, 또는 그것을 하는 사람(經紀人)을 가리킨다. 아상(牙商), 또는 아쾌(牙儈)라고도 한다.

116 발화(發貨)는 화물을 옮기거나 보낸다는 뜻이다.

117 계찰(稽察)은 검사한다는 뜻이다.

서는 몰래 돌아다니며 집마다 호구를 수록한 『호구명부책(排門烟戶冊)』과 대조하는 수밖에 없는데, 그들의 영업을 보면서 적발하는 것 또한 하나의 방법이 된다.

牙稅乃市儈之身帖,[118] 以一帖凡蔽數十人, 蓋無帖私幫有帖以爲影射.[119] 該房受其賂而不擧. 若此人不當, 招下手頂名執帖,[120] 又與該房分享其利, 而不換新帖.[121] 是一帖不惟蔽數十人, 而且可頂換數十人也. 惟暗查『排門烟戶冊』,[122] 看其生理而摘發之, 是亦一策也.

8-02-07. 문탄세(門攤稅)

현성의 도로 옆 점포 앞에 빈 공간이 있으면 임시 지붕을 치거나 좌판을 펼쳐 물건을 늘어놓고 잡화를 팔아 생계를 꾸리는 사람들이 있다. 이들은 어두워지면 거두어 돌아가고 아침이 되면 다시 자리를 편다. 지방관은 이들이 장사로 이익을 얻기 때문에 마땅히 관청에 세금을 내게 해야 한다고 하여 이를 이른바 '문탄세'라고 부른다. 그러나 이들은 모두 가난한 백성으로 조그만 자본을 빌려 생계를 꾸려 나가는 것이다. 해당 점포에서 이미 임대료(地租)를 거두어 가는데, 관부에서 다시 작은 이익을 나눠 먹자고 어찌 차마 이런 일에 나설 수 있겠는가? 현성에 만약 이런 일이 있다면 응당 이를 폐지하여 자비로움을 보여 주어야 한다.

---

118 아세(牙稅)는 쌍방의 거래를 중개하는 상인, 즉 경기(經紀) 또는 아상(牙商)이 점포(牙行)를 운영하는 데 필요한 「영업허가증(牙帖)」에 대해 징수하던 세금을 가리킨다. 「아첩」은 그 분량이 지역별로 제한되어 있었고, 또 여러 등급으로 나눠져 세율이 다르기도 하였다. 시쾌(市儈)는 거간꾼·중개인 또는 상인 일반을 가리킨다. 때로는 개인적인 이익을 꾀해 투기하는 사람을 가리키는 부정적인 의미를 띠기도 한다. 「신첩(身帖)」은 여기서는 「아첩」을 가리킨다. 청대에는 성별로 「아첩」에 정액이 있어 포정사가 도장을 찍어 발급하였으며, 기한이 되면 다시 확인하여 새로 발급함으로써 그 이상의 발급을 막았다. 새로운 시장에 아행이 설치될 때에도 확실한 조사를 받았다. 「아첩」에 대해서는 여러 세율에 따라 세금을 거두었으며, 아행의 경기가 병사하거나 질병이 있는 경우에만 아첩을 반환하고 새로 모집하는 것이 허용되었다.

119 영사(影射)는 사칭하다, 속이다, 덮는다는 뜻이다. 이것을 빌려서 저것을 이야기하여 은연중에 어떤 사람이나 일을 가리키는 경우에도 쓰인다.

120 하수(下手)는 지식이나 기능이 뒤떨어지는 사람, 또는 다음 사람을 가리킨다. 정명(頂名)은 대신, 가짜 이름으로라는 뜻이다.

121 청대 「아첩」에 대한 규정에 따르면, 아행은 5년마다 심사받고 새로운 「아첩」으로 교환하게 되어 있었다.

122 배문(排門)은 문을 밀다, 즉 집마다 돌아다닌다는 뜻이다. 『연호책(烟戶冊)』은 호구 명부를 가리킨다.

凡城市臨街舖面前隙地,[123] 有支棚、擺攤賣雜貨生理者,[124] 晚則收歸, 早則鋪設. 有司以爲貿易取利, 宜輸官錢, 名之曰: '門攤稅'.[125] 然此皆窮民小本, 藉之爲糊口計. 本舖旣索地租, 而官又分其微獲, 將安忍乎? 邑如有此, 宜除之以示慈惠.

8-02-08. 어세(漁課)

호수와 물에 가까운 지역에는 대부분 어선이 있어서 이에 대해 세금을 거둔다. 혹은 다리·부두·도랑과 방죽 등에서 물고기를 잡아 이익을 얻는데 이것 역시 세금을 거둔다. 이러한 어세의 많고 적음은 지방의 기존 선례에 따라도 될 것이다.

湖蕩近水之地, 多有漁船收稅.[126] 或橋埠、溇壩, 以取魚爲利, 亦得收稅, 是爲漁課多寡按例可也.

8-02-09. 염세(鹽課)[127]

주현 중에는 염세가 할당된 곳이 있다. 상인은 우선 [염과(鹽課)를 납부한 다음] 「염인(鹽引)」을 받아 [그 「염인」으로 소금 산지에 가서 소금을 수령한 다음], 판매가 허가된 일정한 지역(引地. 또는 引岸)으로 소금을 운반해서 판매한다. 이와 같은 상인의 소금 판매실적은 염세로 연결되므로 지방관의 업무평가에 직결된다.[128] 그러나 우선 염세를 납부한 다음 「염인」을

---

123 임가(臨街)는 거리를 마주한, 도로 옆이란 뜻이다.

124 파탄(擺攤)은 길옆이나 시장에 물건을 늘어 놓고 파는 것을 가리킨다.

125 문탄(門攤)은 길거리 점포 앞에 좌판을 벌이는 것을 가리킨다.

126 호탕(湖蕩)은 얕은 호수를 가리킨다. 일반적으로 갈대 등의 수초가 자라고 여러 갈래로 물길이 갈라진다.

127 염과(鹽課)는 보통 염세를 가리키지만, 여기서는 상인이 소금판매 자격을 얻기 위해 내는 돈을 가리키는 뜻으로도 함께 쓰이고 있다. 명·청대의 염정(鹽政)과 염세(鹽稅)에 대한 간명한 소개는 구범진, 「소금」(吳金成 외, 『명청시대사회경제사』, 이산, 2007 수록)을 참조. 한편 제30권 서정부(庶政部) 1 「30-05. 소금밀매 단속(嚴緝私販)」에서는 소금밀매의 단속 문제를 다루고 있다.

128 모든 주현관은 염무를 아울러서 맡는지의 여부와 상관없이 염상이 구매한 소금(引額)이 전부 판매될 수 있도록 보장해야만 하였다. 만약 이런 업무를 달성하지 못하면 아직 판매되지 않은 소금의 비중에 따라 처벌을 받았다. 10% 이하면 승진이 이루어지지 않았고, 20-30%는 감봉 1·2급, 40%는 강직(降職) 1등급, 50-70%는 강직 2-4등급의 처분과 판매 독촉의 임무가 주어졌다. 『대청회전사례(大淸會典事例)』(『續修四庫全書』 史部 政書類 798-814. 上海古籍出版社, 2002) 권230 「호부(戶部) 염법(鹽法) 고성(考成)」의 강희(康熙) 3년 조 기사(記事)를 참조. 처분 내용은 시대에 따라 차이가 있다.

얻는 것은 상인의 책임이고, 소금을 유통시켜 「염인」에 규정된 액수를 모두 소화시키는 것은 지방관의 책임이다.

그런데 소금이 생산되는 지역과 가까운 주현에서는 민간에서 보통 사염(私鹽)을 먹는다. 이는 관염(官鹽)을 사는 것이 사염을 사 먹는 것보다 배 이상 비싸기 때문이다. 따라서 관염은 제대로 유통되지 않는 경우가 많은데, 이를 운반하여 판매하는 상인은 손실을 입으면 염정을 관리하는 상급 관청에 호소한다. 그렇게 되면 상부에서는 주현의 지방관에게 공문을 보내 관염을 유통시킴으로써 「염인」을 모두 소화시켜 업무평가의 기준에 부응하라고 엄격하게 지시한다. 지방관은 「염인」이 자꾸 밀리면 어쩔 수 없이 백성을 독려하여 관염을 사 먹게 하는데, 백성은 이러한 사정을 알지 못하고 "지방관이 상인에게 뇌물을 받았다"고 여기고 원망과 비방의 소리를 높이게 된다. 이래서 바로 지방관은 진퇴양난의 처지에 빠진다.

이런 문제를 해결하기 위해서는 관염을 유통시키고자 한다면 소금밀매를 엄금해야 하고, 밀매를 엄금하려면 순찰을 엄격하게 독촉해야 한다. 밀매가 근절되면 백성은 소금 없이 살 수는 없을 터이니 어쩔 수 없이 관염을 구매하게 될 것이다. 이렇게 되면 판매를 독려하지 않아도 관염은 저절로 유통되고 「염인」은 저절로 소화될 것이니, 또한 어찌 업무평가의 기준에 미달되는 일이 있겠는가!

○ 생각건대, 「염인」을 말소하는 일은 가장 유의해야 할 일이다. 상인이 매년 사용한 「염인」은 규정에 따라 반드시 그 귀퉁이를 잘라 내고 [지방 鹽政아문을 통해] 호부에 반납해야만 비로소 그해의 재정 결산(奏銷)이 허용된다. 그러나 주현의 지방관은 상인이 이미 일을 모두 마무리하였다고 여겨 조금도 주의를 기울이지 않는 경우가 많다. 혹은 상인이 귀퉁이를 잘라 낸 「염인」(殘引)을 이미 염운사에 반납하였는데, 염운사가 일이 있어 승진하거나 이동하여 이것을 호부에 올려 보내지 않는 경우도 있다. 이때 염운사 관청의 못된 하급 관리들이 악질 상인과 결탁하여 「염인」의 귀퉁이를 잘라 내지 않고 몰래 가짜 도장을 찍은 다음 그것을 이용하여 다른 지역 소금을 가져다 팔아먹기도 한다. 염운사에서 사용하고 남은 「염인」을 올려 보내라고 요구하게 되면, 「염인」은 이미 사라져 아무런 종적이 없으니, 지방관의 「염인」 소화는 그 성적이 끝내 미완으로 남을 수밖에 없다. 이렇게 되면 주현관은 견책을 받고 면직을 당하겠지만, 이 사연을 누구에게 하소연할 수 있겠는가?

따라서 「염인」의 말소는 가장 주의를 기울여야 할 문제다. 따라서 그해에 사용한 「염인」은 상인이 응당 지현아문에 반납하게 하고, 지현은 한 장 한 장 검사하여 모자라지 않는지 확인하고, 여기에 「수령확인문서」를 갖추어 염운사로 올려 보내야 한다. 해당 상인이나 차역이 기한에 맞추어 「염인」을 반납하고, 염운사에서 확인해 준 「수령확인문서」를 다시 받아 반납하면 지현은 그것을 받아 보관해 놓는다. 그렇게 하면 나중에 염운사가 일을 그르치거나 이역들이 부정을 저질렀을 때, 지방관에게는 이미 사용한 「염인」을 반납하였다는 것을 확인하는 문서가 있으므로, 호부에 반납하지 않은 허물은 염운사가 떠맡게 되고 지현은 이에 관련된 조사와 처벌을 피할 수 있다.

또한 주현에 소금기가 있는 물이나 흙이 있으면, 이를 모두 굽고 쪄내어 소금을 만들 수 있는데, 이는 원래 가난한 백성이 구워 먹는 것에 지나지 않는다. 그러나 이것도 오래되어 소금을 굽는 사람이 늘어나면, 상급 관청에서 이를 조사하여 명단을 내게 하고 세금을 거둔다. 이것은 '토염세(土鹽稅)'라고 한다. 또한 예전의 남은 염량(鹽糧)을 추량(秋糧)과 함께 은으로 환산하여 일률적으로 거두기도 하는데, 이것을 '염은(鹽銀)'이라고 한다. 응당 징수해야 할 액수가 있는지의 여부는 각 지방의 선례를 찾아보면 된다.

州縣之有鹽課者, 乃商人認地行鹽,[129] 領引辦課,[130] 而有司以之爲考成者也. 然上課而後領引, 責在商人, 疏鹽而銷引額, 責在有司. 但近産鹽州縣, 民間利食私鹽, 以買官鹽, 可食私過倍.[131]

---

129 인지(認地)는 아마 인지(引地)를 가리키는 것 같다. 인지(引地)는 염인을 수령함으로써 소금을 운반하여 판매할 수 있는 염상에게 부여된 전매구역을 가리킨다. 인안(引岸)이라고도 한다. 행염(行鹽)은 소금을 운반하여 판다는 뜻이다.

130 소금은 역대로 중국에서 국가의 전매(專賣)의 대상으로 삼아 왔는데, 「염인(鹽引)」은 염상(鹽商)이 소금 가격을 납부하면 발급해 주어 지정된 산지에서 소금을 받은 다음, 허용된 장소로 운반하여 판매할 수 있게 해 주는 증명서를 가리킨다. 송대에 시작되었으며, 중앙의 호부에서 발급하는 것을 인(引)이라고 하고, 지방의 염정 기구에서 발행하는 것은 표(票)라고 하였다. 청초에는 명말의 강법(綱法)을 그대로 따라 상인이 은냥을 납부하면 「염인」을 발급해 주는 체제에 따랐다. 강법은 명말 만력 연간 이후 실행된 것으로 상인이 독점적으로 식염을 운반하여 판매하는 제도다. 명말 염상의 소금 수령이 지체되자 상인이 수령하는 「염인」을 강책(綱冊)으로 편성한 다음 10강으로 나누어 매년 1강은 적체된 「염인(積引)」, 9강은 신규 「염인(新引)」을 사용케 하였으며, 강책에 편입된 상인에게는 영구적으로 그 특권을 독점하여 와본(窩本)으로 삼을 수 있게 허용하였다. 이 특권을 구입하기 위해서는 거액이 필요하였으므로 이후 식염의 판매권은 19세기 중반 표법(票法)으로 대체될 때까지 세습적으로 대부분 독점상인에게 넘어갔으며, 이로 인해 염상은 독점적인 이익을 누릴 수 있었다. 이를테면 대표적인 소금 산지인 양회(兩淮) 지방의 경우 고정적 인와(引窩)가 있는 「염인」은 150만 인 정도였고, 고정된 인와가 없는 「염인」은 14만 인 정도였다고 한다. 한편 청대는 이와 더불어 인안(引岸) 제도를 실행하여 식염의 판매와 감독을 분배하였다. 전국을 장로(長蘆)·성경(盛京)·산동(山東)·하동(河東)·양회(兩淮)·양절(兩浙)·복건(福建)·광동(廣東)·사천(四川)·운남(雲南) 등의 염구(鹽區)로 나누고, 염구마다 고정된 수량의 「염인」 액수를 분배해 주었던 것이다. 상인은 「염인」에 의거하여 지정된 염구(이것을 引岸 또는 引地라고 한다)에 가서 소금을 판매하였고, 염관은 「염인」에 의거해서 염세를 징수하였다. 영인(領引)은 「염인」을 수령한다는 뜻이고, 판과(辦課)는 납세(納稅)와 같은 뜻이다. 보통 '행염판과(行鹽辦課)'라고 한다. 염상은 「염인」을 받아 소금을 판매한 다음 해당 독무나 염정은 이미 사용하고 난 「염인」과 절각(截角. 검사를 받은 「염인」의 그 한 귀퉁이를 잘라 내는 것을 가리킨다)을 본년의 주소(奏銷)가 끝난 다음 호부로 보내어 폐기처분하였다(解部繳銷).

131 식사(食私)는 사염을 사 먹는다는 뜻이다. 사염(私鹽)은 관염(官鹽)과 대립되는 것으로, 염세를 납부하지 않고 몰래 운반하여 판매하는 소금을 말한다. 소금은 줄곧 국가의 전매물품에 해당하였으므로 반드시 일정한 대가를 지불하여 국가의 허가를 받은 상인만이 할당된 지역으로 운반하여 판매할 수 있었다.

以故官鹽往往不行, 商以虧本訴之經理院司,[132] 遂嚴檄下屬, 以疏鹽銷引而副考成. 有司以引鹽壅滯, 不得不督之百姓買食官鹽, 而小民無知, 遂謂: "有司受商賄囑,"[133] 致騰怨謗.[134] 此有司之所以兩難也. 計惟欲疏官鹽, 在嚴禁私販, 欲禁私販, 在嚴比巡役,[135] 私販絶而百姓豈能淡食乎?[136] 此不必督之買而官鹽自疏, 額引自銷, 又何考成之弗副哉!

○ 按: 銷引一事,[137] 最要留心. 商人每年行過額引, 例須截角繳部, 方准奏銷. 然州縣每以爲商人已事, 漫不經意.[138] 或商人將殘引已繳運司,[139] 運司或事故陞遷, 未經繳部, 而司蠹勾通商棍,[140] 以殘引並不截角, 反另更私戳,[141] 以影行別地之鹽. 及至鹺院查提,[142] 殘引杳無踪跡, 竟作十分未完, 州縣蒙冤刊職,[143] 將誰訴耶? 故曰: "銷引最宜留心者也." 法宜本年銷過引目,[144] 令商送官, 逐張查驗不少, 具批起解運司.[145] 或本商, 或差役, 按限掣批存案. 日後運司沉閣,[146] 司蠹作奸, 我則有批爲據, 其不繳部之愆, 自在運司, 州縣可免于查議矣. 又州縣地方有鹻水, 並鹻土, 皆可煎熬成鹽者,[147] 不過窮民煎食, 久而煎者日多, 上司行查, 遂有報名收

---

132 휴본(虧本)은 본전에 손실을 입는다, 즉 손해를 본다는 뜻이다. 원사(院司)는 순무(巡撫. 撫部院이라고도 부른다)와 포정사(布政司) 등의 성 상급 관청·관료를 가리킨다.

133 회촉(賄囑)은 뇌물을 주고 촉탁한다는 뜻이다.

134 원방(怨謗)은 원망과 비난을 뜻한다.

135 순역(巡役)은 순찰하는 차역을 가리킨다.

136 담식(淡食)은 소금 없이, 또는 아주 담백하게 음식을 먹는다는 뜻이다.

137 소인(銷引)은 사용한 「염인」을 반납하여 최종적으로 호부에서 파기하는 것을 가리킨다. 다음 각주의 '잔인' 부분을 참조.

138 경의(經意)는 주의한다는 뜻이다.

139 「잔인(殘引)」은 「염인」을 사용한 다음 관부에 그 귀퉁이를 잘라 내서 소금이 모두 팔렸음을 표시하는데, 이 귀퉁이를 잘라 낸 「염인」을 말한다. 규정에 따르면 상인은 소금을 모두 판매한 다음 10일 이내에 관부에 반납해야 하며(截角退引), 그렇게 하지 않으면 법에 따라 처벌을 받는다. 「잔인」은 가지고 중복해서 소금을 판매하는 경우는 사염을 판매한 것과 같은 벌을 받는다. 잔인은 성에서 호부로 보내면, 호부에서 다시 한 장 한 장 확인하여 원래 발급한 수와 맞는지 확인한 다음 파기한다. 한편 성에서 염무(鹽務)를 총괄하는 관청은 보통 염운사(鹽運使. 從三品)가 관리하는 도전염운사사(都轉鹽運使司)로 그 밑에 분사(分司)·제거사(提擧司)·염과사(鹽課司)가 설치되었다. 여기 나오는 운사는 이 도전염운사사를 가리키는 것으로 보인다.

140 사두(司蠹)는 여기서는 염운사사의 이역을 가리킨다. 상곤(商棍)은 악질 상인을 말한다.

141 사착(私戳)은 가짜 도장을 찍는다는 뜻이다.

142 차원(鹺院)은 염무를 주관하는 관청이다. 청대 지방에서 염정을 전담하던 관리는 염운사(鹽運使. 정3품. 관청은 都轉鹽運使司)였고, 염운사가 없는 지방은 염법도(鹽法道. 정4품)를 두었다. 염운사가 설치된 곳은 직예·봉천·산동·양회·양절·광동·사천 등지였고, 기타 지역은 염법도가 설치되었다.

143 간직(刊職)은 삭직(削職), 즉 면직당하는 것을 가리킨다.

144 법의(法宜)는 응당 무엇을 해야 한다는 뜻으로 쓰이는 것 같다.

145 구비(具批)는 「수령확인문서」를 갖춘다는 뜻이다.

146 침각(沈擱. 沈閣, 沉擱, 沉閣)은 놓아두다, 내버려 둔다는 뜻이다.

147 전오(煎熬. 煎敖, 煎爊)는 제련하다, 찌다는 뜻이다.

稅, 謂之: '土鹽稅'. 又有舊額鹽糧, 與秋糧折色, 一例徵銀, 謂之: '鹽銀'. 其有無應徵之數, 俱查例行可也.

8-02-10. 갈대세(蘆課)[148]

강남·호광·강서 등의 성에는 강과 바다, 호수 등에 인접한 주현이 있어 양안(兩岸)에서는 갈대가 생산된다. 물이 넘실거리는 이 땅의 넓이가 2천여 리에 걸치는 것도 있는데, 이것을 이른바 갈대섬(蘆洲)이라고 한다. 이 모래톱은 모두 국유지(官地)에 속해 일반 농지(田地)처럼 돈을 주고 매매할 수 없다. 따라서 백성은 세금을 납부하고 갈대를 거두는데, 이들을 일컬어 '소작인(佃戶)'라고 한다. 명대(明代)에는 황자(皇子)나 훈신(勳臣)에게 하사되기도 하였는데, 지금은 모두 일반 소작인에게 넘어갔다. 그러나 갈대섬은 때로는 물밑으로 가라앉기도 하고, 때로는 훨씬 늘어나기도 하며, 몰래 차지해서 이용하는 경우도 있다. 가라앉았을 때에는 당연히 세금을 면제해 주어야 하고, 늘어났을 때는 마땅히 세금을 부과해야 하며, 몰래 차지해서 이용할 때는 응당 신고하게 하여 세금수입을 늘릴 수 있어야 한다. 이 때문에 토지측량(淸丈)을 해야 한다는 주장이 제기되는 것이다.

이런 땅은 갈대가 밀집한 곳도 있고, 드문드문한 곳도 있고, 진흙탕인 곳도 있고, 늪지인 곳도 있고, 풀만 우거진 곳도 있다. 갈대가 밀집한 지역은 상급지, 갈대가 드문드문한 지역은 중급지, 진흙탕은 아직 모래톱을 이루지 못한 것이고, 늪지는 곧 모래톱으로 확장될 여지가 있고, 풀만 우거진 곳은 뭍 위로 올라왔지만 아직 갈대가 자라지 않는 땅이므로, 이러한 상황에 따라 과세의 무겁고 가벼움이 달라져야 한다. 그러나 토지측량의 이로운 점은 새로 불어난 곳에서 거두는 세금으로 물속으로 가라앉아 버린 곳의 세금을 메움으로써 세액에 여전히 부족함이 없고, 백성도 불공평한 부담을 지지 않게 하는 것이다. 또한 몰래 차지해서 이용하는 경우에는 세금을 부과하여 국가 재정을 늘릴 뿐만 아니라 토지의 귀속을 분명하게 정하는 것이니, [토지측량은] 진실로 훌륭한 방법으로 결코 없어서는 안 된다.

그러나 토지측량의 해로운 점은 못된 아역과 우장(圩長)이 결탁하여 부정을 저지르는 것이다. 즉 갈대섬이 생겼지만 세금 부과대상으로 올리지 않거나, 갈대섬이 사라져 버렸지만 여

---

148 강소·안휘·강서·호북·호남 등 성의 강변 모래땅에 갈대를 심는 경우 노전(蘆田)이라고 하는데, 이 노전에 대해 세금을 부과하는 것을 가리킨다.

전히 세금을 물어내게 하거나, 몰래 차지하여 이용하는 사람을 실제 보고하지 않음으로써 오랫동안 국가 부세를 가로채거나 갉아먹는 것이다. 또한 실제 관원이 파견되어 시찰을 나올 때가 되면 소작인은 그들을 봉양하느라 몹시 번거로워진다. 숙소를 마련하고 음식을 대접하며 술자리를 마련하고 다과를 바치며, 가마꾼과 수행원들에게 술과 음식을 제공하고, 온갖 비용과 관례적인 수고비 등으로 들어가는 돈이 이미 적지 않다. 만약 조금이라도 비위에 거슬리면 관원을 속여 다시 측량하겠다고 나서 계속 머물러 기다리는 동안 헛된 비용을 지출하게 만들기도 한다. 아니면 실제 토지측량을 하러 와서는 늪지이건 진흙탕이건 상관하지 않고 모두 부과대상 토지로 몰아넣어 버린다. 이러한 폐단을 어찌 없애지 않을 수 있겠는가?

이에 앞서 정례(定例)에 따르면 5년에 한 번씩 갈대섬에 대한 토지측량을 하게 되어 있었는데, 강희 22(1683)년에 안휘포정사(安徽布政使) 공가육(龔佳育) 공이 조정에 올라가 황상을 알현하면서 모래톱이 생겼다 없어졌다 하는 부분은 모두 물가 쪽이므로 이쪽만 측량하고 안쪽은 측량을 면제함으로써 번거로움을 줄여 달라고 아뢰어 이를 승인하는 유지(諭旨)가 내려졌다. 다시 강희 28(1689)년에 총독(總督) 부랍탑(傅拉塔) 공이 상주하여 관리를 따로 파견하는 토지 측량이 무익하다는 점을 아뢰면서 다만 해당 지현이 실정에 따라 토지를 측량하게 해 달라고 청하였다. 이것 또한 승인하는 유지가 내려졌다. 공가육 공과 와 부랍탑 공이 앞뒤로 황상에게 의견을 제시한 것은 "진실로 백성에게 아주 큰 복을 안겨 주었다"고 하겠다.

갈대세의 구례(舊例)에 따르면 공부(工部)에서 이를 전담하는 부원(部員)을 파견하여 강녕노정아문(江寧蘆政衙門)을 설치하고 징수를 감독하게 하였다. 최근에는 이것이 각 주현에 귀속되어 각 주현에서 거두어 포정사에게 올려 보내게 되었다. 그 세금은 역대로 항상 기한 전에 징수하였는데, 10월 전에 「납세통지서」를 계산·인쇄하여 부(府)를 통해 포정사와 순무에게 보고함으로써 호부(戶部)에까지 올려 보냈다. 10월이 되면 징수를 시작하는데, 갈대는 겨울철에 물이 어는 때가 되어서야 비로소 수확할 수 있기 때문이다. 생각건대, 최근 경사의 보천국(寶泉局)과 보원국(寶源局)에서 동전을 주조하면서 "강소성(江蘇省)의 포정사 금고(藩庫)에서 갈대세 은량 얼마를 끌어다 재료를 구입한다"고 하는 공문이 있었는데, 거기서는 "주현에서 소작인 명단에 따라 세액에 의거하여 분배·징수한다"고 하지 않았던가? 이것은 세금 외에 다시 세금을 거두는 것이나 마찬가지이고, 수년 동안 소작인들은 이 때문에 적지 않은 피해를 보았다. 듣기에 누차 이 문제를 포정사에게 호소한 결과 최근에 와서야 비로소 은혜를 입을 수 있게 되어 그러한 부담이 모두 면제되었다고 한다.

○ 강과 바닷가의 모래톱(漲沙) 가운데에는 또한 갈대세를 징수하지 않는 곳이 있는데, 소금 생산지(鹽場) 부근에 있는 모래톱은 '사장(沙場)'이라 하며, 소금 생산자(竈戶)들이 경작하고

염장관(鹽場官)이 세금을 징수하여 기해한다. 주현에 속하는 것을 일컬어 '사전(沙田)'이라 하는데, 백성이 경작하고 주현관이 세금을 징수하여 기해한다. 대체로 늪지가 처음 생겨나면 풀이 자라나는 것을 기다리고, 그다음에야 개간 신고를 하며, 3년 후에 정식으로 세금을 부과한다. 토지측량을 할 때 물가까지 곧장 측량할 필요는 없다. 그 땅은 대부분 경작하기에 형편이 좋지 않고, 게다가 물에 가까워서 쉽게 사라져 버리기 때문에 이후에 모래톱이 사라져도 억지로 세금을 물어내야 하는 소작인들을 곤란에 빠뜨리니, 그렇게 되면 세금 납부를 독촉하기도 쉽지 않다. 대체로 모래톱을 측량하는 것은 일반 농지와 같지 않아서, 양쪽 언덕에서는 파도가 무섭게 몰아치고 갑자기 수십 수백 장(丈)이 무너지기도 한다. 진흙으로 된 뻘이 만들어지는 경우 아주 천천히 시간이 걸리는 것에 비교하면, 그 생겨나고 사라지는 속도가 정말로 빠르다. 따라서 이런 모래톱에 대한 징세 관리는 엄격한 것보다는 차라리 아주 관대한 편이 남을 이롭게 하는 동시에 자신에게도 이로운 방법일 것이다!

江南、湖廣、江西等省沿江·海·河·湖州縣, 兩岸産蘆, 瀰漫延亘二千餘里,[149] 謂之: '蘆洲'. 其洲皆係官地, 非若田畝可用價而售. 故民納課收蘆, 謂之: '佃戶'. 勝國時有藩勳賜地,[150] 今悉併歸民佃. 然洲有坍, 有漲, 有隱占, 坍則應豁, 漲則應陞,[151] 隱占則應報增, 于是淸丈之議興.[152] 其地有密蘆, 有稀蘆, 有泥灘, 有水影,[153] 有草蕩. 密蘆則上地, 稀蘆則中地, 泥灘則未成洲, 水影則形將方漲, 草蕩則漲未生蘆, 于是輕重之課殊. 然而淸丈所以利, 陞漲以補坍, 課額無虧, 而民不偏累, 擧隱占以增課, 國帑旣裕而地畝亦明, 洵爲良法, 不可少也.

然而淸丈之所以害, 蠹胥、圩長,[154] 因緣爲奸,[155] 漲者未實陞, 而坍者仍然賠累, 隱占者未

149 연긍(延亘)은 길게 뻗어 있다는 뜻이다.

150 승국(勝國) 또는 승조(勝朝)는 멸망당한 국가(亡國)를 가리키는데, 현재의 왕조에 의해 패배를 당해 망하였다는 의미이므로 이전의 왕조라는 뜻으로 쓰인다.

151 담(坍)은 무너진다는 뜻으로 모래톱이 쓸려 나가 없어진다는 의미다. 창(漲)은 반대로 모래톱이 생겨 뭍으로 변한다는 뜻이다. 활(豁)은 세금을 면제해 준다, 승(陞)은 세금 부과 대상으로 올린다는 뜻이다.

152 청장(淸丈)은 상세하게 토지를 측량한다는 뜻이다.

153 수영(水影)은 물에 거꾸로 그림자가 비춘다는 뜻으로 늪지처럼 얕은 물에 잠겨 있는 땅을 가리킨다.

154 우(圩)는 남방의 저습지에 사방으로 둘러싸 물을 막음으로써 논을 보호하는 역할을 하는 제방을 가리킨다. 우장은 우전의 제방사무를 주관하는 사람이다. 우의 건설을 통해 이루어진 논을 우전(圩田)이라고 하는데 제방에 수문(涵閘)을 설치하여 물을 막거나 빼냈다. 한대 이후로 호숫가의 땅 등 남방의 수많은 저습지가 우전으로 개발되면서 농경지의 확대가 이루어졌다.

155 인연위간(因緣爲奸)은 서로 결탁하여 못된 짓을 한다는 뜻이다.

實報, 而公賦久被侵欺. 至于委官按部,[156] 佃戶供應爲煩. 公館[157]、舖陳[158]、下程[159]、茶果、與夫跟隨酒食、使費、常規, 已屬不貲. 稍不如意, 則朦官別勘, 任其淹留守候,[160] 虛糜金錢,[161] 即或履畝來查,[162] 無論水蕩、泥灘, 俱歸繩尺.[163] 若是之爲累, 其又不可已乎?

先是, 定例五年一淸丈, 康熙二十二年安徽方伯龔公入覲,[164] 條陳坍漲俱屬臨邊,[165] 止將臨邊丈量, 幅裏免丈,[166] 以省煩擾, 奉有俞旨. 及二十八年, 制府傳公疏陳,[167] 委官丈量無益, 止令本州縣印官照例據實淸丈, 亦奉俞旨. 是兩公前後敷陳,[168] 可謂: "造福于民者多矣."[169]

蘆課舊例, 工部專差部員, 設江寧蘆政衙門, 董理徵收.[170] 近則歸併各州縣, 徵解藩司. 其課歷年壓徵,[171] 十月前算刻「由單」, 由府詳司院報部.[172] 至十月開徵, 以蘆于冬時水涸, 方可收穫也. 按: 邇來京師寶泉、寶源兩局鼓鑄銅觔,[173] 有"于江蘇藩庫動用蘆課銀兩若干採買"之

---

156 안부(按部)는 여기서는 관할지역을 순시한다는 뜻이다.

157 공관(公館)은 숙소를 가리킨다.

158 포진(舖陳)은 침구(寢具)를 가리키는 것 같다.

159 하정(下程)은 손님에게 술과 음식을 대접하거나 여비·선물을 제공하는 접대를 가리킨다.

160 엄류(淹留)는 계속 머물다, 체류한다, 수후(守候)는 기다린다는 뜻이다.

161 허미(虛糜)는 헛되이 낭비한다는 뜻이다.

162 이무(履畝)는 실제 관찰을 통해 토지를 측량한다는 뜻이다.

163 승척(繩尺)은 길이 따위를 재는 새끼줄과 자로 법도나 표준을 뜻하기도 하는데, 여기서는 세금 부과대상으로 올린다는 뜻으로 보인다.

164 강희 16년부터 22년까지 안휘포정사를 지낸 사람은 공가육(龔佳育)이다. 입근(入覲)은 지방관이 경사에 올라가 조정에서 천자를 뵌다는 뜻이다.

165 조진(條陳)은 조목별로 진술한다는 뜻이다. 또는 그러한 공문이나 의견서다. 임변(臨邊)은 강이나 호수의 물가 쪽, 바깥쪽을 가리킨다.

166 폭리(幅裏)는 임변(臨邊)과는 대칭을 이루는 것으로 바깥쪽과는 달리 이미 뭍으로 안정화된 안쪽이라는 뜻인 것 같다.

167 제부(制府)는 명·청대의 경우 총독을 가리키는데, 강희 27-33년 사이 양강총독(兩江總督)을 지낸 사람은 만인(滿人) 부랍탑(傅拉塔)이다. 소진(疏陳)은 상소(上疏)하여 진술한다는 뜻이다.

168 부진(敷陳)은 늘어놓는다, 진술한다는 뜻이다.

169 조복(造福)은 선행을 한다, 다른 사람에게 행복을 가져다준다는 뜻이다.

170 동리(董理)는 감독·관리를 뜻한다.

171 압징(壓徵)은 기한 전에 징수한다는 뜻이다. 압은 미리라는 뜻이다.

172 상(詳)은 하급 관청에서 상급 관청으로 보고하는 것을 의미하므로 '유부상사원(由府詳司院報部)'은 지부가 사(포정사)·원(순무)에게 보고하는 것을 의미하며, 보부(報部)는 다시 성에서 호부로 보고하는 것을 뜻한다. 즉 '유부상사원보부(由府詳司院報部)'는 지현 → 지부 → 포정사 → 순무 → 호부로 올라가는 보고의 계통을 보여준다.

173 이래(邇來)는 근래, 어느 때 이후라는 뜻이다. 보천국(寶泉局)과 보원국(寶源局)은 명·청대 전폐(錢幣)의 주조를 관리하던 관청을 가리킨다. 보천국은 호부(戶部)에, 보원국은 공부(工部)에 속하였다. 고주(鼓鑄)는 금속을 녹여 기구나 전폐를 주조(鑄造)하는 것을 가리킨다. 동근(銅觔=銅斤)은 동전의 원료 가운데 하나인 구리를 가리킨다.

文,[174] 不謂: "州縣于佃戶名下, 照課派徵"? 是又課外徵課, 數年以來, 佃戶以此受累不淺. 聞曾經屢控藩憲, 近日始得邀恩,[175] 槪與蠲除也.[176]

○ 江海漲沙亦有不徵蘆課者, 隸鹽場則名'沙場', 竈戶佃種, 場官徵解. 隸州縣則名'沙田', 人民佃種, 州縣徵解. 大約水影初漲, 須俟草長, 方可墾報, 三年起科.[177] 查丈之時,[178] 不必直量至水, 以其地多棱脊,[179] 且近水易坍, 將來包賠累佃, 而催呼亦未易也. 大抵清丈洲場, 與田不同, 兩厓拍浪驚濤,[180] 崩頹每輒數十百丈. 較之泥沙淤漲, 積漸而成,[181] 其遲速居何等也. 與其用嚴, 毋寧過寬,[182] 亦利人自利之道乎!

8-02-11. 군전(軍田)

군대의 주둔지에 경작지를 두는 것은 한대(漢代)의 둔술(屯戍)을 시작으로 한다. 그 뒤를 이은 당대(唐代)의 부병제(府兵制), 송대(宋代)의 영전제(營田制), 명대(明代)의 위소제(衛所制) 역시 모두 병졸을 시켜 토지를 개간·경작하여 자급자족하게 하려는 것이었다. 세금으로 곡식이나 사료를 납부하는 경우도 있었지만, 그 부담은 아주 가벼웠다. 우리 조정은 명대 제도를 그대로 따랐지만, 최근에는 위소를 철폐하고 이를 주현에 귀속시키기 시작하였다. 세금 역시 예전 세율에 따라 징수하였으므로 상당히 평이 좋았다. 그렇지만 순치 연간 각 성에 황무지가 너무 많다는 이유로 둔전(屯田)을 일으키자는 주장이 제기되어, 결국 흥둔도(興屯道)를 설치하여 이 일을 주관하면서 백성을 불러 경작하게 하되, 둔전의 밑천을 제공하고 1/3 내지는 1/2의 수확을 세금으로 거두어들이면서 또한 군둔(軍屯)이 민둔(民屯)으로 바뀌었다. 하지만 얼마 되지 않아 곧 중단되었다. 그렇지만 군둔은 변경지역의 양식 보유를 충실하게 하고, 민둔은 땅의 이익을 온전히 거두게 하는 것이니, 이는 모두 부국강

---

174 번고(藩庫)는 포정사의 창고, 즉 성고(省庫)를 가리킨다. 채매(採買)는 골라서 사들인다, 구매한다는 뜻이다. 여기서는 관청에서 민간으로부터 물품을 구매한다는 의미다.
175 요은(邀恩)은 은혜를 요청하여 허락을 받는다는 뜻이다.
176 견제(蠲除)는 폐지·면제를 뜻한다.
177 기과(起科)는 농지에 대하여 전량을 거둔다(거두기 시작한다)는 것을 뜻한다.
178 사장(査丈)은 청장(淸丈)처럼 측량한다는 뜻이다.
179 사척(棱脊)은 모나다, 자연스럽지 못하다는 뜻이다.
180 경도(驚濤)는 사람을 놀라게 하는 파도다.
181 적점(積漸)은 점차 형성된다는 뜻이다.
182 '여기(與其)A'는 '무령(毋寧)B'와 어울려 A보다는 차라리 B가 낫다는 뜻을 나타낸다.

병의 중요한 길이다. 그러나 둔전을 실행하되 이익만 있을 뿐 폐단이 없게 하려면, 또한 모름지기 [그것을 실행하기 위한] 제도와 인재 두 가지 모두가 훌륭해야만 할 것이다!

軍之有田, 自漢之屯戍始.[183] 嗣是唐之府兵[184]、宋之營田[185]、明之衛所,[186] 皆以卒伍墾種自給,[187] 雖納有籽粒[188]、草束,[189] 起科甚輕. 本朝因明之舊, 近始裁省衛所, 幷歸州縣, 而糧亦照舊則徵收, 頗爲稱便.[190] 順治間以各省荒蕪甚多, 遂建興屯之議, 設興屯道主之, 募民耕種, 給之屯本, 或三分取一, 或均半分粒, 是又變軍屯爲民屯矣. 未幾旋罷. 然軍屯以實邊儲,[191] 民屯以收地利, 皆富國强兵之要道也. 夫欲行之有利無害, 亦必法與人而兼善哉!

8-02-12. 새로 개간된 토지(新墾)

새로 개간된 토지는 관부가 명령해서 백성에게 신고하게 하는 경우가 있고, 백성이 스스로 보고하는 경우도 있으며, 황무지를 개간하였다고 신고하여 [表彰이나 實職 등의] 장려를 받으려는 경우도 있다.[192] 이전에 관부가 명령하여 백성이 신고하게 한 것은 대부분 같

---

183 둔술(屯戍)은 주둔, 또는 주둔하는 병사(戍卒)는 뜻이다. 둔(屯)은 주둔 병사나 농민, 또는 상인을 이용하여 황무지를 개간하는 것을 말한다. 한대 이후 역대 정부에서는 이 조치를 모방하여 군대의 식량과 세금을 해결하고자 하였다. 그래서 둔전에는 군두(軍屯)·민둔(民屯)·상둔(商屯) 등의 차이가 있다.

184 부병제는 서위(西魏) 시대에서 기원하여 당(唐)초까지 시행된 일종의 병농합일적(兵農合一的) 군사제도인데, 부병은 이 시대 군부에 소속된 병사를 가리키는 용어다.

185 영전(營田)은 바로 둔전(屯田)과 같은 의미다.

186 위소(衛所)는 명대의 군사제도를 가리킨다. 명대에는 경사에서 군현에 이르기까지 위소가 설치되었는데, 각 위소는 각 성의 도지휘사(都指揮使. 都司)에게 소속되어 중앙의 오군도독부(五軍都督府)의 관할 대상이었다.

187 졸오(卒伍)는 5인(伍)과 100인(卒)을 가리키기도 하지만, 군대나 사병을 통칭하기도 한다. 간종(墾種)은 개간하여 경작한다는 뜻이다.

188 자립(籽粒)은 곡식 알갱이, 나아가 양식을 가리킨다.

189 초속(草束)은 말먹이용 풀 다발을 가리킨다.

190 칭편(稱便)은 편하다고 생각한다, 말한다는 뜻이다.

191 변저(邊儲)는 변방용 저장 양식이나 물자를 가리킨다.

192 『청조통전(淸朝通典)』(文淵閣四庫全書本. 商務印書館, 1935-1937. 浙江古籍出版社, 2012) 권1 「식화 1(食貨一) 전제 1(田制一) 민전(民田)」의 순치 원년(順治元年)을 보면 처음 '개간황지지례(開墾荒地之例)'를 정해 주현의 황지를 유민이나 관병에게 나누어 주어 개간케 하였으며, 순치 6(1949)년에는 주현 이상 지방관의 업무평가인 고성(考成)을 개간 권장의 많고 적음 및 백성의 게으름과 근면함을 독촉한 성적으로 한다고 정해졌다. 강희 2(1663)년에도 새로 '개간연한지례(開墾年限之例)'를 정하였으며, 6년에는 개간을 권장한 각 관의 경우 3년을 기다려 세금징수를 시작하고, 전량이 액수대로 완납되어야만 비로소 표창의 대상이 될 수 있다고 정해졌다. 강희 13년에는 '초민개간작량용지례(招民開墾酌量用之例)'를 통해 신사나 백성이 30경(頃. 1경은 1千畝) 이상에서 100경 이상에 이르는 개간을 한 경우 이부나 병부에 보내 그 문예능력을 시험한 다음 지현·현승·수비·백총 등

은 이장·갑장 등의 보고에 의존하였다. 그런데 때로는 망령되이 향호(鄉戶)의 이름을 올려 놓고 [그들에 의해 새로 개간된 땅이 있다고] 보고한 다음, 새롭게 증가된 부분의 세금을 그들에게 억지로 부과하거나, 아니면 [새로 개간된 토지가 있다고] 납세자의 이름을 거짓으로 날조하여 [늘려서 보고하고, 그 때문에 증가된 부분을] 전체 현의 납세자에게 분산시켜 부담시키는 경우도 있다. 모두 서리들이 지방관의 뜻에 영합하여 그가 표창을 받고 승진할 수 있는 지름길을 열어 주기 위해 추진하는 일이다. 하지만 이런 일은 일단 징세장부에 그 이름이 올라가면 다시 삭제하는 것은 천 년이 지나도 몹시 어려운 일이며, 이렇게 해서 승진한 지방관이 죽고 나서 그 뼈가 이미 재가 된 다음에도 예전에 그가 근무하던 [시절에 이렇게 억지로 세금 부담을 늘려 놓은] 옛 지방 사람들의 원성은 오래도록 끊이지 않을 것이라는 점은 생각하지 않은 결과다. 이런 사태를 언급하자니 정말로 [같은 지방관으로서 부끄러워] 몸 둘 곳을 모를 지경이다.

황무지 개간 결과를 위에 보고하여 정부의 장려를 받고자 하는 것은 원래 사회적 지위나 명예를 쉽고 빠르게 얻기 위한 것이다. 그래서 어떤 사람은 멀리 나가 다른 향촌에서 개간을 하는 경우도 있고, 개간된 토지의 규모나 등급을 누차 신고하여 부풀리는 경우도 있다. 그런 토지는 다른 사람이 이미 몰래 경작을 해서 이득을 얻고 있지만 신고를 [하여 세금을 내지] 않고 있던 것을 사들인 경우가 아니면, 본지에서 개간한 경우이더라도 남이 한 것을 장부에 올리지 못하게 하고 자신이 개간하였다고 허위 신고하는 경우다. 이런 경우는 눈앞의 이익을 위해서 남의 명의로 대신 전량을 납부해 주는 것인 만큼, 시간이 오래 지나면 반드시 그 땅은 다시 버려져 황폐해진다. 그렇게 되면 결국은 나중에는 [황폐해져 세금을 거둘 수 없게 된 땅에 대해 여전히 세금이 남아 있으니] 그것을 배상해서 메워야 하는 상황이 될 것이다. 어찌 이렇게 해서라도 벼슬길을 노려도 괜찮다고 말할 수 있겠는가?

백성이 자진신고를 하면 그 토지가 세습재산이 되므로 응당 그에 따라 전량이 늘어나게 된다. 개간한 뒤 3년이 지나 부과를 시작하면 누가 적절하지 않다고 하겠는가? 조정의 정규 전량은 당연히 완납이 이루어져야 하지만, 백성의 생계 역시 응당 지방관이 염두에 두어야 할 문제다. 세금을 많이 거두어 나라에 쌓아 놓는 것보다는 차라리 백성에게 재물을 남겨 두는 것이 더 낫지 않겠는가? 하물며 어찌 차마 백성의 고혈을 뽑아서 지방관 자

의 문·무관직을 준다고 정하였고, 천호총독(川湖總督)은 유민을 300명 이상 불러들여 안치하고 황무지를 개간한 경우 지방의 후보관원이나 하층신사에게 서리 지현직을 주고, 실제로 전량 징수가 가능해지면 그에게 실직을 주자고 주청하기도 하였다. 청대 초기 줄곧 국가에 의한 개간 장려가 이루어졌음을 여기서 알 수 있다.

신의 부귀영화를 노릴 수 있다는 말인가? 따라서 백성의 부모인 지방관으로서는 응당 행정에 서투른 양성(陽城) 같은 관리가 될지언정, 거짓으로 세금을 늘린 교동상(膠東相) 왕성(王成)을 본받아서는 안 될 것이다. 하늘의 도리는 아주 밝아 충분한 보상이 여기에 따를 것이니, 이른바 "동쪽에서 잃은 것을 서쪽에서 되돌려받지 않음이 없다"는 말은 바로 이런 경우를 가리킨다.

夫新墾之地,[193] 有官令民開報者,[194] 有民自首者,[195] 有墾荒邀敍者.[196] 從前官令民報, 多憑里甲之口. 或妄開鄕戶, 强派新增; 或虛捏花名,[197] 糧飛闔縣.[198] 此蓋胥里承望風旨,[199] 爲本官加級優陞之徑.[200] 不思一經入冊, 千載難除, 是名場之幻骨已灰,[201] 而舊游之怨聲長厲.[202] 興言及此,[203] 寧無悚然.[204] 至于墾荒邀敍, 原爲功名, 希圖捷獲.[205] 有遠赴他鄕投墾, 有疊開數等連陞. 其地, 非買他人隱熟,[206] 彼因獲利以逃欺, 卽經本處開荒,[207] 壓彼簿售而自

193 신간(新墾)은 새로 개간된 토지다. 새로 개간된 토지라도 최근 버려졌던 땅을 개간하면 신황(新荒)이라 하고, 오래전에 버려진 땅을 개간한 것을 노황(老荒. 또는 積荒)이라고 한다.

194 개보(開報)는 늘어놓아 보고한다는 뜻이다.

195 자수(自首)는 스스로의 죄를 분다는 뜻이다.

196 서(敍)는 규정된 등급이나 순서에 따라 관직을 제수받는다거나 공적의 크기에 따라 장려한다는 뜻이 있다. 청조는 입관 이후부터 농촌 사회의 안정과 생산 활동의 회복을 위해 적극적으로 황무지 개간에 힘썼으며, 순치 연간에는 지방관이 농민들을 다시 고향으로 불러들이거나 대량으로 황무지를 개간한 경우에는 그 성적에 따라 다양한 장려 조치를 하였다. 이른바 '초민수관(招民授官)'의 조치는 현직 관료인 경우에는 표창(紀錄)을 해 주고, 은퇴한 경우는 편액을 내려 주는 것이었다. 또한 순치 말년에는 일정 규모 이상 대규모 황무지를 개간한 경우에는 시험을 보아 어느 정도 문자 해독 능력이 있으면 지현(知縣)이나 현승(縣丞)·수비(守備) 등 문무 관원으로 등용시킨다는 파격적인 조치를 취하기도 하였다. 물론 이것은 청조의 재정상황이나 통치기반의 안정에 따라 상당한 변화가 수반되는 조치였고, 강희 연간에 가면 또한 조정이 이루어지지만 여전히 관원에 대한 장려(議敍) 조치가 유지되었다.

197 허날(虛捏)은 거짓으로 날조한다는 뜻이다.

198 여기서의 비(飛)는 비쇄(飛灑), 즉 (지주가 관부·아역와 결탁하여) 자신이 내야 할 토지세를 다른 농민의 토지에 전가시켜 부세를 회피하는 방법을 가리키는 것으로 보인다.

199 승망(承望)은 영합한다. 예상한다는 뜻이다. 풍지(風旨)는 주군·상사의 의지나 의도를 가리킨다.

200 가급(加級)은 기록(紀錄)과 마찬가지로 청대 관원 장려 방법 가운데 하나다. 관원의 업무평가가 우량하게 나오거나 공적을 세우면 기록(紀錄)이나 가급으로 표창을 한다. 기록은 1-3차의 3등이 있고, 그다음 단계에 가급 1-3차가 있다. 가급 1차는 기록 4차에 해당되는 것이다.

201 명장(名場)은 과거 시험장, 즉 독서인들이 공명을 추구하는 장소를 가리킨다. 여기서는 과거시험을 통해 관료가 된 지방관, 지현을 가리키는 것으로 보인다.

202 구유(舊游)는 옛날 유람한 지방이나 사람을 가리키는데, 여기서는 앞서 나온 지방관이 근무하였던 곳, 또는 그곳 사람들을 가리키는 것으로 보인다.

203 흥언(興言)은 마음에 느끼는 바가 있어 말한다는 뜻이다.

204 송연(悚然)은 놀라고 불안해하는 모습을 가리킨다.

205 희도(希圖)는 기도한다, 꾀한다는 뜻이다.

206 은숙(隱熟)은 이미 개간을 통해 경작이 가능하고 경작에 적합한 토지가 되어 있는데 신고하지 않고 숨긴 땅이라

認.[208] 在目前不過頂名代納錢糧,[209] 迨久之必成棄壤,[210] 致累包賠, 以斯弋仕,[211] 詎曰: '可'乎?[212]

惟民之自首, 田爲世業, 糧屬應增, 三載陞科,[213] 疇謂:[214] "不宜"? 夫朝廷之正賦, 義所當淸, 而蔀屋之生謀,[215] 尤爲堪念. 與其厚斂于國, 何如藏富于民? 況忍以百姓之脂膏,[216] 爲博一身之榮顯乎?[217] 故爲民父母者, 寧爲政拙之陽城,[218] 弗效僞增之膠相.[219] 天道昭明,[220] 美報斯在,[221] 所謂: "失之東隅, 未嘗不收之桑榆"也.[222]

는 뜻이다. 숙전(熟田)·숙지(熟地)는 평소 경작하는 토지, 다년간 경작해 온 토지, 곡식이 여문 토지라는 뜻이다.

207 개황(開荒)은 황지를 개간한다거나 아니면 황무지 개간을 보고한다는 뜻이다.

208 자인(自認)은 자원한다는 뜻, 즉 자기가 하겠다고 나선다는 의미가 있다. 인(認)은 떠맡기를 승인한다, 자원한다는 뜻이 있다.

209 정명(頂名)은 이름을 대체한다, 거짓이름을 쓴다는 뜻이다.

210 기양(棄壤)은 버려진 땅, 쓸모없는 땅을 말한다.

211 익(弋)은 사냥이나 포획이란 뜻이 있다.

212 청조의 황무지 개간 장려정책은 지방관에게는 상당한 불편함을 제공하기도 하였다. 황무지 개간의 증가는 동시에 그 지방이 부담할 전량을 영구적으로 늘리는 것을 전제로 하였기 때문이다. 그 경우 지방관은 이후 영구히 '세금을 늘린' 못된 관리라는 낙인이 찍히고, 지방지에 그에 관한 명예롭지 못한 기록이 남을 수밖에 없었다. 인정(仁政)은 바로 경세(輕稅)를 의미하기 때문이다. 특히 강희제가 만년에 '성세에 늘어나는 인정(盛世滋生丁)'에 대해 "영원히 세금을 증가시키지 않겠다(永不加賦)"고 선언한 다음에는 청말까지 지방에 할당된 세금을 공식적으로 늘린다는 것은 중앙정부나 지방관이 가장 기피하는 일이 되었다.

213 청초의 순치·강희 연간에는 황무지를 개간한 경우에 대해 1년에서 10년에 이르는 다양한 유예기간이 설정되기도 했으나 삼번의 난이 진압되고 청조가 안정의 궤도에 오르기 시작한 이후에는 대체로 3년의 유예기간이란 것이 기준이 되었다.

214 주(疇)는 수(誰)와 같은 뜻, 즉 누구라는 뜻이다.

215 부옥(蔀屋)은 민간·백성을 말한다.

216 지고(脂膏)는 비계와 살이란 뜻이지만, 보통 백성의 피땀으로 바꾼 재부를 가리키는 데 사용한다.

217 영현(榮顯)은 부귀영화를 가리킨다.

218 양성(陽城)은 『신당서(新唐書)』 권194, 「탁행(卓行) 양성전(陽城傳)」에 나오는데, 제때에 부세를 거두지 못해 관찰사로부터 누차 견책을 당했으며, 스스로 자신의 업무를 평가하면서 "세금을 거두는 데 서투르다(追科政拙)"고 하여 최하(下下)의 점수를 주기도 하였다.

219 위증(僞增)이라는 본문의 용어로 보아 교상(膠相)은 아마도 『한서(漢書)』 권89 「순리전(循吏傳)」에 나오는 왕성(王成)을 가리키는 것으로 보인다. 어느 군 출신인지 알려져 있지 않은 왕성은 교동상(膠東相)이 되어 그 행정 성과에 대해 상당한 명성을 떨쳐 선제(宣帝)의 칭찬까지 받았는데, 나중에 조사해 보니 "거짓으로 스스로 증가시켜 포상을 받고자 하였다(僞自增加, 以蒙顯賞)"는 지적이 나왔다고 기록되어 있다.

220 소명(昭明)은 밝고 뚜렷하다는 뜻이다.

221 미보(美報)는 충분한 보답, 훌륭한 보답을 말한다.

222 앞서 나왔지만, "실지동우, 수지상유(失之東隅, 收之桑榆)"는 비록 손실이 있지만, 결국은 보상을 받는다는 뜻이다. 『후한서』 권47 「풍이전(馮異傳)」에 나오는 구절에서 나왔다.

8-02-13. 방목지(牧地)

명대에는 남경과 북경에 태복시(太卜寺)를 두었고, 섬서성의 하주(河州)와 서령(西寧) 등지에 원마시(苑馬寺)를 설치하여 목정(牧丁)으로 하여금 말을 받아 기르게 하고 그것을 세금으로 내게 하였다. 또한 그들에게 토지를 지급하여 경작케 하고, 거기서 나온 곡물로 생계를 꾸리고 꼴과 콩은 말 먹이로 쓰게 하였다. 그 후에 마정(馬政)이 점차 해이해지면서 목지는 뭇 이노인(里老人)들이 작당하여 가로채 차지하였고, 목정 또한 점차 도망하게 되었다. 그에 따라 민간에게 분배하여 말을 키우게 하는 제도가 생겼지만, 방목지는 오히려 대부분 황폐해졌다. 청조가 일어난 다음에는 민간에서 말을 기르지 않게 되었으므로, 주현에 속하게 된 목지는 규정에 따라 전량을 납부하게 되었으나 이름은 여전히 목마지(牧馬地)라고 부른다.

明南北設有冏卿,[223] 秦中河州、西寧等處設有苑馬寺,[224] 牧丁領馬課駒,[225] 撥給地畝耕種, 籽粒以資糊口, 芻菽以供飼秣.[226] 其後馬政漸弛,[227] 牧地爲群頭里老作奸, 陰行侵占, 而牧丁亦漸逃亡.

于是有民間俵養之制, 牧地猶多荒廢. 本朝龍興,[228] 民不牧馬, 地隸州縣者, 照例輸糧,[229] 仍其名爲牧馬地云.

8-02-14. 경명지(更名地)

명대에 각 성에는 번봉(藩封)을 책립하여 왕장(王莊)을 두었고, 수도 부근 기보(畿輔) 지

223 경시(冏寺)는 태복시(太仆寺)를 가리키는데 여마(輿馬)와 마정(馬政)을 관할하였다. 따라서 경경(冏卿)은 태복시경(太卜寺卿)을 가리킨다.

224 진(秦)은 여기서는 섬서성(陝西省)의 별칭을 뜻하며, 원마시(苑馬寺)는 명대의 관서(官署) 이름으로 영락(永樂) 4(1406)년 북경(北京)·요동(遼東)·평량(平凉)·감숙(甘肅) 등지에 설치되어 양마(養馬)의 업무를 관장하였으며 병부(兵部)에서 주관하였다. 하주(河州)는 명대 복잡한 존폐·변천의 과정을 거치는데 1473년 결국 다시 설치되어 섬서성 임조부(臨洮府)에 속하였다. 서령(西寧)은 오늘날 청장고원(青藏高原)의 동부에 위치하며 청해성(青海省)에 속한다.

225 목정(牧丁)은 관부 목장의 차역을 가리킨다. 과마(課馬, 騍馬)는 암말(牝馬)인데, 세금의 일종으로 말을 키워서 내는 것을 가리킨다.

226 추숙(芻菽)은 꼴과 콩, 사말(飼秣)은 사료를 가리킨다.

227 마정(馬政, 馬正)은 관용 마필을 기르고 훈련·사용·구매하는 것에 관한 관리 제도를 가리킨다.

228 용흥(龍興)은 용이 날아서 하늘로 오르는 것을 가리키는데, 왕자(王者)가 흥기하는 것을 비유한다.

229 수량(輸糧)은 전량을 납부한다는 뜻이다.

역에는 황장(皇莊)과 궁장(宮莊) 및 훈척대신(勳戚大臣)들에게 하사한 토지 등이 있었다. 청조에 이르러서는 기보 지역에서는 권지(圈地)를 통해 팔기(八旗)에게 토지를 분할하였고, 기보 남부와 다른 성에 속한 이런 토지에는 백성을 불러 토지를 소작하게 하였는데, 이를 강희 8년에 경명지(更名地)라고 이름을 바꾸었다. 이 경명지는 별도의 항목으로 『부역전서』에 편입되어, 전량은 그에 따라 징수하게 되었다.

明各省冊建藩封, 置有王莊,[230] 畿輔皇莊、宮莊[231]、以及勳戚賜田等項. 至本朝, 近畿地土分圈八旗,[232] 其畿南與屬他省者, 俱招民佃種, 自康熙八年間易爲更名地. 另條刊入全書, 糧照『全書』徵收.

8-02-15. 학조(學租)

이른바 '학전(學田)'이나 선현(先賢)을 모신 사당(祠堂)이나 서원(書院) 등의 땅은 모두 관리·신사 등이 봉록·재물을 기부하여 구매한 것이다. 간혹 학궁(學宮)이나 사원(祠院) 사이에 개간해서 농경지로 만들 땅이 있으면 백성을 모집하여 경작케 하고, 해마다 그 수입을 취하여 제사비용에 쓰거나 가난한 생원이나 취업학도들에 대한 식비 보조금으로 쓰기도 한다. 그 경지는 학궁(學宮)에 속하고 그 세금은 유학(儒學) 수입으로 들어가며, 관리가 세금으로 거두는 것은 거의 없다. 그러나 종종 다른 사람이 학전을 침범하고, 아울러 소작료를 납부하지 않고 버티는 경우가 있으므로, 관리가 힘을 다해 이를 정리하지 않으면 그 토지 소속이 분명해지거나 소작료가 제대로 납부되는 일이 사실상 불가능하다. 이를 조사하는 법은 지방지와 역대로 세워진 비석이나 계약문서 등을 살펴 원래의 경계에 따라 찾는 것이며, 아주 조그마한 땅 조각이라도 숨기지 못하게 해야 한다.

---

230 왕장(王莊)은 번왕(藩王)에게 분봉된 토지를 가리킨다.

231 기보(畿輔)는 경사 부근의 지방을 가리킨다. 기(畿)는 경기(京畿), 보(輔)는 삼보(三輔. 경기주변 지역을 다스리는 세 관직이나 그 관할 구역)를 가리킨다. 황장(皇莊)은 황실 직할의 대규모 토지 즉, 장전(莊田)을 가리키며, 궁장(宮莊)은 황궁 직할의 장전이다.

232 권지(圈地)는 청조가 입관 이후 북경 부근의 황무지 및 명대의 장전 가운데 주인이 없는 토지를 만주귀족과 훈신, 팔기관병(八旗官兵)에게 분배한 것을 말하다. 일종의 약탈적인 토지 점거·분배 방식인 권지를 통해 점거당한 토지를 기지(旗地)라고 한다. 권지는 청초에 여러 차례 시행되었고 산동이나 하남으로까지도 확산되었는데, 주인 있는 사전을 억지로 강제 점거한 경우도 적지 않았다고 한다. 권지 활동은 강희 8년 이후에 가서야 정지되었다.

所謂: '學租',[233] 及先賢祠堂、書院等地, 皆官紳捐俸貲所購.[234] 或學宮、祠院之間壤,[235] 可墾爲田地者, 乃召民佃種, 而歲取其入, 以供祭祀及貧生、就業學徒,[236] 爲之膳餼.[237] 其地屬學宮, 租多入儒學,[238] 未盡徵之有司. 然往往爲人侵占, 且逋租不納者,[239] 非有司力爲淸理, 未能畝覈而升輸也. 其査之法, 惟各考志、書,[240] 歷稽碑、劵,[241] 按原界而求之, 則尺寸無容匿矣.

8-02-16. 사염 판매 대금(私鹽變價)

주현에서 사염(私鹽)을 포획할 경우, 혹은 운송하던 사람이나 나귀가 있는지 아닌지에 대해서는 정례에 따라 본부의 염청(鹽廳) 및 염운사(鹽運使)의 아문에 보고를 올려야 한다. 사람과 소금이 같이 포획되었을 경우, 만약 무기를 소지하지 않았다면 이는 소금밀매죄로 처벌하는 데 그친다. 만약 소금만을 포획하였다면 역시 이를 사염으로 보고하는 데 그치고, 그 소금은 그 지보에게 넘겨 관염의 가격에 맞추어 판매한다. 그리고 연말에 그 판매대금 총액을 모아서 올려 보내는데, 관련 장부를 작성하고 「수령확인문서」와 함께 염정 아문에 발송한 다음, 「수령확인문서」가 되돌아오면 문서철에 넣어 보관한다.

○ 포획된 소금과 나귀는 모두 내아·외아에서 장부에 등록하는데, 포획 날짜, 체포한 포역의 성명, 어디서 사염을 획득하였고, 밀매자는 체포하거나 도망하였는지, 어떤 품질의 소금을 몇 근 포획하였는지, 소금을 진 나귀는 몇 마리였고, 그 털 색깔은 어떻고 이빨 상태는 어떠했는지도 모두 기입한다. 그 사염의 무게를 잴 때에는 소금기로 젖어 있는 포대기를 빼고 소금만을 정확히 재서, 사는 사람이 손해를 보고 물어내지 않도록 해야 한다. 그 나귀와 소금은 모두 현아문에서 「영수증」을 받고 지보에게 넘겨주어야 한다. 그렇지 않으면 해당 방의 순역 등이 건장한 나귀를 병든 나귀로 바꿔치기하는 일도 벌어진다. 그래서 그 나

---

233 학조(學租)는 그 수입이 교육 사업에 사용되는 공전(公田)인 학전(學田)에서 거두는 소작료를 말한다. 여기서는 학전 자체를 가리키고 있다.

234 봉자(俸貲. 俸資)는 봉록 또는 봉록과 재물을 가리킨다.

235 학궁(學宮)은 각 부·주·현에 있던 공묘(孔廟)를 가리킨다. 유학 교관의 관청은 여기에 있었다.

236 학도(學徒)는 스승을 따라 수업을 받는 학생, 또는 독서인을 가리키며, 상점이나 수공업 작방에서 일을 배우는 사람을 가리키기도 한다.

237 선희(膳餼)는 음식이나 양식을 제공하는 일을 말한다.

238 유학(儒學)은 원대 이후 각 부·주·현에 설립되어 생원들이 교육을 받던 학교를 가리킨다.

239 포조(逋租)는 소작료 체납을 뜻한다.

240 지서(志書)는 지방지나 관련 기록을 말한다.

241 권(劵)은 계약문서를 말한다.

귀를 사겠다는 사람이 없으면, 결국 파는 일을 맡은 지보만 다시 손해를 보면서 물어내게 된다.

凡州縣捕獲私鹽,[242] 或有無人、驢, 例卽申報本府鹽廳及運司鹺院.[243] 人、鹽幷獲, 若無持械, 止以販私治罪. 若獲鹽亦止以私鹽報, 其鹽發地方具領, 照官鹽變價, 年終彙齊起數, 造冊具批, 解赴鹽院衙門, 掣批存卷.[244]

○ 所獲鹽觔、驢頭內外俱登號,[245] 某月日, 巡鹽捕役某人, 于某處拿獲私鹽一起, 人犯脫逃, 獲得某色鹽若干觔, 馱鹽驢若干頭,[246] 註明毛色口齒. 其稱鹽時, 須除去包袋滷濕, 免累買人包賠. 其鹽、驢俱要當堂取領付給, 否則該房巡役等以羸易壯, 無人承買,[247] 又累領人包賠也.

8-02-17. 벌금 추징(贓罰)[248]

부정한 재물을 취득한 것에 대해 내리는 벌금형(贓罰)에는 상급 관청에서 검토·심문하여 추징 판결을 내리는 경우가 있고, 본 주현관이 보고하여 추징 판단을 내린 다음 위로

---

242 사염에 대한 처리조항은 『대청률례(大淸律例)』 권13 「호율(戶律) 과정(課程)」(『律』 141.00-23)에 나와 있다. 그 내용은 사염을 운반한 경우, 그리고 무기를 가지거나 체포에 저항한 경우, 길 안내를 하거나 장물로 보존한 경우, 고용되어 나귀로 실어 나른 경우, 사염을 고발하거나 자수한 경우, 범인과 소금 모두를 획득하거나, 아니면 소금만 획득한 경우 등등에 따라 처벌이 달라진다("141.001. 1. 凡犯[無引]私鹽[凡有確貨卽是不必贓之多少]者, 杖一百、徒三年. 若[帶]有軍器者, 加一等[流二千里. 鹽徒]. 誣指平人者, 加三等[流三千里]. 拒捕者, 斬[監候]. 鹽貨車船頭匹, 並入官. [道塗]引領[秤手]牙人及窩藏[鹽犯]寄頓[鹽貨]者, 杖九十、徒二年半. [受雇」挑擔馱載者, [與例所謂肩挑背負者不同]杖八十、徒二年. 非應捕人告獲者, 就將所獲私鹽給付告人充賞. [同販中]有[一人]能自首者, 免罪, 一體給賞. [若一人自犯而自首, 止免罪, 不賞仍追原贓]. 2. 若[私鹽]事發, 止理見獲人鹽[如獲鹽不獲人者, 不追. 獲人不獲鹽者, 不坐], 當該官司不許[聽其]展轉攀指. 違者[官吏]以故入人罪論[謂如人鹽同獲, 止理見發有確貨無犯人者, 其鹽沒官, 不須追究]." pp.250-251). 한편 사염에 대해서는 제30권 서정부(庶政部) 1 「30-05. 소금밀매 단속(嚴緝私販)」에서도 상세하게 다루고 있다.

243 청대 산동의 경우 염무(鹽務)를 총괄하는 관청은 보통 염운사(鹽運使. 從三品)가 관리하는 도전염운사사(都轉鹽運使司)였다. 여기 나오는 운사차원(運司鹺院)은 아마 이것을 가리키는 것 같다. 이 도전염운사사 밑에 분사(分司)·제거사(提擧司)·염과사(鹽課司)가 설치되었다.

244 체비존권(掣批存卷)은 (염정 아문에서 올려 보낸 금액을 수령하였다고 확인한 다음) 돌려주는 「수령확인문서」를 받아 문서철에 보관한다는 뜻이다.

245 여두(驢頭)는 나귀 마릿수를 가리킨다.

246 태염려(馱鹽驢)는 소금을 운반하는 나귀를 가리킨다.

247 승매(承買)는 받아서 구매한다는 뜻이다.

248 장(贓)은 부정한 방법으로 취득한 재물, 즉 훔친 현물·장물 또는 뇌물을 말한다. 장벌은 이러한 범죄에 대한 벌금 추징의 형벌을 가리킨다. 장(贓)에 대해서는 제17·18권 형명부 7·8 도적(賊盜) 상·하 및 제20권 형명부 10 「20-04-01. 육장에 대하여(釋六贓)」를 참조.

보고하는 경우가 있는데, 그 형벌은 모두 노역형(徒刑)이나 장형(杖刑) 이하의 것들이고, 부정한 재물은 창고로 넘겨진다. 벌금 납부와 추징이 완료되면, 각 상급 아문별로 「수령확인문서」를 함께 갖추어 기해하고, 「수령확인문서」를 되돌려받으면 문서철에 끼워 보관한다.

○ 주현관이 직접 재판을 처리하면서 내린 벌금형은 불과 곡물 몇 석에 지나지 않아 이를 보관하였다가 구휼 사업에 대비할 수 있지만, 율법에 정한 한도가 있어 너무 많아서는 곤란하다. 매년 상급 관청에서는 주현관이 벌금으로 거둔 금액을 기해한 회수를 조사하고 그 목록을 작성하여 호부(戶部)에 보고한다. 벌금으로 거둔 금액이 없으면 "한두 차례 작은 말다툼이 있었지만 모두 무죄로 석방하여 결코 벌금이나 곡식을 받은 일이 없습니다."라고 답장하면 된다. 있다고 보고한다면 내용은 한두 건에 그쳐야 한다. 벌금으로 거둔 곡식 역시 3석 정도가 기준이 되어야 한다. 만약 너무 많으면 오히려 불편해지기 때문이다.

贓罰有上司批審追贓擬罰者,[249] 有本州縣申詳追贓擬罰者, 總屬徒、杖以下,[250] 贓物寄庫. 罰贖[251]、追完,[252] 按各衙門批解, 掣批附卷.[253]

○ 自理所罰,[254] 不過穀石, 存以備賑, 照律所限, 不可過多. 每年上司查取贖鍰起數,[255] 開報達部. 無則以"一、二雀角小事,[256] 俱經逐釋, 並無罰有贖穀"回覆.[257] 有則所開止一、二件, 穀亦三石爲率. 若太多, 反有未便.

---

249 장은(贓銀. 또는 贓款)은 뇌물로 받거나 도둑이 훔쳐 온 장물 등 부정한 방법으로 취득한 금전(은냥)을 가리킨다. 이에 대해 범인으로 하여금 뇌물·장물을 내놓게 하는 것을 추장(追贓)이라 하는데 장벌(贓罰)은 이 추징한 벌금을 가리킨다. 비심(批審)은 윗사람이 보고 검토한다는 뜻이다.

250 도(徒)는 노역형(徒刑), 장(杖)은 태형(笞刑)이나 곤장형(棍杖刑)을 말한다. 오형(五刑) 가운데 태형이 가장 처벌 정도가 낮은 것이고 그다음이 곤장형·노역형·유배형(流)·사형(死) 순이다.

251 벌속(罰贖)은 돈을 내고 속죄(贖罪), 즉 죄(벌)를 면제받는 것을 말한다.

252 추완(追完)은 추징의 완료를 뜻한다.

253 체비부권(掣批附卷)은 앞서 나온 체비존권(掣批存卷)과 같은 뜻으로, 돌려주는 「수령확인문서」를 문서철에 넣어 보관한다는 뜻이다.

254 자리(自理)는 여기서는 주현의 지방관 차원에서 사법안건을 직접 마무리하는 것을 말한다. 태형이나 곤장형의 형벌은 지방관이 결정할 수 있지만, 그 이상의 무거운 형벌은 주현의 지방관이 '자리'하지 못하고 상사에게 올려서 그 지시를 받아야 한다.

255 속환(贖鍰)은 속죄하기 위해 낸 돈을 말한다. 기수(起數)는 차례 순서(次數. 批數)를 말한다. 기(起)나 비(批)는 이를테면 여러 차례를 나누어 기해할 경우 그 매번의 차례를 가리키는 용어다.

256 작각(雀角)은 참새 부리가 서로 부딪친다는 뜻인데, 여기에서 비롯되어 소송이나 말다툼을 가리킨다.

257 축석(逐釋)은 무죄로 석방하였다는 뜻이다.

8-02-18. 적곡(積穀)

창고에 곡식을 쌓아 두는 것은 기근에 대비하는 것으로서, 이는 목민관의 중요 업무 가운데 하나다. 주현관은 봉급의 약간을 기부함으로써 신사·부호가 솔선하여 기부하도록 제창하거나, 아니면 추수 때에 정부에서 내린 문서에 따라 장부를 발급하여 이·갑장 등에게 가구마다 기부를 권장하도록 지시한다. 하지만 서리들이 그 사이에서 많이 거두고도 적게 거두었다고 보고하는 폐단을 배제할 수는 없으니, 마땅히 장부를 만들고 직인을 찍어 발급한 다음 내용을 기입하게 하고, 기입이 완료되면 검토·확인한 다음 보고하게 만들어야 한다. 그러나 지금은 토지 면적에 따라 곡식을 내게 하는 규정이 만들어져 시행되고 있기 때문에 거두는 양이 더욱 늘어나고 있어, 저장용 곡식을 거두고 뿌리고 내가고 바꾸는 과정에 대해 특히 주의를 기울여야 한다.【자세한 사항은 후술하는 황정부(荒政部)「27-02. 곡식 저장(積貯)」조문을 참조.】

積穀所以備荒,[258] 此司牧要政之一端. 或州縣捐俸若干, 爲紳衿、富民倡, 或秋成時, 奉文發簿, 令里、甲等各戶勸輸. 然胥吏其中保無收多報少之弊, 宜置簿印發登塡,[259] 塡完查明詳報. 但今奉有按畝捐輸之例, 積貯愈多, 斂散出易之際, 尤宜留心.【詳見後荒政部積貯條】

8-02-19. 잡세 징수 여론(雜徵餘論)[260]

정규 항목의 전량(錢糧)은 각기 기해·존류의 정액이 있어, 정액에 부족함이 있으면 백성에게 피해를 주면서 배상하게 되고, 징수와 마감독촉에 법도가 없으면 백성에게 소란거리를 늘리게 된다. 또한 기해·존류의 처리가 말끔하게 이루어지지 못하면 업무평가에서 위아래 모두 영향을 받는다. 따라서 이 몇 가지에 대해서는 어쩔 수 없이 엄격하게 확인하

---

258 적곡(積穀)은 곡식을 저장하는 것, 또는 저장된 곡식을 가리킨다.

259 인발(印發)은 관인을 찍어 내보내는 것을 말한다.

260 이 부분은 하장령(賀長齡) 편(編), 『황조경세문편(皇朝經世文編)』 권29「호정(戶政) 4 부역(賦役) 1」에「잡세징수 여론(雜徵餘論)」이란 제목으로 실려 있기도 한다. 한편 잡세에 대해서는 제30권 서정부(庶政部) 1「30-07. 규정 외의 잡세(額外雜辦)」, 제32권 승천부「32-06. 잡세 검사(查稅契)」에서도 다루고 있다.

고 경계를 하지 않을 수 없다. 일부러 가혹한 마음가짐을 가져서 간사한 서리와 교활한 무뢰배에게 원성을 사고자 하는 의도는 아니다.

그렇지만 잡세의 경우는 이와는 다르다. 정액이 있어 아무리 소량이라도 조금도 모자라서는 안 되는 경우를 제외한다면, [잡세는 대부분] 거두는 만큼 올려 보내는 것이라 원래 정액이 설정되어 있지 않다. 이것은 현명한 군주와 재상께서 일찌감치 백성에게서 몽땅 거두어 가지 않는 여지를 남겨 두고자 하신 것이며, 지방관 또한 업무평가에서 이 때문에 피해를 보는 일이 없다. 만약 여기서 선여(羨餘)를 긁어 낼 수 있는 곳이라고 생각한다면, 내가 제대로 살피지 않을 경우 간교한 서리가 대신 배를 채울 것이다. 오호라! 이것은 그 내막과 도리를 깊이 살피지 못한 결과다.

잡세 가운데 부동산 거래나 전당업에 부과하는 것 등은 재력에 여유가 있는 사람들의 거래에 대한 것이니, 비록 아주 꼼꼼히 점검하여 악착같이 세금을 거둔다고 하더라도 내 마음에 거리낄 바가 없다. 그러나 가축 등에게 물리는 잡세 항목은 가난한 백성의 일상용품에 대한 것이므로 만약 날개 하나 발굽 하나까지 꼼꼼히 따져 가면서 징수를 한다면 상인들은 장사하기 위해 밖으로 나서는 것을 꺼리게 될 것이다. 이렇게 되면 일상용품의 공급은 줄어들고 물가는 오르게 된다.

아행의 「아첩」 역시 아상이 생계를 이어 가는 도구다. 그들은 하루하루 불철주야 일하면서 더위와 추위에도 아랑곳하지 않고 오직 파리 대가리만한 조그만 이익을 얻어 부모처자를 먹여 살리려고 한다. 이들의 뼈와 골수까지 샅샅이 뒤지면서 남김 없이 세금을 쥐어짜는 것은 지방관과 서리가 가난한 백성을 수탈하기 위해 서로 다투는 것이나 마찬가지다. 이것은 정리나 이치로 보아 양쪽 모두에게 불편한 것이니, 지방관을 위해 생각하건대 아주 털끝만한 액수를 징수할 때는 1리(0.001냥)만으로도 아주 심한 것이니, 지나치게 요구해서는 안 된다는 점에 주의해야 할 것이다. 따라서 특별히 현성과 향촌의 시장거리(市集)에 다음과 같은 공고를 할 필요가 있다.

> 아행의 경기는 본현에 지원하여 「아첩」을 발급받은 사람을 제외하면 나머지 대부분은 가난한 백성이라 차마 지나치게 가혹하게 다그치지는 않고자 한다. 만약 서역들이 몰래 협박을 하는 경우가 있더라도 한 푼이라도 나누어 줘서 본 지현의 덕의를 그르치는 일이 있어서는 안 된다.

객상(客商)이 거래가 있을 때에는 모름지기 아상과 함께 입회하여 매매한 화물 금액과 세금 액수를 직인을 찍어 발급한 장부에 기입해야 한다. 만약 함께 입회하여 장부에 기입하지 않고, 사사로이 세금을 거두는 경우가 있다면 [「아첩」을] 멋대로 발급해 주어서 중간에 가로채는 짓을 하지 못하도록 일괄적으로 막아야 하며, 아울러 이를 어길 경우 함께 처벌한다. 만약 이렇게 한다면 해당 서리는 감히 몰래 갈취하지 못할 것이고, 아행 역시 이것을 깨닫고 감히 몰래 세금을 가로채지는 못할 것이며, 시장에 오는 상인들 역시 저절로 늘어날 것이다. 이것 또한 지방관이 여유를 남겨 줌으로써 가난한 백성으로부터 모든 것을 빼앗지 않는 것이다. 하늘도 이렇게 여유를 남겨 줌으로써 다 거두지 않는 은혜에 감동하여 그 자손에게까지 보답해 줄 것이니, 이렇게 얻는 바가 어찌 미세하고 자질구레한 것에 그치겠는가!

正項錢糧, 皆係解、支定額, 額有缺則累民包賠, 徵比無法則滋民擾害, 解給不淸則上下考成所係. 故數者不得不嚴爲稽覈而防範之.[261] 蓋非苛刻居心, 賈怨于奸胥、猾棍也.[262] 若夫雜課, 除有額徵未敢少寬絲粟[外],[263] 至于儘收儘解,[264] 原無定額, 是聖君、賢輔早已留有餘不盡于民,[265] 而有司亦無所累于考成矣. 若以爲此羨餘所在,[266] 吾之不察, 將飽奸胥. 嗚呼! 是未審其情與道也. 雜課之于田 · 房 · 當稅, 乃有力之交易, 吾雖櫛比而稽,[267] 尙無損于心肉. 至如牛驢等項, 小民日用之需, 若翼徵踣算, 賈販將裹足不前,[268] 民用因之日縮而價騰. 牙行身帖, 市儈養生之具. 彼終歲早夜奔馳, 不憚嚴霜烈日,[269] 而僅獲此蠅頭,[270] 以活父母妻子, 尤必揓筋剔髓, 而誅索無遺,[271] 是官與胥爭搏蝕于小民矣. 揆之情道, 兩有未安, 爲有司計, 毫末之徵, 惟釐太甚,[272] 不必過求. 尤宜出示曉諭城鄕、市集:

---

261 방범(防範)은 방비 · 경계한다는 뜻이다.
262 가각(苛刻)은 가혹하고 각박하다는 뜻, 거심(居心)은 마음가짐을 말한다.
263 사속(絲粟)은 비단실과 좁쌀, 나아가 아주 적은 양을 비유하는 뜻이다.
264 진수진해(儘收儘解)는 정액이나 한도를 설정하지 않고 실제로 거둔 액수 전액을 상부로 올려 보내는 것을 가리킨다.
265 현보(賢輔)는 현명한 재상이나 고위 보좌관을 가리킨다.
266 선여(羨餘)는 잉여(盈餘, 剩餘), 즉 정규 세금 외에 화모(火耗)를 구실로 가징(加徵)되는 세액을 가리킨다.
267 즐비(櫛比)는 '촘촘하게, 꼼꼼하게'라는 뜻이다.
268 척족부전(裹足不前)은 과족부전(裹足不前)처럼 발을 묶고 앞으로 나가지 않는다는 뜻이다.
269 엄상(嚴霜)은 매서운 서리, 열일(熱日)은 뜨거운 햇볕을 가리킨다.
270 승두(蠅頭)는 파리 대가리만큼 작은 이익이나 명예를 가리킨다.
271 주색(誅索)은 가혹하게 요구하여 갈취한다(誅求索取)는 뜻이다.
272 호말(毫末)은 터럭 끝이나 붓끝으로 아주 미세함을 가리킨다. 호(毫)는 단위로서는 1/1000이란 뜻이고, 1리(釐) 역시 척(尺)이나 양(兩)의 1/1000이란 뜻이지만 양자를 비교하면 10호가 1리가 된다. 두 글자를 합한 호리(毫釐)는 아주 작은 수량을 가리킬 때 사용한다.

牙行經紀, 除經本縣投認領帖外, 其餘念係窮民, 未忍苛察.[273] 如該胥私行嚇詐,[274] 毋得槩與分文,[275] 以辜本縣德意.[276]

其客商凡有貿易, 須眼同該牙,[277] 將買賣某物、稅銀若干登塡印簿. 如不眼同登簿,[278] 徑自私收者, 一槩不准擅給以資中飽,[279] 違者並究. 如此, 該胥不敢暗索, 牙行知感, 牙行不敢私侵, 商販來者自多. 是又司牧留有餘不盡于窮民者, 天將貽有餘不盡之報于子孫, 則所得寧止釘頭之屑屑哉![280]

---

273 가찰(苛察)은 작은 꼬투리를 잡아내는 검사를 말한다.
274 혁사(赫詐, 嚇詐)는 공갈을 치고 협박한다는 뜻이다.
275 분문(分文)은 한 푼의 동전을 가리킨다.
276 덕의(德意)는 은덕을 베푸는 마음이다.
277 안동(眼同)은 '현장에서, 함께'라는 뜻이다.
278 등부(登簿)는 장부에 기입한다는 뜻이다.
279 중포(中飽)는 중간에서 가로채서 이익을 얻는다는 뜻이다.
280 정두(釘頭)는 못대가리이므로 아주 미소하다는 뜻을 가진다. 설설(屑屑)은 자질구레하다, 미세하다는 뜻이다.

제9권

편심부 錢穀部

1

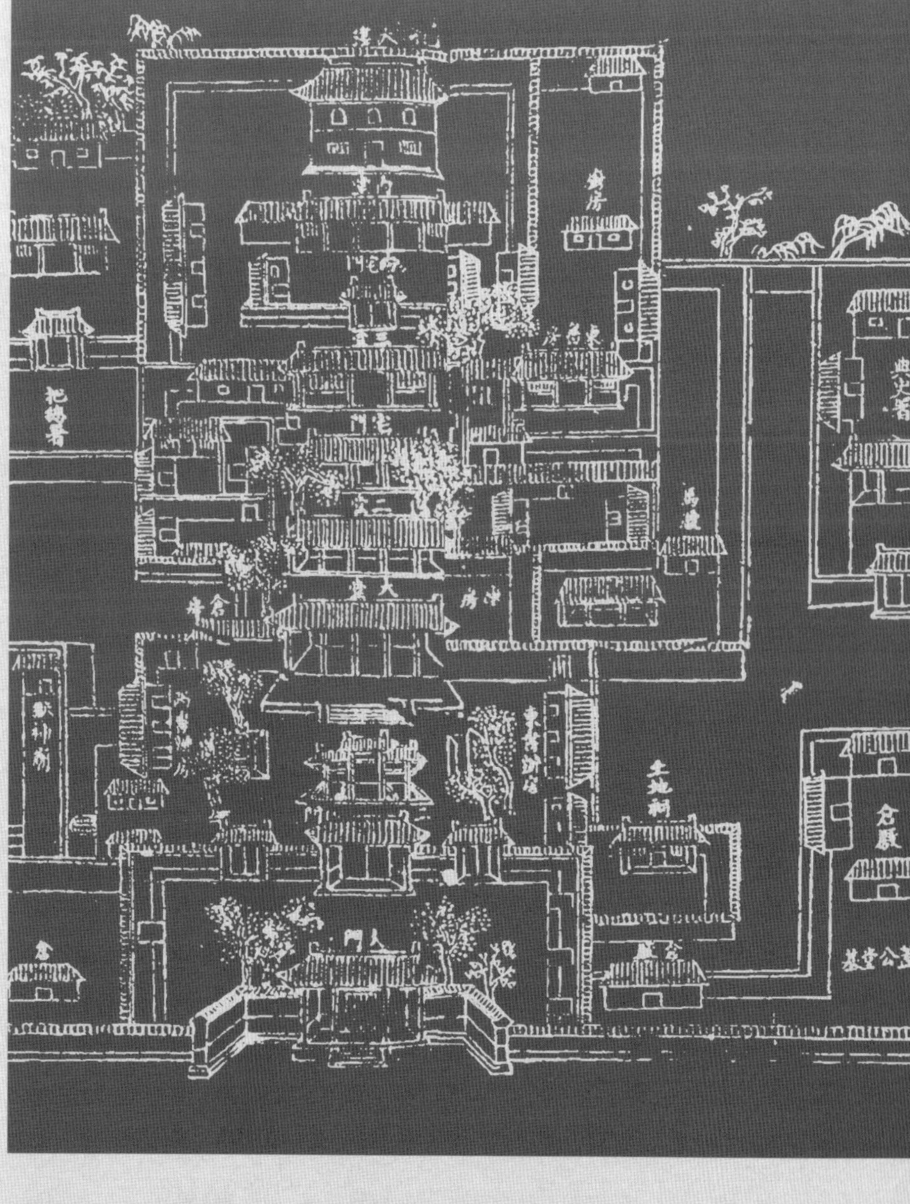

福惠全書

9-01. 총론(總論)[1]

[호구(戶口)와 재산을 조사하여 지정전량을 위한 기초자료를 파악하는] 편심(編審)을 하는 때에는 두 가지가 있다. 하나는 10년마다의 대조(大造)로 정식으로 호구를 조사하고 『[부역]황책([賦役]黃冊)』을 작성하는 것이다. 대조의 경우 전량과 호구를 [조사한 다음] 『황책(黃冊)』으로 종합하여 만들고 황상께서 살펴볼 수 있도록 올림으로써, 백성의 인구(民數)를 중요하게 여김을 보여 주는 것이다. 다른 하나는 5년마다 하는 균역(均役)을 위한 것으로 성년 남자의 요역, 즉 정차(丁差) 부담을 분명히 점검하여 백성의 노고를 줄이려는 것이다. 지금 [10년마다 하는 대조를 통한] 『황책』의 작성은 중지되었고, 5년마다 하는 균역만이 각 성에서 이전과 다름없이 이루어지고 있다.

그런데 균역에는 또한 두 가지 방식이 있다. 하나는 토지(田地)와 인정(人丁)을 함께 고르게 하는 것이고, 다른 하나는 오로지 인정에 대해서만 고르게 하지 토지에 대해서는 고르게 하지 않는 것이다. 토지와 인정을 아울러 고르게 할 때에는 현 전체 도(都)·도(圖)·리(里)·갑(甲)의 전량 액수 모두를 합친 다음 이를 고르게 나누어 부과함으로써, 많은 것은 덜어 내고 적은 것은 보태 주어 어느 쪽은 많고 어느 쪽은 적은 폐단을 없애려는 것이다. 대개 전량은 재산에 따라 부과되고 정차(丁差)는 전량에 따라 부과되므로, 전량의 액수가 정해지면 정차 또한 그에 따라 정해질 수밖에 없다. 어느 한쪽만 가볍거나 무거운 걱정이 없으니, 이 방법은 훌륭한 것이라고 하지 않을 수 없다.

그러나 지금 백성은 정전제(井田制)가 이루어지던 때처럼 인구에 따라 토지를 지급 받고 자손이 대대로 그것을 상속재산으로 삼는 시대에 살고 있지는 않다. 그렇기 때문에 10년도 되지 않아 부자가 되고 가난해지는 것이 일정하지 않을 정도로 빠르게 바뀌고, 토지를 파는 일도 자주 나타난다. 만약 멋대로 거래하게 놔두면 저 쪽 도(圖)에서 이쪽 도(圖)의 토지를 구입하게 되고, 어느 사이엔가 결국 토지의 소유권이 들쑥날쑥 뒤섞여 버린다. 만약 토지거래가 도(圖) 내부에서 이루어진다면 가난한 사람들의 재산은 [쉽사리 토지 소유권에 대한 추적에서] 벗어나기 어렵겠지만, 힘센 부자들은 더욱 못된 수작을 부려 [이러한 추적

1 이 글은 하장령(賀長齡) 편(編), 『황조경세문편(皇朝經世文編)』 권30 「호정(戶政) 5 부역(賦役) 2」에 「논편심(論編審)」이란 제목으로 실려 있다.

에서] 벗어나려 할 것이다. 그래서 토지 [소유] 규모에 따른 균등한 부담, 즉 균전(均田)을 말하기 쉽지 않은 것이다. 따라서 토지 규모에 따른 균역을 이야기하지 않고 오로지 인정에 따른 균역만을 따지는 방법만이 내가 보기에는 영구적으로 시행될 수 있으며, 백성 또한 이것으로부터 큰 혜택을 기대할 수 있다.

하지만 이러한 인정에 따른 균역에도 두 가지가 있다. 하나는 [그 대상자에게] 토지와 인정이 모두 있는 경우로 이를 '양차(糧差)'라고 한다. 다른 하나는 인정만 있고 토지가 없는 경우로 이를 '역역(力役)'이라고 한다. 대개 토지가 많으면 전량을 늘어나고, 전량이 늘어나면 요역도 따라서 늘어나니, 이른바 "차역은 전량에 비례하여 부과된다"는 것이다. 이에 간사하고 교활한 부자나 무리들은 전량을 요역 부담도 무거운 것을 피해 가벼운 쪽으로 줄이고자 한다. 이에 '납세자 명목 늘리기(花立戶名)'나 '토지 위치 허위신고(詭奇別里)' 등의 방법을 사용한다. 또한 총서(總書)·책방(冊房)이 뇌물 청탁을 받거나 해서 어떤 사람의 토지에 대한 전량을 몰래 다른 사람들에게 나누어 분담시켜 버리는 '남에게 세금을 전가시키기(飛灑)'의 수법을 쓰거나, '세율 바꿔치기(移換斗則)', '토지면적 누락시키키기(脫漏頃畝)', '남의 이름으로 농사짓기(冒栽田地)' 등등의 수법도 동원하는데, 이러한 갖가지 폐단은 이루 다 따질 수 없을 정도다.[2]

따라서 균역이라는 문제에 뜻을 둔 사람은 이 폐단을 없애지 못한다면 아무리 균등함을 추구한다고 하더라도 결코 그것을 이룰 수 없다. 하물며 인정을 조사할 때 호장(戶長)의 보고가 부실하거나, 지방관이 요역을 조정할 때 늘리고 줄이는 것이 아무런 기준·근거를 갖추지 못한다면 그 폐해 또한 아주 심해진다. 그러므로 전량을 은닉하는 폐단을 없애고자 한다면 반드시 토지 거래의 등록수속(推收)이 아주 분명해지게 해야 하며, 인정을 은닉하는 폐단을 없애고자 한다면 요역 증감의 기준을 정확하게 만들어야 한다.

대체로 남방에서는 전량의 부담이 더 무겁기 때문에, 중요한 것은 전량 징수(독촉)를 맡는 담당 아역을 잘 고르는 일이다. 반면 북방에서는 전량이 가볍기 때문에 중요한 것은 인정을 제대로 파악[하여 요역을 부과]하는 것이며, 요역은 인정과 연계되지 전량과 연계되지 않는다. 이러한 점은 응당 지방관이 상황을 살펴서 변통해야 한다.【'납세자 명목 늘리기(花立戶名)'는 한 사람의 토지를 여러 명의 이름으로 등록하는 것이다. '토지 위치 허위신고(詭奇別里)'는 한 리(里)에 속하는 토지를 다른 여러 리(里)에 있는 것으로 신고하는 일이다.

2 이런 수법에 대해서는 뒤에서 더욱 자세한 설명이 나온다.

이 두 가지는 모두 전량을 적게 내고, 요역을 적게 부담하기 위한 것이다. '남에게 세금을 전가시키기(飛灑各戶)'는 납부해야 하는 전량·정세를 타인의 세액에 포함시켜 그들이 대납하게 만드는 것이다. '세율 바꿔치기(移換斗則)'에서 '두(斗)'는 토지 종류에 따라 부과되는 양미(糧米)의 수를 가리키는데, 전·지·산·당(田地山塘)의 등급에 맞추어 양미의 많고 적음이 정해진다. '칙(則)'은 인정까지 포함한 등급인데, 남쪽에서는 향(鄕)과 시(市)로 나뉘고, 북쪽에서는 3문 9칙(三門九則)으로 나뉜다. 3문(三門)은 상·중·하(上中下)이다. 9칙(九則)은 상상(上上)·중상(中上)·하상(下上)·상중(上中)·중중(中中)·하중(下中)·상하(上下)·중하(中下)·하하(下下) 등으로서, 3문이 각기 번갈아 조합되면서 9칙을 이루는 것이다. 세율을 적용하는 방법에는 세율별로 비중을 나누어 점차 낮추어 가면서 적용하는 방법이 있다. 이를테면 고세율에 50%, 중간세율에 30%를 할당하고 저세율에는 20%만을 할당하는 것이다. 고세율에 50%를 할당하게 되면, 이것은 세 가지 세율로 나눈 다음, 다시 그 세율별로 세 등급을 구분하는 것이 된다. 세금의 많고 적음은 하하(下下)를 기준으로 한 단계 위로 갈 때마다 1분(分)씩 더하여 상상(上上)에 이르면 9분이 되게 하는 방법도 있는데, 그것은 지방에 따라 다르다. '세율 바꿔치기'는 갑(甲)의 무거운 세율을 을(乙)의 가벼운 세율로 바꿔치기하는 것으로서 갑에게는 이익이고 을에게는 손해이지만, 전체 세액에는 손실이 생기지 않는다. 만약 높은 세율을 낮은 세율로 바꿔 적용시키면서 다른 사람의 토지에 그 부담을 전가시키지 않으면, 전체 세액에는 결손이 생기고 결국 리에서 그 손실분을 물어 주어야 하게 된다. '토지면적 누락시키기(脫漏頃畝)'는 토지를 등록하지 않음으로써, 전량을 내지 않는 것이다. '남의 이름으로 농사짓기(冒栽田地)'는 자신의 토지를 몰래 다른 사람 이름으로 등록하여 그가 대신 납부하는 책임을 지게 만드는 것이다.】

○ 생각건대, 남쪽에서는 전량이 무겁기 때문에 재산에 따라 차역을 부과하되 정은(丁銀. 즉 인두세)을 중시하지 않는다. 따라서 토지가 비록 많더라도 한 가구만 있으면 바로 1정만 있는 것으로 보니, 각자 정은을 부담하는 많고 적음이 격차가 크지 않다. 북쪽에서는 전량이 무겁지 않아서 인정에 따라 차역을 부과하므로, 정은 부담의 무겁고 가벼움이 격차가 크다. 따라서 편심 시기가 되어 인정을 조사하는 일은 몹시 신중하지 않으면 안 된다. 새로 성년이 된 인정은 규정에 따라 호장에게 보고를 올리게 하여 『황책』에 기록하며, 도망치거나 늙어 죽은 인정은 이갑에서 공식 보고를 해서 『황책』에서 그 명단을 삭제할 수 있도록 허용해 준다. 만약 정은 세율을 조정【陞擦. 낮은 세율을 높은 세율로 바꿔 적용하는 것을 '승'이라고 하고, 높은 세율이 낮은 세율로 바뀌는 것을 '찰'이라고 한다.】할 때에는 재산(부동산)의 증감을 반영하는 것이 가장 공정하다.【토지가 늘어나면 집안 형편이 나아진 것

이므로 세율을 올려야 하고, 토지가 줄어들면 형편이 나빠진 것이므로 세율을 낮추어야 한다. 그리고 응당 이전 시기 전체 리의 정량(丁糧)을 모두 합하여 계산한 다음, 양은(糧銀)이 얼마이고 정은(丁銀)은 얼마가 되는지를 계산하여, 그에 따라 적절하게 분배하여 할당한다면 부자나 가난한 사람 모두 고른 부담을 지면서 가난한 사람들만 특히 고통을 당하는 일이 없어질 것이다.】

○ 생각건대, 북쪽 지방에서는 전량이 가볍고 정은이 무겁기 때문에 매번 차역이 생길 때마다 모두 인정 수에 따라 부과한다. 따라서 만약 인정마다 부과액이 1-2냥에 이르는 경우가 있는데, 가난한 사람은 어디서 이런 돈을 마련할 수 있겠는가? 이 때문에 전량을 기준으로 정은을 올리거나 내려 조정하는 것이 가장 타당한 방법이다. 그렇지만 위세를 자랑하는 신사들의 포람 관행은 되어 있어 이미 이상한 일이 아니며, 빈궁한 친지들이나 향촌에서 조금 여유 있는 사람들은 자기 땅을 신사의 명의로 등록하여 해마다 신사가 도맡아 전량을 대납하게 한다.[3] 백성이 부담하는 화모(火耗)는 그 부가 세율이 10%·20%·30% 등 여러 가지로 다르고 신사가 포람을 해 줄 때도 화모는 역시 경감되지 않는다. 하지만 신사 전량을 납부할 때에는 "스스로 세금을 봉투에 넣어 은궤에 넣는다"는 것을 구실로 낮은 품질의 은을 내거나 액수를 제대로 채우지 않고 내는 경우가 대부분이다. 만약 지현이 이를 찾아내서 추징하기라도 하면 지현의 약점을 찾아 온갖 항목의 죄상을 늘어놓으면서 상급 아문에 고발하여 아역들에게까지 피해를 끼친다.

이렇게 신사들은 공공연히 포람을 하여 큰 이익을 얻고, 백성도 기꺼이 신사들을 통한 포람을 원해 자기 호적의 인정을 신사 명의의 공정(供丁)으로 넘긴다. 신사의 공정은 많으면 수십 명에 달하기도 하며, 생원의 경우도 십수 명이나 되는 많은 공정을 보유하는 경우가 있다. 매번 요역이 있을 때마다 이장 등은 감히 이들에게 부과하지 못하며, 편심을 할 때마다 공정의 명의 아래 새롭게 등록해야 할 인정이 있어도 호장·총서가 감히 이를 보고하지 못한다. 만약 전량 액수에 맞추어 정은 세율을 조정하게 된다면, 신사가 포람하는 토지에서는 필연적으로 인정이 늘어날 수밖에 없다. 그런데 늘어나는 것은 실제로는 신사의 인정이 아니라 포람 때문에 [신사에게 가탁함으로써] 늘어난 인정이며, 이것은 결국 신사를

3 신사에 의한 포람(包攬)이나 신사가 다른 사람을 신사의 호적에 마구잡이로 집어넣는 일(詭寄)은 물론 불법으로 규정되어 있었다. 이를테면 『대청률례』 권8 「호율(戶律) 호역(戶役)」(『律』 80.03) 「부역불균(賦役不均)」 條例. "紳衿除優免本身丁銀外, 儻借名濫以子孫族戶冒入者, 該地方官查出, 生監申革職官題參, 各杖一百. 受財者, 從重論. 如有私立宦儒圖戶名色, 包攬、詭寄者, 照脫漏版籍律治罪. 詭寄與受寄者同論."(p.182) 부분을 참조.

위해 그가 포람하는 인정을 늘려 주는 결과를 낳을 뿐이다. 이 때문에 전량에 따라 정은을 부과하면 인정이 많은 것이 큰 부담이 될까 두려워하여 다투어 신사에게 귀부하는 백성이 더욱 늘어난다. 심지어는 인정만 있고 [토지를 소유하지 않아] 전량이 없는 사람들 또한 공정(供丁)이 되어 정세(丁稅)를 피하고자 한다. 이처럼 가난한 사람은 항상 고통스럽고 힘든 처지에 몰리고, 신사들은 언제나 즐겁고 이로운 자리에 머물게 된다. 또한 이서(里書)·서역(胥役)은 전량의 많고 적음으로 정세를 조정한다는 것을 알지만, 다른 납세자에게 부담을 떠넘겨 많은 것을 적은 것으로 바꿔 높은 세율 대신 낮은 세율을 적용해 주지 않는다고 어찌 보장할 수 있겠는가? 이렇기 때문에 전량에 따라 정은 세율을 조정하는 방법 역시 전혀 폐단이 없다고는 할 수 없다.

그렇다면 북방의 정세(丁稅)는 결국 균등해질 수 없다는 말인가? 균등함을 추구하기 위해서는 다른 도리가 없고, 다만 인정과 전량을 아울러 계산하면서 세금을 부과하는 방법과 적절하게 공정을 줄이는 방법이 있을 뿐이다. 인정만 있고 전량이 없는 사람은 실제 인정의 수에 따라 정은을 올리거나 내리고, 인정과 전량이 모두 있는 사람은 실제의 전량 액수에 따라 세율을 조정한다. [그렇게 하려면] 먼저 이장들에게 엄격하게 지시하여 사사로이 늘리거나 줄이는 일이 없게 해야 하며, 호장을 신중하게 선발하여 거짓 보고를 하지 못하게 하며, 인정과 전량에 대해서 확실하게 파악하도록 해야 한다.

그리고 공정의 문제는 사실 잘못된 폐단이 결국 관행이 되어 버린 것이다. 조정에서는 신사 본인의 요역을 면제시켜 주었지만, 그 밖에는 따로 공정이라는 것이 있어 이에 대한 부역을 면제해 주는 것은 아니다. 하지만 한꺼번에 공정이란 명목을 없애 버리려고 한다면 모름지기 신사들의 비방이 생겨날 것이므로, 기존 관례를 보아 조금 그 숫자를 줄이는 수밖에 없다. 이른바 "법을 지킨다고 하는 것은 결국 불법적인 것이 아주 심한 부분만을 제거하는 데 지나지 않는 것"이니, 그렇게 하면 적어도 이렇게 부귀·빈천에 따라 즐거움과 고통이 크게 불균등해지는 것을 막을 수는 있다. 또한 그럴 경우 지방관은 반드시 평소에 검소한 생활과 깨끗한 몸가짐을 잃지 않아야 하며, 지방을 다스리는 정치는 인자함과 용서를 숭상할 뿐 아니라, 신사를 우대하면서 서역이나 이장들을 엄격하게 다스려야 한다. 무릇 지방을 위해 꾀하는 일이 모두 지극한 공정함과 분명함에서 나와야 하고, 지극한 성실과 신의가 유지되어야 하며, 지방관 자신은 거기에서 쓸데없는 고집을 부려서는 안 된다. 이렇게 해 나가면 신사들은 자신들에게 각박하게 대한다고 원망하지 않을 것이며, 서역들도 감히 부정이나 잘못을 저지르지 못할 것이다. 백성 또한 요행수를 노려 꼼수를 부리다가 사기를 당하지 않을 것이다. 이와 같은 방식으로 다스린다면, 장차 어떤 일이든 이루어지지 않는 경우가 없을 터이니, 요역 부담의 균등화라는 정도의 작은 문제를 어찌 고치지 못하겠는가?

編審之時有二.[4] 一在十年大造, 將錢糧、戶口攢造『黃冊』,[5] 進呈御覽, 以重民數也. 一在五年均役, 清覈丁差,[6] 所以甦民累也. 今『黃冊』停造, 惟五年均役, 直省遵行無異.[7] 夫均之事亦有二. 一田與役並均, 一專均役而不均田. 田役並均, 以闔縣之都、圖、里、甲, 合都、圖、里、甲田糧之數, 而均分之, 使裒多益寡,[8] 無偏多、偏少之弊. 蓋糧由產派, 差照糧行, 糧之數定, 而差亦于是定焉. 亦無畸輕、畸重之虞, 法未嘗不善也. 然而今之民, 非如古井田之制,[9] 計口授畝,[10] 子孫相守, 以爲世業.[11] 十年之內, 貧富無常, 鬻產時有. 若任便交易,[12] 則彼圖售入此圖, 阡畝仍屬參差.[13] 若貿不出圖, 則貧產遽難求脫, 勢豪益復刁難.[14] 此均田之所以未易言也. 惟專均役而不均田, 宜永行之, 而民大有賴焉.

然役之均亦有二. 一有田而有丁, 謂之: '糧差'. 一光丁而無糧,[15] 謂之: '力役'.[16] 蓋田多則

4 편심(編審)은 그 지방의 호구(戶口)를 조사하여 호적(戶籍. 黃冊이라고도 한다)을 만드는 일을 가리킨다. 편심을 통해서 인구와 재산을 파악할 수 있었으므로 이것은 토지세나 인두세·부역 등을 확보하기 위한 가장 기초적인 작업이었다(물론 토지 조사도 따로 이루어져야 할 필요가 있었다). 지방관은 편심을 한 다음 책을 만들어 지부에게 보고하였고, 지부는 다시 총책을 만들어 포정사에게 보고하였다.

5 『황책(黃冊)』은 명·청대에 부역 징수를 위해 만든 호구책(戶口冊), 즉 『부역황책(賦役黃冊)』으로 표지가 황색이라서 이런 이름이 붙었다고도 하고, 남녀가 태어나서 처음으로 호적에 이름이 올라가기 때문에 『황책』이라고 한다고도 한다. 명대에도 10년마다 『황책』을 대조(大造)하여 모든 호를 상·중·하 3등으로 나눈 다음 차역이 『황책』의 내용에 따라 부역을 정하였다.

6 청핵(清覈)은 분명하게 조사하여 점검한다는 뜻이다. 정차(丁差)는 성인 남자에게 부과되는 요역(노역)을 가리킨다.

7 직성(直省)은 청대 중앙정부가 직접 통치하는 지방 각 성(省)을 가리킨다. 반면 청조의 직할지인 동북의 만주(滿洲)를 제외하면 몽골·신강·티베트 지역은 간접적인 통치의 대상으로 번부(藩部)라고 불렸다.

8 부다익과(裒多益寡)는 많은 것을 모아서 적은 것에 보태 준다는 뜻이다.

9 정전제(井田制)는 옛날 성왕(聖王)의 시대에 시행되었다고 일컬어지는 이상적인 토지제도를 가리킨다. 즉 900무(畝)의 정방형 토지(1里)를 우물 정(井)자로 나누어 9구로 나눈 다음, 8구는 사전(私田)으로 8호에게 나눠 주어 경작시키고, 그 가운데를 공전(公田)으로 삼아 8호가 공동으로 경작하여 그 소출을 세금으로 내도록 하였다는 것이다. 공사의 균형과 공존을 보여 주는 정전제의 실재 여부는 지금도 논란거리이지만, 『맹자』에서 정전제의 존재를 지적한 이후에는 보통 그것이 실재하였다고 받아들여졌으며, 유교적인 이상사회의 기본적인 모델로 작용하였다.

10 계구수무(計口授畝. 計口授田)는 호구를 계산하여, 즉 인구에 따라 토지를 나눠 준다는 뜻이다.

11 세업(世業)은 대대로 이어받는 사업이나 재산, 조상이 남긴 유산을 가리킨다.

12 임편(任便)은 편한 대로 하게 하다는 뜻이다.

13 천무(阡畝)는 천맥(阡陌)과 마찬가지로 전답·전지(田地)·경지를 가리킨다. 천맥(阡陌)은 원래 전답의 경계나 사이 길을 가리킨다. 참차(參差)는 들쑥날쑥 뒤섞여 있다는 뜻이다.

14 익복(益復)은 '더욱'이라는 뜻이다. 조난(刁難)은 일부로 남에게 못된 짓을 한다는 뜻이다.

15 광(光)은 '다만, 겨우, 또는 빈털터리'라는 뜻이다. 이를테면 광곤(光棍)은 아내가 없는 성년남자, 즉 홀아비를 가리키거나 아니면 무뢰배·건달을 가리킨다.

糧多, 糧多則差多, 所謂: "差照糧行"者, 是也. 乃奸豪、巨猾,[17] 欲減多糧而就少避重差而就輕, 于是花立戶名,[18] 詭寄別里,[19] 而總書、冊房, 或受人賄囑,[20] 或將巳田糧飛灑各戶,[21] 移換斗則, 脫漏頃畝, 冒栽田地,[22] 種種弊端, 莫可窮詰.[23] 夫留心斯政者, 若不先除斯弊, 雖曰: "求均", 而終無可均之日也. 況于審丁之際, 戶長之開報不實,[24] 有司之陞擦無憑,[25] 其弊又不可殫述者乎![26] 雖然欲除匿糧之弊, 惟在推收之逼淸[27]; 欲除匿丁之弊, 惟在減增之悉當而巳.

大約南方糧重, 重在審役; 北方糧輕, 重在審丁. 以役繫于丁, 而不繫于糧也. 是在司牧者, 有以權衡而變通之耳. 【花立戶名, 謂: "産本一人管業,[28] 乃立數人詭名也." 詭寄別里, 謂: "産本坐落一里,[29] 迺于數里立戶." 以上二弊, 皆減多爲少, 避重就輕也. 飛灑各戶, 謂: "將丁産應辦銀糧分派他人銀糧之內,[30] 使彼代納." 移換斗則, 斗謂: "按田科糧米之數, 以田·地·山·塘, 定糧米多寡." 則兼丁言, 南土之丁, 分鄕、市, 北土之丁, 分三門、九則. 三門者, 上、中、下也. 九則者, 上上、中上、下上, 上中、中中、下中, 上下、中下、下下, 三門互錯而成九也.[31] 派銀之法, 或以率分法, 遞減而派, 或止以上則派十分之五, 中則派十分之三, 下則僅派十分之二者. 如上則以五分, 分三則, 而又別三等. 多寡之數者, 或以下下爲準, 各則加一分, 彙至上上爲九分者, 各處立法不同. 移換者, 移甲之重, 換乙之輕, 但利甲損乙, 課額原是不缺. 或將重

---

16 역역(力役)은 바로 노역(勞役)을 말한다.

17 위(猾)는 고슴도치를 말하는데 거위(巨猾)는 아마도 악당으로 분류된 무리를 가리키는 것 같다.

18 화(花)는 모호하다, 진실되지 않은 것으로 사람을 미혹시킨다(이를테면 '花言巧語')는 뜻이 있으므로 여기서는 허위로 만든다는 뜻인데, 화립호명(花立戶名)은 한 사람의 토지를 여러 사람의 이름으로 등록한다는 뜻이다.

19 궤기(詭寄)는 자신의 토지를 다른 사람의 명의로 허위 보고함으로써 부역을 피하는 방법을 가리킨다. 따라서 궤기별리(詭寄別里)는 토지가 있는 장소를 속여서 (여러 곳에 있는 것으로) 등록하는 것이다.

20 책방(冊房)은 『황책』을 관장하는 서리를 가리키는 것 같다. 회촉(賄囑)은 뇌물에 의한 촉탁을 말한다.

21 비쇄(飛灑)는 자신이 낼 부세를 다른 사람들의 몫으로 잘게 분산시켜 대신 내게 만드는 방법이다.

22 모재(冒栽)는 훔쳐다 심는다는 뜻인데, 모재전지(冒栽田地)는 자신의 토지를 남의 이름으로 등록하여 그가 대신 세금을 내게 하는 방법이다.

23 궁힐(窮詰)은 따져 묻다, 깊이 묻는다는 뜻이다.

24 바로 뒤에 나오는 「9-03. 신중한 호장 선발」에 보면 10명의 갑장(十甲長)을 호장으로 정한다고 되어 있다. 따라서 호장은 바로 갑장이라고 할 수 있다.

25 승찰(陞擦)은 정부(丁賦), 즉 요역 부담의 증감을 가리킨다. 낮은 세율을 높은 세율로 바꾸는 것을 승(陞)이라고 하고, 높은 세율을 낮을 세율로 바꾸는 것을 찰(擦)이라고 한다.

26 탄술(殫述)은 상세하게 서술한다는 뜻인데, 대부분 부정적 용법에 쓰인다.

27 추수(推收)는 민간에서 토지나 건물 등 부동산을 매매하거나 저당 잡힐 때 관청에 신고하여 재산권을 신고하는 수속을 가리킨다. 핍청(逼淸)은 '아주 분명하게'라는 뜻이다.

28 관업(管業)은 관리하는 재산이라는 뜻이다.

29 좌락(坐落)은 자리를 잡는다는 뜻이다.

30 정산(丁産)은 인구와 재산을 가리킨다.

31 호착(互錯)은 서로 교차한다는 뜻이다.

則換輕, 並不移易, 暗損課額, 累里包賠. 脫漏頃畝, 謂: "將產業竟不入冊, 隱地漏糧者." 冒栽田地, 謂: "將已產暗造他人名下, 害彼代納者".】

○ 按: 南土糧重, 照產派役, 不重丁銀. 故田地雖多, 立一戶卽是一丁, 丁銀多寡不遠. 北土糧輕, 照丁派差, 丁銀大有輕重. 故屆期審丁, 不可不愼. 除新成之丁, 例令戶長擧報入冊, 逃亡老絶, 許里遞公擧, 以定開除.[32] 若陞擦之際, 【增下則爲上中, 曰: '陞'. 減上則爲中下, 曰: '擦'】 惟視產業之增減爲至公,[33] 【產增則家起應陞, 產減則家落應擦】 宜將前屆合里丁糧, 通盤一算, 約糧銀若干, 該有丁銀若干, 較量配則, 貧富悉均, 而不偏累窮苦矣.

○ 按: 北地糧輕丁重, 每有差徭,[34] 俱照丁派. 故每丁有派至一、二兩者, 若窮苦之人, 將何所取辦乎? 此照糧陞擦, 所以爲至當也. 然紳衿之豪,[35] 以包攬成風, 恬不爲怪,[36] 貧窮親友及鄕間稍裕者, 其田地攬歸戶下, 每年錢糧, 包爲代納. 百姓火耗, 有加三、加二、加一不等, 其包納火耗,[37] 亦不爲減. 及紳衿完糧, 藉口自封投櫃,[38] 竟有銀色不足、銀數短少者. 縣官若一查究追補,[39] 持官短長, 列款控告,[40] 拖累衙役.[41] 所以紳衿公然包攬, 大獲其利, 而百姓亦樂于紳衿包攬者, 其本戶之丁, 卽係紳衿供丁.[42] 鄕紳供丁, 多至數十名,[43] 青衿亦有十數丁者.[44] 每有差徭, 里遞不敢派及, 每遇編審, 供丁名下, 卽有應增新丁, 戶長、總書亦不敢開報. 若竟依糧陞擦, 則紳衿所包攬之田地, 勢必增丁, 則所增者, 非紳衿之丁, 而卽包攬之丁, 是又爲紳衿增包攬之丁也. 乃百姓見按糧增丁, 益懼丁多爲累, 爭附紳衿者愈衆. 恐光丁無糧者亦求附供丁

---

32 이체(里遞)는 향리의 직역을 담당하는 사람을 말하는 것이므로 이장·갑장 등을 가리킨다. 개제(開除)는 말소, 제거한다는 뜻이다.

33 산업(產業)은 여기서는 개인 재산(부동산)을 말한다.

34 차요(差徭)는 차역·요역을 말한다.

35 신금(紳衿)은 신사를 가리킨다. 신(紳)은 관직 경험을 가지고 향리에 은퇴한 사람이고, 금(衿)은 바로 청금(青衿)으로 생원(生員)의 복장이므로, 곧 생원을 가리킨다.

36 염불지괴(恬不知怪)는 아무렇지도 않게 생각한다는 뜻이다.

37 포납(包納)은 대신 납부한다는 뜻이다.

38 자구(藉口)는 빌미로 삼거나 빌미로 삼는 구실을 가리킨다.

39 추보(追補)는 추징해서 보충한다는 뜻이다.

40 공고(控告)는 고발한다는 뜻이다.

41 타루(拖累)는 연루되다, 뒤엉킨다는 뜻이다.

42 공정(供丁)은 원래 요역에 복무해야 할 민정(民丁)이 대신 돈을 납부하는 것을 가리킨다. 청대 부역제도의 하나로 공정은(供丁銀)이 바로 이렇게 역차를 대신하기 위해 내는 돈을 말하므로, 공정이란 관역(官役)에 복무를 제공해야 한다는 뜻인 것이다. 하지만 여기서는 신사의 특권이란 위세를 빌려 요역을 면제받는 인정(人丁)이란 의미로 쓰인 것 같다.

43 향신(鄕紳)은 신금(紳衿)·신사(紳士)와 같은 뜻이다.

44 청금(青衿)은 생원(生員)의 복장을 말하므로, 곧 생원을 가리킨다.

以逃差. 如是窮民常處其苦累, 而紳衿常處其樂利矣. 且里胥知以糧多寡爲陞擦,[45] 又安保其不分灑他戶, 以多易寡, 避陞而冀擦乎? 此又照糧陞擦, 亦未能盡無弊也.

然則北地之丁, 終不可均乎? 夫求均無他異術, 亦止丁糧並覈, 與酌除供丁而已. 夫有丁無糧者, 照丁據實增除; 有丁有糧者, 又照糧據實陞擦. 先嚴飭里書, 不許私爲增減, 愼選戶長, 不許揑虛開報, 其爲丁、爲糧, 劃然可考. 至于供丁之說, 乃陋弊成習. 朝廷除免本身丁徭外, 非有別所謂: '供丁'也. 若一槩盡除, 定生怨謗, 于舊例之中, 稍爲減汰. 所謂: "爲法去其太甚", 則富貴、貧賤不致苦樂失均, 如斯而已. 然其立法必于無弊, 法立在于必行. 又須素履淸操居恒,[46] 政尙仁恕, 優以待紳士, 而嚴以馭里胥. 凡爲地方區晝, 一皆出于至公至明, 秉于至誠至信, 而我無所執意其間焉.[47] 於是紳衿不以刻己爲怨,[48] 胥役不敢作弊罹愆, 百姓亦不忍倖法而見欺.[49] 以之爲政, 將無往不可, 豈又患區區之編役爲不可均哉!

9-02. 이장·서역에 대한 훈계(嚴飭里胥)

편심이 다가오면 양방(糧房)과 이서(里書)들은 한바탕 크게 돈을 벌 기회로 여겨 미리 호장과 결탁하여 뇌물을 받아 나누어 먹는다. [그리고 뇌물을 준 사람의] 전량은 많은 것을 적은 것으로 바꾸고 요역은 부자의 몫을 [면제해 주는 대신 그것을] 가난한 사람에게 떠넘긴다. 이러한 갖가지 폐단은 아주 단단한 뿌리를 내리고 있어 결코 뽑아내기 쉽지 않다. 따라서 편심이 다가오면 우선 각 도(圖)의 이서(里書)·서역(胥役)들을 불러 공당(公堂)에 모아 놓고 힘써 고질적인 폐단을 없애고 함께 새롭게 태어남으로써 차역을 고르게 분배하여 백성의

45 이서(里胥)는 원래 향리의 사무를 관리하는 공차(公差)를 말한다. 『복혜전서』에서는 여기서 처음 나오지만, 원래 한대(漢代)부터 쓰던 용어다. 청대의 경우는 일반적으로는 보통 이장을 가리킨다. 하지만 다음 글의 경우 이서(里胥)가 이서(里書)·서역(胥役)의 합칭으로 쓰인 것으로 보이므로, 여기서도 그와 같은 뜻으로 쓰인 것 같다.

46 소리(素履)는 희고 무늬가 없는 신발이다. 여기서 담백하고 꾸밈없는 태도나 검박하고 청빈함을 지니는 처세의 태도를 가리키는 뜻이 나온다. 청조(淸操)는 고상한 절조(節操), 몸가짐을 말한다.

47 집의(執意)는 스스로의 의견을 고집한다는 뜻이다.

48 각기(刻己)는 자신에게 엄격하게 요구한다는 뜻이다.

49 요법(僥法)은 법을 어긴다, 속인다는 뜻이다. 견기(見欺)는 속임수를 당하거나 비웃음을 당한다는 뜻이다.

괴로움을 누그러뜨리려는 지현의 지극한 뜻에 공동으로 부응해야 함을 엄격하게 알리고 지시한다. 혹시 겉으로만 따르는 체하면서 속으로 몰래 어겨 이전처럼 부정을 저지르다 적발되면 곧바로 사형에 처하되, 조금도 용서하지 않을 것이라는 점도 아울러 알려 주고, 한편으로는 만약 이것을 어기면 벌을 달게 받겠다는「확인서」를 제출하게 하여 보관한다. 만약 실제로 부정을 저지른 사례가 발견될 경우 곧바로 아주 무겁게 책벌하고 큰칼을 씌워 사람들 앞에 공개하며, 편심이 끝난 후에 율법에 따라 부정한 재물을 추징하고 처벌한다. 이렇게 하면 아마 간교한 이서·서역들도 두려움을 알게 될 것이다.

每遇編審屆期, 糧房、里書是其一場大生意,[50] 預先勾通戶長, 受賄分肥,[51] 田糧則以多作少, 人丁則賣富栽貧.[52] 如前種種弊端, 牢不可破.[53] 宜于編審將屆, 先傳集各圖里書及胥役等,[54] 當堂嚴爲申飭,[55] 務須力除錮弊, 槩與更新, 以共副本縣均差恤累至意. 倘陽奉陰違,[56] 仍前作弊, 查出立時處死, 決不姑貸, 仍取「甘罪結狀」存案. 若臨事查出其奸, 即重責大枷示衆,[57] 審完按律追贓治罪,[58] 庶奸猾里胥知儆.

9-03. 신중한 호장 선발(愼選戶長)

종래에 인정을 보고하는 일을 맡는 호장 자리는 대부분 오랫동안 이 일을 맡아 온 간교한 이서나 지방 무뢰배가 손을 써서 끼어듦으로써 이익을 취하려고 한다. 부자들의 뇌물을

---

50 이서(里書)는 토지 면적의 등기 등을 담당하던 서리(書吏)를 가리키는데, 원래 이 일은 의무성(義務性) 직역(職役)에 속한다.

51 분비(分肥)는 부정행위로 얻은 재물을 분배하여 사복을 채운다는 뜻이다.

52 매부차빈(賣富差貧)과 같은 뜻으로 부자에게는 돈을 받고 차역을 면제해 주고, 가난한 사람에게 임의로 차역을 부과하는 것을 가리킨다.

53 뇌불가파(牢不可破)는 아주 단단하고 튼튼해서 쉽게 부서지거나 열리지는 않는다는 뜻이다.

54 전집(傳集)은 불러 모은다는 뜻이다.

55 당당(當堂)은 '아문 또는 대당(大堂)에서(공개적으로)'라는 뜻이다.

56 양봉음위(陽奉陰違)는 표면적으로 따르는 척 하면서 암중에 위반하는 것을 가리킨다.

57 중책(重責)은 아주 매섭게 책벌(責罰)을 내린다는 뜻이다. 대가(大枷)는 크고 무거운 칼이라는 형구를 가리킨다.

58 치죄(治罪)는 법률에 의거하여 범인에게 응당한 징벌을 가한다는 뜻이다.

받아 늘려야 할 인정을 늘리지 않고 줄여야 할 것을 줄이지 않아 가난한 사람들에게 피해를 입히는 것이다. 심지어는 토지가 없는 인정에게 몰래 다른 사람의 전량을 떠넘겼다가 편심이 끝난 다음 이를 되돌리기도 하며, 가난한 집의 어린아이를 과세대상인 성인(成丁)으로 등록하는 반면, 유력한 사람을 명부에서 삭제해 주기도 한다. [이런 폐단을 바로잡기 위해서는] 응당 이서·서역들에게 훈계한 다음 이를 각 도의 이장들에게 전하고 아울러 열 명의 갑장을 호장으로 임명하게 한다. 만약 갑장 가운데 여론에서 부정적인 평가를 받는 사람이 있다면 집안 형편이 여유가 있고 노련한 사람으로 바꾸어 보충하게 한다. 그리고 엄격한 명령을 내려 매 갑과 호를 일일이 조사하여 사실대로 보고하게 하며, 만약 많은 전량을 줄여서 보고하거나 부유한 사람의 차역을 가난한 사람에게 떠넘긴다면 반드시 사형에 처하되 용서하지 않을 것임을 알리고, 어기면 달게 죄를 받겠다는 「확인서」를 내게 하여 보관한다. 조사하여 부정이 적발될 경우 앞서의 경우처럼 처벌한다면, 이전의 담당자들은 허물을 짓지 않았을까 근심할 것이고, 앞으로 맡을 담당자들은 감히 예전처럼 할 생각을 못할 것이다.

從來報丁戶長, 多係積年奸遞[59]、土棍鑽充,[60] 希圖取利. 受富豪之賄, 則應增不增, 累貧窮之戶, 應減不減. 甚至光丁名下, 暗灑他人之糧, 審後仍行收去. 孤寒幼子增爲已成之丁,[61] 反致開除有力. 法宜申飭里胥之後, 卽傳各圖里長, 以十甲長爲戶長, 如甲長中不符公論者, 另擧殷實、老成補之. 嚴行切諭, 令其按甲逐戶, 據實開報, 如有田糧以多作少, 人丁賣富栽貧者, 定行處死不饒,[62] 仍取「甘結」存案. 若查出奸弊, 悉照里胥懲治, 庶前者罹愆, 後來自不敢再蹈矣.

59 간체(奸遞)는 간교한 직역을 가리킨다. 여기서는 이장 등의 직역을 가리키는 것으로 보인다.

60 토곤(土棍)은 지방의 건달·무뢰를 가리킨다. 찬충(鑽充)은 뇌물이나 아부를 통해 환심을 산 다음 그 자리를 얻는다는 뜻이다.

61 고한(孤寒)은 가난해서 의지할 데 없다는 뜻이다.

62 불요(不饒)는 용서하지 않는다는 뜻이다.

9-04. 원책의 점검(査原冊)

새로 편심할 때에는 먼저 지난번 편심 때의 직인이 찍힌 장부를 가지고 구관(管)·신수(收)·개제(除)·실재(在)의 네 항목을 검사한다. 지난번 편심의 결과 파악된 실재 토지와 인정이 얼마인지, 이것이 이전 시기 『부역전서』에 실린 정액과 부합하는지를 살핌으로써, 그것이 새로 만든 『편심책』의 구관 항목과 일치하는지를 검사하는 것이다. 만약 착오가 있으면 반드시 엄격하게 따져서 조사한다. 그러나 구관 항목에 잘못이 있다면 따져서 조사하는 일이 옳기는 하지만, 만약 지난번 편심이 전임 지현의 손에 의해 이루어진 것이라면 간교한 서역이나 호장들이 토지나 세금을 거짓으로 옮기거나 바꿔치기하고, 일부 납세자들에게 부담을 부당하게 전가시켰다고 하더라도 어떻게 끝까지 다 추궁할 수 있겠는가? 그러므로 종전에 저질러진 부정은 부득불 한꺼번에 정리하여 제거하는 수밖에 없다.[63]

今次編審, 先取前届印冊, 勘閱管、收、除、在四柱.[64] 其上届實在田土、戶丁若干, 果否與上届『全書』額載相符,[65] 以便查本届所造『審冊』之舊管是否相對. 如有舛錯,[66] 必嚴行駁究.[67] 然舊管不符, 駁究是矣, 倘上届編審, 係前官經手, 其奸胥、猾戶,[68] 移詭田糧, 偏累戶丁, 又安所窮詰乎? 于是從所作之弊, 不得不一爲淸剔矣.[69]

---

63 이 점에 대해서는 뒤의 「9-06. 과거의 잘못을 스스로 불게 하여 바로잡기(首改前弊)」 부분을 참조.

64 관수제재(管收除在)는 『사주책(四柱冊)』의 네 가지 항목을 말하는데, 사주(四柱)는 구관(舊管) 즉 기존의 정액, 신수(新收) 즉 새로운 증액분, 개제(開除) 즉 새로 감소된 부분, 실재(實在) 즉 이상의 계산을 종합하여 현재 남아 있는 액수 이 네 가지를 가리킨다. 즉 구관+신수-개제=실재인 것이다. 『부역전서』를 비롯한 재정이나 전량관련 회계장부나 인수인계문서는 모두 이 사주청책(四柱淸冊) 형식으로 이루어져 있다.

65 액재(額載)는 장부에 실린 정액(定額)의 액수를 가리킨다.

66 천착(舛錯)은 착란·교차·뒤섞임·부정확함을 말한다.

67 박구(駁究)는 퇴짜를 놓고 따진다는 뜻이다.

68 활호(猾戶)는 간교한 납세자나 호장을 가리킨다.

69 청척(淸剔)은 정리하여 제거한다는 뜻이다.

9-05. 서약문(設誓)

밝은 지상 세계에는 왕법(王法)이 있고, 어두운 지하 세계에는 귀신(鬼神)이 있다. 내 마음을 모두 함께 보는 것은 불가능하니 귀신에 의탁하여 밝히고자 하며, 내 뜻을 스스로 정할 수 없으니 귀신에게 물어보아 굳히고자 한다. 이서·서역과 기타 사람들이 온갖 속임수를 이용하여 법망을 피해 간다 할지라도, 만약 신명(神明)께 아뢴다면 어찌 마음속으로 조금이라도 두려워하지 않을 수 있겠는가? 본 지현은 편심을 시작하기 전에 먼저 경건하게 서약문을 쓰고 목욕재계를 한 다음 모든 이서·호장을 이끌고 정성스럽게 성황신을 모신 제사상 앞에 나선다. 이어 서약문을 낭독하고 모든 이서·호장의 이름을 열거한 다음 종과 북을 울린 후 두 번 절하고 서약문을 불태운다. 이를 통해 나쁜 생각을 품고 있는 사람들이 놀라고 꺼려 하게 만들어 감히 멋대로 부정을 저지르지 못하도록 하려는 것이다. 이것이 아마 이것이 신도(神道)로서 가르침을 주는 방법의 하나일 것이다.

明有王法; 幽有鬼神. 我心不能共見, 託乎神以白之; 我志不能自定, 質乎神以堅之. 以及里、胥諸人, 奸詭百出, 縱三尺之可逃, 語以神明,[70] 豈寸衷之無畏?[71] 當事于將審之先, 敬製誓文, 齋戒沐浴, 率諸里胥、戶長等, 虔詣城隍神案前, 宣讀誓詞,[72] 須並列里胥、戶長姓名, 考鍾擊鼓, 再拜焚之. 俾懷奸者,[73] 有所警惕,[74] 而不敢恣意作弊, 抑亦神道設教之一端也.

---

70 신명(神明)은 원래 천지간 모든 신령을 총칭한다.

71 촌충(寸衷)은 마음, 작은 성의라는 뜻이다.

72 선독(宣讀)은 공개적으로 낭독한다는 뜻이다.

73 회간(懷奸. 懷姦)은 못된 생각을 품고 있다는 뜻이다.

74 경척(警惕)은 놀라고 꺼려한다, 경각심을 가지고 대비한다는 뜻이다.

9-06. 과거의 잘못을 스스로 불게 하여 바로잡기(首改前弊)

편심에서 부정을 저지르는 일은 천하 어디나 마찬가지다. 만약 관원이 재주가 있고 업무에 밝지 않으면 완전히 [서역들에게] 조종당하고, 가난한 사람들은 소리 죽여 울 뿐 고통을 하소연할 곳이 없다. 설사 관원이 재주가 있고 업무에 밝더라도 이 무리들은 귀신도 헤아릴 수 없는 수작을 부리므로 부정을 척결한다고 해도 기껏해야 열 가운데 서넛일 뿐이다. 그렇다고 그냥 관행이라고 넘겨 버린다면 백성이 어떻게 관원을 믿고 따를 수 있겠는가? 따라서 응당 편심에 앞서서 우선 지난번에 일을 맡았던 도(圖)·리(里)의 양서(糧書)들을 모두 불러 모은 다음 엄격하게 직접 면전에서 훈계를 하고, 아울러 공고문에도 다음과 같은 내용을 크게 게시한다.

> '남에게 세금을 전가시키기(飛灑各戶)'나 '토지 위치 허위신고(詭奇別里)' 또는 함부로 정세나 전량을 멋대로 올려 버린 것이나 조사하여 밝혀낸 본지의 오래된 관행이나 낡은 폐습 등을 낱낱이 열거하면서, 사흘 내에 스스로 자신의 잘못을 기록한 목록을 만들어 신고를 하면 전에 지은 죄를 면해 준다. 또한 지현은 신고 내용을 검토하여 이런 문제들을 각 방으로 넘겨 각자 자신을 바로잡게 할 것이다. 만약 여전히 숨기고 보고하지 않았으나 종전의 피해자나 다른 어떤 사람이든 이에 대해서 고발을 해서 사실임이 확인되면, 고발한 사람에게 큰 상을 주고 부정을 저지른 사람은 즉각 엄벌에 처할 것이다.

아울러 양서 등 대상자 모두에게 「확인서」를 받아서 보관한다.

○ 지난번에 저지른 부정에 대해 스스로 불어 고친 사람에 대해서는 따로 『자진신고자명단(自報冊)』을 두 부 만들어 한 부는 방(房)에, 한 부는 내택(內宅)에 보관함으로써 이후의 조사나 검토에 대비한다.

夫編審作弊, 天下皆然. 倘官欠精明, 全爲播弄,[75] 窮戶呑聲,[76] 無冤可愬. 卽或精明, 此輩

75 파롱(播弄)은 조종·도발·희롱이란 뜻이다.

76 탄성(呑聲)은 소리 죽여 운다는 뜻이다.

鬼神莫測, 亦僅剔其四三.[77] 若以套視之, 其于司牧, 又何賴乎? 宜于將審之先, 通傳前屆經手圖 · 里糧書, 嚴行面諭并大張榜示[78]:

所有前屆飛灑、詭寄及妄增丁糧, 併訪本地積習、錮陋諸弊,[79] 逐款開列, 許三日內開單自首,[80] 免其前罪. 俟本縣批准發房,[81] 各爲改正. 如仍隱匿不報, 或從前被害及諸色人等出首,[82] 審實首人重賞,[83] 本犯立行嚴處.

仍取「甘結」存案.

○ 其前屆自報改正者, 另立『自報冊』一樣二本, 一存房, 一存宅, 以便查考.

9-07. 부동산 등록이전(定推收)

무릇 토지의 매매가 있고 나서야 비로소 소유자의 등록이전(推收)이 있게 된다. 토지를 판매 사람이 그것을 내보내고(推出), 산 사람이 그것을 받아들이는 것(收管)이다. 이 가구에서 내보내면 저 가구에서 받아들이고, 이 도 · 갑에서 내보내면 저 도 · 갑에서 받아들인다. [그렇지만 이러한 등록이전의 다양한 양태를 보면] 종전에 매매가 이루어졌지만 아직 편심이 닥치지 않았다고 버티다가 이번 편심에서 등록이전을 하려는 경우가 있다. 하지만 이 경우에는 반드시 관청에 제출하여 세금을 내고 확인도장을 받은 「매매계약서」가 증거가 되어야 한다. 매매와 세금 납부가 이미 이루어졌지만, 여전히 토지가 판매한 사람의 명의로 남아 있고 전량도 판매자의 이름으로 대납이 된다면, 이 경우에는 반드시 확인도장을 받은 「매

77 사삼(四三)은 삼사(三四)나 마찬가지로 수가 많지 않음을 표시한다.
78 방시(榜示)는 게시한다는 뜻이다.
79 고루(錮陋)는 바꾸기 힘들고 부적절한 것이라는 뜻이다.
80 개단(開單)은 목록을 늘어놓는다는 뜻이다. 자수(自首)는 스스로의 죄를 분다는 뜻이다.
81 발방(發房)은 지현이 문건이나 안건을 관련 업무를 맡아 처리하는 서리에게 넘긴다는 뜻이다.
82 출수(出首)는 자수하거나 고발한다는 뜻이다.
83 심실(審實)은 진실임을 확인한다는 뜻이다.

매계약서」를 제출하여 등록이전을 해야 한다.

만약 매매가 이루어지지 않았는데 이유 없이 등록이전을 하려고 한다면, 그것은 바로 부정을 저지르기 위해서이다.【이를테면 이전 편심에서 제1갑에 있던 가구가 요역(이갑역)을 부담한 지 9년이 지났기 때문에 다음 해에는 반드시 [10년에 한 번 돌아오는] 요역을 맡아야 할 상황인데, 등록이전을 하는 틈을 타서 거짓계약서를 꾸민 다음 제10갑으로 옮겨 버린다면, 그는 다시 9년 더 요역을 피할 수 있게 된다. 또한 원래 경작지였다가 오랫동안 버려진 황무지가 있어 계속해서 본갑에서 그에 대한 세금을 손해를 보면서 물어 왔던 경우, 그것을 다른 이갑으로 떠넘겨 버리는 경우도 있다. 또 이미 오래전부터 경작되던 토지를 오래된 황무지로 등록시켜, 황무지를 더욱 늘리고 그에 따른 피해 또한 더욱 무겁게 하는 경우도 있다. 또한 본지의 전량을 다른 곳 호구에 거짓으로 등록시켜 무거운 차역을 피하려고 하는 경우도 있다. 이것들은 모두 실제로 매매가 없었는데도 등록이전을 빌려 부정을 저지르고자 하는 경우다.】

혹은 매매가 이루어졌다고 하더라도 판 쪽에서는 내보내기가 이루어졌는데 산 쪽에서 받아들이기를 하지 않으면, 토지는 숨겨지고 전량은 허공에 떠 버린다. 받아들이기를 하였지만 내보내기가 되지 않은 경우에는 같은 토지에 이중으로 전량이 부과되면서 한 쪽이 전량을 내지 않는 토지를 보유하면서 은근히 다른 쪽에게 두 배로 부담을 물리게 된다. 이쪽에서 내보낸 전량은 많은데 저쪽에서 받아들인 전량이 적은 경우는 토지소유자가 청탁을 통해 전량을 다른 사람에게 떠넘긴 것이다. 한 가구에서 내보냈는데 여러 가구에서 받아들이는 경우는 이서(里書)가 뇌물을 받은 것으로, 분명히 여럿으로 나누어 무거운 부담을 피하려는 것이다. 무릇 이러한 유형의 부정에 대해서는 내보내기와 받아들이기를 대조하여 서로 들어맞지 않는 것이 있으면 즉시 엄하게 추궁해야 하며, 가볍게 풀어 주어 부정행위를 조장해서는 안 된다.

그렇다면 내보내고 받아들이는 등록이전의 방법은 어떻게 해야 하는가? 이번의 편심시기에 등록이전을 할 경우 소유자(業戶)는 반드시 「매매계약서」를 직접 제출하여 세금을 내고 확인도장을 받아야 하며, 본관이 그것을 비준하여 해당 서리에게 넘기면 「인표(印票)」를 발급하여 소유자에게 넘긴다. 아울러 반드시 사고 판 곳 양쪽 이서 및 책방이 함께 입회하여 내보내고 받아들이는 등록이전 수속을 처리한다. 성명과 토지 면적을 대조하여 『편심책』에 올린 다음, 이서가 등록이전 확인 도장을 그 위에 찍고, 책서(冊書)와 소유자가 서명을 하는 것이다. 발급된 인표는 책서에게 넘겨 각 도(圖)의 등록이전이 끝나는 날 『등록이전책(推收冊)』과 함께 아문으로 반납케 한다. 지현 아문에서는 이번의 등록이전 내역을 검토하여 확인한 다음, 따로 『등록이전소책(推收小冊)』을 만들어 내택으로 보내 이후의 검사에 대비하게 한다.

이를테면 매매가 없었는데 마음대로 등록이전을 하거나, 가짜 계약서를 써서 거짓으로 등록이전을 하려는 사람이 발각되면 부정을 저지른 죄로 무겁게 처벌하고, 거짓으로 등록이전을 한 토지는 관청에서 몰수한다. 이와 같이 하면 앞 시기의 부정을 바로잡을 수 있고, 이번 편심의 부정도 모두 없앨 수 있으니 토지세나 차역과 관련된 등록이전의 문제가 어찌 깨끗해지지 않을 수 있겠는가? 등록이전이 확실해지고, 이것에 의해 전량에 따라 차역을 부과하게 되면 차역에 어찌 고르지 못함이 있겠는가? 그리고 토지에 따라 차역이 부과되는 것이 아니라 인정에 따라 정세를 부과하는 경우에는 또한 인정의 파악·보고에서 나타나는 오래된 좋지 못한 관행을 힘써 제거하는 데 핵심이 있다.

夫田有買賣, 始有推收.[84] 蓋由賣者推出, 與買者收管也. 故有此戶推而彼戶收者, 有此圖·甲推而彼圖·甲收者. 有從前買賣, 未遇編審, 今始推收者, 然必以買契投驗印稅爲憑.[85] 有買賣已經稅契,[86] 而戶仍賣主, 錢糧係賣主名下代納者, 亦必以印契投驗推收.[87] 若未經買賣, 無故推收, 卽爲作弊. 【如前屆一甲人戶, 役過已隔九年, 下屆應輪復役, 乘間收之際, 寫立假契,[88] 跳入十甲, 則又避役九年者; 又有本甲老荒,[89] 歷受賠累,[90] 飛入他里甲者; 又有將行犁熟地, 移入老荒名下, 使荒致日多, 賠累愈重者; 又有本處田糧, 假冒寄莊人戶,[91] 希避重差者. 此皆無買賣, 而借推收以作奸也】 或雖經買賣, 有此推而彼未收者, 田畝隱漏, 錢糧竟屬

84 추수(推收)는 파는 사람이 떠넘기며 양도하고(推), 사는 사람이 이것을 받는 것(收)을 가리킨다. 이러한 이동을 등록하는 방법을 추수라고 한다. 다시 말해 토지나 건물을 매매하거나 저당 잡힐 때 관부에 신고하여 재산권과 세금 관련 등록수속을 하는 것을 말한다. 과호(過戶)는 토지나 건물 등의 소유권이 이전된 다음 법정수속에 따라 물주의 성명을 바꾸는 것을 가리킨다.

85 시장에서 토지나 건물의 매매를 통해 계약서를 작성한 다음에는 반드시 관부에 직접 제출하여 확인을 받고(投驗), 세금을 내야만 그것을 확인해 주는 도장을 찍어 주는데(稅印) 이것이 세계(稅契)이다.

86 세계(稅契)는 부동산의 거래 계약 이후 관부에 계약서를 제출하고 납세하여 「백계(白契)」를 「홍계(紅契)」로 바꾸는 것을 가리킨다.

87 인계(印契)는 관부에서 도장을 찍어 확인한 부동산 거래 계약서를 가리킨다.

88 사립(寫立)은 계약서에 기입해서 계약을 맺는다는 뜻이다.

89 노황(老荒)은 버려진 지 오래된 경작지(황무지)를 가리킨다.

90 배루(賠累)는 손해를 보면서 돈으로 배상한다는 뜻이다. 여기서는 이미 버려진 경작지라서 세금을 낼 수 없는데도 세금 부과 대상으로 등록되어 있기 때문에 억지로 손해를 보면서 세금을 메워야 한다는 의미다.

91 기장(寄莊)은 본적 이외에 토지를 사서 장원을 설치하고 소작료를 받는 것을 가리킨다. 차요를 피하기 위한 수법으로 많이 이용되었다.

虛懸; 有彼收而此未推者, 一地兩糧, 必自享無糧之田, 暗累伊人重納; 有此推多而彼收少者, 業丰買囑,[92] 將糧飛向他人; 有一戶推而數戶收者, 里書受賄, 明係花分躲重.[93] 凡如此類, 將兩處推收互對, 不合立行嚴究, 不得輕縱長奸.

至于推收之法, 須將此屆推收, 業戶具呈,[94] 幷契送驗, 本官批准發房, 給一「印票」付業主,[95] 務同兩處里書幷冊房眼同此推彼收, 將姓名、田地數目對明, 登冊上鈐里書推收圖記幷冊書、業戶花押.[96] 將所給「印票」, 交付冊書, 俟各圖推收完日, 幷『推收冊』繳署. 查對其本屆推收, 另立一『推收小冊』, 送署備査. 如並無買賣, 擅自推收, 或寫假契, 冒立推收者, 査出以作弊重究, 以假契之田入官.[97] 如此, 前屆之弊, 旣行改正, 本屆之弊, 又盡剔除, 而田糧、丁口之推收, 有不淸者乎? 推收旣淸, 卽以之照糧派丁, 而丁有不均者乎? 至于照丁派丁, 又在開報之力湔其錮陋矣.

9-08. 편심용 책과 명단의 작성(開報冊單)

'책(冊)'은 이서가 작성하는 이번 시기 편심의 책이다. '명단(單)'은 호장이 열거하여 보고하는 이번 시기 편심 명단이다. 본래 서로 다른 형식인 것은 아니다. 다만 책과 명단을 만들 때에는 반드시 리별로 나누고, 리는 갑으로, 갑은 가구(戶)로 나눈다. 즉 한 가구에 대해서 말하자면 우선 이전의 정량(丁糧)을 조사하여 실재정량(實在丁糧)이 얼마인지, 실징은·미(實徵銀·米)가 얼마인지, 정량세율(稅則)은 은·미의 액수와 부합되는지를 파악해야 한다. 만약 착오가 있으면 위로 보고를 올리도록 해서 검토·개정함으로써 힘써 해당 가

92 매촉(買囑. 買屬)은 돈을 주고 청탁해서 처리한다는 뜻이다.

93 화(花)는 모호하며 진실되지 않은 것으로 사람을 미혹시킨다는 뜻이 있는데, 화분(花分) 역시 허위로 나눈다는 뜻으로 보인다. 타중(躲重)은 무거운 부담을 비껴 간다는 뜻으로 보인다.

94 업호(業戶)는 부동산 소유자를 말한다.

95 「인표(印票)」는 관부에서 발급하는 증명서를 말한다.

96 도기(圖記)는 인장의 한 종류를 말한다. 청대의 인장에는 보(寶)·(印)·관방(關防)·도기(圖記)·조기(條記) 등이 있다.

97 입관(入官)은 관부에서 몰수하는 것을 가리킨다.

구의 원액(原額)에 부합하도록 해야 한다. 이것이 철저하게 조사하는 방법이다. 실재정량과 실징은·미가 분명해지면, [해당 가구에 관한] 책과 명단을 만든다. 먼저 실재정량과 실징은·미를 기입하고, 이번 시기에 새로 받아들일 할 정량, 은·미과 비교하면 얼마나 늘어났는지를 알 수 있고, 이번 시기에 새로 밀어낼 정량, 은·미와 비교하면 얼마나 줄어드는지를 알 수 있으므로, 편심할 때 이를 근거로 세율의 상하 변동을 조정하는 것이다.

그러므로 책과 명단에 이미 실재정량과 실징은·미를 기입한 다음에는, 반드시 뒤이어 새로 받아들인 토지가 얼마이고, 응당 늘려서 거두어야 할 은·미가 얼마인지를 기록해야 한다. 새로 받아들인 토지의 세율은 바로 새로 밀어낸 토지와 같은 세율이며, 새로 늘어난 은·미는 또한 새로 밀어낸 토지에서 원래 징수하던 은·미와 같은 액수다. 상·중·하 세 등급 어느 것이든 상관없지만 반드시 원래 토지 세율과 은·미 액수에 따라 기입해야 하며, 결코 가벼운 것을 무거운 것으로 바꾸어 세율을 혼란스럽게 함으로써 원액을 어지럽혀서는 안 된다. 만약 새로 받아들인 토지나 정량에 원래 분명하지 않은 점이 있거나, 조사해서 발견되면 이서·소유자를 엄격하게 추궁하고 반드시 힘써 이를 바로잡아야 한다. 이것이 바로 편심에서 신·구 정량을 기입할 때 가장 중요한 핵심이다.

그다음 본가구의 인정에 대해서는 전량에 맞추어 원래 부과해야 하는 실재 정이 몇이고 실징정은은 얼마인지, 이번 시기 새로 받아들인 토지는 얼마이고 응당 늘려야 할 정수는 얼마이며 실징정은은 얼마인지를 기입한다. 정수(丁數)를 늘리는 방법은 현 전체의 지정은이 얼마이고 그 가운데 정은이 얼마이고 지은이 얼마인지, 그리고 응당 부과해야 할 정은이 얼마인지, 그리고 이번 시기에 증가시켜야 할 정은이 얼마인지를 계산한 다음, 대략 상·중·하를 가지고 아홉 단계의 세율로 나누는 것이다. 만약 전량이 은 1만 냥이고 정은이 3,300냥이라면, 매 전량 1석(石)당 대략 은 1냥(兩) 1전(錢) 정도를 부과하고, 전량 9두(斗)당 응당 정은 한 몫을 부과해야 한다면 그 정은 한 몫당 은 3전(錢) 3분(分) 정도를 징수한다. 9두 이상은 전량에 맞추어 점차 올라가면서 높은 세율을 적용시킨다. 전량이 늘어나면 정은 세율도 올라가고, 전량이 줄어들면 정은 세율로 낮아지도록 조정해야 한다. 다만 정은 세율이 올라가는 경우가 응당 많아야 하고, 낮아지는 경우는 적어야 하는데, 혹시 결액(缺額)이 있을지도 모르기 때문이다. 세율을 낮추는 일이 많으면 나중에 늘려서 메우기가 쉽지 않다. 세율을 올려 적용하는 것은 9두를 기준으로 하고, 낮출 때는 1석 1두를 기준으로 한다. 만약 줄어든 전량이 1석 1두에 미치지 못하다면 정은 세율을 낮추는 사례에 해당되지 않는다. 전량은 없고 정은만 부담하는 경우(光丁力役)에는 가장 낮은 하하(下下)의 세율을 적용하여 매 정마다 은 2전 4분만을 징수한다. 정은 세율을 올리거나 낮춰 적용하는 일의 핵심은 대략 이상과 같다.

정은 세율의 조정이 확정되면, 책과 명단에는 새로 받아들인 것과 내보낸 전량과 은·미 뒤에 9두를 기준으로 한 단계씩 올려 가면서 세율을 적용해야 할 인정이 얼마이고, 올려 받아야 할 정은이 얼마인지를 기입하고, 1석 1두를 기준으로 한 단계씩 내려가면서 세율을 적용해야 할 인정이 얼마이고, 내려 받아야 할 정은이 얼마인지를 기입함으로써 모두 예측하여 부과할 수 있게 해야 한다. 도망하거나 늙어 죽은 인정에 대해서는 토지의 유무를 호구조사 양식(戶調式)에 따라 기입하고 모두 지현의 직접 심사를 기다려서 판단·확정할 수 있도록 한다. 이것이 편심 명단을 작성하고 정은 세율을 조정함으로써 응당 늘리거나 줄이는 일의 핵심이다.

한 가구에 대해서 이렇게 한 다음, 모든 가구마다 이렇게 하고, 한 갑을 이렇게 한 다음 모든 갑마다 이렇게 하고, 한 리를 이렇게 한 다음 모든 리마다 이렇게 한다. 매 갑의 책·명단 작성을 완료한 다음에는 첫 번째 쪽에 1리의 총계를 기입한다. 열 가구를 1갑으로 하고, 10갑을 1리로 하고, 10리를 합하여 1도로 하며, 각 도의 수 전체를 합하여 현의 토지와 정량을 확정한다. 현의 토지와 정량 뒤에 이번 시기에 새로 받아들이고 내보낸 정량을 합산하면 원액에 비추어 보면 인정이 얼마나 늘어났는지 알 수 있는데, 늘어나는 일이 있어도 줄어드는 일이 없도록 해야만 비로소 편심의 선례에 들어맞을 수 있을 것이다. 그 책과 명단은 양식에 맞추어 현의 토지·정량의 원액을 기입하고 늘어나고 줄어든 것을 기입함으로써 마치 손바닥을 보는 것처럼 쉽게 상황을 파악할 수 있게 해 주니, 이것을 가지고 점검을 마치는 데에는 별 어려움이 없을 것이다.

○ 각 갑에서 책과 명단의 작성이 끝나면 내택으로 보내, 우선 책과 명단이 서로 부합하는지를 검토하고, 아울러 이상의 항목별로 대조하여 착오가 있는지 없는지를 점검한 다음 서리에게 내려 보내 편심을 준비하게 한다. 만약 한 항목이라도 맞지 않는 것이 있으면 즉시 전달하여 물어봄으로써 잘못이 있으면 고치고 부정을 저질렀으면 무겁게 처벌한다.

'冊'者, 里書所造本屆編審之冊也. '單'者, 戶長開報本屆編審之單也. 本無二式, 但造冊、單, 須分各里, 里分各甲, 甲分各戶. 卽以一戶言之, 先查上屆丁糧, 實在若干, 實徵銀·米若干, 其丁糧科則是否與銀·米數合. 若有舛錯, 禀究改正,[98] 務與本戶原額相符. 此徹底淸查之

98 품구(禀究)에서 품(禀)은 위로 보고를 한다(對上報告)는 뜻이고 구(究)는 따져 본다는 뜻이다.

法也. 實在丁糧、實徵銀·米旣淸, 則冊、單本戶先將實在丁糧、銀·米開造. 使與本屆新收丁糧、銀·米查對, 方知起長若干,[99] 使與本屆推除丁糧、銀·米查對, 方知消乏若干, 以便編審時據之以爲陞擦也. 故冊、單旣開實在丁糧、實徵銀·米, 又必接開新收田地若干, 應增徵銀·米若干. 其新收田地科則, 卽推出田地之科則也. 新增銀·米, 卽推出田地原徵之銀·米也. 或上、或中、或下, 但照原田地科則、銀·米開造, 不得改輕換重, 混亂科則, 以致原額不淸. 如所收田地、丁糧原有不淸之處, 查出嚴究里書、業主, 務須改正. 此開造編審新舊丁糧之大要也.

至于本戶人丁, 照糧原派實在丁若干, 實徵丁銀若干, 今新收田地若干, 應增丁若干, 實應徵丁銀若干. 其增丁之法, 總計闔縣地丁銀若干, 內丁銀若干, 計地銀若干, 應派丁銀若干, 今所增丁銀, 大約以上中下分爲九則. 如糧銀一萬兩, 該丁銀三千三百兩, 是每糧一石, 約銀一兩一錢有奇, 則計糧九斗應派丁一則, 徵銀三錢三分有零. 九斗以上, 照糧遞加. 其增糧者旣陞, 則減糧者應擦. 但陞宜取多, 擦宜取少, 恐有缺額. 若擦多則後難增補. 陞以九斗爲準, 擦以一石一斗爲準. 如所減之糧, 不及一石一斗, 不在擦, 則其光丁力役, 俱照下下則, 每丁止徵銀二錢四分. 夫陞擦之說, 大槩如此. 陞擦之數旣定, 則冊、單于新收、新推田糧、銀·米之後, 按九斗遞加之則, 應陞丁若干, 應增丁銀若干, 按一石一斗遞減之則, 應擦丁若干, 應減丁銀若干, 俱可預爲派造. 其逃亡、老絶有無田地, 俱按戶照式開造,[100] 俱俟本官臨審, 再爲酌定. 此又開造編審, 陞擦丁則, 以派應增、應減之大要也.

一戶如此, 戶戶如此; 一甲如此, 甲甲如此; 一里如此, 里里如此. 每甲造完之後, 首頁要一里總合. 十戶以定甲, 合十甲以定里, 合十里以定圖, 合各圖以定一縣之田地丁糧, 以一縣之田地丁糧, 合本屆新收、新推丁糧之數, 照原額加丁若干、增丁銀若干, 務期有增無減, 方合編審之例, 其冊、單照式開造一縣田地、丁糧之原額, 以及除減、新增, 瞭如指掌, 執此以爲審定無難矣.

○ 冊、單各甲造完須送宅, 先查冊、單是否相合, 幷以上逐款磨對無差,[101] 然後發出候審. 如有一款不合, 卽傳問,[102] 錯則准改, 弊則重究.

99 기장(起長)은 본래 뜻이 불분명하지만, 다음 구절의 줄어든다는 뜻의 소핍(消乏)과 대조를 이루므로 늘어난다는 뜻으로 보인다.

100 호조(戶調)는 원래 호별로 견면(絹綿)을 징수하던 부세(賦稅)로 동한 말에서 위·진시대에 실행되었다. 하지만 여기서는 그냥 호구별 부세라는 뜻으로 쓰인 것 같다.

101 마대(磨對)는 대조해 가면서 점검한다, 심문한다는 뜻이다.

102 전문(傳問)은 사람을 통해 물어본다는 뜻이다.

9-09. 사무소 설치와 직접 점검(立局親審)

편심용 책과 명단의 대조를 마친 다음, 모름지기 10일 전에 큰 종이로 미리 고시하여 편심 시기를 미리 알려야 한다. 그 시기를 정할 때에는 모름지기 주현이 번화한 곳인가 아니면 후미진 곳인가, 현에 리가 몇 군데나 되는가를 살펴 늦고 빠름의 속도를 결정한다. 편심사무소(審局)는 성황묘나 공관(公館) 등 반드시 넓고 큰 곳이면서, 앞쪽에 넓은 땅이 있어서 사람들이 서로 밀치지 않을 정도로 좁지 않은 곳이어야 한다. 편심 시기는 반드시 4향(鄕)을 나누고, 하루에 몇 리를 할지 미리 정해서 알림으로써, 각 리에서 시기에 맞추어 도착할 수 있게 한다. 그래야만 현성에서 머물면서 기다리거나, 늙고 병들거나 가족이 없는 사람들이 오랫동안 머물러야 하는 고생을 피할 수 있다.

모향의 모리 모갑을 조사할 때 신·구 이서(里書)와 책방(冊房)은 신·구책과 명단을 모두 모아서 점검을 기다리되 편심 사흘 전에는 그 사무실 앞에 미리 공지해야 한다. 지현이 편심할 때 먹는 차나 음식은 모두 현 아문에서 자체적으로 준비하여 리의 돈은 동전 한 푼 사용해서는 안 된다. 정세(丁稅)의 등급을 올리거나 내리는 일은 모두 지현이 전량 준칙에 따라 상세하게 검토한 다음 결정하는 것으로, 절대 다른 사람의 손을 빌려서는 안 된다. 간교한 서리나 무뢰배들이 사사로이 부과하거나 수탈을 하는 일이 있으면, 누구든지 직접 고발할 수 있게 허용함으로써 이들을 엄히 체포하여 무겁게 처벌하여 속임수의 단서를 모두 막고 잘라야 한다. 생원(生員)의 경우 직접 자신에게 관계된 일이 아닌 경우 다른 사람을 대신하여 「탄원서」를 올려서는 안 된다는 점 또한 미리 고시하고 통지해 두어야 한다. 또한 편심사무소는 엄숙하고 조용한 장소이므로 관계없는 사람이나 잡인이 마구잡이로 들락거려서는 안 된다. 만약 계단 아래에서 소란을 피우는 사람이 있으면 문지기는 이들을 확실하게 쫓아내어야 한다.

모리 모갑을 심사할 때가 되어 해당 갑의 호장들이 먼저 「호단(戶單)」을 제출하면, 가구마다 차례로 불러서 자기 이름으로 등록되어 있는 토지·정량이 「호단」과 서로 일치하는지를 물어보아 확인한다. 시골 백성으로 관부와 처음 접촉하기 때문에 감히 대답을 못하는 사람이 있는데, 만일 그가 무뢰배이고 다른 사람을 사칭하여 소집에 응한 경우인 것 같으면 조사하여 밝혀지면 호장과 함께 반드시 무겁게 처벌한다. 또한 간교한 무리 가운데에는 편심을 할 때 찢어진 옷을 번갈아 바꿔 입고 나오면서 가난한 사람인 것처럼 꾸미거나, 교묘한 말로 궤변을 늘어놓아 세율을 낮추어 감면을 받으려 하는 경우가 있는데, 이 역시 응당 모두 무겁게 처벌해야 한다. 새로 등록된 성년 장정(成丁) 중에서 토지를 소유하지 않아 역역(力役)만을 위해서 등록된 사람은 하하(下下)의 세율로 편성한다. 혹시 새로운 장정으로 이제 갓 등록했지만 세량을 내는 사람의 명의 아래 들어가 있는 경우 『편심책』에서 전량이 아주 많은 사람이지만 높은 세율이 적용될까 두려워 고의로 딴 사람 명의 아래 들어가는 것처럼 속이는 수도 있다. 조사해서 발각되면 '토지 위치 허위신고(詭寄)'의 경우에 비추어 엄중하게 처벌한다. 비록 아버지와 아들 사이라도 이런 것을 허락해서는 안 되는 이유는 기존 규칙을 혼란스럽게 만듦으로써 간교한 자들이 이를 이용하여 부정을 저지를 수 있기 때문이다.

새로운 장정(新丁)은 규정에 따라 모두 16세가 되어야만 비로소 등록시켜 보고할 수 있으며, 어린아이나 여자는 모두 등록을 허락하지 않는다. 무릇 이런 사례가 있으면 모름지기 성년 장정을 숨기고 어린아이나 여자로 이를 메우려는 것이니, 반드시 이서·이장 등을 불러다 그 호장을 엄격하게 추궁하게 한다. 만약 뇌물을 받고 성년 장정을 은닉했지만 스스로 그것을 고백하였다면 면죄를 해 주고, 만약 이장 등이 이를 보고해서 밝혀진 것이라면 호장을 엄중히 처벌하는데 칼을 씌워 공개하고 아울러 뇌물을 추징하며, 뇌물을 준 사람도 아울러 함께 처벌한다. 만약 이들 모두 이런 사실을 보고하지 않는다면, [이를 대비해서] 이서 등으로부터 연명으로 달게 벌을 받겠다는 「보증서」를 받아서 보관하되, 만약 발각되면 이들도 아울러 처벌한다. 인정이 사망하여 전량이 없어지면 마땅히 명단에서 삭제해야 하고, 도망한 인정은 언제 도망갔는지, 언제 죽었는지, 전량(田糧)이나 자제가 있는지 등을 살펴 만약 성년 자제가 있으면 전량을 인계시키고 인정으로 등록하며, 도망간 인정 기록에서 삭제한다. 성년 자제가 없고 전량만 있으면 그 토지를 대신 경작하는 사람을 확인하고 등록시켜 도망한 사람의 자리를 대신하게 한다.

60세를 이제 막 넘긴 나이 든 인정(老丁)은 아들을 성년 장정으로 등록시키면서 삭제하되, 만약 성년 장정이 없지만 전량이 많으면서 아직 쇠약하지 않은 상태라면 쉽사리 삭제해서는 곤란하다. 60세가 되자마자 인정을 삭제했는데 새로 등록되는 인정이 적다면 결액이 생겨서 골치 아파지기 때문이다. 도망치거나 죽어 버린 사람 가운데 여전히 인정이나 토지가 등록되어 있지만 오랫동안 황무지로 남아 있으면 전량은 이갑에서 모두 메워서 내야 한다. 이러한 황무지는 토지가 적으면서 인정으로 등록된 사람에게 주어 개간하도록 하고, 전량 역시 그 이름으로 등록시키고 원래의 인정은 삭제한다. 만약 정말 오랫동안 방치된 황무지라서 개간할 사람이 전혀 없다면, 해마다 이갑에서 그 부담을 떠맡게 되므로 전량과 정차의 세율을 조절하여 하하(下下)에 편성함으로써 그 손해를 줄여 주어야 한다. 만약 황무지가 작은 자투리땅에 지나지 않는데 종래 여러 인정으로 등록되어 있던 경우라면 한 사람의 이름으로 통합·귀속시키고, 그 땅은 개간을 맡기거나 아니면 공동으로 부담을 나눠 맡아 인정만 늘어나서 생기는 피해를 줄여 주어야 한다.

만약 다른 현의 백성이 우리 현에 와서 소작하고 있다면, 이를 '기장(寄莊)'이라고 하는데, 이 경우는 선례대로 우리 현의 인정으로 편입시키지 않는다. 그는 원래 속한 현의 정차(丁差)를 부담하기 때문에 여기서는 다만 차은(差銀)만을 납부하게 한다. 전량이 9두라면 정은이 대략 3전 3분이고, 전량이 9두 이상이고 그 인정이 하중에 해당한다면 납부해야 할 정은은 6전 6분 정도다. 하지만 기장처럼 차은(地差)만 납부하면 은 2전 4분이면 된다. 이 때문에 거짓으로 기장을 칭하는 경우가 많다. 따라서 편심을 할 때 차은을 납부하면서 기장이라고 하는 경우가 있으면 모름지기 어느 현 백성인지, 어떤 해에 토지를 매매하고 전량을 인수했는지, 「매매증명서」를 갖추어 등록이전을 했는지 등을 엄밀하게 조사해야 한다. 만약 거짓임이 밝혀지면 반드시 전량에 따라 거기에 적용할 세율을 확정하되, 보고하게 하면서 동시에 처벌을 한다. 그 기장호(寄莊戶)에 인정이 있으면 반드시 5년 내에 매입한 토지와 인정을 함께 등록·이전하게 한다.

이번 편심에서 세금 액수가 많지 않은 사람은 인정을 모두 삭제한다. 각 리의 편심이 끝나면 신고되지 않은 새로운 장정이 있는지 아니면 삭제되어야 하는데 여전히 남아 있는 인정이 있는지를 살펴, 이서·호장·향약·지보들에게 "결코 뇌물을 받아 숨기거나 빠뜨린 것이 없고, 가난한 사람들에게만 일방적으로 무거운 부담을 떠넘기는 등의 부정을 저지르지 않았으며, 만약 나중에 발각되면 달게 처벌을 받겠습니다."라는 「보증서」를 받아 보관한다.

○ 편심을 위해 제출된 「호단(戶單)」에는 실재 토지 및 은·미 외에도, 이를테면 새로 받아들인 토지와 은·미가 새로 결정된 정세 세율(등급)과 들어맞는다면 바로 붉은 먹물의 붓을 사용하여 조정되어 올라가거나 내려간 은·미와 정세 세율을 연결시킨다. 그리고 새로 내보낸 토지와 낮춰 조정된 정세의 세율 역시 마찬가지의 방법으로 연결시킨다. 또한 새로 등록된 인정 및 도망가거나 사망한 인정은 모두 붉은 먹물로 직접 각각의 이름 아래에 더하거나 삭제한다. 그리고 새로 등록된 인정이 얼마인지, 삭제된 인정이 얼마인지를 계산하여 그 총수를 「호단」에 기록한 다음 날짜를 쓰고, 그날 편심을 거친 「호단」 모두를 밀봉한 다음 내아로 가지고 가서 등록한다. 편심을 할 때 혼자 살거나 가난하거나 병이 들었는데도 제외 명단에 들어 있지 않은 사람은 따로 은근히 기억해 두었다가, 편심이 끝난 후 전체적으로 계산을 해 보아 만약 늘어난 정수가 많으면 그들에 대한 면제를 허용해 주도록 하고, 이를 공고함과 동시에 해당 향에도 이를 공지한다.

編審冊、單, 磨對旣淸,[103] 須十日前大張告示, 預示審期. 其期又須視州縣衝僻、里分多寡, 以爲遲速. 其審局, 或城隍廟, 或公館, 務須寬大及局前廣濶之地, 免致逼窄擁擠.[104] 審期須分四鄕, 一日幾里, 預先酌定曉示,[105] 俾各里按期而至, 免其住城守候及老病、鰥寡久留之苦.[106] 審某鄕、某里、某甲, 其新·舊里書、冊房俱執新·舊冊、單, 伺候査勘,[107] 臨審前三日, 出示局前. 其本縣編審, 茶飯俱係自備, 並不用里下一文; 其於應陞、應擦, 俱係本縣照糧準則, 詳加酌定, 並不假手他人.[108] 恐有奸胥、猾棍, 私行科斂,[109] 許諸色人等首告, 嚴拿重究, 以杜絶騙端. 所有生員, 非係本身之事, 不得代人呈稟, 亦宜懸示通知. 其審局務宜肅淸, 不許閒雜擁立,[110] 階下喧嚷,[111] 把門皂隷嚴行驅逐.

如審某里某甲, 本甲戶長先投「戶單」, 逐戶喚問. 問其名下田地、丁糧, 是否與「戶單」相符. 看其人係鄕愚, 乍見官府,[112] 有不能答對者, 如係棍狀,[113] 恐是頂冒應點,[114] 査出定同戶長重責. 又有奸詐之徒, 于喚審時,[115] 或破衣輪流, 穿換粧扮窮人,[116] 或利口能言,[117] 騁其巧辯,[118] 希圖擦免者, 均應重責. 其新報成丁, 不因糧起, 是爲力役, 止編下下. 或有纔報新丁, 卽收糧名下者, 乃是冊上糧多之人, 恐要陞則, 故行詭寄, 査出照詭寄重責治罪.[119] 雖係父子亦不准行, 恐混亂成規, 奸猾因而作弊.

其新丁例係十六歲, 方許開報, 如幼小不成丁及女子俱不准行. 凡有此等, 必係將成丁隱

103 마대(磨對)는 대조하면서 점검한다, 심문한다는 뜻이다.
104 핍착(逼窄)은 협착(狹窄)과 같은 뜻으로 비좁다는 뜻이고, 옹제(擁擠)는 사람이나 차·배 등이 밀집하여 서로 밀칠 정도라는 뜻이다.
105 효시(曉示)는 고시 또는 분명하게 고지한다는 뜻이다.
106 환과(鰥寡)는 늙어서 아내나 남편이 없는 사람, 가난한 노약자를 가리킨다.
107 사후(伺候)는 기다린다, 준비한다는 뜻이다.
108 가수(假手)는 다른 사람의 손을 빌린다는 뜻이다. 대필이란 뜻도 있다.
109 과렴(科斂)은 과파(科派), 즉 세금 부과를 가리킨다.
110 한잡(閑雜. 閒雜)은 일정 범위를 벗어나 상관없는 사람이란 뜻이다. 뒤섞이다, 혼잡하다는 뜻도 있다.
111 훤양(喧嚷)은 소란스럽다는 뜻이다.
112 사견(乍見)은 처음으로 만난다는 뜻이다.
113 곤상(棍狀)은 악당·악인을 가리킨다.
114 정모(頂冒)는 정명모성(頂名冒姓)의 줄임말로 다른 사람을 가장한다는 뜻이다. 응점(應點)은 인원 점검에 응한다는 뜻이다.
115 환심(喚審)은 사람을 시켜 불러들여서 심문한다는 뜻이다.
116 윤류(輪流)는 순서에 따라 번갈아 되돌아간다는 뜻이고, 장분(粧扮)은 화장한다는 뜻이다.
117 이구(利口)는 아주 말을 잘한다는 뜻이다.
118 교변(巧辯)은 궤변을 뜻한다.
119 중책(重責)은 중대한 죄책, 또는 엄중하게 책벌한다는 뜻이다.

漏, 以幼小子女搪塞,[120] 務須喚問里書、里長等,[121] 嚴詰戶長. 如有賄漏, 自家說出免罪, 如係里長等報出, 將戶長重責枷示, 仍行追贓與受一並治罪. 如俱不供報,[122] 取里書等連名「甘罪結狀」存案, 如有發覺, 併行究處.[123] 其絶丁無田糧者, 應與開除. 逃亡之丁係何年逃去、何年亡故, 有無田糧、子弟, 若有成丁子弟, 卽應承糧報丁, 將逃亡之丁豁除. 如無成丁子弟, 止有田糧, 田係何人承種, 卽應頂認逃亡之丁.

其老丁年逾六十, 子報成丁, 應與開除. 若無成丁, 且有多糧, 狀未衰憊,[124] 似未可輕除. 恐六十輒除, 新丁開報者少, 缺額則未便也. 其逃絶之中,[125] 丁尙掛籍地, 又久荒糧, 係里甲包賠. 此等荒地, 應着地少有丁之人領去開墾, 糧併名下, 丁與豁除. 若眞正老荒, 無人領墾, 年年里甲包賠, 應改地差, 概編下下, 以少恤賠累. 若荒地零星向俱編丁者, 准令歸併一丁名下, 或承墾,[126] 或公攤,[127] 更省多丁之累.

若別縣民來此佃種, 名曰: '寄莊', 例不編丁, 以彼縣原有丁差也. 止納差銀,[128] 如每糧九斗, 約丁銀三錢三分, 九斗已上, 該丁下中, 丁銀便是六錢六分有零矣. 若納地差, 止銀二錢四分. 故假冒寄莊爲多.[129] 審時遇有地差指稱寄莊者, 必嚴審何縣人民, 何年買賣承糧, 有無「印契」推收.[130] 查出揑冒, 定行按糧編則, 仍將開報弁責. 其寄莊戶有丁者, 必五年之內買產連丁俱過, 今旣編審銀數無多者, 丁與開除. 各里審畢, 恐有新丁未報, 應除未除, 着里書、戶長等弁鄕約、地方, 俱具"並無受賄隱漏及偏累孤貧等弊. 如日後發覺甘罪"「結狀」存案.

○ 其投審「戶單」, 除實在田地、銀 · 米外, 如新收田地、銀 · 米, 與所定丁則相符, 卽用硃筆, 將陞過銀 · 米、丁則連點. 而下新推擦減之數, 亦硃筆如前連點. 其新丁與逃亡、老絶之丁, 俱用硃筆, 于逐名下親書增除, 仍查新丁若干, 除免若干, 書總數于單後, 判日, 將本日審過「戶

---

120 당색(搪塞)은 얼렁뚱땅 메운다는 뜻이다.
121 환문(喚問)은 불러들여 묻는다는 뜻이다.
122 공보(供報)는 위로 보고를 올린다는 뜻(呈報, 稟告)이다.
123 구처(究處)는 추궁하여 처분한다는 뜻이다.
124 쇠비(衰憊)는 쇠약하고 고달프다는 뜻(衰弱疲憊)이다.
125 도절(逃絶)은 원래 호구가 모두 도망가 버린 경우를 가리킨다. 1년이 지나도 돌아오지 않으면 호구가 끊어진 것(戶絶)로 간주한다. 도망쳐서 종적이 감춰졌다는 뜻도 있다. 하지만 여기서는 성년 남자가 죽거나 도망친 경우를 합칭하는 것으로 보인다.
126 승간(承墾)은 불하받아 개간한다는 뜻이다.
127 공탄(公攤)은 공동으로 분배한다는 뜻이다.
128 차은(差銀)은 소작농이 다른 현에 가서 소작할 때 내야 하는 정세(丁稅)를 가리킨다.
129 가모(假冒)는 가짜를 빌려 진짜를 어지럽힌다, 사칭한다는 뜻이다.
130 「인계(印契)」는 관부의 도장 확인을 받은 「부동산 거래 증명서」, 「매매증명서」를 말한다.

單」若干張, 封押隨帶內衙登記.[131] 審時遇有孤窮、殘疾之人,[132] 不在除例者, 另暗記之, 審畢通盤打算, 如增丁數多, 亦准與除豁, 出示曉諭幷示本鄉.

9-10. 편심 후의 공고(審後出示)

편심을 마친 다음에는 원액이 그대로인 경우가 아니면, 이번 편심에서 올라가거나 내려가거나 또는 늘어나거나 줄어든 정량을 리별로, 그리고 가구별로 분명하게 나열하여 공고함으로써 모두에게 알려 주어야 한다. 그리고 그 가운데 정세 세율이 올라가고 내려간 것이 잘못되거나, 명단 보고가 공정하지 못하거나, 이서들이 부정을 저지르거나 뇌물을 받은 경우가 있으면, 공고한 지 사흘 안에 해당 이서의 이름과 증거를 갖추어 고발할 수 있도록 허용한다고 널리 알린다. [그런 고발이 있으면] 본 지현이 확실하게 심사하여 그 결과에 대한 결정을 내릴 것이며, 결코 억울한 피해가 없었는데도 함부로 소란을 일으킨 경우라면 반드시 무겁게 처벌하여 칼을 씌워 공개하되 용서하지 않는다는 뜻을 알리는 것이다.

編審旣定, 除原額不動外, 所有本屆陞擦、增除丁糧, 按里逐戶, 明白開列, 出示曉諭. 通知其中陞擦不合、開報不公、里胥作弊受賄等情, 許出示三日之內, 指名據實呈控. 本縣准與審理定奪,[133] 如並無枉累,[134] 妄行瀆擾,[135] 定行重責枷示不貸.

---

131 봉압(封押)은 밀봉하고 서명하다는 뜻이다.

132 잔질(殘疾)은 환자나 장애인을 가리킨다. 법률적으로 보면 잔질(殘疾)은 지체가 불구가 되거나, 머리에 상처가 생겨 머리카락이 모두 빠지거나, 눈 한쪽이 실명하거나, 두 귀가 귀머거리가 되는 것으로 그보다 심한 폐질(廢疾)이나 독질(篤疾)보다 정도가 낮다.

133 심리(審理)는 심문·처리한다, 재판을 한다는 뜻이고, 정탈(定奪)은 가부나 거취를 결정한다는 뜻이다.

134 왕루(枉累)는 억울하게 피해를 입는다는 뜻이다.

135 독요(瀆擾)는 소란을 부린다는 뜻이다.

9-11.『편심책』 작성(攢造『審冊』)

『편심책』을 작성하는 것은 매일 점검을 마친 각 이갑의 「홍단(紅單)」에 따라 『편심책』의 초고(冊稿)를 만드는 것이다. 거기에는 구관·신수·개제·실재의 네 가지 항목이 있어야 한다. 즉 한 가구에 몇 사람이 있고, 인정이 몇 명이며, 구관 토지가 얼마이고 [그에 대한 세금으로서의] 은·미가 얼마인지를 우선 기입한다. 그 다음으로는 신수 항목을 적는데 전량(田糧)은 얼마이고 은·미가 얼마인지, 전량에 의거하여 올려 거둬야 할 정은은 얼마인지를 기록한다. 그리고 개제 항목을 쓰는 데 해당하는 것이 없으면 그 항목 아래에 "없다"고 작은 글씨로 기록한다. 그다음은 구관·신수 두 항목을 보고 실징정은이 얼마인지를 적는데, 정은 세율이 낮춰진 가구는 그것에 맞추어 바꾼 다음 네 가지 항목을 채워 넣는다. 신사가문의 인정으로 우면(優免)의 혜택을 받는 경우는 우면이라고 작은 글씨로 기입하는데, 나머지 세량과 인정은 [일반 백성과] 동일한 원칙에 따라 부과한다. 신사 명의 아래로 들어간 공정(供丁)에 대해서는[136] 적당하게 사정을 참작해서 얼마간 면제해 주되, 나머지에 대해서는 마찬가지로 전량과 정세를 동일한 원칙에 따라 부과한다.

각 갑 『편심책』의 표지 숫자들은 종합하면 해당 리의 총수가 되고, 각 리 『편심책』의 표지 숫자들은 종합하면 해당 도의 총수가 되며, 각 도 『편심책』의 표지 숫자들은 종합하면 해당 현 전체의 총수가 되는데, 모두 위의 네 항목에 맞추어 작성해야 한다. 책서 등은 「홍단」과 일치하는지의 여부를 대조한 다음, 내아에 보내어 차이가 없는지 지현으로부터 점검을 받는다. 그리고 지현은 총서·이서·책방 등의 「확인서」를 받아 보존한 다음에야 자료를 호방에 넘겨 『편심책』을 같은 내용으로 몇 권 작성하게 한다. 관련 아문에 올려 보내는 것 외에 한 부는 호방에 보관하고 나머지 한 부는 지현의 내아에 보존하여 차후에 참고할 수 있게 한다.

攢造『審冊』, 卽將逐日審過各里甲「紅單」,[137] 照造冊稿, 分立舊管、新收、開除、實在四柱. 卽如一戶某人、人丁一丁、舊管田地若干、銀·米若干、新收田糧若干、銀·米若干, 照糧應陞

136 신사 명의 아래로 들어간 공정(供丁)에 대해서는 「9-01. 총론(總論)」 부분을 참조.

137 「홍단(紅單)」은 원래는 붉은색 직인이 찍힌 영수증을 말하며, 일반적으로 청대 「납세증명서」를 가리킨다. 하지만 여기서는 이갑에서 작성한 편심 자료를 가리키는 것으로 보인다.

丁銀若干. 無開除卽于開除下註無. 今舊管、新收二項、實應徵丁銀若干, 如係擦減之戶,[138] 卽照擦減, 仍照四柱塡造. 如紳衿丁, 係優免除丁, 註優免, 其糧、丁一例按派. 其紳衿供丁, 酌量情免若干,[139] 糧、丁亦一例照派. 各甲首繫一本里總數,[140] 各里首繫一本圖總數, 各圖首繫一合縣總數, 俱照四柱開造. 冊書等磨對與「紅單」相合, 送內衙磨對無差, 取具總·里書、冊房等「甘結」存案, 方發房攢造一梯若干本. 除申送該衙門外,[141] 一本存房, 一本存署備查.

9-12. 편심 여론(編審餘論)

편심의 정례(定例)는 5년에 한 차례 하는 것이다. 대개 5년 정도가 되면 토지가 거래되지 않거나 인정의 수가 바뀌지 않은 경우가 거의 없다. 따라서 이를 차례대로 정리하고 점검하여 조정함으로써 전량이 어느 한쪽만 힘들게 하지 않고, 정세 또한 고르게 부담하도록 만들려는 것이다. 그러나 역역(力役)의 징발이 있을 때에는 대개 인정만을 기준으로 하지만, 또한 전량을 함께 고려하여 부과하는 경우도 있다. 인정으로 등록된 경우 대개 서민이며 가난한 경우가 많다. 토지가 있는 경우 대개 힘센 가문이고, 부유한 사람이 많다. 만약 전량을 무시하고 인정만 따져서 부과한다면, 가난한 사람들의 골수까지 모두 쥐어짜더라도 관부의 요역을 충당하기에는 힘에 부치겠지만, 수백 수천 무의 비옥한 토지를 지닌 사람들은 도리어 편안히 앉아서 안락함을 누리게 된다. 그러므로 인정만을 기준으로 하는 것은 전량까지 아울러 고려하는 방법만큼 적당하고 공정한 것이 되지 못한다.

북방의 신사들을 보면 언제나 토지에 부과된 정규 전량만을 완납하는 데 그치고, 그밖에 대해서는 전혀 개의치 않는다. 오로지 백성만 역역을 부담하여 한 해가 지날 때까지 전혀 쉴 틈을 얻지 못한다. 더구나 간악한 이서들이 다시 다양한 항목으로 불법적으로 갈취하니 그 고통은 이루 다 말할 수 없을 정도다. 그런데 만약 남방처럼 [북방에서도] 전량을

138 찰감(擦減)은 감면(減免)의 뜻이다.
139 작량(酌量)은 '양을 짐작하여 적당하게'라는 뜻이다.
140 갑수(甲首)는 갑장을 가리킨다.
141 신송(申送)은 위에 보고한다는 뜻이다. 여기서는 포정사 아문에 올려 보내 보고하는 것을 말한다.

함께 계산하고 그에 비례하여 요역을 부과한다면, 진실로 백성에게 끝없는 휴식을 제공해 줄 수 있겠지만, 반면 신사나 유력한 가문은 멋대로 지현을 헐뜯고 소란을 일으키지 않는 경우가 없을 터이다.

무릇 국가에서 요구하는 차역은 항상 있는 것이 아니고, 또한 지현은 이 모든 것을 떠맡아 처리해야 한다. 서역들이 공무를 핑계로 백성에게 세금을 매기거나 재물을 갈취하는 것은 엄격하게 금지해야 한다. 지방관이 오로지 청렴함을 유지하고 이역들이 법을 지킬 줄 알게 되면 백성은 무사하게 편안히 지낼 수 있다. 또한 어찌 신사나 유력 가문이 근심의 대상이 될 수 있겠는가? 그러나 정차(丁差)를 받들어 시행한 지는 이미 오래되었기 때문에, 하루아침에 이를 바꾸는 것은 아주 곤란하다. 따라서 여기서는 그런 논의가 있다는 점만을 언급해 둘 뿐이다.

무릇 [편심을 통해 등록되어 있는] 인정에 대해서는 그 원래의 수(原額)가 얼마인지를 알아둘 뿐 함부로 늘려서는 안 된다. 종종 간악한 서리들이 지현을 유혹하거나 호장을 위협하여 마구잡이로 늘려 보고하기도 하여 심지어는 원액을 계산할 때 수백, 수천 명이 늘어나는 경우도 있다. 이것은 지현이 이익을 탐내어 사욕을 채운 것이 아니라면, 이서가 뇌물을 받고 지현에게 은혜를 구걸하여 늘린 경우다. 이럴 경우 그 더러운 행적은 널리 소문이 퍼져 관원으로서 경계해야 할 규범을 크게 어겼다고 하여 곧바로 상사에게 보고될 수도 있다. 사실 편심 때마다 [파악되어 상급 관청에 보고되는] 인정은 늘어날 뿐 줄어들지는 않는 것이 보통이다. 하지만 끄떡하면 천 명 단위로 늘어나 백성은 대대로 이 늘어난 인정 명부 때문에 피해를 입게 된다. 매번 편심 때마다 이렇게 천 명이나 되는 인정이 늘어난다면, 도대체 그 끝이 어디에 있겠는가? 그렇기 때문에 조정은 원래 백성을 사랑하는 것을 근본으로 삼고, 군자는 백성에게 인정을 베푸는 것을 마음에 둔다. 마치 연못의 물을 모두 품어내 고기를 모조리 쓸어 담듯이 눈앞의 이익만 추구하고 나머지 은혜는 베풀지 않겠다고 작정한다면, 위로는 황상의 인자함을 체득하지 못한 것이 되고, 아래로는 관리가 되고자 하였을 때 본래 품었던 뜻을 잃게 된다. 그러니 어찌 내 비루한 생각이라도 내놓아 그것을 올바른 길로 바로잡도록 청하지 않을 수 있겠는가?

대개 북방에서는 전량이 가볍고 정은이 무거워, 정세를 납부하는 것 이외에는 모든 공차(公差)·잡파(雜派)가 인정에 대해서 부과되므로, 이것이 바로 인정이 큰 부담이 되는 까닭이다. 남방에서는 전량이 무겁고 정은이 가벼워, 정규 전량을 납부하는 것 이외에 모든 공차·잡파가 전량에 대해서 부과되므로, 이것이 전량이 큰 부담이 되는 까닭이다. 그러나 인정과 전량을 가지고 공정하게 부과하는 것을 이야기하자면, 전량은 토지의 규모에 비례하여 내게 하고, 정세는 사람[성년 남자]의 수에 비례하여 부담케 하는 것이 진실로 결코 바뀔 수 없는 최선의 방안이다. 나라에서 작은 요역을 부과하면 인정에 따라 부과하고 큰 요역이 있으면 인정과 전량 모두를 기준으로 부과를 한다면, 인정과 전량 모두에 대해 치우치는 폐단이 없으니, 어찌 부담이라 할 수 있겠는가? 토지에 대해서만 전량을 부과하고 난 다음에 다시 정세를 부과한다면, 토지가 아들을 낳아 주거나 딸을 길러 주는 것도 아닌데 어찌 인정(丁口)이 있을 수 있겠는가? 이는 오로지 토지가 있는 사람들만 치우친 부담을 떠안는 것을 뜻한다. 만약 남북을 막론하고 이렇게 전량에 비례하여 정세를 부과하는 일[의 문제점]을 일률적으로 제거해 주신다면, 하늘 아래 그 감격스러운 은덕을 떠받드는 데 어찌 끝이 있겠는가? 하지만 정례가 이미 오래된 것이기에 이에 대해서 감히 논의하는 사람이 없다. 황상께서 혹시 이 점을 멀리서 분명히 꿰뚫어 보시고 천고의 두터운 은혜를 내려 주시지는 않을까?

○ 명말 강소성 오강(吳江)의 지현이었던 곽유화(霍惟華)는 현의 요역에서 부담이 가볍고 무거움이 너무 고르지 않자, 스스로 나서 토지를 측량하고 다니면서 일일이 리별로 조사를 하여 그 결과를 『어린도책(魚鱗圖冊)』으로 편찬하였다. 한 홉이나 한 줌의 세금을 숨기거나 누락시키는 것도 인정하지 않고, 현 전체의 전량을 리별로 고르게 부과하였으며, 요역 또한 전량에 비추어 고르게 부담시켰다. 그 결과 부자들은 세금을 피하거나 숨길 수 없었고, 가난한 사람만 무거운 부담을 지는 일도 없어졌다. 그 효과는 지금까지도 남아 있어 사람들에게 혜택을 미치고 있다. 만약 천하의 전량과 요역을 모두 이렇게 고르게 부담시킬 수 있다면 그야말로 더할 나위 없이 좋을 방안이 될 것이다. 하지만 곽공과 같은 사람이 나타나 수고로움과 원망을 꺼리지 않고 백성이 영원히 이익을 누리도록 노력하는 일이 어찌 항상 있겠는가? 내가 번다함을 마다하지 않고 여기에 아주 상세하게 관련 내용을 일일이 기록한 것은 나중의 뛰어난 지방관들이 채택해서 이용해 주기를 바라서이다.

編審定例, 五年一屆. 蓋五年中田土不無別售, 人丁不無消長,[142] 所以編次而審定之,[143] 要使糧無偏累, 丁有均齊也. 然而力役之征, 專在人丁, 猶復計糧派差者. 有丁者, 皆庶民而多貧苦; 有産者, 皆巨族而多富足. 若棄糧而止論丁, 是竭窮甿之脂髓,[144] 不足供公家之徭役, 而擁

142 소장(消長)은 증감 · 성쇠 · 변화를 가리킨다.
143 편차(編次)는 편집하여 정리한다, 심정(審定)은 심사하여 결정하거나 평정을 내린다는 뜻이다.
144 지수(脂髓)는 정수(精粹)를 뜻하지만, 백성이 노동으로 얻은 소득을 비유하는 데도 쓰인다.

連陌之膏腴, 反得享安坐之樂佚矣.[145] 故耑計丁, 不若兼計糧之爲至當至公也.[146] 每見北方紳衿, 止完任土之正賦,[147] 餘無所問, 惟百姓獨肩力差, 終年畢世, 罔有休息. 況猾里奸胥復多科索,[148] 其苦有不可勝言者. 若照南方按糧派差, 誠百姓無疆之休,[149] 而紳衿、勢豪則未有不恣謗興譁者. 夫公事之差, 非所常有, 一切縣官承應. 以及胥役指公科歛需索, 嚴行禁絶. 官惟飮水,[150] 吏知守法, 百姓且自安于無事矣. 又何紳衿、勢豪之是慮乎! 然丁差之奉行已久, 一旦更張, 勢有極難, 亦惟存其議耳.

夫人丁視原額若干, 不宜妄增. 往往奸胥簧誘本官,[151] 威嚇戶長濫報,[152] 及至計算原額, 溢至數千百名. 非本官貪利而私鬻,[153] 卽里胥受賄而乞恩,[154] 穢跡彰聞,[155] 官箴大玷,[156] 卽徑以報上. 每審人丁有增無減, 若增輒千計, 百姓世受籍丁之累, 而千數之丁, 每届疊增, 又安有窮極哉? 故朝廷以愛民爲本, 君子以仁民爲心. 若必竭澤而漁,[157] 不遺餘惠, 恐非上體聖仁, 下失古處之本懷也.[158] 是又弗忝芻蕘,[159] 以請正有道?

夫北地糧輕丁重, 以納丁而外, 一切公差[160]、雜派,[161] 皆出于丁, 此丁之所云累也. 南土糧重丁輕, 以納正賦而外, 一切公差、襍派, 皆出于糧, 此糧之所云累也. 然以丁糧之正理論之, 糧

---

145 연맥(連陌)은 천맥상련(阡陌相連), 즉 토지(의 경계)가 잇따라 연결되어 아주 넓다는 것, 즉 대토지 소유를 가리킨다. 고유(膏腴)는 기름진 땅을 가리킨다. 낙일(樂佚)은 한가하고 안락하다는 뜻이다.

146 단(耑)은 전(專)과 같은 뜻이다.

147 임토(任土)는 토지에 따르거나 토지에 의거한다는 뜻이다. 정부(正賦)는 보통 정규 전량, 즉 지정세(地丁稅) 또는 정량(丁糧. 인두세와 토지세)을 가리킨다.

148 과색(科索)은 관리가 백성에 불법적으로 재물을 갈취하는 것을 말한다.

149 무강(无疆)은 끝·경계가 없다는 뜻이다.

150 음수(飮水)는 청렴하다는 뜻이다. 『진서(晋書)』 권90 「양리(良吏) 등유(鄧攸)」의 고사에서 나왔다("時吳郡闕守, 人多欲之, 帝以授攸. 攸載米之郡, 俸祿无所受, 唯飮吳水而已.").

151 황유(簧誘)는 교묘한 말로 유혹하거나 속인다는 뜻이다.

152 위혁(威嚇)은 위세로 공갈한다는 뜻이다.

153 육(鬻)은 판다는 뜻이다. 여기서는 사익을 추구한다는 뜻으로 사용되었다.

154 걸은(乞恩)은 은혜를 베풀어 줄 것을 애걸한다는 뜻이다.

155 예적(穢跡)은 더러운 행적, 창문(彰聞)은 널리 소문이 난다는 뜻이다.

156 관잠(官箴)은 관리로서 경계해야 할 규범을 말한다.

157 갈택이어(竭澤而漁)는 연못의 물을 다 빼내 물고기를 잡는다는 것으로 목전의 이익만을 생각할 뿐 길게 보고 생각하지 않는 것을 비유한다.

158 고처(古處)란 옛날의 방식대로 임한다(以故舊之道相處)는 뜻이다. 즉 처음과는 몹시 달라졌다는 뜻인데, 고처의 본회란 여기서는 관리가 되었을 때의 초심(初心)을 말하는 것으로 보인다.

159 추요(芻蕘)는 풀을 베고 나뭇가지를 줍는다는 뜻으로 비천한 일을 하는 사람, 또는 초야(草野)의 사람을 가리킨다. 스스로를 낮추어 비루한 견해를 지칭하기도 하는데, 여기서는 바로 이 뜻이다.

160 공차(公差)는 여기서는 정식 요역 이외에 중앙·성 정부로부터 부과되는 차역(差役)을 가리키는 것 같다.

161 잡파(雜派. 襍派)는 정세(正稅) 이외에 각종 명목으로 부과하는 것(攤派)을 가리킨다.

照産輸, 丁照人納, 誠爲不易之經. 若國有小役. 計丁派夫, 有大役, 丁糧均派, 則丁與糧無畸輕、畸重之弊, 又何累之足云? 獨是産旣輸糧, 又于糧上派丁, 田不生男育女, 又安有丁口乎? 此其爲有産者之獨累矣. 若無論北方、南土, 其照糧派丁, 一槩蠲豁,[162] 則溥天戴德,[163] 寧有涯哉! 然定例已久, 未有敢議及者, 其在聖明離照沛然下千古之恩澤乎?[164]

○ 明季吳江令霍惟華,[165] 以邑徭役苦樂不均, 遂親自履畝, 逐里淸査, 編造『魚鱗圖冊』.[166] 升合無容隱漏, 通計闔邑田糧, 按里均派, 而徭役亦照糧均攤, 故富無逃匿, 而貧亦無偏累. 至今賴之.[167] 若天下糧差, 俱照此行, 可謂: '至善'. 然安得有如霍公者, 不憚勞怨, 而使百姓永享其利哉? 鴻不厭瑣縷,[168] 並識于此, 以俟高明採擇.

---

162 견활(蠲豁)은 면제한다는 뜻이다.

163 부천(溥天)은 천하에 두루라는 뜻이고, 대덕(戴德)은 은덕에 감격하여 떠받든다는 뜻이다.

164 성명(聖明)은 황제를 대칭(代称)하는 말이며, 이조(離照)는 제왕의 명찰(明察)을 비유한다. 패연(沛然)은 성대한 모습, 비가 몹시 내라는 모습, 감동적인 모습 등을 가리키며 '크게, 두텁게'라는 뜻이다.

165 곽유화(霍維華. ?-1636)는 명말 직예성(直隸省) 하간부 동광현 출신으로 만력(萬曆) 41(1613)년의 진사(進士)다. 강소성 금단(金壇)·오강(吳江)의 지현을 지냈으며, 태감 등의 후원으로 조정에 진입하여 병과급사중(兵科給事中)·광록대부(光祿大夫)·태자태보(太子太保), 나아가 병부상서(兵部尙書)를 지내기도 하였다.

166 『어린도책(魚鱗圖冊)』은 『어린도(魚鱗圖)』·『장량책(丈量冊)』 등으로도 불리며, 조세 징수의 기초가 되는 토지 등기장부를 가리킨다. 일정한 구역의 전체 토지를 세분하여 그린 지적도(地籍圖)의 모양이 고기비늘과 같다고 해서 『어린도책』이라고 불리는데, 토지마다 토지의 모양, 주변토지의 길이, 사방의 경계 등을 그림으로 표시하고, 토지주소(번호·소재지) 및 면적·조세액과 토지소유자의 이름을 기록하였다.

167 예사맹(倪師孟) 등찬(等纂), 『(건륭)오강현지(吳江縣志)』(中國方志叢書 華中地方 제163호. 成文出版社, 1975) 권16 「요역(徭役)」, 12a-b(pp.451-452)의 기사는 지현 곽유화(霍維華)가 만력(萬曆) 46년 '탕칙절전편파요은법(蕩則折田遍波徭銀法)'을 정해 탕(蕩) 상중·상하 2칙은 1무를 전(田) 1무로, 중상·중중 2칙은 2무를 전 1무, 중하·하상 2칙은 3무를 전 1무로, 하중·하하 2칙은 4무를 전 1무로 환산하였다고 기록하고 있다. 즉 곽유화가 만든 책에 따르면 가정(嘉靖) 17년에 매 전 1무마다 은 1분 2리를 거두고, 탕 1무마다 은 4리를 거두게 했는데, 최근 일률적으로 걷는 방식으로 바꾸어 탕 2무를 전 1무로 환산하여 거두게 되었지만 탕의 고하(高下)가 다른데 그것을 구분하지 않자 (생산성이) 높은 탕은 너무 가볍고, 낮은 탕은 너무 무거워졌으므로, 이런 방법으로 바꾸어 무거움과 가벼움을 고르게 하였다는 것이다. 이렇게 하자 백성이 모두 편하다고 칭송하였다고 한다.

168 쇄루(瑣縷)는 번쇄(繁瑣)하다는 뜻이다.

| 제10권 |

편심부 錢穀部 2

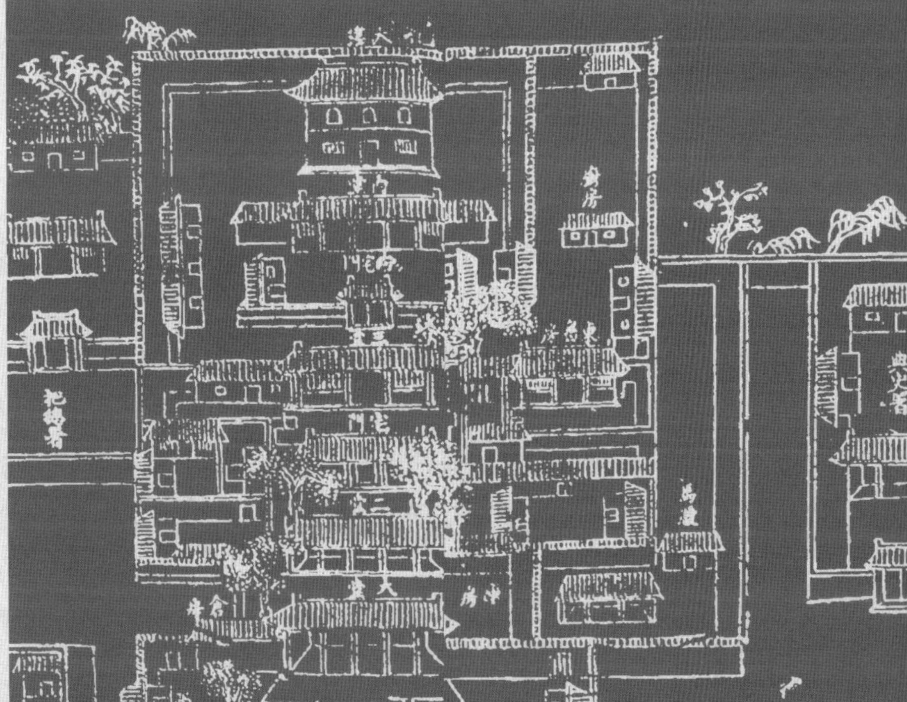

福惠全書

10-01. 총론(總論)

주현의 토지면적 원액에 모자람이 생겨 계속 부세를 메워 넣어야 하기 때문에 토지측량을 하는 경우가 있다. 토지가 오랫동안 황폐화되어 전량도 면제되었는데, 나중에 백성이 개간하여 수확이 가능하게 되었지만 전량을 떠맡으려 하지 않기 때문에 토지측량을 하는 경우도 있다. 또한 산을 등지고 강을 앞에 두고 있어 홍수로 물이 불어나면서 모래와 진흙으로 덮여 버렸으나, 개간하여 경작하는 경우가 없는 게 아닌데도 숨기고 전량을 납부하지 않기 때문에 토지측량을 하는 경우도 있다. 원액의 부족이나 배상 때문에 토지측량을 하는 것은 과거의 액수를 부활시켜 백성의 고통을 덜어 주고자 함이다. 오래된 황무지를 개간한 것 때문에 토지측량을 하는 것은 새로운 전량을 확보하여 기본 부세를 채우기 위함이다.

그렇지만 백성이 몰래 조그만 땅을 경작한다고 해서 토지측량을 하는 것은 [지방관이] 토지를 늘리고 전량을 확대시키려고 하는 욕심에서 벌인 일이 아닐까? 토지측량을 한다고 하면 숨겨진 토지는 응당 측량이 되어야 하겠지만, 숨긴 적이 없는 토지 또한 측량이 되어야 한다[는 것이 큰 문제이다]. 무릇 숨긴 적이 없는 토지 역시 측량이 된다고 하면, 이 때문에 현 전체가 떠들썩해질 것이다. 그리고 측량하면 관원이 직접 나서서 현장에 출동할 경우 토지소유자들은 차역들에게 재촉을 받으면서 대기해야 하는 번거로움을 당하며, 이장이나 서역 무리들은 이 기회를 틈타 돈을 갈취하고 술값과 밥값까지 챙기려고 한다. 측량기술자들은 청탁과 뇌물을 받고 봐주는 일이 생기며, 또한 토지측량에 수행하는 수많은 아역이나 일꾼들이 동분서주하면서 이리저리 돌아다니느라 농사를 망치고 농작물을 짓밟는 일이 발생한다. 실제 이렇게 되면 백성을 어여삐 여겨 번거로운 일을 줄이는 것과는 전혀 거리가 먼 결과가 되어 버린다.

따라서 관 주도의 토지측량(官丈)을 하는 것은 토지소유자 스스로 측량하게 하는 것만 못하며, 스스로 토지를 측량하게 하는 것은 스스로 신고하게 하는 것만 못하다. 스스로 신고를 하게 만들고자 하면, 부득불 신고하지 않을 수 없는 방법을 만드는 것이 최선이다. 그 방법이 제대로 먹혀들면 다투어 스스로 신고를 하게 될 것이다. 그 다음은 단지 [스스로의 신고가 제대로 되었는지] 임의로 골라 측량을 해 봄으로써 점검하면 될 뿐인 것이다. 이렇게 한다면 부족한 토지면적도 채워지고 부세도 온전히 확보할 수 있고, 숨겨진 토지가 드러나 세액도 충분해질 것이다. 어찌 어지럽게 소동을 벌이면서 이리저리 토지측량을 할 필요가 있겠는가?

夫州縣田地之原額有缺, 致累包賠而爲淸丈者; 田地久屬荒蕪, 錢糧除豁, 後爲民人墾種成熟, 未經承糧而爲淸丈者[1]; 又或臨山瀕水, 漲蕩淤灘,[2] 不無開墾耕種, 隱漏種糧而爲淸丈者. 爲缺額包賠而淸丈, 是欲復額以甦民累也; 爲久荒復熟而淸丈, 是欲認新糧以足舊賦也. 若夫爲民私耕閒土以行淸丈, 非欲爲增田、裕課之擧乎? 然旣云: '淸丈', 不獨隱占者固丈, 卽無隱占者亦丈也. 夫無隱占而亦丈, 是一丈而闔邑爲之騷動矣. 且丈則官爲履畝, 于是業戶有差催、守候之擾, 里胥有科斂、酒食之費, 弓正有囑託、賄庇之需,[3] 而又跟隨多役, 辦事諸人, 東西馳騖,[4] 以致農業廢弛, 稼殖蹂踐,[5] 甚非所以恤民省事之意也. 故欲行官丈, 不若令其自丈. 旣令自丈, 不若勸其速爲自首. 欲令自首, 不若制爲不敢不首之法. 法善而首自爭先. 其後不過爲抽丈已耳.[6] 如是而缺足賦全, 漏顯課裕, 又何阡稽畝勘之紛紛爲哉![7]

10-02. 『측량대장』 만들기(立『丈冊』)

무릇 지방관은 백성에게 폐를 끼칠까 염려하여 차마 곧바로 토지측량을 하지는 못하고, 대신 스스로 신고하도록 권장한다. [하지만] 토지소유자는 토지를 스스로 신고하여 전량이 늘어나는 것보다는 차라리 만약 숨길 수 있다면 잠시라도 이를 숨겨 두는 것이 이득이라고 생각하기 마련이다. [그런 상황에 대처하기 위해서는] 이제 『측량대장(丈冊)』을 만드는 방법을 확립하는 것이 필요한데, 그것은 바로 양식에 맞추어 인쇄한 다음 토지소유자들이 스스로 토지를 측량하여 양식대로 기입하게 하는 것이다. 물론 그에 앞서 먼저 고시를 하

1 승량(承糧)은 세금을 떠맡아 낸다는 뜻이다.
2 창탕어탄(漲蕩淤灘)은 홍수에 쓸려 모래나 진흙이 쌓여 버린 물가의 땅을 가리킨다.
3 궁정(弓正)은 궁전(弓箭)의 제작을 담당하던 관명이지만, 여기서는 궁수(弓手), 즉 토지를 측량하기 위한 도구(步弓)를 가지고 다니는 사람을 가리킨다.
4 치무(馳騖)는 말을 타고 달린다는 뜻이다.
5 유천(蹂踐)은 짓밟는다는 뜻이다.
6 추장(抽丈)은 시험 삼아 표본을 뽑아 토지측량을 하는 것을 가리킨다.
7 천계무감(阡稽畝勘)은 천무(阡畝)에 대한 계감(稽勘), 즉 토지측량을 가리킨다. 천무(阡畝)는 천맥(阡陌)과 마찬가지로 전답·전지·농경지를 가리킨다. 천맥(阡陌)은 원래 전답의 경계나 사이길을 가리킨다. 분분(紛紛)은 어지럽거나 많은 모습, 또는 아주 바쁘고 혼란스러운 모습을 가리킨다.

여 이러한 방식의 이해관계를 잘 깨우쳐 주어야 한다. 그리고 인쇄된 『측량대장』을 사용하지 않거나 양식에 맞추어 기입해 넣지 않는다면, 즉각 잡아다 처벌하며 숨기거나 빠진 토지를 측량하여 찾아낸다. 신속한 자진신고가 이뤄지지 않으면 지현이 직접 현장에 나가서 측량하여 찾아냄으로써 율법에 따라 그 죄를 처벌함과 더불어 지금까지 내지 않았던 전량까지도 낱낱이 찾아내어 추징한다. 이렇게 하면 앞에서는 자진신고 양식 때문에 숨기기 어렵고, 뒤에서는 직접 실지측량을 하여 추징하기 때문에 토지소유자들이 스스로 신고를 하지 않으려 해도 그것이 어찌 가능하겠는가?

『측량대장』은 갑마다 한 권, 토지소유자마다 한 장씩인데, 한 장에 [위·아래·좌·우] 네 칸이 있어 토지의 사방에 있는 다른 사람의 토지에 대해 기입할 수 있다. 토지가 많은 사람은 다음 쪽에 연결하여 써넣으면 되고, 각 소유자는 각자 측량하여 각자 기입하는데, 비록 부자·형제지간이라 할지라도 이름을 나누면서 소유권을 같이하거나 토지 단락을 뒤섞어서는 안 된다. 그 토지의 전량은 상·중·하라는 각기 다른 세율이 적용되고, 물가·뻘·논·밭이라는 토질·비옥도의 차이가 존재하기 때문에, 전량의 징수 역시 많고 적음의 차이가 있다. 교활한 백성은 혹은 종전에 사고판 토지에 대해 이서(里書)를 매수하여 상급 토지를 가지고 중급이라 신고하거나, 중급을 하급으로 신고하기도 하며, 평탄한 들에 있는 기름진 땅을 모래와 돌이 깔린 척박한 땅이라고 신고하기도 한다. 이렇게 해서 전량을 납부하면 무거운 부세가 아주 가벼워지지만, 동시에 주현의 부세 징수액에는 결손이 생긴다.

『측량대장』에는 그 토지의 사방에 위치한 토지를 기록하며, 사방의 토지가 누구의 것이고, 어떤 세율이 부과되는지도 역시 기록한다. 사방이 황폐한 산이거나 큰 강, 깊은 골짜기나 높은 언덕이면 사실대로 기록하는 것이 허용된다. 그러나 만약 몇 사람이 다니는 작은 길이나 물 빠지는 도랑 두둑 밖에 여전히 개간된 산·전·지가 있다면, 어떤 전량의 세율이 적용되는가, 그리고 본도에 속하든 이웃 리에 속하든 상관없이 모두 반드시 하나하나 기입해 넣어야 하며, 산길이나 도랑이라는 말로 얼렁뚱땅 메워 넣어서는 안 된다. 토지 측량의 경우에는 정례에 따라 몇 척을 한 보(步)로 할지, 몇 궁(弓)과 몇 보를 곱하여 한 무(畝)로 할지 계산해야 한다. 이렇게 함으로써 사방의 토지에 부과되는 세율과 자기 토지의 세율이 비교되어 어떤 토지가 유리하고 불리한지 저절로 드러나게 된다. 또한 현재 측량한 토지의 면적과 그 이전의 원래 면적을 비교하면 숨기거나 빠진 것이 있는지도 저절로 드러난다.

○ 부록: 『측량대장』의 양식【한 가구의 측량이 완료되면 흰 종이 한 장을 끼워 넣고, 원

래의 면적과 현재의 총면적을 기입한다.】

제 [ ] 호

토지소유자 모인 [ ]

원책의 토지(田) [ ]무 [ ]분 [ ]리 모리 모처의 모자 몇 호에 위치함.

원래의 모 세율에 따라 납부해야 할 은냥은 몇 냥 몇 전 몇 푼 몇 리이다.

동쪽으로는 모인의 모 세율 토지에 이른다. 서쪽으로는 모인의 모 세율 토지에 이른다.
남쪽으로는 모인의 모 세율 토지에 이른다. 북쪽으로는 모인의 모 세율 토지에 이른다.

동에서 서로는 몇 백 몇 십 몇 궁이다. 서에서 동으로는 몇 백 몇 십 몇 궁이다.
남에서 북으로는 몇 백 몇 십 몇 궁이다. 북에서 남으로는 몇 백 몇 십 몇 궁이다.

실제 토지면적은 몇 무 몇 분 몇 리이다.

지금 토지측량 결과는 [몇 무 몇 분 몇 리이다]이다.【만약 원래의 토지면적과 같다면 '결과' 밑에 '없다'는 작은 글씨를 기입한다.】

응당 징수할 전량은 [ ]이다.

夫有司慮其擾民, 不忍徑行淸丈, 勸令自首.[8] 彼種戶以首地則增糧, 莫若可隱而姑隱之之爲得也. 今則立一『丈冊』之法, 刊刻成式, 令業戶自丈照式塡寫,[9] 而先由示以利害曉諭之. 如有不用印冊, 不照式塡寫, 立行拿究, 丈出隱漏. 不速自首, 本官履畝勘出,[10] 除按律科罪外, 仍追歷年籽粒錢糧.[11] 彼見冊式難瞞于前, 而履畝究追于後, 雖欲不自首也得乎? 其冊每甲一本, 每業戶一張, 每張四格, 可塡田地四段. 田地多者接頁塡去, 每業戶各丈各塡, 雖父子、兄弟不

8 여기서 자수(自首)는 스스로 분다, 즉 스스로 신고한다는 뜻이다.
9 조식전사(照式塡寫)는 양식대로 기입한다는 뜻이다.
10 이무(履畝)는 실지조사·토지측량을 가리킨다. 감출(勘出)은 조사를 통해 찾아낸다는 뜻이다.
11 자립(籽粒)은 곡류의 종자·씨앗을 가리킨다. 여기서는 '한 톨, 한 알갱이까지'라는 뜻이다.

得分名共戶, 溷亂坵段.[12] 其田糧有上·中·下則之不等,有河淤、山地之互異. 故徵錢糧亦有多寡之不同. 奸猾之民, 或從前買賣, 串賄里書, 有買上過中,[13] 買中過下, 以平原沃壤指爲沙石磽瘠. 完糧者不惟重賦從輕, 而課額亦因之有缺矣. 今冊中, 四至塡明,[14] 四至某人係某糧則, 四至除荒山大河、深溝高阜, 許照實塡寫. 若係私行小路、放水溝塍之外, 尙有墾種之山、之地、之田, 係何糧則, 無論本圖、隔里, 俱要逐一塡明, 不得以山道、溝河等字樣, 朦混塡寫. 其丈量照例, 計若干尺爲一步, 計若干弓積若干步爲一畝.[15] 於是以四至之糧則, 較本田之糧則, 有無虧額自明矣. 以現丈之畝數, 料原田之畝數, 有無隱漏自露矣.

『丈冊』式 【一戶丈完釘入白紙一頁, 結出原今大總】

第 [ ]

業戶某人 [ ]

原冊田 [ ]畝 [ ]分 [ ]厘

坐落某里某處某字幾號

原某則 該銀幾兩幾錢幾分幾厘

東至某人某則田 西至某人某則田

南至某人某則田 北至某人某則田

東至西幾百幾十幾弓 西至東幾百幾十幾弓

南至北幾百幾十幾弓 北至南幾百幾十幾弓

實田 幾畝幾分幾厘

今實丈出 [ ] 【如丈照原額, 于'丈出'下註一'無'字】

該徵銀 [ ]

---

12 혼란(溷亂)은 어지럽힌다는 뜻이다.

13 여기서 과(過)는 앞서 나온 과호(過戶)를 가리킨다. 과호는 토지나 건물 등의 소유권이 이전된 다음 법정수속에 따라 물주의 성명을 바꾸는 것을 가리킨다.

14 사지(四至)는 토지나 주택의 네 둘레·경계를 가리키며, 전명(塡明)은 분명하게 기입한다는 뜻이다.

15 적(積)은 수학에서 곱셈이나 그 결과를 가리킨다. 토지면적으로서의 무(畝)는 시대마다 달라지지만, 주대(周代)에는 1보×100보가 1무였고, 진·한대(秦漢代)에는 1보×240보=1무였다. 청대에도 보(5척)×240보=1무였다.

10-03. 보궁 정하기(定步弓)

토지측량은 보궁(步弓)을 기준으로 하는데, 그 궁은 모두 상사 아문이 배포한 기존의 양식을 따른다. 향촌마다 각기 양식에 맞추어 여러 개를 준비하고, 현에 올려 확인을 받고 낙인을 찍은 다음에야 비로소 그 사용을 허가한다. 만약 멋대로 길이가 더 긴 대궁(大弓)을 사용하여 몰래 조금이라도 늘이려 한 경우에는 조사하여 발각되면 엄중하게 처벌한다. 【듣기에 하남(中州)의 장궁(丈弓)은 5척을 1보로 하지만, 소주(吳中)에서는 6척을 1보로 한다고 한다. 각지마다 몇 척인지 다르므로 모두 이전에 반포되어 오랫동안 써 오던 것을 기준으로 해야 한다.】

丈田地, 以步弓爲準,[16] 其弓悉用憲頒舊式.[17] 每村鄉地, 照式各備數張, 呈縣驗明印烙,[18] 方許應用. 如有擅用大弓, 私增分厘者, 查出重究. 【聞中州丈弓五尺爲一步,[19] 吳中六尺爲一步,[20] 或各處尺數不同, 悉照原頒久用者爲定】

10-04. 측량 담당자 감독(責經手)

『측량대장』의 간행이 정해지면, 우선 고시를 하여 이장·사장, 향약·지보 및 토지소유자들에게 알려 주어 모일부터 시작하여 모일까지 이장·사장 등이 토지소유자들과 함께 한 구역 한 구역씩 자세하게 토지측량을 하게 한다. 평탄한 큰 구역을 만나면, 양식에 맞

16 보궁(步弓)은 목제로 된 토지측량 기구로 위에 자루가 있고, 모양이 마치 활 형태라서 이렇게 부른다. 원래 궁(弓)과 보(步)는 길이단위이기도 하였는데, 토지측량의 계산단위로도 이용되었다. 이를테면 1보는 한 걸음(두 발 사이의 거리)을 말하며, 1궁은 5(-8)척, 360궁이 1리(里)이며, 240평방 궁이 1무라는 식이다.

17 헌반(憲頒)은 상관이 반포한 것이라는 뜻이다.

18 험명(驗明)은 검사하여 확인한다는 뜻이다.

19 중주(中州)는 오늘날의 하남성 일대, 또는 중원(中原) 지역을 가리킨다.

20 오중(吳中)은 강소성의 오현(吳縣), 즉 소주(蘇州) 일대를 가리킨다.

추어 사방의 토지와 그 세율을 기입하고, 작은 언덕이나 조그만 경지를 만나면 이른바 『어린도책』의 경우처럼 반드시 토지의 형태를 그려 넣고 뭐든지 그 지명을 붙여야 한다. 측량이 끝나면 바로 기입하되, 먼저 『측량대장』의 초고에 올렸다가 양식에 맞추어 정식 『측량대장』에 기입한 다음 현아문으로 보내는데, 휘갈겨 쓰거나 칠하거나 지우면서 사방의 세율을 바꿔치기하거나 측량된 토지를 숨기지 못하게 해야 한다. 측량결과인 궁·보에 문제가 있으면, 측량기술자인 궁수(弓手)에게 책임을 묻고, 사방 토지의 세율을 제대로 기록하지 않으면 향약·지보나 이장에게 책임을 묻는다. 토지 면적이나 세율을 제대로 기록하지 않으면 도총·이서에게 책임을 묻는다. 청탁하거나 뇌물을 써서 보궁의 길이를 늘려 잡게 하거나 세율을 바꾸고자 하는 경우에는 토지소유자에게 책임을 묻되, 반드시 모두 더욱 엄중하게 처벌한다. 『측량대장』에는 매 가구마다 그 뒤에 궁수·향약·지보·도총·이서 등의 성명을 기입함으로써 임의로 추출하여 측량할 때 참고할 수 있게 한다. 측량이 완료되어 장부를 현아문에 반납할 때 향약·지보 등에게 또한 "결코 함께 짜고 숨기거나 빠뜨리는 등의 거짓보고를 하지 않았다"는 「확인서」를 같이 제출하게 하여, 대장 뒤에 추가하여 이를 보관한다.【사방 토지의 세율은 간교한 백성이 이번 측량의 결과 나온 세율에 맞추어 바꿀 수도 있으므로, 가끔가다 토지소유의 규모가 큰 사람의 것을 골라 뽑은 다음 부근 토지소유자의 『부동산등기대장』과 이번 『측량대장』을 대조하여 같은지 아닌지를 확인해 보면 쉽게 파악할 수 있다.】

刊冊旣定, 須先出示曉諭里·社長、鄕地、業戶人等, 限於某日爲始, 某日爲止, 里·社等率同業戶, 逐畝逐段詳細丈量. 遇平曠大段, 照式塡明四至糧則, 如遇小坵零畝, 要畵地形似, 指爲某名, 如所謂:『魚鱗冊』者. 隨丈隨塡, 先登草冊, 照塡眞冊送縣, 不得草潦、洗補、改換四至糧則, 希圖掩飾丈地. 弓步不眞, 責之弓手; 塡寫四至糧則不眞, 責之鄕地、里長; 計算地畝、科則不明, 責之圖總、里書; 囑託賄浼, 增弓、改則, 責之業戶, 定俱從重究擬.[21]『丈冊』每戶後, 俱要寫弓手、鄕地、圖·里等姓名, 以憑抽丈.[22] 丈完繳冊之時, 鄕地人等仍具"並無扶同隱漏. 如虛甘罪"「結狀」, 附卷存案.【田四至糧則, 恐奸民改易, 以合本丈田則, 間拙田多者, 查隣田戶

21 종중(從重)은 두 가지 또는 그 이상의 죄가 한꺼번에 드러났을 때 그 가운데 가장 무거운 죄를 좇아 처벌하는 것을 뜻한다. 구의(究擬)는 심문하여 판결을 내린다, 즉 재판하여 처벌한다는 뜻이다.

22 추장(抽丈)은 토지소유자가 스스로 그 측량 결과를 신고한 토지 가운데 하나를 임의로 골라 다시 측량함으로써 토지측량이 제로 이루어졌는지 점검하는 것을 가리키는 것으로 보인다.

當日『推收冊』, 與今『丈冊』對, 是否相同便見】

10-05. 자진신고 권장(勸自首)

주현에서 자진신고(自首)를 권장하는 이유는 백성을 아끼고 어여삐 여겨 토지소유를 숨겼다고 해서 차마 처벌하지 못하기 때문이다. 만약 모름지기 지현이 직접 나서 측량해서 숨겨진 토지를 찾아내기를 기다린다면 율법에 비추어 본인이 처벌을 받고 토지는 관청에 몰수되니, 그렇게 되면 이미 때가 늦은 것이 아닌가? 따라서 응당 널리 고시를 내어 주변 향촌(四鄕)에 다음과 같은 사실을 알려야 한다. 즉 만약 스스로 측량한 결과를 확인하였더니 정말로 조금도 더 나오지 않았다고 한다면, 즉각 대장의 양식에 따라 기입함으로써 직접 제출[하여 지현이 점검]할 수 있게 한다. 그리고 만약 측량한 결과 원래의 면적보다 훨씬 더 많은 토지 면적이 파악되었다고 하더라도 즉각 자진신고를 한다면 그 숫자대로만 세금을 부과할 뿐, 속이거나 숨긴 죄는 적용하지 않겠다는 것이다. 그 자진신고는 모일에 시작하여 모일에 끝마치는데, 기한이 지났는데도 자진신고를 하지 않은 경우에야 비로소 직접 지현이 골라서 점검을 한다.

州縣勸令自首者, 蓋爲愛惜百姓, 不忍以欺隱治罪也. 若必待官親丈出, 而按之本律, 本身治罪, 田土入官, 不巳晚乎? 宜先出示通諭四鄕, 若自丈果無分厘多出, 卽照冊式登塡, 以憑親掣.[23] 若丈原額之外, 果有多餘, 卽行自首, 止照數起科, 免其欺隱之罪. 其自首以某日爲始, 某日爲止, 如過期不首, 方行親掣.

---

23 체(掣)는 받거나 골라 뽑는다는 뜻으로 많이 쓰인다. 여기서 친체(親掣)는 지현이 직접 받아서 골라 점검한다는 뜻으로 보인다.

10-06. 「보증서」 갖추기(具「結狀」)

업주가 스스로 측량을 하고 그 결과를 『대장』[의 초고]에 기입한 다음에는 그 『대장』을 도총·이장 등이 다시 정리하여 [왜곡하여] 작성할 수 있으므로 어리석은 시골사람들이 이에 대해서 전혀 유념하지 않았다가 나중에라도 혹시 빌미를 제공하게 된다. 따라서 응당 스스로 「보증서」를 갖추어 함께 제출하게 해야 한다. 「확인서」 뒤에는 향약·지보·이장·사장 등의 성명을 함께 쓰고, 토지소유자가 서명하는데, 이 「확인서」 역시 『대장』 뒤에 붙여서 보관한다. 번잡한 사무를 아주 즐겨서 이런 일을 하는 것은 아니다. 위로는 국가의 세금과 관련이 되는 것이고 아래로는 백성의 재산과 관계되는 것이므로 차라리 지나치게 꼼꼼하고 신중한 편이 낫다.【「보증서」의 양식은 다음과 같다.】

○ 「보증서」를 갖추는 소유자(업호) 모인은 본현 모도 모리 모갑의 사람입니다.

다음과 같이 보증합니다. 모인은 종래 조상이 남긴 전·지·산·당을 모두 몇 무 보유하고 있는데, 모두 합해 몇 단·락으로 본 리에 있습니다. 본 갑장 모인이 전량을 완납시키는 임무를 맡아 다음에 나열하는 단·락과 세율에 비추어 계산하여 보니 전혀 숨긴 토지나 세율을 바꿔 신례(新例)를 어긴 경우가 없습니다. 지금 지시를 받아 측량하였으니 응당 먼저 「보증서」를 갖추어 보고해야 하는데, 만약 토지를 숨기거나 세금을 빠트린 경우가 있다면 례(例)에 따라 달게 처벌을 받겠습니다. 이상이 모두 사실임을 보증합니다.

다음:

제1【단·락】모항【전·지】약간. 모리 모처의 모 자호 제 모호의 주소에 있습니다.
모항의 세율이 적용됩니다.【동쪽은 모인의 모 세율이 적용되는 전이고, 남쪽은 모인의 모 세율이 적용되는 지이며, 서쪽은 모인의 모 세율이 적용되는 전이고, 북쪽은 모인의 모 세율이 적용되는 지입니다.】

제2【단·락】모항【전·지】약간.【위의 경우와 마찬가지로 나열한다.】

년 월 일 「보증서」를 갖춘 소유자 모인 서명

궁수 모인 이서 모인
향장 모인 지보 모인

業主自丈塡冊之後, 恐冊係圖 · 里等塡造, 鄕愚漫不經心,[24] 日後且得藉口, 合行自具「結狀」投遞. 結後連書鄕地、里 · 社等姓名, 業主花押, 粘卷存案. 非好爲煩瑣也. 上關國課, 下爲民業, 亦寧過于詳愼耳 【「結狀」式附】

○ 具結狀業戶某人, 係本縣某都某里某甲人

爲某事. 切某向有祖遺續置田 · 地 · 山 · 塘共若干畝, 計若干, 【段 · 坵】 在于本里. 本甲長某人完糧當差, 悉照後開坵段、科則査算, 並無隱漏田地, 移換糧則, 致干新例. 今奉査丈, 合先具結報, 如有隱地漏糧, 依例甘罪. 所結是實.

計開:

第一 【段 · 坵】 某項田 · 地 若干. 坐落某里某處某字第幾號.

係何科則 【東至某人某則田, 南至某人某則地, 西至某人某則田, 北至某人某則地】

第二 【段 · 坵】 【照前式開完】

年　月　日 具結狀 業戶某人 押

弓手某人　里書某人

鄕長某人　地方某人

24 만불경심(漫不經心)은 만불가의(漫不加意) · 만불경의(漫不經意)와 같은 말로 전혀 유념하지 않는다, 마음에 두지 않는다, 개의치 않는다는 뜻이다. 불경심(不經心)도 마음에 담아 두지 않는다, 마음을 쓰지 않는다는 뜻이다.

10-07. 측량을 빙자한 돈 뜯기 금지(禁需擾)

토지측량 사무에 대해서는 반드시 큰 종이에 내용을 써서 고시해야 한다. 아울러 향약·지보·이서 등을 불러 토지소유자와 함께 먼저 스스로 측량을 하게 하면 되지, 반드시 아역들을 파견할 필요는 없다. 향약·지보 등이 구실을 내세우면서 돈을 갈취하거나 유언비어를 살포하면서 뇌물을 받지 못하게 해야 하며, 이에 대해서는 응당 고시를 내어 알리면서 엄격하게 금지령을 내린다. 그 『대장』 양식은 지현이 돈을 기부하여 목판형을 새긴 다음 관청의 사무실에 비치하여 백성이 스스로 인쇄해 갈 수 있게 하되, 한 푼이라도 돈을 요구하게 해서는 안 된다.

淸丈之事, 只須大張告示, 並傳喚鄕·地、里書等,[25] 率同業戶, 先行自丈, 不必更差衙役. 至於鄕、地等不得指稱名色, 科斂銀錢, 招搖賄賂, 俱宜出示曉諭, 嚴加禁飭. 其冊式本官捐資刊板, 安置公所,[26] 聽民自行印刷, 不許需索分文.

10-08. 토지측량 여론(淸丈餘論)

토지측량 업무는 호부의 명령받은 것이 아니면 상사의 지시를 받아 시행하는 것이다. 또는 본 주현의 토지면적 원액의 결손으로 백성이 피해를 입기 때문에 시행하는 것이라고 해도 반드시 상부에 신청하여 허락을 받은 다음에 해야 한다. 이런 경우가 아니라면 결코 멋대로 일을 벌려서는 안 된다. 주현 전체의 이해에 관련된 것인데다가 [토지가 많은] 신사나 권세 있는 무뢰배들이 듣기 좋아하는 이야기가 아니기 때문이다.

그리고 비록 상부의 지시를 받았다고는 해도 그 완급을 잘 살펴보아야 한다. 이를테면

---

25 전환(傳喚)은 지시를 전달하여 소환한다, 사법기관이 표나 통지를 전달하여 안건과 관계된 사람을 소환한다는 뜻이지만, 차역을 파견하지 않고 소환장(牌票) 등을 발급하여 (원고 등이) 직접 소환하게 하는 것을 가리키기도 한다.

26 공소(公所)는 공무를 처리하는 장소를 말한다.

강희 15(1976)년 군비 마련을 통한 반란 진압을 돕기 위해[27] 토지측량을 지시했던 사안과 같은 경우를 보자. 이때에는 군비 수요가 아주 컸기 때문에 정례(定例)에 의해 1무 이상의 토지를 숨기거나 빠뜨린 경우 곧바로 노역형이나 유배형에 처해졌으며, 이것을 찾아낸 관원은 파격적으로 포상·발탁될 수 있었다. 이에 관한 법령도 아주 삼엄하였으므로 부득불 지현은 최선을 다해서 권유하면서 토지측량을 통해 [부세 수입을 늘림으로써] 국가의 군사적 수요에 부응하지 않을 수 없었다. 하지만 훌륭한 지방관은 그래도 백성을 힘들게 하고 그들에게 소란을 피우는 것을 염려하여 먼저 자진신고의 방법을 권하고, 그다음에야 뒤이어 [일부를 골라서 점검하는] 토지측량을 실행하였다.

그런데 요행을 통해 승진을 도모하는 못된 지방관 가운데에는 결국 토지면적당 억지 할당을 하고, 황무지를 거짓으로 개간경지로 보고하거나 심지어는 측량단위를 축소하여 바꿈으로써 [면적을 늘려] 전량을 배로 늘리는 경우까지 있었다. 그러자 모든 백성이 들고일어나 각급 상사들에게 호소·고발하여 반드시 그대로 다 진행되지는 않았다. 그렇지만 백성의 고혈을 뽑아 자신의 출세를 도모하려는 이들에게 무슨 양심이 있겠는가? 하물며 전량은 한 번 늘어나면 영구적인 부담이 되어 버리는데, 지현의 공명은 단지 순식간의 영광일 뿐이다. 어찌 책을 읽어 이치를 아는 사람이 차마 할 수 있는 일이겠는가?

그리고 호부의 명령이 모든 지역에 두루 내려오게 되면, 그 기세는 조금 느슨하기 때문에 잠시 주변 지역의 상황을 보면서 적당하게 늘여야 할지 아닐지를 헤아려 일을 매듭지어도 괜찮다. 대부분 각 성의 오래된 황무지를 보면 명 말의 재난 등 때문에 버려진 것이지만, 우리 청조가 들어서면서 전쟁 때문에 버려진 황무지들은 성천자(聖天子)께서 수십 년에 걸쳐 베풀어 주신 백성에 대한 휴식과 양육 덕택에 잡초가 무성하던 땅이 조금은 개간이 되었다. 이것들은 모두 농민들이 돈을 빌리고 아녀자까지 동원해서 힘들여 일군 것으로, 몇 되 안 되는 약간의 식량을 얻어 조석으로 끼니를 잇고자 하는 것이다. 그런데 지방관이 된 사람이 상부 지시를 받들어 자기 재능을 드러내고자, 이미 개간된 토지를 황무지로 속이면서 전량을 빼돌리고 있다고 지목하면서 강력하게 토지측량을 요청한다. 그리하여 엄격하게 규정을 만들고 보궁을 축소시켜 백성이 현재 세금을 내고 있는 토지에 대해서까지 모두 일괄해서 면적에 따라 세금을 늘려야 한다고 곧장 보고해 버린다. 그래 놓고는 상사를 속이면서 "오래된 황무지를 모두 경작이 가능한 토지로 돌려 주현 백성이 대신

27 역시 삼번의 난 진압을 위한 것이다.

물어내야 하는 부담을 줄였다"고 말한다. 또한 자기 업적을 자랑하면서 "숨겨지거나 빼돌렸던 토지에 대해 일률적으로 세금으로 부과하여 나라의 부세와 요역을 넉넉하게 만들었다"고 자랑한다. 위에 있는 사람 역시 말한다. "옛날 원래의 액수를 회복한 것일 뿐이니 어찌 부담이 되겠는가? 또한 군향을 늘리게 되었으니 실제로 훌륭한 실적이다."

하지만 이것은 정확한 사실이 아니다. 우리 청조의 지배가 시작된 다음 원래부터 현재와 같은 전량을 주현에서 부담하고 있으니, 오래된 황무지 때문에 피해를 보았다는 것이 터무니없는 말이다. 험난한 고통과 상처로부터 벗어나면서부터 곧바로 이렇게 커다란 이익을 누렸던 것은 모두 다 황상의 깊은 인덕 때문이 아님이 없었다. 하물며 전쟁이 이제 모두 끝나 한숨을 돌릴 수 있지만 가뭄과 홍수로 흉년이 빈번하게 찾아들고 있기 때문에 지금 거두는 세금에 조금이라도 새 부담이 덧붙여진다면, 설사 곡식은 밭에서 거둘 수 있다손 치더라도 세금으로 낼 은자는 도대체 어디에서 마련한다는 말인가? 부유한 농민의 수입이라 할지라도 두 가지 세금 수요를 충당하기에 부족하니, 나는 천시(天時)나 인사(人事)에 조금이라도 어긋남이 있다면 제 살을 깎아 종기를 치료하는 궁지에 몰린 백성이 농기구를 버리고 고향에서 도망치거나, 아니면 깃대를 들고 반란을 일으키게 되지 않을까 두렵다. 오호라! 내친 김에 하지 않을 수 없지만, 지방에서 일을 맡은 관원은 특히 국가를 위해서 장기적인 안정을 꾀해야 할 뿐만 아니라 홀로 부모의 역할을 맡고 있으니 불쌍한 백성을 어여삐 여겨야만 하는 것이 아니던가?

가난한 백성이 강 옆이나 계곡에서 약간의 땅을 개간하여 조그마한 수확을 얻기도 한다. 앞서 말한 것처럼 교활한 무뢰배가 이것으로 협박하다 뜻을 이루지 못하면 끄떡하면 관청에 고발하는데, 지현은 곧바로 이런 보고에 기초에서 세금을 숨겼다고 처벌을 해 버린다. 그렇게 되면 이 넓디넓은 천지에 결국 가난한 백성이 삶을 도모할 땅은 없는 셈이다. 나는 담성현과 동광현에서 지현을 맡았을 때 백성이 몰래 개간하거나 소금을 제조하거나 광산을 개발한다고 고발하는 사람이 있었지만, 헛소문을 만들어 말썽을 일으키는 것을 혐오하여 들은 척도 하지 않았다. 왜 그랬겠는가? 백성을 위해 한 푼의 이원(利源)을 남겨두는 것은 국가를 위해서 한 푼의 원기를 북돋아 주는 것이고, 또한 스스로를 위해 한 푼의 축복을 늘려 주는 것이기 때문이다.

夫淸丈之役, 非奉部文, 則蒙憲檄. 卽本縣缺額累民, 亦須詳請批允而後行. 非此未便擅擧. 蓋事關合邑, 而亦非紳衿、豪棍之所樂聞也. 然雖奉上行, 亦須視其緩急. 如康熙十五年籌餉期于有濟一案, 是時軍需浩繁, 定例隱漏一畝以上, 卽擬徒、流, 查出官員不次紀擢.[28] 功令嚴切, 不得不極加勸論, 履畝丈量, 以仰副軍國. 然良有司惟慮勞民騷衆, 先行自首之法, 而後繼之掣丈. 乃倖進之徒,[29] 遂有按畝勒加, 指荒捏報, 甚至以大畝改爲小畝, 錢糧倍增者. 其後萬民沸騰, 各憲呼控, 事雖未必盡行, 然而利百姓之脂膏, 邀一人之金紫,[30] 良心安在? 況錢糧爲永遠之累, 功名乃頃刻之榮, 又豈讀書明理者之所忍乎?

若夫部檄通行, 事勢稍緩, 姑觀隣屬, 應否量增, 以結其局可也. 每見各省老荒, 乃勝國末年災傷廢棄, 興朝初定, 兵燹拋荒, 荷聖天子數十年之生聚休養, 草萊稍有開闢, 是皆揭借工本, 婦子力作, 希獲升斗, 以贍朝夕. 爲有司者, 承望風旨, 表顯才能, 指爲以熟作荒, 隱漏稅糧, 力請淸丈, 于是嚴立規繩, 縮減弓步, 以小民現在承糧之田地, 乃一槩按畝而徑報增之. 朦其上則曰: "此老額之荒, 旣歸成熟, 可以免斯民之賠累." 矜其功則曰: "此隱漏之糧, 一例起科, 可以裕公家之賦役." 在上者亦不過曰: "復其舊額耳. 何傷? 且以增其餉也, 實嘉乃績."

殊不知版圖肇入, 原輸現在之租, 何有老荒之見累? 瘡痍初復, 即沾額外之利, 無非聖主之深仁. 況以兵戈乍息之餘生,[31] 水旱頻仍之儉歲,[32] 于現徵之數, 再益新科, 縱粁粒出之田中, 而白鏹從何措辦?[33] 是上農之所入, 不足充二稅之需, 吾恐天時、人事稍有乖違, 剜肉補瘡之民,[34] 未有不棄耰而逃, 揭竿而起者矣. 嗟嗟! 興言及此, 在事地方, 尤當爲國家圖久遠寧, 獨爲民父母區區蒼赤之是衄哉![35]

更有窮民于河灘谷畔薄墾少收, 如前所云者. 猾棍挾詐不遂, 輒爲首告, 遽報隱糧治罪, 則恢恢海宇, 竟無貧困謀生之地矣.[36] 鴻待罪郯東時, 有以私墾、私煎、挖礦開冶首告者, 鴻惡其造誣多事, 置而不問. 何也? 爲百姓存一分利源,[37] 爲國家培一分元氣, 亦爲自己延一分

---

28 불차(不次)는 보통의 순서에 따르지 않는다, 즉 파격적이라는 말이다. 기탁(紀擢)은 장려(紀錄)나 발탁(擢用)으로 해석될 수 있다. 하지만 제25권 교양부 1 「25-01. 총론(總論)」에는 '不次之擢'이란 구절도 있기 때문에 파격적인 발탁이라고 해석해도 상관없을 것이다.

29 행진(幸進)은 요행으로 승진한다는 뜻이다.

30 금자(金紫)는 금어대(金魚袋)와 자의(紫衣)로 당·송대의 관복과 장식물을 가리키거나 금인자수(金印紫綬)를 가리키는데 이것은 황금 인장과 자색 도장끈, 주머니(綬帶)로 고위품급의 관료를 상징하는 것이다. 즉 고위관료로의 출세를 뜻하는 것이라고 보면 될 것이다.

31 여생(餘生)은 남은 목숨, 만년 또는 요행히 살아남은 생명을 가리킨다.

32 검세(儉歲)는 흉년을 말한다.

33 백강(白鏹)은 백장(白鏘)이라고도 하는데 백은(白銀)의 별칭이다. 즉 현금을 말하는 것이다.

34 완육보창(剜肉補瘡)은 완육성창(剜肉成瘡)·완육주창(剜肉做瘡)·완육의창(剜肉醫瘡)과도 같은 뜻이다. 제 살을 잘라 종기를 치료하려 하지만 잘린 부분이 실제로는 더 큰 상처가 된다는 것이다. 즉 유해한 수단으로 목전의 위기에서 벗어나기 위해 나중의 결과를 돌보지 않는다는 뜻이다.

35 구구(區區)는 작거나 적다, 별 볼 일 없다는 뜻이다. 적(蒼赤)은 창생적자(蒼生赤子), 즉 백성을 가리킨다.

36 해우(海宇)는 해내(海內)·우내(宇內)라는 뜻이다.

福澤也.

37 이원(利源)은 재물이나 이익의 내원(來源)·근원(根源)을 말한다.

참고문헌

1. 사료 및 공구서

姜聲尉 編著, 『漢文辭書한글音順索引』(學古房, 1992)

구범진, 『조선시대 외교문서: 명청과 주고받은 문서의 구조분석』(한국고전번역원, 2013)

南都泳 譯, 『마경언해』(한국마사회 마사박물관, 2004)

藍鼎元 지음(미야자키 이치사다 해석, 차혜원 옮김), 『녹주공안: 청조 지방관의 재판기록』(이산, 2010)

박원호 등, 『명사식화지역주』(소명출판, 2008)

法制處, 『古法典用語集』(법제처, 1979)

徐元瑞 原編, 鄭光 等譯, 『이학지남(吏學指南)』(태학사, 2002)

송철의 · 이현희 · 장윤희 · 황문환, 『역주 증수무원록언해(增修無冤錄諺解)』(서울大學校奎章閣韓國學硏究院 韓國學共同硏究叢書 4. 서울대학교출판부, 2004. 2006)

王與, 『新註無冤錄』(王與 지음, 최치운 외 주석, 김호 옮김, 『신주무원록(新註無冤錄): 억울함을 없게 하라』, 사계절 출판사, 2003)

李成珪 編譯, 『史記: 中國古代社會의 形成』(서울대학교출판부, 1987)

張養浩, 『三事忠告』(정애리시 역, 『삼사충고』, 푸른산, 1993. 새물결, 1999. 소림, 2005)

鄭光 等, 『이학지남(吏學指南)』(태학사, 2002)

葛洪, 『神仙傳』

葛洪, 『抱朴子』

高文達, 『近代漢語詞典』 上 · 下(知識出版社 1992)

顧炎武, 『日知錄』(顧炎武 著, 黃汝成 集釋, 『日知錄集釋』, 上海古籍出版社, 1988)

官箴書集成編纂委員會 編, 『官箴書集成』 全10冊(黃山書社, 1997)

邱遠猶 主編, 『中國近代官制詞典』(北京圖書館出版社, 1991)

邱濬, 『大學衍義補』(林冠群 等校點, 上 · 中 · 下, 京華出版社, 1999)

羅貫中, 『三國[志通俗]演義』(『중국기본고적고(中國基本古籍庫)』 데이터베이스. 이하 『중국기본고적고』로 약칭)

駱寶善, 『駱寶善評點袁世凱函牘』(岳麓書社, 2005)

內藤乾吉 原校, 程兆奇 點校, 程天權 審定, 『六部成語注解』(浙江古籍出版社, 1997)

雷夢麟 撰 , 『讀律瑣言』 30卷(中國史學叢書三編. 臺北: 臺灣學生書局, 1986影印)

雷榮廣 等, 『淸代文書綱要』(四川大學出版社, 1990)

唐浩明, 『唐浩明評點曾國藩家書』(岳麓書社, 2002?)

戴璐, 『藤陰雜記』(『중국기본고적고』)

戴鞍鋼 · 黃葦 主編, 『中國地方志經濟資料匯編』(漢語大詞典出版社, 1999)

董仲舒, 『春秋繁露』

馬建石 等, 『大淸律例通考校注』(中國政法大學出版社, 1992)

明淸檔案通覽委員會, 『明淸檔案通覽』(中國檔案出版社, 1999)

武樹臣 主編, 『中國傳統法律文化辭典』(北京大學出版社, 1999)

閔庚堯 編著, 『中國古代公文簡史』(檔案出版社, 1988)

潘杓燦, 『未信編』(官箴書集成編纂委員會 編. 全10冊. 黃山書社, 1999의 第3冊, 또는 國家圖書館影印室 編, 『明淸法制史料輯刊』 第1編 (全37冊). 國家圖書館出版社, 2008 所收)

裵燕生 等編著, 『歷史文書』(第二版. 中國人民大學出版社, 2009)

司馬光, 『溫國文正公文集』(四部叢刊景宋紹興本, 『중국기본고적고』)

徐珂, 『淸稗類鈔』(中華書局, 1984)

徐東 輯, 丁日昌 選評, 『牧令書輯要』(同治七年 江蘇書局刊)

徐梓 編注, 『官箴: 做官的門道』(中央民族大學出版社, 1996)

薛允升 撰, 『讀例存疑』(光緖三十一年 京師刊本)

星斌夫 編, 『中國社會經濟史語彙』(正 · 續 · 三篇. 山形: 光文堂書店, 1965, 1976, 1988)

邵之棠 輯, 『皇朝經世文統編』(臺北: 文海出版社,1973, 1980. 淸光緖辛丑年[1901]秋月 上海寶善齋石印本)

宋慈, 『洗寃[集]錄』(宋慈, 羅時潤 · 田一民 譯釋, 『細寃集錄今譯』, 福建科學技術出版社, 2005)

睡虎地秦墓整理小組, 『雲夢睡虎地秦墓竹簡』(文物出版社, 1978)

沈書城 輯, 『則例便覽』(乾隆庚戌序. 『四庫未收書輯刊』, 北京出版社, 2007의 第二集 第27冊 所收)

沈之奇 撰(懷效鋒 · 李俊 點校), 『大淸律輯註』 上 · 下(法律出版社, 2000)

楊廷福 等編, 『淸人室名別稱字號索引增補本』 上 · 下(上海古籍出版社, 2001)

梁淸海 等編著, 『古今公文文種匯釋』(四川大學出版社, 1992)

呂本中, 『官箴』

倪師孟 等纂, 『(乾隆)吳江縣志』(中國方志叢書 華中地方 第163號. 成文出版社, 1975)

吳均, 『續齊諧記』(『중국기본고적고』)

吳秀之 等修, 曹允源 等撰, 『吳縣志』(中國方志叢書. 華中地方 第18號. 民國22年鉛字本. 成文出版社, 1970; 中國地方志集成. 江蘇府縣志輯 11, 江蘇古籍出版社, 1991)

王肯堂 原釋, [淸] 顧鼎 重輯. 『王儀部先生箋釋』(30卷. 康熙三十年顧鼎刻本. 四庫未收書輯刊編纂委員會 編, 『四庫未收書輯刊』, 北京出版社, 2000 所收. 史部 第01輯 第25冊)

王明德 撰, 何勤華 等點校, 『讀律佩觿』(法律出版社, 2001)

王先謙, 『思益堂集』(『중국기본고적고』)

王世貞, 『鳴鳳記』(『중국기본고적고』)

王植, 『崇德堂稿』(8卷)

王植, 『崇德堂集』(『四庫全書總目提要』. 『중국기본고적고』)

王樵 · 王肯堂 箋釋, 『大明律附例箋釋)』(30卷. 附錄 『點檢屍傷指南』, 『醫救死傷法』)

牛平漢 主編, 『明代政區沿革表』(中國地圖出版社, 1997)

牛平漢 主編, 『淸代政區沿革綜表』(中國地圖出版社, 1990)

劉向, 『說苑』(『중국기본고적고』)

陸贄, 『翰苑集』(『四庫全書』 集部 別集類. 『중국기본고적고』)

李桓 輯, 『國朝耆獻類徵初編』(共720卷. 臺北: 明文書局, 1985)

張我德 等編, 『淸代文書』(中國人民大學出版社, 1996)

中國第一歷史檔案館 編著, 『淸代文書檔案圖鑑』(岳麓書社, 2004)

陳榮華 等主編, 『江西歷代人物辭典』(江西人民出版社, 1990)

『現行則例』(康熙18年, 例文 290條)

黃六鴻 箸, 周保明 點校, 『福惠全書』(廣陵書社, 2018. 이 책은 원고를 출판에 넘긴 지 한참 후에 나와 교정에 참고하지는 못하였다.)

『皇朝文鑑』(四部叢刊景宋刊本. 『중국기본고적고』)

『淮南子』

『後漢書』

『欽定[嘉慶]大淸會典事例)』(沈雲龍 主編, 『近代中國史料叢刊』 第3編 第68輯. 臺北 : 文海出版社, 1992)

『欽定[光緖]大淸會典)』(『續修四庫全書』 史部 政書類. 794. 上海古籍出版社, 2002)

『欽定[光緖]大淸會典事例』(『續修四庫全書』 史部 政書類 798-814. 上海古籍出版社, 2002)

『欽定[重修]六部處分則例)』(上海: 圖書集成印書局, 光緖 16年)『現行則例』(康熙 18年, 例文 290條)

『皇朝文鑑』(四部叢刊景宋刊本. 『중국기본고적고』)

『淮南子』

『後漢書』

『欽定[嘉慶]大淸會典事例)』(沈雲龍 主編, 『近代中國史料叢刊』 第3編 第68輯. 臺北: 文海出版社, 1992)

『欽定[光緖]大淸會典)』(『續修四庫全書』 史部 政書類. 794. 上海古籍出版社, 2002)

『欽定[光緖]大淸會典事例』(『續修四庫全書』 史部 政書類 798-814. 上海古籍出版社, 2002)

『欽定[重修]六部處分則例)』(上海: 圖書集成印書局, 光緖 16年)

寺田浩明 編, 『讀例存疑電子版』(http://www.terada.law.kyoto-u.ac.jp/dlcy/index.htm)

山腰敏寬 編, 『中國歷史文書讀解辭典』(汲古書院, 2004)

佐伯富 編, 『福惠全書語彙解』(京都: 同朋舍, 1975)

Djang, Chu(章楚), *A Complete Book Concerning Happiness and Benevolence*, The University of Arizona Press, 1984

Hirth, F., 『新關文件錄(*Textbook of Modern Documentary Chinese*)』(1911. 臺灣成文出版社影印, 1968)

Hucker, Charles O., *A Dictionary of Official Titles in Imperial China*, Stanford University Press, 1985

Jiang, Yonglin, *The Great Ming Code/Da Ming lü*(translated and introduced by Jiang Yonglin), University of Washington Press, 2005

Jones, William C.(translation with the assistance of TianQuan Cheng, Yonglin Jiang), *The Great Qing Code*, Oxford University Press, 1994

Kerby, William C., Lin Man-houn eds., *States and Economy in Republican China: A Handbook for Scholars*, Harvard University Press, 2000. 2 Vols.

Kuhn, Philip H. and J. K. Fairbank, *Introduction the Ch'ing Document, Part 1 Volume 1-2(Reading Document: the Rebellion of Chung Jen-Chieh)*, Revised Edition, 1993

Reed, Bradly W., *Talons and Teeth: Country Clerks and Runners in the Qing Dynasty*, Stanford University Press, 2000

Spence, Jonathan D., *The Death of Woman Wang*, Viking Penguin, 1978 → (조너선 스펜스 지음, 이재정 옮김, 왕여인의 죽음, 이산, 2002)

2. 저서

나까무라 시게오(임대희 등 옮김), 『판례를 통해서 본 청대 형법』(서경, 2004)

나퀸, 수잔 등 지음(정철웅 옮김), 『18세기 중국사회』(신서원, 1998)

남정원(藍鼎元) 지음(차혜원 옮김), 『녹주공안: 청조 지방관의 재판기록』(이산, 2010)

도미야 이타루 지음(손승회 옮김), 『동아시아의 사형』(영남대학교출판부, 2014)

閔斗基, 『中國近代史硏究: 紳士層의 思想과 行動』(일조각, 1973)

빌, P. E. 지음(정철웅 옮김), 『18세기 중국의 관료제도와 자연재해』(대우학술총서 81. 민음사, 1985)

스펜스, 조너선(설순봉 옮김), 『왕여인의 죽음』(이화여자대학교출판부, 1995)

스펜스, 조너선(이재정 옮김), 『왕여인의 죽음』(이산, 2002)

스펜스, 조너선(이준갑 옮김), 『강희제』(이산, 2001)

吳金成 외, 『명청시대사회경제사』(이산, 2007)

이스트만, 로이드 E.(이승휘 옮김), 『중국사회의 지속과 변화: 1550-1949』(돌베개, 1999)

정광·정혜승·양오진, 『이학지남(吏學指南)』(태학사, 2002)

조영헌, 『대운하와 중국 상인: 회양지역 휘주 상인 성장사 1415-1784』(민음사, 2011)

조지만, 『조선시대의 형사법: 대명률과 국전』(景仁文化社, 2007)

차혜원, 『저울 위의 목민관: 명대 지방관의 인사고과와 중국사회』(서강대학교출판부, 2010)

티모시 브룩 외 지음, 박소현 옮김, 『능지처참: 중국의 잔혹성과 서구의 시선』(너머북스, 2010)

狹間直樹 等(신일철 옮김), 『데이타로 보는 중국근대사』(신서원, 1999)

Ch'u Tong-tsu, *Local Goverment in China under the Ch'ing*, Stanford University Press, 1962 → (瞿同祖, 『清代地方政府』, 法律出版社, 2003)

Jiang, Yonglin, *The Mandate of Heaven and the Great Ming Code*, University of Washington Press, 2011

Mungello, D. E., *Drowning Girls in China: Female Infanticide since 1650*, Rowman & Littlefield

Punlihshers, Inc, 2008

Rowe, Willam T., *Saving the World: Chen Hongmou and Elite Consciousness in Eighteenth-Century China*, Stanford University Press, 2001(陳乃宣 等譯, 『救世: 陳宏謀與十八世紀中國的精英意識』, 中國人民大學出版社, 2013)

Spence, Jonathan D., *The Death of Woman Wang*, The Wylie Agency Ltd, 1978(이재정 옮김, 『왕여인의 죽음』, 이산, 2002)

賈靜濤, 『中國古代法醫學史』(北京: 群衆出版社, 1984)

葛劍雄 主編, 劉海峰 等著, 『制度文明與中國社會: 學優則仕-教育與科擧』(長春出版社, 2004)

葛劍雄 主編, 郭建 著, 『制度文明與中國社會: 五刑六典-刑罰與法制』(長春出版社, 2004)

高浣月, 『淸代刑名幕友硏究』(中國政法大學出版社, 1999)

郭成偉 主編, 『官箴書點評與官箴文化硏究』(中國法制出版社, 2000)

郭成偉 · 關志國, 『淸代官箴理念對州縣司法的影響』(中國人民大學出版社, 2009)

郭松義 主編, 『淸朝全史』(遼寧人民出版社, 1995)

郭潤濤, 『官府 · 幕友與書生: "紹興師爺"硏究』(中國社會科學出版社, 1996)

管軍軍, 『中國古代的"皇杖"』(中國法制出版社, 2006)

瞿同祖, 『淸代地方政府』(法律出版社, 2003 ← Ch'u Tong-tsu, *Local Goverment in China under the Ch'ing*, Stanford University Press, 1962)

那思陸, 『淸代中央司法審判制度』(北京大學出版社, 2004)

那思陸, 『淸代州縣衙門審判制度』(中國法政大學出版社, 2006)

段自成, 『淸代北方官辦鄕約硏究』(中國社會科學出版社, 2009)

黨江舟, 『中國訟師文化: 古代法律現象解讀』(北京大學出版社, 2005)

樓祖詒, 『中國郵驛發達史』(中華書局, 1940)

毛建華, 『烏紗 · 龍袍 · 大堂: 中國古代官場風俗』(中華民俗文化叢書. 四川人民出版社, 2003)

方行 等主編, 『中國經濟通史 淸代經濟卷』(經濟日報出版社, 2000)

柏樺, 『明代州縣政治體制硏究』(中國社會科學出版社, 2003)

柏樺, 『明淸州縣官群體』(天津人民出版社, 2003)

傅宗懋, 『淸制論文集』 上 · 下(臺灣商務印書館, 1977)

謝成俠, 『中國養馬史』(科學出版社, 1959)

歲有生, 『淸代州縣經費硏究』(鄭州: 大象出版社, 2013)

常越男, 『淸代考課制度硏究』(北京大學出版社, 2010)

蘇亦工, 『明淸律典與條例』(中國政法大學出版社, 2000)

孫家紅, 『淸代的死刑監候』(社會科學文獻出版社, 2007)

楊樹藩, 『中國文官制度史』 上 · 下(黎明文化事業股份有限公司, 1982)

楊樹藩, 『淸代中央政治制度』(臺灣商務印書館, 1978)

艾永明, 『淸朝文官制度』(商務印書館, 2003)

倪玉平, 『清代漕糧海運與社會變遷』(上海書店出版社, 2005)
吳吉遠, 『清代地方政府的司法職能硏究』(中國社會科學出版社, 1998)
吳愛明, 『淸督捕則例硏究』(南開大學 博士學位論文, 2009)
吳欣, 『淸代民事訴訟與社會秩序』(中華書局, 2007)
魏光奇, 『有法與無法: 淸代的州縣制度及其運作』(商務印書館, 2010)
劉子揚 編著, 『淸代地方官制考』(紫禁城出版社, 1988)
李文治·江太新, 『淸代漕運』(中華書局, 1995)
李治亭, 『中國漕運史』(臺北: 文津出版社, 1997)
林乾, 『淸代衙門圖說』(中華書局, 2006)
張硏, 『淸代縣級政權控制鄉村的具體考察: 以同治年間廣寧知縣杜鳳治日記爲中心』(大象出版社, 2011)
張小也, 『官·民與法: 明淸國家與基層社會』(中華書局, 2007)
臧嶸, 『中國古代驛站與郵傳』(商務印書館, 1997)
鄭秦, 『淸代法律制度硏究』(中國法政大學出版社, 2000)
鄭學檬 主編, 『中國賦役制度史』(廈門大學出版社, 1994)
曹强新, 『淸代監獄硏究』(湖北人民出版社, 2011)
趙世瑜, 『吏與中國傳統社會』(浙江人民出版社, 1994)
趙曉華, 『晚淸訟獄制度的社會考察』(中國人民大學出版社, 2001)
主客, 『臀部的尊嚴: 中國笞杖刑罰兒文化』(花城出版社, 2002)
周保明, 『淸代地方吏役制度硏究』(上海書店出版社, 2009)
陳丹, 「『福惠全書』硏究」(華東師範大學: 華東師范大學, 2014, 博士論文)
陳鋒, 『陳鋒自選集』(武漢: 華中理工大學出版社, 1999)
陳鋒, 『淸代鹽政與鹽稅』(第二版. 武漢大學出版社, 2013)
陳惠馨, 『淸代法制新探』(臺北: 五南圖書出版股份有限公司, 2012)
何平, 『淸代賦稅政策硏究 1644-1840』(中國社會科學出版社, 1998)
許穎, 『淸代文官行政處分程序硏究』(中國社會科學出版社, 2011)
斯普林克爾, S. 著(張守東 譯), 『淸代法制導論』(中國政法大學出版社, 2000)

梅原郁 編, 『中國近世の法制と社會』(同朋舍, 1993)
夫馬進 編, 『中國訴訟社會史の硏究』(京都大學學術出版會, 2011)
山本英史, 『淸代中國の地域支配』(慶應義塾大學出版會, 2007)
岩井茂樹, 『中國近世財政史の硏究)』(京都大學學術出版會, 2004)
入江啓四郎, 『支那新聞の讀み方(中國報紙硏究法)』(タイムス出版社, 1936)
滋賀秀三 編, 『中國法制史基礎資料の硏究』(東京大學出版會, 1993)
佐伯富 編, 『福惠全書語彙解』(京都: 同朋舍, 1975)

3. 논문

金暻綠, 「明代 公文制度와 行移體系」, 『明淸史硏究』 26, 2006

김형종, 「淸代國家權力의 性格: 財政史的 觀點에서의 理解」, 『東亞文化』(서울대 동아문화연구소) 45, 2007

김형종, 「명 · 청대 중국의 관잠서: 황육홍(黃六鴻)과 『복혜전서(福惠全書)를 중심으로」, 『다산과 현대』 제7호, 2014. 특집논문 「동아시아의 지방통치와 공공성: 『목민심서』를 중심으로」

閔斗基, 「淸代의 幕友에 대하여」, 『中國近代史硏究: 紳士層의 思想과 行動』(일조각, 1973)

表敎烈, 「淸代 前期 漕運의 弊端: 運軍의 存在樣態를 중심으로」, 『省谷論叢』 26下, 1995

龔汝富, 「略論中國古代官箴的政治智惠」, 『中國人民大學學報』 2006-1

龔汝富 · 劉江華, 「從黃六鴻『福惠全書』看淸代州縣吏治的經驗智慧」, 『江西財經大學學報』 2011-2

郭潤濤, 「試論淸代州縣衙門設置幕府的原因」, 『學術硏究』 1990-4

杜金, 「淸代高層官員推動下的'官箴書'傳播: 以陳宏謀 · 丁日昌爲例」, 『華東政法大學報』 2011-6

杜金, 「淸代皇權推動下'官箴書'的編纂與傳播: 以『欽頒州縣事宜』爲例」, 『學術硏究』 2011-11

鄧建鵬, 「淸代訟師的官方規則」, 『法商硏究』 2005-3(第107期)

鄧建鵬, 「淸代訴訟費用硏究」, 『淸華大學學報』 2007-3(第22卷)

鄧建鵬, 「淸代州縣訟案和基層的司法運作: 以黃岩訴訟檔案爲硏究中心」, 『法治硏究』 2007-5

鄧建鵬, 「淸代官代書制度硏究」, 『政法論壇』 26-6, 2008

劉軍平 · 錢智剛, 「淸代州縣司法官任用制度探析: 以『福惠全書』爲視角」, 『湖南科技學院學報』 2014-12

劉秀生, 「淸代縣政管理的百科全書: 評黃六鴻『福惠全書』及其爲官之道」, 方行 主編, 『中國社會經濟史論叢』(北京: 中國社會科學出版社, 2005)

陸平舟, 「官僚 · 幕友 · 胥吏: 淸代地方政府的三維體制」, 『南開學報』 2005-5

孫嘉悅, 「從黃六鴻『福惠全書』窺見淸代州縣司法制度」, 『蘭台世界』 2013-33

時運生, 「中國古代的爲官之道: 古代'官箴'述論」, 『人文雜志』 1996-6

王雪華, 「淸代官弱吏强論」, 『武漢大學學報』 2008-3

王化平, 「中國古代的官箴」, 『文史知識』 2006-10

牛貫傑, 「淸代馬政初探」, 『燕山大學學報(哲學社會科學版)』 2006-2

劉秀生, 「淸代縣政管理的百科全書: 評黃六鴻『福惠全書』及其爲官之道」, 方行 主編, 『中國社會經濟史論叢: 吳承明交手九十華誕紀念文集』(北京: 中國社會科學出版社, 2006)

周保明, 「明淸官箴文獻略論」, 『圖書館情報論壇』 2010-2

陳小葵, 「論明淸時期的'胥吏之害'」, 『靑海師範大學學報』 2008-1

陳兆肆, 「淸代法律: 實踐超越表達—以衙役群體運作班房爲視角—」, 『安徽史學』 2008-4

陳曉敏, 「淸代州縣衙門文書制度一瞥: 讀『福惠全書』札記」, 『檔案与建設』 1986-4

彭酌祿, 「中國歷代官箴文獻與傳統吏道思想」, 『古籍整理硏究學刊』 1990-4

胡祥雨, 「"逃人法"入"順治律"考: 兼談"逃人法"的應用」, 『淸史硏究』 2012-8

胡元德, 「一部堪做古代應用寫作敎材的官箴書: 『福惠全書』應用文体介紹」, 『應用寫作』 2013-11

胡元德,「從『福惠全書』看清代衙門來往文書: 秦國經先生『清代文書簡介: 各衙門的來往文書』續貂」,『辦公室業務』 2013-17
黃卓權,「'淡新檔案'的認識與運用: 清代衙門文書的遊戲規則」,『新竹文獻』 34, 2008

夫馬進,「明清時代の訟師と訴訟制度)」(梅原郁 編,『中國近世の法制と社會』, 同朋舍, 1993 소수)
山根幸夫,「福惠全書 解題」, 小畑行簡 訓點,『福惠全書』(東京: 汲古書院, 1973 所收)
山本英史,「黃六鴻の編審論」, 同著,『清代中國の地域支配』(慶應義塾大學出版會, 2007)

찾아보기

[사항]

ㄱ

ㄴ

ㅈ

[인명]

ㄱ

ㄴ

ㄷ

[지명]

[서명]

김형종

김형종(金衡鍾, Kim, Hyoung-chong)

현 서울대학교 인문대학 동양사학과 교수(전공: 중국근대사)

1982.3. 서울대학교 인문대학 동양사학과 졸업

1984.8. 동 대학원 졸업(석사)「상해에서의 신해혁명의 전개과정: 혁명세력과 각 계층의 대응」

1997.8. 동 대학원 졸업(박사)「청말 강소성의 신정과 신사층」

1988-1990 서울대학교 인문대학 동양사학과 조교

1990-1994 서울대학교 인문대학 동양사학과 강사

1989-1994 한국외국어대학교 사학과 강사

1993-1994 성심여자대학교 국사학과 강사

1997 한림대학교 사학과 강사

1998.9. 서울대학교 인문대학 동양사학과 조교수

2002.10. 서울대학교 인문대학 동양사학과 부교수

2008.10. 서울대학교 인문대학 동양사학과 교수

저서

저서『清末新政期의 硏究: 江蘇省의 新政과 紳士層』(서울대학교출판부, 2002)

저서『1880년대 조선-청 공동감계와 국경회담의 연구』(서울대학교출판문화원, 2018)

공저 朴漢濟 등,『아틀라스 中國史』(사계절, 2007)

공저 兪長根 등,『중국의 청사공정 연구』(동북아역사재단, 2008)

공저 정혜중 등,『중국 역사학계의 청사 연구 동향』(동북아역사재단, 2009)

공저 김형종 등,『중국의 청사 편찬과 청사 연구』(동북아역사재단, 2010)

공저 배경한 엮음,『동아시아 역사 속의 신해혁명』(한울, 2013)

공저 유인선 엮음,『사료로 보는 아시아사』(워더스북, 2014)

공편 근대한국외교문서편찬위원회,『근대한국외교문서』 제3-11권(동북아역사재단, 2012. 서울대학교출판문화원, 2013-2015)

역서

편역『1880년대 조선-청 국경회담 관련 자료 선역』(서울대학교출판문화원, 2014)

편역『서문으로 보는 중국의 역사 사상』(위더스북, 2017)

역서 金衡鍾,『中國現代思想史論』(한길사, 2005. ← 李澤厚,『中國現代思想史論』)

공역 金衡鍾 等,『新中國史』(까치, 2005. ← J.K. Fairbank, *China: A New History*)

공역 朴漢濟·金衡鍾,『진인각의 최후 20년』(사계절, 2008 ← 陸建東,『陳寅恪的最後二十年』)

공역 김형종·배우성 등,『국역≪清季中日韓關係史料≫』 1·2·3·4·5(동북아역사재단, 2012, 2013, 2016, 2018, 2020)

논문

「上海에서의 辛亥革命의 展開過程: 革命政權과 各政治勢力의 對應」, 『東洋史學硏究』 20, 1984

「辛亥革命의 展開」, 서울대학교 東洋史學硏究室 編, 『講座中國史』 6(知識産業社, 1989)

「辛亥革命에서의 反帝問題의 認識과 實踐: 革命瓜分論과 革命派의 對應」, 『東洋史學硏究』 20, 1990

「江蘇敎育總會小論」, 서강대학교 동양사연구실 편, 『東아시아歷史의 還流』(지식산업사, 2000)

「淸末 革命派의 '反滿'革命論과 '五族共和'論」, 『中國現代史硏究』 12, 2001

「近代中國에서의 傳統과 近代: 淸末民初 西學受容 試論」, 『인문논총』(서울대학교) 50, 2003

「1990年代以來の韓國における淸代政治史硏究の動向」, 『中國史學』 14, 2004

「韓國의 學術硏究 東洋史 第4章 明淸-近現代」, 『韓國의 學術硏究』(大韓民國學術院, 2006)

「淸代國家權力의 性格: 財政史的 觀點에서의 理解」, 『東亞文化』 45, 2007

「淸代後期 江北社會의 이해: 張謇과 江淮行省의 設置問題를 중심으로」, 『東亞文化』 47, 2009

「吳祿貞과 『延吉邊務報告』: 100년 전의 '東北工程'?」, 『역사문화연구』 35, 2010

「淸末 革命派의 내셔널리즘: 吳祿貞과 『延吉邊務報告』」, 『中國近現代史硏究』 第54輯, 2012

「吳大澂과 淸·러 東部國境勘界」, 『中國近現代史硏究』 第60輯, 2013

「명·청 시대 중국의 관잠서: 황육홍(黃六鴻)과 복혜전서(福惠全書)』를 중심으로」, 『다산과 현대』 7, 2014

「최근의 명청대 한·중관계사 연구와 '신청사': 연구동향의 분석과 전망」, 『동북아역사논총』 53, 2016